PRAKTISCHE INFORMATIONEN

MANHATTAN UND DIE OUTER BOROUGHS

TIPPS UND ADRESSEN

GESCHICHTE UND KULTUR

Wir danken Neil Abbott, Francis Bate, Leslie Bergin, Jamie „Dipso" Brown, Mark Carroll, Patricia Collins, Dr. Gillian Cookson, Simon Crutchley, Angela Easterling, Ian Flechter, Paul Grove, Paul Fenwick, Fernando Ferrer, Christopher and Helena Hilton, Will Lamson, Jon Melnick, Marion Morton, Tim Passey, Susan Pemberton, Toby Pyle (von Hostelling International), Philip und Karen Rayner, Timothy Riley, Charlie Roberts, Shauna Sampson, L. J. Scott, Jean Wallington, Andrew Whitman, Susan Wilkins, Martina Strauss und allen, die uns hilfreiche E-Mails geschickt haben.

Zudem danken wir Peter Conolly-Smith für den Beitrag „Deutsche in New York" sowie Eric Breitbart und Petra Cremer-Driess für weitere Informationen.

Für die deutsche Auflage recherchierten Renate und Stefan Loose, Berlin.

Schreibt uns!
Wir sind auf Anregungen, Ergänzungen und Korrekturen angewiesen, wenn auch dieses Buch aktuell bleiben soll. Es ist unmöglich, für die nächste Auflage alle Orte erneut zu besuchen. Dieses Buch wurde im August 2000 fertig gestellt. Informationen, die von den Lesern kommen, sind sicherlich aktueller. Kein Brief bleibt ungelesen, die brauchbarsten Zuschriften belohnen wir mit einem Freiexemplar aus unserem Verlagsprogramm.
Bitte beachten: Informationen sollten so exakt wie möglich sein, v.a. Ortsangaben, Adressen etc. Hotels möglichst in einen Plan einzeichnen. Vielen Dank!

Travel Handbuch

New York

2. Auflage

Martin Dunford und Jack Holland

Aktuelle Reisetipps auf 488 Seiten!

New York Travel Handbuch
© **Herbst 2000**, Stefan Loose Verlag,
✉ info@loose-verlag.de
🖥 www.loose-verlag.de

2. Auflage

Alle Rechte vorbehalten – insbesondere die der Vervielfältigung und Verbreitung in gedruckter Form sowie die zur elektronischen Speicherung in Datenbanken und zum Verfügbarmachen für die Öffentlichkeit zum individuellen Abruf, zur Wiedergabe auf dem Bildschirm und zum Ausdruck beim Nutzer (Online-Nutzung), auch vorab und auszugsweise.

Die in diesem Buch enthaltenen Angaben wurden von den Autoren nach bestem Wissen erstellt und vom Lektorat im Verlag mit großer Sorgfalt produziert und auf Richtigkeit überprüft. Trotzdem sind, wie der Verlag nach dem Produkthaftungsrecht betonen muß, inhaltliche und sachliche Fehler nicht vollständig auszuschließen. Deshalb erfolgen alle Angaben ohne Garantie des Verlags oder des Autors. Der Verlag und die Autoren übernehmen keinerlei Verantwortung und Haftung für inhaltliche und sachliche Fehler. Alle Landkarten und Stadtpläne in diesem Buch sind von den Autoren erstellt worden und werden ständig überarbeitet.

Das Buch basiert auf der englischsprachigen Originalausgabe **New York**
by Martin Dunford and Jack Holland
© 2000; Rough Guides Ltd, 62–70 Short Gardens, London WC2H 9AB. ISBN 1-85828-507-0

Fotos: Bildnachweis, s.S. 486.
Karten: Innenteil und Umschlag innen hinten:
The Rough Guides;
Umschlag außen und Umschlag innen vorn:
The Rough Guides, Klaus Schindler
Lektorat: Sabine Bösz, Annette Monreal
Übersetzung: Sabine Bösz, Meike Höpfner, Silvia Mayer, Annette Monreal, Anke Mundeloh und Thomas Rach
Farbseitenlayout: Matthias Grimm
Umschlaggestaltung und Layout: Britta Dieterle
Druck & Weiterverarbeitung:
Westermann Druck Zwickau GmbH

ISBN 3-922025-83-8

Auslieferung
Österreich: Freytag-Berndt u. Artaria AG, Brunner Straße 69, A-1231 Wien
Schweiz: b + i Buch und Information AG,
c/o AVA Verlagsauslieferung KG
Centralweg 16, Postfach 119
CH-8910 Affoltern a.A.

Das **New York** Travel Handbuch ist im Buchhandel erhältlich oder per Post gegen Überweisung von 36,80 DM auf Konto Nr. 423104-104 (Stefan Loose) Postbank Berlin (BLZ 10010010) oder gegen Scheck im Brief. Titel und eigene Anschrift auf dem Überweisungsformular nicht vergessen!

Inhalt

Abkürzungen 7
Vorwort 8

Praktische Informationen

Ein- und Ausreiseformalitäten 10
Gesundheit 11
Versicherungen 12
An- und Abreise 13
Informationen 18
Nahverkehrsmittel 19
Touren 24
Medien 28
Geld 33
Telekommunikation 36
Post 38
Maße und Gewichte 40
Kriminalität 41
Frauen in New York 42
Schwule und Lesben 44
New York für Behinderte 47
Sonstiges 48

Manhattan

Die Hafeninseln 52
Liberty Island: Die Freiheitsstatue . . 53
Ellis Island 55
Governor's Island 57

**Financial District
und Civic Center** 58
Financial District 59
Civic Center 70

**Chinatown, Little Italy
und Lower East Side** 74
Chinatown 75
Little Italy 79
Lower East Side 80

SoHo und Tribeca 85
SoHo 87
TriBeCa 89

**Greenwich Village
und East Village** 92
Greenwich Village 93
East Village 99
Alphabet City 103

Chelsea und Garment District . . . 105
Chelsea 106
Garment District und Umgebung . . 110

**Union Square, Gramercy
und Murray Hill** 114
Union Square und Umgebung 115
Gramercy 116
Murray Hill 122

Midtown Manhattan 124
Die östliche 42nd Street 125
Fifth Avenue 131
Östliche Midtown 135
Westliche Midtown 139
Sixth Avenue 142

Central Park 144
Der südliche Central Park 147
Der nördliche Central Park 150

**Upper West Side
und Morningside Heights** 154
Upper West Side 155
Cathedral of St. John the Divine,
Columbia University und
Morningside Heights 164

**Upper East Side
und Roosevelt Island** 168
Die westliche East Side 169
Die östliche East Side 173
Roosevelt Island 175

**Harlem, Hamilton Heights
und der Norden** 176
Harlem 177
Hamilton Heights 186
Washington Heights 187
Cloisters Museum und Inwood 188

Die Outer Boroughs

Brooklyn 192
Downtown Brooklyn 194
Südliches Brooklyn 198
Prospect Park, Park Slope
und Flatbush 200
Central Brooklyn 202
Coastal Brooklyn 203
Nördliches Brooklyn:
Greenpoint und Williamsburg 206

Queens 207
Long Island City und Astoria 208
Steinway 208
Corona, Shea Stadium und
 Flushing Meadows Park 210
Sunnyside, Woodside und
Jackson Heights 210
Flushing 211
Forest Hills und Umgebung 212
Jamaica Bay und die Rockaways ... 212

Die Bronx 213
Yankee Stadium und South Bronx .. 214
Central Bronx: Belmont,
Zoo und Botanischer Garten 216
North Bronx 218

Staten Island 220
Alice Austen House 222
Die Fähre, St. George und das
 Snug Harbor Cultural Center 222
Lighthouse Hill 223
South Beach und Southeast Shore ... 223
Richmond Town Restoration 224
Conference House 224

Museen und Galerien

Die großen Museen 226
Metropolitan Museum of Art 226
Museum of Modern Art 238
Guggenheim Museum 242
Frick Collection 243
Whitney Museum of American Art . 245
The Cloisters 246
American Museum of
Natural History 248

Weitere Museen 250
Kunst, Kunsthandwerk und Design . 251
Museen zur Stadtgeschichte 257
Museen der verschiedenen
Bevölkerungsgruppen 260

Galerien 263
Galerien in SoHo und TriBeCa 264
Galerien in Chelsea 265
Galerien in Upper East Side 265
Alternative Kunsträume 266
Galerien in Williamsburg 266

Tipps und Adressen

Übernachtung 268
Essen 283
Bars 333
Nachtleben 345
Bühne und Film 355
Sport und Freizeitaktivitäten 367
Umzüge und Feste 380
New York mit Kindern 388
Einkaufen 398
   Einkaufsviertel 399
   Interessante Einkaufsziele 403
   Mode 406
   Sportartikel 415
   Lebensmittel 415
   Bücher 421
   Musik 425
   Apotheken und Drugstores 427
   Antiquitäten 428
   Elektronik und Kameras 429
   Sonstige Läden 430

Geschichte und Kultur

Geschichte 432
Deutsche in New York 444
Architektur 452
Moderne Amerikanische Kunst ... 457
New York im Film 461
Bücherliste 469
Berühmte New Yorker 475

Personen- und Sachindex 479
Ortsindex 483
Bildnachweis 486
Kartenverzeichnis 488

Kartenlegende

——	Straße	ⓘ	Touristen-Information
- - -	Fähre	✉	Post
= = =	Tunnel	✝	Tempel
～	Fluß	✡	Synagoge
– – –	Bezirksgrenze	✚	Kirche
Ⓜ	Metro Station	■	Gebäude/Sehenswürdigkeit
✈	Flughafen	▒	Park/Grünfläche
		⊕	Krankenhaus

Abkürzungen

☏	Telefon
℻	Fax
✉	E-Mail Adresse
🖥	Internet Adresse
A/C	airconditioning, Klimaanlage
App.	Apparat
Ave	Avenue
AYH	American Youth Hostel Association
B & B	Bed & Breakfast
Bldg.	Building
Blvd	Boulevard
¢	Cent, (100 ¢ = 1 $)
CP	Caravan Park
Du	Dusche
DZ	Doppelzimmer
E	East
EZ	Einzelzimmer
ff	folgende
GPO	Hauptpostamt
Hrsg.	Herausgeber
Hwy	Highway
I	Interstate
p.P.	pro Person
Rd	Road
$	US$ (Dollar)
s.S.	siehe Seite
St	Street
s.o.	siehe oben
s.u.	siehe unten
tgl.	täglich
TV	Fernseher
W	West

New York, New York

Kaum ein Ort der Welt vermag seine Besucher so zu bezaubern wie New York. Neuankömmlinge mögen dies zunächst bezweifeln, denn die Stadt ist voller Extreme und in mancher Hinsicht geradezu der Inbegriff dessen, was im heutigen Amerika alles nicht stimmt. Aber schon nach wenigen Tagen überlässt man sich dem Tempo der Stadt, der Adrenalinspiegel pendelt sich ein, und der Schock weicht dem Mythos.

Ein Streifzug durch die New Yorker Straßenschluchten mit ihren Gebäuden, die unwillkürlich den Blick nach oben lenken und als Symbole unseres Zeitalters in den Himmel ragen, ist ein einzigartiges Erlebnis. Ungeachtet aller überstrapazierten Leinwandklischees besitzt Manhattan eine Romantik, der man sich kaum entziehen kann: Der erste Anblick der Skyline beim Überqueren der Queensboro Bridge, das Nachtleben in Greenwich Village morgens um vier oder ein stimmungsvoller Vormittag auf der Fähre nach Staten Island sind Eindrücke, die wohl niemand so bald vergisst.

New York ist jedoch keine Stadt, die sich anbiedert. Man braucht nur in Manhattan am Central Park entlangzuspazieren, an den Luxusapartmenthäusern und großen Museen vorbei, bis nach Spanish Harlem: Das Gefälle könnte kaum größer sein. Auf diesen Gegensatz von zur Schau gestelltem Reichtum und nicht zu übersehenden urbanen Problemen, wie Armut, Drogenhandel, Obdachlosigkeit, wird man überall stoßen. In den 90er Jahren hat sich die Situation allerdings deutlich verbessert, vor allem während der Amtszeit von Bürgermeister Giuliani. Die Kriminalitätsraten sind heute die niedrigsten seit Jahren und sinken weiter (statistisch gesehen ist New York eine der sichersten Städte der USA), und mit einer Reihe von Reformplänen soll endlich jahrelang Versäumtes nachgeholt werden.

Aber auch mit seinem neuen, sauberen Image bleibt New York eine aufregende Stadt, der man sich von vielen Seiten nähern kann, angefangen bei den verschiedenen ethnischen Vierteln in Downtown – von Chinatown bis zur jüdischen Lower East Side und dem immer kleiner werdenden Little Italy – oder der Kunstszene in SoHo, TriBeCa und in Chelsea. Nicht nur die ohnehin auffälligen Gebäude der Geschäftsviertel und der Wohngegenden der Upper East und West Side verdienen Aufmerksamkeit – die ganze Stadt gleicht einem Bildband neuerer Architekturgeschichte.

Im Metropolitan Museum und im Modern Museum of Art sowie in den kleineren Museen können Besucher, auch wenn sie Wochen darin zubringen, doch nur einen Bruchteil des überwältigenden Kunstangebotes wahrnehmen.

Die Vielfalt an internationaler Küche ist ein wahres Vergnügen: Im New Yorker Schlaraffenland gibt es nichts, was nicht aufgetischt würde, und zwar zu jeder Tages- und Nachtzeit und in jeder nur erdenklichen Zubereitungsart. Abends sieht man sich nicht nur vor die Wahl zwischen einem Bier in der Kneipe und einem amerikanischen Martini in einer edlen Hotelbar gestellt; man kann sich auch die skurrilsten Filme ansehen oder aus einem mehr als reichhaltigen Kulturangebot zwischen Tanz, Theater und Konzert schöpfen. Zwar ist die hiesige Musikszene nicht ganz so rege und innovativ wie etwa in London oder Los Angeles, dafür ist die Clubwelt umso schillernder.

Und für Konsumfreunde stellt New York praktisch das Paradies dar: Die Fülle an Geschäften ist geradezu Schwindel erregend.

Kurzum: New York lässt keinen Wunsch offen!

Praktische Informationen

Ein- und Ausreiseformalitäten

Visa

Deutsche, Österreicher und Schweizer können sich ohne Visum maximal 90 Tage in den USA aufhalten, sofern sie im Besitz eines gültigen Flugtickets für die Ausreise (nicht nach Mexiko, Kanada oder in die Karibik) sind und einen Reisepass haben, der 6 Monate über das Ende der Reise hinaus gültig sein sollte. Die für die Einreise erforderlichen **Visa-Waiver-Formulare** werden im Flugzeug ausgeteilt.

Diplomatische Vertretungen

DEUTSCHLAND
Botschaft der USA: Neustädtische Kirchstr. 4–5, 10117 Berlin, ✆ 030-2385174, ✉ 2386290.
Visainformationsdienst: ✆ 0190-882211 (3,63 DM pro Minute)
Ansagen vom Band über Visabestimmungen: ✆ 0190-270789 (1,21 DM pro Minute)
Faxabrufnummern zu Visabestimmungen: ✉ 0190-92110110, Antragsformular unter ✉ 0190-92110111 (beide 2,42 DM pro Minute)
Generalkonsulate:
Siesmayerstr. 21, 60323 Frankfurt, ✆ 069-75350.
Alsterufer 27–28, 20354 Hamburg, ✆ 040-411710.

ÖSTERREICH
Botschaft der USA: Boltzmanngasse 16, 1091 Wien, ✆ 01-31339, ✉ 31343.

SCHWEIZ
Botschaft der USA: Jubiläumsstraße 93, 3005 Bern, ✆ 031-3577011, ✉ 3577344.
Generalkonsulat: Dufourstraße 101, 8008 Zürich, ✆ 01-4222566.

Auf dem Visa-Waiver-Formular wird auch nach der Adresse in den USA gefragt. Wer sie noch nicht weiß, kann sich einen passenden Hotelnamen (s.S. 268) heraussuchen. Eine Hoteladresse lässt weniger Fragen aufkommen als eine Privatadresse. Ein Teil des Formulars wird in den Pass geheftet, wo das Papier verbleibt, bis es bei der Ausreise von Grenzbeamten oder Mitarbeitern der Fluggesellschaft entfernt wird. (Personen, die nicht als Touristen in die USA reisen und / oder länger als 90 Tage bleiben wollen, brauchen auf jeden Fall ein Visum.)

Bei der Einreise werden Angaben über die Reisedauer und -route verlangt sowie eine Erklärung, dass man in den USA weder seinen ständigen Wohnsitz einrichten noch arbeiten möchte. Schwierigkeiten kann es geben, wenn jemand angibt, Tuberkulose oder Aids zu haben bzw. HIV-positiv zu sein. Verurteilten Kriminellen, Drogendealern, Faschisten und allen, die in terroristische Aktivitäten verwickelt waren, wird die Einreise verweigert.

Die Grenzbeamten interessieren sich unter Umständen auch dafür, wie man die Zeit in den USA finanziell zu überbrücken gedenkt. Besonders bei längerem Aufenthalt wird man häufig gebeten, das Ausreiseticket und die Reisekasse vorzuzeigen – ca. $250 pro Woche gelten als ausreichend. Am wenigsten Probleme hat, wer dem Bild des „idealen Touristen" entspricht: weiße Hautfarbe, ordentliches Aussehen, höfliches Auftreten, Sprachkenntnisse und wenig auffälliges Verhalten.

Auf dem Einreisestempel wird das Datum vermerkt, bis zu dem man sich legal in den USA aufhalten darf. Einige Tage kann man die Aufenthaltsdauer im Notfall überziehen. Ist die Ausreise aber um mehr als eine Woche überfällig, hat das langwierige Befragungen durch die Grenzbeamten zur Folge, durch die man leicht den Flug verpassen, Einreiseverbot erhalten und eventuell seinen Gastgebern in den USA viel Ärger bereiten kann.

Man sollte sich daher rechtzeitig an den *US Immigration and Naturalization Service* wenden, falls man die USA nicht fristgerecht verlassen kann (oder will). Das New Yorker Büro befindet sich in der 26 Federal Plaza, an der Worth St, zwischen Lafayette und Centre St; ⏲ Mo–Fr 7.30–13.30 Uhr. Telefonisch sind die Mitarbeiter von 8–15.30 Uhr zu erreichen, ✆ 206-6500.

Das Ringen mit diesem Arm der amerikanischen Bürokratie, der von tiefem Misstrauen geprägt ist, kann sehr frustrierend sein. Der

Antrag muss spätestens 15 Tage und darf frühestens 60 Tage vor Fristablauf vorliegen und kostet $75. Man sollte die Fragen mit größter Sorgfalt beantworten. Die Behörden gehen automatisch davon aus, dass ein illegales Arbeitsverhältnis vorliegt, so dass man sie vom Gegenteil zu überzeugen hat, etwa durch den Nachweis größerer Geldbeträge oder einen einheimischen Freund, der sich für einen verbürgt.

Auch auf die Frage, weshalb nicht gleich ein Langzeit-Visum beantragt wurde, sollte man sich vorbereiten. Wenig originell, aber Erfolg versprechend sind die Erklärungen, die Geldreserven reichten länger als geplant oder die Eltern bzw. Ehepartner kämen vorübergehend ins Land. Für eine zweite Verlängerung sollte man ein anderes Büro aufsuchen – und sich Glück wünschen.

Die einzige Alternative zu dieser Prozedur ist eine kurzfristige Ausreise. Für die Einreise nach Kanada ist kein Visum erforderlich, und Montreal liegt von New York nur einen kurzen Flug (oder eine lange Bus- / Zugfahrt) entfernt.

Wer unter dem Visa Waiver Scheme ohne Visum in den USA war, kann einfach umkehren und wieder einreisen. (Ansonsten kann dort ein neues Visum beantragt werden.) Je länger man sich in Kanada aufhält, desto unverdächtiger wird natürlich die Rückkehr in die USA.

Zoll

Schon während des Fluges muss eine Zollerklärung *(Customs Declaration)* ausgefüllt werden. Der Beamte vom Zoll wird die Zollerklärung verlangen und fragen, ob man frische Lebensmittel dabei hat. Wenn man bejaht, wird er wahrscheinlich alle einbehalten, vor allem Fleischprodukte und Früchte. Wenn man verneint, wird das Gepäck möglicherweise dennoch durchsucht. Wer die Frage, ob er während des letzten Monats einen landwirtschaftlichen Betrieb besucht habe, bejaht, könnte außerdem seine Schuhe loswerden.

Devisen dürfen in beliebiger Höhe ein- und ausgeführt werden, allerdings müssen Beträge über $5000 deklariert werden. Jeder Besucher ab 17 Jahren kann zollfrei 200 Zigaretten und 100 Zigarren und jeder ab 21 Jahren einen Liter Alkohol einführen.

Neben Lebensmitteln und anderen Agrarprodukten unterliegen folgende Gegenstände einem Einfuhrverbot: Produkte aus Irak, Iran, dem ehemaligen Jugoslawien, Kambodscha, Kuba, Libyen, Nordkorea und Uruguay, pornographische Literatur, Lotterielose, alkoholhaltige Süßigkeiten und präkolumbische Antiquitäten. Wer mit Drogen erwischt wird, kommt nicht nur vor Gericht, sondern wird zudem als unerwünschte Person für den Rest seines Lebens des Landes verwiesen.

Für die Ausfuhr gelten natürlich die Zollbedingungen des Heimatlandes. Souvenirs dürfen z.B. in Deutschland nur im Wert von maximal 150 DM eingeführt werden. Schmuck und Kleidungsstücke, die zum eigenen Reisegepäck gehören, sind keine Souvenirs, aber bei teuren, offensichtlich amerikanischen Mitbringseln werden die Zöllner misstrauisch.

Gesundheit

Wer aus Europa kommt, benötigt bei der Einreise in die USA **keinerlei Impfungen**. Dringend angeraten ist allerdings eine **Auslandskrankenversicherung**, da die Arztkosten für den kleinsten Unfall astronomische Summen erreichen können und in keinem Fall erlassen werden. Selbst die Kosten für ein einfaches Beratungsgespräch beim Arzt können über $125 betragen, noch bevor man überhaupt den Mund aufgemacht hat. Auch Medikamente – ob rezeptpflichtig oder nicht – sind alles andere als billig. Man sollte sich für jede Ausgabe eine Quittung geben lassen und diese nach der Heimreise seiner Versicherung zur Erstattung vorlegen.

Wer einen **Arzt** benötigt, findet entsprechende Adressen und Telefonnummern in den *Yellow Pages* unter *Clinics* oder *Physicians and Surgeons*. Für jede Krankheit gibt es auch in Amerika einen Spezialisten, Hausärzte sind selten.

Bei kleineren gesundheitlichen Problemen hilft auch ein *drugstore* weiter, eine Mischung aus Drogerie-Supermarkt und **Apotheke** *(pharmacy)*. Hier werden alle Arten von Pillen und Wässerchen verkauft. Allerdings benötigt man für die meisten Medikamente ein ärztliches Rezept. (Adressen s.S. 427).

Wer bei einem Unfall verletzt wurde, muss nicht im Straßengraben verenden – Krankenwagen erwarten keine Vorauskasse.

Folgende Krankenhäuser in Manhattan haben eine durchgehend geöffnete **Notaufnahme**:

Bellevue Hospital, 1st Ave, E 27th St, ✆ 562-4141;
St. Vincent's Hospital, 7th Ave, W 11th St, ✆ 604-7997;
New York Hospital, Cornell Medical Center, E 70th St, York Ave, ✆ 746-5050;
Mount Sinai Hospital, Madison Ave, 100th St, ✆ 241-7171.

Zahnärztlicher Notdienst: ✆ 1-800/577-7317.

Touristen plagen sich zum Glück in der Regel mit harmloseren Problemen, zum Beispiel mit ihrer Verdauung oder dem **Zeitunterschied**. Da bei der Ankunft in New York ein um 6 Stunden verlängerter Tag durchlebt wird, gerät der körpereigene Rhythmus aus dem Takt. Man sollte sich daher für die ersten 2–3 Tage nicht allzu viel vornehmen. Wer regelmäßig Medikamente einnehmen muss, sollte sich bei seinem Hausarzt darüber informieren, wie der Einnahmerhythmus an die neue Zeitzone angepasst werden muss.

Alternative Medizin und Naturheilverfahren

Wer Alternativen zur Schulmedizin sucht, findet jede Menge Heilmittel – die allerdings kaum billiger als die herkömmlichen Medikamente sind. *C.O. Bigelow Apothecaries,* 414 6th Ave, zwischen 8th und 9th St, ✆ 473-7324, bietet die größte Auswahl an **homöopathischen Heilmitteln** in der Stadt. Das kompetente Verkaufspersonal berät die Kunden und kann Heilpraktiker empfehlen. Das *New York Open Center,* 83 Spring St, zwischen Broadway und Crosby, ✆ 219-2527, führt einen kleinen Buchladen und vergibt kostenlose Broschüren zu den Themen Gesundheit und natürliche Lebensweise. Man kann sich u.a. über Akupunktur, chinesische Kräuterheilkunde und Bachblüten-Therapie informieren. Adressen findet man auch in den *Yellow Pages* und am Schwarzen Brett in Naturkostläden und Vollwertrestaurants.

Versicherungen erstatten die Kosten für Naturheilverfahren nur sehr bedingt. Man sollte sich daher die Police genau durchlesen, bevor man sich in Unkosten stürzt.

> **HIV / AIDS** ist ein Gesundheitsrisiko, das leider gesondert erwähnt werden muss. Während sich die anfängliche Hysterie um das Thema weitgehend gelegt hat, sind die Gefahren geblieben. New York zählt zu den Städten mit den höchsten Infektionsraten. Die Vorsichtsmaßnahmen sind bekannt, dennoch können sie nicht oft genug wiederholt werden: Kein Drogenkonsum mit gebrauchten Nadeln; kein Geschlechtsverkehr ohne Kondom. Kondome gibt es in Supermärkten sowie in durchgehend geöffneten Delis und Drugstores. Informationen und Beratung über die GMHC Hotline von *Gay Men's Health Crisis,* einer Organisation, die sich nicht ausschließlich an Schwule richtet, ✆ 807-6655.

Versicherungen

Die meisten Reise- und Versicherungsbüros bieten eine **Reisegepäckversicherung** an, oft in Verbindung mit einer Krankenversicherung. Damit lassen sich verschiedene Risiken abdecken, jedoch ist der Versicherungsschutz häufig eingeschränkt. Normalerweise kann eine Fotoausrüstung – oft das teuerste Reisegepäck – nur bis zu 50% ihres Wertes versichert werden. Eventuell lohnt eine Zusatzversicherung, um den Gesamtwert abzudecken. Die Versicherung sollte Weltgeltung haben, die gesamte Dauer der Reise umfassen und in ausreichender Höhe abgeschlossen werden. Geht das gesamte Gepäck verloren, ist eine Checkliste hilfreich, auf der sämtliche Gegenstände und ihr Wert eingetragen sind. Von Kamera, Walkman und Ähnlichem sollte man auch die Seriennummern notieren. Alles, was nicht vollständig versichert ist, sollte besser im Handgepäck mitgeführt werden.

Wird etwas gestohlen, wendet man sich sofort an das nächste Polizeirevier. Die Adresse steht am Anfang jedes Telefonbuchs unter den Telefonnummern für Notfälle, Stichwort *Police*. Statt eines Protokolls erhält man nach der Aufnahme des Diebstahls manchmal eine Referenznummer, unter der die Versicherungsgesellschaft Informationen anfordern kann (s.S. 41, Kriminalität).

Sinnvoll scheint auch eine **Reiserücktrittsversicherung**, die häufig in einem Versicherungspaket für Auslandsreisen (Kranken-, Reisegepäck- und Rücktrittsversicherung) enthalten ist (s.u.).

Für Unfallschäden an einem Mietwagen kommt nur eine zusätzliche, teure **Kaskoversicherung** *(Collision Damage Waiver)* auf. Da man in den meisten Fällen ohne Kreditkarte auch kein Auto bekommt, lohnt es sich, die zusätzlichen Leistungen (Unfall- und Insassenversicherung) der Kreditkartenunternehmen zu vergleichen und dabei auf Kleingedrucktes zu achten.

Nur einige private Krankenkassen schließen den weltweiten **Schutz im Krankheitsfall** ein. Wer diesen nicht hat, sollte sich bei Auslandsreisen in jedem Fall privat versichern. Die meisten Reisebüros und einige Kreditkartenorganisationen bieten derartige Versicherungen an. Die Reisekrankenversicherung garantiert den Krankenrücktransport, wenn er medizinisch notwendig ist. Das trifft jedoch in den seltensten Fällen zu, da die Behandlung auch in New York erfolgen kann. Zudem übernimmt sie alle Arzt- und Krankenhauskosten, erstattet das Geld aber erst im Nachhinein. Die einzureichende Bescheinigung muss folgende Angaben enthalten: Name, Vorname, Geburtsdatum, Behandlungsort und -datum, Diagnose, erbrachte Leistungen in detaillierter Aufstellung (Beratung, Untersuchungen, Behandlungen, Medikamente, Injektionen, Laborkosten, Krankenhausaufenthalt), Unterschrift des behandelnden Arztes, Stempel.

Von der Europäischen Reiseversicherung, von Elvia und Hanse-Merkur werden **Versicherungspakete** angeboten, die neben der Reisekrankenversicherung eine Gepäck-, Haftpflicht-, Unfall- und Rat & Tat-Versicherung einschließen. Mit der Rat & Tat-Versicherung erhält man über eine Notrufnummer Soforthilfe während der Reise. Krankenhauskosten werden sofort von der Versicherung beglichen, und bei ernsthaften Erkrankungen übernimmt sie den Rücktransport. Ist der Versicherte nicht transportfähig und muss länger als 10 Tage im Krankenhaus bleiben, kann eine nahe stehende Person auf Kosten der Versicherung einfliegen. Auch beim Verlust der Reisekasse erhält man über den Notruf einen Vorschuss.

An- und Abreise

Flüge

Von Europa aus fliegen amerikanische und europäische Airlines zu günstigen Tarifen über den Atlantik. Die meisten Flieger starten in Europa morgens oder nachmittags und kommen am Nachmittag bzw. frühen Abend in New York an. Nonstop benötigt man etwa 7–8 Stunden von Frankfurt nach New York. In der Gegenrichtung starten die Flugzeuge oft abends, um am frühen Morgen in Europa zu landen. Auf dem Rückflug verkürzt sich übrigens die Flugzeit dank dem Rückenwind um etwa eine Stunde.

Günstige Tickets bekommt man in der Hochsaison häufig nur für bestimmte Wochentage und Abflugsorte. Je billiger der Flug, desto größer sind meist die Einschränkungen. Guter Service hat seinen Preis, bequeme Sitzplätze und Superservice sind bei Billiganbietern in der Regel nicht zu erwarten. Wer bereits einen Transatlantikflug in einer dieser engen Sardinenbüchsen mit schlechter Belüftung und mangelhaftem Service erlebt hat, zahlt beim nächsten Flug vielleicht lieber etwas mehr. Der Preiskrieg auf der Nordatlantik-Route hat während der letzten Jahre die Preise purzeln lassen. Günstige Flüge von verschiedenen deutschen Flughäfen nach New York und zurück sind außerhalb der Saison bereits für unter 700 DM zu haben.

Bei vielen Airlines erhalten Jugendliche von 12–24 Jahren und Studenten bis 26 Jahre Ermäßigung (z.B. bei Lufthansa 25%), auch Tickets in der Business Class werden stark verbilligt angeboten. Keinen Rabatt erhält man dagegen auf Graumarkt-Tickets, die zumeist bereits preiswerter als der Studententarif sind. Zur Hauptsaison wird es natürlich teurer. Vor allem während der Schulferien ist mit beachtlichen Aufschlägen zu rechnen. Zudem sind die Flüge zu Beginn und zum Ende der Sommer- und Weihnachtsferien schon Monate im Voraus ausgebucht, häufig sogar überbucht. Hier helfen nur frühzeitiges Buchen und rechtzeitiges Erscheinen am Flughafen.

Normalerweise ist die **Gültigkeitsdauer** eines preiswerten Tickets auf ein halbes Jahr begrenzt. Außerdem sind viele mit *non endorsable* und *non refundable* ausgezeichnet, d.h. dass man das Ticket weder verkaufen kann noch das Geld zurückerstattet bekommt, wenn der Flug nicht angetreten wird. Bei weniger strikter Handhabung ist zumindest eine Stornogebühr fällig. Für die Umbuchung des Rückflugs müssen $50–100 bezahlt werden. Vom Kauf eines *one-way*-Tickets ist dringend abzuraten, denn im Vergleich zu einem Rückflugticket ist es alles andere als preiswert. Außerdem läuft man Gefahr, bei der Ankunft unter dem Verdacht, in den Staaten bleiben zu wollen, nicht ins Land gelassen zu werden. Mehr zu den Flughäfen und deren Verkehrsanbindungen s.S. 15.

Pauschalangebote mit Übernachtung können für kürzere Aufenthalte in Erwägung gezogen werden. Die meisten Reisebüros haben eine Reihe entsprechender Angebote und helfen bei der Auswahl.

Ausgewählte Reisebüros

Augsburg	**Flugbörse** Vorderer Lech 2, 86150 ☎ 0821-344680 🖥 www.fly.de
Bad Homburg	**Asean Wings Reisebüro GmbH** Louisenstr. 97, 61348 ☎ 06172-29901
Berlin	**Alternativ Tours** Wilmersdorfer Str. 94, 10629 ☎ 030-8812080 🖥 www.alternativ-tours.de **Travel Overland/ Neue Reisewelle** Goltzstr. 14, 10781 ☎ 030-2173890
Böblingen	**Reiseladen Böblingen** Poststr. 56, 71032 ☎ 07031-226095
Donaueschingen	**Southern Cross Travel** Josefstr. 4, 78166 ☎ 0771-3327
Frankfurt	**STA Travel** Berger Str. 118, 60316 ☎ 069-430191 🖥 www.statravel.de 30 Filialen in Deutschland
Halle/Saale	**Auf und Davon Reisebüro** Große Ulrichstr. 24, 06108 ☎ 0345-2026770
Karlsruhe	**Reisebüro Lesser** Ludwig-Wilh.-Str. 16, 76131 ☎ 0721-96433-0 🖥 web-de/lesser/index.html
Ludwigsburg	**Flugbörse** Kronenstr. 2, 71634 ☎ 07141-94640 🖥 www.flugboerse.de
München	**Travel Overland** Barerstr. 73, 80799 ☎ 089-27276100 🖥 www.travel-overland.de Filialen in Augsburg, Berlin, Bremen, Hamburg, Regensburg

Nürnberg	**Südwind Reisen** Friedrichstr. 14-18, 90408 📞 0911-363027 💻 www.suedwind.de	Fribourg	1701, Rue de Lausanne 28 📞 026-347 4800
Schwabach	**Logo! Reisen** Rittersbacher Str. 84, 91126 📞 09122-5058	Luzern	6000, Unter der Egg 10 📞 041-410 8844
		Olten	4601, Hauptgasse 25 📞 062-206 7788
		St. Gallen	9001, Merkurstr. 4 📞 071-222 4090
Stuttgart	**Fernost-Flug Service GmbH** Tübinger Str. 13-15, 70178 📞 0711-6402510	Thun	3601, Bälliz 61 📞 033-227 3737
		Winterthur	8401, Untertor 21 📞 052-269 0707
Wiesbaden	**Reiseladen** Bismarckring 9, 65183 📞 0611-372021 💻 http://www. sawadee. com/travel/reiseladen/	Zug	6304, Alpenstrasse 11 📞 041-728 6464
		Zürich	8023, Rennweg 35 📞 01-213 8080 8022, Kirchgasse 3 📞 01-267 3030

In der Schweiz
Globetrotter Club & Travel Service

Baden	5401, Badstr. 8 📞 056-200 2100		💻 www.globetrotter.ch/
Basel	4001, Falknerstr. 4 📞 061-269 8686	**In Österreich**	
		Wien	**Reiseladen** 1010, Dominikanerbastei 4 📞 01-5138936
Bern	3001, Neuengasse 23 📞 031-326 6060		

Flughäfen

Drei große Flughäfen verbinden New York mit dem Rest der Welt. Internationale und Inlandflüge landen auf dem **John F. Kennedy International Airport** (JFK) in Queens, 📞 718/244-4444, oder dem **Newark International Airport** im nördlichen New Jersey, 📞 973/961-6000. In **La Guardia** kommen nur Inlandflüge an, 📞 718/533-3400, ebenfalls in Queens.

Grundsätzlich gilt, dass der **Bus** das preiswerteste Verkehrsmittel zwischen Manhattan und einem der Flughäfen ist. Alle Flughafenbusse fahren einen der beiden großen Busbahnhöfe an. Hotels im östlichen Manhattan sind von der **Grand Central Station**, Park Ave, Ecke 42nd St, einfacher zu erreichen, ob per Taxi oder U-Bahn. Einige der größeren Hotels in Midtown – das *Marriott Marquis*, *Hilton* etc. – bieten einen kostenlosen Shuttleservice von und zum Grand Central.

Der **Port Authority Terminal**, 8th Ave, 41st St, 📞 564-8484, ist zwar etwas schlechter organisiert (von den Bussen muss man sein Gepäck ein ganzes Stück tragen), aber der bessere Ausgangspunkt für Ziele im westlichen Teil der Stadt (mit den U-Bahnlinien A, C oder E) oder in New Jersey (mit dem Bus).

Einige Flughafenbusse halten auch an der **Penn Station**, 34th St, zwischen 7th und 8th Ave, wo die Fernzüge von *Amtrak* abfahren, und am **World Trade Center** an der Südspitze Manhattans, mit guter U-Bahnanbindung an Ziele in Downtown und Brooklyn sowie Verbindungen nach New Jersey.

Taxis sind eine gute Wahl, wenn man sich die Kosten teilen kann oder zu einer ungemütlichen Tageszeit ankommt, ansonsten aber recht kostspielig. Die Fahrt vom La Guardia kostet $16–22, vom JFK $30 und vom Newark Airport $35–55. Hinzu kommen die Gebühren für den Turnpike und Tunnel bzw. Brücken (ca. $5) und – nicht zu vergessen – ein **Trinkgeld**, das in der Regel 15–20% des Preises beträgt. Die Fahrer der inoffiziellen *gypsy cabs,* die den Ausgang der Gepäckausgabe belagern, sollte man ignorieren, da sie Touristen gern übers Ohr hauen, und stattdessen lieber eines der offiziellen gelben Taxis am Taxistand nehmen. Nahe der Ausgänge gibt es außerdem Telefone einiger Fahrdienste, die ähnliche, manchmal sogar günstigere Festpreise als die Taxis bieten.

Eine neuere Einrichtung ist der **Gray Line Air Shuttle**, ✆ 1-800/451-0455 oder 212/315-3006, ein Zubringerdienst, dessen Minibusse alle drei Flughäfen anfahren. Sie kosten zwar ein paar Dollar mehr als die älteren Flughafenbusse, setzen die Fahrgäste aber an jedem gewünschten Hotel in Midtown ab. Die Busse fahren von den Flughäfen zwischen 7 und 23.30 Uhr, von den Hotels zwischen 6 und 19 Uhr ab. Ab Flughafen kostet eine Fahrt p.P. $13 vom La Guardia und $14 vom JFK oder Newark; die Fahrt zum Flughafen kostet $16 p.P. zum La Guardia, $19 zum JFK oder Newark; ein Rückfahrticket kostet jeweils das Doppelte.

Der **Super Shuttle**, ✆ 1-800/258-3826 oder 212/258-3826, bedient seit kurzem tgl. rund um die Uhr die Strecke von und nach Manhattan. Die einfache Fahrt kostet $13 vom La Guardia, $14 vom JFK und $17 vom Newark; in umgekehrter Richtung bezahlt man $14 zum La Guardia, $15 zum JFK und $17 zum Newark. Für die Fahrt von Manhattan zum Flughafen muss man ein bis zwei Tage im Voraus reservieren.

Sowohl für den *Gray Line Air Shuttle* als auch für den *Super Shuttle* stehen im Bereich der Gepäckausgabe Service-Schalter und kostenlose Telefone bereit.

Unter der Rufnummer ✆ 1-800/AIR-RIDE erhalten Reisende allgemeine **Informationen** über Verkehrsverbindungen von und zu den Flughäfen.

John F. Kennedy International Airport

New York Airport Service: Die Busse fahren zwischen 6 und 24 Uhr alle 15–20 Minuten zur Grand Central Station, zum Port Authority Bus Terminal, zur Penn Station und zu den Hotels in Midtown. In Richtung JFK verkehren sie von 5–22 Uhr alle 15–30 Minuten. Die Fahrt dauert 45–60 Minuten und kostet $13, Studenten $6, Ermäßigungen für Senioren, Behinderte und Kinder nur ab Grand Central Station. Fahrzeiten und Preisinformationen unter ✆ 718/706-9658.

Öffentlicher Nahverkehr: Von allen Terminals des JFK fahren kostenlose Shuttle-Busse zur U-Bahnstation Howard Beach, wo die Züge der U-Bahnlinie A abfahren. Mit einem *token* für $1,50 gelangt man zu jedem gewünschten Fahrziel in der Stadt. Spät abends sollte man die U-Bahn eher meiden, da die Züge nur selten fahren und ziemlich verlassen sein können; tagsüber und am frühen Abend ist dies jedoch eine günstige, wenn auch zeitaufwendige Transportmöglichkeit (nach Howard Beach ist man mindestens eine Stunde unterwegs).

Alternativ kann man mit dem Green Bus Nr. Q10 (U-Bahn-*token* oder $1,50 passend in Münzen) bis zur Endhaltestelle in Kew Gardens, Queens, fahren und mit einem weiteren *token* in die U-Bahnlinie E oder F nach Manhattan umsteigen. Die Fahrzeit ist die gleiche, allerdings sind die Züge dieser Strecke während der Stoßzeiten total überfüllt.

Weitere Informationen zu Bus und U-Bahn tgl. rund um die Uhr unter ✆ 718/330-1234.

> Auf dem Weg zum Rückflug sollte man bedenken, dass JFK ein sehr großer und weitläufiger Flughafen ist: Liegt der angesteuerte Terminal am Ende der Busroute (wie z.B. bei British Airways) muss man dafür zusätzliche 15 Minuten einkalkulieren.

Newark International Airport

Olympia Airport Express: Busse fahren zwischen 6.15 und 24 Uhr alle 20–30 Minuten nach Manhattan zum World Trade Center, zum Grand Central und zur Penn Station. In der Gegenrichtung fahren sie zwischen 5.10 und 23.10 Uhr ebenso häufig. Ab und zum Port Authority fahren sie rund um die Uhr. Die Fahrt dauert 30–45 Minuten und kostet $10. Mit Anschlussbussen ($5) kann man bis zu bestimmten Midtown-Hotels weiterfahren. Die

Busfahrt vom Newark zum JFK kostet $23 und zum La Guardia $20. Informationen unter ✆ 964-6233 oder 908/354-3330.

PATH Rapid Transit: Mit einem Shuttlebus (*Airlink* Nr. 302, $4) gelangt man zur Penn Station in Newark, wo die Züge von *PATH* Tag und Nacht nach Manhattan fahren ($1). Die *Airlink*-Busse verkehren Mo–Fr zwischen 6.15 und 1.40 Uhr alle 20–30 Minuten, Sa und So alle 30 Minuten. Informationen unter ✆ 1-800/234 PATH (7284).

La Guardia

New York Airport Service: Busse fahren zwischen Manhattan (Grand Central Station und Port Authority Bus Terminal) und La Guardia alle 15–30 Minuten in beide Richtungen. Zwischen 6 und 24 Uhr zum Grand Central und Port Authority, zwischen 5 und 22 Uhr nur zum Grand Central, zwischen 6.40 und 21 Uhr nur zum Port Authority. Die Airport Service-Busse fahren ebenfalls zur Penn Station: zwischen 6.40 und 23.40 halbstündlich; in Gegenrichtung zwischen 7.40 und 20.10 im selben Takt. Die Fahrt dauert 45–60 Minuten und kostet einfach $10, für Studenten $6. Fahrpläne und Preisinformationen unter ✆ 718/706-9658.

Öffentlicher Nahverkehr: Ein ausgesprochen günstiges (und wenig bekanntes) Transportmittel ist der Bus Nr. M60, der einen für $1,50 nach Manhattan bringt, über die 125th Street und Broadway bis zur 106th Street. Die Fahrt kann von 20 Minuten spät abends bis zu einer Stunde während der Rushhour dauern. Wer sich vom Fahrer einen *transfer* (s.S. 22) geben lässt, kann damit umsteigen. Von der Endhaltestelle ist die Jugendherberge *Hosteling International New York* nur ein paar Blocks entfernt und kann gut zu Fuß erreicht werden.

Wer nicht die Upper West Side ansteuert, kann mit dem Bus Nr. 33 oder Nr. 47 ($1,50 / $1 an Wochenenden) vom La Guardia zur U-Bahnstation Roosevelt Ave in Jackson Heights, Queens, fahren und für weitere $1,50 in die U-Bahnlinien 7, E, F oder R nach Manhattan umsteigen. Nach Midtown ist man insgesamt ca. 40 Minuten unterwegs.

Vom La Guardia zum JFK

Manhattan Airport Service: Zwischen dem JFK und La Guardia verkehren von 5.40–23 Uhr ca. halbstündlich Busse; einige legen einen Zwischenstopp ein. Sie sind 45–60 Minuten unterwegs. Der Fahrpreis beträgt $11 einfach. Informationen unter ✆ 718/706-9658.

Fluggesellschaften

Die meisten Gesellschaften sind mit mehreren Büros in New York vertreten.

Air Canada, 125 Park Ave (42nd St), ✆ 1-800/776-3000.
Air India, 15th floor, 570 Lexington Ave (51st St), ✆ 751-6200 oder 407-1460.
American Airlines, 2nd floor, 125 Park Ave (42nd St), ✆ 1-800/433-7300.
British Airways, 530 5th Ave, ✆ 1-800/247-9297.
Continental Airlines, Airline Lobby, One World Trade Center, ✆ 319-9494.
Delta, 100 E 42nd St (Park Ave), ✆ 1-800/221-1212.
El Al, 120 W 45th St (zwischen 6th und 7th Ave), ✆ 852-0600.
Kuwait Airlines, 350 Park Ave, ✆ 308-5454.
Northwest/KLM Airlines, 100 E 42nd St (Park Ave), ✆ 1-800/225-2525.
United Airlines, 1 E 59th St (5th Ave), ✆ 1-800/241-6522.
Virgin Atlantic, 125 Park Ave (42nd St), ✆ 1-800/862-8621 oder 1-800/319-9494.

Bahnhöfe und Busbahnhöfe

Wer mit *Greyhound*, ✆ 1-800/231-2222, *Trailways*, ✆ 1-800/343-9999, *Bonanza*, ✆ 1-800/556-3815, oder irgendeiner anderen Fernbuslinie in New York kommt, wird entweder am **Port Authority Bus Terminal**, 41st St, 8th Ave, oder am **George Washington Bridge Bus Terminal**, W 178th St, zwischen Broadway und Fort Washington eintreffen, beide ✆ 564-8484. Letzterer ist für kürzere Strecken von und nach New Jersey zuständig.

Der **Grand Central Terminal**, 42nd St, Park Ave, ist heute vor allem für Busse in die nördlichen Vororte und nach Connecticut von

Bedeutung (Metro-North commuter trains, ✆ 532-4900).

Wer mit *Amtrak*-Zügen reist, kommt in der **Penn Station**, 34th St, zwischen 7th und 8th Ave an *(Amtrak,* ✆ 1-800/USA-RAIL oder 582-6875; *New Jersey Transit,* ✆ 973/ 762-5100; *Long Island Railroad (LIRR),* ✆ 718/ 217-5477. Die Züge von *PATH Rapid Transit* kommen ebenfalls in der Penn Station an. Informationen unter ✆ 1-800/234-7284 oder 234-PATH.

Bloomingdale's International, Visitors' Center, Lexington Ave, 59th St, ✆ 705-2098.
Harlem Visitors' Bureau, 219 W 135th St, zwischen 7th und 8th Ave, ✆ 283-3315.
NYU Information Center, Shimkin Hall 50 W 4th St, Greene St / Washington Square, ✆ 998-4636.
Saks Fifth Avenue Ambassador Concierge Desk, 611 5th Ave, 49th St, ✆ 940-4141.
Times Square Visitor and Transit Information Center, 1560 Broadway, zwischen 46th und 47th St, ⏰ tgl. 8–20 Uhr, ✆ 869-1890.

Informationen

Informationen aller Art vergibt das **NYC & Company Convention and Visitors Bureau**, das auch eine Geschäftsstelle in München betreibt. Auf Anfrage bekommt man das gewünschte Informationsmaterial zugeschickt: Herzogspitalstrasse 5, 80331 München, ✆ 089-23662149, 📧 089-2604009, ✉ newyork@mangum.de.

In der neuen Hauptstelle des NYC & Company Bureaus, 810 7th Avenue, Höhe 53rd St, liegen Broschüren mit aktuellen Kulturhinweisen, U-Bahn-Pläne und Hotelverzeichnisse aus; Reservierungen werden jedoch nicht vorgenommen. Man kann sich hier auch auf Deutsch beraten lassen. ⏰ Mo–Fr 8.30–18, Sa und So 9–17 Uhr, ✆ 484-1222, 💻 www.nycvisit.com.

Der vierteljährlich erscheinende *Official NYC Guide* ist recht interessant, verrät aber auch nicht mehr als die kostenlosen Hefte für Touristen, die in Hotels etc. ausliegen: vielfältige, aber knappe Informationen über Hotels, Restaurants, Einkaufsmöglichkeiten, Sehenswürdigkeiten und (Mainstream-) Veranstaltungen. Auch die Werbeanzeigen können die eine oder andere Anregung geben.

Weitere kleinere Fremdenverkehrsbüros und Informationsschalter sind in der ganzen Stadt zu finden. Schon bei der Ankunft an den Flughäfen, der Grand Central und Penn Station und dem Port Authority Bus Terminal kann man sich informieren:

Die vom Bundesstaat betriebene Organisation **I Love New York** bietet umfangreiches, kostenloses Informationsmaterial. Ein Großteil der Informationen ist eher für Reisen im New York State interessant. Aber auch für New York City findet sich Nützliches wie Hotel- und Restaurantführer und Pläne. Das Material erhält man auf Wunsch per Post unter der Adresse 1 Empire State Plaza, Albany, NY 12223. ✆ 518/474-4116.

Stadtpläne

Für die meisten Zwecke sollten die Pläne in diesem Buch ausreichen. Wer einen ausführlicheren Stadtplan braucht, dem sei der *Plan of the City and all Five Boroughs* ($3,95) von Rand McNally oder *New York City, 5 Maps in 1* ($2,75) von Hagstrom empfohlen. In den meisten Buchläden gibt es daneben die beschichteten, übersichtlichen Pläne von *Streetwise* für ca. $6. Straßenatlanten aller fünf Stadtbezirke kosten um $13. *Geographia* oder *Hagstrom* stellt Pläne für einzelne Außenbezirke her, die für $3,50 in Buchläden zu haben sind. Eher als Spaß gedacht, aber überraschend brauchbar ist *New York City Pop-Up Map*, eine Hochglanzkarte für $5,95. Wer keinen der genannten Pläne finden kann oder mehr Auswahl möchte, kann den *Complete Traveler* aufsuchen, einen hervorragenden Buchladen mit Karten und Reiseführern, s.S. 422.

New York im Internet Es gibt unzählige vergnügliche und informative Websites für New-York-Besucher, und wer Zugang zum Internet hat, kann sich so schon zu Hause auf die Reise vorbereiten.

CitySearch NY: www.citysearchnyc.com/nyc/index.html
Umfassende Site mit brauchbarer Suchmaschine und Informationen, die wöchentlich aktualisiert werden.
Data Lounge: www.datalounge.com/
Szene-News für Lesben und Schwule, Veranstaltungshinweise und Edwinas Partnervermittlung.
NYC Beer Guide: www.nycbeer.org/toc.html
Hier wird alles über den Gerstensaft verraten und wo man ihn bekommt, von Microbreweries bis zu gut sortierten Bodegas.
NYC & Company Convention and Visitors Bureau: www.nycvisit.com/
PaperMag: www.papermag.com/
Täglich aktuelle Veranstaltungshinweise, immer dem neuesten Trend auf der Spur.
Parks Department: www.nycparks.org/
Auflistung sämtlicher aktueller Veranstaltungen, die in den städtischen Parks stattfinden.

Sidewalk.Com: www.newyork.sidewalk.com/
Ausführliche Listen und zuverlässige Empfehlungen zum NYC-Nachtleben. Mit effektiver Suchmaschine zu Kneipen und Szenetreffs.
Total NY: www.totalny.com/
Eine echte New-York-Site mit eigenwilliger Gestaltung und ausgewählten Tipps.
The Village Voice: www.villagevoice.com/
Wird von der alternativen Wochenzeitschrift Village Voice gemacht. Das Beste sind die geistreichen Veranstaltungshinweise der Rubrik Choices.
Webtunes: webtunes.com/
Jede Menge Multimedia und Veranstaltungshinweise, mit Schwerpunkt auf der Musikszene.
Woody Allen: www.media.uio.no/studentene/ragnhild.paalsrud/woody/Woody.html
Was Sie schon immer über Woody Allen wissen wollten, aber bisher nicht zu fragen wagten.
Stefan Loose Verlag: www.looseverlag.de und
Rough Guides: www.roughguides.com
bieten aktuelle Reisetipps.

Nahverkehrsmittel

U-Bahn

Die New Yorker U-Bahn ist schmutzig, laut, einschüchternd und nicht unbedingt übersichtlich, aber schnell und praktisch. Auf den ersten Blick mag dieses Verkehrsmittel einen etwas verwirren, aber die U-Bahn ist heutzutage benutzerfreundlicher und sicherer denn je: schließlich befördert sie täglich 6 Millionen Fahrgäste, darunter jede Menge Neuankömmlinge.

Als Erstes sollte man sich mit dem Streckenplan vertraut machen, der in der hinteren Umschlagklappe des Buches zu finden ist und kostenlos in den U-Bahnstationen sowie am Informationsstand der Grand Central Station, im *NYC & Company Convention and Visitors Bureau* und in den *Visitors Information Centers,* s.S. 18, ausliegt. Streckenpläne hängen auch in den Zügen aus.

Die meisten U-Bahnstrecken in Manhattan verlaufen zwischen **Uptown** und **Downtown**, folgen dabei dem Verlauf der großen Avenues und laufen in der Südspitze der Insel zusammen. Querverbindungen gibt es dagegen kaum.

Die Linien und ihre Züge werden mit einer **Ziffer** oder einem **Buchstaben** bezeichnet. Zwar ist die U-Bahn täglich 24 Stunden in Betrieb, die meisten Linien verkehren jedoch nur zu bestimmten Zeiten – man beachte die Informationen auf den Streckenplänen. Aus Sicherheitsgründen sind nicht alle Eingänge rund um die Uhr geöffnet. Eine grüne Ampel am Eingang zeigt an, dass der U-Bahnhof geöffnet ist.

Es verkehren zwei Arten von Zügen: **Express**, die nur an den wichtigsten Stationen halten, und **Locals**, die an jeder Station Halt machen. Ist das Fahrtziel eine Express-Haltestelle, sollte man an der nächstmöglichen Station von Local auf Express umsteigen, indem man entweder den Bahnsteig überquert oder die Treppe zu einem anderen Level nimmt.

Eine Fahrt kostet $1,50. Man erhält dafür eine Münze, den **subway token**, entweder an den Schaltern der U-Bahnstationen oder in Geschäften, die Schecks entgegennehmen. Beim Kauf von mehreren *tokens*, die auch für Busfahrten gelten, erhält man zwar keinen Rabatt, erspart sich aber das Anstehen. Ein *ten-pak* für $15 ist die übliche Menge.

Mit der **MetroCard**, einer Fahrkarte mit Magnetstreifen, kann man innerhalb von 2 Stunden U-Bahnen und Busse benutzen und beliebig oft umsteigen. Sie wird im Wert von $3 bis $80 an den Ticketschaltern der U-Bahn oder in bestimmten Geschäften, die auch Schecks entgegennehmen, verkauft bzw. „aufgeladen". Allerdings bietet die MetroCard nur eine geringe Vergünstigung: für $15 erhält man 11 Fahrten zum Preis von 10; für $30 entsprechend 22 zum Preis von 20. Die **Unlimited Ride Card** erlaubt die uneingeschränkte Benutzung der öffentlichen Verkehrsmittel über einen bestimmten Zeitraum: 7 Tage kosten $17 und 30 Tage $63. Die Tageskarte **Fun Pass** kostet $4, sie ist 24 Stunden gültig, wird jedoch nicht an den Fahrkartenschaltern in den U-Bahnhöfen verkauft. Man erhält sie in den großen Hotels und in Lebensmittelgeschäften wie z.B. *Gristedes*. Die Verkaufsstellen lassen sich anhand der Fun Pass-Werbeaufkleber an den Geschäfts- oder Hoteleingängen erkennen, unter ✆ 638-7622 erfährt man, wo sich die nächstgelegene Verkaufsstelle befindet.

Spaß in der U-Bahn Besonderes Vergnügen macht es, in der U-Bahn ganz vorne am Fahrerhäuschen zu stehen und die vorbeiziehenden Stationen und davonhuschenden Ratten an den Schienen zu beobachten. Am besten eignet sich hierfür die Linie A zwischen 125th und 59th St.

Besonders spannend ist es, nach „Geisterstationen" Ausschau zu halten. Diese Stationen wurden aus unterschiedlichen Gründen irgendwann stillgelegt und sind von der Straße aus nicht mehr zugänglich. Einen kurzen Blick auf eine Geisterstation kann man von der Linie 6 auf der Höhe 18th St, Ecke Park Ave South, erhaschen.

Eine weitere ist von den Linien 1 und 9 auf der Höhe 91st St, Ecke Broadway, zu sehen.

Die ehemalige U-Bahnstation Court St, die 1949 stillgelegt wurde, ist die einzige, die noch zugänglich ist: Hier ist heute das New York Transit Museum angesiedelt (s.S. 259).

New Yorks U-Bahnschaffner sind bekannt für ihre „Schnauze", ihren Humor und vor allem ihre Autorität. Da sie langsam von Zügen mit Computeransagen abgelöst werden, sollte man ihnen zuhören, solange man Gelegenheit dazu hat.

Wegen Schienenarbeiten u.Ä. kommt es vor allem nach Mitternacht und am Wochenende häufig zu **Fahrplanänderungen**, die den versiertesten U-Bahn-Fahrer aus dem Konzept bringen können. Um Überraschungen zu vermeiden, sollte man alle aktuellen Fahrplan-Hinweise, an denen man vorbeikommt – die rotweißen Plakate an den Informationstafeln – lesen und sich nicht scheuen, andere Passagiere zu fragen.

Solange man seinen gesunden Menschenverstand benutzt und brenzligen Situationen aus dem Weg geht, braucht man keine Angst in der U-Bahn zu haben. Wer spät abends U-Bahn fährt, sollte allerdings die Route kennen, um sich schneller und mit größerer Sicherheit fortbewegen zu können.

Sicherheit Zum Thema Sicherheit in der U-Bahn wird man verschiedene Meinungen hören. Natürlich gibt es jede Menge Horrorgeschichten. Vieles davon ist übertrieben. Das Gefühl der Unsicherheit steht meist in keinem Verhältnis zu tatsächlichen Gefahren. Einige Grundregeln sollte man jedoch beherzigen: Abends steigt man am besten in einen der mittleren Waggons, wo sich die meisten Fahrgäste befinden. Gelbe Schilder auf dem Bahnsteig mit dem Hinweis *During off hours train stops here* markieren die Stelle, an der das Fahrerhäuschen zum Stehen kommt. Solange man auf den Zug wartet, hält man sich am besten in der ebenfalls gelb gekennzeichneten *Off-Hour Waiting Area* auf, die vom Bahnsteigpersonal ständig überblickt werden kann. Falls sich dieser Bereich auf einem anderen Level befindet, wird auf den einfahrenden Zug mit einer Anzeige und einem akustischen Signal hingewiesen. Tagsüber ist theoretisch jeder Teil des Zuges sicher, leere Waggons sollte man dennoch möglichst meiden oder beim nächsten Halt in einen besetzten umsteigen. Zwar gibt es Züge, deren Abteile durch Türen verbunden sind, diese zu benutzen ist jedoch gefährlich und nur im Notfall gestattet. Man sollte sich möglichst nie in der Nähe der Bahnsteigkante aufhalten.
Taschen sind stets im Auge zu behalten, vor allem in Türnähe – das Gedränge hier ist ein ideales Betätigungsfeld für Taschendiebe.
Weitere Hinweise s.S. 41, Kriminalität.

Wer völlig die **Orientierung** verloren hat, kann unter ✆ 718/330-1234 Hilfe bekommen. Man gibt seinen Standort und das Fahrtziel an und wird dann über die günstigste Route informiert.

Streckenbezeichnungen

Am verwirrendsten ist für Besucher die Vielzahl der Bezeichnungen für eine Strecke und ihre Züge. Die auf den U-Bahnplänen verwendeten Buchstaben und Ziffern kennt jeder, aber auch die alten Streckennamen – IRT, IND und BMT – sind noch gebräuchlich, obwohl es diese Unternehmen seit 1940 nicht mehr gibt. Die Farbe spielt dagegen überhaupt keine Rolle: Wer die Linie 2 oder 3 sucht und nach der „roten Linie" fragt, wird nur verständnislose Blicke ernten.

IRT (Interborough Rapid Transit) war das Unternehmen, das die erste U-Bahnstrecke in New York eröffnete: Als *West Side IRT* werden heute noch die Linien 1, 2, 3 und 9 bezeichnet, gelegentlich auch als *Broadway Line* oder *7th Avenue Line*. *East Side IRT* meint die Linien 4, 5 und 6, auch *Lexington Avenue Line* genannt. Die *Flushing Line* des IRT ist heute die Linie 7.

IND (Independent Line) war die erste Strecke, die von der Stadt betrieben wurde. Sie wird jetzt mit Buchstaben bezeichnet. Die Linien A, C und E heißen auch *8th Avenue Line*, die Linien B, D, F und Q sind die *6th Avenue Line*.

Ehemalige **BMT**-Linien (Brooklyn–Manhattan Transit) sind die Linien L, N und R.

Der **Grand Central–Times Square Shuttle** ist die Linie S, die die östlichen und westlichen IRT-Linien verbindet.

Busse

Das New Yorker Bussystem ist wesentlich unkomplizierter als die U-Bahn, außerdem sieht man etwas von der Strecke und kann an interessanten Stellen aussteigen. Per Bus gibt es zudem mehr Querverbindungen, vor allem zwischen Upper West und Upper East Side. Der größte Nachteil am Busfahren ist das langsame Tempo – bei besonders dichtem Verkehr geht es oft nur im Schritttempo voran. Streckenpläne gibt es ebenso wie U-Bahnpläne in der Haupthalle der Grand Central und im *NYC & Company Convention and Visitors Bureau*, 810 Seventh Avenue, Höhe 53rd Street.

Die Strecken verlaufen entlang aller Avenues sowie der wichtigsten Streets. Es gibt drei verschiedene Typen von Bussen: **Regular**-Busse halten alle zwei oder drei Blocks und verkehren im 5- bis 10-Minuten-Takt; **Limited Stop**-Busse fahren dieselben Strecken, bleiben aber nur an einem Viertel der Haltestellen stehen; **Express**-Busse kosten einen Zuschlag und halten fast gar nicht, sondern befördern Pendler aus den Außenbezirken nach Manhattan. Außerdem gibt es kleinere Busse von Privatunternehmen, die aus New Jersey nach New York fahren. Auf den Leuchtanzeigen der Busse stehen die Nummer sowie die Ausgangs- und Endhaltestelle.

Haltestellen sind am gelben Bordstein und an einem blau-weiß-roten Schild zu erkennen, auf dem oft (aber nicht immer) die Liniennummern verzeichnet sind. Manchmal sind auch Fahrpläne mit Umsteigemöglichkeiten vorhanden, wobei man sich auf die Uhrzeiten nicht unbedingt verlassen sollte. Wer aussteigen will, drückt auf den schwarzen Halteknopf. Nach Mitternacht kann man auf Wunsch auch zwischen den Haltestellen aussteigen.

Fahrpreise und *transfers*

Innerhalb Manhattans beträgt der Fahrpreis $1,50 und wird beim Einsteigen entrichtet, entweder in Form eines U-Bahn-*tokens,* einer MetroCard (am praktischsten) oder mit abgezähltem Kleingeld (keine Scheine).

Wer vorhat, viel mit dem Bus zu fahren, sollte sich mit dem Umsteigesystem vertraut machen. Zum Umsteigen lässt man sich schon beim Einsteigen vom Fahrer einen kostenlosen *transfer* geben und kann damit in die meisten Anschlussbusse umsteigen, allerdings nicht zurückfahren. Umsteigen ist nur einmal möglich, wer also mit einem *transfer* einsteigt, bekommt keinen zweiten. Auf dem *transfer* ist die Gültigkeitsdauer abzulesen, normalerweise zwei Stunden. Die Fahrer geben Auskunft darüber, an welchen Haltestellen Umsteigemöglichkeiten bestehen.

Mit der MetroCard kann man während der zweistündigen Gültigkeitsdauer beliebig oft umsteigen.

Informationen zu Bus und U-Bahn: ✆ 718/330-1234 (tgl. 24 Std.).
Fundbüro: ✆ 712-4500.

Private Busunternehmen

Mangelnde und unzuverlässige Busverbindungen in den ärmeren Vierteln Manhattans und den Außenbezirken sorgen seit Jahren für Kontroversen. Es hat den Anschein, dass Kürzungen im Transporthaushalt immer diejenigen treffen, die am stärksten auf den öffentlichen Nahverkehr angewiesen sind. In Queens wird das Streckennetz durch private Busunternehmen ergänzt (die Routen sind auf dem offiziellen Streckenplan ohne weiteren Kommentar verzeichnet). In entlegeneren Vierteln der Außenbezirke befördern Kleinbusse für $1 oder $1,50 Fahrgäste entlang der ehemaligen Buslinien. Dieser Service ist zwar nicht ganz legal, aber aus der Not geboren. Nach Uhrzeiten etc. kann man die Fahrer oder andere Passagiere fragen.

Taxis

Taxis sind das beste Fortbewegungsmittel, wenn man es eilig hat, sich die Kosten teilen kann oder spät abends unterwegs ist.

In Manhattan gibt es zwei verschiedene Arten: **Medallion Cabs**, die an der gelben Farbe und dem Leuchtschild auf dem Dach zu erkennen sind, und die **Gypsy Cabs**, die weder zugelassen noch versichert sind und insbesondere vor Bahnhöfen und Flughäfen den Touristen auflauern. Man sollte sie auf jeden Fall meiden, da sie für ihre Gaunermethoden bekannt sind.

Ein reguläres Taxi nimmt bis zu vier Fahrgäste mit – fünf, wenn man das Glück hat, eines der letzten, altmodischen *Checker Cabs* zu erwischen. Der **Tarif** beträgt $2 für die erste Fünftelmeile und 30¢ für jede weitere Fünftelmeile, bzw. für eine Zeitspanne von jeweils 90 Sekunden bei Stau oder zähflüssigem Verkehr. Die Grundgebühr erhöht sich nach 20 Uhr um 50¢. Wenn man reich genug ist, über die Stadtgrenze hinaus zu fahren, z.B. zum Newark Airport, verdoppelt sie sich. Bei einer Fahrt von Manhattan in die Außenbezirke kommen zum Fahrpreis meist noch Brücken- oder Tunnelgebühren hinzu. Nicht alle Übergänge sind gebührenpflichtig, und der Fahrer sollte in der Regel nach der gewünschten Route fragen.

Das **Trinkgeld** sollte 15–20% des Fahrpreises betragen – wer weniger gibt, erntet verächtliche Blicke. Wechselgeld kann zum Problem werden: Die Fahrer rücken nur ungern Wechselgeld auf einen Zehndollarschein heraus und haben das Recht, bei kleinen Beträgen einen Zwanziger abzulehnen.

Ein freies Taxi erkennt man am eingeschalteten Leuchtschild. Verkündet die Leuchtschrift *Off Duty*, dann ist das Taxi außer Dienst oder zu einem Fahrgast unterwegs. Bevor man eines heranwinkt, sollte man wissen, wohin die Fahrt gehen soll, und am besten über die direkteste Route Bescheid wissen. Erstaunlich viele Fahrer sind neu im Geschäft, und einige sprechen kaum Englisch. Im Zweifelsfalle kann man das Ziel auf einem Stadtplan zeigen.

Taxifahrer müssen sich an einige **Vorschriften** halten: Nach dem Fahrtziel darf erst gefragt werden, wenn der Fahrgast im Wagen sitzt. Solange dieses innerhalb der fünf Stadtbezirke liegt, darf die Fahrt nicht abgelehnt werden, auch wenn dies bei entlegenen Zielen spät abends gerne versucht wird. Die Fahrer müssen außerdem auf Wunsch die Fenster öffnen, weitere Fahrgäste abholen oder absetzen und das Rauchen unterlassen (Fahrgäste ebenfalls).

Beschwerden können unter Angabe der Lizenznummer (neben dem Armaturenbrett) oder der Nummer des Leuchtschildes (steht auch auf der Quittung) bei der *NYC Taxis and Limousine Commission*, ✆ 302-8294, vorgetragen werden. Dies ist auch die Nummer des **Fundbüros**.

Mietwagen

Mit dem Gedanken, in New York ein Auto zu mieten, sollte man gar nicht erst spielen. Selbst wenn man sich zutraut, es mit irren Taxifahrern aufzunehmen, sind Mietwagen eine kostspielige Angelegenheit, Parken ist irrwitzig teuer, und Parkmöglichkeiten am Straßenrand sind so gut wie nie zu finden. Den Traum vom Autofahren in Amerika sollte man daher besser außerhalb der Stadt ausleben.

Wer dennoch darauf angewiesen ist, sollte einige Vorschriften kennen. **Gurtpflicht** besteht für Fahrer und Beifahrer sowie Kinder auf dem Rücksitz.

Die **Höchstgeschwindigkeit** in der Stadt beträgt 35 Meilen pro Stunde (56 km/h). Wer von der Polizei zu einem Alkoholtest aufgefordert wird, hat das Recht, diesen zu verweigern, muss sich dann aber zum Polizeirevier begeben. Im Gegensatz zum Rest der USA darf man in New York an einer roten Ampel nicht nach rechts abbiegen.

Beim **Parken** sind die verschiedenen Verbotsschilder unbedingt zu beachten: *No Standing, No Stopping* oder *Don't Even THINK of Parking Here*. Zu bestimmten Straßenreinigungs-Zeiten besteht für eine ganze Straßenseite Parkverbot, und auch an Bushaltestellen und vor Hydranten dürfen keine Autos stehen.

Kommerzielle Parkplätze können je nach Tageszeit sehr teuer werden, aber vorschriftsmäßiges Parken ist ratsam: Einen abgeschleppten Wagen im **Car Pound**, ✆ 971-0770, abzuholen kostet $150 in bar und wertvolle Zeit.

Diebstahl und **Vandalismus** können vor allem in abgelegenen Ecken vorkommen. Wer für mehrere Tage einen Wagen mietet, sollte für eine gut sichtbare Diebstahlsicherung sorgen, z.B. eine Wegfahrsperre, und niemals Wertsachen im Auto lassen.

Fahrrad fahren

Rad fahren in Manhattan ist nur etwas für Hartgesottene und nicht ganz ungefährlich. Wer sich davon nicht abschrecken lässt, hat auf der anderen Seite ein äußerst flexibles Transportmittel zur Verfügung. Um sich zu schützen, sollte man sich wie die Einheimischen mit Arm- und Knieschützern, Helm (gesetzlich vorgeschrieben) und Schutzbrille ausrüsten sowie einer Trillerpfeife, um träumende Fußgänger zu wecken. Fahrräder sollte man am besten mehrfach abschließen und anketten.

Die Preise für ein **Leihfahrrad** beginnen bei $7 pro Stunde und $35 pro Tag, d.h. bis der Laden schließt (die meisten haben von 9.30–18.30 Uhr geöffnet) – mitunter gibt es auch 24-Stunden-Angebote. In der Regel muss man Pass und Kreditkarte vorlegen, und manchmal wird eine Kaution von ca. $200 verlangt. Für Rennräder und Mountainbikes muss man mit höheren Preisen und einer höheren Kaution rechnen.

In den *Yellow Pages* sind **Fahrradvermietungen** komplett aufgelistet; preiswerte, zentral gelegene Anbieter sind:

Bikes in the Park, Loeb Boathouse, Central Park, ✆ 861-4137. Die beste Wahl für Radtouren im Park. Auch ein Tandem für $14 pro Stunde.
Metro Bicycles, 1311 Lexington Ave, 88th St, ✆ 427-4450; 546 6th Ave, 15th St, ✆ 255-5100; weitere Filialen in Manhattan. Einer der größten Fahrradläden der Stadt.
Midtown Bicycles, 360 W 47th St, 9th Ave, ✆ 581-4500. Radverleih für $7 pro Stunde, $35 pro Tag oder $40, wenn das Fahrrad am darauffolgenden Tag eine Stunde nach Öffnung des Geschäfts abgegeben wird.
West Side Bikes, 231 W 96th St, zwischen Broadway und Amsterdam Ave, ✆ 663-7531. Laden in der Upper West Side, günstig für Touren im Central Park.

Zu Fuß

In wenigen Städten der Welt ist es so aufregend wie in New York, einfach nur durch die Straßen zu gehen. In Nord-Süd-Richtung braucht man für 10 Blocks etwa 15 Minuten, in der Rushhour eher mehr. Selbst wer Verkehrsmittel benutzt, wird viel Zeit auf den Beinen verbringen und sollte daher unbedingt an gutes **Schuhwerk** denken.

Die Gefahr, durch unachtsames Überqueren der Straße einen Unfall zu verursachen, ist wesentlich größer als jene, überfallen zu werden. Neuerdings wird unrechtmäßiges Überqueren der Straße in New York strafrechtlich verfolgt. Auch wenn eine Fußgängerampel WALK anzeigt, muss man auf Autos achten, die um die Ecke biegen. Manchmal hilft ein New Yorker „Leg-dich-nicht-mit-mir-an"-Blickkontakt mit dem Fahrer, ansonsten hilft nur Rennen.

Inlineskating

Inlineskating wird mittlerweile nicht mehr nur als Hobby betrieben. Für immer mehr New Yorker sind Rollschuhe ein schnelles Fortbewegungsmittel. Auf Manhattans Straßen sollten sich allerdings nur versierte Läufer wagen – üben kann man im Central Park oder in einer anderen autofreien Zone (s.S. 376). Verleihe findet man in den *Yellow Pages*. Beliebt sind die Läden von *Blades*, 120 W 72nd St, zwischen Central Park West und Columbus Ave, ✆ 787-3911; 1414 2nd Ave, zwischen 73rd und 74th St, ✆ 249-3178. Normalerweise genügt die Kreditkartennummer als Sicherheit. Die Preise reichen von $16 für zwei Stunden am Wochenende bis zu $27 für 24 Stunden unter der Woche. Wer nach ein oder zwei Tagen Gefallen an der Sache gefunden hat, bekommt manchmal Ermäßigung beim Kauf von Inline Skates.

Touren

Einen ersten Gesamteindruck von New York kann man von der Aussichtsplattform eines der höchsten Gebäude erhalten, des Empire State Building oder des World Trade Center. Das Empire State Building ist vielleicht aufgrund seiner Lage im Herzen Manhattans die bessere Wahl, s.S. 121. Die Südspitze Manhattans kann man aus einer gewissen Distanz betrachten, indem man einfach die Brooklyn Bridge überquert oder die Fähre nach Staten Island nimmt – beides kostenlos.

Um in die Stadt einzutauchen oder einen bestimmten Aspekt New Yorks kennen zu lernen, kann man an einer der zahlreichen Touren teilnehmen, die für beinahe jeden Winkel und mit verschiedenen Transportmitteln angeboten werden.

Big Apple Greeter

Die wunderbare und darüber hinaus kostenlose Möglichkeit, New York in Begleitung eines Einheimischen zu entdecken, bietet die Initiative Big Apple Greeter. Diese Non-Profit-Organisation führt Touristen mit ausgebildeten, freiwilligen Stadtführern zusammen. Man kann einen bestimmten Stadtteil oder einen besonderen Aspekt New Yorks angeben, den man kennen lernen möchte – für beinahe jede Anfrage lässt sich jemand finden. Die sehr persönlichen, informellen Führungen dauern normalerweise einige Stunden (mitunter auch den ganzen Tag). Es ist auf jeden Fall ratsam, sich schon vor der Reise mit der Organisation in Verbindung zu setzen, um einen Termin zu vereinbaren: *Big Apple Greeter*, 1 Centre St, New York, NY 10007, ✆ 669-8159, ✆ 669-3685, ✉ cstone@bigapplegreeter.org, 💻 www.bigapplegreeter.com.

Stadtrundfahrten

Wer nicht gleich mit einem Stadtplan losziehen will, kann sich zunächst mit einer Stadtrundfahrt einen Überblick verschaffen. **Bustouren** sind ausgesprochen beliebt, obwohl sie natürlich nur einen oberflächlichen Eindruck bieten. Vom Doppeldecker herab kann man sich aber wunderbar jene Orte herauspicken, die man später näher erkunden will. Durch die immer stärkere Konkurrenz sind die Preise in den letzten Jahren gesunken und die Routen umfassender geworden. Die drei größten Unternehmen – *Gray Line*, *New York Apple* und *New York Double Decker* – bieten die Möglichkeit, mit einem Ticket (erhältlich am jeweiligen Busbahnhof, in Hotels oder direkt im Bus) beliebig oft ein- und auszusteigen. Ein Ticket, das zwei Tage lang für die ganze Stadt gültig ist, kostet maximal $40, 2-Stunden- oder Halbtagestickets gibt es für ca. $25. Kinder unter 12 Jahren erhalten Ermäßigung. Die Busse verkehren täglich von 9–18 Uhr; gesonderte Abendfahrten ($21) sind ebenfalls im Programm.

NY Double Decker ist insgesamt etwas günstiger, während *Gray Line* und *New York Apple* eine größere Auswahl an Touren anbieten. Informationen sind an den jeweiligen Busbahnhöfen erhältlich und liegen auch in Visitor Centers und Hotels aus.

Gray Line Sightseeing Terminal, Port Authority, 42nd St, 8th Ave, New York, NY 10019, ✆ 1-800/669-0051.

New York Apple Tours, 1040 6th Ave, New York, NY 10018, ✆ 1-800/876-9868, Terminal: 8th Ave, 53rd St, ✉ NYTours@aol.com.

New York Double Decker Tours, Empire State Building, 350 5th Ave, #4721, New York, NY 10118, ✆ 1-800/692-2870.

Rundflüge

Ein kostspieliges, aber sicher unvergessliches Erlebnis ist es, New York aus der Vogelperspektive zu betrachten. *Liberty Helicopter Tours*, am westlichen Ende der 30th Street und am Hubschrauberlandeplatz an der Wall Street, am Pier 6, ✆ 967-4550, bieten Rundflüge ab $46 (4 1/2 Min.) bis $149 (15 Min.). Wer sein Ticket im Voraus (im Hotel oder Reisebüro) kauft, spart $5. Beginnt der Flug in der 30th St, ist der beste Sitzplatz (zum Fotografieren) der auf der rechten Seite im hinteren Teil des Hubschraubers.

Die Hubschrauber starten täglich zwischen 9 und 21 Uhr, sofern die Witterungsverhältnisse es erlauben. Reservierungen sind nicht obligatorisch, aber bei gutem Wetter in der Hochsaison muss man sich ohne Buchung auf Wartezeiten einstellen. Man kann New York übrigens auch bei Nacht überfliegen – nach dem ersten Flug wird man wahrscheinlich auch diese Variante erleben wollen.

Schiffstouren

Manhattan ist eine Insel, was Besuchern aber erst bei einer Bootstour so richtig bewusst wird. Die Rundfahrt mit **Circle Line Ferry**, ✆ 563-3200, 💻 www.circleline.com, einmal um ganz Manhattan bietet die unterschiedlichsten Perspektiven: Auf die klassische Downtown-Skyline folgen das trostlosere Harlem und die Industrieanlagen der Bronx. Die Tour wird mit unterhaltsamen Erläuterungen kommentiert, und an Bord gibt es ein Café mit Snacks. Die Schiffe legen vom Pier 83 ab, am westlichen Ende der 42nd Street, Höhe 12th Ave, und verkehren von Ende März bis Mitte Dezember, in der Nebensaison 2x täglich, im Sommer stündlich. Die dreistündige Tour kostet $22 ($12 für Kinder bis 12 Jahre). Die zweistündige abendliche *Harbor Lights Cruise* bietet atemberaubende Ausblicke auf die Skyline von New York, während der Schwerpunkt der *Harlem Spirituals Gospel Cruise* mehr auf mitreißender Begleitmusik liegt. Die zweistündigen Touren kosten $18 (für Kinder bis 12 Jahre $10).

Weitere Touren beginnen am Pier 16 des South Street Seaport, z.B. die einstündige Hafenrundfahrt mit Blick auf Lower Manhattan und die vorgelagerten Inseln oder zweistündige Touren mit Live-Musik von Blues über Jazz bis Gospel für $25–40. Wer eine eher sportliche Variante bevorzugt, kann in dem knallroten Schnellboot von *The Beast* bei Höchstgeschwindigkeiten eine halbe Stunde lang übers Wasser rauschen.

NY Waterway, ☎ 1-800/533-3779, 🖥 www.nywaterway.com bietet 4x täglich eine etwas ausgedehntere 90-minütige Version vom westlichen Ende der 38th Street; Erwachsene zahlen $18, Kinder von 3–12 Jahren $9, Senioren $16. Weitere Touren von *NY Waterway* führen ins Hudson Valley zu historisch bedeutsame Orte.

Das beste Angebot – mittlerweile sogar kostenlos – ist die **Staten Island Ferry**, ☎ 718/390-5253, die am Battery Park in Lower Manhattan ihre eigene Anlegestelle hat. Die Fähre dient in erster Linie dem Pendlerverkehr, weshalb die Rushhour möglichst gemieden werden sollte. Zu anderen Tageszeiten hat man einen herrlichen Blick auf die schwindende Skyline Manhattans. Die Fähre legt zur Rushhour alle 15–20 Minuten ab, tagsüber und am frühen Abend alle 30 Minuten, spät abends stündlich; am Wochenende ist der Verkehr eingeschränkt. Die meisten Leute fahren mit der nächsten Fähre wieder zurück nach Manhattan, Sehenswertes auf Staten Island, s.S. 220.

Stadtführungen

Stadtrundgänge werden sowohl für Manhattan als auch für die Außenbezirke in großer Zahl und für jeden Geschmack angeboten. Unter kompetenter Leitung lernt man einzelne Viertel kennen oder erkundet New York unter einem bestimmten Thema. Die Programme einiger Anbieter liegen in den Visitor Centers aus. Aktuelle Termine sind auch in der *New York Times* (Fr oder So), in den mittwochs erscheinenden Blättern *Village Voice* und *NY Press* oder den kostenlosen Zeitungen, die an verschiedenen Orten ausliegen, zu finden. Die folgende Auswahl umfasst einige besonders interessante Angebote, die jedoch nicht alle ganzjährig stattfinden – die ausgefalleneren manchmal nur an wenigen Terminen im Jahr. Das genaue Programm kann man telefonisch erfragen.

Art Tours of Manhattan, ☎ 609/921-2647. Die beste Wahl für einen Einblick in die etablierte und alternative Kunstszene der Stadt. Die Touren führen zu Galerien in SoHo, Chelsea, der 57th St und Madison Ave und schließen einen Atelierbesuch mit ein. Die unterhaltsamen Rundgänge, die von Kunsthistorikern geführt werden, haben allerdings ihren Preis: Touren für bis zu 4 Personen kosten um $225.

Big Onion Walking Tours, ☎ 439-1090, 🖥 www.bigonion.com. *Big Onion* wurde von zwei Studenten der Columbia University ins Leben gerufen. Themenschwerpunkte sind die verschiedenen Einwanderergruppen und historische Aspekte, von spezialisierten Touren bis zur allgemeinen *Immigrant New York*-Tour. Die Führungen kosten $10, für Studenten und Senioren $8; die *Multi-Ethnic Eating Tour* kostet inkl. Essen $11–13.

Braggin' About Brooklyn, ☎ 718/297-5107, veranstaltet Booklyn-Touren, u.a. mit Schwerpunkt auf afroamerikanischer Kultur. Die Touren kosten $15 und finden täglich zu unterschiedlichen Zeiten statt.

Bronx County Historical Society, 3309 Bainbridge Ave, Bronx, ☎ 718/881-8900, 🖥 www.bronxhistoricalcosiety.org. Bronx-Rundgänge durch das vorstädtische Riverdale bis zu Wanderungen im desolaten Ödland der South Bronx. Die Touren sind mit $10 p.P. ($5 für Mitglieder) äußerst preisgünstig, finden aber nur sehr sporadisch statt.

Brooklyn Center for the Urban Environment, Tennis House, Prospect Park, Brooklyn, ☎ 718/788-8500, 🖥 www.bcue.com. Schwerpunkte sind Architektur und Natur in Brooklyn; die Spezialität sind sommerliche kulinarische Streifzüge durch die verschiedenen Einwandererviertel Brooklyns. Eine häufig stattfindende Tour führt zum historischen Greenwood Cemetery (s.S. 201). Alle Touren kosten $8, für Studenten und Senioren $5. Im Angebot sind auch Bootstouren unter ökologischen Gesichtspunkten in der Jamaica Bay oder auf dem eigenartig fluoreszierenden Gowanus Canal für $35 ($30 für Mitglieder, Studenten und Senioren).

Greenwich Village Literary Pub Crawl, ℡ 212-613-5796. Eine von Schauspielern der *New Ensemble Theater Company* geleitete, 2 1/2 Stunden lange Tour, bei der die unter literaturgeschichtlichen Gesichtspunkten wichtigsten Pubs angesteuert werden, wo die Schauspieler Auszüge aus relevanten Werken vorlesen. Treffpunkt ist die *White Horse Tavern,* 567 Hudson St, jeden Samstag um 14 Uhr. Reservierungen sind sehr zu empfehlen. Teilnahmegebühr $12, Studenten und Senioren $9.

Harlem Heritage Tours, 230 West 116th Street, Suite Nr. 5C ℡ 280/7888, ✉ loveharlem@aol.com. Harlem-Rundgänge zu allgemeinen und speziellen kulturellen Themen, z.B. „Harlem Jazz Clubs", jeweils mittags und abends für $15–20. Reservierung empfohlen.

Harlem Spirituals Gospel and Jazz Tours, 890 8th Ave, 2nd floor, ℡ 757-0425. Verschiedene Führungen durch Harlem, die Bronx und Brooklyn, von Kirchenbesuchen am Sonntagmorgen bis zu Abendtouren inkl. Restaurant- und Clubbesuch. Professionell betrieben und mit $15–75 (Kinder ermäßigt) sehr preiswert.

Hassidic Discovery Welcome Center, 305 Kingston Ave, Brooklyn, ℡ 1-800/838-TOUR, 🖳 www.jewishtours.com, bietet sonntags einen 4-stündigen Spaziergang durch das chassidische Crown Heights in Brooklyn, geführt von Rabbi Beryl Epstein. Nur mit Reservierung. Auf Anfrage inklusive Anfahrt von Manhattan.

Lower East Side Tenement Museum, 97 Orchard St, ℡ 431-0233. Im Frühjahr und Herbst organisiert das Museum samstags und sonntags Führungen durch die Lower East Side, mit Schwerpunkt auf verschiedenen Einwanderergruppen und deren Beziehungen untereinander. Teilnahme $10, Studenten und Senioren $8; auch Kombitickets mit Eintritt zum Museum $11–13.

Municipal Arts Society, 457 Madison Ave, zwischen 50th und 51st St ℡ 439-1049 oder 935-3960, 🖳 www.mas.org. Führungen durch verschiedene Viertel mit sehr subjektiven Kommentaren zu Architektur, Kultur, Geschichte und Politik. Oft werden Orte besichtigt, die sonst nicht öffentlich zugänglich sind, wie z.B. Baustellen. Mittwochs finden Führungen durch die Grand Central Station statt, Treffpunkt 12.30 Uhr an der Information, Teilnahme gegen eine Spende. Die meisten anderen Touren beginnen ebenfalls um 12.30 Uhr, dauern 90 Minuten und kosten $10–15, Studenten und Senioren erhalten Ermäßigung.

The 92nd Street Y, 1395 Lexington Ave, zwischen 91st und 92nd St ℡ 996-1100, 🖳 www.92ndsty.org. Sehr empfehlenswerte Rundgänge mit fundierten und informativen Erläuterungen. Im Programm sind Besichtigungen einzelner Viertel, Themenschwerpunkte wie Kunst oder Politik sowie ein Besuch des Fleisch- und Fischmarktes vor Sonnenaufgang. Teilnahme $20–55. Auf Wunsch können für Gruppen auch Führungen zu bestimmten Themen organisiert werden. Das Y bietet auch Tagesausflüge per Bus in das „Drei-Staaten-Eck" New York, New Jersey und Connecticut. Darüber hinaus sponsert das Haus Konzerte, Lesungen und andere Veranstaltungen.

Queens Historical Society, 143-35 37th Ave, Flushing, Queens, ℡ 718/939-0647, 🖳 www.preserve.org/queens. Die Gesellschaft, die ihren Sitz in Kingsland Homestead hat (s.S. 212), bietet zwar keine Führung an, dafür aber kostenlose Broschüren, die einen Rundgang durch die Flushing Freedom Mile beschreiben.

Radical Walking Tours, ℡ 718/492-0069, veranstaltet 15 unterschiedliche Spaziergänge, die das „alternative" Manhattan unter einem überaus links-politischen Blickwinkel betrachten. Schwerpunkte sind Themen aus der politischen und sozialen Geschichte Manhattans, z.B. „Central Park – Trees, Grass and the Working Class". Termine bitte telefonisch erfragen.

River to River Downtown Tours, 375 South End Ave, ℡ 321-2823. Exklusive 2-stündige Rundgänge durch Lower Manhattan, gespickt mit Klatsch und Anekdoten, für Einzelpersonen oder Kleingruppen, geführt von Ruth

Alscher-Green, einer Wahl-New Yorkerin. $35 für eine Person, $50 für zwei Personen.

Street Smarts NY, ✆ 212/969-8262, lebhafte Wochenendtouren mit beliebten Dauerbrennern wie „SoHo Ghosts", „Pubs and Poltergeists" und „Manhattan Murder Mysteries". Alle Touren kosten $10 und beginnen um 14 Uhr. Termine und Treffpunkt erfragen.

The Urban Park Rangers, ✆ 628-2345, bieten verschiedene kostenlose Führungen durch Parks in allen fünf Stadtbezirken mit Vorträgen zu Natur und Geschichte. Weitere Informationen zu Parkveranstaltungen ✆ 1-888/NY-PARKS, 🖥 www.nyparks.org.

Medien

Zeitungen und Zeitschriften

Tageszeitungen

Die Zeiten, in denen in New York zwanzig verschiedene Tageszeitungen nebeneinander existieren konnten, sind vorbei. In den 90er Jahren hatte die Presselandschaft einige Verluste zu vermelden. Mittlerweile gibt es nur noch drei Tageszeitungen: die großformatige *New York Times* und die Boulevardblätter *The Daily News* und *The New York Post*.

Die **New York Times** (60¢) ist eine amerikanische Institution. Sie blickt auf eine lange Tradition zurück und entspricht am ehesten der Vorstellung einer seriösen überregionalen Tageszeitung. Sie bietet fundierte, wenn auch mitunter etwas trockene, internationale Berichterstattung und räumt Kommentaren viel Platz ein. Die jüngsten Verbesserungen in der Lokalberichterstattung sind auf die harte Konkurrenz der – inzwischen eingegangenen – *Newsday* zurückzuführen. An jedem Wochentag widmet sich ein Sonderteil einem Thema ausführlicher, z.B. montags dem Sport und freitags den Veranstaltungen des kommenden Wochenendes. Die schon am Samstagabend erhältliche Sonntagsausgabe ($2,50) fällt wesentlich umfangreicher aus und bietet Lesestoff für mehrere Tage. Die New Yorker widmen sich der Lektüre traditionell bei Kaffee und Bagels. Das legendäre Kreuzworträtsel wird mit jedem Wochentag schwieriger, und an dem Rätsel der Sonntagsbeilage *New York Times Magazine* hat man das ganze Wochenende zu knabbern.

Die *Times* in der U-Bahn zu lesen erfordert einiges an Übung (die geschickteste Faltung kann man den Pendlern abschauen) und ist für viele ein Grund, auf die *Post* oder die *Daily News* auszuweichen. Die beiden Boulevardzeitungen setzen den Schwerpunkt auf Lokalnachrichten, die in fetten Schlagzeilen daherkommen. Beide müssen hart ums Überleben kämpfen.

Vor dem Streik ihrer Belegschaft 1990 war die **Daily News** (50¢) mit Abstand die bessere Zeitung und bot bei aller Sensationsgier einen frischen, schwungvollen Stil, intelligente Features und immer wieder regierungskritische Schlagzeilen. Durch den Streik sanken die Verkaufszahlen um zwei Drittel, da sich die Zeitungskioske mit der streikenden Belegschaft solidarisierten und das Blatt boykottierten – es wurde stattdessen von Obdachlosen in der U-Bahn verkauft. Fünf Monate nach Beginn des Streiks zahlte die *Chicago Tribune*, der die Zeitung gehörte, 60 Millionen Dollar an Robert Maxwell, der dafür die Zeitung einschließlich aller anstehenden Renten- und Abfindungszahlungen übernahm, woraufhin die Gewerkschaften den Streik beendeten. „New Yorks Heimatzeitung", wie sie sich gerne nennt, steckte jedoch tief in den roten Zahlen, und nachdem zahlreiche Starjournalisten das Blatt verlassen hatten, schien es um ihre Zukunft nicht gut bestellt. Nach Maxwells Tod übernahm Mortimer Zuckerman die *News*, die nach wie vor in der Krise steckt – wie 1997 der Weggang des hoch geschätzten Chefredakteurs Pete Hamill bewies.

Die **New York Post** (50¢) wurde 1801 von Alexander Hamilton gegründet und ist die älteste Zeitung der Stadt, musste aber in den letzten 20 Jahren einige Rückschläge einstecken. Neben solider Lokalberichterstattung sowie permanenten konservativ gefärbten Moralpredigten ist sie vor allem für ihre Sensations-Schlagzeilen bekannt: *Headless woman found in topless bar* war in den 80er Jahren eine der schönsten. Anfang der 90er stand die *Post* nach einer unglücklichen Folge von Besitzerwechseln kurz vor dem Aus, obwohl die Belegschaft auf 20% ihres Gehalts verzichtete, um die Verschuldung des Blattes von ca. 25 Millionen Dollar abzubauen. Die Situation spitzte sich zu, als der Immobilienmakler Abraham Hirschfeld Anfang 1993 versuchte, die Zeitung zu übernehmen. Die *Post* widmete vier Ausgaben der ausgiebigen Diffamierung Hirschfelds und brachte zweifelhafte Geschäfte des Maklers ans Licht – mit Erfolg: Hirschfeld zog sich zurück und überließ Medienzar Rupert Murdoch das Feld. Seit März 1993 gehört die Zeitung nun zu dessen *News International*-Gruppe, womit diese jedoch eine monopolähnliche Stellung einnahm und in Konflikt mit den Mediengesetzen geriet. Statt die *Post* in den Konkurs zu treiben, wurden die Gesetze im Sinne Murdochs großzügig ausgelegt. Der Konkurs konnte dadurch abgewendet werden – die Zeitung kämpft jedoch weiterhin ums Überleben.

Die zweite überregionale Tageszeitung mit Sitz in New York ist das **Wall Street Journal** (75¢), ein landesweites Wirtschaftsblatt mit großem, konservativen Nachrichtenteil und altmodischem Layout, das auf Fotos verzichtet.

Die einzige weitere überregionale Tageszeitung der USA ist die bunte **USA Today** (50¢), die sich auf Nachrichten und Wettervorhersage beschränkt und auf jegliche Analyse verzichtet – insgesamt eine ausgesprochen langweilige Lektüre, der die meisten New Yorker ihre Lokalzeitungen vorziehen.

Wochenzeitungen und Zeitschriften

Die **Village Voice** (Erscheinungstag mittwochs, in Manhattan kostenlos, sonst $1,25) ist die auflagenstärkste Wochenzeitung. Ihre Stärke sind ausführliche Beiträge zur Kulturszene sowie kritische Features. Gegründet in Greenwich Village, machte sie sich einen Namen als jugendliche, intelligente, linke Zeitung – mit dem „alternativsten" Journalismus, den New York zu bieten hatte. Nachdem sie in den 80ern mit Rupert Murdochs *News International*-Gruppe liebäugelte, gehört die Zeitung jetzt dem Tierfutter-Fabrikanten Leonard Stern, und für viele ist die Verwässerung der Inhalte nur noch eine Frage der Zeit. 1995 wurden trotz der Proteste von Kollegen einige der langjährigsten und beliebtesten Redakteure entlassen, darunter die komplette Sportredaktion. Die *Voice* ist aber noch immer lesenswert und bietet kritische Beiträge mit einem klaren Standpunkt, hauptsächlich zum Mediengeschehen, zu schwul-lesbischen Themen und Bürgerrechten. Der Veranstaltungskalender ist eine hervorragende Informationsquelle, auch wenn das angegebene Kinoprogramm nicht immer hundertprozentig stimmt. Die **New York Press** ist direkte Konkurrentin und die rebellische Alternative zur *Voice*; aufs Schärfste angriffslustig, lässt sie an fast nichts und niemandem ein gutes Haar. Die Veranstaltungshinweise sind gut und jeden September erscheint die sehr nützliche Spezialausgabe „Best of Manhattan": eine Auflistung der Superlative in den Bereichen Essen, Trinken, Unterhaltung usw.

An kostenlosen Wochenzeitschriften gibt es außerdem **Edge NY**, eine Zeitschrift zum Independent-Theater, die Satirezeitschrift **Rotten Apple**, die verspricht, alle Nachrichten abzudrucken, vor denen die anderen zurückschrecken, und **Literal Latte**, ein Journal evokativer Prosa, Poesie und Kunst, das alle zwei Monate herausgegeben wird.

Weitere wöchentlich erscheinende Publikationen sind die Zeitschriften **New York** ($2,99), die eher der Unterhaltung dient und brauchbare Veranstaltungshinweise enthält, und **Time Out New York** ($1,95), eine gelungene Entsprechung des Londoner Originals, die den umfangreichsten Veranstaltungskalender bietet sowie unterhaltsame Beiträge zum New Yorker Geschehen und Lifestyle.

Die traditionsreiche Zeitschrift **New Yorker** ($2,95) ist – neben ihren begehrten Cartoons – immer noch die führende Publikation in Sachen Kurzgeschichten und Gedichte. Nachdem die Britin Tina Brown die Zeitschrift erfolgreich von ihrem konservativen, angestaubten Image befreien konnte, pflegt sie wieder den intelligenten, großstädtischen und respektlosen Stil, für den sie in den 30er Jahren so bekannt war. Die Theater- und Ausstellungskritiken sind unübertroffen. Chefredakteur ist inzwischen David Remnick.

Andy Warhols **Interview** ($2,95) enthält, wie der Name sagt, hauptsächlich Interviews und widmet sich daneben Modethemen.

Ike Udes vierteljährlich erscheinende **aRUDE** ($5) ähnelt der *Interview* in ihren friedlichen Tagen, während die neue **Soho Style** ($5) für sich beansprucht, Ausdruck der *Downtown Experience* zu sein.

Vielleicht die beste – sicherlich aber die schrillste – Downtown-Alternative zur *Voice* ist die Monatszeitschrift **Paper** ($3,50) mit witzigen und gut geschriebenen Beiträgen zum New Yorker Nachtleben, zu Restaurants sowie jeder Menge Neuigkeiten und Klatsch. Wer einen etwas politischeren Unterton wünscht, hat die Wahl zwischen dem ironischen, rosafarbenen **New York Observer** ($1) und der ernsthaften **Amsterdam News** (75¢).

Internationale Presse

Europäische Zeitungen sind in der ganzen Stadt erhältlich, normalerweise einen Tag nach Erscheinen. Wer eine ganz bestimmte Zeitung oder Zeitschrift sucht, kann sein Glück an folgenden Verkaufsstellen versuchen:
Hotalings, 142 W 42nd St, zwischen Broadway und 6th Ave, ✆ 840-1868;
Hudson News, 753 Broadway, Höhe 8th St;
Magazine Store, 20 Park Ave South, zwischen 17th und 18th St ✆ 598-9406;
Nico's, 6th Ave, Ecke 11th St, ✆ 255-9175, eine der besten Quellen für Zeitschriften aller Art aus aller Welt.
The Magazine Store, 30 Lincoln Plaza, 63rd St, Höhe Broadway, ✆ 246-4766;
Zeitungskioskien an der 42nd St zwischen 5th und 6th Ave und am Union Square, 14th St, Ecke Broadway;
Barnes & Noble sowie **Borders** (Adressen s.S. 421) bieten eine große Auswahl an Zeitschriften sowie einige ausländische Zeitungen, die man im Café kostenlos lesen kann.

Fernsehen

Wer die amerikanische Psyche verstehen will, sollte die Gelegenheit nutzen und durch die über 70 Kabelprogramme zappen. Dabei läuft man allerdings Gefahr, den Ausschaltknopf nicht mehr zu finden – zu groß ist die perverse Faszination des Teleshopping, der Sorgentelefone, brasilianischen Telenovelas und religiösen Predigten auf dem offenen Kanal.

Was vom europäischen Fernsehen mittlerweile kopiert wird, dominiert hier das Programm: Amerika ist die Heimat der trashigen Talkshows und seichten Sitcoms. Wer sich davon nicht abschrecken lässt, kann sich anhand der folgenden Übersicht orientieren.

Das aktuelle Fernsehprogramm kann man z.B. dem *TV Guide* ($1,49) oder den Tageszeitungen entnehmen, am ausführlichsten sind die Programmhinweise der *New York Times*.

Broadcast TV

Broadcast TV sind die Sender, die auch ohne Kabelanschluss zu empfangen sind. In den meisten Hotels wird man einige oder alle der folgenden Kanäle sehen können.

Fernsehprogramme

2 WCBS	(CBS)
4 WNBC	(NBC)
5 WNYW	(Fox)
7 WABC	(ABC)
9 WWOR	(unabhängig)
11 WPIX/WB11	(unabhängig)
13 WNET	(PBS)
21 WLIW	(PBS)
25 WNYE	(Schulfernsehen)
31 WNYC	(PBS)
41 WXTV	(spanisch)
47 WNJU	(spanisch)
55 WLIG	(unabhängig)

Karten für Fernsehshows
Wer das Wechselbad von Aufregung, Entsetzen, Langeweile und Überraschungen des amerikanischen Fernsehens einmal aus nächster Nähe erleben will, kann kostenlos eine Studioaufzeichnung besuchen. Um die besonders begehrten Shows muss man sich Monate im Voraus schriftlich bemühen, aber mit etwas Glück gibt es auch Lastminute-Karten. Die meisten Shows erfordern ein Mindestalter von 16 oder 18 Jahren. Minderjährige und Eltern mit Kindern sollten sich vorher telefonisch darüber informieren.

Late-night-Shows

David Letterman. Noch immer die unbestrittene Lieblings-Talkshow, auch nach dem Wechsel zu CBS und ins Ed Sullivan Theater. Jeweils zwei Karten können per Postkarte (so früh wie möglich) bestellt werden bei Letterman Tickets, 1697 Broadway, New York, NY 10019. Dort (zwischen 53rd und 54th St) werden auch um 12 Uhr Standby-Tickets vergeben. Wer nach 9.30 Uhr erscheint, hat keine Chance mehr. Infos: ✆ 975-1003.

Late Night with Conan O'Brien. Lettermans Nachfolger bei NBC bietet harmlose Unterhaltung. Vorbestellungen schriftlich bei NBC Tickets, Late Night with Conan O'Brien, 30 Rockefeller Plaza, New York, NY 10112, oder am Tag der Show direkt unter dieser Adresse am Page Desk, Mo–Fr vor 9.15 Uhr. Infos: ✆ 664-4000.

Saturday Night Live. Trotz der nachlassenden Qualität ist der Andrang auf diese Show nach wie vor groß. Die Karten werden nur einmal jährlich verlost. Nicht sehr praktisch, aber man kann ja mal eine Postkarte schicken (sie muss im August ankommen) und abwarten, was passiert: NBC Tickets, Saturday Night Live, 30 Rockefeller Plaza, New York, NY 10112. Standby-Tickets werden an Show-Samstagen um 9.15 Uhr am Eingang 49th St des GE Buildings, 30 Rockefeller Plaza, vergeben. Da einige Shows Wiederholungen sind, besser vorher anrufen, ✆ 664-4000.

Nachmittags-Shows

Montel Williams. Die Talkshow richtet sich an Jung und Alt und versucht tatsächlich, Lösungen für die angesprochenen Probleme zu finden, bei denen es oft um Rassismus geht. Karten telefonisch bei Montel Williams Show, ✆ 830-0300.

Regis and Kathie Lee. Mit einer Reihe von familientauglichen Themen – man fühlt sich beinahe in die Pionierzeit des amerikanischen Talk-TV zurückversetzt. Kathie Lee Gifford ist für ihr schlechtes Verhältnis zur Boulevardpresse bekannt. Auf Tickets muss man über ein Jahr lang warten – wer es versuchen will, schreibt eine Postkarte mit Anschrift und Telefonnummer an Live Tickets, PO Box 777 Ansonia Station, New York, NY 10023-777. Standby-Tickets werden um 8 Uhr bei den ABC Studios, 67th St, Ecke Columbus Ave, vergeben. Infos: ✆ 456-1000.

Ricki Lake repräsentiert die jüngere, frischere Variante. Ihre Shows sind witzig und peppig. Man hat als Zuschauer auch nicht das Gefühl, bei irgendwelchen Unglücksraben durchs Schlüsselloch zu schauen. Karten so früh wie möglich bestellen bei: Ricki Lake, 226 W 26th St, 4th floor, New York, NY 10001, oder mindestens zwei Stunden vor Aufzeichnungsbeginn (Mo–Do 15 und 17, Fr 12 und 15 Uhr) in der 221 W 26th St erscheinen, wo Standby-Tickets vergeben werden. Infos ✆ 352-3322.

O'Donnell. Diese Morgenshow ist außerordentlich beliebt und alles andere als flach. Zu Rosies Gästen zählen nicht selten die hochrangigsten Hollywoodstars, so dass die Warteliste von einem Jahr nicht verwundert; wer es trotzdem versuchen will, schreibt an: NBC Tickets c/o The Rosie O'Donnell Show, 30 Rockefeller Plaza, New York, NY10012. Aufzeichnungsbeginn Mo–Do um 10 und Mi zusätzlich um 14 Uhr. Standby-Tickets (ohne Eintrittsgarantie) sind im Rockefeller Plaza erhältlich. Infos ✆ 664-4000.

Sally Jessy Raphael. Ein weiterer Star der eher seichten Variante, wenngleich die Shows nicht ganz so überdreht sind wie manch andere. Aufzeichnungen finden Mo–Mi statt, Reservierungen sind bis zum Vortag unter ✆ 1-800/411-7941 oder -7470 möglich. Standby-Tickets für denselben Tag gibt es ab 9 Uhr im Hotel Pennssylvania, 33rd St, zwischen 7th Ave und Broadway.

Die deutlichste Veränderung der letzten Jahre im amerikanischen Broadcast-TV ist vermutlich der Trend zur **Mittags-Talkshow**, die mittlerweile den früheren Sendeplatz der Spielshows und Seifenopern erobert hat. Dabei haben Prominente als Talkgäste ausgedient: Im Mittelpunkt dieser Shows stehen die bizarreren Hobbys und Probleme des Durchschnittsbürgers, ausgefragt von aggressiven bis verständnisvollen Talkmastern mit Unterstützung des Publikums. Die immer größere Konkurrenz hat zu einem grotesken Voyeurismus geführt.

Mittlerweile ist es sogar nicht unüblich, Gäste unter Angabe eines falschen Themas einzuladen, um sie dann mit wesentlich heikleren Fragen zu konfrontieren. Diese Taktik gipfelte 1995 in einem Gewaltausbruch: In der *Jenny Jones Show* erfuhr ein Gast, dass die Person, die heimlich für ihn schwärmte, ein Mann war, und erschoss seinen glücklosen Bewunderer nach der Sendung. Trotz dieses offensichtlichen Zusammenhangs von Sensationsgier und provozierter Gewalt sind Boulevard-Talkshows auf allen Sendern nach wie vor sehr beliebt.

Auffällig ist außerdem das abendliche Überangebot an **Nachrichten**, die sich jedoch im Kampf um die Aufmerksamkeit der auf Talkshows geeichten Zuschauer meist auf Lokalgeschehen, Sport und Wetter sowie einige Boulevardgeschichten beschränken. Brauchbare Landesnachrichten sind nur um 18.30 Uhr auf ABC, CBS und NBC zu sehen. *Sixty Minutes* (CBS, So 19 Uhr) ist eines der besten Nachrichtenmagazine, eine amerikanische Institution mit sehr guten Hintergrundberichten. *Nightline* (ABC, Mo–Fr 23.30 Uhr) mit Meinungen zum Tagesgeschehen, moderiert vom Starjournalisten Ted Koppel, ist ebenfalls sehenswert.

Kabelprogramme

Zahlreiche Hotels bieten Fernsehen mit Kabelanschluss, wobei die Zahl der empfangenen Sender von der Art des Abonnements abhängt. Einer der neuesten Spielfilme auf einem *pay-per-view channel* wird sich mit $5 auf der Hotelrechnung niederschlagen. Die Kabelsender sind keinem einheitlichen Kanal zugeordnet: Wenn sie nicht auf der Rückseite der Fernbedienung verzeichnet sind, kann man an der Rezeption fragen oder sich einfach durchzappen.

Trotz der sehr riesigen Anzahl von Sendern (es sind tatsächlich Hunderte) ist das Programmangebot verblüffend eintönig. Im Folgenden seien Spartenkanäle genannt, die sich von der Masse abheben: der Spielfilmsender **HBO** (Home Box Office), der Sportkanal **Fox sports Network** und Nachrichtensender wie **CNN** (Cable News Network) und **C-SPAN**, der Live-Übertragungen aus dem Kongress und dem Obersten Gerichtshof sowie aus dem britischen Unterhaus zeigt. **A&E** (Arts and Entertainment) und **Bravo** berichten über die Kunstszene und der **Independant Film Channel** zeigt einige der eigenwilligsten Filmneuheiten. Ganz Mutige sollten einen Blick auf die **offenen Kanäle** werfen, wo alles Mögliche und Unmögliche geboten wird: von harmlosen Amateurvideos bis zu Hasstiraden der schrägsten Psychopathen der Stadt. Das breiteste Programmspektrum bietet **Channel 35**, der von der Übertragung der heiligen Messe über die Video-Musikbox *The Box* bis zur *Chicks With Dicks*-Hotline alles in seinem Programm vereint.

Radio

Auf der **FM**-Skala (UKW) sind zahlreiche Lokalsender mit unterschiedlichem Programm und Anspruch zu finden. Die Radiolandschaft verändert sich ständig, Sender kommen und gehen, daher kann die nachstehende Liste nur als Anhaltspunkt dienen.

Während über die FM-Sender vorwiegend Musikprogramme zu hören sind, besteht das Programm der **AM**-Sender (Mittelwelle) eher aus Gesprächssendungen. Die *New York Times* gibt täglich Radiotips, aber auch ohne Programm lässt sich etwas Interessantes finden. Mit einem guten Weltempfänger ist die **Deutsche Welle** über Kurzwelle auf verschiedenen Frequenzen zu empfangen. Da beim Kurzwellenrundfunk der Frequenzeinsatz den physikalischen Ausbreitungsbedingungen angepasst werden muss, ist es ratsam, sich vor Reiseantritt bei der Deutschen Welle über die aktuelle Frequenz zu informieren.

Auskünfte erteilt rund um die Uhr die *Technische Beratung*: ✆ 0221-3893208, ℻ 0221-3893220. Weitere Informationen über die aktuellen Programme und Macher im Internet unter www.dwelle.de.

FM-Sender (UKW)
88,3	(WBGO)	Jazz*
89,9	(WKCR)	Columbia University
90,7	(WFUV)	Folk*
91,5	(WNYE)	Schulfunk / Lokales / Kinder
92,3	(WXRK)	Klassik-Rock / morgens Howard Stern
92,7	(WLIR)	„Modern" Rock (Alternative / 80er New Wave)
93,1	(WPAT)	Spanisch
93,9	(WNYC)	Klassik*
95,5	(WPLJ)	Top 40
96,3	(WQXR)	Klassik
97,1	(WBLS)	„Hot 97" Hip Hop, R&B
97,5	(WALK)	Pop
97,9	(WSKQ)	Spanisch
98,7	(WRKS)	„Kiss" Pop
99,5	(WBAI)	Gemischt / Ethnopop
99,9	(WEZN)	Pop
100,3	(WHTZ)	„Z100" Top 40
101,1	(WCBS)	Oldies
101,9	(WQCD)	Jazz
102,7	(WNEW)	Rock
103,5	(WKTU)	Pop / Dance
104,3	(WAXQ)	Classic Rock
105,1	(WMXV)	Pop
105,9	(WNWK)	Multikulti
106,7	(WLTW)	Light Rock
107,5	(WBLS)	Pop / R&B

AM-Sender (Mittelwelle)
570	(WMCA)	Christlich / Talk
620	(WJWR)	Sport
660	(WFAN)	Sport / Imus in the Morning (mit Don Imus)
710	(WOR)	Nachrichten / Talk
770	(WABC)	Nachrichten / Talk / Rush Limbaugh
820	(WNYC)	Nachrichten / Talk*
880	(WCBS)	Nachrichten
930	(WPAT)	Pop
970	(WWDJ)	Christlich
1010	(WINS)	Nachrichten
1050	(WEVD)	Nachrichten / Talk
1130	(WBBR)	Nachrichten
1190	(WLIB)	Afrokaribische Nachrichten / Talk
1280	(WADO)	Spanisch
1380	(WKDM)	Multikulti
1560	(WQEW)	Kinder
1600	(WWRL)	Gospel / Soul / Talk

*National public radio (NPR), staatlich finanziert, sendet auch Gemeinschaftsproduktionen mit anderen Sendern.

Geld

Reisekosten

Die USA sind zwar selbst bei ungünstigem Wechselkurs noch immer ein preiswertes Reiseland, New York stellt jedoch eine Ausnahme dar und ist in einigen Bereichen ein teures Pflaster.

Die Unterkunft wird als höchster Posten zu Buche schlagen: Selbst im YMCA kostet ein Doppelzimmer um $60, ein einfaches Hotelzimmer ist kaum unter $100 zu finden, und für etwas mehr Komfort schnellen die Kosten in die Höhe. Es lassen sich aber in jeder Kategorie Schnäppchen machen.

Pro Tag sollte man – von den Übernachtungskosten abgesehen – ein absolutes Mindestbudget von $30 einplanen. Je nach Art der abendlichen Unternehmungen kann diese Summe erheblich höher ausfallen, obwohl sich auch hier Kosten sparen lassen.

Mit einem ordentlichen *American breakfast* kann man sich günstig für den Tag stärken. Snacks für wenige Dollar bieten die allgegenwärtigen Delis, Pizza-Imbisse und Falafel-Stände.

Außerdem gibt es zahlreiche preiswerte Restaurants (s.S. 284), in denen man für $10 oder weniger eine gute Mahlzeit bekommt.

Beim Kalkulieren darf das Trinkgeld aber nicht vergessen werden: In Restaurants sind 15%, in Bars 10% üblich.

Kreditkarten

Man sollte sich darauf einstellen, die größten Posten per **Kreditkarte** zu bezahlen. Bei vielen Gelegenheiten ist die Vorlage einer Karte sogar obligatorisch, z.B. wenn man ein Auto mieten oder ein Hotel buchen möchte, selbst wenn die Rechnung am Ende bar bezahlt wird.

Bei Mietwagen oder Flügen ist bei Bezahlung mit der Karte automatisch eine **Unfallversicherung** abgeschlossen, und ganz ohne Karte wird man in Verlegenheit kommen. Mit den bekannten Kreditkarten wie *Visa, Mastercard, Diners Club, American Express* und *Discover* kann in den großen Hotels und teureren Restaurants bezahlt werden. Die normalen EC-Karten werden hingegen selten akzeptiert. Die Kreditkarte erspart auch das Bargeldhinterlegen einer Zwangskaution bei der Auto- oder Motorradmiete.

Mit *Mastercard, Visa* oder einer anderen Karte, die an eines der internationalen Systeme *Cirrus* oder *Plus* angeschlossen ist (mit der Hausbank klären), kann man an den entsprechenden **Geldautomaten** (ATM = *automatic teller machine*) Bargeld abheben.

- www.americanexpress.de
- www.visa.de
- www.mastercard.com
  (Euro- und Mastercard)

Verlust von Kreditkarten melden:

American Express	1-800/528-4800
Diners Club	1-800/234-6377
Mastercard	1-800/826-2181
Visa	1-800/336-8472

Verlust von Reiseschecks melden:

American Express	1-800/221-7282
Citicorp/Citibank	1-800/645-6556
Thomas Cook	1-800/223-9920
Visa/Mastercard	1-800/227-6811

Verlust oder Diebstahl muss sofort gemeldet werden, um die Karte sperren zu können und Ersatz zu erhalten – jeder sollte seine entsprechende Notrufnummer im Ausland sowie die Nummer seiner Kreditkarte griffbereit haben. Karteninhaber sind gegen den Missbrauch der Karte abgesichert (Haftung max. 100 DM). Um einem Missbrauch vorzubeugen, sollten Kreditkarten immer im Auge behalten und die Belege später genauestens geprüft werden. Sollte es **Schwierigkeiten** mit der Karte geben (Sperrung, Schaden am Magnetstreifen o.Ä.), kann man die ausstellende Firma in Deutschland anrufen – Zeitverschiebung beachten!

Bargeld und Travellers Cheques

Bargeld mitzunehmen ist aus vielen Gründen nicht ratsam. Allerdings ist es nützlich, vorher bzw. gleich bei der Ankunft am Flughafen einige kleine Dollarnoten für öffentliche Verkehrsmittel, den Gepäckwagen oder eine Tasse Kaffee einzuwechseln.

Die Reisekasse sollte zum überwiegenden Teil aus US$-Travellers Cheques bestehen, denn Reiseschecks in anderen Währungen oder gar Euroschecks sind für Amerikaner sehr exotisch. Nur wenige Banken sind – gegen Umtauschgebühren – bereit, diese einzulösen, und als Zahlungsmittel sind sie völlig unbrauchbar. Dollarschecks werden dagegen von allen Banken gewechselt und wie Bargeld in Geschäften, Restaurants und Tankstellen akzeptiert. Es lohnt sich deshalb, sie auch in kleineren Beträgen mitzunehmen (z.B. $20-Schecks), da die wenigsten Läden gern ihre Wechselgeldvorräte gegen einen Scheck eintauschen. Außerdem kann man in fast allen durchgehend geöffneten koreanischen Delis Schecks gegen Bargeld eintauschen – bei Geldknappheit um 4 Uhr morgens die letzte Rettung.

Dollarschecks sind gegen 1% Provision bei jeder Bank zu haben. Am bekanntesten sind *Amexco-* (American Express), *Visa-* oder *Thomas Cook*-Reiseschecks. Bei Verlust oder Diebstahl werden sie im nächsten Vertragsbüro ersetzt.

Wichtig ist, dass die Kaufabrechnung an einer anderen Stelle aufbewahrt wird als die Schecks, denn mit ihr lässt sich nachweisen, welche Schecks eingekauft wurden. Außerdem hilft eine Aufstellung aller bereits eingelösten Schecks, die natürlich bei Verlust nicht ersetzt werden.

Wer einen Scheck einlöst, wird häufig nach einer *identification* gefragt – oft genügt der Führerschein, ansonsten wird selbstverständlich der Reisepass akzeptiert. Mit Travellers Cheques kann man auch bezahlen, wenn das Schild *no checks* an der Kasse angebracht ist, denn es bezieht sich nur auf persönliche oder Wohlfahrtsschecks.

Geldüberweisungen

Was macht man, wenn alles schiefgegangen ist und man plötzlich 5000 Kilometer von zu Hause entfernt völlig pleite dasteht? Bevor man sich von der Brooklyn Bridge stürzt, sollte man die Alternativen in Erwägung ziehen:

Vom eigenen Konto (Faxnummer der Bank notieren!) können Beträge in die USA überwiesen werden. Dazu benötigt man die Namen und Adressen der Korrespondenzbanken in New York. Dort kann bei einer Filiale der entsprechenden Bank der Auftrag erteilt und später das Geld in Empfang genommen werden. In dringenden Fällen kann man eine Überweisung per Telex veranlassen, die Kosten (ca. $25) muss man selbst tragen. Ansonsten wird eine bestimmte Summe brieflich vom heimischen Konto angefordert.

Ist zu Hause jemand bereit, einem aus der Patsche zu helfen, dann führt der schnellste Weg über das nächste *American Express*-Büro. Der Einzahler kann dort Geld in Form eines *Travelers Express Moneygram* verschicken (✆ 1-800/543-4080), das kurze Zeit später im angegebenen Auszahlungsbüro in Empfang genommen werden kann. Die Gebühren sind je nach Land verschieden und richten sich nach dem verschickten Betrag, z.B. aus Europa $20 für $100 oder $60 für $1000. *Western Union,* ✆ 1-800/325-6000, bietet einen ähnlichen Service gegen etwas höhere Gebühren.

Wer nicht unter Zeitdruck steht, kann sich das Geld auch mit einer internationalen Postanweisung zuschicken lassen.

Während Bar-Postanweisungen in die USA auf $150 begrenzt sind, können als Scheck-Postanweisung bis zu $10 000 transferiert werden. Das dauert etwa eine Woche und ist schneller, als einen Scheck zu schicken, denn dieser wird erst nach 4–8 Wochen ausgezahlt.

Wechselkurs (Sommer 2000)

1 US$	= 2,11 DM	1 DM	= 0,47 US$
1 US$	= 14,77 öS	1 öS	= 0,07 US$
1 US$	= 1,67 sFr	1 sFr	= 0,60 US$
1 US$	= 1,08 €	1 €	= 0,93 US$

Aktuelle Wechselkurse unter:
🖳 **www.oanda.de**

Die grünen, gleich großen amerikanischen Dollarnoten, die sich zum Verwechseln ähnlich sehen, gibt es mit den Nennwerten $1, $5, $10, $20, $50 und $100 sowie in einigen größeren (und selteneren) Werten. 1 Dollar entspricht 100 Cents, die als Münzen im Wert von 1¢ (Penny), 5¢ (Nickel), 10¢ (Dime) und 25¢ (Quarter) im Umlauf sind. Für Busse, Telefone und verschiedene Automaten sollte man immer einen Stapel Quarters (25¢) dabeihaben.

Banken und Wechselstuben

Die Schalter der Banken sind normalerweise Mo-Fr 9–15 Uhr geöffnet. Einige Banken haben donnerstags und freitags längere Öffnungszeiten, manche sind auch für wenige Stunden am Samstag geöffnet. Travellers Cheques und Fremdwährungen werden bei allen großen Banken – wie **Citibank** und **Chemical** – gegen eine Einheitsgebühr in Dollar umgetauscht.

Außerhalb der Bankoffnungszeiten ist man auf einige wenige Wechselstuben in Manhattan angewiesen (s.u.). Diese und die Wechselschalter der internationalen Flughäfen tauschen Travellers Cheques und Fremdwährung allerdings meist zu einem ungünstigen Kurs und mit saftigen Gebühren ein – vorsichtshalber vorher fragen!

> **Wechselstuben**
> Die folgenden Büros haben längere Öffnungszeiten als die Banken und stehen neben Geldumtausch auch für Überweisungen zur Verfügung.

Avis Currency Exchange
Met Life Building, 200 Park Ave, 45th St,
Third Floor East, Room 332,
◐ Mo–Fr 8–17 Uhr,
✆ 1-800/258-0456 oder 661-0826;
Haupthalle der Grand Central Station,
◐ Mo–Fr 7–19, Sa und So 8–15 Uhr,
✆ 661-0826;
1451 Broadway, zwischen 41st und 42nd,
◐ Mo–Fr 10–20, Sa und So 12–20 Uhr,
✆ 944-7600;
Stern's Department Store, 33rd St, 6th Ave,
◐ Mo–Sa 10–18, So 11–18 Uhr,
✆ 268-8517.

Thomas Cook
317 Madison Ave, 42nd St,
◐ Mo–Sa 9–19, So 9–17 Uhr,
✆ 883-0401;
511 Madison Ave, 53rd St,
◐ tgl. 9–17 Uhr, ✆ 753-0117;
Times Square, 1590 Broadway, 48th St,
◐ Mo–Sa 9–19, So 9–17 Uhr,
✆ 265-6063;
1271 Broadway, 32nd St,
◐ Mo–Sa 9–18.30, So 9–17 Uhr,
✆ 679-4877;
29 Broadway, Morris St,
◐ Mo–Fr 8.30–16.30 Uhr, ✆ 363-6206.

Telekommunikation

Öffentliche Telefone

Öffentliche Telefone sind meist nicht weit. Man findet sie an Straßenecken, in Hotellobbys, Bars und Restaurants – ein funktionierendes zu finden kann dagegen schon schwieriger werden. Das Telefonnetz der USA wird von verschiedenen konkurrierenden Gesellschaften betrieben, die alle ihre eigenen Münzapparate aufstellen können.

Auf den ersten Blick sind sich diese recht ähnlich, aber die meisten New Yorker verlassen sich am ehesten auf **Bell Atlantic**-Telefone, die die besten Tarife bieten. In alle öffentlichen Telefone können 25¢-, 10¢- oder 5¢-Münzen eingeworfen werden.

Ortsgespräche (d.h. Nummern mit den Vorwahlen 212 oder 718) kosten 25¢ (etwas mehr zu den entlegensten Gebieten der Außenbezirke). Sollte das Münztelefon keine Quarters annehmen, ist der Geldspeicher voll. Man muss dann ein anderes Telefon suchen. Von einem Bell Atlantic-Telefon kostet das Ortsgespräch für die ersten drei Minuten 25¢. Nach Ablauf der drei Minuten wird man per Ansage zum Nachwerfen aufgefordert – weitere Einheiten von zwei Minuten kosten 5¢. Wirft man kein Geld nach, wird die Verbindung abgebrochen.

Vom **Hotelzimmer** aus zu telefonieren ist erheblich teurer als von einem der Münzapparate, die meist in der Lobby zur Verfügung stehen. Ortsgespräche sind allerdings in einigen Budgethotels auch vom Zimmer aus kostenfrei – an der Rezeption nachfragen!

> Unter ✆ 411 erreicht man in NYC die kostenlose **Auskunft**. Neben Telefonnummern kann man Adressen erfragen und sogar Orientierungshilfen erhalten.

Toll-free numbers

Viele Behörden, Autovermietungen, Hotels und andere Dienstleistungsunternehmen haben eine **gebührenfreie Servicenummer**, die *toll-free number*. In ein öffentliches Telefon werden 10¢ eingeworfen, die nach dem Einhängen des Hörers wieder herauskommen. *Toll-free numbers* beginnen immer mit der Vorwahl ✆ **800** bzw. ✆ **1-800**, manchmal auch ✆ **1-888**. Sie sind in den *Yellow Pages* aufgelistet und können unter ✆ 1-800/555-1212 erfragt werden.

Meist empfindlich teuer sind Gespräche mit der Vorwahl ✆ 1-900 auf den so genannten *pay-per-call lines*, bei denen es fast immer entweder um Sportnachrichten oder Telefonsex geht.

Vor allem Dienstleistungsfirmen und Informationsdienste verwenden auch Buchstaben als Telefon-„Nummer", weil sie leichter zu behalten sind als Zahlen. Die Buchstaben sind auf den Tasten zu finden.

Unter ✆ 1-800/AIR RIDE erhält man z.B. Informationen über Verkehrsverbindungen zu den Flughäfen. Bei Problemen hilft der *operator* – man wählt einfach eine 0.

Vorwahlen

Die ersten drei Stellen einer Telefonnummer wie ✆ 123/456-7890 sind die Vorwahl *(area code)*. Innerhalb der *area* wählt man nur die letzten sieben Stellen der Nummer, von außerhalb wird eine 1 vorgewählt, dann der *area code* und die Rufnummer.

Telefonnummern außerhalb Manhattans sind in diesem Buch mit Vorwahl angegeben. Weitere Vorwahlen stehen im Telefonbuch und können beim *Operator* erfragt werden: ✆ 0.

Internationale Vorwahlen

Aus den USA wählt man 011 (für *oversea calls*) und anschließend

für Deutschland	49
für Österreich	43
für die Schweiz	41

In die USA aus Deutschland, Österreich und der Schweiz   001

Area Codes in und um New York

New York (NY)	
Manhattan	212
Brooklyn, Bronx, Queens und Staten Island	718
Long Island	516
Hudson Valley	914
Connecticut (CT)	
West-CT	203
Ost-CT	860
New Jersey (NJ)	
Princeton und die Küste	609
Newark und Nord-NJ	201
Zentral-NJ	908

Wichtige Telefonnummern

Operator (hilft und vermittelt Gespräche) **0**
Auskunft (New York City) **411**
Auskunft für Ferngespräche
  (Long Distance Directory Information)
  1-(Area Code)-555-1212
Infos über kostenlose Telefonnummern
  (Toll Free Directory Inquiries)
  1-800-555-1212
Notruf (Feuerwehr, Polizei, Krankenwagen)
  911

Programmansagen und Krisenhilfe

Kinoprogramm
✆ 777-FILM
Bühnenprogramm
New York City On Stage, ✆ 768-1818
Vermisste Personen
Missing Persons Bureau, ✆ 374-6913
Gewalt gegen Schwule und Lesben
NYC Gay and Lesbian Anti-Violence Project,
✆ 807-0197
Vergewaltigung
Sex Crimes Hotline, ✆ 267-7273
Depressionen
Suicide Hotline, ✆ 1-800/673-3000,
✆ 543-3638, *Suicide Prevention Hotline,*
✆ 718/389-9608.

Telefonbücher

Äußerst hilfreich (wenn auch nicht unbedingt handlich) sind die **Bell Atlantic White Pages**, das örtliche Telefonbuch (mit den **Blue Pages** für Behörden) und die **Yellow Pages**, das Branchenverzeichnis, in dem Delis, Lebensmittelläden, Liquor Stores, Apotheken und Ärzte nach Stadtviertel, Restaurants nach Stadtviertel und Küche aufgelistet sind.

Telefonbücher liegen in den meisten Bars, Hotelzimmern und -lobbys sowie den größeren Postämtern aus.

Fern- und Auslandsgespräche

Bei Ferngesprächen und Auslandsgesprächen kann von privaten wie öffentlichen Telefonen direkt durchgewählt werden. Bei den öffentlichen wird nach der Einwahl der Telefonnummer der Preis für die ersten drei Minuten angesagt. Das Problem war bisher nur die Unmenge an Kleingeld, die man dafür benötigte. Mit der **prepaid phone card**, die in den meisten Supermärkten und Zeitungsläden erhältlich ist, hat man ein Guthaben in der Höhe des Kaufpreises – die Gebrauchsanleitung steht leicht verständlich auf der Rückseite der Karte. Sie werden von allen großen sowie von einigen kleineren Telefongesellschaften (manche horrend teuer – aufpassen!) angeboten und können an allen öffentlichen Telefonen benutzt werden.

Es ist auch möglich, mit **Karte und Geheimzahl** bargeldlos zu telefonieren. Dabei umgeht man die erhöhten Telefongebühren der Hotels, benötigt kein Kleingeld und erhält zu Hause eine detaillierte Abrechnung aller Telefonate in der eigenen Währung. Die Telefonkarten amerikanischer Gesellschaften erhalten Kreditkarteninhaber kostenlos.

Die Telekom bietet die **T-Card** in Form einer Kreditkarte an, bei der die Abrechnung über die Telefonrechnung erfolgt. Sie ist auch als Guthabenkarte zu 25 DM oder 50 DM erhältlich. Beide kosten im Jahr 10 DM und sind sowohl in Deutschland als auch in den USA benutzbar. Ein Gespräch mit der T-Card aus den USA nach Deutschland kostet 0,99 DM pro Minute; die Verbindungsherstellung durch einen Operator kostet zusätzliche 0,89 DM.

T-Card der Telekom
in allen Telekomläden oder
in Deutschland ✆ 0130/0223 oder
 gebührenfrei: 0800/330 0223,
 🖥 www.telekom.de
in den USA über die Zugangsnummern
 ✆ 1-800/927 0049 oder 1-800/766 0049

Aus dem Ausland wählt man kostenlos die Deutsch sprechende Vermittlung an oder lässt sich per *Operator* (✆ 0) verbinden, nennt seine Kartennummer oder den PIN-Code sowie die gewünschte Rufnummer, mit der die Verbindung hergestellt werden soll. Um Missbrauch vorzubeugen, sollte man den PIN-Code geheim halten und ihn weder in Hörweite eines Fremden durchgeben noch jemandem zeigen. Man kann die Karte auch zu Hause lassen und sich nur den Code verschlüsselt notieren.

Für Gespräche innerhalb der USA gilt der günstigste **Tarif** wochentags von 23–8 Uhr, am Wochenende rund um die Uhr.

Internet

Auf diese neue Lieblings-Kommunkationsform braucht man auch unterwegs nicht zu verzichten. Wer nicht gleich seinen eigenen Laptop mit Modem mitbringt, hat an mehreren Orten Zugang zum Internet, wie im **Cyber Café**, 273A Lafayette St, Prince St, ✆ 334-5140 und 250 W 49th St, zwischen Broadway und 8th Ave, ✆ 333-4109, 🖥 www.cyber-cafe.com; und im **alt.coffee**, 139 Ave A, zwischen 9th und St Marks St, ✆ 529-2233, 🖥 www.altdotcoffee.com.

Die Gebühr für die Computernutzung beträgt normalerweise um $10 pro Stunde. Man kann sich in sein eigenes E-Mail-Konto einwählen und Nachrichten lesen und verschicken. Natürlich kann man auch im Netz surfen, sich mit CD-ROMs vergnügen, scannen, drucken oder einfach nur Kaffee trinken. Internet-Novizen stehen die Mitarbeiter gern hilfreich zur Seite. Kostenlose Internetnutzung bieten sämtliche Filialen der New York City Public Library.

Post

Verglichen mit dem Telefonsystem arbeitet die Post in New York (und ganz Amerika) wesentlich ineffizienter. New Yorker erzählen gern Geschichten über Postkarten, die 30 Jahre unterwegs waren – Märchen mit einem wahren Kern. Der Service ist nicht völlig chaotisch, aber äußerst unzuverlässig: Selbst innerhalb Manhattans wird Post manchmal erst nach mehreren Tagen zugestellt, und ein Brief nach Los Angeles kann schon mal eine Woche unterwegs sein. Luftpost nach Übersee braucht 5–14 Tage, und auf dem Seeweg sind Briefe und Päckchen für 4–8 Wochen von der Bildfläche verschwunden.

Briefe
Innerhalb der USA kosten Briefe bis zu einer Unze 33¢, Postkarten 20¢. Ein *Overnight Express*-Brief ($8) erreicht jede Adresse in den USA am folgenden Morgen.

Luftpost dauert nach Europa etwa eine Woche. Postkarten kosten 55¢, Briefe und Aerogramme jeweils 60¢ für die erste halbe Unze (ca. 14 Gramm, entspricht einem Blatt mit Umschlag), bei mehr Gewicht zahlt man um einiges mehr.

Adressiert wird ein Brief in folgender Reihenfolge: Name, Straße (wobei die Hausnummer vor den Straßennamen kommt), Stadt und Abkürzung des Bundesstaates (New York z.B. NY) und zum Schluss eine fünfstellige Zahl, der *Zip Code*.

Diese amerikanische Variante der Postleitzahl ist sehr wichtig, denn jedes Postzustellamt hat einen anderen *Zip Code*, und ohne diesen können sich Briefe um Wochen verspäten oder gar verloren gehen. Den örtlichen *Zip Code* kann man dem Telefonbuch entnehmen oder auf der Post erfragen bzw. dort selbst im dicken, komplizierten *Zip Code Guide* nachschlagen.

Postämter in Manhattan

JAF Building, 421 8th Ave, 33rd St, NY 10001.
Knickerbocker, 128 E Broadway, zwischen Pike und Essex St, NY 10002.
Cooper, 93 4th Ave, 11th St, NY 10003.
Bowling Green, 25 Broadway, zwischen State und Morris St, NY 10004.
Wall Street, 73 Pine St, zwischen Williams und Pearl St, NY 10005.
Church, 90 Church St, zwischen Vesey und Barkley St, NY 10007.
Peter Stuyvesant, 432 E 14th St, zwischen Ave A und 1st Ave, NY 10009.
Madison Square, 149 E 23rd St, zwischen Lexington und 3rd Ave, NY 10010.
Old Chelsea, 217 W 18th St, zwischen 7th und 8th Ave, NY 10011.
Prince, 103 Prince St, zwischen Greene und Mercer St, NY 10012.
Canal Street, 350 Canal St, zwischen Broadway und Church St, NY 10013.
Village, 201 Varick St, Ecke W Houston St, NY 10014.
Murray Hill, 115 E 34th St, zwischen Park und Lexington Ave, NY 10016.
Grand Central, 450 Lexington Ave, 45th St, NY 10017.
Midtown, 223 W 38th St, zwischen 7th und 8th Ave, NY 10018.
Radio City, 322 W 52nd St, zwischen 8th und 9th Ave, NY 10019.
Rockefeller Center, 610 5th Ave, Ecke 49th St, NY 10020.
Lenox Hill, 217 E 70th St, zwischen 2nd und 3rd Ave, NY 10021.
Franklin D Roosevelt, 909 3rd Ave, zwischen 54th und 55th St, NY 10022.
Ansonia, 178 Columbus Ave, 68th St, NY 10023.
Planetarium, 127 W 83rd St, zwischen Columbus und Amsterdam Ave, NY 10024.
Cathedral, 215 W 104th St, zwischen Broadway und Amsterdam Ave, NY 10025.
Morningside, 232 W 116th St, zwischen 7th und 8th Ave, NY 10026.
Manhattanville, 365 W 125th St, zwischen St. Nicholas und Morningside Ave, NY 10027.
Gracie, 229 E 85th St, zwischen 2nd und 3rd Ave, NY 10028.
Times Square, 340 W 42nd St, zwischen 8th und 9th Ave, NY 10036.
Yorkville, 1619 Third Ave, zwischen 90th und 91st St, NY 10128.
Peck Slip, 1 Peck Slip, zwischen Pearl und Water St, NY 10038.

Briefmarken sind in Geschäften, einigen Supermärkten und Delis sowie an Automaten erhältlich, allerdings zu einem erhöhten Preis. Man sucht daher am besten eines der zahlreichen **Postämter** auf: Die Schalter haben Mo–Fr 9–17 und Sa 9–12 Uhr geöffnet. Die riesige Hauptpost in Manhattan, das **General Post Office**, Eighth Ave, zwischen W 31st und W 33rd St, hat einige täglich durchgehend geöffnete Schalter. (Von deren Nützlichkeit kann man sich am 15. April – Steuerfrist in Amerika – um 23.30 Uhr überzeugen, wenn all jene, die ihre Steuererklärung bis zur letzten Minute aufgeschoben haben, das Postamt stürmen.) Von hier oder einem der anderen großen Postämter gelangen Briefe am schnellsten ans Ziel, die blauen **Briefkästen** an Straßenecken, die aussehen wie Mülleimer, sind dagegen etwas träger.

Pakete

Pakete zu verschicken ist teuer, wobei die Gebühren sich nach Gewicht, Entfernung und Art des Versandweges richten. In den Postämtern werden Kartons in verschiedenen Größen verkauft, man kann aber jede Verpackung verwenden, auf der die Adresse (mit *To* überschreiben) gut lesbar ist. Pakete sollten gut verklebt, aber nicht zugeschnürt werden, da dies zu Problemen in Sortiermaschinen führen kann. Ein Absender sollte immer angegeben werden (notfalls *General Delivery*, s.u.) und deutlich als solcher erkennbar sein *(From)*. Für ein Päckchen mit einem ausländischen Ziel muss am Schalter eine Zollerklärung ausgefüllt werden. Wer nur seine schmutzige Wäsche nach Hause schickt, kann statt des Wertes in Dollar auch einfach NCV *(no commercial value)* eintragen.

Für postlagernde Sendungen, die aus dem Inland (USA) kommen, gilt die Anschrift *c/o General Delivery ... im General Post Office*. Der entsprechende Schalter ist Mo–Sa zwischen 10 und 13 Uhr geöffnet, und nicht rechtzeitig abgeholte Sendungen werden schon nach 10 Tagen zurückgeschickt.

Post, die man bei Freunden o.a. empfangen will, sollte auch mit deren Namen adressiert sein (c/o ...), wenn man nicht riskieren will, dass die Briefe wieder an den Absender zurückgeschickt werden.

Telegramme und Faxe

Ein *telegram* oder *cable* wird nicht von der Post, sondern vom *Western Union Office* (Adresse in den *Yellow Pages*) abgeschickt. Wer eine Kreditkarte hat, kann Telegramme auch telefonisch unter ✆ 1-800/325-6000 oder *Globalcomm* 1-800/835-4723 aufgeben. Auslandstelegramme sind jedoch nur geringfügig preiswerter als ein kurzer Telefonanruf ($15 für die ersten sieben Wörter, jedes weitere Wort $1) und brauchen immerhin 2–3 Tage. Innerhalb des Landes empfiehlt sich ein *mailgram*, das jede Adresse in den Staaten am nächsten Morgen erreicht.

In einigen Buchhandlungen und Fotokopierläden kann man von öffentlichen Faxgeräten aus mit einer Kreditkarte billig Faxe verschicken oder entgegennehmen.

Postlagernde Sendungen

Postlagernde Sendungen kann man sich unter *c/o Poste Restante*, General Post Office, 421 8th Ave, NY 10001, senden lassen. Sie können dort Mo–Sa zwischen 8 und 18 Uhr abgeholt werden (✆ 330-3099). Erforderlich ist ein Pass oder anderer Ausweis mit Foto. Die Sendungen werden nach 30 Tagen an den Absender zurückgeschickt, ein Nachsendeantrag kann nicht gestellt werden.

Maße und Gewichte

Für europäische Touristen, die das metrische System gewohnt sind, ist das amerikanische System nur schwer zu durchschauen. *12 inches* ergeben *1 foot* und *3 feet* sind *1 yard*. Eine Meile besteht aus genau 5280 *feet*, also 1760 *yards*. 1,2 *miles* bedeutet als Entfernungsangabe natürlich nicht 1 *mile* und 2 *yards*, sondern eben eins-komma-zwei Meilen. Doch damit nicht genug: Das Gewicht wird in *ounces* und *pounds* angegeben, wobei 16 *ounces* 1 *pound* ergeben. Flüssigkeiten wiederum werden in *pints*, *quarts* und *gallons* abgemessen, wobei 2 *pints* 1 *quart* ergeben und 4 *quarts* 1 *gallon*. Jeder, der einmal versucht hat, den Benzinverbrauch seines Autos von *gallon / mile* auf Liter / 100 km umzurechnen, wird das Dezimalsystem bis an sein Lebensende preisen!

Auf vielen Straßenkarten sind neben Meilen allerdings auch Kilometer angegeben.

Temperaturen werden stets in Fahrenheit angegeben, wobei der Fahrenheit-Nullpunkt bei -32° Celsius liegt und der Siedepunkt (100 °C) bei +212° F. Wasser gefriert bei 32° F (= 0 °C). 70 °F (21 °C) ist eine angenehme Temperatur.

Zur genaueren Bestimmung von Temperaturen gilt folgende Formel: Grad Fahrenheit − 32 : 9 x 5 = Grad Celsius. Alles klar?

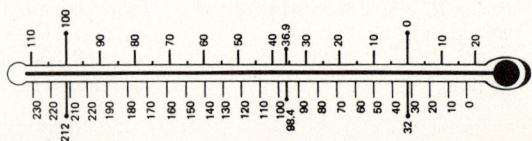

oben Celsius,
unten Fahrenheit

Längenmaße

0,39 *inches* (in)	=	1 Zentimeter (cm)
1 *inch* (in)	=	2,54 Zentimeter (cm)
3,28 *feet* (ft)	=	1 Meter (m)
1 *foot* (ft)	=	0,31 Meter (m)
1,09 *yards* (yd)	=	1 Meter (m)
1 *yard* (yd)	=	0,91 Meter (m)
0,62 *miles* (mi)	=	1 Kilometer (km)
1 *mile* (mi)	=	1,61 Kilometer (km)

Hohlmaße

8,45 *gills* (gl)	=	1 Liter (l)
1 *gill* (gl)	=	0,12 Liter (l)
2,11 *pints* (pt)	=	1 Liter (l)
1 *pint* (pt)	=	0,47 Liter (l)
1,06 *quarts* (qt)	=	1 Liter (l)
1 *quart* (qt)	=	0,95 Liter (l)
0,26 *gallons* (gal)	=	1 Liter (l)
1 *gallon* (gal)	=	3,79 Liter (l)

Flächenmaße

0,16 *square inches*	=	1 cm^2
1 *square inch*	=	6,45 cm^2
10,76 *square feet*	=	1 m^2
1 *square foot*	=	0,09 m^2
1,2 *square yards*	=	1 m^2
1 *square yard*	=	0,84 m^2
0,25 *acres*	=	1 m^2
1 *acre*	=	4047 m^2

Gewichte

0,04 *ounces* (oz)	=	1 Gramm (g)
1 *ounce* (oz)	=	28,35 Gramm (g)
2,20 *pounds* (lb)	=	1 Kilogramm (kg)
1 *pound* (lb)	=	0,45 Kilogramm (kg)
0,16 *stones* (st.)	=	1 Kilogramm (kg)
1 *stone* (st.)	=	6,35 Kilogramm (kg)
0,08 *quarters* (qt)	=	1 Kilogramm (kg)
1 *quarter* (qt)	=	11,4 Kilogramm (kg)

Kriminalität

Unabhängig davon, wie gefährlich New York tatsächlich ist, überkommt einen manchmal ein Gefühl von Angst und Bedrohung – und das, obwohl die Stadt in den letzten zehn Jahren enorme Fortschritte in Sachen Sicherheit gemacht hat. Es scheint eine gespannte Atmosphäre des Misstrauens zu herrschen, die vielleicht ausgeprägter ist als in jeder anderen Stadt der Welt: Augenkontakt wird vermieden, und ungewöhnliche Verhaltensweisen vertreiben schlagartig alle umstehenden Personen.

Tatsächlich bleibt die Kriminalitätsrate aber trotz der hohen Zahl der Straftaten in Relation zur Einwohnerzahl von über 8 Millionen niedriger als in Boston, New Orleans, Dallas, Washington DC und, so unglaublich es klingt, über hundert weiteren amerikanischen Städten. Statistiken führen zu dem erfreulichen Ergebnis, dass die Stadt 1997 die niedrigste Kriminalitätsrate (Gewaltdelikte eingeschlossen) seit 1968 zu verzeichnen hatte. Und diese Tendenz hält an. Zum Teil ist sie auf regelmäßige Angebote, Waffen straffrei abgeben zu können, und verstärkte Kontrollen von illegalem Waffenbesitz zurückzuführen: Auch bei leichten Vergehen kann der Täter in Gewahrsam genommen und nach Waffen durchsucht werden. Die Polizei ist mittlerweile dazu übergegangen, selbst kleinere Gesetzesverstöße – wie Ladendiebstahl, unerlaubtes Straßenüberqueren oder öffentliches Urinieren – nicht mehr wie früher zu ignorieren.

Ein weniger erfreulicher Grund für den Rückgang der Kriminalitätsrate ist der Wandel der kriminellen Drogenszene: Solange das aktivitätssteigernde Crack die vorherrschende Droge war, war insgesamt eine höhere Beschaffungskriminalität zu verzeichnen – heute wird die Szene dagegen vom Heroin dominiert, das eher Trägheit erzeugt.

Die angespannte Atmosphäre New Yorks ist nicht automatisch mit Gewaltbereitschaft gleichzusetzen: Sie ist Ausdruck der rasanten Geschwindigkeit, mit der diese Stadt funktioniert. Man nehme mehrere Millionen Menschen, pumpe sie mit Koffein voll, rede ihnen ein, sie müssten ihr Ziel fünf Minuten schneller als menschenmöglich erreichen und sperre sie auf eine winzige Insel – eine gewisse Spannung lässt sich dabei kaum vermeiden. Was nicht heißen soll, dass man mögliche Gefahren völlig ignorieren kann. Man sollte es vielmehr den Einheimischen gleichtun und die Risiken irgendwo im Hinterkopf haben, statt ängstlich um jede Ecke zu spähen. Wie in jeder Großstadt sind die wichtigsten Verhaltensregeln: keine Angst zeigen und bestimmte Gegenden meiden. In den entsprechenden Kapiteln wird auf unsichere Viertel und solche, die besser ganz zu meiden sind, hingewiesen. Mit etwas gesundem Menschenverstand merkt man aber auch selbst, in welche Richtung man besser nicht weitergeht.

Das oberste Gebot lautet: Die Augen offen halten. Im Gegensatz zur allgemeinen Auffassung kann man sich ruhig als Tourist zu erkennen geben – wer versucht, wie ein New Yorker nur geradeaus zu sehen, dem wird vieles entgehen. Sich neugierig und staunend umsehen, im Reiseführer blättern und Fotos schießen kann zwar die Aufmerksamkeit von **Taschendieben** wecken, die Gefahr, tätlich angegriffen zu werden, ist aber äußerst gering. Taschen sollte man möglichst verschließen und schräg über den Körper hängen, Kameras ebenfalls, Geld in der vorderen Hosentasche tragen und natürlich nicht mit Geldbündeln oder Rolex-Uhren protzen. Menschenansammlungen sind möglichst zu meiden, vor allem um Straßenspieler, wo nicht nur die Mitspieler, sondern auch die Zuschauer ausgenommen werden. Hat man das Gefühl, dass einem jemand zu nahe kommt, sollte man nicht zögern, zur Seite zu treten.

Es gibt kein zuverlässiges Rezept, wie man sich im Falle eines **Raubüberfalles** verhalten soll. Um Hilfe rufen, flüchten oder sich wehren sind einige Möglichkeiten, aber die meisten New Yorker würden ohne viel Aufhebens ihr Geld herausgeben. Es ist vielleicht keine schlechte Idee, eine Extrabrieftasche mit ca. $20 getrennt von den anderen Besitztümern dabeizuhaben, die ohne großen Verlust herausgegeben werden kann. Mit einem solchen Extragroschen hat man daneben immer die Option, in ungemütlichen Gegenden ein Taxi zu nehmen.

Nachts sollte man außerdem Parks und dunkle Straßen meiden, besonders wenn deren Ende nicht zu sehen ist. Man sollte möglichst auf der Straße oder am Rand des Bürgersteigs gehen, um im Notfall auf die Fahrbahn rennen und auf sich aufmerksam machen zu können.

Sollte es zum Schlimmsten kommen und man wird mit einer Pistole oder, was häufiger vorkommt, mit einem Messer bedroht, ist es vor allem wichtig, Ruhe zu bewahren. Man sollte keine hastigen Bewegungen machen und tun, was der Täter sagt. Nach einem Überfall sollte man mit einem Taxi zum nächsten Polizeirevier fahren, was entweder kostenlos ist oder von der Polizei bezahlt wird. Wer im Schockzustand auf der Staße stehen bleibt, kann unter Umständen weitere Vorfälle provozieren. Von der **New York City Police** (NYPD) kann man außer Mitleid nicht viel erwarten. Sie ist zwar hilfsbereit, aber hoffnungslos überlastet. Man sollte aber auf jeden Fall Anzeige erstatten und das Protokoll zu Hause bei der Versicherung einreichen.

Jedes Viertel hat sein eigenes **Polizeirevier**. Die Adressen stehen im Telefonbuch, können aber auch bei der Auskunft, ✆ 411, oder zu den üblichen Geschäftszeiten unter ✆ 374-5000 erfragt werden. Im **Notfall** wählt man ✆ **911** oder benutzt einen der Notrufposten.

Außerhalb der Stadt kann man mit der **State Police** in Konflikt geraten, deren Highway Patrol streng über alle Straßen wacht.

> **Hilfe für Opfer von Gewalttaten**
> Wer Opfer eines Raubüberfalls wurde, kann sich an die 24 Stunden besetzte *Victim Services Hotline*, ✆ 577-7777, wenden. Über diese erfahren Opfer von Gewalttaten Näheres über spezielle Beratungsstellen.

Frauen in New York

Frauen, die alleine oder zusammen unterwegs sind, ziehen in New York keine Aufmerksamkeit auf sich. Bemerkenswert ist, dass die Frauenbewegung der 60er und 70er Jahre in New York (wie insgesamt entlang der Ost- und Westküste der USA) weitaus nachhaltigere Veränderungen bewirkt hat als in Europa. Frauen sind im Berufsleben, in Wirtschaft und Politik wesentlich präsenter, und die allgemeine Einstellung ist diesbezüglich fortschrittlicher als in Europa. Als Reaktion auf dieses stärkere Bewusstsein ist der in den 90ern viel diskutierte *backlash* zu werten, das Wiederaufflackern frauenfeindlicher Tendenzen in Institutionen und Medien, die sich von den feministischen Errungenschaften bedroht fühlen.

Der Fortschritt hat auf der anderen Seite eine etwas paradoxe Entwicklung bewirkt, da sich mit der Aufnahme feministischer Forderungen in das allgemeine Bewusstsein das Bedürfnis – und möglicherweise die Notwendigkeit – nach einem starken Frauennetzwerk erübrigt hat. New Yorks letzter Frauenbuchladen wurde 1994 geschlossen, und während sich Frauen in allen Bereichen von Kunst und Kultur profilieren, gibt es keine zentrale Informationsquelle für Veranstaltungen von und für Frauen. Inzwischen beschränkt sich feministisches Engagement auf Abtreibungsfragen, eines der brisantesten Themen in der amerikanischen Politik.

Sicherheit

New York stellt Frauen ohne Zweifel vor einige Probleme, umso mehr, wenn sie sich nicht gut auskennen. Beim Erkunden der Stadt gilt es daher, einige Verhaltensregeln zu beachten, die teilweise bereits im Kapitel zur Kriminalität angesprochen wurden.

Das Gefühl der Bedrohung ist allerdings meist größer als konkrete Gefahren. Das oberste Gebot lautet, keine Angst zu zeigen und sich möglichst zielstrebig zu bewegen. New Yorkerinnen vermeiden es unter allen Umständen, als potenzielle wehrlose Opfer wahrgenommen zu werden: Mit Körpersprache und Kleidung unterstreichen sie eine starke, selbstsichere Ausstrahlung, die sie auch im schicksten Party-Outfit nicht verlieren. Damit können unangenehme Situationen oft von vornherein vermieden werden.

Bei konkreten Belästigungen sollte frau sich laut und deutlich zur Wehr setzen. Manche Frauen haben eine Trillerpfeife bei sich und weitaus mehr halten auf dem Nachhauseweg abends ihre Schlüssel in der Hand. Auch wenn diese Taktiken im Ernstfall nicht sehr viel ausrichten können, vermitteln sie ein gewisses Selbstvertrauen, das Belästigungen abwenden kann. Drastischere Mittel sind Abwehrsprays wie Tränengas *(Pepper spray,* erhältlich in Sportgeschäften), die jedoch richtig eingesetzt werden müssen. Dann können sie sich als äußerst effektiv erweisen und den Angreifer lange genug außer Gefecht setzen, um fliehen zu können.

Auch wenn Belästigungen für Frauen meist unangenehmer und beängstigender sind als für Männer, ist die Absicht meist dieselbe: Die Gefahr eines Raubüberfalls ist weitaus größer als die einer Vergewaltigung.

Auf der Straße und in der U-Bahn kann es nicht schaden, Halsketten unter der Kleidung zu tragen und Edelsteine an Ringen nach innen zu drehen. Wenn Frauen das Gefühl haben, dass ihnen jemand folgt, sollten sie sich umdrehen und die Person ansehen und vom Bürgersteig auf die Straße wechseln. Unter gar keinen Umständen sollten sie sich in ein Gebäude oder einen Seitenweg drängen lassen oder eine Abkürzung durch eine unbeleuchtete, verlassene Seitenstraße nehmen. Über sichere Straßen und Verkehrsmittel, über Bars und Parks, in denen Frauen sich auch allein wohl fühlen, können am besten andere Frauen Auskunft geben. Diese Ratschläge kombiniert mit eigenen Erfahrungen und Instinkt sind die beste Versicherung. Trotzdem muss kein Stadtviertel gemieden werden, nur weil es vom Hörensagen als gefährlich gilt – New Yorker, und besonders Manhattaner, neigen leicht zur Panikmache.

Auch Frauen mit schmalem Geldbeutel sollten auf eine anständige Unterkunft großen Wert legen. Es kann ziemlich schlechte Laune verursachen, in einem Hotel mit unangenehmen Gestalten untergebracht zu sein. Wichtig sind eine helle Lobby, ein sicheres Türschloss und verlässliche Nachtportiers. Keine Frau sollte zögern, ein Hotel, in dem sie sich nicht wohl fühlt, zu wechseln.

Krisenhilfe

Für Frauen in Krisensituationen gibt es ein gut funktionierendes Netz von Hilfsorganisationen, die seelische oder medizinische Unterstützung von kompetenten und einfühlsamen Mitarbeitern bieten.

Women's Healthline, ✆ 230-1111. Informiert ausführlich über Gesundheitsthemen (wie Geburtenkontrolle, Abtreibung, Geschlechtskrankheiten) und empfiehlt staatlich zugelassene Kliniken und Krankenhäuser.
Sex Crimes Hotline, ✆ 267-7273 oder 267-RAPE. Speziell ausgebildete Kriminalbeamtinnen nehmen Aussagen auf und führen Ermittlungen durch; auf Wunsch werden Anlaufstellen für eine weitere Betreuung genannt.
Für Frauen, die den Weg zur Polizei scheuen, bietet das Bellevue ***Hospital Rape Crisis Program,*** 1st Ave, Ecke 27th St, ✆ 562-3755 oder 3435, kostenlose und vertrauliche Beratung, verweist an Adressen für medizinische Behandlung und weiterführende Beratung.
Victim Services Hotline, s.S. 41, Kriminalität.

Sonstiges

Barnard College Women's Center, Barnard College, 117th St, Ecke Broadway, ✆ 854-2067. Freundliche, aber in erster Linie wissenschaftliche Anlaufstelle, mit umfangreicher Bibliothek, die für Recherchen genutzt werden kann.
Ceres, 584 Broadway, zwischen Prince und Houston St, Suite 306, ✆ 226-4725. Von einer Frauenkooperative betriebene Kunstgalerie, die überwiegend – aber nicht ausschließlich – Werke von Frauen ausstellt.
Enchantments, 341 E 9th St, ✆ 228-4394. Lesben-freundliches Zentrum für spirituelle Betätigung. Nützliches Schwarzes Brett.
Eve's Garden, 119 W 57th St, zwischen 6th und 7th Ave, Suite 1201, ✆ 757-8651. Erotikladen für Frauen, Sexspielzeug, Bücher und Videos. ⏰ Mo–Sa 11–19 Uhr.
NARAL (New York affiliate of the National Abortion & Reproductive Rights Action League), 462 Broadway, zwischen Grand und Broome St, Suite 540, ✆ 343-0114. Gute Informationsquelle über die rechtliche Seite der Abtreibung.
National Organization for Women, 105 W 28th St, 7th Ave, Room 304, ✆ 627-9895. Die größte feministische Organisation der USA.
National Council of Jewish Women, 9 E 69th St, zwischen Madison und 5th Ave, ✆ 535-5900. Organisation mit Schwerpunkt im Bereich Sozialarbeit. Gelegentlich finden Lesungen, Diskussionen und andere Veranstaltungen statt.
WOW (Women's One World Theater), 59 E 4th St, ✆ 777-4280. Feministisches / lesbisches Theaterkollektiv; zu den Treffen (Di 18.30 Uhr) sind alle Frauen willkommen. Programm telefonisch erfragen!

> Adressen für Lesben, s.S. 45, sowie unter Frauen- und Lesbenbars und Clubs, s.S. 343 ff, 352 ff.

Schwule und Lesben

Nur wenige Orte in Amerika – und in der Welt – besitzen eine so blühende schwul-lesbische Kultur wie New York. Ein Blick in die *Village Voice* beweist, wie stolz und vielfältig sich die homosexuelle Szene darstellt. Schwule und Lesben machen schätzungsweise 20% der New Yorker Bevölkerung aus – darin sind Bi- und Transsexuelle noch nicht einmal berücksichtigt.

Bis vor wenigen Jahren erhielten Schwule und Lesben massive Unterstützung von offizieller Seite durch eine liberale Politik. Seit den Stonewall Riots, die vor 25 Jahren diese Entwicklung auslösten, konnte die Bewegung enorme Erfolge verzeichnen. Die Verabschiedung des **Gay Rights Bill** trug auf lokaler Ebene entscheidend dazu bei, dass sich Schwule und Lesben nicht mehr verstecken müssen. Dem Gouverneur des Staates New York, dem Bürgermeister, dem Stadtratsvorsitzenden und dem Bezirksbürgermeister von Manhattan waren Beauftragte unterstellt, die sich in Vollzeit um die Belange von Schwulen und Lesben kümmerten. Bedauerlicherweise hat die Wahl eines republikanischen Gouverneurs sowie eines Bürgermeisters aus demselben Lager zu drastischen Kürzungen in diesen Bereichen geführt und eine Wende in der Unterstützung schwul-lesbischer Organisationen eingeleitet. Schwule und Lesben verfügen jedoch mittlerweile über eine ausreichend stabile politische Basis, um bereits gewonnene Schlachten nicht erneut austragen zu müssen. Die negativen Auswirkungen dieses Umschwungs sind dagegen auf einem sehr empfindlichen und vordringlichen Gebiet zu spüren: der AIDS-Gesetzgebung und -Forschung. Der ständige Wettlauf gegen die Zeit ist ein Grund, weshalb die *gay community* – noch immer die am stärksten betroffene Bevölkerungsgruppe – sich nicht auf ihren politischen Erfolgen ausruht.

Innerhalb der Gesellschaft sind Schwule und Lesben deutlich wahrnehmbar, und wenn sie auch nicht überall davor sicher sind, beim Händchenhalten schiefe Blicke zu ernten, so gibt es doch auf der anderen Seite **Stadtviertel**, wo Homosexuelle alles andere als eine Minderheit sind. Chelsea (um die 8th Ave, zwischen 14th und 23rd St) und das East Village sind die größten und haben inzwischen das West Village als Zentrum schwul-lesbischen Lebens abgelöst. Um die Christopher Street sind Schwule und Lesben nach wie vor stark vertreten, aber in Chelsea ist die Szene wesentlich offener. Ein weiteres Zentrum ist Park Slope in Brooklyn, wo viele Lesben wohnen, die aber zum Ausgehen eher nach Chelsea fahren.

In New York gibt es eine Reihe kostenloser **Zeitungen**: *Blade*, *Next* und *HX* erscheinen wöchentlich, *LGNY* alle zwei Wochen. Sie liegen im *Lesbian and Gay Center* (s.u.) aus, in Bars, schwul-lesbischen Buchläden und sind manchmal auch an Zeitungsständen erhältlich, neben Hochglanzmagazinen wie *Out*, *The Advocate*, *Girlfriends*, *Diva* etc. und dem vierteljährlich erscheinenden *Metro Source*. Im Folgenden sind verschiedene interessante Anlaufstellen aufgelistet. Schwulen- und Lesbenbars sowie Clubs, s.S. 343 ff und 352 ff.

Adressen

The Lesbian and Gay Community Services Center, 1 Little West 12th St, NY 10014, Ecke Hudson und Gansevoort St, ✆ 620-7310, 🖳 www.gaycenter.org. Die kostenlose Zeitung des Centers wird an 55 000 Haushalte gesandt; ein Zeichen dafür, dass das vor 15 Jahren gegründete Zentrum sehr gut angenommen wird. Zur Zeit der Recherche für dieses Buch wurde es wegen einer Renovierung in die obige Adresse verlagert – nach Abschluss der Millionen verschlingenden Arbeiten wird es wieder an seinem alten Platz zu finden sein: 208 W 13th St. Das Zentrum ist die Dachorganisation diverser Organisationen, darunter *ACT UP* und *Metro Gay* Wrestling Alliance, zudem veranstaltet es Workshops, Partys, Filmvorführungen und Vorträge, es gibt Angebote für Jugendliche, Eltern mit Kindern, ein Archiv, eine Bibliothek, ein interessantes Schwarzes Brett u.v.m. Insgesamt eine hervorragende Anlaufstelle.

Brooklyn AIDS Task Force, 502 Bergen St, Carlton, Ecke 6th Ave, Brooklyn, NY 11217, ✆ 718/622-2910. Beratungsstelle für Lesben und Schwule.

Shades of Lavender, ✆ 718/622-2910, Durchwahl -103. Teil der Brooklyn AIDS Task Force. Regelmäßige Veranstaltungen, Aktivitäten und Aktionsgruppen. Kleine, freundliche Organisation, beliebt bei Lesben aus Park Slope.

New York Area Bisexual Network, ✆ 459-4784. Telefonische Informationen für Bisexuelle über Aktionsgruppen, Diskussionen, Treffen und andere Aktivitäten.

Lambda Legal Defense and Education Fund, 120 Wall St, 15th floor, NY 10005, ✆ 809-8585, 🖳 www.lambdalegal.org. Kämpft mittels Veröffentlichungen, eine Hauszeitung u.a. gegen die Diskriminierung von AIDS-Infizierten, Lesben, Schwulen, Bi- und Transsexuellen.

GLAAD-NY (Gay and Lesbian Alliance Against Defamation), 150 W 26th St, 7th Ave, Suite 503, ✆ 807-1700, 🖳 www.glaad.org. Verfolgt die Darstellung von Schwulen, Lesben und Bisexuellen in den Medien und bildet Arbeits- und Diskussionsgruppen zu Medienthemen. Ehrenamtliche Mitarbeiter und Besucher sind willkommen.

Gay and Lesbian National Hotline, ✆ 1-888/ THE GLNH oder 989-0999. Informations- und Hilfsangebote und Veranstaltungshinweise. ⏱ Mo–Fr 18–22, Sa 12–17 Uhr.

BUCHLÄDEN – ***The Oscar Wilde Bookshop***, 15 Christopher St, zwischen 6th und 7th Ave, ✆ 255-8097, 🖳 www.oscarwildebooks.com. Der erste schwul-lesbische Buchladen Amerikas. Unübertroffen.

A Different Light, 151 W 19th St, zwischen 6th und 7th Ave, ✆ 989-4850, 🖥 www.adlbooks.com. Hervorragende Auswahl an Büchern und landesweiten Publikationen; oft finden Lesungen und Signierstunden statt. ⏲ tgl. 11–23 Uhr.

GESUNDHEIT – *Center for Mental Health and Social Services*, im Lesbian and Gay Center, 1 Little West 12th St, ✆ 620-7310. Kostenlose und vertrauliche Beratungsstelle, die weitere Kontakte vermittelt.
Callen-Lorde Community Health Center, 356 W 18th St, zwischen 8th und 9th Ave, ✆ 675-3559, 🖥 www.callen/lorde.org. Preiswerte Klinik, die ihre Honorare den Patienteneinkommen anpasst und auch an Fachärzte überweist. ⏲ Ohne Terminabsprache Mo–Do 9–20 Uhr, Mi 13–17 Uhr geschlossen.
Gay Men's Health Crisis (GMHC), 119 W24th St, zwischen 6th und 7th Ave, ✆ 807-6664, 🖥 www.gmhc.org. Die älteste und größte nicht-kommerzielle AIDS-Organisation der Welt, vergibt Informationen und Adressen von Ärzten.
Identity House, 39 W 14th St, Suite 205, zwischen 5th und 6th Ave, ✆ 243-8181. Psychologische Beratung, Überweisung, Gesprächsgruppen und Workshops für Lesben, Schwule, Bi- und Transsexuelle.
SAGE: Senior Action in a Gay Environment, 305 7th Ave, 27th St, ✆ 741-2247. Auch im Center, 1 Little West 12th St. Beratung und zahlreiche Aktivitäten für ältere Schwule.

KULTUR UND MEDIEN – Die schwul-lesbische Theaterszene blüht: Programme sind in der *Village Voice* und den kostenlosen Zeitungen (s.S. 29) zu finden.
Dyke TV, PO Box 55, Prince St Station, New York, NY 10012, ✆ 343-9335, 🖥 www.dyketv.org. Medien- und Kulturzentrum mit halbstündigem Fernsehmagazin: Nachrichten, Kultur, Politik, Sport und andere Themen, z.B. aktuelle lesbenpolitische Belange; jeden Di um 20 Uhr auf Manhattan Cable Channel 34. Bietet auch Kurse in Video- und Computertechnologie für Lesben.
Gay Cable Network, ✆ 727-8825, 🖥 www.gcntv.com. Nachrichten, Interviews, Kritiken etc., überwiegend für Schwule. Sendet auf Manhattan Cable Channel 35 und anderen lokalen Kabelsendern.
Heritage of Pride, 154 Christopher St, Suite 1D, NY 10014, ✆ 80-PRIDE, 🖥 www.nycpride.org. Organisiert die Veranstaltungen für Juni, den Gay Pride Month.
Leslie-Loman Gay Art Foundation, 127 Prince St, zwischen Wooster und W Broadway (im Untergeschoss), ✆ 673-7007, 🖥 www.planet.net/corp/leslie_loman. Die Stiftung unterhält ein Archiv und eine Dauerausstellung mit Werken von Lesben und Schwulen; die Galerie ist von September bis Juni geöffnet.
New Festival, (New York Lesbian and Gay Film Festival), ✆ 727-8825, 🖥 www.newfestival.org. Findet alljährlich im Juni statt.

RELIGION – In New York gibt es zahlreiche schwul-lesbische religiöse Organisationen.
Congregation Beth Simchat Torah, 57 Bethune St, NY 10014, ✆ 929-9498. Schwul-lesbische Synagoge, Gottesdienst Fr 20.30 Uhr.
Dignity / Big Apple, ✆ 818-1309. Katholische Liturgie und Gemeindeabend am Sa um 20 Uhr im Center, 1 Little West 12th St.
Metropolitan Community Church, 446 W 36th St, NY 10018, zwischen 9th und 10th Ave, ✆ 629-7440. Gottesdienste sonntags um 10.30, 12.30 (Spanisch) und 29 Uhr.

NUR FÜR FRAUEN – *Lesbian Switchboard*, ✆ 741-2610, Mo–Fr 18–22 Uhr. Da keine lesbische Organisation öffentliche Gelder erhält, sind alle auf ehrenamtliche Mitarbeit angewiesen. So auch das Switchboard, das telefonisch Auskunft über Veranstaltungen und Kontakte in New York erteilt.
Astraea, 116 E 16th St, 7th floor, NY 10003, #520, zwischen Park Ave South und Irving Place. ✆ 529-8021, 🖥 www.astraea.org. Landesweite Lesbeninitiative, die neben Ausbildungsangeboten auch finanzielle Unterstützung leistet und Interessentinnen an andere Lesben-Organisationen und Projekte vermittelt.
Lesbian Herstory Archives, PO Box 1258, NY 10116, ✆ 718/768-DYKE, 📠 718/768-4663, 🖥 www.datalounge.com/lha. Viel gelobtes,

umfassendes Archiv. Telefonische oder schriftliche Anfrage zu Veranstaltungen oder Terminvereinbarung.
Vgl. auch das Kapitel Frauen in New York, s.S. 42.

UNTERKUNFT – Die folgenden Hotels und Pensionen liegen in Szenenähe und sind besonders schwulen- und lesbenfreundlich.
Chelsea Mews Guest House, 344 W 15th St, New York, NY 10011, zwischen 8th und 9th Ave, ✆ 255-9174. Diese alteingesessene Pension beherbergt nur schwule Gäste. Ortsgespräche sind kostenlos.
Chelsea Pines Inn, 317 W 14th St, ✆ 929-1023. Relativ günstiges Hotel mit mehrheitlich homosexuellen Gästen. Das in einem alten *Brownstone*-Gebäude an der Grenze von Greenwich Village und Chelsea gelegene Hotel bietet saubere, komfortable und nett eingerichtete Zimmer; eine Reservierung ist empfehlenswert.
Colonial House Inn, 318 W 22nd St, New York, NY 10011, zwischen 8th und 9th Ave, ✆ 243-9669. Sehr preiswertes Bed & Breakfast mit 20 Zimmern mitten in Chelsea; mit Dachterrasse. Heteros sind auch willkommen.
Incentra Village House, 32 8th Ave, zwischen 12th und Jane St, ✆ 206-0007. Stadthaus mit 12 Zimmern, einige mit Küchenzeile. Am Wochenende 3 Übernachtungen Mindestaufenthalt. Auch Heteros sind willkommen.

New York für Behinderte

Behinderte Reisende werden in New York ohne Zweifel auf einige Probleme stoßen, aber die positiven Erlebnisse werden die Anstrengungen sicher wettmachen.

In den letzten Jahren wurden umfassende Vorschriften erlassen, die die extrem behindertenfeindliche Situation in New York verbessern sollen. Nach dem **Americans with Disabilities Act**, einem Meilenstein für die Rechte der Behinderten in den USA, müssen öffentliche Gebäude (dazu zählen Hotels) seit 1993 rollstuhlgerecht gebaut werden. Ältere Gebäude müssen, soweit möglich – eine Auslegungssache – entsprechend umgerüstet werden. Tatsächlich liegt noch einiges im Argen. Rollstuhlfahrer sehen sich oft vor unüberwindbare Hindernisse gestellt. Auf der anderen Seite erweisen sich New Yorker meist als ausgesprochen hilfsbereit. Wer Schwierigkeiten hat, sollte nicht zögern, jemanden um Hilfe zu bitten.

Im Wissen um die Benachteiligung Behinderter bieten städtische Einrichtungen umfangreiche Informationen und Beratung. New York ist daneben Sitz einiger der größten landesweiten Serviceanbieter und Interessengruppen: Unterstützung von jeder Seite ist also garantiert. Schwierigkeiten lassen sich am besten umgehen, indem man sich schon vor der Reise gut informiert. Anlaufstellen sind weiter unten aufgelistet.

Transport

Um in die **U-Bahn** zu gelangen, sind Rollstuhlfahrer unweigerlich auf fremde Hilfe angewiesen, und selbst dann erweisen sich die meisten Stationen als unzugänglich. Die New Yorker Verkehrsbetriebe (New York City Mass Transit Authority) sind bestrebt, die Bedingungen zu verbessern, was angesichts des Zustands der U-Bahn und der eingelegten Gangart aber einige Zeit dauern dürfte.

Das von New Yorker Behinderten bevorzugte Verkehrsmittel sind **Busse** (Informationen zum Busverkehr, s.S. 21). Alle MTA-Busse sind mit Rollstuhlliften und Haltevorrichtungen ausgestattet. Man sollte an der Haltestelle den Busfahrern zunächst signalisieren, dass man einsteigen möchte, und sich dann zur hinteren Tür begeben, wo sie Hilfestellung geben können. Für Fahrgäste mit Gehbehinderung können die Busse außerdem „in die Knie gehen", um den Einstieg zu erleichtern. Rollstuhlfahrer können unter Umständen auch den *Access-a-Ride* genannten Busservice der MTA in Anspruch nehmen, allerdings nur bei längerer Aufenthaltsdauer. Informationen, darunter ein U-Bahn-Plan in Blindenschrift können von der MTA bei der *Accessible Line* angefordert werden, Anschrift: 370 Jay St, Brooklyn, NY 11201, ✆ 718/ oder 718/596-8585; TDD-✆ 718/596-

8273. Die kostenlose Broschüre *Accessible Travel* kann unter ☏ 373-5616 angefordert werden.

Taxis sind eine gute Alternative für Reisende mit eingeschränktem Seh- oder Hörvermögen oder leichten Gehbehinderungen. Für Rollstuhlfahrer ist Taxifahren mit dem Verschwinden der geräumigen *Checker cabs* praktisch unmöglich geworden. Ist der Rollstuhl zusammenklappbar, sind Taxifahrer verpflichtet, diesen zu verstauen und dem Behinderten beim Einsteigen behilflich zu sein. Die traurige Realität ist aber, dass Rollstuhlfahrer von Taxis meist ignoriert werden. In einem solchen Fall kann man die Nummer des Leuchtschildes notieren und bei der *Limousine Commission*, ☏ 221-8294, melden.

Neben dem Bus ist der eigene Rollstuhl noch immer das beste Fortbewegungsmittel. Auf dem **Gehweg** hat man gelegentlich mit Unebenheiten zu kämpfen – vor allem in kleineren Straßen – aber insgesamt stellen sich kaum Probleme.

Adressen

Big Apple Greeter, 1 Center St, New York, NY 10007, Infos für Rollstuhlfahrer ☏ 669-3602, 669-3685, TTY-☏ 669-8273, 🖳 www.bigapplegreeter.org. Eine der wenigen städtischen Institutionen, die einen Behindertenbeauftragten in Vollzeit beschäftigen. *Big Apple Greeter* ist die wichtigste Informationsquelle über das rollstuhlgerechte New York. Kostenlose Stadtführungen s.S. 24.

The Lighthouse, 111 E 59th St, New York, NY 10022, ☏ 821-9200. Allgemeine Hilfestellungen für Sehbehinderte. Hier gibt es Stadtführer in Blindenschrift und Großdruck.

The Mayor's Office for People with Disabilities, 100 Gold St, 2nd floor, New York, NY 10038, zwischen Frankfurt und Spruce St, ☏ 788-2830; TDD-☏ 788-2838. Allgemeine Informationen für Rollstuhlfahrer.

New York Society for the Deaf, 817 Broadway, 7th floor, New York, NY 10003, ☏ und TTY 777-3900. Infos über Gebärdendolmetscher.

The New York State Travel Information Center, 1 Commercial Plaza, Albany, NY 12245, ☏ 1-800/225-5697. Gibt den *I Love New York Travel Guide* heraus, eine allgemeine Broschüre über Staat und Stadt, die auch Informationen für Rollstuhlfahrer enthält. Telefonisch oder schriftlich anfordern.

Upward Mobility, ☏ 718/645-7774. Fahrdienst für Rollstuhlfahrer; Aufzüge vorhanden.

Wheelchair Workshop, ☏ 718/472-5500. Rollstuhlverleih und -Reparaturwerkstätte.

Access for All ist ein umfassender Führer mit Kulturangeboten. Für $5 erhältlich von *Hospital Audiences Inc.*, 546-548 Broadway, 3rd floor, New York, NY 10012, ☏ 1-888/424-4685, ☏ 575-7663; TDD-☏ 575-7673.

Alle **TDD-** und **TTY-**Nummern können von Gehörlosen über Tastatur und Modem bedient werden.

Sonstiges

Ausweise – sollte man immer dabeihaben, am besten zwei. Führerscheine, Pässe und Kreditkarten werden in den USA allgemein als Ausweis akzeptiert. In nahezu jedem Restaurant und jeder Bar in New York wird von jungen Leuten bei Alkoholbestellungen der Ausweis verlangt.

Brillenreparaturen – *Lens Crafters*, Manhattan Mall, 34th St, Ecke 6th Ave, ☏ 967-4166, weitere Filialen telefonisch erfragen! Ladenkette, die Brillen repariert oder auch innerhalb einer Stunde anfertigt.

Büchereien – Eine der umfangreichsten Bibliotheken der USA und der Welt ist die Präsenzbibliothek *(reference section)* der *New York Public Library*, 5th Ave, 42nd St (s.S. 125), wo sich hervorragend arbeiten lässt. Um in einer der Zweigstellen Bücher entleihen zu können, muss man allerdings seinen Wohnsitz in New York haben. Die Öffnungszeiten wurden aufgrund von Budgetkürzungen drastisch eingeschränkt.

Dampfbad – *Tenth Street Turkish Baths*, 268 E 10th St, zwischen 1st und Avenue A, ☏ 674-

9250. Manhattans älteste Badeanstalt – das türkische Dampfbad und das Schwimmbecken können für $20 genutzt werden, eine halbstündige Massage kostet $30 extra (1 Std. $45). Ohne Terminvereinbarung.

Datum – wird in den USA größtenteils anders geschrieben als in Europa: Der 4/1/99 ist der 1. April, *nicht* der 4. Januar 1999.

Drogen – Zwar ist in New York der Konsum von Drogen aller Art weit verbreitet, aber der Besitz von Substanzen, die unter das Betäubungsmittelgesetz fallen, ist unabhängig von der Menge illegal. Schon wer mit einer geringen Menge Marihuana erwischt wird, muss mit einer hohen Geldstrafe und – wie bei allen Gesetzesverstößen – mit der Ausweisung rechnen. Im Washington Square Park und vielen anderen Gegenden wird man auf Straßendealer treffen, die mit *smoke, smoke* oder *sens, sens* (für *sensamilia*, eine Form von Marihuana) Kunden anwerben wollen – Vorsicht, ein Dealer kann sich ganz schnell als verdeckter Polizist entpuppen! Härteres Durchgreifen von staatlicher Seite machen Straßendeals inzwischen sehr riskant. Davon abgesehen, dass man besser die Finger davon lassen sollte, kann man ohnehin nie wissen, ob man nicht bloß eine Tüte Oregano erwirbt.

Elektrizität – Achtung: Die Stromspannung in den USA beträgt 110 V! Zudem sind die Stecker anders als in Europa. Einige Adapter, die es in Europa zu kaufen gibt, passen trotz aller Versprechungen nicht in die Steckdose.

Feiertage – Die meisten Büros, alle Banken sowie einige Geschäfte und Museen bleiben an den folgenden Tagen geschlossen:
1. Januar
3. Montag im Januar: Martin Luther King's Birthday
3. Montag im Februar: Presidents' Day
Letzter Montag im Mai: Memorial Day
4. Juli (wenn dieser auf ein Wochenende fällt, ist der Montag darauf frei): Independence Day
1. Montag im September: Labor Day
2. Montag im Oktober: Columbus Day
11. November: Veterans Day
3. oder letzter Donnerstag im November: Thanksgiving
25. Dezember: Christmas Day.

An bestimmten Tagen – Washington's Birthday, St. Patrick's Day, Gay Pride Day, Ostersonntag und Columbus Day – ist ein Großteil der 5th Ave wegen der stattfindenden Umzüge für den Verkehr gesperrt, s.S. 381.

Fundbüros – *Bus: NYC Transit Authority*, an der 34th St/8th Ave-U-Bahnstation, am nördlichen Ende der *lower level mezzanine*, ☉ Mo–Mi und Fr 8–12, Do 11–18.30 Uhr, ✆ 712-4500.
Zug: Amtrak, Penn Station, ☉ Mo–Fr 7.30–16 Uhr, ✆ 630-7389.
Taxi: Taxi & Limousine Commission Lost Property Information Dept, 40 Rector St, zwischen Washington St und West Side Highway, ✆ 302-8294, ☉ Mo–Fr 9–17 Uhr, außer an Feiertagen.

Fußgängerampeln – interessieren New Yorker überhaupt nicht. Sie überqueren die Straße, wie es ihnen passt. Seit Bürgermeister Giuliani wird *jaywalking*, sprich das unerlaubte Überqueren bei Rot, jedoch geahndet.

Gepäckaufbewahrung – in der Grand Central Station, 42nd St, Park Ave, Track 100, *lower level*, wo sich auch das Fundbüro befindet; ✆ 340-2555, ☉ Mo–Fr 7–23, Sa und So 10–23 Uhr; pro Gepäckstück und Tag $2. Ausweis mit Bild erforderlich.

Hunde – Hundehaufen auf dem Gehweg waren vor einigen Jahren noch ein großes Ärgernis. Mittlerweile schreibt ein Gesetz, dessen Einhaltung streng kontrolliert wird, die Beseitigung von Hundekot vor. Überall sieht man Hundehalter, die mit Kartons und Zeitungen die Hinterlassenschaften ihrer Lieblinge aufsammeln und zum nächsten Mülleimer tragen. Man sollte sich also überlegen, ob man seinen New Yorker Freunden wirklich den Gefallen tun will, mit dem Hund Gassi zu gehen.

Klima und Reisezeit – Das New Yorker Klima reicht von schwülen Hochsommertagen bis zu

Durchschnittliche Temperatur												
	Jan.	Feb.	März	April	Mai	Juni	Juli	Aug.	Sep.	Okt.	Nov.	Dez.
max. °F	39	40	48	61	71	81	85	83	77	67	54	41
max. °C	4	5	8	16	21	27	29	28	25	19	12	5
min. °F	26	27	34	44	53	63	68	66	60	51	41	30
min. °C	-3	-3	1	6	11	17	18	19	16	10	5	-3

Minusgraden im Januar und Februar: Winter und Sommer sind sicher die ungünstigsten Reisezeiten in New York, besonders im Juli und August wird die Hitze aufgrund der hohen Luftfeuchtigkeit unerträglich. Der Frühling ist mild, wenngleich wechselhaft und oft feucht. Der Herbst eignet sich vielleicht am besten für eine Reise nach New York.

Konsulate – *Deutschland:* Generalkonsulat, 871 United Nations Plaza, New York, NY 10022, ☎ 610-9700, ✆ 775-0187.
Österreich: Generalkonsulat, 31 E 69th St, New York, NY 10021, ☎ 737-6400, ✆ 585-1992.
Schweiz: Generalkonsulat, Rolex Building, 8th floor, 665 5th Ave, New York, NY 10022, ☎ 758-2560, ✆ 207-8024.

Kulturinstitute – In New York gibt es das *Goethe Institute*, 1014 5th Ave, ☎ 439-8700, ✆ 439-8705, 🖥 www.goethe.de, ⏱ Di und Do 12–19, Mi und Fr 12–17 Uhr, sowie ein österreichisches Kulturinstitut, *Austrian Cultural Institute*, 950 3rd Ave, 57th St, 20th floor, ☎ 759-5165, 🖥 www.austriaculture.net, ⏱ Mo–Fr 10-17 Uhr. Beide bieten neben aktuellen deutschen bzw. österreichischen Zeitungen eine Bibliothek und diverse kulturelle Veranstaltungen.

Mitbringen – Filme, Toilettenartikel, Kosmetika und Rasierklingen sind in den USA teurer als zu Hause. Unter gar keinen Umständen sollte man die Kreditkarte vergessen – ohne sie ist man nur ein halber Mensch.

Obdachlosigkeit – In New York lebt eine erschreckend hohe Anzahl von Obdachlosen. Zum Teil liegt dies schlicht an einem Mangel an erschwinglichen Wohnungen, zum Teil an einer Maßnahme, in deren Rahmen vor einigen Jahren Langzeit-Patienten aus Nervenkliniken entlassen wurden, ohne die notwendige Nachbetreuung zu gewährleisten. Eine Verbesserung der Situation ist derzeit nicht in Sicht.

Ratten und Kakerlaken – Beides läuft einem in New York öfter über den Weg als anderswo. Zur Sorge besteht in den meisten Fällen aber kein Anlass – sie haben viel mehr Angst vor uns als wir vor ihnen!

Reisebüros – *Council Travel,* 205 E 42nd St, ☎ 822-2700, Amerikas größter Reiseveranstalter für Studenten / Jugendliche, bietet Flugtickets und Fahrkarten aller Art, Pauschalreisen, Mietwagen, internationale Studentenausweise, *work camps* und Reiseführer. Empfehlenswert sind außerdem *STA Travel,* 10 Downing St, ☎ 627-3111, und *Nouvelles Frontières,* 12 E 33rd St, ☎ 779-0600.

Schwarzes Brett – Für Kontakte, Aushilfsjobs, Verkaufsangebote etc. ist das Schwarze Brett im Eingang der *Village Voice,* 36 Cooper Square (südlich der U-Bahnstation Astor Place) unschlagbar. Daneben gibt es mehrere Anschlagbretter in der Columbia University, im Loeb Student Center der NYU am Washington Square, und in den Szene-Coffee Shops, Bioläden und -Restaurants im East Village.

Shopping – Besonders günstig kann man typisch amerikanische Kleidung wie Basecaps, Marken-Jeans und Sportschuhe aller Art kaufen. CDs sind deutlich preisgünstiger, ebenso Kameras und elektronische Geräte, s. S. 429.

Steuer – Man sollte immer darauf vorbereitet sein, dass auf den angegebenen Preis einer Ware 8,25% Verkaufssteuer *(sales tax)* aufgeschlagen werden. In New York wurde diese Maßnahme 1975 eingeführt, um eine Finanzkrise zu bewältigen. Kleidung soll in naher Zukunft von dieser Steuer befreit werden. Die hin und wieder vorkommenden *No Tax Weeks,* während derer bestimmte Artikel steuerfrei verkauft werden, vermitteln seit längerem einen Vorgeschmack auf diesen Zeitpunkt.

Straßennamen / Schilder – New York liebt es, seine Straßenzüge nach Amerikas ruhmreichen Söhnen und Töchtern zu benennen; da immer wieder neue Persönlichkeiten zu Ruhm gelangen, werden auch die Straßennamen öfter man gewechselt. Es passiert auch hin und wieder, dass ein Wegweiser in die falsche Richtung zeigt.

Stockwerke – Das Erdgeschoss wird in Amerika als erstes Stockwerk gezählt: Wer sich in Deutschland im ersten Stock befindet, ist in Amerika bereits im zweiten. In vielen älteren Gebäuden (und einigen neueren) gibt es aus Aberglauben kein 13. Stockwerk. Das 1. Untergeschoss wird als *Ground Floor* bezeichnet.

Toiletten – Solange der Rechtsstreit um die Aufstellung öffentlicher Toilettenhäuschen in New York weitergeht, bleibt das einzige Exemplar jenes im City Hall Park gegenüber dem Municipal Building für 25¢. Es stellt einen so ungewöhnlichen Anblick dar, dass sich Menschen gegenseitig davor fotografieren. In anderen Teilen der Stadt hat man kaum eine andere Wahl, als sich kurz entschlossen über die *Restrooms für patrons only*-Schilder hinwegzusetzen. Außerdem gibt es Toiletten in den Lobbys der besseren Hotels in Midtown, im Trump Tower (garden level), in der New York Library, 42nd St, 5th Ave, in der Avery Fisher Hall und der Bücherei des Lincoln Center, den Geschäften von *Starbucks, Barnes & Noble* sowie in den Kaufhäusern *Macy's* und *Bloomingdales.*

Trinkgeld – Man wird schnell bemerken, dass *tipping* in Restaurants, Bars, Taxis, Toiletten oder Hotellobbys unumgänglich ist. Vor allem im Restaurant ist es undenkbar, das Minimum von 15% (einfach die Steuer auf der Rechnung verdoppeln) nicht zu hinterlassen – selbst wenn der Service schlecht war.

Verhütung – Kondome werden in allen Apotheken und Delis verkauft. Von der Pille bringt frau sich besser einen Vorrat mit. Notfalls helfen folgende Organisationen weiter, die auch zu anderen Verhütungsmethoden, Abtreibung etc. beraten: *Planned Parenthood*, Margaret Sanger Center, 26 Bleecker St, Mott St, ✆ 677-6474, oder *Women's Healthline,* ✆ 230-1111.

Waschsalons – *Laundromats* gibt es überall (Adressen in den *Yellow Pages*). Es ist billiger, die Wäsche dort zu waschen, als sie im Hotel abzugeben. Einige Budgethotels, YMCAs und Hostels haben Münzwaschmaschinen und -trockner.

Zeitzone – In New York gilt die Ostküstenzeit *(Eastern Time),* die sechs Stunden hinter der MEZ liegt. Fragt man einen New Yorker nach der Zeit, wird dieser *after* für „nach" oder *past* verwenden (z.B. *ten after eight*) und – was noch verwirrender ist – für „vor" wird *of* anstatt *to* (z.B. *ten of eight*) verwendet.

Die Hafeninseln

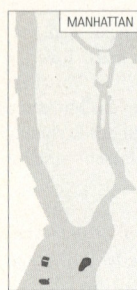

Der besondere Tipp

➤ Mit der Circle Line zur Freiheitsstatue fahren
➤ Den Weg der Einwanderer auf Ellis Island nachverfolgen

Die Inselspitze Manhattans und die umliegenden Küsten von New Jersey, Staten Island und Brooklyn bilden den ausgedehnten Hafen von New York. Er ist einer der schönsten Naturhäfen der Welt und hat sicherlich eine Rolle bei der Entscheidung der ersten Einwanderer gespielt, sich eben hier niederzulassen.

Als praktisch landumschlossene Wasserfläche erstreckt sich der in die Upper und Lower Bay unterteilte Hafen über einige hundert Quadratkilometer und reicht bis zu den Verrazano Narrows, der schmalen Landenge zwischen Staten Island und Long Island.

Zwar lässt sich Manhattan auch von der Promenade im Battery Park aus bewundern, um jedoch dem Einzigartigen an New York näherzukommen und den klassischen Blick auf die imposante Skyline Manhattans genießen zu können, muss man sich aufs Wasser begeben. Hierfür bietet sich die Fähre nach Staten Island an, oder man besteigt eine Fähre der Circle Line zur Freiheitsstatue und nach Ellis Island – und verbindet die Fahrt mit zwei weitaus verlockenderen Ausflugszielen.

Fähren

Im Sommer legen die von der *Circle Line* betriebenen Fähren zur Freiheitsstatue und nach Ellis Island täglich zwischen ca. 8.30 und 16.30 Uhr alle 20 Minuten vom Pier im Battery Park ab. Hin und zurück kostet die Fahrt $7, Kinder zahlen die Hälfte (Fahrkarten sind im Castle Clinton im Battery Park erhältlich). Wer die letzte Fähre nimmt, kann nicht mehr beide Inseln besichtigen, am besten bricht man daher so früh wie möglich auf, um genügend Zeit für die ausgiebige Erkundung zu haben. Auf diese Weise vermeidet man außerdem langes Schlangestehen während der Hochsaison und vor allem an Wochenenden.

Für Liberty Island sollte man insbesondere bei schönem Wetter und bei geringem Andrang einige Stunden Aufenthalt einplanen.

Auch für Ellis Island sind mindestens zwei Stunden vonnöten, will man alles sehen. Der Eintritt für Ellis Island und die Freiheitsstatue ist frei. Besucherinformationen für beide Orte sind bei der Statue of Liberty-Ellis Island Foundation erhältlich, ✆ 883-1986, 52 Vanderbilt Avenue, New York, NY 10017-3898, 🖥 www.ellisisland.org.

Liberty Island: die Freiheitsstatue

Keines der Symbole Amerikas hat sich annähernd so zeitlos und sinnträchtig erwiesen wie die Freiheitsstatue. Diese hoch aufragende Gestalt, die in der einen Hand eine Fackel in die Höhe streckt, mit der anderen eine Steintafel fest umklammert hält, ist seit einem Jahrhundert die Galionsfigur des amerikanischen Traums, eine in Kupfer gegossene, an Bekanntheit wohl unübertroffene Metapher, die – zumindest den Amerikanern – bis heute glaubhaft versichert, dass die USA ein Einwandererland sind. Immerhin kamen die ersten großen Einwandererwellen aus Europa im Hafen von New York an. Nachdem ihre Schiffe die Verrazano Narrows durchquert hatten, konnten die Passagiere am Ende ihrer Reise ins Ungewisse und am symbolischen Beginn ihres neuen Lebens einen ersten Blick auf die „Freiheit, die die Welt erleuchtet" werfen.

Obgleich es sich heutzutage nur noch Betuchte leisten können, per Schiff hier anzukommen und der erste (und womöglich auch letzte) Blick eines potenziellen Einwanderers eher auf die Zollabfertigung des JFK-Flughafens fällt, bleibt die Freiheitsstatue ein bewegender Anblick. Auch das von Emma Lazarus verfasste Gedicht *The New Colossus,* das ursprünglich geschrieben wurde, um Spenden für den Sockel der Statue aufzubringen, hat bis heute nichts von seiner Prägnanz und Eindringlichkeit eingebüßt.

Here at our sea-washed, sunset gates shall stand
A mighty woman with a torch, whose flame
Is the imprisoned lightning, and her name
Mother of Exiles. From her beacon-hand
Glows world-wide welcome; her mild eyes command
The air-bridged harbor that twin cities frame.
„Keep ancient lands, your storied pomp!" cries she
With silent lips. „Give me your tired, your poor,
Your huddled masses yearning to breathe free,
The wretched refuse to your teeming shore.
Send these, the homeless, tempest-tost to me,
I lift my lamp, beside the golden door."

Das Einwanderungsverfahren Bis in die 50er Jahre des 19. Jahrhunderts gab es in New York kein offizielles Einwanderungsverfahren. Angesichts der Woge von irischen, deutschen und skandi-navischen Einwanderern, die vor den Hungersnöten von 1846 und der gescheiterten Revolution von 1848 flohen, sahen sich die Behörden jedoch veranlasst, Clinton Castle im Battery Park zu einer zentralen Durchgangsstation umzufunktionieren. In den 80er Jahren des 19. Jahrhunderts wiederum zwangen weit verbreitete Armut in Ost- und Südeuropa, Verfolgungen in Russland sowie der ökonomische Ruin Süditaliens Tausende zur Flucht aus der Alten Welt. Ellis Island öffnete 1892 seine Pforten zu einer Zeit, als sich Amerika gerade von einer Wirtschaftskrise erholte und sich als Weltmacht zu etablieren begann. Die Kunde von den Möglichkeiten in der Neuen Welt verbreitete sich in ganz Europa und ließ Tausende ihrem Heimatland den Rücken kehren.

Nur die Passagiere der Zwischendecks mussten auf Ellis Island an Land gehen, wohlhabendere Immigranten durften sich bequem an Bord der Schiffe abfertigen lassen. Auf der Insel selbst herrschten chaotische Zustände: Die meisten Familien erreichten ihre neue Heimat hungry, verwahrlost und ohne einen Penny in der Tasche. Kaum einer von ihnen sprach Englisch, alle blickten sie jedoch ehrfürchtig auf die lockende Metropole am nahen Ufer.

Die Einwanderer erhielten Nummern und mussten mitunter einen ganzen Tag warten, bis sie endlich von den überforderten, hektischen Beamten abgefertigt wurden. Man hatte Ellis Island für 500 000 Einwanderer pro Jahr geplant, aber bereits zu Beginn dieses Jahrhunderts überstieg ihre Zahl das Doppelte. Von allen Seiten bedrängten Gauner die Neuankömmlinge, stahlen ihr Gepäck, während es kontrolliert wurde, oder wechselten ihnen das wenige Geld, das sie mitgebracht hatten, zu Wucherkursen.

Familien wurden getrennt – Männer in den einen, Frauen und Kinder in den anderen Bereich geschickt – und einer Reihe von Untersuchungen unterzogen, um unerwünschte und gebrechliche Einwanderungsaspiranten herauszupicken. Letztere brachte man in das zweite Geschoss, wo sie von Ärzten sowohl auf Geschwüre und ansteckende Leiden als auch auf Anzeichen einer Geisteskrankheit geprüft wurden. Wer die medizinischen Tests nicht bestand, wurde mit einem weißen Kreuz auf dem Rücken gekennzeichnet und entweder in ein Krankenhaus oder zurück auf das Schiff geschickt. Die Reedereien waren verpflichtet, jeden abgewiesenen Einwanderer in seinen Heimathafen zurückzubringen. Nach offiziellen Angaben handelte es sich dabei aber nur um zwei Prozent, wovon viele einer Rückkehr in ihre Heimat den Versuch, mit einem Sprung von Bord Manhattan schwimmend zu erreichen, oder den Freitod vorzogen.

Neben der Gesundheit wurden die Nationalität und, was von größter Bedeutung war, die politische Gesinnung geprüft. Die meisten Einwanderer waren innerhalb weniger Stunden abgefertigt und brachen dann entweder nach New Jersey auf, von wo sie mit Zügen weiter westwärts fuhren, oder gingen nach New York City, um sich in einem der rasant wachsenden Einwandererviertel niederzulassen.

Die ihre Fesseln sprengende und die Welt mit einer Fackel erleuchtende Darstellung der Freiheit ist das Werk des französischen Bildhauers Frédéric Auguste Bartholdi, der sie 100 Jahre nach der Amerikanischen Revolution als Zeichen der Solidarität zwischen Franzosen und Amerikanern schuf (wobei nicht unerwähnt bleiben sollte, dass Bartholdi die Statue ursprünglich im ägyptischen Alexandria aufgestellt sehen wollte). Ausgehend von einem Terracotta-Modell, das er viermal bis zur endgültigen Form vergrößerte, erschuf Bartholdi

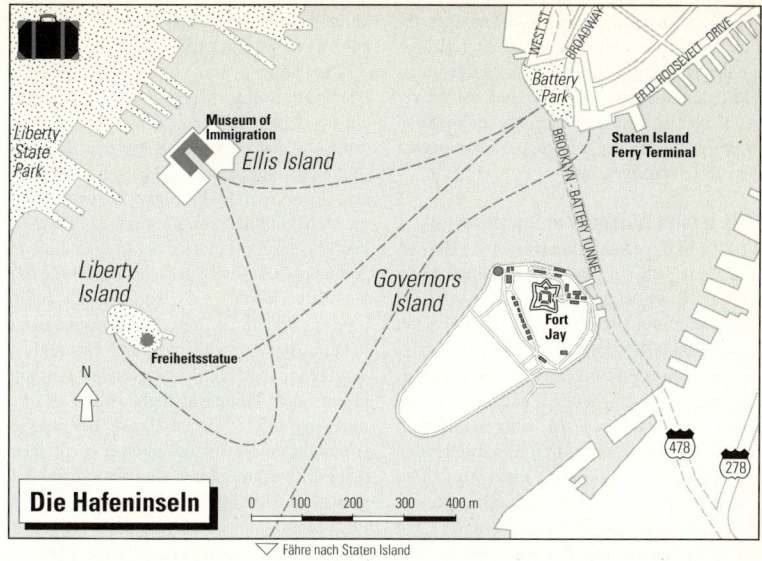

Die Hafeninseln

Fähre nach Staten Island

zwischen 1874 und 1884 in Paris Miss Liberty aus dünnen, vernieteten Kupferplatten, gestützt durch ein von Gustave Eiffel konstruiertes Eisengerüst. Der Arm, der die Fackel hält, wurde sieben Jahre im Madison Square Park ausgestellt. Dennoch konnte sich die amerikanische Bevölkerung nicht gleich für die Statue erwärmen, so dass sie erst 1884 offiziell akzeptiert wurde.

Nachdem die Statue in Paris demontiert, in Kisten verpackt und nach New York verschifft worden war, sollten jedoch noch zwei Jahre bis zu ihrer Enthüllung vergehen: Geld musste gesammelt werden, um den Bau des Sockels zu finanzieren, und aus irgendeinem Grund schienen die Amerikaner nicht willens – oder nicht in der Lage zu sein – einen Obolus zu leisten. Erst die engagierten Werbefeldzüge des Zeitungsmagnaten und leidenschaftlichen Befürworters der Statue, Joseph Pulitzer, brachten schließlich die erforderliche Summe zusammen. Richard Morris Hunt errichtete den Unterbau um das bereits vorhandene, sternförmige Fort Wood, und am 28. Oktober 1886 konnte Präsident Cleveland die Statue mit großem fahnenschwingendem Trara offiziell einweihen.

Mitte der 80er Jahre musste die Statue wegen umfassender Renovierungsarbeiten ein paar Jahre gesperrt werden, um sie pünktlich zu ihrem 100-jährigen Jubiläum 1986 von 15 Millionen Menschen in Manhattan feiern zu lassen.

Heute können Besucher die Stufen bis zur Krone hinaufsteigen, die schmale Treppe zur Fackel bleibt ihnen aber nach wie vor versperrt. Nicht selten muss man vor dem Aufstieg eine Wartezeit von einer Stunde in Kauf nehmen. Dafür entschädigt die grandiose Aussicht, die sich vom Liberty Park auf die Skyline von Lower Manhattan und die Zwillingstürme des World Trade Center bietet, die wie gebieterische Giganten das New Yorker Finanzzentrum überragen.

Ellis Island

Nur wenige Minuten mit der Fähre von Liberty Island entfernt, liegt Ellis Island. Mehr als 12 Millionen Einwanderer durchliefen auf ihrem Weg in das Land ihrer Träume die dort früher angesiedelte Kontrollstation. Diese wurde 1892 auf der von den Engländern ursprünglich Gibbet Island genannten und als Straflager für glücklose Piraten genutzten Insel eingerichtet, um den gewaltigen Strom der überwiegend aus Süd- und Osteuropa stammenden Einwanderer bewältigen zu können. Nach ihrer Schließung 1954 war die Einwanderungsstation zunächst dem Verfall preisgegeben.

Ellis Island Museum of Immigration

Als Ellis Island geschlossen wurde, war die hiesige Anlage auf ein gewaltiges Ausmaß angewachsen. Das ursprüngliche Gebäude war 1897 abgebrannt und 1903 durch das jetzige ersetzt worden. Danach kamen verschiedene Erweiterungsbauten wie Krankenhäuser und zahlreiche andere Nebengebäude hinzu. Zumeist errichtete man sie auf neu aufgeschüttetem Grund, um die Insel für den anschwellenden Einwandererstrom nicht zu klein werden zu lassen. Bis Mitte der 80er Jahre dümpelte der verlassene und halb verfallene Komplex vor sich hin, dann unterzog man das mit vier Türmen geschmückte Hauptgebäude einer kompletten Renovierung und eröffnete es 1990 als *Ellis Island Museum of Immigration*. Das ehrgeizige Projekt lässt anhand von Filmen, Ausstellungen und Tondokumenten, die allesamt Amerika als das Einwandererland schlechthin zelebrieren, die Vergangenheit der Insel auf beeindruckende Weise lebendig werden. Das überraschend gute und auf überflüssige Effekthascherei verzichtende Konzept stimmt, obwohl gerade hier nichts leichter gewesen wäre, als eine rührselige Touristenattraktion daraus zu machen. Dennoch kann man sich nicht des Eindrucks erwehren, dass Ellis Island vielleicht doch ein denkwürdigerer Ort war, bevor die Behörden die Sache in die Hand genommen haben. Öffnungszeiten und Eintrittspreise s.S. 257.

Ungefähr 100 Millionen Amerikaner können ihre Wurzeln über Ellis Island zurückverfolgen und haben somit einen direkten Bezug zu dem hier Ausgestellten. Im Erdgeschoss des alten Railroad Ticket Office ist eine ausgezeichnete *Peopling of America* betitelte Ausstellung zu sehen, die vier Jahrhunderte amerikanischer Einwanderung dokumentiert und gewissermaßen statistische Porträts der Neuankömmlinge zeichnet – wer sie waren, woher sie kamen und warum sie kamen.

Den riesigen, von einem Deckengewölbe überspannten Registrierraum im 1. Stock, einst ein Ort der Angst, der Euphorie und der Verzweiflung, hat man bis auf ein paar Schreibtische und amerikanische Flaggen kahl belassen. Die aneinander gereihten Befragungsräume im Nebenflügel zeichnen Schritt für Schritt den Weg der Einwanderer bis zu ihrer Einbürgerung nach. Die weiß gekachelten Wände muten nüchtern-bürokratisch an. Vervollständigt wird das Bild durch Tonbandaufnahmen derer, die Ellis Island durchliefen, durch Fotografien, sorgfältig ausgewählte, erklärende Texte und kleine Gegenstände wie Zugfahrpläne und Erinnerungsstücke von zu Hause. Es gibt Beschreibungen der Ankunft und der nachfolgenden Prüfungsprozeduren, die anhand von Beispielen die Befragungs- und medizinischen Prozeduren veranschaulichen. Einer der Schlafsäle, in denen man die für weitere Untersuchungen vorgesehenen Einwanderungskandidaten unterbrachte, ist noch nahezu intakt. Im oberen Stockwerk zeigen Fotografien das Gebäude vor seiner Renovierung, daneben befinden sich Gegenstände aus der damaligen Zeit und Räume, die den Jahren mit den höchsten Einwandererzahlen gewidmet sind. Im Theater des Museums führt die Hypothetical Theater Company mehrmals tgl. *Ellis Island Stories* auf: Inszenierungen von mündlich überlieferten Einwanderergeschichten aus dem Museumsarchiv. Beginn der Vorstellungen s.S. 257.

Von außen wirkt das Museum etwas unheimlich und unfertig, ein Eindruck, der durch das verlassene Krankenhausgebäude von einst noch verstärkt wird. Auf dem befestigten Außenwall der Insel sind in Kupfertafeln die Namen jener Einwandererfamilien graviert, die im Laufe der Jahre durch dieses Gebäude ins Land kamen. Ihre Nachfahren haben die Aktion mit einer Spende von jeweils $100 und mehr unterstützt – wodurch u.a. auch die Renovierung des Komplexes ermöglicht wurde. Das Ergebnis war die Auflistung von 500 000 Namen von Einzelpersonen und Familien auf der *„American Immigrant Wall of Honor"* – die

Ellis Island

Neuauflage allerdings, die *„New Millenium Edition",* beinhaltet sowohl eine Erweiterung der Mauereinträge, als auch die elektronische Erfassung der Namen in einer Datenbank. Diese Daten werden dem zukünftigen *New American Family Immigration History Center* als Grundstock dienen, einer interdisziplinären Forschungseinrichtung, wo in absehbarer Zeit auch Logbücher, Passagierlisten und andere Informationen über die mehr als 17 Millionen Einwanderer, die zwischen 1892 und 1924 den New Yorker Hafen durchlaufen haben, eingesehen werden können.

Governor's Island

Bis vor einiger Zeit war diese letzte der drei kleinen Inseln vor der Südspitze Manhattans die größte und teuerste Küstenwache der Welt: sie beherbergte über 3800 Mitarbeiter, einschließlich deren Familien. Sie war auch die älteste Militäreinrichtung, die seit 1637 ohne Unterbrechung unterhalten worden war. Die jährlichen Unterhaltskosten von geschätzten 30 Millionen Dollar waren angesichts der Haushaltskürzungen und des Endes des Kalten Krieges einfach zu hoch und nicht zu rechtfertigen. So kam es, dass Governor's Island 1995 unter die Verwaltung des Bundesstaates New York gestellt wurde. Seither befindet sich die Küstenwache in Homeport, Staten Island, und die Gerüchte über die ungewisse Zukunft dieses pittoresken Orts reißen nicht ab. Als Teil des Haushaltsbeschlusses versucht die Regierung die Insel zu einem Marktwert von ca. $500 Millionen zu veräußern, verlangt jedoch auch eine Garantie-Erklärung über die weitere Verwendung der Insel, bevor der Verkauf offiziell getätigt werden kann. Zur Debatte stehen u.a. eine Erweiterung der Columbia University sowie soziale oder private Wohnungsbauprojekte. Präsident Clinton war bereit, sich im Kongress dafür einzusetzen, die Insel für einen symbolischen Dollar abzutreten und sie in öffentliche Parkanlagen umzuwandeln, aber sowohl der damalige New Yorker Bürgermeister Giuliani als auch Gouverneur Pataki lehnten ab. Noch ist die Zukunft der Insel ungewiss – sie wurde bisher auch nicht der Öffentlichkeit zugänglich gemacht. Für den Fall, dass sich die Situation geändert haben sollte, lohnt die Nachfrage beim *NYC & Company Convention and Visitors Bureau* unter ✆ 484-1222, oder bei der *General Services Administration,* ✆ 264-2573.

Eine Ahnung dessen, was einem verschlossen bleibt, vermittelt Jan Morris' Beschreibung von Govenor's Island: „Nirgendwo zeigt sich New York idyllischer", und tatsächlich wird der zukünftige Besitzer des 70 ha großen Geländes einen freien Blick auf Lower Manhattan und den Hafen von New York genießen können. Als Zugabe erhält der Käufer eine Hand voll historischer Gebäude aus der Kolonialzeit und dem 19. Jahrhundert, zudem **Fort Jay** und **Castle Williams**. Er wird sich außerdem mit der Frage beschäftigen müssen, was aus all den Einrichtungen wie Bank, Golfplatz, Kegelbahn, Schule, *Super 8*-Motel und Bücherei werden soll, die entstanden, während die Küstenwache hier beheimatet war.

Financial District und Civic Center

Der besondere Tipp

- Von der Besuchergalerie das hektische Treiben in der Börsenhalle der Wall Street beobachten
- Das Leben der Indianer im National Museum of the American Indian im U.S. Customs House nachvollziehen
- Bei einem Spaziergang über die Brooklyn Bridge die Schluchten von Manhattan hinter sich lassen
- Den Sonnenuntergang von der Aussichtsplattform des 2 World Trade Center aus genießen
- In der gläsernen Oase des Wintergarden im World Financial Center eine Ruhepause einlegen

Die Skyline von Manhattans zwei südlichsten Bezirken – **Financial District** und **Civic Center** – dürfte aus Filmen bestens bekannt sein: dicht gedrängte Wolkenkratzer, die auf der schmalen Südspitze der Insel aufragen und von der eleganten Monumentalität der Brooklyn Bridge flankiert werden. Trotz des Schwerpunkts auf das moderne Geschäftsleben ist dieser Abschnitt Manhattans das wahrscheinlich geschichtsträchtigste Gebiet New Yorks und ideal für einen Rundgang, beispielsweise vor oder nach dem Besuch der Hafeninseln.

Financial District

Wo Manhattan (und ganz Amerika) seinen Anfang nahm, im **Financial District**, schlägt das Herz der Spekulanten und Geschäftemacher der Nation – und der ganzen Welt. Von den Gebäuden aus frühen Tagen haben leider nur eine Hand voll überdauert, die meisten fielen ehrgeizigen Großunternehmen zum Opfer, die ihre zentralen Schaltstellen an prestigeträchtigen Adressen errichtet sehen wollten. Der neu entdeckte Wohnraum in umgestalteten Büroetagen und der ehemals verlassenen Uferbebauung hat den Financial District zusammen mit einem gesteigerten Kulturangebot geholfen, seine auf die Bürozeiten beschränkte Existenz auszuweiten. Allzu viel sollte man vor 9 oder nach 17 Uhr dennoch nicht erwarten.

Wall Street und die New York Stock Exchange

Als Erste ließen sich Holländer hier nieder und schützten sich mit durch eine Holzwand vor probritischen Siedlern im Norden – daher der Name **Wall Street**, den die enge Straßenschlucht trägt. Heute laufen hinter der neoklassizistischen Fassade der **New York Stock Exchange** die Fäden der kapitalistischen Finanzwelt zusammen. Besondere Aufmerksamkeit verdienen die der Mythologie entlehnten Reliefskulpturen, die den Giebel des Gebäudes zieren: sie stellen den Fortschritt in den Bereichen Landwirtschaft und Industrie dar. Als den ursprünglichen Steinfiguren die Luftverschmutzung Manhattans zusetzte, tauschte die Börse sie in einer Nacht- und Nebelaktion gegen die jetzigen metallummantelten, praktisch unzerstörbaren Kopien aus, da die Börse in jeder Hinsicht den Schein der Unangreifbarkeit wahren wollte.

Von der Besuchergalerie lässt sich das Gewühl der Makler und Käufer in der Börsenhalle beobachten, die fiebrig dem großen Coup hinterherjagen. ⏲ Mo–Fr 9–16.30 Uhr; vor 12 Uhr da sein, da dann eine größere Chance auf Einlass besteht.

Zum besseren Verständnis des hektischen Treibens und der unablässig wechselnden Hieroglyphen auf den Anzeigetafeln der Aktienkurse empfiehlt sich der einführende Film.

Der Börsenkrach Die größte Katastrophe, der berühmte „Schwarze Freitag" von 1929, wird in der Ausstellung nur am Rande erwähnt, wahrscheinlich deshalb, weil er offensichtlich den geldgierigen, kurzsichtigen Spekulanten zuzuschreiben ist. Damals konnten Wertpapiere auf Kredit gekauft werden, d.h. der Käufer musste lediglich einen kleinen Teil der Kaufsumme vorstrecken, lieh sich das restliche Geld und setzte die Wertpapiere als Sicherheit ein. So lange der Markt weiter wuchs, klappte dies vorzüglich – mit den Aktiengewinnen wurden die Darlehen zurückgezahlt, und mit dem Kapital der Geldgeber wurden wiederum neue Aktien gekauft. Aber letztlich erhob sich, so eine Beschreibung von Alistair Cooke, über dem Maulwurfshügel tatsächlichen Geldes ein riesiger Schuldenberg, und es bedurfte nur eines kleinen Fehltritts, um eine Lawine ins Rollen zu bringen.

Als die Investoren für die Tilgung ihrer Schulden und den Ausgleich des Wertverlustes ihrer Aktien immer mehr Bargeld benötigten, mussten sie ihre Wertpapiere zu denkbar niedrigen Notierungen verkaufen und lösten eine panische Kettenreaktion aus.

Am 24.Oktober 1929 wechselten 16 Millionen Wertpapiere ihre Besitzer, fünf Tage später und nach einem Wertverlust der

Aktien von 125 Millionen Dollar brach die Börse zusammen. Vermögen verschwanden über Nacht, Millionen von Anlegern verloren ihre lebenslang angesammelten Ersparnisse, Banken, Unternehmen und Fabriken schlossen ihre Pforten, und der Anstieg der Arbeitslosigkeit war nicht mehr aufzuhalten – der Anfang der Weltwirtschaftskrise. Es ist dem weit gefassten Sicherheitsnetz dieses Marktes zuzuschreiben, dass der gleichermaßen tumultar-tige Börsenkrach von 1987 nur vergleichsweise harmlose Auswirkungen hatte.

Weitere Informationen lassen sich in einer kleinen Ausstellung über die Geschichte der Börse sammeln – wobei bemerkenswert wenig über die spektakuläreren Flops zu erfahren ist. ⏲ Mo–Fr 9.15–16 Uhr, Eintritt frei.

Federal Hall und Trinity Church

Die **Federal Hall National Memorial** weiter unterhalb an der Wall Street mutet inmitten der Häuserschlucht etwas sonderbar an – ein ionischer Tempel, der inmitten der Wolkenkratzer völlig deplatziert wirkt. Das einstige U.S. Customs House (Zoll), von Town und Davis in den Jahren nach 1830 erbaut, diente vorübergehend als das erste Regierungsgebäude der Vereinigten Staaten. Heute beherbergt es eine Ausstellung, die sich mit der geschichtsträchtigen Vergangenheit befasst. Im Jahre 1789 legte hier George Washington auf einem Balkon stehend seinen Eid als erster Präsident Amerikas ab. Für den großen, zu Protzigkeit neigenden Mann war dies eine wunderbare Gelegenheit, sich ins rechte Licht zu rücken. „Ich fürchte, wir haben George III. gegen George I. eingetauscht", kommentierte ein Senator das affektierte Gehabe Washingtons. Ungeachtet der Bestrebungen Washingtons, nahm hier 60 Jahre später die Demokratie ihren Anfang, als 1735 der Verleger John Peter Zenger der Verleumdung angeklagt wurde – sein Freispruch war ein erster wichtiger Schritt hinsichtlich der Pressefreiheit in Amerika. Die ausgestellten Dokumente und Modelle lohnen die Besichtigung, ebenso die beeindruckende Halle mit ihrer eleganten Rotunde und der mit Kreterinnen geschmückten Brüstung. An der Treppe begrüßt eine erhabene Statue Washingtons den Besucher. ⏲ Mo–Fr 9–17 Uhr, Eintritt frei.

Vom oberen Ende der Wall Street blickt die **Trinity Church** erhaben auf das nichtige Treiben der Händler herab. Der neugotische Sakralbau aus dem Jahr 1846 ist der dritte an dieser Stelle – die erste Kirche stand hier bereits Ende des 17. Jahrhunderts – und überragte die Stadt 50 Jahre lang als höchstes Bauwerk. Das Gebäude und vor allem der Friedhof, eine Ruhestätte früherer Bewohner Manhattans und ein Ort der Ruhe für geplagte Büroangestellte in den Mittagspausen, erinnern an englische Kirchenanlagen (der Architekt Richard Upjohn stammte aus Dorset in Südengland). Wer sich zwischen den Grabsteinen ein wenig umsieht, wird auf Ruhestätten solcher Persönlichkeiten wie z.B. den ersten Schatzmeister, Alexander Hamilton, stoßen. ⏲ Führungen tgl. um 14 Uhr.

Umgebung der Wall Street

Die Trinity Church behauptet sich als eine Art Kuriosum zwischen den benachbarten Bürogebäuden, die z.T. ebenfalls einen Blick wert sind. Zu den prächtigsten zählt das Eckgebäude, **1 Wall Street**, dessen Lobby in einem Farbenrausch aus Gold und Rot erstrahlt – und in Besuchern die Vermutung weckt, in einem Edelbordell für Banker gelandet zu sein.

Gleich östlich der Börse lassen sich am **Morgan Guaranty Trust Building**, 23 Wall Street, noch heute die Spuren einer ominösen Begebenheit vom 16. September 1920 ausmachen. Damals fuhr ein Pferdewagen vor, der Kutscher sprang von seinem Gefährt ab und verschwand in einer Seitenstraße. Wenige Sekunden später flog der Wagen in einer verheerenden Explosion in die Luft und ließ noch in einer halben Meile Entfernung Fensterscheiben zu Bruch gehen. 33 Menschen kamen ums Leben, hunderte wurden verletzt, aber die Explosion blieb lange Zeit unaufgeklärt. Vermutungen, es habe sich um einen geplanten Anschlag

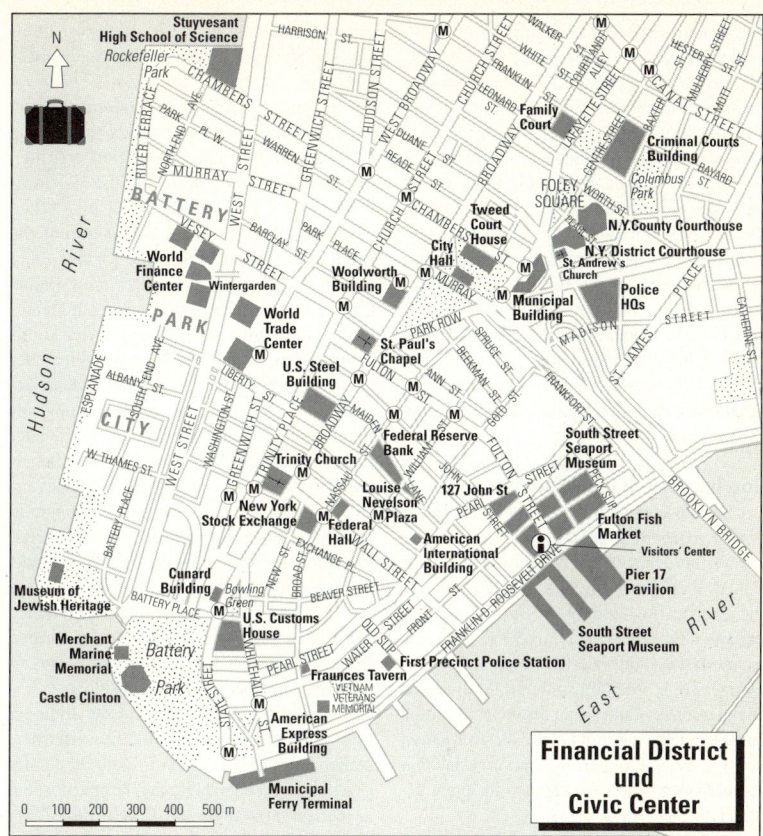

Financial District und Civic Center

auf Morgan und sein riesiges Finanzimperium gehandelt, konnten ebenso wenig widerlegt werden wie die Behauptung, der Wagen habe einer Sprengstoff-Firma gehört und sei unerlaubt durch die Stadt gefahren. Laut kürzlich abgeschlossener Untersuchungen ging der Anschlag wahrscheinlich auf einen italienischen Anarchisten zurück und könnte ein Vergeltungsschlag für die Hinrichtung von Sacco und Vanzetti gewesen sein. Merkwürdigerweise, vielleicht aber auch mit Absicht, wurden die pockennarbigen Löcher in den Fassaden nie geschlossen.

Ein ausgesprochen imposantes Überbleibsel aus den zuversichtlicheren Zeiten vor dem Börsenkrach ist das alte **Cunard Building**, 25 Broadway. Unter der hohen Kuppel beherbergte das marmorverkleidete Innere einst das Buchungsbüro einer Dampfschifffahrts-Gesellschaft – daher die kunstvollen Wandgemälde mit bunt verzierten Schiffen und Motiven der nautischen Mythologie, die sich an der Decke tummeln. Nachdem die großen Passagierdampfer von Flugzeugen verdrängt wurden, konnte sich Cunard ein solch extravagantes Aushängeschild nicht mehr leisten. Und so kam es, dass heute ein Postamt mit wenig Gefühl für die großzügigen Räumlichkeiten hier untergebracht ist, und im Obergeschoss das **New York City Police Museum**, die landesweit größte und älteste Sammlung von NYPD-Denkwürdigem und Beweisstücken ihres „erfolgreichen" Umganges mit dem Schießeisen.

Auf der Verkehrsinsel vor dem Cunard Building thront die Skulptur eines Bullen – nicht etwa als Symbol für einen kraftstrotzenden Markt gedacht, sondern angeblich der Beitrag eines glücklosen Künstlers, der seine klobige Kreatur nirgendwo anders unterbringen konnte. Gegenüber, in 26 Broadway, befindet sich das **Museum of American Financial History** im ehemaligen Sitz der *John D. Rockefeller's Standard Oil Company*. Es ist das größte Museumsarchiv mit Dokumenten und Exponaten aus der Finanzwelt, das der Öffentlichkeit zugänglich ist. Weitere Informationen zu den Museen s.S. 258.

Bowling Green und Umgebung

Der Broadway endet in der ovalen Parkanlage **Bowling Green**, in der die Kolonialbriten des 18. Jahrhunderts für die Nutzungsgebühr von „einem Pfefferkorn im Jahr" bowlen konnten. Die eiserne Umzäunung ist noch das Original aus dem Jahr 1771, nur die Kronen, die früher die Gestänge zierten, sowie eine Statue Georges III. wurden in späteren Revolutionseifer demontiert, um sie zu Musketenmunition einzuschmelzen. Somit wurde die zu Kleinstteilen reduzierte Monarchenfigur im Unabhängigkeitskrieg gegen die eigenen Truppen gefeuert.

Der Park wurde als eines der letzten Gebiete 1783 von den Briten geräumt und 1788 als Austragungsort der Feierlichkeiten zur Verabschiedung der Verfassung erwählt.

Davor war die Anlage Schauplatz eines der denkwürdigsten Geschäfte in der Geschichte Manhattans: Peter Minuit, der erste Gouverneur der holländischen Kolonie Nieuw Amsterdam, kaufte den Indianern die gesamte Insel im Austausch gegen einen Warenkorb im Wert von sechzig Gulden (ca. $24) ab.

Eine bei dieser Geschichte zumeist verschwiegene Tatsache ist, dass diesen Indianern die Insel eigentlich gar nicht gehörte, so dass zweifellos damals beide Parteien mit einem verschmitzten Grinsen nach Hause gegangen sein werden. Heute bietet die Grünanlage Büroangestellten einen willkommenen Picknickplatz.

Das angrenzende **U.S. Customs House**, nach Plänen von Cass Gilbert als Verbeugung vor dem blühenden Seehandel 1907 errichtet, ist ein erhabenes Symbol für die Hafentradition New Yorks. Es beherbergt inzwischen das hervorragende **National Museum of the American Indian** (s.S. 262). An der Front repräsentieren vier Skulpturen von Daniel Chester French (der auch das Lincoln Memorial in Washington, DC, schuf) die vier Kontinente und zwölf weitere Darstellungen an der Fassade die Welthandelszentren. Der Kopf des römischen Handelsgottes Merkur prangt als schmückendes Element an jedem Kapitell der äußeren Säulen. Als hätte French schon damals die gegenwärtige Nutzung des Gebäudes erahnt, hat er die Misshandlung der Indianer in seinen Skulpturen unverhohlen kommentiert. Am eindrucksvollsten ist die Darstellung links der Haupttreppe: Ein Ureinwohner Amerikas mit aufwendigem Kopfschmuck wirft einen angstvollen Blick über die Schulter der erhaben thronenden „Amerika", die in ihrem Schoß einen überdimensionierten Maiskolben hält – ein Symbol für den Wohlstand der Indianer und deren Beitrag zur Weltkultur. Gleichermaßen aufschlussreich ist die Skulptur auf der gegenüberliegenden Seite der Treppe, dort hat „Amerika" auf einem mit Glyphen der Maya geschmückten Thron ihren Fuß auf der gefiederten Schlange Quetzalcoatl ruhen.

Die Rotunde im Innern zieren blaue, graue und braune Wandgemälde von Reginald Marsh mit maritimen Szenen: Dampfschiffe, die der Hafenstadt unter dem wohlwollenden Blick von Lady Liberty höchstpersönlich Waren, Einwanderer und Wohlstand bringen. Dazwischen finden sich Porträts jener Entdecker, die eine entscheidende Rolle bei der Erkundung des Wilden Westens gespielt haben – Cabot, Hudson, Columbus, Gomez. Gemessen an der erbärmlichen Behandlung der dortigen Urbevölkerung, die im benachbarten Museum dokumentiert wird, muten diese ehrfürchtigen Darstellungen eher wie eine Schurkengalerie an.

Wo das Geld regiert

Battery Park und Castle Clinton

Hinter dem Customs House öffnet sich das Häusermeer Lower Manhattans zum hellen, windigen **Battery Park**, der den Blick auf die Freiheitsstatue, Ellis Island und Governor's Island freigibt. Vor der Landaufschüttung bildete das an der Westseite des Parks stehende **Castle Clinton** aus dem Jahre 1811 ebenfalls eine Verteidigungsinsel im größten Hafen Amerikas. Später fand das Bauwerk als renommierte Konzerthalle anderweitig Verwendung – 1850 veranstaltete P.T. Barnum hier ein werbewirksam angekündigtes Konzert mit der „schwedischen Nachtigall" Jenny Lind und Eintrittspreisen von $225. Danach diente es noch vor Ellis Island als Durchgangsstation für ankommende Emigranten. Heute bietet das flache Fort kaum Interessantes, Neugierigen steht es jedoch für Besichtigungen offen. ◷ tgl. 8.30–17 Uhr. Hier bekommt man auch Tickets für die Fähren zur Freiheitsstatue und nach Ellis Island.

Südlich des Castle Clinton steht das East Coast Memorial zum Gedenken an die während des 2. Weltkriegs umgekommenen amerikanischen Seeleute. Auf den Granitplatten sind die Namen aller Opfer verzeichnet. Nördlich des Forts ragt das **Merchant Marine Memorial** empor, die beklemmende Darstellung eines Seemanns, der vergeblich nach der Hand eines Ertrinkenden greift. Beide Denkmäler liegen am Hafen und bieten eine reizvolle Aussicht auf die Freiheitsstatue und Ellis Island.

Dort, wo die State Street eine Kurve macht, gegenüber dem Battery Park, befindet sich in Nr. 7 der **Shrine of Elizabeth Ann Seton**, das Heiligengrabmal der ersten Amerikanerin, die jemals heilig gesprochen wurde. Bevor sie in Maryland eine Ordensgemeinschaft gründete, lebte die Hl. Elizabeth für kurze Zeit hier. Der Schrein – klein, still und mit frommen, rührseligen Bildern aus dem Leben der Heiligen geschmückt – ist in einem dunkelroten gregorianischen Backsteinbau untergebracht, der den Ansturm der Moderne überstanden hat.

Hinter dem Seton Shrine, 6 Pearl Street, Ecke 17 State Street, liegt **New York Unearthed**, das dem South Street Seaport Museum angegliedert und ausschließlich der Archäologie New Yorks gewidmet ist. Es wurde 1819 an der Stelle erbaut, wo das Geburtshaus von Herman

Melville stand; im Obergeschoss sind Fundstücke verschiedener Epochen der New Yorker Geschichte ausgestellt. Eine „Pitt and Liberty" Gedenktafel erinnert an William Pitts Kampf gegen die *Stamp Act*, Großbritanniens erstem Versuch die Kolonien mit Steuern zu belegen; außerdem kann man eine Sammlung persönlicher Besitztümer der ersten freien Afro-Amerikaner nach dem Verbot der Sklaverei 1827 besichtigen und im Untergeschoss Relikte der Feuersbrunst von 1835 in Lower Manhattan. ⊙ Mo–Fri 12–18 Uhr, Eintritt frei.

Um eine Vorstellung vom Herzstück Manhattans im 18. Jahrhundert zu gewinnen, kann man sich die elf verbleibenden Gebäude des **Fraunces Tavern Block Historic District** ansehen, die 1835 von dem Brand verschont blieben. Die aus ocker-rotem Ziegel erbaute **Fraunces Tavern** selbst, auf der Ecke von Pearl und Broad St, gibt sich den Anschein einer Gaststätte aus der Kolonialzeit, ist in Wirklichkeit allerdings schon so oft umgebaut worden, dass man sie bestenfalls als gelungenes Imitat bezeichnen kann.

Nachdem die Briten endgültig geschlagen waren, nahm hier George Washington unter Tränen Abschied von seinen versammelten Offizieren, um sich fortan wieder dem Landleben in Virginia zu widmen. „Ich trete nicht nur von allen öffentlichen Ämtern zurück", so Washington, „sondern trete auch den inneren Rückzug an." Eine insgesamt etwas voreilige Erklärung, denn nur 6 Jahre später sollte er sich als neuer Präsident zurückmelden. Im 1. Stock (2nd floor) der Fraunces Tavern wird die Geschichte des Gebäudes in Bildern festgehalten. ⊙ Mo–Fr 10–16.45, Sa und So 12–16 Uhr; Eintritt $2,50, Schüler und Senioren $1. Das Restaurant ist zwar ein Touristenanziehungspunkt, aber trotzdem recht gemütlich.

Beiderseits der Water Street

Südlich der Fraunces Tavern gelangt man auf die Water Street, die in diesem Abschnitt durch eine Ansammlung schlanker Wolkenkratzer aus den frühen 60er Jahren begrenzt wird. Die damaligen Stadtväter waren der Ansicht, Manhattans Wirtschaftswachstum stagniere wegen Platzmangels. Sie verbreiterten Durchgangsstraßen wie die Water Street, indem sie viele viktorianische Sandsteingebäude und Lagerhäuser in Ufernähe abrissen. Damit wurde jedoch die einmalige Chance vertan, das Alte mit dem Neuen in einen Kontext zu bringen. Ironischerweise hat man inzwischen einen beträchtlichen Teil der ehrgeizig hochgezogenen Bürotürme in Apartments umgewandelt. Die stromlinienförmigen Fassaden aus Stahl, Glas und Beton wirken ziemlich gesichtslos. Blickt man vom kahlen Platz am **American Express Building**, 2 New York Plaza, nach oben, kommt höchstens das Gefühl auf, winzig klein zu sein.

Nördlich davon liegt das **Vietnam Veterans Memorial**, eine Anordnung von Glasblöcken, in die Nachrichten der Soldaten nach Hause eingraviert sind. Es gibt traurige und oftmals bedrückende Mitteilungen zu lesen. Das Denkmal als Ganzes befindet sich in einem schäbigen Zustand.

Aber nicht alles, was hier steht, ist deprimierend. Einen Block auf der Water Street Richtung Norden gelangt man zur Old Slip Street mit einem kleinen, sich sorglos in die schmale Straße einfügenden Palazzo. Er beherbergte die **First Precinct Police Station** und bietet eine gefällige Rückschau auf eine andere Epoche.

Wer von der Water Street hinter der Wall Street links in die Pine Street abbiegt, gelangt zum **American International Group Building**, einem der freundlichsten Wolkenkratzer Manhattans. 1916 befürchteten die Behörden, die massiven, überall emporschießenden Gebäude könnten das Sonnenlicht von den Straßen abschirmen und Lower Manhattan sowie Midtown in düstere, von riesigen Monolithen gesäumte Straßenschluchten verwandeln. Sie erließen deshalb die erste *zoning resolution*, ein Baugesetz, das die gesamte Gebäudefläche auf maximal das Zwölffache der Grundstücksfläche begrenzte. Es entstanden daraufhin Wolkenkratzer, die sich mit zunehmender Höhe verjüngten. Ein einzigartiger Vertreter dieses Stils ist das American International Group Building in 70 Pine Street, das einem Querschnitt durch eine mehrstöckige Art-déco-Hochzeitstorte gleich kommt: Auf dem Schokoladenkuchenboden aus schwarzem

Kontraste in Chinatown

Das World Trade Center überragt den Financial District

Financial District – Wo Geld regiert

Kleines Cafe am St. Mark's Place im East Village

Bunte Szenen im East Village

Auch auf der 6th Avenue ist Fastfood gefragt

Macy's, das legendäre Kaufhaus

Blick vom Empire State Building

Am Madison Square – das Flatiron Building

Sonntags im Central Park

Marmor ruht eine Sandsteinetage, gekrönt von Ziegelstein mit Aluminiumgitterwerk und schnörkeligen „Sprossen", die sich an der Fassade emporranken. Zudem besitzt es eine der schönsten Art-déco-Eingangshallen der Stadt.

Wie in anderen Gebäuden, hat auch hier niemand etwas dagegen, wenn Interessierte einen Blick hineinwerfen. Hätte man es ebenso exponiert wie das Empire State oder Chrysler Building gebaut, wäre es vielleicht bekannter geworden. Gleich gegenüber, **88 Pine Street**, behauptet sich in formalem Weiß die gerasterte Fassade des Gebäudes von I. M. Pei als unabhängiger, selbstbewusster Abkömmling der Moderne.

South Street Seaport und Umgebung

Für den South Street Seaport am östlichen Ende der Fulton Street wird derart überschwenglich die Werbetrommel gerührt, dass eigentlich nichts Gutes zu erwarten wäre. Eine Befürchtung, die glücklicherweise nur zum Teil zutrifft. Ein gewisser kommerzieller Rahmen war wohl nötig, um Unternehmer und Touristen anzulocken, ein Jahrhunderte alter, betriebsamer Fischmarkt schafft aber die Authentizität und Ausgewogenheit, die man sich für ähnliche Projekte in anderen Städten wünscht. Leider ist die Zukunft dieses Marktes, wie so vieles andere Ursprüngliche in New York, bedroht: Gerüchten zufolge sollen die Fischstände von hier vertrieben und das Hafengelände umgemodelt werden, da die Fischhändler inzwischen den Großmarkt Hunt's Point in der Bronx bevorzugen.

Auf diesem Uferabschnitt konzentrierte sich hundert Jahre lang der Hafenbetrieb. Den Anfang machte Robert Fulton, der von hier einen Fährdienst nach Brooklyn einrichtete. nach ihm wurde die Straße und dann auch der Markt benannt. Nach der Eröffnung des Erie-Kanals gewann der Hafen als Warenumschlagplatz enorm an Bedeutung, und gegen Ende des 19. Jahrhunderts fuhren regelmäßig Frachtschiffe nach Kalifornien, Japan und England. Mit der Verlagerung des Schiffsverkehrs auf den Hudson River und dem Ausbau der Highways in den 50er Jahren kam der Betrieb schnell zum Stillstand. Eine 1967 ins Leben gerufene Privatinitiative vermochte gerade noch rechtzeitig die verbliebenen Lagerhallen und den historischen Hafen vor dem Abriss zu retten.

Ausgehend vom blitzsauberen Backsteingebäude des **Visitors' Center**, 12-14 Fulton Street, werden regelmäßig Führungen über das Hafengelände angeboten. Filialen schicker Ladenketten wie Ann Taylor, Coach und Abercrombie & Fitch säumen die Fulton und die davon abgehende Front Street – scheinbar dürfen solch kühle Boutiquen als typische Elemente bei derartigen Renovierungsprojekten in Amerika nie fehlen. Besucher sollten ihr Augenmerk in dieser Ecke aber vor allem auf die zahlreichen außergewöhnlichen und bestens erhaltenen Gebäude richten. Sehenswert ist das ehemalige **Hotel**, 203 Front Street, das in den 80er Jahren des vergangenen Jahrhunderts zumeist ledige Dockarbeiter zu seinen Gästen zählte. Heute beherbergt es eine Filiale des Versandhausriesen J. Crew.

Die Geschäfte umgeben den 1983 erbauten, kürzlich renovierten **New Fulton Market**, der vor allem Kunsthandwerk, aber auch einige Cafés und Fastfood-Lokale im Obergeschoss versammelt. Jenseits des Weges befindet sich die herausgeputzte **Schermerhorn Row**, eine in dieser Form einzigartige Ansammlung von um 1811 im gregorianischen Stil erbauten Lagerhallen, in denen am einen Ende das „englische" *North Star Pub* und am anderen Ende das teure *Sloppy Louie's* untergebracht ist. Knurrt der Magen, begibt man sich besser in die Front Street, an ehemaligen, verlassenen Wohnquartieren vorbei zu *Jeremy's Ale House*, 254 Front Street, Höhe Dover Street. In dem Lokal in einem backsteinernen Lagerhaus gibt es schmackhafte, preiswerte Muscheln, Calamari und Austern. Von 8–10 Uhr trinken hiesige Dockarbeiter zudem ihr Bier zum halben Preis.

Noch mehr Spuren aus der Vergangenheit finden sich im *Paris Café*, 119 South Street, im **Meyer's Hotel** am Ende von Peck Slip, in dem Ende des 19. Jahrhunderts alle möglichen Berühmtheiten verkehrte. Thomas Edison nutzte das Café als zweites Büro, während er in der Pearl Street das erste Elektrizitätswerk der

Welt entwarf; die Eröffnung der Brooklyn Bridge wurde in Anwesenheit der Ehrengäste Annie Oakley und Buffalo Bill Cody auf dem Dach des Gebäudes zelebriert; Theodore Roosevelt war Stammgast, und der Journalist John Reed sowie andere Kommunisten trafen sich hier 1921 in geheimer Runde um die amerikanische KP zu gründen. Heute zieht diese elegante Bar, in der zwar keine Präsidenten und wahrscheinlich auch keine berühmten Kommunisten mehr verkehren, dafür aber leckerer Fisch serviert wird, ein lebhaftes Publikum an.

Fish Market und South Street Seaport Museum

Der schmuddelige Viadukt des Franklin D. Roosevelt Drive präsentiert sich als würdiges Tor zum **Fulton Fish Market**, einem ebenso schäbigen Gebäude, das aus seiner 80-jährigen Geschichte als städtischer Großmarkt keinen Hehl macht. Der jährliche Umsatz dieser Enklave, in der Geschäftsabschlüsse noch mit Handschlag besiegelt werden, beläuft sich auf mehr als eine Milliarde Dollar. Seit kurzem steht der Markt jedoch unter der verstärkten Kontrolle der städtischen Behörden, die Korruption und den Einfluss der Mafia einzudämmen versucht. Die in den Hinterzimmern abgewickelten Geschäfte stellen für Touristen keinerlei Bedrohung dar und sollten niemanden vom Besuch des Marktes abhalten.

Früh morgens gegen 5 Uhr, wenn die Trucks der Käufer sich unter dem Highway einfinden, um den Fang einzuladen, ist die Luft von einem Geruch nach Salz und Fisch durchdrungen, und es gibt jede Menge scheußliche Dinge, in die man hineintreten kann. Aber dem lebendigen Treiben dieser dubiosen Welt dürfte schon bald der Garaus bereitet werden durch städtische Auflagen und den benachbarten **Pier 17 Pavilion**, ein Hyperkomplex aus Restaurants und Läden.

In einer Reihe von aufwendig renovierten Lagerhäusern aus den Jahren um 1830 befindet sich in 207–211 Water Street das **South Street Seaport Museum**. Es beherbergt eine Sammlung überholter Schiffe und bauchiger Schlepper, daneben kleinere Ausstellungen über maritime Kunst und den Seehandel.

◷ 1. April–30. September tgl. 10–18, Do bis 20 Uhr, 1. Oktober–31. März Mi–Mo 10–17 Uhr, Eintritt $6. Im Eintrittspreis sind sämtliche Führungen, Filme, Ausstellungen und die Besichtigung der museumseigenen Schiffe, sowie der Besuch von „New York Unearthed" enthalten.

Während der Sommermonate legen der Schoner *Pioneer* (1885), der Schoner *Lettie G. Howard* (1893) und der Schlepper *W.O. Decker* zu Hafenrundfahrten ab; Zeiten beim Museum erfagen. Wer kein leidenschaftlicher Segler ist, kann in der wärmeren Jahreszeit die Schiffe getrost links liegen lassen und stattdessen eines der kostenlosen, allabendlichen Konzerte unter freiem Himmel genießen.

Brooklyn Bridge

Vom South Street Seaport fällt der Blick unweigerlich auf eines der schönsten Schmuckstücke New Yorks – die Brooklyn Bridge. Sie ist die erste diverser Brücken über den East River, hinter ihr sind die Manhattan und Williamsburg Bridge zu sehen. Ihre gotischen Torbögen wirken heute vor den in Lower Manhattan emporragenden Wolkenkratzern relativ klein. Zum Zeitpunkt ihrer Fertigstellung war die Brooklyn Bridge jedoch ein technologischer Quantensprung. Damals überragte sie die flachen Backsteinbauten in ihrer Umgebung und war für die Dauer von zwei Jahrzehnten die längste Hängebrücke der Welt. Noch länger konnte sie für sich verbuchen, die Brücke mit der größten Spannweite zu sein, und zudem war sie die erste, bei deren Bau Stahlkabel verwendet wurden. Mit ehrfurchtsvoller Bewunderung blickten die New Yorker auf dieses zu Realität gewordene Symbol des großen amerikanischen Traumes. „Den Beginn des modernen New York, des heroischen New York, markiert die Brooklyn Bridge", schrieb Kennet Clark, und tatsächlich kam der Verschmelzung von Kunst und Funktionalität, von romantischer Neugotik und wagemutiger Praktikabilität eine Art spirituelle Vorreiterrolle für die Wolkenkratzer der nächsten Generation zu.

Der Bau verlief jedoch nicht ohne Komplikationen. John Augustus Roebling, Architekt und Erbauer der Brücke, zerquetschte sich

Die Brooklyn Bridge

während der Vermessungsarbeiten an den Piers seinen Fuß und starb drei Wochen später an Wundbrand. Seinen Sohn Washington, der danach die Bauleitung übernahm, ereilte in einem ungesicherten Senkkasten beim Tauchen die Caisson-Krankheit, so dass er fortan die Arbeiten nur noch als Invalide vom Fenster seines Krankenzimmers aus überwachen konnte. 20 Arbeiter kostete die Errichtung der Brücke das Leben, und eine Woche nach ihrer Eröffnung 1883 wurden 12 Menschen während einer Massenpanik zu Tode getrampelt. Trotz dieser Unfälle sowie unzähliger Selbstmorde schauen die New Yorker bis heute liebevoll auf die Brücke. Anlässlich des 100. Geburtstags sparte man nicht mit üppigen Dekorationen. Die Stadt organisierte ein großes Fest und ließ ganze Schiffsladungen von Feuerwerkskörpern gen Himmel steigen.

Unabhängig davon, wie sehr die Brücke nun den Einzelnen in ihren Bann zieht, bietet sie zweifellos eine spektakuläre Aussicht. Man sollte vom City Hall Park auf dem hölzernen Fußweg bis zur Mitte der Brücke laufen und sich erst dort umblicken: Hinter einem Netz aus Kabeln und Trägern ragen die Riesen des Finanzviertels Schulter an Schulter empor, unter der Brücke flutet der East River dahin und darüber tost der Autostrom von und nach Brooklyn. Den einzigartigen Eindruck, der sich hier von der Metropole der 90er Jahre bietet, sollte man in keinem Fall versäumen.

Federal Reserve Bank

Die Fulton Street und eine ihrer südlichen Parallelstraßen, die von erhabenen wie anonymen Finanzpalästen gesäumte Maiden Lane, führen in einem Bogen durch Lower Manhattan. Beide Straßen werden von der abgehalfterten und mit Discount- sowie Fastfood-Läden voll gepackten Nassau Street gekreuzt. An der Nassau Street, Ecke Maiden Lane, steht die einer Legoburg ähnelnde **Federal Reserve Plaza**, die Ergänzung der um 1924 erbauten **Federal Reserve Bank**. Dieses Projekt sollte eines der letzten sein, die Johnson und Burgee gemeinsam in Angriff nahmen. Bald nach Fertigstellung trennten sich ihre Wege, wodurch der bankrotte Burgee in der architektonischen Bedeutungslosigkeit versank.

Die **Federal Reserve Bank** schottet sich aus gutem Grund durch dicke Eisengitter von der Außenwelt ab: In einer Tiefe von mehr als 20 m unter dem düsteren, neogotischen Innenraum lagert der größte Teil der Goldreserven der westlichen Welt – 9000 Tonnen, die gelegentlich bei Ausbruch eines Krieges oder zur Begleichung internationaler Schulden von einem ins andere Gewölbe geschoben werden. Eine Besichtigung der glitzernden Vorräte aufgetürmter Goldbarren ist möglich, wenn auch nur unter beachtlichem Aufwand. Man wende sich hierfür mindestens eine Woche vor dem geplanten Besuch an das *Public Information Department, Federal Reserve Bank*, 33 Liberty Street, NY 10045, oder man melde sich unter ✆ 720-6130 oder 🖥 www.ny.frb.org an, da die Eintrittskarten per Post verschickt werden (möglichst eine Adresse in New York angeben).

In den oberen Geschossen werden verschmutzte sowie gefälschte Scheine von Prüfgeräten, die wie überdimensionale Kartenmischautomaten aussehen, aus dem Verkehr gezogen. Schubkarrenweise rollen Mitarbeiter Bares durch die Räume – entsprechend drakonisch sind die Sicherheitsvorkehrungen.

Die Umgebung der Federal Reserve Bank

Wenn der Kopf nach all dem Gold der Hochfinanz wieder etwas klarer ist, lässt sich am praktischen Beispiel des **1 Chase Manhattan Plaza**, südlich der Liberty Street, begutachten, was Finanzkraft so alles vermag. Dort, am Sitz der prestigeträchtigen Zentrale der Chase Manhattan Bank, ragt ein kastenartiger, im International Style hochgezogener Büroturm auf, seinerzeit das erste derartige Gebäude in Lower Manhattan, das darüber hinaus erstmals einen Eingangsbereich mit vorgelagerter Plaza einführte. Leider strahlt diese mehr den Charme eines Parkplatzes aus, woran auch Dubuffets Skulptur *Four Trees* nichts ändern kann.

Kleiner und gefälliger hat dasselbe Designer-Team den Turm der **Marine Midland Bank**, 140 Broadway, gestaltet und ihm zur Verschönerung eine Würfelskulptur von Isamu Noguchi hinzugesellt. Weitere sehenswerte Skulpturen befinden sich hinter der Chase Manhattan Plaza an der **Louise Nevelson Plaza**, welche die Maiden Lane und Liberty Street trennt. Hier stehen Arbeiten der Künstlerin Louise Nevelson, die sich bestens in ihre städtische Umgebung einfügen. Das an einer Seite der Plaza befindliche Wandgemälde Seurats *A Sunday Afternoon on the Grande Jatte* diente als Kulisse im Film „Stirb langsam: Jetzt erst recht!" (1995).

Zwischen Trinity Place und Broadway erreicht man an der Ecke Liberty Street den in bedrohlichem Schwarz aufragenden Koloss des **U.S. Steel Building**, 1 Liberty Plaza, ein absolut unwürdiger Nachfolger des berühmten **Singer Buildings**. Der 1908 nach Plänen von Ernest Flagg fertig gestellte, elegante Stahl- und Glasturm im Stil der Renaissance zählte zu den Glanzpunkten der New Yorker Skyline, bis er 1968 abgerissen wurde, um jenem „düsteren, leblosen Monstrum" Platz zu machen.

Im Gegensatz zu anderen modernen Bauten, die wie wuchtige, stillose Monolithen wirken, sticht das Haus **127 John Street** als sehr fantasievolle, wenn auch vielleicht zu niedliche Variante frech aus ihrer Umgebung heraus. Die von Emery Roth & Sons in kräftiges Blau und Rot getauchte Fassade bildet einen krassen Gegenpol zu ihren gesetzteren und stromlinienförmigen Nachbarn im Financial District. Das Innere durchziehen bunte Leitungen und Röhren, die von blinkender Weihnachtsbeleuchtung umschlungen sind. Für die konservative Klientel des Viertels reicht das wohl für eine Herzattacke aus. Da sich das angrenzende Restaurant weigerte, sein Grundstück an die Bauherren zu verkaufen, gestalteten die Architekten die Grenzmauer zu einer riesigen digitalen Uhr um.

World Trade Center

Wo immer man sich in Lower Manhattan aufhält, dominieren zwei Gebäude die Häuserlandschaft, die Zwillingstürme des **World Trade Center**. Kritiker lassen an ihnen kein gutes Haar und schelten sie, nicht besonders ansehnlich zu sein und beziehungslos in der Gegend zu stehen. Auf ein Zehntel ihrer Größe reduziert, so wettern sie, würde sie niemand eines zweiten Blickes würdigen. Tatsächlich jedoch sind sie groß, und zwar so beängstigend groß, dass dem Besucher bei einem sommerlichen

Spaziergang über die Plaza (im Winter wegen herabfallender Eiszapfen geschlossen) ganz schwindlig werden kann.

> **Der Anschlag auf das World Trade Center** Am 26. Februar 1993 erschütterte eine Bombenexplosion im unterirdischen Parkhaus den Gebäudekomplex des World Trade Center. Sechs Menschen wurden getötet, mehr als tausend verletzt.
> Einen Moment lang schien das Schreckensszenario der Zerstörung eines der weltgrößten Bürogebäude möglich, aber abgesehen von einigen unbedeutenden Schrammen, hielt das Gebäude der Erschütterung stand. Die Evakuierung von mehr als 50 000 Büroangestellten ging rasch und komplikationslos vonstatten. Das größte Kopfzerbrechen bereitete den im Trade Center ansässigen Unternehmen danach die wochenlange Schließung der Türme, die auf bauliche Schäden untersucht werden mussten. Für den Anschlag wurde eine arabische Terroristengruppe verantwortlich gemacht, deren Kopf, der radikale Moslemführer Scheich Omar Abdel-Rahman, 1995 vor einem New Yorker Gericht der Beteiligung für schuldig befunden wurde.

Ähnlich dürfte sich dieses gigantische Projekt wohl auf das Urteilsvermögen der Port Authority von New York und New Jersey, dem Hauptfinanzier des Centers, ausgewirkt haben. Jahrelang dümpelten die Türme als teure, halb leere Giganten vor sich hin, zudem wurden sie schon bald vom Sears Tower in Chicago als höchstes Gebäude der Welt abgelöst. Inzwischen ist der 5-teilige Gebäudekomplex mit den Zwillingstürmen als zentralem Prunkstück gut gefüllt, erfolgreich und ein Wahrzeichen der Stadt. Vom **Aussichtsdeck** im 107. Stock des 2 WTC bietet sich aus 411 m Höhe eine atemberaubende Aussicht. Noch spektakulärer ist das Panorama von der darüber liegenden Aussichtsplattform unter freiem Himmel (bei schlechtem Wetter geschlossen). Ganz New York liegt einem buchstäblich zu Füßen, selbst Flugzeuge im Landeanflug auf New Yorks Flughäfen. Sogar Jersey City wirkt von hier oben aufregend. Zwischen all dem Staunen sei bemerkt, dass der Artist Philippe Petit vor einigen Jahren auf einem Drahtseil von einem der beiden Türme zum anderen balancierte.

Die Fahrt in luftige Höhen ist gegen Sonnenuntergang am schönsten, wenn die Touristenströme abnehmen und sich Manhattan allmählich in ein Lichtermeer verwandelt, das auf diesem Globus wohl einzigartig sein dürfte. ⏰ Juni–September tgl. 9.30–23.30 Uhr, Oktober–Mai tgl. 9.30–21.30 Uhr, Eintritt $12,50. Wer nicht geizen muss, kann den gleichen Blick bei einem Mahl im renovierten Restaurant *Windows on the World* (1 WTC, 107. Stock) oder bei einem Drink in der angegliederten Bar, bescheiden *The Greatest Bar on Earth* genannt, genießen.

Am TKTS-Schalter im Mezzanin gibt es verbilligte Eintrittskarten für jeweils am selben Tag stattfindende Broadway-Shows, sowie am Tag vor einer Vorstellung Tickets für die am Mi, Sa und So abgehaltenen Matinées. ⏰ Mo–Fr 11–17.30, Sa bis 15.30 Uhr.

St. Paul's Chapel
Im Schatten des World Trade Center steht die aus einer gänzlich anderen Zeit stammende St. Paul's Chapel. Ihre Erbauung im Jahr 1766, achtzig Jahre vor der Trinity Church, macht sie zur ältesten Kirche Manhattans und – nach New Yorker Standard – schon fast prähistorisch. Obgleich das Bauwerk recht amerikanisch wirkt, war es die erste Arbeit eines Londoner Architekten, der sich St. Martin-in-the-Fields in London zum Vorbild nahm und ein schlichtes, in blaue und rosafarbene Pastelltöne getauchtes Gotteshaus errichtete. George Washington kam zum Beten hierher, und um seinen erhalten gebliebenen Gebetsstuhl wird viel Aufhebens gemacht.

Battery Park City
Beim Bau des Fundaments für die Zwillingstürme des World Trade Center fielen mehrere Millionen Kubikmeter Erde und Gestein an, mit denen man den Hudson auffüllte. Auf dem

aufgeschütteten, 37 ha großen Areal entstand Battery Park City. Diese eigenständige Insel aus Bürogebäuden, Luxusapartments und Filialen schicker Boutiquen wird von einer mehr als anderthalb Kilometer langen, parkähnlichen Esplanade begrenzt und gilt als Musterbeispiel für zeitgemäßes Bauen im Financial District. Hier befinden sich die smarten Geschäftsleute im Zentrum des Geschehens und können dennoch in einer Atmosphäre arbeiten, die sich gegenüber dem Großteil Manhattans weniger hektisch und mehr naturorientiert ausnimmt.

Kernstück der Battery Park City ist das **World Financial Center**, dessen Bauherr, der Projektgesellschaft Olympia und York Co. aus dem kanadischen Toronto, schon für das Desaster der Londoner Canary Wharf verantwortlich war. Die Gebäude – vier klobige, miteinander verbundene Granit- und Glastürme, die jeweils von geometrisch geformten Dachaufsätzen gekrönt werden – wirken wie aufgestapelte Bauklötze. In ihrem Innern jedoch präsentieren sie sich weitaus eleganter. Mehr als 24 000 m^2 Marmor bedecken die Böden und Wände der Lobbys, und erlesene Textilien zieren die Aufzüge. Der riesige, glasüberdachte **Wintergarden**, eine öffentliche Plaza mit Geschäften und Restaurants, wird von Tageslicht durchflutet und beherbergt 16 Palmen aus der Mojave-Wüste. In der oasenhaften Umgebung kann man eine angenehme Ruhepause einlegen, vielleicht zu Mittag essen und einen Blick auf die schicken Privatboote werfen, die draußen im Jachthafen North Cove vertäut liegen. Hier finden oft kostenlose Konzerte statt.

Durch ein Reihe neuer **Museen** beginnt sich das Stadtbild um den Battery Park allmählich zu wandeln, z.B. fällt die ausgefallene Maya-Pyramide des 1997 eröffneten **Museum of Jewish Heritage** im Battery Park unweigerlich ins Auge. Die sechs Seiten und das mehrteilige Dach des Baus symbolisieren die sechs Millionen Juden, die während des Holocaust ermordet wurden. Wenn alles nach Plan verläuft, wird das jüdische Museum im Jahre 2001 das **Skyscraper Museum** zum direkten Nachbarn haben, denn das Skyscraper Museum soll nach seinem vorübergehenden Standort in der Wall Street das Erdgeschoss des neuen *Ritz Carlton Hotel* beziehen und dort auf größerer Fläche Wissenswertes über New Yorks Wolkenkratzer vermitteln.

Civic Center

Im spitzen Winkel begrenzen der Broadway und die Park Row den **City Hall Park**, eine laute, von Tauben übersäte, dreieckige Grünfläche, über die sich an einer Seite das altehrwürdige, hochgeschätzte **Woolworth Building** erhebt. Dieses Gebäude, so ist bisweilen zu hören, verkörpere den New Yorker Wolkenkratzer schlechthin.

Dem lässt sich kaum etwas entgegensetzen: Geld, Dekor und Prestige verschmelzen in oder von Cass Gilbert 1913 erbauten „Kathedrale des Kommerzes" in eine elegant emporragende, von gotischen Motiven reich verzierte Fassade, die keinerlei bedrohliche Gefühle weckt, sondern angenehm verspielt wirkt. Während die Türme des World Trade Center durch ihre bloße Größe beeindrucken, verzaubert das Woolworth Building durch seine gefälligen Formen. Frank Woolworth gründete seinen Reichtum auf jenen Billigläden, in denen alles entweder 5oder 10 Cents kostete und konsequent kein Kredit gewährt wurde. Dieser Philosophie folgend, bezahlte er seinen Wolkenkratzer in bar. Die schrulligen Reliefs in den Ecken der Eingangshalle zeigen Woolworth, der seine 5- und 10-Cent-Stücke für seinen Bau zählt, den Architekten, der im Stil des Mittelalters ein Modell des Gebäudes in den Händen hält, den Makler und den Erbauer. Das Deckengewölbe ist von einem honiggoldenen Mosaikteppich überzogen, und selbst die Briefkästen sind Prunkstücke.

Das ganze Gebäude strahlt einen humorigen Pomp aus, dem die zeitgenössische Architektur mehr oder weniger abgeschworen hat – man braucht sich nur das benachbarte Gebäude der Citibank anzusehen, um einen Eindruck von der jüngeren Baukunst zu erhalten.

City Hall und der Park

Am oberen Ende des Parks steht die **City Hall** quasi als Tor zu den verstreut liegenden Verwaltungs- und Gerichtsgebäuden des Behör-

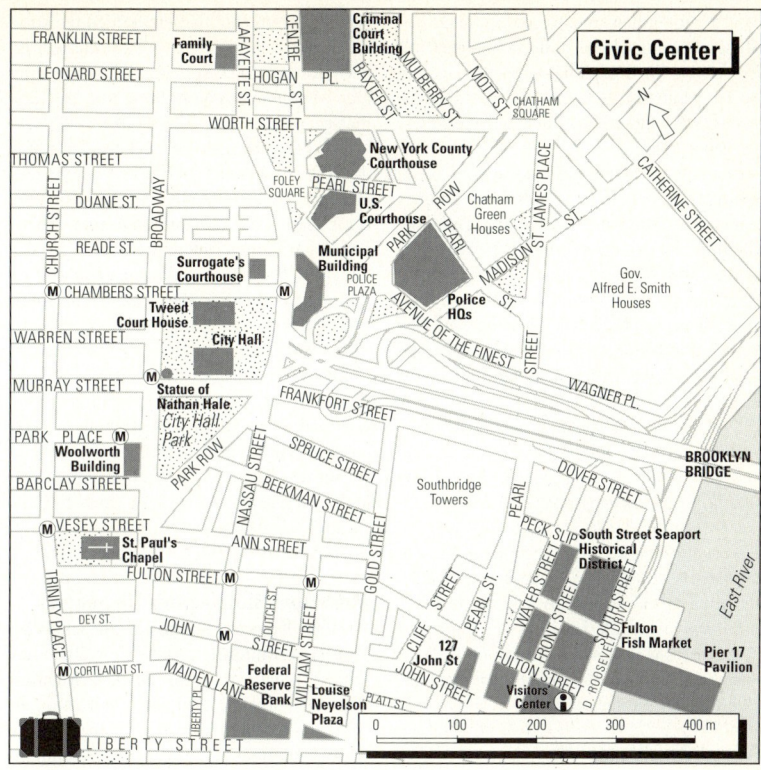

denviertels. Die 1812 in einer gelungenen Mischung aus französischer Schlossarchitektur und amerikanisch-georgianischen Einflüssen fertig gestellte City Hall war 1865 der Ort, an dem 120 000 trauernde New Yorker an dem feierlich aufgebahrten Leichnam Abraham Lincolns vorbeidefilierten.

1927 wurden hier Feierlichkeiten für den zurückgekehrten Flugpionier Charles Lindbergh abgehalten, und später markierte das Gebäude den traditionellen Endpunkt der Konfettiparaden auf dem Broadway zu Ehren von Astronauten, befreiten Geiseln und kürzlich auch der lokalen Baseballmannschaft – der New York Yankees. Ein elegantes Konglomerat aus Arroganz und Autorität charakterisiert das Innere des Gebäudes. Eine weit geschwungene Treppe führt hinauf in den exakt geometrischen Governor's Room und die Selbstherrlichkeit ausstrahlenden Räume, in denen früher die **Board of Estimates Chamber**, das Haushaltsgremium, untergebracht war. Besuchern steht die City Hall Mo–Fr 10–16 Uhr offen.

Der **City Hall Park** ist gespickt mit Statuen ehrenwerter Charaktere, zu welchen nicht zuletzt auch der Gründer der Tageszeitung *New York Tribune,* Horace Greeley, zählt. Vor seinem bronzenen Abbild wird zwischen April und Dezember jeweils dienstags und freitags von 8–18 Uhr ein Farmer's Market mit frischem Obst, Gemüse und Brot abgehalten.

Den Spitzenplatz unter der ruhmreichen Patriotengalerie nimmt die Statue von **Nathan Hale** ein. Hale wurde 1776 von den Briten gefangen genommen und wegen Spionage gehängt, allerdings nicht, ohne sich vorher mit seinen denkwürdigen und berühmten letzten Worten verabschiedet zu haben – „Ich bedaure, dass ich meinem Land nur dieses eine Leben geben kann".

Im selben Jahr verlas an dieser Stelle George Washington die aus der Feder Thomas Jeffersons stammende **Unabhängigkeitserklärung**. Das eloquent und in bewegenden Worten abgefasste Manifest über die Rechte der neuen Nation war kurz zuvor vom 2. Kontinentalkongress in Philadelphia angenommen worden und beflügelte zweifelsohne Seele und Geist der versammelten Soldaten und Zivilisten.

„Wir erachten folgende Wahrheiten als selbstverständlich: dass alle Menschen gleich geschaffen sind; dass sie von ihrem Schöpfer mit gewissen unveräußerlichen Rechten ausgestattet sind; dass dazu Leben, Freiheit und das Streben nach Glück gehören; dass zur Sicherung dieser Rechte Regierungen unter den Menschen eingesetzt sind, die ihre rechtmäßige Macht von der Zustimmung der Regierten herleiten; dass, wann immer irgendeine Regierungsform diesen Zielen als abträglich erweist, es das Recht des Volkes ist, sie zu ändern oder abzuschaffen und eine neue Regierung einzusetzen…"

Tweed Courthouse

In dem Maße, in dem die City Hall städtische Verwaltungsbürokratie symbolisiert, erinnert das Tweed Courthouse an deren Korruptionsanfälligkeit. Beim Anblick des hinter der City Hall angesiedelten und von William Marcy „Boss" Tweed errichteten Denkmals der Raffgier drängt sich dem Betrachter weniger das Bild eines städtischen Gebäudes als das einer noblen Villa auf. Anders als viele gleichartige Bauten zeugen die lang gezogenen Fenster und der spärliche Fassadenschmuck von vornehmer, fälschlicher Zurückhaltung. Sein Erbauer, Boss Tweed, arbeitete sich bis 1856 aus dem Nichts zum Vorsitzenden des Democratic Central Committee in der Tammany Hall hoch und leitete durch eine Reihe geschickter wie illegaler Aktionen Einnahmen aus dem Stadtsäckel in seine eigene Tasche und die seiner Getreuen. Um seine Position zu festigen, ließ er Tausende Einwanderer als Demokraten registrieren und bot ihnen als Gegenleistung ein erbärmliches soziales Netz. Missbilligende Stimmen wurden durch Bestechung zum Verstummen gebracht.

Eine Zeitlang hielt Tweed die Fäden fest in der Hand und erstickte jegliche Kritik bereits im Keim – selbst die über die Baukosten des Gerichtsgebäudes, das anstatt der veranschlagten drei Millionen Dollar am Ende zwölf Millionen Dollar kostete; wahrscheinlich weil ein Tischler mit 360 747 Dollar in einem Monat und ein Stukkateur mit 2 870 464 Dollar für die Arbeit von neun Monaten entlohnt wurden.

Dann traten jedoch der politische Karikaturist Thomas Nast und der Herausgeber der *New York Times* (der die Bestechungssumme von einer halben Million Dollar abgelehnt hatte) auf den Plan und brachten die öffentliche Meinung gegen Tweed auf. Er starb 1878 im Gefängnis in der Ludlow Street, das er – Ironie des Schicksals – selbst hatte bauen lassen.

Municipal Building und Umgebung

Wie eine übergroße Kommode erhebt sich das **Municipal Building** an der Centre Street und schiebt scheinbar seine Flanken Richtung Chambers Street, um die City Hall zu umarmen. Das Dach endet in einem frivolen Abschluss aus einer extravaganten Ansammlung von Säulen und Schnörkeln, während das Innere durchweg sachlich gestaltet ist. Jenseits des Torbogens gelangt man zur Police Plaza, einem kahlen Platz mit einer rostroten Skulptur, an dem das rotbraune Gebäude des **Police Headquarters** steht.

Vorbei an der in neogeorgianischem Stil errichteten **St. Andrew's Church** erstreckt sich die Plaza bis zum **U.S. Courthouse** und endet am düsteren **Foley Square**, der nach Thomas „Big Tom" Foley, seines Zeichens Sheriff und Saloon-Betreiber, benannt wurde.

Am nordöstlichen Ende des Platzes residiert das **New York County Courthouse** in einem erhabenen, aber nicht protzigen Gebäude. Die Rotunde im Innern ist mit Wandmalereien geschmückt, die Themen aus der Justizgeschichte darstellen. Wenn noch Zeit ist, lohnt ein Blick in das Art-déco-Gebäude des **Criminal Courts Building**, bekannt als „The Tombs", nach einem früher an dieser Stelle am Columbus Park stehenden Bauwerk im Stil eines ägyptischen Grabmals. Auch der festungsgleiche **Family Court** auf der Lafayette Street, der wie ein teilweise verdrehter Zauberwürfel wirkt, kann wie alle anderen Gerichte ◷ Mi–Fr 9–17 Uhr besichtigt werden. Den größten Unterhaltungswert versprechen jedoch die Criminal Courts.

Östlich vom **Columbus Park** werden die würdevollen städtischen Bauten von mehr oder weniger baufälligen Elektrogeschäften und Werbeschildern für „Immigrant fingerprinting and photo ID" abgelöst, die den Beginn der Chinatown markieren.

Chinatown, Little Italy und Lower East Side

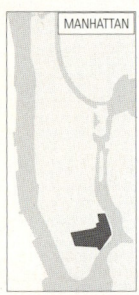

Der besondere Tipp

- Mittags in einem chinesischen Restaurant in der Mott Street *Dim Sum* kosten
- Mit der italienischen Gemeinde im September die Festa di San Gennaro in der Mulberry Street feiern
- Sonntags in den Läden der Orchard Street auf Schnäppchenjagd gehen
- Wie Harry und Sally bei Katz's Deli an der Ludlow Street, Ecke East Houston Street, speisen

Mit mehr als 200 000 Einwohnern (125 000 davon chinesischer Abstammung, die übrigen anderer asiatischer Herkunft), sieben chinesischen Tageszeitungen, zwölf buddhistischen Tempeln, ca. 150 Restaurants und über 300 Textilbetrieben ist Chinatown das größte ethnische Viertel Manhattans.

Oberflächlich betrachtet ist Chinatown wohlhabend – ein „Modell-Slum", wie einige den Stadtteil betitelt haben, mit der niedrigsten Kriminalitätsrate, den wenigsten Arbeitslosen und jugendlichen Straftätern aller New Yorker Bezirke. Zu jeder Tageszeit sind die Straßen und Läden voller Leben und zahllose Restaurants geöffnet. Hinter Schaufenstern stapeln sich glibberige Tintenfische und versuchen lebende Hummer, sich vergeblich ihrer Fesseln zu entledigen. An Straßenständen wird eine reichhaltige Palette an frischem Gemüse, Knoblauch, Ingwerwurzeln und anderen exotischen Gewürzen feilgeboten. In Chinatown scheint alles im Überfluss vorhanden zu sein. Sogar hier, im Herzen von Downtown Manhattan, sind die Chinesen darauf bedacht, ihren Lebensstil zu bewahren, ihre Angelegenheiten innerhalb der Großfamilie selbst zu regeln und äußere Einflüsse weitestgehend fernzuhalten. Einige Zugeständnisse hat man inzwischen an die westliche Welt gemacht – Ladenschilder sind heute mit englischsprachigen Übersetzungen versehen, und an der unteren Mott Street verkauft die etwas deplaziert wirkende Filiale von Häagen Dasz Eiskrem. Einmal im Jahr, während des chinesischen Neujahrsfests, das beim ersten Neumond nach dem 19. Januar stattfindet, präsentiert sich Chinatown der Außenwelt in einem farbenprächtigen, von riesigen Drachen angeführten Spektakel. Früher wurden bei dem Fest auch Feuerwerkskörper gezündet, die heute wegen Brandgefahr verboten sind, aber in den Rinnsteinen fließt immer noch bunt gefärbtes Wasser entlang (Näheres s.S. 380, Umzüge und Feste).

Hinter dieser unbeschwert prosperierenden Oberfläche verbergen sich auch Schattenseiten. Die rigiden Machenschaften der traditionellen Erpresser- und Schutzgeldbanden haben nach wie vor Konjunktur. Mitarbeiter der Arbeitsbehörde entdecken bei Kontrollen immer wieder nicht gewerkschaftlich organisierte *sweatshops* – Kleinstbetriebe, in denen von morgens bis abends unter ausbeuterischen Bedingungen zum Teil siebzig und mehr Wochenstunden bei gleichzeitiger Unterschreitung des ohnehin niedrigen gesetzlichen Mindestlohnes geschuftet wird. Ärmere Chinesen, zumeist Neuankömmlinge und Ältere, leben unter erbärmlichen Bedingungen in winzigen Zimmern in überbelegten, vom Eigentümer meist sich selbst überlassenen Mietshäusern. Durch die traditionelle Abschottung der chinesischen Gemeinde werden die meisten Besucher kaum etwas von der Misere spüren. Wer über längere Zeit in Chinatown lebt, dem bleiben jedoch die internen Probleme nicht verborgen, die neuerdings mit Hilfe der städtischen Behörden bewältigt werden sollen.

Chinatown

Die meisten New Yorker kommen nicht nach Chinatown, um sich mit den Abgründen chinesischer Politik auseinanderzusetzen, sondern um zu essen. Nirgendwo sonst in der Stadt sind die angebotenen Speisen besser, reichhaltiger und preiswerter. In der Hauptstraße, der **Mott Street**, und den Nebenstraßen – Doyers, Pell, Bayard und der breiten Canal Street – konzentrieren sich eine Unmenge an Restaurants, Tee- und Lebensmittelläden. Keine Ecke, an der man nicht etwas zu essen bekäme. Die kantonesische Küche dominiert, aber es gibt auch zahlreiche Restaurants, die auf pikantere Szechuan- und Hunan-Gerichte spezialisiert sind oder Schmackhaftes aus Fujian, Sutchow und Chowchou bieten. Der kulinarische Genuss dürfte, egal für welche Variante man sich entscheidet, garantiert sein. Besondere Empfehlungen (vor allem für Dim Sum zur Mittagszeit) s.S. 283 ff, Essen. Der Reiz Chinatowns liegt nicht nur in den angebotenen Gaumenfreuden, sondern auch darin, die Vielfalt interessanter, exotischer Läden zu erkunden und in die lebendige Atmosphäre der Straßen einzutauchen. Zur Vorwarnung: Aufgrund seiner Bevölkerungs- und Verkehrsdichte ist dieser Teil New Yorks im Sommer eines der stickigsten Viertel.

Chinesische Einwanderung Im Gefolge der Einwanderer aus Irland und Italien kamen Mitte des 19. Jahrhunderts die ersten Chinesen in die Stadt. Die meisten Männer (nur 1% waren Frauen) hatten zuvor weiter westwärts beim Eisenbahnbau mitgearbeitet oder nach Gold geschürft. Viele hatten ihre Arbeit abgeschlossen und wollten nicht in New York bleiben, sondern mit dem verdienten Geld nach China zurückkehren, um dort ein sorgloses Leben mit ihren Familien zu führen. Einige hundert gingen zurück, aber bei den meisten reichten die Ersparnisse nicht oder das benötigte Geld kam gar nicht zusammen, so dass sich Chinatown zu einer permanenten Siedlung entwickelte.

Die Stadtverwaltung war von dieser Entwicklung nicht gerade begeistert, denn die mafiaähnlich strukturierten Tongs, die sich einerseits als Schutzherren und Sozialhelfer betätigten, daneben jedoch schwungvolle Geschäfte mit Prostitution, Spielhöllen und Opiumhandel betrieben, ließen das Viertel in Verruf geraten, und gegen Ende des 19. Jahrhunderts galt es – zumindest in den Augen westlicher Betrachter – als eine Brutstätte der Gewalt. Daraufhin schloss die amerikanische Regierung durch die Exclusion Act ab 1882 zehn Jahre lang die Grenzen für weitere chinesische Einwanderer.

Nachdem die rigorose Quotenregelung des National Origins Act von 1924 mit dem Einwanderungsgesetz von 1965 wieder abgeschafft worden war, strömten zahlreiche Neueinwanderer, darunter viele Frauen, nach Chinatown. Innerhalb weniger Jahre war die Überzahl der Männer ausgeglichen. Ortsansässige Unternehmer nutzten den Niedergang der Bekleidungsbetriebe in Midtown aus und beschäftigten viele der gerade erst eingetroffenen, ungelernten Arbeiterinnen zu Billiglöhnen in neu eröffneten Textilfabriken.

Die chinesischen Einwanderer machten sich die unternehmerische Freiheit bald zu Eigen: sie eröffneten z.B. Handwäschereien (oder „chinesische" Wäschereien, wie sie bald genannt wurden), in denen die Arbeitskräfte weder besonders gute Englischkenntnisse noch das Wohlwollen eines westlichen Arbeitgebers brauchten. Gleichzeitig schossen Anfang der 70er Jahre zahllose Restaurants wie Pilze aus dem Boden. Sie stillten einerseits den aufkeimenden Appetit der westlichen Welt an chinesischen Gerichten und versorgten andererseits die chinesischen Familien, in denen nahezu alle Mitglieder berufstätig waren. Als das Wall-Street-Publikum das Viertel entdeckte, entstanden schicke Restaurants, es floss mehr Geld in immer größere Investitionen, und schon bald zog asiatisches Kapital aus Übersee nach. Binnen kurzer Zeit entwickelte sich in Chinatown ein eigenes Wirtschaftssystem, das es so in keinem anderen Einwandererviertel New Yorks gab.

Zu Beginn der 90er Jahre erreichten illegale Einwandererwellen aus der chinesischen Provinz Fujian die Stadt und erschütterten die gewachsene Struktur. Anders als die alteingesessenen Kantonesen, die die Geschicke Chinatowns ungefähr ein Jahrhundert lang bestimmt hatten, waren die Neuankömmlinge überwiegend ungelernte Arbeiter, die einen anderen chinesischen Dialekt sprachen. Die kulturellen und sprachlichen Unterschiede machten es ihnen schwer, in Chinatown Arbeit zu finden, und nicht wenige wurden in ihrer Verzweiflung kriminell. Die Auseinandersetzungen zwischen den Landsleuten aus Fujian standen 1994 an der Spitze der Verbrechensrate in Chinatown und veranlassten die Wortführer der Fujian-Chinesen die traditionelle Mauer des Schweigens zu brechen und sich Hilfe suchend an die Stadt zu wenden. Daneben begannen sie mit dem Aufbau eines sozialen Netzwerks und politischer Gruppen, um die missliche Lage der Einwanderer zu verbessern. Dies und die Tatsache, dass viele vermögende Kantonesen nach Queens und in die Vororte zogen, haben die Fujian-Immigranten inzwischen zur bestimmenden Kraft in Chinatown werden lassen.

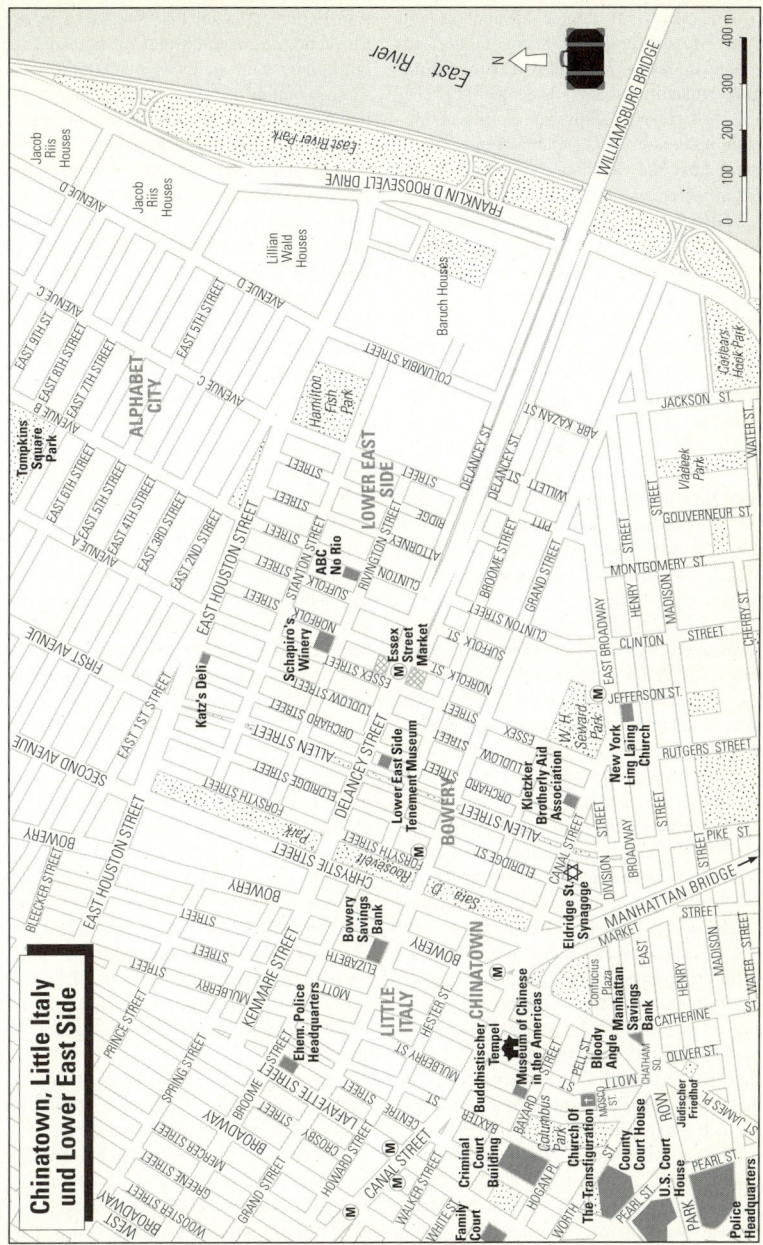

Eine interessante Route führt über die Mott Street, wo sich in der Nr. 8, am Standort des ersten Ladens des Viertels, das kleine **Chinatown Museum** befindet – leider gleicht es eher einer kitschigen Videoschau als einem Museum im herkömmlichen Sinne. Wer ernsthaft etwas über die Geschichte der chinesischen Einwanderer erfahren möchte, besucht besser das **Museum of Chinese in the Americas**, s.S. 262.

Ein paar Schritte weiter, an der Ecke Mott und Mosco St, erhebt sich einer der wenigen Zeugen aus „vorchinesischer" Zeit: die grüne Kuppel der im frühen 19. Jahrhundert erbauten katholischen Schule und der **Church of the Transfiguration**. Wer rechts in die Pell Street einbiegt, gelangt zur verwinkelten Doyers Street, ehemals als „**Bloody Angle**" bekannt. Sie verdankt ihren Namen dem wenig schmeichelhaften Ruf als dem Ort, wo die Tongs ihre Leichen entsorgten. Die Läden in den kleinen Gassen dieses berüchtigten Winkels sind mit altem Trödel und Plastikartikeln für Touristen vollgestopft.

Zurück auf der Mott St und links die Bayard St hinunter, erreicht man den **Columbus Park**, eine schattige Oase am südlichen Ende Chinatowns, die mit Vorliebe von den älteren Bewohnern Chinatowns genutzt wird. Eine Freilichtbühne am nördlichen Ende des Parks zieren ein pagodenförmiges Dach und verblasste Bilder eines mythologischen Vogels und Drachen. Nordwestwärts verläuft die **Canal Street**, einer bei Tag und Nacht belebten Durchgangsstraße, in der dicht gedrängt Juweliergeschäfte und Straßenkioske mit Sonnenbrillen, T-Shirts und falschen Rolex-Uhren um Käufer buhlen. Zwei Einkaufszentren auf der Canal St sollte man jedoch nicht auslassen: Im **Pearl River Department Store**, Nr. 277, Ecke Bowery, erlebt man einen Basar, wie man ihn nur in China authentischer vorfinden könnte. Seine Spezialitäten sind alle Arten von bestickten Schühchen, Kleidung aus Seide, Reiskocher, Töpferwaren und wunderschöne Schirme aus lackiertem Seidenpapier. Gegenüber, in Nr. 308, befindet sich in einem eindrucksvollen, rot-weiß bemalten Lagerhaus aus der Zeit um 1900 auf mehreren Etagen **Pearl Paint**, der angeblich größte Künstlerbedarfsladen der Welt. Noch in der Umgebung der **Grand Street**, die Mitte des 18. Jahrhunderts die Hauptstraße der Stadt war, säumen Stände mit Obst, exotischem Gemüse und frischen Meeresfrüchten die Gehwege und locken Passanten mit Zuckererbsen, Tofu, Pilzen und getrockneten Seegurken. Hinter Glasscheiben hängen rotglänzende Schweinerippchen, ganze Hühner und Enten – ein Anblick, der nicht nur Vegetariern zu schaffen macht. Weitaus Bekömmlicheres als Hühnerfüße horten chinesische Apotheken. Die Wurzeln und Pulver in den Kisten, Schubladen und Gläsern haben sich seit Jahrhunderten als Arzneien bewährt, erinnern jedoch gläubige Anhänger der westlichen Medizin zunächst mehr an Hokuspokus.

Die oben beschriebenen Stationen umreißen grob das Zentrum von Chinatown. Wer sich weiter treiben lassen möchte, findet in den Straßen jenseits der **Bowery** die an den East River grenzenden Bauten eines Wohnungsbauprojekts, in denen heute die Nachfahren aus der südostchinesischen Provinz Fujian stammender Chinesen leben. Auf dem Weg dorthin kommt man an der **Confucius Plaza** vorbei, vor dem eine Statue von Konfuzius wacht. Die Wohnsiedlung gilt seit ihrer Entstehung in den 70er Jahren als eines der besten Quartiere in Chinatown. Beim Überqueren des Chatham Square begegnet man der kürzlich von engagierten Bürgern errichteten Statue eines Staatsmannes aus Fujian, **Lin Zexu**, der durch sein Opiumverbot maßgeblich am Ausbruch der Opiumkriege des 19. Jahrhunderts beteiligt war. Lin nutzte das Opium als Vorwand, um gegen die Briten vorzugehen; die Fujian-Chinesen aber – als die Drogenfürsten Chinatowns verschrieen – bestehen darauf, er habe gegen die Droge gekämpft: Die Inschrift auf Chinesisch und Englisch lautet „Sag nein zu Drogen".

Ein **jüdischer Friedhof**, der zwischen 1656 und 1833 genutzt wurde, befindet sich südlich des Chatham Square, zwischen St James Place und Oliver St. Leider ist er nicht begehbar, jedoch historisch bedeutsam, da er die erste zur spanischen und portugiesischen Synagoge (sie steht heute zwischen 70th St und Central Park

West) gehörende Friedhof war, der ältesten jüdischen Gemeinde New Yorks.

Zurück über den East Broadway oder die Henry St nach Osten gelangt man wieder zum Confuzius Plaza: hier markiert das großartige Beaux-Arts-Tor den Anfang der **Manhattan Bridge** – inmitten des Gewirrs von Neonschildern und chinesischen Kinos scheint es, gelinde gesagt, ziemlich fehl am Platze. Von hier aus führt die Chrystie Street nach Norden und bildet die nominelle Grenze zwischen Chinatown und der Lower East Side.

Während sich in den vergangenen Jahren die Grenzen Chinatowns bereits nach Norden bis über Little Italy hinaus verschoben haben, rücken sie nun auch ostwärts in die unteren Gebiete der Lower East Side vor.

Little Italy

Nördlich der Canal Street begrüßt roter, grüner und weißer Flitter Besucher im kleinen, kommerziellen Little Italy, in dem starke Wandlungen eingetreten sind. Hier konzentrierte sich im 19. Jahrhundert der gewaltige Strom italienischer Einwanderer. Ebenso wie in den jüdischen und chinesischen Enklaven schottete man sich ab, um den traditionellen Lebensstil zu pflegen. Inzwischen breitet sich Chinatown jedes Jahr ein kleines Stück weiter in diese Gegend aus. Nur noch wenige Italiener leben hier. Einige Restaurants beschallen die Straße mit der Musik des liebsten Italieners der Stadt, Frank Sinatra. Allerdings sind die meisten Lokale von der Sorte, die ihren Gästen Parkservice bieten und eine dicke Brieftasche erfordern. Tatsächlich ist Little Italy fast nur noch an dieser Ansammlung von Restaurants zu erkennen. In den echt italienischen Vierteln Belmont in der Bronx oder Carroll Gardens in Brooklyn findet man nur ganz wenige italienische Restaurants, da die Italiener am liebsten zu Hause essen. Wegen der authentischeren Atmosphäre entschloss sich Martin Scorsese, die Dreharbeiten für seinen Film *Mean Streets* (dt. Hexenkessel) nach Belmont zu verlegen, obwohl die Geschichte in Little Italy spielt.

Man sollte Little Italy deshalb aber nicht links liegen lassen. Einige alte Bäckereien und Salumerias haben bis heute überdauert und offerieren inmitten importierten Käses und von der Decke baumelnder Würste und Mozzarella-Sandwiches oder hausgemachte Focaccia. Darüber hinaus gibt es reichlich Gelegenheit, sich mit einer Tasse Cappuccino und etwas teurem Gebäck zu verwöhnen, z.B. bei Ferrara's in der Grand Street, dem ältesten und beliebtesten Lokal am Platze.

Wer im September in der Stadt ist, sollte sich die **Festa di San Gennaro** nicht entgehen lassen (s.S. 384). Das ausgelassene und mit enormem Aufwand veranstaltete Fest zu Ehren des Schutzheiligen von Neapel lockt Italiener aus allen Stadtteilen in die **Mulberry Street**. Die Hauptstraße von Little Italy ist dann von Straßenständen und Imbissbuden gesäumt.

Keines der hiesigen Restaurants ist herausragend, allerdings war das *Umberto's Clam House* in der Mulberry Street, Ecke Hester Street seiner Zeit in anderer Hinsicht berüchtigt. 1972 lieferte sich dort die Unterwelt ein blutiges Gemetzel, als Joe „Crazy Joey" Gallo während seiner Geburtstagsfeier im Beisein seiner Frau und seiner Tochter erschossen wurde. Gallo, ein großmäuliger und erbarmungsloser Geschäftsmann, legte es offensichtlich darauf an, seine Geschäftsinteressen in Brooklyn zu verteidigen und soll dabei eine rivalisierende Familie beleidigt haben, welche sich schließlich im Restaurant revanchierte. *Umberto's Clam House* ist mittlerweile in die Nr. 129 Mulberry St umgezogen, wo es bestimmt etwas ruhiger zugeht.

Als deutliches Gegengewicht zur Gesetzlosigkeit der im Verborgenen operierenden italienischen Unterwelt wollte man mit dem ehemaligen **Police Headquarters** an der Centre Street, Ecke Broome Street, mit seiner hoch aufragenden Kuppel und seinen üppigen Verzierungen im Stil der französischen Renaissance potenzielle Kriminelle beeindrucken und abschrecken.

1973 bezog die New Yorker Polizei in einem nüchternen Gebäude des Behördenviertels ihr neues Hauptquartier. Die protzigen Räumlichkeiten wandelte man in Luxusapartments um, die u.a. schon Prominenten wie Steffi Graf, Winona Ryder und Christy Turlington als Zuhause dienten. Weiter westlich liegt jenseits des Broadway bereits Soho, ein Viertel, das ebenso wie Chinatown boomt und seine Grenzen wiederum in Richtung Osten verschiebt.

Östlich des Broadway und südlich der Housten St hat sich neuerdings die Zunft der aufstrebenden, innovativen Modeschöpfer und Designer niedergelassen. Der letzte Schick säumt hier die Straßen, und Cafés, kleine Restaurants sowie die Mitpassanten machen den tollen Einkaufsbummel noch angenehmer und interessanter. Dieser Abschnitt von NoLiTa (aus *North of Little Italy* – eine Schöpfung gewisser Schreiberlinge, die jeden Block New Yorks mit einem Namen versehen wollen) befindet sich östlich der Lafayette auf der Höhe von Prince und Houston St, in der Mott und Elizabeth St.

Lower East Side

Begrabt mich nicht in Puerto Rico
Auf Long Island legt micht nicht zur Ruh'
Ich will da sein, wo man Messer sticht und schießt
Und neugeboren die Welt begrüßt
Drum bitte, wenn ich gehe …
lasst mich in der Nähe
Nehmt meine Asche und streut sie aus
In der Lower East Side …

Miguel Piñero: A Lower East Side Poem
(dt. von V. Sapre)

Die Lower East Side ist eine der am wenigsten dem Wandel unterworfenen Gegenden in Downtown Manhattan und mit vielen Erinnerungen behaftet. Die Geschichte dieses weitgehend unbekannten Gebietes begann Ende des letzten Jahrhunderts weltweites Aufsehen zu erregen, als es zum Slum für mehr als eine halbe Million jüdischer Einwanderer wurde und damit über Jahrzehnte zum dichtest besiedeltsten Ort der Welt. In der Hoffnung auf ein besseres Leben verschlug es diese Flüchtlinge aus Osteuropa über die Zwischenstation Ellis Island hierher, in den Überlebenskampf der überfüllten *sweatshops*. Längst ist diese Gegend nicht mehr so überbevölkert wie damals, sie wird besser instand gehalten und die Einwohner setzen sich nicht mehr aus jüdischen Einwanderern, sondern überwiegend aus Puertoricanern und Chinesen zusammen. Aber auch heute wohnen hier größtenteils einfache Arbeiter; in dieser Hinsicht hat sich nicht viel geändert.

Beim Anblick der hohen, backsteinernen Miethäuser mit ihren Gerippen aus geschwärzten Feuerleitern müssen den Neuankömmlingen die Aussichten recht trostlos erschienen sein. Immer mehr Menschen wurden in ein Viertel eingepfercht, dessen unhygienische Bedingungen und katastrophalen Wohnverhältnisse den Nährboden für zahllose Krankheiten bot und die Lebenserwartung denkbar niedrig hielten: 1875 lag die Kindersterblichkeit bei 40%, hauptsächlich bedingt durch Cholera. Dieses Elend vor Augen veranlasste die einheimischen New Yorker Jacob Riis und später Stephen Crane in ihren Schriften und Fotografien das Elend der Einwanderer festzuhalten. Damit begründeten sie nicht nur den literarischen Realismus als eigene Gattung, sondern beschleunigten auch eine Reihe sozialer Reformen. Nicht ohne Grund machte sich die Lower East Side als politisches Schlachtfeld einen Namen. Die heutige Lower East Side, entlang der Houston Street in zwei Gebiete unterteilt, ist zwar recht heruntergekommen, aber auf jeden Fall angesagt – fast jede Woche eröffnet hier eine neue Bar.

Südlich der Houston Street

Die interessanteste Erkundungstour durch die Lower East Side führt südlich der East Houston Street entlang. Diese Gegend nahm in der ersten Hälfte des 19. Jahrhunderts ihren Anfang als „Klein-Deutschland" (Little Germany) und war von relativ wohlhabenden jüdischen Händlern besiedelt. Nach deren sozialem Aufstieg und Wegzug rückten jüdische Immigranten, die der Armut in ihrer osteuropäischen Heimat entfliehen mussten, in Scharen nach. Die Einwanderer verliehen den Straßen mit ihren Läden, Delis, Restaurants, Synagogen und später auch Gemeindezentren einen dauerhaften Charakter. Selbst heute sind trotz des Zustroms der Zuzügler aus Chinatown die Zeugnisse jüdischer Vergangenheit nicht zu

Neubauten an der Lower East Side

übersehen und manifestieren sich z.B. in den koscheren Restaurants und dem orthodoxen Badehaus.

Besucher lassen sich vorwiegend von den günstigen Einkaufsmöglichkeiten in die Gegend locken. Kaum etwas, das nicht zu Niedrigpreisen in den Läden angeboten würde: Kleidung in der Orchard Street, Lampen in der Bowery, Krawatten und Hemden in der Allen Street, Unterwäsche und Strümpfe in der Grand Street sowie Textilien in der Eldridge Street. Bei allen Waren wird, wenn nötig, um jeden Cent gefeilscht. Vor allem sonntagmorgens, wenn über 200 Läden Kundschaft in die für den Autoverkehr gesperrte Orchard Street locken, präsentiert sich die Lower East Side von ihrer lebendigen Seite. Unter der Woche ziehen die Läden weit weniger Publikum an. Die Straßen können dann eine abschreckende, trübselige Atmosphäre ausstrahlen.

Auch wer wenig Zeit hat, sollte einen Besuch im **Lower East Side Tenement Museum**, 97 Orchard Street, einplanen. Es vermittelt auf nachhaltige Art und Weise einen Eindruck davon, unter welchen Bedingungen Einwanderer früher und selbst heute noch leben mussten bzw. müssen. Wahrscheinlich stellt dies die einzige Möglichkeit dar, das total verwohnte Innere und die dort herrschende qualvolle Enge eines Mietshauses aus dem Jahr 1864 zu Gesicht zu bekommen – versehen mit einer trügerisch eleganten, regelrecht gespenstisch anmutenden Eingangshalle und ganzen zwei Gemeinschaftstoiletten für vier Großfamilien. Das Museum kaufte das Haus 1992; es ist das erste seiner Art, das als Museum dient.

East Broadway und Umgebung

Einst bildete die südliche Hälfte des **East Broadway**, die sich heute fast gänzlich in chinesischer Hand befindet, das Zentrum der jüdischen Lower East Side. Wer dem ursprünglichen Charakter des Viertels mit bis heute genutzten Synagogen (viele in diesem Gebiet sind inzwischen in Gotteshäuser für Puertoricaner umgewandelt) nachspüren möchte, sollte das Gebiet nördlich des East Broadway und der Auffahrt zur Manhattan Bridge erkunden und dabei die **Canal Street** als Ausgangspunkt wählen. Sie ist eine wichtige Durchgangsstraße von New Jersey nach Brooklyn, die den Holland Tunnel und die Manhattan Bridge verbindet.

Die **Eldridge Street Synagogue**, zu ihrer Zeit eine der größten des Viertels, ist ein terrakottafarbener Ziegelbau, der Elemente wie maurische Bogengänge mit gotischen Rosettenfenstern zu verbinden vermag. Derzeit wird das gesamte Gebäude renoviert, so dass der arg geschrumpften Gemeinde nur noch das Untergeschoss für sporadische Zusammenkünfte offen steht. Sonntags werden zwischen 12 und 16 Uhr stündlich Führungen angeboten. Teilnahme $5.

Weiter östlich in der Canal Street 54–58 lässt sich oberhalb der Lebensmittel- und Elektroläden die stattliche Fassade der **Sender Jarmulowsky's Bank**, die über alle umliegenden Gebäude hinausragt, erkennen. Die Bank wurde 1873 von einem fliegenden Händler gegründet, der sein Vermögen durch den Verkauf von Schiffsfahrscheinen gemacht hatte. Sie nahm sich der Finanzgeschäfte der ins Land strömenden Einwanderer ohne Englischkenntnisse an. Als um die Jahrhundertwende Einlagen fällig wurden, kamen Gerüchte über Insolvenzen auf. Angesichts des drohenden Ersten Weltkriegs hoben panische Kunden ihr Erspartes ab, um es Verwandten in Europa zu schicken, 1914 brach die Bank zusammen, und Tausende verloren das Wenige, das sie mühsam zurückgelegt hatten.

Das unübersehbar mit einem Davidstern und der Jahreszahl 1892 gekennzeichnete Gebäude der **Kletzker Brotherly Aid Association**, in der Nr. 5, auf der Ecke Canal St, Ludlow Street, ist ein Relikt aus jener Zeit, als in jüdischen Städten Bünde gegründet wurden (in diesem Falle Kletzk in Belarus), denen die Sorge für das Gesundheitswesen, jüdische Begräbnisse, die Hinterbliebenenversorgung etc. oblag. In etwas eigenartig anmutender Fortführung dieser Tradition beherbergt das Gebäude heutzutage ein italienisches und ein chinesisches Begräbnisinstitut.

Bei der Einmündung der Canal Street in den East Broadway befindet sich ein baufälliger Büroturm in der Nr. 175 East Broadway, die heutige **New York Ling Laing Church**, in der früher die Redaktionsräume der Zeitung *Forward* untergebracht waren, der ersten linksgerichteten New Yorker Tageszeitung in jiddischer Sprache. Heute überdecken Schilder mit chinesischen Schriftzeichen die hebräischen, ein sichtbares Zeichen dafür, wie sich jede Einwandererwelle den kostbaren Raum zu eigen machte und die Geschichte der Vorgänger übermalte.

Eingerahmt von puertoricanischen Bodegas (Lebensmittelläden) und der hässlichen, in Beton und Glas gehaltenen staatlichen Schule Nr. 134 behauptet sich an der Einmündung des East Broadway in die Grand Street ein kultureller Anachronismus: eine noch heute betriebene **Mikwe**, ein rituelles Badehaus, das unverheiratete, orthodoxe Jüdinnen vor ihrer Hochzeit und danach einmal im Monat besuchen müssen.

East Broadway, Essex und Grand St bilden ein Dreieck, das gemeinsam mit den umliegenden **Apartmentblöcken** den **Seward Park** einfasst. Der Park wurde im Auftrag der Stadtverwaltung erbaut um der dicht bebauten Lower East Side ein bisschen Grün zu spenden; hier befand sich auch der erste öffentlichen Spielplatz New Yorks. Im Umkreis des Parks haben sich zahlreiche wohltätige Immigranten-Organisationen niedergelassen.

Nach Osten führt die Grand Street vorbei an Sozialwohnungen, in denen überwiegend Chinesen aus Fujian leben, zum armseligen und wenig ansehnlichen **East River Park**. Besser läuft man entlang der Grand Street zurück zur belebteren und geschäftigen Essex Street. An der Grand Street liegt die **Church of St. Mary**, die drittälteste katholische Kirche der Stadt aus dem Jahr 1832. Die Bänke vor der Kirche sind ein beliebter Treffpunkt älterer jüdischer Paare, die von dort den Lauf der Welt betrachten.

Essex Street und Umgebung

Die Essex Street kreuzt die **Delancey Street**, die als Achse im Westen durch den jüdischen Teil der Lower East Side, einen kitschigen Boulevardabschnitt, und in Richtung Osten zur **Williamsburg Bridge** führt. Früher bot die Brückenauffahrt New Yorker Obdachlosen eine Bleibe, inzwischen mussten sie den Platz für Autos räumen.

Beiderseits der Delancey Street breitet sich der überdachte **Essex Street Market** aus, der unter der Ägide von Bürgermeister LaGuardia in den 30er Jahren errichtet wurde, nachdem ein Verbot für ambulante Händler erlassen worden war (da ihre Karren angeblich die Straßen verstopften, in Wirklichkeit jedoch eher, weil sie den etablierten Geschäften eine ernsthafte Konkurrenz boten). Hier sollte man nach den Neonschildern von *Ratner's Dairy Restaurant,* 138 Delancey Street, Ausschau halten, einem der bekanntesten jüdischen Restaurants der Lower East Side, das mit Milchprodukten, aber ohne Fleisch kocht. Etwas befremdlich erscheint die Tatsache, dass der hintere Raum (von *Ratner's*) in eine elegante Bar umgewandelt wurde. Den schlecht ausgeschilderten Eingang zu *Lansky's Lounge* findet man in einer Seitengasse, 140 Norfolk Street; wer Orientierungsschwierigkeiten hat, sollte nach den Abbildungen diverser Nachspeisen an den Außenmauern des Gebäudes suchen. Vor der Ladentür der *Essex Street (Guss') Pickle Products,* 35 Essex Street, locken Fässer mit Eingelegtem. Die Kunden lassen sich die hausgemachten Spezialitäten frisch aus der mit Knoblauch gewürzten Sole reichen. Weitere Informationen zu jüdischer Küche s.S. 287, Essen.

Östlich der Essex Street ändert sich schlagartig das Bild. Dort wohnen überwiegend Latinos, vor allem Puertoricaner, aber auch eine nicht zu unterschätzende Zahl an Einwandern aus anderen latein- und südamerikanischen Ländern. Die meisten Juden, die es zu Geld gebracht haben, sind nach Uptown oder in andere Stadtteile gezogen. Zwischen denjenigen, die geblieben sind, und den neuen Bewohnern herrscht ein nicht gerade freundschaftliches Verhältnis. Die frühere Betriebsamkeit jüdischer Einkäufer, die traditionell sonntags das Gebiet östlich der Essex Street belebten, ist weitgehend von Spanisch sprechenden Einwanderern abgelöst worden, die sich an Samstagnachmittagen mit CDs, preiswerter Kleidung und Elektroartikeln eindecken.

Wichtigste Geschäftsstraße der puertoricanischen Lower East Side ist die **Clinton Street** mit zahlreichen Einzelhandelsgeschäften, Restaurants und Reisebüros.

Ein beharrliches Überbleibsel aus vergangenen Tagen ist *Schapiro's Winery*. Mit alten Fässern und Flaschen geschmückt, ist sie seit 1899 in der 124 Rivington Street angesiedelt und wird bis heute von der Familie Schapiro betrieben – wenn sich die Gelegenheit dazu ergibt, ist ein Gespräch mit den Besitzern bestimmt interessant. Hier handelt es sich wahrscheinlich um die einzige koschere Wein- und Spirituosenhandlung der Stadt, die nach althergebrachter Tradition süßen Wein (steht im jüdischen Brauchtum als Synonym für ein süßes Leben) selbst herstellt. Sonntags kann man um 14 Uhr an einer kostenlosen Weinprobe teilnehmen. Stündliche Weinproben finden Mo–Do von 11–17 und Fr ab 15 Uhr statt.

Weiter östlich, 156 Rivington Street, kennzeichnet ein aus alten Eisenwaren und Metallresten geschmiedetes Tor das **ABC No Rio**, ein Kunst- und Kulturzentrum, dessen mit Graffiti verzierter Eingang bildhaft für den Seiltanz steht, den dieses Viertel (ebenso wie die benachbarten) zwischen einer ärmlichen Vergangenheit und einer viel versprechenden Zukunft vollführt.

1980 wurde das Haus einer Künstlergruppe überlassen, die eine bemerkenswerte Ausstellung über die Mietenexplosion auf die Beine stellte. Es folgten weitere Kunstaustellungen, Konzerte, Installationen und andere Veranstaltungen. Im Juni 1995 versuchte jedoch die Wohnungs- und Baubehörde das Abkommen mit der Begründung rückgängig zu machen, es sei ein Schandfleck für das Viertel – das Haus war tatsächlich ziemlich heruntergekommen. Letztlich einigte man sich darauf, dass ABC im Gebäude bleiben kann, wenn Renovierungsarbeiten in Höhe von $75 000 vorgenommen werden – bauliche Veränderungen sind aber bislang nicht zu erkennen.

Ludlow Street und Orchard Street

Auf dem östlichen Abschnitt der **East Houston Street** bietet sich nur der Anblick verrotteter Mietshäuser, in die sich hie und da einige spanische Lebensmittelläden verirrt haben. Im Westen sieht es nicht viel anders aus. Allerdings lohnen, neben der Essex Street, einige Richtung Süden abgehende Straßen einen Besuch:

Auf der **Ludlow Street**, der ersten Straße in dieser Ecke, die von der Szene aus dem East

Village „entdeckt" wurde, gibt es ein halbes Dutzend Bars, darunter die beliebte *Local 138*, 138 Ludlow Street, und *Max Fish*, 178 Ludlow Street. Man findet hier auch eine Reihe Secondhandläden mit Kitsch-Gegenständen oder kaum getragenen Kostbarkeiten. In der Umgebung der Kreuzung Allen und Stanton St befinden sich mehrere Bars und Bühnen: wer Comedy sehen möchte, begibt sich am besten ins *Surf Reality*, das sich hinter einer bombastischen Eisentür in der 172 Allen Street verbirgt. Gute New Yorker Bands kann man im *Baby Jupiter*, 170 Orchard St, und *Arlene Grocery*, 95 Stanton St, hören.

Katz's Deli, an der Ludlow Street, Ecke East Houston Street, wird von New Yorkern als einer der besten Delis in New York gepriesen. Nicht wenigen wird das bistro-ähnliche Lokal bekannt vorkommen – hier durfte Meg Ryan ihre Fähigkeiten in Sachen vorgetäuschter Orgasmus für *Harry und Sally* unter Beweis stellen An der East Houston gibt es mehrere jüdische Delis: *Russ & Daughters*, Nr. 179, mit Räucherfischspezialitäten, Hering und Kaviar, und weiter unten, in der Nr. 137, *Yonah Schimmel*, der seit 1910 so ziemlich die besten Knischs von ganz New York herstellt.

Ein Besuch in der **Orchard Street**, dem Zentrum des so genannten Bargain District, ist vor allem an Sonntagen zu empfehlen. Zahllose Stände und Läden mit Designer-Garderobe und Taschen buhlen zu Schleuderpreisen um Kundschaft. Früher befanden sich über den Läden etliche *sweatshops*. Diese Textilmanufakturen erhielten ihren Namen, weil sie unabhängig von der Witterung stets einen Ofen heizen mussten, damit die Kleidungsstücke gebügelt werden konnten. Nachdem die Bekleidungsindustrie ihren Standort schon vor Jahren nach Norden verlagerte, braucht man sich in den zu teuren Apartments umgewandelten Räumlichkeiten weniger Gedanken um die Gesundheit zu machen.

Einen interessanten Einblick in die Vergangenheit und Gegenwart des Einwandererviertels vermittelt das **Lower East Side Tenement Museum**, 97 Orchard Street.

Bowery

Die Bowery verläuft von Chinatown Richtung Norden bis zum Cooper Square im East Village. Im Laufe der Zeit erlebte die breite Durchgangsstraße vielfältige Wandlungen: Als „Bouwerie", holländisch für Bauernhof, war sie zunächst der vorrangige Verkehrsweg, auf dem landwirtschaftliche Produkte in die Stadt gebracht wurden. Während der letzten Jahrzehnte des 19. Jahrhunderts säumten Musik- und Theaterhäuser, Hotels und Restaurants die Straße und lockten Menschen aus allen Teilen Manhattans an. Einige Ecken sind derzeit zwar noch Reviere der Obdachlosen und Alkoholiker, aber es dürfte nicht mehr lange dauern, bis der Bedarf an neuem Wohnraum auch dieses Gebiet erfasst und sich die Welle der Umstrukturierung ihren Weg weiter nach Süden bahnt.

Einen bizarren Kontrast, der bei einem Rundgang durch Chinatown oder die Lower East Side keinesfalls ausgelassen werden sollte, bildet die **Bowery Savings Bank** an der Ecke Grand Street. Über die baufälligen Halbruinen in seiner Umgebung erhebt sich dieses 1894 von Stanford White entworfene Gebäude wie ein Gott und ist wie sein größeres Geschwister in der 42nd Street, der Tugend des Sparens geweiht. Im Innern stehen noch die alten, mit Holzschnitzereien verzierten Pulte zum Ausfüllen der Schecks. Die Kassettendecken vermitteln zusammen mit Whites herrlich vergoldeten, aber unechten Marmorsäulen ein kaum zu erschütterndes Gefühl der Sicherheit. Eine Inschrift über dem Ausgang, die besagt, dass das finanzielle Wohlergehen der Kunden Aufgabe dieser Bank sei, räumt auch die letzten Zweifel aus. Betrachtet man sich jedoch all die Bettler und armseligen Läden draußen auf der Bowery, fragt man sich, wer diese Kunden sein mögen.

SoHo und TriBeCa

Der besondere Tipp

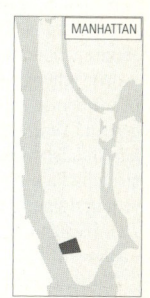

➤ Das Haughwout Building und die schönsten gusseisernen Fassaden in der Greene Street fotografieren
➤ Sich in der Zweigstelle des Guggenheim Museums am Broadway, Ecke Prince Street, auf die Kunstszene einstimmen
➤ Am Samstag durch die Galerien in der Prince Street und dem West Broadway bummeln

Seit Mitte der 60er Jahre verbindet man SoHo mit Kunst. Bis in das 20. Jahrhundert hinein war das schachbrettförmige Straßenraster südlich der Houston Street (**So**uth of **Ho**uston) zwischen dem Financial District und Greenwich Village ein tristes Ödland, besiedelt von Industrie- und Gewerbebetrieben. Als das Village immer teurer wurde und gleichzeitig an Reiz verlor, zogen die Künstler in die nahen Lofts und billigen Studios. Die dortigen Galerien lockten schon bald die New Yorker Kunstszene an, Boutiquen und Restaurants folgten.

Wie schon zuvor im Village dauerte es auch in SoHo nicht lange, bis durch Luxussanierungen und Verdrängungsprozesse das Viertel einen Wandel vollzog. Übrig blieb eine Mischung aus todschicken Antiquitätenläden, Kunstgalerien und Boutiquen, vielfältige Gelegenheiten zu irdischen Genüssen und ein ausgelassener Lebensstil.

SoHo ist inzwischen zu einer Domäne des Establishment geworden, und wer hier ein Loft bewohnt, hat Geld – und zwar viel Geld. Dennoch hat sich das Viertel sein charakteristisches Gesicht bewahrt: Das Bild prägen dunkle Gassen mit ehemaligen, vom Zahn der Zeit etwas mitgenommenen Textilfabriken, deren Gusseisen-Architektur zu den schönsten des Landes zählt.

Geschichte

SoHo, der Bezirk südlich der West Houston Street, erlebte zur Mitte des 19. Jahrhunderts eine gewisse Blüte, da es an die damals lebendigste und schickste Straße New Yorks, den Broadway, grenzte. Als jedoch die 14th Street den Broadway als Geschäfts- und Vergnügungsmeile ablöste, geriet auch SoHo ins Hintertreffen und wurde zu einem Industrie- und Rotlichtbezirk, der fortan unter dem Kosenamen „Hell's Hundred Acres" bekannt war.

Später, um die Jahrhundertwende, erhielt SoHo angesichts seiner niedrigen Industriebauten die Bezeichnung „The Valley".

1911 kam es zu einer furchtbaren Brandkatastrophe in der Triangle Shirtwaist Factory, die junge, zumeist aus Einwandererfamilien stammende Arbeiterinnen das Leben kostete, weil sie während ihrer Arbeitszeit im Gebäude eingeschlossen waren und keine Chance hatten, dem Feuer zu entkommen.

In den 40er Jahren trieben steigende Preise viele Künstler aus Greenwich Village nach SoHo, wo sie große, billige und lichtdurchflutete Fabriketagen in Lofts und Studios umwandelten. Aber es wurde ihnen nicht leicht gemacht, denn die Behörden hatten diese Gebäude ausschließlich für die Ansiedlung von kleineren Gewerbebetrieben, Schiffsbauunternehmen und Lagerhäusern ausgewiesen – in ihnen zu wohnen war illegal. Das Ansinnen der Stadt, diesem illegalen Treiben ein Ende zu bereiten, gipfelte Anfang der 60er Jahre in dem Versuch, Teile des Viertels abzureißen. Gemeinsam mit Denkmalschützern verwiesen clevere Künstler lautstark auf die exquisite Gusseisen-Architektur – und retteten das Viertel (sowie den Wohnraum), indem sie SoHo zu einem historischen Bezirk erklären ließen. Der Bürgermeister von New York, der nach wie vor seine Probleme mit dem (nunmehr historischen) Slum hatte, revidierte schließlich Ende der 60er Jahre die Nutzungsvorgaben und gestattete den Künstlern, die Gewerbeflächen auch als Wohnraum zu nutzen. Während des folgenden Jahres zogen 3000 Künstler nach SoHo und markierten den Anfang der umfassenden Vermischung von Industrie und Kunst in New York.

1970 zogen einige bedeutende Galerien (Andre Emmerich, Leo Castelli und John Weber) von Uptown nach SoHo und brachten Geld in die Szene. Jahre nachdem sich SoHo fest etabliert hatte komplettierte schließlich das **Guggenheim Museum** die Aufwertung Downtowns, als es 1992 seine Zweigstelle am Broadway, Ecke Prince Street, eröffnete (s.S. 253).

Trotz dieses Einsatzes für die Rettung von SoHo, findet man hier heute nur noch wenige Künstler oder experimentelle Galerien. Der Kunstboom der späten 80er trieb die Mieten nach oben, so dass sich nur noch die etablierteren oder rein kommerziellen Galerien diesen Standort leisten können.

Zwar besitzt SoHo immer noch die höchste Dichte an Galerien in der Stadt, die risikofreudigeren haben sich aber andernorts ein neues Domizil gesucht – weiter südlich in Tri-

BeCa oder neuerdings auch im Norden in Chelsea, beides Gegenden, die derzeit denselben Wandel erleben wie SoHo in den späten 60er Jahren.

SoHo

Im Norden begrenzt die **West Houston Street** (ausgesprochen *hausten* und nicht *justen*) SoHo, dessen Straßen nur im Zickzackkurs mit mehrmaligen Richtungswechseln erkundet werden können. Als guter Ausgangspunkt empfiehlt sich die Greene Street, die auf ihrer gesamten Länge von Gusseisen-Architektur aus dem 19. Jahrhundert gesäumt wird.

Geschäfte und Galerien in SoHo

Die besten Geschäfte und Galerien findet man entlang der Prince Street, Spring Street und auf dem West Broadway. An der 114 Prince Street, Ecke Greene Street, zelebriert ein weiteres Mal ein etwas kitschiges **Wandgemälde** von Richard Haas die Architektur des Viertels. Hier leistet sich SoHo einen seiner erschwinglichen **Märkte**. Ein weiterer befindet sich an der Spring Street, Ecke Wooster Street. Viele Bekleidungs- und Antiquitätengeschäfte in der Umgebung operieren jenseits der finanziellen Schmerzgrenze. Das hält angereiste Clubgänger aus Übersee jedoch nicht davon ab, sich mit Vorliebe bei *Stussy*, 104 Prince Street, mit dem passenden Outfit zu versorgen.

Als Fundgrube für preiswerte Kostbarkeiten wie auch jede Menge Kitsch erweist sich die **SoHo Antiques and Collectibles Fair**, die an der Grand Street, Ecke Broadway, allwöchentlich abgehalten wird, s. S. 406.

Die zahllosen **Galerien** sind zwar gleichermaßen überteuert, präsentieren aber praktisch das gesamte Spektrum zeitgenössischer Kunst und laden zu faszinierenden Rundgängen ein. Besucher können ungeniert in die Galerien hineinschnuppern, sich umsehen und werden bei dieser Gelegenheit mit Sicherheit auch auf diverse Exzentriker des Viertels stoßen. Die meisten Galerien konzentrieren sich um den **West Broadway** und die **Prince Street** in einem kleinen Gebiet, das sich als eine Art alternative Madison Avenue versteht, wobei sich die Preise aber keineswegs als alternativ erweisen. Die Galerien öffnen in der Regel zwischen Labor Day (erster Montag im September) und Memorial Day (letzter Montag im Mai) Di–Sa

---

Gusseisen-Architektur Gusseiserne Bauelemente trugen zunächst dazu bei, Gebäude schneller und kostengünstiger zu errichten, denn die Eisenträger lösten schwere Mauern als tragende Elemente ab. Mit dem Wegfall des Mauerwerks entstanden größere Fensterflächen, wodurch der Fantasie der Fassadenkonstrukteure praktisch keine Grenzen gesetzt waren. Nahezu jede Stilrichtung und jede noch so eigenwillige Laune konnten in Eisen gegossen werden, so dass sich die Architekten beschwingt daran machten, die *sweatshops* von SoHo mit barocken Balustraden, Säulengalerien im Stil der Renaissance sowie zahllosen Spielarten des französischen Historismus zu verzieren.
Das Gebäude **72–76 Greene Street** mit einem über die gesamten fünf Stockwerke aufragenden korinthischen Portikus sowie die nicht minder kunstvolle Fassade des Hauses **Nr. 28–30** zählen zu den schönsten Beispielen. Weitere mehr oder weniger echte gusseiserne Fassaden säumen die gesamte Westseite der Greene Street zwischen Broome und Canal Street. Was ursprünglich aus technischen Gründen Eingang in die Architektur fand, entwickelte sich zu einer Mode, die auch in Stein kopiert wurde. Ohne Magnet lässt sich die echte von der falschen Gusseisen-Architektur kaum unterscheiden. An der Broome Street, Ecke Broadway, steht das herrliche **Haughwout Building**, der vielleicht ultimative Vertreter der gusseisernen Gattung. In jedem Stockwerk wiederholen sich die Muster aus Säulenreihen, zwischen denen von kleineren Säulen und Bogen eingefasste, zurückgesetzte Fenster liegen, wodurch das Haus fast wie ein venezianischer Palazzo wirkt. Es war zudem das erste Gebäude mit einem dampfgetriebenen Otis-Aufzug.
Ernest Flagg schöpfte mit seinem 1904 entstandenen **Little Singer Building**, 561 Broadway, nahe Prince Street, die Möglichkeiten der gusseisernen Bauweise maximal aus und wies mit der breiten Fensterfront bereits den Weg zu den Glasfassaden der 50er Jahre.

von 10/11–18 Uhr, wobei am Samstag der größte Publikumsandrang herrscht. Eine Liste der Galerien und Informationen zu Führungen finden sich im Museumskapitel, s.S. 226 ff.

Zu empfehlen sind in diesem Zusammenhang das Magazin *Time Out New York* sowie der *Gallery Guide,* der in Galerien kostenlos erhältlich ist.

Einen Blick über SoHos zeitgenössische Kunstszene hinaus bietet das **New Museum of Contemporary Art**, 538 Broadway, zwischen Prince und Houston Street (s.S. 256).

Je weiter man in SoHo nach Süden vorstößt, umso schmuddeligere Züge nimmt das Viertel an. Allerdings schmücken sich die **Broome Street** und **Grand Street** – früher eine Ansammlung heruntergekommener Fassaden mit zugestaubten Fenstern – neuerdings mit einigen Boutiquen, Galerien, Cafés und französischen Restaurants. Am dichtesten ist deren Konzentration um die 6th Avenue, wo in alten Lagerhäusern noch immer, wenn auch zunehmend seltener, billige Lofts zu haben sind.

Die meisten Leute kommen wegen der schicken Modegeschäfte und Secondhand-Läden, wie *Canal Jean Co.,* 504 Broadway, zwischen Spring und Broome Street, oder für die in der *Gourmet Garage,* 453 Broome Street, Höhe Mercer Street, erhältlichen mittäglichen Leckereien in die Gegend.

An der Grenze zu Chinatown breitet SoHo in voll gepackten Schaufenstern ungeniert seinen Bazar an kopierten Markenuhren, Elektroartikeln, Lederwaren und Turnschuhen aus. Dazwischen buhlen Läden mit Pornovideos um Kundschaft. Bedauerlicherweise wird mit dem wachsenden sozialen Ansehen von TriBeCa, SoHos Nachbarn im Süden, entlang der Canal Street zunehmend aufgeräumt.

TriBeCa

Nachdem sich in TriBeCa SoHos abtrünnige Künstler niedergelassen haben, wandelt sich das ehemals von Textilbetrieben beherrschte Dreieck unterhalb der Canal Street (**Tri**angle **Be**low **Ca**nal Street) zusehends zu einer schicken Mischung aus Gewerberäumen, Lofts, Studios, Galerien und edlen Restaurants. Das von der Canal Street, der Murray Street, dem Broadway sowie dem Hudson River begrenzte, und damit weniger einem Dreieck denn einem ungleichmäßigen Viereck ähnelnde Gebiet umfasst großflächige Fabrikgebäude, in deren oberen Etagen hinter blitzblanken Fenstern gepflegte Pflanzen stehen und die eine oder andere Katze herumschleicht – die Apartments der neuen Bewohner TriBeCas.

Der Name TriBeCa ist ebenso wie die Bezeichnung SoHo eine Schöpfung der späten 60er Jahre, ein semiotischer Kunstgriff, der dem schicker werdenden Viertel mehr gerecht wird als der einstige lapidare Name Washington Market. Die späten 70er brachten die ersten Erneuerungen und Instandsetzungen von Wohnblöcken sowie Industriebauten, die sich auf Steuervorteilen und der günstigen Linienführung der U-Bahnlinien 1/ 9, A/C, and the N/R begründeten.

Als die Sanierungswelle in den ausklingenden 80er Jahren das East Village erreichte und die Immobilienpreise in SoHo plötzlich um ein Vielfaches anstiegen, setzte das Gerangel um die Lagerhäuser in TriBeCa ein. Inzwischen nähert sich allerdings der Wohnraum in Bezug auf Status und Preis seinem Nachbarn SoHo an und jede Lücke, in die noch ein Apartmenthaus gestopft werden kann, wird mit rasender Geschwindigkeit geschlossen. Zwar konnten sich in einigen Ecken Arbeiter-Enklaven behaupten, aber Größen wie John F. Kennedy Jr. und Carolyn Bessette Kennedy wohnten hier bis zu ihrem tragischen Tod 1999, oder Supermodel Naomi Campbell und der Schauspieler Harvey Keitel drängen neben Familien der oberen Mittelschicht in diese Gegend. Die meisten neuen Bewohner lockt der hier vorherrschende Gemeinschaftssinn und vor allem die ruhigere Gangart – durch die Lage am Rand der Insel hält sich die Verkehrsbelastung in Grenzen.

Trotz steigender Mieten bekommt man Gewerbeflächen in TriBeCa immer noch billiger als in irgendeinem anderen „Künstlerviertel", und so überrascht es nicht, dass sich die kreative Szene hier zuhauf niedergelassen hat. Ob Galerien, Tonstudios, Computergrafiker, Fotostudios, sie alle richten sich in den alten Textillagern ein; Avantgarde-Bühnen wie die *Knitting Factory*, 74 Leonard Street, (s.S. 350) holen die Kunst aus ihren Verstecken und präsentieren sie dem Publikum.

Auch die Filmindustrie hat sich TriBeCa als Standort ausgesucht, allen voran das *TriBeCa Film Center*, 375 Greenwich Street, eine Produktionsgesellschaft, an der u.a. Robert De Niro beteiligt ist. Das Center ist in einer umgewandelten Lagerhalle aus rotem Ziegelstein untergebracht, zusammen mit dem *TriBeCa Grill*, einem der Restaurants von De Niro. Nicht selten speisen dort bekannte Gesichter aus der Filmwelt.

Abends macht sich in TriBeCa längst nicht mehr wie einst gähnende Leere breit. Noch vor fünf Jahren wäre man nach Einbruch der Dunkelheit mit dem Widerhall der eigenen Schritte auf dem Kopfsteinpflaster allein gewesen. Mit Büroschluss in der Wall Street gingen auch die Lichter in TriBeCa aus, aber mit dem fortschreitenden Ausbau der Battery Park City, haben kultivierte Restaurants Einzug in das Viertel gehalten, und traditionelle Feierabendkneipen – wie z.B. das noch aus Prohibitionszeiten stammende *speakeasy Puffy's*, 81 Hudson Street – haben inzwischen ihre Öffnungszeiten wesentlich verlängert.

Das südliche TriBeCa

Einen guten Eindruck für die Mischung aus Alt und Neu erhält man am **Duane Park**, einer malerischen Grünanlage zwischen der Hudson Street und Greenwich Street. Eingekeilt zwischen neuen Apartmenthäusern behaupten sich die alten Lagerhäuser der New Yorker Verteilerzentrale für Eier, Käse und Butter, die inzwischen zusammen mit anderen Großmärkten am Hunt's Point in der Bronx beheimatet ist.

Am Rand des Häuserblocks erhebt sich die orange Art-déco-Fassade des **Western Union Building**, während das World Trade Center, das Woolworth Building und das Municipal Building gleichsam als Wachposten die Skyline überragen.

Die Hudson Street endet weiter im Süden nach wenigen Häuserblocks an der **Chambers Street**, an der sich der Aufschwung des Viertels am deutlichsten zeigt. Buchhandlungen und Restaurants, mit renovierten Backsteinfassaden haben die einstigen schäbigen Ramschläden ersetzt. Am West Broadway, Höhe Chambers Street, befindet sich ein winziger neuer Park, der nach James Bogardus benannt ist, einem Schmied, der 1849 die erste gusseiserne Fassade der Stadt errichtete.

An der Chambers Street, Ecke Greenwich Street, wurde 1988 eine neue Grundschule errichtet. Die **PS 234**, auch als **Independence School** bekannt, fällt durch Boots- und Schiffsdarstellungen an ihren Eisentoren auf. Gegenüber der Schule erstreckt sich der üppig begrünte, weitläufige **Washington Market Park** an jener Stelle, an der sich einst der erste große Obst- und Gemüsemarkt der Stadt befand.

Auf der Chambers Street passiert man in Richtung West Street das **Triplex** des Borough of Manhattan Community College. Es ist das größte Zentrum der darstellenden Künste in Lower Manhattan mit über 200 Auftritten im Jahr, die allerdings nicht sehr effektiv publik gemacht werden.

Auf der **TriBeCa Bridge**, einer futuristischen Straßenüberführung aus silbernen Stahlröhren, weißen Trägern und Glas, gelangen Fußgänger über die West Street. Die Brücke führt zu dem orange-farbenen Backsteinbau der **Stuyvesant High School of Science**, neu eröffnet und seit langer Zeit von den Hand verlesenen Studenten sehnsüchtig erwartet. Ab der Brücke, den Fluss entlang bis zur 13th Street und darüberhinaus bis zur 59th St verläuft eine Jogging- und Fahrradpromenade, die an den Chelsea Piers vorbeiführt, einem Freizeitgelände, das u.a. mit drei Beachvolleyballplätzen, die auf über 400 m^3 aufgeschüttetem, aus New Jersey stammendem Sand angelegt sind, und einer Minigolfanlage ausgestattet ist.

Hinter der High School schließt der **Rockefeller Park** an, ein Grünstreifen, der in den Hudson River hinausragt. Im Park steht eine Bronzeskulptur: ein Vogel, der von einer Katze und diese wiederum von einem Hund gejagt wird – vielleicht ein Sinnbild für das New Yorker Lebensgefühl?

Das nördliche TriBeCa

Das neue Publikum in dieser Gegend lernt man am besten auf einem Spaziergang kennen. Geht man vom Duane Park nach Westen in die **Greenwich Street** und darauf Richtung Norden, befindet man sich auf der bevorzugten Flaniermeile dieses Viertels. Es reihen sich diverse Restaurants aneinander, deren Preisspanne von erschwinglich (*Yaffa's*) bis horrend teuer (*TriBeCa Grill*) reicht. Die sechsspurige, breite Straße, die zu autobahnähnlichem Fahrverhalten animiert, ist manchen ein Dorn im Auge und soll, wenn es nach deren Willen geht, durch Baumanpflanzungen auf zwei Spuren begrenzt werden.

Parallel zur Greenwich Street verläuft die **Hudson Street**, die sich zunächst dem Publikum annimmt, das in den schicken Restaurants nebenan keinen Platz gefunden hat. In ihrem weiteren Verlauf führt sie aber mehr und mehr an gewerblichen Lagerhallen vorbei, die einen scharfen Kontrast bilden und seit Jahrzehnten als gleichbleibend eintönige Arbeitsplätze ihr Dasein fristen. Besser biegt man nach Osten zur White Street ab.

Die 1967 erbaute **Civic Center Synagogue**, in 49 White Street, bietet mit ihrer geschwungenen, von Marmorkacheln übersäten Fassade einen interessanten Anblick. Etwas weiter, Nr. 38, hat sich Rudi Sterns Galerie *Let There Be Neon* niedergelassen, in der man Schilder, Stühle, Haushaltswaren sowie Bühnenkulissen in – wie sollte es anders sein – Neon bekommt. Die stilvolle, gemütliche *Liquor Store Bar* an der Ecke White St, West Broadway, ist in den Räumlichkeiten eines Geschäftes untergebracht, das 1809 eröffnet wurde und noch bis vor Kurzem in Betrieb war.

Einen Häuserblock weiter westlich, zwischen Varick und North Moore St, steht die mit weißen Sternen übersäte **Ladder Company 8**, ein Feuerwehr-Spritzenhaus, das Ende des 19. Jahrhunderts erbaut wurde und heute Sitz der *Ghostbusters* ist.

Greenwich Village und East Village

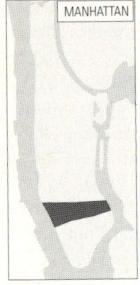

Der besondere Tipp

➤ Auf einer Parkbank am Washington Square mit Studenten plaudern
➤ In einem Straßencafé in der Bleecker Street einen Cappuccino trinken
➤ Abends durch die Christopher Street flanieren und in einem der Musikcafés in den benachbarten Straßen einkehren
➤ Hungrig bei Balducci's auf der Sixth Avenue Delikatessen aus aller Welt einkaufen
➤ Im multikulturellen East Village nach den Spuren der Einwanderer forschen

Greenwich Village und seine etwas lässigere Schwester, das East Village, grenzen im Süden an die Houston, im Norden an die 14th Street. Bis heute eilt diesem Gebiet der Ruf voraus, das Künstlerviertel in New York City schlechthin zu sein. Das eigentliche Greenwich Village lädt zu einem herrlichen Tagesspaziergang durch seine Straßen ein, die nicht einmal den Versuch unternehmen, dem durchnummerierten Straßenraster der übrigen Stadt zu folgen. Langeweile kommt hier nicht auf, denn trotz der Kommerzialisierung, mit der das Viertel aufpoliert wurde, hat sich Greenwich Village eine malerische Ausstrahlung bewahrt.

Jenseits des trennenden Broadway liegt das East Village, das sich ungeachtet der Ansiedlung von Kettenläden wie Gap und K-Mart seine multikulturelle Atmosphäre und unverhohlen aufmüpfige Haltung bewahrt hat und – weit mehr als Greenwich Village – eine politisch nonkonformistische Gesinnung pflegt.

Greenwich Village

New Yorker betrachten Greenwich Village (meist einfach „the Village") mittlerweile als passé. Nicht zu Unrecht, denn während Greenwich Village außerhalb der Stadt noch immer den Ruf einer Künstlerkolonie besitzt, entbehrt diese Vorstellung schon lange einer Grundlage. Die einzigen Autoren, die es sich heute noch leisten können, hier zu leben, sind Werbetexter, und die einzigen Schauspieler sind Broadway-Darsteller. Auch über Politik macht sich der Durchschnittsbewohner im Village schon lange keine Gedanken mehr, sondern hat sich dem weitaus wichtigeren Streben nach dem eigenen finanziellen Wohlergehen zugewandt. Greenwich Village ist eine Enklave der Erfolgreichen.

Das Village ist dennoch nicht reizlos, schließlich hat es kaum etwas von jenem Flair verloren, das die Menschen ursprünglich hierher lockte. Eine Wohnung in einer der idyllischen Seitenstraßen mit ihren grandiosen historischen Häusern aus braunem Sandstein, den *brownstones,* ist nach wie vor heiß begehrt. Neben der geruhsamen Atmosphäre besitzt Greenwich Village auch ein pulsierendes Nachtleben, das in keinem anderen Stadtteil länger andauert. Nirgendwo sonst gibt es mehr Restaurants pro Einwohner. Auch Bars, obgleich niemals billig, findet man an jeder Ecke. Zwar mögen die interessanten Leute nicht mehr im Village wohnen, sie kommen aber trotzdem hierher. Am Washington Square herrscht das ganze Jahr über reges Treiben. Solange man nicht auf der Suche nach dem „alternativen" New York ist, findet man kaum einen besseren Einstieg, insbesondere in das nächtliche Treiben.

Geschichte

Greenwich Village entwickelte sich als Dorf abseits der Hektik des historischen Zentrums von New York. Als begehrtes Domizil erlangte es erstmals während der Gelbfieberepidemie von 1822 Bedeutung, die in den Straßen von Downtown wütete. Auf dem Höhepunkt der Epidemie überlegte man sogar, die Stadt hierher umzusiedeln. Dem Viertel blieb dieses zweifelhafte Schicksal erspart, stattdessen entstand hier ein mondänes Wohngebiet hochkarätiger Bewohner mit eleganten Reihenhäusern im Stil des neoklassizistisch beeinflussten Federal Style und Greek Revival. Nachdem die Reichen Richtung Uptown abgewandert waren, wo sie sich an der Fifth Avenue ein oder zwei Palazzi errichten ließen, waren die verwaisten, großen Häuser bei finanzschwachen Künstlern und Intellektuellen, die billigen Wohnraum suchten, heiß begehrt. Zur Jahrhundertwende befand sich Greenwich Village auf dem besten Weg, New Yorks Rive Gauche zu werden – zumindest haben es Besucher immer damit verglichen. Aber schon bald sollte sich das Blatt wenden. Eine der einflussreichsten Persönlichkeiten in diesen Jahren war Mabel Dodge Luhan. Die wohlhabende und radikale Dame gab Partys für die Prominenz aus Literatur und Politik, zu denen jeder hoffte, irgendwann einmal eingeladen zu werden. Praktisch alle bekannteren Intellektuellen, die in den ersten zwei Dekaden des 20. Jahrhunderts hier lebten, waren in ihrem Salon unweit des Washington Square, 23 Fifth Avenue, zu Gast. Emma Goldman diskutierte dort mit Gertrude Stein und Margaret Sanger über Anarchie. Conrad Aiken und T.S. Eliot machten von Zeit zu Zeit ihre Aufwartung, und auch John Reed – der später die offizielle Chronik der Oktoberrevolution unter dem Titel *Zehn Tage, die die Welt erschütterten* veröffentlichte – war ein ständiger Gast.

Washington Square und Umgebung

Am besten erkundet man das Village zu Fuß. Als günstigster Ausgangspunkt bietet sich der zentrale **Washington Square** an, den Henry James als Titel für einen seiner Romane wählte. Er wirkt nicht gerade elegant – zu groß für einen Platz und zu klein für einen Park – dennoch logierten früher die meisten der illustren Persönlichkeiten in seiner Umgebung. An seiner nördlichen Begrenzung stehen noch die backsteinernen Reihenhäuser – die „grundsoliden, ehrenwerten Heimstätten" der Romanhelden von Henry James, die heute überwiegend Verwaltungsbüros der New York University beherbergen.

Der imposante **Triumphbogen** wurde 1892 von Stanford White zum Gedenken an das 100-jährige Jubiläum der Amtseinführung George Washingtons als Präsident errichtet. 1913 erklomm Marcel Duchamp zusammen mit einem politischen Agitator namens „Woe" den Bogen, um von dort die Freie Republik Greenwich Village zu verkünden. Eine Umzäunung schützt mittlerweile vor einer Wiederholung dieser Aktion, aber vor allem vor Graffitisprayern. Den südlichen Teil des Platzes würde James heute nicht wiedererkennen. Zwischen den wenig ansprechenden modernen Bauten der New York University behauptet sich nur noch die **Judson Memorial Church**, die für Theateraufführungen und vielfältige Stadtteilveranstaltungen genutzt wird.

Seine wichtigste Funktion als symbolisches Herz des Viertels erfüllt der Washington Square jedoch noch immer. Ein Sturm der Entrüstung brach los, als der Baulöwe Robert Moses, der bereits weite Teile New Yorks unter Straßen begraben hatte, eine vierspurige Verkehrsschneise durch den Park schlagen wollte. Die Proteste bewirkten nicht nur einen Baustopp, sondern auch die Verkehrsberuhigung des gesamten Areals. Selbst die Endstation der Busse auf dem Platz war davon betroffen. Seither hat sich nichts verändert, obwohl es in den 60er Jahren zu einigen Tumulten kam, als die Behörden glaubten, sie müssten den Platz von Hippies und Folk-Sängern befreien. Neuerdings geht es eher darum, den Park von Drogendealern zu säubern; zu diesem Zweck wurden versteckte Sicherheitskameras installiert und Zivilstreifen mischen sich unter das Volk.

Um 23 Uhr, und darauf wird strengstens geachtet, wird der Park geschlossen. Es ist allerdings unwahrscheinlich, dass einem in diesem Teil der Stadt etwas zustößt. Sobald die Temperaturen ansteigen, ist der Park Jogging-Parcours, Turnierplatz für Schachspiele und geselliger Treffpunkt für die Allgemeinheit. Dazwischen drehen Skateboard-Fahrer ihre Runden und Hunde nutzen die Gelegenheit zum Auslauf, während sich die Klänge von Akustikgitarren mit den um Publikum werbenden Rufen der Straßenkünstler und dem regelmäßig ertönenden Sirenengeheul patrouillierender Streifenwagen vermischen. Stimmt das Wetter, gibt es in der Stadt wohl kaum einen schöneren Platz.

Eugene O'Neill, ein umjubelter Bewohner des Village, lebte am 38 Washington Square South und verfasste dort *Der Eismann kommt*. Er konsumierte ungeheure Mengen an Bier in der **Golden Swan Bar**, die sich einst an der Sixth Avenue, Ecke West 4th Street, befand. Zu O'Neills Zeiten gründete sich der Ruf dieser auch als *The Hell Hole, Bucket of Blood* und unter anderen viel versprechenden Bezeichnungen bekannten Bar vor allem auf ein Schwein im Keller, das die Abfälle der Gäste fraß, und die fragwürdige Moral ihrer Kundschaft – einer irischen Bande namens Hudson Dusters. O'Neill verband ein ausgesprochen freundschaftliches Verhältnis mit jenen Burschen, denen viele seiner Charaktere entlehnt sind.

Nicht weit von hier feierte er im **Provincetown Playhouse** in der MacDougal Street seinen ersten Erfolg als Dramatiker mit den Provincetown Players, einer Theatergruppe, die er auf Anraten von John Redd aus Massachusetts verpflichtete. Das Theater existiert noch immer.

An der Sixth Avenue erstreckt sich zwischen der West 4th und der West 3rd Street ein Basketballplatz, auf dem man wahre Ballkünstler

beobachten kann. Nicht selten bildet sich eine große Zuschauermenge, sogar Fernsehteams schauen gelegentlich vorbei.

Am jetzigen Standort des **NYU Student Center**, Washington Square South, befand sich früher eine Pension, die als Madame Katherine Blanchards *House of Genius* bekannt war und Schriftstellern wie Willa Cather, Theodore Dreiser und O. Henry zeitweilig als Bleibe diente. Anschließend kann man noch einen Blick auf die blitzblanke Straßenzeile der **Washington Mews** nördlich des Platzes werfen.

An der Kreuzung von **Washington Place** und **Greene Street** befand sich einst einer der berüchtigtsten *sweatshops* der Stadt. Ein verheerendes Feuer ließ ihn 1911 bis auf die Grundmauern niederbrennen und kostete 125 Arbeiterinnen das Leben. Nachfolgende gesetzliche Auflagen zwangen die Unternehmer zwar, für die Sicherheit ihrer Angestellten zu sorgen, aber noch heute gibt es in New York *sweatshops*, in denen Sicherheitsvorkehrungen kaum existieren.

Folgt man der **MacDougal Street** von der südwestlichen Ecke des Platzes, lohnt sich ein Abstecher nach rechts in die Minetta Lane, früher eine der schrecklichsten Slumgegenden der Stadt.

Die **Bleecker Street** ist in vielerlei Hinsicht die Hauptstraße durch Greenwich Village und besitzt die höchste Konzentration an Geschäften, Bars und Restaurants. Europäisch angehauchte Straßencafés, die unter Literaten schon zur Jahrhundertwende beliebt waren, verleihen ihr zusätzliches Leben. Das durch die Schriftsteller der Beat-Generation in den 50er Jahren berühmt gewordene **Café Figaro** ist tagsüber zum Bersten voll. Die dortigen Preise erfordern zwar einen tieferen Griff in die Tasche, dennoch lohnt sich die Ausgabe, um bei einem Cappuccino das Treiben zu studieren. Weiter geht es entlang der Bleecker Street entweder in östlicher Richtung zu den gesichtslosen Türmen des Washington Square Village der New York University oder nach Westen mitten durch den betriebsamen Trubel von Greenwich Village.

Westlich der Sixth Avenue

Jenseits der Sixth Avenue reihen sich überwiegend Discounter und Fastfood-Läden aneinander. Jenseits der Straße erstreckt sich vom Father Demo Square die Bleecker Street hinauf eines der schönsten Wohngebiete im Village, das in diesem Abschnitt bis in die 70er Jahre von italienischen Marktständen gesäumt war und wo noch heute das eine oder andere italienische Geschäft steht. Links zweigt die **Leroy Street** ab, die hinter der Seventh Avenue verwirrenderweise einen Block lang St. Luke's Place heißt. Die dortigen Häuser stammen aus den 50er Jahren des 19. Jahrhunderts und zählen zu den elegantesten der Stadt. In dem Haus mit den beiden Laternen am Treppenabsatz residierte früher Jimmy Walker, in den 20er Jahren Bürgermeister von New York. Walker, ein für seine Freigiebigkeit und seinen Witz bekannter Mann, war seinerzeit der bis dahin beliebteste Bürgermeister. Er gab seine Arbeit als Liederkomponist für die Politik auf und pflegte einen extravaganten Lebensstil, der ihm einen sicheren Platz in den Klatschkolumnen garantierte. Geradezu überzeugend repräsentierte er in einer Zeit, in der es Amerika nicht besser hätte gehen können, jenen Glamour und großspurigen Lebenswandel, nach dem die Menschen dürsteten. Den folgenden härteren Zeiten war er jedoch nicht gewachsen. Als in den 30er Jahren die Weltwirtschaftskrise New York erschütterte, verlor er den Überblick und damit auch sein Amt.

Südlich der Leroy Street dominieren die Lagerhäuser SoHos und TriBeCas das Gesicht des Viertels, einer kahlen Gegend, in der sich nach Feierabend kaum etwas rührt. Seltsam wirkt das Nebeneinander von Reihenhäusern im Federal Style und schmuddeligen, angegrauten Packhallen mit Rolltoren. In der Charlton Street erstreckt sich zwischen der Sixth Avenue und der Varick Street (verlängerte Seventh Avenue South) eine hübsche, gut erhaltene Häuserzeile aus den 20er Jahren des 19. Jahrhunderts. Etwas nördlich davon, am **Richmond Hill**, befand sich während des amerikanischen Unabhängigkeitskrieges das Hauptquartier George Washingtons, später wohnten dort Aaron Burr und John Jacob Astor.

Ansonsten bietet sich dort wenig Reizvolles, so dass man den Weg entlang der Hudson Street bis zu **St. Luke-in-the-Field**, einer Kirche aus dem Jahre 1821 nördlich der Barrow Street fortsetzen kann. Ebenfalls aus dieser Zeit stammen die benachbarten Häuserzeilen mit ihren Backsteinfassaden im Federal Style mit einer Schule und den Verwaltungseinrichtungen der Kirche. Der dahinter liegende, hübsche **Kirchgarten**, ein kleines Labyrinth aus Blumenbeeten und Rasenflächen mit Sitzbänken, ist tagsüber geöffnet und durch das Tor zwischen Schule und Kirche zu erreichen.

Weiter nördlich wartet die Hudson Street mit einer Fülle von außergewöhnlichen Ge-

Dörfliches Greenwich Village

schäften, Coffee Bars und Restaurants auf. Fans der Fernsehserie *Taxi* werden an der Ecke West 10th Street unschwer die Garage der „Sunshine Cab Company" (im wahren Leben Dover Cab Company) erkennen.

Gegenüber der Kirche zweigt die **Grove Street** von der Hudson Street ab und kreuzt später die Bedford Street. Am Straßenknick sollte man einen Blick in den Grove Court werfen, einen der schönsten, abgeschiedenen Innenhöfe des Viertels.

Die **Bedford Street** gehört neben der nahen **Barrow Street** und **Commercial Street** zu den ruhigsten und begehrtesten Adressen im Village. In den 20er Jahren lebte in 75 1/2 Bedford Street die junge Lyrikerin und Theaterautorin Edna St. Vincent Millay, die am Provincetown Playhouse wirkte. Mit einer Breite von knapp 3 Metern und einem winzigen Giebel gilt es als das schmalste Haus der Stadt. Gleich daneben wartet mit der Nr. 77 ein weiteres Highlight auf: Das 1799 errichtete, umfassend renovierte Gebäude ist das älteste im Village.

Etwas weiter südlich befindet sich ebenfalls in der Bedford Street das einstige *speakeasy* Chumley's (s.S. 338), das man lediglich an seinem Türgitter erkennen kann. Während der Prohibition wohl recht nützlich, erschwert das fehlende Schild heute das Aufspüren der Bar.

Wieder auf der Seventh Avenue sollte man nach **Marie's Crisis Café** Ausschau halten (s.S. 343), das inzwischen eine Schwulenbar beherbergt. Früher diente das Haus Thomas Paine als Heimstatt. Der gebürtige Engländer gilt trotz seiner Herkunft als einer der bedeutendsten, radikalsten Vordenker der amerikanischen Revolutionsära und verhalf mit seinen 16 politischen *Crisis*-Schriften dem Café zu seinem Namen. Paine war maßgeblich an der Revolution beteiligt, wurde danach jedoch von Seiten der Regierung mit Argwohn bedacht, insbesondere nachdem er die Französische Revolution aktiv unterstützt hatte. Als er hier 1809 starb, war er ein geächteter Atheist und der Staatsbürgerschaft jenes Landes beraubt, zu dessen Gründung er mit beigetragen hatte.

Christopher Street

Am **Sheridan Square**, einer belebten Gegend im Village, auch „Mousetrap" genannt, stoßen mehrere Straßen auf die Seventh Avenue.

Nördlich davon führt die Christopher Street durch das westliche Village, das traditionelle Revier der Schwulen. Der Platz wurde nach einem Kavalleriekommandanten im Bürgerkrieg, General Sheridan, benannt, dessen pompöses Standbild hier steht. Berühmt wurde dieser Ort als Schauplatz einer der größten und blutigsten Unruhen New Yorks, den Draft Riots. 1863 versammelte sich hier eine blindwütige Meute und ging auf schwarze Mitbürger los. Beinahe wären die Schwarzen gelyncht worden, aber dank des Eingreifens Unbeteiligter zog der blutrünstige Pöbel weiter, nachdem er die gröbste Wut abreagiert hatte.

Ein ähnliches Bild bot sich 1969, als die Schwulen noch um ihre gesellschaftliche Anerkennung kämpfen mussten. Dieses Mal richtete sich die Gewalt gegen die Polizei, die in der Schwulenbar **Stonewall**, nahe dem heutigen *Stonewall Inn*, 53 Christopher Street, eine Razzia durchführte und Besucher verhaften wollte. Das Ereignis war der Höhepunkt einer langen Reihe von Schikanen durch die Polizei. Spontan entschlossen sich Passanten, nicht länger tatenlos zuzusehen. Schnell wurde die Nachricht in anderen Bars im Viertel verbreitet, und es dauerte nicht lange, bis sich vor dem *Stonewall* eine protestierende Menge versammelte. Sie harrte fast die ganze Nacht aus und sogar die nächsten beiden Nächte. Nach Tumulten kam es zu einigen Verhaftungen und einer Reihe verletzter Polizisten. Dies war keineswegs der endgültige Sieg, aber die erste gemeinsame Aktion für die Rechte der Schwulen und gegen polizeiliche Diskriminierung. Sie markierte den Wendepunkt im Kampf um Gleichbehandlung, einem Kampf, der fortan in der Schwulenbewegung weitergeführt wurde und dessen alljährlich am letzten Sonntag im Juni beim **Gay Pride March** gedacht wird.

Inzwischen sind auch die Schwulen ein integraler Bestandteil des Lebens in Greenwich Village, das ohne sie recht trist wäre. Bis zum Hudson erstreckt sich vor allem beiderseits der Christopher Street ein dichtes Netz an Bars, Restaurants und Buchläden, die überwiegend von Schwulen besucht werden. Die Szene am Hudson River und entlang der West Street gibt sich nachts vergleichsweise derb. Tagsüber hingegen bietet der Fußweg, der Battery Park City mit dem oberen Ende des Village verbindet, Gelegenheit für einen hübschen Spaziergang. Zahllose Radler, Jogger und Inlineskater genießen die Aussicht und die frische Brise, die vom Fluss herüberweht. Nach Sonnenuntergang sollten jedoch nur Unerschrockene oder maßlos Neugierige einen Abstecher dorthin unternehmen – Einheimische New Yorker und selbst Schwule raten davon ab. Letztendlich liegt aber der Akzent auch hier am westlichen Ende der Christopher Street weniger auf Sex denn auf exaltiertem, bisweilen schrillem Humor. Leichteren Zugang bieten da Schwulenbars wie *The Monster* am Sheridan Square, *Marie's Crisis* in der Grove Street (siehe oben) und *Ty's*, westlich des Sheridan Square in der Christopher Street. Weitere Schwulen- und Lesbenbars s.S. 343 ff.

Nördlich des Washington Square

Im Osten endet die Christopher Street an der **Greenwich Avenue**, einer der großen Einkaufsstraßen des Viertels. Einen genaueren Blick verdient der romantisch-viktorianische Koloss des **Jefferson Market Courthouse**, das 1885 zu einem der schönsten Gebäude Amerikas gekürt wurde. Bis 1946 diente es als Gericht, danach war es, wie so viele andere Bauten der Stadt, kurzzeitig vom Abriss bedroht. Dank des Engagements einiger entschlossener Village-Bewohner – darunter der Dichter E. E. Cummings – blieb ihm dieses Schicksal jedoch erspart. Heute hat es als Bücherei eine neue Funktion gefunden. Von der rückwärtigen Seite bietet sich eine noch bessere Sicht auf das Gebäude. Es sollte nicht unerwähnt bleiben, dass sich auf dem angrenzenden, gepflegten Grundstück bis 1971 das *Women's House of Detention* befand – ein Frauengefängnis, das für seine katastrophalen Zustände bekannt war und u.a. Angela Davis zu seinen Insassinnen zählte.

Patchin Place ist eine kleine Sackgasse mit beschaulichen, grauen Reihenhäusern, in denen bevorzugt Literaten wohnten, z.B. Djuna Barnes, die hier mehr als 40 Jahre lang zurückgezogen lebte. Ihr langjähriger Nachbar, der Dichter E. E. Cummings, rief sie mitunter an,

„nur um zu sehen, ob sie noch am Leben war". Auch Marlon Brando, John Masefield, der allgegenwärtige Dreiser, sowie O'Neill und John Reed (der hier *Zehn Tage, die die Welt erschütterten* verfasste) nannten Patchin Place zu verschiedenen Zeiten ihr Zuhause.

Auf der Sixth Avenue kommt man nur schwer an **Balducci's** vorbei. Der Deli, der sich als Downtown-Alternative zu seinem in Uptown gelegenen Rivalen *Zadar's* versteht, lockt mit nicht gerade preiswerten Köstlichkeiten und verführerischen Düften. In der Nähe befindet sich **Bigelow's Pharmacy**, die vermutlich älteste Apotheke New Yorks, in der sich bis zum heutigen Tag wenig verändert hat.

In der **West 8th Street** sind eine Reihe lohnender Geschäfte mit ausgefallenen Schuhmodellen und bisweilen sehr preiswerter Kleidung angesiedelt. Nördlich, in der **West 10th Street**, lassen sich einige der besterhaltenen Stadthäuser des Viertels aus dem 19. Jahrhundert begutachten. Besonders interessant ist das Haus **Nr. 18**, dessen vorgesetzte Fassade neu errichtet werden musste, nachdem ein Sprengsatz der terroristischen *Weathermen* explodiert war, die hier Bomben fabrizierten. Drei Mitglieder der Bande kamen bei der Detonation ums Leben, zwei weitere konnten fliehen und wurden erst vor einigen Jahren gestellt.

Die **Fifth Avenue** wird im Village von äußerst eleganten Apartmenthäusern gesäumt. An der Einmündung der 10th Street in die Fifth Avenue steht die **Church of the Ascension**, eine kleine, helle Kirche aus dem 19. Jahrhundert, die ursprünglich von Richard Upjohn stammt, dem Erbauer der Trinity Church. Später wurde sie von Stanford White umgestaltet und vor kurzem renoviert. Neben einem geschmackvollen, unaufdringlichen Altargemälde von La Farge besitzt sie eine Reihe grazilier Glasfenster.

Weit weniger reizvoll wirkt die schokoladenbraune, plumpe **First Presbyterian Church**, die Joseph Wells im Stil des Gothic Revival zwischen der 11th und 12th Street errichtete. Sie ist gedrungener, schwerer und in jeder Hinsicht nüchterner. Ihr Turm soll nach dem Vorbild des Magdalen College in Oxford errichtet worden sein. Ins Innere der Kirche gelangt man über das angegliederte, unauffällige Pfarrhaus – ist die Tür verschlossen, klingeln!

East Village

In seinem Äußern, der Atmosphäre und dem Tempo unterscheidet sich das East Village um einiges von seinem westlichen Nachbarn Greenwich Village. Wie auch die angrenzende Lower East Side war es früher ein klassisches Arbeiterviertel. Anfang des 20. Jahrhunderts entwickelte es sich zu einem Schlupfwinkel für nonkonformistische Randgruppen, die angesichts steigender Mieten und zunehmender Touristenströme dem traditionellen Künstlerviertel im Westen Manhattans desillusioniert und verarmt den Rücken kehrten. Die Unterschiede sind bis heute geblieben: Während in Greenwich Village die Off-Broadway-Szene das Geschehen bestimmt, dominiert im East Village die Off-Off-Szene. Auch die Mieten sind trotz steigender Tendenz noch immer niedriger als weiter westlich.

Sogar das East Village kann eine ganze Reihe an berühmten Künstlern, Literaten und politischen Querdenkern vorweisen: 77 **St. Mark's Place** war das Zuhause von W.H. Auden. Im selben Haus erschien das kommunistische Journal *Novy Mir,* zu dessen historisch bedeutsamen Autoren Leo Trotzki zählte, der kurze Zeit in New York lebte. Später wurde das East Village zum Treffpunkt der Beat-Generation – allen voran Kerouac, Burroughs, Ginsberg usw. – die sich, sofern sie nicht gerade quer über den Kontinent reisten, bei Allen Ginsberg in der East 7th Street zu inhaltsschweren Lesungen und feucht-fröhlichen Gesprächskreisen traf.

Einige Jahre später debütierte Andy Warhols Kultband Velvet Underground im Fillmore East, einer Konzertbühne, auf der seinerzeit praktisch alle bekannten (und wieder in Vergessenheit geratenen) Bands spielten. Immer noch sehr angesagt ist der berüchtigte Club **CBGB** an der Bowery – eigentlich nichts weiter als ein schwarzes Loch mit dichter Atmosphäre, verschlissenen Tischen und Stühlen, mit Postern tapeziert und noch genau wie damals, vor über zwanzig Jahren, als hier künftige Stars wie Patti Smith, Blondie, die Ramones, Talking Heads und Police verkehrten.

Während des vergangenen Jahrzehnts hat sich auch im East Village vieles verändert. Steigende Mieten führten zur Abwanderung vieler Bewohner, so dass das East Village längst nicht mehr die kreative Brutstätte der Querdenker und Künstler ist. Dennoch ist diese Gegend eine der lebendigsten von Downtown Manhattan. Ihre Boutiquen, Billigläden, Plattengeschäfte, Bars und Restaurants bevölkert eine Mischung aus ukrainischen Einwanderern, Studenten, Punks, Künstlern, Skatern und verkrachten Existenzen, die die Straßen des Village rund um die Uhr mit pulsierendem Leben füllen.

Cooper Square und Umgebung

Bester Ausgangspunkt für Erkundungen im East Village ist das westliche Ende des **St. Mark's Place**, zwischen Second und Third Avenue. Linke Buchhandlungen und billige Plattenläden konkurrieren dort mit extravaganten Bekleidungsgeschäften um den spärlichen Raum. Die **Seventh Street** hat noch mehr Secondhandshops aufzuweisen, und in der **Sixth Street**, auch „Indian Row" genannt, kann man nach Herzenslust Currygerichte probieren. Unzählige selbsternannte Modeschöpfer des Manhattan-Chic verschlingen in aller Eile ein Stück Pizza oder begutachten lässig den auf dem inoffiziellen Flohmarkt am gegenüberliegenden **Cooper Square** feilgebotenen muffigen Krimskrams

Das beherrschende Gebäude an diesem verkehrsreichen Schnittpunkt von Bowery, Third Avenue und Lafayette Street ist die braune Sandsteinfassade des massigen, siebenstöckigen **Cooper Union**, das ein wohlhabender Industrieller als College für die ärmeren Bevölkerungsschichten erbauen ließ, wobei erstmals in New York 1859 eine Stahlskelettkonstruktion verwendet wurde. Berühmt ist es jedoch in erster Linie als Schauplatz der berühmten „Right makes might"-Rede Abraham Lincolns, in der er 1860 vor der ergriffenen New Yorker Elite scharfe Kritik an der Sklavenpolitik der Südstaaten übte und sich den Weg ins Weiße Haus im selben Jahr ebnete. Nach sorgfältiger Renovierung erstrahlt das Gebäude, das heute eine angesehene Kunst- und Architekturschule beherbergt, wieder im Glanz des 19. Jahrhunderts. Eine Statue seines Stifters Cooper ziert den Eingangsbereich.

Obwohl dieses Gebiet einst von deutschen Emigranten bewohnt war, ist kaum etwas davon zu sehen. Da steht zum Beispiel die zerbröckelnde Originalfassade des ehemaligen Hauptsitzes der längst dahingeschiedenen **Deutsch–Amerikanischen Schützengesellschaft**, über deren Tür in 12 St. Mark's Place sich der im Putz eingravierte Vereinsname noch vage ausmachen lässt.

Ein paar Blocks nördlich, 173 East 10th Street, steht die imponierende **Most Holy Redeemer Church**, eine katholische Kirche, die ihrer deutschen Gemeinde im 19. Jahrhundert einst den Beinamen „German Cathedral" verdankt, wovon freilich heute nichts mehr zu spüren ist.

Astor Place und Umgebung

Zwischen dem Cooper Union Building und dem Broadway erstreckt sich der nach John Jacob Astor benannte Straßenzug Astor Place. Er zählte für kurze Zeit zu den elegantesten Gegenden der Stadt, bevor die High Society weiter westlich in die Umgebung des Washington Square zog. In den 30er Jahren des 19. Jahrhunderts war insbesondere die Lafayette Street die bevorzugte Adresse der Wohlhabenden der Stadt, darunter der skrupellose, habgierige Tycoon John Jacob Astor, der ein enormes Vermögen anhäufte, indem er jeden betrog, einschließlich des Präsidenten. Als er im fortgeschrittenen Alter als kranker, gebrechlicher Mann hier lebte, war er so schwach, dass er außer Muttermilch keine Nahrung zu sich nehmen konnte, und so fett, dass er sich nur mit fremder Hilfe bewegen konnte. Dennoch war er so von seiner Geldgier besessen, dass er täglich Diener entsandte, um den fälligen Mietzins einzukassieren.

Der altmodische, mit Farbreliefs von Bibern verzierte Kiosk des **U-Bahnhofs Astor Place** (mitten auf der Kreuzung) weist Fahrgäste diskret auf den ersten großen Coup hin, der Astor gelang: im Pelzhandel. Inzwischen wird das

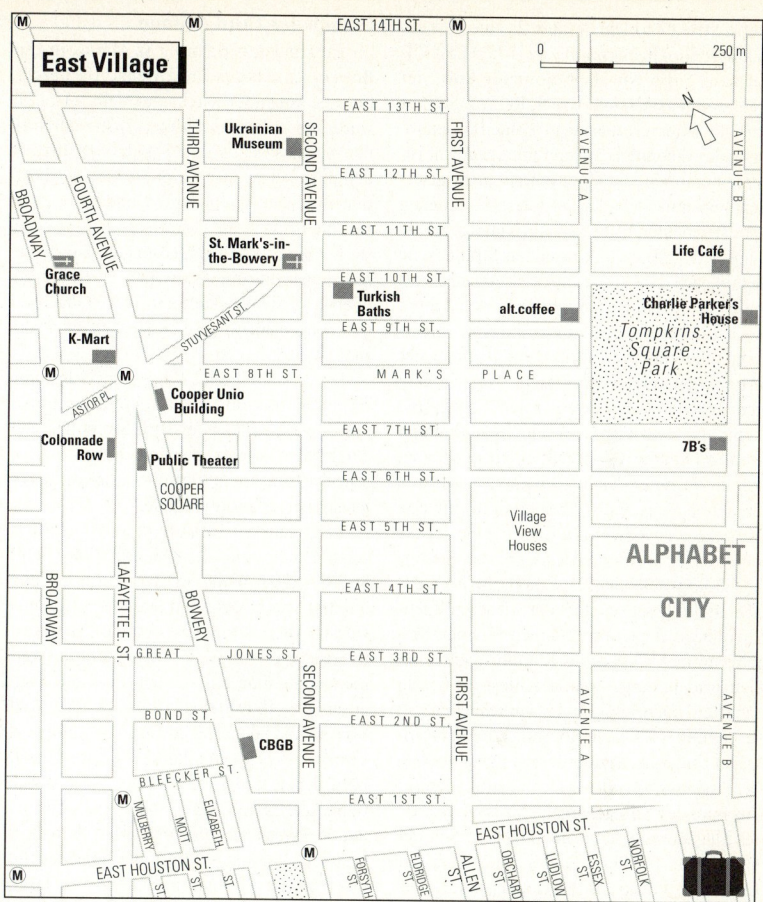

Astor Building, von wo aus John Jacob Astor III die Geschäfte führte und Textilien einlagerte – ein oranger Backsteinbau mit Bogenfenstern, der auch ein *Starbucks Cafe* beherbergt – trotz heftigen Widerstandes der Anwohner in eine Million Dollar schwere Lofts umgewandelt; auch dies ein Zeichen dafür, wie rasant sich das East Village verteuert. Südlich des Eingangs steht seit 1967 der gewaltige, drehbare Stahlkubus „Alamo" von Bernard Rosenthal. Ein paar kräftige Arme können ihn in Bewegung setzen, sofern man an den Skateboard-Fahrern unbehelligt vorbeikommt. Vor kurzem wurde die Kreuzung zu einer Einkaufsmeile aufgepeppt: An der nordwestlichen Ecke eröffnete 1997 zum allgemeinen Entsetzen der New Yorker Snobs die unvergleichliche Billigladenkette **K-Mart** eine Filiale. Vom *K Café* in der zweiten Etage bietet sich ein herrlicher Blick auf die Kreuzung. Hier werden sogar gelegentlich Literaturlesungen veranstaltet.

Kaum glaubhaft erscheint es, dass in der Umgebung der Astor Place Macht und Reichtum zu Hause gewesen sein sollen. Die **Lafa-**

yette Street ist nichts weiter als eine unspektakuläre Durchgangsstraße zwischen East Village und SoHo. Nur die **Colonnade Row**, vier 1832 im **griechischen Greek Revival** Stil mit korinthischem Säulengang erbaute Häuser, wo auch das Colonnade Theater untergebracht ist, lassen erahnen, dass hier einmal mehr gewesen sein muss, als die heruntergekommenen Industriebauten heute vermuten lassen.

Auf der gegenüberliegenden Straßenseite befand sich die Astor Library, ein Vermächtnis John Jacob Astors. Sie wurde in den Jahren nach 1850 errichtet und war die erste öffentliche Bibliothek New Yorks. 1965 eröffnete der inzwischen verstorbene Joseph Papp in dem gedrungenen Gebäude aus roten Ziegeln und braunem Sandstein sein **The Joseph Papp Public Theater**. Es genießt einen legendären Ruf als Vorreiter der Off-Broadway-Szene und brachte u.a. als erstes Theater solch gefeierte Musicals wie Hair und A Chorus Line auf die Bühne. Papp initiierte darüber hinaus die Veranstaltungsreihe Shakespeare in the Park, s.S. 358. Im Erdgeschoss stellt das wiedereröffnete, aber längst eingeführte Bühnen-Kneipen-Restaurant *Joe's Pub* seine Räumlichkeiten für Konzerte, Lesungen und geschlossene Gesellschaften hochrangiger Persönlichkeiten zur Verfügung. In diesem Abschnitt der Lafayette Street findet man außerdem einige teure Möbelausstatter, ein oder zwei Modedesigner und das Büro des **Village Voice** – NYCs namhaftestes Magazin gilt seit seiner Gründung in den 60ern u.a. als Chronik des Nachtlebens in Greenwich Village; es liefert akurate Informationen, Kommentare und Artikel.

Vom Public Theater kann man das kurze Stück über die Astor Place zum Broadway laufen. Hier lohnt ein Blick nach Norden auf den filigran gearbeiteten Marmor der **Grace Church**, die James Renwick (der Erbauer der St. Patrick's Cathedral) in grazilem neugotischen Stil 1846 hinter der Biegung des Broadway errichtete. Die in ihrem Innern dunkle und von einem abgeflachten Netzgewölbe verzierte Kirche zählt zu den schönsten und besinnlichsten der Stadt.

Östlich der Third Avenue

Ein ganz anderes Bild bietet **St. Mark's-in-the-Bowery** jenseits der Third Avenue. Die quaderförmige Form der Kirche aus dem Jahr 1799 wurde ein halbes Jahrhundert später durch einen neoklassizistischen Portikus ergänzt. In den 50er Jahren lasen hier Dichter der Beat-Generation aus ihren Werken, und bis heute ist sie eine bedeutende literarische Begegnungsstätte mit regelmäßigen Lesungen, Tanzveranstaltungen und musikalischen Vorträgen geblieben. Zudem bekommen hier Obdachlose und Drogenabhängige eine bescheidene Mahlzeit.

Jenseits der Second Avenue, die viele polnische und ukrainische Restaurants säumen, schlug einst entlang der **10th Street** das Herz der lokalen Kunstszene. Inzwischen beherrschen ortsansässige Designer und Antiquitätengeschäfte das Straßenbild.

Folgt man der 10th Street weiter ostwärts, gelangt man zum alten Ziegelbau der Tenth Street Turkish Baths, wo bereits im 19. Jahrhundert Dampfbäder und Massagen angeboten wurden. Diese Straßen, wo neue Läden und alte Schätze reibungslos miteinander auskommen, sollte man auf seinem Rundgang nicht auslassen. Unmittelbar nördlich der **11th Street** und der 1st Avenue befindet sich *Veniero's*, ein Favorit unter den Village-Bewohnern, der sie schon seit 1894 mit himmlischem Gebäck verwöhnt. Weiter ostwärts trifft man auf die **Avenue A**, die von coolen Billigläden und Bars gesäumt wird. Auf der Höhe der 10th Street liegt der Tompkins Square Park, hinter dem weiter östlich die Alphabet City beginnt.

Tompkins Square Park

Obwohl der Park nicht besonders einladend wirkt, dient er doch den Bewohnern der Lower East Side und des East Village als Treffpunkt. Die Umgebung genießt darüber hinaus den Ruf, Ausgangspunkt politischer Unruhen und Sammelbecken radikaler Denker zu sein. Hier metzelte die Polizei 1874 eine Gruppe von Arbeitern nieder, die gegen Arbeitslosigkeit demonstrierten, und hier nahmen auch die organisierten, lautstarken Proteste der 60er Jahre ihren Ausgang. Neben den politischen Ereignissen auf dem Platz und in der St. Marks Place hat Abbie Hoffmann, Führer der Youth International Party, der in der Nähe lebte, zusammen mit anderen Gleichgesinnten zum Ruf des East Village beigetragen.

Vor einigen Jahren konzentrierte sich am Tompkins Square Park der Widerstand gegen die Luxussanierung des East Village und der Lower East Side. Gegen den Willen der alteingesessenen Bewohner und der neuen Aktivisten wurden seit Mitte der 80er Jahre großflächig Immobilien aufgekauft, renoviert und in Eigentumswohnungen oder teure Apartments für Neureiche umgewandelt. Bis in die frühen 90er Jahre stand auf dem Tompkins Square eine Barackensiedlung von Obdachlosen – unter New Yorkern als **Tent City** bekannt –, die sich behelfsmäßige Unterkünfte zusammengezimmert hatten oder auf den Parkbänken schliefen. Im Winter lebten nur Hartgesottene oder Verzweifelte hier, aber sobald das Wetter wärmer wurde, stieg ihre Zahl an, und mit ihnen kamen politische Aktivisten, Anarchisten und alle möglichen Agitatoren aus dem ganzen Land in der Hoffnung, den Geist von 1988 noch einmal aufleben zu lassen. Im August jenes Jahres kam es zu massiven Unruhen am Tompkins Square, als die Polizei mit verdeckten Dienstnummern und gezückten Schlagstöcken versuchte, den Park zu räumen. Im Zuge der anschließenden Auseinandersetzungen wurden zahlreiche Demonstranten und unbeteiligte Schaulustige verletzt. Bei nachfolgenden Untersuchungen erntete die Polizei heftige Kritik für ihren gewaltsamen Einsatz. Erneuter Aufruhr flammte im Sommer 1995 auf, als die Polizei die Besetzer eines leer stehenden Hauses gewaltsam vertreiben wollte. Diesmal waren die Demonstranten mit Videokameras ausgerüstet, und obwohl die Situation brenzlig wurde, artete sie nicht wie 1988 gewaltsam aus.

Trotz aller Widerstände wurde der Park generalüberholt und seine verschlungenen Wege und der Spielplatz einer Sanierung unterzogen. Dank der täglichen Schließung um 23 Uhr und polizeilicher Überwachung haben diese Erneuerungen bis jetzt überlebt. Tagsüber versammeln sich nach wie vor Obdachlose auf den Bänken und um die Schachbretter, und Partyleichen schätzen ihn ebenfalls weiter als beliebten Treffpunkt. Sehenswert ist vielleicht das kleine, von einer Ziegelmauer umgebene Relief im nördlichen Teil des Parks, das eine Frau und ein Kind darstellt, die traurig hinaus aufs Meer blicken. Das Denkmal soll an eine Schiffskatastrophe erinnern, die sich 1904 ereignete. Während einer Vergnügungsfahrt der hiesigen, überwiegend deutschstämmigen Gemeinde nach Long Island fing der Ausflugsdampfer General Slocum Feuer und sank. Mehr als tausend Menschen fanden den Tod. Auf der östlichen Seite des Parks, in der Nr. 151 Avenue B, steht das Haus von **Charlie Parker**, ein schlichtes, weiß getünchtes Gebäude, Baujahr 1849. Hier lebte „The Bird" von 1950 bis 1954, als er an einer Überdosis Heroin starb.

Alphabet City

Entlang der East Houston Street verläuft die Grenze zwischen der südlichen Lower East Side und dem East Village sowie der **Alphabet City**: einer der Bezirke Manhattans, die einen äußerst radikalen Umstrukturierungsprozess erfahren haben. Alphabet City liegt an der Stelle der Insel, wo sie eine Ausbuchtung über die östliche Grenze des zentralen Straßenrasters hinaus bildet – die zusätzlichen Avenues heißen A bis D.

Über Jahrzehnte trug der Stadtteil die von puertoricanischen Bewohnern geprägte Bezeichnung *Loisaida*, eine verkürze und verballhornte Version von „Lower East Side". Die Zeiten, als diese Gegend eine der berüchtigtsten der Stadt war, liegen noch nicht lange zurück. Damals beherrschten hier Gangster und Drogendealer die Straßen. Man erzählt von Süchtigen, die Autoschlangen bildeten um an ihr Heroin zu kommen und ausgebrannte Gebäude waren als Drogenumschlagplätze bekannt. Diesen Zuständen wurde durch die „Operation Pressure Point" 1983 weitgehend ein Ende bereitet – ein groß angelegter Polizeieinsatz, der die Säuberung der Gegend zum Ziel hatte und sie als Wohngebiet wieder attraktiver zu machen suchte. Niedrige Kriminalitätsrate und der derzeitige Wohnungsbauboom bezeugen den Erfolg der Aktion hinreichend. Die Straßen werden zunehmend von jungen, betuchteren Leuten mit etwas unkonventionellerem Lebensstil bevölkert. Unbedingt vorsichtig sollte man allerdings jenseits der **Avenue C** sein, wo man tagsüber schon die ein oder andere unangenehme Konfrontation riskiert und im Dunkeln sogar die Gefahr besteht, ausgeraubt zu werden.

Ein kurzer Rundgang in diesem Teil der Stadt lohnt jedoch bestimmt, schon der Wandgemälde und der öffentlichen Kunst halber; z.B. die Kirche in der 5th St, zwischen Ave C und D, die mit Spiegeln und Mosaiken verziert ist oder die Nr. 638 in der East 6th Street, zwischen **Avenues B** und C, wo es die aus Lateinamerika stammenden Bewohner verstanden haben, die Institution ihrer Vorgänger zu „recyclen": die dortige Synagoge wurde in ein farbenfrohes Gemeindezentrum und eine katholische Kirche umgewandelt. Vom Tompkins Square die Avenue A hinunter in Richtung Houston Street begegnet man einigen schrillen Billig- und Klamottenläden sowie im Trend liegenden Boutiquen. Höhepunkte der **Avenue A** jedoch, sind die überaus zahlreichen Restaurants, flippigen Bars und Szenecafés. Um den Park angeordnet findet man *7B's* (7th St, Ecke Ave B), *Life Café* (10th St, Ecke Ave B) und *alt.coffee* (9th St, Ecke Ave A). Zwischenzeitlich haben in der Avenue B auch eine Reihe schicke Restaurants ihre Pforten geöffnet, und sogar noch weiter östlich, in der Avenue C, findet man inzwischen eine Hand voll billiger Esslokale, die mit dem allmählichen Zuzug von Studenten einher zu gehen scheinen. Der größte Anteil der Wohnblocks wird von Latinos bewohnt, wie es die in den Straßen erschallenden Salsa- und Merengue-Klänge unschwer vermuten lassen, und alte Herren versammeln sich vor ihren Social Clubs um gemütlich Getränke zu schlürfen oder Domino zu spielen. Noch weiter Richtung Osten, jenseits der **Avenue D**, liegen die East River Wohnungsbauprojekte, die man wegen der dortigen Drogenszene besser meidet.

Chelsea und Garment District

Der besondere Tipp

- Eine Nacht im Chelsea Hotel verbringen und dort *Unterwegs* von Jack Kerouac lesen
- In den Chelsea Piers Eis laufen und danach bei Chelsea Brewing den Durst löschen
- Im Kaufhaus Macy's nach ausgefallenen Angeboten Ausschau halten

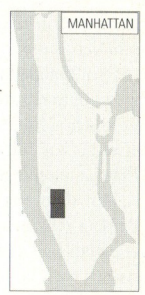

Die meisten Besucher vernachlässigen Chelsea und den Garment District, obwohl die Auffassung, es gäbe dort nichts zu sehen oder tun, überholt ist. Die niedrige Bebauung und eine höchst unterschiedliche, bisweilen auch schäbige Mischung aus Miets-, Reihen- und Lagerhäusern kennzeichnen Chelsea, dessen Herz westlich des Broadway, zwischen der 14th und 23rd Street, schlägt. Dort hat das aus SoHo und dem Village herübergeschwappte Publikum das Viertel in eine interessante Gegend mit Geschäften, Restaurants, ein paar bemerkenswerten Touristenattraktionen, aber auch zunehmend teureren Wohnungen verwandelt. Weiter nördlich erstreckt sich ein recht fades Gebiet etwa bis zur 30th Street, wo sich der Garment District anschließt.

Auf dem engen Raum, den der Garment District zwischen Sixth und Eighth Avenue sowie 30th und 42nd Street einnimmt, konzentrieren sich u.a. die monströsen Zwillingstürme der Pennsylvania Station und des Madison Square Garden. Die meisten Menschen, die hierher kommen, wollen entweder zum Zug oder Bus, kommen zur Arbeit oder wollen einen Wrestling-Kampf oder ein Basketball-Spiel sehen. Im Dreieck zwischen Herald Square und Greeley Square sind Geschäfte zu finden, die Auswärtige anziehen.

Chelsea

Chelsea – nach dem Londoner Bezirk benannt – begann in den 30er Jahren des 19. Jahrhunderts Gestalt anzunehmen, als der weitsichtige Grundbesitzer Clement Clarke Moore, der die Ausdehnung New Yorks nach Norden erahnte, sein Land zu Verkaufszwecken großflächig parzellierte. Heutzutage bevölkern wohlhabende Städter seine historischen Ecken, doch zur bevorzugten Wohngegend hat es das Viertel nie gebracht. Eingepfercht zwischen der Fifth Avenue und Hell's Kitchen, zwischen Noblesse auf der einen und Elend auf der anderen Seite, wurde Chelsea kein Wohnobjekt der Begierde, sondern zugunsten der östlichen 40er- und 50er-Straßenzüge übersprungen. Die Einrichtung von Schlachthöfen und der Zuzug einkommensschwacher Arbeiter besiegelten schließlich Chelseas Schicksal als wüstes Viertel, das es tunlichst zu meiden galt. Jahrelang verbreiteten trostlose Fassaden und halb verfallene Gebäude an breiten, kahlen Straßen eine Tristesse, der kaum ein Besucher etwas abgewinnen konnte.

In den letzten Jahren ist jedoch durch das Zusammenwirken mehrerer Faktoren ein neues Chelsea entstanden, das ungeheuer an Attraktivität gewonnen hat. Erheblich haben dazu z.B. die zahlreichen Schwulen beigetragen, die hier eine Alternative zu den horrenden Mieten im Village gefunden haben. In den Cafés, Clubs und Fitness-Studios wimmelt es von so genannten *Chelsea Boys* – gepflegten, muskelbepackten Schwulen, deren bevorzugte Kleidung aus T-Shirts und Levis 501s besteht. Nähere Informationen zur Schwulenszene s.S. 343 ff.

Einen gewissen Einfluss hinterließ auch die vagabundierende New Yorker Kunstszene. In den späten 80er und frühen 90er Jahren entdeckten einige namhafte Galerien die riesigen, leeren Lagerhallen im westlichen Chelsea für die Kunst und verliehen der einst verlotterten Westside einen kulturellen Anstrich.

An der Sixth und Seventh Avenue nutzten zahlreiche Geschäftsleute die Gelegenheit, in den großen, verwaisten Gebäuden neue Geschäfte anzusiedeln, die alsbald viele Kunden anlockten. Am Hudson River schließlich hat der Bau des ultrateuren Sportkomplexes *Chelsea Piers* seinen Teil zum Boom beigetragen. Trotz der geballten Finanzkraft, die hier am Wirken ist, behaupten sich die alteingesessenen Latinofamilien in den mietpreisgebundenen Wohnungen und sorgen für eine gute Mischung von Alt und Neu. Hier haben sich schicke Restaurants, Bars und Geschäfte für jeden Geschmack neben übrig gebliebenen Ramschläden, Bodegas und verschlampten Spirituosenhandlungen etabliert.

Eighth Avenue und Umgebung

Die größte Anziehungskraft dürfte von der Eighth Avenue ausgehen, in der die Wandlung des Viertels am deutlichsten wird. Sie bietet sich als ideale Route vom Village ins Herz von Chelsea an und entwickelt neuerdings zwischen der

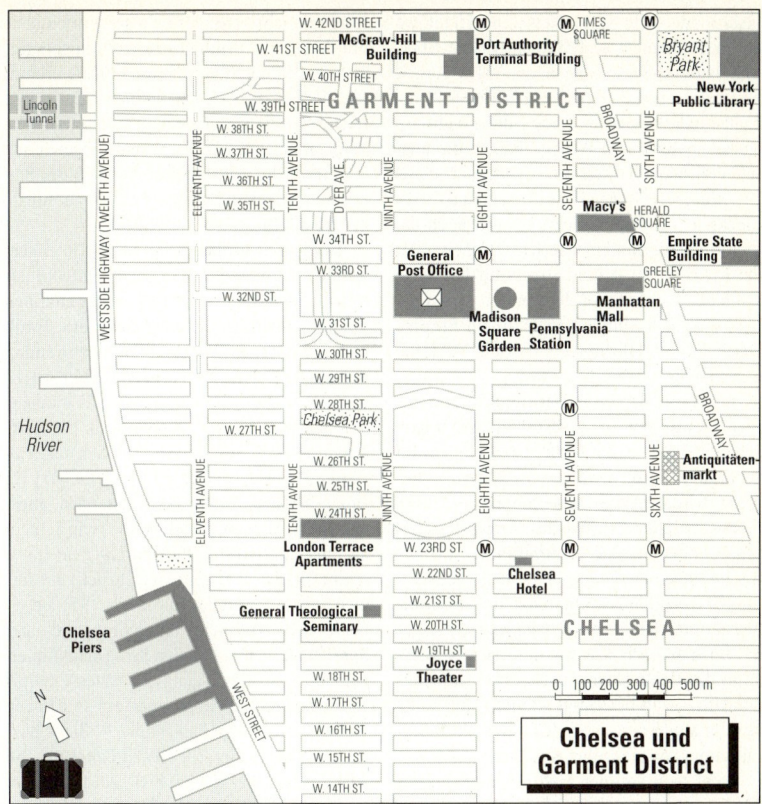

14th und 23rd Street ein geschäftiges Treiben, das dem durchrauschenden Verkehr ebenbürtig ist. Um die Bedürfnisse der neu Hinzugezogenen zu befriedigen, hat in den letzten Jahren eine wahre Flut von Bars, Restaurants, Bio-Läden, Fitness-Studios, Buchhandlungen und Bekleidungsgeschäften eröffnet.

An der Ecke 19th Street hat sich mit dem **The Joyce Theater** eines der bedeutendsten Tanztheater New Yorks angesiedelt. Neben Darbietungen des *Feld Ballet,* das hier seine feste Spielstätte hat, finden in dem mit pink- und lilafarbenen Neonschildern behangenen Art-déco-Theater häufig Gastspiele statt (s.S. 360).

Selbst der Heilsarmee, Ecke 21st Street, scheint die jüngere Entwicklung eine neue Einrichtung und einen frischen Anstrich verpasst zu haben.

Westlich der Eighth Avenue bilden die Verbindungsstraßen zwischen der Ninth und Tenth Avenue, besonders die 20th, 21st und 22nd Street, den so genannten **Chelsea Historic District**, wobei der Begriff *district* für ganze drei Häuserblöcke etwas hochgegriffen ist. Immerhin weist er eine große Vielfalt an überwiegend im Stil der italienischen Renaissance und des Neoklassizismus gehaltenen Reihenhäusern aus Backstein und unterschiedlich braunem Sandstein auf. Zwischen 1830 und 1890 erbaut, zeugen sie vom Glauben einiger früher Stadtplaner an Chelsea als aufstrebende Gegend. Von historischem Interesse ist insbesondere die Nr. 41 West 22nd Street, wo der erste Bauherr und Stadtentwickler Chelseas, James Wells, wohnte. In der 404 W 20th St besticht das älteste Haus des Bezirks, 1829 erbaut, durch seine Holzfassade – diese Bauweise wurde später durch Wells Gebäude, die ausschließlich aus Backstein bestanden, abgelöst. Die schmiedeeisernen Ziergitter entlang dieses Blocks in westlicher Richtung sind noch die ursprünglichen und meisterhaft gearbeitet. An der Kreuzung West 22nd Street und Tenth Ave schließlich treffen mit dem in den 30ern erbauten und in Aluminium gehüllten **Empire Diner** das 19. Jahrhundert und die Moderne aufeinander.

Eine Besonderheit ist das **General Theological Seminary** am Chelsea Square, untergebracht in dem Block zwischen Ninth und Tenth Ave, der von der 21st und 22nd Street begrenzt wird. Clement Clarke Moore, der früher hier unterrichtete, stiftete das Grundstück dieser Lehranstalt. Das efeuumrankte, harmonische Ensemble gotischer Gebäude, das gepflegte Rasenflächen umgrenzt, mutet wie eines der prestigeträchtigen Ivy League Colleges an. Da hier nach wie vor unterrichtet wird, kann das Gelände wochentags und samstags zur Mittagszeit besichtigt werden. Man sollte sich im modernen Gebäude an der Ninth Avenue anmelden und ruhig verhalten.

Biegt man von der Eighth Avenue an der 23rd Street nach rechts Richtung Seventh Avenue ab, erreicht man eines der berühmtesten Gebäude des Viertels, das *Chelsea Hotel*.

Chelsea Hotel

Chelsea hat seit dem frühen 19. Jahrhundert verschiedene Daseinsformen angenommen, von denen die glanzvollste sicherlich seine Zeit als Manhattans Theaterviertel in den Jahren zwischen 1870 und 1890 war – danach wanderte die Theaterszene nach Norden ab. Keines der Theater von damals ist erhalten geblieben, nur das Hotel, das die Schauspieler, Schriftsteller und Lebenskünstler beherbergte, steht nach wie vor. Das Chelsea Hotel ist das erste Gebäude New Yorks, das sowohl aufgrund architektonischer als auch geschichtlicher Bedeutung 1966 unter Denkmalschutz gestellt wurde. Es wurde im Jahre 1882 als Luxusapartmenthaus mit den ersten Penthäusern und Maisonettewohnungen der Stadt für Gutbetuchte erbaut, fand jedoch keinen rechten Zuspruch bei den reichen Leuten, die dem gemeinschaftliche Wohnen unter einem Dach wenig abgewinnen konnten; sehr viel später erwies sich der Bau mit seinen schalldichten Wänden als ideale Unterkunft für Rockmusiker.

Seitdem es im Jahr 1905 in ein Hotel verwandelt wurde, steht das Chelsea Hotel in der Gunst trinkfester und hartgesottener Literaten unangefochten an erster Stelle: Mark Twain und Tennessee Williams lebten hier, Brendan Behan und Dylan Thomas gingen während ihrer Aufenthalte in New York ebenfalls wankenden Schrittes ein und aus, und um die Jahrhundertwende residierten die Schauspielerinnen Sarah Bernhardt und Lilly Langtry im Hotel. Thomas Wolfe stellte aus den abertausenden Manuskriptseiten, die er in seinem Zimmer angehäuft hatte, *You Can't Go Home Again* (dt. Es führt kein Weg zurück) zusammen, und Jack Kerouac tippte hier 1951 auf einer umgerüsteten Schreibmaschine (und unter Zuhilfenahme jeder Menge Benzedrins) in einem einzigen Arbeitsgang den ersten Entwurf zu *On the Road* (dt. Unterwegs) auf eine knapp vierzig Meter lange Papierrolle. William Burroughs schloss hier *The Naked Lunch* ab und Arthur C. Clarke, schrieb hier „2001: Odyssee im Weltraum". Zu den Hotelgästen zählten daneben Arthur Miller (der es satt hatte, jedes Mal eine Krawatte umzubinden, wenn er im eleganten *Plaza* nur schnell seine Post abholen wollte), Paul Bowles und der umstrittene Künstler Robert Mapplethorpe.

In den 60er Jahren trat das Chelsea Hotel in eine heißere Phase ein, als Andy Warhol mit seinen dem Untergang geweihten Günstlingen Edie Sedgwick und Candy Darling hier abstieg, um den Film *Chelsea Girls* als eine (Art) Hommage an das Hotel zu drehen. Diverse Popgrößen wie Nico, Jimi Hendrix, Frank Zappa, Pink Floyd, Patti Smith und einige Mitglieder von Greatful Dead gaben sich die Türklinke in die Hand. Bob Dylan schrieb Lieder im sowie über das Hotel, und vor noch nicht allzu langer Zeit erstach Sid Vicious hier Nancy Spungen in ihrer gemeinsamen Suite, bevor er selbst wenige Monate später an einer Überdosis Heroin starb. Der Hotelbesitzer musste die besagten Räumlichkeiten in mehrere kleinere Zimmer unterteilen, da Besucher regelmäßig Blumengebinde und Kerzen vor der Tür deponierten. Froheren Mutes muss wohl Joni Mitchell gewesen sein, die sich durch das Hotel zu ihrer Komposition *Chelsea Morning* inspiriert fühlte – jenes Lied, das die jungen Eheleute Bill und Hillary Clinton so sehr bewegte, dass sie ihre Tochter Chelsea nannten.

Nur allzu leicht vergisst man über so viele ruhmreiche Namen das Hotel selbst, dessen spätviktorianische Erhabenheit zwar schon ein paar Kratzer abbekommen hat, das aber auch erschwingliche Zimmer bietet (s.S. 275, Übernachtung).

West Chelsea

Weiter westlich liegt an der 23rd Street eine der ersten Adressen für gepflegtes Understatement, die **London Terrace Apartments**. Der Komplex aus zwei Häuserzeilen, die einen ganzen Häuserblock und eine private Grünanlage umfasst, hatte das Pech, auf dem Höhepunkt der Weltwirtschaftskrise 1930 fertig gestellt zu werden. Trotz eines Swimmingpools und der auf Bobbys getrimmten Portiers stand die Apartmentanlage mehrere Jahre lang leer. Heute sind hier bekannte Namen aus der Mode-, Kunst- und Musikszene zu Hause. Die *New York Times* betitelte die Anlage „The Fashion Projects", was zum einen eine Anspielung auf die hochkarätigen Bewohner – Designer, Fotografen und Models –, zum anderen eine sarkastische Anspielung auf die nur einen Steinwurf entfernten sozialen Wohnungsbauprojekte weiter im Süden und Osten.

Folgt man der 23rd Street weiter nach Westen und schafft es, den West Side Highway unversehrt zu überqueren, stößt man auf eines der ambitioniertesten Vorhaben Manhattans, die **Chelsea Piers**, einen 16 ha großen, 100 Millionen Dollar teuren Freizeitkomplex auf vier historischen Piers an den Ufern des Hudson River. 1910 wurden die von Warren und Whetmore (die zur gleichen Zeit am Grand Central Terminal arbeiteten) entworfenen Landungsbrücken als Anlegeplatz der großen Transatlantikschiffe eingeweiht. (Hier hätte übrigens 1912 auch die Titanic anlegen sollen.) Seit den 50er Jahren wurden sie nur noch als Warenumschlagplatz genutzt, während die neueren Passagierschiffe an größeren Docks weiter nördlich anlegten. In den 60er Jahren schließlich hatten sie auch als Frachthafen ausgedient und waren dem Verfall preisgegeben, bis die Gegend vor wenigen Jahren wiederbelebt wurde. Kernstück der Anlage ist ein riesiger Sportkomplex, der neben zwei überdachten Eisbahnen und zwei Rollschuhbahnen unter freiem Himmel auch Übungsplätze für Golfer umfasst. Während die genannten Einrichtungen öffentlich sind, erhalten zu den beeindruckenden Sporthallen mit Basketballplätzen, weiteren Trainingsanlagen, einer Kletterwand und etlichen anderen Einrichtungen ausschließlich Mitglieder Zutritt – mehr dazu s.S. 375.

Besonders erfreulich ist, dass ein großes Areal öffentlich zugänglich ist, wozu u.a. eine fast zwei Kilometer lange Uferpromenade sowie ein hübscher Uferpark am Ende des Piers 62 zählen. Eine Hand voll Restaurants am Wasser sorgen für das leibliche Wohl. Darüber hinaus lockt das *Chelsea Brewing* mit Bier aus der eigenen Brauerei. Trotz ihres künstlichen Charakters bieten die Lokale ihren Gästen abseits der Hektik der Großstadt die Gelegenheit, zu entspannen und dem Hudson River so nah wie möglich (oder so nah wie erträglich) zu kommen.

Chelseas Kunstszene

Die Galerien und umfunktionierten Lagerhäuser in der 22nd Street sind das pulsierendste Domizil der New Yorker Kunstszene. Die rastlose Kunstszene in New York befindet sich permanent auf der Suche nach noch günstigerem Mietraum und dem ultimativen Platz, um sich zu profilieren und entdeckt zu werden. Schon haben sich hier Galerien und Ausstellungsräume angesiedelt, weitere sollen folgen. Von dem Dutzend erst kürzlich eröffneter Galerien hat sich der Großteil entlang der West 22nd Street, zwischen Tenth und Eleventh Avenue, niedergelassen.

Die zentrale Ausstellungsgalerie, das seit 1987 als Pionier in Chelsea vertretene **Dia Center for the Arts**, an der 548 West 22nd Street, umfasst u.a. den spektakulären, 1991 eröffneten *Rooftop Urban Park* auf dem Dach des Gebäudes. Besonders bemerkenswert ist dort der verspiegelte Glaspavillon, der im Wechselspiel des Lichts außergewöhnliche Effekte produziert. Weitere Galerien in Chelsea s.S. 265.

East Chelsea

Am östlichen Rand von Chelsea erstreckt sich eine lebendige Einkaufsgegend, vor allem um die **Sixth Avenue** mit einer Reihe relativ preisgünstiger Bekleidungsläden wie *Old Navy* und *Today's Man*, die der hiesigen Filiale des Traditionshauses *Barney's* den Garaus bereitet haben. Glänzend hingegen geht es der riesigen Buchhandlung *Barnes & Noble* zwischen 21st und 22nd Street. Interessanter ist jedoch ein Abstecher in die 19th Street zu *A Different Light*, dem größten schwul-lesbischen Buchladen des Landes.

Weiter nördlich findet am Wochenende zwischen 10 und 18 Uhr auf einem Teil des Parkplatzes an der Kreuzung 6th Ave und 26th St der größte Antiquitäten- und Krammarkt New Yorks, der **Annex Weekend Antiques Fair and Flea Market** statt, s.S. 406.

Die Umgebung der 28th Street ist der **Blumenmarkt** Manhattans, wobei es sich weniger um einen einzelnen Platz handelt als um mehrere Hallen, in denen Topfpflanzen und Schnittblumen lagern, bevor sie die Büros und Foyers der Stadt verschönern dürfen. Inmitten der sie umgebenden Industrielandschaft wirken die grünen Blätter und bunten Blütentupfer, die aus reizlosen Häuserblocks quillen und manchen Laden in ein Blumenmeer verwandeln, ausgesprochen wohltuend.

In der West 28th Street erstreckte sich ursprünglich die **Tin Pan Alley**, jene Hochburg der Unterhaltungsmusik, wo Musikverleger mit ihren Liedern bei Künstlern und Produzenten der nahe gelegenen Theater hausieren gingen. Mit dem Umzug der Theater verschwanden auch die Verleger.

Garment District und Umgebung

Weiter nördlich kreuzt der Broadway die Sixth Avenue am **Greeley Square**, einer schmutzigen, dreieckigen Verkehrsinsel, die auch mit gutem Willen nicht als Platz bezeichnet werden kann. Sie schmückt eine Statue des Zeitungsgründers des *Tribune*, Horace Greeley. Dabei hätte der Mann Besseres verdient: Er rief die Jugend des 19. Jahrhunderts in einem aufrüttelnden Appell dazu auf, den Kontinent zu erobern („Go West, young man!"), trat für die Rechte der Frauen und Gewerkschaften ein, betraute Karl Marx mit einer wöchentlichen Kolumne und sprach sich öffentlich gegen die Sklaverei und die Todesstrafe aus. Seine Zeitung erscheint nicht mehr, nur noch jener Abkömmling, auf den gelangweilte Touristen in letzter Not zurückgreifen – der *International Herald Tribune*.

Herald Square

Greeley Square und Herald Square weisen mit ihren spitzen Enden aufeinander, eine Anspielung auf die Schlachten der einst rivalisierenden Zeitungen *Herald* und *Tribune*. Während der 90er Jahre des 19. Jahrhunderts hatte dieses als Tenderloin bekannte Viertel keinen guten Ruf. Unter den Brücken der Eisenbahn, die damals noch an der Sixth Avenue oberirdisch verlief, florierten Tanzpaläste, Bordelle und üble Spelunken wie der *Satan's Circus* und *Burnt Rag*. Mit der Ansiedlung des *Herald* erhielt der Platz 1895 einen neuen Namen und ein würdevolleres Image. Bekannt wurde er durch das Lied *Give my Regards to Broadway* von George M. Cohan, der darin den Platz grüßt. Heutzutage ist eine derartige Huldigung kaum noch denkbar, es sei denn, man möchte über die verwahrloste Schmuddelecke bei *Macy's* singen.

Macy's

Macy's verkörpert das amerikanische Kaufhaus schlechthin. Bis in die 70er Jahre gab man sich damit zufrieden, das größte Kaufhaus der Welt zu sein (was immer noch zutrifft), dann aber verlangte der anspruchsvolle Lebensstil der Yuppies in den 80er Jahren mehr, und *Macy's* glich sich langsam aber sicher den exklusiveren Bedürfnissen an. Mit dem wirtschaftlichen Abschwung 1990 geriet auch das Kaufhaus ins Trudeln und fuhr bedingt durch übereifrigen Expansionsdrang und damit einhergehenden Schulden drastische Verluste ein. Die New Yorker waren geschockt, als sich das Gerücht verbreitete, Macy's stehe kurz vor der Schließung. Die Berichterstattung in den Medien nahm Formen an, als hätte der Bürgermeister die Freiheitsstatue an den Irak verscherbelt. Mit knapper Not konnte der Bankrott abgewendet und *Macy's* durch Umschuldung gerettet werden. Auch die weitere Finanzierung der alljährlich vom Kaufhaus veranstalteten Thanksgiving Day Parade, die zu den berühmtesten und bestbesuchten Umzügen Manhattans zählt, war damit gewährleistet. Wie alle großen Kaufhäuser New Yorks, lohnt auch *Macy's* einen Besuch. Imposant sind u.a. die Lebensmittelabteilung sowie der Nachbau der Bar *P. J. Clarke's* im Untergeschoss. Die kitschige **Manhattan Mall** gleich daneben kann *Macy's* nicht im Entferntesten das Wasser reichen.

Rundgang durch den Garment District

An diesen Teil des Broadway schließt sich zwischen der 34th und 42nd Street der Garment District an. Hier werden drei Viertel der gesamten Damen- und Kinderkleidung der USA gefertigt. Hoffnungen auf günstige Schnäppchen werden jedoch enttäuscht, da ausschließlich für den Großhandel produziert wird. Potenzielle Kunden erblicken höchstens die auf den Straßen umhergeschobenen Rollständer und gelegentliche Behälter mit Stoffresten, die der Gegend den Anstrich eines Basars unter freiem Himmel verleihen. Alle nur denkbaren Knöpfe, Spangen, Schleifen und anderen Accessoires, von denen man nicht geglaubt hätte, dass sie noch hergestellt würden, sind hier zu sehen.

Pelzgegner sollten die West 30th Street weiter im Süden (bereits in Chelsea, aber von ihrer Struktur her dem Garment District zugehörig) meiden. Aus fassgroßen Behältnissen lugen Köpfe und Schwänze ganzer Nerze und Füchse hervor, die darauf warten, zu Wintermänteln verarbeitet zu werden.

Angenehmer ist es, nach *sample sales* der Designer zu suchen. Ausstellungsstücke und von Models getragene Vorführteile werden zu erheblich reduzierten Preisen zum Kauf angeboten. Allerdings wird es bei knapper Kasse kaum helfen, wenn statt regulärer $750 für einen großen Namen wie z.B. Donna Karan nur $450 verlangt werden (mehr zu Designer-Mode s.S. 407 ff, 412).

Auch der Garment District ist eines jener Viertel New Yorks, in denen in jüngerer Vergangenheit ein Wandel zum Besseren angestrebt wurde. Unter dem tatkräftigen Engagement des *Business Improvement District* – einer staatlich unterstützten Selbsthilfeinitiative – gelang es, die ins Ausland verlagerte Produktion wieder verstärkt in den Garment District zurückzuholen. Hellere Straßenbeleuchtung und ein verbessertes Sicherheitskonzept haben zudem Spaziergänge durch die Gegend, vor allem nachts, gefahrloser gemacht – und mehr lässt sich trotz des aufgeräumten Straßenbildes hier ohnehin kaum unternehmen.

Madison Square Garden und Umgebung

Den Garment District kann man ruhigen Gewissens en passant erkunden. Unweigerlicher Blickfang im Viertel ist der monströse Komplex aus **Pennsylvania Station** und **Madison Square Garden**, ein multifunktionales Bauwerk aus einem Quader und einem Zylinder. Den unterirdischen Bahnhof passieren täglich Millionen von Pendlern, und im darüber liegenden Bereich werden u.a. Spiele der Basketballmannschaft *Knicks* und des Hockeyteams *Rangers* ausgetragen. Näheres zum Ticketkauf für Sportveranstaltungen s.S. 373.

An der Penn Station lässt sich rein gar nichts Reizvolles entdecken: In den vom Tageslicht abgeschotteten Ebenen konzentrieren sich anscheinend sämtlicher Schmutz und all die anderen Unzulänglichkeiten der New Yorker U-Bahn. Mittlerweile trauert man der alten Penn Station nach, die hierfür weichen musste. Das unwiederbringliche Meisterwerk verlieh dem Viertel Würde und war Wegbereiter für das später erbaute Post Office und andere von der französischen Belle Epoque beeinflusste Bauten. Die alte Penn Station, eine Glanzleistung der Architekten McKim, Mead und White, folgte in ihrem äußeren Aufbau den römischen Caracalla-Thermen und besaß eine grandiose, von rosa Marmorböden und rosa Granitwänden eingerahmte Arkade. Durch das Glasdach in der Haupthalle fiel Tageslicht direkt auf den darunter liegenden Wartebereich und die Bahnsteige. „Früher wurde man von der Stadt wie ein Gott in Empfang genommen ... Heute eher wie eine Kellerratte", klagte ein Nostalgiker.

Einen Eindruck vom alten Bahnhof vermitteln die Fotos in der neuen Penn Station im Wartebereich von Amtrak. Auch eine kleine Reise in die Vergangenheit ist möglich, wenn man den neuen Eingang zu den Fahrkartenschaltern der Long Island Railroad an der 34th Street, Ecke Seventh Avenue, aufsucht. Dort hängt noch eine der alten Uhren des ehemaligen Bahnhofs an der hohen Glas- und Stahlkonstruktion, die ebenfalls an das ehemalige Gebäude erinnert.

Die 1994 an Andrew Leicester vergebene Auftragsarbeit *Ghost Series* schmückt heute die Wände des neuen Korridors. Wandbilder aus Terrakotta huldigen noch einmal den korinthischen und ionischen Säulen des alten Bahnhofsgebäudes sowie der verspielten Statue *Day & Night*. Diese umschloss einst eine Uhr, die die Fahrgäste am Eingang willkommen hieß. Oberhalb vom Fahrkartenbereich der Long Island Rail Road stellt eine interessante Skulptur von Maya Lin die Grenzenlosigkeit der Zeit dar.

Ein weiteres, wenn auch etwas skurrileres Relikt aus vergangenen Tagen ist das **Pennsylvania Hotel** an der Seventh Avenue, Ecke 33rd Street. Die einst für Glenn Miller und andere große Swingbands der 40er Jahre bedeutende Bühne hat bis heute die Telefonnummer behalten, die sie berühmt machte – 736-5000; eine Nummer, die unter dem alten Buchstaben-System PENNsylvania 6-5000 lautete und Miller einen romantischen Hit bescherte.

General Post Office

Hinter der Penn Station hat ein anderes von McKim, Mead und White entworfenes Gebäude, das General Post Office, überlebt und erinnert an jene Ära in der Stadtgeschichte, in der man voller Stolz monumentale Zeichen setzte. Es heißt, dass das Gebäude so groß werden musste, damit oberhalb der Säulen folgende klangvolle Inschrift Platz finden konnte: „Weder Schnee noch Regen noch Hitze oder finstre Nacht werden diese Boten von der raschen Erledigung ihrer Aufträge abhalten." Allerdings dürfte es sich mit dem Wahrheitsgehalt dieser Inschrift ähnlich verhalten wie mit der offiziellen Verlautbarung, im Postbezirk Manhattan würde mehr Post befördert als in Großbritannien, Frankreich und Belgien zusammen.

Die alte Penn Station und das Landmarks Preservation Law Als die alte Penn Station 1963 abgerissen wurde, um dem Sportkomplex des Madison Square Garden Platz zu machen, war Denkmalschutz noch kein Thema. Erst ein Jahrzehnt später wurde er bei dem von der Mittelschicht getragenen Machtzirkel in seiner Bedeutung erkannt und dann im New York der 70er und 80er Jahren umso stärker durchgesetzt. Den verbalen Protesten einiger weniger standen damals die allmächtigen „Modernisierer" gegenüber, die kaum etwas von dem ursprünglichen Gebäude übrig ließen. Sogar künstlerisch wertvolle Statuen und Teile der Einrichtung endeten als Füllmaterial bei den Aufschüttungen des Hudson River für den Meadowlands-Komplex in New Jersey.
Nicht lange nach der Zerstörung des Bahnhofs wurde das Singer Building, ein früher, graziöser Wolkenkratzer im Financial District abgerissen. Die öffentliche Entrüstung darüber führte schließlich zu einem Gesetz zur Erhaltung von Baudenkmälern, genannt **Landmarks Preservation Law**. Dieses verhinderte fortan, dass Gebäude, die wegen ihrer baulichen Ästhetik, historischen Bedeutung oder anderer Gründe als Denkmäler einzustufen waren, weder verändert noch zerstört werden durften.

Auch heute noch befindet sich hier ein Postamt, die zentrale Postverteilerstelle ist jedoch in modernere Gebäude weiter westlich umgezogen. Seit einigen Jahren wird darüber diskutiert, das Post Office als neuen Eingang zur Penn Station umzugestalten, vielleicht als eine Art Sühne für den Abriss des alten Bahnhofs. Der Realisierung dieses Vorhabens scheinen jedoch bürokratische wie finanzielle Hindernisse im Wege zu stehen, die die Umsetzung auf unbestimmte Zeit verschieben.

Das Port Authority Terminal Building an der 40th Street, Ecke Eighth Avenue, ist ein weiteres Schmuddelkind dieser Gegend, obwohl seine heutige Erscheinung als generalüberholter, gut funktionierender Busbahnhof seinen üblen Ruf als Zufluchtsort verkrachter Existenzen Lügen straft. *Greyhound* und weitere regionale Buslinien fahren von diesem bemerkenswert sicheren Busbahnhof ab. Für den Fall, dass man nach Ankunft ein Verlangen nach sportlicher Betätigung verspürt, ist hier eine außergewöhnliche Bowlingbahn, **Leisure Time Bowling**, untergebracht, s.S. 377.

Westlich des Port Authority Terminal Building erhebt sich das grünblaue **McGraw-Hill Building**, 330 West 42nd Street, das von schwärmenden Architekten *proto-jukebox-modern* getauft wurde. Die Lobby lohnt auf jeden Fall einen Blick.

Union Square, Gramercy und Murray Hill

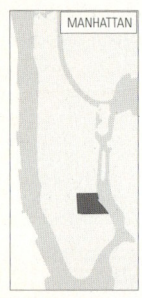

Der besondere Tipp

➤ Das bunte Treiben auf dem Wochenmarkt am Union Square beobachten
➤ Vom Flatiron Building zum Empire State Building spazieren
➤ Bei klarem Wetter zur Aussichtsplattform des Empire State Building hinauffahren

Der Broadway bildet die Grenzlinie zwischen Chelsea und Garment District im Westen und Union Square, Gramercy Park und Murray Hill im Osten. Hier, im Bereich der Prachtboulevards Third, Park und Fifth Avenue, markieren die Straßen zwischen der 14th Street im Süden und der 42nd Street im Norden den Höhepunkt des Übergangs von der umliegenden niedrigen Bebauung zu den Wolkenkratzern Midtown Manhattans. Der vielleicht großartigste Vertreter der modernen Hochhausarchitektur ist das Empire State Building an der 34th Street, Ecke Fifth Avenue.

Union Square und Umgebung

Einst bildete der Union Square, der den Broadway unterbricht, das Zentrum eines eleganten Theater- und Einkaufsviertels. Besser bekannt wurde er jedoch erst später als Schauplatz politischer Demonstrationen, als unansehnlicher Drogenumschlagplatz und Ort der Gewalt. Seit Mitte der 80er Jahre dominiert ein weitaus freundlicheres Bild. Der Park lädt inzwischen dazu ein, in ihm spazieren zu gehen, Eichhörnchen zu füttern oder einen Blick auf die Skulpturen zu werfen. Neben dem Reiterstandbild George Washingtons steht eine Statue Lafayettes aus der Hand von Bartholdi (dem Schöpfer der ungleich berühmteren Freiheitsstatue) sowie, in der Mitte des Parks, ein massiver Fahnensockel, dessen Flachreliefs Gut und Böse in der Revolution symbolisieren.

Montags, mittwochs, freitags und samstags findet am nördlichen Rand des Platzes ein beliebter **Markt** statt. Erzeuger aus dem Hinterland Long Island, New Jersey und sogar aus Lancaster County in Pennsylvania bieten frisches Obst und Gemüse, Backwaren, Käse, Eier, Fleisch, Grünpflanzen und Blumen von höchster Qualität feil. Die Erzeugnisse unterliegen einer strengen Kontrolle. Groß- oder Zwischenhändler sind vom Markt ausgeschlossen.

Während der wärmeren Jahreszeit von Mitte April bis Mitte Oktober hat das *Luna Park Café* im geschmackvoll renovierten **Pavillon** am nördlichen Parkrand geöffnet. Das Restaurant im Freien gehört zum angesagten *Coffee Shop* auf der gegenüberliegenden Straßenseite.

Es verleiht den Nächten am Union Square mit musikalischem Rahmenprogramm und funkelnden weißen Lichtern einen Hauch von Eleganz.

Den Platz selbst umgeben einige gute Cafés und Restaurants sowie eine bunte Mischung ansehnlicher Gebäude, darunter die **American Savings Bank** in der östlichen Ecke des Platzes, von der lediglich die imposanten Säulen der Fassade erhalten geblieben sind. Südlich davon steht die alte, von einem Ziergiebel bekrönte und mit indianischen Kopfschmuckmotiven verzierte **Tammany Hall**, in der sich einst das berüchtigte Hauptquartier der Demokraten befand. Das schmale Gebäude gegenüber beherbergte Andy Warhols erste Factory.

In der 14th Street residiert **Consolidated Edison** (ConEd), jenes Unternehmen, dem die Stadt ihre Energieversorgung und die berühmten, dampfenden Zugangsschächte zur Kanalisation verdankt. Der aufgesetzte Kampanile wirkt wie eine launenhafte Vorwegnahme des Metropolitan Life Building einige Häuserblocks weiter nördlich.

Nördlich des Union Square

Nördlich und östlich des Platzes erstreckt sich Irving Place über sieben Häuserblocks bis zum Gramercy Park. Irving Place wurde nach dem amerikanischen Autor des frühen 19. Jahrhunderts Washington Irving benannt, dessen Büste auf der gegenüberliegenden Straßenseite vor der Washington Irving High School steht. Irving war der erste amerikanische Schriftsteller, der seinen Lebensunterhalt allein vom Schreiben bestreiten konnte, gewohnt hat er in der nach ihm benannten Häuserreihe jedoch nie.

Allerdings hat der mit dem Pulitzerpreis ausgezeichnete Kurzgeschichtenautor O. Henry im einstigen Haus Nr. 55 **Irving Place** gelebt. An der Ecke 18th St *Pete's Tavern* angesiedelt, eine der ältesten New Yorker Bars, die seit 1864 in Betrieb ist. Laut Eigenwerbung soll O. Henry hier *The Gift the of Magi* (dt. *Das Geschenk der Weisen*) ersonnen und geschrieben haben. Zwar ist diese Behauptung keineswegs belegt, der Bar und der Atmosphäre gereicht diese Legende jedoch nur zum Besten.

Der sich im Nordwesten des Union Square anschließende Teil des **Broadway** gehörte zur *Ladies' Mile*, wo sich in der Mitte des 19. Jahrhunderts einige der schicksten Läden und Boutiquen befanden. Die edlen Geschäfte verlagerten sich um die Jahrhundertwende auf die Fifth Avenue, doch von der glorreichen Vergangenheit zeugen noch ein paar reich verzierte Fassaden und geschwungene Fenstersimse. Sehenswert ist z.B. das einer Hochzeitstorte gleichende, ringsum mit Balkonen verzierte viktorianische Gebäude von *Lord & Taylor's*, das in Nr. 901 an der Ecke zum Broadway steht. Biegt man gleich in der Nähe rechts in die East 20th Street ein, gelangt man zum **Theodore Roosevelt Birthplace**, dem rekonstruierten Geburtshaus des ehemaligen Präsidenten in der Nr. 28. Ein recht nüchternes Gebäude, 1858 erbaut, wo viele originale Möbel, zudem diverse Jagdtrophäen und eine kleine Ausstellung über das Leben des Präsidenten zu sehen sind. ⏲ Mi-So 9-17 Uhr, Eintritt $2. Nur im Rahmen einer Führung zu besichtigen.

Gramercy Park

Von Roosevelts Geburtshaus ist es nicht weit zum **Gramercy Park**, einem 1831 trocken gelegten Sumpf. Jenseits der etwas düsteren Park Avenue South öffnet sich Manhattans kompakte Bebauung zu einem der schönsten Plätze der Stadt, der eine gediegene Atmosphäre ausstrahlt. Die gepflegte zentrale Grünanlage ist die meiste Zeit des Tages menschenleer, was in erster Linie damit zusammenhängt, dass sie den wohlhabenden Anwohnern vorbehalten ist. Ein Streifzug über diesen Platz, der einst im Mittelpunkt der New Yorker Theaterszene lag, lohnt sich.

Hinter eisernen Gittern steht die Statue des Schauspielers Edwin Booth (Bruder des Lincoln-Attentäters John Wilkes Booth), die ihn in seiner berühmtesten Rolle als Hamlet zeigt. (Übrigens rettete Edwin etliche Jahre vor der folgenschweren Tat seines Bruders Lincolns Sohn Robert bei einem Zugunglück das Leben.) 1888 wandelte Booth sein am Park gelegenes Zuhause – 16 Gramercy Park South – in **The Players** um, einen Privatclub, dessen Anbauten vom Architekten Standford White stammen. Booth wollte mit dem Club eine Spielstätte und einen Treffpunkt für Schauspieler und Theaterleute schaffen, die damals noch eine gesellschaftliche Randgruppe darstellten. Frauen waren jedoch nicht zugelassen; ihnen steht der Club erst seit sage und schreibe 1989 offen. Gleichzeitig richtete er in dem Haus eine Theaterbibliothek ein, um eine Chronik der amerikanischen Bühnengeschichte zu verfassen. Spätere Mitglieder waren u.a. die Barrymores, Irving Berlin, Frank Sinatra und (seltsamerweise) Sir Winston Churchill. Führungen sind nach Anmeldung unter ✆ 228-7610 möglich, Eintritt $5, Schüler und Senioren $3,50.

Neben *The Players* befindet sich der ebenso aristokratische **National Arts Club**, der 1906 hier Quartier bezog. Im Jahre 1870 ließ sein Besitzer, Gouverneur Samuel Tilden, das Gebäude durch den Central Park-Architekten Calvert Vaux im viktorianischen Stil umgestalten und Terrakottabüsten von Shakespeare, Milton, Franklin sowie anderen Berühmtheiten aufstellen. Prominente Mitglieder dieser Institution, die zur Unterstützung amerikanischer Künstler gegründet wurde, waren die Kunstsammler Henry Frick, J.P. Morgan und Teddy Roosevelt. Leider bleibt der kostbare Mitglieder-Speisesaal mit seiner gewölbten Glaskuppel und den bunten Fensterreihen der Öffentlichkeit verschlossen, man kann jedoch eine der hier gezeigten Wanderausstellungen besuchen.

Ein Spaziergang rings um den Platz führt an zahlreichen Wohnhäusern vorbei, die im frühen 19. Jahrhundert oder später erbaut und von so vielen Berühmtheiten bewohnt wurden, dass man sie an dieser Stelle gar nicht alle aufzählen kann.

Die **School of Visual Arts**, 17 Gramercy Park South, ist im ehemaligen Haus von Joseph Pulitzer untergebracht. An der Nordostecke des Platzes, in dem „unechten" Tudor-Gebäude der **Nr. 38**, wohnte John Steinbeck von 1925 bis 1926, jener Zeit, in der er sich als Reporter für die inzwischen eingestellte *New York World* durchschlug – erst nachdem er diesen Job verlor, widmete er sich der Prosa. In 52 Gramercy Park North, dem Anfangspunkt der Lexington Avenue, thront das imposante, heutzutage alt-

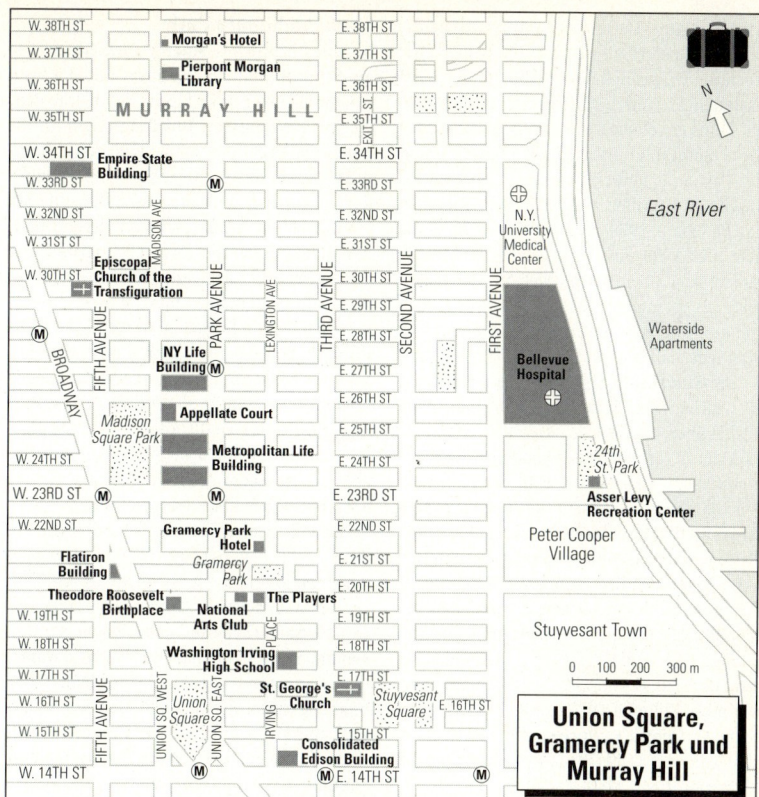

modisch erscheinende **Gramercy Park Hotel** aus den 20ern, zu dessen illustren Gästen Mary McCarthy, der junge John F. Kennedy und Humphrey Bogart mit seiner ersten Frau Mayo Methot zählten. Entlang Gramercy Park West zieht sich eine auffallend schöne Reihe klassizistischer Backsteinbauten aus den Jahren nach 1840, deren schmiedeeiserne Gitter an das French Quarter in New Orleans erinnern. James Harper vom Verlagshaus *Harper & Row* wohnte in der Nr. 4.

Peter Cooper Village und Stuyvesant Town

Als eine gelungene Umsetzung urbanen Wohnens auf engem Raum präsentieren sich das Peter Cooper Village und Stuyvesant Town am East River mit schlanken, verwinkelten Apartmentgebäuden, die ruhige, von Bäumen gesäumte Gehwege flankieren. Nicht unerwähnt bleiben sollte, dass es sich durchweg um privat finanzierte Gebäude handelt und die Immobiliengesellschaft, Metropolitan Life, rassendiskriminierender Praktiken bei der Wohnungsvergabe beschuldigt wurde. Zweifelsohne lässt sich der Unterschied zu den etwas weiter südlich gelegenen Emigrantenslums kaum übersehen.

Das **Asser Levy Recreation Center** an der nordwestlichen Ecke des Peter Cooper Village wurde nach dem ersten jüdischen Bürger und kosheren Schlachter benannt, der 1654 nach

Amerika kam. Unter den zahlreichen städtischen Fitnesscentern ist dieses das bemerkenswerteste. Ursprünglich beherbergte das 1908 nach dem Vorbild der öffentlichen Badeanstalten Roms errichtete Gebäude ein Badehaus für die armen Emigranten. In den Mietskasernen der East Side, heißt es, stand nur ein Bad für jeweils 79 Familien zur Verfügung. Nachdem das Badehaus 1970 geschlossen wurde, eröffnete hier 1990 ein Fitnesscenter. Zierde des Hallenbades ist ein Marmordelphin, der gleichzeitig als Springbrunnen fungiert. Wie in allen von der Stadt verwalteten Sportclubs kostet die Mitgliedschaft pro Jahr $25 (s. S. 378, Sport).

Der **Stuyvesant Square** weiter östlich ging als Geschenk des Gouverneurs in städtischen Besitz über und wurde, wie auch Gramercy Park, nach Vorbildern des Londoner Stadtteils Bloomsbury angelegt. Obwohl der Platz zum Teil von den umliegenden Gebäuden des **Beth Israel Medical Center** bestimmt und in seiner Mitte von der Second Avenue durchschnitten wird, hat er sich insbesondere in seiner westlichen Hälfte bis heute etwas von seiner beschaulichen Atmosphäre bewahren können. Neben Überresten eleganter Reihenhäuser steht dort das *Friends' Meeting House* im ungewohnten Kolonialstil, daneben die gravitätische **St. George's Church** aus braunem Sandstein, die das Gebetshaus des Finanziers J.P. Morgan war.

Nördlich des Gramercy Park

Vom Gramercy Park führt die Lexington Avenue weit nach Norden hinauf. Geht man von hier aus die East Side entlang Richtung Uptown, kommt man auf der Höhe 25th Street zur schwerfälligen **69th Regiment Armory** – 1913 Schauplatz der Armory Show, die erstmals einer New Yorker Öffentlichkeit moderne Kunst vorstellte (s. S. 457) – und zur kleinsten, leicht zu übersehenden Einwanderer-Enklave Manhattans, **Little India**. Die meisten der 100 000 Inder New Yorks leben in Queens. Eine Hand voll indischer Restaurants, Fastfood-Lokale, Süßigkeiten- und Gewürzläden weist hier auf sie hin – weitaus mehr sind entlang der East 6th Street im East Village zu finden.

Madison Square Park

Nordwestlich des Gramercy Park erhebt sich am Schnittpunkt des Broadway und der Fifth Avenue auf einer dreieckigen Grundfläche nonchalant das **Flatiron Building** (ehemals die Fuller Construction Company, später in Hommage an seine ausgefallene Form umbenannt), das als eines der berühmtesten Gebäude der Stadt noch einmal das New York der Jahrhundertwende heraufbeschwört. Aufgrund der schmalen, spitz zulaufenden Gebäudeform entstehen in Bodennähe starke Winde, die den vorbeilaufenden Frauen an der 23rd Street die Röcke hochwehen. Vor Jahren postierte man sogar Polizeibeamte hier, um Ansammlungen schaulustiger Männer zu verhindern. Ihre warnende Mahnung an die Adresse der Voyeure – *23 Skiddoo!* (*skiddoo* heißt so viel wie „hau ab!") – ist inzwischen in den allgemeinen Sprachgebrauch übernommen worden.

Es fällt schwer zu glauben, dass die 20 Stockwerke emporragende Stahlgerippekonstruktion der erste wirkliche Wolkenkratzer der Stadt gewesen sein und bei seiner Fertigstellung 1902 alle anderen Gebäude der Umgebung überschattet haben soll. Lange währte dieser Umstand ohnehin nicht, denn schon bald zog weiter nördlich am Madison Square Park die **Metropolitan Life Company** 1902 ihren Uhrturm hoch, der das Flatiron Building zumindest an Höhe übertraf.

Obwohl den **Madison Square Park** tagsüber ein endloser Strom aus Autos, Taxis, Bussen und Fußgängern umtost, besitzt er eine Größe und erfreuliche Geruhsamkeit, die dem Union Square fehlen. Seine Ausstrahlung verdankt er hauptsächlich den erlesenen Bauten ringsum sowie der klug platzierten zentralen Grünfläche.

Hinter der Marmorfassade mit den korinthischen Säulen tagt der **Appellate Court**, Teil des New York State Supreme Court, des höchsten Berufungsgerichts des Bundesstaates. Ihrem hehren Anspruch folgend, wenden sich die dort aufgestellten Statuen der Gerechtigkeit, der Weisheit und des Friedens entschieden vom hässlichen, schwarzen Glasklotz ab, den die Versicherungsgesellschaft *New York Life* hinter ihrem Rücken als Nebengebäude unterhält.

Stanford White, der Architekt des ursprünglichen Madison Square Garden wurde in eben diesem von Harry Thaw ermordet. Als Architekt und Partner im erlauchten Architektenteam *McKim, Mead and White* hat Stanford White zahlreiche herrliche Beaux-Arts-Gebäude der Stadt entworfen – darunter das General Post Office, die alte Penn Station und die Columbia University. Er galt als Lebemann und Frauenheld. Seine Affäre mit Thaws zukünftiger Ehefrau Evelyn Nesbit, einem Revuegirl vom Broadway, wurde in der Öffentlichkeit ausgiebig diskutiert – bis hin zu der Vermutung, dass Evelyn für die Statue der nackten Göttin Diana, die das Gebäude krönt, Modell gestanden haben soll. Der gehörnte Millionär Thaw stürmte daraufhin eines Abends in den Dachgarten, wo White wie gewöhnlich von Frauen und Bewunderern umringt saß, und erschoss ihn. Während Thaw danach den Rest seines Lebens in psychiatrischen Anstalten verbringen musste, geriet auch die Show-Karriere seiner Frau ins Trudeln: Sie rutschte in die Drogen- und Prostituiertenszene ab und starb 1961 in Los Angeles.

So weit eine der dramatischeren Episoden des Madison Square Garden. Seit damals hat der Veranstaltungsort zweimal seinen Standort gewechselt, zuletzt um dem New York Life Building Platz zu machen. Heute befindet er sich an der 31st Street neben der Penn Station (s.S. 111 ff).

Das grandiose, originale **New York Life Building** stammt von Cass Gilbert, dem Architekten des Woolworth Building in Downtown. Es ragt am Standort des ursprünglichen Madison Square Garden empor, der seinerzeit als Herz des Theaterviertels für ausschweifende Trinkgelage der besseren und der Broadway-Gesellschaft bekannt war.

Ein Überbleibsel aus jenen unruhigen Tagen ist die **Episcopal Church of the Transfiguration** an der 29th Street, nahe Fifth Avenue. Ländlicher Charme umgibt die kleine, etwas von der Straße zurückversetzte Kirche aus braunen Ziegeln, unter deren Kupferdach sich seit 1870 das Showbusiness zum Gebet einfindet. Ihren Spitznamen, *Little Church Around the Corner*, erhielt sie, nachdem sich ein strenggläubiger Pfarrer einer benachbarten Kirchengemeinde geweigert hatte, ein Schauspielerpaar zu trauen und sie stattdessen hierher sandte. Es ist ein intimes Gebäude, das im Innern von warmen Holztönen bestimmt wird und auf seinen Fenstern Darstellungen berühmter Schauspieler zeigt (besonders beachtenswert ist Edwin Booth als Hamlet).

Das ehemalige Waldorf Astoria Hotel
Das Empire State Building, das seinen langen Schatten weit über die Konsumtempel hinaus wirft, ragt an prominenter Stelle in die Höhe. Vor seiner Erbauung stand hier das erste *Waldorf Astoria Hotel*, das William Waldorf Astor errichten ließ. Nach seiner Eröffnung 1893 rückte das Hotel bei den Reichen der Stadt in den Mittelpunkt des Interesses. „Wir sehen uns im Waldorf", wurde in den ausgelassenen 90er Jahren des 19.Jahrhunderts zum geflügelten Wort. Ward Macallister, der Gemahl von Astors Tante Caroline Schermerhorn, prägte für jene illustre Gesellschaft die Bezeichnung „Die Vierhundert". „Die schicke New Yorker Gesellschaft besteht aus ungefähr vierhundert Personen", stellte er fest, „alles, was darüber hinausgeht, sind Menschen, die sich entweder in einem Ballsaal unwohl fühlen oder anderen Unwohlsein verursachen. Verstehen Sie, was ich meine?" Der Ruf des *Waldorf* ist bis zum heutigen Tag unverändert nobel – insbesondere was die Preise betrifft. Der ursprüngliche Standort wurde 1929 aufgegeben, seither residiert das Hotel in einem Art-déco-Gebäude an der Park Avenue (s.S. 281).
Nur wenige hadern heute mit dem eleganten Bauwerk, das seine Stelle eingenommen hat.

Wolkenkratzer Neben Chicago und Hong Kong zählt Manhattan zu den Orten mit den beeindruckendsten Wolkenkratzern der Welt. Wer denkt bei New York nicht an die zerfurchten, verwinkelten Fassaden der fast mittelalterlich anmutenden Turmlandschaft, die sich in imposanter Weise über Manhattan erhebt? Obwohl die Wolkenkratzer New Yorks tatsächlich nur an zwei Stellen geballt aufragen, bestimmen sie das Bild der Stadt – zum einen im Financial District, wo die Riesen aus Stein die schmalen Straßen wie schlanke, lichtleere Schluchten erscheinen lassen, zum anderen entlang der breiten Avenues im Herzen von Midtown Manhattan, zwischen der 30th und der 60th Street, wo sie seit langem um Höhe und Prestige wetteifern.

Der Begriff *skyscraper* (Wolkenkratzer) fand erstmals 1890 bei John J. Flinn Erwähnung, der damit den Baustil im Chicago der Jahrhundertwende beschrieb. Seit jener Zeit konkurriert die Stadt mit New York um das höchste Gebäude. Ob nun der erste echte Wolkenkratzer in Chicago oder in New York hochgezogen wurde, ist nicht geklärt, sicher ist, dass das 1902 fertig gestellte, dreieckige **Flatiron Building** am Madison Square der erste, allgemein als solcher anerkannte Wolkenkratzer New Yorks war. Die damals neue Stahlskelettkonstruktion öffnete der baulichen Gestaltung bis dahin verschlossene Möglichkeiten. Mit dem nicht lange danach errichteten, 60 Stockwerke hohen **Woolworth Building** am Broadway meldete New York 1913 seine Anwartschaft auf das höchste Gebäude der Welt an. Weitere Wahrzeichen wie das **Chrysler Building**, das **Empire State Building** und das in jüngerer Vergangenheit hinzugekommene **World Trade Center** folgten. Letzteres durfte sich jedoch nur bis zum Bau des Sears Tower in Chicago mit dem Titel des höchsten Gebäudes der Welt schmücken.

Im Wandel der Zeit hat sich auch der Baustil verändert. Aber mehr noch als die Zeit haben vielleicht die strengen, im frühen 20. Jahrhundert erlassenen Bauvorschriften das Aussehen der Gebäude beeinflusst. Anfänglich ragten Wolkenkratzer als vertikale Monstren aus der Erde. Ohne Rücksicht auf Nachbargebäude wurden unter maximaler Ausnutzung der möglichen Geschossfläche Giganten errichtet, die nicht selten ihre Umgebung ins Dunkel tauchten. Um diesem Missstand ein Ende zu bereiten, ersannen die Behörden das Konzept der „Luftrechte", das festschrieb, ab welcher Höhe ein Gebäude nur noch zurückgestuft weitergeführt werden durfte. Wolkenkratzer mussten somit fortan einer abgestuften Bauweise folgen. Am elegantesten wurde diese Vorgabe beim Empire State Building umgesetzt, das nicht weniger als zehn Stufen besitzt. Beobachten lässt sich dieses Baumuster jedoch überall in der Stadt.

Aufgrund des Platzmangels und der horrenden Grundstückspreise in Manhattan wachsen unentwegt neue Wolkenkratzer in den Himmel und halten die lukrativen Geschäfte der Immobilienspekulanten in Schwung. Irgendwo ragt immer ein langsam aufstrebendes Stahlgerüst aus dem Boden. Traditionell stellen Indianer einen Großteil der Arbeiter, die sich in Schwindel erregende Höhen begeben, um dort in aberwitzigen Stellungen, auf schmalen Stegen kauernd oder darauf balancierend, Stahlträger einzupassen und zu verankern. Indianer, denen ein bemerkenswerter Mangel an Höhenangst nachgesagt wird, machen noch heute ca. 40% solcher Bauarbeiter in New York aus und tragen sogar 80 Stockwerke über der Erde keinerlei Sicherheitsgurte, weil sie sich dadurch zu sehr in ihrer Bewegungsfreiheit eingeschränkt fühlen. Angestrebten Höhenflügen scheinen keine Grenzen mehr gesetzt. Das spektakulärste Projekt ist Donald Trumps geplanter, weit über 100 Stockwerke umfassender Neubau an der Upper West Side, der New York abermals das höchste Gebäude der Welt bescheren würde. Aber gleichgültig, ob dieser Plan realisiert wird, scheinen Wolkenkratzer selbst in rezessionsgebeutelten Zeiten die "Geldmaschinen" zu bleiben, für die sie Le Corbusier von Anfang an hielt.

Der Blick vom Empire State Building

Weiter nördlich erstreckt sich entlang der Fifth Avenue New Yorks vorrangige **Einkaufsgegend** mit einem Großteil der namhaften Kaufhäuser.

Macy's liegt nur einen Katzensprung entfernt am Herald Square, und den Raum zwischen der 38th und 39th Street nimmt die großzügige Zentrale von *Lord & Taylor* ein (beide s.S. 404).

Empire State Building

Seit seiner Fertigstellung 1931 ist das Empire State Building ein mächtiges, symbolträchtiges Wahrzeichen New Yorks. Der erste Spatenstich erfolgte nur drei Wochen vor dem Börsenkrach im Oktober 1929, aber trotz Weltwirtschaftskrise wuchs das Gebäude in rasantem Tempo in die Höhe und hatte nach Abschluss der 14-monatigen Bauzeit sogar weit weniger Kosten verschlungen als ursprünglich angenommen. Schon bald klammerte sich King Kong zum Missfallen kreischender junger Frauen an seine Fassade und grabschte nach ihn attackierenden Flugzeugen.

1945 rammte ein Flugzeug das 79. Stockwerk des Gebäudes, und 1979 nutzten es zwei Briten als Absprungrampe für einen Fallschirmflug. Unten angekommen, wurden sie allerdings von der New Yorker Polizei bereits erwartet und wegen Störung der öffentlichen Ordnung eilends abtransportiert.

Der dunkelste Zwischenfall in der Geschichte des Gebäudes ereignete sich im Februar 1997, als ein Mann auf der Aussichtsplattform um sich schoss und einen Touristen tötete sowie sieben weitere verletzte. Seither hat man die Sicherheitsvorkehrungen verschärft und am Eingang Metalldetektoren, Röntgengeräte usw. platziert.

Mit 103 Stockwerken und 448 Metern Höhe (inkl. Fernsehmast) ist das Empire State Building das dritthöchste Gebäude der Welt, wirkt aber durch seine sich schwungvoll nach oben verjüngende Gestalt noch höher. Im Untergeschoss befindet sich eine marmorverkleidete, mit Art-déco-Elementen geschmückte Einkaufspassage, in der Zeitungsläden, Schönheitssalons, Cafés und sogar ein Postamt untergebracht sind.

Nach einem Rundgang kann man der **Guiness World of Records Exhibition** einen Besuch abstatten. Besser spart man das Eintrittsgeld jedoch für die Fahrt hinauf zur Aussichtsplattform.

Guten Gewissens darf auch der **New York Skyride** in der 2. Etage vernachlässigt werden. In einem 10-minütigen Simulationsflug brausen dort Passagiere über die Wolkenkratzer hinweg, jagen im Sturzflug durch die Straßen und fegen an bekannten Wahrzeichen New Yorks vorbei. Besucher mit schwachem Kreislauf handeln sich dabei Schwindelanfälle ein, und für alle anderen lohnt sich die Ausgabe auch nicht ⊕ 10-22 Uhr, Eintritt $11,50, Kinder und Senioren $8,50; ✆ 279-9777.

Aussichtsplattform

Wer die rasante Fahrt mit dem Lift auf die Spitze des World Trade Center bereits hinter sich hat, wird die Aufzüge im Empire State Building erschreckend alt und wackelig finden. Die Fahrt endet zunächst in der 86. Etage, die vor dem Bau des Radio- und Fernsehmasts das Gebäude abschloss. Erwartungsgemäß bietet sich von der Aussichtsplattform im Freien ein überwältigendes Panorama – besser als das vom World Trade Center, da sich Manhattan hier nach allen Seiten ausbreitet. An einem klaren Tag kann die Fernsicht bis zu 125 km betragen, angesichts der Luftverschmutzung dürfte sie sich in der Regel jedoch zwischen 15 und 30 Kilometer bewegen.

Schreckt man vor der längeren Wartezeit nicht zurück, die der beengten Fahrt im einzigen, von hier aufwärts führenden Aufzug vorangeht, lässt sich auch der höchste erreichbare Punkt des Empire State Building erklimmen.

Der kleine, zylinderförmige Raum unterhalb des Fernsehmastes liegt 16 Stockwerke höher, bietet jedoch weder neue Eindrücke noch die Möglichkeit, hinauszugehen. Zumindest kann man behaupten, auf der Spitze gewesen zu sein. Am Mast sollten nach einem wahnwitzigen Vorhaben Luftschiffe anlegen, was erst verworfen wurde, nachdem Windböen diverse New Yorker Persönlichkeiten beinahe weggefegt hätten. Das Andocken eines Navy-Luftschiffes endete mit der Überschwemmung der 34th Street, da es aufgrund des Windes das als Ballast geladene Wasser ablassen musste, um manövrierfähig zu bleiben.

Am lohnendsten ist ein Besuch bei Sonnenuntergang, wenn der Touristenstrom merklich abebbt und man den Wechsel Manhattans vom Tag zur Nacht erleben kann. Zu beachten gilt, dass die Aussichtsplattform in der 102. Etage angesichts des Ansturms an Wochenenden nur noch wochentags zugänglich ist. ⊕ tgl. 9.30-24 Uhr, Eintritt $6, Kinder unter 12 Jahren und Senioren $3. ✆ 736-3100.

Murray Hill

Östlich des Empire State Building und der Fifth Avenue führt die 34th Street nach Murray Hill, einem Wohnbezirk mit am Eingang von Baldachinen überspannten Apartmenthäusern, die sich mit dem anonymen Flair der weißen Oberschicht umgeben. Dieses Gebiet mit einem der wenigen echten Hügel im unteren Teil von Manhattan war als reines Wohnviertel konzipiert und verweigerte bis in die 20er Jahre des 20. Jahrhunderts die Ansiedlung von Gewerbe. Das änderte sich erst, als profitgierige Grundstücksspekulanten ihre Interessen vor Gericht durchsetzten. Wie Chelsea weiter im Westen, besitzt Murray Hill weder ein richtiges Zentrum noch ein geschlossenes Erscheinungsbild. Wer hier nicht wohnt, arbeitet oder jemanden besucht, wird kaum einen Grund haben, nach Murray Hill zu kommen; und wer es durchquert, wird es höchstwahrscheinlich nicht einmal bewusst wahrnehmen. Das Viertel erstreckt sich ungefähr zwischen der Fifth und Third Avenue sowie, stark vereinfacht, zwischen der 32nd und 40th Street, wo sich die Bürotürme von Manhattans Midtown anschließen.

Als Wohnraum in der Madison Avenue noch ebenso begehrt war wie in der Fifth Avenue, beherrschten der despotische Bankier **J.P. Morgan** und seine Nachfahren Murray Hill. Dem alten Morgan gehörten hier einige Grundstücke; Morgan jun. bewohnte das braune Sandsteingebäude in der 37th Street, Ecke Madison Avenue (heute Sitz der American Lutheran Church), sein Vater ein Haus, das später für den Anbau seiner benachbarten Bibliothek abgerissen wurde. Irrtümlicherweise wird dieser geschmackvolle, im römischen Villenstil er-

Das Flugzeug, das in das Empire State Building raste Am Samstagmorgen des 28. Juli 1945 steuerte Oberleutnant William Franklin Smith Jr. einen B-25-Bomber in dichtem Nebel über den Hudson River. Der Kriegsveteran, der 34 Luftangriffe auf Deutschland geflogen war, wollte sein Flugzeug auf schnellstem Wege landen. Da man ihm gesagt hatte, dass er sich drei Stunden gedulden müsse, ehe er für den Flughafen Newark eine Landeerlaubnis erhalten könne, flog er, angeblich in offiziellem Auftrag, den belebten Flughafen La Guardia an – mit der Absicht, nach Newark umgeleitet zu werden. Er erhielt daraufhin tatsächlich sofort die Erlaubnis zur Landung in Newark, um die Maschine aus dem überfüllten Luftraum über La Guardia zu holen. Dafür musste er jedoch Manhattan überfliegen und wurde noch vom Kontrollzentrum in La Guardia gewarnt, man könne vom Tower derzeit die Spitze des Empire State Building nicht sehen. Auch Smith sah sie offenbar nicht. Um 9.49 Uhr krachte seine 12 Tonnen schwere Maschine seitwärts in den 79.Stock des Gebäudes. Smith, sein Co-Pilot sowie ein 20-jähriger Matrose, der den Heimflug genehmigt bekommen hatte, um seine Eltern über den Tod seines Bruders im Pazifik hinwegzutrösten, starben.

Der Aufprall, der ein sechs Meter großes Loch in das Gebäude riss, ließ das Empire State Building in einem Bogen von gut einem halben Meter wanken. Benzin, das aus den Leck geschlagenen Tanks ausströmte, setzte zwei Stockwerke in Brand. Der linke Motor durchschlug das Mauerwerk, trat an der Südseite des Gebäudes wieder aus und stürzte mit zerstörerischer Wucht auf ein Penthouse in der 34th Street.

Der andere Motor landete im Aufzugschacht des Empire State Building und durchtrennte die Kabel, worauf der Aufzug samt seiner Fahrstuhlführerin, Betty Lou Oliver, 300 Meter in die Tiefe raste. Trotz gebrochener Wirbelsäule und Beine überlebte sie. Außerdem fielen noch zehn weitere Menschen der Katastrophe zum Opfer. Hätte sich der Unfall an einem normalen Arbeitstag ereignet, wären ohne Zweifel weitaus mehr Menschenleben zu beklagen gewesen.

richtete Anbau häufig für das Wohnhaus von Morgan sen. gehalten.

Wer *Ragtime* gelesen oder die Verfilmung des Romans gesehen hat, wird sich vielleicht daran erinnern, dass Coalhouse Walker genau diesen (für ihn folgenschweren) Fehler beging, als er Pierpoint Morgan als Geisel nehmen wollte. Morgan kam aber nur hierher, wenn er Sehnsucht nach den Kunstschätzen verspürte, die er während seiner Europareisen en gros aufgekauft hatte, darunter Manuskripte, Gemälde, Drucke und Möbel. Während eine Vertrauenskrise 1907 die New Yorker Banken erschütterte, gab er in dem Gebäude allabendlich Gesellschaften für die Wohlhabenden und Einflussreichen der Stadt, bis diese sich bereit erklärten, die Stadt und womöglich das ganze Land mit großzügigen Zuschüssen vor einem Bankrott zu retten. Morgan selbst beteiligte mit der stattlichen 30 Millionen Dollar. Das prachtvolle Innere der Bücherei sowie die erlesene Kunstsammlung können besichtigt werden, **The Pierpont Morgan Library**, s.S. 256.

Ein weiteres Gebäude an der Madison Avenue zeugt (zumindest dem Namen nach) vom Einfluss der Morgans. Das Hotel **Morgans**, zwischen 37th und 38th Street gelegen, gibt sich ultimativ diskret und verzichtet gänzlich auf solch vulgäres Beiwerk wie ein Hotelschild. Mit dem nötigen Kleingeld steht einem Drink in der eleganten Hotelbar nichts im Wege, für die Übernachtung hingegen muss man schon sehr tief in die Tasche greifen, s.S. 276.

Midtown Manhattan

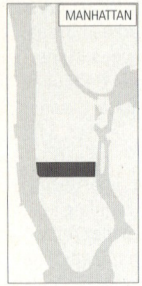

Der besondere Tipp

- Sich im Grand Central Terminal während der Rush Hour vom Strom der Pendler treiben lassen
- An einer Führung zu den architektonischen Highlights des Art-déco teilnehmen
- Im prächtigen Atrium des Ford Foundation Building oder auf der Plaza des Rockefeller Center entspannen
- Die Auslagen der Geschäfte an der Fifth Avenue bewundern
- Ein Broadway-Musical rings um den von Neonreklamen erleuchteten Times Square oder ein Konzert in der Carnegie Hall besuchen

Midtown Manhattan ist in vielerlei Hinsicht das Zentrum New Yorks – ein Gebiet, dem Besucher nicht selten die größte Aufmerksamkeit schenken. Hier befinden sich die meisten Hotels, die großen Bahnhöfe Penn Station und Grand Central Station sowie der Port Authority Bus Terminal. Mitten hindurch führt New Yorks prachtvollster (und teuerster) Boulevard, die Fifth Avenue. Westlich erstreckt sich der von Theatern gesäumte Broadway mit dem herausgeputzten hektischen Times Square und östlich verläuft die modische Madison Avenue.

In der himmelwärts strebenden Gebäudelandschaft beidseits der Fifth Avenue regiert die Geschäftswelt Manhattans. Nicht nur für Architektur-Interessierte lohnt es sich, einen näheren Blick auf bauliche Leckerbissen wie das Chrysler, Citicorp und Seagram Building sowie das grandiose Rockefeller Center zu werfen. Entlang der Fifth Avenue lassen sich die erlauchten New Yorker Konsumtempel erkunden. Nicht zu vergessen die hochkarätigen Museen, die in dieser Gegend angesiedelt sind, allen voran das Museum of Modern Art sowie eine Reihe kleinerer Sammlungen, in und um die 53rd Street (s. S. 238 ff).

In deutlichem Kontrast dazu steht das Gebiet westlich der Fifth Avenue, insbesondere westlich des Broadway. Obwohl es nicht als vornehm bezeichnet werden kann, so lassen die farbenfrohen Theater und Kinos die Umgebung des Times Square und des diagonal verlaufenden Broadway doch zum pulsierenden Zentrum der Stadt werden. Je nach Sichtweise zu ihrem Vor- oder Nachteil, präsentiert sich die Gegend westlich des Times Square und der 42nd Street, noch vor kurzem New Yorks halbseidenes Zentrum, mittlerweile in grellem Neonschein als durchgehend geöffneter Basar mit alten Theatern und neuen, gigantischen Läden. Einen Großteil hat der Disney-Konzern dazu beigetragen, dessen Engagement allerdings auch auf Kritik stieß.

Weiter westlich schließt sich der Stadtteil Clinton an, besser bekannt als Hell's Kitchen. Ausgesprochene Sehenswürdigkeiten wird man dort zwar vergeblich suchen, aber die Gegend strahlt einen gewissen freundlichen Charme aus (zumindest in der Umgebung ihrer wichtigsten Geschäftsstraße, der Ninth Avenue), der dem Broadway inzwischen abhanden gekommen ist.

Die östliche 42nd Street

Nur wenige Straßen der Welt können sich rühmen, einem Musical ihren Namen gegeben zu haben. Der 42nd Street gebührt diese Ehre zu Recht. Sie bietet wirklich jedem etwas, egal ob arm oder reich, anspruchsvoll oder bescheiden. Zudem konzentrieren sich hier einige der markantesten Bauwerke der Stadt. Die Spannbreite reicht von großartigen Beaux-Arts-Palästen wie der Grand Central Station bis zu profaneren Bauten wie dem *Grand Hyatt Hotel*. Exquisite Architektur und atemberaubende Ansichten entlang der prachtvollen Avenues verleihen diesem Teil New Yorks ein einzigartiges Erscheinungsbild, das zu den beeindruckendsten der Stadt gezählt werden darf.

New York Public Library

Das erste beachtenswerte Gebäude im östlichen Abschnitt der 42nd Street ist die im Beaux-Arts-Stil errichtete New York Public Library (Center for the Humanities / Zentrum für Geisteswissenschaften), deren Front sich entlang der Fifth Avenue erstreckt. Die von majestätischen Löwen, dem Symbol der NYPL, bewachte Treppe vor der weißen Marmorfassade erfreut sich das ganze Jahr hindurch ausgesprochener Beliebtheit als Treffpunkt und Verweilort. Wer nicht an einer einstündigen, kostenlosen Führung durch das Gebäude teilnehmen möchte (Mo–Sa um 11 und 14 Uhr), kann sich auch auf eigene Faust einen Überblick verschaffen.

Höhepunkt ist der große, von einer aufwändigen Kassettendecke überspannte **Lesesaal** im hinteren Teil des Gebäudes. Trotzki, der sich kurzzeitig vor der Oktoberrevolution in New York aufhielt, arbeitete gelegentlich hier. Sein Freund Bucharin, der von den langen Öffnungszeiten schwärmte, hatte ihm die Bibliothek empfohlen.

Heute kann man hier zwar nicht mehr bis tief in die Nacht Bücher wälzen, unverändert eindrucksvoll sind jedoch die Buchbestände,

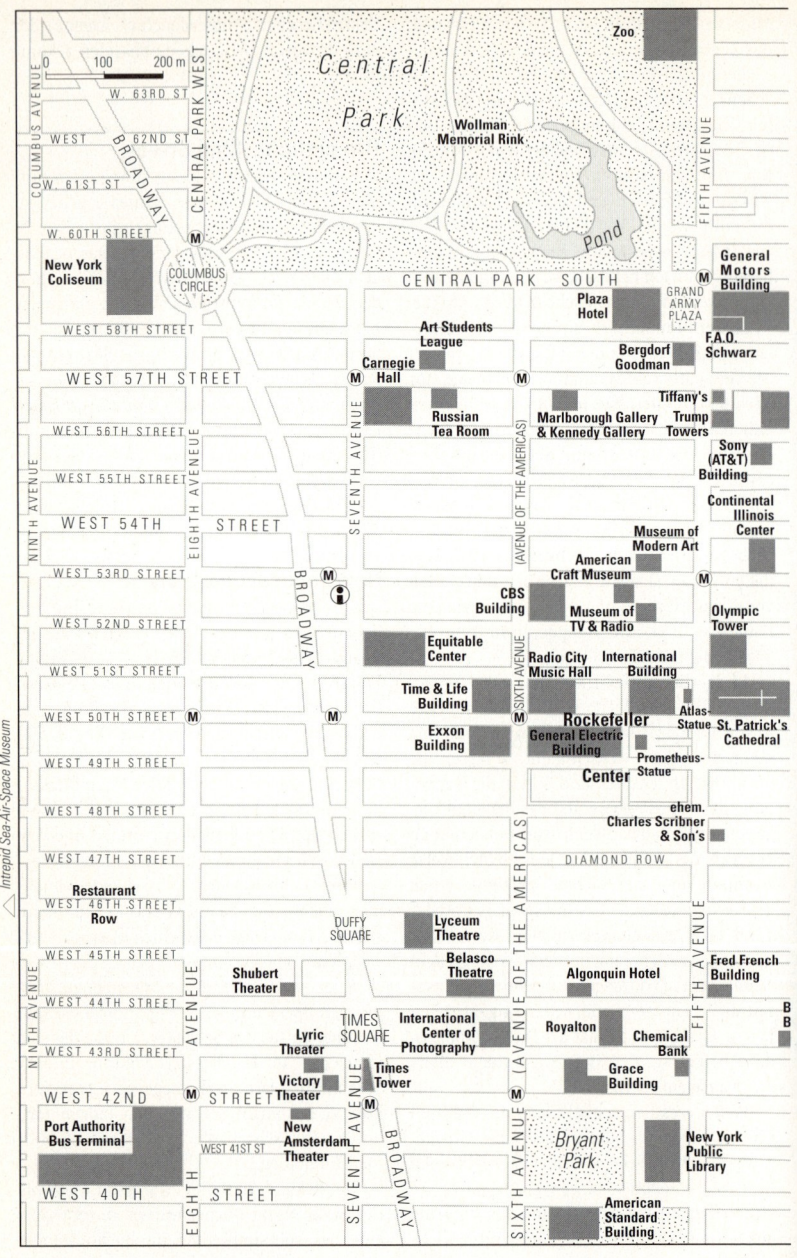

die die Bibliothek zu den fünf größten der Welt zählen lassen – 140 Kilometer an Büchern lagern in acht Reihen übereinander in Regalen unterhalb des Lesesaals und über die Länge des Bryant Park.

Grand Central Terminal

Jenseits des dichten Gewühls der Fifth Avenue verläuft die 42nd Street zur Park Avenue, die als Rampe um den Grand Central Terminal führt. Zur Zeit seiner Fertigstellung galt der Bahnhof als Meisterwerk urbaner Planung. Nachdem die Elektrifizierung der Eisenbahn die Verlagerung der Schienenstränge unter die Erde ermöglicht hatte, verkaufte man die Gleisanlagen hinter dem damaligen Bahnhofsgebäude und finanzierte damit den Umbau des Bahnhofs. Für den neuen Grand Central Terminal erhielt ein einfaches Eisenskelett eine Beaux-Arts-Fassade als Verkleidung. Geradezu mythische Bedeutsamkeit umgibt seither den Bahnhof, der nichts von seinem symbolischen Charakter als Tor zum unbekannten Kontinent eingebüßt hat, obwohl er nur noch Drehscheibe für Pendlerzüge nach Connecticut oder Westchester County ist.

Will man sich nicht im Alleingang auf Erkundungstour durch den Bahnhof begeben, empfehlen sich die ausgezeichneten, kostenlosen **Führungen** der *Municipal Arts Society* (s.S. 27). Ohne die Initiative einiger engagierter New Yorker Bürger (und der sehr hilfreichen Unterstützung der verstorbenen Jackie Onassis) stünde das Gebäude gar nicht mehr oder es wäre heute arg verschandelt. Erst 1978, nachdem der Eisenbahngesellschaft der Abriss und der geplante Bau eines Bürogebäudes verwehrt worden war, erhielt der Bahnhof Denkmalstatus. Beeindruckend ist seine spektakuläre Größe, die von außen durch das dahinter aufragende Met Life Building (vormals Pan Am Building, ehemaliger Sitz der nicht mehr existierenden Fluggesellschaft) inzwischen etwas relativiert wird, sich im Innern jedoch in gewaltigen Ausmaßen offenbart. Die mehr als 140 Meter lange und 45 Meter hohe Haupthalle ist eine der schönsten und imposantesten offenen Raumkonstruktionen der Welt. Das sie überspannende Tonnengewölbe ist mit 2500 Sternen des Winterhimmels bemalt, allerdings spiegelbildlich aus der Sicht Gottes, wie der Maler bemerkte. Die Bedeutung des Bauwerks zur Zeit seiner Entstehung, als Bahnhöfe als Repräsentanten ihrer Stadt verstanden wurden, lässt sich am besten von der Mitte der Halle aus begreifen. „Eine Stadt in der Stadt", so wurde der Grand Central beschrieben. Ein Rundgang durch die eleganten, widerhallenden Marmorflure ist recht beeindruckend.

1995 begann die MTA (Metropolitan Transit Authority) mit einer umfassenden Renovierung des Bahnhofs, die Decken wurden gesäubert und angestaubte Schmuckstücke wie die riesigen Lüster wieder auf Hochglanz gebracht. Es ging dabei auch um wirtschaftliche Interessen, die stimmungsvollen Gefilde des Bauwerks blieben davon jedoch glücklicherweise unberührt. Die Haupthalle wurde noch verschönert, indem man eine zweite Treppe als Gegenstück zu der vorhandenen errichtete – beide Treppen waren im ursprünglichen Plan enthalten, jedoch wurde wegen Geldmangels nur eine erbaut. Die Renovierungsarbeiten sind bislang nicht vollständig abgeschlossen, und die Eröffnung der Haupthalle steht noch aus, weil die Küchenentlüftung der vier neuen Restaurants Probleme bereitet. Trotzdem kann sich das Ergebnis mehr als sehen lassen, und ein Spaziergang durch den Grand Central ist ein absolutes Muss.

In einem früheren CBS-Studio in der dritten Etage bietet der **Tennis Club** für einen jährlichen Mitgliedsbeitrag von mehreren tausend Dollar Gelegenheit, ein Match zu spielen. Die **Oyster Bar** in den unterirdischen Bahnhofsgewölben zählt zu den renommiertesten Seafood-Restaurants der Stadt. Sie lockt mit ungefähr einem Dutzend verschiedener Austern-Gerichte (s.S. 318). Wenn zur Mittagszeit die Horden aus den umliegenden Büros einfallen, ist hier kein Platz zu bekommen. Das lautstarke Stimmengewirr geltungssüchtiger Geschäftsleute wird durch die gewölbebedingte Akustik verstärkt – ein Effekt, der es andererseits ermöglicht, sich von entgegengesetzten Seiten im Flüsterton zu unterhalten.

Rings um das Chrysler Building

Der Pracht des Grand Central Terminal eifert die ehemalige **Bowery Savings Bank** auf der anderen Straßenseite nach. Wie ihre kleine Schwester an der Bowery bekräftigt ihre extravagante Gestalt die Werte der Finanzwelt. Das Gebäude im Stil einer romanischen Basilika prunkt mit Mosaikböden, Säulen aus verschiedenartigem Marmor sowie Aufzügen, deren bronzene Flachreliefs Bankangestellte bei der Arbeit zeigen (rechter Hand durch eine Tür zu erreichen).

Solch verschwenderischer Pomp ist typisch für die Gebäude in diesem Abschnitt der 42nd Street, in dem sich eine sehenswerte Eingangslobby an die nächste reiht. Darunter befindet sich auch die des **Philip Morris Building**, gegenüber dem Grand Central Terminal, 42nd Street, Ecke Park Avenue, das außerdem eine kleine Außenstelle des Whitney Museum of American Art beherbergt (s.S. 246). Das immense, glasüberwölbte Atrium, das gleichzeitig als Skulpturengarten dient, wirkt eine Spur zu protzig, ist aber nichtsdestotrotz beeindruckend.

Das **Grand Hyatt Hotel** an der nördlichen 42nd Street ist ein weiterer Höhepunkt exzessiver Baukunst und vereint wahrscheinlich wie kaum ein anderes Gebäude der Stadt sämtliche Vulgaritäten zeitgenössischer amerikanischer Innenarchitektur. Plätschernde Wasserfälle und vereinzelte Palmen, zwischen denen Aufzüge auf und ab gleiten, sind die besten Beispiele für schlechten Geschmack.

Ganz anders präsentiert sich das **Chrysler Building** an der Ecke zur Lexington Avenue. Es stammt von 1930, aus einer Zeit, in der Prestige noch in eleganten, stilvollen Formen Ausdruck fand. Bis zur Fertigstellung des Empire State Building 1931 war es für kurze Zeit das höchste Gebäude der Welt. Seit dem wiederentdeckten Interesse an Art-déco in den 80er Jahren avancierte das Chrysler Building mühelos zum meistgeliebten Wolkenkratzer Manhattans. Mit Wohlgefallen blickt man auf die mit Auto-Motiven geschmückten Friese, die weit vorspringenden Wasserspeier und die kegelförmige Spitze und Krone aus rostfreiem Stahl. Die Fassade kommt einem Element der Manhattan-Skyline, wie man sie aus Fritz Langs Science-Fiction-Thriller *Metropolis* aus dem Jahre 1926 kennt, am nächsten. Der Erbauer des Chrysler Building, William Van Alen, lag im Wettstreit mit einem früheren Partner, der zur selben Zeit die Bank of Manhattan, 40 Wall Street, hochzog. Beide wollten das höchste Gebäude errichten. Alen ließ heimlich in der Krone des Chrysler Building eine Gebäudespitze aus rostfreiem Stahl fertigen. Als das Konkurrenzvorhaben in der Wall Street beendet und einige Meter höher als das Chrysler Building ausgefallen war, verlängerte Alen die Spitze durch das Dach hindurch um 60 Meter und siegte.

Nach dem länger zurückliegenden Auszug des Automobilkonzerns Chrysler drohte das Gebäude unter dem nachfolgenden Hausherren zu verkommen. Der jetzige Eigentümer hat aber größte Sorgfalt bei der Instandhaltung zugesichert. Derzeit bleibt der Blick der Besucher noch auf die Lobby beschränkt, die früher als Ausstellungsraum für Autos genutzt wurde. Neben opulenten Einlegearbeiten an den Aufzügen und afrikanischem Marmor an den Wänden gibt es ein Deckengemälde zu sehen, das realistische, wenngleich etwas verblasste Motive wie Flugzeuge, Maschinen und Bauarbeiter zeigt.

Südlich der 42nd Street erheben sich beiderseits der Lexington Avenue zwei interessante Bauwerke. Das **Chanin Building**, ein weiteres Denkmal aus der Art-déco-Epoche, wird von Terrakotta-Reliefs aus Blättern, Blumen und Tieren geschmückt. Die Fassade des massiveren **Mobil Building** auf der anderen Straßenseite ist derart gestaltet, dass sie sich mit Hilfe der regulären Windbewegung selbst reinigt.

Weiter östlich verbirgt sich hinter der strengen, eleganten Fassade des **Daily News Building** ein überraschend üppiges Art-déco-Innenleben. In den 50ern hat man zwar Änderungen vorgenommen, z.B. den ursprünglich goldfarbenen Marmor durch weißen ersetzt, die bronzenen Aufzugtüren gegen Edelstahltüren ausgetauscht und einen Anbau hinzugefügt. Das beeindruckendste Originalstück aus dem Jahre 1923 ist ein riesiger Globus in einer beleuchteten Einfassung. Berühmt wurde er durch die *Superman*-Filme, in denen das Daily News Building passenderweise als Drehort für den „Daily Planet" fungierte. An den Wänden sind verschiedene meteorologische Messinstrumente ausgestellt, die früher mit einer Wetterstation auf dem Dach verbunden waren. Über den Marmorfußboden ziehen sich Kupferbänder, auf denen die Entfernung zu anderen Großstädten angegeben ist. Das Boulevardblatt, nach dem das Gebäude benannt wurde, hat seinen Sitz inzwischen weiter südlich in die West 33rd Street verlegt. ⏰ nur Mo–Fr.

Noch weiter östlich kehrt in die 42nd Street mehr Ruhe ein. Auf der linken Straßenseite gelangt man zwischen der First und der Second Avenue zu einem idyllischen Ort, dem 1967 erbauten **Ford Foundation Building**. Dessen Atrium, das erste in Manhattan, hat sich mittlerweile zum Standard entwickelt, und ist zweifelsohne noch immer das prächtigste. Es ist wie ein riesiges Gewächshaus konstruiert, das von elegant aufragenden Granitsäulen gestützt und von gläsernen Bürofassaden eingerahmt wird. Die beiderseitige Transparenz gestattet es auch den Büroangestellten, einen Blick auf den subtropischen Garten zu werfen, der mit den Jahreszeiten sein Gesicht verändert. Das Atrium gilt als einer der ersten Versuche, eine „natürliche" Arbeitsumgebung zu gestalten, und ist erstaunlich ruhig. Von der 42nd Street flutet nur ein leises Murmeln in die duftgeschwängerte Atmosphäre der üppigen Vegetation und gedämpften Geräuschkulisse aus sanftem Wasserplätschern, dem Echo von Stimmen und dem Widerhall von Schritten auf den steinernen Wegen. Mit dem Kontrast zwischen der architektonischen Innen- und Außenwelt ist den New Yorker Baumeistern hier einer ihrer größten Coups gelungen.

United Nations Building

Am östlichen Ende der 42nd Street führt eine Treppe zur 1925 erbauten **Tudor City** hinauf. Der mit dem Prädikat „historisch wertvoll" versehene Bezirk erhebt sich als würdevolle, souveräne Grande Dame unter den New Yorker Wohnkomplexen hinter einer schmalen, baumbestandenen Parkanlage empor.

Steigt man die Stufen wieder hinab, steht man vor dem Gebäude der **Vereinten Nationen**, das nach dem Ende des Zweiten Weltkriegs errichtet wurde. Bei manchen Besuchern rangiert das UN-Hauptquartier ganz oben auf der Liste der Sehenswürdigkeiten New Yorks. Diejenigen, die schon einmal dort waren, beurteilen den Rundgang jedoch nicht selten als ausgesprochen langweilig. Als wolle man um Verständnis für die jahrelange Ohnmacht der Vereinten Nationen gegenüber weltweiten Kriegen und Hungersnöten werben, wird während der (obligatorischen) Führungen nachdrücklich betont, dass das primäre Ziel der UN lediglich die Förderung des Dialogs und des politischen Bewusstseins sei. Behindert durch Vorschriften und chronischen Geldmangel herrscht innerhalb der Organisation denn auch ein Schneckentempo vor, das sich manchmal auf die schwunglose Führung auswirkt. Die Guides aus zahlreichen Mitgliedsländern können einen Rundgang aber auch durchaus interessant und unterhaltsam gestalten.

Der Komplex besteht aus drei Hauptgebäuden: Das **Sekretariat** ist im schlanken Glasquader untergebracht, die **Generalversammlung** tagt im geschwungenen Gebäude daneben, und dazwischen liegt das flache **Konferenzgebäude**. Ein internationales Architektenteam, zu dem anfänglich auch Le Corbusier gehörte, begann unmittelbar nach dem Ende des Zweiten Weltkriegs mit dem Bau des Komplexes. 1963 wurde er fertig gestellt.

Führungen von einer Stunde Dauer beginnen in der monumentalen Eingangshalle der Generalversammlung, First Avenue, Ecke 46th Street, täglich zwischen 9.15 und 16.45 Uhr alle 20 Minuten in englischer Spache, in anderen Sprachen seltener ($7,50, Studenten $4,50, ☎ 963-7539). Besucher bekommen die Tagungssäle der wichtigsten Gremien der Vereinten Nationen zu sehen, darunter das Kernstück, die Generalversammlung. Vor einigen Jahren erweiterte man diese, um bis zu 179 Delegationen Platz zu bieten, derzeit sind allerdings nur 159 vertreten. Trotz (oder vielleicht gerade wegen) ihres 60er-Jahre-Ambientes ist der Saal zweifelsohne beeindruckend. Für eine nur drei Monate im Jahr konferierende Versammlung erscheint er aber etwas überdimensioniert. Zu den im Konferenzgebäude untergebrachten Gremien zählt der **Sicherheitsrat**, der **Wirtschafts- und Sozialrat** sowie der **Treuhandrat** – alle ähnlich gestaltet (man beachte die Technik in den für Journalisten reservierten Zonen) und mit einigen bemerkenswerten Wandgemälden im Stil des Sozialistischen Realismus geschmückt.

Zwischen diesen Stationen werden die bisweilen seltsamen Schenkungen verschiedener Mitgliedsstaaten mit einem Zwischenstopp bedacht – Teppiche, Skulpturen sowie ein grellfarbenes Mosaik, das einem Gemälde von Norman Rockwell nachempfunden und ein Präsent von Nancy Reagan ist. Die Führung endet im Untergeschoss der Generalversammlung.

Die dortigen Läden bieten Ethnosouvenirs aus der ganzen Welt. Ein eigenes **Postamt** sorgt darüber hinaus mit eigenen UN-Briefmarken für den unwiderlegbaren Beweis des Besuchs in diesem exterritorialen Gebiet (die Post muss auch von hier abgesandt werden). Auch eine **Cafeteria** mit einem täglichen Mittagsbuffet und Speisen aus verschiedenen Mitgliedsstaaten befindet sich hier, aber das Essen ist wie die Führung recht fade.

Der UN-Komplex ist von herrlichen **Gartenanlagen** umgeben, die mit einer Sammlung moderner Skulpturen bestückt sind und einen sehr schönen Blick auf den Fluss bieten. Im Frühjahr lohnen ein Meer von Narzissen und die Kirschblüte den Besuch; im Sommer kann man einen üppigen Rosengarten bewundern.

Fifth Avenue

Nördlich der 42nd Street fährt die Fifth Avenue alle Begehrlichkeiten der materialistischen Welt auf. Ebenso lange wie New York zu den bedeutenden Metropolen zählt, verbindet man mit diesem Straßenabschnitt Reichtum und Opulenz. Die Wirklichkeit bestätigt dieses Bild: Jeder der sich für kultiviert und kosmopolitisch hält, landet früher oder später hier, denn exquisitere Geschäfte gibt es nirgendwo sonst in New York. Ebenso gehört die Architektur zu der besten der Stadt und die erlesenen Boutiquen bilden dabei eine passende äußere Ergänzung.

Im südlichen Midtown Bereich der Fifth Avenue nehmen sich zunächst die Seitenstraßen reizvoller aus. Einzig der glänzende Glasquader der **Chemical Bank** sticht an der südwestlichen Ecke zur 43rd Street ins Auge. Anders als in den festungsgleichen Palastbauten früherer Banken, wird dort der Safe (nicht mehr im Gebrauch) vorbeilaufenden Passanten zur Schau gestellt.

In der nördlichen Parallelstraße, der 44th Street, sind gleich mehrere New Yorker Institutionen der alten Garde angesiedelt. Leicht auszumachen ist der nach georgianischem Vorbild errichtete **Harvard Club**, 27 West 44th Street, vor dem abends meist eine Traube von Paparazzi ausharrt. Sein feudales Inneres würde Normalsterbliche in jeder Hinsicht überfordern, so dass diesen erst gar kein Einlass gewährt wird.

Weit weniger selektiv ist hingegen der nahe **New York Yacht Club** aus der Beaux-Arts-Epoche, zu dessen verspielt-exzentrischem Erscheinungsbild Erkerfenster in Form von Schiffshecks sowie Wellen und Delphine gehören. Lange Zeit bot er dem *Americas Cup* eine Heimstatt, jener Segeltrophäe, die erstmals 1851 vom Schoner *America* gewonnen wurde und hier blieb (bzw. buchstäblich am Tisch festgenagelt war), bis sie 1984 in einer herben Schlappe an Australien verloren wurde. Inzwischen ist sie zumindest vorläufig wieder an ihren angestammten Platz zurückgekehrt.

Im vor kurzem renovierten **Algonquin Hotel**, 59 West 44th Street, traf sich regelmäßig die als *Round Table* bekannt gewordene Literatengruppe, eine Art amerikanische Variante der britischen Bloomsbury Group (der u.a. Virginia Woolf angehörte). Der *Round Table* führte die scharfzüngigsten Persönlichkeiten der Stadt zusammen und hatte den Ruf, ebenso egozentrisch wie exklusiv zu sein. „Zum Teufel, es waren die 20er und wir mussten einfach irgendwie geistreich sein", so Dorothy Parker, eine der prominentesten Vertreterinnen des Zirkels.

Die Zeit hat zwar vieles verändert, aber dennoch vermochte das *Algonquin* über all die Jahre berühmte, der Schriftstellerei in irgendeiner Form verbundene Namen anzulocken, darunter z.B. Noel Coward (dessen Tisch man auf freundliches Nachfragen gezeigt bekommt), Bernard Shaw, Irving Berlin und Boris Karloff. Die hiesige Bar zählt zu den vornehmsten der Stadt.

In den 90er Jahren verlegte die schreibende Zunft ihren bevorzugten mittäglichen und abendlichen Treffpunkt vom *Algonquin* in das **Royalton**, 44 West 44th Street. Dieses von Philippe Starck mit Art-déco-Elementen durchsetzte Hotel ist derzeit das ultimative Designerlebnis. Der Blick in die Lobby des spärlich beschilderten Hotels und auf die Portiers in Armani-Livree lässt hinter den gepolsterten Türen eher einen Privatclub als ein Hotel vermuten.

Für eine Überraschung sorgt abseits der Fifth Avenue die West 47th Street, auch Diamond Row genannt (s.S. 142). Zuvor sollte man jedoch dem **Fred F. French Building**, 551 Fifth Avenue, Aufmerksamkeit schenken. Die farbenprächtig gekachelten Mosaike an der Fassade bilden nur den Auftakt zu der von Art-déco und Orient inspirierten Pracht, die sich innen über die gewölbte Decke und die Bronzetüren der Lobby erstreckt. Ebenfalls beeindruckend und Zeuge einer anderen Epoche ist die schwarz-goldene Eisen- und Glasfassade der ehemaligen Buchhandlung **Charles Scribner's Sons bookstore**, 597 Fifth Avenue. Sie erinnert an spätviktorianische Darstellungen und steht heute unter Denkmalschutz. Dem (Un-)Zeitgeist entsprechend hat sich inzwischen ein *Benetton*-Laden hier etabliert, einzig das Literaturcafé mit -salon im Untergeschoss zeugt von der literarischen Tradition des Gebäudes, die durch häufige Lesungen gepflegt wird.

Rockefeller Center

Im Zentrum dieses Abschnitts der Fifth Avenue steht ein Gebäudekomplex, der sich mehr als jeder andere in der Stadt als unabhängige Einheit behauptet, aber dennoch in vollkommenem Einklang mit seiner Umgebung steht. Die Rede ist vom Rockefeller Center, den John D. Rockefeller, einziger Sohn des gleichnamigen Ölmagnaten, zwischen 1932 und 1940 erbauen ließ und mit dem er einen bahnbrechenden Meilenstein in der urbanen Städteplanung setzte. Zu dem durchdachten und gefälligen Komplex gehören Büroflächen, Cafés, ein Theater, unterirdische Passagen und Dachgärten. Das neuartige Konzept wies in der Folge zahlreichen innerstädtischen Einkaufszentren den Weg.

Von der Fifth Avenue gelangt man durch die **Channel Gardens**, die zwischen dem Maison Française und dem British Empire Building hindurchführen, zum **General Electric (GE) Building**, das bis zur Übernahme durch General Electric vor zehn Jahren noch RCA Building hieß und den Rockefeller-Komplex als zentrales Bauwerk beherrscht. Der monumentale Eindruck des 260 Meter hoch aufragenden Gebäudes ist durch symmetrische Abstufungen in der Vertikalen aufgelockert, so dass den Betrachter keine monströse Steinwand erschlägt. Darunter erstreckt sich die abgesenkte, optisch in die fließende Abwärtsbewegung des Gebäudes integrierte **Lower Plaza** mit Paul Manships goldenem *Prometheus*. Im Sommer dient die Fläche als Restaurant, während sie im Winter Schlittschuhläufern die Gelegenheit bietet, Passanten mit ihrem Können zu beeindrucken.

Nicht minder beeindruckend präsentiert sich das Innere des GE Building. Die Wandgemälde *American Progress* und *Time* von José Maria Sert in der Eingangshalle sind schon etwas verblasst, harmonieren aber immer noch vorzüglich mit dem vorherrschenden Art-déco-Ambiente der 30er Jahre. Ursprünglich zierten Malereien von Diego Rivera diesen Ort. John D. Rockefellers Sohn Nelson ließ sie jedoch entfernen, nachdem sich der Künstler geweigert hatte, auf eine verherrlichende Darstellung Lenins zu verzichten. Am Empfangsschalter der Lobby ist eine Broschüre erhältlich, die einen Rundgang durch das Center beschreibt.

Zu den zahlreichen Firmen und Einrichtungen im GE Building zählen die **NBC Studios**, u.a. Herstellungsort der seit 25 Jahren laufenden Late-night Comedy Show *Saturday Night Live*. Man kann die Studios im Rahmen einer einstündigen Führung besichtigen. ⏰ Mo-Sa 8-19, So 9.30-16 Uhr alle 15 Minuten. Eintritt $17,50, Kinder $15. ✆ 664-4000. Ausgangs-

Straßenszene

punkt der Führungen ist der *NBC Experience Store* in der 49th Street, zwischen 5th und 6th Ave. Ein etwaiges Verlangen nach frühmorgendlicher Fernsehunterhaltung kann mit einem Besuch der **NBC** *Today Show* gestillt werden, die wochentags von 7–9 Uhr live und vor einer glotzenden Menschentraube auf der Straße aus einem gläsernen Studio im neuen NBC New Building am Rockefeller Plaza, Ecke 49th Street, ausgestrahlt wird. Dort gibt es außerdem kostenlose Eintrittskarten für Aufzeichnungen von Fernsehshows, die es Interessierten ermöglichen, das beste oder absolut schlechteste der amerikanischen Fernsehkultur kennen zu lernen.

Radio City Music Hall

Nordwestlich des Rockefeller Center prunkt die Radio City Music Hall als Juwel der Art-déco-Epoche und Inbegriff des Luxus der 30er Jahre an der Sixth Avenue, zwischen 50th und 51st Street. Die Treppe erstrahlt in majestätischer Pracht unter den größten Kronleuchtern der Welt, die Stuart Davis Wandgemälde der Herrentoilette sind inzwischen im Museum of Modern Art zu bewundern, und der riesige Zuschauerraum erinnert an eine extravagant geformte Muschel oder einen gewaltigen Sonnenuntergang. „Ein Schrein des Art-déco", wie Paul Goldberger, ehemaliger Architekturkritiker der *New York Times,* richtig bemerkte. Kaum zu fassen, dass dieses Kleinod 1970 beinahe abgerissen worden wäre. Sein Überleben verdankt der inzwischen denkmalgeschützte Bau dem damaligen öffentlichen Aufschrei der Entrüstung. Führungen finden von der Lobby ausgehend Mo-Sa 10-17 und So 11-17 Uhr statt, $13,75, ✆ 632-4041 oder 465-6000 (Verwaltungsbüro des Madison Square Garden).

Nach Norden zum Central Park

Verschwenderischen Glanz im Stil des Art-déco präsentiert auch das **International Building** an der Fifth Avenue, dessen Lobby aus schwarzem Marmor und Blattgold sich mit mondäner Eleganz umgibt. Extravagante Rolltreppen und Law Lawries bronzener *Atlas,* der draußen auf die gegenüberliegende **St. Pa-**

trick's **Cathedral** blickt, unterstreichen dieses Bild. Dieses nach Plänen von James Renwick 1888 vollendete Gotteshaus erhebt sich in milchigem Weiß wie ein moralischer Zeigefinger über den Prunk der Umgebung hinweg. Die Kathedrale wirkt, als hätte der Bauherr sämtliche gotischen Kathedralen Europas in einer einzigen vereinen wollen – perfekt im Detail, in der Seele jedoch leblos. Auf Frömmigkeit trifft man in der im hinteren Bereich angesiedelten **Lady Chapel**, deren würdevoller, einfacher Altar die Mystik einfängt, die die Kirche vermissen lässt. St. Patrick's ist ein zentrales Element im Stadtbild von Midtown und eine der wichtigsten Kirchen Amerikas; unter den katholischen Kirchen der USA ist sie wahrscheinlich die wichtigste überhaupt. Die gotischen Elemente sind meisterhaft gearbeitet, und die Kirche ist zweifelsohne ein imposanter Anblick – zumal vor der Kulisse des benachbarten dunklen Glasturms des **Olympic Tower**. Auf der anderen Straßenseite, in der 611 Fifth Avenue, Ecke 50th Street, sind die gestreiften Markisen von **Saks Fifth Avenue** zu sehen. Es ist eines der letzten „besseren" Kaufhäuser New Yorks, das seinen Standort nach Midtown verlegte – vorher war es am Herald Square angesiedelt. Das mit Säulen verzierte Erdgeschoss und die großzügigen, gelb gepflasterten Gänge durch die Modeabteilungen lassen das Saks so elegant erscheinen wie schon 1922.

Nördlich der 52nd Street lösen fürstlich ausgestattete Schaufenster die sachlichen Buchungsbüros der Fluggesellschaften ab. Namen wie *Cartier*, *Gucci* und *Tiffany and Co.* geben sich in Stelldichein, um nur drei der zahlreichen Edelmarken zu nennen. **Tiffany's** lohnt mehr als einen Schaufensterbummel. Die Einrichtung aus grünem Marmor und in die Jahre gekommenem Holz hat tatsächlich die Wirkung, die Truman Capotes Romanfigur Holly Golightly in *Frühstück bei Tiffany* mit den treffenden Worten beschrieb: „Es beruhigt mich auf der Stelle ... es kann einem dort nichts wirklich Schlimmes passieren."

Bemerkenswert sind auch die exquisiten, perfekt arrangierten Glas- und Kristallwaren bei **Steuben Glass**, 715 Fifth Avenue, Höhe 56th Street, sowie die Filiale der größten japanischen Warenhauskette **Takashimaya**, 683 Fifth Avenue, wo der Osten in exklusiver Umgebung auf den Westen trifft – das im Kaufhaus untergebrachte, authentische *Teehaus* (besser gesagt: Teezimmer) lohnt einen Besuch. Ein Stück weiter residiert in der Nr. 754 das renommierte Luxus-Kaufhaus **Bergdorf Goodman**, das sich in seinem Innern wie eine Hochzeitstorte ausnimmt – glänzende Pastelltöne überall, Kronleuchter, pinkfarbene Vorhänge usw. Gleich nebenan blenden die glitzernden und nahezu unbezahlbaren Auslagen von *Harry Winston Jewelers*, dem (ehemaligen) Lieblingseinkaufsladen von Prinzessin Diana und unzähliger anderer Kunden. Zwei entbehrliche Neulinge in dieser prestigeträchtigen Gegend sind der **Coca Cola Store**, 711 Fifth Avenue, und der dreistöckige **Warner Brothers**-Souvenirladen an der nordöstlichen Ecke zur 57th Street. (Eine ausführliche Auflistung der besten Geschäfte auf der Fifth Avenue s.S. 401.)

Glaubt man, die prunkvollsten Bauten der Fifth Avenue bereits hinter sich gelassen zu haben, stößt man an der 56th Street auf den **Trump Tower**, dessen Atrium geradezu unerträglich protzig ist – und damit dem Stil derer angepasst, die ihre Einkäufe in den hiesigen Designerboutiquen tätigen. Parfümierte Luft, polierter Marmor und ein fünfstöckiger Wasserfall sollen zu Begeisterungstaumel über so „exklusiven" Geschmack hinreißen; es ist alles in allem sehr unterhaltsam. Der cleveren Architektur ist dennoch Anerkennung zu zollen: Hoch oben hat man in einer Ecke einen hübschen kleinen Dachgarten angelegt, und aus jedem der 230 Apartments über dem Atrium-Garten kann man in drei Himmelsrichtungen blicken. Der Bauherr Donald Trump, bevorzugtes Hassobjekt der New Yorker Liberalen, wohnt hier ebenso wie eine Schar würdiger Vertreter aus der Welt der Superreichen.

Gewissermaßen als Gegengift zu all dem empfiehlt sich der Spielzeugtempel **F.A.O. Schwartz** einen Häuserblock weiter nördlich, 745 Fifth Avenue, Ecke 58th Street, der seine Besucher mit dem stets endlos wiederholenden Ohrwurm *welcome to our world of toys* willkommen heißt. Sofern einem die Kinder eine Chance lassen, kann man dort zum Teil fantastisches Spielzeug ausprobieren. Hier findet man das beste und größte Angebot an lebensgroßen Stofftieren und Lego-Bausteinen, das für Geld zu haben ist.

Auf der gegenüberliegenden Seite der 58th Street verbreitert sich die Fifth Avenue an der südöstlichen Ecke des Central Park zur **Grand Army Plaza**, an der die imposante und aus zahlreichen Filmen bekannte kupferne Fassade des **Plaza Hotel** in die Höhe ragt. Bereits von außen erhält man einen Vorgeschmack auf den (inzwischen etwas verblichenen) Glanz des Hauses. Man sollte einen Blick hineinwerfen und dabei dem ultramondänen **Oak Room** besondere Aufmerksamkeit schenken. Mit dem *Plaza* verbinden sich zahlreiche Anekdoten, die sogar von einem eigenen Chronisten aufgezeichnet werden, z.B. die folgende: Der legendäre Tenor Enrico Caruso warf einmal völlig entnervt vom lauten Ticken einer Hoteluhr einen Schuh nach dem Störenfried und legte damit sämtliche Uhren des Hauses lahm (sie hingen alle am selben Versorgungsnetz). Das *Plaza* entschuldigte sich daraufhin bei ihm mit einer Flasche Champagner.

> Die anderen großen Attraktionen auf dem Weg nach Norden zum Central Park sind die Museen – insbesondere das **Museum of Modern Art**, 11 West 53rd Street, sowie **American Craft Museum**, 40 West 53rd Street und das nahe gelegene **Museum of TV & Radio**, 25 West 52nd Street. Mehr zu diesen und weiteren Museen s.S. 238, 250 ff.

Läuft man die Fifth Avenue ein Stück zurück und biegt in die **57th Street** nach Osten in Richtung Madison Avenue ein, gelangt man wiederum nördlich in eine elegante Gegend mit exklusiven Geschäften und Galerien, zu denen sich auch die eine oder andere Filiale eines Markengiganten gesellt.

Eine fragwürdige, wenngleich nicht zu übersehende Attraktion ist **Nike Town**, 6 East 57th Street, hinter *Tiffany's*, wo dem Nike-Turnschuh gehuldigt wird. Den Nike-Tempel durchdringen visuelles Spaceage-Geflimmer und Sound-Effekte. In Fußböden und Wände eingelassene oder in Schaukästen geschützte Exponate (darunter ein maßgefertigter, vergoldeter Sportschuh, den Michael Jordan getragen hat) sollen an ein Museum erinnern. Dennoch ist und bleibt Nike Town in erster Linie ein Geschäft.

Östliche Midtown

Die Gegend östlich der Fifth Avenue, zwischen 40th und 60th Street, verkörpert wie keine andere jenes Bild, das man typischerweise mit New York verbindet. Längs der großen Boulevards Madison, Park, Lexington und Third Avenue reiht sich ein Schwindel erregender Wolkenkratzer an den nächsten. Yellow Cabs und Büroangestellte drängen durch die Straßenschluchten, in denen aus alten Lüftungsschächten Dampf entweicht. Mehr als alles andere prägt hier die seit den 60er Jahren bevorzugte Glaskastenarchitektur das Bild. (Die meisten beherbergen anonyme Unternehmen). Nur das Sony Building und Citicorp Center scheren aus dieser Formgebung aus, und eine Reihe älterer Bauten sorgt zusätzlich für Vielfalt.

Madison Avenue

Obwohl sie nicht das Prestige der Fifth oder Park Avenue besitzt, braucht sich die Madison Avenue nicht zu verstecken. Namhafte Geschäfte – insbesondere Spezialgeschäfte für Herrenbekleidung, Herrenschuhe und Zigarren – wie das traditionelle Bekleidungshaus **Brooks Brothers** an der Ecke zur 44th Street finden sich hier ebenso wie die zwischen 50th und 51st Street gelegenen, von McKim, Mead and White im Stil eines italienischen Palazzo entworfenen **Villard Houses** aus längst vergangenen Tagen. Inzwischen sind die Gebäude in das *Helmsley Palace Hotel* integriert und erstrahlen nach einer Verschönerungskur wieder in ihrem ursprünglichem Glanz.

Die interessantesten Bauwerke der Madison Avenue sind in einem vier Häuserblocks umfassenden Abschnitt oberhalb der 53rd Street versammelt. Ein Kleinod ist der winzige **Paley Park** an der nördlichen 53rd Street, der sogar mit einem Miniatur-Wasserfall und einem transparenten, von Wasser umschlossenen Durchgang aufwarten kann. Um die Ecke steht das **Continental Illinois Center**, das wie eine Kreuzung zwischen Mondrakete und Getreidesilo aussieht. Schlagzeilen heimste das **Sony Building** (früher AT&T Building) zwischen der 55th und 56th Street ein. Das Gemeinschaftsprojekt von Philip Johnson und John Burgee folgte der postmodernen Prämisse eines eklektisch historisierenden Baustils und ließ daher einen modernen Wolkenkratzer mit einer Renaissance-Basis entstehen, auf dem ein Chippendale-Giebel aufragt. Dahinter steckte die Idee, große öffentliche Gebäude zu zitieren und gleichzeitig jene phantasievolle Gestaltung wieder aufleben zu lassen, die am Anfang dieses Jahrhunderts die Baukunst auszeichnete. Das Sony Building hat zwar seine Fans, erweist sich aber im Großen und Ganzen als funktionale Fehlplanung. Vielleicht hätte Johnson den Rat seines Lehrmeisters Mies van der Rohe beherzigen sollen, der meinte: „Es ist besser, ein gutes Gebäude zu bauen als ein originelles." Nichtsdestotrotz lohnt ein Blick in die schmucklose Erhabenheit des Erdgeschosses, das ein Musikgeschäft sowie das etwas pathetisch benannte *Sony Wonder Technology Lab* beherbergt. Letzteres umfasst eine Vielfalt von interaktiven Ausstellungsstücken aus dem Bereich der Audio- und Videospiele.

Um einiges einladender präsentiert sich die Plaza des benachbarten **IBM Building**, 590 Madison Avenue. Sanfte Musik, tropische Pflanzen, das obligate Café sowie bequeme Sitzgelegenheiten im ruhigen, verglasten Atrium bilden ein weit gefälligeres Ensemble. In dieser Gegend tauchen die ersten Boutiquen der Madison Avenue auf. Schräg gegenüber beeindruckt das **Fuller Building** in der 57th Street, ein in Schwarzweiß-Tönen gehaltenes Art-déco-Gebäude mit einem geschmackvollen Eingangsbereich und gefliesten Fußböden. Östlich davon steht das **Four Seasons Hotel**, dessen Foyer und Lobby von I. M. Pei bemerkenswert gestaltet wurden und vor Marmor nur so strotzen.

Park Avenue

Bereits in den 20er Jahren hieß es über die Park Avenue, sie sei ein Ort, der vor aufgeblähtem Wohlstand fast berste, und daran hat sich bis heute wenig geändert. Einem Triumphzug des Kapitalismus gleich drängt sich entlang der breiten Prachtstraße, die damals direkt über die U-Bahn gebaut wurde, eine große Konzernzentrale an die nächste. Einen ähnlich imposanten Anblick bekommt man in der Stadt nur selten geboten.

Nach Süden scheint alles auf das Würde gebietende **Helmsley Building** (früher New York Central Building) zuzustreben, ein prachtvolles, dynamisches Gebäude mit einer ausladenden Rokoko-Lobby. Zu seiner Zeit setzte es in der Park Avenue einen geschickt platzierten Akzent. Als 1963 das **Met Life Building** (früher Pan Am Building) dahinter hochgezogen wurde, verlor die Silhouette jedoch an Glanz. Beim Met Life hatte der Bauhaus-Guru Walter Gropius seine Hand im Spiel. Die einhellige Kritik lautet, er hätte Besseres leisten können. Als ehemaliger Sitz der inzwischen bankrotten Fluggesellschaft sollte das Gebäude die Tragfläche eines Flugzeugs suggerieren. Zweifellos entbehrt der blaugraue Koloss nicht einer gewissen Dramatik, verstellt aber den reizvollen Blick nach Süden. Zudem riegelt er die 44th Street ab und schmälert die Ausstrahlung der umliegenden Gebäude. Damit noch nicht genug musste der einstige Hubschrauberlandeplatz auf dem Dach des Gebäudes in den 70er Jahren schließen, nachdem es zu einem tragischen Unfall gekommen war. Einem Hubschrauber brach kurz nach der Landung das Fahrgestell; eines der Rotorblätter löste sich und tötete die vier gerade ausgestiegenen Passagiere, vier weitere Personen wurden unten auf der Straße verletzt.

Die meisten Wolkenkratzer in der Park Avenue weisen bei genauerem Hinsehen immer wieder dieselbe Grundstruktur auf – es sind Glaskästen. Nur wenige Ausnahmen stechen daraus hervor: Der massige Riese des **Waldorf-Astoria Hotels** beispielsweise, ein prachtvolles, elegantes Art-déco-Manifest zwischen der 49th und 50th Street würde sich an jedem Standort behaupten. Das klassische luxuriöse Ensemble, durch das ein kleiner Bummel möglich ist, umfasst einen ganzen Häuserblock. Wer der Versuchung nicht widerstehen kann, hier zu nächtigen, zahlt etwa $200–300 für ein Doppelzimmer (etwas weniger als in vergleichbaren Häusern).

Geduckt auf der anderen Straßenseite nimmt sich die mit byzantinischen Elementen angereicherte **St. Bartholomew's Church** aus, die Abwechslung in das Straßenbild bringt und den Dimensionen der ringsum aufragenden Wolkenkratzer trotzt. Die Kirchenväter haben allerdings schon mit dem Gedanken gespielt, die kostbaren Luftrechte an interessierte Bauträger zu verkaufen. Bis jetzt haben Denkmalschutzbestimmungen jedoch eine Verunglimpfung der wenigen architektonischen Perlen in diesem Teil der Stadt verhindert.

Das von spitzen Zacken bekrönte **General Electric Building** dahinter wirkt wie eine furiose Fortsetzung der Kirche. Einer schlanken Säule gleich strebt das Gebäude bis zu seiner Spitze empor, die ein dichtes, Radiowellen symbolisierendes Gewirr aus abstrahierten Funken und Blitzen bildet – eine Reminiszenz an die früheren Hausherren RCA. In der Lobby (Eingang 570 Lexington Avenue) erwartet den Besucher ein prachtvolles Art-déco-Interieur.

Zwischen all dem fällt es zunächst schwer, die Originalität des zwischen der 52nd und 53rd Street platzierten **Seagram Building** zu entdecken. Aber das 1958 nach Plänen von Mies van der Rohe und Philip Johnson fertig gestellte Gebäude war mit seinem Konzept des Blendfassaden-Wolkenkratzers richtungsweisend. Die Stockwerke wurden hier von innen anstatt durch die Außenmauern getragen, so dass um das Gebäude ein Mantel aus Rauchglas und bronzefarbenem Metall gelegt werden konnte, der allerdings inzwischen zu einem stumpfen Schwarz verwittert ist. Der visionäre Blick überließ kein noch so winziges Detail dem Zufall, selbst Armaturen und das Schriftbild auf den Briefkästen wurden eigens für dieses Bauwerk entworfen. Es war die Quintessenz moderner Architektur – scheinbar schlicht, dabei aber wohl durchdacht. Entsprechend groß war der allgemeine Beifall bei seiner Einweihung. Die Plaza, eine vorgelagerte Freifläche, die das Gebäude von seinen Nachbarn abhebt und es vorteilhaft betonen sollte, fand als öffentlicher Raum so viel Akzeptanz, dass die Stadt ihre Bauvorschriften änderte, um andere Hochhauskonstrukteure zu ähnlichen Platz-Ensembles anzuregen. Als Ergebnis entstanden jedoch menschenfeindliche Plätze, auf die man inzwischen überall in Manhattans Downtown und Midtown stößt: windgepeitschte Flächen, über die sich ausdruckslose Glaskästen als kümmerliche Mies-van-der-Rohe-Kopien erheben. Kein Wunder, dass sich viele der „gesichtslosen" Architektur der Moderne entfremdet fühlen. Mehr als 40 Jahre später überarbeitet die Stadt jetzt ihre Bauverordnungen, um die Entstehung weiterer Gebäude dieser Art zu verhindern. Damit dürfte es bald der Vergangenheit angehören, dass Architekten auf Kosten öffentlicher Plätze immer noch mehr und noch höhere Bauten hinstellen.

Auf der gegenüberliegenden Seite der Park Avenue liegt der von McKim, Mead and White entworfene **Racquet & Squash Club**, der die Seagram Plaza in klassizistischer Form fortzuführen scheint. Interessanter ist jedoch das **Lever House** ein Stück weiter nördlich, zwischen 53rd und 54th Street. Mit ihm hielt 1952 die Moderne auf der Park Avenue Einzug. Damals galten die beiden im rechten Winkel zueinander stehenden und an eine Buchstütze erinnernden Stahl- und Glasquader gegenüber den umliegenden traditionellen Bauten als revolutionär. Heute hat kaum noch jemand einen zweiten Blick für das mittlerweile etwas schäbig wirkende Gebäude übrig.

Lexington Avenue und östlich davon

Das rege Treiben entlang der Lexington Avenue reißt nie ab. Dies gilt insbesondere für den Abschnitt um die 45th Street, wo Scharen von Pendlern zum und vom Grand Central Terminal strömen, sowie für die Umgebung des zentral gelegenen **Postamtes** an der Ecke zur 50th Street.

Ähnlich der beherrschenden Stellung des Chrysler Building im südlichen Bereich dominiert im Norden zwischen der 53rd und 54th Street das **Citicorp Center** mit seinem Schrägdach die Skyline und zählt heute zu den bekanntesten Wolkenkratzern New Yorks. Bevor das an Millimeterpapier erinnernde, aluminiumverkleidete Gebäude 1979 fertig gestellt wurde, mussten knifflige mathematische Probleme gelöst werden. Ein Student des Bauingenieurs soll angeblich mit einigen Gleichungen des gerade beendeten Turms herumgespielt haben und dabei auf einen Fehler gestoßen sein, der das Gebäude bei extremer Windbelastung gefährdet hätte. Obwohl derart starke Winde kaum zu erwarten waren, machte man sich im Geheimen an die Arbeit und verstärkte die Konstruktion. Ausgerechnet vor Abschluss des Projekts kam eine Hurricane-Warnung, die nicht wenigen Architekten, Ingenieuren und Anwälten eine (glücklicherweise grundlos) schlaflose Nacht bereitete. Ursprünglich sollten auf dem Schrägdach Sonnenkollektoren zur Energiegewinnung angebracht werden, aber die Idee war der Technik voraus. So musste das Citicorp sich damit begnügen, nur ein Aufsehen erregendes Dach als Markenzeichen zu besitzen. Im **The Market**, dem kürzlich renovierten Atrium mit diversen Geschäften kann man etwas essen.

Versteckt unter dem Rocksaum des Center liegt *St. Peter's*, auch die *Jazz Church* genannt, da hier für zahlreiche Jazzmusiker die Totenmesse abgehalten wurde. Es handelt sich um eine winzige Kirche, die das ursprüngliche, für den Bau von Citicorp abgerissene Gotteshaus ersetzt. Teil der Abmachung war es, die Kirche vom Center optisch abzuheben – was die Verwendung von Granit als Baumaterial erklärt. Die durch und durch moderne, von der Bildhauerin Louise Nevelson gestaltete **Erol Beker Chapel** von St. Peter's ist interessant und lohnt einen Blick. Mittwochs finden dort zur Mittagszeit Jazzkonzerte statt (ansonsten auch abends). Weitere in schwarz gehaltene Nevelson-Skulpturen stehen auf dem Mittelstreifen der Park Avenue.

Mit dem Bau des Citicorp Center erhielt die Third Avenue neuen Schwung, eine Entwicklung, die allerdings schon mit dem Abriss der hiesigen Hochbahntrasse 1955 begonnen hatte. Bis dahin war die Third Avenue eine Gegend derber Bars und schäbiger Mietshäuser gewesen, die sich deutlich vom gepflegteren Midtown abgesetzt hatte. Nachdem das Citicorp der Umgebung quasi seinen offiziellen Segen erteilt hatte, schossen in der Umgebung Büroblocks aus der Erde und verhalfen dem welken Viertel Ende der 70er Jahre zu neuer Blüte. Am prächtigsten ist der Abschnitt zwischen der 44th und 50th Street: Besondere Beachtung verdient der marmorne Koloss des **Wang Building** zwischen der 48th und 49th Street, dessen Kreuzmuster auf die Struktur im Gebäudeinnern hinweist.

Das Interesse an der Straße beschränkt sich aber nicht ausschließlich auf die Büros – es gibt eine Reihe guter Bars, darunter die New Yorker Institution *P. J. Clarke's* an der 55th Street (s.S. 341).

Lebendiger, insbesondere nachts, scheint jedoch die **Second Avenue** zu sein, die zwar alles in allem eine etwas finstere, ruhigere Wohngegend ist, aber über jede Menge Single-Bars und Irish Pubs verfügt. Das Gebiet von der Third Avenue bis zum East River ist etwa zwischen der 45th und 50th Street als **Turtle Bay** bekannt und versammelt in seinem südlichen Bereich zwischen witzigen Läden und Industriebauten einige braune Sandsteingebäude, die so genannten *brownstones*. Natürlich blieb auch der Bau des UN-Hauptquartiers für die Umgebung nicht ohne Folgen und brachte z.B. Gebäude wie das **1UN Plaza** an der 44th Street, Ecke First Avenue, hervor. Diese futuristische, an das Gebäude der Vereinten Nationen angelehnte Konstruktion beherbergt ein Luxushotel mit einer Lobby aus Marmor und Chrom, die wenig einladend wirkt.

Nach so viel kompaktem Beton in Midtown wirkt die vergleichsweise aufgelockerte **First Avenue** direkt erholsam. Noch etwas ruhiger präsentiert sich die idyllische, von verschiedenen Stilen beherrschte Enklave **Beekman Place** nahe dem Fluss zwischen der 49th und 51st Street. Ein ähnliches wenn auch nicht ganz so heimeliges Bild bietet der lange Streifen des **Sutton Place**, der sich von der 53rd bis zur 59th Street zwischen First Avenue und Fluss erstreckt. Die ursprünglich 1875 für die noblen Herrschaften Morgan und Vanderbilt erbauten Wohnhäuser nehmen nach Norden hin an Eleganz zu und finden in der **Riverview Terrace** (ab 58th Street), einer exklusiven Wohnanlage aus fünf *brownstones* ihren krönenden Abschluss. Nicht jeder schafft es, hier aufgenommen zu werden. Der Generalsekretär der UN hatte Glück, der frühere US-Präsident Nixon nicht: Er wurde mit der Begründung abgewiesen, ein zu großes Sicherheitsrisiko darzustellen. Von ein paar kleinen öffentlichen Parkanlagen aus eröffnet sich hier ein Ausblick auf den Fluss sowie auf die bröckelnde, industrielle *Waterfront* von Queens.

Westliche Midtown

Als Zentrum der Midtown westlich der Fifth Avenue fungiert der Times Square, der weit offenherziger als die verschlossenen Monumente weiter östlich dem Kapitalismus frönt. Zwar kann es die Gegend kaum mit den Prachtboulevards der East Side aufnehmen, die Umgebung der „verruchten, lasterhaften" 42nd Street lohnt aber allemal erkundet zu werden. Pornographie und Verbrechen haben größtenteils der Fantasiewelt Walt Disneys Platz gemacht, so dass es erst jenseits der Eighth Avenue schäbiger wird.

Wer diese Ecke noch im Originalzustand begutachten möchte, muss sich beeilen, da auch in dieser Gegend die Erneuerung zügig voranschreitet. Man sucht zwar meist vergeblich nach Touristenattraktionen, was aber vielleicht gerade reizvoll ist. Einer der wenigen Anziehungspunkte ist das riesige *Intrepid Sea-Air-Space Museum* am Hudson River (s.S.391, Kinder).

Bryant Park

Die Sanierung des Bryant Park an der Sixth Ave, zwischen W 40th und 42nd St, ist einer der Aufsehen erregendsten Erfolge der neuen 42nd Street. Bis vor nicht allzu langer Zeit noch eine Schmuddelkiste, ist der Park heute eine wunderschöne, saftig grüne Fläche mit grazilen Bäumen, Blumenbeeten und einladenden Sonnenstühlen – die Tatsache, dass diese nicht angekettet werden (müssen), spricht eine deutliche Sprache. Namensgeber des Bryant Park südlich der 42nd Street, praktisch der Hinterhof der New York Public Library, war wie beim Greeley Square weiter südlich ein Zeitungsverleger – in diesem Fall **William Cullen Bryant**, Herausgeber der *New York Post* sowie bekannter Dichter und Spiritus rector des Central Park. Der Park kann auf eine schillernde Vergangenheit zurückblicken. 1853 war er Schauplatz der ersten amerikanischen Weltausstellung, zu deren Anlass hier eine Kopie des berühmten Londoner Crystal Palace entstand. Während der Sommermonate fühlt man sich hier fast wie in den Jardins de Luxembourg von Paris. In der Mittagszeit verzehren die Büroangestellten der Umgebung im Park ihre Lunchpakete, und zu jeder anderen Tageszeit ist er ein beliebter Treffpunkt: Bis weit in die Nacht harrt eine hartnäckige Singlesgemeinde im *Bryant Park Cafe* unter freiem Himmel aus – im Winter trifft man sie im *Bryant Park Grill* an – und Freejazzmusiker, Kleinkünstler sowie die an Montagabenden kostenlos gebotenen Kinovorstellungen im Freien ziehen ganze Besucherscharen an.

Südlich des Parks steht das **American Standard Building** (früher American Radiator Building) an der West 40th Street, dessen schwarzer, der Gotik entlehnter Turm auf seiner Spitze mit honigfarbenen Terrakotta-Ornamenten geschmückt ist, die an glimmende Kohlen erinnern sollen – recht passend, wenn man bedenkt, dass dies früher der Firmensitz eines Heizungsunternehmens war.

Unübersehbar schwingt sich nördlich des Parks das **Grace Building** an der 42nd Street empor und hebt sich deutlich von den benachbarten Gebäuden ab.

Times Square

Die 42nd Street kreuzt westlich des Bryant Park den Broadway und stößt dort auf den Times Square, das Zentrum des Theaterviertels, dessen an- und abschwellende Neonlichter den Pulsschlag der Stadt zu suggerieren scheinen. Im Zuge des von städtischen Behörden und Unternehmen wie Disney verordneten großen Reinemachens hat sich die hiesige Atmosphäre drastisch verändert. Aus dem traditionellen Schmelztiegel von Laster, Sünde und Vergnügen, der zusehends verwahrloste und sich zu einem bevorzugten Pflaster für Kleinkriminelle, Drogendealer und Prostituierte entwickelte, sind inzwischen die meisten Peepshows und Sexshops verschwunden.

Um den Times Square erstreckt sich heute ein weitestgehend keimfreier Konsum-Kosmos, in dem sich Neonreklamen scheinbar genauso schnell vermehren wie Cafés. Disney beherrscht den zwischen der Seventh und Eighth Avenue gelegenen Teil der 42nd Street, wo einige der alten prachtvollen Broadway-Theater und Kinopaläste die Zeit überdauert haben.

Ebenso wie bei der Benennung des Greeley Square und des Herald Square stand auch beim Times Square eine Zeitung als Namensgeber Pate – die *New York Times,* die hier 1904 ein Bürohaus errichten ließ. Während sich *Herald* und *Tribune* zunehmend heftigere Schlachten um die Auflage lieferten, beschränkte sich die *New York Times* auf sachliche Berichterstattung. Mit ihrem Grundsatz, alle Nachrichten zu drucken, die druckenswert waren, konnte die Zeitung ihr Überleben sichern und wurde zu einer der angesehensten Publikationen des Landes.

Der **Times Tower** am südlichen Platz war früher Hauptsitz der Zeitung und ursprünglich eine elegante Kopie des florentinischen Campanile von Giotto. 1928 erhielt das Gebäude sein berühmtes Laufband, das in Leuchtschrift Weltnachrichten verbreitet. 1965 wurde die alte Fassade durch jene leblosen Marmorquader ersetzt, die man gegenwärtig sieht. Hier findet das alljährliche Silvester-Spektakel statt, bei dem eine alkoholisierte Menschenmasse Zeuge werden möchte, wenn die riesige Glitzerkugel von der Turmspitze fällt. Die Zeitung selbst hat schon vor längerer Zeit ein Gebäude in der nahen 43rd Street bezogen und ihren Druckbetrieb größtenteils nach New Jersey verlagert.

In der Umgebung des Platzes stehen New Yorks größte **Theater** (s.S. 356), viele mussten jedoch Bürobauten weichen (so wie die Varietépaläste einst den Theatern Platz machen mussten), zum Beispiel das ehemalige Paramount Theater, das vom majestätischen, 1927 erbaute und von einer Uhr und einem Globus gekrönten **Paramount Building**, 1501 Broadway, zwischen 43rd und 44th Street, verdrängt wurde.

Das **New Amsterdam** und das **Victory**, beide in der 42nd Street zwischen Seventh und Eighth Avenue gelegen, sind von Disney renoviert worden und erstrahlen nun wieder in ihrem alten Glanz – zur Abwechslung ein wirklich begrüßenswertes Ergebnis des massiven Wandels.

Aber es gibt noch weitere Theater, die das Bild bereichern: Das **Lyceum** und **Lyric** besitzen noch heute ihre ursprünglichen Fassaden, ebenso das **Shubert** Theater, in dem über zwanzig Jahre lang das Musical „A Chorus Line" lief. In der Nr. 432 44th Street steht die ehemalige Presbyterian Church, die 1947 zu **The Actors Studio** wurde. Hier lehrte Lee Strasberg, Amerikas oberster Verfechter der Stanislavski-Schauspielmethode. Eines der ältesten Theater ist das **Belasco** in der 44th Street, zwischen Sixth und Seventh Avenue, das außerdem als erstes Broadway-Haus Maschinen in die Bühnentechnik integrierte. Der Neonglanz, charakteristisches Kennzeichen des Times Square, begleitete den Bau der Theater von Anfang an und prägt den Begriff „The Great White Way". Angeregt vom strahlenden Schein bemerkte G.K. Chesterton 1922: „Welch wundersamer Garten des Staunens könnte dies für denjenigen sein, der das Glück hätte, nicht lesen zu können". Inzwischen müssen Firmen, die hier Büroräume anmieten wollen, sich mit Werbeflächen an ihrer Fassade sogar explizit einverstanden erklären – ein Versuch der Stadt, dem Times Square sein traditionelles Gesicht wiederzugeben. Mit der Zeit ist natürlich auch die Werbung moderner geworden (augenfälliges Beispiel die Schale dampfender Nudeln am südlichen Ende). Man hat sogar das ehemals verruchte **Port Authority Bus Terminal** an der 42nd Street, Ecke Eighth Avenue, mit einer Metallhülle überzogen, um daran Werbung anzubringen.

Vom **Duffy Square**, der nördlichen Insel auf dem Times Square, hat man einen herrlichen Panoramablick auf die täglich ein Stück weiter wuchernden Leuchtreklamen, Megahotels, Themengeschäfte und -restaurants. Der vergleichsweise bescheidene **TKTS-Schalter** unter einem mit Segeltuch bespannten Metallgestänge verkauft Eintrittskarten für am selben Tag stattfindende Broadway-Shows zum halben Preis (anders ließen diese sich auch kaum bezahlen). Auf dem Platz befindet sich außerdem

Times Square

eine naturgetreue Statue **George M. Cohans**, einer ehrwürdigen Broadway-Größe.

Westlich des Times Square

Das Gebiet westlich des Times Square heißt **Clinton**, besser unter dem Namen **Hell's Kitchen** bekannt, ein Name, den ein Mietshaus an der Ecke 54th Street und Tenth Avenue trug. Mit dem Begriff Hell's Kitchen drückte man im 19. Jahrhundert jede Art von Trostlosigkeit aus. Damals zählte dieses Viertel, das nach Süden bis in den Garment District, nach Norden bis einige Straßen über die 50th Street reicht, zu den gewalttätigsten und düstersten Ecken New Yorks. Es wurde von Seifen- und Leimfabriken, Schlachthöfen und ähnlichen Einrichtungen dominiert und ließ durch Straßenbezeichnungen wie „Misery Lane" und „Poverty Row" keinen Zweifel an seiner Atmosphäre. Iren waren die ersten Bewohner, Griechen, Latinos, Italiener und Schwarze zogen nach. Schon bald entwickelten sich in dem überbevölkerten Stadtteil Spannungen zwischen und innerhalb der ethnischen Gruppen. Banden machten die Straßen unsicher. Obwohl deren Vorherrschaft 1910 im Zuge einer Gegenoffensive der Polizei weitestgehend gebrochen wurde, blieb die Gegend bis vor kurzem ein unsicheres Pflaster und man sollte dort auch heute noch vorsichtig sein.

Um die anrüchige Vergangenheit vergessen zu machen, wurde das Viertel 1959 in **Clinton** umgetauft. Inzwischen erfährt es eine ähnliche Entwicklung wie einst das East Village; der Name Clinton hat sich jedoch bei den neuen Bewohnern, die aus einer Mischung aus Musikern und Broadway-Angestellten bestehen, bislang nicht durchsetzen können. Heute kann sein Zentrum um die Ninth Avenue eine lebendige Szene mit Restaurants, Bars und internationalen Delis vorweisen.

Am besten spaziert man von der Eighth Avenue (in der sich inzwischen die vom Times Square verbannten Pornoläden niedergelassen haben) in die 46th Street, die so genannte **Restaurant Row**, bevorzugte Adresse für ein Mahl vor und nach einem Theaterbesuch. Dort macht sich jene ruhigere Atmosphäre bemerkbar, die in vielen Seitenstraßen in der Umgebung der Ninth und Tenth Avenue noch zunimmt.

Interessant ist außerdem die unkonventionelle **St. Clements Episcopal Church**, 423 West 46th Street, die auch als Gemeindetheater dient und in ihrem Foyer ein Bild von Elvis Presley und Jesus mit folgendem Text hängen hat: „Es scheint etwas Verwirrung darüber zu herrschen, welcher von beiden tatsächlich von den Toten auferstanden ist."

Weiter westlich gibt es kaum noch Sehenswertes. Entlang der ruppigen Eleventh Avenue erstrecken sich Autowerkstätten. Jenseits davon verläuft der ebenso farblose West Side Highway. Einziger Lichtblick in dieser ansonsten unspektakulären Gegend sind zwei gut erhaltene Restaurants aus vergangenen Tagen in der Eleventh Avenue – die *Landmark Tavern* (46th Street) und das *Market Diner* (44th Street).

Nördlich des Times Square

Das Areal nördlich des Times Square zwischen der Sixth und der Eighth Avenue bis zum Central Park ist ohne Zweifel fest in touristischer Hand. Im Schatten der Fifth Avenue und des Rockefeller Center haben sich hier zuhauf überteuerte Restaurants und ramschige Souvenirläden niedergelassen. Wer seinen Bedarf an „I Love New York"-Unterwäsche noch nicht gedeckt hat, wird hellauf beglückt sein.

Sehenswert ist das erhabene, beinahe überheblich wirkende **Equitable Center**, 757 Seventh Avenue, dessen 20 Meter hohes *Mural with Blue Brush Stroke* von Roy Lichtenstein im Eingangsbereich die Blicke auf sich zieht. Noch besser sind die mit *America Today* betitelten Wandgemälde von Thomas Hart Benton im linken Seitenkorridor, kraftvolle und großartige Darstellungen des amerikanischen Alltags vor der Weltwirtschaftskrise.

Sixth Avenue

Eigentlich heißt die Sixth Avenue **Avenue of the Americas**, aber kein New Yorker käme je auf den Gedanken, sie tatsächlich so zu nennen. In Reiseführern und Stadtplänen ist zwar auch die offizielle Version angegeben, die einzig erkennbare Verbindung zwischen der Straße und ihrem Namen beschränkt sich jedoch auf Fahnen mittel- und südamerikanischer Länder an Laternenmasten. Ein charakteristisches Merkmal ist ihre Breite, die sie der früher hier verlaufenden Hochbahn, genannt „El", verdankt. Bevor diese durch eine U-Bahn ersetzt wurde, markierte sie die Grenze zwischen den respektablen Vierteln im Osten und den schäbigeren Gegenden im Westen. Und noch heute trennt sie die Prachtboulevards Fifth, Madison und Park Avenue von den weniger glamourösen Westbezirken. Nr. 1133 Sixth Avenue, Ecke 43rd Street, beherbergt die Midtown-Zweigstelle des **International Center of Photography**, dessen Glasfronten verlockende Einblicke in die gerade laufende Foto-Ausstellung gewähren.

Diamond Row

Zu den schönsten Dingen an New York City zählen jene kleinen, versteckten Winkel, auf die man völlig unverhofft stößt. Ein vortreffliches Beispiel hierfür ist das kurze Straßenstück der 47th Street zwischen der Fifth und der Sixth Avenue, die Diamond Row (zu erkennen von der Fifth Avenue aus an den nagelneuen, auf Säulen montierten, diamantförmigen Lampen). Die dortigen Läden, die vor Edelsteinen und Schmuckstücken überquellen, sind die Domäne der chassidischen Juden, die scheinbar nur in diesem eng begrenzten Gebiet Manhattans existieren. Die *Chassidim* (auf Deutsch: „die Frommen") sind Anhänger einer mystischen Glaubensrichtung des Judentums. Die Männer tragen traditionell Bärte, Schläfenlocken und dunkle, altmodische Anzüge. Verheiratete Frauen scheren ihre Kopfhaare, tragen aber meist Perücken. Viele der Chassidim leben in Williamsburg und Crown Heights in Brooklyn. Vielleicht sind sie es, die der Straße ihren geschäftigen Alltagscharakter verleihen. Die Unterhaltungen, die man auf der Straße oder in einem der keinen Delicatessen aufschnappt, werden in Jiddisch geführt – für Deutschsprachige durchaus zu verstehen. Hier kann man Schmuck zu relativ günstigem Preis in Reparatur geben.

Rockefeller Extension und Umgebung

Wo die Sixth Avenue Manhattans Midtown erreicht, hat sie sich längst in ein beeindruckendes Schaufenster finanzkräftiger Firmen verwandelt. Zwar wird man vergeblich nach ähnlich glanzvollen Lobbys wie in der Fifth Avenue Ausschau halten und weit weniger Rummel als auf dem Broadway vorfinden, dafür erstreckt sich hier zwischen der 48th und 51st Street die **Rockefeller Center Extension** als Fortführung des Rockefeller Center. Dem **Time & Life Building** an der 50th Street, versehen mit einem schmucklosen, rechteckigen Brunnen – an heißen Sommertagen die einzige Abkühlungsmöglichkeit weit und breit – folgten in den 70er Jahren drei nahezu identische Hochhäuser. Sie besitzen vielleicht nicht das romantische Flair ihres gegenüberliegenden Stammvaters, haben aber immerhin einiges von dessen Monumentalität. Vor allem nachts verleihen sie dem breiten Strang der Sixth Avenue eine faszinierende Silhouette. Auf Straßenniveau locken nicht minder interessante Reize: Die breiten Gehwege bieten Straßenhändlern, Handzettelverteilern, Musikern und Pantomimen ein ideales Betätigungsfeld.

Mit ungleich größerer Pracht kann die **Radio City Music Hall** an der 49th Street aufwarten (s.S. 133). Nicht übersehen sollte man außerdem das dunkle, undurchdringliche **CBS Building** an der Ecke zur 52nd Street, das bereits mit dem Monolithen aus dem Film *2001* verglichen wurde und zweifellos als geheimnisvolle Erscheinung aus diesem Bereich der Sixth Avenue hervorsticht.

Westlich der Fifth Avenue beeindruckt die 57th Street, die sich als gehobenes Kunstzentrum etabliert hat. Die hiesigen Galerien geben sich weitaus hochnäsiger als ihre südlichen Dependancen in SoHo und gestatten die Besichtigung der angebotenen Objekte häufig nur nach Terminabsprache. Zwei Galerien, die diesen Aufwand normalerweise nicht betreiben, sind die **Marlborough Gallery**, 40 West 57th Street, 1. Stock, die speziell namhafte amerikanische und europäische Künstler anbietet, und die **Kennedy Gallery** (5. Stock) mit amerikanischer Malerei des 19. und 20. Jahrhunderts. Ebenfalls bemerkenswert ist das Gebäude der **Art Students League** in der Nr. 215 57th Street. Es wurde 1892 als Imitation des Schlosses Fontainebleau in Nordfrankreich von Henry J. Hardenbergh erbaut, der später u.a. das Plaza Hotel errichtete. Die Kunstakademie bietet auch preisgünstige Kurse für Interessierte von außerhalb an.

Carnegie Hall und Russian Tea Room

Die staatliche **Carnegie Hall**, 154 West 57th Street, ist zweifellos einer der bedeutendsten und großartigsten Konzertsäle der Welt und bei Musikern wie Publikum gleichermaßen hoch geschätzt. Der von der Renaissance inspirierte Bau wurde in den Jahren nach 1890 im Auftrag des Stahlmagnaten und selbsternannten *Wohltäters der Menschheit* Andrew Carnegie errichtet. Die erstklassige Akustik garantiert praktisch das ganze Jahr über ein volles Haus. Anlässlich ihrer Eröffnung dirigierte Tschaikowsky persönlich, später spielten hier u.a. Mahler, Rachmaninoff, Toscanini, Sinatra und Judy Garland. Wer auf diesen Genuss verzichten kann oder die hohen Eintrittspreise nicht bezahlen will, sollte zumindest einen Blick durch den Bühneneingang an der 56th Street werfen – wenn nicht gerade Proben stattfinden, wird niemand etwas dagegen haben. Darüber hinaus werden Mo, Di, Do und Fr, außer im Sommer, um 11.30, 14 und 15 Uhr für $6 Führungen angeboten. Informationen unter ✆ 247-7800.

Nur wenige Türen weiter befindet sich im Haus Nr. 150 der **Russian Tea Room** (s.S. 325), einst und heute ein Ort, an dem gilt: sehen und gesehen werden. Namhafte Größen aus dem Showbusiness gaben sich hier früher die Türklinke in die Hand. Im Film „Tootsie" dient der Russian Tea Room als Drehort für die Szene, in der Dustin Hoffman als Frau verkleidet mit seinem Agenten flirtet. Das Restaurant ist seit kurzem wieder geöffnet, und durch seine Drehtür spaziert wie anno dazumal das für diesen vornehmen Bezirk typische, wohlhabende Publikum.

Central Park

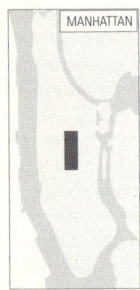

Der besondere Tipp

➢ Am Wochenende auf gemieteten Rollerblades oder mit dem Rad den südlichen Central Park erkunden
➢ Gemeinsam mit vielen Kindern eine Runde auf dem Carousel fahren
➢ Am Bethesda Fountain während der Veranstaltungsreihe SummerStage der Musik lauschen

Bei seiner Eröffnung im Jahr 1876 schwärmte die lokale Presse vom Central Park als einem Ort, der in einer „magischen Atmosphäre aus Kunst und Geschmack erstrahlt". Obwohl diese Aussage als etwas hochgegriffen herausgestellt hat, kann sich heute wohl kaum ein New Yorker ein Leben ohne ihn vorstellen. Entsprechend intensiv und vielfältig wird er denn auch genutzt – elegant gekleidete Büroangestellte aus Midtown holen sich am Maine Monument einen Hot Dog, Latino-Familien kommen aus El Barrio, um am Ufer des Harlem Meer zu picknicken, auf der Sheep Meadow bessern Sonnenanbeter ihren Teint auf und Jogger, Inline-Skater, Radfahrer und Naturliebhaber tummeln sich das ganze Jahr über im Park. Im Laufe seiner Geschichte hat der Park auch schwere Zeiten durchlebt: Zeitweilig verwahrloste er mit offizieller Billigung, und manchmal wurde er zum Schauplatz scheußlicher Verbrechen. In den letzen Jahren allerdings hat er von einem großangelegten Sanierungsprojekt derart profitiert, dass er sich nun sauberer, sicherer und besucherfreundlicher denn je präsentiert. In guten wie in schlechten Zeiten lieben ihn die New Yorker mehr als jede andere Institution der Stadt, und ohne ihn wäre das Leben in der Stadt mit Sicherheit um einiges ärmer.

Geschichte

Beinahe hätte es den Central Park nie gegeben. Bereits 1844 hatte der Dichter und Zeitungsverleger **William Cullen Bryant** die Idee zu einem öffentlichen Park. Sieben Jahre lang versuchte er, die Stadtverwaltung von der Umsetzung seines Plans zu überzeugen. Dabei sah er sich dem Widerstand der Städteplaner gegenüber, die jegliche Veräußerung kostbaren Baulandes ablehnten. Schließlich stimmte die Stadt jedoch der Anlage eines Parks zu und bestimmte hierfür ein 340 ha großes Areal nördlich der damaligen Stadtgrenzen – ein trostloses, sumpfiges Gebiet, auf dem sich zu jener Zeit eine Barackensiedlung erstreckte.

Als Landschaftsarchitekten wurden **Frederick Olmsted** und **Calvert Vaux** verpflichtet, denen eine perfekt in Szene gesetzte ländliche Idylle vorschwebte, Die von ihnen „Greensward" genannte Grünfläche im Herzen Manhattans sollte die Natur und deren erbauliche Qualitäten in die zusehends übervölkerte Stadt bringen.

Das karge Brachland bot Olmsted und Vaux das ideale Terrain für einen Park nach dem Vorbild englischer Landschaftsgärten. Sie entwarfen elegante Brücken, von denen jede in ihrer Bauweise einzigartig ist, und ersannen ein revolutionäres System von Straßenunterführungen, um die verschiedenen Verkehrsströme voneinander zu trennen. Nach fast 20-jähriger Bauzeit konnte der Central Park 1876 eingeweiht werden. Der Park stieß auf so breite öffentliche Zustimmung, dass Olmsted und Vaux schon bald zu gefragten Gartenarchitekten im ganzen Land wurden. Als Team schufen sie in New York außerdem den Riverside Park und den Morningside Park in Manhattan sowie den Prospect Park in Brooklyn. Im Alleingang gestaltete Olmsted daneben die Universitätsgelände von Berkeley und Stanford in Kalifornien und war auch maßgeblich am symbolträchtigen Capitol Hill in Washington, D.C., beteiligt.

Bei seiner Eröffnung wurde der Central Park zu einem „Park des Volkes" erklärt – allerdings hatten die verarmten Massen, denen er angeblich dienen sollte, weder die Zeit noch das Fahrgeld, um aus den Slums in Downtown in die 59th Street zu kommen und sich daran zu laben. Erst mit der Zeit verfügten die Arbeiter in der stetig expandierenden Stadt über etwas Freizeit, so dass immer mehr Menschen den Park besuchen und genießen konnten.

Robert Moses, ein rücksichtsloser Stadtplaner und Parkverwalter, der jahrzehntelang für die größten Bauvorhaben der Stadt mitverantwortlich war, versuchte dem Central Park hartnäckig seinen Stempel aufzudrücken. Zum Glück konnte die protestierende Öffentlichkeit das Schlimmste verhindern, so dass ihm nur die Zupflasterung eines kleinen Teils des Parks gelang. Damit schaffte er zumeist unnötige Parkplätze, die inzwischen wieder in Grünflächen umgewandelt wurden. Selbst die Arroganz eines Moses musste sich schließlich dem Zorn aufgebrachter Bürger beugen. Als er 1956 einen Spielplatz im Park niederreißen wollte, um Parkplätze für die *Tavern on the Green* bauen zu lassen, stellten sich Mütter und Kinder seinen Bulldozern in den Weg, und die Stadt musste kleinlaut den Rückzug antreten.

Die Parkverwaltung obliegt heute der gemeinnützigen Organisation *Central Park Conservancy*, die von der Regierung kräftige Finanzspritzen erhält, um den Park sauber zu halten, seine Bewachung zu verstärken und große Teile zu erneuern, wie beispielsweise die Great Lawn, deren Renovierung 1998 fertig gestellt wurde. Obwohl inzwischen der motorisierte Verkehr Einzug gehalten hat, ist die von Olmsted und Vaux angestrebte natürliche Gestaltung weitgehend erhalten geblieben. Nur entlang der geschützten, einst für Pferdekutschen (vom Park aus weitgehend uneinsehbar) angelegten Fahrgräben verkehren mittlerweile Autos und Busse.

Die Skyline rings um den Park hat sich ungleich dramatischer gewandelt. Gebäude drängen sich unübersehbar bis an den Rand der Grünfläche und lenken den Blick an manchen Stellen von der ursprünglichen Idylle ab, gleichzeitig hat man aber auch stark den Eindruck, sich auf einer grünen Insel inmitten der turbulenten Großstadt zu befinden.

Orientierung

Der Central Park ist so gewaltig (3,4 km^2), dass man ihn im Rahmen eines einzigen Besuchs nur schwer in voller Ausdehnung zu sehen bekommt. Der größte Reiz geht aber gerade von dem verschlungenen Netz an Spazierwegen ohne erkennbares System aus. Der Sinn ist, sich in diesem zu verlieren oder sich wenigstens so zu fühlen, als könnte man es. Angeblich kann man sich bestens an der umliegenden Skyline orientieren, aber selbst waschechten New Yorkern ist diese Methode etwas zu unsicher. Allzu weit von den Wegen, Wahrzeichen und ortskundigen Stammbesuchern, die den Park bevölkern, kann man sich ohnehin nicht entfernen, und wer seinen genauen Standort bestimmen möchte, sieht einfach am nächsten Laternenpfahl nach: Die ersten beiden Ziffern geben die Nummer der nächstgelegenen Straße an. Ein kostenloser Übersichtsplan ist in beiden Informationszentren erhältlich.

Das **Reservoir** teilt den Park in zwei Bereiche. Der größere und bekanntere südliche Abschnitt beherbergt die meisten Sehenswürdigkeiten (und Menschen), im nördlichen Teil (oberhalb 86th St) herrscht unberührtere Natur und eine gänzlich andere Atmosphäre vor,

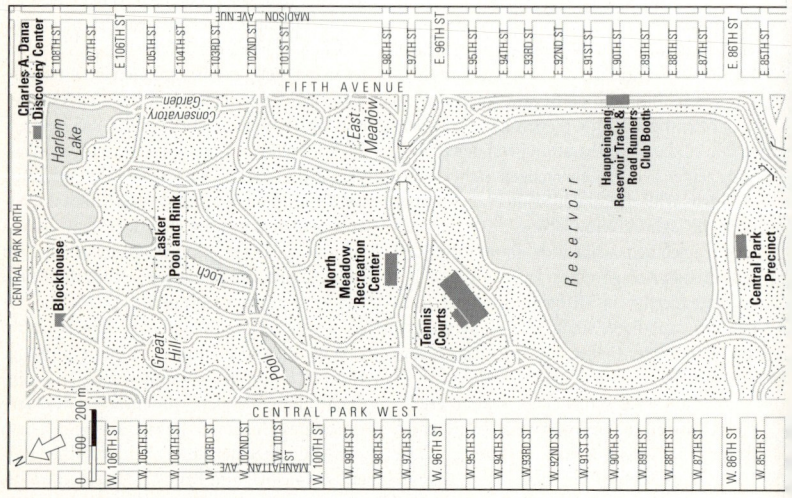

die ebenfalls einen Besuch lohnt. Wer will, kann an geführten Rundgängen teilnehmen, die sowohl von den Urban Park Rangers als auch vom Visitor Information Center organisiert werden (s.S. 151 ff, Kasten). Früher oder später wird jedoch fast jeder Spaziergang zu interessanten Punkten führen.

Den Central Park besuchen, heißt, einen Blick in die Seele New Yorks zu werfen und diese besser verstehen zu lernen – ganz zu schweigen von dem herrlichen und äußerst preiswerten Angebot an Aktivitäten.

Der südliche Central Park

Ausgehend von der südöstlichen Ecke des Parks an der **Grand Army Plaza**, Fifth Avenue, Ecke 59th Street, liegt linker Hand der **Pond**. Ein Stück weiter nördlich, auf Höhe der E 63rd Street, kann man sich am **Wollman Memorial Rink** von den Künsten der Rollschuhfahrer bzw. Schlittschuhläufer (im Winter) oder von der über den Bäumen am Central Park South aufragenden Skyline beeindrucken lassen. ✆ Im Sommer Do und Fr 11–18, Sa und So 11–20, im Winter tgl. Schlittschuhlaufen, ✆ 396-1010; Rollschuhe und Inline-Skates gibt es auch zu mieten (s.S. 151 ff, Kasten). Nordöstlich der Rollschuhbahn ist der kleine **Central Park Zoo** angesiedelt, dessen Bestand drei unterschiedliche Klimazonen repräsentiert – die Tropen, die gemäßigten Breiten und den Polarkreis. Vor zehn Jahren wurde er für eine Summe von 35 Millionen Dollar umgestaltet und in *Central Park Wildlife Conservation Center* umbenannt. Der Zoo mit über 100 Tierarten in weitgehend naturgetreuen Behausungen bringt die Tiere den Besuchern so nahe wie möglich: so tummeln sich z.B. Pinguine auf Augenhöhe in einem Becken aus Plexiglas. Andere Hauptattraktionen sind die Eisbären, Affen, das Nachttierhaus und die Seelöwen, die sich in einem Becken neben dem Eingang des Zoos tummeln. Zum Komplex gehört außerdem der kürzlich eröffnete *Tisch Children's Zoo*, ein Streichelzoo in dem die Kinder am Geschehen teilhaben können, ohne dass es dabei gefährlich wird, versteht sich! Der Central Park Zoo, auf Höhe der 64th St und Fifth Ave, hat Mo–Fr 10–17, Sa, So und feiertags 10.30–17.30 Uhr geöffnet, Eintritt $3,50, Kinder von 3–12 Jahren 50¢, Kinder unter 3 Jahren frei, ✆ 439-6500. – Wer sich allerdings einen umfassenderen Einblick in die Tierwelt erhofft, ist im Bronx Zoo (s.S. 393) besser aufgehoben.

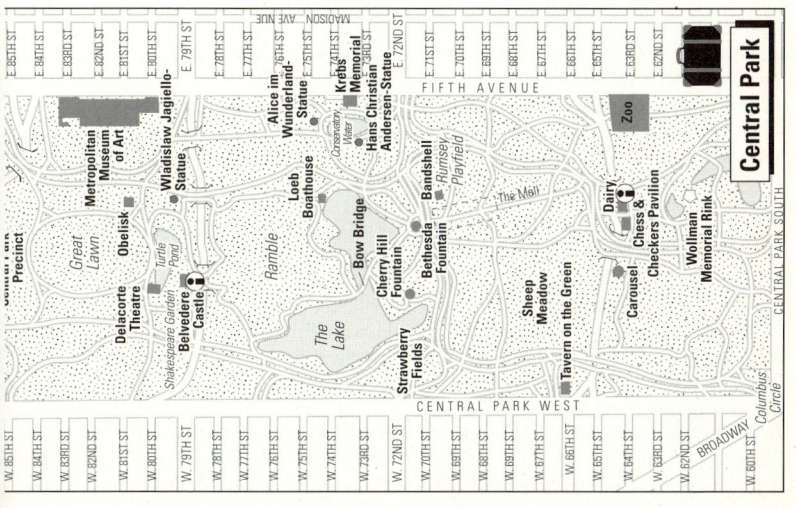

Vom Zoo geht es in westlicher Richtung zur **Dairy** inmitten des Parks auf Höhe der 65th Street. Auf dieser Spielzeug-Ranch aus dem Jahre 1870 gab es früher Kühe und eine richtige Milchwirtschaft; heute beherbergt sie ein *Visitor Center* des Parks, das kostenlose Broschüren und Geländekarten bietet sowie bessere Karten verkauft. Außerdem wartet es mit Büchern zur Geschichte und Entwicklung des Parks und gelegentlich auch mit einer Ausstellung auf. ◑ Di–So 10–17 Uhr, ✆ 794-6564. Am Wochenende beginnen hier geführte Rundgänge; Zeiten bitte erfragen.

Wer keine Lust auf eine Partie Schach hat, kann den weiter westlich gelegenen **Chess and Checkers Pavilion** (Spielfiguren gibt es beim *Dairy Visitor Center*) auslassen und als nächstes Ziel das achteckige Backsteingebäude ansteuern, das etwas westlich auf Höhe der 64th Street ins Auge fällt. In ihm ist das 1903 erbaute und 1951 von Coney Island hierher verfrachtete **Carousel** untergebracht. Es ist eines der kleinen Schmuckstücke des Parks und zählt zu den weniger als 150 heute noch existierenden Karussells dieser Art im Land (ein weiteres befindet sich noch auf Coney Island). Ein Ritt auf einem der handgeschnitzten Pferde zu strammer Drehorgelmusik kostet nur $1 oder sechs Fahrten zu $5. ◑ Mo–Fr 10–18, Sa und So 10–18.30 Uhr, sofern das Wetter mitspielt. Bei Bedarf kann das Karussell für eine Geburtstagsfeier gemietet werden. Hierzu melde man sich beim Wollman Rink, ✆ 396-1010, -13.

Geht man von der Dairy über die **Mall** in nördliche Richtung, begegnet man einer schillernden Gruppe von Straßenkünstlern. Neuerdings dürfen diese ihre Musik außerhalb der „Ruhezonen" des Parks (zu denen die Mall definitiv nicht gehört) elektronisch verstärken. Statuen eines verzückten Robert Burns sowie eines nachdenklich gestimmten Sir Walter Scott flankieren diesen formal strengsten Parkweg.

Westlich davon erstreckt sich die **Sheep Meadow** (zwischen W 66th und W 69th Street), ein 6 ha großes Areal, auf dem bis 1934 noch Schafe weideten. Heute wird diese Wiese von Picknick-Ausflüglern, Sonnenhungrigen und Frisbee-Spielern mit Beschlag belegt. Auf einem Hügel nordwestlich davon wird Boule und Croquet gespielt, südwestlich liegen einige sehr beliebte Volleyballplätze. Informationen über Rasenbowling unter ✆ 360-8133, über Volleyball und Zutritt zu Spielfeldern unter ✆ 408-020. Zwischen der Sheep Meadow und dem nördlichen Ende der Mall tanzen an warmen Wochenenden Rollerbladers zu lauter Funk-, Disco- und Hip-Hop-Musik – eine der besten kostenlosen Shows der Gegend! Unmittelbar westlich der Sheep Meadow steht das einst exklusive, weiterhin teure, aber inzwischen etwas abgetakelte Edelrestaurant und traditionelle Ziel des alljährlichen New York Marathon, die *Tavern on the Green*, Central Park West, Höhe 66th St. Dieses Gebäude aus dem Jahre 1870 war ursprünglich ein Schafstall. Auf keinen Fall versäumen sollte man einen Blick auf die Außenseite und die riesigen, kunstvoll beschnittenen Bäume vor dem Crystal Room. Anspruchslosere können ihren Hunger aber auch mit einem Hot Dog vom *Ballplayer's House* am südlichen Ende der Sheep Meadow stillen.

Ebenfalls am westlichen Rand, auf Höhe der 72nd Street liegen die **Strawberry Fields**, eine friedliche Anlage, die zum Gedenken an John Lennon angelegt wurde, der 1980 vor seinem damaligen Wohnsitz, dem gegenüberliegenden Dakota Building am Central Park West, ermordet wurde. Strawberry Fields ist inzwischen zu einer überlaufenen Pilgerstätte derjenigen geworden, die Lennon ihre Reverenz erweisen wollen. Auch Picknicker und ältere Leute nutzen den Ort und machen es sich auf den einladenden Parkbänken bequem. Nahe dem Parkeingang an der 72nd Street befindet sich ein von Yoko Ono zum Gedenken an John gespendetes, rundes, über und über mit Blumen bedecktes italienisches Mosaik, in dessen Mitte das Wort „Imagine" zu lesen ist. Auf den Strawberry Fields versammeln sich jedes Jahr am 8. Dezember, dem Todestag von John Lennon, zahlreiche Fans, die nach all den Jahren noch immer Beatles-Songs singen und gemeinsam trauern. Näheres zum Tod von John Lennon s.S. 160.

Am nördlichsten Punkt der Mall liegen die **Bandshell** sowie das **Rumsey Playfield**, Kulisse der kostenlosen *SummerStage*-Vorführungsreihe, s.S. 362, und die **Bethesda Terrace and**

Fountain inmitten des Parks auf Höhe der 72nd Street. Über dem See erhebt sich die Bethesda Terrace als einziges formal geplantes Element der ursprünglichen Olmsted-und-Vaux-Konzeptes. Darunter erstrecken sich **Arkaden**, deren gefliese Böden und kunstvolle Verzierungen derzeit restauriert werden. Prunkstück des Bethesda Fountain ist die Skulptur **Angel of the Waters**, deren ernst ausschauende puritanische Engel (Reinheit, Gesundheit, Frieden und Besonnenheit) scheinbar die Verderbtheit ihrer Stadt beklagen. (Theaterfans erinnern sich vielleicht an die Schlussszene des mit dem Pulitzer Preis bedachten Stücks *Angels in America,* die an diesem Brunnen angesiedelt ist.)

Vom **Loeb Boathouse** am Nordufer legen venezianische Gondeln zu Ausflügen auf dem See ab. Außerdem werden dort Ruderboote und Fahrräder vermietet (s.S. 151 ff, Kasten).

Über die schmalste Stelle des Sees führt die elegante **Bow Bridge** aus Gusseisen und Holz, die vom Architekten des Parks, Calvert Vaux, entworfen wurde. Direkt gegenüber liegt das verrufene Waldstück **The Ramble**, ein ca. 15 ha großes Gebiet mit schmalen gewundenen Pfaden, Felsnasen, Bächen und einer Vielfalt an heimischen Pflanzen und Tieren. Früher war dies eine beliebte Anlaufstelle für Drogenhandel und anonymen Sex, doch drastische Polizeimaßnahmen und die Angst vor AIDS blieben nicht folgenlos. Heute kann man hier wunderbar Vögel beobachten oder spazieren gehen. Dennoch es ist nicht ratsam, nachts allein in dieser Ecke herumzuwandern.

Westlich der Bethesda Terrace steht am 72nd Street Drive die **Cherry Hill Fountain**, die früher den Kutschen als Wendepunkt diente und herrliche Ausblicke auf den See, die Mall und den Ramble bietet. Dieses schöne Gebiet wurde 1934 von Robert Moses zu Parkplätzen verschandelt, Anfang der 80er Jahre allerdings wieder in Grünfläche umgewandelt.

Am östlichen Ende des Parks liegt auf der Höhe von Bethesda Terrace ein künstlicher Teich, das **Conservatory Water** gemeinhin *Boat Pond* genannt, (72nd St, Fifth Ave), auf dem jeden Samstag im Sommer Modellbootrennen und -regatten ausgetragen werden. Wer nicht nur zusehen, sondern auch teilnehmen will, kann vor dem **Krebs Memorial Boathouse** am Ostufer für $10 pro Std. ein Modellboot mieten. Am nördlichen Ende des Teichs lädt eine fantasievolle Skulptur von **Alice im Wunderland** Kinder zum Klettern ein. Gestiftet wurde sie von dem Verleger George Delacorte.

An der Statue von **Hans Christian Andersen** auf der westlichen Seite des Teichs finden jeden Mittwoch während der Sommermonate unter der Ägide der New York Public Library Erzählvormittage für Kinder statt (Beginn 11 Uhr, Informationen ✆ 340-0906). Außerdem tritt hier im Sommer samstags um 11 Uhr ein Geschichtenerzähler von der Central Park Conservancy auf.

Setzt man von hier den Weg in nördlicher Richtung fort, erreicht man östlich die Rückseite des **Metropolitan Museum of Art**, Höhe E 81st Street, s.S. 226, und westlich den **Obelisk**, den die Einheimischen scherzhaft *Cleopatra's Needle* nennen. Dieses 1881 von Ägypten überreichte Geschenk geht auf das Jahr 1450 v.Chr. zurück. Ebenfalls in der Nähe liegt die **Great Lawn** inmitten des Parks auf Höhe der 81st Street. Nach einer zweijährigen Rekonstruktion für eine Summe von $18,5 Millionen wurde sie kürzlich wieder eröffnet. Von 1842–1931 befand sich an dieser Stelle ein Reservoir, das in den 30er Jahren entwässert und in einen Sportplatz umgewandelt wurde. Dieser war Schauplatz vieler politischer Versammlungen und kostenloser Konzerte: Simon and Garfunkel, Diana Ross und andere lockten oft mehrere hunderttausend Menschen an, was zu erheblichen Abnutzungs- und Entwässerungsproblemen führte. Den inzwischen instandgesetzten, neu beplanzten Platz versucht man dadurch zu bewahren, dass nur noch kostenlose Konzerte der ein „zahmeres" Publikum anlockenden New Yorker Philharmoniker sowie der Metropolitan Opera geboten werden, s.S. 151 ff. Auf der Wiese gibt es acht Softballfelder, neue Basketball- und Volleyballfelder am nördlichen Ende sowie eine 200 m lange Sprintstrecke.

Der restaurierte **Turtle Pond** mit neuem Holzpier und einer Naturblende für eine bessere Beobachtung der Wasserbewohner, darunter

Enten, Fische und Frösche, liegt am südlichen Ende der Lawn. An der südöstlichen Ecke des Teichs steht die massive Statue des polnischen Königs **Wladislaw Jagiello**, der im 14. Jahrhundert herrschte; ein Geschenk der Regierung Polens und gelegentlich Veranstaltungsort polnischer Volkstänze.

Südwestlich des Lawn liegt das **Delacorte Theater**, das dem kostenlosen Sommerfestival *Shakespeare in the Park* als Aufführungsort dient. Im beschaulichen **Shakespeare Garden** nebenan soll jede Pflanzen- oder Blumenart vertreten sein, die in den Stücken des Dichters Erwähnung findet. Südlich des Gartens erhebt sich der Vista Rock, auf dem 1869 das **Belvedere Castle** im Stil einer mittelalterlichen Burg als herrlicher Aussichtspunkt entstand. Heute beherbergt die Burg die *Urban Park Rangers* sowie ein *Visitor Center*. ✆ Di–So 10–17 Uhr, ✆ 772-0210, geführte Rundgänge, Exkursionen für Vogelbeobachter und Lehrprogramme. Der höchste Punkt des Parks und somit ein hervorragender Aussichtsplatz ist die Wetterstation des *New York Meteorological Observatory*, die täglich die Temperaturen für den Park bekannt gibt.

Am Fuß des Vista Rock zeigt das **Swedish Cottage Marionette Theater** Märchenvorstellungen für Kinder; Informationen und Reservierungen unter ✆ 988-9093.

Der nördliche Central Park

Der nördliche Teil des Parks oberhalb des Great Lawn besitzt zwar weniger Attraktionen, dafür aber mehr Freiflächen. Einen Großteil des Geländes nimmt das ca. 43 ha große und mehrere Milliarden Liter umfassende Reservoir ein, mitten im Park auf Höhe der 86th–87th Street gelegen; Haupteingang 90th St, Ecke Fifth Ave. Im Jahr 1862 wurde es ursprünglich als Teil des Croton Water System entworfen, ist aber längst außer Betrieb. Im Volksmund wird es immer noch *Jacqueline Bouvier Kennedy Onassis Memorial Reservoir* genannt – nach der berühmtesten Bewohnerin der Gegend. Jackie wohnte in der Nähe in der Fifth Avenue und hielt sich häufig im Park auf, dessen Ufer disziplinierte New Yorker Jogger pflichtbewusst umrunden. Am Haupteingang, 90th St, steht eine Kabine des New York Road Runner's Club. Von der erhöhten Laufstrecke bietet sich ein atemberaubender Ausblick auf die Skyline, aber man darf den Joggern auf keinen Fall den Weg versperren, sonst ist der Teufel los. Unmittelbar nördlich des Reservoirs liegen ein Tennisplatzkomplex sowie die restaurierten Fußballfelder des **North Meadow Recreation Center** inmitten des Parks auf Höhe der 97th Street, ✆ 348-48 67. Unbedingt sehenswert ist der oberhalb der 86th St im Park gelegene **Conservatory Garden**, zwischen der E 103rd und E 106th Street an der 5th Ave, eine 2,5 ha große Gartenterrasse mit blühenden Bäumen und Sträuchern, Blumenbeeten, originellen Brunnen und schattigen Bänken. Das Eisentor am Haupteingang, 104th St, Ecke Fifth Avenue, ist an Wochenenden ein beliebter Platz für Hochzeitsfotografen, und der Garten selbst wird von Familien, Liebespärchen und Malern bevölkert. Unmittelbar nördlich des Gartens befindet sich der Robert Bendleim Playground für behinderte Kinder, 108th Street nahe Fifth Avenue. Hier gibt es „erreichbare" Sandkästen und Schaukeln, und ältere körperbehinderte Kinder haben die Möglichkeit, an anderen Geräten zu trainieren.

Am nördlichen Parkrand steht das **Charles A. Dana Discovery Center**, 110th St, zwischen Fifth und Lenox Aves, ✆ Di–So 10–17, im Winter bis 16 Uhr; ✆ 860-1370. Das Discovery Center, das auch ein *Visitor Center* beherbergt, bietet u.a. multikulturelle Veranstaltungen und Darbietungen von naturkundlichem Interesse, kostenloses Informationsmaterial, wechselnde Ausstellungen und Vogelwanderungen in den Monaten Juli und August, Sa um 11 Uhr, s.S. 152, Kasten.

Ganze Schwärme einheimischer Fischen tummeln sich im angrenzenden **Harlem Meer**, einem 4,5 ha großen See, der 1864 angelegt und kürzlich in seinen ursprünglichen, natürlichen Zustand zurückversetzt wurde. Mit mehr als 50 000 Fischen ist der Teich ein bevorzugter Treffpunkt örtlicher Hobbyangler. Angelruten aus Bambus sowie Köder stellt das Discovery Center kostenlos zur Verfügung, die gefangenen Fische müssen jedoch wieder in die Freiheit entlassen werden.

Streetdance

Veranstaltungen und Aktivitäten im Park

SummerStage und ***Shakespeare in the Park*** sind zwei der beliebtesten städtischen Veranstaltungsreihen, die New Yorks berüchtigt schwül-heiße Sommermonate erträglicher machen sollen.

1986 eröffnete Sun Ra die kostenlosen SummerStage-Konzerte im Central Park vor gerade einmal 50 Zuhörern. Als er sechs Jahre später mit Sonic Youth zurückkehrte, war das Publikum auf 10 000 angewachsen. Schauplatz ist das Rumsey Playing Field nahe der 72nd Street auf der Höhe Fifth Ave. Ein SummerStage-Konzert ist eine entsprechend beengte und Schweiß treibende, aber auch kontaktintensive Angelegenheit. Der Eintritt ist frei, SummerStage Hotline ✆ 360-2777.

Shakespeare in the Park findet im Delacorte Theater, einem Freilufttheater in der Nähe des Parkeingangs, West 81st Street, statt. Eintrittskarten Uhr für die Vorstellung am gleichen Abend bekommt man tgl. ab 13, allerdings wird man sich schon früh anstellen müssen. In Downtown sind am Tag der Vorstellung zwischen 13 und 15 Uhr Karten im Public Theater, 425 Lafayette, erhältlich. Jeden Sommer kommen zwei neue Produktionen auf die Bühne; ⏰ Mitte Juni bis Anfang September Di–So um 20 Uhr, Eintritt frei. Der Schwerpunkt des Festivals liegt auf Shakespeare, aber im Laufe von mehr als 20 Jahren sind sämtliche Stücke einmal inszeniert worden, so dass man sich auch anderen Werken widmet. Informationen beim Shakespeare Festival ✆ 539-8750.

New York Philharmonic in the Park, ✆ 875-5709, und

Metropolitan Opera in the Park, ✆ 362-6000, bieten in den Sommermonaten einige klassische Konzertabende.

Claremont Riding Academy, 175 W 89th St, ✆ 724-5100, ⏰ Mo–Fr 6.30–22, Sa und So 6.30–17 Uhr. Wer mit englischen Satteln (leichter, flacher, gepolsterter Reitsattel) zurande kommt, kann hier Reitstunden nehmen (30 Min. $42) oder auf einem gemieteten Pferd den Park erkunden ($35).

Harlem Meer Festival, Jazz und Salsa, intime und angenehme Atmosphäre vor dem Charles A. Dana Discovery Center, 110th St, zwischen Fifth und Lenox Ave, ✆ 860-1370, ⏲ im Sommer So 16–18 Uhr, Eintritt frei.

Gefahren Was die **Sicherheit** anbelangt, bestehen *tagsüber* keine Bedenken. Vorsicht ist jedoch immer angebracht, und man sollte sich nie ohne Begleitung in einem abgeschiedenen Teil des Parks aufhalten. *Nach Einbruch der Dunkelheit* ist es sicherer als früher, allerdings sind nächtliche Spaziergänge nach wie vor nicht angeraten. Um nächtens einen Blick auf die erleuchteten Gebäude am Central Park West à la Woody Allens *Manhattan* zu werfen, empfiehlt sich eine Kutschfahrt. Die Ausnahmen von der Regel stellen öffentliche Abendveranstaltungen dar, z.B. ein Konzert oder *Shakespeare in the Park*. Sofern man gleichzeitig mit den anderen Zuschauern den Park verlässt, braucht man bei diesen Veranstaltungen in keinster Weise um Leib und Leben zu bangen.

Für den Notfall gibt es im ganzen Park sowie entlang der Park Drives **Notfalltelefone** mit direkter Verbindung zum Central Park Precinct. Wenn es brenzlig wird, kann man auch von jeder beliebigen Telefonzelle aus die 911 wählen.

Transportmittel

Am besten erkundet man den Park per Fahrrad. **Leihräder** gibt es am Loeb Boathouse (s.u.) und bei *Metro Bicycles,* Lexington Avenue, Ecke 88th Street, (s.S. 24). Fahrräder kosten am Boathouse $8 und bei *Metro* $6 pro Stunde. Beide verlangen eine Kaution in Höhe von $100, bar oder auf Kreditkarte. Das ist weit günstiger als die gerühmten romantischen **Kutschfahrten** – $34 für eine 20minütige Fahrt und $10 für jede weitere Viertelstunde; Informationen unter ✆ 246-0520) – die kritische Stimmen am liebsten ganz abgeschafft sähen. Seit langem werfen sie den Kutschern vor, die Pferde aus Mangel an Sachverstand und Geldgier grausam zu quälen. Seit 1994 sorgt ein Gesetz für den besseren Schutz der Tiere und schreibt alle 2 Stunden eine 15-minütige Ruhepause vor sowie ein maximales Arbeitspensum von 9 Stunden pro Tag. Steigt die Temperatur über 90° Fahrenheit (32 °C), sind die Fahrten sogar ganz einzustellen. Bei Nichtbeachtung droht Kutschern der zeitweilige oder gänzliche Entzug der Lizenz.

Am *Wollman Memorial Rink*, ✆ 396-1010, gibt es **Rollschuhe** für $3 sowie **Inliners** für $6 (plus Sicherheitspfand auf Kreditkarte) zu mieten. ⏲ Im Sommer Do und Fr 11–18, Sa und So 11–20 Uhr, im Winter täglich Schlittschuhlaufen. Inliner sind wohl das praktischste, populärste und wendigste Transportmittel durch den Park.

Am Loeb Boathouse nördlich des Bethesda Fountain werden **Gondelfahrten** zwischen 17 und 22 Uhr zum Preis von $30 für 30 Min. veranstaltet (Reservierung erforderlich, ✆ 517-2233).

Zudem gibt es **Ruderboote** und **Fahrräder** zu mieten: ⏲ Bootsverleih je nach Witterung von März–November tgl. 10–18 Uhr, Fahrradverleih Mo–Fr bis 18, Sa und So ab 9 Uhr, letzte Mietmöglichkeit um 17 Uhr. Boote wie Räder kosten $10 für die erste und $2,50 für jede weitere Stunde (plus $30 Sicherheitspfand). Weitere Informationen zu den Booten unter ✆ 517-2233, zu den Fahrrädern unter ✆ 861-4137.

Weitere Informationen

Allgemeine Parkinformationen, ✆ 360-34 44. Spezielle Veranstaltungshinweise auch unter ✆ 1-888-NYPARKS.

Central Park Conservancy, eine gemeinnützige Organisation, die seit ihrer Gründung 1980 die Pflege und Verwaltung des Parks obliegt. Die Conservancy betreibt vier Visitor Centers, wo man kostenlose Karten und anderes hilfreiches Informationsmaterial erhält. Außerdem organisiert sie Sonderveranstaltungen. ◷ Di–So 10–17 Uhr: Die Dairy inmitten des Parks auf Höhe der 65th St; ✆ 794-6564; Belvedere Castle im Park auf Höhe der 79th St; ✆ 772-0210; North Meadow Recreation Center im Park auf Höhe der 97th St; ✆ 348-4867; ◷ auch Mo, und das Charles A. Dana Discovery Center, 110th St, Fifth Avenue, ✆ 860-1370.

Manhattan Urban Park Rangers, bieten allgemeine Hilfsdienste an, weisen den Weg, veranstalten Führungen, informieren über Aktivitäten,

Öffentliche Toiletten befinden sich am Hecksher Playground, Boat Pond, Conservatory Water; im Mineral Springs House, am nordwestlichen Ende der Sheep's Meadow; im Loeb Boathouse; im Delacorte Theater; im North Meadow Recreation Center, Conservatory Garden und im Charles A. Dana Discovery Center,

Die beiden im Park verlaufenden **Straßen** East Drive und West Drive sind zu folgenden Zeiten für den Verkehr geschlossen: Mo–Do 10–15 und 19–22, Fr 18 bis Mo 6 Uhr, feiertags ab 19 Uhr des Vortags bis 6 Uhr des Folgetags.

The Upper West Side und Morningside Heights

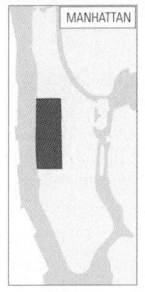

Der besondere Tipp

- Sich bei Zabar's in die Geheimnisse der Küche einweihen lassen
- Im Hof der Cathedral of St. John den Steinmetzen bei der Arbeit zusehen
- Vom Turm der Riverside Church aus die Skyline Manhattans bewundern
- Auf der Plaza des Lincoln Center im Sommer Folk- und Jazz-Bands lauschen
- Im American Museum of Natural History robotergesteuerte Dinosaurierköpfe beim Kauen beobachten

Obwohl die Upper West Side von einigen großartigen Apartmenthäusern der Jahrhundertwende und den prestigereichsten Aufführungsorten der Stadt beherrscht wird, ist die Atmosphäre hier stets zwangloser gewesen als in seinem jenseits des Central Park gelegenen östlichen Gegenstück. Das relativ junge Viertel präsentiert sich nicht als Hort lang angehäuften Reichtums, es ist in der Vergangenheit (und bis zu den Aufwertungsbestrebungen der letzten Jahre) vielmehr ein Sammelbecken für Erfolg suchende Schauspieler, Schriftsteller, Opernsänger und sonstige Künstler gewesen.

Insbesondere entlang einiger Teilabschnitte des Central Park West und des Riverside Drive sowie in der Umgebung des New Yorker Kulturpalastes Lincoln Center, regiert zweifellos das Geld, nach Norden hin nimmt der Reichtum jedoch merklich ab. Am oberen Ende wiederum erstreckt sich jenseits der gigantischen Cathedral of St. John the Divine das Viertel Morningside Heights als letzter wohlhabender Glanzpunkt Manhattans vor Harlem.

Upper West Side

Nördlich der 59th Street wandelt sich die bis dahin schillernde und grelle West Side von Manhattans Midtown zu einem Gebiet, das spürbar weniger kommerziell und eitel ist. Jenseits des Lincoln Center geht es in eine schmale, urbane Wohn- und Einkaufsgegend über. Die Upper West Side zählt zu den begehrtesten Adressen der Stadt und lockt eine Klientel an, die sich als New Yorker Kulturelite und Club der Neureichen umreißen lässt – Musiker, Schriftsteller, Journalisten, Kuratoren usw. – hier gibt es aber auch eine kleine Zahl von Obdachlosen.

Die Hauptarterie durch das an den Central Park im Osten, den Hudson River im Westen, Columbus Circle und 59th Street im Süden sowie die 110th Street im Norden grenzende Viertel ist der Broadway. Östlich und westlich davon nimmt der Reichtum zu und erreicht seinen Höhepunkt in den historischen Hotels und Apartmenthäusern am Central Park West und Riverside Drive.

Zwischen diesen renommiertesten Wohnadressen Manhattans liegen moderne Apartmenthochhäuser und historische braune Sandsteinhäuser, zahlreiche Restaurants, Straßencafés und Bars, Kleidergeschäfte und Delikatessenläden. Außerdem tummelt sich hier eine zwanglose Mischung von Leuten. Befinden sich die Amsterdam und Columbus Avenue um die 70th Street noch fest und unwiederbringlich in der Hand von Yuppies, breitet sich ab der 100th Street ein verarmtes Latino-Viertel aus. Man findet noch immer Enklaven des sozialen Wohnungsbaus, heruntergekommene Wohlfahrtshotels sowie nach Norden hin zunehmend deprimierendere Straßenzüge. Allerdings hat man inzwischen begonnen, auch diese Gegenden auf die Bedürfnisse einkommensstarker Gruppen abzustimmen; Familien mit mittlerem Einkommen ziehen nun in die weiter nördlich gelegenen Gebiete, die sie früher gemieden hätten.

Idealer Ausgangspunkt für die Erkundung der Upper West Side ist der **Columbus Circle** am Kreuzungspunkt von Broadway, Central Park West und Central Park South. Umringt von einer kuriosen Gebäudeansammlung erhebt sich im Zentrum dieser verkehrsumtosten Insel einsam eine Säule mit einem unbehaglich wirkenden Christoph Kolumbus auf ihrer Spitze. (Neuerdings muss diese als Zielscheibe antiimperialistischer Graffiti herhalten.) An der Südseite des Platzes steht ein merkwürdiges weißes, maurisch anmutendes Gebäude: Es handelt sich um eine der größten architektonischen Kapriolen der Stadt und wurde schon mit einem persischen Bordell verglichen. Hier war New Yorks **Department of Cultural Affairs** mit NYC & Company Conventions and Visitor Bureau untergebracht, derzeit steht das Gebäude leer in Erwartung auf neue Mieter. Das *NYC & Company Convention and Visitors Bureau* wurde in das Haus Nr. 810 Seventh Avenue, zwischen 52nd und 53rd Streets, verlegt.

Im Nordwesten steht das **Coliseum**, eine Ausstellungshalle mit einer hässlichen weißen Betonfassade aus dem Jahre 1956. Gegenüber des Circle, auf der Seite des Parks, steht das **Maine Monument**, eine große Steinkonstruktion, aus deren Sockel ein Schiffsbug hervorragt und mit einer vergoldeten Siegesstatue verziert, die stolz über dem Eingang zum Park prangt. Das 1912 errichtete Denkmal ist den „tapferen Seemännern" gewidmet, die während des Krieges zwischen Amerika und Spanien im ausgehenden 19. Jahrhundert „im Maine ihren Tod fanden".

Eine Straße weiter, an der Kreuzung Broadway und Central Park West, folgt das glanzvolle **Trump International Hotel**, 1 Central Park West, ein neues Luxushotel und Gebäude mit Eigentumswohnungen, das im Zuge der kürzlich erfolgten Renovierungsarbeiten als *„The World's Most Prestigious Address"* angepriesen wurde. Auf der Plaza vor dem Hotel ist ein großer silberner Erdball zu sehen, eine Nachbildung der Unisphere, die am Standort der Weltausstellung von 1964 in Queens zu bewundern ist.

Ungleich ansehnlichere Reize bietet die weiter westlich gelegene **Church of St Paul the Apostle** an der Ninth Avenue, zwischen 59th und 60th Street. Das zauberhafte Gotteshaus verbindet gotische und byzantinische Stilelemente und beherbergt u.a. Stanford Whites Hochaltar.

Etwas weiter nördlich befindet sich die **New York Society for Ethical Culture**, 2 W 64th St, Central Park West, ✆ 874-5210, „die geeignete Adresse für all diejenigen, die an dem großen Abenteuer der Umsetzung ethischer Ideale in das Alltagsleben teilhaben möchten." Diese herausragende, im Jahre 1876 gegründete Organisation – das Gebäude wurde allerdings erst 1902 fertig gestellt – unterstützte zudem die Gründung der *National Association for the Advancement of Colored Peoples* sowie der *American Civil Liberties Union*. Sonntags finden hier regelmäßig Treffen statt, und darüber hinaus werden gelegentlich Vorträge und Lesungen über die Verantwortung der Gesellschaft, Politik und andere damit zusammenhängende Themen organisiert. Außerdem ist eine Grundschule angegliedert, zu deren bemerkenswerten Schülern u.a. J. Robert Oppenheimer gehörte, unter dessen Leitung die erste Atombombe entwickelt wurde.

Lincoln Center

Nördlich des Columbus Circle führt der Broadway zum **Lincoln Plaza** und westlich davon, auf der gegenüberliegenden Straßenseite, zum **Lincoln Center for the Performing Arts**, einem imposanten Gebäudekomplex aus weißem Marmor und Glas auf der West Side zwischen 63rd und 66th Streets, in dessen Mitte sich eine große Plaza mit Springbrunnen befindet. Robert Moses hatte in den 50er Jahren die Idee, in diesem Teil der Upper West Side ein kulturelles Zentrum zu schaffen, um das Viertel auf die Bedürfnisse höherer Gesellschaftsschichten abzustimmen. Dieses Beispiel städtischer Erneuerung war äußerst erfolgreich. Mehrere Architekten arbeiteten an den Plänen, und der Komplex wurde schließlich Mitte der 60er Jahre auf einem Gelände, auf dem sich zuvor einer der elendsten Slums der Stadt befand, erbaut. Nach Räumung der Slums, deren Bewohner in weiter nördlich gelegene Ghettos abgedrängt wurden, und vor Baubeginn diente das verwahrloste Gelände 1960 als Open-Air-Kulisse für die Verfilmung der *West Side Story*.

Der Aufführungsort der Metropolitan Opera, der New York Philharmonic sowie anderer kleinerer Einrichtungen lohnt eine Besichtigung, selbst wenn damit kein Besuch einer Veranstaltung verbunden ist. Am besten schließt man sich einer **organisierten Besichtigungstour** an, ansonsten darf man lediglich einen Blick in die verzierten Lobbies der Gebäude werfen. Die einstündigen Führungen beginnen täglich um 10.30, 12.30, 14.30 und 16.30 Uhr am Kartenschalter des Met, für $9,50 (Studenten $8) angeboten und beginnen zur vollen Stunde. Angesichts der hohen Nachfrage ist eine telefonische Reservierung ratsam, ✆ 875-5350. Backstage-Besichtigungen des Met sind ebenfalls möglich; nähere Informationen s.u.

Auch ohne den Griff in den Geldbeutel kann man im Lincoln Center in den Genuss von Unterhaltung kommen – Anfang September findet die Autumn Crafts Fair statt, den Sommer über geben Folk- und Jazz-Bands zur Mittagszeit ihr Können zum Besten, und der prächtige Brunnen wird allabendlich zum Schauplatz imposanter Licht- und Wasserspiele. Im Sommer bietet das Lincoln Center darüber hinaus ein

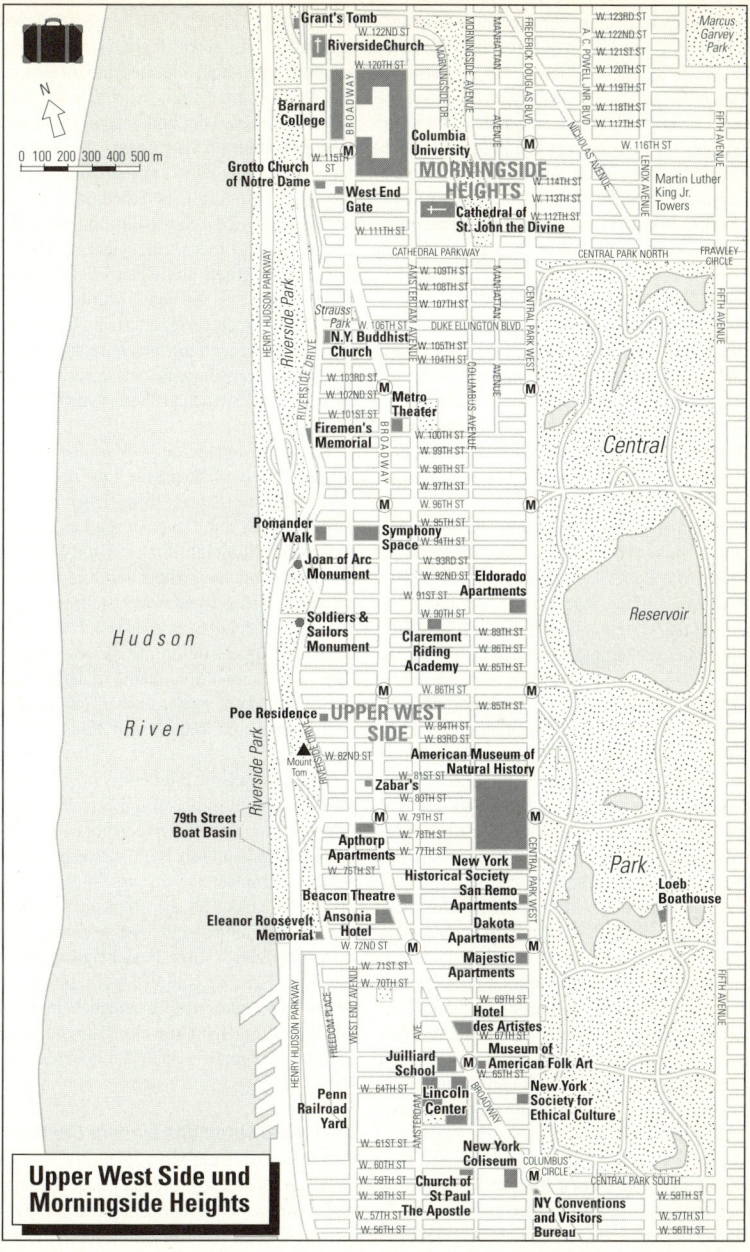

vielfältiges Programm erschwinglicher Veranstaltungen, z.B. *Mostly Mozart,* die erste und bliebteste Saalkonzertreihe mit klassischer Musik im Land, und *Midsummer Night Swing,* eine Tanzreihe, die auf einer Sommerbühne an der Lincoln Center Plaza Fountain stattfindet und mit Swing-, Salsa-, Standard- und anderen Rhythmen zum Mitmachen animiert. Nähere Angaben bei der **Lincoln Center Information,** ✆ 875-5000 erfragen.

New York State Theater und Avery Fisher Hall

Das von Philip Johnson erbaute schlicht-elegante **New York State Theater** auf der südlichen Seite der Plaza beherbergt neben dem New York City Ballet auch die New York City Opera und ist ruhmreicher Aufführungsort der *Nussknacker Suite* alljährlich im Dezember. Bronzeverkleidete Balustraden sowie eine mit Blattgold verzierte Decke schmücken das vier Etagen hohe Theaterfoyer. Die Ballettsaison dauert von Ende November bis Ende Februar und von Anfang April bis Ende Juni; die Opernsaison beginnt im Juli und geht bis Mitte November. Karteninformationen unter ✆ 870-5570.

Johnson war auch an der Gestaltung der **Avery Fisher Hall** an der gegenüberliegenden Seite der Plaza beteiligt, deren Akustik er nachträglich und nachhaltig verbesserte. Der Zuschauerraum nimmt sich allerdings weit weniger prachtvoll als das hufeisenförmige Auditorium im New York State Theater aus, so dass die Avery Fisher Hall eigentlich nur mit ihrem Foyer protzen kann. Beherrschendes Element ist dort die riesige Hängeskulptur von Richard Lippold, dessen charakteristischen Stil man vielleicht bereits von ein oder zwei Atrien in Manhattans Downtown kennt. Die New Yorker Philharmoniker sind hier von September bis Mai zu hören. Die preiswerteren *Mostly Mozart*-Konzerte finden im Juli und August statt. Informationen zu den Aufführungen unter ✆ 875-5030.

Metropolitan Opera House

Das kurz *Met* genannte Metropolitan Opera House dagegen, der Mittelpunkt der Plaza, ist mit seinen gewaltigen kristallenen Kronleuchtern und den mit rotem Teppich belegten Treppenaufgängen, über die die Abendroben der New Yorker Elite gleiten, erheblich schmuckvoller. Hinter zwei der hohen Fenstern hängen **Wandgemälde** von Marc Chagall. Der Künstler hätte zwar lieber direkt auf das Glas gemalt, aber man hatte Angst, die Scheiben würden in einer Gegend, in der Kunst alles andere als ehrfurchtsvoll begegnet wurde, nicht lange überdauern. Um einen ähnlichen Effekt wie bei Glasmalereien zu erzeugen, wurden die Gemälde hinter rechteckig unterteilte Glasfenster gehängt. Heute sind die Malereien zum Schutz vor der Morgensonne zeitweise verhüllt, ansonsten lassen sie sich am besten von der Plaza aus betrachten.

Das *Le Triomphe de la Musique* betitelte Gemälde auf der linken Seite stellt diverse bekannte Künstler sowie Wahrzeichen der New Yorker Skyline dar. Daneben zeigt es ein Porträt von Sir Rudolph Bing, der die Met über drei Jahrzehnte lang leitete und hier in einem Zigeunerkostüm abgebildet ist. Das andere Wandgemälde, *Les Sources de la Musique*, erinnert an Chagalls berühmte Ausstattung der *Zauberflöte* an der Met: Während der Gott der Musik eine Lyra zupft, treiben ein Lebensbaum, Verdi und Wagner den Hudson River hinunter.

Für das opulente Interieur der Oper sorgen afrikanisches Rosenholz und roter Samt, die Akustik sowie das Sängeraufgebot runden das exklusive Ambiente ab. Das Haus verzichtet auf jegliche Stimmverstärker, ausgeklügelte Technik kommt jedoch bei der neuen, mehrsprachigen Übertitelungs- und Übersetzungsanlage zum Zuge. **Backstage-Besichtigungen** des Met kosten $8 und sind ⏰ Mo, Di, Do, Fr und So um 15.45, Sa um 10 Uhr möglich. Informationen zum Spielplan sowie zu Eintrittskarten und -preisen unter ✆ 362-6000, außerdem s.S. 361.

Weitere Bauten des Lincoln Center

Zu beiden Seiten der Met schließen sich weitere Plätze an. Auf dem südlich gelegenen Damrosch Park, eine weitläufige Fläche mit Stuhlreihen, die auf die **Guggenheim Bandshell** ausgerichtet sind, werden in den Sommermonaten jeweils mittags kostenlose Konzerte und andere Darbietungen geboten. Nördlich davon liegt eine reizvolle kleine Plaza gegenüber des nach Plänen von Eero Saarinen 1965 erbauten **Vivian Beaumont Theater**, welches im Untergeschoss das **Mitzi E. Newhouse Theater** beherbergt. Um das rechteckige Bassin, das den meisten Raum des Platzes vor den Theatern einnimmt, scharen sich zur Mittagszeit Büroangestellte, um sich im Angesicht einer Plastik von Henry Moore und einer weiteren, spinnenartigen Skulptur von Alexander Calder ihr Lunchpaket schmecken zu lassen.

Die **New York Public Library for the Performing Arts**, ✆ 870-1630, hinter dem Theater gelegen, wartet mit einem Bestand von über acht Millionen Werken auf und enthält außerdem ein Museum, in dem Kostüme, Bühnenbildentwürfe und Musikpartituren ausgestellt sind. Die Bibliothek wird jedoch noch bis 2001 renoviert, was dazu führt, dass die Ausstellungen und Öffnungszeiten ständig wechseln. Am besten erkundigt man sich im Voraus telefonisch nach dem aktuellen Stand der Dinge.

Über der 66th Street steht die **Alice Tully Hall**, ein Vortragssaal, in dem die Chamber Music Society des Lincoln Center und das **Walter E. Reade Theater** untergebracht sind. Letzteres zeigt ausländische Filme sowie Retrospektiven und ist im September neben der Avery Fisher Hall und der Alice Tully Hall Schauplatz des alljährlichen New York Film Festival.

Die berühmte **Juilliard School of Music** befindet sich in einem angrenzenden Gebäude. Schräg gegenüber dem Lincoln Center liegt der **Dante Park**, eine kleine, dreieckige Insel auf dem Broadway mit einer Statue aus dem Jahr 1921, die hier zu Ehren des 600. Todestags Dantes aufgestellt wurde. Diese stellt jedoch nicht länger sein größtes Ruhmesblatt dar: Movado, der Schweizer Uhrdesigner, hat hier vor kurzem die *TimeSculpture* errichtet, eine Steinskulptur mit einer Reihe von großen, auf die Entwürfe von Philip Johnson zurückgehende Messinguhren, die im Mai 1999 den Förderern des Lincoln Center gewidmet wurde.

Von West 66th Street bis 72nd Street

Nördlich von hier verläuft der Broadway weiter in Richtung Westen, und die Ninth Avenue geht in die schicke **Columbus Avenue** über. Das Straßenbild ist geprägt von Straßencafés und erlesenen Boutiquen, von denen leider viele im Zuge des stadtweiten Trends durch Filialen US-weiter Ladenketten ersetzt werden. Das **Museum of American Folk Art** an der Columbus Avenue, zwischen 65th und 66th Street, liegt nur einen Block entfernt von den Fernsehstudios der **American Broadcast Company (ABC)** und vom imposanten, postmodernen Firmensitz von Capital Cities/ABC, (der einen Disney-Laden beherbergt, der bis unter die Decke mit langweiligen ABC-Souvenirs vollgestopft ist).

Das näher am Central Park West gelegene **Hotel des Artistes**, One 67th Street, wurde im Jahre 1918 eigens für Künstler errichtet und war ehemals die Manhattaner Addresse für Berühmtheiten wie Noel Coward, Norman Rockwell, Isadora Duncan und Alexander Woollcott. Inzwischen ist es zu einem protzigen Apartmenthaus mit Eigentumswohnungen geworden. Im Erdgeschoss befindet sich das berühmte **Café des Artistes**, eines der romantischsten und teuersten Restaurants Manhattans. Wer es sich nicht leisten kann, hier zu essen, sollte dennoch einen Blick ins Innere werfen oder einen Drink an der berühmten Bar zu sich nehmen, einfach nur, um das Ambiente und die Wandgemälde mit nackten Nymphen von Howard Chandler Christy zu bewundern. Allerdings ist auf angemessene Kleidung zu achten. Die ruhigen, von Bäumen gesäumten Straßen auf der Höhe 65th bis 80th Street, zwischen Columbus und Central Park West, sind von wunderschön renovierten Häusern aus braunem Sandstein, viele davon Einfamilienhäuser, geprägt. Dieses Viertel zählt zu den begehrtesten der Stadt.

Ganz in der Nähe setzen sich die selbst ernannten Pioniere ultimativer Technologie mit dem imposanten **Sony Theaters** Komplex (Broadway, 68th Street), und seinen riesigen IMAX-3D-Leinwänden in Szene. In einer Hommage an das Goldene Zeitalter Hollywoods erinnern die zwölf dort untergebrachten Kinosäle

Der Tod von John Lennon Fast jeder kennt heute das Dakota Building als früheres Wohnhaus von John Lennon – und Yoko Ono, die noch immer in dem Gebäude lebt und einige Apartments darin besitzt. Hier vor dem Dakota wurde in der Nacht zum 8. Dezember 1980 John Lennon von einem Mann erschossen, der angab, einer seiner größten Bewunderer zu sein.

Der Attentäter, Mark David Chapman, hatte den ganzen Tag vor dem Gebäude ausgeharrt, das neueste Album seines Idols, *Double Fantasy*, in Händen, um Lennon um ein Autogramm zu bitten – das er auch erhielt. Da Fans häufig vor dem Gebäude warteten, um einen Blick auf Lennon zu erhaschen, war das an sich kein außergewöhnlicher Vorfall. Aber Chapman stand immer noch da, als das Paar spät abends aus dem Aufnahmestudio heimkehrte, und als Lennon das Dakota durch den Eingang an der 72nd Street betreten wollte, feuerte er fünf 38er-Kugeln auf ihn ab. Der Portier versuchte zwar, den Verletzten sofort mit einem Taxi in ein Krankenhaus zu bringen, aber Lennon verblutete noch auf dem Weg dorthin. Fassungslos gab Yoko Ono kurz darauf eine erste Erklärung ab: „John liebte und betete für die Menschen. Ich bitte alle, jetzt dasselbe für ihn zu tun."

Was Chapman zu der Tat veranlasste, weiß niemand so genau. Offensichtlich hatte ihn die krankhafte Bewunderung für sein Idol völlig aus der Bahn geworfen. Fans können in den gegenüber dem Dakota gelegenen, unter finanzieller Unterstützung von Yoko Ono angelegten und gepflegten Strawberry Fields im Central Park ein Räucherstäbchen im Gedenken an Lennon entzünden. Die dortigen Bäume und Sträucher sind von zahlreichen Nationen als Geste für den Weltfrieden gestiftet worden. Zwar ist die Anlage nicht spektakulär, aber es gibt wohl kaum jemanden, den das *Imagine*-Mosaik auf dem Weg kalt ließe.

mit Namen und Ausstattung an berühmte Filmpaläste der Vergangenheit. Wie kaum anders zu erwarten, verblüffen Sonys 3D-Filme bisher mehr durch ihre Effekte als durch ihre Handlung, obwohl *Everest* von David Brashears, der 1996 während des in Jon Krakauers Buch *In Eisigen Höhen* verewigten Sturms gedreht wurde, viel Beifall erhielt.

Am Central Park West nimmt das **Majestic** einen gesamten Block zwischen der 71st und 72nd Street ein. Das kolossale, hellgelbe Art-déco-Apartmenthaus wurde 1930 erbaut und ist in erster Linie für seine Zwillingstürme und das Avantgarde-Mauerwerk aus Backstein bekannt. Das dazugehörige Gebäude, das Century, befindet sich am 25 Central Park West, zwischen der 62nd und 63rd Street. Auf der gegenüberliegenden Seite der 72nd Street steht das berühmtere **Dakota Building**, One West 72nd St, so benannt, da zur Zeit des Baus im Jahre 1884 dieser Uptown-Standort als ebenso entlegen galt wie Dakota. Das grandiose Herrenhaus im deutschen Renaissancestil mit Ecktürmen, Giebeln und anderen außergewöhnlichen Details wurde errichtet, um wohlhabende New Yorker davon zu überzeugen, dass das Leben in einem Apartment genauso luxuriös sein kann wie das in einem Privathaus. Über die Jahre haben nur wenige hier gewohnt, die nicht auf die eine oder andere Art bekannt gewesen wären: Zu den berühmtesten Mietern gehörten Lauren Bacall und Leonard Bernstein, und in den 60er Jahren des 20. Jahrhunderts diente das Gebäude als Schauplatz für Roman Polanskis Film *Rosemary's Baby*. Der berühmteste Bewohner des Dakota in jüngerer Vergangenheit war jedoch **John Lennon**. Wenn man auf der anderen Straßenseite den Central Park betritt, entdeckt man **Strawberry Fields** und das Lennon gewidmete Mosaik. Näheres s.S. 148, Central Park.

Von West 72nd Street bis 86th Street

Ein guter Ausgangspunkt für die Erkundung dieses historischen Viertels ist der westliche Rand der 72nd Street, wo Riverside Park und Riverside Drive beginnen und man so nahe wie nur möglich an den **Hudson River** herankommt, bevor der West Side Highway den Weg verstellt. Unmittelbar südlich von hier befanden sich die fast zwei Jahrzehnte lang verwahrlosten **Penn Railroad Yards**, die nun in den Himmel ragenden Luxusapartmentbauten weichen müssen. Den Anfang machte kein Geringerer als Donald Trump. Von hier in Richtung Norden windet sich der **Riverside Drive**. Gesäumt wird er von prunkvollen Stadthäusern und mehrstöckigen Apartmentgebäuden, die Anfang des 20. Jahrhunderts von Leuten errichtet wurden, deren Einkünfte nicht ganz ausreichten, um mit den Bewohnern der Fifth Avenue zu konkurrieren. Entlang der Straße liegen eine Reihe von ausgewiesenen historischen Bezirken, insbesondere zwischen der 75th und 80th, 85th und 90th sowie 100th und 105th Street. Ebenfalls hier beginnt der **Riverside Park**, der eine willkommene Ergänzung erfahren hat: Das von der First Lady Hilary Rodham Clinton eingeweihte **Eleanor Roosevelt Monument**, Ecke 72nd St, Riverside Drive. Das Denkmal besteht aus einem großen, begrünten Sockel mit einer nachdenklichen Statue von Eleanor Roosevelt in der Mitte. Dank der von Penelope Jencks stammenden Steinstatue, umgeben von schönen Bänken, ist dies ein einladender, beschaulicher Ort.

Der Park wurde als Möglichkeit betrachtet, den Mittelstand in die (damals) abgelegene Upper West Side zu locken und die 1846 verlegten, wenig ansprechenden Eisenbahnschienen am Hudson River entlang zu verdecken. Entworfen wurde der Park vom gleichen Architektenteam wie der Central Park, allerdings ist er nicht ganz so imposant und weitläufig. **Frederic Law Olmsted** begann im Jahre 1873 mit der Planung. Bis zur Fertigstellung sollten jedoch 25 Jahre vergehen, und in der Zwischenzeit steuerten andere Architekten, darunter sein Partner **Calvert Vaux**, weitere Entwürfe bei. Felsnasen und zwanglos angeordnete Bäume, Sträucher und Blumen umgeben seine von Bäumen gesäumten Hauptboulevards. Der Park wurde in den 30er Jahren von **Robert Moses** erweitert, der dem Ganzen seinen eigenen Betontouch verlieh, einschließlich einer Rotunde am Boat Basin, 79th Street. Zwischen der 72nd und 79th Street ist der Park am schmalsten und weniger interessant oder landschaftlich schön als im weiter nördlich gelegenen Teil. Entlang des Riverside Drive präsentieren sich jedoch ansehnliche Stadthäuser aus der Zeit um 1900, viele davon mit kupfernen Mansardendächern und Privatterrassen oder Dachgärten. **West End Avenue** erfreut sich einer gewissen Einzigartigkeit in New York, da es sich um eine reine Wohngegend handelt mit eleganten Apartment- und Stadthäusern aus der Vorkriegszeit und so gut wie keinen modernen Hochhäusern.

Am **Verdi Square** kann man sich eine Verschnaufpause gönnen und genüsslich die verzierten Balkone, runden Ecktürme und Kuppeln des **Ansonia Hotels**, 2109 Broadway, zwischen West 73rd und 74th Street, betrachten. Das spektakuläre Gebäude im Beaux-Arts-Stil wurde 1904 fertig gestellt und darf zurecht als formvollendete Grande Dame der Upper West Side bezeichnet werden. Es war niemals ein Hotel, sondern immer ein todschickes Apartmenthaus, und zu seinen prominenten Bewohnern zählten Enrico Caruso, Arturo Toscanini, Lily Pons, Florenz Ziegfeld, Theodore Dreiser, Igor Strawinsky und Babe Ruth.

Von außen betrachtet weit weniger spektakulär ist das **Beacon Theater**, 2124 Broadway, zwischen West 74th und 75th Street, ✆ 496-7070. Betritt man jedoch dessen Lobby oder den denkmalgeschützten Zuschauerraum mit seinen 2700 Plätzen, entfaltet das Theater ein extravagantes Interieur, das die unterschiedlichsten Stilrichtungen vereint. Außerdem ist es ein hervorragender Veranstaltungsort für Rockkonzerte.

Das im Jahre 1930 erbaute, den ganzen Block einnehmende **San Remo**, 145–146 Central Park West zwischen 74th und 75th Street, ist mit seinen kunstvoll verzierten Zwillingstürmen, gekrönt von pseudo-römischen Tempeln mit Säulen, die von den meisten Stellen im Park aus zu sehen sind, einer der berühmtesten Teile der Central-Park-Skyline. Und zudem ein sehr exklusiver: Vor einigen Jahren versuchte Madonna, hier ein Apartment für mehrere Millionen Dollar zu kaufen, doch wurde ihr vom Ausschuss für Eigentumswohnungen die Genehmigung deutlich verweigert. Zahlreiche andere Berühmtheiten jedoch erhielten die Erlaubnis, z.B. Warren Beatty, Diane Keaton und Mary Tyler Moore.

Einen Block weiter nördlich erreicht man den **Central Park Historic District**, der von der 75th bis zur 77th Street, Central Park West, und von der 76th Street in Richtung Columbus Avenue reicht. Hier stehen viele kleine Reihenhäuser aus der Zeit um 1900 sowie das **Kenilworth Apartments**, 151 Central Park West, Baujahr 1908, das mit einem außergewöhnlichen Mansardendach und einer üppig verzierten Kalksteinfassade versehen ist.

Weiter nördlich, zwischen 76th und 77th Street, befindet sich die **New York Historical Society**, 170 Central Park West, ✆ 873-3400, die neben einer Sammlung, aus Büchern, Drucken sowie 432 originale Audubon-Aquarellen mit Vogeldarstellungen bestehend, eine wissenschaftliche Bibliothek (s.S. 259) beherbergt. Der nächste Block umfasst den Stolz des Viertels: Das **American Museum of Natural History**, Central Park West, zwischen der 77th und 81st Street. Das naturgeschichtliche Museum, dessen Sammlung aus 34 Millionen Ausstellungsstücken besteht, gilt als das größte seiner Art und nimmt die Fläche von vier Häuserblocks ein. Es ist ein riesiger, eleganter Bau, der in mehreren Etappen ab 1872 (zunächst von Calvert Vaux und Jacob Wrey Mould) errichtet wurde und in seiner Architektur eine entsprechend skurrile Mischung verschiedener Stile vereint. Strenge neoklassizistische Formen sind darin ebenso vertreten wie rustikale neoromanische Elemente. Ideal zum Lesen oder Sonnen ist der ausladende Treppenaufgang, mit einem ebenso stolzen Reiterstandbild des früheren Präsidenten Theodore Roosevelt, der resolut von seinem Pferd herabblickt und von zwei Indianern begleitet wird, die mutig neben ihm her marschieren. Näheres zu dem Museum s.S. 248.

Man sollte sich die Zeit nehmen, die 77th Street in Richtung Westen entlang zu schlendern, um die schönen Stadthäuser und Apartmentgebäude aus der Vorkriegszeit mit hervorragendem Blick auf das Natural History Museum zu bewundern. An Sonntagen lohnt sich ein Besuch des ausgedehnten **Flohmarktes**, der das ganze Jahr über im PS 44-Schulhof, Ecke 77th Street und Columbus Avenue, stattfindet; ein guter Ort, um neuen und älteren Schmuck, Kleider, nette Kleinigkeiten und sogar Vitaminhaltiges vom Obst- und Gemüsemarkt am Eingang 77th Street zu erstehen.

Zwischen Broadway und West End Avenue sowie West 78th bis 79th Street erstreckt sich über einen ganzen Häuserblock der enorme Kalksteinkomplex der **Apthorp Apartments**, 2211 Broadway. Er wurde 1908 von William Waldorf Astor erbaut, und die kunstvoll verzierten Eisentore der früheren Wageneinfahrt führen zu einem zentralen Hof mit einem großen Springbrunnen, der vom Broadway aus zu sehen ist. Jenseits der hübschen eisernen Zufahrtstore liegt ein idyllischer Hof mit einem Brunnen. Mit die besten Bagels von New York erhält man bei *H&H Bagels*, 2239 Broadway, Ecke 80th Street, wo pro Tag angeblich über 50 000 Bagels gebacken werden. Eine weitere kulinarische Attraktion ist *Zabar's*, 2254 Broadway, zwischen der 80th und 81st Street, der wichtigste Delikatessenladen der Upper West Side und außerdem ein Wahrzeichen dieser Gegend. Zabar's bietet alles, was das Herz eines Gourmets höher schlagen lässt. Das Erdgeschoss des markanten Gebäudes ist Lebensmitteln vorbehalten, während im Obergeschoss alle nur erdenklichen, exotischen und kuriosen Küchengeräte und -utensilien angeboten werden.

Einen weiteren schönen Rastplatz bietet das **79th Street Boat Basin** im Riverside Park. Wege zu beiden Seiten der 79th St am Riverside Drive führen zu dieser Stelle: Zunächst erreicht man eine Betonrotunde, danach geht man weiter, bis das Wasser zu sehen ist. Auf der nördlichen Seite der 79th Street gibt es eine Rampenzufahrt für Rollstuhlfahrer, Fahrräder oder Kinderwagen. Jenseits der Treppen und der Straßenunterführung gelangt man zu dem wenig bekannten Ort, wo mehrere hundert Manhattaner in Hausbooten auf dem Wasser leben und andere ihre Motor- oder Segelboote liegen haben. Es ist eine der friedlichsten Ecken der Stadt, und obwohl der Blick hinüber nach New Jersey nicht unbedingt der schönste ist, wirkt er nach dem ermüdenden Gewühle und Gedränge Manhattans geradezu belebend, insbesondere wenn man ihn von der Terrasse des kürzlich hier eröffneten Restaurants genießt. Nähere Informationen zum *Boat Basin Café* s.S. 320.

Entlang des Riverside Drive zwischen der 80th und 81st Street befinden sich zahlreiche unter Denkmalschutz stehende **Stadthäuser**, klassische braune Sandsteinhäuser mit geschwungener Fassade, Erkerfenstern, Giebeldächern und weiteren reizvollen Details. Ganz in der Nähe befindet sich das **Children's Museum of Manhattan**, 212 West 83rd Street, zwischen Broadway und Amsterdam, ✆ 721-1234, ein ansehnliches fünfstöckiges Gebäude, in dem interaktive Ausstellungen gezeigt werden. Diese bieten für Kinder aller Altersgruppen eine Anregung zum Lernen in einer freundlichen, entspannten Umgebung. Die Dr. Seuss-Ausstellung und der Erzählraum voller Bücher, unter denen die Kinder auswählen können, erfreuen sich besonderer Beliebtheit. Informationen zu Öffnungszeiten und Eintrittspreisen s.S. 390, Kinder. Der Standort des Children's Museum ist sehr passend, da das Straßenbild des Broadway zwischen der 80th und 90th Street in erster Linie von Eltern geprägt ist, die mit Babies in Sportwagen oder kleinen Kindern an der Hand den Boulevard entlang spazieren, in Cafés essen und in den Parks spielen.

Im inzwischen zu einem gesichtslosen Wohnhaus verblassten Gebäude 215 West 84th Street residierte einst **Edgar Allen Poe**. Während er 1844 das Werk *Der Rabe* zu Ende schrieb, lebte er in einem Bauernhaus an dieser Stelle. Wahre Fans laufen besser nach Westen zum **Mount Tom** genannten Felsen auf Höhe der 83rd Street im Riverside Park, wo Poe u.a. *To Helen* verfasst haben soll.

Von West 86th Street bis 110th Street

Im nördlichen Teil der Upper West Side hat sich in den letzten Jahren viel verändert. Langsam dringen Besserverdienende nach Norden vor, was nicht in jeder Hinsicht einen Vorteil bedeutet. Starbucks-Cafés machen sich hier breit, ebenso Ableger von Bekleidungshausketten; andererseits eröffnen hier aber auch tolle neue Restaurants. Eines der wenigen alteingesessenen Lokale im Viertel ist das auf Räucherfisch spezialisierte **Barney Greengrass (the Sturgeon King)**, Amsterdam Avenue, zwischen 86th und 87th Street, welches im Jahre 1908 seine Türen öffnete.

Zwischen der Columbus und der Amsterdam Avenue liegt die **Claremont Riding Academy**, 175 West 89th Street, ✆ 724-5100, das Zuhause für die Pferde der privilegierten Viertelbewohner und der älteste noch existierende Reitstall in Manhattan. Wer will, kann hier Reitstunden nehmen oder einen Ausritt auf den Reitwegen des nahen Central Park unternehmen. Obwohl es nördlich der 90th Street am Central Park West selbst kaum noch elegante Apartmentgebäude gibt, sind doch einige ansehnliche Stadthäuser und Apartments aus der Vorkriegszeit erhalten geblieben. Das luxuriöseste unter ihnen ist der Art-déco-Komplex der **Eldorado Apartments** (300 Central Park West, zwischen 90th und 91st Street) aus dem Jahr 1931. Reizvoll ragt es über die Skyline als nördlichstes der doppeltürmigen Luxusapartmenthäuser am Central Park West über die Skyline hinaus und kennzeichnet zudem den Übergang von den edlen Wohnbauten südlich der 96th Street zu den Sozialwohnungen und eher schäbigen Behausungen weiter nördlich.

Der 1873 nach Plänen von Frederick Olmsted angelegte **Riverside Park** erstreckt sich über eine Länge von ca. 50 Häuserblocks als beschauliche Grünoase am Westrand der Upper West Side. Bei der Erkundung der Gegend um die West End Avenue zwischen der 90th und 105th Street trifft man im Riverside Park auf einige sehenswerte Denkmäler, darunter an der West 89th Street, Ecke Riverside Drive das marmorne **Soldiers' and Sailor's Monument** (1902) zu Ehren der Toten des Amerikanischen Bürgerkriegs. Nördlich davon erhebt sich auf Höhe der West 93rd Street das **Joan of Arc Monument** über den 6500 m^2 großen, Joan of Arc Island genannten Parkabschnitt aus Kopfsteinpflaster und Rasen. Auf Höhe der West 100th Street steht schließlich das **Firemen's Memorial**, ein 1913 entworfenes stattliches Gedenkfries, gekrönt von den Statuen *Courage* und *Duty*. Außerdem gibt es im Riverside Park, unmittelbar südlich der 96th Street einen großen **Gemeindegarten**, der von Freiwilligen aus der Gegend liebevoll gepflegt wird.

Der Weg durch das dichte Gedränge auf dem Broadway führt zwischen der West 94th und 95th Street schließlich zum **Symphony Space**, 2537 Broadway, ✆ 864-5400, einem der großen Kulturzentren New Yorks, das für sein ausgefallenes, bisweilen skurriles Programm bekannt ist. Regelmäßig finden Lesungen (so genannte *Selected Shorts*) sowie Klassik- und World-Music-Konzerte statt. Am berühmtesten sind jedoch die 12-stündigen Musikmarathons, wie z.B. der alljährliche Leonard Bernstein Marathon und die in einem Stück dargebotene Lesung von Joyces Ulysses an jedem 16. Juni.

Zur Zeit ist das Theater für Besichtigungen geöffnet; das Veranstaltungsprogramm sollte man allerdings im Voraus telefonisch erfragen. Eine weitere interessante Sehenswürdigkeit ist das **Metro Theater**, Broadway, Ecke 99th Street, eines der wenigen überlieferten Filmtheater in New York, das noch immer Teile der Originalfassade aufweist. Über dem Vordach ist in der Mitte ein Art-déco-Design mit Masken aus der griechischen Tragödie zu sehen. Weiter nördlich am Riverside Drive, zwischen 105th und 106th Street, steht ein attraktiver Block mit historischen Apartments. Den Anfang macht der heutige Riverside Study Center, **330 Riverside Drive**, ein fünfstöckiges Beaux-Art-Gebäude aus dem Jahre 1900. Besonders bemerkenswert sind das kupferne Mansardendach, die Balkone aus Stein und die feinen Eisenschnörkel. **331 Riverside Drive** ist der derzeitige Hauptsitz der New York Buddhist Church. Früher wohnte hier Marion Davies, eine Schauspielerin aus den 30er Jahren, die vor allem als William Randolph Hearsts Mätresse berühmt wurde. Im Jahre 1902 ließ Hearst für sie diese kleine Villa bauen, in der auch er sich ab und zu aufhielt, während seine Familie nicht weit entfernt in Downtown lebte.

Das seltsame kleine Nachbargebäude ist ebenfalls Teil der **New York Buddhist Church**. Es zeigt eine überlebensgroße Bronzestatue von Shinran Shonin (1173–1262), dem japanischen Gründer der buddhistischen Religionsgemeinschaft **Jodo-Shinsu**. Sie stand früher in Hiroshima und hat irgendwie die Atombombenexplosion im August 1945 überlebt. 1955 wurde sie als Symbol für „fortwährende Hoffnung auf den Weltfrieden" nach New York gebracht und befindet sich seitdem an dieser Stelle. Nach landläufiger Meinung war die Statue damals noch radioaktiv, und in den 50er und 60er Jahren wurden die Kinder dazu ermahnt, die Luft anzuhalten, wenn sie an ihr vorbeigingen. Das River Mansion, **337 Riverside Drive**, an der Ecke 106th Street, war einmal das Zuhause des großartigen Komponisten und Musiker Duke Ellington, folglich wurde dieses Stück der West 106th Street in Duke Ellington Boulevard umbenannt.

An der 107th Street treffen der Broadway und die West End Avenue am kleinen, kürzlich neu gestalteten **Strauss Park** zusammen. Im Zentrum der winzigen Anlage steht die von Augustus Lukeman gestaltete Statue einer Frau, die sich über ein Wasserbecken beugt. Nathan Strauss, der einstige Besitzer von *Macy's*, wollte damit seinem Bruder und Geschäftspartner Isidor sowie dessen Frau Ida, die beide in der Nähe wohnten und 1912 mit der *Titanic* untergingen, ein Denkmal setzen. Der Legende nach soll sich Ida geweigert haben, Isidor zu verlassen und in ein Rettungsboot (das Frauen und Kindern vorbehalten war) zu steigen.

Cathedral of St. John the Divine, Columbia University und Morningside Heights

Das unmittelbar nördlich der Upper West Side gelegene Gebiet erlebte im letzten Jahrzehnt ebenfalls mehrere Phasen gesellschaftlicher Veränderungen in Richtung Ansiedlung besser betuchter Bürger. Aber glücklicherweise gelang es, die ganz eigene Collegetown-Aura zu bewahren und dem Drang – zumindest bisher – zu widerstehen, kleine Geschäfte in Kaufhausableger umzuwandeln oder luxuriöse Apartmenthochhäuser zu errichten. In diesem für New York sehr typischen Viertel leben Studenten und Professoren, Mittelschichtsfamilien, denen die Mieten weiter südlich in Downtown etwas zu hoch sind, sowie eine Mischung aus

Weißen, Schwarzen, Latinos und Asiaten in guter Nachbarschaft. Sehenswürdigkeiten sind in dieser Gegend rar gesät, Abgesehen von der Kathedrale und der Columbia University sind Sehenswürdigkeiten in dieser Ecke rar, doch schon der beiden genannten wegen lohnt sich der Abstecher.

Cathedral of St. John the Divine

Aus dem urbanen Umfeld ragt zwischen der 110th und 113th Street an der Amsterdam Avenue die majestätische Cathedral of St. John the Divine. Sie ist zwar noch weit von ihrer Vollendung entfernt, aber nach wie vor eine von New Yorks größten Sehenswürdigkeiten und wird häufig von Würdenträgern und führenden Politikern besucht, unter anderem vom Dalai Lama. Wer Weihnachten in der Stadt verbringt, sollte an Heiligabend nicht die Lichtermesse **Christmas Eve Candlelight Carol Service** um 22 Uhr verpassen. Allerdings muss man früh da sein. Wenn die Musik beginnt, ist St. John's schon längst überfüllt, und es ist sogar schwierig, einen Stehplatz zu ergattern. Jeder ist willkommen, und wenn man nach dem Singen und vor dem Gottesdienst gehen möchte, kann man das gerne tun. Viele Leute aus allen Teilen der Stadt kommen nur der Musik und des Ambiente wegen her.

Die 1892 nach romanischem Vorbild begonnene Episkopalkirche wurde 1911 nach einem Architektenwechsel im Stil der französischen Gotik fortgeführt. Schritten die Bauarbeiten anfänglich noch zügig voran, kamen sie mit Ausbruch des Zweiten Weltkriegs 1939 zum Erliegen und sind erst wieder Mitte der 80er Jahre aufgenommen worden. 1994 meldete die Kirche Konkurs an. Allerdings leidet das Projekt unter erheblichen Finanzierungsschwierigkeiten und prinzipiellen Bedenken derjenigen, die das Geld lieber zugunsten der lokalen Gemeinde angelegt sähen, und hat eine Geldsammelaktion gestartet in der Hoffnung, die Bauarbeiten bald wieder aufnehmen zu können.

St. John's ist in erster Linie eine Gemeindekirche und beherbergt neben einer Suppenküche auch Obdachlosenunterkünfte sowie eine Turnhalle, bietet AIDS-Hilfe und andere soziale Programme; ein Amphitheater für Konzerte und Theateraufführungen ist in Planung. An der Konstruktion der Kathedrale arbeiten schwarze Gemeindemitglieder, die der Tradition und der Anleitung englischer Steinmetze in den kircheneigenen Werkstätten folgen. Der Bau schreitet zwar stetig, aber nur langsam voran – bisher sind erst zwei Drittel der Kathedrale fertig, und ein Ende der Arbeiten ist selbst ohne Unterbrechung nicht vor 2050 zu erwarten. Nach ihrer Vollendung wird St. John the Divine die größte Kathedrale der Welt sein – mehr als 180 Meter lang und in den Querschiffen knapp 100 Meter breit – groß genug, um Notre Dame und die Kathedrale von Chartres in sich aufzunehmen oder, wie Tourguides gern betonen, um zwei ganzen Football-Feldern Platz zu bieten.

Vor kurzem wurde das *Portal of Paradise* an der Westfront der Kathedrale vollendet, ein beeindruckendes, aufwendig bearbeitetes Portal aus Kalkstein mit 32 biblischen männlichen und weiblichen Figuren; wo ursprünglich ausschließlich Männer dargestellt wurden, sind heute schockierende Motive, wie ein apokalyptischer Rauchpilz über Manhattan, in den Kalkstein geschnitzt. Allein diese Arbeiten nahmen mehr als 10 Jahre in Anspruch, dabei stellen sie nur einen Bruchteil der noch anstehenden Aufgaben dar.

Ein Gang durch das Kirchenschiff zeigt jedoch, dass der gewaltige Bau weit mehr zu bieten hat als nur die üblichen amerikanischen Superlative. Auch im Innern sind die verschiedenen Stilrichtungen deutlich zu erkennen, vor allem im Chor, der sich über schweren romanischen Säulen zu einem leichten gotischen Gewölbe erhebt. Die Kuppel über der Vierung soll später durch einen prachtvollen gotischen Turm ersetzt werden. Die progressive Art von St. Johns ist in der ganzen Kathedrale spürbar: Bemerkenswert sind der raffiniert verzierte hölzerne **Altar for Peace**, die **Poets Corner**, in der Namen amerikanischer Poeten in den Steinfußboden gemeißelt sind, sowie ein Altar zum Gedenken an AIDS-Opfer.

Einen Eindruck davon, wie die Kathedrale nach ihrer Vollendung einmal aussehen wird, vermittelt das maßstabsgetreue Modell im

Souvenirladen, der zur Zeit im nördlichen Querschiff untergebracht ist. Dort findet man außerdem eine interessante Auswahl an Büchern und Souvenirs. In unmittelbarer Nachbarschaft und auf der Südseite der Kathedrale befinden sich die mit Tiermotiven verzierten **Bestiary Gates** (alljährlicher Schauplatz der Tiersegnungszeremonie anlässlich des Feast of St. Francis) und der **Children's Sculpture Garden**, der kleine Bronzetierskulpturen von Schulkindern ausstellt. Bei einem anschließenden Rundgang über das Außengelände der Kathedrale kann man einen Blick in die Werkstätten werfen. Hier treiben Harlems angehende Steinmetze ihre Meißel in die Gesteinsquader, die zukünftig die Kathedrale schmücken werden.

Columbia University und Morningside Heights

Östlich der Cathedrale of St. John erstreckt sich Morningside Heights, nach dem sehr weitläufigen Morningside Park benannt, der als Pufferzone zwischen East Harlem und dem akademischen, relativ wohlhabenden und erhöht liegenden Viertel Columbia fungiert. **Morningside Park**, 1887 nach Plänen von Frederick Olmsted angelegt, erstreckt sich zwischen der 110th und der 123rd Street. Der üppig begrünte Park ist tagsüber zwar sehr angenehm, nach Einbruch der Dunkelheit sollte man ihn jedoch unbedingt meiden.

Einen Gebäudeblock weiter reihen sich entlang des Broadway einige billige Restaurants, Bars, Cafés und Buchläden aneinander und die Atmosphäre wird wieder lebendiger. Das Haus Nr. 2911, zwischen 113th und 114th Street, beherbergt das *Westend End*, das in den 50er Jahren Treffpunkt von Kerouac, Ginsberg und anderen Vertretern der Beats war. „Einer jener unscheinbaren Orte", schrieb Joyce Johnson, „die vor der Ära der weißen Wände, der Topffarne und der unechten Tiffany-Lampen aus irgendeinem Grund immer die besten Treffpunkte abgaben." Noch heute besuchen Studenten der nahe gelegenen Universität das Lokal, das sein Unterhaltungsprogramm inzwischen um *Stand-up Comedy* und Karaoke erweitert hat.

Die **Columbia University**, deren Campus sich zwischen dem Broadway und dem Morningside Drive über sieben Häuserblocks erstreckt, von der 114th bis 121st Street, hat ihren Haupteingang am Broadway, Ecke 116th Street. Sie zählt neben den im Nordosten der USA angesiedelten Elite-Universitäten der *Ivy League* zu den renommiertesten akademischen Lehreinrichtungen des Landes. Zentrales Prunkstück des von McKim, Mead and White in eindrucksvollem Beaux-Arts-Stil gestalteten Geländes ist der säulengestützte Kuppelbau der **Low Memorial Library**, die sich über einer breiten Steintreppe erhebt und Hauptschauplatz der Proteste gegen den Vietnamkrieg war.

Während des laufenden Schuljahres finden von Mo–Fr vom **Information Office**, 116th Street, Ecke Broadway, ausgehend Führungen über den Campus statt; Anmeldung sowie weitere Informationen unter ✆ 854-4900.

Einen kulinarischen Höhepunkt und einen großartigen Rundumblick auf Manhattan (es gehört jedoch der gehobenen Preiskategorie an) bietet das Restaurant *The Terrace* im obersten Stockwerk der **Butler Hall**, 400 West 119th Street; Reservierung empfohlen unter ✆ 666-9490. Besonders die prachtvolle, im englischen Tudorstil errichtete **Russell Hall** sticht bei einem Blick aus dem Fenster ins Auge.

Auf der anderen Seite des Broadway befindet sich das kaum weniger malerische Gelände des der Columbia University angegliederten **Barnard College**. Bis 1983, d.h. bis die Columbia University auch weibliche Studenten zuließ, machten Frauen ihren Abschluss an dieser Hochschule. Viele Frauen entscheiden sich immer noch dafür, hier zu studieren, und Barnard bewahrt seinen Status als eines von Amerikas „Seven Sisters"-Elite-Colleges.

Riverside Church, nördlich von hier am Riverside Drive zwischen 120th und 121st Street gelegen, weist einen anmutigen, von der französischen Gotik und der Kathedrale in Chartres inspirierten Turm auf. Wie St. John's dient die Kirche der umliegenden Gemeinde als Begegnungsstätte und Zentrum für Aktivitäten. Vom Turm aus eröffnet sich nach der Fahrt mit dem Aufzug in die 20. Etage und dem anschließenden Aufstieg über die Treppen um das Glockenspiel herum (mit 74 Glocken das weltweit Größte), der Blick auf einen Teil der zerklüfteten Skyline Manhattans, auf New Jersey und die Hügellandschaft jenseits davon sowie bis hinüber zur Bronx und nach Queens. Beachtenswert ist daneben das offene und (mit Ausnahme der mit Schmuckelementen überladenen Apsis) zurückhaltende Kircheninnere, das sich deutlich von dem geheimnisvollen Dunkel der Cathedral of St. John the Divine unterscheidet. ◐ Mo–Sa 9–16.30 Uhr, Gottesdienst So 10.45 Uhr.

Einen Katzensprung von der Kirche entfernt liegt **Grant's Tomb**, Riverside Drive zwischen 122nd und 131st Street; ein Denkmal in griechischem Stil und das größte Mausoleum des Landes. Es ist die letzte Ruhestätte des im Bürgerkrieg sehr erfolgreichen, als 18. Präsident der Vereinigten Staaten jedoch weniger vom Glück begünstigten Ulysses S. Grant und dessen Frau. Die schwarzen Marmorsarkophage entstanden nach Vorbild des napoleonischen Originals. Im Zuge einer umfassenden Reinigung wurde das Grabmal 1996 von Graffiti und Müll befreit und bietet heute wieder einen würdigen Anblick. ◐ tgl. 9–17 Uhr, ✆ 666-1620.

Upper East Side und Roosevelt Island

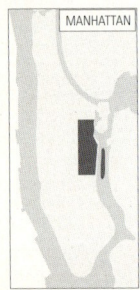

Der besondere Tipp

➤ In Yorkville den Spuren deutscher Einwanderer folgen
➤ Bei einer Führung durch das historische Gracie Mansion erfahren, wie der Bürgermeister (offiziell) wohnt
➤ Im Met die kürzlich im Beaux-Arts-Stil renovierten Räume der Galerien des 19. Jahrhunderts bewundern (und natürlich die Impressionisten)

Charakteristisches Merkmal von Manhattans Upper East Side, einem gut 5 km² großen Rechteck östlich des Central Park, durch das die Prachtboulevards Madison, Park und Lexington Avenue verlaufen, ist Wohlstand. Während andere Viertel stetem Wandel durch Einwander, künstlerische Trends und Modewellen ausgesetzt sind, hält sich hier eine konservative Enklave der betuchten Oberschicht mit entsprechend noblen Läden, sauberen und verhältnismäßig sicheren Straßen, bestens gepflegten Gebäuden und Sehenswürdigkeiten sowie einigen der schönsten Museen der Stadt. Östlich der Lexington Avenue erstreckte sich bis vor kurzem noch eine Arbeitergegend mit bescheidenen Quartieren, mit der Sanierung hat sich der Charakter des Gebiets jedoch erwartungsgemäß rasch verändert, obwohl es sich in Richtung Fluss noch immer deutlich verfallener präsentiert.

Die westliche East Side

Seit der Eröffnung des Central Park 1876 repräsentiert die **Fifth Avenue** das hochmütige, aristokratische Antlitz Manhattans. Damals wurden die Carnegies, Astors, Vanderbilts, Whitneys und andere Kapitalisten von der unteren Fifth Avenue und Gramercy Park dazu verlockt, ihre vornehmen Residenzen weiter nördlich auf dem östlichen Längsstreifen am Central Park zu errichten. Damit wurden die Adressen in der oberen Fifth Avenue auf einmal nicht nur akzeptabel, sondern sogar modisch. Noch heute gelten sie als so prestigeträchtig, dass bei Gebäuden, die keinen Eingang an Fifth Avenue besitzen, anstelle der korrekteren Nebenstraßenadresse die besser klingende Möchtegern-Adresse an der Fifth Avenue angegeben wird.

Die Gebäude mit Ausblick über den Park wurden zu einer Zeit errichtet, als der Neoklassizismus groß in Mode war. Entsprechend üppig sind die noch existierenden Häuser von damals mit Säulen und klassischen Statuen verziert. Die meisten Häuser, die man heute sieht, sind jedoch Bauten der dritten oder vierten Generation, denn Schwindel erregend hohe Gewinne durch einen rasanten Anstieg der Grundstückswerte verführten zu schnellen Käufen und Verkäufen. So wurden gegen Ende des 19. Jahrhunderts teure und ausgefallene Villen gebaut, die zehn bis fünfzehn Jahre später bereits wieder abgerissen wurden, um noch extravaganteren, in der Regel luxuriösen Appartmentblöcken Platz zu machen.

Die südliche Fifth Avenue

Die ovale **Grand Army Plaza** an der Kreuzung Central Park South und Fifth Avenue ist das südliche Tor zur Upper East Side. Gleichzeitig teilt sie die Fifth Avenue in die sich nach Süden erstreckende Einkaufsmeile und den nördlich davon gelegenen Wohnboulevard. Die Plaza, mit einem Springbrunnen sowie einer kürzlich neu vergoldeten Statue des Bürgerkriegshelden General William Tecumseh Sherman versehen, ist darüber hinaus einer der spannendsten öffentlichen Plätze der Stadt. An ihrem westlichen Rand prunkt das schlossähnliche **Plaza Hotel**, dahinter ragt die verdunkelte, einem gewölbten Bildschirm ähnliche Fassade des **Solow Building** empor. Auf der gegenüberliegenden Seite des Platzes verbergen sich hinter der imposanten Marmorverkleidungen des **General Motors Buildings** allein sechs Etagen voller Spielzeug bei **F.A.O. Schwartz**, dem größten gewerblichen Mieter des Gebäudes. Nördlich davon stehen zwei luxuriöse Hotels: das **Sherry Netherland** und einen Block weiter, an der 61st St, das **Pierre**. Viele der Zimmer sind von Dauergästen belegt, die sich über Geld keine Gedanken zu machen brauchen.

In der Fifth Avenue und Umgebung befinden sich zahlreiche Clubs - traditionell nur für Männer gedacht und damals wie heute auf die hier lebende wohlhabende Bevölkerung ausgerichtet. Als gegen Ende des vergangenen Jahrhunderts **J.P. Morgan** und Cornelius Vanderbilt mit seinen Freunden das gesellschaftliche Parkett betrat, blickte die etablierte Gesellschaft noch mit Argwohn auf die Banker und Finanziers, und verwehrte ihnen den Zutritt zu den Clubs in Downtown. Als ein Mann, der keine Kränkung auf sich sitzen ließ, beauftragte Morgan Stanford White, ihm seinen eigenen Club zu entwerfen, größer, besser und eindrucksvoller als alle anderen Clubs. So entstand der **Metropolitan Club**, 1 East 60th Street, eine ausschweifende Kreation mit einem fantastisch ausgefallenen Eingangsbereich.

Eine andere Gruppe, die von der New Yorker Gesellschaft nicht mit offenen Armen aufgenommen wurde, die wohlhabender Juden, gründete in den 50er Jahren des 19. Jahrhunderts den eleganten **Harmonie Club** an der 4 East 60th Street. Die Anwesenheit so vieler *Parvenüs* rief die braven Bürger auf den Plan, und 1915 entstand an der Ecke Fifth Avenue und 62nd Street der **Knickerbocker Club**, ein schönes Backsteingebäude im Federal-Stil, als Antwort auf die „lockeren Regeln" des **Union Club**, 101 East 69th St, der einigen von Morgans und Vanderbilts Freunden Zutritt gewährt hatte. Bevor auch nur der Gedanke aufkam, Frauen zu diesen geheiligten Bastionen der alten Männergarde zuzulassen, war 1903 bereits der **Colony Club**, Park Avenue, 62nd Street, gegründet worden, der älteste Gesellschaftsclub von Frauen für Frauen in der Stadt. Im Jahr 1933 bauten Delano & Aldrich, die Firma, die auch den Knickerbocker Club entworfen hatte, ein schickes Gebäude im Kolonialstil mit großzügigen Sportanlagen, in dem der **Cosmopolitan Club**, 122 East 66th Street, untergebracht wurde. Anfänglich schickten reiche Damen ihre Gouvernanten dorthin, beanspruchten ihn aber allmählich für sich selbst. Seine weißen, schmiedeeisernen Balkongitter erinnern an New Orleans; an der Rückseite befindet sich eine den Clubmitgliedern vorbehaltene Rasenanlage.

Vergleichsweise nüchtern nimmt sich demgegenüber der **Temple Emanu-El** an der 65th Street, Ecke Fifth Avenue, aus. Diese größte jüdisch-reformierte Synagoge Amerikas trägt romanisch-byzantinische Züge und wirkt von außen kleiner, als sie tatsächlich ist. Ihr höhlenartiger Innenraum verliert sich geheimnisvoll ins Dunkel und hinterlässt im Betrachter ein Gefühl der Verlorenheit. ⊕ Mo–Fr 10–17, Sa 12–17, So 10–17 Uhr, ⊕ an hohen Feiertagen ✆ 744-1400. Die **Alliance Française**, das französische Kulturinstitut in Nr. 22 East 60th St, ✆ 355-6100, veranstaltet interessante Vorträge und Ciné-Club-Abende mit klassischen und zeitgenössischen französischen Filmen.

Die übrigen Straßen bis zur 70th Street bieten ein typisches, gemischtes Bild der Upper East Side – gepflegte kleine Wohnhäuser mit elegantem städtischen Flair. Eines der schönsten Privathäuser hier ist das **Ernesto and Edith Fabbri House**, 11 East 62nd Street, aus der Zeit um 1900, das für eine Tochter Vanderbilts im Pariser Beaux-Arts-Stil mit verschnörkelten Eisenbalkonen errichtet wurde. Das **Sarah Delano Roosevelt Memorial House**, 47 East 65th Street, wurde von Sarah Delano Roosevelt als Stadthaus für ihren Sohn Franklin in Auftrag gegeben. Das Haus Nr. 142 gehörte Richard Nixon, und die Nr. 115 ist das US-Hauptquartier der PLO.

Museumsmeile und Umgebung

Weiter nördlich verwandelt sich die Fifth Avenue in die Museumsmeile, New Yorks dichteste Konzentration an Kunstsammlungen, von denen mehrere in den wenigen noch erhaltenen Villen untergebracht sind. Das Haus von Henry Clay Frick, Ecke 70th Street, ist etwas weniger protzig als die umliegenden Gebäude. Es beherbergt heute in intimer, ruhiger Atmosphäre die **Frick Collection**. Die Besichtigung ist ein Muss, und auch die umliegenden üppigen Gärten sind sehenswert. Direkt an oder nicht weit von der Fifth Avenue entfernt liegen das **Whitney Museum** (moderne amerikanische Kunst), das **Metropolitan Museum** (das *Met*), die **Guggenheim Collection** (Malerei des 20. Jahrhunderts in Frank Lloyd Wrights verblüffendem Schneckenhaus), die **National Academy of Design**, das **Cooper-Hewitt Museum of Design**, das **Jewish Museum**, das **International Center of Photography** und, etwas weiter nördlich, das **Museum of the City of New York** sowie das **Museo del Barrio**. Die Museumsmeile bietet also mehr als genug, um mindestens eine Woche lang beschäftigt zu bleiben. Ausführliche Informationen zu den Sammlungen s.S. 226 ff.

Sieht man von den Museen der Fifth Avenue ab, so ist die Gegend zwar glanzvoll, aber doch eher leblos. Unmittelbar östlich davon erstreckt sich die **Madison Avenue**, die bis in die 20er Jahre eine reine Wohngegend war. Heute präsentiert sie sich in erster Linie als elegante Ein-

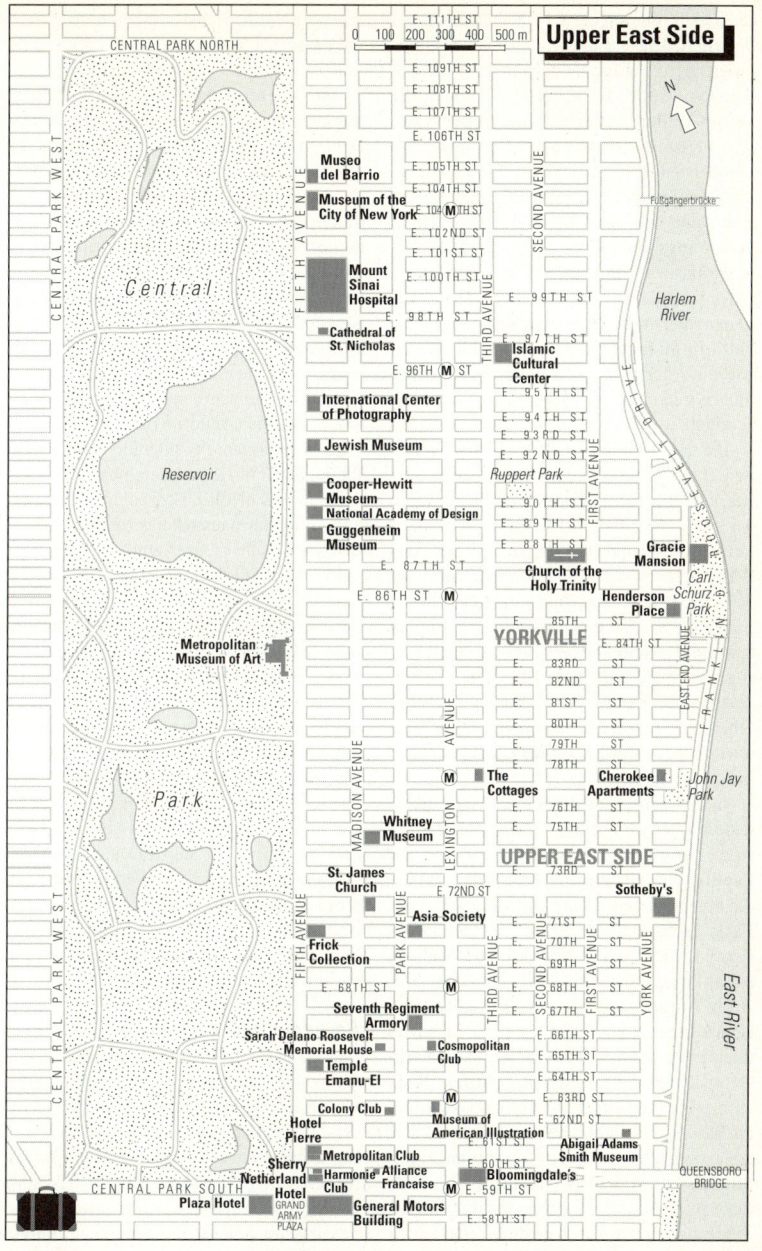

kaufsmeile, die von einer Reihe hochkarätiger Designerläden gesäumt wird, bei denen einige Türen verschlossen bleiben. In dem kleinen Haus Nr. 699 Madison, 63rd Street, sind die **Margo Feiden Galleries** untergebracht. Gezeigt werden Werke des großen New Yorker Karikaturisten Al Hirschfeld, der für seine Porträts von Broadway-Stars berühmt ist. Außerdem sollte man sich die Hochzeitskleider in **Vera Wangs** Brautboutique, 991 Madison Avenue, zwischen 77th und 78th Street, nicht entgehen lassen. Eine bemerkenswerte Ausnahme zu dem hier vorherrschenden Kommerz ist die stattliche **St. James' Church**, 865 Madison Avenue, zwischen 71st und 72nd Street, in deren Innern sich ein stilvoller byzantinischer Altar befindet.

Die nur einen Block entfernte **Park Avenue** ist weniger extravagant als die Madison Avenue, sondern eher gediegen-elegant. Zwischen der 90th und 95th Street fallen die schwarzen **Louise Nevelson-Skulpturen** auf den Verkehrsinseln ins Auge, und unmittelbar über der 96th Street geht das Viertel dort, wo die U-Bahnschienen aus der Erde kommen, abrupt in **Spanish Harlem** über. Einer der größten Vorzüge des Boulevards ist der tolle Blick die Park Avenue hinunter auf das **Helmsley Building** (ehemals New York Central Building) in Midtown und das **MetLife Building** (ursprünglich Pan Am) dahinter.

In den Seitenstraßen befinden sich architektonische Schmuckstücke und Residenzen reicher und berühmt-berüchtigter Leute. Die **Familie Wildenstein**, führende Kunsthändler, die derzeit wegen Handel mit Beutekunst der Nazis unter Beschuss stehen, besitzen in der East 64th Street zwischen Park und Madison sowohl eine Galerie als auch eine Privatvilla. **Andy Warhol** verbrachte die letzten 13 Jahre seines Lebens, von 1974 bis 1987, in einem überraschend konservativen, schmalen Backsteinhaus an der **57 East 66th Street**: Nicht einmal Freunde wurden ins Haus gelassen, und als Warhol starb, hinterließ er seltsame Sachen, z.B. eine riesige Sammlung Keksdosen. Einige Straßen östlich der Fifth Avenue, an der Park, Ecke East 66th Street, stehen mehrere **Ställe**, die früher zu den Villen gehörten und inzwischen in teure Kunstgalerien umgewandelt wurden. **Nr. 126** mit seiner romanischen Fassade ist besonders hübsch anzusehen.

Das **Seventh Regiment Armory**, Park Avenue zwischen 66th und 67th Street, dominiert einen ganzen Quadratblock. Erbaut wurde es in den 70er Jahren des 19. Jahrhunderts mit pseudo-mittelalterlichen Zinnen und einem grandiosen doppelten Treppenaufgang sowie spinnenförmigen Eisenkronleuchtern im Inneren. Es ist das einzige noch erhaltene Gebäude aus jener Zeit, bevor die Eisenbahnschienen des New York Central überdacht wurden und die Park Avenue zu einer begehrten Wohngegend avancierte. Innen gibt es zwei noch erhaltene *Aesthetic Movements,* ausgeführt von der Firma, der Louis Comfort Tiffany und Stanford White angehörten: Der Veteranenraum und die Bibliothek; Führungen vereinbaren ✆ 744-8180; unterschiedliche Zeiten. Häufige Kunst- und Antiquitätenausstellungen bieten eine gute Gelegenheit, die riesige Exerzierhalle im Inneren zu bestaunen. Einige Häuser hinter dem Arsenal stehen an der East 67th Street, Ecke Lexington Avenue, einige reizvolle **viktorianische Gebäude**, die nur knapp dem Abriss entkamen und an eine Filmkulisse erinnern: ein hellblaues **Polizeirevier**, eine **Feuerwache** mit leuchtend roten Garagentoren und die ockerfarbene **Park East Synagogue** mit ihren maurischen Bögen, Buntglasfenstern und Kampanilen. Weiter nördlich beherbergt die **Asia Society**, 725 Park Avenue, zwischen East 70th und 71st Street, ✆ 288-6400, eine Dauerausstellung der Rockefeller Collection mit asiatischer Kunst und veranstaltet häufig Symposien, Vorträge, Aufführungen sowie Filmvorführungen. Im Erdgeschoss befindet sich eine gut sortierte Buchhandlung.

Carnegie Hill

Der nördliche Teil der Museumsmeile liegt in der Gegend **Carnegie Hill**, einem historischen Viertel, das von der 86th und 99th Street sowie der Fifth und Lexington Avenue begrenzt wird. Das wohlbehütete und von der Polizei sorgfältig bewachte Wohngebiet umgibt sich nach wie vor mit der Atmosphäre einer geschlossenen Gesellschaft und ist die bevorzugte Adresse neureicher Aufsteiger. Vielleicht kann man einen Blick auf berühmte Anwohner wie Bette Midler oder Michael J. Fox erhaschen, wenn sie mit ihren Leibwächtern Richtung Central Park joggen. Neben solchen Ausblicken ist hier die farbenprächtige, viktorianisch beeinflusste **Russian Orthodox Cathedral of St. Nicholas**, 15 East 97th Street, mit ihren fünf Zwiebeltürmen ein visueller Höhepunkt.

Die östliche East Side

Die **Lexington Avenue** lässt sich kurz als Madison Avenue ohne Klasse beschreiben. Während sich der Reichtum weiter westlich mehrte, beeilten sich Makler, die Grundstücke im östlichen Teil auf Hochglanz zu bringen. Die Zeichen dieser Blütezeit in den 60er Jahren mit Bars wie *Maxwell's Plum* oder großen Geschäften wie *Alexander's* sind aber längst wieder verschwunden. Heute erstreckt sich hier eine der billigeren Gegenden für Studioapartments. Zwischen der 60th und 80th Street leben inzwischen überwiegend junge, ungebundene und mobile Berufstätige, was auch die große Zahl der Singlebars an der Second und der Third Avenue belegt.

Die südlichen Abschnitte

An der südlichen Peripherie der Upper East Side buhlt das berühmte amerikanische Kaufhaus **Bloomingdale's**, 59th Street, Ecke Third Avenue, geschickt um die modebewusste und zahlungskräftige Kundschaft (s.S. 404). In der Nähe liegt zwischen der York und der First Avenue das **Abigail Adams Smith Museum**, 421 East 61st Street, ein weiteres Gebäude aus dem 18. Jahrhundert, das mit knapper Not dem Abriss entging. Abigail Adams, die Tochter von Präsident John Quincy Adams, nutzte den Bau als Stallung. Inzwischen wurden die Räume von den Colonial Dames of America restauriert und im neoklassizistischen Federal Style ausgestattet. Die Möbel samt Nippes sowie der kleine Park an der rückwärtigen Seite verdienen mehr Aufmerksamkeit als das Gebäude selbst, es sei denn, man hat das Glück und bekommt es von einer der mitteilsamen und gebildeten Colonial Dames gezeigt. ⊕ Mo–Fr 12–16, So 13–17 Uhr, im August geschlossen, Eintritt Erwachsene $3, Studenten und Senioren $2, Kinder unter 12 Jahren frei, ✆ 838-6878

Das Gebäude ist von ausgesprochen modernen Bauwerken umgeben und wird von der **Queensboro Bridge** überragt, die dem einen oder anderen vielleicht als **59th Street Bridge** in Simon & Garfunkels *Feeling Groovy* bekannt ist. Die Stahlkonstruktion verbindet Manhattan mit Long Island City in Queens, unterscheidet sich aber erheblich von den Hängebrücken, die an verschiedenen Stellen Manhattans in andere Bezirke führen. „Mein Gott, das sieht ja aus wie eine Schmiede!" war der Kommentar des Architekten Henry Hornbostel, als er die fertig gestellte Brücke 1909 zum ersten Mal sah.

Nördlich davon gibt es außer ein paar Stripclubs für Yuppies kaum etwas zu sehen. Glanz verbreitet erst wieder die New Yorker Niederlassung des in London ansässigen ältesten Auktionshauses der Welt, **Sotheby's**, 1334 York Avenue, zwischen 71st und 72nd Street, ✆ 606-7000. Für einige der großen Auktionen ist eine Eintrittskarte erforderlich, die Besichtigungen sind hingegen frei zugänglich.

Yorkville

Das einstmals deutsch-ungarische Einwandererviertel Yorkville, das sich von der East 77th bis zur 96th und von der Lexington Avenue bis zum East River erstreckt, hat der Upper East Side als einziges eine greifbare ethnische Note verliehen. Ein Großteil der Deutschen kam nach der fehlgeschlagenen Revolution von 1848–49 nach New York und ließ sich in der Umgebung des Tompkins Square im East Village nieder. Doch um die Jahrhundertwende zogen als Folge des Zustroms italienischer und slawischer Einwanderer an die Lower East Side, des tragischen Untergangs eines Ausflugsdampfers mit Anwohnern des Tompkins Square sowie der Eröffnung der Hochbahn immer mehr deutsche Einwanderer in das nördlich gelegene **Yorkville**. Bald darauf folgten andere Bevölkerungsgruppen, und es entstanden eine Reihe hübscher kleiner Stadthäuser, wie z.B. **The Cottages** an der Third Avenue, deren elegante englische Regency-Fassaden und Gärten bis heute erhalten geblieben sind.

Heute muss man lange suchen, um noch etwas deutsches Flair in der Gegend zu entdecken. Die preiswerten Mietwohnungen, die aber gleichzeitig eine beneidenswerte Upper East Side-Adresse versprechen, hat zahlreiche frisch vom College gekommene Berufsanfänger angelockt, die nun mit den wenigen übrig gebliebenen, zumeist älteren deutschsprachigen Anwohnern in freundschaftlicher Atmosphäre zusammenleben. Einige Erinnerungen an früher sind jedoch erhalten geblieben, wie die traditionellen deutschen Delikatessengeschäfte **Schaller and Weber**, 1654 Second Avenue, zwischen 84th und 85th Street, oder das **Bremen House**, 218–220 East 86th Street, zwischen Second und Third Avenue. Ansonsten hat sich das Gebiet jedoch den Vorlieben seiner neueren Bewohner angepasst: Heute werden diese Blocks von Videoläden und Fast-Food-Restaurants beherrscht.

Südlich von hier, beginnend an der 76th Street im Süden und der 78th Street im Norden, erstreckt sich nahe am East River die hübsche Grünanlage **John Jay Park** um ein herrliches Schwimmbecken und eine Fitnesseinrichtung, die jedoch nur New Yorkern mit einem Jahrespass zugänglich sind ($35). An seinem westlichen Rand stehen entlang der Cherokee Street zwischen 77th und 78th Street die **Cherokee Apartments**, die ursprünglich Shively Sanitarium Apartments hießen und hinter ihrer verhalten eleganten Fassade einen wunderschönen Hofgarten besitzen.

Weiter nördlich führt von der 81st Street der **John Finley Walk** als kahle Betonpromenade am Wasser entlang zum **Carl Schurz Park**. Der deutsche Einwanderer Schurz kam im 19. Jahrhundert ins Land und brachte es als Innenminister unter Präsident Rutherford B. Hayes sowie als Herausgeber der *Harper's Weekly* und der *New York Evening Post* zu Ruhm. Verschiedene Pfade schlängeln sich durch den kleinen, aber vorbildlichen Park, der älteren deutschsprachigen New Yorkern sowie Bewohnern der East Side, die ihren briefmarkengroßen Wohnungen zu entgehen suchen, als Erholungsraum dient.

Der **Frank D. Roosevelt Drive** verläuft unterhalb des Parks, so dass Besucher ungestört über den Fluss nach Queens und auf die gefährlichen, nicht umsonst unter dem Namen **Hell Gate** bekannten Strömungen am Zusammenfluss von Harlem River und Long Island Sound blicken können.

Der Carl Schurz Park verdankt seine außerordentlich gute Pflege und Instandhaltung nicht zuletzt dem umfassenden Sicherheitsaufgebot, das dem **Gracie Mansion** an der 88th Street gilt. Das 1799 am Ort einer Revolutionsfestung als Herrenhaus errichtete Gebäude zählt zu den besterhaltenen Kolonialbauten der Stadt. Es stammt in etwa aus derselben Zeit wie das Morris-Jumel Mansion (s.S. 187) und das Abigail Adams House. Seit 1942 dient Gracie Mansion dem New Yorker Bürgermeister als offizielle Residenz. Nur zögerlich zog damals Fiorello LaGuardia, als „Mann des Volkes", nach Gracie Mansion – eine etwas übertriebene Bezeichnung, denn mit einem herrschaftlichen *Mansion* ließ sich das beengte Holzhaus kaum vergleichen. Führungen durch das Gebäude werden für gewöhnlich mittwochs angeboten, allerdings ist hierfür eine telefonische Reservierung, ✆ 570-4751, erforderlich; Spende erwünscht ($4 für Erwachsene, $3 für Senioren).

Dem Park gegenüber liegt an der East 86th Street, Ecke East End Avenue, **Henderson Place**, eine Häuserreihe, die früher Dienstpersonalwohnungen beherbergte, inzwischen aber in ein „historisches Viertel" mit Luxuswohnungen umgewandelt wurde. John Henderson, ein Pelzimporteur und Bauunternehmer, ließ 1882 die kleinen Ziegelhäuser im Queen Anne Style errichten, um den Angestellten der noblen Villen in der East End Avenue eine nahe gelegene und praktische Unterkunft zur Verfügung zu stellen. Während von den alten Villen kaum noch eine steht, gehören die früheren Personalquartiere heute ironischerweise zu den begehrtesten Adressen der Stadt, da sie den Raum, die Ruhe und Zurückgezogenheit bieten, die man andernorts vermisst.

Die Ausläufer von Yorkville

Im Norden von Yorkville liegt zwischen der East 90th und 91st Street sowie Second und Third Avenue eine weitere gepflegte, schattige Grünoase, der kleine **Ruppert Park**.

Erwähnenswert sind in dieser Gegend auch zwei Gotteshäuser. Die in viktorianischem Stil errichtete **Church of the Holy Trinity**, eine malerische, verschwiegene Kirche mit einem bezaubernden kleinen Garten, steht zwischen der First und der Second Avenue, 316 East 88th Street.

Das **Islamic Cultural Center**, nördlich vom Ruppert Park, Third Avenue, Ecke East 96th Street, ist die erste größere Moschee New Yorks. Ihre Ausrichtung gen Mekka wurde millimetergenau mit einem Computer bestimmt. 1997 fand hier die Begräbnisfeier für Betty Shabazz, die Witwe von Malcolm X, statt.

Wie ein Signal weist die helltürkise Fassade des Wohnungsbauprojekts an der 97th Street und First Avenue auf den Wandel der Atmosphäre hin, der sich rasch nach Norden in Richtung des bekanntesten New Yorker Latino-Viertels **El Barrio** mit belebteren Straßen fortsetzt. Westlich davon stoßen die Gleise der U-Bahnlinien 4, 5 und 6 Richtung Bronx an der Lexington Avenue, auf der Höhe 96th Street, aus der Erde, um im weiteren Verlauf ihr Ziel oberirdisch anzusteuern.

Roosevelt Island

In der Nähe der **Queensboro Bridge** verbindet eine **Seilbahn** Manhattan über das Wasser hinweg mit Roosevelt Island. Zwar wurde die Insel vor ein paar Jahren durch einen Tunnel ans U-Bahnnetz angeschlossen, die Fahrt in der Seilbahngondel macht jedoch weit mehr Spaß. Die Seilbahn verkehrt Mo–Do und So 6–14, Fr und Sa 6–15.30 Uhr alle 15 Min., während der Hauptverkehrszeiten alle 7,5 Min., einfache Fahrt $1,50. Auf der Insel kann man für 25¢ mit einem der leuchtend roten Minibusse bis zur Nordspitze der Insel fahren. Erkundungsfreudige belohnt Roosevelt Island mit fantasievollen Wohnhäusern und ungewöhnlichen Ausblicken.

Das kaum mehr als 3 Kilometer lange und maximal 240 Meter breite Eiland befand sich von 1676 bis 1826 im Besitz der Familie Blackwell, die es auch bewohnte und bewirtschaftete. Das Pflaster und die Enge der **Main Street** sorgen bis zum heutigen Tag für eine kleinstädtische Atmosphäre, die man so nirgendwo sonst in der Stadt findet.

Auf den **Meditation Steps** und dem **East River Walk**, gleichermaßen ein Spazierweg wie eine Rollschuhpiste am westlichen Ufer, lassen sich unverbaute Ausblicke hinüber zur East Side Manhattans und auf die in luftiger Höhe über die Insel hinwegführende Queensboro Bridge genießen. Theoretisch könnte sich hier schon seit langem ein bevorzugtes Wohnviertel ausdehnen, aber die Geschichte der Insel als *Welfare Island* (Wohlfahrtsinsel) mit einem düsteren Isolationsgefängnis, einem Armenhaus, einer Irrenanstalt sowie einem Krankenhaus für Pockenkranke hat es über Jahre für umzugswillige Bewohner Manhattans uninteressant gemacht. Das Stigma begann erst in den siebziger Jahren zu verschwinden, als nach Plänen von Johnson und Burgee die Wohnungbauprojekte Eastview, Westwood, Island House und Rivercross verwirklicht wurden. In diesen und anderen Wohnkomplexen wurden bewusst verschiedene ethnische Gruppen mit niedrigen Einkommen zusammengeführt und in bezahlbarem Wohnraum untergebracht.

Düstere Andenken an die Vergangenheit der Wohlfahrtsinsel bleiben. Der **Octagon Tower** im Norden der Insel, der vormals als Irrenanstalt diente (Mae West zählte nach einem unanständigen Auftritt 1927 für kurze Zeit zu den Insassen). Vom Leuchtturm an der Nordspitze der Insel hat man eine erstklassige Aussicht auf den oberen East River und die peitschende Gischt des Hell Gate. Der den Turm umgebende **Lighthouse Park** ist eine romantische Oase idyllischer Grashügel und Trauerweiden.

Im Süden befinden sich die befestigten Ruinen des ehemaligen **Smallpox Hospital**, jetzt ein geisterhaftes, gotisches Gerippe, und des **Strecker Laboratory**, das bei seiner Eröffnung 1892 das erste Labor für bakteriologische Forschung der Stadt war. Vom gegenüberliegenden Ufer in Manhattan lassen sich die Ruinen leicht entdecken, auf der Insel selbst bleibt der Blick auf sie versperrt, da das gesamte Gebiet um das Krankenhaus mit Eisenzäunen abgesperrt ist.

Bei der Rückfahrt über die Queensboro Bridge bietet sich ein fantastisches Panorama der Stadt.

Harlem, Hamilton Heights und der Norden

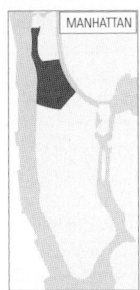

Der besondere Tipp

➢ Sich von Harlem Spirituals Gospel and Jazz Tours durch Harlem führen lassen
➢ Die Amateur Night im legendären Apollo Theater besuchen
➢ Auf dem Markt von El Barrio in Latino-Welten eintauchen
➢ In den Gärten von The Cloisters die Kräuter- und Blumendüfte zu sakralen Klängen genießen

Der nördliche Teil Manhattans umfasst einige sehr unterschiedliche Gegenden. **Harlem** galt lange Zeit als Synonym für Rassenkonflikte und urbanen Verfall. Ein Besuch zeigt jedoch, dass dieses Bild von schwarzenfeindlichen Medien häufig pauschalisiert und undifferenziert weitergetragen wird. Trotz existierender Probleme ist Harlem weit weniger gefährlich, als der Ruf des Viertels vermuten lässt, vor allem seit die Stadt und das Viertel umfassende Anstrengungen zur Verbesserung der Situation unternommen haben.

Spanish Harlem bzw. **El Barrio** ist von einer zweifellos raueren Atmosphäre geprägt, und es finden sich weit weniger Gründe für einen Besuch.

Nordwestlich von Harlem erstreckt sich die reichere und bessere Wohngegend **Hamilton Heights**. Weiter Richtung Norden folgt **Washington Heights**, eine Gegend, die kaum mit Sehenswertem aufwarten kann, aber auf dem Weg zur meistbesuchten Attraktion nördlich des Central Park, dem **Cloisters Museum**, liegt. Das einem mittelalterlichen Kloster nachempfundene Museum zeigt eine exzellente Sammlung mittelalterlicher Kunst aus dem Metropolitan Museum.

Harlem

*Das Schicksal Harlems
ist das Schicksal aller Schwarzen Amerikas.*
Langston Hughes

Harlem ist ein Teil Manhattans, den Besucher und selbst New Yorker meist bewusst auslassen. Diese ablehnende Haltung hat sich als trauriges Vermächtnis der langen Geschichte Harlems in den Köpfen festgesetzt und geht auf die Zeit der Rassenkonflikte, inneren Streitigkeiten und des äußeren Niedergangs in den 40er, 50er und 60er Jahren zurück. Zugleich ist Harlem jedoch das berühmteste afroamerikanische Viertel der USA und kann ohne Übertreibung als die Wiege der schwarzen Kultur im 20. Jahrhundert bezeichnet werden. Die *Harlem Renaissance* der 20er und 30er Jahre machte große Talente wie Billie Holiday, Paul Robeson und James Weldon Johnson zu Ikonen und legte den Grundstein für nachfolgende Generationen von Musikern, Schriftstellern und Schauspielern. Harlem kann auf eine reiche und nicht selten turbulente Geschichte zurückblicken. Bedingt durch nahezu nicht vorhandene staatliche oder städtische Unterstützung bildete Harlem bis vor kurzem eine selbständige und nach innen orientierte Gemeinschaft. Für viele Bewohner der südlicheren Stadtteile Manhattans stellte die 125th Street eine physische und mentale Grenze dar, die nicht freiwillig überschritten wurde.

Inzwischen haben die gemeinsamen Anstrengungen von Handel, Anwohnern und Stadtverwaltung neuen Wohnraum sowie Laden- und Gemeindeprojekte entstehen lassen. Doch während sich der Wert der braunen Sandsteinhäuser verdreifacht und bei jeder sich bietenden Gelegenheit die Nähe Harlems zur Upper West Side hervorgehoben wird, sind Armut und Arbeitslosigkeit in weiten Teilen Harlems noch immer deutlich spürbar. Um New York mit seinen ethnischen und ökonomischen Widersprüchen insgesamt verstehen zu können, führt jedoch kein Weg an Harlem vorbei.

Harlems Sehenswürdigkeiten liegen zu weit auseinander, als dass sie sich durch bequeme Spaziergänge miteinander verbinden ließen. Empfehlenswert sind mehrere Abstecher. Beginnen sollte man vielleicht mit einer organisierten Führung (s.S. 24), denn auf diese Weise kann man sich mit dem Gebiet vertraut machen und besser entscheiden, welche Teile man später auf eigene Faust erkunden möchte. Weißen Besuchern sollte klar sein, dass sie in dieser fast ausschließlich schwarzen Gegend auffallen. Wer Harlem in eigener Regie erkunden will, tut gut daran, sich vorher über das anvisierte Ziel zu informieren, die belebteren Straßen nicht zu verlassen und keine übertriebene Unsicherheit zu zeigen. Dank des ausgeprägten Gemeinschaftssinns der Bewohner von Harlem wird ein freundliches Lächeln von Besuchern gerne erwidert, und die örtlichen Geschäfte und Organisationen suchen verstärkt das Touristengeschäft.

Geschichte
Die Anfänge Harlems

Wie der Name bereits vermuten lässt, waren es Holländer, die die Siedlung **Nieuw Haarlem** gründeten und sie nach einer holländischen Stadt benannten. Bis zur Mitte des 19. Jahrhunderts erstreckte sich hier Ackerland, als jedoch die *New York and Harlem Railroad* das Gebiet mit Lower Manhattan verband, zogen betuchtere Einwandererfamilien (hauptsächlich deutsche Juden von der Lower East Side) in den zusehends wachsenden Vorort und bauten sich elegante, vornehme Häuser aus braunem Sandstein *(brownstones)*. Als später die Arbeiten zur IRT Lenox-Linie begannen, ließen Grundstücksspekulanten Hals über Kopf hochwertige Wohnhäuser errichten, da sie an eine Wiederholung ihres Erfolgs an der Upper West Side glaubten. Aber sie waren voreilig und zu ehrgeizig; die meisten Häuser standen noch leer, als die IRT-Linie zu Beginn dieses Jahrhunderts eröffnet wurde. Die potenziellen Käufer scheuten den Gedanken, so weit in den Norden zu ziehen. Schwarze Grundstücksmakler erkannten ihre Chance, kauften die leer stehenden Häuser billig auf und vermieteten sie an Schwarze aus den heruntergekommenen Gegenden Midtowns und an Zuwanderer aus dem Süden, die von den Arbeitsmöglichkeiten im Norden angelockt wurden.

Sehr schnell begannen die jüdischen, deutschen und italienischen Einwohner Harlems, zum Teil aufgrund des Zustroms der afroamerikanischen Bevölkerung, weiter nach Norden zu ziehen, und Harlem entwickelte sich zu einem überwiegend schwarzen Viertel. Die westlichen Gegenden um die **Convent Avenue** und **Sugar** Hill – verewigt in Duke Ellingtons A-Train – waren jahrelang Wohngebiete der Mittelschicht und zeugen z.T. noch heute von einer wohlhabenden Vergangenheit.

Auf dem bauchigen Landvorsprung im Osten wuchs zwischen Park Avenue und East River **Spanish Harlem**, das heute überwiegend von Puertoricanern bewohnt wird und besser unter dem Namen **El Barrio** („das Viertel") bekannt ist. Dazwischen leben heute die Nachfahren westindischer, afrikanischer, kubanischer und haitianischer Einwanderer in oftmals überfüllten und heruntergekommenen Behausungen.

Die Harlem Renaissance

Es gab eine kurze Epoche, in der Harlem ein goldenes Zeitalter erlebte. In den zwanziger Jahren nahmen die Weißen erstmals die explosionsartige Entfaltung schwarzer Kultur wahr, die hier ihren Ausgangspunkt hatte. Jazzmusiker wie Duke Ellington, Count Basie und Cab Calloway spielten in Nachtclubs wie dem *Cotton Club, Savoy Ballroom, Apollo Theater* und *Smalls Paradise*. Als hätte man von der Prohibition nicht nie etwas gehört, floss der Alkohol in Strömen, und die kultivierte Gesellschaft machte sich, lange nachdem in Downtown die Lichter erloschen waren, auf den Weg in Harlems *speakeasies*. Diese Nachtschwärmer hatten nur ihr Vergnügen im Sinn und bekamen nichts von der damals weit verbreiteten Armut in Harlem mit. Eine der aufrüttelndsten Stimmen jener Tage gehörte Ethel Waters, die im *Sugar Cane Club* sang:

> *Rent man waitin for his forty dollars,*
> *Ain't got me but a dime (10¢)*
> *and some bad news.*
> *Bartender give me a bracer (Schnaps),*
> *double beer chaser*
> *(Schluck zum Nachspülen),*
> *Cause I got the low-down, mean,*
> *rent man blues.*

Mindestens ebenso großen Symbolcharakter für die Harlem Renaissance wie die Musik besaß die Literatur jener Zeit – die umfangreichen Werke von Langston Hughes, Jean Toomer und Zora Neale Hurston, um nur einige zu nennen, wurden von schwarzen wie von weißen Lesern begeistert aufgenommen.

Aber Musik und Literatur allein konnten keine Existenzgrundlage für ein Viertel sein, dessen Bewohner in der Mehrzahl am wirtschaftlichen Abgrund standen. Schon vor der Weltwirtschaftskrise hatte man es schwer gehabt, ein Auskommen zu finden, und nun vertrieb der nachfolgende Niedergang die mittelständischen Schwarzen fast gänzlich aus Harlem.

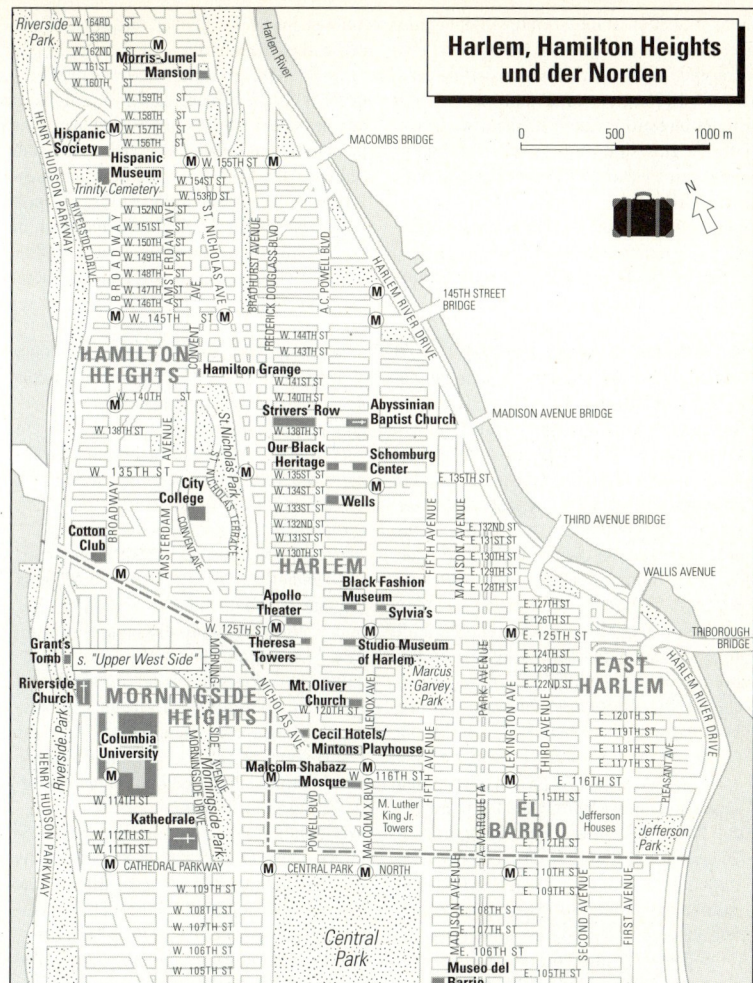

Harlem heute

In den frühen siebziger Jahren setzte ein neuerlicher Aufschwung ein. Die erschütternden Wohnbedingungen brachten zuvor den Zorn der Bewohner zu einem Siedepunkt, so dass diese mit dem Finger auf die Slumeigentümer und abwesenden Hausbesitzer zeigten, die zuließen, dass Harlem verfiel. Die Stadt, die sich über Jahrzehnte daran gewöhnt hatte, Harlem mit seinen Konflikten sich selbst zu überlassen, sah sich schließlich zu längst überfälligen Maßnahmen genötigt. Eine Fülle städtischer und kommunaler Entwicklungsgelder floss daraufhin in Gewerbe- und Wohnprojekte sowie in eine allgemeine Erneuerung des Viertels. (Im Gegensatz zu vielen anderen so genannten Ghettos ist die Grundqualität der hiesigen Gebäude aus dem 19. Jahrhundert hervorragend und für eine Modernisierung geradezu ideal). Heute, rund 30 Jahre später, zahlt sich die Investition aus: Die historischen Gebiete Harlems sind bestens erhalten, und es scheint kein Fleckchen zu geben, an dem nicht gebaut wird.

Zur Zeit steckt die vom Bundesstaat eingerichtete *Upper Manhattan Empowerment Zone*, die Harlem sowie einen Teil der South Bronx umfasst, ihr $550 Millionen umfassendes Budget in verschiedene Projekte des Bezirks. Die Entwicklungsorganisationen der Gemeinde, zu denen 90 lokale Kirchen zählen, angeführt von der *Abyssinian Baptist Church,* sind inzwischen Bauherren und Inhaber zahlreicher Geschäftszentren. Allerdings waren die Reaktionen eher gemischt, als kürzlich mit viel Trara ein *megastore*-Supermarkt der Kette *Pathmark* an der Ecke 125th Street, Lexington Avenue eröffnete – seit drei Jahrzehnten die erste in diesem

Wo in Harlem die Musik spielt(e)

Früher gab es in Harlem zahlreiche gut besuchte **Abendtreffs**, die sich im Besitz von Schwarzen befanden und ausschließlich für schwarzes Publikum gedacht waren. Viele davon befanden sich in schlichten Privathäusern, und die meisten sind inzwischen umfunktioniert worden. Einige größerer Harlemer Jazzclubs blieben allerdings bis heute erhalten; derzeit zwar mit Brettern vernagelt, sind diese wunderschönen, geschichtsträchtigen Gebäude aber zur Instandsetzung vorgesehen und sollen künftig wieder ihrem alten Zweck dienen. Die *Abyssinian Development Corporation* hat den **Renaissance Ballroom**, Adam Clayton Powell Blvd zwischen 137th und 138th St, erworben, einen mit Kacheln verzierten, rautenförmigen Tanzclub aus den 20ern, in dem u.a. Duke Ellington, Cab Calloway und Chick Webb auftraten. Das so genannte *Rennie* war einst die Domäne mittelständischer Schwarzer, an deren Außenwand noch eine Leuchtreklame für Chop Suey vor sich hin rostet – dazumal ein exotisches, gerade erst in Mode gekommenes Gericht.

Geht man auf dem Boulevard ein Stück weiter, erreicht man auf der Höhe 135th Street **Smalls Paradise**, ein Backsteingebäude aus dem Jahre 1925, in dem sich Schwarze und Weiße gleichermaßen amüsierten. Das früher einmal als *The Hottest Spot* in Harlem bekannte *Smalls* wurde in den 60er Jahren kurzzeitig von Basketballstar Wilt Chamberlain wieder zum Leben erweckt und befindet sich heute ebenfalls im Besitz der *Abyssinian Development Corporation* – in der Handelskammer von Harlem wurde darüber diskutiert, es in ein Touristeninformationszentrum umzuwandeln. Malcolm X arbeitete als Kellner im *Smalls*, während er im YMCA, 180 135th Street, wohnte. Das Erdgeschoss des *Cecil Hotel*, 206–210 West 118th Street, ziert noch immer die Leuchtreklame für **Mintons Playhouse**, wo in den 40er Jahren der Bebop – der Vorgänger des improvisierten Jazz – entstand. Hier trafen sich Thelonious Monk, Dizzy Gillespie, Charlie Parker und John Coltrane zu Late-Night-Jamsessions, nachdem sie zuvor in den Jazzclubs von Harlem aufgetreten waren. Der Inhaber des Hotels hofft jetzt auf eine Wiederbelebung des *Mintons*.

Wer einen Club sucht, der die Jahrzehnte überdauert hat, begibt sich am besten ins **Apollo Theater**, 253 W 125th Street, das seit den 30er Jahren die Unterhaltungsszene der Schwarzen fördert (s.S. 347). Ebenso überlebt hat **Wells**, 2249-7 Powell Blvd – das dem Besucher nicht zuletzt wegen der ausgefallenen Kombination von Jazz, Brathähnchen und Waffeln in Erinnerung bleibt – mit seiner bemerkenswerten Spiegelbar und den jeden Montagabend stattfindenden Big-Band Jazz Nights. Im *Wells* ist schon seit 1938 immer etwas los, und der Club wurde von zahlreichen Künstlern beehrt, darunter Sammy Davis Jr., Frank Sinatra, Dean Martin, Peter Lawford, Joey Bishop, Aretha Franklin und Nat King Cole.

Viertel angesiedelte Filiale einer Ladenkette und übrigens auch die erste qualitativ hochwertige. Ebenso entstand ganz in der Nähe, in der Lenox Avenue, eine Filiale der Café-Kette *Starbucks*. Kritiker wiesen (völlig zu Recht) darauf hin, dass Gemeindebetrieben längst nicht die gleichen Darlehen gewährt werden wie den Megastores der Weißen. Und einige mutmaßten sogar, dass der Wiederbelebungsversuch nichts weiter sei als eine etwas verschleierte Landübernahme mit dem Ziel, das Viertel auf die Bedürfnisse Weißer abzustimmen. Allerdings äußern derzeit zahlreiche besser betuchte Schwarze den ausdrücklichen Wunsch, nach Harlem zurückzuziehen, und nicht wenige haben dies mittlerweile auch in die Realität umgesetzt. Nicht ohne Grund sprechen die Bewohner Harlems bereits von einer zweiten Harlem Renaissance, was angesichts der jüngsten Statistiken, die einen dramatischen Rückgang der Kriminalität belegen, und des neu erwachten Gemeinschaftsgeistes im Viertel gar nicht abwegig erscheinen.

Sehenswürdigkeiten
125th Street

Gewerbliches Zentrum Harlems ist die 125th Street zwischen dem Broadway und der Fifth Avenue. Die Gegend ist mit der U-Bahn zu erreichen.

Zur Orientierung kann man nach dem modernen **Adam Clayton Powell, Jr. State Office Building** Ausschau halten, das sich (fast bedrohlich) an der Ecke zur Seventh Avenue erhebt. Dem 1972 in Auftrag gegebenen Gebäude musste ein Geschäftskomplex weichen, der unter anderem die Buchhandlung *Elder Louis Michaux*, einer der Versammlungsorte von Malcolm X und dessen Gesinnungsgenossen, zählte. Vehemente Proteste von Hausbesetzern bei Baubeginn führten jedoch dazu, dass sich die Stadt zu einigen Zugeständnissen veranlasst sah: Man verlegte die Buchhandlung eine Avenue weiter nach Osten, und das Gebäude wurde nach Adam Clayton Powell Jr., Harlems erstem schwarzen Kongressabgeordneten, benannt. In den 50er und 60er Jahren war die 125th Street das unumstrittene Prediger-Revier von Malcolm X – die hier aufgenommenen Fotos von ihm und seinen Anhängern sind in die Geschichte eingegangen.

Ein Stück weiter westlich ist im Haus Nr. 253 das **Apollo Theater** angesiedelt. Das äußerlich recht unscheinbare Gebäude war von den 30er bis zu den 70er Jahren das Zentrum schwarzer Unterhaltungskunst in New York und dem gesamten Nordosten der USA. Heute bring es immer noch großartige Künstler hervor. Sozusagen alle großen Namen des Jazz und Blues traten hier neben Komikern und Tänzern auf. Zu den Siegern der berühmten *Amateur Night* zählten Ella Fitzgerald, Billie Holiday, Luther Vandross, The Jackson Five, Sarah Vaughan, Marvin Gaye and James Brown. Nach seiner Blüte wurde das *Apollo* zeitweise als Lagerhaus, Kino und Radiosender genutzt. Neuerdings ist es Schauplatz der wöchentlichen Fernsehsendung *Showtime at the Apollo*. Durch das inzwischen denkmalgeschützte Gebäude werden 45-minütige Führungen angeboten, ⏲ Mo–Fr 11, 13 und 15 Uhr, Mi nur um 11 Uhr. Sa und So Führung vereinbaren unter ☏ 531-5337.

Die schmalen und hohen Bürotürme schräg gegenüber, die an der Ecke 125th Street und Seventh Avenue liegenden Theresa Towers, beherbergten bis in die 60er Jahre das **Theresa Hotel**; durch seine leuchtend weißen Terrakotta-Muster mit Sonnenrädern an der Spitze hebt es sich deutlich von der Schäbigkeit der übrigen Umgebung ab. Das Hotel, das erst im Jahre 1940 die Rassentrennung aufhob, gilt als das Waldorf von Harlem. Fidel Castro setzte hier 1960 ein politisches Zeichen, als er es während eines Besuchs bei den Vereinten Nationen vorzog, lieber in diesem Hotel als in einer der Luxusherbergen von Midtown Quartier zu beziehen.

Der erste schwarze Manager des Hotels hieß William Harmon Brown. Sein Sohn Ron Brown war Handelsminister unter Präsident Clinton, bis er 1995 bei einem Flugzeugunglück frühzeitig ums Leben kam. Ein weiterer historischer Ort ist das **Blumsteins**, 230 West 125th Street, mit seinem schäbigen Neonschild an der Vorderseite. Das einst größte Kaufhaus von Harlem wurde 1898 von einem deutsch-jüdischen Einwanderer gegründet. Wie viele andere in Harlem ansässige Betriebe mit weißen Inhabern weigerte sich Blumsteins, schwarze Arbeitskräfte in leitenden Positionen einzustellen. 1934 geriet das Kaufhaus zum Brennpunkt eines Gemeinde weiten, von Adam Clayton Powell, Jr. angeführten Boykotts mit dem unverblümten Motto *Don't Buy Where You Can't Work*. Die Kampagne zeitigte Erfolg: Das Kaufhaus begann nun nicht nur Schwarze einzustellen, sondern war auch bald das erste vor Ort mit einem schwarzen Weihnachtsmann und schwarzen Schaufensterpuppen. Das nahe gelegene **Studio Museum of Harlem** im Haus Nr. 144 zeigt wechselnde afrikanisch-amerikanische Kunstausstellungen (s.S. 257).

Die einst offene Marktatmosphäre dieses Straßenabschnitts hat etwas unter den neu entstandenen Ladenketten gelitten: Das groß angekündigte im Bau befindliche Einkaufszentrum *Harlem USA* an der Ecke 125th Street und Frederick Douglass Boulevard wird neben anderen Megastores einen Disney-Store, ein HMV, ein Gap und ein Cineplex-Odeon beherbergen. Um eine Vorstellung davon zu bekommen, was lokale Einzelhändler mit Erfolg auf die Beine stellen, sollte man einen Abstecher in *Our Black Heritage*, 2295 Adam Clayton Powell Blvd, einplanen, einem bezaubernden kleinen Laden mit freundlicher Atmosphäre, in dem Kinderbücher, Grußkarten, historische Zeitungsausschnitte und Videos zum Thema schwarze Kultur angeboten werden.

Lenox Avenue und Umgebung

In der Lenox Avenue (1987 offiziell in Malcolm X Boulevard umbenannt, beide Namen sind aber geläufig), auf der Höhe West 118th und 124th Streets, gelangt man westlich des Mount Morris Park zum Mount Morris Park Historic District. Die Gegend war eine der ersten, in der sich nach dem Bau der Hochbahn der Wohnungsbau entwickelte. Weiße protestantische Downtown-Pendler wichen zunächst vor dem, was sich zum zweitgrößten Stadtviertel osteuropäischer jüdischer Immigranten entwickeln sollte, nach der Lower East Side aus. Ende der 20er Jahre begannen sich schwarze Familien hier niederzulassen – das Resultat war ein Aufeinandertreffen stark religiös geprägter Ethnien, wodurch sich bis heute die unübersehbare Konzentration religionsbezogener Strukturen in diesem Bezirk erklärt. Das Viertel wurde inzwischen in das *National Register of Historic Places* aufgenommen, und das begrenzte Gebiet wird höchstwahrscheinlich in Richtung Powell Boulevard ausgeweitet.

An der Ecke 201 Lenox Avenue, 120th Street, steht die **Mount Olivet Church**, eine amerikanische Version eines griechisch-römischen Tempels, in dem ursprünglich eine Synagoge untergebracht war – eines der unzähligen religiösen Bauwerke, die über ganz Harlem verstreut liegen. Diese Kirche hatte ebenso wie das düstere, massive Gotteshaus **St. Martin's** an der Ecke zur 122nd Street das Glück, trotz des Niedergangs des Viertels vor dem Verfall bewahrt zu werden.

An anderer Stelle lassen sich im Mount Morris District einige reizvolle Reihenhäuser entdecken, die während des Baubooms in den Jahren nach 1890 (von dem vor allem Spekulanten profitierten) entstanden. Zu den schönsten darunter zählen die Häuserblöcke 133–143 West 122nd Street, die wohl schönste Häuserreihe New Yorks im Queen-Anne-Stil. Die orangefarbenen Backsteinhäuser (Giebel- und Mansardenhäusern mit wunderschönen bunten Fenstern) wurden nach Entwürfen des führenden Architekten Francis H. Kimball in den Jahren 1885–87 gebaut. Haus Nr. 131 ist im romanischen Stil gehalten und mit Kalkstein aus Indiana verkleidet. In westlicher Richtung zurückgehend erreicht man das von Mutter Clara Hale gegründete **Hale House**, Nr. 154. Ihr Programm für drogensüchtige – und inzwischen auch HIV-infizierte – Kinder und Mütter war eines der ersten im ganzen Land. Eine Tafel an der Vorderseite zeigt bronzene Kindergesichter sowie eine Statue von Mutter Hale selbst.

Am Ende des Parks – **Mount Morris Park West** – stehen mehrere Häuser, deren architektonischer Wert nur schwer zu erkennen ist. Ein ganzer Reihenhausblock inmitten der Wohnanlage ist total heruntergekommen und an manchen fehlt sogar die Fassade. Dieser Block, berühmt-berüchtigt als **The Ruins**, fiel dem Enteignungsrecht des Staates New York zum Opfer, der 1968 einige der Häuser mit der Abrissbirne bearbeiten ließ in der Absicht, ein Drogenrehabilitationszentrum zu errichten. Wieder einmal regte sich Ende der 60er Jahre heftiger Widerstand in der Gemeinde: Dieser Vorschlag sowie spätere Pläne wurden ad acta gelegt, und die Zukunft des gespenstischen, bröckelnden Blocks bleibt ungewiss – Gerüchten nach sollen hier Eigentumswohnungen entstehen.

Dennoch, betrachtet man Mount Morris Park West, kann es angesichts der exquisiten Gebäudequalität und des immensen Drucks auf Manhattan eigentlich nur eine Frage der Zeit sein, bis sich hier derselbe Wandel wie früher in Greenwich Village und in der Lower East Side vollzieht.

Der ehemalige Mount Morris Park heißt heute **Marcus Garvey Park**, nach dem gleichnamigen Anführer der Schwarzenbewegung in den 20er Jahren. Der Park umfasst ein hügeliges Areal mit schroffen, die Sicht versperrenden Felsen, die in starkem Kontrast zu den präzisen Konturen der angrenzenden Häuser stehen. Am höchsten Punkt steht ein eleganter, achteckiger Feuermeldeturm aus dem Jahr 1856, der zu jenem einzigartigen Frühwarnsystem gehörte, das früher die ganze Stadt überzog. Nach dem Aufstieg über die Wendeltreppe bietet sich von seiner Spitze ein fantastisches Panorama.

Folgt man der Lenox Avenue weiter nach Süden bis zur 116th Street, erreicht man die mit einer grünen Kuppel verzierte Moschee **Masjid Malcolm Shabazz**, 102 Lenox Avenue. Sie wurde nach Malcolm X benannt, der früher hier predigte. Zwischen Lenox Avenue und Fifth Avenue befindet sich der neue Standort des Basar-ähnlichen **Malcolm Shabazz Harlem Market**, dessen Eingang mit bunten Minaretten verziert ist. Auf dem Markt werden Stoffe, T-Shirts, Schmuck, Kleidung und andere Waren angeboten; alles mit afrikanischem Touch. Übrigens zahlen die ehemaligen Straßenverkäufer, die früher vor der Polizei flüchteten und regelmäßig mit anderen Händlern aneinander gerieten, heute Steuern, akzeptieren Kreditkarten und besuchen Buchhaltungskurse in der Moschee. Die zunächst von den Stadtbehörden von der Straße vertriebenen Verkäufer wurden später einen Block weiter untergebracht. Es sollte Platz geschaffen werden für einige umfangreiche, von der Moschee überwachte Entwicklungsprojekte, wobei die Moschee eine ähnliche Funktion übernimmt wie die *Abyssinian Development Corporation*. Eines dieser Projekte ist **Malcolm Shabazz Gardens**, eine Reihe von Häusern für Einkommensschwache entlang der 117th Street, die den verfallenen, zuvor an dieser Stelle stehenden braunen Sandsteingebäuden nachempfunden wurden. Die **Baptist Temple Church**, 116th und Fifth, war ursprünglich eine Synagoge, und das blau-weiße Regent Theater im maurischen Stil, 116th und Powell Blvd, Baujahr 1912, war einer der ersten Kinopaläste Amerikas und beherbergt heute die **Corinthian Baptist Church**. Zahlreiche Kirchen in Harlem wurden ursprünglich von anderen Gemeinden oder zu anderen Zwecken errichtet. Eine der wenigen tatsächlich von einem afroamerikanischen Architekten erbauten Kirchen, die **St Philips Church**, befindet sich in der 134th Street, zwischen Frederick Douglass und Powell Blvd; ein elegantes Gebäude aus Backstein und Granit, das nach einem Entwurf von Vertner Tandy in den Jahren 1910–11 entstand.

Powell Boulevard

Der **Adam Clayton Powell Jr Boulevard** ist eine breite, zwischen niedrigen Häusern nach Norden führende Straße, die ausnahmsweise einmal den Blick auf den Himmel freigibt. Bereits im Entwurfsstadium kam dem Powell Boulevard eine zentrale Bedeutung als Harlems wichtigste Einkaufs- und Geschäftsstraße zu. Man kann sich noch heute mühelos die Pracht ausmalen, die die hiesigen Läden und Seitenstraßen während ihrer Blütezeit im 19. Jahrhundert umgab. Wie überall in Harlem zeigt auch der Powell Boulevard mit graffitiübersäten Mauern und von Brachflächen unterbrochenen Ladenfassaden die unübersehbaren Folgen eines jahrelangen Verfalls. Die neuerlichen Finanzspritzen für diese Gegend sollen eine Verbesserung herbeiführen – ob es gelingt, steht noch in den Sternen.

Im nördlichen Abschnitt der Lenox Avenue informiert das **Schomburg Center for Re-**

search in Black Culture, 515 Lenox Avenue, Ecke 135th Street, mit einer sehenswerten Ausstellung über die Kultur der Schwarzen in den USA (s.S. 263). ◑ Mo–Mi 12–20, Do–Sa 10–18 Uhr, Bibliothek So geschlossen, ✆ 491-2200. Auf dem Weg dorthin liegt im Haus Nr. 328 (126th Street) das berühmteste Soul-Food-Restaurant New Yorks – **Sylvia's**.

Abyssinian Baptist Church

Einige Straßen weiter nördlich steht die Abyssinian Baptist Church, 132 West 138th Street, die wegen ihres einstigen langjährigen Pfarrers **Reverend Adam Clayton Powell Jr.** von Interesse ist. In den dreißiger Jahren war Powell die treibende Kraft, als es darum ging, die fast ausschließlich von weißen Inhabern und weißem Personal geführten Läden Harlems dazu zu zwingen, Schwarze, die als Kunden schließlich deren wirtschaftliches Überleben sicherten, auch als Arbeitskräfte einzustellen. Später wurde er als erster Schwarzer Mitglied des Stadtrats und anschließend der erste Vertreter der New Yorker Schwarzen im Kongress. Seine Karriere fand 1967 ein bitteres Ende, als er aufgrund von Gerüchten über den angeblichen Missbrauch öffentlicher Gelder sein Kongressmandat durch ein Mehrheitsvotum verlor. Seinem Ansehen in Harlem, wo er vor seinem Tod 1972 noch zweimal wiedergewählt wurde, schadete dies jedoch in keinster Weise. Eine kleine Ausstellung in der Kirche zeichnet den Lebensweg des Pfarrers nach, einschließlich Niederschriften der Gesetze, für die er sich eingesetzt hat, wie beispielsweise die erste Mindestlohnbestimmung Amerikas. Ein würdigeres Denkmal hat man Powell jedoch mit dem nach ihm benannten Boulevard gesetzt. Eventuell ist die Ausstellung noch wegen Bauarbeiten zeitweise geschlossen. Am besten erkundigt man sich vorab unter ✆ 862-7474 oder in einem der Informationsbüros der Stadt. Um den beeindruckenden **Gospelchor** zu hören, lohnt die Fahrt in jedem Fall.

Strivers Row

In der Nähe der Abyssinian Baptist Church in der 138th Street, zwischen Powell und Frederick Douglass Boulevard, erstreckt sich der Reihenhauskomplex **Strivers Row**, den viele als die schönste und geradlinigste Wohnanlage dieser Art in Manhattan schätzen. Strivers Row wurde während des Baubooms in den 90er Jahren des 19. Jahrhunderts in Auftrag gegeben und umfasst die 138th sowie die 139th Street. Mit der Realisierung betraute man die drei Architektenteams James Brown Lord, Bruce Price und Clarence Luce sowie, als renommiertestes darunter, McKim, Mead and White. Unter der Leitung des letztgenannten Teams entstand die Nordseite der 139th Street, ein würdevoller, der

---

Gospel Neuerdings ist es die phänomenale Gospelmusik, die Besucher nach Harlem lockt. Und das hat seinen Grund: Die Musik und das Erleben einer Baptistengemeinde sind gleichermaßen verblüffend wie mitreißend. Gospeltouren entwickeln sich mehr und mehr zum großen Geschäft. Zwischen den Kirchen scheint bereits ein regelrechter Konkurrenzkampf um die meisten Touristen entbrannt zu sein. Viele der organisierten Touren sind kostspielig, umfassen aber meist den Transport nach Harlem sowie eine anschließende Mahlzeit. Wer einen stimmungsvolleren Einblick gewinnen möchte, kann einen Besuch aber auch problemlos allein unternehmen. Der Gospelchor der **Abyssinian Baptist Church** ist wahrscheinlich der beste der Stadt. Ohne Zweifel hörenswert sind daneben die Chöre der **Metropolitan Baptist Church**, 151 West 128th Street, Höhe Powell Boulevard, ✆ 289-9488, sowie der beiden Kirchen **Mount Moriah**, 2050 Fifth Avenue, Höhe 127th Street, ✆ 722-9594, und **Mount Nebo**, 1883 Powell Boulevard, Höhe West 114th Street, ✆ 866-7880.
Es sei darauf hingewiesen, dass es sich bei den Gottesdiensten nicht um touristische Veranstaltungen handelt, sondern um reguläre, strengen Regeln folgende Andachten. Entsprechend sollte die Kleidung gewählt werden: Jackett für Männer und Rock bzw. Kleid für Frauen.

Kosmetikladen

Renaissance nachempfundener Komplex, der Schlichtheit und Eleganz in einzigartiger Harmonie verbindet. Bemerkenswert sind die ungewöhnlichen hinteren Zuliefererwege der Häuser, die heute mit Eisengittern verschlossen sind. Um die Jahrhundertwende galt die Straße innerhalb der aufstrebenden, ehrgeizigen schwarzen Gemeinde als die bevorzugte Wohnadresse – daher auch der Name Striver's Row („Streberzeile").

El Barrio

Zwischen der Park Avenue und dem East River liegt Spanish Harlem oder **El Barrio**, das nach Süden bis zur East 96th Street reicht und dort auf den Wohlstand der Upper East Side prallt. Es ist das Zentrum einer großen puertoricanischen Gemeinde und unterscheidet sich erheblich von Harlem. Ursprünglich war El Barrio ein italienisches Arbeiterviertel (wenige italienische Familien leben noch um die 116th St und First Ave) und weit davon entfernt, zu einer ähnlich begehrten Wohnadresse wie die westliche Nachbarschaft zu werden. Noch heute umgibt das Viertel eine vergleichsweise einschüchternde Atmosphäre.

Seit den frühen 50er Jahren prägen vorwiegend Puertoricaner die Gegend. Damals lockte die amerikanische Regierung im Rahmen der *Operation Bootstrap* zahlreiche Puertoricaner mit Prämien ins Land, um so das Problem der Überbevölkerung in deren Heimat zu lindern. Für die Entfaltung ihrer Kultur wurde ihnen jedoch kaum Gelegenheit oder Raum gegeben. Einzig am **La Marqueta**, einem über fünf Häuserblocks ausgedehnten Straßenmarkt mit spanischen Produkten in der Park Avenue zwischen der 111th und 116th Street, sind ihre kulturellen Wurzeln sichtbar. Aus der anfänglichen Ansammlung von Handkarren, von denen die Waren verkauft wurden, hat sich inzwischen ein geordneter Markt entwickelt, auf dem von tropischen Früchten und Gemüse über Schmuck, kleine Figuren und Kleidung bis zu getrockneten Kräutern und Schlangenölen alles mögliche angeboten wird. Einen tieferen Einblick in lateinamerikanische Kunst und Kultur bietet das **Museo del Barrio**, dem die puertoricanische Bibliothek **Casa de la Herencia Cultural Puertoriqueña** angegliedert ist. Nordöstlich davon zeigt die **International Art Gallery**, 309 108th Street, zwischen

Third und Lexington Avenue, Werke hier ansässiger Alternativkünstler latein- und afroamerikanischer sowie asiatischer Herkunft.

Hamilton Heights

Je weiter man nach Norden vordringt, desto weniger scheint man sich in New York zu befinden. Den Westen Harlems nimmt zum größten Teil eine Gegend ein, die als **Hamilton Heights** bekannt ist und wie das südlich davon gelegene Morningside Heights eine Mischung aus Campusgelände, verdreckten Straßen und schlanken Parks vereint. Aus der ungepflegten Mittelmäßigkeit sticht allein der Hamilton Heights Historic District heraus, der sich entlang der Convent Avenue nach Süden Richtung City College erstreckt. Schon vor Jahren konnten die besser situierten Schwarzen, die es bis hierher oder in das weiter nördlich gelegene Viertel Sugar Hill geschafft hatten, verächtlich auf weniger betuchte Bewohner Harlems blicken. Noch heute ist diese Gegend ein ausgesprochen bürgerliches Wohngebiet – und eines der schönsten im Norden Manhattans.

Aber so reizvoll die Atmosphäre aus verblichener Eleganz und Wohlstand für den einen oder anderen auch sein mag, ausgesprochene Sehenswürdigkeiten wird man hier kaum finden. Als Ausgangspunkt für einen Rundgang bietet sich die U-Bahnstation 135th Street/St. Nicholas an. Von dort ist es nicht weit zur Convent Avenue und dem einzigen historischen Anziehungspunkt der Heights – Hamilton Grange, das 1798 erbaute Landhaus von Alexander Hamilton, 287 Convent Avenue, 142nd Street. ⏰ Fr–So 9–5 Uhr, Eintritt frei, ✆ 666-1640.

Für das Grange, ursprünglich in der 143rd Street, wird angeblich wieder ein neuer Standort avisiert, nämlich ein Platz im St Nicholas Park, der mehr an sein einstiges Umfeld erinnert. Änderungen an den Originalportalen und -türen würde man dann ebenfalls rückgängig machen. Bis jetzt lässt sich die Stadt die Empfehlung noch durch den Kopf gehen, und das Landhaus im *Federal-Style* steht derweil recht unpassend zwischen der klobigen romanischen St Luke's Church – ihr wurde das versetzte Haus ursprünglich gestiftet – und einem Apartmenthaus.

Alexander Hamiltons Leben war ebenso faszinierend wie extravagant, und mehrere originalgetreue Räume im Haus beinhalten noch Gegenstände aus seiner persönlichen Habe, z.B. ein Set von Louis-XVI-Stühlen. Schon frühzeitig unterstützte er den Amerikanischen Unabhängigkeitskampf mit einem Enthusiasmus, der von George Washington nicht unbemerkt blieb: Er machte Hamilton zu seinem Adjutanten. Später gründete Hamilton die *Bank of New York* und stieg zum Finanzminister auf. Hamiltons impulsives Wesen handelte ihm sowohl Freunde als auch Feinde ein. Das Umwerben republikanischer Populisten führte zu einem Zusammenstoß mit deren Führer Thomas Jefferson, der Hamiltons Idee einer starken Bundesgewalt ablehnte. Als Jefferson 1801 die Präsidentschaft gewann, wurde Hamilton ins politische Abseits manövriert. Zeitweise zog er sich von der politischen Bühne zurück, um sich fern der Stadt auf seinem Landsitz Hamilton Grange (in der Nähe des heutigen Standortes – das Haus wurde 1889 versetzt) um seine Pflanzungen zu kümmern und die lange, erbitterte Fehde zwischen ihm und **Aaron Burr** zu pflegen. Burr hatte Hamiltons Schwiegervater bei der Kandidatur für den Senat geschlagen und dann die *Bank of Manhattan* als direkte Rivalin zur *Bank of New York* gegründet. Nach einigen Jahren als Vizepräsident unter Jefferson, kandidierte Burr für den Posten des New Yorker Gouverneurs. Hamilton stand dieser Kandidatur als kompromissloser Gegner gegenüber. Nach einem bitterbösen Briefwechsel trafen sich die beiden Männer zu einem Duell in Weehawken, New Jersey, ungefähr an der Stelle, wo heute der Lincoln Tunnel an die Oberfläche stößt. Hamiltons ältester Sohn war einige Jahre zuvor in einem Duell an eben jener Stelle gestorben, was vielleicht der Grund dafür war, dass Hamilton seine Pistole in einer ehrenwerten Geste in die Luft abfeuerte. Burr, der offensichtlich nicht dasselbe Format besaß, zielte genau und verwundete Hamilton tödlich. Auf diese Weise starb der „rastloseste, ungeduldigste, verschlagenste, unermüdlichste und prinzipienloseste

Ränkeschmied der Vereinigten Staaten", wie ihn Präsident John Adams beschrieb.

Hamilton ist eine von zwei Persönlichkeiten, die zwar nicht Präsident des Landes waren, aber trotzdem auf US-amerikanischem Geld verewigt wurden. Sein Konterfei findet sich auf der Rückseite der 10-Dollar-Scheines.

Convent Avenue und City College

Nach einem Marsch durch Harlem nimmt sich die **Convent Avenue** als überraschende und willkommene Abwechslung aus. Die verträumten, blumengesäumten Straßen vermitteln das Bild einer hübschen Gartenstadt. Die gegen Ende des 19. Jahrhunderts errichteten Häuser vereinen ein architektonisches Sammelsurium von Elementen aus der Gotik sowie der französischen und italienischen Renaissance. Im Süden überspannt der reich verzierte **Shepard Archway** die Zufahrt zum **City College**, einem rustikal wirkenden Campus mit neugotischen Lehrgebäuden aus grauem, während der Bauarbeiten an der IRT-U-Bahnlinie in Manhattan gewonnenem Schiefer und weißen Terrakotta-Einfassungen. Das 1905 gegründete City College erhob keine Studiengebühren und wurde dadurch zur höheren Bildungsstätte für viele der ärmeren – und später berühmten – Bewohner New Yorks. Die gebührenfreie Bildung fand in den siebziger Jahren zwar ein Ende, gleichwohl stellen die „Minderheiten" bis heute 75% der Studierenden auf dem Campus, der so herzlich und persönlich wirkt, wie das Gelände der Columbia University grandios ist.

Washington Heights

Der Übergang von der Convent Avenue zum Broadway vollzieht sich beinahe so abrupt wie der Wechsel von Harlem nach Norden. Der Broadway steigt in diesem einst eleganten, jetzt abgewirtschafteten Abschnitt langsam nach **Washington Heights** an der Nordspitze Manhattans an. Von Hamilton Heights kann man zu Fuß hierher laufen, allerdings bieten sich entlang der Strecke kaum aufregende Eindrücke. Der Weg von Morningside Heights ist dagegen lang, aber die lohnendsten Ecken lassen sich nach einer U-Bahnfahrt mit der Linie 1 bis 157th Street/Broadway oder mit der Linie A bis 155th oder 163th Street bequem erreichen.

Die an eine Akropolis erinnernde **Audubon Terrace** aus dem 19. Jahrhundert, 155th Street, Broadway, entstand in dem wahnwitzigen und plumpen Versuch, die 155th Street durch den Bau protziger Beaux-Arts-Tempel zu einer erhabenen Stätte werden zu lassen.

Der offiziell **Washington Heights Museum Group** betitelte Komplex entsprang dem eitlen Wunschdenken, die vornehme New Yorker Elite würde sich bald im Norden niederlassen. Heute stehen die Bauten in spöttischem Kontrast zu seiner noch immer verwahrlosten Umgebung. Neben der **American Academy of Arts and Letters** befinden sich hier u.a. die **American Numismatic Society** und die **Hispanic Society of America**. Es überrascht nicht, dass dieser so weit vom Zentrum gelegene Museumskomplex wenig bekannt, geschweige denn stark besucht ist, dabei lohnt schon allein die Hispanic Society die Anfahrt (genauere Beschreibung der Museen s.S. 260).

Am westlichen Abschnitt der 155th Street liegt außerdem der **Trinity Church Cemetery**, ein ausgedehnter, ruhiger Friedhof mit einigen ungewöhnlichen Gräbern. Hier sollen u.a. auch die sterblichen Überreste des skrupellosen Großunternehmers John Jacob Astor bestattet sein. Der **Audubon Ballroom**, 166th St, Broadway – Schauplatz von Malcolm X' Ermordung im Jahr 1967 – wurde inzwischen ungeachtet der Proteste aus der Bevölkerung in den Columbia-Presbyterian-Krankenhauskomplex integriert. Man erwägt allerdings, an dieser Stelle ein Malcolm X-Museum zu errichten.

Morris-Jumel Mansion

Ganz in der Nähe der Audubon Terrace und des Friedhofs überrascht der Norden Manhattans mit dem **Morris-Jumel Mansion**, 65 Jumel Terrace, zwischen 160th Street und Edgecombe Avenue. Das in einem Garten angesiedelte Gebäude hat allem umliegenden Verfall zum Trotz seltsamerweise die Zeit überdauert und zählt heute zu den erfolgreicheren Museumseinrichtungen seiner Art. Hinter der georgianischen Fassade, die später einen Portikus im Federal Style erhielt, zeigen die Räume im Innern einen Ausschnitt aus der wechselhaften Geschichte des Gebäudes. Colonel Roger Morris ließ es sich 1765 ursprünglich als ruhigen Landsitz erbauen, danach diente es kurze Zeit George Washington als Hauptquartier, um anschließend in die Hände der Engländer zu fallen. Die erhältliche Broschüre beschreibt zwar die Räume und deren historische Bedeutung, schweigt sich aber unverständlicherweise über die spätere Geschichte weitestgehend aus. 1801 erwarb der wohlhabende Weinhändler Stephen Jumel das zu der Zeit herrenlose Gebäude und ließ es für seine Frau Eliza, früher eine Prostituierte und seine Geliebte, herrichten. Die New Yorker Gesellschaft war von der Vergangenheit Elizas nicht sonderlich angetan. Trotzdem gelang es dieser nach dem Tod ihres Mannes 1832, den Erzrivalen Alexander Hamiltons und ehemaligen Vizepräsidenten Aaron Burr zu ehelichen – sie tat es wegen seiner Verbindungen, er wegen ihres Geldes. Burr war 78 als sie heirateten, 20 Jahre älter als Eliza. Nach nur sechs Monaten zerbrach das junge Glück bereits wieder, und Burr starb am Tag der Scheidung. Eliza schlug sich tapfer bis ins hohe Alter von 91 Jahren durchs Leben, bevor auch sie das Zeitliche segnete. Ihr Nachruf in der oberen Gebäudeetage gibt die fantasievoll erdichtete Bilanz ihres „skandalösen" Lebens wieder. ◎ Mi–Sa 10–16 Uhr, Eintritt frei, ✆ 923-8008.

Gegenüber dem Eingang zum Grundstück des Jumel Mansion liegt der einnehmende Häuserblock der **Sylvan Terrace**, einer winzigen Kopfsteinpflastergasse, die von gelben und grünen Holzhäusern gesäumt wird – und angesichts der nahen riesigen Kreuzung von Amsterdam und St. Nicholas Avenue fast irreal wirkt.

Vom westlichen Rand der Washington Heights lässt sich in der Regel ein Blick auf die **George Washington Bridge** erhaschen, die Manhattan mit New Jersey verbindet. Ihre Zubringerstraße teilt zwei völlig unterschiedliche Gegenden: Das trostlose und verwahrloste Gebiet unterhalb ist der größte Drogenumschlagplatz der Stadt und wird hauptsächlich von Rauschgiftsüchtigen aus New Jersey aufgesucht. Die Straßen nördlich davon führen durch ruhigere, ethnisch gemischte Wohngebiete, in denen alteingesessene Juden, Griechen, Mitteleuropäer und vor allem Iren leben. In jüngerer Vergangenheit hat sich zu diesen auch eine beachtliche Latino-Gemeinde hinzugesellt.

Die Brücke führt in luftiger Höhe als strahlende Silhouette aus massivem Metall voller Anmut und Eleganz über den Hudson River und gilt als würdige Nachfolgerin der Brooklyn Bridge. „Hier endlich scheint die Architektur aus Stahl zu lachen", sagte Le Corbusier über die 1931 fertig gestellte Konstruktion.

Cloisters Museum und Inwood

Die meisten Besucher durchqueren Washington Heights auf ihrem Weg zu **The Cloisters**, einer einem Kloster nachempfundenen Anlage im Fort Tryon Park, in der das Metropolitan Museum seine Sammlung mittelalterlicher Kunst zeigt (s.S. 246). The Cloisters ist ohne Frage ein Muss für jeden Besucher New Yorks. Kommt man mit der U-Bahn hierher, erhält man zudem einen Eindruck von dem clever durchdachten Park, der nach Plänen von Frederick Law Olmsted Jr. (Sohn des berühmten Landschaftsarchitekten, der den Central Park und den Prospect Park gestaltete) entstand.

Die von Mauern gesäumte Promenade mit Blick auf den Hudson River sowie den englischen Garten ist ein äußerst romantisches Plätzchen. Im Innern des Museums vermitteln der zentrale Kreuzgang, die rosafarbenen Marmorarkaden und der Springbrunnen – zur Zeit der Jahrhundertwende von dem verarmten französischen Mönchskloster St-Michel-de-Cuixa erworben – dem Besucher ein wenig das Gefühl sich in Südwestfrankreich zu befinden.

Inwood

Nördlich des Fort Tryon Park schließt sich am Ufer des Hudson River der **Inwood Hill Park** an, den man über die Dyckman Street erreichen kann. Der Inwood Park ist ungebändigt, weitläufig und verwirrend; in diesem Park hat sich schon so mancher Spaziergänger verlaufen. Früher lebten hier indianische Höhlen-

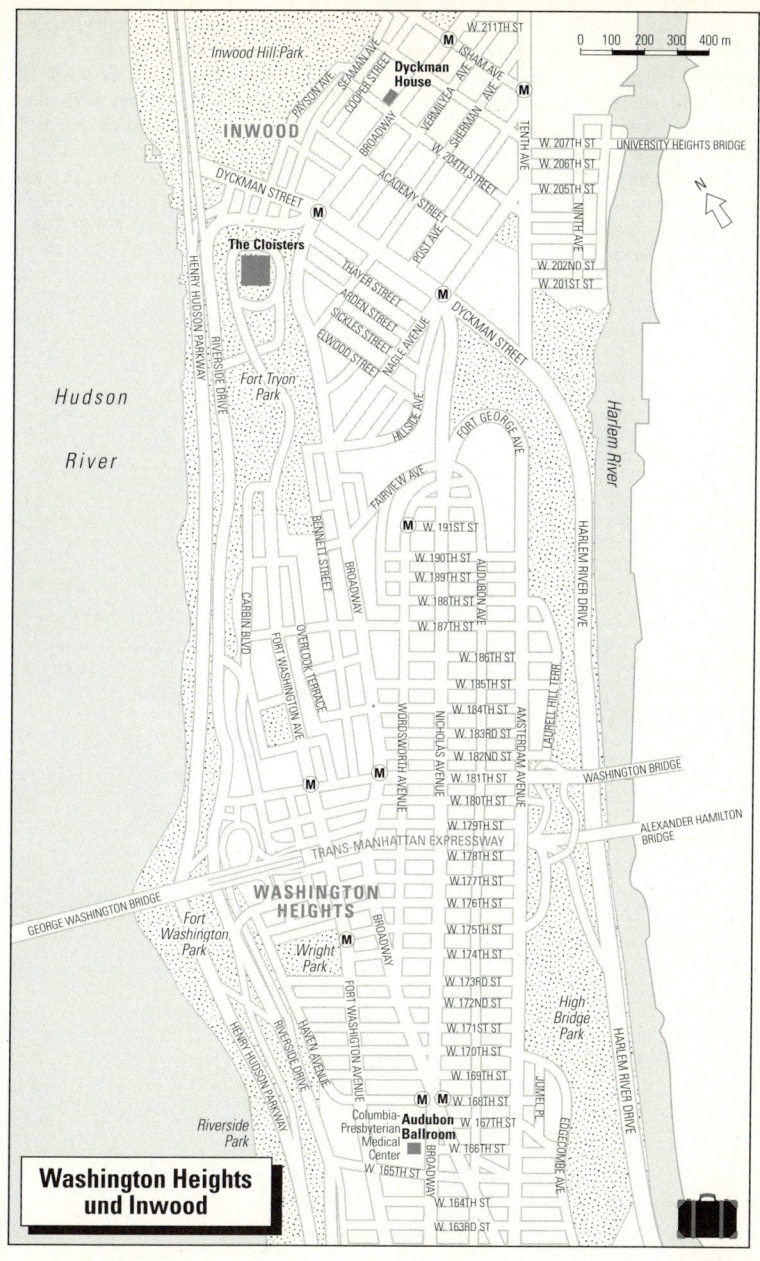

Washington Heights und Inwood 189

bewohner, aber leider liegt deren einstige Siedlung heute unter dem Henry Hudson Parkway begraben. Entlang des Uferpfads bieten sich herrliche Ausblicke auf New Jersey, das sich so weit flussaufwärts erstaunlich hügelig und bewaldet präsentiert.

Weiter nördlich gelangt man zur äußersten Spitze Manhattans und zum *Spuyten Duyvil* („spuckender Teufel" auf Niederländisch). Hier, am Zusammenfluss von Hudson River und Harlem River, steht das Athletikstadion der Columbia University.

Inwoods Haupttouristenattraktion ist das **Dyckman Farmhouse Museum**, 4881 Broadway, Ecke 204th Street, ein holländisches Farmhaus aus dem 18. Jahrhundert, das zwar mit allerlei Utensilien aus der damaligen Zeit ausgestattet und recht hübsch ist, die lange Anfahrt aber kaum lohnt. ⏲ Di–So 11–16 Uhr, Eintritt frei, ✆ 304-9422.

Outer Boroughs

Der besondere Tipp

- Bei einem Spaziergang über die Brooklyn Bridge eine einzigartige Aussicht auf Manhattan genießen
- In Park Slope einige der besterhaltenen Brownstones in New York bewundern
- Mit einer Tour des Brooklyn Center for the Urban Environment auf den Spuren verflossener Größen über den Greenwood Cemetery streifen
- Im American Museum of the Moving Image hinter die Kulissen der Filmkunst schauen
- In Jackson Heights exotische Küchen kosten
- Auf der City Island die Atmosphäre eines Fischerdorfes auf sich wirken lassen

BROOKLYN

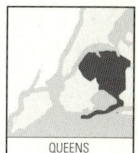
QUEENS

THE BRONX

STATEN ISLAND

Manhattan ist nur schwer zu übertreffen – die vier Outer Boroughs (Außenbezirke) **Brooklyn**, **Queens**, die **Bronx** und **Staten Island** müssen dagegen unweigerlich verblassen. Doch auch wenn es ihnen im Vergleich zu Manhattan an Glanz und Finanzstärke fehlt und dort weniger los ist (schließlich sind es in erster Linie Wohngebiete), eröffnet jeder der vier Bezirke gänzlich unerwartete, erfrischende Perspektiven auf die Stadt.

Die meisten Besucher setzen keinen Fuß von der Insel Manhattan, doch wer mehr als nur ein paar Tage Zeit hat, findet in den Außenbezirken eine Menge Sehenswertes. Die bekanntesten Unternehmungen sind ein Ausflug mit der **Staten Island-Fähre** oder ein Gang über die **Brooklyn Bridge** zur Promenade von Brooklyn Heights. Brooklyn bietet daneben den schönen **Prospect Park**, und außerdem das mit Erinnerungen behaftete, verfallene Seebad **Coney Island**. Queens, das kaum einen Besucher sieht, besitzt die lebendige griechische Gemeinde **Astoria** sowie **Flushing Meadows**, einen riesigen Park, in dem die Weltausstellungen von 1939 und 1964 stattfanden. Was **Staten Island** anbelangt, so macht alleine die Fähre diesen Ausflug lohnenswert. Die **Bronx** hat in den letzten Jahren begonnen, ihrem ungerechtfertigten Ruf als große Gefahrenzone erfolgreich entgegenzuwirken. Die berüchtigte **South Bronx** wurde zu einem großen Teil rehabilitiert; zu den herausragenden Highlights zählen der beste Zoo des Landes sowie mehrere historisch bedeutsame Privathäuser.

Das Faszinierendste an den Outer Boroughs sind vielleicht die vielen verschiedenen dort beheimateten Ethnien: Orthodoxe Juden in **Williamsburg**, Russen in **Brighton Beach**, Polen in **Greenpoint** (alle in Brooklyn), Griechen in **Astoria**, Indianer und Südamerikaner in **Jackson Heights** (alle in Queens), Italiener in **Belmont** (der Bronx), und so weiter. Seit über 200 Jahren waren diese Städte Anlaufstelle von Einwanderern, daher ist hier das Beste aus all diesen Küchen erhältlich, und man kann meilenweit gehen, ohne ein einziges englisches Wort zu hören.

Vorsicht: Die Outer Boroughs sind sehr viel größer als Manhattan. Um zu einigen der Highlights zu gelangen, muss man verschiedene U-Bahnen und Busse nehmen – das kann sehr langwierig sein, dafür lernt man das weitläufige Verkehrsnetz der MTA zu schätzen, das sehr weit auseinander liegende Gebiete zu verbinden vermag. Daher sollte man **vor dem Aufbruch** unbedingt das Transport-Kapitel in den Praktischen Tips sowie die Stadtpläne genau studieren.

Brooklyn

Maybe he's found out by now dat he'll neveh live long enough to know the whole of Brooklyn. It'd take a guy a lifetime to know Brooklyn t'roo an' t'roo. An' even den, you wouldn't know it at all.

(Vielleicht hat er inzwischen rausgefunden, dass er nie lang genug leben würde, um ganz Brooklyn kennenzulernen. Man bräuchte schon ein ganzes Leben, um Brooklyn durch und durch zu kennen. Und nich mal dann würde man es kennen.)

Thomas Wolfe
Only the Dead Know Brooklyn

„The Great Mistake" nannte der New Yorker Schriftsteller Pete Hamill die Annektierung **Brooklyns** im Jahr 1898, und so sehen es die meisten alteingesessenen Brooklyner in gewisser Weise noch heute. Von jeher betrachten sie sich in erster Linie als Einwohner von Brooklyn und erst in zweiter als Bürger von New York City. Vielleicht leitet sich dieses Gefühl der Autonomie von dem starken Bewusstsein der eigenen Traditionen her – den Brooklyn Dodgers, dem unverkennbaren Akzent, den berühmten Söhnen und Töchtern wie Woody Allen, Mel Brooks und Barbara Streisand – die sämtlichen Brooklynern, ungeachtet ihrer Herkunft, vertraut sind.

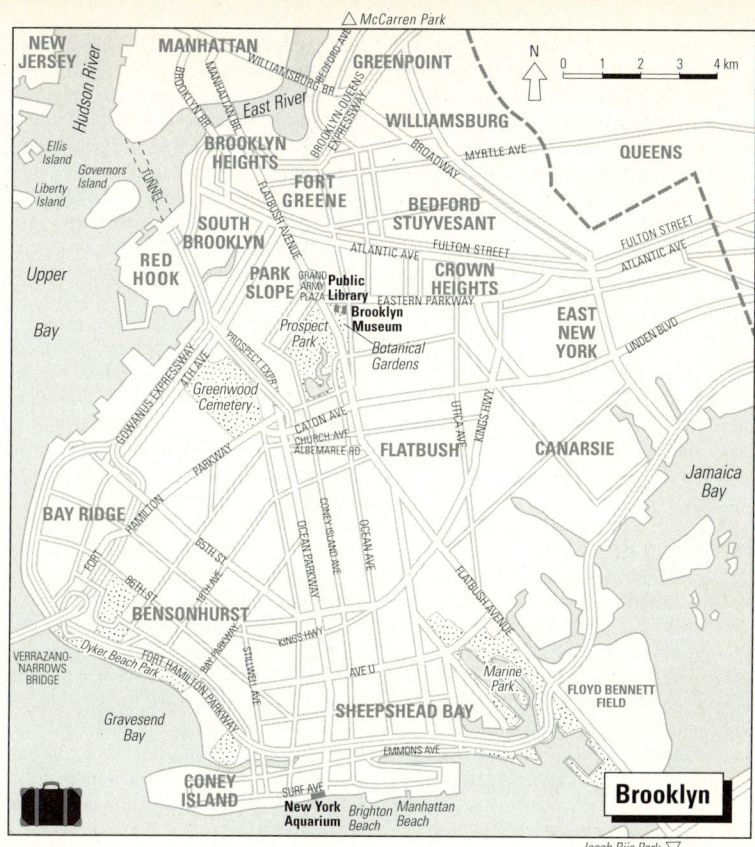

Wäre es noch eine eigenständige Stadt, wäre Brooklyn mit seinen 2,3 Millionen Einwohnern und 93 verschiedenen ethnischen Gruppen die viertgrößte der Vereinigten Staaten. Aber noch bis Anfang des 19. Jahrhunderts bestand Brooklyn nur aus einer Gruppe lose verbundener Städtchen und Dörfer, die mit dem damals schon blühenden Manhattan auf der anderen Seite des Wassers relativ wenig zu tun hatten. Erst Robert Fultons Dampfschifffahrtslinie brachte die beiden Orte zusammen. Damals begann Brooklyn seine heutige Gestalt anzunehmen, angefangen mit der Einrichtung eines grünen Naherholungsgebietes in Brooklyn Heights.

Was den Verwaltungsbezirk entscheidend veränderte, war die Öffnung der **Brooklyn Bridge** 1883: In der Folge wurde das Binnenland als Wohngebiet erschlossen, da die zunehmend herbeiströmenden Arbeitskräfte, die Manhattan zum Aufstieg verhalfen, irgendwo unterkommen mussten. Um die Jahrhundertwende war Brooklyn ein unbestrittener Teil von New York City geworden, und damit war sein Schicksal als etablierter kleiner Bruder Manhattans besiegelt.

Egal, welchen Außenbezirk man anstrebt, es findet sich immer etwas Interessantes, aber was zu Recht die meisten Besucher anzieht ist **Brooklyn Heights**.

Doch auch die anderen Gegenden im Umkreis von Downtown – **Cobble Hill**, **Carroll Gardens** und **Fort Greene** – haben eine Mischung zu bieten, die an Farbenfreude nichts zu wünschen übrig lässt.

In **Park Slope** stehen einige der sehenswertesten Brownstone-Häuser. Hier haben sich viele aufstrebende Berufstätige sowie zahlreiche Lesben niedergelassen.

Nicht wenige Gutbetuchte ziehen mittlerweile ein Haus am von Olmsted und Vaux geschaffenen **Prospect Park** einem Grundstück in Manhattan vor.

Künstler und Zuzügler aus dem East Village reißen sich um ein umgebautes Loft in **Williamsburg**; und **Coney Island** und **Brighton Beach** sind schlichtweg einmalig und die U-Bahnfahrt unbedingt wert.

Downtown Brooklyn

Das Gebiet umfasst die Viertel **Brooklyn Heights**, **Atlantic Avenue** und **Fort Greene** und erstreckt sich vom Wasser weg zur Brooklyn Academy of Music, dabei verändert es schnell sein Gesicht: Die Lagerhäuser gehen in Brownstone-Gebäude über und diese in stattliche Bauten, wie sie in fast jedem Stadtzentrum zu finden sind. Wer sich entschließt, diesen Weg zu Fuß zurückzulegen, stellt rückblickend möglicherweise fest, dass dies der aufregendste Tag der gesamten Reise war.

Brooklyn Bridge und Fulton Ferry District

Ein Abstecher nach Brooklyn sollte am besten mit dem Gang über die **Brooklyn Bridge** beginnen – sie ist nicht zu lang (ca. 500 m) und bietet wahrscheinlich die beste Aussicht auf Manhattan. Der Fußgängerweg fängt beim City Hall Park neben dem Municipal Building an und endet in Brooklyn entweder an der Adams Street, Ecke Tillary Street, bzw. an der günstiger gelegenen Treppe der Cadman Plaza East. Wer auf keinen Fall zu Fuß gehen möchte (obwohl das am empfehlenswertesten ist), kann mit den U-Bahnlinien 2, 3, 4, 5, N, R, A, C und F fahren, die alle in Downtown Brooklyn halten.

Über die Brücke in Brooklyn angekommen, geht man die Treppe hinab, hält sich rechts und folgt dem Pfad durch den Park an der Cadman Plaza. Wer der Cadman Plaza West in Richtung Middagh Street folgt, befindet sich bald mitten in den Heights. Die Cadman Plaza West führt weiter den Hügel hinunter zur Old Fulton Street und zum **Fulton Ferry District**.

Direkt unterhalb des drohenden Schattens des **Watchtower Building** (dem weltweiten Hauptquartier der Zeugen Jehovahs) liegt die Stelle, an der Robert Fultons Fähre bis zur Fertigstellung der Brücke anzulegen pflegte. Im Laufe des 19. Jahrhunderts entstand hier das erste und reichste Industrieviertel Brooklyns. Nach der Fertigstellung der Brücke ging es mit dem Viertel bergab. Seit die bejahrten Gebäude aber nach und nach in schicke Lofts umgewandelt werden, ist ein Aufwärtstrend zu spüren. Das eindrucksvolle **Eagle Warehouse**, 28 Old Fulton Street, z.B., dessen Penthouse mit den riesigen Uhrenglasfenster zählt zu den begehrtesten Apartmenthäusern der Stadt. Unten an der Fähranlegestelle liegen ein paar Boote mit Restaurants an Bord – z.B. das bemerkenswerte *River Café* – in dem sich abends Manhattaner vergnügen, die den Weg über die Brücke gefunden haben. Ortsansässige folgen eher den verlockenden Gerüchen der italienischen Küche von *Pete's Downtown,* das mit einer wunderschönen Aussicht gesegnet ist, oder ihre Nase führt sie zu den Holzöfen von *Patsy's Pizza* in der 19 Old Fulton St, wo mit die beste Pizza New Yorks gebacken wird.

Das **Brooklyn Bridge Anchorage** auf der gegenüberliegenden Seite der Old Fulton Street lohnt einen Besuch, ist jedoch nicht immer geöffnet. In dem höhlenartigen, kühlen und stillen Raum unter – genauer gesagt, innerhalb – der Brücke, finden sporadisch Kunst-Performances und Happenings statt. Eine Info-Hotline gibt es nicht, doch in den Sommermonaten müsste bei dem Veranstalter *Creative Time* unter ✆ 212/206-6674 das Veranstaltungsprogramm zu erfahren sein.

Unmittelbar nördlich von hier, auf dem Spazierweg durch den zum *River Café* gehörigen Garten erreichbar, liegt am Wasser ein modernisierungsreifes Lagerhausviertel. Hier bie-

tet der **Empire Fulton Ferry State Park** bislang noch einen herrlichen Blick auf den Fluss und manchmal auch Kunst- und Skulpturenausstellungen. Gerüchten zufolge ist das Gelände hinter dem Park, immer öfter **DUMBO** (Down Under Manhattan Bridge Overpass) genannt, mächtig im Kommen. Bis jetzt ist noch nichts Entsprechendes passiert, aber bei Tageslicht ist der Anblick der Lagerhäuser und gepflasterten Straßen durchaus interessant.

Brooklyn Heights

Brooklyn Heights ist eines der schönsten und wohlhabendsten Stadtviertel von New York City. Seit Beginn des 18. Jahrhunderts konnten sich Banker und Finanzgrößen aus der Wall Street seiner Ruhe und Exklusivität erfreuen und sich dem Gefühl hingeben, weit weg vom Tumult Manhattans zu sein, dabei aber doch nahe genug, um die Türme noch im Auge behalten zu können. Bis heute hat sich in den Heights nicht allzu viel verändert.

Wenn man auf der Old Fulton Street den Hügel wieder hoch wandert, gelangt man über die Everett Street oder die Henry Street mitten in den ältesten Teil von Brooklyn Heights. Diese Straßen lassen sich problemlos und angenehm erkunden, denn viele Häuser sind mit Gedenkinschriften versehen, so dass man praktisch eine Sightseeingtour auf eigene Faust unternehmen kann. Ein Haus ohne erklärende Tafel ist die Nr. 24 Middagh St (Ecke Willow Street), ein eher unscheinbares, aber bestens erhaltenes Holzhaus im Federal Style von 1824, das älteste Haus des Viertels.

Zwei Straßen weiter unten, an der Orange Street, zwischen Hicks und Henry Street, steht die **Plymouth Church of the Pilgrims**, eine schlichte Kirche, die Mitte des 19. Jahrhunderts errichtet und als Predigerstätte von **Henry Ward Beecher** bekannt wurde, einem Verfechter der Sklavenbefreiungsidee und der Frauenrechte. Horace Greeley, Mark Twain und sogar Abraham Lincoln kamen zu den Gottesdiensten Beechers, der in dem Ruf stand, ein großartiger Redner zu sein. Die Kirche wurde auch als Versteck für Sklaven auf ihrem Weg in die Freiheit genutzt, durch einen Zugang zu einem Halt auf der U-Bahnstrecke. Henry Ward Beecher wurde über die Grenzen New Yorks hinaus jedoch nie so bekannt wie seine Schwester, Harriet Beecher Stowe, Autorin von *Onkel Toms Hütte*, da sein späteres Wirken von einem Ehebruchskandal überschattet wurde. Die Gerichte sprachen ihn zwar frei, nicht aber die Öffentlichkeit.

Heutzutage kann die Kirche nur besichtigt werden, wenn eine Messe abgehalten wird. Wer das scheunenähnliche Innere nicht zu Gesicht bekommt, hat aber nichts verpasst.

Südlich von hier liegt die **Pierrepont Street**, eine der Verkehrsadern von Brooklyn Heights, die von sehenswerten Brownstone-Gebäuden flankiert wird. An der Kreuzung mit der Henry Street steht das **Herman Behr House**, eine gedrungene Villa im Romanesque Revival-Stil, die nacheinander als Hotel, Bordell und Franziskanerkloster diente und derzeit in Mietwohnungen aufgeteilt ist. Ein Stück auf der Pierrepont St weiter östlich sollte man, so möglich, einen Blick in die **Brooklyn Unitarian Church** werfen – ursprünglich Church of the Savior genannt –, deren auserlesenes neugotisches Inneres sehenswert ist.

Auf der gegenüberliegenden Straßenseite, Hausnummer 128, befindet sich die **Brooklyn Historical Society**, die wegen größerer Renovierungs- und Erweiterungsarbeiten für mindestens zwei Jahre geschlossen bleibt.

The Promenade, Montague Street und Umgebung

Wer auf irgendeiner der Straßen zwischen der Clark und Remsen nach Westen spaziert, gelangt unweigerlich zur **Promenade** (alias „Esplanade"), einer Uferpromenade mit einem der spektakulärsten und berühmtesten Ausblicke von ganz New York. Es fällt schwer, sich vom Anblick der Skyline, des Wassers und der Freiheitsstatue im Hintergrund loszureißen, kehrtzumachen und die Paläste in Augenschein zu nehmen, die in gebührendem Abstand von der Promenade prunken. In einem davon wohnt Norman Mailer, andere sind die Wochenendhäuser weiterer Reicher und Berühmter.

Am Südende der Promenade geht die **Montague Street** ab, die mit zahlreichen Bars und Restaurants versehene, belebte Hauptstraße von Brooklyn Heights. Diese Gegend könnte durchaus in Manhattan liegen, die Atmosphäre ist jedoch bei näherem Hinsehen viel entspannter und gedämpfter. Bei gutem Wetter stellen viele Restaurants Tische im Freien auf, z.B. das *Caffè Buon Gusto* mit ausgezeichneter italienischer Küche in erstklassiger Beobachtungslage. Bei *Ozzie's* kann man dagegen in der Abgeschiedenheit des Patios in Kaffee und Kuchen schwelgen.

Südlich der Montague Street führen die mit Brownstone-Häusern gesäumten Straßen weiter Richtung Atlantic Avenue und Cobble Hill.

Downtown Brooklyn und Fulton Mall

Das Ostende der Montague Street gilt als die „Bank Row" – das Geschäftszentrum im Herzen Brooklyns – und läuft geradewegs auf den Verwaltungsbezirk des Viertels zu. Dort, wo die hohen Art-déco-Gebäuden der Court Street beginnen, ist das Wohngebiet der Heights zu Ende. Die nüchterne, im griechischen Stil erbaute **Borough Hall** auf der gegenüberliegenden Straßenseite krönt ein kuppelartiger Glockenturm. Weiter nordöstlich befinden sich der massive State Supreme Court und das **Postamt** im romanischen Stil, neben dem eine Bronzestatue von Henry Ward Beecher steht. Sehenswürdigkeiten sucht man hier vergebens, doch die müden Füße werden dankbar zur Kenntnis nehmen, dass an der Kreuzung von Court und

Brooklyn Historical Society

Joralemon St die große U-Bahnstation Borough Hall liegt.

An der Borough Hall vorbei lässt die **Fulton Street** die eleganten Verwaltungsgebäude hinter sich und wird eine Einkaufsstraße. Hier kann man ein paar günstige Sachen finden, doch insgesamt sind die von Imbissen gesäumten Straßen eher deprimierend. Allerdings hat sich vor Zeiten *Gage & Tollner* hier, in der Nr. 372, niedergelassen, eines der berühmtesten Restaurants von Brooklyn (und entsprechend teuer). Es serviert in absichtlich unveränderten Räumlichkeiten Seafood und Steaks. Eine erschwinglichere Adresse ist *Junior's* in der 386 Flatbush, Ecke DeKalb Ave; der Käsekuchen genießt zu Recht einen besonderen Ruf, und was sonst noch aufgetischt wird, steht ihm in nichts nach.

Unmittelbar südlich der Fulton Mall biegt die Adams Street auf den Boerum Place ein; an der Ecke Schermerhorn St sieht man einen U-Bahneingang, der in Wirklichkeit ins **New York Transit Museum** führt, das auf einem seit über vierzig Jahren stillgelegten Bahnhof untergebracht ist. Näheres dazu s.S. 259.

Fort Greene und Brooklyn Academy of Music

Östlich von Downtown Brooklyn liegt das Viertel **Fort Greene**, benannt nach Nathaniel Greene, einem berühmten General aus der Zeit des amerikanischen Unabhängigkeitskrieges. Es ist leicht zu finden, wenn man sich an der *Williamsburg Savings Bank* orientiert, Brooklyns höchstem Bauwerk Fort Greene ist seit langem eine Vielvölkergemeinde und beherbergt eine wachsende Zahl afroamerikanischer Mittelschichtsfamilie (der Regisseur Spike Lee stammt von hier) sowie einige hochinteressante Musik- und Veranstaltungslokale: z.B. das *Brooklyn Moon Café,* 745 Fulton, Höhe S. Portland St, ✆ 718/243-0424, wo freitagabends Dichterlesungen stattfinden. Außerdem liegen hier mehrere gute ethnische Restaurants wie *Keur N'Deye,* 737 Fulton Street, zwischen South Elliott und South Portland St, ein hervorragendes senegalesisches Restaurant mit afrikanischem Dekor. Die meisten Lokale liegen jedoch an der Fulton Street.

Fort Greene beherbergt auch das älteste Zentrum für darstellende Künste Amerikas, die

Brooklyn Academy of Music (BAM für die Fans, die aus allen Ecken der Stadt herbeiströmen), 30 Lafayette Avenue, ℡ 718/636-4100. BAM zählt zu den gefeiertesten Institutionen Brooklyns und hat über die Jahre einen Strom namhafter und ausgefallener Künstler vorbeiziehen sehen. Die Eintrittspreise und Ansprüche liegen allerdings erheblich höher als die der neueren Veranstaltungsorte. BAMs neues Kino mit vier Leinwänden präsentiert Kunstfilme und gelegentlich auch Premieren.

Die neueste Attraktion von Fort Greene um die Fulton Street ist eine Gruppe von **Boutiquen** mit Designermode im afrikanischen Stil, zu deren Kunden Ziggy Marley, Stevie Wonder und Erykah Badu gehören. Zu empfehlen ist *4W Circle of Art and Enterprise,* 704 Fulton St, ℡ 718/875-6500.

Atlantic Avenue

Südlich von Brooklyn Heights befindet sich die **Atlantic Avenue**, die vom East River bis nach Queens verläuft. Auf ihrem westlichen Abschnitt – und auch in den Straßen, die von ihr nach Süden abgehen – konzentriert sich eine lebendige nahöstliche Gemeinde. Hier gibt es ein paar ausgezeichnete jemenitische und libanesische Restaurants mit erschwinglichen Preisen sowie eine gute Auswahl an Lebensmittelgeschäften und Bäckereien. Einen Besuch lohnt *Sahadi Importing Co.,* 187 Atlantic Ave, in ganz New York für Nüsse, Trockenobst und Halva berühmt, abgesehen von über einem Dutzend verschiedener Olivensorten und Delikatessen aus anderen Teilen der Welt.

Peter's Ice Cream Parlor and Coffeehouse, eine Tür weiter, Nr. 185, ℡ 718/852-3835, ist eine feste Einrichtung des Viertels und wird der köstlichen, hausgemachten Eiscreme und der freundlichen Atmosphäre wegen gern besucht.

An der Ecke zur Court Street befindet sich übrigens *Jack's Deli,* das in dem Film *Smoke* auftaucht: Auggie erzählt hier seine Weihnachtsgeschichte. Paul Auster, auf dessen Erzählung *(Auggie Wren's Christmas Story)* der Film basiert, hat eine ganze Reihe von Geschichten in Brooklyn angesiedelt, wo er selbst zu Hause ist (s.S. 464 und 476).

Südliches Brooklyn

Südlich der Atlantic Avenue liegen **Cobble Hill**, **Boerum Hill** und **Carroll Gardens**, die zusammen mit dem alten Werftenbezirk **Red Hook** ein Gebiet ausmachen, das früher unter dem Namen **South Brooklyn** lief. Carroll Gardens und Boerum Hill werden unglücklicherweise von dem übelriechenden Gowanus-Kanal durchquert, allerdings werden zurzeit Säuberungsarbeiten durchgeführt. Die interessanteste Straße hier ist die Court Street mit ihren Restaurants, Cafés und Geschäften. Außerdem sehenswert ist der älteste **Eisenbahntunnel** der Welt aus dem Jahre 1844, Atlantic Avenue und Court Street, Informationen zu Führungen unter ℡ 718/941-3160. **Atlantic Avenue** in Boerum Hill, zwischen Smith Street und Fourth Avenue, ist für seine Vielzahl an Antiquitätenhändlern bekannt.

Cobble Hill

Die wichtigsten Straßen von **Cobble Hill** – Congress, Warren und Amity St – säumen eine Mischung aus gediegenen Brownstone-Häuser und leuchtendrot gezieglelten Reihenhäusern, die meisten davon seit langem ein rettender Hafen für Besserbemittelte. Die Mieten hier reichen inzwischen fast an die von Brooklyn Heights heran. Dass auch gut situierte junge Leute herziehen, ist an der Zahl der neu eröffneten Cafés in der Umgebung abzulesen. Zu den besten gehören das *Bagel Point Café,* 231 Court Street, mit gutem Brunch und hübschem, offenem Patio, und das *Roberto Cappuccino Café and Tea Room,* 221 Court Street.

Eine Who-Was-Who-Tour durch Cobble Hill darf die Adresse 197 Amity Street nicht auslassen, wo **Jenny Jerome**, die spätere Lady Randolph Churchill und Mutter von Winston, geboren wurde. Leider ist das Haus mit Aluminiumfenstern und einer modern-rustikalen Fassade verschandelt worden. Auch **Warren Place** lohnt einen Blick. Die winzige Gasse mit Arbeiterhütten des späten 19. Jahrhunderts ist leicht zu übersehen, wenn man nicht genau hinsieht. Diese ruhige Oase am letzten Häuserblock der Warren Street liegt nur einen Steinwurf vom donnernden Brooklyn–Queens Expressway entfernt. Falls man Cobble Hill besichtigen möchte, sollte man mit der U-Bahn-Linie F, die weiter ins benachbarte Boerum Hill führt, bis zur Haltestelle Bergen fahren.

Boerum Hill

Östlich von Cobble Hill und südlich der Atlantic Avenue liegt Boerum Hill, schäbiger und architektonisch weniger eindrucksvoll als seine Nachbarn, auch wenn es hier immerhin ein paar schlichte Gebäude im Greek Revival- und italienischen Baustil gibt – langsam aber sicher ist auch hier eine Anpassung an sozial Höherstehende zu spüren. Dies ist einer der bodenständigeren Bezirke von Brooklyn und die Heimat italienisch- und irischstämmiger Familien, von Arabern und seit langem ansässigen Puertoricanern, die mittlerweile Teil einer bunt zusammengewürfelten Latino-Gemeinde geworden sind. Jetzt wird auf den Treppenstufen der Brownstone-Gebäude zu Salsa-Musik getanzt. Die Smith Street, die Geschäftsstraße des Viertels, säumen kleine Lokale, in denen sich die Leute aus der Nachbarschaft treffen.

Carroll Gardens

Geht man auf der Court Street nach Süden, gelangt man in der Umgebung der De Graw Street nach Carroll Gardens (ebenfalls an der Linie F; aussteigen am Bahnhof Carroll St). Ursprünglich Heimat einer multinationalen Mittel- und Oberschichtgemeinde, wurde dieser Teil von South Brooklyn Anfang des 19. Jahrhunderts von italienischen Dockarbeiter-Immigranten überschwemmt.

Später wurde die Gegend nach Charles Carroll benannt, dem einzigen römisch-katholischen Unterzeichner der Unabhängigkeitserklärung. Jetzt sieht man schicke junge Angestellte aus den Brownstone-Häusern kommen. Aber entlang der Court Street gibt es immer noch viel Pizza und italienisches Gebäck, und es herrscht nach wie vor ein starkes Zusammengehörigkeitsgefühl. Die familienorientierten Italoamerikaner der unteren Mittelschicht sind Neuankömmlingen gegenüber tolerant und lassen sich nicht weiter stören. Wer eine Verschnaufpause einlegen möchte, kann dies bei *Shakespeare's Sister,* 270 Court Street, tun, einem Café und Geschenkeladen.

Die Bewohner von Carroll Garden sind für ihre fantastievolle und grelle, wenn auch etwas kitschige Feiertagsdekoration berühmt. Obwohl die Gärten des Viertels das ganze Jahr über mit religiösen Schreinen und Statuen geschmückt sind, ist die Dekoration während der Weihnachts- und Osterzeit erheblich üppiger: die Anwohner überbieten sich dann gegenseitig darin blinkende Lichterketten, leuchtende Figuren sogar mit passender musikalischer Untermalung zur Schau zu stellen.

Red Hook

Nach Carroll Gardens kommt Red Hook wie ein Schock. Die zunehmende Automatisierung der Hafenindustrie (eindringlich dargestellt in dem international bekannt gewordenen Buch von Hubert Selby und der gleichnamigen Verfilmung *Last Exit to Brooklyn* – dt. *Letzte Ausfahrt Brooklyn)* hatte Red Hook verwüstet und der Bau des Gowanus Expressway kurz danach noch dazu isoliert. Davon konnte sich die Gegend nicht mehr erholen. Heute leben hier, in den inzwischen superbilligen Wohnungen, einige Italoamerikaner neben Afro-Amerikanern und Latinos, viele davon in dem berüchtigten Sozialwohnungsbauprojekt Red Hook. Dies ist definitiv kein Ort für Sightseeing.

Allerdings lassen ein paar Umstände auf eine bessere Zukunft hoffen. 1995 präsentierte eine Gruppe von Anwohnern einen anspruchsvollen Plan, wie das Wohngebiet durch Eigeninitiative erneuert werden könnte. In die Tat umgesetzt worden ist der Plan bisher jedoch noch nicht. Zwei künstlerische Organisationen tragen immerhin schon heute zur Wiederbelebung des Ufergeländes bei; Künstler haben hier mehrere Kaufhäuser aus der Zeit des Bürgerkrieges übernommen. Das **Hudson Waterfront Museum**, in einer restaurierten Barkasse untergebracht und von einem früheren Berufs-Clown geleitet, hat am Pier 45, an der Conover, Höhe Beard St, ✆ 718/624-4719, angelegt und veranstaltet hin und wieder Konzerte. Ein Pendelbus fährt von hier aus verschiedene Teile von Brooklyn an. Die **Brooklyn Waterfront Artists Coalition** hält ebenfalls an den Kais jedes Jahr im Mai ihre einmonatige Spring Show ab, Infos unter ✆ 718/596-2507. Veränderungen vollziehen sich hier nur schleppend; ein Besuch dieser Gegend ist nicht unbedingt zu empfehlen.

Prospect Park, Park Slope und Flatbush

In der Flatbush Avenue auf dem Stück hoch zur **Grand Army Plaza** beweist Brooklyn, dass es eine eigenständige Stadt ist – jedenfalls in architektonischer Hinsicht. Hier herrscht reinster Klassizismus vor. Der Verkehr wird um den zentralen offenen Platz herum geleitet (am besten zu erreichen mit der U-Bahnlinie 2 oder 3, Haltestelle Grand Army). Er wurde im späten 19. Jahrhundert von Olmsted und Vaux angelegt, die ihn als effektvollen Zugang zu ihrem gerade erst fertig gestellten Prospect Park gleich dahinter entworfen hatten. Der Triumphbogen **Soldiers and Sailors' Memorial Arch**, den man nur im Frühling und Herbst und dann auch nur am Wochenende besteigen darf, kam 30 Jahre später hinzu. Die ihm aufgesetzte Siegessäule würdigt den Sieg des Nordens im Bürgerkrieg. An der gegenüber liegenden Seite des Platzes geht es zur **Brooklyn Public Library**. Ihre Fassade zieren Erklärungen, wonach dieses Haus eine Quelle des Wissens ist, und der Eingang zeigt einen echten Sohn Brooklyns, den Dichter Walt Whitman. Dahinter befinden sich das **Brooklyn Museum of Art** und das **Brooklyn Children's Museum** (s.S. 390) sowie der **Brooklyn Botanic Garden**, ⓘ April– September Di–Fr 8–18, Sa und So 10–18 Uhr, Oktober– März Di–Fr 8–16.30, Sa und So 10–16.30 Uhr, ✆ 718/623-7200.

Der Botanische Garten ist einer der bezauberndsten Parks von New York. Er ist kleiner und überschaubarer als sein viel berühmterer Nebenbuhler in der Bronx und ein Ort, an dem man sich nach einigen im Museum verbrachten Stunden wunderbar erholen kann. Er ist reichhaltig, aber nicht vollgestopft, und umfasst einen Rosengarten, einen japanischen Garten, einen Shakespeare-Garten (mit Pflanzen, die in dessen Werken erwähnt werden), den *Celebrity Path,* einen gewundenen Weg, an dem sich blattförmige Tafeln zu Ehren aus Brooklyn stammender Berühmtheiten aneinander reihen, sowie einige Rasenflächen mit Trauerweiden und Sträuchern. Außerdem gibt es ein Treibhaus, das unter anderem die größte Bonsai-Sammlung Nordamerikas beherbergt, sowie einen Geschenkeladen, in dem eine Großauswahl exotischer Pflanzen, Blumenzwiebeln und -samen verkauft wird.

Prospect Park

Angespornt von dem Erfolg, den sie mit dem Central Park erzielten, legten Olmsted und Vaux Anfang 1890 den Prospect Park an und beendeten die Arbeiten genau zu dem Zeitpunkt, als letzte Hand an die Grand Army Plaza gelegt wurde. In mancher Hinsicht ist der Prospect Park schöner als der Central Park, denn die Erhaltung der Illusion einer grünen Weidefläche ist besser gelungen. Zwar wurde im Laufe der Jahre hier und da etwas abgezwackt – Tennisplätze, ein Zoo – und viele Menschen bevölkern den Park zum Picknicken, Spazierengehen und Fußballspielen, doch zum überwiegenden Teil vermittelt der Park nach wie vor den Eindruck einer saftig grünen, freien Landschaft.

Zentrale Punkte sind u.a. **Lefferts Homestead**, ein koloniales Farmhaus des 18. Jahrhunderts, das irgendwann hierher versetzt wurde und am Wochenende kostenlos zur Besichtigung geöffnet ist, das **Wildlife Center** (der ehemalige Zoo), gegen eine geringe Eintrittsgebühr tgl. geöffnet, mit einem restaurierten Karussell sowie einem See in der Südhälfte. Viele der Attraktionen sind besonders auf Kinder ausgerichtet. Für den Fall, dass die Sprösslinge müde werden – die Hauptstraße rund um den Park ist ca. 3,5 Meilen lang – verkehrt am Wochenende ein kostenloser Trolleybus, ✆ 718/965-8967, zwischen den beliebtesten Anlaufstellen.

Im **Bootshaus** gibt es Landkarten und Informationen zu Veranstaltungen im Park. (Tanz, Theater und Musik wird an den meisten Sommerwochenenden im Musikpavillon geboten.), Informationen unter ✆ 718/855-7882. Weitere Infos zum Park unter ✆ 718/965-8999 erfragen.

Park Slope

Verlässt man den Prospect Park durch einen der westlichen Ausgänge, gelangt man zu den Ausläufern von **Park Slope**. Jede der stillen Querstraßen (mit einigen der besterhaltenen Brownstones von New York) führt zur angesagten Einkaufsmeile Seventh Avenue hinab (auch mit der Linie F zu erreichen, Haltestelle 7th Ave), an der inzwischen neue Restaurants und Cafés einträchtig neben etablierteren Geschäften und ein paar grandiosen Kirchen stehen. (Die Ecke zur 3rd Street kommt manch einem vielleicht bekannt vor: Es ist jene Ecke, die Auggie in dem Film *Smoke* tagtäglich fotografiert).

Diese Gegend ist eine ernsthafte Konkurrenz zu Brooklyn Heights geworden. Die Grundstückspreise schnellen in die Höhe wie nur in wenigen anderen Teilen der Stadt. Da junge Berufstätige und Familien in ganzen Scharen hierher strömen, bekommt sogar die etwas weniger elegante Fifth Avenue – bis vor kurzem fest in lateinamerikanischer Hand – neuen Glanz. Allerdings befanden sich hier schon längst einige der beliebtesten Lokale der Gegend, insbesondere *Aunt Suzie's*, 247 Fifth Avenue, und *Cucina*, Nr. 256, zwei ausgezeichnete italienische Lokale.

The Slope beherbergt auch eine lebendige Lesben- und eine weniger bekannte Schwulengemeinde. Das Geschehen verteilt sich auf das Gebiet zwischen Fifth und Seventh Avenue. Es gibt eine spezielle Buchhandlung namens *Beyond Words*, 186 Fifth Ave, und gleich daneben das *Rising Café;* auf der Seventh Avenue in der Nr. 444, auf der Höhe 15th Street, liegt der wichtigste Schwulentreff der Umgebung, das *Sanctuary*.

Auf der anderen Seite des Prospect Expressway liegt der **Greenwood Cemetery**, der sogar größer ist als der Prospect Park. Im 19. Jahrhundert ließ man sich hier begraben, sofern die Finanzen für einen angemessenen Grabstein oder besser noch ein Mausoleum reichten. Der Haupteingang auf der 5th Avenue, 25th Street, fällt durch seine Tore im Stil einer gotischen Kathedrale auf; in den 60er Jahren des 19. Jahrhunderts wurde der Eingang von R.M. Upjohn, dem Sohn des Architekten der Trinity Church Richard Upjohn erbaut. Vater und Sohn liegen hier begraben. Auf dem Friedhof ruhen u.a. Horace Greeley, Politiker und Zeitungsverleger; William Marcy „Boss" Tweed, schlitzohriger Anführer der Demokraten im 19. Jahrhundert, und die berühmte Klavierbauer-Familie Steinway ruht hier in ihrem eigenen Mausoleum mit 119 Kammern. Man sollte auch Ausschau nach dem Grab eines gewissen John Matthews halten, der mit kohlensäurehaltigen Getränken ein Vermögen machte und sich einen Gedenkstein mit Vögeln und anderen Tieren, grimmig dreinblickenden Wasserspeiern und Szenen aus seinem Leben schnitzen ließ. Der Friedhof lässt sich entweder auf eigene Faust oder im Rahmen einer Tour besichtigen, die das Brooklyn Center for the Urban Environment (s.S. 26, Stadtführungen) anbietet.

Flatbush

Südöstlich des Prospect Park liegt Flatbush, ein lebhaftes, aber nicht besonders spannendes Wohn- und Einkaufsgebiet, das vorwiegend von westindischen Einwanderern bewohnt wird und daher von Interesse ist, wenn man Lebensmittel oder andere Sachen aus der Karibik einkaufen möchte.

Es bietet aber auch ein paar Sehenswürdigkeiten. **Prospect Park South**, eine durchgestylte Wohnanlage von 1899 mit geräumigen Einfamilienhäusern, ist eine stille Oase mit mehreren verborgenen kleinen Straßen rund um die Albemarle Road – von der Church Avenue (erreichbar vom Park aus oder mit der Linie D oder Q) ist es ein kurzer Spaziergang, entweder auf der Buckingham Road oder der Coney Island Avenue nach Süden.

Zurück auf der Church Ave, an der Ecke Flatbush Avenue, sieht man die **Reformed Protestant Dutch Church of Flatbush**, die 1654 von Peter Stuyvesant gegründet wurde. Das Bauwerk ist zwar nicht mehr im Originalzustand erhalten, aber dennoch sehenswert.

Der kleine Friedhof hinter der Kirche ist ein wahres Schmuckstück. Viele Grabsteine sind eingesunken oder die Namen und Inschriften schwer zu entziffern, doch mit etwas Mühe erkennt man, dass nicht wenige in holländischer

Sprache sind. Das große gotische Gebäude auf der gegenüberliegenden Straßenseite, die **Erasmus Hall High School**, (eine Privatschule, die 1786 von der Kirche gegründet wurde), ist als Alma Mater von Barbara Streisand an dieser Stelle erwähnenswert.

Central Brooklyn

In dem Gebiet, das mehr oder weniger das Zentrum von Brooklyn ausmacht, bewegt man sich auf einem etwas rauerem Pflaster. Heute sind manche Ecken als gefährlich und heruntergekommen verrufen, jedoch sind die Gegenden nicht ohne historisches Flair.

Bedford-Stuyvesant

Unmittelbar östlich von Fort Greene, im Erscheinungsbild aber meilenweit davon entfernt, liegt Bedford-Stuyvesant: früher eines der elegantesten Stadtviertel überhaupt, ist es heute bemüht, eine Jahrzehnte andauernde Episode der Vernachlässigung vergessen zu machen.

Ursprünglich waren es zwei getrennte Gegenden, in denen sowohl Schwarze als auch Weiße wohnten. Doch dann brachte die Eröffnung der Brooklyn Bridge und der nachfolgende Bau der U-Bahnlinie A einen gewaltigen Zustrom afroamerikanischer Familien – Duke Ellingtons *Take the A Train* erinnert an diesen Exodus aus Harlem, von dem viele Schwarze sich eine bessere Zukunft erhofften. Es kam zu immer gewalttätigeren Auseinandersetzungen zwischen den beiden Bevölkerungsgruppen. In den 40er Jahren des 20. Jahrhunderts zogen die Weißen weg, und mit ihnen ging das notwendige Geld für Gemeinschaftseinrichtungen. So begann der wirtschaftliche Niedergang von „Bed-Stuy", wie es im Volksmund heißt.

Die heutige afro-amerikanische Gemeinde, welche diejenige in Harlem größenmäßig noch übertrifft, versucht verzweifelt, die Probleme innerstädtischer Verwahrlosung in den Griff zu bekommen, Bed-Stuy vor dem endgültigen Zusammenbruch zu retten und aus dem architektonischen Erbe, das einige der schönsten Brownstone-Häuser der City umfasst, dringend benötigtes Kapital zu schlagen.

Daneben bewahrt Bed-Stuy ein historisches Erbe, das lange Zeit in Vergessenheit geraten war und erst in den 60er Jahren des 20. Jahrhunderts wieder entdeckt wurde, außerhalb des Viertels aber noch weithin unbekannt ist. Das Dorf **Weeksville** aus dem 19. Jahrhundert – nach einem der ersten schwarzen Grundstücksbesitzer benannt, die hierher zogen – war eine Gemeinde von freien Schwarzen, die entstand, nachdem 1827 die Sklaverei im Staat New York abgeschafft worden war. Heute ist von Weeksville nicht mehr viel zu sehen, aber die **Society for the Preservation of Weeksville and Bedford-Stuyvesant History** unterhält in diesen Häusern ein Museum für afroamerikanische Geschichte; gedacht ist in erster Linie für Schulklassen, aber Besucher sind willkommen. Bitte vorher unter ✆ 718/756-5250 anrufen. Nach Weeksville nimmt man die Linie A bis Utica.

Östlich von Bedford-Stuyvesant gibt es nicht viel zu sehen. Das Viertel **Brownsville** ist von geschichtlichem Interesse: Zu Beginn des 20. Jahrhunderts war es als Brutstätte namhafter Anarchisten berüchtigt, ein Treffpunkt von Bolschewiken und anderen politischen Freigeistern. Emma Lazarus, Verfasserin der denkwürdigen Inschrift auf der Freiheitsstatue, lebte hier, und 1916 wurde am Ort die erste amerikanische Klinik für Geburtenkontrolle eröffnet – mehr als 150 Frauen standen damals vor der Tür Schlange. Neun Tage später wurde die Klinik von einem Überfallkommando der Polizei gestürmt und geschlossen, und die Begründerin, Margaret Sander, musste wegen „Erregung öffentlichen Ärgernisses" 30 Tage ins Gefängnis.

Crown Heights

Crown Heights ist das New Yorker Stadtviertel mit dem höchsten Anteil westindischer Bewohner sowie einer aktiven, langansässigen Gemeinde chassidischer Juden. In Brooklyn lebt die größte afro-karibische Gemeinde außerhalb der Karibik; sie umfasst über eine Million Einwohner, wobei viele von ihnen aus Haiti stammen. Das Zusammenleben dieser beiden Gruppen gestaltete sich oft problematisch, und obwohl sich die Wogen nach dem Unfall-Tod eines schwarzen Kindes und der anschließenden Ermordung eines chassidischen Mannes, die 1991 zu blutigen Aufständen führten, etwas geglättet haben. Die Beziehungen verbessern sich allmählich, jedoch ruft der Name Crown Heights in vielen New Yorkern sofort die Assoziation „Rassenunruhen" hervor. Normalerweise ist jedoch ein Spaziergang durch Crown Heights nicht gefährlicher als anderswo. Eine einmalige Gelegenheit, den Alltag der Chassidim kennen zu lernen, gibt eine Führung des Hassidic Discovery Centers (s.S. 26, Stadtführungen).

Das bunte Treiben auf dem Eastern Parkway (erreichbar mit der Linie 2 oder 3 Richtung Eastern Parkway / Brooklyn Museum oder der Linie 2, 3 oder 4 Richtung Franklin Avenue) kann sehr viel Spass machen. Auch wer am Labor Day in der Stadt ist, sollte sich hierher begeben, denn dann bricht unter großem Jubel der **Mardi Gras Carnival** (alias West Indian Day Parade) aus. Aus klimatischen Erwägungen wird der Karneval aber nicht im Februar, sondern im September gefeiert.

Coastal Brooklyn

Theoretisch kann man fast die gesamte Länge der Südküste Brooklyns zu Fuß, auf Rollschuhen oder mit dem Fahrrad erkunden. Manchmal verschwinden die Pfade allerdings im Nichts und man muss den Randstreifen der Straße benutzen, in nächster Nähe der Autos, allerdings nie die Fahrbahn selbst. Selbst wer nicht in körperlicher Topform ist, sollte wenigstens bis in eine der Gegenden vordringen, um die oft atemberaubenden Ausblicke nicht ganz zu versäumen.

Bay Ridge

Im Süden von Brooklyn, am Ende der U-Bahnlinie R, liegt Bay Ridge, traditionellerweise die Heimat einer skandinavischen Gemeinde, inzwischen aber mehr irisch und italienisch geprägt, aber auch Russen und Araber leben hier. Dennoch findet jedes Jahr am 17. Mai noch die Norwegian Independence Day Parade statt. Bay Ridge ist eine gemütliche Ecke, in der Newcomer und Altansässige friedlich Seite an Seite leben, wie in dem Film *Saturday Night Fever* verewigt. Die Third Avenue ist für ihre zahlreichen Bars und Restaurants berühmt. Wer sich für Lokalgeschichte interessiert, begibt sich zu *Lento's* (7003 3rd Ave, Ecke Ovington St) und bittet einen der Kellner, einige der Bilder an den Wänden zu erklären.

Wenn man von der Haltestelle Bay Ridge Avenue (bei den Einheimischen 69th Street genannt) der U-Bahnlinie R aus nach Westen geht, kommt man am **Shore Belt Cycle Club** vorbei, 29 Bay Ridge Ave, ✆ 718/748-5077. Hier können einfache Fahrräder für $6 pro Std. (25¢ extra für zusätzliche Bremsen zum Rücktritt) gemietet werden. Geht man weiter bis zum Pier an der 69th Street, gelangt man zum **Shore Road Bike Path** (Rollblader sollten an der 95th Street aus der U-Bahn aussteigen und einen Abstecher zu *Panda Sport, 9213* Fifth Ave und 92nd St, ✆ 718/238-4919, machen, wo die Tagesmietpreise bei $20 pro Tag liegen). Ein Eingang zum Bike Path befindet sich an der 95th Street. Wenn man hier vom Ufer aus nach Norden schaut, scheint Lower Manhattan weiter weg als erwartet. Unmittelbar südlich des Kais liegt die schimmernde **Verrazano Narrows Bridge**. Die schöne, schlanke Brücke war bis zur Eröffnung der Humber Bridge in England mit 1320 m die längste Brücke der Welt. Sie ist so lang, dass die Turmspitzen deutlich erkennbar nicht ganz parallel liegen (aufgrund der Krümmung der Erdoberfläche0).

Der Bike Path, Teil eines schmalen Parkstreifens entlang der Küste nach Süden und dann nach Osten, ist ein sehr hübscher Weg, doch leider stört der Lärm des direkt daneben verlaufenden Belt Parkway. Auf dem Pfad gelangt man zum **Dyker Beach Park**, wo sich Jung und Alt aus der Nachbarschaft zum Sonnenbaden und Drachensteigenlassen trifft. Hier kann man entweder umkehren oder den Weg bis zu Ende gehen, auf den Bay Parkway nach links einbiegen und weiter bis zur Haltestelle Bay Parkway der Linien B und M marschieren. Ganz Unermüdliche gehen jedoch weiter nach Osten bis Coney Island.

Coney Island

Nur einen U-Bahnfahrschein kostet die Reise zum Strandvergnügen von **Coney Island**, und daher ist es seit langem ein beliebtes Ziel der Arbeiter New Yorks, die sich keine teuren Ferien anderswo leisten können. Zuvor sollte man sich ein paar alte Buster Keaton-Filme und Schwarzweißfotos aus den Anfangsjahren des 20. Jahrhunderts ansehen, um eine Vorstellung von dem Traumland zu bekommen, das es einmal war, und dann die U-Bahn zur Stillwell Avenue nehmen (Endhaltestelle der Linien B, D, F und N), um das Treiben live zu betrachten.

Heutzutage ist die Musik lauter als damals, man hört genauso viel Spanisch wie Englisch, und die Karussells machen nicht mehr den verlässlichsten Eindruck. Aber an einem sonnigen Sommertag liegt immer noch die gleiche erwartungsfrohe Spannung in der Luft, die schon Generationen von Kindern vor der ersten Fahrt mit der *Cyclone*-Achterbahn erfüllt hat.

Man muss allerdings den richtigen Zeitpunkt wählen: An Wochentagen, bei Regen und außerhalb der Saison macht die Rummelplatzatmosphäre einer eher niedergeschlagenen und sogar etwas unheimlichen Stimmung Platz. An heißen Tagen kann der Strand brechend voll sein, und weder im noch außerhalb des Wassers ist es besonders sauber. Lustig geht es aber auf jeden Fall bei der alljährlichen **Mermaid Parade** am ersten Samstag im Sommer (Ende Juni, jedoch einen Blick in die Zeitung werfen) zu, einem der ulkigsten Kleinstadtfeste des Landes, bei dem sich die Umzugsteilnehmer als Könige des Meeres oder Meerjungfrauen verkleiden.

Bei der Ankunft sollte man sich zuerst zu **Nathan's** begeben, dem Imbiss auf der Surf Ave, Ecke U-Bahnausgang. Hier ist der berühmte *Coney Island Hot Dog* zu Hause, der in sämtlichen *Nathan's*-Filialen New Yorks angepriesen wird. In Manhattan darf diese Delikatesse getrost ausgelassen werden, auf Coney Island sind aber nur Vegetarier entschuldigt. *Nathan's* veranstaltet jedes Jahr am 4. Juli einen *Hot Dog Eating Contest* – bislang liegt der Rekord bei 24 1/2 Hot Dogs in 12 Minuten. Eine Straße von *Nathan's* entfernt liegt die Uferpromenade. Hier kann man Leute beobachten, während man an den verblassenden Häuserwänden nach Zeichen von Coney Islands Vergangenheit sucht.

In westlicher Richtung erreicht man die überwucherten Überreste von Coney Islands zweiter hölzernen **Achterbahn**. Coney Islands heutiges Amüsiergelände besteht aus mehreren, nicht miteinander verbundenen Rummelplätzen. Jeder einzelne bietet eine Sammelkarte für die Benutzung aller Fahrgeschäfte an – POP (pay-one-price)-Tickets. Sie sind nicht besonders günstig, es sei denn, man ist mit Kindern unterwegs (fast alle Kinderattraktionen befinden sich in Deno's Wonder Wheel Park) oder möchte mehrmals ein und dieselbe Karussellfahrt machen. Ein Muss ist das **Wonder Wheel**, $3, inkl. Kinderfreikarte für das New York Aquarium, s.u. – nach 75 Jahren immer noch das höchste Riesenrad der Welt und das einzige, auf dem zwei Drittel der Wagen auf kurvigen Schienen gleiten und die Position wechseln, während sich das Rad zweimal dreht. Die Achterbahn **Cyclone** ($4, für die direkt anschließende Fahrt $3), auch eine altbekannte Attraktion, ist jedoch nichts für schwache Nerven, denn die Holzwagen sind nicht mehr die jüngsten, sie knirschen und knacken und die Technik ist ebenfalls etwas verjährt. Weiter unten am Boardwalk, auf halbem Weg nach Brighton Beach, liegt das muschelförmige **New York Aquarium** ℅ 718/265-FISH, s.S. 393) – ein Besuch lohnt sich, wenn man genügend Zeit hat.

Das **Coney Island Museum** von einer gemeinnützigen Organisation unterhalten, auch bekannt als *Sideshows by the Seashore*, ist eine Station auf dem tristen Stück der Surf Avenue, die man auf keinen Fall verpassen sollte. Hier sind Skurrilitäten wie die Schlangenfrau, das Baby mit den zwei Köpfen, die riesige Killerratte usw. zu sehen. Viel darf man für sein Geld aber nicht erwarten.

Brighton Beach

In östlicher Richtung entlang der Uferpromenade von Coney Island liegt Brighton Beach oder „Little Odessa" – Schauplatz des gleichnamigen Films – wo Amerikas größte Gruppe russischer Emigranten lebt, die nach der

Lockerung der Auswanderungsbestimmungen in der damaligen Sowjetunion in den 70er Jahren in die USA auswanderten. Außerdem gibt es hier eine alteingesessene jüdische Gemeinde. Dass man Coney Island hinter sich gelassen hat, merkt man nicht nur am Verschwinden der Rummelplätze, sondern auch daran, dass hier alles eleganter und eher nach einem Wohnviertel aussieht.

Die Hauptverkehrsader von Brighton Beach, die **Brighton Beach Avenue**, verläuft parallel zur Uferpromenade unterhalb der oberirdisch verlaufenden U-Bahnlinie, bevor diese nach Norden abbiegt. Hier halten Züge der Linie D und Q. Je weiter man sich von der U-Bahn entfernt, desto weniger Leute sprechen Englisch. Jede Menge Lebensmittelgeschäfte, einladende Restaurants und Läden, in denen alle erdenklichen russischen Souvenirs verkauft werden, säumen die Straße. Mindestens die Hälfte der Besucher kommt des Essens wegen nach Brighton Beach. Altbewährte, traditionelle Küche bietet z.B. *Mrs Stahl's Knishes* an der Brighton Beach, Ecke Coney Island Avenue, genau dort, wo die U-Bahnschienen in die Kurve gehen. Man kann sich aber auch in einem der zahlreichen Delis selbst ein Picknick zusammenkaufen – etwas Kaviar oder geräucherten Fisch als Belag für ein herzhaftes Schwarzbrot zum Beispiel. Restaurants gibt es überall in Brighton Beach, aber es lohnt sich, bis zum Abend zu warten, denn dann laufen sie zu Höchstform auf, zu einer Art russischer Nacht eben, wie man es sich so vorstellt, mit lautstarker Live-Musik und viel Wodka. Gäste werfen sich in Schale, und Tänzerinnen vermitteln das Gefühl eines entfernten Vegas. Die beliebtesten und am leichtesten erreichbaren Lokale sind das *National, Ocean* und *Odessa*, alle an der Brighton Beach Avenue, unter den Hausnummern 273, 1029 bzw. 1113.

Informationen über Tauchen in der Region sowie Fahrrad- und Rollerbladeverleih bei *Harvey's Sporting Goods*, 3179 Emmons Ave, ✆ 718/743-0054).

Sheepshead Bay

Die nächste Haltestelle der U-Bahnlinien D oder Q zurück Richtung Manhattan ist **Sheepshead Bay**, das von sich behauptet, das „einzige echte Fischerdorf New Yorks" zu sein.

Die **Emmons Avenue** von Sheepshead Bay, viel ruhiger als Coney Island und selbst Brighton Beach, besitzt einen besonderen Charme. Bei gutem Wetter kann man in den Straßencafés am Hafen sitzen. Hier befindet sich eines der berühmtesten Fischrestaurants Amerikas, das *Lundy's*, vor kurzem wurde der maurische, rosafarbene *palace* unter Denkmalschutz gestellt, 1901 Emmons Avenue, ✆ 718/743-0022.

Am Spätnachmittag kann man hier den zweifellos frischesten Fisch New Yorks direkt von den Booten kaufen. Das Ergebnis des morgendlichen Fanges lässt sich aber in unzähligen Lokalen am Ufer auch schon früher verspeisen.

Wer noch näher am Fischfang sein möchte, kann mit einem der zahlreichen Boote, die Passagiere mitnehmen ($25 p.P), hinausfahren. Man braucht nur vor 7 Uhr an den Piers aufzutauchen und nachzufragen. Viele der Fischerboote laufen auch zu Fahrten bei Sonnenuntergang ($15) aus oder steuern verschiedene interessante Stellen im New York Harbor an. Man kann entweder nach 17 Uhr an den Anlegestellen Ausschau halten oder die Anzeigen in der *Daily News* studieren.

Von Sheepshead Bay aus gleich auf der anderen Seite der hölzernen Ocean Avenue Brücke liegt das wohlhabende, wenn auch teilweise etwas verlotterte Viertel **Manhattan Beach**, dessen gleichnamiger Strand bei den Anwohnern sehr beliebt und bei den übrigen New Yorkern praktisch unbekannt ist. Es ist ein sehr hübscher Ort zum Schwimmen, besonders nachmittags unter der Woche, wenn nicht so viele Leute herkommen.

Unmittelbar nordöstlich von Sheepshead Bay (leichter erreichbar per Bus von Flatbush aus) liegen die Marschgebiete des **Marine Park** und das alte Flugfeld **Floyd Bennett Field**, das als Hauptquartier der Gateway National Recreation Area in **Jamaica Bay** dient.

Nördliches Brooklyn: Greenpoint und Williamsburg

Südlich des **Newtown Creek**, der Trennlinie zu Long Island City in Queens, schließt sich **Greenpoint** im äußersten Norden Brooklyns an. Es liegen Welten zwischen dem polnischen Norden Greenpoints und dem chassidischen Süden Williamsburgs.

Greenpoint (zu erreichen mit der Linie G bis Greenpoint Ave oder der L bis Bedford Ave) ist schon lange nicht mehr grün. Die industrielle Revolution hat der hiesigen Wirtschaft gut getan – nicht aber der Umwelt: Die „schwarzen Künste", d.h. Druckerei, Töpferei, Gas, Glas und Eisen, blühten und schufen Arbeitsplätze für eine ständig wachsende Gemeinde. Damit einher ging aber eine erhebliche Umweltverschmutzung. Die neuen Wirtschaftszweige, die die alten ablösten, in erster Linie Kraftstofferzeugung und Müllbeseitigung, haben die Sachlage nicht verbessert. Um so überraschender ist es, wenn man bei seinen Entdeckungen auf die wirklich angenehmen Seiten Greenpoints stösst. Manchen Besuchern gelingt es sogar, zwischen den Gebäuden einen Blick auf die Skyline Manhattans zu erhaschen.

Wer wissen möchte, was Greenpoint am Leben erhält, sollte einen Blick in die majestätische **Russian Orthodox Church of the Transfiguration** werfen, südlich des McCarren Park, North 12th Street, Ecke Driggs Ave, an der Bedford Ave und / oder Berry Street. Hier wird überwiegend Polnisch gesprochen, und man kann ausgezeichnet polnisch essen.

Weiter südlich wird das Viertel hispanisch und man befindet sich in **Williamsburg**. Wie in vielen ähnlichen Enklaven von New York wird das bedrohliche Gefühl, das der Anblick der heruntergekommenen Geschäftshäuser verursacht, durch die Tatsache, dass hier viele Familien leben, etwas abgeschwächt. In den letzten Jahren wurde immer wieder viel über Williamsburgs aufkommende Kunstszene und ihre brandheiße Aktualität geschrieben: Wie auch in der Entstehungszeit der Szene von SoHo und TriBeCa werden zahlreiche baufällige Gebäude zu kreativen Zwecken genutzt, wodurch sich das Gesicht des Viertels schnell verändert. In Anbetracht der Nähe zu Manhattan und der Wasseransichten lässt sich die explosionsartige Entwicklung dieses Bezirks leicht nachvollziehen.

Williamsburg besucht man am besten am Wochenende, wenn die lokalen Kunstgalerien für die Allgemeinheit geöffnet haben. Mit der Linie L von der 14th Street in Manhattan erreicht man die **Bedford Avenue**, die Flaniermeile Williamsburgs: hier reihen sich etliche Restaurants, Bars, Antiquitätenläden, Buchhandlungen und Kunstgalerien aneinander. Mit den Linien J, M, oder Z kommt man weiter nach Süden bis zur Station Marcy Avenue, in der Nähe der Kreuzung von Bedford und Driggs Avenue, Broadway.

PlanEat Thailand, 184 Bedford Ave, ✆ 718/599-5758, gilt im Viertel als Institution, in dem Oldtimer *Charleston Bar & Grill* auf der gegenüberliegenden Straßenseite, Haus Nr. 174, ✆ 718/782-8717, treten u.a. lokale Bands auf, und einige Häuser weiter im etablierten *Peter Luger's Steak House*, 178 Broadway, Driggs Avenue, trifft sich ein konservatives Wall-Street-Publikum, das großen Wert auf ein gutes Steak legt. Ein weiterer interessanter Halt in dieser Gegend ist die *Brooklyn Brewery*, 118 North 11th St, ⏰ Sa 12–16 Uhr. Vor 100 Jahren gab es in Brooklyn annähernd 50 Brauereien, aber heute ist diese Tradition weitgehend ausgestorben.

In Williamsburg sind über ein Dutzend **Galerien** der Gegenwartskunst angesiedelt, deren Ambiente von ultra-professionell bis eher improvisiert reicht. Geleitet werden sie von einem internationalen Künstlerzirkel: darunter die anspruchsvolle Galerie *Pierogi 2000* in Haus Nr. 177 North 9th Street, *Eyewash* in einem Mietshaus im zweiten Stock (third floor), 143 North 7th Street, und der winzige scheunenähnliche *Holland Tunnel* in der 61 South 3rd Street. Weiter südlich, im Schatten der Williamsburg Bridge, steht die imposante **Victorian Kings Co. Savings Bank**, 135 Broadway, Ecke Bedford Ave, ✆ 718/486-7372, die heute den etwas irreführenden Namen *Williamsburg Art and Historical Center* – bzw. „WAH" trägt, was auf Japanisch „Harmonie" bedeutet. Das Haus ist eins von mehreren denkmalgeschützten Bankgebäuden in Williamsburg, die im 19.

Jahrhundert für ortsansässige Industrielle gegründet wurden. Nach Renovierungsarbeiten öffnete es 1996 als Multimedia-Kunstzentrum seine Pforten erneut – seither wird das Haus von der japanischen Künstlerin Yuko Nii, der selbsternannten Grande Dame der Kunstszene von Williamsburg, geleitet. ⊙ Sa–So 12–18 Uhr. Es liegen Informationen zu Vorträgen und Veranstaltungen aus.

Die Williamsburg Bridge stellt in zunehmendem Maße die Trennlinie zwischen dem „hippen" Williamsburg und dem „traditionellen" Williamsburg dar. Etwas weiter südlich bildet die **Division Avenue** die seit langem bestehende Grenze zwischen der Latino-Gemeinde und dem chassidisch-jüdischen Teil von Williamsburg, wo die Männer schwarze Mäntel und Hüte tragen, unter denen die langen *Peies* (Schläfenlocken) heraushängen, und die Frauen ihre Haare unter Tüchern oder Perücken verbergen. Die jüdische Gemeinde herrscht hier vor, seitdem die **Williamsburg Bridge** zur Lower East Side eröffnet wurde. Viele Juden verließen damals die Lower East Side, da die Gegend am anderen Ufer des East River bessere Bedingungen versprach. Während des Zweiten Weltkrieges erfolgte eine weitere chassidische Einwanderungswelle, insbesondere von Anhängern der ultra-orthodoxen Satmar-Sekte. Sie machten Williamsburg zu einem geschlossenen jüdischen Viertel. Puertoricaner bevölkerten nach und nach den Norden und Osten, und seither leben diese beiden Gemeinschaften in einer Art angespannter Nachbarschaftlichkeit nebeneinander her.

Der beste Ausgangspunkt für eine Erkundung des jüdischen Williamsburg ist die **Lee Avenue** oder die **Bedford Avenue**, die parallel dazu verläuft (hin mit der Linie J, M oder Z bis Marcy Avenue). An beiden manifestiert sich der Charakter des Viertels: *Glatt Kosher*-Delikatessengeschäfte säumen die Straßen, und die Schilder sind in jiddischer und hebräischer Sprache abgefasst. Besucher sollten es nicht persönlich nehmen, wenn sie schlicht ignoriert werden – man hat nicht nur das Gefühl, auf einem fremden Planeten gelandet zu sein, man ist in den Augen der Anwohner tatsächlich ein *Alien*.

Weiter südlich auf der Lee Avenue befindet man sich weitab von jedem U-Bahnhof, aber mit dem Bus B44 gelangt man zurück zur Williamsburg Bridge; der Bus B61 fährt von dort aus zurück nach Downtown Brooklyn.

An der Südspitze des Viertels liegt die weitläufige **Brooklyn Navy Yard**, eine während des Zweiten Weltkrieges wichtige Werft, in der berühmte Kriegsschiffe wie die *Iowa, New Jersey, Arizona* und *Missouri* gebaut wurden. Derzeit verhandeln Robert DeNiro und die Weinstein Brüder von den Miramax Studios mit der Stadtverwaltung über den Bau eines 150 Millionen teuren Studiokomplexes im Stile Hollywoods, der auf einem ca. sechs Hektar großen Abschnitt der Marinewerft entstehen soll. Viele New Yorker drücken dem Projekt die Daumen, da es Hunderte von neuen Arbeitsplätzen für Ortsansässige verspricht.

Queens

Von den vier Außenbezirken New York Citys ist Queens, nach der Frau Charles II. benannt, vielleicht derjenige, der die wenigsten Besucher sieht – natürlich abgesehen von der kurzen Zeit, die man an einem der beiden Flughäfen verbringt. Übrigens kommen die meisten New Yorker auch nicht weiter. Irgendwie scheint sich die Vielfältigkeit dieses flächenmäßig größten Vorortes negativ auszuwirken: Im Gegensatz zu Brooklyn, der Bronx oder Staten Island besitzt Queens keinen zentralen Blickfang. Queens war auch vor der Eingliederung in New York City 1898 nie eine Stadt für sich gewesen, sondern ein Verwaltungsbezirk mit eigenständigen Kleinstädten und Dörfern, und dies zeigt sich noch heute in den völlig unterschiedlichen Vierteln.

Von wenigen Ausnahmen abgesehen lassen sich sämtliche Highlights mit den über der Erde verkehrenden Zügen der Linie 7 erreichen. Wer nur wenig Zeit hat, kann schon im Rahmen einer Bahnfahrt etwas von der wechselnden Stadtlandschaft sehen. Ausgehend vom griechisch geprägten Viertel **Astoria** geht es durch das irische **Woodside** zu den indianischen und südamerikanischen **Jackson Heights** und schließlich ins asiatische **Flushing**, das sich an manchen Tagen so amerikanisch wie Long Island und an anderen so exotisch wie Hongkong präsentiert. Südlich der U-Bahnlinie 7, erreichbar mit der Linie E oder F von Manhattan oder mit der R von Jackson Heights aus, liegen die durch und durch jüdischen Viertel Rego Park, Forest Hills und Kew Gardens.

Long Island City and Astoria

Die industrielle **Long Island City** (die tatsächlich eine Stadt und von 1870 bis zur Eingemeindung in New York die größte Kommune von Queens County war) ist das erste, was die meisten Besucher von Queens zu Gesicht bekommen: Hier tauchen die U-Bahnschienen der Linie 7 und N aus dem Untergrund auf, nachdem sie Manhattan hinter sich gelassen haben.

Schon seit einigen Jahren ist dieser Teil New Yorks mit seinen zahlreichen erschwinglichen Studioflächen Anziehungspunkt für Künstler, obwohl der von einigen prognostizierte große Zuzug bisher ausgeblieben ist. Viel zu sehen gibt es in Long Island City zwar nicht, wer sich dennoch zu einem Besuch entschließt, der sollte die interessanten Kunstausstellungen des **Isamu Noguchi Garden Museum**, des **Socrates Sculpture Park** und des **PS 1 Contemporary Art Center** nicht missen. Nähere Informationen s.S.254, Museen und Galerien. Als abenteuerliche Alternative zur Bahn kann man auch den gemütlichen und nicht ungefährlichen Fußweg über die Queensboro Bridge nach Queens wählen – oder mit der neuen New York Waterway Ferry von Manhattans 33rd St aus, Infos unter ✆ 1-800/533-3779. Anschließend nimmt man die Linie N ins Zentrum von Astoria.

Astoria ist eine der ältesten Gemeinden von Queens und für zwei Dinge berühmt: als Filmproduktionsstätte und als Ort mit den meisten griechischen Einwohnern außerhalb Griechenlands. Zumindest wird das hier behauptet, obwohl auch Melbourne diesen Ruhm für sich beansprucht. Bevor Anfang der 30er Jahre des 20. Jahrhunderts die Filmindustrie zur Westküste abwanderte, war Astoria die Welthauptstadt des Films. Hier befanden sich die Studios von Paramount, bis diegünstigeren Wetterbedingungen in Kalifornien die Filmemacher nach Hollywood zogen – nur die US-Armee blieb. Doch seit das Interesse der Filmindustrie an Hollywood in jüngster Zeit nachzulassen beginnt, rückt New York und insbesondere Astoria wieder in den Blickpunkt. Heute befinden sich hier die viertgrößten Studios des Landes, und aufgrund der sensationellen Erfolge von in New York gedrehten Filmen steht deren Erweiterung unmittelbar bevor. Derzeit sind die Studios für Besucher nicht geöffnet. Man kann aber das **American Museum of the Moving Image** im alten Paramount-Komplex an der 34-31 35th Street, nahe dem Broadway (unweit der Haltestelle Broadway der Linie N oder der Haltestelle Steinway der Linie R) besuchen. Das frisch renovierte Museum beherbergt eine spannende Sammlung von Filmplakaten, Kulissen und Requisiten sowohl aus dem goldenen Zeitalter Astorias als auch aus neuerer Zeit. Öffnungszeiten und nähere Beschreibung s.S. 251.

Greek Astoria reicht vom Ditmars Boulevard im Norden geradewegs bis hinab zum Broadway und von der 21st Street nach Osten bis zur Steinway Street. Hier leben zwischen 80 000 und 100 000 Griechischstämmige (zusammen mit einer nicht unerheblichen Anzahl Italoamerikaner). Die zahlreichen griechischen Restaurants und Konditoreien lohnen einen Besuch. Ansonsten gibt es nicht viel zu sehen.

Steinway

Östlich von Astoria liegt **Steinway**, ein Viertel, das von dem gleichnamigen, großartigen Klavierbauer aufgekauft und als Wohngelände für die Betriebsangestellten genutzt wurde. Diese waren vor allem deutscher Herkunft, weshalb die Gegend eine ganze Weile ausgesprochen deutsch aussah. Damit ist es aber schon lange vorbei. Man kann die Klavierbauunternehmen besichtigen (Besucher-Infos unter ✆ 718/721-2600). Ansonsten gibt es nur eine lange Einkaufsstraße zu sehen.

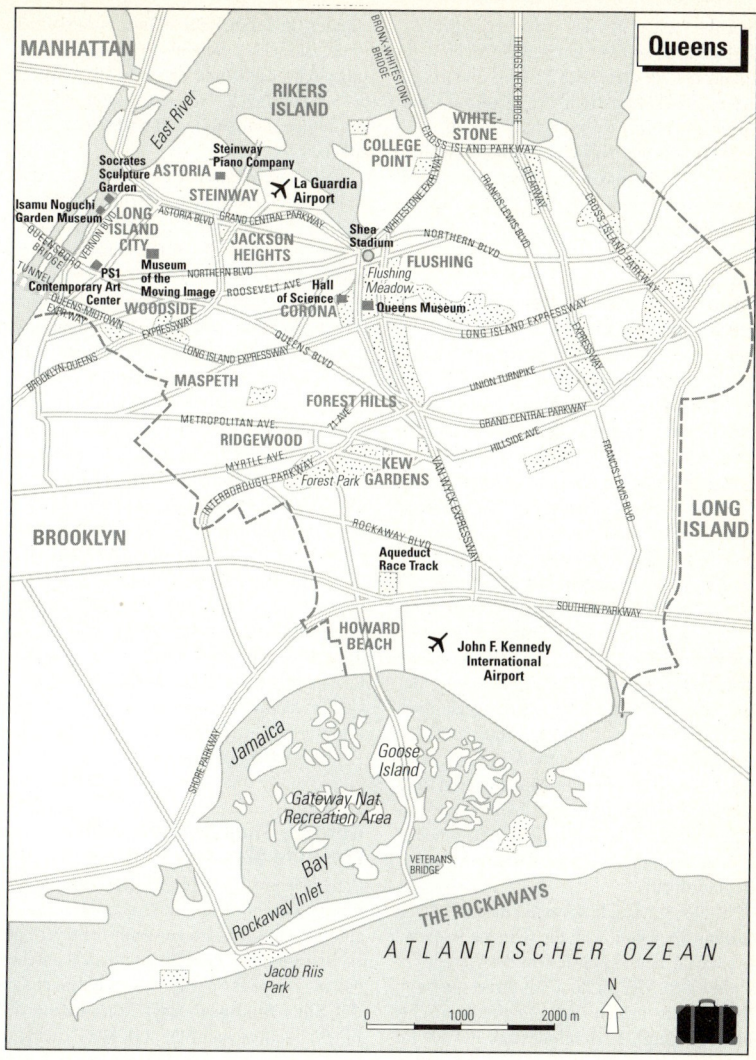

Im Osten von Steinway liegt hinter einer Schallschutzmauer der **La Guardia Airport**, zuständig für Inlandsflüge. Kaum ein Besucher aus Übersee durchschreitet den **Marine Air Terminal**, aber Flughafenfans können vom internationalen Flughafen mit dem Shuttlebus hierher kommen. Eine kleine Ausstellung erzählt die Geschichte des stilvollen Gebäudes, das zu Beginn der 30er Jahre des 20. Jahrhunderts für die gewaltigen Luftschiffe erbaut worden war, die draußen am Wasser abhoben. Am sehenswertesten ist das Wandgemälde, auf dem die Geschichte der Luftfahrt abgebildet ist. Es wurde erst vor kurzem entdeckt, denn Anfang der 50er Jahre des 20. Jahrhunderts geriet es als „sozialistisch" in Misskredit und wurde unter einer Farbschicht begraben.

Direkt vor der Küste liegt **Riker's Island**, Sitz des größten und überfülltesten Gefängnisses der Stadt. Dies ist natürlich nicht gerade die freundlichste Ecke der Stadt.

Sunnyside, Woodside und Jackson Heights

Von Astoria und Steinway führt die U-Bahnlinie R an den überwiegend irischen Vierteln von Sunnyside und Woodside vorbei direkt nach Jackson Heights an der U-Bahnhaltestelle Roosevelt Avenue. In architektonischer Hinsicht wird hier nicht viel geboten, aber wer sich für Stadtplanung interessiert, hat vielleicht schon von den **Sunnyside Gardens** gehört, der ersten am Reißbrett entworfenen „Gartenstadt" der Vereinigten Staaten. Mit der Anlage, die dem heutigen Betrachter nicht mehr so überwältigend erscheint wie damals, wurde 1924 begonnen. Wer sie sich genauer anschauen möchte, verlässt die U-Bahnlinie 7 an der Haltestelle 46th St und folgt auf der gegenüberliegenden Seite des Queens Boulevard dem Art-déco-Wegweiser *Sunnyside* die 46th Street hinab. Ansonsten sind die beiden Viertel in erster Linie die Heimat mehrerer Generationen irischer Einwanderer. Am Freitag- und Samstagabend läuft die hiesiege **Kneipenszene** zu Hochform auf.

Hinter Sunnyside schwenkt die Linie 7 vom Queens Boulevard weg, die schmale Roosevelt Avenue hoch, und das Gesicht des Viertels verändert sich. Wer an der 74th Street aussteigt, findet sich mitten im südamerikanischen **Jackson Heights**, wo mindestens 150 000 Kolumbianer, halb so viele Ekuadorianer und eine beträchtliche Zahl Argentinier und andere Südamerikaner leben. Englisch hört man hier selten. Das Viertel begann in den 60er Jahren des 20. Jahrhunderts lateinamerikanisch zu werden, als viele – oft illegale – Zuwanderer auf der Suche nach Arbeit und der Flucht vor der Armut und den unsicheren politischen Zuständen in ihren Heimatländern herkamen. Heute ist Jackson Heights die größte südamerikanische Gemeinde der Staaten. Aufgrund der verschärften Einwanderungskontrollen bekommt sie allerdings kaum noch Zuwachs von außen.

Die Roosevelt Avenue und die parallel dazu verlaufende 37th Avenue zwischen 82nd Street und Junction Boulevard bilden den Mittelpunkt des Bezirkes. Es gibt keine bessere Ecke in Queens, um exotische Küchen auszuprobieren. Beide Straßen säumen argentinische Steakhäuser, kolumbianische Restaurants, einladende Kaffeehäuser und Bäckereien, in denen sich köstliches Brot und Gebäck türmt.

Geht man auf der 37th Avenue zurück zur 74th Street, vollzieht sich eine plötzliche Wandlung. Die Gegend mit ihren vielen bunten Sari-, Gewürz- und Videoläden, **Little India**, ist mit ca. 100 000 die größte indische Gemeinde New Yorks. Die hiesigen Restaurants sind um vieles zahlreicher als jene an der berühmten 6th Street in Manhattan. Das beliebte *Jackson Diner*, 37–47 74th St, zwischen 37th Ave und Roosevelt Ave empfiehlt sich für jene, die hier indisch essen gehen möchten (weitere gute Restaurants s.S. 331, Essen). Wer es mag, kann sich im *Menka Beauty Salon*, 74th St zwischen Roosevelt Ave und 37th Ave, die Hände mit Henna bemalen lassen.

Corona, Shea Stadium und Flushing Meadow Park

Östlich von Jackson Heights liegt **Corona**, dessen U-Bahnhöfe mit Stacheldraht umzäunt sind und von Hunden vor Graffitisprayern geschützt werden – das muss man nicht gesehen haben. Ein paar Schritte weiter befindet sich das **Shea Stadium**, das Heimatstadion der Baseballmannschaft New York Mets. Hier sind 1965 die Beatles – ihr Manager war sich wohl kaum darüber bewusst, dass er mit diesem Konzert die Veranstaltungsform des Stadion-Rockkonzerts ins Leben gerufen hatte – und 1989 die Rolling Stones aufgetreten. Konzerte finden hier draußen eher selten statt, aber wenn, sind sie gut besucht. Baseballspiele gibt es dagegen oft, nur hält sich die Begeisterung in Grenzen, obwohl die Mets eine treue Anhängerschaft besitzen. Näheres zu den Mets und ihren Spielzeiten s.S. 368 ff, Sport.

Shea Stadium entstand im Rahmen der Weltausstellung von 1964, die im angrenzenden **Flushing Meadows-Corona Park** abgehalten wurde. Dieser heißt jetzt **USTA National Tennis Center** und hier werden jedes Jahr am Ende des Sommers die US Tennis Open Championships ausgetragen. Die Anlage umfasst rund dreißig Tenniscourts und bietet Platz für mehr als 25 000 Zuschauer (Näheres s.S. 372, Sport).

Der Flushing Meadows-Corona Park erhob sich im wahrsten Sinne des Wortes aus der Asche – er ersetzte eine ehemalige Müllhalde, bei den Anwohnern *Mount Corona* genannt. Mit der Anlage wurde zur Weltausstellung von 1939 begonnen. Ihre heutige Form nahm sie auf der folgenden Weltausstellung 1964 an. Der wunderbar angelegte Park hält für Leute, die den langen Weg hier heraus (und den Verkehrslärm) nicht scheuen, mehrere Attraktionen bereit.

Robert Moses plante den Park als das „Versailles Amerikas", und unter dieser Maßgabe wurden die Pfade angelegt, die Rasenflächen, kleine Teiche und zwei Seen miteinander verbinden. Im Sommer wimmelt es hier von Kindern auf Fahrrädern und Rollschuhen. Man kann sich auch selbst ein Rad oder sogar ein Boot ausleihen. Im Queens Museum ist eine gute, kostenlose Übersichtskarte über den Park erhältlich.

Man erreicht den Park leicht von der Haltestelle 111th Street der Linie 7 aus, indem man die 111th Street nach Süden geht. Das erste Gebäude aus Beton und buntem Glas ist die **New York Hall of Science**, ein Überbleibsel der Weltausstellung 1964. Weitere gut erhaltene Bauten dieser Weltausstellung liegen im Innern des Parks verstreut. Die Hall of Science ist ein interaktives wissenschaftliches Museum, in erster Linie ein großer Spaß für Kinder. Das **Wildlife Center** (der ehemalige Zoo) gleich daneben ist insofern interessant, als sich hier ausschließlich in Nordamerika beheimatete Tiere tummeln. Der hauptsächliche Grund herzukommen ist jedoch das **Queens Museum** und der **Unisphere**. Letzterer, ein 43,5 m hoher Globus aus rostfreiem Stahl, der 380 Tonnen wiegt, wurde anlässlich der Weltausstellung von 1964 fabriziert. Zur Freude der Anwohner wurde er schließlich zum Wahrzeichen erklärt und wird jetzt nachts angestrahlt.

Einen kostenlosen Plan des Parks erhält man im Queens Museum, das in einem Gebäude der Weltausstellung aus dem Jahre 1939 untergebracht ist. Hier befand sich auch für kurze Zeit der erste Sitz der Vereinten Nationen. Im Queens Museum ist das **Panorama of the City of New York** ein Muss; es ist ein Modell der Stadt etwa im Maßstab 1:1200, das für die Weltausstellung 1964 gebaut wurde. Mit 895 000 verschiedenen Strukturen ist es das größte architektonische Modell der Welt. Seit es vor kurzem auf den neuesten Stand gebracht wurde, kann man um (manchmal auch über) sämtliche Wahrzeichen der fünf Stadtbezirke herum marschieren. Für $1 werden Ferngläser verliehen, die man tatsächlich braucht, um Einzelheiten erkennen zu können. Der Rest des Museums zeigt Luftaufnahmen, Spiele, Spielzeug und andere Exponate der Weltausstellungen, daneben eine Sammlung von Glasarbeiten Louis Comfort Tiffanys, der 1890 in Corona seine Designstudios einrichtete. Das Panorama-Modell veranschaulicht die Geographie der Metropole, aber am meisten Spass macht es, wenn man die Sachen schon in natura gesehen hat. Es ist möglich, wenn auch nicht ganz einfach, hier auf dem Weg zum Flughafen Halt zu machen. Wer es schafft, sein Gepäck bis zur Roosevelt Avenue zurückzuschleppen, kann mit dem Bus Q48 zum La Guardia fahren; ansonsten kann man auch innerhalb des Museums ein Taxi rufen, das bis zu beiden Flughäfen jeweils nicht mehr als $10 kosten dürfte.

Flushing

Nordöstlich des Parks (Main Street, Endstation der Linie 7) liegt **Flushing**, bekannt als zweite Chinatown New Yorks. In Wirklichkeit leben in Flushing Einwanderer aus vielen verschiedenen asiatischen Ländern. Die Auswahl an Küchen ist viel zu groß, wenn man nur wenig Zeit hat. Chinesische, japanische, koreanische, malaysische und vietnamesische Restaurants säumen die Roosevelt Avenue und die Main Street, außerdem Konditoreien und Obststände. Besonders zu empfehlen ist *Kum Gang San*, ein koreanisches Lokal, 138-28 Northern Blvd, Ecke Union St.

Flushing ist auch historisch interessant. Das Quäker-Haus, das kleine, düstere **Bowne House** von 1661, steht noch. Es ist eines der ältesten Häuser der Stadt und zeigt Kunstwerke und Möbel aus dem 17., 18. und 19. Jahrhundert, die über neun Generationen im Besitz der Familie Bowne waren. ⏰ Di, Sa und So 14.30–16.30 Uhr. John Bowne verhalf Flushing zu der Anerkennung „Geburtsstätte der Religionsfreiheit in Amerika", indem er der offiziellen Diskriminierung in einer Zeit entgegenwirkte, als jeder, der kein Calvinist war, von den Holländern verfolgt wurde.

Zum Bowne House gelangt man, wenn man von der Haltestelle Main St auf der Roosevelt Ave nach Osten geht und dann nach links in die Bowne St (die zweite Querstraße) einbiegt; das Haus liegt zwei Blocks weiter zwischen der 37th und 38th Avenue. Weitere Informationen über die Geschichte von Queens und einen Plan für eine historische Stadtwanderung auf eigene Faust gibt es in der **Queens Historical Society** ganz in der Nähe. Die Gesellschaft ist in einem historischen Haus untergebracht, dem **Kingsland Homestead**, 143-35 37th Ave, 📞 718/939-0647. Es wurde von seiner Originalstätte, ca. eine Meile entfernt, hierher versetzt und war angeblich das erste Haus in Flushing, dessen Sklaven freigelassen wurden.

Forest Hills und Umgebung

Das Stück des Queens Boulevard südlich von Flushing Meadows, bestehend aus **Rego Park**, **Forest Hills** und **Kew Gardens**, ist ein freundliches Wohngebiet und zu mehr als 60% jüdisch, was sich an den zahlreichen Synagogen und jüdischen Zentren bemerkbar macht. Allerdings ist diese Ecke sehr viel weniger orthodox als die Enklaven Williamsburg und Crown Heights in Brooklyn. Der Rego Park hat nichts Besonderes zu bieten, daher kann man auch gleich mit der Linie E oder F direkt bis zur Station 71st Ave–Continental Avenue im Herzen von Forest Hills durchfahren. Der Name Rego stammt übrigens von *Real Good Construction Company* – der Baugesellschaft, die einen Großteil der Gegend erschlossen hat.

Forest Hills war lange Zeit eine der besten Adressen von Queens. Als Heimstatt des West Side Tennis Club, der früher die US Open veranstaltete, ist es immer noch Austragungsort wichtiger Wettkämpfe. Der kostspieligste Teil von Forest Hills ist größtenteils immer noch unverändert: **Forest Hills Gardens**, ein Pseudo-Tudor-Dorf, nicht von Interesse aufgrund dessen, was es ist, sondern was es hätte sein können – es wurde ursprünglich für die Armen der Stadt errichtet, doch dann rissen die Reichen es sich unter den Nagel. Auf dem Spaziergang durch das Viertel sollte man *Eddie's Sweet Shop* an der Metropolitan Ave, Ecke 72nd Avenue, ansteuern, von dem viele, die ihn während seines 70-jährigen Bestehens besuchten, behaupten, er bereite die köstlichste Eiscreme der Welt.

Noch weiter südlich am Queens Boulevard (an der Haltestelle Union Turnpike der Linien E oder F) liegt ein weiteres auf dem Reißbrett entworfenes Viertel, **Kew Gardens**. Es erstreckt sich vom Queens Boulevard nach Süden und reicht bis an den Rand des naturbelassenen, aber nicht weiter interessanten Forest Park. Um die Jahrhundertwende war Kew Gardens ein beliebtes Ausflugsziel betagter New Yorker, mit Hotels, Seen und einer umfassenden touristischen Infrastruktur. Das alles ist verschwunden, nur Kew Gardens ist geblieben und stellt eines der ansehnlichsten Viertel von Queens dar. Wer es sich nicht genauer ansehen möchte, kann wenigstens vom Bus Q10 aus, der zum JFK Airport fährt, einen Blick darauf werfen.

Jamaica Bay und die Rockaways

Besucher, die zum ersten Mal auf dem JFK Airport landen, bemerken vielleicht nicht, dass der Flughafen am Rande des wilden, von Inseln gesprenkelten Marschlands der **Jamaica Bay** liegt, benannt nach den Jameco-Indianern, die einmal hier lebten. Im **Wildlife Refuge**, nahe dem Broad Channel auf der größten dieser Inseln, kann man auf Wanderwegen das unterschiedliche Verhalten von über 300 verschiedenen Zugvögeln beobachten, darunter auch einige vom Aussterben bedrohte Arten. Zu erreichen mit der U-Bahnlinie A bis Broad Channel; von dort ist es eine halbe Meile zu Fuß. Auch der Bus Q53 von Rockaway oder Jackson Heights hält hier. Nähere Informationen beim Refuge unter ✆ 718/318-4340. Wer mehr über die städtisch verwaltete **Gateway National Recreation Area** erfahren möchte, zu der das Schutzgebiet gehört, wählt ✆ 718/388-3799.

Die Landzunge der **Rockaways**, die die Bucht zum Teil umschließt, ist das größte Strandgelände des Landes. Es erstreckt sich über zehn Meilen weit bis nach Brooklyn und ist größtenteils auf einem Uferweg begehbar. Das Hauptgeschehen spielt sich in der Umgebung der U-Bahnhaltestelle Beach 116th Street der Linie A bzw. der Endstation des Rockaway Shuttle (je nach Tageszeit) ab, dem Treffpunkt der Surfer und Strandläufer. Dies ist die einzige Stelle in New York City, wo man surfen kann, Näheres s.S. 378 ff, Sport.

Der am äußersten Westende gelegene **Jacob Riis Park** ist ebenfalls Teil des Gateway-Gebietes, aber ein sehr viel ruhigerer und weniger erschlossener Strand, vor allem deshalb, weil keine U-Bahn dort hinfährt. Zu erreichen ist er mit Bus Q22 von der Beach 116th oder Bus Q35 von Flatbush in Brooklyn.

Der Park wurde nach einem streitbaren Journalisten benannt, der für bessere Wohnverhältnisse und Erholungsgebiete kämpfte. Die Architektur erinnert an jene für weniger leicht zugängliche Strände typische, wie sie von Robert Moses in späteren Jahren entworfen wurde: das stattliche, aus Ziegeln erbaute Badehaus und die Außenuhr zählen seit den 30er Jahren zu den Wahrzeichen von New York City. Jedes Jahr im Sommer findet hier der einzige nordamerikanische Lebensretter-Schwimmwettbewerb nur für Frauen statt, ein gut besuchtes sportliches Ereignis – den genauen Termin bei Gateway unter ✆ 718/318-4300 erfragen. Im Ostteil des Strandes wird Nacktbaden toleriert (obwohl es offiziell nicht erlaubt ist). Hier treffen sich in erster Linie schwule FKK-Anhänger.

Die Bronx

Die Bronx, der nördlichste Stadtteil, galt lange Zeit als meistberüchtigter Bezirk mit der angeblich höchsten Kriminalitätsrate – Filme wie *Fort Apache* oder *The Bronx* und Bücher wie *Fegefeuer der Eitelkeiten* stellten diese Seite der Bronx in den Mittelpunkt, selbst nachdem Maßnahmen zur Stadterneuerung bereits Wirkung gezeigt hatten. In der Tat gab es keinen anderen Stadtteil, über den die Leute so bereitwillig Horrorgeschichten erzählten. Heute leiden die ärmeren Gebiete noch immer an schwerwiegenden städtebaulichen Mängeln, allerdings wurde in der jüngeren Vergangenheit nahezu der gesamte Bezirk erfolgreich umgestaltet, wobei weite Teile immer schon in erster Linie Wohngegenden gewesen sind. Sogar die berüchtigte **South Bronx**, wo Hausbesitzer einst ihre eigenen Gebäude niederbrannten, um Versicherungsgelder zu kassieren, befindet sich auf dem Weg der Besserung.

Trotz alledem gab es in der Bronx schon immer viele Sehenswürdigkeiten, wunderschöne Parks, darunter ein botanischer Garten von Weltklasse und ein Zoo – und weitere Verbesserungen sind geplant, so die Anlage eines Netzes aus Promenaden und Wegen für Fußgänger und Radfahrer. Dies ist vor allem kommunalen Anstrengungen zu verdanken, wie vom **Bronx Tourism Council**, 198 E 161 Street, ✆ 718/590-3518, mit Stolz verkündet wird. Hier bekommt man einen *visitor's pass*, der zu einigen Preisermäßigungen während der Erkundung der Gegend berechtigt.

Die Bronx ist New Yorks einziger Festlands-Außenbezirk und hat daher in geographischer Hinsicht mehr mit Westchester County im Norden als mit den Inselregionen von New York City gemeinsam: steile Hänge, tiefe Täler und Felsausläufer im Westen und sumpfiges Flachland entlang des Long Island Sound nach Osten hin.

Wirtschaftlich erlebte die Bronx einen schnelleren Aufstieg – und Abstieg – als jeder andere Teil der Metropole. Wie Brooklyn und Queens wurde die im 17. Jahrhundert von einem schwedischen Landbesitzer namens Jonas Bronck besiedelte Gegend erst 1898 eingemeindet – in zwei Schritten, wobei das Gebiet westlich des Bronx River im Jahre 1874 und das Gebiet östlich des Flusses im Jahre 1895 annektiert wurde. Von 1900 an entwickelten sich die Dinge rasch, und die Bronx wurde zu einem der begehrtesten Wohnviertel. Entlang ihrer Hauptstraße, dem **Grand Concourse**, entstanden luxuriöse Art-déco-Apartmenthäuser. Der Grand Concourse durchzieht den gesamten Bezirk, und viele Orte von Interesse liegen entweder direkt an ihm oder in seiner Nähe.

Im Gegensatz zu Brooklyn oder Queens eignet sich die Bronx nicht für lange Spaziergänge von einem Viertel zum anderen, denn einige der Hauptattraktionen, wie der **Zoo** und der **Botanische Garten**, erfordern viel Besichtigungszeit, andere wiederum, wie **Wave Hill** oder **Orchard Beach**, viel Zeit, um überhaupt hinzukommen. Ein ausgezeichnetes Fortbewegungsmittel ist der Bus, insbesondere der Bx12, der in Inwood abfährt, dem nördlichsten Teil Manhattans, und viele der auf den folgenden Seiten beschriebenen Sehenswürdigkeiten passiert. Man sollte sich also einen Busfahrplan für die Bronx besorgen, möglichst im Voraus; eventuell ist er auch beim Fahrer erhältlich. Die MetroCards erlauben inzwischen ein mehrfaches Umsteigen zwischen U-Bahnen und Bussen, was auf der Strecke hierher unvermeidlich ist.

Yankee Stadium und South Bronx

Die ersten Haltestellen der U-Bahnlinien C und D außerhalb von Manhattan und die dritte Haltestelle der Linie 4, ist das **Yankee Stadium**, Heimstatt des Baseballteams der New York Yankees (Spitzname Bronx Bombers) und eines der besten Sportstadien der USA – einschließlich Spielfeld, Clubhaus und Mannschaftsbank. ⏰ Besichtigungen Mo–Fr 10–16 und Sa 10–13 Uhr (letzte Besichtigung 12 Uhr); ☎ 718/579-4531. Falls tagsüber ein Spiel ansteht, finden keine Besichtigungen statt, und an Tagen, an denen abends gespielt wird, ist um 12 Uhr die letzte Besichtigung; Eintritt $8, Kinder und Senioren $4.

Die Yankees spielten in Nord-Harlem, bevor sie 1923 hierher umzogen, ein Schritt, der teilweise dem berühmtesten Yankees-Spieler aller Zeiten zu verdanken war, **George Herman „Babe" Ruth**, der im Frühjahr 1920 zum Team stieß und es fünfzehn Jahre lang anführte. Der Starruhm von Babe Ruth brachte das notwendige Geld zum Bau des heutigen Stadions ein, das immer noch *The House that Ruth Built* genannt wird. Im Inneren sind Babe Ruth, Joe di Maggio und verschiedene andere Baseballhelden auf Gedenktafeln und in Form von anderen Denkmälern verewigt. (Der Papst hielt hier übrigens 1965 und 1979 vor über 50 000 New Yorkern eine Messe ab.) Wenn man nicht gerade ein Spiel verfolgen möchte, kann man sich den Weg sparen. Nähere Infos zu Eintrittskarten s.S. 368, Sport.

Die Fahrt mit der überirdischen Linie 4 zum Yankee Stadium ermöglicht einen umfassenden Blick auf die South Bronx (s.u.), sofern man nicht die Zeit hat, sich das Viertel aus der Nähe anzusehen. Das südliche Ende des **Grand Concourse** ist durchaus ansprechend und tagsüber ziemlich sicher. Auf dem Concourse selbst befindet sich das **Bronx County Court House**, 161st Street, wo Teile des Films *Fegefeuer der Eitelkeiten* gedreht wurden, und im Haus Nr. 1040 Grand Concourse, Ecke East 165th Street, ist das Treibhaus-ähnliche **Bronx Museum of the Arts**, das temporäre und ständige Ausstellungen über die Bronx und ihre städtischen Kunstformen – darunter das Graffiti, das mehr oder weniger hier entstanden ist – zeigt.

Wer am ersten Bahnhof der Linie 4 hinter Manhattan aussteigt, befindet sich ganz in der Nähe von **Port Morris**, einem Industrieviertel, dessen kleine Ansammlung von kürzlich eröffneten Antiquitätengeschäften ein gutes Beispiel für das Aufstreben der South Bronx darstellt. Einige der ortsansässigen Antiquitätenhändler, wie die Inhaber von *Tigris & Euphrates*, 79 Alexander Street, hoffen sehr darauf, dass die Gastronomie bald nachzieht. Bisher gilt das *Schlitz Inn*, 767 East 137th Street und Willow Avenue aus den 50ern als die beste Wahl, wenn man sich nach deutschen Imbissen und Schlitz-Bier sehnt; ⏰ nur unter der Woche. Sieht man sich in dieser Industriegegend

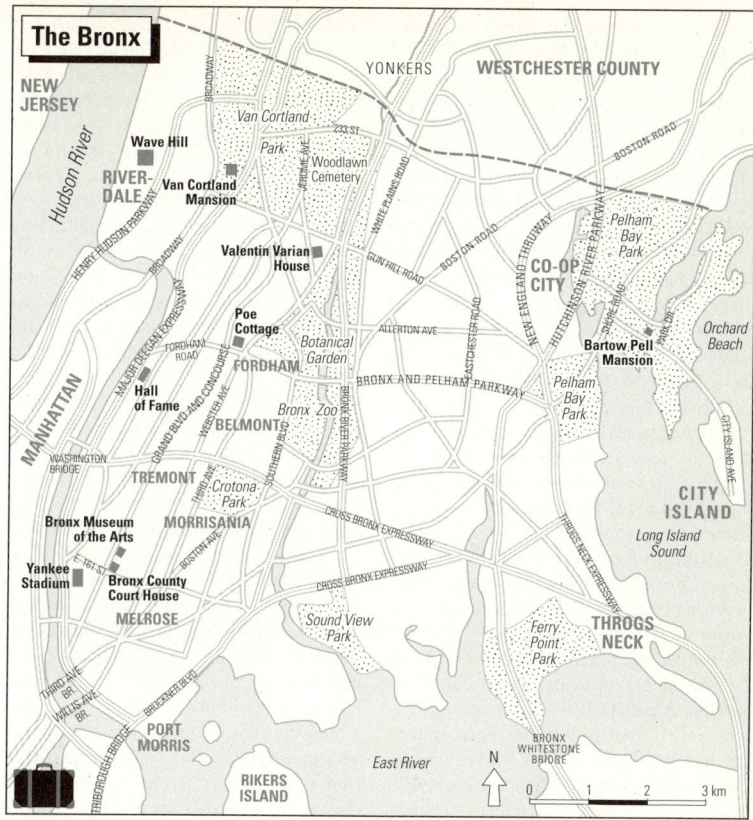

näher um, so gibt es die farbenfrohen, versunkenen Reihenhäuser in der 136th und 137th Street, die vor dem Anheben des Straßenniveaus gebaut wurden, sowie die wuchtige, finstere Ruine der **Philips Knitting Mills**, ebenfalls 136th Street, zu entdecken.

Der Bezirksname **South Bronx** wurde in den 60er Jahren geprägt und bezeichnete die sich rapide verschlechternde Bausubstanz südlich der Fordham Road. Ursprünglich war dies der erste Teil des Bezirkes, der verstädtert wurde. Seit den 60er Jahren und noch bis vor kurzem war es halb begraben unter riesigen Schutthaufen, und zwischen den Häuserruinen tummelten sich Jugendgangs. Der Bürgermeister von New York City, Ed Koch, und der Bundesstaat setzten sich Ende der 70er Jahre für eine Umgestaltung dieses Stadtteils sowie eine Subventionierung des Wohnungsbaus für mittlere und untere Einkommensgruppen ein. Initiativen und Einzelkämpfer, wie der katholische Pfarrer Louis Gigante of Longwood und seine South East Bronx Community Organization (SEBCO), hatten schon seit den späten 60er Jahren versucht, Verbesserungen im Wohnungsbau einzuleiten. Mittlerweile ist die South Bronx der Entstehungsort etlicher einflussreicher Kunstformen: Graffiti, Rap und Break Dance entwickelten sich hier explosionsartig in den 70er Jahren.

Das einst bekannteste Elendsviertel des Landes, die berüchtigte **Charlotte Street** (die heutigen Charlotte Gardens), liegt östlich des Crotona Park und nördlich von Morrisania. Das Gebiet galt als symbolischer Nullpunkt einer Stadterneuerung, die nun seit 20 Jahren andauert. Die Präsidenten Carter und Reagan besuchten diesen trostlosen Schauplatz großangelegter Abrissarbeiten 1977 bzw. 1980, und im Jahre 1978 begann der stellvertretende Bürgermeister Hermann Badillo, früherer Bezirksbürgermeister der Bronx, sich aktiv um den Wiederaufbau der South Bronx zu bemühen. Spätestens Ende der 90er Jahre war die Gegend als the Bronx Miracle bekannt, und als Präsident Clinton Charlotte Street im Jahre 1997 besuchte, hatte sie sich in die schönen, wenn auch etwas unheimliche Vorstadtsiedlung Charlotte Gardens verwandelt. Auch in anderen Teilen der South Bronx wurden leer stehende Gebäude saniert und in Mietwohnungen aufgeteilt. Mit finanzieller Unterstützung des Staates, privater Investoren und unzähliger kommunaler Gruppen haben sich auch endlich wieder Geschäfte hier angesiedelt – einfache Ladenketten wie *Rite-Aid*, *Pathmark* und *Caldor*, aber immerhin. Leute, die sich für Sanierungsprojekte und diverse Formen des Überlebens von Stadtbezirken interessieren, werden sich hier begeistern können, umso mehr als dass das heutige Straßenbild tagsüber nicht mehr von Cracksüchtigen sondern vielmehr von Leuten geprägt ist, die gelassen ihre Autos waschen. Trotzdem sollte man sich in den immer noch existierenden benachteiligten Gegenden vorsehen.

Central Bronx: Belmont, Zoo und Botanischer Garten

Etwas vereinfachend kann man sagen, dass Fordham Road, die auf der Höhe der 189th Street von Westen nach Osten verläuft, die South und North Bronx voneinander trennt. Steigt man auf den Linien B, D oder 4 am Knotenpunkt Fordham Road und Grand Concourse aus, findet man sich zwischen zwei belebten **Einkaufsgegenden** wieder. An der East Fordham und West Fordham Road drängen sich am Samstagnachmittag die Kunden; hier hat auch jede erdenkliche Fast-Food-Kette eine Filiale aufgemacht, und auf den Gehsteigen wimmelt es von Passanten und Straßenverkäufern. Wenn man die East Fordham Road bergab läuft bzw. den Bus Bx12 nimmt, erreicht man den Fordham University Campus: Weiter in Richtung Osten geht auf der rechten Seite die Arthur Avenue ab. Jenseits der 180th Street wird die Bronx schlagartig freundlicher. Hier beginnt die Hauptdurchfahrtsstraße von **Belmont**, einer seltsamen Mischung aus Mietskasernen und schindelgedeckten Häusern, Heimat der größten italienischen Gemeinde New Yorks. Es ist ein kleines Viertel, das im Osten vom Zoo und im Westen von der Third Avenue begrenzt wird; die Achse bildet die 187th Street. Zwar haben sich auch ein paar Angehörige anderer Volksgruppen hier niedergelassen, vor allem Haitianer, Jugoslawen, Mexikaner und Kosovo-Albaner, doch die italienische Gemeinde gibt immer noch den Ton an. Nur wenige Touristen verirren sich hierher, eigentlich schade, denn was die wirklich authentische italienische Küche anbelangt, so lässt Belmont Little Italy neben sich blass erscheinen. Auch zum Essengehen gibt es keine bessere Ecke in der Bronx, besonders in der Umgebung des Zoos. Restaurants sollte man sorgfältig auswählen: *Mario's* – angeblich, wo Al Pacino in *Der Pate* den verräterischen Polizisten erschoss – ist beliebt aber teuer, während *Dominick's* von Ortsansässigen bevorzugt wird (Näheres s.S. 331, Essen).

Bronx Zoo

Folgt man der 187th St bis ans östliche Ende, gelangt man zum **Bronx Zoo / Wildlife Conservation Park**, ✆ 718/367-1010, Zugang entweder durch den Haupteingang an der Fordham Road oder durch einen Nebeneingang an der Bronx Park South. Letzterer eignet sich für Besucher, die mit der U-Bahn direkt hierher fahren und an der Haltestelle East Tremont Avenue der Linie 2 oder 5 aussteigen.

Der Zoo ist womöglich der einzige Beweggrund für die meisten New Yorker aus anderen Bezirken jemals die Bronx zu besuchen. Im Jahre 1899 eröffnet, handelt es sich um den

Das Yankee Stadium

schönsten Zoo der Vereinigten Staaten, den größten städtischen Zoo und um einen der ersten, in dem der Tatsache Rechnung getragen wurde, dass Tiere, die im Freien gehalten werden, sich besser fühlen als solche in Käfigen. Die diesbezüglichen Anstrengungen sind am besten im Sommer zu würdigen. (Im Winter wandern überraschend viele Tiere in geschlossene Räume ohne Sichtfenster.) Einer der interessantesten Teile ist das Wild Asia-Gelände, eine fast 16 ha große Wildnis, in der sich Tiger, Elefanten und Rotwild relativ unbehelligt bewegen, zu sehen entweder im Rahmen eines Spaziergangs oder aber für $2 extra und nur von Mai bis Oktober von einer Schmalspurhochbahn aus. Einen Besuch lohnen auch die *World of Darkness* (das Nachttierhaus) und ein simuliertes Stück Himalaya, wo vom Aussterben bedrohte Tiere wie der Roten Panda und der Schneeleopard leben. Es gibt auch einen Kinderspielplatz, wo Kinder in einem Spinnennetz herumklettern und sich durch den Bau von Präriehunden schlängeln können. Alles in allem ist der Zoo ein gutes Ziel für einen Tagesausflug in die Bronx.

🕐 April–Oktober Mo–Fr 10–17, Sa und So 10–17.30 Uhr, November–März tgl. 10–16.30 Uhr, Eintrittspreise: April–Oktober $7,75, Senioren und Kinder $4, November-Dezember $6, Senioren und Kinder $3, Januar-März $4, Senioren und Kinder $2. Mi für alle kostenlos, Parkplatz $6, Fahrten und Sonderausstellungen kosten extra.

New York Botanical Gardens

Auf der Straßenseite gegenüber dem Haupteingang zum Zoo befindet sich ein Eingang zu den **New York Botanical Gardens**, ✆ 718/ 817-8500, deren südlichste Ausläufer wahrscheinlich die unberührteste Natur der ganzen Gegend ausmachen. Weiter nördlich, in der Nähe des Haupteinganges, liegen die kultivierteren Abschnitte. Das unübersehbare **Enid A. Haupt Conservatory**, ein Kristallpalast aus der Zeit der Jahrhundertwende, umfasst Ausstellungen zu den Ökosystemen von Dschungeln und Wüsten, einen Palmengarten und jahreszeitlich bedingte Anlagen, Eintritt $3,50, Studenten und Senioren $2,50, Kinder $2. Außerdem kann man mit einer Trambahn durch die Gärten fahren und manchmal auch Pflanzen kaufen. Es ist ein riesiges Gelände, in dem man stundenlang herumspazieren kann.

Di–So 10–18 Uhr, Eintritt $3, Senioren und Studenten $2 und Kinder $1, Mi frei für alle. Erreichbar mit der U-Bahnlinie D bis Haltestelle Bedford Park Blvd oder (einfacher) mit dem Metro-North-Zug von Grand Central oder 125th Street, Infos zu Kosten und Pauschalangeboten unter 212/532-4900.

Poe Cottage und Museum of Bronx History

Verlässt man den Botanischen Garten durch den Eingang an der Fordham Road und geht nach Westen (ansonsten mit der Linie D oder 4 bis Kingsbridge Road oder mit dem Bus Bx9 die Fordham Road entlang) gelangt man zum Grand Concourse und zum an der Kingsbridge Road gelegenen Gelände des Poe Parks mit dem **Poe Cottage**, 718/881-8900. In diesem winzigen, anachronistischen weißen Schindelhäuschen inmitten des heute hispanischen Arbeiterviertels verbrachte Edgar Allan Poe seine drei letzten Lebensjahre, von 1846–49. Das Haus wurde allerdings erst vor kurzem hierher umgesiedelt, als ihm der Abbruch drohte. Poe war kein besonders ausgeglichener Mensch und in dem Haus anscheinend selten glücklich; er schrieb hier das kurze, anrührende Gedicht *Annabel Lee*. Gezeigt werden Erinnerungsstücke und Manuskripte sowie filmische Dokumentationen über das Leben und Werk von Poe in der Bronx. Ein Besuch lohnt besonders an Halloween, wenn aus Poes Werken vorgelesen wird. Sa 10–16, So 13–17 Uhr, Eintritt $2.

Ein Stück weiter nördlich, an der 3266 Bainbridge Ave, East 208th St, zu erreichen mit der Linie D bis 205th St oder der Linie 4 bis Mosholu Parkway, steht das Valentine-Varian House, ein Farmhaus im georgianischen Baustil aus dem 18. Jahrhundert, das heute das **Museum of Bronx History**, 718/881-8900, beherbergt. Es ist faszinierend, anhand der alten Fotos und Lithographien nachzuvollziehen, wie die Bronx sich verändert hat – noch vor fünfzig Jahren war dies hier Ackerland. Sa 10–16 und So 13–17 Uhr, Eintritt $2.

North Bronx

Die North Bronx bildet die oberste Begrenzung von New York City. Die wenigen Besucher, die den weiten Weg machen, tun dies, um den mit Lämpchen übersäten **Woodlawn Cemetery** zu besuchen, zugänglich von der Jerome Avenue, Ecke Bainbridge Ave, letzte Haltestelle Woodlawn auf der Linie 4. Der Friedhof ist ein gutes Beispiel dafür, wie New Yorker in den 50er Jahren des 19. Jahrhunderts Ausflüge an die frische Luft machten: Sie statteten den Toten einen Besuch ab, und durch die Beliebtheit dieser Unternehmungen entstand die Idee der öffentlichen Stadtparks. Viele Jahre lang war Woodlawn der Friedhof der reichen Leute. Wie auf dem Greenwood in Brooklyn (s.S. 201) gibt es hier a eine Reihe von Gräbern und Mausoleen, die sich durch besondere Geschmacklosigkeit auszeichnen. Der Friedhof ist riesengroß, aber einige Grabstätten fallen besonders auf: Ganz in der Nähe des Einganges ruht ein gewisser Oliver Hazard Belmont, Geldverleiher und Pferdehändler, in einem üppigen gotischen Fantasiegebilde, der Ruhestätte von Leonardo da Vinci im französischen Amboise nachempfunden. F. W. Woolworth hat sich einen von Sphinxen bewachten ägyptischen Palast hinstellen lassen, und Jay Gould, zu Lebzeiten nicht der beliebteste aller Geschäftemacher, hat sich in einen griechischen Tempel zurückgezogen. In dem Büro am Eingang gibt es eine Friedhofsbroschüre, anhand derer sich die zahlreichen hier begrabenen Persönlichkeiten gut lokalisieren lassen: u.a. Herman Melville, Irving Berlin, George M. Cohan, Fiorello LaGuardia, Robert Moses, Miles Davis und Duke Ellington.

Van Cortlandt Park

Westlich des Friedhofes liegt der Van Cortlandt Park, ein bewaldetes, hügeliges Naherholungsgebiet, das im Winter und im Frühling und Herbst Schulsportgruppen anzieht. Das Schönste, abgesehen von den herrlichen Waldwanderwegen, ist das 1748 errichtete **Van Cortlandt Mansion**, Broadway, Ecke 246th St, 718/543-3344, unweit des U-Bahnhofs 242nd St der Linie 1 und 9. Es ist das älteste Gebäude der Bronx, ein im Originalzustand wiederhergestelltes, sehr hübsches, rustikales

Haus im georgianischen Stil. Während der Revolution wechselte es mehrmals den Besitzer und wurde sowohl von den Briten als auch den Patrioten als Hauptquartier benutzt. Auf der Anhöhe dahinter wurden die Archive von New York City zur Zeit des Unabhängigkeitskrieges zur sicheren Verwahrung vergraben, und es war auch dieses Haus, in dem George Washington 1783 die letzte Nacht vor dem Siegesmarsch nach Manhattan verbrachte. ☉ Di–Fr 10–15, Sa und So 11–16 Uhr, Montag geschlossen, Eintritt $2, Senioren und Studenten $1,50, Kinder frei, ✆ 718/543-3344).

Riverdale

Unmittelbar westlich vom Van Cortlandt Park erheben sich die luftigen Höhen von **Riverdale**, einem der begehrtesten Wohnviertel von New York City und im Aussehen und Einkommen so weit weg von der South Bronx, dass es auch auf dem Mond liegen könnte. Dieser Teil der Bronx ist ohne Auto nur sehr schwer erreichbar. Die am nächsten gelegenen Bahnhöfe sind die Haltestelle Riverdale an der Metro-North oder die Haltestelle 242nd Street der U-Bahnlinie 1 oder 9. Kaum ein Bus befährt die Wohnstraßen. Wer die Anstrengung unternimmt, wird mit dem Gefühl belohnt, die Großstadt weit hinter sich gelassen zu haben, und mit herrlichen Ausblicken, sofern sie nicht von Bäumen verstellt sind.

Einen Besuch lohnt **Wave Hill**, ✆ 718/ 549-3200, ein kleiner Landsitz mit Blick auf den Hudson River und die Palisade Cliffs, der vor mehreren Jahrzehnten der Stadt zum Geschenk gemacht wurde. Vorher beherbergte er kurzzeitig Mark Twain und später Teddy Roosevelt. Auf dem Gelände ist ein herrlicher botanischer Garten, und die aus dem 19. Jahrhundert stammende Villa ist heute ein Forum für Kunstausstellungen, Konzerte und Workshops. ☉ Di–So 9–17.30 Uhr, April-Oktober Mi bis Einbruch der Dunkelheit, Eintritt $4, Studenten und Senioren $2, Di ganztags und Sa bis 12 Uhr freier Eintritt.

City Island

An der Ostseite der Bronx, im Long Island Sound, liegt **City Island**, von jeher eine Fischergemeinde. Zwar ist von den entsprechenden Anlagen nicht mehr viel übrig, doch die Atmosphäre ist trotz der Nähe zur städtischen Bronx geblieben. Auf dem kurzen Dammweg zwischen der Insel und dem Festland verkehrt der Bus Bx29 – einsteigen an der U-Bahnhaltestelle Pelham Bay Park der Linie 6.

Die meisten Besucher kommen der **Restaurants** wegen her. Am Wochenende kommt der Bus am Spätnachmittag auf der verstopften City Island Avenue nur noch im Schneckentempo voran, und die Restaurants sind brechend voll mit „off islanders". Man wählt also besser einen Wochentag, denn dann sind die *clamdiggers* („Muschelgräber"), wie sich die Einheimischen nennen, freundlicher und die Chancen stehen besser, in den Lokalen etwas Frisches auf den Tisch zu bekommen. Das *Lobster House*, 691 Bridge St, oder das *JP Waterside Restaurant*, 703 Minneford Ave, bieten sowohl gutes Seafood als auch Tische im Freien.

Abgesehen von den Restaurants ist die City Island in erster Linie wegen ihrer Häuser im New England-Stil und des dörflichen Charakters reizvoll. Man kann den Ort mühelos in ganzer Länge einmal durchwandern. Obwohl es anstrengt, hin und her zu marschieren, lohnen sowohl die Haupt- als auch die Nebenstraßen einen Blick. Die **City Island Avenue** säumen kleine Geschäfte, z.B. *Mooncurser Antiques,* das eine riesige Schallplattensammlung beherbergt. In den letzten Jahren hat sich auch eine Künstlergemeinde etabliert, angeführt von dem *CIAO Gallery and Arts Center*, 278 City Island Ave, ✆ 718/885-9316. Und wenn man schon einmal hier ist, sollte man sich auch gleich die Broschüre einstecken, auf der die zwölf anderen Orte auf der Insel angegeben sind, an denen man Kunst und Kunsthandwerk sehen und kaufen kann. Am letzten Maiwochenende findet hier jedes Jahr eine Kunst- und Kunsthandwerksmesse statt.

Auf dem Weg zurück Richtung Dammweg biegt man rechts auf die Fordham Street und dann nach links auf die King Street ein. An der King Street und Minnieford Street stehen immer noch die geräumigeren Häuser von City Island und dahinter die privaten Anlegestellen und Strände.

Vor der Rückkehr aufs Festland sollte man dem **North Wind Undersea Institute**, 610 City Island Avenue, ✆ 718/885-0701, einen kurzen Besuch abstatten. Einer der Gründer des wunderliche Museums war die Woodstock-Legende Richie Havens. Das Institut ist in einem alten Haus untergebracht, in dem sich ein ehemaliger Schiffskapitän zur Ruhe setzte. Die Ausstellung befasst sich mit Ökologie, unter besonderer Berücksichtigung der Rolle Havens bei der Rettung gefährdeter und gestrandeter Meeresbewohner. Es gibt eine Sammlung alter Taucher- und Walfängerausrüstungen sowie Walknochen (der älteste von 1502), und eine ausgezeichnete Sammlung von *scrimshaw* (kunstvoll verzierte Walknochen – für viele Fachleute die erste echte amerikanische Volkskunst). ⊙ Mo–Fr 13–17, Sa und So 12–17 Uhr, Eintritt $3, Studenten und Senioren $2.

Pelham Bay Park und Orchard Beach

Von City Island kann man leicht nach **Orchard Beach** spazieren, dem östlichsten Teil des ausgedehnten **Pelham Bay Park** – hinter dem Dammweg einfach rechts in den Weg durch den Park einbiegen.

Heutzutage heißt Orchard bei den Einheimischen „Spanische Riviera". Strand und Uferpromenade schwingen unaufhörlich im Salsa-Rhythmus. Im Sommer finden oft kostenlose **Konzerte** statt, aber auch sonst muss man nur lange genug gehen, dann stößt man bestimmt irgendwo auf Musik: Die Strandbesucher bringen oft ihre Instrumente mit und improvisieren Jamsessions, bei denen auch getanzt wird.

Am nördlichsten Ende des Uferweges weist ein Schild den Weg zum **Kazimiroff Nature Trail** in einem Naturschutzgebiet, das ebenfalls zum Pelham Bay Park gehört. Der Name stammt von Theodore Kazimiroff, einem berühmten Naturschützer, der zusammen mit anderen verhinderte, dass dieses Feuchtgebiet in eine Mülldeponie verwandelt wurde. Der Pfad windet sich durch Wiesen, Wald und Sumpf. Im Gegensatz zum übrigen Park, durch den inzwischen zahlreiche Autostraßen führen, ist es hier ruhig und friedlich. Ohne fahrbaren Untersatz ist es aber kaum möglich, in die abgelegeneren Ecken des Pelham Bay Park vorzudringen.

Das **Bartow Pell Mansion Museum and Gardens**, ✆ 718/885-1461, ein nationales Wahrzeichen, lohnt einen Besuch nicht nur der wunderschönen Inneneinrichtung, sondern auch der kunstvoll angelegten Grünflächen mit Blick über den Long Island Sound wegen. Um dort mit öffentlichen Verkehrsmitteln hinzugelangen, muss man zurück zum U-Bahnhof Pelham Bay Park mit der Linie 6, und den Bus Bx45 nehmen, der sonntags allerdings nicht verkehrt. ⊙ Mi, Sa und So 12–16 Uhr. Eintritt $2,50, Senioren und Studenten $1,25, Kinder frei.

Staten Island

Noch bis vor etwas mehr als dreißig Jahren war **Staten Island**, offiziell eigentlich Richmond County, vom Rest der Stadt isoliert. Um hinzukommen, musste man eine zeitraubende Fährfahrt unternehmen oder den langen Weg durch New Jersey zurücklegen. Die wenigen Pendler galten beinahe als Exzentriker. Die Staten Islander erfreuten sich eines abgeschiedenen, unabhängigen Daseins in dem bevölkerungsärmsten Bezirk New Yorks. Der Streifen Wasser zwischen hier und Manhattan bildete nicht nur eine geographische, sondern auch eine kulturelle Trennlinie. Die Wende brachte die Eröffnung der **Verrazano Narrows Bridge** 1964: Landhungrige Brooklyner stellten fest, dass Grundstücke auf der Insel billig zu haben waren, und kamen in Scharen über die Brücke, um sich eines zu sichern. Mittlerweile sind auf Staten Island zwischen den sanft gerundeten, grünen Hügeln dichte Wohnsiedlungen mit endlosen Reihen makelloser Kleinfamilienhäuser entstanden.

Sofern New Yorker aus anderen Bezirken etwas über Staten Island zu berichten wissen – was selten genug der Fall ist –, beschränkt sich dies zumeist auf zwei Worte: *garbage* und *secession*. Zwar haben die Wiederverwertungsmaßnahmen die in den Stadt produzierten Mengen an Müll erheblich reduziert, doch über 75 000 Tonnen davon wandern immer noch pro Woche auf die Fresh Kills-Müllhalde von Staten

Island. Diese größte Mülldeponie der Welt hat ein Fassungsvermögen von 744 Mill. Kubikmetern, ein Rekord, über den die Anwohner nicht eben glücklich sind. Doch politische Reformen haben dazu geführt, dass Staten Island Entscheidungen, die in bevölkerungsreicheren Bezirken getroffen wurden, mittragen muss. Die Aufschüttung soll jedoch am 31. Dezember 2001 ein Ende haben, und anschließend soll auf dem Müll ein Park angelegt werden.

Seit Jahren ist von einer Abspaltung Staten Islands von der Stadt die Rede, und ein diesbezüglicher Volksentscheid hat vor kurzem eine überwältigende Stimmenmehrheit dafür erbracht. Allerdings ist damit nicht mehr erreicht, als dass der Vorschlag jetzt von staatlicher Seite geprüft wird.

Neun von zehn Touristen, die von der Staten Island-Fähre aus die Aussicht auf Manhattan bewundern, fahren unverzüglich wieder zurück. Das ist durchaus verständlich, denn mit öffentlichen Verkehrsmitteln kommt man auf Staten Island ziemlich langsam voran (am schnellsten geht es wahrscheinlich per Fahrrad), und die Sehenswürdigkeiten sind nicht so umwerfend, dass man sich ewig grämen müsste, sie verpasst zu haben. Wer aber bleibt, wird es nicht bereuen. Jedes der nachfolgend beschriebenen Highlights kann für sich ein lohnendes Ausflugsziel darstellen.

Die Fähre, St. George und das Snug Harbor Cultural Center

Die Staten Island-Fähre verkehrt von Battery Park an der Spitze von Manhattan Island rund um die Uhr; während der Stoßzeiten alle 15–20 Minuten, mittags und abends alle 30 Minuten und nachts alle 60 Minuten, am Wochenende nicht ganz so oft. Es ist die preiswerteste Sightseeingtour, die man in New York unternehmen kann, denn seit 1997 ist die Fahrt kostenlos. Von der Fähre aus hat man einen Panoramablick auf die City und die Freiheitsstatue, der auf dem Rückweg noch eindrucksvoller ist. Bei der Ankunft auf der Insel flimmert die Skyline Manhattans durch den Dunst wie auf unzähligen Postern verewigt – dem Fährhafen von Staten Island fehlt jedoch der weltmännische Charme des Battery-Hafens. Die Weiterfahrt erfolgt vom **Busbahnhof**, der sich in unmittelbarer Nähe des Hafens befindet; ohne Busse kommt man auf der Insel nicht weit. Man sollte unbedingt Kleingeld, *tokens* oder eine Metro-Card im Gepäck haben, da diese Dinge in der Station nicht zu haben sind. Die MetroCard ermöglicht außerdem das kostenlose Überfahren. Ebenso nützlich ist ein Busplan und die Broschüre *Staten Island Sites and Scenes*, die in den Fährterminals kostenlos erhältlich ist; ✆ 1-800/573-SINY.

Die Ortschaft **St. George** liegt direkt neben dem Fährhafen. Es ist ein seltsam ungenutzter Ort an einer Stelle mit so viel offensichtlichem Potential. In einem Gebiet so nahe bei Manhattan überwiegen gähnend leere Schaufenster, und wo sich an klaren Tagen die Massen in den hügeligen Straßen drängen sollten, um die herrliche Aussicht zu genießen, herrscht eine eigenartige Stille. Es gibt hier einen ausgewiesenen Historic District mit einer wunderbaren Sammlung von Wohnhäusern im Queen Anne, Greek Revival und Italianate Style.

Das **Snug Harbor Cultural Center**, 1000 Richmond Terrace, ✆ 718/448-2500, im nahe gelegenen New Brighton (Bus S40 vom Fährhafen) dagegen zeugt von einem blühenden Kulturleben. Das Kunstzentrum auf dem Gelände eines ehemaligen Altersheimes für Seeleute umfasst 28 Gebäude mit Galerien und Studios für aufstrebende Künstler. Alljährlich findet hier im Freien das Summer Sculpture Festival statt, und das ganze Jahr über werden Veranstaltungen und Konzerte geboten (darunter Sommer-Vorstellungen der Metropolitan Opera und der New Yorker Philharmoniker – ausgezeichnete Musik in einer intimeren Freiluftatmosphäre als irgendwo in Manhattan). Sie ziehen Besucher aus dem ganzen Bezirk und darüber hinaus. An jedem zweiten Sonntag im Juni wird die gut besuchte Harmony Street Fair abgehalten. Auf dem gleichen Parkgelände befinden sich auch das **Staten Island Children's Museum** und der **Botanische Garten**. Das Snug Harbor-Gelände ist ständig geöffnet, der Eintritt ist frei. Am Wochenende werden nachmittags kostenlose Führungen angeboten.

Alice Austen House

Wer ein Picknickpaket für den Ausflug nach Staten Island eingesteckt hat (keine schlechte Idee, denn nur selten liegt die Bushaltestelle, an der man aussteigen möchte, auch in der Nähe eines Lebensmittelgeschäftes oder Restaurants), kann es auf dem Gelände des Alice Austen House, 2 Hylan Boulevard, ✆ 718/816-45 06, auspacken. Dieses viktorianische Landhaus, leicht erreichbar mit Bus S51 bis zum Ende des Hylan Boulevard (dann den Hügel hinab spazieren), bietet einen herrlichen Blick auf die Narrows. Wenn man im Vorgarten steht, wird offensichtlich, weshalb die Großeltern von Alice Austen ihr Haus *Clear Comfort* tauften: Der Blick auf die Verrazano Bridge und die Brooklyn Shore ist einmalig schön. Der eigentliche Besuchsgrund ist jedoch die Lebensgeschichte von **Alice Austen**, einer Pionier-Fotografin, deren Arbeiten zu den besten Dokumentationen des amerikanischen Lebens um die Jahrhundertwende zählen. Zu einer Zeit, als Fotografieren sowohl kompliziert als auch kostspielig war, entwickelte Alice Austen Talent und Leidenschaft für diese Kunstform, die sie meisterhaft zu beherrschen lernte. Tragischerweise kam sie nie auf den Gedanken, damit ihren Lebensunterhalt zu verdienen, nicht einmal, als sie beim Börsenkrach von 1929 das Haus ihrer Familie verlor und im Armenhaus landete. Ihr

Werk wurde erst kurz vor ihrem Tod 1952 wiederentdeckt. Das Haus beherbergt eine relativ kleine, faszinierende Ausstellung ihrer Fotos. Die gesamte Sammlung ist heute im Besitz der Staten Island Historical Society. Da weitere Zimmer nach und nach restauriert werden, kann das Museum nur noch sehenswerter werden. ◐ Do–So 12–17 Uhr, empfohlene Spende $3.

South Beach und Southeast Shore

Unterhalb der Verrazano Narrows erstrecken sich entlang des östlichen Teils der Insel eine Reihe öffentlicher Strände, angefangen mit dem **South Beach**, einem ehemaligen eleganten Seebad für wohlhabende New Yorker und erstreckt sich hinab bis zum **Great Kills Park**, der fast ausschließlich von Anwohnern aufgesucht wird. Es reist kaum jemand der Strände wegen nach New York, und wenn doch, dann werden am ehesten die Rockaways in Queens angesteuert, doch die Strände von Staten Island sind gar nicht schlecht, falls man eine weniger überfüllte Alternative sucht.

Am South Beach, erreichbar mit Bus S51, gibt es eine 2 1/2 Meilen lange Uferpromenade, übrigens die viertlängste der Welt. Sie eignet sich hervorragend zum Joggen oder Rollschuh laufen. Man kann sich aber auch einfach an den ziemlich ruhigen Sandstrand legen und die Sonne genießen.

Und falls der Magen knurrt: empfiehlt sich der ausgezeichnete *Goodfellas Brick Oven Pizza*, 1718 Hylan Boulevard, ✆ 718/987-24 22, vom Strand aus 2 1/2 km zu Fuß landeinwärts.

Lighthouse Hill

Mitten im Wohnviertel von Staten Island liegt das **Jacques Marchais Museum of Tibetan Art**, 338 Lighthouse Avenue, ✆ 718/987-3500. Es ist so unbekannt, dass nicht einmal die Busfahrer genau wissen, wo es ist. Man sollte an der Haltestelle Lighthouse Avenue aussteigen und dann den steilen Hang etwa 1 1/2 km hochwandern, bis man rechts das Museum entdeckt.

Jacques Marchais war das Pseudonym von Jacqueline Klauber, einer New Yorker Kunsthändlerin, die in den 20er und 30er Jahren glaubte, mit einem französischen (Männer-) Namen mehr Erfolg zu haben – so war es auch. Sie schöpfte aus ihrem eigenen beträchtlichen Einkommen sowie dem ihres Mannes, um ihrer Leidenschaft für tibetische Kunst zu frönen. So kam langsam die größte Sammlung dieser Art in der westlichen Welt zusammen. Klauber ließ 1947 am Hang einen *gompa*, d.h. ein buddhistisches Koster, nachbauen, um die Schätze dort unterzubringen. Auch wenn man keine großen Vorkenntnisse über den tibetischen Buddhismus mitbringt, ist die Ausstellung zugänglich gestaltet und von ihrer Größe her überschaubar. Sie umfasst wunderbare Bodhisattva-Statuen aus Bronze, Furcht einflößende Gottheiten, Musikinstrumente, Trachten, Ziergegenstände usw. Der beste Tag für einen Besuch im Tempel ist der Sonntag, denn dann finden Vorlesungen zu bestimmten Aspekten asiatischer Kultur generell statt. Oder aber während der ersten oder zweiten Oktoberwoche anlässlich des Tibet-Festes, wenn tibetische Mönche die traditionellen Zeremonien durchführen und tibetisches Essen und Kunsthandwerk verkauft wird. Das genaue Datum bitte telefonisch erfragen.

◐ April–November Mi–So 13–17 Uhr, ansonsten nach Absprache, Eintritt $3, Senioren $2,50, Kinder $1.

Wenn man schon oben am Hang ist, kann man auch noch zwei weitere Sehenswürdigkeiten mitnehmen, die allerdings nicht zur Besichtigung geöffnet sind. Das **Staten Island Lighthouse** an der Ediboro Road ist von der Lighthouse Avenue aus zu sehen. Ein Leuchtturm so weit im Binnenland ist ein etwas merkwürdiger Anblick, doch hat er tatsächlich seit seiner Einweihung 1912 fast ununterbrochen Schiffen den Weg in den Hafen von New York gewiesen. Gleich um die Ecke, am **48 Manor Court**, steht ein Privathaus namens Crimson Beech, das nach einem Entwurf von Frank Lloyd Wright erbaut wurde, ist insofern interessant, da es sich um das einzige von Wright-Wohnhaus innerhalb der Grenzen von New York City handelt.

Historic Richmond Town

Zurück an der Hauptstraße Richmond Road erreicht man nach einem kurzen Spaziergang (vom Busbahnhof am Fährhafen aus mit dem Bus S74) die **Historic Richmond Town**, ✆ 718/351-1611, Standort der **Staten Island Historical Society** und eine reizvolle „Neuausgabe" des Dorfes Richmond aus dem 17. bis 19. Jahrhundert. Der Ort besteht aus ungefähr vierzig alten Häusern, die von ihren Originalstätten hierher gebracht wurden. Richmond war ehemals das Zentrum Staten Islands und Knoten- und Grenzpunkt auf der Strecke von Manhattan nach New Jersey. Die jede halbe Stunde beim **Historical Museum** beginnenden Führungen beinhalten die interessantesten Häuser, z.B. das besondere Schmuckstück **Voorlezer's House** im holländischen Stil aus 1695 (die älteste Grundschule des Landes), eine Gemischtwarenhandlung wie aus dem Bilderbuch, deren Angebot Waren aus dem 19. und 20. Jahrhundert umfasst, und das stimmungsvolle, hübsche **Guyon-Lake-Tysen House** aus 1740. Lebendig wird das Ganze durch die Anwesenheit von kostümierten Handwerksleuten, die mit Hilfe traditioneller Techniken Wassereimer aus Holz herstellen, Brot backen und Metal schmieden. Allesamt begeisterte Experten hinsichtlich ihrer Handwerke, der Häuser und Läden bzw. ihrer „Arbeitsstätten". Man möchte fast bleiben und selbst hier anfangen oder zumindest für eine der Sondervorstellungen zurückkommen. Die ländliche Umgebung lässt den Besucher total vergessen, dass er sich nur 12 Meilen außerhalb von Downtown Manhattan befindet.

⏱ Juli und August Mi–Fr 10–17, Sa und So 13–17, Sept.–Juni Mi–So 13–17 Uhr, Eintritt $4, Senioren, Studenten und Jugendliche unter 18 Jahren $2,50.

Conference House

An der Südspitze der Insel liegt das **Conference House**, 7455 Hylan Boulevard, ein Steinhaus aus dem 17. Jahrhundert, von dem aus man eine wunderschöne Strandansicht von Perth Amboy in New Jersey genießen kann. Hier fanden während des amerikanischen Unabhängigkeitskrieges die erfolglosen Friedensgespräche unter dem Vorsitz von Benjamin Franklin und John Adams statt. Viel mehr Weltgeschehen hat das Haus seither nicht mehr miterlebt. Das Innere ist im damaligen Stil möbliert, ebenso die Küche, die wieder funktionsfähig gemacht wurde.

Das Haus ist nach Voranmeldung für Führungen geöffnet, ✆ 718/984-6046.

Die Eisbahn im Rockefeller Center

Straßencafe nahe dem Lincoln Center

Eine gute Adresse – Die Upper East Side am East River

Shopping in der Lexington Ave und Diamond Row

Straßenhändler in Harlem

Ausflug nach Coney Island

Straßenkünstler im Central Park

American Museum of National History

New York ist eine lebendige Kunst- und Museumsmetropole

Im Metropolitan Museum of Art – Der Tempel von Dendur

ORGANIZED 1868

PAROCHIAL
SCHOOL

FOUNDED 1869

Deutsche
Evangelisch-Lutherische
St. Markus Kirche

Religiöse Vielfalt im
multikulturellen New York

Die glitzernde Seite der Stadt

Museen und Galerien

Als Stadt besitzt New York so viele visuelle Reize, dass ein Gang ins Museum überflüssig erscheinen mag. Allerdings würde man sich dann einiges entgehen lassen, denn New York bietet eine unglaubliche Vielfalt an Museen – große und kleine – die sich allem nur Erdenklichen widmen. Die beiden großen Kunstmuseen in Manhattan – das **Metropolitan** und das **Museum of Modern Art** – lassen praktisch keinen Aspekt westlicher Kunst unbeachtet. Insbesondere das Metropolitan Museum, das die wahrscheinlich weltbeste Sammlung europäischer und amerikanischer Kunst sowie eine Vielzahl anderer hochkarätiger Exponate zeigt, angefangen von Artefakten des alten Ägypten bis hin zu chinesischer Kunst, ist so umfassend, dass sich der kunstbegierige Besucher bei allzu großer Eile buchstäblich erschlagen fühlt. Das Museum of Modern Art (MoMA) setzt dort an, wo das Met aufhört, und macht deutlich, warum (und wodurch) New York zur Welthauptstadt der Kunst wurde.

Eine fantastische Palette bieten daneben die anderen großen Museen der Stadt. Das **Whitney** und das **Guggenheim Museum** beherbergen exquisite Sammlungen zeitgenössischer Kunst und präsentieren wechselnde Sonderausstellungen. Die **Frick Collection** widmet sich ausgiebig der Malerei des 17. und 18. Jahrhunderts. Inmitten einer unerwartet ländlichen Idylle bieten **The Cloisters** einen großartigen Einblick in das künstlerische Schaffen im Mittelalter. Das **American Museum of Natural History** verfügt über die weltweit größte Sammlung von Exponaten zu den Themenbereichen Evolution, Biologie und Naturkunde. Jedes Museum für sich lohnt einen Besuch, vorausgesetzt man bringt genügend Zeit mit. Ebenfalls sehenswert sind einige kleinere Museen, die oftmals in recht ausgefallener Weise ebensolche Kunstformen vorstellen.

Öffnungszeiten und Eintrittspreise

Die Öffnungszeiten sind nicht durchweg einheitlich. Viele Museen haben montags sowie an nationalen Feiertagen geschlossen und an ein oder zwei Tagen bis in die Abendstunden geöffnet. Die Eintrittspreise sind generell hoch, wobei Studenten mit entsprechendem Ausweis in den Genuss einer bescheidenen Ermäßigung kommen. Als Ausgleich dafür gewähren einige der größeren Häuser ihren Besuchern an einem Abend der Woche freien oder erheblich reduzierten Eintritt. Ein Teil der New Yorker Museen nutzen das Prinzip der „freiwilligen Spende" anstelle eines festen Eintrittspreises, d.h. theoretisch liegt es im eigenen Ermessen, wie viel oder wie wenig man geben möchte (und den Museen dadurch den Status einer Stiftung sichert); einige wenige (z.B. das American Museum of Natural History) akzeptieren unter Umständen einen niedrigeren Betrag als den angegebenen, in anderen hingegen (z.B. im Met) müssen „Sparsame" mit einer deutlichen Aufforderung oder zumindest mit hochgezogenen Augenbrauen rechnen.

Kostenloser Eintritt
Folgende Museen können zu den angegebenen Zeiten kostenlos besucht werden:
Dienstag
Copper-Hewitt Museum (17–21 Uhr), International Center of Photography Uptown und Midtown (18–21 Uhr, Spende nach eigenem Ermessen), Jewish Museum (17–20 Uhr), Tenement Museum (ganztags).
Donnerstag
Asia Society Gallery (18–20 Uhr), Whitney Museum (18–20 Uhr), New Museum of Contemporary Art (16–20 Uhr).
Freitag
Guggenheim Museum (18–20 Uhr, Spende nach eigenem Ermessen), Museum of Modern Art (16.30–20.15 Uhr, Spende nach eigenem Ermessen).

Die großen Museen

Metropolitan Museum of Art
5th Ave, 82nd St, U-Bahnlinie 4, 5 oder 6 bis 86th Street / Lexington Ave, ⏲ Di–Do sowie So 9.30–17.15, Fr und Sa 9.30–20.45 Uhr, Mo geschlossen, Eintritt in Form einer Spende, erwünscht $10, Studenten $5 (inkl. Eintritt für

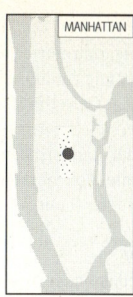

The Cloisters am selben Tag, s.S. 246). Audioführung durch die großen Sammlungen $5. Tgl. kostenlose Führungen unter dem Motto *Highlights of the Met* sowie eingehende Sonderführungen durch die verschiedenen Galerien. Termine vorher telefonisch erfragen; mehrere Restaurants und ausgezeichnete Buch- und Geschenkeläden. Telefonischer Ansagedienst ✆ 535-7710 oder 879-5500.

Das gemeinhin zu *Met* abgekürzte Metropolitan Museum ist das Prunkstück aller amerikanischen Museen. Das Gebäude wurde ursprünglich von Calvert Vaux im gotischen Stil errichtet, jedoch über die Jahre stückweise erweitert. Ein Großteil der heutigen Fassade mit Blick auf die Fifth Avenue geht auf den Entwurf von McKim, Mead und White zurück und ist im Jahre 1926 fertig gestellt worden. Es verfügt über eine Sammlung von mehr als 2 Millionen Kunstwerken, die die Kulturen Amerikas, Europas, Afrikas, Chinas sowie die des den fernen Ostens, der antiken und islamischen Welt abdecken. Sich im Vorbeigehen einen Überblick verschaffen zu wollen ist illusorisch. Das Met erfordert mehrere gezielte Besuche, oder zumindest selbst auferlegte Beschränkungen.

Im Folgenden werden die Höhepunkte der sieben großen Abteilungen – Europäische Malerei und Skulpturen, Asiatische Kunst, Amerikanische Kunst und Malerei, Ägyptische Altertümer, Kunst des Mittelalters, die Kunst der griechischen und römischen Antike und die Kunst Afrikas, des Pazifiks und Nord- und Südamerikas vorgestellt. Ihre Highlights sowie die Kunstsammlung des 20. Jahrhunderts werden weiter unten näher beschrieben. Die zahllosen anderen Ausstellungen im Met können aus Platzgründen nur gestreift werden. Darunter befinden sich u.a. die weniger berühmten Sammlungen islamischer (eine der umfangreichsten der Welt) und europäischer Kunst, außerdem eine der bedeutendsten Sammlungen an Waffen und Rüstungen, eine Musikinstrumentensammlung (mit dem ältesten Klavier der Welt) sowie das sagenhafte *Costume Institute*.

Neben der enormen Größe des Museums und dem damit verbundenen Zeitproblem sind es vor allem drei Dinge, die bei einem Besuch berücksichtigt werden müssen:

Öffnungszeiten – Einige Sammlungen haben nach einem Rotationsprinzip geöffnet und sind nicht gleichzeitig zugänglich. Bei speziellem Interesse an einer Abteilung erkundigt man sich daher besser vorab, ✆ 879-5500. Das Rotationsprinzip gilt nur Di–Do.

Anordnung der Sammlungen – Das Met hat sich als Stückwerk entwickelt. Für die millionenschweren Mäzene des 19. Jahrhunderts war es häufig genauso wichtig, den eigenen Geschmack öffentlich zu präsentieren, wie die Kunst nach Amerika zu holen. Sie verfügten daher oftmals, dass ihre Schenkungen in gesonderten Räumen unterzubringen seien, weshalb man heute nicht alle Werke bestimmter Kunstepochen oder -bewegungen unbedingt an einem Ort versammelt findet.

Umgestaltung – Das Museum organisiert seine Sammlungen ständig um – Werke werden umgehängt, um Platz für Sonderausstellungen zu schaffen oder die Ausstellungsräume renovieren zu können, oder sie werden im Rahmen von Retrospektiven an andere Häuser ausgeliehen. Das bedeutet, dass die Hauptwerke zwar mehr oder weniger an ihrem angestammten Platz bleiben, die hier wiedergegebene Reihenfolge sich jedoch inzwischen geändert haben kann.

Trotz der Größe des Museums ist die erste **Orientierung** recht unproblematisch. Es gibt nur einen Besuchereingang, dahinter erstreckt sich die **Great Hall**, die stimmungsvoll beleuchtete, neoklassizistische Eingangshalle, in der man Übersichtspläne findet und sich über

Führungen und die ausgezeichneten Vortragsreihen des Met informieren kann. Jenseits der breiten Treppe, die geradeaus in das Obergeschoss führt, befindet sich die für viele Besucher größte Attraktion des Hauses – die europäische Gemäldesammlung.

Europäische Malerei

Die Sammlung europäischer Malerei befindet sich im ersten Stock (2nd floor) des Met über den Hauptaufgang erreichbar. Sie teilt sich in zwei Abteilungen – in eine Gemäldesammlung mit Werken aus mehreren Jahrhunderten und eine Gemälde- und Skulpturengalerie des 19. Jahrhunderts. Erstere präsentiert zunächst eine Reihe Porträts und teilt sich dann in zwei Wege. Der rechte führt durch die italienische Renaissance, stellt holländische Meister des 17. Jahrhunderts vor, unternimmt einen kleinen, aber feinen Ausflug in die englische Malerei und endet schließlich vor Gemälden des spanischen, französischen und italienischen Barock. Der linke beginnt mit der Gotik, widmet sich dann religiösen Werken der nordischen Renaissance, wirft danach einen Blick auf den Barock und italienischen Manierismus, um mit dem italienischen Barock zu enden. Am Hauptinformationsschalter in der Great Hall sind detaillierte **Galeriepläne** der einzelnen Ausstellungsräume erhältlich.

Spanische und Italienische Malerei

Den Einstieg in diese Abteilung bilden u.a. Werke **Tiepolos** sowie klassizistisch-romantische Porträts von **Jacques Louis David**. Daran anschließend gelangt man, nach einer Glastür rechts, zum Anfang der italienischen Gemäldesammlung.

Zwar ist die **italienische Renaissance** nicht sonderlich spektakulär besetzt, verschiedene italienische Schulen sind dennoch durch sehenswerte Exponate vertreten, darunter eine frühe *Thronende Madonna mit Kind und Heiligen* von Raffael, Botticellis lebendiges Spätwerk *Die drei Wunder des Hl. Zenobius* sowie die *Thronende Madonna mit Kind und Engeln* von **Filippo Lippi** und eine einnehmende *Madonna mit Kind und dem Johannesknaben* von **Michele de Verona**, das sich gemäß der italienischen Tradition des 15. Jahrhunderts durch eine in sanftes Licht getauchte, marmorierte Oberfläche auszeichnet. Beachtung verdienen daneben der wütende Drache in **Crivellis** *Hl. Georg* und Mantegnas strenge, stoische Anbetung der Hirten. Das Ende der italienischen Abteilung bildet ein mit leuchtenden Werken von **Titian** und **Tintoretto** gefüllter Raum.

Niederländische Malerei

Diese Sammlung setzt mit bedeutenden Werken von **Rembrandt**, **Vermeer** und **Hals** den Glanzpunkt innerhalb der Europäischen Abteilung und ist wahrscheinlich die beste separate Gemäldesammlung des Museums.

Jan Vermeer, der geniale Mittler häuslicher Szenen, ist mit einigen seiner besten Werke vertreten. Ein Beispiel für seine meisterhafte Komposition und Farbgebung ist die *Junge Frau mit einem Wasserkrug*, ein Bild, das auf Reinheit und Zurückhaltung anspielt. Größere kompositorische Tiefe besitzt das *Schlafende Mädchen* – zumindest scheinbar durch das opulente Gewebe, das den Vordergrund klar von den dahinter liegenden Räumen trennt. Vermeer bediente sich häufig dieses Kunstgriffs, so auch in der *Allegorie des Glaubens*, bei der der vorgezogene Vorhang die Betrachtenden von der dargestellten belehrenden Szene trennt. Besonders beeindruckend ist das großartige *Porträt einer jungen Frau*, das Vermeer von seiner vielschichtigsten Seite zeigt.

In dem Maße wie Vermeers Bilder die häusliche Harmonie im Holland des 17. Jahrhunderts repräsentieren, offenbart **Frans Hals** in seinen frühen Gemälden dessen Ausgelassenheit. In seiner *Fröhlichen Gesellschaft* scheinen die Figuren in ihrem überschwänglichen Gesten- und Farbenreichtum geradezu aus der Leinwand auszubrechen. Gedämpfter im Ton, aber dennoch voller Lebendigkeit, präsentiert sich sein fünf Jahre später entstandenes Gemälde *Fröhliches Kleeblatt*.

Zu den besten hier gezeigten Werken von **Rembrandt** zählen Porträts, darunter ein sehr schönes Bildnis seiner Lebensgefährtin Hendrike Stoffjels, das er drei Jahre vor ihrem frühen Tod vollendete – einem Schicksalsschlag, der den glücklosen Künstler tief traf.

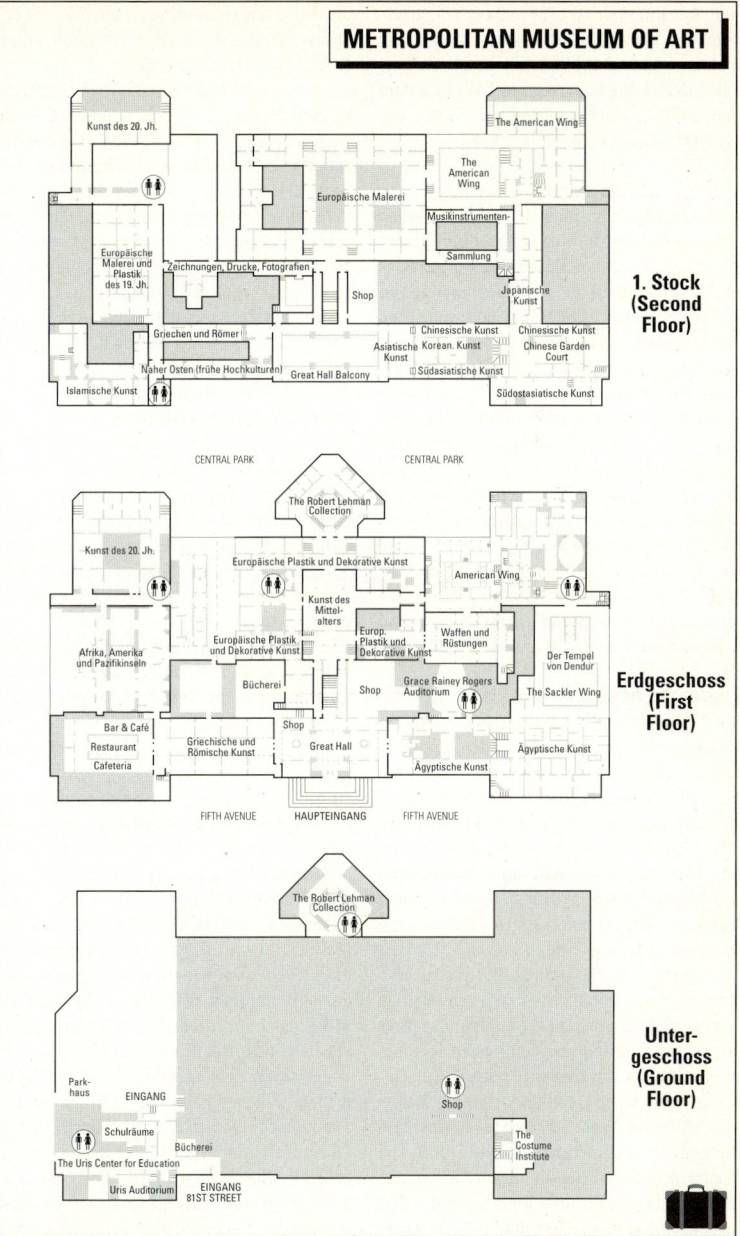

Sein Selbstporträt von 1660, als er völlig verarmt war, zeigt jene Selbstbeschau, die er in späteren Werken pflegte. Ein Vergleich zwischen dem Frauenporträt von 1632 und dem später entstandenen, wärmeren Bildnis der Frau mit Nelke veranschaulichen den Reifeprozess dieses Genies.

Die Räume der niederländischen Abteilung stellen daneben eine gute Auswahl von Werken weiterer Zeitgenossen dieser drei berühmten Maler aus. Besondere Beachtung verdient das anerkanntermaßen meisterhafte Gemälde von **Pieter de Hooch**, *Zwei Männer und eine Frau in einem Innenhof,* dessen Pinselführung, Form und Farbe sich zu einem perfekten Arrangement zusammenfügen. Während de Hooch friedliche Innenhöfe malte und Vermeer sein Augenmerk auf Spitzenklöpplerinnen und Lautenspieler lenkte, widmete sich **Adrian Brouwer** den dunkleren Seiten holländischen Lebens. Wenn er nicht gerade betrunken war oder im Gefängnis saß, schuf er solche Werke wie *Die Raucher,* das typisch für seine Darstellung von Gasthausszenen ist und Brouwer mit seinen Zechkumpanen zeigt (im Vordergrund ist der Künstler selbst).

Englische Malerei

Obwohl die Ausstellungsräume mit englischer Malerei nur ein Auftakt zu den anderen, berühmteren Sammlungen sind, kann man hier eine überraschend exquisite und geschmackvolle Auswahl an Werken sehen. Im Mittelpunkt stehen dabei einige Porträts von **Sir Joshua Reynolds**, **William Gainsborough** und **Thomas Lawrence**, dem Trio der großen englischen Porträtmaler des 18. Jahrhunderts. Gainsboroughs *Mrs. Grace Dalrymple Elliot* ist charakteristisch für seinen Porträtstil und zeichnet sich durch eine fast schwebende Leichtigkeit aus, die der monumentalen Pose die Schwere nimmt. Zu den besten hier gezeigten Bildern von Lawrence gehören *The Calmady Children,* ein Lieblingsporträt des Malers und häufig als Nachstich reproduziertes Bild, sowie die einnehmende, virtuose Studie von *Elizabeth Farren,* die er im jungen Alter von 21 Jahren malte. Als Sir Joshua Reynolds das Bild sah, bemerkte er: „Dieser junge Mann macht dort weiter, wo ich aufhöre." Ein bescheidener Kommentar angesichts der vielen Porträts von Reynolds, die hier hängen.

Auf dem Weg, der in einer Schleife zurück zu dem Eingang zu den beiden Gemäldegalerien führt, kommt man an einer Reihe **spanischer, französischer** und **italienischer** Maler vorbei, unter denen insbesondere **Goya** und **Velázquez** Erwähnung verdienen. Das durchdringende, düstere *Porträt von Juan de Parej* von Velázquez sollte man sich nicht entgehen lassen; als es das erste Mal ausgestellt wurde, meinte ein Kritiker pathetisch: „Der Rest ist nur Kunst, dies hier ist Wahrheit."

Frühe Flämische und Niederländische Malerei

Die Abzweigung, die von den einführenden Räumen nach links führt, bringt den Besucher zu den Vertretern der frühen flämischen und altniederländischen Malerei, die sowohl für die nordische als auch die italienische Renaissance Vorreiterfunktion hatte. Die ersten Bilder in dieser Abteilung stammen von **Jan van Eyck**, der als Wegbereiter des nordischen Realismus gilt. *Die Kreuzigung* und *Das Jüngste Gericht,* zwei seiner Frühwerke und den Miniaturen sehr ähnlich, die van Eyck für das Turin-Mailänder Stundenbuch schuf, sind in leuchtenden Farben und voller expressiver Details gemalt.

Mehr Verweise auf die Gotik entdeckt man bei **Rogier van der Weyden** in dessen Bild *Christus erscheint Maria.* Es zählt zu den schönsten Werken van der Weydens und unterscheidet sich durch eine wärmere und weichere Gestaltung vom harten Stil van Eycks. Diese Malweise sowie die vorherrschende Sitte, religiöse Szenen in niederländischer Landschaft anzusiedeln, setzt sich auch bei **Gerhard David** fort, dem dritten großen Maler der nordischen Gotik. Den Hintergrund zu seiner brillanten *Jungfrau mit Kind und Engeln* bildet das mittelalterliche Brügge. Im Bild *Ruhe auf der Flucht nach Ägypten* wird die Darstellung der Landschaft durch niederländische Genreszenen ergänzt. Inwieweit diese Neuerungen angenommen wurden, zeigt die *Ernte* von **Pieter Bruegel d. Ä.**, eines der am häufigsten reproduzierten Bilder des Met und einem 12-teiligen Gemäldezyklus zugehörig, der u.a. auch die (von Weihnachtskarten bekannten) *Jäger im Schnee* umfasst.

Biegt man hier nach links ab, gelangt man zu Vertretern des **italienischen Barock**. Den Höhepunkt bildet ein Raum, der den einzigartigen Werken von **El Greco** gewidmet ist. Sein beispielloser *Blick auf Toledo* – voll düsterem Pathos mit einem Himmel, der die geisterhafte Stadt zu verschlucken droht – ist wahrscheinlich das beste Bild seines gesamten Schaffens und bildet den würdigen Abschluss dieser Sammlung.

Kunst des 19. Jahrhunderts

In einer Saalflucht aus zwanzig vor kurzem im Beaux-Arts-Stil ausgestalteten Ausstellungsräumen (deren dekorative Details alten Entwürfen von McKim, Mead und White folgen) zeigt das Museum eine erstaunliche Sammlung impressionistischer und postimpressionistischer Malerei sowie europäischer Bildhauerei des 19. Jahrhunderts. Der Haupteingang befindet sich im ersten Stock, südlich (linker Hand) der Haupttreppe, am Ende der Ausstellungshalle für Zeichnungen, Drucke und Fotografien.

Impressionistische Malerei

Vorgänger der Impressionisten, wie z.B. **Ingres** und **Delacroix** sowie Künstler aus der **Schule von Barbizon** sind am linken Ende der Galerie zu finden. Im Zentrum der Sammlung steht **Edouard Manet**, was nur angemessen erscheint, war er doch der einflussreichste Wegbereiter des Impressionismus. Sein Frühwerk zeichnet sich durch einen an die Tradition von Hals, Velázquez und Goya anknüpfenden Stil aus, der Licht und Schatten mittels abgestufter Schwarztöne kontrastiert. Als vollendetes Beispiel gilt in diesem Zusammenhang sein *Le chanteur espagnol*, das Manets Debüt beim Pariser Salon 1861 zu einem Erfolg werden ließ. Nur wenige Jahre später schockte er diese Einrichtung jedoch mit den drei Bildern *Olympia*, *Déjeuner sur l'Herbe* und der bemerkenswerten *Dame mit Papagei* – wobei ihm übrigens jedesmal dieselbe Frau Modell stand.

Gustave Courbet und **Edgar Degas** sind ebenfalls bestens repräsentiert – insbesondere Courbet mit Beispielen aus sämtlichen seiner Schaffensphasen, darunter die *Dorfmädchen*, ein virtuoses Manifest seiner Vorstellung von Realismus, und die *Frau mit Papagei*, ein einzigartig erotisches wie exotisches Werk, das Manet zu seinem gleichnamigen Gemälde inspirierte. Degas schenkte Zeit seines Schaffens dem Ballett besondere Aufmerksamkeit. Es gibt praktisch kein Medium, dass er nicht zu dessen Darstellung benutzt hätte, angefangen von Pastellkreiden bis hin zu Skulpturen. Anders als die Impressionisten ordnete Degas das Gesehene seinem Formwillen unter, was bei den *Tänzerinnen an der Stange* übend deutlich wird: Was wie eine Momentaufnahme einer flüchtigen Geste wirkt – die Tänzerin, die am rechten Bildrand den Wasserkübel hebt – ist tatsächlich eine ausgeklügelte Komposition von Bildelementen.

Claude Monet zählt zu den produktivsten Malern dieser Bewegung. Immer wieder kehrte er zu einem einzelnen Motiv zurück und schuf ganze Serien davon, um die verschiedenen Nuancen des sich wandelnden Lichts oder der veränderten Stimmung festzuhalten. Insbesondere drei herausragende Werke – *Die Kathedrale von Rouen*, *Das Parlament in London von der Themse aus gesehen* und *Der Dogenpalast von San Giorgio Maggiore aus gesehen* – weisen bereits auf den fast abstrakten Stil seiner letzten Schaffensphase hin.

Einer gänzlich anderen Technik folgte **Paul Cézanne**. Er setzte sich ausgiebig mit seinem Motiv auseinander und unterzog Form und Farbe einer sorgfältigen Analyse. Von seinen wenigen Porträts scheint *Mme Cézanne im roten Kleid* angesichts des verzerrten, fast schon kubistischen Stils seiner Zeit um Jahre voraus. Sehenswert sind daneben *Die Kartenspieler*, deren dynamische Dreiecksstruktur aus dem Bild heraustritt, die stille Konzentration des Moments aber dennoch nicht aufhebt.

Von den verbleibenden Impressionisten ist **Auguste Renoir** am stärksten vertreten. Sein wichtigstes Werk hier stammt aus dem Jahr 1878, als er sich von dem üblichen, während der Zeit mit Monet angeeigneten Stil wegzubewegen begann: *Mme Charpentier und ihre Kinder* ist ein recht ansprechendes, wenngleich etwas verschlossenes Werk Renoirs, das sich von der Süßlichkeit seiner Spätwerke abhebt. Weitere Ausstellungsräume sind u.a. **Camille Corot** und **Alfred Sisley** gewidmet.

Postimpressionistische Malerei

Der Postimpressionismus ist zunächst mit **Paul Gauguins** Meisterwerk *La Orana Maria* vertreten. Der Titel, die ersten Worte des Erzengels Gabriel an Maria, ist der Schlüssel zu dem Bild. Die Szene war ein Hauptthema der Renaissance. Sie wurde hier in einen anderen Kulturkreis übertragen, um den Symbolcharakter herauszustellen und vielleicht auch der Einstellung des Künstlers gegenüber den Bewohnern der Südseeinseln Ausdruck zu verleihen, deren Anliegen er unterstützte.

Henri de Toulouse-Lautrec wiederum malte mit Vorliebe jene Welt, der Gaugin auf Tahiti entfliehen wollte. *Das Sofa* entstand im Rahmen einer Skizzenreihe, die er in Pariser Bordellen anfertigte. Seine körperliche Behinderung distanzierte ihn von der Gesellschaft und er fühlte sich zur Welt der von ihm gezeichneten Prostituierten hingezogen. Hinzu kam, dass er gestellte Modellposen hasste, was die gelangweilt auf Kundschaft wartenden Frauen zum idealen Motiv machte.

Die oben erwähnten Werke geben aber nur einen Bruchteil der ausgestellten Kunst wieder. Neben Gemälden von **Van Gogh**, (darunter *Schwertlilien, Frau aus Arles* und *Sonnenblumen)* besitzt das Museum auch noch Werke von **Rousseau, Bonnard, Pissarro** und **Seurat**.

Kunst des 20. Jahrhunderts

Diese auf zwei Etagen im Lila Acheson Wallace Wing untergebrachte Sammlung des Met präsentiert eine faszinierende und relativ kompakte Auswahl von Gemälden. Im Erdgeschoss (1st floor) werden zunächst die neuesten Erwerbungen vorgestellt, dahinter schließt sich eine chronologisch angeordnete Sammlung amerikanischer und europäischer Kunst von 1905 bis 1940 an. Neben Gemälden wie *The Figure Five in Gold* von **Charles Demuth** oder dem *Porträt von Gertrude Stein* von **Picasso** hängen hier Werke von Klee, Modigliani, Braques und Klimt. Zu den Highlights zählen außerdem die *Views From Williamsburg Bridge* von **Hopper**, eine visuell atemberaubende, wenn auch etwas idealisierte Ansicht von Backsteinhäusern in Brooklyn, mehrere Bilder von **Georgia O'Keefe**, darunter die üppig erotische *Black Iris*, die *Häuser in Cagnes* von **Chaim Soutine** sowie eine düstere, aus den Fugen geratene Stadtansicht von Cézanne. Außerdem gibt es eine kleine Designsammlung mit wechselnden Exponaten zu sehen, darunter Möbel, Keramik und andere Gegenstände aus den unerschöpflichen Beständen des Museums. Hier sowie im Mezzanin (zwischen Erdgeschoss und erstem Stock) des Wallace Wing befinden sich weitere zeitgenössische Exponate.

Das obere Stockwerk umfasst **europäische und amerikanische Malerei von 1945 bis zur Gegenwart** und eröffnet seinen Bilderreigen mit gigantischen, ausdrucksstarken Werken des abstrakten Expressionisten Clyfford Still. Zu den Höhepunkten auf dieser Etage zählen das meisterhafte Gemälde *Autumn Rhythm (Number 30)* von **Jackson Pollock**, das traumähnliche Bildnis des Westernregisseurs John Ford mit Titel *John Ford on his Deathbed* von **R. B. Kitaj**, eine aus dreizehn Tafeln bestehende Farbblockinstallation von **Ellsworth Kelly** mit dem Titel *Spectrum V* (erinnert stark an ein Kinderxylophon) sowie *Das letzte Selbstporträt* von **Andy Warhol**. Daneben hängen Werke von Max Beckmann, Roy Lichtenstein (*Painting Since 1945*), Mark Rothko und Willem de Kooning. Von Mai bis Oktober kann man von hier den Weg zum **Cantor Roof Garden** auf dem Dach des Wallace Wing fortsetzen (mit dem Aufzug vom Erdgeschoss erreichbar), wo zeitgenössische Skulpturen vor dem dramatischen Hintergrund der New Yorker Skyline ausgestellt sind. Im Oktober bietet sich hier außerdem ein wunderbarer Blick auf das bunte Herbstlaub des Central Park. Getränke und Snacks sind erhältlich, und die sagenhafte Aussicht entschädigt reichlich für die etwas höheren Getränkepreise.

Asiatische Kunst

Die Ausstellungsräume für asiatische Kunst im Obergeschoss versammeln eine außerordentlich beeindruckende und vielseitige Auswahl an chinesischer, japanischer, indischer und südostasiatischer Bildhauerei, Malerei, Keramik und Metallarbeiten sowie die Nachbildung eines chinesischen Gartens. In vierzehn kürzlich renovierten und erweiterten Ausstellungsräumen werden chinesische Malerei, Kalligraphie, Jade- und Lackarbeiten sowie Textilien gezeigt, und heute zählt diese Sammlung zu einer der weltweit renommiertesten ihrer Art.

Kommt man über die Empore der Great Hall hoch, reihen sich entlang der Korridorwand Kuran-Keramiken aus dem 5.–8. Jahrhundert, darunter fantasievoll lackierte und dekorierte Stücke für zeremonielle Anlässe sowie Krüge und Schüsseln für den Alltagsgebrauch.

Dahinter gelangt man zuerst in die Abteilung der **chinesischen Bildhauerei**, eine Sammlung von Steinarbeiten, die um zwei 6 m hohe Buddhafiguren arrangiert sind. Aber nicht die Skulpturen sind hier die Attraktion, sondern das enorme (und ausgezeichnete) Wandgemälde *Das Paradies des Bhaishajyaguru*, ein ruhiges, kontemplatives Bild, das nach einem Erdbeben schwer beschädigt war und meisterhaft rekonstruiert werden konnte.

In diesem Raum teilt sich der Weg. Rechter Hand schließen sich die Ausstellungsräume mit **südasiatischer Kunst** an, die gleich zu Beginn eine kleine Rarität in Form eines altertümlichen, goldenen Ohrringpaars aus Indien präsentiert. Eine Rarität deshalb, weil es normalerweise Brauch war, den Schmuck nach dem Tod des Besitzers einzuschmelzen und neu anzufertigen, um nicht das Karma des Verstorbenen zu erben.

Der überwiegende Teil der Exponate setzt sich aus **Statuen** verschiedener hinduistischer und buddhistischer Gottheiten zusammen, daneben werden zahlreiche **Friese** gezeigt, die trotz der langen Jahre, die sie ungeschützt der Witterung ausgesetzt waren, z.T. noch immer einen außerordentlichen Detailreichtum aufweisen. Ein besonders lebendiges Beispiel darunter ist *Der große Aufbruch und die Versuchung Buddhas* aus dem 3. Jahrhundert. Es zeigt Siddharta, wie er zu seiner spirituellen Reise aufbricht und von einem Harem tanzender Mädchen und nach ihm greifender Cherubinen verfolgt wird.

Hinter der Treppe, die zu einem kleinen, für zeitweilige Ausstellungen genutzten Bereich im zweiten Stock (3rd floor) führt, gelangt man zur **chinesischen Kunst**. Hier gibt es eine solche Flut von Gemälden, Schmuck und Jadeschnitzereien, dass eine Auswahl schwer fällt – man sollte jedoch *Lotus und Wasservögel*, zwei kunstvoll bemalte Schriftrollen von ca. 1300, und *Flussufer*, das früheste chinesische Landschaftsgemälde, um ca. 962 angefertigt, nicht verpassen. Höhepunkt in dieser Abteilung ist jedoch der **Chinese Garden Court**, eine friedliche, minimalistische Oase, die von den Ausstellungsräumen umschlossen wird. Der von Tageslicht erhellte Garten entstand nach Vorbildern aus chinesischen Häusern und wurde von Experten aus der Volksrepublik gestaltet. Eine Pagode, ein kleiner Wasserfall, ein mit Gesteinsbrocken in Szene gesetzter und mit Fischen bestückter Goldfischteich sowie Bäume und Sträucher strahlen eine friedvolle und wohltuende Atmosphäre aus.

Im Anschluss an die Meditationspause führt der Weg nach rechts in den Sackler Wing, der eine Anzahl von Räumen mit **japanischer Kunst** umfasst. Die gegenüber den anderen Abteilungen weniger strukturierte Sammlung spannt ihren Bogen von der prähistorischen Zeit bis zur Gegenwart und gliedert sich in vier Themenkomplexe. Ergänzt werden diese durch wechselnde Ausstellungen von Textilien, Malerei und Grafik. Das älteste Zeugnis **religiöser Kunst** in Japan sind die *dogu*, weibliche Figurinen aus der Zeit zwischen 500 und 400 v.Chr., von denen allerdings keine einzige als Ganzes erhalten ist. Wahrscheinlich weniger durch Verwitterung oder Abnutzung als durch abergläubische Zerstörungshandlungen bedingt, sind die Figuren zerbrochen oder fehlen ihnen einzelne Gliedmaße.

Als der Buddhismus im 6. Jahrhundert Japan erreichte, blieb dies nicht ohne Einfluss auf die Kunst, die sich nun der übertriebenen Darstellung körperlicher Perfektion zuwandte – deutlich zu sehen in der gezeigten Sammlung **japanisch-buddhistischer Malerei und Bildhauerei**. All das bildet jedoch nur den Prolog für das Juwel der Ausstellung, die verschiedenen Räume mit **handbemalten Stellschirmen** der Kano-Schule aus dem 17. und 18. Jahrhundert. Die Darstellungen darauf reichen von weltlichen Themen (Bücher in einem Regal) bis zu kunstvoll gestalteten historischen Verweisen und Szenen göttlicher Inbrunst. Leuchtende Beispiele hierfür sind die *Glücksgötter* und die *Chinesischen Kinder*. Letzteres ist ein sechsteiliger, durch seine erlesene Tuschmalerei und lebendige Farbgebung beeindruckender Stellschirm von **Kano Chikanobu**, der einen Ehrenplatz im *shoin-* (Studier-) Zimmer einnimmt.

American Wing

Der American Wing darf schon fast als eigenständiges Museum gelten und gibt dem Besucher einen umfassenden Einblick in die Entwicklung der bildenden und dekorativen Kunst der USA.

Die Gemäldegalerien schließen sich direkt an den **Charles Engelhard Court**, einen begrünten Skulpturengarten, der von der im Ganzen transferierten einst in der Wall Street beheimateten *Facade of the United States Bank* begrenzt wird, an. Unmittelbar hinter der Fassade gelangt man in die **Federal period rooms**, die sich im verhalten eleganten Neoklassizismus des ausgehenden 18. Jahrhunderts präsentieren. Hier befindet man sich in den ersten von insgesamt 25 **historisch eingerichteten Räumen**, die sich auf drei Etagen in direkter Nachbarschaft zur Abteilung der amerikanischen Malerei befinden. Wer diesen Teil des Met das erste Mal besucht, sollte sich vom zweiten Stock (3rd floor) nach unten vorarbeiten, um die chronologische Reihenfolge der verschiedenen Stile einzuhalten.

Am Beginn steht die **frühe Colonial period**, die im *Hart room* von ca. 1674 am anschaulichsten wird. Den Abschluss bildet der *Room from the Little House, Minneapolis,* von **Frank Lloyd Wright**, dessen Fensterfronten Wrights Konzept der minimierten Abgrenzung zwischen Innen und Außen verdeutlichen. Auf der Empore im ersten Stock (2nd floor) sollte man dem schillernden Favrile-Glas von **Louis Comfort Tiffany** Beachtung schenken, einer eleganten Ergänzung der Umgebung im Jugendstil.

Amerikanische Malerei

Die Sammlung amerikanischer Malerei führt den Besucher im ersten Stock (2nd floor) zunächst in eine unüberschaubare Anordnung von Räumen, die die Porträtmalerei des 18. Jahrhunderts zum Thema haben. Richtig interessant wird die Ausstellung aber erst bei den Werken von **Benjamin West**, einem Künstler, der in London wirkte und viele amerikanische Maler unterrichtete oder beeinflusste. *The Triumph of Love* ist ein typisches Beispiel für seine neoklassizistischen, allegorischen Werke. Das heroische Pathos setzt sich mit **John Trumbull**, einem Schüler von West, und dessen *Sortie Made by the Garrison of Gibraltar* sowie mit **Emanuel Leutze** und *Washington Crossing the Delaware* fort. Dieses enorm große Bild zeigt – historisch wie geographisch nicht ganz korrekt (die amerikanische Flagge, die im Hintergrund weht, existierte noch gar nicht) – Washingtons Flucht über den Delaware 1776 und ist eine Art National-Ikone.

Im frühen 19. Jahrhundert widmeten sich die amerikanischen Maler verstärkt der Natur- und Landschaftsmalerei. **William Sidney Mount** malte in seiner Heimat auf Long Island Szenen, die er oftmals mit einer versteckten politischen Note versah, z.B. in *Cider Makers* und *The Bet*. Die Maler der **Hudson River School** verherrlichten diese Landschaft in riesigen, lyrischen Gemälden. **Thomas Cole**, der Doyen dieser Bewegung, ist mit *The Oxbow* vertreten, sein Schüler **Frederick Church** mit dem enormen *Heart of the Andes*, dessen gewaltige Berge mit einer minutiös ausgearbeiteten Flora kombiniert sind. **Albert Bierstadt** und **S. R. Gifford** konzentrierten sich unterdes weiterhin auf den amerikanischen Westen. Ihre Werke *The Rocky Mountains, Lander's Peak* und *Kauterskill Falls* zeichnen sich durch einen geradezu visionären Idealismus aus, der die Erschließung der westlichen Landesteile als ein Manifest göttlichen Willens versteht.

Nahezu ein ganzer Ausstellungsraum ist **Winslow Homer** gewidmet, was für einen Maler, der die Künstlerszene des ausklingenden

19. Jahrhunderts so entscheidend beeinflusste, angemessen erscheint. Am Beginn seiner Karriere standen Illustrationen alltäglicher Begebenheiten während des Bürgerkriegs. Die gute Auswahl, die hier gezeigt wird, verdeutlicht die Trostlosigkeit und die Wehmut jener Jahre. Den Blick fürs Detail behielt Homer auch in seinen späteren, fast impressionistischen Studien der Meereslandschaften bei. *Northeaster* ist eines seiner besten Bilder aus dieser Zeit.

Im darunter liegenden Zwischengeschoss zeichnet das Met den Weg der amerikanischen Kunst ins späte 19. und frühe 20. Jahrhundert nach. Einige der zunächst gezeigten Porträts fallen ein wenig süßlich aus, *Repose* von **J. W. Alexander** vereint hingegen eine einfache, aber effektvolle Linienführung und einen ebenso gekonnten Einsatz von Licht zu einem prachtvollen Ensemble von erotischer Ausstrahlung. In Kontrast dazu stehen **Thomas Eakin** mit seinem gedämpften, fast geisterhaften *Max Schmitt in a Single Scull*, **Childe Hassom** mit *Avenue of the Allies: Großbritannien 1918*, einem patriotischen, von Licht und Farben geprägten Kunstwerk, und **William Merritt Chase** mit *For the Little One*, einer impressionistischen Studie der nähenden Frau des Malers. Chase studierte in Europa und malte dort sein *Portrait of Whistler*. Whistler fühlte sich zunächst geehrt, als er jedoch das Bild sah, das ihn (nicht zu Unrecht) als geschniegelten Gecken darstellte und seinen eigenen Stil überdies ironisch imitierte, zerstörte er das Werk. Ungeachtet seines Dünkels war Whistler jedoch fraglos ein begnadeter Porträtmaler, was ein Blick auf *Arrangement in Flesh Colour* und *Black: Portrait of Theodore Duret* belegt.

Das über die Jahre recht wechselhafte Renommee von **John Singer Sargent** scheint sich derzeit wieder zum Positiven zu wenden. Zweifellos zeugen Sargents große Porträts von Virtuosität. Ein Beispiel hierfür ist *Mr and Mrs I. N. Phelps Stokes*. Das Paar wurde bewusst in die Länge gestreckt, als solle damit sein aristokratischer Charakter hervorgehoben werden. Das *Portrait of Madam X* (Mme Pierre Gautreau, eine bekannte Pariser Schönheit), war zur Zeit seiner Entstehung eines der berühmtesten Gemälde. Als es 1884 im Pariser Salon zur Ausstellung kam, erachtete man es als derart ungehörig, dass Sargent Paris verlassen und nach London fahren musste. „Ich glaube, es ist das beste Bild, das ich je gemalt habe", meinte er, als er das Bild einige Jahre später an das Met verkaufte.

Ägyptische Kunst

„Ein chronologisches Panorama altägyptischer Kunst, Geschichte und Kultur" lautet die Eigenreklame der ägyptischen Sammlung. Es ist nicht zu hoch gegriffen, denn fast der gesamte Bestand aus 35 000 Kunstobjekten wird hier der Öffentlichkeit zugängig gemacht. Bestens durchdachte Korridore führen zu den Ausgrabungsschätzen der 20er und 30er Jahre, zu Kunst und Artefakten vom 3. Jahrtausend v.Chr. bis zur byzantinischen Epoche der ägyptischen Kultur.

Wenn man die Ausstellung von der Great Hall im Erdgeschoss (1st floor) aus betritt, wird man garantiert von den großen Statuen als erstes in Bann genommen, darunter finden sich in den ersten Räumen Exponate aus dem Tempel der *Königin Hatshepsut* (1503–1482 v.Chr.) sowie aus zahlreichen **Gräbern** und **Sarkophagen**.

Bei genauerer Betrachtung fesseln jedoch die kleineren Stücke am längsten. Figuren wie *Merti und seine Frau* wurden als naturalistische Porträts gefertigt, oftmals entstanden die Arbeiten jedoch in dem Glauben, dass der Ka bzw. die Lebenskraft einer Person nach deren Tod in einer idealisierten Form weiter existieren würde. Ein kunstvoll gearbeitetes Beispiel, die *Senebi*-Figur, ist im Ausstellungsraum 8 zu bewundern; Senebis vermutliches Grab wird in der Nähe gezeigt. Ebenfalls in diesem Raum untergebracht sind die glanzvolle *Schmucksammlung der Prinzessin Sithathorunet*, ein Höhepunkt in der dekorativen Kunst Ägyptens von ca. 1830 v.Chr., sowie *Modelle des Hauses von Mektura* (ca. 1198 v.Chr.) und das ausdrucksstarke, sinnliche *Fragment eines Königinnenhauptes* in poliertem, gelbem Jaspis.

Der Tempel von Dendur

Am Ende der ägyptischen Sammlung liegt der Tempel von Dendur in einer riesigen, luftigen

Ausstellungshalle mit Fotos und Informationen, die auf die Geschichte und den ursprünglichen Standort des Tempels an den Ufern des Nils verweisen. Kaiser Augustus hatte den Tempel 15 v.Chr. für die Göttin Isis von Philae erbauen lassen, später gelangte er während des Baus des Assuan-Staudamms als Geschenk des ägyptischen Volkes in den Besitz des Museums – ansonsten wäre er von den Fluten verschlungen worden.

Man kann zwar nicht ganz hineingehen, aber einen Blick auf die mit Hieroglyphen übersäten Wände der Innenräume werfen. Der Tempel selbst steht auf einer erhöhten Plattform und ist von einem schmalen Wassergraben umgeben, der sich an einem Ende zu einem spiegelnden Becken ausweitet. Der Betrachter soll sich zweifellos an den Nil versetzt fühlen – immerhin eine liebens- und lobenswerte Absicht. Die Galerie ist auf einer Seite verglast und bietet Ausblick auf den Central Park. Nachts wird sie beleuchtet und erstrahlt in geheimnisvollem Glanz; erst dann kommt der Tempel so richtig zur Geltung.

Kunst des Mittelalters

Theoretisch kann man vom American Wing geradewegs in die Galerien des Mittelalters gelangen, allerdings würde dieser abrupte Übergang das Konzept des Met missachten. Vorzugsweise sollte man den Rundgang durch diese Abteilung daher über den Korridor beginnen, der vom hinteren Ende der Great Hall, links der Haupttreppe in die Ausstellungsräume führt. Dort sind zunächst prächtige **byzantinische Metall- und Schmuckarbeiten** zu sehen, die J.P. Morgan dem Museum in dessen Anfangsjahren schenkte. Am Ende des Korridors schließt sich die große **Skulpturenhalle** an, die mit zahllosen religiösen Statuen und Darstellungen bestückt ist. Unterteilt wird sie durch ein *reja* (schmiedeisernes Chorgitter) aus der Kathedrale von Valladolid. Kommt man im Dezember hierher, erlebt man einen Höhepunkt der New Yorker mit: Einen herrlich geschmückten, 6 m hohen Weihnachtsbaum, der erleuchtet mitten in der Skulpturenhalle emporragt.

Rechts von hier liegt die **mittelalterliche Schatzkammer**, die eine umfassende und faszinierende Sammlung religiöser, liturgischer und säkularer Gegenstände zeigt. Dahinter gelangt man in die **Jack and Belle Linski Galleries** mit flämischen, florentinischen und venezianischen Gemälden, Keramiken und Bronzen. Zwischen den Sälen mit mittelalterlicher Kunst sind **Räume im Stil späterer Epochen** eingestreut – getäfelte Tudor-Schlafzimmer und stattliche Roben von Robert Adams aus England, reich verzierte Rokoko-Boudoirs und -Salons aus Frankreich, und ein ganzer Patio der Renaissance aus Velez Blanco in Spanien. Das alles ist ein bisschen viel und am Ende ist man bereit zu glauben, dass Morgan und Konsorten womöglich auch Versailles hierher verschifft hätten, wären sie seiner habhaft geworden.

Robert Lehman Collection

An seiner rückwärtigen Seite wurde das Met 1975 durch den Lehman Pavillon erweitert, um der Sammlung des millionenschweren Bankiers und Kunstsammlers Robert Lehman Platz zu bieten. Anders als im übrigen Museum hat man hier das nüchterne Anordnungsschema mit rechteckigen Räumen zugunsten von Ausstellungssälen aufgegeben, die sich um ein herrlich beleuchtetes Atrium erstrecken und zum Teil den Räumen in Lehmans eigenem Haus nachempfunden sind.

Das Met konnte dank Lehmans Kunstbegeisterung die Lücken in puncto Malerei der **italienischen Renaissance** schließen. Diese Epoche war seine Leidenschaft und seine persönliche Sammlung ist heute im Erdgeschoss (1st floor) des Pavillons ausgestellt. Im Zentrum der Gemäldegruppe steht **Botticelli** mit seiner *Verkündigung*, einem kleinen, aber hervorragenden Werk, das die florentinische Entdeckung der Perspektive feiert.

Unter den Vertretern der venezianischen Schule finden sich **Giovanni Bellini** mit einer plastischen *Madonna mit Kind* und hinter dem eindrucksvollen Altarbild *Tod der Jungfrau Maria* von **Bartolomeo Vivarini** schließt sich ein Gemäldequartett des Sieners Künstlers **Giovanni di Paolo** an. Besondere Beachtung verdienen *Die Erschaffung der Welt* und *Die Vertrei-*

bung aus dem Paradies; Letzteres zeigt einen Engel, der Adam und Eva sanft aus dem Paradies hinauskomplimentiert, während ein byzantinischer Gott auf den Ort ihrer Verbannung deutet.

Dahinter gelangt man zu einer kleinen, aber erstklassigen Gruppe mit Porträts aus verschiedenen Jahrhunderten. Unter den versammelten Bildern von **El Greco**, **Ingres**, **Terborch** und **Velázquez** sticht vor allem **Rembrandts** Porträt des *Gerard de Lairesse* heraus. Neben extravaganten Anwandlungen und einem unwirschen Wesen war der augenfälligste Makel dieses unbeliebten Zeitgenossen sein von einer angeborenen Syphilis entstelltes Gesicht.

Der Raum links davon zeigt Werke der **nordischen Renaissance**. Die Glanzpunkte setzen hier drei Gemälde von Memling, **Hans Holbein d. J.** und Petrus Christus; in der *Verkündung* von Memling erhellen kühle Farben sowie eine weiche Porträtierung der Jungfrau Maria und der beigeordneten Engel das flämische Interieur; Holbeins *Porträt des Erasmus von Rotterdam* ist eines von drei Bildnissen, die Holbein 1523 malte und die seinen Ruf als Porträtmaler begründeten.

Im unteren Geschoss widmet sich eine kleinere Sammlung der Kunst des **19. und 20. Jahrhundert**. Man findet hier überwiegend zweitrangige Werke großer Künstler wie Renoir, Van Gogh, Gauguin, Cézanne und Matisse nebst einigen anderen weniger bekannten Künstlern.

Griechische und Römische Kunst

Hier ist eine der weltweit größten Sammlungen dieser Art zu sehen; eine noch umfassendere Ausstellung klassischer griechischer Kunst findet man lediglich in Athen. Die Kunstgegenstände füllen inzwischen acht neu renovierte, erweiterte Galerien im Erdgeschoss (1st floor), die nach Originalentwürfen von McKim, Mead und White umgestaltet wurden. Betritt man das Museum von der Great Hall aus, gelangt man schnell zum **Belfer Court**, der so etwas wie den Auftakt zur Ausstellung darstellt. Hier ist eine Sammlung prähistorischer und frühgriechischer Kunst zu besichtigen – charakterisiert durch einfachere, geometrischere Formen und Muster – darunter eine reich verzierte **minoische Vase** in der Form eines Stierkopfes (ca. 1400 v.Chr.) sowie die entzückende Skulptur eines sitzenden Harfenspielers (rund 3000 v.Chr.).

Die Haupthalle, in der Marmorskulpturen aus dem 4.–6. Jh., darunter mehrere große Sphinxen, zu sehen sind, wird auf jeder Seite von drei Räumen eingerahmt. Unter ein und demselben Dach findet sich hier alles: angefangen bei wuchtigen **Grabmälern** bis hin zu winzigen **Terrakotta-Figuren** und kompliziert gestaltetem **Goldschmuck**, der in freistehenden Vitrinen von allen Seiten bewundert werden kann. In der Mitte der ersten Galerie links der Haupthalle befindet sich die Marmorskulptur eines nackten Jungen – bekannt als der **New York Kouros** – eine der ältesten Kouros oder Grabfiguren, die unbeschadet blieb. Das aus Attika stammende, 580 v.Chr. hergestellte Werk schmückte das Grab des Sohnes einer wohlhabenden Familie und sollte sein Andenken bewahren.

Michael C. Rockefeller Wing

Dieser Museumsflügel wurde zur Erinnerung an den 1961 während einer Reise nach Neuguinea verschollenen Sohn von Gouverneur Nelson Rockefeller, Michael C. Rockefeller, eingerichtet. Im Erdgeschoss (1st floor) hinter der Griechischen und Römischen Abteilung zeigt das Museum neben vielen seiner Asmat-Fundstücke aus Irian Jaya eine umfangreiche Sammlung mit Kunst aus **Afrika**, **Nord-** und **Südamerika** und von den **Pazifischen Inseln**. Es sind vorzügliche Austellungen, in denen einem die Exponate vor einem gedämpften und ruhigen Hintergrund in kontrastreicher, geradezu dramatischer Weise entgegentreten.

Die **Pazifiksammlung** deckt Melanesien, Mikronesien, Polynesien und Australien ab und umfasst eine große Auswahl an Objekten, wie z.B. **Holzmasken** mit stechenden, überaus realistischen Augen. Die **Afrika-Ausstellung** wurde kürzlich komplett renoviert, erweitert und neu angeordnet. Sie bietet einen Überblick über die wichtigsten geographischen Regionen und ihre Kulturen, wobei Westafrika allerdings besser repräsentiert zu sein scheint als der restliche Kontinent. Besonders beeindruckend ist die neue Präsentation der Kunst vom königlichen Hof Benins im heutigen Nigeria – zierliche **Elfenbeinstatuen** und **-gefäße**, die mit erstaunlicher Präzision geschnitzt wurden. Trotz der sehr schönen Sammlung von **präkolumbischer Jade**, Maya- und Azteken-Töpferei und mexikanischen Keramikskulpturen, kommen **Mexiko, Mittel- und Südamerika** hier leider ein wenig zu kurz. Der mit Abstand beste Ausstellungsteil ist jedoch der ausschließlich mit **Goldschmuck und Ziergegenständen** bestückte Raum. Besondere Aufmerksamkeit verdienen die exquisiten, gehämmerten goldenen Nasenpflöcke und Ohrgehänge aus Peru sowie die prächtig gearbeiteten, mit Juwelen besetzten Schmucksachen aus Kolumbien.

Weitere Sammlungen

Zu den weiteren Sammlungen des Met zählen die der islamischen Kunst, der europäischen Kunst, die Waffen- und Rüstungssammlung, die Musikinstrumentensammlung und das einmalige **Costume Institute**, das im Untergeschoss (ground floor) wechselnde Ausstellungen zu seinem Bestand zeigt. Dieser umfasst mehr als 60 000 Kleidungsstücke aus aller Welt sowie Accessoires, die vom 15. Jahrhundert bis in die Gegenwart reichen. Das expandierende **Department of Photographs** hat in der Vergangenheit eifrig neue Werke hinzu erworben und verfügt nun über eine Sammlung, die mit der des Museum of Modern Art konkurrieren kann.

Museum of Modern Art

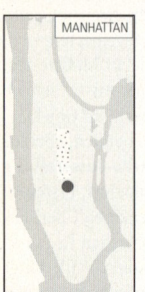

11 W 53rd St, zwischen der 5th und 6th Ave, U-Bahnlinie E oder F bis 5th Ave / 53rd St, ⓘ Sa–Di und Do 10.30–18 Uhr, Fr 10.30–20.30 Uhr, Mi geschlossen, Eintritt $9,50, Studenten $6,50, Fr zwischen 16.30 und 20.15 Uhr nach eigenem Ermessen. Audioführung $4. Kostenlose Vorträge über die Sammlung Mo, Di, Do, Sa und So 13 und 15 Uhr, Fr 15, 18 und 19 Uhr. Informationen unter ✆ 708-9480.

Das 1929 von drei wohlhabenden Frauen, unter ihnen Abby Aldrich Rockefeller, gegründete Museum of Modern Art widmete sich als erstes gänzlich der modernen Kunst. Zehn Jahre später zog das Museum an seinen heutigen Standort; Erweiterungen wurden anschließend in den 50er und 60er Jahren von Philip Johnson vorgenommen. Mitte der 80er Jahre wurde es von Cesar Pelli mit Stahl und Glas im großen Stil umgestaltet und auf die doppelte Ausstellungsfläche vergrößert. Das MoMA, wie es liebevoll genannt wird, weist mit einer ständigen Sammlung von über 100 000 Gemälden, Skulpturen, Zeichnungen, Drucken, Fotografien, Architekturmodellen und einem erstklassigen Filmarchiv unweigerlich eine der besten und umfassendsten Sammlungen der Kunst des 19. und 20. Jahrhunderts auf, die man heutzutage finden dürfte.

Eine neuerliche Erweiterung und Renovierung soll Anfang 2001 beginnen und im Laufe des Jahres 2005 abgeschlossen sein. Nach einem hart umkämpften, mehrjährigen Architekturwettbewerb, an dem zahlreiche der weltbesten Architekten teilgenommen haben, wurde schließlich Yoshio Taniguchi mit dem Projekt beauftragt. Verschiedene berühmte Museumsgebäude in Japan, darunter ein Flügel des Tokyo National Museum, zählen zu seinen bisherigen Projekten. Pläne sehen die Errichtung neuer Galerien und die Modernisierung der bereits bestehenden Räume vor. Im Hinblick darauf soll unter anderem der zentrale Skulpturengarten erweitert, das berühmte Bauhaus-Treppenhaus im Hauptgebäude restauriert und ein mit dem Pelli Museum Tower verbundenes Gebäude hinzugefügt werden. Die Erweiterung des MoMA ermöglicht es, einen umfassenderen Teil seines Bestandes zu zeigen und zudem größere zeitgenössische Ausstellungen zu organisieren.

Orientierung

Das Gebäude des MoMA ist so angelegt, dass Besucher leicht und ohne Mühe in die ver-

Museum of Modern Art

3. Stock (Fourth Floor)

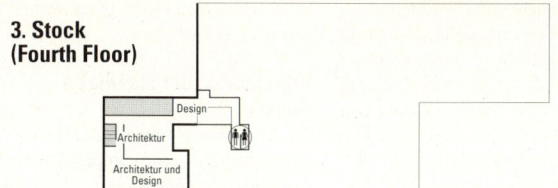

2. Stock (Third Floor)

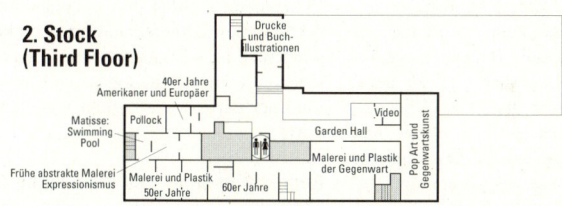

1. Stock (Second Floor)

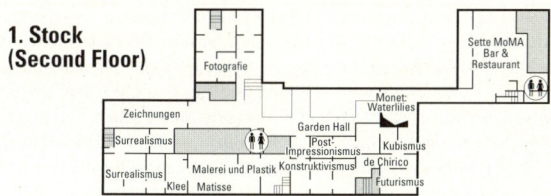

Erdgeschoss (1st Floor)

Untergeschoss (Ground Floor)

Theater-Ebene

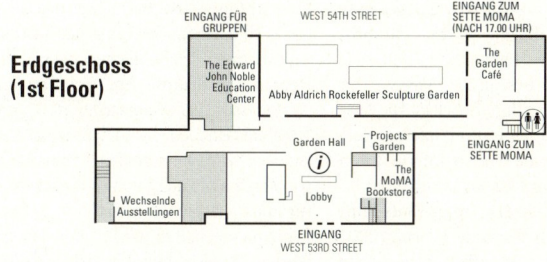

bis Februar 2001 MoMa 2000-Ausstellung!

schiedenen Sammlungen gelangen, was glasumrahmte Treppenabsätze und Rolltreppen um so angenehmer machen. Im **Erdgeschoss** (1st floor) sind ein Café und ein Laden anzutreffen, daneben gibt es einen Videoraum mit Kino (über das aktuelle Programm informiert eine Broschüre). Draußen erstreckt sich ein von Philip Johnson entworfener **Skulpturengarten**, der neben Werken von Rodin und Matisse auch Artefakte wie ein Pariser Jugendstil-Metroschild umfasst (im Sommer sind hier Snacks und Getränke erhältlich, was dem Garten eine noch entspanntere Atmosphäre verleiht). Im Untergeschoss befinden sich mehrere Filmtheater: das aktuelle Veranstaltungsprogramm liegt aus. Das MoMA ist zu Recht berühmt für sein mehr als 14 000 Werke umfassendes **Filmarchiv**. Oftmals werden hier Retrospektiven und seltene Filme gezeigt, die man woanders kaum zu sehen bekommt.

Das eigentliche Museum ist in den oberen Stockwerken angesiedelt, wobei normalerweise der erste und zweite Stock (2nd und 3rd floor) der **Malerei und Bildhauerei** gewidmet sind und der dritte Stock (4th floor) sich mit **Architektur und Design** befasst. Allerdings wird sich all dies zumindest während der nächsten vier Jahre ändern. Das Museum hat nämlich seine ambitionierte **MoMA 2000**-Ausstellung in Angriff genommen, und bald danach beginnt die Renovierung und Erweiterung. Von Oktober 1999 bis März 2001 ist das gesamte Museum, einschließlich seines Filmprogramms, von der integrierten Spezialausstellung, die allerdings bestimmte Aspekte der ständigen Sammlung aufgreift, belegt. Die Ausstellung MoMA 2000 ist in drei aufeinanderfolgende chronologische Phasen unterteilt, von denen nur noch die dritte relevant ist:

MoMA 2000, Cycle III: Open Ends läuft von September 2000 bis Ende Februar 2001 und konzentriert sich auf die Zeit zwischen 1960 und heute. Zum ersten Mal wird ein Großteil des zeitgenössischen Kunstbestandes des MoMA als Einheit präsentiert – ein Vorgeschmack auf die bedeutendere Rolle, die die zeitgenössische Kunst nach Fertigstellung der Museumserweiterung spielen wird. Zu den Highlights gehören Meisterwerke von Warhol, Rothko, Twombly und Jasper Johns, neben Werken jüngerer Künstler, die hier zum ersten Mal gezeigt werden, und integrierten Ausstellungen zu verschiedenen Medien, von Malerei bis Fotografie und Film.

Höhepunkte der ständigen Ausstellung

Da sämtliche Galerien des MoMA in nächster Zukunft kontinuierlich umgestaltet werden, ist es unmöglich vorauszusagen, was gezeigt wird, geschweige denn wo. Stattdessen also einige Höhepunkte aus den drei Hauptabschnitten der Sammlung (Impressionismus und klassische Moderne, postmoderne und zeitgenössische Kunst, Architektur und Design), um einen Eindruck davon zu vermitteln, was einen erwartet.

Impressionismus und klassische Moderne

Diese beeindruckende Sammlung wartet mit einer Reihe postimpressionistischer Meisterwerke auf, darunter *Der Badende* von **Cézanne** aus dem Jahr 1885 und Gemälde von Gauguin, Seurat und Van Gogh. Von Letzterem ist hier die *Sternennacht* zu sehen und einen Höhepunkt bilden zweifellos **Claude Monets** *Seerosen*: gewaltige, aufwühlende Versuche Farbe und Form zu abstrahieren, die mit ihren umherwirbelnden jadegrünen, rosafarbenen und lila Farbtönen dem Betrachter das Gefühl geben, sich in einem riesigen Aquarium zu befinden. Vertreter des Kubismus sind u.a. **Picasso**, **Derain** und **Braque**. Am beeindruckendsten ist Picassos *Les Demoiselles d'Avignon* von 1907, ein Gemälde, dessen kantiges, hartes und zu jener Zeit revolutionäres Aufeinandertreffen von Farbe und Fläche von so manchem Kenner für die perfekte Manifestation kubistischer Prinzipien gehalten wird. Unter den späteren Werken Picassos befindet sich *Das Beinhaus,* welches wie *Guernica* den zornigen Protest gegen die Schrecken des Krieges verkörpert.

Außerdem findet man Gemälde von **Marc Chagall** und **Piet Mondrian**; *Broadway Boogie Woogie* von Mondrian entstand 1940 nach seiner Übersiedlung nach New York und spiegelt seine Liebe zum Jazz wider – der Rhythmus ist in den kurzen, harten Farbstakkatos fast körperlich spürbar.

Die wichtigsten Werke der **Henri Matisse**-Sammlung sind *Die Tänzerin* von 1909, *Das Rote Atelier*, eine Darstellung des Ateliers von Matisse in Frankreich, dessen rostroter Grund sämtliche Perspektive verschluckt, und *Le Bateau*. Als dieses Bild erstmals ausgestellt wurde, hing es 47 Tage lang auf dem Kopf, bevor Angestellte des MoMA den Irrtum bemerkten. Weitere Höhepunkte sind verschiedene expressive Bilder von **Kandinsky**, die düsteren Himmel von **Giorgio de Chirico**, Werke von **Joan Miró**, darunter besonders bemerkenswert sein *Holländisches Interieur*, sowie einige traumähnliche Bilder von **Salvador Dalí** und **René Magritte** (*L'assassin menacé*).

Postmoderne und zeitgenössische Kunst

In dieser Abteilung werden Malerei und Objektkunst chronologisch fortgeführt, wobei die amerikanische Kunst zwangsläufig stärkere Berücksichtigung findet. Neben *Christina's World* von **Andrew Wyeth** hängen hier einige der schwermütigen Werke, die für **Edward Hopper** typisch sind – *House by the Railroad* und *New York Movie* – ausdrucksstarke und stimmungsvolle Bilder, die das trostlose moderne Leben Amerikas widerspiegeln. Auch abstraktere Werke sind vertreten: an Miró erinnernde Strichmännchen von **Gorky** und der schmerzvolle Schrei in *Number VII from Eight Studies for a Portrait* von **Francis Bacon**. Einige der größten Leinwände stammen von Künstlern der **New York School** – großformatige Gemälde, die aus der Distanz betrachtet werden müssen und in den weiten, luftigen Räumen des MoMA eine perfekte Umgebung finden. Die Bilder von **Jackson Pollock** und **de Kooning** – wilde, und in Pollocks Fall ohne ersichtlichen Anfang oder Ende kreierte Texturen – vereinen sich mit den vergleichsweise geordneteren Arbeiten der so genannten **Color Field Artists**.

Der Definition von **Barnett Newman** nach sind die Color Fields Arbeiten „frei von hinderlicher Vergangenheit, Bindung, Nostalgie, Legende, Mythos usw." mit anderen Worten nichts als reine Farbe – zu sehen in den leuchtenden, fast vibrierenden Flächen von **Mark Rothko**, oder vielleicht noch augenfälliger in den schwarzen Gemälden von **Ad Reinhardt**.

Unter der Rubrik **Pop Art** erwarten den Besucher so namhafte Vertreter wie *Flag* von **Jasper Johns** – dieses berühmte, auf Zeitungspapier gemalte Bild des Sternenbanners transformiert Amerikas mächtigstes Symbol zu kaum mehr als einem Arrangement von Formen und Farbschattierungen – und **Andi Warhols** *Gold Marilyn Monroe* sowie das *Campbell Soup* Gemälde.

Architektur und Design

Der Schwerpunkt des Museums liegt, hinter Malerei und Objektkunst, verstärkt auf Architektur und Design. Gezeigt werden Modelle und Originalentwürfe von wegweisenden Architekten der Moderne – darunter *Falling Water* von **Frank Lloyd Wright** sowie Projekte von **Le Corbusier** und **Mies van der Rohe**. Weitere Aspekte modernen Designs beleuchten die aufwendigen Glasarbeiten von **Tiffany** und Möbelstücke von Mies van der Rohe, Charles Rennie Mackintosh, Alvar Aalto, Henri van de Velde u.a., darunter finden sich ein paar recht erfolgreich umgesetzte Beispiele für Gebrauchsdesign. Sehenswert sind auch einige übergroße Exponate, beispielsweise der Jaguar Roadster des Typs E aus dem Jahr 1963 und der grüne, über den Rolltreppen platzierte Bell-Helikopter von 1945.

Fotografie und Film

Das Museum verfügt auch über eine außergewöhnliche Sammlung von **Fotografien**, **Drucken** und **Zeichnungen**. Insbesondere die auserlesene Fotosammlung präsentiert eine sehr lebendige Darstellung von Amerika im 20. Jahrhundert: angefangen bei den dramatischen Landschaften von Ansel Adams bis hin zu den dynamischen New York-Ansichten von Stieglitz und den aufschlussreichen Porträts von Man Ray. Ebenfalls zu Recht berühmt ist die **Film- und Videosammlung** des MoMA mit ihren 13 000 Filmen und vier Millionen Filmsequenzen. Sie umfasst Stummfilme von D.W. Griffith, Sergei Eisenstein, Charlie Chaplin und Buster

Keaton sowie Filme späterer Regisseure, darunter John Ford, Orson Welles, Akira Kurasawa und Ingmar Bergman, um nur einige wenige zu nennen.

Guggenheim Museum

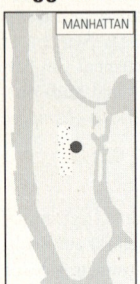

1071 5th Ave, (88th St), U-Bahnlinie 4, 5 oder 6 bis 86th St, Lexington Ave, ◷ So–Mi 9–18, Fr und Sa 9–20 Uhr, Do geschlossen, Eintritt $12, Studenten $7, freier Eintritt für Kinder unter 12 Jahren, Fr zwischen 18 und 20 Uhr nach eigenem Ermessen, ☏ 423-3500.

Die Guggenheim-Zweigstelle in SoHo zeigt wechselnde Ausstellungen mit Exponaten aus der Guggenheim-Sammlung, s.S. 253.

Mehrstöckiges Parkhaus oder auf den Kopf gestellter Bienenkorb? Wie auch immer man über das Guggenheim Museum denkt, architektonisch stiehlt es allen anderen Gebäuden die Schau. Die Realisation des von Frank Lloyd Wright als Museum konzipierten Gebäudes nahm 16 Jahre in Anspruch. Als es schließlich 1959 eingeweiht wurde, stand es aufgrund des Kontrasts zu den statuenhaften Apartmentblocks in diesem vornehmsten Abschnitt der Fifth Avenue im Zentrum einer höchst kontroversen Debatte. Wright sollte jedoch nicht mehr lange genug leben (er starb sechs Monate vor Vollendung des Gebäudes), um die Reaktionen zu Gehör zu bekommen, die von angewiderter Ungläubigkeit bis zu euphorischem Jubel reichten: „einer der großartigsten Räume, die im 20. Jahrhundert geschaffen wurden", schrieb Philip Johnson zu Recht. Mit den Jahren hat das Gebäude ein gewisses Ansehen erlangt und ist zu einem allgemein anerkannten Wahrzeichen geworden. Es ist bei New Yorkern und Besuchern gleichermaßen beliebt, und zwar so sehr, dass jeder Veränderungsvorschlag in Drama hervorruft, wie die hitzige Debatte über eine Erweiterung des Museums nur allzu deutlich bewies. Von 1990 bis Sommer 1992 war das Museum geschlossen, um nach einem 60 Millionen Dollar verschlingenden Umbau- und Verschönerungsprojekt erstmals ganz für die Öffentlichkeit zugänglich zu sein. Von öden Büros, Lagerräumen und Absperrungen befreit, gab das Museum nun seinen gesamten Innenraum preis, so dass die Spirale in der zentralen Rotunde von unten bis oben für Besucher begehbar wurde. Ebenso hat ein durchdachter Erweiterungsbau dem Museum jene hohen, glatten und ebenen Ausstellungsräume beschert, die das Guggenheim brauchte, um einen Ausgleich für sein ausgeprägtes Erscheinungsbild zu schaffen. Nach der seinerzeit sehr hitzigen Debatte in der Presse und in Kunstkreisen hinsichtlich des Vorhabens, herrscht heute Einigkeit darüber, dass mit der Umgestaltung ein schöneres Museum geschaffen wurde.

Geschichte

Solomon R. Guggenheim war einer der reichsten Männer Amerikas. Mit Hilfe seiner überall im Land verstreuten Silber- und Kupferminen häufte er ein immenses Vermögen an. Wie für andere amerikanische Kapitalisten des 19. Jahrhunderts bestand auch für Guggenheim das einzige Problem in der Frage, was mit dem vielen Geld anzufangen sei. Er kam auf die Idee, Alte Meister zu sammeln. Halbherzig pflegte er dieses Hobby bis in die 20er Jahre, dann lernte er während verschiedener Reisen nach Europa die avantgardistischsten und einflussreichsten europäischen Kunstzirkel kennen. Zu jener Zeit wurde abstrakte Kunst für kaum mehr als eine exzentrische Moderneerscheinung gehalten. Guggenheim jedoch – von Haus aus mit einem Gespür für solide Investitionen gesegnet – begann mit außerordentlichem Eifer, moderne Kunst zu sammeln und kaufte im großen Stil Werke von Kandinsky, daneben einige von Chagall, Klee, Léger und anderen, um sie einem amüsierten amerikanischen Publikum in seiner Suite im *Plaza Hotel* vorzustellen. 1937 gründete er schließlich die *Solomon R. Guggenheim Foundation* und nachdem er die Sammlung in verschiedenen angemieteten Ausstellungsräumen gezeigt hatte, beauftragte er Wright mit dem Bau einer ständigen Einrichtung.

Die Sammlung

Neben den von Guggenheim selbst gesammelten Werken haben eine Reihe von Anschaffungen und Spenden den Bestand erweitert, so dass dieser sich nun vom späten 19. Jahrhundert über nahezu das gesamte 20. Jahrhundert erstreckt. 1976 vermachte der Sammler Justin K. Thannhauser dem Museum Meisterwerke von Cézanne, Degas, Gauguin, Manet, Toulouse-Lautrec, Van Gogh und Picasso, um nur einige zu nennen, und vergrößerte somit die Museumsbestände an impressionistischen und postimpressionistischen Werken erheblich. Die Guggenheim'sche Sammlung mit amerikanischer minimalistischer Kunst ab 1960 ist ebenfalls ausgesprochen umfangreich. Die **Robert Mapplethorpe**-Stiftung spendete kürzlich 196 Fotografien, die die gesamte Karriere des Künstlers abdecken und nun in der brandneuen Mapplethorpe-Galerie im dritten Stock (fourth floor) untergebracht sind. Andere Fotografen, darunter **Joseph Albers**, **Rineke Dijkstra** und **Max Becher**, sind ebenfalls angemessen vertreten, wenn auch nicht im gleichen Ausmaß.

Als Faustregel gilt, dass die ständige Ausstellung abwechselnd im neuen Turm und in der kleinen nördlichen Rotunde gezeigt wird, während die **wechselnden Ausstellungen**, die Aspekte der Sammlung aufgreifen und Themen aus verschiedenen Stilrichtungen und Perioden behandeln, in der großen Rotunde zu sehen sind – zusammen präsentieren sie stets einen großen Teil der Museumssammlung.

Dessen ungeachtet wird der ursprüngliche Raum den Besucher mit Sicherheit in seinen Bann ziehen und jeden wird die cremefarbene Betonkonstruktion beeindrucken, die sich nach oben hin zu einer Glaskuppel weitet und wie das Gitterrippe eines riesigen Ventilators erscheint. Da die runden Galerien einen nicht ganz sanften Anstieg beschreiben, empfiehlt es sich, am oberen Ende des Museums zu beginnen und sich langsam seinen Weg nach unten zu bahnen. Die Mehrzahl der temporären Ausstellungen ist so angeordnet.

Obwohl das gesamte Museum an einem Nachmittag besichtigt werden kann, bieten zwei Ausstellungsbereiche einen repräsentativen Querschnitt durch die ständige Guggenheim-Sammlung: Der erste ist im ersten Stock (2nd floor) des Turms untergebracht und wirft einen flüchtigen, aber vergnüglichen Blick auf die Kubisten. Der andere befindet sich in der renovierten kleinen Rotunde und zeigt die Sammlung von Impressionisten, Postimpressionisten sowie frühe Meisterwerke der Moderne.

Frick Collection

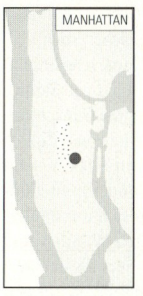

1 E 70th St, U-Bahnlinie 6 bis 86th St / Lexington Ave, ⏱ Di–Sa 10–18, So 13–18 Uhr, Mo geschlossen, Eintritt $7, Studenten $5. Kinder unter 10 Jahren ist der Zutritt nicht gestattet. Eine 22-minütige audiovisuelle Installation im Music Room berichtet stündlich um X.30 Uhr über das Leben Henry Clay Fricks, das Gebäude und die Sammlung. Daneben finden im Museum das ganze Jahr über Klassikkonzerte statt. Nähere Informationen unter ☏ 288-0700.

Die einstige Villa von Henry Clay Frick beherbergt heute die außerordentlich reizvolle Frick Collection, die jene Kunstschätze umfasst, die Frick als einer der skrupellosesten Geldbarone New Yorks horten konnte. Böswillig, kompromisslos und den Gewerkschaften feindlich gesinnt wie er war, ließ Frick etwaige Streiks mit Hilfe der Armee brechen. Er wurde so sehr gehasst, dass man einige (glücklose) Attentate auf ihn verübte. Dessen ungeachtet ist ihm, der Millionen für die erlesensten Kunstschätze Europas ausgab, eine exquisite Kunstsammlung zu verdanken. Das Haus bietet daneben einen Einblick in das luxuriöse Leben eines der frühen Industriemagnaten New Yorks.

Das Mitte der 30er Jahre eröffnete Museum präsentiert seine Räume weitgehend noch so, wie sie wohl zu Zeiten der Fricks ausgesehen haben müssen. Viele schwere französische Möbelstücke aus dem 18. Jahrhundert von zweifelhaftem Geschmack dominieren die Räume. Was aber die Frick Collection für viele zum schönsten Museum New Yorks macht, ist die für ein Museum untypische Atmosphäre. Absperrseile sind auf ein Minimum reduziert, frische Blumen schmücken jeden Tisch und selbst in den prunkvollsten Räumen stehen jede Menge Stühle zur Verfügung, auf die man sich ganz zwanglos setzen darf. Für eine Ruhepause empfiehlt sich der zentrale Innenhof, dessen kühler Marmorboden, Springbrunnen und Begrünung nach klassischem Ordnungsprinzip arrangiert wurden und der eine heitere Gelassenheit ausstrahlt, die in der Stadt ihresgleichen sucht.

Eine neue Galerie im Untergeschoss zeigt wechselnde Exponate aus der ständigen Sammlung sowie Leihgaben von anderen Einrichtungen. Trotz der begrenzten Fläche von lediglich drei kleinen Räumen steht dem Frick hiermit zum ersten Mal ein Ort für Sonderausstellungen zur Verfügung. Es handelt sich um modernere Räume mit hell getäfelten Wänden und beigem Teppichboden, die anders als der Rest des Museums nicht mit den jeweiligen Ausstellungsstücken konkurrieren. Nur über eine schmale, steile Wendeltreppe direkt neben der Eingangshalle erreichbar, übersieht man sie leicht, wenn man nicht nach ihnen Ausschau hält.

Die Sammlung

Die Sammlung selbst wurde unter der Ägide von Joseph Duveen erworben – dem Berater der reichsten und ignorantesten New Yorker. Für Frick scheint er allerdings das Beste ausfindig gemacht zu haben, was es in Europa nach dem Ersten Weltkrieg an privaten Kunstschätzen gab, unter anderem großartige Werke von Rembrandt, Vermeer, Turner und Whistler.

Auch wenn der **Boucher Room** mit seinen üppig geblümten Wänden, verschnörkelten Möbeln und Bouchers verschwenderische Rokoko-Darstellungen der Künste und Wissenschaften in goldenen Rahmen wohl nicht den Geschmack des 20. Jahrhunderts trifft, sollte man einen offenen Blick bewahren. Zurückhaltender zeigt sich der anschließende **Dining Room** mit Bildern von Reynolds, Hogarth und dem einzigen Nicht-Porträt in diesem Zimmer, dem überragenden *St. James' Park* von **Gainsborough**. „Watteau bei weitem übertreffend", schrieb ein Kritiker jener Zeit über die feine Spaziergesellschaft und die sich dahinter erhebenden, prachtvollen Bäume. Draußen in der Vorhalle hängen weitere kraftvolle französische Gemälde (wieder Boucher). Im nächsten Raum gelangt man zu der Gemäldeserie *Stationen der Liebe* von **Fragonard**, die 1771 für Madame du Barry, der Maitresse von Louis XV, gemalt und bald darauf von ihr zugunsten eines Kunstwerks von einem anderen Künstler verworfen wurde.

Bessere Gemälde schließen sich im Wohnzimmersaal an, darunter der *Hl. Franziskus* von **Giovanni Bellini**, der seiner Vision Christi durch stimmungsvolles Licht, einen gramgebeugten Baum und einen entrückten Blick Ausdruck verleiht. **Tizians** *Porträt eines Mannes mit einer roten Mütze* blickt schwermütig von einer Wand herab, und der *Hl. Hieronymus* von **El Greco** über dem Kamin scheint vorwurfsvoll den Reichtum um ihn herum zu mustern. In der South Hall hängt eines von Bouchers ausgefalleneren Bildnissen seiner Frau, eine kreuzbrave Erscheinung im Schäferinnengewand, daneben das frühe Gemälde voller unmissverständlicher Andeutungen *Soldat und lachendes Mädchen* von **Jan Vermeer**. Die Bibliothek beherbergt eine Reihe englischer Gemälde: Besonders sehenswert dort sind die Bildserie *Salisbury Cathedral* von **John Constable**, **Turners** idyllische *Fishing Boats Entering Calais Harbor* sowie eine Reihe von Gainsboroughs. In der North Hall schließlich hängt Degas' *Répétition* – sich elegant zu Violinenbegleitung bewegende Tänzer bei der Probe – neben einigen stimmungsvoll verwaschenen Landschaftsgemälden von **Camille Corot**.

West und East Gallery

Die größte Attraktion der Frick Collection ist die West Gallery, in der einige der erlesensten Gemälde aus der Sammlung (in einem langen eleganten Raum mit einem konkaven Glasdach und kunstvoller Holzdekoration) bewundert werden können. Darunter befinden sich zwei einander gegenüber gehängte Bilder von **Victor Turner**, in leuchtendes Orange und Cremefarben getauchte Ansichten von Köln und

Dieppe. **Van Dyck** ist mit zwei für ihn vergleichsweise freien Porträts von Frans Snyders und dessen Frau vertreten. Daneben sieht man einige Selbstporträts von **Frans Hals** und *Vincenzo Anastagi* von **El Greco**, das fantastische Porträt eines spanischen Soldaten, der in grünem Samt und Rüstung erstrahlt. Auch **Rembrandt** hat hier mit einigen durchdringenden Selbstporträts seinen Platz und sein rätselhafter *Polnischer Reiter* wird hier gezeigt – mehr ein Fantasiewerk als ein Porträt.

Am hinteren Ende der West Gallery befindet sich ein winziger Raum, der Enamel Room, so benannt nach dem hier ausgestellten exquisiten Set an Emaillearbeiten aus Limoges (überwiegend aus dem 16. Jh.) sowie kleinen gemalten Altarbildern von **Piero della Francesca** und *Maria mit Kind* von **Jan van Eyck**, eines der letzten Werke des Künstlers und eines der wenigen überhaupt, die nach Amerika gelangten. Am anderen Ende der West Gallery befindet sich der Oval Room mit der *Diana* von **Jean-Antoine Houdon** und einem Quartett eleganter Porträts von **Van Dyck** und **Gainsborough**, allesamt gleich groß und vor ähnlichen Hintergründen dargestellt – eine ungewollt zusammenpassende Serie. Die anschließende East Gallery zeigt noch eine Reihe berühmter Gemälde, darunter Whistlers Porträt seiner Künstlerkollegin *Rose Corder*, die beim Modell sitzen erst ohnmächtig werden musste, bevor Whistler mit dem Malen aufhörte. Zu den anderen Höhepunkten dieser letzten Galerie zählen einige gewaltige Seestücke von **Turner** sowie das Porträt eines ausdrucksstarken spanischen Offiziers von **Goya**.

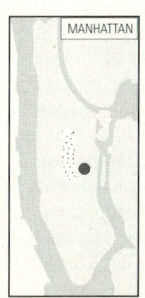

Whitney Museum of American Art
945 Madison Ave, 75th St, U-Bahnlinie 6 bis 77th St / Lexington Ave, ◎ Di, Mi sowie Fr–So 11–18, Do 13–20 Uhr, Mo geschlossen, Eintritt $12,50, Senioren und Studenten mit Ausweis $10,50; Der erste Do im Monat 18–20 Uhr je nach Wunsch (frei). Mi–So finden exzellente und kostenlose Vorträge über die Sammlung statt, Zeiten bitte unter ✆ 570-3600 erfragen.

Äußerlich betrachtet ist der übermächtige, graue Bau des Whitney Museum, 1966 von Marcel Breuer entworfen, von der wenig einladenden Atmosphäre einer behördlichen Einrichtung umgeben. Im Innern werden derlei Eindrücke jedoch schnell zerstreut. Das Whitney Museum besitzt eine der schönsten Galerieflächen der Stadt und bietet seiner herausragenden Sammlung amerikanischer Kunst des 20. Jahrhunderts ein perfektes Forum. Neben seiner ständigen Sammlung ist es als ausgezeichneter Präsentationsort für Sonderausstellungen bekannt und widmet diesen wie das Guggenheim viel Zeit und Raum. Hauptsächlich sind dabei Retrospektiven und Erstausstellungen zu weniger bekannten Themen und Künstlern zu sehen. Jasper Johns, Cy Twombly und Cindy Sherman wurden hier allesamt mit ersten Retrospektiven bedacht.

Alle zwei Jahre findet jedoch eine Ausstellung ganz anderer Natur statt – die **Whitney Biennale**, die einen furchtlosen Überblick über gegenwärtige Entwicklungen in der amerikanischen Kunstszene geben soll. Vielfach bestrafen die Kritiker diese Veranstaltung (oftmals zurecht) mit vernichtenden Urteilen. Die Besucher kommen trotzdem in Scharen. Wer kann, sollte sich die zwischen März und Juni in geraden Jahren abgehaltene Biennale nicht entgehen lassen.

Geschichte
Gertrude Vanderbilt Whitney, eine Bildhauerin und eine große Fürsprecherin der amerikanischen Kunst, gründete 1914 das Whitney Studio, um die Werke damals lebender amerikanischer Künstler auszustellen, die in etablierten Kunstkreisen keine Unterstützung finden konnten. Im Jahre 1929 hatte sie bereits über 500 Werke gesammelt, darunter Gemälde von Hopper, Prendergast und Sloan, die sie dem Met im Rahmen einer großzügigen Spende anbot. Nachdem ihr Angebot abgelehnt wurde, gründete sie 1930 in Greenwich Village ihr eigenes Museum. Zwei Jahre später wurde die erste

Biennale gefeiert. Das kleine Museum wuchs bald über seine Village-Unterkunft hinaus, und nach einigen Zwischenstationen zog das Whitney 1966 an seinen aktuellen Standort.

Die ständige Sammlung

Derzeit umfassen die Museumsbestände mehr als 11 000 Werke aus den Bereichen Malerei, Bildhauerei, Fotografie und Film. Vertreten sind so unterschiedliche Künstler wie Calder, Nevelson, O'Keefe, de Kooning, Rauschenberg, Le Witt und Nam June Paik. Im vierten Stock (5th floor) gibt die als **Highlights of the Permanent Collection** betitelte Zusammenstellung der besten Stücke der Sammlung einen Überblick: eine etwas willkürliche Auswahl, die gleichermaßen chronologisch wie thematisch angeordnet ist. Die gezeigten Werke bilden eine erstklassige Einführung in die amerikanische Kunst des 20. Jahrhunderts und lassen sich am besten anhand der angebotenen Museumsgespräche *(gallery talks)* erfassen und einordnen.

Die Sammlung umfasst besonders viele Bilder von **Edward Hopper** – 2000 von ihnen wurden dem Museum 1970 vermacht – darunter einige seiner besten Gemälde. Typisch ist sein *Early Sun Morning,* eine nackte urbane Landschaft, die durch Hoppers Lichtgebung und Ablehnung einer Ortsbestimmung eine unangenehme Spannung erhält. Die Straße könnte überall sein (tatsächlich handelt es sich um die Seventh Avenue), denn für Hopper wird sie universal. Andere große Vermächtnisse umfassen zahlreiche Werke von **Milton Avery**, **Charles Demuth** und **Reginald Marsh**.

Als solle für die figurativen Werke, die den Kern der Sammlung bilden, ein Ausgleich geschaffen werden, hat das Museum in jüngerer Vergangenheit bei Neuerwerbungen den Schwerpunkt auf **abstrakte Werke** gelegt. *Painting Number 5* von **Marsen Hartley** ist ein intensives, durchdringendes Bild, das als Erinnerung an einen deutschen Offizier und Freund entstand, der im Ersten Weltkrieg getötet wurde. Die Arbeiten von **Georgia O'Keefe** sind sanfter, deswegen aber nicht heiterer. Zu *Abstraction* inspirierte sie der Lärm von Rindern, die zum örtlichen Schlachthof gefahren wurden. Einen Blick lohnen auch die Blumenbilder von O'Keefe, nahezu abstrakt, aber mit Hinweisen auf tiefere organische, erotische Formen.

Besonders großen Raum widmet das Museum dem **Abstrakten Expressionismus** mit großartigen Werken der Meister **Pollock** und **de Kooning**, um dann weiter zu **Rothko** und den **Color Field Artists** zu führen. Um auf **Ad Reinhardts** *Black Painting* überhaupt Farbe auszumachen, bedarf es allerdings eines recht scharfen Auges. Anderer Mittel bedienen sich Warhol, Johns und Oldenburg, um alltägliche Bedeutungen auf verschiedene Arten umzukehren. **Andy Warhol** macht in seinem Siebdruck *Green Coca Cola Bottles* banale Flaschen zum Motiv; **Jasper Johns** hebt in seinem gefeierten Bild *Three Flags* auf ein weiteres Mal das Symbol des Patriotismus auf und ersetzt es durch Zweideutigkeit. **Claes Oldenburgs** Werk *Soft Sculptures* ist vergleichsweise unbeschwerter: Die Toiletten und Motoren aus Vinyl und anderen weichen Materialien machen den Ausspruch des Künstlers: „Ich stehe auf Kunst, die in einem Museum nicht auf ihrem Arsch sitzen bleibt" nachvollziehbar.

Sammlung im Phillip Morris Building

Im Atrium des Philip Morris Building, 120 Park Avenue, Ecke 42nd Street (U-Bahnlinie 4, 5 oder 6 bis Grand Central / 42nd St), hat das Whitney Museum einen Ableger mit zwei Abteilungen eingerichtet. Die kleine Gemäldegalerie zeigt wechselnde Ausstellungen zu modernen Themen. ◷ Mo–Mi und Fr 11–18, Do 11–19.30 Uhr, Eintritt frei. Der Skulpturengarten ist mit zahlreichen Werken bestückt, ◷ Mo–Sa 7.30–21.30, So 11–19 Uhr, Eintritt frei.

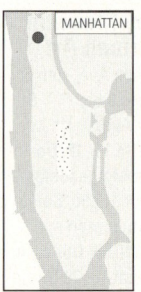

MANHATTAN

The Cloisters

Fort Tryon Park, U-Bahnlinie A bis 190th St / Washington Ave, ◷ Di–So 9.30 –17.15 Uhr (Nov.–Febr. bis 16.45 Uhr), Mo geschlossen, Eintritt: erwünschte Spende von $10, Studenten $4 (inkl. Eintritt für das Met am selben Tag, s.S. 226), ✆ 923-3700.

Hoch über dem Hudson steht The Cloisters als eine deplaziert wirkende Mischung aus Renaissance-Palazzo und Kloster im Fort Tryon Park in Upper Manhattan. Der Eindruck war wahrscheinlich beabsichtigt, denn tatsächlich sind Fragmente von fünf mittelalterlichen Klöstern in das Bauwerk integriert, was auf die Leidenschaft der Kunstsammler **George Barnard** und **John D. Rockefeller Jr.** zurückzuführen ist. Diese Zweigstelle des Metropolitan Museum of Art ist auf jeden Fall einen Besuch wert: Ein ruhiges, für Picknicks geeignetes Plätzchen mit einem großartigen Blick auf den Hudson River und einer fantastischen Sammlung mittelalterlicher Wandteppiche, Metallarbeiten, Gemälden und Skulpturen.

Geschichte

Im Jahre 1914 gründete Barnard an dieser Stelle ein Museum, um seine eigene Mittelaltersammlung, zum Großteil Skulpturen und architektonische Fragmente aus Frankreich, unterzubringen. Später ermöglichte Rockefeller dem Metropolitan Museum durch finanzielle Unterstützung den Kauf des Ortes und seiner Sammlung samt knapp 27 ha umliegendem Land, dem heutigen Fort Tryon Park. Mit lobenswertem Weitblick wurden zudem 283 ha Land auf der anderen Seite in New Jersey erworben, um für ein fortwährend schönes Panorama zu sorgen. Barnard und Rockefeller transportierten viele mittelalterliche Bauwerke aus Europa hierher: Romanische Kapellen und gotische Hallen wurden Stein für Stein abgebaut und hierher versetzt, einschließlich Wandteppichen, mittelalterlichen Gemälden und Statuen – ein Sammelsurium architektonischer Fragmente, dem es als sorgfältig angelegtes Ganzes keineswegs an Atmosphäre fehlt und das im Detail sogar hervorragend ist. Das fertig gestellte Museum wurde 1938 eröffnet und ist in den USA noch immer das einzige auf mittelalterliche Kunst spezialisierte. Der reizvollste Weg hierher führt von der U-Bahnstation an der 190th Street durch den Park. Atemberaubender Ausblick!

Die Sammlung

Ausgehend von der Eingangshalle folgen die Ausstellungsräume entgegen dem Uhrzeigersinn einer lockeren chronologischen Ordnung. Zunächst gelangt man in die schlichte, aber monumentale **Romanesque Hall** mit französischen Relikten, wie z.B. einem gewölbten Eingang aus Kalkstein aus dem Jahre 1150 und dem Portal eines Klosters in Burgund aus dem 13. Jahrhundert, dann zu der mit Fresken verzierten spanischen **Kapelle von Fuentidueña** (einer kleinen Stadt in der Nähe von Madrid), überragt von einer riesigen gewölbten Apsis aus dem 12. Jh. In ihrem Winkel schließt sich eines der schönsten der fünf hier gezeigten Klosterfragmente an – **St. Guilhelm**, umringt von mächtigen korinthischen Säulen, mit seinen schweren, aufwendig behauenen, floralen Kapitellen aus dem Südfrankreich des 13. Jahrhunderts. Die benachbarte, recht hübsche **Kapelle von Langon**, beherbergt einen gleichermaßen formalen wie eleganten und wohl proportionierten **Altarbaldachin** *(Ciborium)* aus dem 12. Jahrhundert, der eine gefühlvolle Holzskulptur von **Maria mit Kind** schützt.

Im Herzen des Museums liegt das **Cuxa-Kloster**, im 12. Jahrhundert Teil des Benediktinerklosters Saint Michel de Cuxa nahe Prades in den französischen Pyrenäen. Die romanischen Säulenkapitelle sind hervorragend gearbeitet und sind häufig mit befremdlichen, grotesken Kreaturen mit zwei Körpern und einem gemeinsamen Kopf verziert. Als Beiwerk kommen die Gartenanlage mit duftenden Sträuchern und Blumen sowie Kirchengesänge hinzu.

Beeindruckend sind auch die kleineren **Skulpturen**, die das Museum zeigt. In der **Early Gothic Hall** gibt es eine Reihe davon zu sehen, darunter eine bemerkenswert zarte und anspruchsvoll ins Detail gehende **Jungfrau mit Kind**, die im 14. Jahrhundert in England wahrscheinlich für eine Privatkapelle angefertigt wurde. Das bunte Glas hier ist ebenfalls bemerkenswert. Im nächsten Raum ist die Sammlung der **Wandteppiche** zu besichtigen, darunter eine der wenigen noch existierenden gotischen Arbeiten, die um 1385 entstanden und die **Neun Helden** zeigen. Es handelt sich bei diesen, in den Balladen des Mittelalters beliebten Figuren um drei Heiden (Hektor, Alexander, Julius Cäsar), drei Juden (David, Josua, Judas

Makkabäus) und drei Christen (Arthur, Charlemagne, Godfrey de Bouillon). Fünf der neun Helden, die in ihren mittelalterlichen Gewändern vor einem üppigen Hintergrund dargestellt sind, befinden sich hier. Noch spektakulärer sind die **Einhorn-Gobelins** (1500) im benachbarten Raum, die durch ihre farbenprächtige Erscheinung, die genaue Beobachtung und den christlichen Symbolismus brillieren – heute mehr denn je, da alle sieben kürzlich repariert, restauriert und in einem renovierten Raum mit neuer Beleuchtung angeordnet wurden.

Die Gemälde aus dem Mittelalter sind überwiegend im Met untergebracht, eine herausragende Ausnahme bildet jedoch der Mérode-Altar von **Robert Campin**, der für seinen Eigentümer zur Privatnutzung gedacht war. Das in einer eigenen Vorhalle untergebrachte Triptychon aus dem 15. Jahrhundert stellt die Verkündigungsszene in einer für die damalige Zeit typisch flämischen, häuslichen Umgebung dar. Auf der linken Seite spähen der Gönner des Künstlers und seine Frau ängstlich durch einen Türspalt, rechts arbeitet der Hl. Joseph in seiner Schreinerwerkstatt. Die Literatur äußerte sich zu jener Zeit spöttisch über Joseph, vielleicht wirkt er deshalb auf diesem Bild etwas lächerlich bei seiner Arbeit an einer Mausefalle, einem Symbol für die Art und Weise, wie der Teufel auf Seelenfang geht. Durch die dahinter liegenden Fenster öffnet sich der Blick auf einen Marktplatz des 15. Jahrhunderts, vielleicht auf den der Heimatstadt Campins, Tournai. Die **Late Gothic Hall** daneben ist mit großen plastischen **Altarbildern** bestückt, die biblische Szenen darstellen. Bemerkenswert sind diese aufgrund der ausdrucksvollen Details der Steinskulpturen und Figuren.

Im Untergeschoss befinden sich eine große gotische Kapelle mit einer hohen gewölbten Decke und österreichischen Buntglasfenstern aus dem 14. Jahrhundert sowie eine Reihe von Grabstatuen, so verziert z.B. eine ganze Phalanx aus in Stein gehauenen Familien- und Kirchenmitgliedern den monumentalen **Sarkophag von Ermengol VII**. Daneben gibt es hier zwei weitere Klosteranlagen sowie die **Schatzkammer** zu besichtigen. Letztere ist übervoll von Kostbarkeiten. Zwei stechen aus der Masse hervor – das *Belles Heures de Jean, Duc de Berry*, das vielleicht imposanteste **Stundenbuch** des Mittelalters, das von den Gebrüdern Limbourg angefertigt wurde und exquisite Miniaturen im jahreszeitlichen Wechsel zeigt; sowie das **Altarkreuz** aus dem 12. Jahrhundert, das aus dem englischen Bury St. Edmunds stammt und mit einer Fülle winziger, ausdrucksstarker Figuren aus der Bibel geschmückt ist. Zu guter Letzt sei noch auf die minutiös gearbeitete **Rosenkranzperle** aus dem Flandern des 16. Jahrhunderts hingewiesen. Ihr Inneres stellt die Leidensgeschichte Christi dar. Es scheint geradezu unglaublich, dass dies von Hand geschnitzt worden sein soll.

American Museum of Natural History

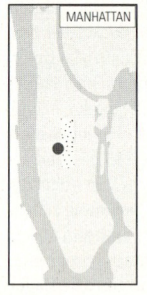

Central Park West, 79th St, U-Bahnline B oder C bis 81st St / Central Park West, ◐ So–Do 10–17.45, Fr und Sa 10–20.45 Uhr, Eintritt: Spende von $8 erwünscht, Studenten $6, Kinder $4,50. IMAX-Filme, das Hayden Planetarium und bestimmte Sonderausstellungen kosten extra; mehrere Restaurants und *gift shops*, ✆ 769-5100.

Das 1869 gegründete **American Museum of Natural History** ist eines der ältesten, größten und besten Museen seiner Art: Ein enormer Gebäudekomplex mit Fossilien, Edelsteinen, Skeletten und anderen Exponaten aus der Natur sowie einer reichen Auswahl an Artefakten aus verschiedenen Kulturen der ganzen Welt. Nach dem Gang durch die Ausstellungssäle auf vier Stockwerken und der Begutachtung eines Teils der 32 Millionen Exponate wird dies jeder in seinen Beinen spüren können. Es wird eine fantastische Vielfalt geboten, aber man sollte selektiv vorgehen. Je nach Interessenlage sind einige Stunden bis zu einem halben Tag ausreichend.

Als günstige Ausgangsposition für einen Rundgang durch die interessanteren Säle im ersten Stock (2nd floor, Eingangsebene) empfiehlt sich der Haupteingang mit dem marmornen Treppenaufgang am Central Park West: Hier findet man die Säle **Hall of Asian People** und **Hall of African People** vor, beide mit faszinierenden, meist wunderschönen Kunstwerken und Artefakten bestückt, die durch Erläuterungen ergänzt und von einer stimmungsvollen Atmosphäre aus Flöten- und Trommelklängen und ethnischer Musik umgeben werden. In der Hall of African People sind Zeremonialgewänder, Musikinstrumente und Masken vom ganzen Kontinent zu sehen. Die Hall of Asian People beginnt interessanterweise mit Artefakten aus Russland und Zentralasien. Danach widmet sie sich Tibet mit der Nachbildung eines kunstvollen, vergoldeten buddhistischen Schreins und schließlich China und Japan mit einigen bezaubernden Textilien, Teppichen sowie Schmuckstücken aus Messing und Jade. Ein anderer Höhepunkt dieser Etage ist die untere Hälfte der **Hall of African Mammals**. Hierbei handelt es sich um einen Raum von doppelter Höhe, dessen Ausstellung auf der Galerie im zweiten Stock (third floor) weitergeht. Auf keinen Fall zu übersehen ist die lebensgroße Elefantenfamilie in der Mitte des Raums. Auch die mit Exemplaren jeder erdenklichen Spezies ausgestattete **Reptiles and Amphibians Hall** im zweiten Stock (third floor) ist einen Besuch wert, genauso wie die Ausstellung **Eastern Woodlands and Plains Indians**, mit seiner Präsentation von Artefakten, Kleidung und Ähnlichem.

Nahezu der gesamte **dritte Stock** (fourth floor) wird von der **Dinosaurierausstellung** eingenommen, die sich einer ungeheuren Beliebtheit erfreut. Im Jahre 1996 wurde sie renoviert und erweitert und erstreckt sich nun über fünf geräumige, gut beleuchtete und schön gestaltete Säle. Mit ihren mehr als 120 Exemplaren ist sie eine der größten derartigen Sammlungen der Welt. Hier lässt sich die Kautechnik der Giganten anhand zweier robotergesteuerter Dinosauriergebisse studieren, man kann eine transparente Brücke überqueren, die über ein 15 Meter langes Barosaurus-Skelett führt, und außerdem Fossilien ertastend kennen lernen.

Die mehrere Etagen umfassenden Exponate werden zudem durch interaktive Computerprogramme und Videos ergänzt. Im Rahmen der neuen Ausstellung *Profiles in Palaentology* werden die Erfahrungen der Persönlichkeiten der Paläontologie bzw. derjenigen, die diese Schätze aus der Erde geborgen haben, geschildert und dokumentiert. Der **Astor Turret** in der linken hinteren Ecke der Ausstellung **Primitive Mammels** bietet abseits der Massen ein ruhiges Plätzchen zum Ausruhen. Hier stehen an jedem der riesigen Fenster Bänke bereit, von denen aus man den Central Park überblicken kann.

Im Erdgeschoss (first floor), eine Etage unterhalb des Eingangs, lohnt sich ein Blick in die ansprechend gestaltete **Hall of Gems and Minerals**, die z.T. einzigartiges Kristallgestein zeigt, darunter der *Star of India*, der größte blaue Saphir, der jemals gefunden wurde. Hier befindet sich neben einer gewaltigen, dem **Ozeanleben** gewidmeten Halle mit einem ca. 29 m langen, lebensgroßen **Blauwal**, der von der hohen Decke herunterhängt (und beunruhigend über einem Essensbereich schwebt), die Ausstellung der **nordamerikanischen Säugetiere**, die seit fünfzig Jahren unverändert geblieben ist: dunkle Säle, Marmorböden und beleuchtete Diorama-Vitrinen mit ausgestopften Exemplaren. Die Hauptattraktion in diesem Stockwerk ist jedoch die neue **Hall of Biodiversity**. Der 1998 eröffnete Raum konzentriert sich sowohl auf ökologische als auch evolutionäre Aspekte der biologischen Vielfalt. Unter anderem werden umfassende Multimediadarstellungen, z.B. über Umweltveränderungen, die die Menschen herbeigeführt haben – mit Lösungsbeispielen von Umweltschützern aus allen Teilen der Welt sowie Videos über gefährdete Spezies gezeigt. Den Mittelpunkt der Ausstellung bildet eine naturgetreue Nachbildung des **zentralafrikanischen Regenwaldes**. Vogelstimmen und Waldgeräusche sowie detaillierte Schilderungen über die Ökologie der Gegend und die Notwendigkeit ihrer Bewahrung begleiten den Rundgang. Das **Lebensspektrum**, eine neue Ergänzung des Regenwaldes, präsentiert 1500 Exemplare verschiedener Lebensformen, angefangen bei Pflanzen, Weichtieren und Würmern bis hin zu Vögeln und Vierbeinern, die nach verwandten Spezies angeordnet sind und einige überraschende Familienzugehörigkeiten offenbaren. Das **NatureMax Theater** auf dieser Etage zeigt einige interessante naturbezogene IMAX-Filme; Programm erfragen, Vorführungen kosten extra.

Sollte man sich auf einer Etage verlaufen, und das kann leicht passieren, helfen die **Standortpläne** an den Säulen neben den Treppen und zwischen den Ausstellungssälen.

Das Rose Center for Earth and Space

Gegenüber der Hall of Biodiversity befindet sich die erste Installation des **Rose Center for Earth and Space** – die funkelnagelneue **Hall of Planet Earth**, eine mehrstufige und multimediale Erkundung der Funktionsweise der Erde mit Ausstellungen über eine große Vielfalt an Themen, wie z.B. die **Entstehung der Planeten**, Felsbildung unter Wasser, Plattentektonik und Kohlenstoffdatierung. Zu den Exponaten gehört eine 2,7 Milliarden Jahre alte **Eisenformation** und **Vulkanasche** aus dem Vesuv. Im Mittelpunkt der Hall of Planet Earth steht die **dynamische Erdkugel**, wo unter dem Globus sitzende Besucher über Satellit beobachten können, wie die Erde sich dreht und erhalten somit einen sehr ähnlichen Blick wie die Astronauten im Weltraum.

Die Hall of Planet Earth stellt eine Verbindung zum Rest des **Rose Center for Earth and Space** dar, das aus der **Hall of the Universe** und dem **Hayden Planetarium** besteht. Das neue Center, das keine Ähnlichkeiten oder Gemeinsamkeiten mit seinem nun abgerissenen Vorgänger mehr hat, besitzt einen gewaltigen **Kuppelraum** mit einem Durchmesser von 27 m. Der Raum scheint in einem riesigen Würfel aus Metall und Glas über dem gewölbten Haupteingang zum Center zu schweben und beherbergt das aus zwei Vorführsälen, der Hall of the Universe, Schulungsräumen und einer Vielzahl von technischen Geräten bestehende Planetarium – abends erhellt es sich in einem eher schaurigen Licht.

Im Innern verwendet das **Sky Theater** einen Zeiss-Projektor, um Himmelsaufnahmen des **Hubble-Teleskops** und von **NASA-Einrichtungen** zu kreieren. Jeder Planet kann nach Belieben aus der Nähe betrachtet werden; das **Big Bang Theater** zeigt eine multisensorische „Geburt" des Universums.

Der **Cosmic Pathway** ist ein geneigter spiralförmiger Gang, der über eine interaktive computerisierte Zeitlinie durch eine 13 Billionen Jahre lange kosmische Evolution führt. Die gesamte aufgezeichnete Geschichte nimmt weniger Raum ein als der Durchmesser eines menschlichen Haars.

Anschließend erreicht man die **Hall of the Universe**, wo Exponate und interaktive Ausstellungen über die Entstehung und Evolution des Universums, der Galaxie, der Sterne und Planeten präsentiert werden. Außerdem befindet sich hier ein Mini-Theater, in dem Besucher durch Computereffekte in ein schwarzes Loch reisen können.

Es gibt sogar eine Ausstellung mit dem Titel „**The Search For Life**", im Rahmen derer untersucht wird, auf welchen anderen Planeten noch Leben existieren könnte – nur für den Fall, dass man sich bis hierher die Frage nach dem Leben an sich noch nicht ausreichend gestellt hat.

Weitere Museen

Neben den großen, oben bereits beschriebenen Museen gibt es in New York unzählige kleinere Museen, deren unglaubliche Vielfalt jedem etwas Interessantes bietet.

Zu den Höhepunkten zählen u.a. das **Cooper Hewitt National Design Museum**, das **International Center for Photography**, die **Pierpont Morgan Library**, das **National Museum of the American Indian**, das **Lower East Side Tenement Museum**, eine Reihe erstklassiger **ethnischer Museen** sowie, für Film- und Fernsehbegeisterte, das **Museum of Television & Radio** und das **American Museum of the Moving Image**.

Kunst, Kunsthandwerk und Design
Alternative Museum
594 Broadway, Suite 402, zwischen Houston and Prince St, U-Bahnlinie N oder R bis Prince St, ◷ Di–Sa 11–18 Uhr, Mitte August bis Mitte September geschlossen, Eintritt in Form einer Spende, erwünscht $3, ✆ 966-4444.

Wechselnde Ausstellungen zeitgenössischer Kunst mit Schwerpunkt auf internationalen Kunstströmungen sowie kulturellen und multiethnischen Themen. 1975 gegründet, bietet das Museum 6-12 Austellungen pro Jahr, die von regelmäßigen mit Musikveranstaltungen und Dichterlesungen ergänzt werden.

American Craft Museum
40 W 53rd St, U-Bahnlinie E oder F bis 5th Ave / 53rd St, ◷ Di–So 10–18, Do 10–20, Mo geschlossen, Eintritt $5, Studenten $2,50, Do 18–20 Uhr frei, ✆ 956-3585.

Auf drei Stockwerken präsentiert das American Craft Council modernes Kunsthandwerk. Wechselnde Ausstellungen befassen sich in allen erdenklichen Stilrichtungen mit jeder Art von Material: von Papier über Porzellan und Metall bis hin zu Glas. Außerdem werden Vorträge und Workshops angeboten. Farbenfroh, frisch und kurzweilig.

American Museum of the Moving Image
35th Ave, Ecke 36th St, Astoria, Queens, U-Bahnlinie R oder G bis Steinway St, ◷ Di–Fr 12–17, Sa und So 11–18 Uhr, Mo geschlossen, Eintritt $8,50, Studenten und Senioren $5,50, Kinder unter 5 Jahren frei, Preise enthalten alle Film- und Videoprogramme, ✆ 718/784-0077.

Das Museum ist in einem Teil der Astoria Studios untergebracht, die in der Vergangenheit u.a. Woody Allen und der *Cosby Show* als Drehort dienten. Es zeichnet in chronologischer Form den Einfluss nach, den Kunst, Technologie und Kultur auf Film, Fernsehen und Video gehabt haben. In seinen Ausstellungsräumen sind historische Kostüme und Kameras sowie das gesamte *Seinfeld*-Set zu finden. Der zentrale Bereich ist die *Behind the Screen* genannte Ausstellung im ersten und zweiten Stockwerk (2nd und 3rd floor), die neben zehn interaktiven Exponaten Audio- und Videomaterial von vier Stunden Länge präsentiert. Der Besucher erhält einen Einblick in Schnittprozesse und computergenerierte Spezialeffekte, kann aus einer Filmmusik-Jukebox einen Titel wählen oder eine Szene aus *Dressed to Kill* lesen und anschließend sehen, wie diese verfilmt wurde. Zu den weiteren Ausstellungen gehört eine sehr beliebte zum Thema Computerspiele, bei der sich Besucher ihren Weg durch die Geschichte der Technologie der Videospiele bahnen können.

Daneben finden spezielle Filmvorführungen über die technische Entwicklung jener Kunstform statt, die für Millionen Menschen in der ganzen Welt Amerika verkörpert. Man kann verschiedenen Regisseuren zuhören, wie sie Sequenzen aus berühmten Filmen erklären, Kurzfilme sehen, sogar Filme mit eigenen Toneffekten versehen. Führungen tgl. um 15 Uhr und jedes Wochenende zahlreiche Filmvorführungen. Ein faszinierendes Museum, das einen Besuch wert ist. Mehr zu Astoria s.S. 208.

American Numismatic Society
Broadway, 155th St (Audubon Terrace), U-Bahnlinie 1 bis 157th St / Broadway oder Linie B bis 155th St / Amsterdam Ave, ◷ Di–Sa 9–16.30, So 13–16 Uhr (nur Ausstellungshalle), Mo geschlossen, Eintritt frei, ✆ 234-3130.

Wer Münzensammeln für denkbar langweilig hält, wird hier vielleicht eines Besseren belehrt. Die Numismatic Society widmet sich dem Erhalt sowie dem Studium von Münzen, Medaillen und Papiergeld und zeigt wechselnde Ausstellungen zur Münzgeschichte, -gestaltung und -politik. Die Bibliothek der Society umfasst eine enorme Anzahl numismatischer Periodika, Bücher und Illustrationen, die Forschern und leidenschaftlichen Sammlern zur Einsicht offen stehen.

Asia Society Gallery
725 Park Ave, Ecke 70th St, U-Bahnlinie 6 bis 68th St / Lexington Ave, ◷ Di–Sa 11–18, Do

11–20, So 12–17 Uhr, Mo geschlossen, Eintritt $4, Studenten und Senioren $2, Do zwischen 18 und 20 Uhr frei, ✆ 517-ASIA.

Die von John D. Rockefeller dem 3. gegründete Gesellschaft ist ein bedeutendes, lehrreiches Glanzstück über Asien mit einer bescheidenen Ausstellungsfläche, die sowohl traditioneller als auch zeitgenössischer Kunst aus allen Teilen Asiens gewidmet ist. Der Eintritt lohnt, sofern die begleitende Sonderausstellung vielversprechend erscheint. Es finden daneben interessante Aufführungen, politische Diskussionen, Lesungen, Filmvorführungen und kostenlose Veranstaltungen statt.

Bronx Museum of the Arts

1040 Grand Concourse, 165th St, U-Bahnlinie 4 bis 161st St / Grand Concourse, ⌚ Mi 15–21, Do und Fr 10–17, Sa und So 13–18 Uhr, Mo geschlossen, Eintritt in Form einer Spende, erwünscht $3, Studenten $2, Kinder unter 12 Jahren frei, ✆ 718/681-6000.

In den Räumen einer ehemaligen Synagoge zeigt das Museum eine kleine Sammlung amerikanischer Kunst aus dem 20. Jahrhundert. Abgesehen von den Werken Romare Beardens ist sie nicht sonderlich erwähnenswert. Auch wechselnde Ausstellungen mit Künstlern aus der Bronx.

Brooklyn Museum of Art

200 Eastern Parkway, Brooklyn, U-Bahnlinie 2 oder 3 bis Eastern Parkway / Brooklyn Museum, ⌚ Mi–Fr 10–17, Sa und So 11–16, erster Sa im Monat 11–23 Uhr, Mo und Di geschlossen, Eintritt $4, Studenten $2, ✆ 718/638-5000. Der Souvenirladen im Museum bietet authentische Volkskunst aus aller Welt zu erschwinglichen Preisen.

Als hier zu Beginn der 80er Jahre Judy Chicagos *Dinner Party* ausgestellt wurde, standen die Menschen vor den Häuserblock Schlange, seitdem fristet das Museum jedoch wie zuvor ein Dasein im Schatten des Met. Ein bedauerlicher Umstand, denn das Museum ist hübsch und bietet sich in Verbindung mit einem Besuch des benachbarten Botanischen Garten für einen lohnenden Nachmittag abseits Manhattans an.

Angesichts der Größe des Museums, bei dem es sich um eines der größten Kunstmuseen Amerikas handelt – seine 1,5 Millionen Exponate nehmen eine Ausstellungsfläche von über fünf Stockwerken ein – kann ein Museumsrundgang nur sehr selektiv erfolgen. Die größten Attraktionen sind die kürzlich renovierten und erweiterten Kunstausstellungen aus **Afrika, Ozeanien und Amerika** im Erdgeschoss (1st floor), die **Kunst der Griechen und des Mittleren Ostens** im 1. Stock (2nd floor) sowie eine erstklassige Sammlung chronologisch angeordneter **ägyptischer Altertümer** im 2. Stock (3rd floor) und 28 evokative, **im Stil amerikanischer Epochen eingerichtete Räume**, angefangen bei einem frühen amerikanischen Bauernhaus bis hin zu einem maurischen Schloss aus dem 19. Jahrhundert.

Unbedingt sehenswert sind außerdem die amerikanischen und europäischen **Gemälde- und Skulpturengalerien** im obersten Geschoss. Das ausgestellte Spektrum reicht von der Porträtmalerei des 18. Jahrhunderts (u.a. ist ein Bildnis George Washingtons von Gilbert Stuart zu sehen) über die Landschaftsmalerei der Hudson River School im 19. Jahrhundert bis zu Bildern von Winslow Homer und John Singer Sargent sowie Werken von Charles Sheeler und Georgia O'Keefe. Daneben sind eine Hand voll europäischer Künstler wie Degas, Cézanne, Toulouse-Lautrec, Monet und Dufy vertreten, allerdings nicht mit großen Meisterwerken. Man trifft auch auf eine beachtliche Sammlung von **Rodin**-Skulpturen.

Cooper-Hewitt National Design Museum (Smithsonian Institute)

2 E 91st St, U-Bahnlinie 4, 5 oder 6 bis 86th St / Lexington Ave, ⌚ Di 10–21, Mi–Sa 10–17, So 12–17 Uhr, Mo geschlossen, Eintritt $5, Studenten und Senioren $3, Do zwischen 17 und 21 Uhr frei, ✆ 849-8400. Das Design- und Studiencenter ist wochentags nur nach Vereinbarung geöffnet. Der Souvenirladen trumpft mit jeder Menge innovativer und preiswerter Artikel auf.

Als sich der millionenschwere Industrielle Andrew Carnegie dazu entschloss, am damals wenig attraktiven Ende der Fifth Avenue zu bauen, bat er um das „bescheidenste, einfachste und geräumigste Haus in New York". Das Ergebnis war mehr als das: eine wunderschöne, geräumige Villa mit holzvertäfelten Wänden, verzierten Decken und Parkettfußböden, die zu prächtig und zu groß war, als dass sie bescheiden oder einfach hätte genannt werden können. Heute dienen diese wunderschönen Räumlichkeiten als Ausstellungsfläche für die Designsammlung des Cooper-Hewitts National Design Museum, das vom Smithsonian Institute geleitet wird.

Auf zwei Etagen wird die Geschichte und Entwicklung von Design und dekorativer Kunst – kommerzieller, praktischer und hoher Kunst – aufgezeigt. Es kann sich als einziges Museum eines Kurators eigens für Wandbehänge/-verkleidungen rühmen. Nur ein sehr begrenzter Teil des großen Bestandes steht zur Besichtigung offen, es sei denn die Stücke sind im Rahmen einer Sonderausstellung zu sehen. Die ansprechende Zusammenstellung sowie die aufschlussreichen Erläuterungen machen den Besuch zu einem höchst unterhaltsamen Erlebnis, daneben lohnt das Gebäude an sich schon einen Besuch. Wechselnde Themenschwerpunkte lassen einen Anruf vorab ratsam erscheinen.

Dahesh Museum
601 5th Ave, 48th St, U-Bahnlinie B, D, F oder Q bis 47th-50th St (Rockefeller Center) / 6th Ave, ⏲ Di–Sa 11–18 Uhr, Eintritt frei, ✆ 759-0606.

Das kleine Museum ist der Europäischen Kunst des 19. und frühen 20. Jahrhunderts gewidmet, die der libanesische Schriftsteller und Philosoph Dr. Dahesh, leidenschaftlicher Bewunderer europäischer Kunst, zusammmengetragen hat. Die ständige Sammlung enthält über 3000 Werke.

Forbes Galleries
62 5th Ave, 12th St, U-Bahnlinie 4, 5 oder 6 bis 14th St / Union Square, oder Linie F bis 14th St / 6th Ave, ⏲ Di–Mi und Fr–Sa 10–16 Uhr, Do nur Gruppen, So und Mo geschlossen, Eintritt frei, ✆ 206-5549.

Neben der weltgrößten privaten Sammlung von Fabergé-Eiern kann man hier 500 Modellboote, 10 000 Miniatursoldaten und über 4000 historische Dokumente, einige sogar von den Präsidenten George Washington and Thomas Jefferson unterzeichnet, sehen.

Grey Art Gallery & Study Center, New York University
100 Washington Square East, U-Bahnlinie A, B, C oder D bis West 4th St oder Linie R bis 8th St oder Linie 6 bis Astor Place, ⏲ Di, Do und Fr 11–18, Mi 11–20, Sa 11–17 Uhr, So und Mo geschlossen, Eintritt in form einer Spende, erwünscht $2,50, ✆ 998-6780.

Diese von der NYU geleitete Galerie zeigt Wanderausstellungen sowie seine eigenen wechselnden Darbietungen zahlreicher Medien – Skulpturen, Malerei, Druckerei, Fotografie, Video usw. Aufgrund der begrenzten Fläche ist ihre ständige Sammlung nur zu sehen, wenn Stücke in Sonderausstellungen integriert werden. Sehr bedauerlich angesichts der Tatsache, dass sie für zwei herausragende Sammlungen bekannt ist: die **New York University Art Collection**: 6000 Werke die sich mit renommierten Bildern amerikanischer Künstler ab 1940 sowie mit Drucken von Picasso, Miró und Matisse und die **Abbey Weed Grey Collection** mit zeitgenössischer Kunst aus Asien und dem Mittleren Osten.

Guggenheim Museum SoHo
575 Broadway, Prince St, U-Bahnlinie N oder R bis Prince St / Broadway oder Linie 6 bis Spring St, ⏲ Do–So 11–18, Mo–Mi geschlossen, Eintritt $8, Studenten und Senioren $5, Kinder unter 12 Jahren frei, allgemeine Informationen zu beiden Guggenheim-Museen ✆ 423-3500.

Das Guggenheim Museum war das erste große Museum, das 1992 in SoHo mit der Anmietung zweier Etagen in einem Loft-Gebäude eine Dependance im Zentrum der lebendigen zeitgenössischen Kunstszene etabliert hat. Nach kurzzeitiger Schließung öffnete es wieder Mitte 1999 mit einer Präsentation von Warhols letzten Werken, der *Last Supper*-Serie, und definierte sich neu als Außenposten für die ständige Sammlung des Guggenheim Museums. Für die Zukunft sind längere Ausstellungen geplant mit Schwerpunkt auf Retrospektiven einzelner Künstler und tiefergehende Interpretationen der Sammlung, insbesondere der Kunst der Nachkriegszeit. Es bleibt abzuwarten, welche Richtung dieser Ableger einschlagen wird und ob er auch weiterhin für die neue Kunst der Gegend den passenden geschichtlichen Hintergrund darstellen kann.

Ein Besuch sollte unbedingt auch in den Museumsladen führen, der mit hervorragenden Kunstbüchern, farbenprächtigem Schmuck und fantasievollen Haushaltsgegenständen und Designobjekten lockt.

International Center of Photography – Midtown

1133 Ave of the Americas, 43rd St, U-Bahnlinie B, D, F oder Q bis 42nd St, ⌚ und Eintrittspreise wie im ICP Uptown (s.u.), Fr 17–20 Uhr frei, ✆ 768-4682.

Das Haus wird voraussichtlich ab Sommer 2000 nach Renovierungsarbeiten wieder geöffnet sein – nähere Informationen zu geplanten Ausstellungen telefonisch erfragen.

International Center of Photography – Uptown

1130 5th Ave, 94th St, U-Bahnlinie 6 bis 96th St / Lexington Ave, ⌚ Di–Do 10–17, Fr 10–20, Sa und So 10–18 Uhr, Mo geschlossen, Eintritt $6, Studenten $4, Fr zwischen 17 und 20 Uhr frei, ✆ 860-1777.

Das von Cornell Capa, dem Bruder von Robert, gegründete und geleitete ICP zeigt Fotokunst in all ihren Formen.

Die archivierte ständige Sammlung des Centers umfasst Werke der meisten Größen der Fotografenzunft, z.B. Cartier-Bresson, Adams, Kertesz, Eugene Smith, und veranstaltet oftmals mehrere Sonderausstellungen gleichzeitig. Mindestens eine davon lohnt immer, häufig gibt es dabei das beste an avantgardistischer Kunst der Stadt und experimentellen Arbeiten aus der ganzen Welt zu sehen. Genau das Richtige als Ergänzung zur statischen Sammlung des MoMA.

Isamu Noguchi Garden Museum

33rd Road und Vernon Blvd, Long Island City, Queens, U-Bahnlinie N bis Broadway in Queens, außerdem verkehrt Sa und So zwischen 11.30 und 15.30 Uhr stündlich ein Shuttle-Bus von der Asia Society (Park Ave, Ecke E 70th St) zum Museum, zurück zwischen 12 und 17 Uhr jeweils zur vollen Stunde, hin und zurück $5; weitere Informationen unter ✆ 718/204-7088. ⌚ nur April–Oktober, Mi–Fr 10–17, Sa und So 11–18 Uhr, Mo und Di geschlossen, Eintritt in Form einer Spende, erwünscht $4, Studenten $2., Führungen tgl. 14 Uhr.

Es mag zwar absurd erscheinen, ein Gartenmuseum in einer verlassenen Industriegegend in Queens anzusiedeln, in diesem Fall ist es aber eine fruchtbare Allianz. **Isamu Noguchi** (1904–88), abstrakter Bildhauer aus Japan, hatte es sich zum Ziel gesetzt, Kunst in die Natur und das urbane Umfeld zu integrieren.

Mehr als 300 seiner eleganten und in ihrer Einfachheit an Zen-Kunst erinnernden Arbeiten aus Stein, Metall, Holz und Papier werden in diesem Lagerhaus und dem kleinen Garten gezeigt.

Museum for African Art

593 Broadway zwischen Houston und Prince St, U-Bahnlinie N oder R bis Prince St, ⌚ Di–Fr 10.30–17.30, Sa und So 12–18 Uhr, Eintritt $5, Studenten $2,50, ✆ 966-1313.

Zwei Stockwerke mit wechselnden Ausstellungen zum besten Teil der modernen und traditionellen afrikanischen Kunst: Gemälde, Skulpturen, Masken, Sakralgegenstände und mehr. Das geschmackvolle Innere des Museums wurde 1993 von Maya Lin, der Schöpferin des Vietnam War Memorial in Washington DC entworfen.

Temporäre Ausstellungen konzentrieren sich auf regionale Kunst, kulturelle und politische Themen sowie zeitgenössische afrikanische Malerei und Bildhauerei – eine Offenbarung im Vergleich zu den vielfach üblichen ethnischen Pro-forma-Ausstellungen. Regelmäßige Filmvorführungen, Vorträge und Familienworkshops am Wochenende, Termine im Voraus erfragen.

Museum of American Folk Art
2 Lincoln Square, Columbus Ave, zwischen 65th und 66th St, U-Bahnlinie 1 oder 9 bis 66th St, ◷ Di–So 11.30–19.30 Uhr, Eintritt in Form einer Spende, erwünscht $3, ✆ 595-9533.

Wechselnde Ausstellungen über multikulturelle Volkskunst aus allen Teilen der USA. Sein Bestand umfasst über 3500 Werke aus dem 17.–20. Jh. Das *Folk Art Institute*, eine Abteilung des Museums, bietet Kurse, Vorträge und Workshops für Interessierte an.

Museum of American Illustration
128 East 63rd St, U-Bahnlinie 4, 5 oder 6 bis 59th St / Lexington Ave, ◷ Di 10–20, Mi–Fr 10–17, Sa 12–16 Uhr, So und Mo geschlossen, Eintritt frei, ✆ 838-2560.

In wechselnden Ausstellungen zeigt das Museum über 2000 Illustrationen, die von Kriegspropaganda-Plakaten über Cartoons und Zeichnungen bis hin zu zeitgenössischer Werbung reicht. Die Ausstellungen sind jeweils einem Thema oder Illustrator gewidmet und in erster Linie für leidenschaftlich Interessierte gedacht, bieten aber auch Unbedarften durch ansprechende Präsentation Zugang.

Museum of Television & Radio
25 W 52nd St, zwischen 5th und 6th Ave, U-Bahnlinie E oder F bis 5th Ave / 53rd St, ◷ Di und Mi 12–18, Do 12–20, Fr–So 12–18 Uhr (Vorführräume Fr bis 21 Uhr), Mo geschlossen, Eintritt in Form einer Spende, erwünscht $6, Studenten $4, Kinder unter 13 $3, ✆ 621-6600.

Dem Erhalt von Beständen aus Fernsehen und Radio gewidmet, sind in diesem Archiv 60 000 zumeist US-amerikanische Fernseh- und Radiosendungen erfasst. Mittels eines ausgezeichneten, digitalisierten Katalogs lassen sich Nachrichten, Begebenheiten des öffentlichen Lebens, Dokumentationen, Sportereignisse, Komödien, Werbesendungen sowie viele andere akustische und visuelle Kuriositäten aufspüren. Bis zu vier verschiedene Programme können an einer der beinahe hundert Videokonsolen gleichzeitig angesehen werden. Die Wartezeiten sind kurz, und von den gefragteren Aufnahmen existieren mehrere Kopien. Wer schon immer einmal einen ganzen Tag lang *I love Lucy* sehen wollte, kann sich hier seinen Wunsch erfüllen.

Um argwöhnische Kritiker des Popkults milder zu stimmen, veranstaltet das Museum daneben Lehrseminare und Filmvorführungen in seinen vier Filmtheatern, organisiert Festivals mit thematischem Schwerpunkt und sendet live aus seinem hiesigen Radiostudio. An Wochenenden und Feiertagen verwandelt sich das Museum in ein lärmendes Tollhaus – man sollte besser unter der Woche kommen.

National Academy of Design
1083 5th Ave, Ecke 89th St, U-Bahnlinie 4, 5 oder 6 bis 86th St / Lexington Ave, ◷ Mi–Do, Sa und So 12–17, Fr 10–18 Uhr, Mo und Di geschlossen, Eintritt $8, Senioren $4,50, Studenten $4,25, Fr 17–18 Uhr frei (in Form einer Spende), ✆ 369-4880.

Samuel Morse gründete die National Academy of Design nach dem Vorbild der Londoner Royal Academy als eine Kunstakademie mit exklusiver Mitgliedschaft und regelmäßigen, vorwiegend amerikanischen Ausstellungen. Der alten Tradition folgend, übereignen Mitglieder und Lehrer bei ihrer Aufnahme der Akademie eines ihrer Werke: Lehrende ein Selbstporträt, Mitglieder ein „reifes Werk".

Im Laufe ihrer 150-jährigen Geschichte konnte die Akademie so eine beachtliche Sammlung anhäufen, die sich überwiegend aus Bildern zusammensetzt. Im Wechsel werden diese der Öffentlichkeit präsentiert, wobei die Porträtmalerei immer am stärksten vertreten ist. Beachtenswert ist in jedem Fall auch das

Gebäude selbst, ein auffälliges Stadthaus im Beaux-Arts-Stil, das der Ehemann der Bildhauerin Anna Hyatt Huntington der Akademie vermacht hat. Einen Ehrenplatz nimmt darin die *Diana* der Künstlerin unterhalb der verspielten Rotunde ein.

New Museum of Contemporary Art

583 Broadway, zwischen Prince und Houston St, U-Bahnlinie N oder R bis Prince St, oder Linie 6 bis Spring St, ⏲ Mi und So 12–18, Do-Sa 12–20 Uhr, Mo und Di geschlossen, Eintritt $5, Studenten und Künstler $3, Do zwischen 18 und 20 Uhr frei, ✆ 219-1355.

In regelmäßigem Wechsel wagt sich das exzentrische und vielseitige Museum an zeitgenössische amerikanische und internationale Kunst, die andere Museen nicht ausstellen können oder wollen. Sein neuer Buchladen ist der zeitgenössischen Kunstkritik und -theorie gewidmet, daneben gibt es Künstler-Monografien und eine Auswahl an Geschenkartikeln. Empfehlenswert ist der Museumskalender, der Informationen über laufende und kommende Ausstellungen sowie Lesungen enthält – ein Muss.

The Pierpont Morgan Library

29 E 36th St, zwischen Madison und Park Ave, U-Bahnlinie 6 bis 33rd St / Park Ave, ⏲ Di–Do 10.30–17, Fr 10.30–20, Sa 10.30–18, So 12–18 Uhr, Mo geschlossen, Eintritt $7, Studenten und Senioren $5, Kinder bis 12 frei, Führungen auf Anfrage Di–Sa, ✆ 685-0610.

Das von McKim, Mead and White 1906 für den Finanzier J. Pierpont Morgan erbaute Gebäude im Stil der italienischen Renaissance beherbergt eines der besten kleineren Museen New Yorks. Das ursprünglich aus Morgans eindrucksvoller Manuskript-Sammlung bestehende Museum ist beständig angewachsen und umfasst heute nahezu 10 000 Gemälde und Drucke, darunter Werke von da Vinci, Degas und Dürer, sowie eine außergewöhnliche Vielfalt an historischen, literarischen und Notenblättern.

Im Zentrum des Interesses stehen zwei historische Räume. Normalerweise reihen sich im dazwischen liegenden Korridor einige exquisite **Rembrandt-Drucke** aneinander. Der erste Raum, **West Room** genannt, diente Morgan als Arbeitszimmer und blieb seit damals weitgehend unverändert. Er ist mit einer geschnitzten italienischen Decke aus dem 16. Jahrhundert versehen und beherbergt verschiedene Gemälde von Memling und Perugino. Unter den wenigen Gegenständen aus der damaligen Zeit befindet sich ein Schreibtisch, der nach Entwürfen von McKim geschnitzt wurde.

Durch einen überwölbten, von Säulen getragenen Gang erreicht man den **East Room** bzw. die Bibliothek, die in drei prachtvollen Etagen seltene Bücher, Handschriften und diverse Kostbarkeiten versammelt, die Morgan von seinen Europareisen mitgebracht hat. Viele der Ausstellungen sind zeitlich begrenzt, so dass es schwierig ist vorherzusagen, was zu sehen sein wird. Das einzige Stück aus der ständigen Sammlung, das immer bewundert werden kann, ist eine Gutenberg-Bibel aus dem Jahr 1455 (eines von elf noch existierenden Exemplaren). Ebenso Teil des Bestandes, jedoch nur in wechselnden Ausstellungen zu sehen, sind Originalpartituren von Mahler (das Museum besitzt die weltweit größte Sammlung des Komponisten), Beethoven, Schubert, Gilbert und Sullivan, die einzige vollständige Ausgabe von Thomas Malorys *Morte d'Arthur* sowie Briefe von Vasari, Mozart und George Washington und zahllose andere Handschriften von u.a. Thoreau, Dickens und Jane Austen.

Roerich Museum

319 W 107th St, zwischen Broadway und Riverside Dr., U-Bahnlinie 1 bis 110th St / Broadway, ⏲ Di–So 14–17 Uhr, Mo geschlossen, Eintritt frei, ✆ 864-7752.

Das Museum ist Nicolas Roerich gewidmet, einem russischen Künstler, der in Indien lebte und unter dem Einfluss der indischen Mystik eine Reihe einzigartiger Gemälde schuf. Die kleine, extravagante und praktisch unbekannte Sammlung ist auf drei Etagen in seinem einstigen Wohnhaus ausgestellt. Kostenlose Konzerte und Events auf dem Programm.

Socrates Sculpture Park
Broadway, Ecke Vernon Blvd, Long Island City, Queens, U-Bahnlinie N bis Broadway, ⏲ tgl. 10 Uhr bis Sonnenuntergang, Eintritt frei, ✆ 718/956-1819.

Einst ein Park, heute eine Skulpturengalerie, deren Exponate in Form von internationalen Leihgaben alle sechs Monate wechseln. Der Ort wirkt zwar nicht sonderlich gepflegt, lohnt aber einen Blick nach dem Besuch des Isamu Noguchi Garden Museum (s.S. 254).

Studio Museum in Harlem
144 W 125th St, zwischen Lenox und Seventh Ave, U-Bahnlinie 2 oder 3 bis 125th St / Lenox Ave, ⏲ Mi–Fr 10–17, Sa und So 13–18 Uhr, Mo und Di geschlossen, Eintritt $5, Studenten $2, Kinder unter 12 Jahren $1, freier Eintritt am ersten Sa im Monat, ✆ 864-4500.

Das 1968 gegründete Museum verfügt über eine Ausstellungsfläche mit über 5500 m^2, die zeitgenössischer afroamerikanischer Malerei, Fotografie und Bildhauerei gewidmet ist. Die ständige Sammlung wird turnusmäßig gezeigt und umfaßt Werke des Harlem-Fotografen der Renaissancezeit, James Van Der Zee, sowie Gemälde und Skulpturen von Künstlern aus der Nachkriegszeit. Mindestens ein Dutzend temporärer Ausstellungen werden pro Jahr organisiert. Es finden regelmäßig Vorträge, Autorenlesungen und Musikveranstaltungen statt.

Museen zur Stadtgeschichte
Edgar Allan Poe Cottage
Grand Concourse und East Kingsbridge Road, Bronx. U-Bahnlinie D oder 4 bis Kingsbridge Rd. ⏲ Sa 10–16, So 13–17 Uhr, wochentags geschlossen, für Besichtigungsgruppen nach Vereinbarung geöffnet, Eintritt $2, ✆ 718/881-8900.

Das 1812 aus Holz erbaute Bauernhaus war das letzte Zuhause von Edgar Allan Poe, der von 1846 bis zu seinem Tode hier lebte und u.a. *Annabel Lee* (1849) und *The Bells* schrieb. Danach wechselte das Cottage häufig den Besitzer, bis es 1913 von der Stadt New York erworben wurde. Im Jahre 1917 wandelte man es in ein Museum um, und inzwischen wurde es in das National Register of Historic Places aufgenommen. Es gibt einen Film über Poe sowie eine kleine Galerie mit Kunstwerken und Fotografien aus den 40er Jahren des 19. Jahrhunderts zu sehen. Näheres s.S. 192 ff, Outer Boroughs.

Ellis Island Museum of Immigration
Anfahrt nach Ellis Island mit einer Fähre der Circle Line Statue of Liberty Ferry vom Battery Park. Die Fähren verkehren je nach Jahreszeit zu unterschiedlichen Zeiten, in der Regel jedoch tgl. halbstündlich 9.30–15.30 Uhr; Hin- und Rückfahrt $7, Kinder von 3–17 Jahren $3, Informationen zur Fähre unter ✆ 269-5755.

Gegenstände, Fotos, Karten und persönliche Aufzeichnungen erzählen die bewegende Geschichte der Einwanderer, die Ellis Island ab 1892 als Station auf ihrem Weg in ein neues Leben in den USA durchliefen. 1990 wurden die Hauptgebäude der Einwanderungsbehörde renoviert und als Museum wiedereröffnet. Zu sehen sind u.a. ein Film über die Insel und ihre damaligen Bewohner; die „Ellis Island Stories", eine halbstündige, auf mündlichen Überlieferungen der Immigranten basierende, sehr ergreifende, wenn auch nicht authentische Wiedergabe ihrer Erfahrungen. ⏲ nur April–Sept., Eintritt $3, Kinder $2,50, Öffnungszeiten erfragen. Zudem die *Wall of Honor* mit den Namen vieler, die Ellis Island passieren mussten, sowie die Sammlung *Treasures From Home* mit von den Nachkommen der Immigranten gestifteten Familienerbstücken, Fotos usw. Ausführliche Informationen s.S. 52 ff, Die Hafeninseln.

Fraunces Tavern
54 Pearl St, Ecke Broad St, U-Bahnlinie 4 oder 5 bis Bowling Green oder Linie N/R bis Whitehall Street oder Linie 1 oder 9 bis South Ferry, oder Linie 2 oder 3 bis Wall Street, ⏲ Mo–Fr 10–16.45, Sa und So 12–16 Uhr, Eintritt $2,50, Studenten $1, ✆ 425-1778.

In diesem Wohnhaus aus dem Jahre 1719, das 1762 in eine Gaststätte umgewandelt wurde, gibt es Räume und Gegenstände aus der Zeit des Unabhängigkeitskampfes zu sehen. Besondere Veranstaltungen und wechselnde Ausstellungen; ein lohnenswertes Ziel, wenn man sich in der Umgebung aufhält. Mehr dazu im Kapitel Financial District und Civic Center, s.S. 58 ff.

Intrepid Sea-Air-Space Museum

West 46th St und 12th Ave am Pier 86. ⏲ im Sommer: 1. April–30. Sept. Mo–Sa 10–17, So 10–18 Uhr; ⏲ im Winter: 1. Okt.–31. März, Mi–So 10–17 Uhr, Mo & Di geschlossen, im Januar geschlossen wegen Reparatur- und Säuberungsarbeiten; Einlass bis 1 Std. vor Schließung, Eintritt $10, Kinder 12–17 $7,50; 6–11 $5; 3–5 $1; unter 3 Jahren frei, ✆ 245-0072.

Dieser alte Flugzeugträger hat eine bemerkenswerte Geschichte: von ihm aus wurden Neil Armstrong und seine Kollegen nach dem Mondflug der Apollo 11 aus dem Ozean gefischt. Heute sind hier verschiedene neuere und ältere Flugzeuge sowie Schiffe zu sehen, z.B. ein A-12 Blackbird, das schnellste Spionageflugzeug der Welt, und die *SS Growler*, ein U-Boot mit Lenkflugkörpern. An Bord gibt es außerdem interaktive CD-ROM-Ausstellungen und ein Restaurant.

Morris-Jumel Mansion and Museum

65 Jumel Terrace, 160th St, Ecke Edgecombe. U-Bahnlinie A, B bis 163rd St. ⏲ Mi–So 10–16 Uhr, Mo und Di geschlossen, Eintritt $3, Studenten und Senioren $2, ✆ 923-8008.

Diese Villa ist eines der wenigen noch erhaltenen Gebäude New Yorks aus der Zeit vor dem Unabhängigkeitskrieg. Es wurde 1765 als Sommerhaus für einen britischen Oberst erbaut und später von George Washington während des Krieges als Hauptquartier genutzt. Schon 1903 wurde es in ein Museum mit sehenswerten Räumlichkeiten sowie interessanten historischen Exponaten verwandelt – der Besuch lohnt sich, und vor allem dann, wenn man gleichzeitig die nahe gelegenen Audubon-Terrace-Sehenswürdigkeiten mitnimmt, z.B. die Hispanic Society, s.S. 260.

Museum of American Financial History

28 Broadway, Bowling Green Park. U-Bahnlinie 4, 5 oder 6 bis Bowling Green, 1 oder 9 bis Rector Street. ⏲ Di–Sa 10–16 Uhr, Eintritt $2, ✆ 908-4110 oder 1-877-98-FINANCE.

Dieses größte öffentliche Archiv von Finanzdokumenten und -objekten ist im früheren Hauptquartier von John D. Rockefellers Standard Oil Company untergebracht. Gezeigt werden Exponate zur Finanzgeschichte, wie das von George Washington unterzeichnete Wertpapier mit dem ersten Dollarzeichen, das jemals auf einem bundesstaatlichen Dokument verwendet wurde, und Börsenunterlagen, die die ersten Momente des großen *Crashs* im Jahre 1929 festhalten. Außerdem zu sehen sind Fotografien von der Wall Street sowie das Mobiliar aus Delmonicos Restaurant, wo sich einst die Geldbarone trafen. Es handelt sich hier aber nicht nur um einen selbstgerechten Big-Business-Tempel: Wechselnde, recht lehrreiche Ausstellungen befassen sich mit unterschiedlichen Themen, wie z.B. dem **Schuldenerlass** für die Kolonien kurz vor Ausbruch des Unabhängigkeitskrieges. Das Museum bietet außerdem einen „*World of Finance*"-Besichtigungsrundgang zu Fuß; Erwachsene $15, Studenten $10.

Museum of Bronx History

3266 Bainbridge Ave, Bronx, U-Bahnlinie D bis 205th St / Bainbridge Ave, oder Linie 4 bis Kingsbridge Rd, ⏲ Sa 10–16, So 13–17 Uhr, Mo–Fr nur nach Anmeldung für Gruppen, Eintritt $2, ✆ 718/881-8900.

Dieses im denkmalgeschützten Valentine-Varian-Haus, einem Bauernhaus aus dem Jahre 1758, untergebrachte Museum ist vor allem seiner Architektur und weniger seiner mit der Bronx assoziierten Exponaten aus vorkolonialer Zeit bis zur Weltwirtschaftskrise wegen von Interesse.

Museum of the City of New York

Fifth Ave, Ecke 103rd St, U-Bahnlinie 6 bis 103rd St / Lexington Ave, ⏲ Mi–Sa 10–17, So

13–17, Di 10–14 Uhr nur für angemeldete Gruppen, Mo geschlossen, Eintritt in Form einer Spende, erwünscht $5, Studenten $4, Familien $10, ✆ 534-1672.

In großzügigen Räumlichkeiten bietet die ständige Sammlung des herrschaftlich in neo-georgianischem Stil errichteten Gebäudes einen Abriss der Geschichte der Stadt von den Holländern bis zur Gegenwart. Auf vier Etagen gibt es Gemälde, Drucke, Fotografien, Kleidungsstücke und Möbel zu sehen – ein Film erläutert dabei die Stadtgeschichte. Außerdem werden Lesungen und Workshops abgehalten und an Sonntagen kann man an einem der Rundgänge durch New Yorker Bezirke teilnehmen (s.S. 26). Lohnend und unterhaltsam.

New York City Police Museum
25 Broadway, erster Stock (2nd floor) des Bowling Green Post Office, Ecke Morris St im Cunard Building, U-Bahnlinie 4, 5 oder 6 bis Bowling Green oder 1 oder 9 bis Rector St, ⓘ tgl. 10–18 Uhr, Eintritt frei, ✆ 301-4440.

Die Sammlung des New York Police Department enthält Denkwürdigkeiten aus den vergangenen 250 Jahren und ist die größte und älteste ihrer Art im Land. Die von Polizeibeamten der Abteilung *Community Affairs* zusammengetragene Ausstellung zeigt Exponate aus der Polizeigeschichte sowie persönliche Gegenstände New Yorker *cops* – Schlagstöcke, Pistolen, Uniformen, Fotos und Ähnliches – insgesamt über 10 000 Gegenstände. Zu sehen gibt es außerdem eines jener Kupferabzeichen von 1845, die den damaligen Beamten den Spitznamen *coppers* einbrachten, sowie die unberührt aussehende Maschinenpistole im Original-Violinenkasten mit der Al Capones Gangsterboss Frankie Yale erschossen wurde.

New York Historical Society
2 W 77th Street, Ecke Central Park West, U-Bahnlinie B oder C bis 81st St / Central Park West, ⓘ Di–So 11–17 Uhr, Eintritt in Form einer Spende, erwünscht $5, Studenten, Senioren und Kinder $3, Bibliothek ⓘ Di–Sa 11–17 Uhr, ✆ 873-3400.

Das Museum beleuchtet mehr die amerikanische als die New Yorker Geschichte, ist aber in jedem Fall einen Besuch wert. Neben wechselnden Ausstellungen, die einen intelligenten wie charmanten Kulturmix präsentieren, zeigt die Society im ersten Stock (2nd floor) eine Gemäldesammlung, wobei dem Harlemer Künstler und Naturliebhaber **James Audubon**, der sich in seiner Aquarellmalerei auf die liebevolle, detailgenaue Darstellung von Vögeln spezialisierte, ein Raum gewidmet ist. Des Weiteren ist dort eine breite Palette **amerikanischer Malerei des 19. Jahrhunderts** ausgestellt, zumeist Porträts (darunter das *„missing White House portrait"* von Jaqueline Kennedy Onassis und das Bildnis Alexander Hamiltons, das heute auf jedem 10-Dollar-Schein zu sehen ist) sowie Landschaftsbilder von Vertretern der Hudson River School (u.a. Thomas Coles berühmte, pompöse Serie *Course of Empire*). Eine neue ständige Ausstellung für Kinder mit dem Titel **Kid City** wurde eröffnet. Sie zeigt interaktive Exponate, darunter die Nachbildung eines Blocks am Broadway aus dem Jahre 1901 in kindgerechter Größe.

Die **Museumsbibliothek** verfügt über 650 000 Bücher, 2 Millionen Manuskripte, Briefe, historische Dokumente und 30 000 Karten und Atlanten. u.a. das Originaldokument des Louisiana-Verkaufs sowie jenen Briefwechsel zwischen Aaron Burr und Alexander Hamilton, der schließlich zum Duell zwischen den beiden führte (s.S. 476 ff). Ein interessantes, leider immer wieder übersehenes Museum.

New York Transit Museum
Alter U-Bahneingang an der Schermerhorn St und dem Boerum Place, Brooklyn, U-Bahnlinie 2, 3, 4, 5 oder F bis Borough Hall, ⓘ Di–Fr 10–16, Sa und So 12–17 Uhr, Mo geschlossen, Eintritt $3, Kinder $1,50, ✆ 718/243-3060.
Die angegliederte **Transit Museum Gallery and Store** im Grand Central Terminal ⓘ Mo–Fr 8–20 und Sa 10–16 Uhr, Eintritt frei.

An beiden Standorten des Transit Museum sowie am Transit Museum-Kiosk am Times Square wird der in U-Bahnstationen nicht erhältliche **MetroCard Fun Pass** angeboten. Für nur $4 am Tag kann man damit alle öffentlichen Verkehrsmittel uneingeschränkt nutzen.

In einem stillgelegten U-Bahnhof aus den 30er Jahren stellt das Museum über 100 Jahre Verkehrsgeschichte an Hand denkwürdiger Transportmittel dar. Mehr als 20 U-Bahnwaggons und Busse der Jahrhundertwende sind zu besichtigen (ein Höhepunkt ist der hölzerne Waggon aus 1914). In der **Transit Museum Gallery and Store** im Grand Central Terminal sind kleine wechselnde Ausstellungen zu sehen, und der Geschenkartikel-Laden führt Sachen, die mit dem Verkehrssystem in Zusammenhang stehen, u.a. eine Metrocard aus Schokolade.

Queens Museum of Art

New York City Building, Flushing Meadows–Corona Park, Queens. U-Bahnlinie 7 bis Willets Point / Shea Stadium, ◷ Mi–Fr und Sa 10–17, Sa und So 12–17 Uhr, Mo geschlossen, Di nur für angemeldete Gruppen, Eintritt in Form einer Spende, erwünscht $4, Studenten $2, Kinder unter 5 Jahren frei, ✆ 718/592-9700.

Der Besuch lohnt schon wegen seines größten Exponats: ein ca. 864 m² großes, Aufsehen erregend beleuchtetes Modell der fünf Stadtbezirke von New York City. Ursprünglich anlässlich der Weltausstellung von 1964 Robert Moses gebaut, wurde es 1994 aktualisiert; eine gute Orientierungshilfe.

Der Zoo der direkt gegenüber liegenden Wildlife Conservation Society verfügt über eine Voliere in einer von Buckminster Fuller konstruierten Traglufthalle; das Museum selbst zeigt interessante Auswahl an Utensilien der amerikanischen Weltausstellungen.

Skyscraper Museum

16 Wall Street, Nassau St. U-Bahnlinie 2, 3, 4, 5 bis Wall St. Di–Sa 12–18 Uhr, So und Mo geschlossen; Eintritt in Form einer Spende, erwünscht $2, Kinder, Studenten, Senioren frei, ✆ 968-1961.

Das neue Museum ist nur vorübergehend hier untergebracht, wo es passenderweise von den Wolkenkratzern der Wall Street umgeben ist.

Wenn alles nach Plan verläuft, wird es später im Erdgeschoss des neuen Ritz Carlton Hotel untergebracht, das voraussichtlich 2001 neben dem Museum of Jewish Heritage seine Pforten öffnet, s.S. 262. Diese gemeinnützige Einrichtung bietet einen faszinierenden Einblick in die Entstehungsgeschichte der Wolkenkratzer und erklärt, warum sie zu der New York bestimmenden Struktur wurden.

South Street Seaport Center and Museum

207 Front St am Ende von Fulton und dem East River. U-Bahnlinie A, C bis Broadway-Nassau, 2, 3, 4 oder 5 bis Fulton St. ◷ April–Sept. tgl. 10–18, Do bis 20, Okt.–März 10–17 Uhr, Di geschlossen, Eintritt $6, Studenten $4, Kinder unter 12 Jahren $3, ✆ 748-8600.

Drei Ausstellungsbereiche sind in Gebäuden aus dem 18. und 19. Jh. untergebracht: ein Center für Kinder, ein Maritimes Center und eine Bibliothek. Am angrenzenden Pier ist eine Flotte historischer Schiffe zu sehen. Ausgestellt werden Objekte vom Fulton-Fischmarkt, Kuriosa von Dampfschiffen, Karten, Modellschiffe und Fotografien. *New York Unearthed*, 6 Pearl Street, ist eine Außenstelle, die das Museum den derzeit in der Stadt durchgeführten archäologischen Ausgrabungen gewidmet hat. Näheres s.S. 58 ff, Financial District und Civic Center, sowie S. 388 ff New York mit Kindern.

Museen der verschiedenen Bevölkerungsgruppen

Hispanic Society of America

Audubon Terrace, 3753 Broadway, zwischen 155th und 156 St, U-Bahnlinie 1 bis 157th St / Broadway, ◷ Di–Sa 10–16.30, So 13–16 Uhr, Mo geschlossen, Bibliothek im August geschlossen, Eintritt frei, ✆ 926-2234.

Hierbei handelt es sich um eine der größten Sammlungen hispanischer Kunst außerhalb Spaniens mit über 3000 Gemälden, darunter Werke von spanischen Meistern, wie z.B. Goya, El Greco und Velázquez, sowie über 6000 dekorativen Kunstwerken. Die Sammlung umfasst alles, angefangen bei einer 965 n.Chr raffiniert geschnitzten Elfenbeinkiste über Textilien aus dem 15. Jahrhundert bis hin zu der fröhlichen Serie von Wandgemälden *Spanische Provinzen* von Joaquin Sorolla y Batisda, die eigens für die *Society* in Auftrag gegeben wurde. Die Präsentation der Werke aus der ständigen Sammlung wechselt nur selten, so dass man die berühmtesten mit ziemlicher Sicherheit zu sehen bekommt.

Die **Bibliothek** ist mit 200 000 Büchern, darunter über 16 000, die vor dem 18. Jahrhundert gedruckt wurden, ein bedeutendes Zentrum für die Erforschung spanischer und portugiesischer Kunst, Geschichte und Literatur. Einen Besuch wert, besonders in Verbindung mit dem nahe gelegenen Morris-Jumel Mansion, s.S. 187 und die anderen Audubon Terrace-Sehenswürdigkeiten.

Jewish Museum

1109 5th Ave, Ecke 92nd St, U-Bahnlinie 4, 5 oder 6 bis 92nd St / Lex Ave, ⏲ So–Do 11–17.45, Di 11–20 Uhr, Sa sowie an nationalen und jüdischen Feiertagen geschlossen, Eintritt $8, Studenten $5,50, Kinder unter 12 Jahren frei, Di zwischen 17 und 20 Uhr frei, ✆ 423-3200.

Den Schwerpunkt dieses größten Museums mit Judaika außerhalb Israels bildet die ständige Ausstellung über die Geschichte des Judentums, dessen grundlegende Ideen, Werte und Kultur im Laufe von 4000 Jahren. Spannender sind jedoch die Wechselausstellungen mit Werken renommierter internationaler Künstler und Themenausstellungen, z.B. die vor kurzem gezeigte Ausstellung über Freud mit nahezu 200 Exponaten aus seinen Wiener Büros, sowie der interaktive Ausstellungsbereich für Kinder im dritten Stock (4th floor).

Kurdish Library and Museum

144 Underhill Ave, Ecke Park Place, Brooklyn, U-Bahnlinie D bis 7th Ave, oder Linie 2 oder 3 bis Grand Army Plaza, ⏲ Mo–Do 13–16, So 14–17 Uhr, ⏲ Bibliothek wie Museum oder nach Anmeldung, Eintritt frei, ✆ 718/783-7930.

Das von Amerikanern gegründete und finanzierte Museum gewährt mit seiner Sammlung von kurdischen Fotografien, traditioneller Kleidung und Kunsthandwerk Einblicke in die Kultur der viertgrößten Volksgruppe des Mittleren Ostens. Hier werden zwei Zeitschriften zum Thema Kurden herausgebracht, und die Bibliothek enthält umfangreiches Material zu kurdischer Geschiche, Kultur und Politik.

Lower East Side Tenement Museum

90 Orchard St, U-Bahnlinie F bis Delancey St / Essex St, ⏲ Di–Fr 13–17, Do 13–20, Sa und So 11–16.30 Uhr, Eintritt $8, Studenten $6. Führungen durch das restaurierte Mietshaus halbstündlich: letzte Führung Di–Fr um 16, Do um 19 Uhr, daneben Rundgänge durch verschiedene Viertel von April–Dezember am Sa und So um 13.30 und 14.30 Uhr. Nähere Informationen und Preise unter ✆ 431-0233. Hinweis: Die Führungen am Wochenende sind sehr begehrt, deshalb früh herkommen.

Mittels einer Reihe verschiedener Wechselausstellungen zeichnet das in einem ehemaligen Mietshaus untergebrachten Tenement Museum ein umfassendes Bild der Einwanderungsgeschichte Manhattans nach. Zu sehen gibt es Fotos und Gegenstände, die sich auf das multikulturelle Erbe des Viertels konzentrieren. Wer an einer der Mietshaus-Führungen teilnimmt, wird zusätzlich einen Blick in das älteste Mietshaus New Yorks (um 1863) auf der anderen Straßenseite werfen können. Man hat es seit den Tagen, als es noch Einwandererfamilien als Quartier diente, mehr oder weniger unverändert gelassen. Alles in allem ein ehrlicher und sympathischer Versuch, die Geschichte der Einwanderer zu veranschaulichen.

Museo del Barrio

1230 5th Ave, Ecke 104th St, U-Bahnlinie 6 bis 103rd St / Lex Ave, ⏲ Mi–So 11–17 Uhr, Mai–September Do 11–20 Uhr, Eintritt in Form einer Spende, erwünscht $4, Studenten $2, ✆ 831-7272.

Das „Museum des Viertels" (spanisch) wurde 1969 von puertoricanischen Eltern, Lehrern und Künstlern aus Spanish Harlem gegründet, um ihren Kindern die eigenen Wurzeln näher zu bringen. Zwar setzt Puerto Rico bis heute den Schwerpunkt, das Museum widmet sich aber ganz Lateinamerika und der Karibik und zeigt pro Jahr fünf große Ausstellungen mit Leihgaben etablierter und aufsteigender Künstler aus Malerei, Fotografie und Kunsthandwerk. Nicht entgehen lassen sollte man sich die *santos de palo,* eine wunderbare Sammlung geschnitzter Votivfiguren. Auch Lehrveranstaltungen, Lesungen und Filme.

Museum of Chinese in the Americas
70 Mulberry St, 1. Stock (2nd floor), Ecke Bayard St. U-Bahnlinie N, R oder 6 bis Canal St. ◐ Di–Sa 12–17 Uhr, So und Mo geschlossen, Eintritt in Form einer Spende, erwünscht $3, Studenten, Senioren $1, Kinder unter 12 frei, ✆ 619-4785.

Man muss nach dem Gemeindezentrum mit den großen roten Türen Ausschau halten. Hier versteckt sich im ersten Stock (second floor) das winzige Museum, in dem die Erlebnisse chinesischer Immigranten in Nord- und Lateinamerika dokumentiert werden. Ständige Ausstellungen illustrieren die chinesisch-amerikanische Erfahrung anhand von Fotografien, persönlichen Gegenständen und mündlich überlieferten Geschichten.

Museum of Jewish Heritage
18 First Place, Battery Park City, U-Bahn 1 oder 9 bis South Ferry oder Linie 4 oder 5 bis Bowling Green oder mit der N oder R bis Whitehall. ◐ April–September So–Mi 9–17, Do 9–20 Uhr, Oktober–März s.o. außer Fr 9–15 Uhr, Sa und an jüdischen Feiertagen geschlossen, Eintritt $7, ✆ 509-6130, Eintrittskarten entweder am Museum erhältlich ✆ 945-0039, oder durch *Ticketmaster* in New York ✆ 307-4007.

Das Museum of Jewish Heritage wurde Ende 1997 als Denkmal für den Holocaust eröffnet. Auf drei Etagen werden historische und kulturelle Ausstellungsstücke gezeigt: Alltagsgegenstände osteuropäischer Juden, die Gefangenenkleidung von Überlebenden der Konzentrationslager, Fotografien, persönliches Hab und Gut und Erfahrungsberichte. Zu den neuesten Anschaffungen gehören Himmlers mit Anmerkungen versehenes Exemplar von *Mein Kampf* sowie ein Notizbuch mit Einträgen von Bewohnern der „Prominentenbarracke" Theresienstadt.

Multimedia-Installationen und Archivfilme zeichnen das Leben der Juden im 20. Jahrhundert auf: europäische Ghettos vor dem Zweiten Weltkrieg, die Gründung des Staates Israel und die Erfolge von Entertainern und Künstlern wie Samuel Goldwyn und Allen Ginsberg. Auch Steven Spielbergs bewegendes historisches, visuelles Projekt *Survivors of the Shoah* – Interviews mit Überlebenden des Holocaust – ist hier zu sehen. Der sechseckige Granitbau ist selbst symbolischer Teil der Ausstellung, indem er sowohl an die sechs Millionen ermordeten Juden als auch an die sechs Spitzen des Davidsterns erinnert.

The National Museum of the American Indian (Smithsonian Institute)
Alexander Hamilton US Customs House, 1 Bowling Green, U-Bahnlinie 1 oder 9 bis South Ferry oder Linie 4 oder 5 bis Bowling Green oder Linie N oder R bis Whitehall Street, ◐ tgl. 10–17, Do 10–20 Uhr, Eintritt frei, ✆ 514-3700, 🖥 www.si.edu/nmai.

Die exzellente, aufpolierte Sammlung lässt nahezu keine indianische Gruppe Amerikas unberücksichtigt. Sie ist heute Teil des Smithsonian Institute und wurde von Harlem ins *Customs House* in Lower Manhattan verlegt. Erstaunlicherweise stammt ein Großteil der über eine Million Ausstellungsstücke umfassenden ständigen Sammlung von einem einzigen Mann, George Gustav Heye (1874–1957), der fünfzig Jahre lang Nord- und Südamerika bereiste und dabei Kunstwerke und Kulturgegenstände erwarb. 1922 errichtete er dann das Museum an seinem ursprünglichen Standort. Hier wird lediglich ein kleiner Teil der Sammlung gezeigt; mehr davon wird voraussichtlich ab 2002 in einem neuen Museum, das auf der Mall in Washington DC erbaut wird, zu sehen sein. Neben den temporären Ausstellungen finden zwei große ständige Ausstellungen statt: *Creation's Journey: Masterworks of Native American Identity and Belief* mit 165 von den Kuratoren des Museums ausgewählten Kunstwerken, und *„All Roads are Good: Native Voices on Life and Culture"* mit über 300 von verschiedenen indianischen Gruppen ausgewählten Werken zur Darstellung ihrer Weltsicht und religiösen Überzeugungen.

Die meisten Mitarbeiter, einschließlich des Direktors, sind indianischer Herkunft, so dass man hier, anders als in anderen Museen dieser Art, tatsächlich eine Perspektive „von innen" erwarten darf. Daraus lässt sich eine eher ungewöhnliche Initiative des Museums erklären: Es vertritt seit 1991 eine **Repatriierungspolitik**, die vorschreibt, den Indianervölkern auf deren Wunsch hin Grabgegenstände sowie zeremonielle und religiöse Stücke zurückzugeben. Würden die Museen dieser Welt diesem Beispiel folgen, wären ihre indianischen Abteilungen wahrscheinlich bald gähnend leer.

Schomburg Center for Research in Black Culture

515 Malcolm X Boulevard (135th St), U-Bahnlinie 2 oder 3 bis 125th St / Lenox Ave, ◐ Mo–Mi 12–20, Do–Sa 10–18, So 13–17 Uhr (nur die Ausstellung), Eintritt frei, ✆ 491-2200.

Die sinnträchtigen Ausstellungen zeichnen anhand von Kunstwerken, Fotos und Dokumenten eine detaillierte Geschichte der Schwarzen in den USA nach. Das Center ist mit seinen 5 Millionen Einzelstücken die bedeutendste Einrichtung für Forschungsarbeiten über die Geschichte und Kultur der Schwarzen. Außerdem Spezialausstellungen, Lesungen und Veranstaltungen.

Ukrainian Museum

203 2nd Ave, U-Bahnlinie 4, 5 oder 6 bis Astor Place, ◐ Mi–So 13–17 Uhr, Eintritt $3, Studenten $1, ✆ 228-0110.

Die kleine Sammlung im Herzen des ukrainischen Teils des East Village bietet Außenstehenden kaum Verlockendes. Auf zwei winzigen Etagen dokumentiert das Museum die Geschichte der Einwanderung aus der Ukraine und (im interessanteren Teil) einige Gegenstände sowie Trachten des Landes.

Galerien

Kunst, insbesondere zeitgenössische Kunst, wird in New York groß geschrieben. Es gibt in der Stadt ca. 500 Kunstgalerien, die meisten davon in SoHo und Chelsea, und im Großraum New York leben ca. 90 000 Künstler. Auch ohne Kaufabsichten lohnt häufig ein Besuch der Galerien wie auch der alternativen Kunsträume, die häufig weniger kommerziell als die größeren Galerien sind.

Die Standorte der Galerien lassen sich grob in fünf vorrangige Gebiete unterteilen. Entlang der **Madison Avenue** findet man zwischen der 60th und 70th Street neben Antiquitäten gelegentlich den einen oder anderen (zweitrangigen) Alten Meister. Die **57th Street** bietet zwischen Sixth und Park Avenue hochkarätige Namen der Moderne und Gegenwartskunst, während **SoHo** und **Chelsea** alles derzeit Angesagte versammeln und sich **TriBeCa** der experimentelleren Kunst widmet. Immer mehr angesehene Galerien ziehen nach Chelsea, nachdem sie aus SoHo aufgrund der unaufhaltsam steigenden Mieten sowie der schicken Boutiquen und Geschäftsketten, die nun die Straßen säumen, vertrieben wurden. Die großen alten Lagerhausflächen in Chelsea bieten ein besseres Preis-Leistungs-Verhältnis und eignen sich perfekt als Galerien. In **Williamsburg**, Brooklyn, kristallisiert sich ebenfalls eine Szene heraus, und für diejenigen, die herausfinden wollen, was sich in der Independent-Kunstwelt von New York City tut, folgt nachstehend eine kurze Beschreibung einiger besuchenswerter Galerien.

In einige der exklusiveren Galerien erhält man nur nach formeller Einladung Eintritt, die meisten jedoch sind für Laufkundschaft offen. Einen ausgezeichneten Überblick über die angesagtesten Galerien bieten die informativen (wenngleich kostspieligen) Führungen von *Art*

Tours of Manhattan (s.S. 26). Empfehlenswert ist daneben der *Gallery Guide*, der in den größeren Galerien auf Anfrage erhältlich ist und laufende Ausstellungen sowie die Spezialgebiete der einzelnen Galerien beinhaltet. Das wöchentlich erscheinende *Time Out New York* enthält ebenfalls eine Übersicht der wichtigen Galerien.

Im Folgenden sind einige der interessanteren Einrichtungen in Manhattan zusammengestellt. Die **Öffnungszeiten** erstrecken sich im Allgemeinen auf Di–Sa 10–18 Uhr, wobei viele Galerien in den Sommermonaten kürzer geöffnet sind und im August ganz schließen. Einen Bummel durch die Galerien legt man am besten auf einen Nachmittag unter der Woche. Absolut abzuraten ist von Samstagen, wenn das auswärtige Publikum die im Trend liegenden Gegenden überschwemmt. **Vernissagen** – meist kostenlos und leicht an den Menschentrauben zu erkennen, die an weingefüllten Plastikbechern nippen – bieten eine ausgezeichnete Gelegenheit, Kunst zu sehen und den Plaudereien der Szene zu lauschen. Eine Übersicht der aktuellen Vernissagen findet man im *Gallery Guide*.

Galerien in SoHo und TriBeCa

123 Watts, 123 Watts St, ✆ 219-1482. Angesagte Galerie bekannt für Fotografie und andere Formen der zeitgenössischen Kunst; zeigte in der Vergangenheit Werke von Robert Mapplethorpe, Arturo Cuenca und Bruno Ulmer.

14 Sculptors Gallery, 168 Mercer St, ✆ 966-5790. Zusammenschluss von 14 Bildhauern, die hier figurative und abstrakte zeitgenössische Kunst ausstellen.

A.C.E. Gallery New York, 275 Hudson St, ✆ 255-5599. Zeigt mehrere Ausstellungen gleichzeitig und empfiehlt sich als ideale Adresse, um die Werke junger, aufstrebender internationaler und amerikanischer Künstler zu sehen. Auch namhaft für ihre Ausstellungen abstrakter Expressionisten und Pop Art aus den 60ern und 70ern.

The Drawing Center, 35 Wooster St, ✆ 219-2166. Stellt zeitgenössische und historische Werke auf Papier aus, mit Schwerpunkt auf aufstrebenden Künstlern.

Edward Thorp, 103 Prince St, ✆ 431-6880. Am breiten Geschmack orientierte, zeitgenössische europäische und amerikanische Malerei und Objektkunst.

Gemini GEL at Joni Weyl, 375 West Broadway, 2nd Floor, ✆ 219-1446. Zeitgenössische Grafiken und Drucke, darunter in der Vergangenheit Arbeiten von Roy Lichtenstein und Robert Rauschenberg.

Holly Solomon, 172 Mercer St, Houston St, ✆ 941-5777. Eine eindrückliche Ausstellung mit Schwerpunkt auf Installationen und multimedialer Kunst. Hier. stellten schon Laurie Anderson, William Wegman und Nam June Paik ihre Arbeiten aus.

John Gibson, 568 Broadway, Prince St, 2nd Floor, ✆ 925-1192. Avantgardistische und konventionelle Künstler der Malerei, Objektkunst und des Drucks, präsentieren hier in erster Linie konzeptuelle und abstrakte Werke

Leo Castelli, 420 West Broadway, 2nd Floor, ✆ 431-5160. Castelli war einer der ersten Händler-Sammler. Er hat maßgeblich zum Erfolg von Rauschenberg und Warhol beigetragen und bietet große zeitgenössische Namen zu ebensolchen Preisen. Neuere Ausstellung u.a. mit Jasper Johns und Frank Stella.

Louis Meisel, 141 Prince St, West Broadway, ✆ 677-1340. Auf Fotorealismus und Abstrakten Illusionismus spezialisiert – Meisel will beide Termini erfunden haben. Präsentierte auch schon Ausstellungen von Richard Estes und Chuck Close.

O K Harris, 383 West Broadway, ✆ 431-3600. Nach einem mythischen, reisenden Spieler benannt, gehört die Galerie Ivan Karp – einem Zigarre kauenden Meister des Hyperrealismus. Diese Galerie war eine der ersten in SoHo; sie ist zwar nicht mehr so einflussreich wie früher, lohnt aber einen Besuch. Auch eine Auswahl an Sammelobjekten und *Americana*.

Sonnabend, 420 West Broadway, 3rd Floor, ✆ 966-6160. Eine der Topadressen, stellt *cross-the-board* Malerei, Fotografie und Videos zeitgenössischer amerikanischer wie europäischer Künstler aus, darunter Robert Morris und Gilbert und George.

Sperone Westwater, 142 Greene St, 2nd Floor, ℡ 431-3685. Hochwertige europäische und amerikanische Malerei und Arbeiten auf Papier. Ausgestellte Künstler Francesco Clemente, Frank Moore und Susan Rothenberg.

Galerien in Chelsea

In einigen großen Lagerhäusern in diesem Viertel sind mehrere Galerien untergebracht, und es lohnt sich, sie sich als Gruppe vorzunehmen. Besonders interessant sind die vier Galerieetagen im Haus Nr. **529 West 20th Street**, neben einigen der unten aufgelisteten, die ebenfalls Teile größerer Galeriegruppen sind.

Annina Nosei Gallery, 530 W 22nd St, 2nd Floor, ℡ 741-8695. International bestückt, der Schwerpunkt liegt jedoch auf Werken zeitgenössischer aufstrebender lateinamerikanischer Künstler sowie Künstler aus dem Mittleren Osten.

Barbara Gladstone, 515 West 24th St, ℡ 206-9300. Gemälde, Objekte und Fotografien von renommierten zeitgenössischen Künstlern, wie z.B. Matthew Barney und Rosemarie Trockel.

Greene / Naftali, 526 West 26th St, 7. Stock (8th floor), ℡ 463-7770. Ein weit offener, luftiger Raum, bekannt für große Gruppenpräsentationen und konzeptionelle Installationen.

John Weber, 529 West 20th St, zwischen 10th und 11th Ave, ℡ 691-5711. Zeigt konzeptionelle, minimalistische und höchst ungewöhnliche Werke, darunter solche von Sol LeWitt und jüngeren, ähnlich inspirierten Künstlern.

Matthew Marks Gallery, 522 W 22nd St, zwischen 10th und 11th Ave, ℡ 243-1650. Eine der Topadressen und Kernstück der Kunstszene in Chelsea, zeigt Werke von namhaften Vertretern von Minimalismus und abstrakter Kunst, darunter Cy Twombly, Ellsworth Kelly und Lucien Freud. Zweigstelle in der 523 West 24th St.

Pat Hearn, 530 W 22nd St, ℡ 727-7366. Diese Galerie erfreute sich einer einflussreichen Präsenz an ihrem früheren Standort SoHo und stellt auch weiterhin Werke abstrakter und konzeptioneller Künstler sowie recht gewagte Exponate aus.

Paula Cooper, 534 West 21st St, ℡ 255-1105. Eine einflussreiche Galerie, die eine große Vielfalt an zeitgenössischen Gemälden, Skulpturen, Zeichnungen, Drucken und Fotografien zeigt, in erster Linie minimalistische und abstrakte Werke. Kürzlich aus SoHo weggezogen.

Thomas Healy, 530 W 22nd St, ℡ 243-3753. Die Galerie ist zwar nicht länger an Paul Morris angegliedert, jedoch noch immer auf zeitgenössische Installationen, Zeichnungen und Objektkunst konzentriert und verfügt nach wie vor über einen festen Künstlerstamm. Ebenfalls kürzlich aus SoHo weggezogen.

Galerien in Upper Eastside und Midtown

Knoedler & Co., 19 E 70th St, ℡ 794-0550. Sehr angesehene Galerie, die auf abstrakte und Pop-Art-Künstler spezialisiert ist; gezeigt wurden u.a. so bekannte Größen wie Stella, Rauschenberg und Fonseca.

Mary Boone, 745 Fifth Avenue, 3. Stock (4th floor), ℡ 752-2929. Leo Castellis Protégée ist auf Installationen, Gemälde und Werke aufstrebender europäischer und amerikanischer Künstler spezialisiert. Eine Topadresse.

Marlborough / Marlborough Graphics, 40 W 57th St, ℡ 541-4900. International bekannte Galerie mit Werken renommierter moderner und zeitgenössischer Künstler und Grafikdesigner, z.B. Red Grooms, Francis Bacon und R.B. Kitaj.

Pace Wildenstein, 32 E 57th St, ℡ 421-3292. Diese berühmte Galerie stellte schon Werke der größten modernen amerikanischen und europäischen Künstler aus, von Picasso bis Calder und Rothko. Verfügt außerdem über eine schöne Sammlung von Drucken und afrikanischer Kunst. Eine Downtown-Zweigstelle, 142 Greene St, ℡ 431-9224, ist auf experimentellere Arbeiten und größere Installationen spezialisiert.

Robert Miller, 41 E 57th St, Madison Ave, ℡ 980-5454. Außergewöhnliche Ausstellungen der Kunst des 20. Jahrhunderts, darunter Gemälde von David Hockney und Lee Krasner sowie Fotografien von Diane Arbus und Robert Mapplethorpe.

Galerien in Williamsburg

Eyewash, 143 North 7th Street, 2. Stock (3rd floor), ℡ 718/387-2714. Die in einer Mietwohnung untergebrachte Galerie zeigt die Werke aufstrebender lokaler Künstler.

Holland Tunnel, 61 South 3rd Street, zwischen Berry St und Wythe Ave, ℡ 718/384-5738. Diese winzige Scheunen-ähnliche, im Garten des holländischen Künstlers Paulien Lethen gelegene Galerie ist ein wahres Schmuckstück. Besuch am besten ankündigen.

Pierogi 2000, 177 North 9th Street, ℡ 718/599-2144. Diese frühere Werkstatt in schlichtem Weiß präsentiert verschiedene Arten von Installationen und ist in der Kunstwelt für ihre „flatfiles" bekannt, eine Sammlung von grauen Mappen mit den Werken von etwa 400 Künstlern, die steril und provokativ in Metallschiebeschränken aufbewahrt werden. Bei *Peirogi* erfährt man auch die Namen und Adressen anderer Galerien in Williamsburg.

Alternative Kunsträume

Die oben genannten Galerien sind Teil eines Systems, das die Werke eines Künstlers via öffentliche Präsentation an interessierte Sammler weiterleiten soll. Zwar ist es für die Karriere eines aufstrebenden Künstlers ein wichtiges Ritual, von einer bedeutenden Galerie ausgestellt zu werden, nicht vergessen darf man darüber jedoch, dass die Philosophie dieses Systems in erster Linie auf den Profit des Galeriebesitzers ausgerichtet ist. Dieser erhält nämlich in der Regel die Hälfte des Verkaufspreises eines Kunstwerks als Provision. In diesen Gallerien haben verwertbare Werke eines Künstlers, die kommerziell nicht verwertbar sind einen noch schlechteren Stand als Arbeiten, die wegen ihres sozialen oder politischen Inhalts abgelehnt werden.

Die im Folgenden vorgestellten alternativen Kunsträume bieten denjenigen Künstlern ein Forum, die mit ihren kühnen und unkommerziellen für die meisten herkömmlichen Galerien ein zu hohes Risiko darstellen. Bedingt durch die Rezession der 90er Jahre haben die alternativen Galerien daher noch einmal Auftrieb erhalten. Die hier genannten Orte bieten derzeit das Beste der neuen Kunstszene in New York.

55 Mercer, 55 Mercer St, 1. Stock (2nd floor), ℡ 226-8513. Eine Künstler-Kooperative, die in erster Linie abstrakte Werke von New Yorker Künstlern zeigt. Erstklassige Gruppen- und Solopräsentationen.

Art in General, 79 Walker St, ℡ 219-0473. Experimentelle Galerie mit multimedialen Ausstellungen und Performances; der Schwerpunkt liegt auf multikulturellen Themen.

Artists' Space, 38 Greene St, 3rd Floor, ℡ 226-3970. Zählt zu den angesehensten alternativen Räumen, häufig wechselnde Ausstellungen mit einem Themenschwerpunkt, Filme, Videos, Installationen und Veranstaltungen. Interessierte können sich kostenlos im hiesigen Archiv über mehr als 2500 Künstler im Bundesstaat New York informieren.

Clocktower, 108 Leonard St, ℡ 233-1096. Wechselnde Ausstellungen und ein alljährliches Atelierprogramm, in dessen Rahmen Künstler im Uhrturm arbeiten. Während der Dauer des Programms können Besucher den Arbeitsbereich begehen und die Künstler zu ihren Werken befragen. Gleichzeitig bietet der Turm eine atemberaubende Aussicht auf Downtown Manhattan.

DIA Center for the Arts, 548 W 22nd St, ℡ 989-5912. Die größte Präsentationsfläche der Stiftung für alternative Kunst mit 12-monatigen Ausstellungen von Künstlern wie Joseph Beuys, Dan Graham, Robert Ryman und Kids of Survival. Die Ausstellungsfläche auf dem Dach umfasst ein Café sowie Designer-Stühle. Zu den sonstigen Ausstellungsflächen zählem der *New York Earth Room*, s.u. und *The Broken Kilometer*-Ausstellung, 383 West Broadway, ℡ 925-9397.

Exit Art, 548 Broadway, ℡ 966-7745. Bevorzugt große Installationen, Multimedia und unkonventionelle kulturelle und politische Themen. Den Espresso und die Ingwerplätzchen des hiesigen Cafés sollte man sich nicht entgehen lassen.

New York Earth Room, 141 Wooster St, zwischen Prince und Houston St, ✆ 431-3789. Ein nahezu unglaubliches ständiges Exponat dieser Galerie ist – wie aus dem Namen schon hervorgeht – ein Werk von Walter de Maria, das aus einem mit Erde gefüllten Raum besteht. Daneben auch Wanderaustellungen, Installationen und Performances zeitgenössischer Künstler.

PS 1 Contemporary Arts Center, 46-01 21st St in Long Island City, Queens, ✆ 718/784-2084, erwünschter Eintrittspreis in Form einer Spende $2. Gehört zur selben Organisation wie der Clocktower (Institute for Art and Urban Resources) und ist in einem alten Schulgebäude untergebracht. Die richtige Adresse für avantgardistische und experimentelle neue Kunst – so innovativ, dass diverse Galerien in Downtown hier nach neuen Talenten Ausschau halten.

PS 122, 150 First Ave, ✆ 228-4249. Gemeinnützige Galerie, die sich von September bis Juni insbesondere aufstrebenden Künstlern widmet.

Storefront for Art and Architecture, 97 Kenmore St, ✆ 431-5795. Das sich regelrecht zur Begrüßung nach außen auffaltende Gebäude zeigt innovative Design-Ausstellungen, die sich mit der Nutzung des urbanen Raums beschäftigen, sei es in Form von Architektenzeichnungen, Skulpturen oder Gemälden.

Thread Waxing Space, 476 Broadway, ✆ 966-9520. Angesagte Galerie in Downtown, die die Loftszene der 60er Jahre wiederbeleben möchte und in einem Ambiente aus Avantgarde-Malerei, Computerkunst und Ähnlichem multimedialen Events, Performance-Künstlern und sogar Live-Bands Raum zur Entfaltung bietet, Eintrittspreise variieren.

White Columns, 320 West 13th St, ✆ 924-4212. Diese als sehr einflussreich geltende Galerie legt ihren Schwerpunkt auf Neulinge. Besonders sehenswert sind die wechselnden Gruppenausstellungen.

E Übernachtung

New Yorker **Hotels** sind teuer. Die meisten verlangen für ein Doppelzimmer weit über $100 pro Nacht – plus Steuern. Es gibt jedoch Ausnahmen, die ein ordentliches Zimmer schon für $65 anbieten. Auch wer auf Komfort weniger Wert legt, findet preiswertere Alternativen. Schlafsaalbetten in Hostels kosten ab $20. Relativ günstig kann man auch in einem **YMCA** / **YWCA** (auch „Y" genannt) unterkommen, wo die Preise für ein Doppelzimmer um $50 liegen. **Bed und Breakfast** bedeutet meist Unterbringung in einer Privatwohnung. Hier kostet ein Zimmer ab $65 (B&B Agenturen s.S. 271). Für jede Art von Unterbringung ist eine **Reservierung** ratsam. In der Hauptreisezeit – um Weihnachten und im Sommer – kommt es vor, dass alle Unterkünfte restlos ausgebucht sind. Hotels und Hostels können direkt telefonisch reserviert werden, die (1-)800-Nummern sind innerhalb der USA, aber nicht innerhalb New Yorks gebührenfrei. Bei einer Buchung über ein Reisebüro, ob mit oder ohne Flug, lassen sich mitunter ein paar Mark einsparen, s.S. 14. Für Hotels gibt es auch Reservierungszentralen, s.S. 273, die meist keine Gebühr verlangen, sondern eher vergünstigte Preise bieten.

Hostels und YMCAs

Für Budgetreisende beschränkt sich die Auswahl auf Hostels und YMCAs. Wer auf Privatsphäre keinen Wert legt, kann schon für $20 im Schlafsaal nächtigen, wobei der Standard allerdings variiert. YMCAs bieten auch Doppel- und Einzelzimmer, jedoch nicht die gesellige Atmosphäre der Hostels, wo es besonders im August und September hoch hergeht. Eine Auflistung aller Hostels in Nordamerika enthält *The Hostel Handbook*, erhältlich für $4 unter 926-7030, editor@hostelhandbook.com. oder *Internet Guide to Hosteling* unter www.hostelhandbook.com. Nähere Informationen zu Unterkünften für längere Aufenthalte, insbesondere für Frauen s.S. 271.
Aladdin, 317 W 45th St, NY 10036, 246-8580, 246-6036. Man darf sich nicht von der schwach beleuchteten Lobby oder den schwarz gekleideten Mitarbeitern täuschen lassen – die Unterkunft hier ist einfach, und der einzige Aufzug braucht eine Ewigkeit. Allerdings gibt es in diesem Teil der Stadt kaum eine Auswahl, wenn man knapp bei Kasse ist. Schlafsaalbetten ab $30 plus Steuern; Zimmer ab $89 plus Steuern.
Banana Bungalow, 250 W 77th St, Broadway, NY 10024, 769-2441, 877-5733, www.bananabungalow.com. Beliebtes Hostel der Upper West Side. Eine gemeinsame Küche/Lounge im tropischen Stil und kostenloses europäisches Frühstück. Aufenthaltsraum und Dachterrasse. Schlafsaalbett $23–28.
Blue Rabbit International House, 730 St Nicholas Ave, NY 10031, 1-800/6-HOSTEL oder 491-3892, bluerabbit@hostelhandbook.com. Filiale der Betreiber des *International House – Sugar Hill*, vier Eingänge weiter. Verlangt $20 inkl. Bettwäsche.– Eine begrenzte Anzahl an DZ zu $25, keine Reservierung möglich, in NY unschlagbar. Mit Küche. Einchecken 9–22 Uhr.
Chelsea Center Hostel, 313 W 29th St, Nähe 8th Ave, NY 10001, 643-0214, 473-3945. Bürozeiten 8.30–23 Uhr, rund um die Uhr geöffnet. Privat betriebenes Hostel in Chelsea, klein, sauber, sicher und freundlich. Zwei gemischte Schlafsäle mit Betten zu $25 inkl. Bettwäsche und Frühstück. Es gibt kein Hinweisschild auf das Hostel, was zu dessen Sicherheit beiträgt. Außerdem Hotelsafe. Idealer Ausgangspunkt für Midtown, Chelsea und das West Village. Im Sommer wird im Garten gegrillt. In der Hochsaison lange im Voraus reservieren. Keine Kreditkarten.
Chelsea International Hostel, 251 W 20th St, NY 10011, 647-0010, 727-7289, www.chelseahostel.com. Zentrale Lage, zwischen 7th und 8th Ave in Chelsea, nahe Downtown, ein Polizeirevier direkt gegenüber vermittelt bestimmt mehr als nur das Gefühl von Sicherheit. 130 Betten in kleinen 4- und 6-Bett-Zimmern mit Bad auf dem Flur, $23 inkl. Steuern; DZ $55; kostenlose Schließfächer, Waschküche, Hinterhof. Wöchentliche Pizza-und-Bier-Partys, aber der eigentliche Pluspunkt ist die unübertroffene Lage. Einchecken rund um die Uhr; trotzdem besser vorher anrufen.

De Hirsch Residence at the 92nd St Y, 1395 Lexington Ave, St, NY 10128, ✆ 415-5650, ℻ 415-5578, ✉ dehirsch@92ndsty.org. Touristen müssen mindestens drei Nächte bleiben, EZ zu $75 und DZ zu $48 p.P. pro Nacht. Für Vollzeitstudenten, Berufstätige oder Praktikanten. Zimmer mit Schreibtisch für $835 pro Monat (bei Doppelbelegung $680 p.P.), Mindestaufenthalt zwei Monate, mit A/C etwas teurer. Gemeinschaftsbäder, Kochgelegenheiten und Waschmaschinen auf jeder Etage. Mehrere Monate im Voraus bewerben. Das *92nd St Y* ist für seine Literatur- und Musikveranstaltungen bekannt und bietet eine Reihe weiterer Aktivitäten.

Gershwin Hotel, 7 E 27th St, NY 10016, ✆ 545-8000, ℻ 684-5546. Neues Hostel / Hotel in guter Lage im Flatiron District, abseits der 5th Ave. 4- bis 12-Bett-Zimmer, $27 inkl. Steuern. 110 DZ mit Bad für $95–135 pro Nacht plus Steuern; Wochenenden kosten $12 extra inkl. Steuern. Die billigsten Zimmer haben weder TV noch Telefon, sind aber hell und sauber. In den meisten Fällen keine Reservierung möglich. Auf jüngere Reisende ausgerichtet, im Sommer Parties auf der begrünten Dachterrasse, kleine Bar, preiswertes Restaurant, freundliche Mitarbeiter. Sehr empfehlenswert. Was die Schlafgelegenheiten anbelangt, sollte man nur das Nötigste erwarten. Allerdings ist hier so viel los, dass es sich lohnt, einfach wach zu bleiben. Nähere Informationen zu den *Gershwin*-Zimmern auch unter „Hotels".

Hosteling International – New York, 891 Amsterdam Ave, Ecke W 103rd St, NY 10025, ✆ 932-2300, ℻ 932-2574. Das historische Gebäude in der Upper West Side bietet 480 Schlafsaalbetten. $22–29 für JH-Mitglieder (eine Mitgliedschaft kostet $18, für US-Bürger $25), $3 extra pro Nacht für Nichtmitglieder. Trotz der Größe immer gut belegt, daher mindestens eine Woche vorher reservieren. Für Studenten sind bis zu zweimonatige Aufenthalte möglich; DZ $400 p.P., EZ $550. Bibliothek, Küche, Aufenthaltsraum, Kaffeebar, großes Freigelände. Rund um die Uhr geöffnet.

International House of New York, 500 Riverside Drive, Ecke 122nd St, NY 10027, ✆ 316-8400. Studentenwohnheim der Columbia University, dient auch als Hostel. Günstige DZ mit Gemeinschaftsbad nur zur Weihnachtszeit und im Sommer, $40, bei Aufenthalten ab 15 Tagen $35. Ansonsten DZ mit Bad $105, EZ $95.

International House – Sugar Hill, 722 St Nicholas Ave, Ecke 145th St, NY 10031, ✆ 926-7030, ℻ 283-0108, ✉ sugarhill@hostelhandbook.com. Freundlich geführtes Hostel mit 25 Betten im sicheren Viertel zwischen Harlem und Washington Heights. $20 inkl. Steuern, rund um die Uhr geöffnet, kein Küchendienst. Einchecken 9–22 Uhr. Für August und September Reservierung erforderlich. Auch eine begrenzte Anzahl DZ, für die keine Reservierung möglich ist, zu $25 p.P. pro Nacht. U-Bahn Linie A oder D zur 145th St und gleich oberhalb der U-Bahnstation.

Jazz on the Park, 36 West 106th St, am Central Park West, NY 10025, ✆ 932-1600, ℻ 932-1700, 🖥 www.jazzhostel.com. Diese ein Jahr alte, lockere Herberge, nur einen Steinwurf vom Park entfernt, bietet einen TV/Spieleraum, Barbecues auf dem Dach, das Java Joint Café und weitere unzählige Aktivitäten. Die 2- bis 14-Bettzimmer mit A/C sind sauber und hell. Betten kosten $27–37 pro Nacht inkl. Steuern, Bettwäsche und einem kleinen Frühstück. Reservierungen erforderlich von Juni–Oktober und über Weihnachten und Neujahr.

McBurney YMCA, 24th St, Höhe 7th Ave, ✆ 741-9226, ℻ 741-8724. In Chelsea gelegen, direkt hinter der 23rd St, EZ kosten $57 oder $59, DZ $69, Dreibettzimmer $89 und Vierbettzimmer $100. A/C kostet $3 extra pro Nacht; Schlüsselkaution $5; eine Höchstgrenze von 25 aufeinanderfolgenden Tagen für jeden Aufenthalt. Gemeinschaftsduschen und -toiletten. Reservierungen von außerhalb nur mit Kaution in Höhe von $57 oder einer Kreditkarte zur Absicherung, und zwar mindestens zwei Wochen im Voraus. Die kostenlose Benutzung der Turnhalle, des Schwimmbeckens und der Sauna entschädigt nicht für die grimmige Anstaltsatmosphäre des Ortes, der nur als letzter Ausweg zu empfehlen ist.

Uptown Hostel, 239 Lenox Ave, Ecke 122nd St, ✆ 666-0559. Kleines Hostel in der Nähe des

Central Parks sowie der Clubs, Restaurants und Geschäfte in Harlem. 25–30 Betten, $14 p.P. Angemessen große Badezimmer auf dem Flur, Gemeinschaftsküche und angenehmer Gemeinschaftsraum. Im Sommer von 11–16 Uhr abgeschlossen. Sehr hilfsbereites Personal.

Vanderbilt YMCA, 224 E 47th St, zwischen 2nd und 3rd Ave, ✆ 756-9600. Kleiner und ruhiger als die meisten vorangegangenen Hostels; in Midtown, 5 Min. zu Fuß von Grand Central Station gelegen. Preiswertes Restaurant, Pool, Fitnessraum, Waschautomaten. DZ $81, EZ $68. Sämtliche Zimmer mit A/C; Behindertenzugang und Nichtraucherzimmer vorhanden.

Webster Apartments, 419 W 34th St, NY 10001, ✆ 967-9000 oder 800/242-7909, ✉ 268-8569. Hübsche Unterkunft nur für Frauen; dabei weniger für Touristinnen, sondern überwiegend für Frauen, die vorübergehend in der Stadt arbeiten. Die 390 EZ mit Gemeinschaftsbädern sind klein und zweckmäßig. Mehrere Aufenthaltsräume mit Klavier oder Stereoanlage, großer Speiseraum, Bibliothek, begrünte Dachterrasse; der Garten ist ein wahres Kleinod. Trotz der zentralen Lage ist die unmittelbare Umgebung eher uninteressant. Wochentags anrufen, um sich daraufhin persönlich vorstellen zu können. Pro Woche $162–199 je nach Einkommen, Sondertarife für Studentinnen und Praktikantinnen, täglich zwei Mahlzeiten und Zimmerservice inkl.; alle Preise vor Steuern. Pro Nacht $60 inkl. Frühstück.

Westside YMCA, 5 W 63rd St, ✆ 875-4173 oder 875-4273, ✉ 875-1334. Wunderbar gelegenes Y nahe Central Park und Lincoln Center, mit zwei Pools, Saunen und Fitnessraum. EZ $68/$95 pro Nacht (mit oder ohne Du/WC), DZ US$80/110; alle Zimmer mit A/C, frühzeitige Reservierung wird empfohlen.

Camping

Viel Geld sparen lässt sich mit dem Campen nicht, denn die in Frage kommenden Plätze liegen so weit außerhalb, dass die Transportkosten beträchtlich sind und der Besuch der Metropole um ein Vielfaches umständlicher ist. Für alle, die dennoch wild entschlossen sind:

Battle Row Campground, Claremont Rd, Old Bethpage, Long Island, ✆ 516/572-8690. Mit der *Long Island Railroad* erreichbar. ⏲ April–November, Zeltstellplatz $8.75, keine Reservierung möglich.

Hecksher State Park Campground, East Islip, Long Island, ✆ 516/581-2100. Schön gelegen und leichter zu erreichen als der *Battle Row*-Platz: von Penn Station mit dem Zug nach Long Island bis Great River Station. ⏲ Mitte Mai-Mitte Sept., $14 pro Zelt für bis zu 6 Personen. Ein Camper in jeder Gruppe muss über 21 sein.

Liberty Harbor, Liberty Harbor Marina, 11 Marin Blvd, Jersey City, NJ 07302, ✆ 1-800/646-2066. In New Jersey gelegen, direkt auf der gegenüberliegenden Seite des Hudson Rivers und vier Blocks nördlich der Grove St PATH Station. Von hier aus kommt man für nur $1 nach Manhattan – die wahrscheinlich beste Wahl. Ein Zeltstellplatz kostet $25, ein Wohnmobil oder Wohnwagen dagegen $40. Anfahrtsweg erfragen. Im Sommer Reservierungen sehr zu empfehlen.

Bed und Breakfast

Durch die Wahl von Bed and Breakfast kann man zu einem bezahlbaren Preis mitten in Manhattan wohnen. Man sollte allerdings keinen „Familienanschluss" erwarten. Wahrscheinlicher ist, dass man ein Zimmer mit eigenem Bad hat und die Vermieter kaum zu Gesicht bekommt, wenn man nicht ohnehin ein ganzes Apartment gemietet hat. Es hat nicht viel Sinn, loszumarschieren und nach B&Bs Ausschau zu halten: fast alle Zimmer werden über die nachstehenden Agenturen vermittelt. Reservierungen sollten so früh wie möglich erfolgen, besonders für die preiswerten Zimmer.

B&B-AGENTUREN – *Bed and Breakfast in Manhattan*, PO Box 533, NY 10150-0533, ✆ 472-2528, ✉ 988-9818. Zimmer $90–110, Wohnung $100–350. Die Inhaberin kennt ihre Gastgeber genau, so dass sie Wert auf ein Zusammenpassen der Leute legt, dabei werden individuelle Wünsche berücksichtigt. Seltener sind Angebote, bei denen man eine Etage für sich hat, die Vermieter aber im Haus wohnen – der Vorteil: jede Menge Platz und Privatsphäre, aber auch Ansprechpartner.

Bed and Breakfast Network of New York, Suite 602, 134 W 32nd St, NY 10001, ✆ 645-8134, Mo–Fr 8–18 Uhr. DZ $100–150, EZ $70–100; Apartments, auch mit mehreren Betten $120–450. Auch Wochen- und Monatspreise. Mindestens einen Monat im Voraus reservieren.

City Lights Bed und Breakfast, PO Box 20355, Cherokee Station, NY 10021, ✆ 737-7049, 535-2755. Über 400 sorgfältig ausgewählte Unterkünfte, viele Vermieter aus der Theater- und Kunstszene. DZ $90–135, EZ $90–115; Wohnungen je nach Größe $130–300. Mindestaufenthalt 2 Nächte. Lange im Voraus reservieren.

Gamut Realty Group, 301 E 78th St, Ground Floor, NY 10021, ✆ 879-4229 oder 800/437-8353, 517-5356, ✉ Gamut@GamutNYC.com, www.GamutNYC.com. Die Agentur faxt auf Wunsch Vorschläge oder schickt eine E-Mail. EZ / DZ $110–115; Einzimmerwohnungen $120–145, 2-Zimmerwohnungen ab $145. Angebote in ganz Manhattan, auch Luxusklasse oder Künstlerloft.

New World Bed und Breakfast, Suite 711, 150 5th Ave, NY 10011, ✆ 675-5600 oder 800/443-3800, 675-6366, EZ/DZ $85–110; Studios $90–165. Größere Wohnungen sind ab $130 erhältlich; Prospekt auf Anfrage.

Urban Ventures, Suite 1412, 38 W 32nd St; PO Box 426, NY 10024, ✆ 594-5650. nyurbanventures.com. Die erste und größte Agentur der Stadt mit DZ ab $75, mit Bad ab $95. Einzimmerwohnungen ab $105. Mindestaufenthalt für Zimmer 3 Nächte, für Wohnungen 4 Nächte. Auch kurzfristige Buchungen möglich.

West Village Reservations, 425 West 13th St, NY 10014, ✆ 614-3034, 674-3393, www.westvillagebb.com. Kleine Agentur für B&B/Kurzzeit-Apartments, spezialisiert auf Downtown-Unterkünfte in den westlichen Bezirken sowie im East Village. EZ $80–110; DZ $95–135; Apartments mit Selbstverpflegung $110–175.

B&B-UNTERKÜNFTE – *Bed und Breakfast on the Park*, ✆ 718/499-6115, 718/499-1385, www.bbnyc.com. 1892 erbaute, elegante Stadtvilla in Brooklyn mit Blick über den Prospect Park. 7 DZ für $125–275.

Chelsea Brownstone, ✆ 206-9237, 388-9985. Sandsteingebäude in Chelsea, angenehme Lage, ruhig und sicher. Familienbetrieb, Apartments $120 und $150 pro Nacht, Preisnachlässe bei Aufenthalten länger als einer Woche, mit TV, Telefon, Bad und Küche. Eine Wohnung mit Terrasse, eine mit Zugang zum Garten. Besser lange im Voraus reservieren, mit Glück sind auch kurzfristige Reservierungen möglich.

Foy House, ✆ 718/636-1492. Herrliches Sandsteingebäude von 1894 im Herzen von Park Slope, nur Nichtraucherzimmer für $95 mit Gemeinschaftsbad, mit Bad $125 sowie eine Garden Suite für $150. U-Bahn in der Nähe.

Inn at Irving Place, 56 Irving Place, NY 10003, ✆ 1-800/685-1447 oder 533-4600, 533-4611, www.innatirvingplace.com. $295–450 pro Nacht für eines der 20 Zimmer, von denen jedes nach einem berühmten Architekten, Designer oder Schauspieler benannt ist. Dieses ansehnliche Paar brauner Sandsteinhäuser aus dem Jahre 1834 zählt wohl zu den exklusivsten Gästehäusern der Stadt. Das von vielen Prominenten besuchte Inn bietet fünfgängige „*European Teas*" sowie die kostenlose Benutzung eines der nahe gelegenen Fitness-Studios. Ein ganz besonderer Ort für besondere Gelegenheiten.

New York Bed and Breakfast, 134 W 119th St, Ecke Lenox Ave, ✆ 666-0559, 663-5000. Hübsches Sandsteingebäude mitten in Harlem, unmittelbar nördlich des Central Park. Hübsche DZ für $45. Ein paar Blocks weiter liegt das angeschlossene *Uptown Hostel,* ab $14 (s.S. 270).

Hotels

Die Mehrzahl der Hotels findet sich in Midtown Manhattan. Hier ist man in der Nähe der Theater, der wichtigsten Sehenswürdigkeiten und des Central Park, aber nicht unbedingt im schönsten Stadtteil. Alternativen sind rar, aber wer vorhat, sich eher im Village oder in SoHo aufzuhalten, sollte sich ein Hotel in Downtown suchen. Die Upper West Side ist günstig für Leute, die ausgedehnte Museumsbesuche planen und Central Park und Lincoln Center auf dem Programm haben.

Grundsätzlich werden auf alle angegebenen Hotelpreise **Steuern** aufgeschlagen, die allerdings in den letzten Jahren in New York City und im Staate New York erheblich gesunken sind. Derzeit beträgt die Steuer für Hotelzimmer 13,25% (8,25% *state tax* plus 5% *city tax)*. Dazu kommt eine Durchreisesteuer *(occupancy tax)* von $2 pro Nacht. Bei einem angegebenen Zimmerpreis von $100, macht es zusätzliche $15 aus.

Bei den meisten Hotels ist kein **Frühstück** im Preis inbegriffen, wobei das *continental breakfast* immer mehr um sich greift, jedoch nicht der Rede wert ist. Wer extra zahlen muss, ist mit dem Diner um die Ecke besser bedient, s.S. 295, Essen. In der gehobenen Kategorie sollte ein großzügiges **Trinkgeld** einkalkuliert werden. Kofferträger, gegen die man meist machtlos ist, erwarten etwa $5 und beim Verlassen des Hotels machen ca. $2 pro Tag das übliche Trinkgeld für Zimmerpersonal aus. Minibars locken mit Getränken und Süßigkeiten zu astronomischen Preisen, und die Hotelshops verkaufen ihre Artikel zum Dreifachen des normalen Ladenpreises. Auch nach den Telefongebühren sollte man sich frühzeitig erkundigen. Einige Hotels berechnen für Anrufe unter gebührenfreien Nummern oder beim Benutzen einer Telefonkarte extra Gebühren.

Generell lassen sich Kosten einsparen, wenn ein Hotelzimmer mit drei oder vier Personen belegt wird. Dies ist in den USA durchaus üblich. Ein Zusatzbett wird meist problemlos für ca. $20 ins Zimmer gestellt. Bei längeren Aufenthalten lassen sich oft Wochenpreise vereinbaren, etwa sieben Übernachtungen zum Preis von sechs. Einige Hotels haben spezielle Wochenendangebote, seltener in der Zeit zwischen September und Weihnachten. Preisnachlässe werden auch in Form von Nebensaison-, **Sommer-Sonderpreisen**, Werbeangeboten oder Gruppentarifen gewährt. Praktisch jedes Hotelzimmer in New York ist mit einem Fernseher ausgestattet. Zudem gibt es in einigen teureren Hotels, vor allem in den kürzlich renovierten, neben CD-Playern und Videorecordern im Zimmer, eine Auswahl von CDs/Videos an der Rezeption, Modemanschlüsse, einen Fitnessraum und einen Sitzungsraum.

Die nachstehende Auflistung reicht von den preiswertesten Hotels bis zu den luxuriösesten oder gefragtesten. Bei Letzteren beschränkt sich die Auswahl auf einige erlesene Hotels, die etwas Besonderes zu bieten haben und wo man u.U. die erhöhten Preise gerne in Kauf nimmt. Erwähnenswert ist schließlich noch der letzte Schrei in Sachen Hoteldesign und -marketing: Das so genannte „Boutique"-Hotel. Diese in der Regel kleineren Einrichtungen im europäischen Stil bieten ein Maß an Komfort, Stil und Ambiente, das reichlich für die etwas bescheidenere Zimmergröße entschädigt.

In jeder Zweigstelle des NYC & Company Convention and Visitors Bureau ist die Broschüre *Hotels in New York City* mit einer vollständigen Liste inkl. Preisangaben erhältlich.

> Unsere **Preisangaben** beziehen sich auf das jeweils günstigste **Doppelzimmer inkl. aller Steuern**. Wir haben die Hotels in folgende Kategorien eingeteilt:
>
> | | |
> |---|---|
> | * | bis $130 |
> | ** | bis $160 |
> | *** | bis $200 |
> | **** | bis $250 |

RESERVIERUNGSZENTRALEN – *Accommodations Express*, ✆ 1-800/444-7666 oder 609/391-2100, 📠 609/525-0111, 🖥 www.accommodationsexpress.com.
CRS, ✆ 1-800/950-0232 oder 305/408-6100, 📠 305/408-6100, 🖥 www.reservation-services.com.
Express Reservations, Nur wochentags, ✆ 1-800/356-1123 oder 303/440-8481, 📠 303/440-0166, 🖥 www.hotel-res.com.

Hotel Reservations Network,
✆ 1-800/964-6835, 🖥 www.hotel-discount.com.
Meegan's Services, ✆ 1-800/441-1115 oder 718/995-9292, ✆ 718/917-6278.
The Room Exchange, 450 7th Ave, NY 10123, ✆ 1-800/846-7000 oder 760-1000, ✆ 760-1013, 🖥 www.hotelrooms.com. Nur wochentags.

DOWNTOWN – Südlich der 14th St: ***Cosmopolitan**,*** 95 West Broadway, NY 10007, ✆ 1-888/895-9400 oder 566-1900, ✆ 566-6909, 🖥 www.cosmohotel.com. Tolle TriBeCa-Unterkunft mit kleinen, erschwinglichen Zimmern in gepflegtem Zustand. Erstklassiges Preis-Leistungs-Verhältnis.

Holiday Inn Downtown***, 138 Lafayette St, Ecke Howard St, NY 10013, ✆ 966-8898 oder 800/HOLIDAY, ✆ 966-3933. Dieser eigenwillige Ableger der bekannten Kette ist unmittelbar nördlich der geschäftigen Canal St gelegen, am Übergang von Chinatown nach Little Italy. Nur einen Steinwurf von Soho und Tribeca entfernt, wo sich kaum Hotel befinden. Die Zimmer sind zwar etwas klein für den Preis, aber die Tarife schwanken je nach Belegung, so dass sich eine frühere Reservierung preislich lohnt.

Larchmont*, 27 W 11th St, zwischen 5th und 6th St, NY 10011, ✆ 989-9333, ✆ 989-9496. Idyllische Lage in einer Wohngegend mitten in Greenwich Village. Die Zimmer sind klein, aber liebevoll eingerichtet und sauber, mit TV, A/C, Telefon und Waschbecken. Kochgelegenheiten und Duschen auf jeder Etage. Preis inkl. *continental breakfast.* Sehr empfehlenswert.

Marriott Financial Center, ab $350, 85 West St, zwischen Carlisle und Albany St, NY 10006, ✆ 385-4900. Stilvolles Businesshotel mit Blick auf das World Trade Center, den Hudson River und den Hafen, das den hohen Preis allemal wert ist. Ausgezeichneter Service. An Wochenenden im Sommer Sonderpreise zu ****.

The Mercer, ab $350, 147 Mercer at Prince St, ✆ 1/888/918-6060; 966-6060, ✆ 965-3838. Das letzte Wort in Sachen dezenter „Boutique"-Chic. Die stilvollen Zimmer sind mit einfachen Möbeln, hohen Decken, Ankleideräumen und sehr geräumigen Bädern ausgestattet. Eine schöne Lobby, und die Mitarbeiter tragen Designer-Uniformen von Isaac Mizrahi. All dies im Herzen von SoHo.

Millennium Hilton, ab $300, 55 Church St, zwischen Fulton und Dey St, NY 10007, ✆ 693-2001 oder 800/752-0014. Für Geschäftsleute mit Spesenkonto, Sonderangebote ab $250 am Wochenende inkl. Frühstück. Vom Schwimmbad mit Glasdach Blick auf St. Paul's Chapel, von der Cocktailbar auf das World Trade Center Plaza. Luxuriös ausgestattete Zimmer, z.T. mit unvergesslichem Blick auf die Brooklyn Bridge. Eine etwas bessere Wahl als das nahe gelegene Marriott.

Off SoHo Suites*-****, 11 Rivington St, zwischen Christie St und Bowery, NY 10002, ✆ 979-9808 oder 800/OFF-SOHO, ✆ 979-9801, 🖥 www.offsoho.com. Preiswerte, kleine DZ mit Küchenzeile und Videorecorder, 2 DZ teilen ein Bad und können als Suite für 4 Personen gemietet werden. Benutzung von Waschmaschinen und Fitnessraum inkl. Gute Ausgangslage für Little Italy, East Village, Soho und Chinatown; die nähere Umgebung kann nach Sonnenuntergang ein wenig desolat wirken. Abends besser den vergünstigten Taxitransport nutzen.

Soho Grand Hotel, ab $350, 310 West Broadway, Grand St, NY 10013, ✆ 1-800/965-3000 oder 965-3000, ✆ 965-3200, 🖥 www.sohogrand.com. Gute Lage am Rande von SoHo, hier steigen Rockstars, Schauspieler und Models gerne ab. Äußerst freundlicher Service, schicke, wenn auch kleine Zimmer mit klassischen New York Fotografien aus einer ansässigen Galerie und einem Goldfisch, wenn man ihn wünscht. Das Hotel bietet zudem eine Bar, ein Restaurant und ein Fitnesscenter.

Washington Square**, 103 Waverly Place, NY 10011, ✆ 777-9515 oder 800/222-0418, ✆ 979-8373. Sehr gut gelegen, mitten in Greenwich Village am Washington Square Park. Die Zimmer sind mehr als angemessen, und einige bieten einen Blick auf den Park; in der Nähe des NYU Campus gelegen. *Continental breakfast* und Fitnessraum inkl. Im Sommer zwei Monate im Voraus reservieren.

**CHELSEA UND WEST SIDE –
14th bis 36th St:** *Allerton Hotel**,
302 W 22nd St, Ecke 8th Ave, NY 10011,
☎ 243-6017, 🖥 www.allerton-hotel.com.
Dieser Familienbetrieb in einer ruhigen, von Bäumen gesäumten Wohnstraße bietet Zimmer in angemessener Größe und gutem Zustand, einige davon mit Kochgelegenheit. Erstklassiges Preis-Leistungs-Verhältnis.
Arlington Hotel*-**, 18 W 25th St, zwischen 6th Ave und Broadway, NY 10010, ☎ 645-3990, 📠 633-8952. Von Chinesen geführtes Hotel nahe dem Madison Square Park; sehr günstige, saubere Zimmer, Frühstück inkl., 2 Suiten für 4 Personen.
Best Western Manhattan***, 17 W 32nd St, zwischen 5th Ave und Broadway, NY 10001, ☎ 1-800/567-7720 oder 736-1600, 📠 563-4007. Das frühere *Aberdeen Hotel* wurde kürzlich renoviert. Seine Lobby bietet eine willkommene ruhige Atmosphäre in diesem eher hektischen Teil der Stadt.
Chelsea Hotel**, 222 W 23rd St, zwischen 7th und 8th Ave, NY 10011, ☎ 243-3700, 📠 75-5531, 🖥 www.hotelchelsea.com. Berühmt sowohl für seine neugotische Architektur als auch für die illustren Gäste, die in der Vergangenheit hier abstiegen, von Dylan Thomas über Bob Dylan, Sid Vicious und Nancy Spungen (s.S. 108). Immer noch beliebt bei Musikern und Künstlern, viele Stamm- und Dauergäste, so dass man u.U. von den Sachen anderer Leute umgeben ist. Empfehlenswert sind die renovierten Zimmer mit Parkett und offenem Kamin; auch Suiten ab $250.
Chelsea Inn***, 46 W 17th St, NY 10011, ☎ 645-8989 📠 645-1903. Ein Hostel auch für längere Aufenthalte; mitten in Chelsea, nicht allzu weit von Greenwich Village. Der Service beschränkt sich aufs Notwendigste, zur Wahl stehen Zimmer, Studios und Suiten mit Kochgelegenheit.
Chelsea Savoy Hotel**, 204 W 23rd St, NY 10011 ☎ 929-9353, 📠 741-6309. Das einige Häuser entfernt vom Chelsea Hotel gelegene Savoy lässt den rockigen Charme seines Nachbarn gänzlich vermissen. Die etwas klein geratenen Zimmer sind allerdings sauber und schön eingerichtet, und das Personal ist hilfsbereit.

Comfort Inn Manhattan****, 42 W 35th St, NY 10001, ☎ 947-0200. Gutes Preis-Leistungs-Verhältnis, europäisches Luxus-Frühstück und Zeitungen. Das Management ist womöglich nicht sehr entgegenkommend. Sommer-Sonderpreise***.
Herald Square*-***, 19 W 31st St, zwischen 5th Ave and Broadway, NY 10001, ☎ 1-800/727-1888 oder 279-4017, 📠 643-9208, 🖥 www.heraldsquarehotel.com. Hier wurde die Zeitschrift *Life* aus der Taufe gehoben, über dem Eingang thront noch immer Philip Martinys Skulptur *Winged Life*. Innen ist es blitzsauber und es wirkt dadurch etwas steril. Drei- und Vierbettzimmer.
Pennsylvania Hotel***, 401 7th Ave, NY 10001, ☎ 1-800/223-8585 oder 736-5000, 📠 502-8712. Diese Telefonnummer (seit 1917 dieselbe!) kennt jeder von Glenn Millers Song *Pennsylvania six five thousand*. Gegenüber Madison Square Garden gelegen, bietet es heute alle Annehmlichkeiten, wodurch es jedoch etwas von seinem früheren Charme eingebüßt hat. Sommer-Sonderpreise**.
Southgate Tower, ab $250, 371 7th Ave, 31st St, NY 10001, ☎ 1-800/ME SUITE oder 563-1800, 📠 465-3697. Gegenüber Penn Station und Madison Square Garden, gehört zur hervorragenden *Manhattan East Suite*-Kette. Alle Zimmer mit Küche.
Stanford***, 43 W 32nd St, zwischen Broadway und 5th Ave, NY 10001, ☎ 1-800/365-1114 oder 563-1500, 📠 629-0043. Sauberes und preiswertes Hotel in Little Korea, mit Waschküche, einer Cocktail-Lounge und europäischem Frühstück inkl. Gute koreanische Küche im *Gam Mee Ok*.
Wolcot***, 4 W 31st St, zwischen 5th Ave und Broadway, NY 10001, ☎ 268-2900. Vier Blocks von der Penn Station, mit einer reich verzierten Lobby, einfach, aber sauber, Zimmer mit Bad, A/C und TV. Überraschend angenehmes Budgethotel. Für die Preisklasse sehr guter Standard. Gelegentliche Sonderpreise**.

MIDTOWN EAST – 14th bis 45th St: *Carlton*****, 22 E 29th St, Ecke Madison Ave, NY 10016, ☎ 1-800/542-1502 oder 532-4100,

☎ 889-8683, 🖥 www.carlton-hotelny.com. Ein preisgünstiges, hübsch modernisiertes Beaux-Arts-Gebäude in Murray Hill, einer sicheren Wohngegend, gutes Preis-Leistungs-Verhältnis. Zimmer- und Wäscheservice sind in dieser Kategorie sonst eher unüblich. Das Carlton wird zur Zeit renoviert, einschließlich Verlegung des Eingangs in die Madison Ave, was wohl zu einem Preisanstieg führen wird. Sommer-Sonderpreise***.

Carlton Arms*, 160 E 25th St, zwischen 3rd und Lexington Ave, NY 10010, ☎ 679-0680. Hat gute Chancen, zum jüngsten In-Treff zu avancieren, wilde Stilmischung, ein Minimum an Komfort, viele Europäer, abgebrannte Künstler und Dauergäste – nicht jedermanns Sache. Preisnachlass für Studenten und Ausländer, ab 7 Übernachtungen 10% Rabatt. Im Sommer weit im Voraus reservieren.

Doral Park****, 70 Park Ave, Ecke 38th St, NY 10016, ☎ 1-800/223-6725 oder 687-7050, 📠 808-9029, 🖥 www.doralparkavenue.com. Eines der beeindruckendsten Luxushotels. Mehrere Millionen Dollar wurden in die Renovierung gesteckt, die Wandmalereien restauriert und die ursprüngliche Einrichtung wiederhergestellt. Ausgezeichneter Service.

Gershwin Hotel*, 7 E 27th St, NY10016, ☎ 545-8000, 📠 684-5546. Sehr empfehlenswert. Ein Hotel für junge Leute abseits der 5th Ave im Flatiron District, auch Hostel s.S. 270. Es gibt 110 DZ mit Bad zu $95 und $135 pro Nacht plus Steuern; Wochenenden kosten $12 extra. Das fantasievolle Gershwin im Pop-Art-Stil hat einen Dachgarten, wo am Wochenende Partys stattfinden. Mit kleiner Bar, einem preisgünstigen Restaurant und freundlichen Mitarbeitern. Lange im Voraus reservieren.

Gramercy Park***, 2 Lexington Ave, 21st St, NY 10010, ☎ 1-800/221-4083; 475-4320, 📠 505-0535. Nettes Hotel, perfekte Lage in einer reizvollen Gegend neben dem einzigen Privatpark der Stadt (nur für Anwohner mit Schlüssel zugänglich), beliebt bei Europäern. Bietet eine ungeahnte New Yorker Barszene: Ein gemischtes Publikum aus Hotelgästen, Einheimischen und Pressevolk trifft sich auf einen starken Drink. Nichtraucherzimmer auf Anfrage, allerdings nicht garantiert. Einige renovierte Zimmer, andere renovierungsbedürftig. Familien-Suiten mit einem Schlafzimmer****. Linie 6 liegt einen Block weiter.

Grand Union*, 34 East 32nd St, zwischen Madison and Park Ave, ☎ 683-5890, 📠 689-7397. Komfortables Budgethotel, kürzlich renoviert. Schön gelegen und preisgünstig; ein guter Tipp für diejenigen, die sich nicht an seiner glanzlosen Erscheinung stören.

Jolly Madison Towers****, Madison Ave, 38th St, NY 10016, ☎ 802-0600, 📠 447-0747. Hotel einer italienischen Kette mit ruhigen, sauberen, recht geräumigen Zimmern und der Whaler Bar im Seemannsstil. Gelegentliche Sonderpreise***.

Madison Hotel**, 21 E 27th St, zwischen Madison and 5th, NY 10017, ☎ 1/800-9MADISON oder 532-7373, 📠 686-0092, 🖥 www.madisonhotel.com. Saubere, wenn auch einfache Zimmer, alle mit A/C und Bad, kostenloses europäisches Frühstück inklusive. Gutes Preis-Leistungs-Verhältnis.

The Metro****, 45 W 35th St, NY 10001, ☎ 1-800/356-3870 oder 947-2500, 📠 279-1310, 🖥 www.hotelmetronyc.com. Ein sehr stilvolles Hotel, kürzlich renoviert, wunderschöne Dachterrasse, großzügiger Gemeinschaftsraum, saubere Zimmer und das äußerst empfehlenswerte *Metro Grill*-Restaurant im Erdgeschoss. Sommer-Sonderpreise***.

Morgans, ab $300, 237 Madison Ave, zwischen 36th and 37th Sts, NY 10016, ☎ 1-800/334-3408; 686-0300, 📠 779-8352. Eine der schicksten Unterkünfte der Stadt, von den Begründern des legendären *Studio 54* betrieben. Die dezente Einrichtung stammt von André Putnam, die Angestellten sind von Calvin Klein und Armani eingekleidet. Die 80er-Jahre-Gestaltung in Schwarz-Weiß-Grau wirkt inzwischen etwas kühl, aber die Stars beehren diesen Ort immer noch, wenn man sie auch kaum zu Gesicht bekommt. Jedes Zimmer hat einen Whirlpool, eine große Stereoanlage und Kabel-TV. Wochenendangebote ab $250.

Murray Hill Inn*, 143 E 30th St, zwischen Lexington und 3rd Ave, NY 10016, ☎ 1-888/996-6376 oder 683-6900, 📠 545-0103, 🖥 www.

murrayhillinn.com. In ruhiger Wohngegend, beliebt bei jungen Touristen und Rucksackreisenden, freundliche Mitarbeiter. Kleine, einfache Zimmer, dafür mit A/C, Telefon, Kabel-TV und Waschbecken, einige auch mit Bad. Zimmerpreise: EZ $75, DZ $95 mit Gemeinschaftsbad, $125 mit eigenem Bad, Aufpreis bei mehr als zwei Personen in einem Zimmer. Auch Wochenpreise für EZ.

Quality Hotel 5th Avenue, ab $250, 3 E 40th St, zwischen 5th und Madison, NY 10016, ℡ 1-800/228-5151 oder 447-1500. Hotel einer kanadischen Kette im Motel-Stil mit hilfsbereiten, freundlichen Mitarbeitern. Geschmackvoll eingerichtete, helle Zimmer, gemütliche Lounge, Restaurant, Sonderpreise***.

Roger Williams, ab $300, 131 Madison Ave, Ecke 31st St, NY 10016, ℡ 1-877/847-4444 oder 448-7000, ℻ 448-7007, 🖳 www.rogerwilliamshotel.com. Durch seine „Boutique"-Renovierung in Höhe von $2 Millionen wurde das Hotel bis auf die Madison Avenue vergrößert, und die Preise schossen gewaltig in die Höhe. Dennoch sind Rafael Vinoly's sanfte skandinavisch-japanischen gehaltenen Zimmer und die gerillten Zinksäulen in der Lobby den höheren Preis wert. Gelegentlich Sommer-Sonderpreise****.

Seventeen*, 225 E 17th St, zwischen 2nd und 3rd, NY 10003, ℡ 475-2845, ℻ 677-8178. Eine echte Billigunterkunft. Spärlich eingerichtete Zimmer und die Gemeinschaftsbäder haben schon einmal besser ausgesehen. Dennoch sauber und freundlich, und Preis und Lage unschlagbar: in einer hübschen, baumgesäumten Straße – nur wenige Blocks vom East Village entfernt. Wochenpreise inkl. Steuern $467 für ein EZ oder $580 für ein DZ. Pro Nacht zahlt man inkl. Steuern $75 für ein EZ oder $90 für ein DZ.

Shelburne Murray Hill, ab $250, 303 Lexington Ave, zwischen 37th und 38th, NY 10016, ℡ 1-800/ME SUITE oder 689-5200, 🖳 www.mesuite.com. Nobelhotel in der vornehmsten Ecke von Murray Hill. Alle Zimmer haben Kochgelegenheiten, und das *Secret Harbour Bistro* veranstaltet jeden Mittwoch und Donnerstag ein Maryland-Krabben-Essen. Sonderpreise ab***.

Thirty-One*-**, 120 E 31st St, zwischen Lexington und Park, NY 10016, ℡ 685-3060, ℻ 532-1232. Ein neues Hotel in Murray Hill von den Inhabern des *Seventeen*. Die Zimmer sind sauber und die Straße ruhig und angenehm. Gemeinschaftsbad oder Zimmer mit Bad.

UN Crowne Plaza, ab $350, 304 E 42nd St, zwischen 1st und 2nd Ave, NY 10017, ℡ 986-8800, ℻ 986-1758. Eines der schickeren Hotels in der Nähe der Grand Central Station. Es liegt im außergewöhnlichen Wohnviertel Tudor City, das in den 20er Jahren entstand. Die luxuriösen Zimmer haben Minibar, Marmorbad und Kabel-TV mit Spielfilmwahl. Sauna und Fitnessraum im Haus, perfekter Service. Sonderpreise****.

MIDTOWN WEST – 36th bis 60th St: *Algonquin*, ab $300, 59 W 44th St, zwischen 5th and 6th Ave, NY 10036, ℡ 1-800/555-8000 oder 840-6800. New Yorks legendärer Literatentreff, mit dem Namen wie Dorothy Parker, Bernard Shaw und Irving Berlin assoziiert werden. An der Gestaltung wurde seither kaum etwas verändert, nur die Zimmer wurden renoviert. Im Sommer und an Wochenenden Sonderpreise****.

Ameritania Hotel****, 230 W 54th St, Broadway, NY 10019, ℡ 1-800/922-0330 oder 247-5000, 🖳 www.ameritaniahotel.com. Ausgeflippter Stil und gute Ausstattung, Zimmer mit Marmorbad, Kabel-TV und CD-Player. Von der klassizistischen Hightech-Lobby geht es zur Restaurant-Bar. Im Juli/August Sonderpreise***.

Amsterdam Court Hotel*, 226 W 50th St, zwischen Broadway und 8th, NY 10019, 10019, ℡ 1-800/341-9889 oder 459-1000, ℻ 265-5070. Gute Lage und sehr günstige Preise, wird zur Zeit auf Hochglanz renoviert, wodurch die Preise ansteigen. Immer noch einen Versuch wert.

Best Western Ambassador****, 132 W 45th St, zwischen 6th Ave und Broadway, NY 10036, ℡ 1-800/242-8935 oder 921-7600, ℻ 719-0171. Das frühere *Chatwal Inn* ist eine Oase der Ruhe am Rande des Theater Districts, einem belebten Stadtteil. Große Suiten in englischer georgianischer Tradition für bis zu 4 Personen. Europäisches Frühstück inkl. Sonderpreise**.

Best Western President**, 234 W 48th St, zwischen 8th Ave und Broadway, NY 10036, ✆ 1-800/826-4667 oder 246-8800 ℻ 974-3922. Gediegenes Hotel mit angemessenen Preisen, einem italienischen Restaurant und kleinen, renovierten Zimmern.

Best Western Woodward**, 219 W 55th St, am Broadway, NY 10019, ✆ 1-800/336-4110 oder 247-2000. Kürzlich renoviertes Beaux-Arts-Gebäude, nahe dem Museum of Modern Art.

Broadway Inn**, 264 W 46th St, NY 10036, ✆ 997-9200 oder 800-826-6300, ℻ 768-2807. Gemütliches, kleines Hotel im Theater District, an der Ecke zur reizlosen 8th Ave, aber nur einen Katzensprung vom Times Square und der Restaurant Row entfernt. Nette Zimmer mit Bad, inkl. europäischem Frühstück, im Restaurant zahlen Hausgäste 20% weniger.

Comfort Inn Midtown**, 129 W 46th St, zwischen 6th und 7th Ave, NY 10036, ✆ 1-800/567-7720 oder 221-2600, ℻ 764-7481. Völlig stilloses, aber blitzsauberes Hotel nahe dem Times Square. Sonderpreise*.

Edison**, 228 W 47th St, westlich des Broadway, NY 10036, ✆ 1-800/637-7070 oder 840-5000, ℻ 596/6850, 🖳 www.edisonhotel-nyc.com. Wunderschön restaurierte Art déco-Lobby von 1931. Alle auffällig durchgestylten 1000 Zimmer wurden vor kurzem renoviert.

Essex House, ab $300, über $250, 160 Central Park South, zwischen 6th und 7th Ave, NY 10019, ✆ 1-800/WESTIN-1 oder 247-0300, ℻ 315-1839. *Das* Hotel für eine besondere Gelegenheit, von den neuen japanischen Inhabern im ursprünglichen Art déco-Stil wieder hergerichtet. Die besten Zimmer bieten einen großartigen Blick auf den Central Park. Trotz des perfekten Service ist die Atmosphäre keineswegs steif oder förmlich. Sommer-Sonderpreise****.

Gorham, ab $250, 136 W 55th St, zwischen 6th und 7th Ave, NY 10019, ✆ 1-800/735-0710 oder 245-1800, ℻ 582-8832. Hotel im europäischen Stil, das seinen Preis wert ist und am Rande des Zentrums liegt – nahe Central Park und dem Museum of Modern Art. Alle Zimmer mit Küchen zur Selbstverpflegung; Suiten mit Whirlpools. Gelegentliche Sonderpreise****.

Helmsley Windsor**, 100 W 58th, zwischen 6th und 7th Ave, NY 10019, ✆ 1-800/221-4982 oder 265-2100, ℻ 315-0371. Wie alle *Helmsley Hotels* strahlt das *Windsor* eine angenehm altmodische Atmosphäre aus, alle Zimmer mit jeder Menge Extras. In der reich verzierten, holzgetäfelten Lobby wird der Morgenkaffee serviert. Der Central Park ist gut zu Fuß zu erreichen. Sommer-Sonderpreise***.

Howard Johnson Plaza**, 8th Ave, 52nd St, NY 10019, ✆ 581-4100. Keineswegs ein konturloses Kettenhotel; die Zimmer sind geräumig und geschmackvoll gestaltet. „Beefsteak Charlie's"-Restaurant im Hause.

Iroquois, ab $250, 49 W 44th St, zwischen 5th und 6th Ave, NY 10036, ✆ 840-3080, ℻ 398-1754. Einst ein Zufluchtsort für abgerissene Rockbands und planlose Rebellen. Neuentstehung als etwas stickiges „Boutique"-Hotel mit medizinischem Versorgungszentrum, Bibliothek und Fünf-Sterne-Restaurant. Sommer-Sonderpreise****.

Mansfield**, 12 W 44th St, NY 10036, 1-877/847-4444, ✆ 944-6050, ℻ 764-4477, 🖳 www.mansfieldhotel.com. Eine „Boutique"-Umgestaltung hat das einst eher schäbige, erfolglose Haus am Rande des Zentrums in eines der schönsten Hotels der Stadt verwandelt. Mansfield, der Sieger des *1997 Interiors Magazine Best Hotel Design*, bietet sowohl Größe als auch Intimität. Der Salon mit Kupferkuppel, die gesellige Bibliothek, die Jazznächte sowie Tamara de Lempickas „Polo Player", die die Gäste an der Rezeption willkommen heißen, verleihen dem Ort eine charmante, etwas skurrile Atmosphäre – vielleicht ein Spiegel der Zeit um die Jahrhundertwende, damals galt es als ein Treffpunkt der erlesensten jungen Herren.

Marriott Marquis**, 1535 Broadway, 45th St, NY 10036, ✆ 398-1900. Das riesige *Marquis* ist ideal für Konferenzen und Tagungen. Eine Fahrt mit dem gläsernen Aufzug in New Yorks einzige rotierende Bar und Restaurant lohnt sich allemal, aber die Zimmer sind im Vergleich zum Preis etwas zu bescheiden.

Mayfair****, 242 W 49th St, zwischen Broadway und 8th Avenue, NY 10019, ✆ 1-800/556-2932 oder 586-0300, ✇ 307-5226, 🖥 www.mayfairnewyork.com. Dieses neue Nichtraucher-Hotel im „Boutique"-Stil gegenüber der St. Malachay Actor's Chapel bietet wunderschön eingerichtete Zimmer, sein eigenes Restaurant und die charmante Atmosphäre „alter Zeiten", dies wird noch durch die Ausstellung historischer Fotografien aus dem Museum of the City of New York unterstrichen. Sommer-Sonderpreise**.

Michelangelo, ab $300, 152 W 51st St, zwischen 6th und 7th Ave, NY 10019, ✆ 1-800/237-0990 oder 765-0505, ✇ 541-6604. Seit neuestem einer italienischen Kette zugehörig, die jede Menge Marmor verwendet hat, um einen Palazzo am Broadway zu erschaffen. Bei den riesigen, luxuriösen Zimmern hat man die Wahl zwischen Art déco, Empire oder französischem Landhausstil. Am Wochenende oder an Feiertagen Sonderpreise ab $250.

Milford Plaza***, 270 W 45th St, Höhe 8th Ave, NY 10036, ✆ 1-800/221-2690 oder 869-3600, ✇ 768-0847. Winzige Zimmer und unpersönliche Atmosphäre, aber die „Lullabuy of Broadway"-Angebote sind bei Theaterfreunden sehr beliebt.

Millenium Broadway, ab $300, 145 W 44th St, zwischen Broadway und 6th St, NY 10036, ✆ 1-800/622-5569 oder 768-4400, ✇ 768-0847. Schwarzer Marmor und Deckengemälde dominieren die elegante Lobby, die traumhaften Zimmer sind in gebrochenem Weiß gehalten. Wem die (zwar gerechtfertigten) Zimmerpreise zu hoch sind, der kann vielleicht nach dem Theater hier zu Abend essen. Gelegentlich Sonderpreise ab $250.

Novotel, ab $300, 226 W 52nd St, Broadway, 10019, ✆ 315-0100, ✇ 765-5369. Großes, aber keineswegs anonymes Kettenhotel mit diversen Einrichtungen. Kunstvoll gestaltet, hervorragende Küche. Auch behindertengerechte Zimmer. Sommer-Sonderpreise ab $250.

Paramount, ab $250, 235 W 46th St, zwischen Broadway und 8th Ave, NY 10036, ✆ 764-5500. Seit einigen Jahren *der* In-Treff, beliebt bei Popstars und Medienleuten, denen das Philippe-Starck-Design gefällt. Nett gemacht und immer gut besucht sind die Ableger von *Dean and DeLuca*, die *Whiskey Bar* und das neu eröffnete Restaurant *Coco Pazzo Teatro*. Sommer-Sonderpreise****.

Park Savoy***, 158 W 58th St, zwischen 6th und 7th Ave, NY 10019, ✆ 245-5755. Gemütliche Zimmer, alle mit Bad, und nur einen Block vom Central Park entfernt. Dieses Hotel bietet einen hohen Standard für diese Gegend.

Plaza, ab $365, 768 5th Ave, Höhe Central Park South, NY 10019, ✆ 800/527-4727 oder 759-3000, ✇ 546-5234. Der Inbegriff des Luxushotels. Die Zimmerpreise sind vor allem durch die Architektur gerechtfertigt, die an ein französisches Schloss erinnert. Sie reichen bis zu $15 000 (!) für eine Suite – plus Steuern, versteht sich.

Portland Square*-**, 132 W 47th St, zwischen 6th und 7th Ave, NY 10036, ✆ 1-800/388-8988 oder 382-0600 ✇ 382-0684, 🖥 www.portlandsquarehotel.com. Theaterhotel seit 1904, hier wohnte schon James Cagney. Bietet mehr Komfort als das Schwesterhotel *Herald Square*, ist aber immer noch ein Budgethotel, in dem sich ein paar Nächte, wenn auch keine Tage verbringen lassen. Drei- und Vierbettzimmer**.

Quality Midtown***, 59 W 46th St, zwischen 5th und 6th Ave, NY 10036, 1-800/567-7720, ✆ 719-2300, ✇ 790-2760. Nahe Diamond Row und Rockefeller Center. Alle Zimmer in diesem vergleichsweise preiswerten Kettenhotel haben Bad, Kabel-TV und Telefon. Inkl. europäischem Frühstück.

Royalton, ab $300, 44 W 44th St, zwischen 5th und 6th Ave, NY 10036, ✆ 1-8000/635-9013 oder 869-4400, ✇ 869-8965. Unter demselben Management wie das *Paramount* will auch das *Royalton* mit Philippe-Starck-Design eine anspruchsvolle Klientel anziehen und wäre gern das *Algonquin* der 90er. Hier trifft sich New Yorks Medienwelt zum Lunch. Gelegentliche Sonderpreise ab $250.

St Moritz on the Park***, 50 Central Park South, 5th St, zwischen 5th und 6th Ave, NY 10019, ✆ 1-800/444-4786 oder 755-5800, ✇ 688-6619. Wer für den Blick auf den Central Park keine $400 ausgeben will, sollte sich hier einquartieren. Die Zimmer sind winzig, aber man kann sich in *Max's Bar* aufhalten.

Salisbury*, 123 W 57th St, NY 10019, ✆ 246-1300. Guter Service, große Zimmer und Nähe zum Central Park sind die Pluspunkte dieses kürzlich renovierten Hotels. Ein gutes Preis-Leistungs-Verhältnis.

Warwick, ab $300, 65 W 54th St, 6th Ave, NY 10019, ✆ 1-800/223-4099 oder 247-2700. Für die Stars der 50er und 60er war das *Warwick* ein Muss: Cary Grant, Rock Hudson, die Beatles, Elvis Presley und Kennedy stiegen hier ab. Die Showbiz-Zeiten sind vorbei, aber die riesigen Zimmer mit Blick auf die 6th Ave und die elegante Lobby sowie das *Ciao Europa* Restaurant und *Randolph's* Cocktail-Lounge lohnen noch immer einen Aufenthalt. Die Angestellten sind hilfsbereit und freundlich. Sommer-Sonderpreise****.

Wellington***, 7th Ave, Ecke 55th St, NY 10019, ✆ 1-800/652-1212 oder 247-2700, ✉ 581-1719, 🖳 www.wellingtonhotel.com. Die funkelnde, verspiegelte Lobby ist das Ergebnis der jüngsten Renovierung, bei der auch die Zimmer neu gestaltet wurden. Einige mit Kochecke, Familienzimmer mit 2 Bädern. Nahe Carnegie Hall und Lincoln Center, für die Gegend ein selten günstiges Angebot.

Westpark*, 308 W 58th St, zwischen 8th und 9th Ave, NY 10019, ✆ 1-800/248-6440 oder 246-6440, ✉ 246-3131. Die besten Zimmer mit Blick auf den Columbuscircle und die Südwestecke des Central Park. Obwohl die Mitarbeiter nicht gerade die aufmerksamsten sind, für die Gegend dennoch ein guter Preis. Das Lincoln Center ist leicht zu erreichen.

Wyndham**, 42 W 58th St, zwischen 5th und 6th Ave, NY 10019, ✆ 1-800/257-1111 oder 753-3500, ✉ 754-5638. Die Stammgäste des Hotels – viele Broadway-Schauspieler – haben alle ihre Lieblingszimmer und -suiten, die sehr unterschiedlich eingerichtet sind. Alle Zimmer sind groß und gemütlich, und man fühlt sich beinahe wie in einer Privatwohnung. Sommer-Sonderpreise*.

MID UND UPPER EAST SIDE – East 45th St bis East 92nd St:

Beekman Tower, ab $300, 3 Mitchell Place, 49th St, Ecke 1st Ave, NY 10017, 1-800/ME-SUITE, ✆ 355-8018, ✉ 465-3697. Zählt zu den teureren Unterkünften der *Manhattan East Suite*-Hotelketten und ist auch eine der stilvollsten. Alle Zimmer sind Suiten und haben komplett ausgestattete Küchen. Das Art déco-Restaurant *Top of the Towers* im obersten Stock bietet eine großartige Aussicht über die East Side. Gelegentlich Sommer-Sonderpreise***, Wochenendpreise und Sonderpreise für längere Aufenthalte.

Box Tree, ab $250, 250 E 49th St, zwischen 2nd und 3rd Ave, NY 10017, ✆ 758-8320, ✉ 308-3899. Die beiden benachbarten Stadthäuser aus dem achtzehnten Jahrhundert mit 13 eleganten Zimmern und Suiten zählen zu New Yorks ausgefallensten Unterkünften. Zimmer mit Festbeleuchtung und bis ins Detail im ägyptischen, chinesischen oder japanischen Stil eingerichtet. Ein Restaurantgutschein über $100 für Wochenenden ist im Preis enthalten.

Drake****, 440 Park Ave, Höhe 56th St, NY 10022, ✆ 421-0900. First-Class-Hotel der *Swissotel*-Kette, mit belebter Cocktailbar und exklusivem französischen Restaurant, Whirlpool und Fitnessraum. Ehemaliges Wohngebäude, daher sehr große Zimmer.

Elysée****, 60 E 54th St, NY 10022, ✆ 753-1066. Früher berühmt für seine exzentrische, theatralische Atmosphäre, wurde das Elysee unter der neuen Leitung leider völlig umgestaltet und bietet jetzt ein eher gediegenes Ambiente der gehobenen Klasse; nahe der 5th Ave und mit einer großartigen Bar. Wer es sich leisten kann, wird sich hier wohl fühlen.

Fitzpatrick Manhattan, ab $250, 687 Lexington Ave zwischen 56th und 57th St, NY 10022, ✆ 355-0100 oder 1-800/367-7701, ✉ 355-1371. Dieses schmucke Hotel unter irischer Leitung und mit irischer Innendekoration wurde 1991 eröffnet. Gute Lage zum Shoppen in Midtown, für die Museen der Upper East Side und den Central Park. Deftiges irisches Frühstück gibt es den ganzen Tag über. Auch Wochenendpreise.

Habitat*-***, 130 E 57th St, zwischen Lexington und Park Ave, NY 10022, ✆ 1-800/255-0482 oder 753-8841, ✉ 829-9605, 🖳 www.stayinny.com. Das frühere *Allerton House*, einst nur für Frauen, ist zentral in einem sehr noblen Teil der Stadt gelegen. Seine Zimmer sind klein, aber dennoch genau bemessen. Das Hotel wurde zur Zeit der Recherche umgestaltet, daher könnten die Preise nach Beendigung der Arbeiten angestiegen sein.

Lowell, ab $350, 28 E 63rd St, NY 10021, ✆ 838-1400. Angeblich hat Madonna, als sie hier wohnte, so viel trainiert, dass eigens eine Suite mit Fitnessgeräten ausgestattet wurde. Nachdem auch Roseanne und Tom Arnold darin residierten, kann das heute jeder – für nur $815 zzgl. Steuern. Dafür hat man eine herrliche Aussicht, einen offenen Kamin und ist vor den Fans sicher.

Lyden House, ab $250, 320 E 53rd St, zwischen 1st und 2nd Ave, NY 10022, ✆ 888-6070. Das am exklusiven Sutton Place gelegene Hotel ist eines der freundlichsten der *Manhattan East Suite*-Kette, selbst die kleinsten Suiten bieten genügend Platz für 4 Personen (die 3. und 4. Person zahlen je $20), alle Suiten haben Küche mit Essecke, das Zimmerpersonal spült. Preise der Nebensaison****.

Mark, über $250, Madison Ave, Ecke E 77th St, NY 10021, ✆ 744-4300 ✆ 744-2749. Eines der wenigen Hotels in New York, das der für sich beanspruchten Klasse und Eleganz wirklich gerecht wird. Seit neuestem ist die Lobby mit Biedermeier-Möbeln und italienischen Leuchten geschmückt. Auch für die Gestaltung der Zimmer, des Restaurants und der einladend schummrigen *Mark's Bar* war nur das Beste gut genug.

Pickwick Arms*, 230 E 51st St, NY 10022, ✆ 355-0300. Äußerst angenehmes Budgethotel, eines der besten Angebote der East Side. Alle 400 Zimmer mit A/C, Kabel-TV, Telefon und Zimmerservice. Dachterrasse mit fantastischer Aussicht und Café. Ein EZ mit Gemeinschaftsbad kostet $75.

Pierre, ab $300, 795 5th Ave, Ecke 61st St, NY 10021, ✆ 1-800/322-3442, 1-800/268-6282 oder 940-8101, ✆ 758-1615. Nach wie vor eines der Tophotels in New York, das wahren Luxus bietet. Dalí wohnte hier, aber surreal sind heute nur noch die Preise. Zumindest einen Tee in der mit Fresken verzierten *Rotunda* oder ein Frühstück im *Café Pierre* kann man sich gönnen.

Roger Smith, ab $250, 501 Lexington Ave, 47th St, NY 10017, ✆ 1-800/445-0277 oder 755-1400, ✆ 319-9130. Eines der besten Hotels in Midtown mit sehr zuvorkommendem Service, individuell gestalteten Zimmern, Restaurant und Jazzbar. Im Eingangsbereich sind Gemälde und Skulpturen ausgestellt. Frühstück inkl., die meisten Zimmer haben Kühlschrank, Kaffeemaschine und Videorecorder (die Hausvideothek bietet 2000 Filme). Sommer-Sonderpreise***.

Roosevelt, ab $250, E 45th St, Madison Ave, NY 10017, ✆ 1-888-TEDDY NY oder 661-9600, ✆ 885-6161. Seine Glanzzeit hatte das *Roosevelt* während des Eisenbahnzeitalters, die nahe gelegene Grand Central Station für ein volles Haus sorgte. Es wurde umfassend renoviert und bietet neue Suiten und entsprechende Preise. Nette, wenn auch konventionelle Bar und Restaurant. Sommer-Sonderpreise****.

San Carlos**,** 150 E 50th St, zwischen Lexington und 3rd Ave, NY 10022, ✆ 1-800/722-2012 oder 755-1800, ✆ 688-978, 🖥 www.sancarlos-hoel.com. Günstige Lage nahe mehrerer Bars und Restaurants, große Zimmer mit Küchenzeile. Gute Ausweichmöglichkeit, wenn sonst nichts mehr geht. Sommer-Sonderpreise***.

Sherry Netherland, ab $350, 781 5th Ave, NY 10022, ✆ 355-2800. Im Falle eines Lottogewinns sollte man sich hier eine ganze Etage mieten und dauerhaft einziehen. Der Service erfüllt jeden auch noch so ausgefallenen Wunsch. Viele Hausgäste. Zimmerservice von Harry Cipriani, einem bekannten New Yorker Gastronomen.

Surrey, ab $300, 20 E 76th St, NY 10021, ✆ 288-3700. Piekfeines *Manhattan East Suite*-Hotel mitten auf der Museumsmeile, Fitnesscenter.

W, ab $300, 541 Lexington Ave, zwischen 49th und 50th St, NY 10022, ✆ 755-1200, ✆ 319-8344. Orientiert man sich am Publikum, das sich in der *Whiskey Blue* Bar trifft, im *Heartbeat* speist oder einfach am Straßenrand posiert. Das *W*, das seine Türen im Dezember 1998 öffnete, kann gut und gerne als eines der angesagtesten Nachtquartiere der Stadt gelten. Saubere, elegante Zimmer. Wochenendpreise ab $250.

Waldorf-Astoria, ab $350, 301 Park Ave, E 50th St, NY 10022, ✆ 1-800/WALDORF oder 355-

3000, ✆ 872-7272. Einer der großen Namen unter New Yorks Hotels. Traumhafter Ort, der wieder in der Pracht der 30er Jahre erstrahlt, leider nur für Reiche oder Geschäftsreisende. Gelegentlich Sonderpreise****.
Wales, ab $250, 1295 Madison Ave, Ecke 92nd St, NY 10128, ✆ 1-877/847-4444 oder 876-6000. Schon fast in Spanish Harlem, strahlt aber deutlich die Atmosphäre der Upper East Side aus. Für den hohen Standard sehr gute Preise. Die eichengeschnitzten Wandverzierungen und Kaminsimse wurden liebevoll restauriert, der Nachmittagstee wird im Salon zu klassischer Musik serviert. Sommer-Sonderpreise****.

UPPER WEST SIDE – Nördlich der 60th St:
*Amsterdam Inn**, 340 Amsterdam Avenue, 76th Street, NY 10023, ✆ 579-7500, ✆ 579-6127, 🖥 www.amsterdaminn.com. Dieser Neuzuwachs stammt von den Inhabern des vielgepriesenen *Murray Hill Inn* und ist zentral gelegen: Der Central Park, Lincoln Center und das Museum of Natural History sind von hier zu Fuß zu erreichen. Die Zimmer sind sehr einfach, aber sauber. Concierge 24 Stunden vor Ort und freundliche, hilfsbereite Mitarbeiter, außerdem Zimmer mit TV, Telefon und Service.
*Beacon***, 2130 Broadway, Ecke 75th St, NY 10023, ✆ 1-800/572-4969 oder 787-1100 ✆ 724-0839, 🖥 www.beaconhotel.com. Angenehm betriebsames Hotel, großzügig geschnittene Zimmer mit geräumigen Schränken, Kabel-TV und Küche. *Zabar's,* der berühmte Gourmet-Deli, ist nur einige Blöcke weiter am Broadway.
*Lucerne***** 201 W 79th St, Amsterdam Ave, NY 10024, ✆ 1-800/492-8122 oder 875-1000, ✆ 721-1179. Dieses wunderschön restaurierte, braune Sandsteingebäude aus dem Jahre 1904 befindet sich nahe des belebtesten Abschnitts der Columbus Avenue und nur einen Block vom Natural History Museum entfernt. Das Hotel fällt nicht nur durch seinen extravaganten Barock-Eingang ins Auge, es kann auch mit sehr hübschen Zimmern und einem freundlichen, hilfsbereiten Personal aufwarten. Sommer-Sonderpreise***.

*Malibu Studios**, 2688 Broadway, W 103rd St, NY 10025, ✆ 222-2954 oder 1-800/647-2227, ✆ 678-6842. Erstklassige preisgünstige Unterkunft. Es liegt abseits des Geschehens in Morningside Heights, unmittelbar am U-Bahnhof 103rd St der Linien 1 und 9, Zimmer mit und ohne Bad sowie etwas bessere *deluxe rooms*. Durch die Nähe zur Columbia University viele Restaurants und entsprechendes Nachtleben in der Umgebung. Freundliche und hilfsbereite Leitung. Nur Bargeld.
*Mayflower*****, 15 Central Park West, Ecke 61st St, NY 10023-7709, ✆ 1-800/223-4164 oder 265-0060, ✆ 265-0227, 🖥 www.mayflower-hotel.com. Leicht verwohnt, aber sehr komfortabel, nahe Central Park und Lincoln Center. Künstler, die in Letzterem auftreten, kommen gerne in das sehr gute *Conservatory Café*. Gelegentliche Sonderpreise***.
*Milburn****, 242 W 76th St, ✆ 362-1006 oder oder 800/833-9622, ✆ 721-5476. Einladendes und günstig gelegenes Suitenhotel, ansprechende Neugestaltung. Ideal für Familien, alle Suiten mit Küche, Bad und TV, Zimmersafe und Wäscheservice.
Radisson Empire, ab $300, 44 W 63rd St Ecke Broadway, NY 10023, ✆ 1-888/822-3555 oder 265-7400, ✆ 315-0349. Das luxuriös ausgestattete *Empire* ist etwas für Musikliebhaber: Metropolitan Opera House und Lincoln Center sind gleich gegenüber, und jedes der winzigen Zimmer ist mit einer sehr guten Stereoanlage sowie einem Videorecorder ausgestattet. Sommer-Sonderpreise ab $250.
*Riverside Tower**, 80 Riverside Drive, W 80th St, NY 10024, ✆ 1-800/724-3136 oder 877-5200 ✆ 873-1400 Obwohl die mit Kochgelegenheiten ausgestatteten Zimmer recht einfach sind, hebt sich das preisgünstige Hotel von den anderen ab, und zwar durch seine Lage in einer exklusiven, sicheren Gegend, eingerahmt von einem der schönsten Parks der Stadt und mit einem atemberaubenden Blick auf den Hudson River. Vierbettzimmer werden zu etwa $35 p.P. pro Nacht angeboten. Reservierungen einige Wochen im Voraus empfehlenswert.

Essen

New Yorker essen ausgesprochen gerne und häufig auswärts. Das hat mehrere Gründe. Viele haben nach der Arbeit keine Zeit zum Kochen, und noch mehr haben so kleine Wohnungen, dass sie die Restaurants als Esszimmer benutzen. Natürlich spricht noch vieles andere für die New Yorker Gastronomie: Dank des bedeutenden Hafens sind alle nur erdenklichen internationalen Zutaten zu bekommen, und unter den unzähligen Immigranten aus aller Welt sind natürlich auch Köche und sogar Spitzenköche. So kann man nicht nur jede erdenkliche Küche genießen, sondern diese noch dazu in der einen oder anderen Gourmetvariante. Den verlockenden Gerüchen, die den Delis und Bagelshops, Chinarestaurants und Gourmettempeln entströmen, kann man kaum widerstehen. Es macht Spaß, mit offenen Augen und ohne Scheu Neues zu probieren und es wäre ein Wunder, wenn man dabei nicht Gefallen an bisher ungeahnten Genüssen fände.

Preiswert essen

Früh morgens kann man Gruppen verschlafener New Yorker sehen, die sich an einem **Straßenstand** ein schnelles Frühstück einverleiben: Bagels, Doughnuts und Kaffee. Im Sommer gibt es zudem Softeis und *shaved ice,* Wassereis mit verschiedenen Sirupen, während Hot Dogs, Gyros, *New York pretzels* und geröstete Nüsse ganzjährig zu haben sind. Auf diese Weise kommt man überall zu einer billigen, nicht unbedingt raffinierten, aber oft durchaus sättigenden Mahlzeit. Auch nach Pizzaecken für $1,50 muss man nicht lange suchen, und wer keine Überraschungen mag, kann natürlich unter den bekannten Hamburgerketten wählen.
Eilige bekommen daneben in vielen **Delis** Salate und fertig zubereitete Speisen. Man sollte keine Gaumenfreuden erwarten, kann aber preiswert und ohne Warten rund um die Uhr seinen Hunger stillen. **Diner** sind etwas teurer und bieten dafür Tische, Toiletten und manchmal ein Telefon. Serviert werden umfangreiche Frühstücksvarianten, Burger, Sandwiches und gängige amerikanische Kost. Die Auswahl ist groß und umfasst preiswerte Mittagsangebote, gewaltige Burger mit Pommes ab $6 und andere Gerichte ab $8. Die spezielle Aufmachung der Diner mit ihrer ausgesprochen typischen Atmosphäre gibt's gratis dazu.

FRÜHSTÜCK – Zwar bieten die meisten Hotels Frühstück, doch dies ist entweder nicht der Rede wert oder so teuer, dass es sich lohnt – und zudem mehr Spaß macht – in einem Coffee Shop oder Diner zu frühstücken. Die meisten Diner bieten bis 11 Uhr *breakfast specials* für unter $5, bei denen man sich unbegrenzt den Bauch vollschlagen kann. Die Frühstückskarte wird von Würstchen und Bacon dominiert, Letzterer durchwachsen, hauchdünn und knusprig gebraten, daneben gibt es Eier, Toast, Waffeln und mächtige Pfannkuchen, die meist mit Ahornsirup serviert werden. Auf die Frage, wie man die Eier wünscht, gilt es, eine fixe Antwort parat zu haben. *Sunny side up* bedeutet Spiegelei nicht gewendet, *over easy* selbiges kurz gewendet, *scrambled egg* ist Rührei. Ein typisches Frühstück besteht aus Eiern, *home fries* (Bratkartoffeln mit Zwiebeln) oder *French fries* (Pommes frites), Toast, Saft und Kaffee so viel man will.

MITTAGESSEN – Die meisten Restaurants in New York öffnen zur Mittagszeit. Abgesehen von den Diners, isst man in Chinatown am preiswertesten zu Mittag: Eine große Portion Fleisch mit Nudeln oder Reis ist schon für $5 zu bekommen, und wer probierfreudiger ist, kann für $7–8 Dim Sum essen. Dim Sum (wörtl. „Herzensfreude") sind kleine gefüllte Teigbällchen, die man sich von einem Wagen aussucht. Bezahlt wird nach Anzahl der verschiedenfarbigen leeren Teller, die sich auf den Tischen vor den Gästen stapeln.
Delis, auch außerhalb Manhattans, bieten **Sandwiches „to go"**, zum Mitnehmen. Diese werden erst auf Bestellung zubereitet und nach Wunsch belegt. Auch hier wird man mit Fragen bombardiert, die nach einer prompten Antwort verlangen: ob man Weißbrot, Weizen-, Roggenbrot oder Baguette möchte

(white, whole wheat, rye or French), mit oder ohne Mayo, Salat *(lettuce)* etc. Beim Zusammenstellen der Zutaten gilt es, zurückhaltend zu bestellen, sonst wird man von dem Ergebnis erschlagen. Lautet die Weitergabe der Bestellung „full house", dann wurde alles bestellt. Normalerweise kostet ein Sandwich \$4-6 und ersetzt eine vollwertige Mahlzeit.

BRUNCH – den es meist am Wochenende zwischen 11 und 16 Uhr gibt, ist eine Institution in New York, und dazu eine preiswerte. Bagels mit Frischkäse oder Räucherlachs, Omelettes, French toast, eggs Benedict und Pfannkuchen gehören fast immer dazu. Viele Restaurants locken mit einer preiswerten Brunchkarte, manchmal inklusive Gratis-Cocktail. Dadurch sollen auch mittags ein paar Gäste den Weg ins Lokal finden – einige Empfehlungen s.S. 314.

BAR FOOD – In Bars lässt sich oft am preiswertesten essen. In eleganten Bars werden zur Happy Hour Mo–Fr 17–19 Uhr warme *Hors d'oeuvres* serviert. Zum Preis eines (teuren) Drinks kann man sich mit Pasta, Seafood oder Chili satt essen. Am wenigsten wird hier auffallen, wer nach Büromensch aussieht, denn auf diese sind die Hors d'oeuvres ausgerichtet.

Die meisten Bars servieren auch Essen, so dass eine eindeutige Trennung zwischen „Essen" und „Trinken" nicht möglich ist. Bars mit nennenswerter Speisekarte werden in diesem Kapitel aufgelistet. Besonders die besseren irischen oder amerikanischen Bars offerieren eine umfangreiche Karte, doch selbst im bescheidensten Etablissement wird man zumindest einen Burger oder *potato skins* bekommen. Trotz der langen Öffnungszeiten schließt die Küche normalerweise um 24 Uhr.

KAFFEE, TEE UND SOFTDRINKS – **Kaffee** ist das In-Getränk in New York. Wer dazugehören will, konsumiert ihn literweise. Auch wenn er den europäischen Gaumen eher enttäuscht – er ist immer frisch gebrüht. Serviert wird er schwarz oder *regular* (mit Sahne oder Milch, Achtung: in anderen Teilen der USA bedeutet *regular* schwarz). Kaffee zum Mitnehmen gibt es in den meisten Delis, und die Restaurants bieten meist die „bottomless cup", d.h. Nachschenken kostet nichts. Immer mehr Restaurants (und Delis) brühen auch koffeinfreien Kaffee auf. Bei Selbstbedienung ist er mit einem orangen oder grünen Band markiert. **Tee** wird auch immer beliebter und normalerweise mit oder ohne Zitrone serviert, auf Wunsch auch mit Milch. **Softdrinks** sind in drei Bechergrößen erhältlich: *small* (groß), *regular* (größer) und *large* (praktisch ein Eimer).

In New York servieren zahlreiche **Cafés** und **Tea Rooms** Kaffee, Tee und Säfte sowie Gebäck und kleine Snacks, gelegentlich auch Mahlzeiten, selten alkoholische Getränke. Viele wunderbare ältere Cafés befinden sich in Downtown und eignen sich hervorragend für die Ruhepause. Mitunter erinnern sie an europäische Vorbilder, oft mit intellektuellem Touch, wie z.B. die an der Kreuzung Bleecker und MacDougal Street. Auch in Midtowns **Hotels** der gehobeneren Kategorie kann man sich zum Tee niederlassen, vorausgesetzt, man hat das nötige Kleingeld, das für die englische Landhausatmosphäre verlangt wird.

Küchen

Amerikanische Gerichte werden in New York meist als Riesenportionen serviert. Zum Essen gehört oft ein Salat, der vor dem Hauptgang gegessen wird, mit Dressing nach Wahl. Es folgen Steaks, Burger und gegrilltes Hähnchen, die fast auf jeder Karte zu finden sind, oder auch Fisch und Meeresfrüchte. Beilagen sind Pommes frites oder Backkartoffeln und Gemüse. Burger werden bei der Bestellung wie Steaks behandelt. Auf die Frage nach der Zubereitung *(rare, medium* oder *well-done)* sollte die Antwort nur dann *rare* lauten, wenn man Vertrauen in Frische und Qualität des Fleisches hat.

Viele amerikanische Restaurants haben auch eine große Auswahl regionaler Spezialitäten wie **Southern**, **Cajun**, **Southwestern** und **Tex-Mex** im Angebot, d.h. alles von Jambalaya (sättigender, pikanter Eintopf mit Meeresfrüchten und Würsten) über *grits* (Maismehlgrütze), bis zu geschmorten Spare Ribs. Die **europäische** Küche bzw. *continental cuisine* präsentiert sich meist als Mischung aus amerikanischen, italienischen und französischen Einflüssen; auf der Speisekarte findet man neben einer Auswahl an Tagesgerichten üblicherweise Pasta, Fleisch und Geflügel mit leichten Soßen, Fisch und Meeresfrüchte.

Das Aufregende an New Yorks Restaurants ist jedoch das vielfältige internationale Angebot. Dabei hat die **jüdische** Küche den weitaus stärksten Einfluss ausgeübt, viele jüdische Spezialitäten, wie Bagels, Pastrami, *lox* (Räucherlachs) und *cream cheese* gelten heute als typische New Yorker Spezialitäten. Aufgrund des hohen jüdischen Bevölkerungsanteils finden sich überall koschere Restaurants – in Manhattan vor allem im East Village und der Lower East Side. Sie servieren fast immer gutes, sättigendes Essen und decken die ganze Preisskala ab.

Amerikanische Besonderheiten

A la mode	mit Eiscreme
Au jus	mit Soße aus Fleischfond
BLT	Sandwich mit Bacon, Salat *(lettuce)* und Tomate
Broiled	gegrillt
Brownie	gehaltvoller Schokoladenkuchen
Caesar salad	grüner Salat mit Ei-Anchovis-Dressing, Oliven, Knoblauchcroutons und Parmesan
Check	Rechnung
Clam chowder	sättigende Cremesuppe mit Muscheln und anderen Meeresfrüchten
Club sandwich	Dreifach-Sandwich mit Fleisch, Käse, Salat und Tomaten
Doggy bag	hübsch verpackte Reste „für den Hund"
Egg Cream	enthält weder Eier noch Sahne, sondern Milch mit Schokoladen- oder Vanillesirup und Mineralwasser
English muffin	kein Muffin, sondern ein getoastetes Brötchen
Frank	Frankfurter Würstchen
(French) fries	Pommes frites
Half-and-half	halb Sahne, halb Milch
Hash browns	rohe Kartoffeln, die geraspelt und gebraten werden
Hero	Baguette-Sandwich
Home fries	Bratkartoffeln
Muffin	kleiner Rührkuchen, z.B. mit Rosinen oder Heidelbeeren
Pastrami	geräucherter Rinder-Schinken
Pecan pie	Mürbeteig mit Pekannüssen und Karamelsirup
Popsicle	Eis am Stiel
Seltzer	Mineralwasser
Sherbet	Sorbet
Soda	allgemeiner Begriff für Softdrinks
Soft-shell crab	Krebs mit weichem, essbarem Panzer, gilt an der Ostküste als Delikatesse
Squash	Kürbis
Tab	Rechnung
Teriyaki	in Sojasoße mariniertes, gegrilltes Rindfleisch oder Geflügel
Waffles	ähnlich wie Pancakes, aber dicker und knuspriger, werden ebenfalls mit Ahornsirup oder Honig und Butter gegessen
Waldorf Salad	Salat aus Sellerie, Äpfeln und Walnüssen mit Mayonnaisesoße

Trinkgeld und Lieferservice Der Service ist in der Regel sehr gut und freundlich, und das sollte sich unbedingt im Trinkgeld *(tip)* niederschlagen. Kellner und Kellnerinnen sind größtenteils – manchmal sogar ganz – auf Trinkgelder angewiesen. Gar kein Trinkgeld zu geben ist schlichtweg unverschämt.

Als Faustregel gilt: 16% des Rechnungsbetrages sind angemessen, dafür verdoppelt man einfach die Steuer (8,25 %), die auf der Rechnung angegeben ist. In vielen, aber längst nicht allen Restaurants werden Kreditkarten akzeptiert. Auf dem Zahlungsbeleg ist ein Feld für den Trinkgeldbetrag vorgesehen. Ansonsten lässt man das Trinkgeld einfach auf dem Tisch liegen.

Wer sich nicht in Schale werfen will oder nach einem anstrengenden Tag einfach keine Lust mehr hat, sich erneut ins Gewühl zu stürzen, kann sich sein Essen natürlich auch ins Hotel oder nach Hause liefern lassen. In New York wird dieser Service heutzutage von beinahe jedem Restaurant in der Nachbarschaft kostenlos angeboten, sofern die Bestellung eine bestimmte Summe überschreitet (normalerweise $10–15) und man nicht allzuweit entfernt wohnt – auch hier erwartet der Überbringer ein Trinkgeld.

Jüdische Küche

Der jüdische Glaube erlaubt zwei verschiedene Arten von Restaurants, in denen es entweder Fleisch oder Milchprodukte gibt, aber nie beides. Die folgende Liste umfasst auch russische und ukrainische Gerichte, die sich von unterschiedlichen Schreibweisen abgesehen oft kaum unterscheiden.

Bagel	festes Brötchen mit Loch in der Mitte
Blintze	mit Käse oder Obst belegter Pfannkuchen, wird mit Sauerrahm gegessen
Borscht	Rote-Beete-Suppe
Challah	Hefeteigbrot mit Eiern in Zopfform, traditioneller Bestandteil des Sabbatmahls am Freitagabend
Glatt kosher	Küche der streng orthodoxen Juden
Kasha	gerösteter Buchweizen als Suppeneinlage oder Beilage
Knaidel	(auch *matzo balls*) Knödel aus Mehlteig
Knisch	Teigtasche, gefüllt mit Käse, Fleisch, Kartoffeln, Obst oder anderem
Kreplach	dreieckige, mit Kasha, Fleisch oder Kartoffeln gefüllte Nudelteigtasche
Kugel	Pastete mit Kartoffeln oder Nudeln
Lox	Räucherlachs
Matzen	flaches, ungesäuertes Brot, wird vor allem zum Passahfest gegessen
Latkes	in Öl gebratene Pfannkuchen aus Kartoffeln und Zwiebeln
Pareve	bedeutet „neutral", d.h. kann sowohl zu Fleisch als auch zu Milchprodukten gegessen werden
Piroggen	mit Kartoffeln, Fleisch oder Käse gefüllte Hefeteigpastete
Tzimmes	wörtlich „Mischung", Eintopf aus Fleisch, Gemüse und Obst

Restaurants

Lokale, die spezielle Bedürfnisse erfüllen, haben wir unter folgenden Überschriften zusammengefasst:
Frühstücken: Coffee Shops & Diners s.S. 295,
Restaurants für Raucher s.S. 301,
Kaffee und Tee s.S. 304,
Bagels s.S. 306,
Brunch s.S. 314,
Restaurants mit Aussicht s.S. 318,
Im Freien sitzen s.S. 321,
Gourmetrestaurants s.S. 324,
Essen für Nachtschwärmer (24 Stunden geöffnet) s.S. 330.

AFRIKANISCH – In letzter Zeit schießen immer mehr günstige afrikanische Restaurants aus dem Boden. Bei ihrer auf Hülsenfrüchten basierenden Kost ist fast immer auch etwas für Vegetarier dabei. Besonders häufig findet man **äthiopische** Restaurants, die zumeist mit viel Liebe eingerichtet sind und eine tolle Atmosphäre ausstrahlen, allerdings sind die extrem niedrigen Korbmöbel nichts für Menschen mit kaputtem Rücken! Außerdem sollte man sich darauf einstellen, dass hier mit den Fingern gegessen wird – anstatt Besteck gibt's leckeres Fladenbrot.

AMERIKANISCH – Zusätzlich zu den bereits erwähnten Coffee Shops und Bars, die typisch amerikanisches Essen wie Hamburger oder gegrilltes Hähnchen servieren, gibt es eine Vielzahl von Restaurants mit Spezialitäten aus den verschiedenen Regionen der USA.
Der **South** steht für *grits* (Maismehlgrütze mit Butter), geschmorte Schweinekoteletts und Augenbohnen; aus dem **Southwest** kommen neben Gerichten mit mexikanischem Einschlag wie Fajitas auch Spare Ribs oder mit Koriander verfeinerte Soßen; typisch für **Cajun Creole** sind Jambalaya, ein pikanter Eintopf mit Meeresfrüchten und Würsten, sowie Langusten; die **Tex-Mex** Küche ist in ganz Amerika verbreitet und obwohl sie in New York City keine absoluten Höhepunkte aufweisen kann, garantiert sie beinahe immer einen vollen Bauch. In den letzten Jahren haben außerdem immer mehr Restaurants eröffnet, die ihre **europäische** Küche anpreisen; zumeist versteckt sich dahinter nichts anderes als eine leicht veränderte und verfeinerte traditionelle amerikanische Kost.

ASIATISCH – **Japanische** Restaurants sind meist teuer, dafür aber sehr gut. Die Nachfrage der New Yorker nach frischem Sushi von hoher Qualität ist groß, somit ist es in Manhattan reichlich vorhanden. Andere beliebte asiatische Küchen sind die **indische**, die sehr im Kommen ist, und eine beständig zunehmende Zahl **Thais** sowie **koreanischer**, **vietnamesischer** und **indonesischer** Restaurants, die im Vergleich zu den Chinesen preislich etwas höher liegen.

CHINESISCH – Die chinesische Küche bietet von allen das beste Preis-Leistungs-Verhältnis; sei es, dass man mittags Dim Sum wählt oder sich für ein anderes *Lunchtime Special* entscheidet. **Chinesische** Restaurants konzentrieren sich nicht nur in Chinatown, sondern sind über ganz Manhattan verteilt; auf eine sehr gute Auswahl trifft man in der Upper West Side. Neben der bekannten kantonesischen Küche ist auch die stärker gewürzte Szechuan- und Hunan-Küche vertreten – die meisten Restaurants sind auf eine der beiden spezialisiert. Besonders billig, aber nicht so gut, isst man in den zahlreichen *takeout* Imbissstuben. Ungewöhnlich für Europäer sind **kubanisch-chinesische** und **koscherchinesische** Restaurants.

FISCH UND MEERESFRÜCHTE – Preiswerte **Fischrestaurants** sind eine Seltenheit, besonders seit die Gegend um den Fischmarkt in Downtown zum South Street Seaport herausgeputzt wurde. Fisch und Meeresfrüchte werden in New York nach wie vor hervorragend zubereitet, und einige der Restaurants im Adressenteil gehören zum Besten, was die hiesige Gastronomie zu bieten hat.

FRANZÖSISCH UND BELGISCH – Die guten französischen Restaurants New Yorks können sich auf ihren Ruf verlassen und entsprechende Preise verlangen, mittlerweile aber warten Bistros und Brasserien mit authentischen Gerichten zu angemessenen Preisen auf. Vorsicht bei der Weinauswahl: Französische Weine sind wesentlich teurer als kalifornische von gleicher Qualität. Neuerdings sehr beliebt ist die **belgische** Küche; innerhalb des letzten Jahres haben überraschend viele belgische Brasserien ihre Pforten geöffnet und so einen neuen Trend kreiert, der durch zahlreiche Artikel in New Yorker Zeitungen noch unterstützt wird. Zu den Spezialitäten gehören Muscheln, Steak und Pommes frites sowie Waterzooi – ein reichhaltiges Hühnchen- oder Fischragout.

GRIECHISCH UND ORIENTALISCH – Obwohl **griechische** Restaurants in Hülle und Fülle vorhanden sind, schaffen es nur wenige sich von der Masse abzuheben. Besonders Vegetarier haben oft das Nachsehen und müssen sich zwischen wenigen Gerichten entscheiden. Das beste Essen bekommt man in Astoria im Außenbezirk Queens, wo die meisten Einwanderer griechischer Herkunft leben. Leider ist das Preis-Leistungs-Verhältnis generell eher schlecht, gleiches gilt für die **türkischen** Restaurants.
Mit Ausnahme einer Hand voll Lokale, in denen Pita-Snacks serviert werden, gab es in Manhattan bislang kaum **orientalisches** Essen; erst in jüngster Zeit sind einige hervorragende neue Restaurants eröffnet worden.

IRISCH – In zahlreichen Pubs werden irische Gerichte serviert, besonders Corned Beef (nicht mit dem zu verwechseln, was bei uns in Dosen verkauft wird), etliche Kartoffelgerichte und *Shepherd's pie*.

ITALIENISCH – Little Italy ist natürlich die beste Gegend für Pizza und Pasta, wenn auch viele Restaurants mittlerweile auf Touristen ausgerichtet und entsprechend teurer sind – also sorgfältig wählen. Das gleiche gilt für alle weiteren italienischen Lokale in Manhattan, die zusammen mehrere Hunderte ausmachen – wer sich nicht mit vegetarischen Pastagerichten begnügen will, muss teilweise mit überhöhten Preisen rechnen. Die beste Wahl ist immer noch Pizza, damit liegt man selten falsch; viele New Yorker haben ohnehin eine sehr geteilte Meinung, wenn es darum geht, wo das beste Stück Pizza in ihrer Nachbarschaft zu finden ist.

JÜDISCH UND OSTEUROPÄISCH – Ihrer großen **jüdischen** Gemeinde, deren Mitglieder fast ausnahmslos osteuropäischer Abstammung sind, hat New York seine unzähligen kosheren Restaurants (Speisenauswahl mit/ ohne Milchprodukten) zu verdanken. In Manhattan konzentrieren sie sich vor allem im East Village sowie in der Lower und Upper East Side. Es gibt Lokale jeglicher Preisklasse, allen gemeinsam ist das gute und reichhaltige Essen – dies trifft auch auf die **polnischen**, **ungarischen**, **russischen** und **ukrainischen** Restaurants zu. Die osteuropäische Küche ist bekannt für ihre Knödel, gebratene Ente und Eintöpfe, man sollte sich also auf eine gehaltvolle und cholesterinhaltige Mahlzeit einstellen.

KARIBISCH, MITTEL- UND SÜDAMERIKANISCH – Die Anzahl von **kubanischen**, **puertoricanischen**, **dominikanischen** und **jamaikanischen** Restaurants in New York nimmt ständig zu. Das Angebot rangiert von Bruchbuden, in denen es kaum etwas anderes als Reis und Bohnen zu essen gibt, bis hin zu verrückt eingerichteten Läden mit Speisen wie *jerk chicken* (geräuchertes Hühnchenfleisch), Ziegen-Frikassee oder Suppe aus schwarzen Bohnen.
Lokale mit **mittel-** und **südamerikanischen** Spezialitäten sind dagegen eher selten. Sowohl die karibischen als auch die lateinamerikanischen Restaurants findet man in Manhattan v.a. im Bereich der Lower East Side, in der Ninth Avenue um die 40th Steet, in der Upper West Side und insbesondere in Washington Heights.

SPANISCH – In Downtown, besonders in Greenwich Village, gibt es einige gute **spanische** Restaurants, die meisten davon bezahlbar und an den gigantischen Meeresfrüchte-Paellas kann man sich zu zweit satt essen, auch der Hauswein reißt kein allzu tiefes Loch in die Reisekasse.

VEGETARISCH – Überraschenderweise besitzt New York nur wenige rein **vegetarische** Restaurants, aber in den meisten Lokalen wird neben Fisch und Geflügel auch Fleischloses angeboten. Sofern man sich nicht gerade in einem „Fleischspezialitäten-Restaurant" befindet, sollte man immer irgendetwas Passendes auf der Speisekarte finden. Wenn einmal überhaupt kein vegetarisches Lokal in Sicht ist, greift man am besten auf die italienische, chinesische oder japanische Küche zurück.

Financial District und Civic Center

In Lower Manhattan befindet sich der Fulton Fish Market, daher findet sich auf den Speisekarten sehr oft Seafood. Die Geschäftsleute, die hier ihren Lunch einnehmen, sind anscheinend bereit, für wenig beeindruckende Gerichte gesalzene Preise zu bezahlen. Außerdem richten sich viele Restaurants nach den gängigen Geschäftszeiten, was zur Folge hat, dass sie an Wochenenden nur begrenzt und abends nicht bis spät geöffnet haben.

AMERIKANISCH UND EUROPÄISCH – *Bridge Café*, 279 Water St, Dover St, ✆ 227-3344. Angeblich gab es hier bereits 1794 eine Schenke, was man dem Restaurant aber nicht ansieht. Die leckeren *crab cakes* stammen vom Fischmarkt, dazu hat man die Wahl zwischen zahlreichen Biersorten; Hauptgerichte um $15. Das außergewöhnliche, rot-schwarz gestrichene Holzhaus aus dem 18. Jahrhundert ist auf jeden Fall einen Blick wert.
Fraunces Tavern, 54 Pearl St, Ecke Broad St, ✆ 269-0144. Hier aß schon George Washington. Die traditionelle Atmosphäre wird gepflegt und wenn auch das typische *pub food* eher mittelmäßig ist, lohnt schon die Athmosphäre einen Besuch; das Museum ist ebenfalls sehenswert.
Harry's at Hanover Square, 1 Hanover Square, zwischen Pearl und Stone St, ✆ 425-3412. In diese Club-Bar kehrt Leben ein, wenn die Broker Feierabend haben. Hervorragende Burger, nur Mo-Fr geöffnet.
Paris Café, 119 South Street, ✆ 240-9797. In der 1873 gegründeten, etwas altmodischen Bar mit Restaurant wird eine große Auswahl typisch amerikanischem Essen serviert, u.a. frischer Fisch und Meeresfrüchte; Hauptgerichte $18–25.

FISCHRESTAURANTS – *Jeremy's Alehouse*, 254 Front St, Dover St, ✆ 964-3537. Die frühere Hafenkaschemme unterhalb der Brooklyn Bridge hat sich mit dem Ausbau des schicken South Street Seaport gewandelt. Noch immer gibt es preiswertes Bier in Krügen und sehr guten, frischen Fisch vom Fulton Street Market sowie Burger. Mit $10 ist man dabei.
Johnny's Fish Grill, 4 World Financial Center, ✆ 385-0333. Gemütliches Fischrestaurant im New-England-Stil mit frischen Venusmuscheln und exzellentem gegrillten Schwertfisch zu akzeptablen Preisen. Geöffnet Mo-Fr bis 22 Uhr.
Sloppy Louie's, 92 South St, Fulton St, ✆ 509-9694. Eine der zahlreichen Möglichkeiten, im South Street Seaport frischen Fisch zu essen. Alles, was das Meer hergibt, wird auf großen Platten zusammengestellt.

ITALIENISCH – *Carmine's Bar and Grill*, 140 Beekman St, Front St, ✆ 962-8606. Das seit 1903 existierende Lokal hat sich auf Meeresfrüchte auf norditalienische Art spezialisiert und strahlt eine angenehme, für den Financial District typische Atmosphäre aus. Empfehlung fürs Mittagessen: ein Glas Hauswein und Linguine mit Muschelsoße.

KARIBISCH, MITTEL- UND SÜDAMERIKANISCH – *Radio Mexico*, 259 Front St, Dover St, ✆ 791-5416. Tex-Mex-Essen von gleichbleibend guter Qualität in gemütlichem Ambiente; leckere Margaritas. Da es in der näheren Umgebung nichts Vergleichbares gibt, ist das Lokal oft brechend voll.

Lower East Side

Wer authentisch chinesisch, thailändisch oder vietnamesisch essen will, sollte sich in die geschäftigen Straßen der **Chinatown** begeben, wo es das beste preiswerte Essen der Stadt gibt. Little Italy und die Lower East Side eignen sich weniger zum Sparen, sind aber ebenfalls kulinarische Oasen. **Little Italys** Hauptstraße Mulberry Street ist vor allem am Wochenende voller Leben, wenn New Yorker aus den Außenbezirken hereinströmen, um das süditalienische Essen und die lebhafte Atmosphäre zu genießen. Man sollte sich allerdings davor hüten, in einer der überteuerten Touristenfallen zu landen. In einigen Lokalen der **Lower East Side** fühlt man sich in die Zeit der frühen Immigranten zurückversetzt, andere sind touristisch und überteuert.

BÄCKEREIEN UND CAFÉS – *Café Gitane*, 242 Mott St, zwischen Prince und Houston St, ✆ 334-9552. Helles, kleines Café. Neben Kaffee werden mittags leichte Gerichte serviert.
***Caffè Biondo*,** 141 Mulberry St, zwischen Grand und Hester St, ✆ 226-9285. Cappuccino und hervorragende italienische Desserts zwischen unverputzten Backsteinwänden.
***Caffè Roma*,** 385 Broome St, zwischen Mulberry und Mott St, ✆ 226-8413. Traditionsreiche Pasticceria, ideal für eine gemütliche Kaffeestunde. Hausgebackene Kekse, sehr gute *cannoli* und leckeres Eis an hinterer Theke.
***Ceci-Cela*,** 55 Spring St, zwischen Mulberry and Lafayette St, ✆ 274-9179. Winziges französisches Stehcafé mit verlockender Patisserie. Die Croissants und Palmiers sind köstlich. Empfehlenswert.
***Ferrara's*,** 195 Grand St, zwischen Mott und Mulberry St, ✆ 226-6150. Das älteste und bekannteste Café in Little Italy, existiert seit 1892. Besonders zu empfehlen ist der Käsekuchen, im Sommer *cannoli* oder *granite* (italienisches Eis). Sitzmöglichkeiten im Freien. Seit neuestem gibt es zwei weitere Niederlassungen in Midtown: 1700 Broadway, Höhe 53rd St, und 201 West 42nd St, Höhe 7th Ave.

AMERIKANISCH UND EUROPÄISCH – *Baby Jupiter*, 170 Orchard St, bei Stanton St, ✆ 982-2229. Schmackhafte Cajun-Grillgerichte mit asiatischem Touch zu fairen Preisen; im hinteren Bereich finden regelmäßig Live-Auftritte statt. Später am Abend sowie an Wochenenden kann es hier ziemlich laut und rowdyhaft zugehen. Wer hier nur Essen gehen will, sollte möglichst früh kommen, ansonsten muss man sich auf eine wilde Party gefasst machen.

ASIATISCH – *Bo Ky*, 80 Bayard St, zwischen Mott and Mulberry St, ✆ 406-2292. Enges chinesisch-vietnamesisches Lokal, preiswerte Nudelsuppen und Seafood. Spezialität ist eine große Schale Reisnudeln mit Krabben, Fisch oder Ente.
***Canton*,** 45 Division St, an der Manhattan Bridge, zwischen Bowery und Market St, ✆ 226-4441. Kaum teurer als andere Restaurants in Chinatown, aber besserer Service und stilvollere Einrichtung. Spezialität ist Seafood; alkoholische Getränke selbst mitbringen. Mo und Di geschlossen.
***Chinatown Ice Cream Factory*,** 65 Bayard St, zwischen Mott und Elizabeth St, ✆ 608-4170. Ein Besuch hier ist nach dem Essen in einem der umliegenden Restaurants Pflicht, ausgefallene Geschmacksrichtungen wie grüner Tee, Ingwer und Lychee.
***Excellent Dumpling House*,** 111 Lafayette St, zwischen Canal und Walker St, ✆ 219-0212. Sehr leckere Teigtaschen und Pfannkuchen mit verschiedenen Füllungen.
***Joe's Shanghai*,** 9 Pell St, zwischen Bowery and Mott St, ✆ 233-8888. Neuer Chinatown-Ableger eines bekannten Restaurants in Queens, immer voll, und das zu Recht. Als Vorspeise empfiehlt sich Suppe mit gefüllten Teigtaschen, als Hauptgang Seafood.
***New York Noodle Town*,** 28 Bowery St, Bayard St, ✆ 349-0923. Auch wenn der Name anderes vermuten lässt, sind Nudeln nicht der wirkliche Hit in diesem bodenständigen Lokal – die *soft shell crabs* sind pikant, knusprig und schmecken lecker, ebenso Braten und Suppen.
***Nice Restaurant*,** 35 E Broadway, zwischen Catherine und Market St, ✆ 406-9510. Riesiges

kantonesisches Restaurant, am besten schmecken Dim Sum und gegrillte Ente. Sehr voll und laut, vor allem sonntags.
Nom Wah, 13 Doyers St, zwischen Bowery und Pell St, ✆ 962-6047. Tee und chinesische Snacks, ruhige, fast gemächliche Atmosphäre.
Oriental Pearl, 103 Mott St, zwischen Hester und Canal St, ✆ 219-8388. Typisches, großes und hektisches Chinatown-Restaurant mit gutem Dim Sum.
Pho Pasteur, 85 Baxter St, zwischen Canal und Bayard St, ✆ 608-3656. Vietnamesische Nudeln, schnell, heiß und sättigend. Sehr billig.
Say Eng Look, 5 E Broadway, Chatham Square, ✆ 732-0796. Shanghai-Restaurant, in dem sich das Essen nach dem Geldbeutel der Kundschaft richtet. Man nennt einen Betrag und wird garantiert zufrieden gestellt.
Silver Palace, 50 Bowery, zwischen Bayard und Canal St, ✆ 964-1204. Vorwiegend Dim Sum. Per Fahrstuhl gelangt man in den weitläufigen Essbereich mit Drachenpfeilern und Pfauenwandgemälden. Für Vegetarier nicht zu empfehlen.
69 Mott Street Restaurant, 69 Mott St, Bayard St, ✆ 233-5877. Kleines, sauberes Lokal mit überraschend günstigem kantonesischem Essen; Fleisch und Tintenfisch vom Grill sowie andere Köstlichkeiten. Wer es wagt, kann Innereien vom Schwein probieren.
Thailand Restaurant, 106 Bayard St, Baxter St, ✆ 349-3132. Die thailändischen Gerichte werden an einem großen Gemeinschaftstisch serviert; faire Preise. Sehr zu empfehlen ist der würzige und knusprige Rotbarsch.
20 Mott, 20 Mott St, Canal St, ✆ 964-0380. Hier kann man Haifischflossensuppe *(shark's-fin soup)* und andere Köstlichkeiten der Hong Kong-Küche probieren. Neben delikaten Fischspezialitäten auch sehr leckere Dim Sum; so beliebt, dass man sich auf Wartezeiten einstellen muss.
Wo Hop, 17 Mott Street, zwischen Canal St and Park Row, ✆ 267-2536. Enorme Portionen für weniger als $6. Mit Ente oder Nudeln liegt man hier immer richtig. Durchgehend geöffnet.
Wong Kee, 113 Mott St, zwischen Canal und Hester St, ✆ 226-9018 bzw. ✆ 966-1160. Gutes und preiswertes kantonesisches Restaurant.

FISCHRESTAURANTS – ***Vincent's Clam Bar***, 119 Mott St, Hester St, ✆ 226-8133. Fischrestaurant in Little Italy mit preiswerten frischen und aromatischen Gerichten wie Venus- oder Miesmuscheln und Tintenfisch.

ITALIENISCH – ***Benito I***, 174 Mulberry St, Broome St, ✆ 226-9171; ***Benito II***, 163 Mulberry St, zwischen Grand und Broome St, ✆ 226-9012. Gemütliche Italiener mit bodenständiger sizilianischer Küche und verlockendem Knoblauchduft. So geschlossen.
Grotta Azzurra, 387 Broome St, Mulberry St, ✆ 925-8775. Lebhaftes Restaurant mit knoblauchlastiger sizilianischer Küche, eine Institution in Little Italy. Mo geschlossen.
Il Fornaio, 132a Mulberry St, zwischen Hester und Grand St, ✆ 226-8306. Modernes, hell gekacheltes Restaurant mit Mittagsangeboten: gute Calzone und Pizza ab $4. Auch andere, erschwingliche süditalienische Gerichte, z.B. Pasta und Eintöpfe. Empfehlenswert.
La Luna, 112 Mulberry St, zwischen Canal und Hester St, ✆ 226-8657. Gehört zu den etabliertesten und beliebtesten Restaurants in Little Italy, nicht zuletzt wegen seines guten Preis-Leistungs-Verhältnisses. Der Ton der Servierer ist zwar barsch und das Essen rangiert von mittelmäßig bis gut, aber die stimmungsgeladene Atmosphäre macht alles wieder wett.
La Mela, 167 Mulberry St, zwischen Grand und Broome St, ✆ 431-9493. Etabliertes Little-Italy-Restaurant, serviert „Familien-große" Portionen und eine ebenso große Auswahl an Pasta in allen Varianten. Geeignet für Gruppen.
Pellegrino, 138 Mulberry St, zwischen Hester und Grand St, ✆ 226-3177. Entspannte Atmosphäre, hausgemachte Nudeln und andere gute Gerichte zu günstigen Preisen.
Puglia, 189 Hester St, zwischen Mulberry und Mott St, ✆ 226-8912. Zählt zu den preiswerten (und einfacheren) Restaurants in Little Italy, an langen Tischen mit Bänken kommt man sich näher. Durchweg gutes Essen, laute und gesellige Atmosphäre. Mo geschlossen.

JÜDISCH UND OSTEUROPÄISCH

– *Katz's Deli*, 205 E Houston St, zwischen Essex und Ludlow St, ✆ 254-2246. Die Pastrami- oder Corned-Beef-Sandwiches, mit viel Senf und einem Berg Pickles serviert, machen für eine Woche satt. Auch für seine *egg creams* bekannt. Hier wurde übrigens die berühmte Orgasmusszene in *Harry und Sally* gedreht.

Ratner's, 138 Delancey St, zwischen Norfolk und Suffolk St, ✆ 677-5588. Großes Restaurant, das koschere Milchprodukte, aber kein Fleisch serviert, zu jeder Tageszeit sehr belebt. Viel Atmosphäre, aber nicht ganz billig. Mit die besten *prune danishes* (Pflaumenplunder) der Stadt. Sa geschlossen.

Sammy's Roumanian Restaurant, 157 Chrystie St, zwischen Delancey und Rivington St, ✆ 673-0330. Das Essen ist zweifellos sehr gut (ca. \$25 pro Person), doch die meisten Gäste kommen wegen der Live-Musik.

Yonah Schimmel's, 137 E Houston St, zwischen Forsyth und Eldridge St, ✆ 477-2858. Frisch gebackenes Knish und wunderbare Bagels. Hier treffen sich alte Männer, die sich auf Jiddisch Witze erzählen, ebenso wie Yuppies aus Uptown, die sich unters „gemeine Volk" mischen und dabei die Sonntagszeitungen lesen. Sa geschlossen.

KARIBISCH, MITTEL- UND SÜDAMERIKANISCH

– *El Cibao*, Clinton St, Ecke Rivington St. Das beste unter mehreren dominikanischen und puertoricanischen Restaurants der Lower East Side. Herzhaftes, preiswertes Essen, tolle Sandwiches, v.a. die getoasteten mit *pernil* (Schwein).

El Sombrero, Stanton St, Ecke Ludlow St. Mexikanisches Restaurant, auch als *The Hat* bekannt, großzügige Portionen und gute Margaritas.

SoHo und TriBeCa

In New Yorks immer noch angesagten Vierteln SoHo und TriBeCa zahlt man oft eher für das Ambiente als für die Bewirtung. Es gibt aber auch echte Highlights, manchmal sogar preiswerte, die zudem noch im Trend liegen.

BÄCKEREIEN UND CAFÉS –

Bouley Bakery, 120 W Broadway, zwischen Duane und Reade St, ✆ 964-2525. Der neueste Streich von Wunderkind David Bouley; das winzige Bäckerei-Restaurant verwöhnt mit exzellenten Broten und Backwaren sowie kleinen Mahlzeiten – selbstverständlich zu Preisen, wie man sie von einem Star-Küchenchef nicht anders erwartet.

Once Upon a Tart, 135 Sullivan Street, zwischen Houston und Prince St, ✆ 387-8869. Mini-Café, in dem es guten Kaffee, hausgemachte Muffins und Scones gibt.

Yaffa Tea Room, 19 Harrison St, Greenwich St, ✆ 966-0577. Versteckt gelegen in einer ansonsten uninteressanten Gegend TriBeCas, bietet dieses neben der Yaffa Bar gelegene, behagliche Restaurant Brunch, Tee und Abendessen mit einem Hauch Mittelmeerküche, Reservierung erforderlich. Mit Flohmarktfundstücken dekoriert.

AFRIKANISCH

– *Abyssinia*, 35 Grand St, zwischen 6th Ave und W Broadway, ✆ 226-5959. Gemütliches äthiopisches Restaurant mit jugendlichem Publikum. Viele vegetarische Gerichte.

Ghenet, 284 Mulberry St, zwischen Houston und Prince St, ✆ 343-1888. Neues äthiopisches Restaurant mit freundlicher Atmosphäre, das eine wechselnde Auswahl ungewöhnlich pikanter Gerichte im Angebot hat; gegessen wird mit den Fingern. Extrem billig.

AMERIKANISCH UND EUROPÄISCH –

Bodega, 136 West Broadway, zwischen Thomas und Duane St, ✆ 285-1155. Gegenüber dem *Odeon* (s.S. 294). Familienrestaurant mit hervorragenden Burgern, Burritos und Hausgemachtes für unter \$12.

Bubby's, 120 Hudson St, zwischen Franklin und N Moore St, ✆ 219-0666. Entspanntes TriBeCa-Restaurant mit gesunder, amerikanischer Alltagsküche. Gute Scones, *mashed potatoes*, Rosmarinhuhn und Suppen.

Cody's Bar and Grill, 282 Hudson St, Dominick St, ✆ 924-5853. Neuere Restaurant-Bar mit schmackhaftem Pub-Essen zu vernünftigen Preisen und einer entspannten, anheimelnden

Atmosphäre. In dieser Gegend die beste Wahl.

Cupping Room Café, 359 W Broadway, zwischen Broome und Grand St, ✆ 925-2898. Leicht kitschiges amerikanisches Restaurant. Spannende und innovative Mischung der verschiedensten Küchenarten, von typisch amerikanischen (gute Steaks) über Cajun- bis zu französischen Gerichten, die alle gut zubereitet sind. Hauptgerichte zu $10-18. Außerdem gute Vollwertküche und empfehlenswerter Brunch mit frisch gebackenem Brot und Muffins, auch wenn man vielleicht warten muss. Freitag- und Samstagabend Live-Musik.

Jerry's Restaurant, 101 Prince St, zwischen Greene und Mercer St, ✆ 966-9464. Legeres amerikanisch-continentales Restaurant mit gehobener Diner-Atmosphäre und mittleren Preisen. Brunch mit gutem Räucherlachs. Sonntagabends geschlossen.

La Cigalle, 231 Mott St, zwischen Spring und Princes St, ✆ 334-4331. Gemütliches, ruhiges Lokal mit viel Grün, erfrischende Atmosphäre ohne viel Getue, neben Koteletts und Steaks auch Farfalle oder Ceviche, alles zu empfehlen und relativ preisgünstig.

Moondance Diner, 80 6th Ave, zwischen Grand und Canal St, ✆ 226-1191. Authentischer, alter Diner, billige und ausgezeichnete Burger, Omelettes und Apfelpfannkuchen. Am Wochenende durchgehend geöffnet.

Odeon, 145 W Broadway, Thomas St, ✆ 233-0507. Traditionsreiches Restaurant mit amerikanischem, europäischem und mediterranem Essen für eine überwiegend schicke Kundschaft. In seinem Buch *Bright Lights Big City* hat Jay McInerney das Odeon als das In-Lokal der 1980er Jahre gepriesen und dadurch unsterblich gemacht – es ist sogar auf dem Cover abgebildet. Das Restaurant hat große Standfestigkeit bewiesen, nicht zuletzt durch die abwechslungsreiche Auswahl und gute Qualität seiner Gerichte und weil man hier konkurrenzlos gut Menschen beobachten kann. Die Preise von $15–20 sind angemessen. Steak und Pommes frites und der frittierte Krebs sind empfehlenswert.

Prince Street Bar, 125 Prince St, Wooster St, ✆ 228-8130. Bar und Restaurant in SoHo, wird von der hiesigen Kunstszene besucht. Große Speisenauswahl, für die Gegend nicht übermäßig teuer.

Rialto, 265 Elizabeth St, zwischen Houston und Prince St, ✆ 334-7900. Bodenständige amerikanische Küche in gewöhnungsbedürftiger Umgebung: Der schicke Raum ist mit geschwungenen Bänken aus rotem Leder und eleganten Menschen dekoriert; mit Garten. Bei weitem nicht so teuer, wie seine Kundschaft vermuten lässt, Hauptgerichte liegen bei $15.

Silver Spurs, 490 LaGuardia, Houston St, ✆ 228-2333. Freundlicher und besser als sein Pendant am Broadway. Spezialität sind saftige Burger vom Grill. Preiswert.

Tennessee Mountain, 143 Spring St, Wooster St, ✆ 431-3993. Im Zentrum von SoHo, aber eher untypisch, große Portionen Fleisch und Fisch vom Grill. Tipp für Hungrige.

TriBeCa Grill, 375 Greenwich St, Franklin St, ✆ 941-3900. Robert De Niro ist Mitinhaber, daher kommen die meisten Gäste aus Neugier und nicht wegen des Essens: hervorragende amerikanische Küche mit asiatischem und italienischem Einschlag, Hauptgerichte um $30. Die Tiffany-Bar in der Mitte stammt aus dem legendären Singletreff *Maxwell's Plum* in der Upper East Side. Die hohen Preise sind gerechtfertigt, wenn man sich verwöhnen will.

Zoë, 90 Prince St, zwischen Broadway und Mercer St, ✆ 966-6722. Schick und angesagt, Deko zum Thema Kalifornien, große Auswahl an raffinierten und äußerst schmackhaften Gerichten der neuen amerikanischen Cuisine. Hauptgänge $16–25, dafür sitzt man in einem der In-Treffs von SoHo.

ASIATISCH – **Blue Ribbon Sushi**, 119 Sullivan St, zwischen Prince und Spring St, ✆ 343-0404. Wird von vielen als eines der besten Sushi-Restaurants in New York angesehen, dementsprechend lang können die Warteschlangen sein; Reservierungen sind nicht möglich. Unser Tipp: Ein Glas Reiswein *(sake)* trinken und entspannen.

Frühstück:
Coffee Shops und Diner

In Manhattan braucht man selten weiter als einen oder zwei Blocks zu gehen, um frühstücken zu können. Alle Diner und Coffee Shops servieren ähnliches, vor 11 Uhr auch Sonderangebote. Wer jedoch vor der ersten Tasse Kaffe nicht zum Schlendern aufgelegt ist, dem sei mit folgender Liste geholfen. Die Lokale sind im entsprechenden Kapitel näher beschrieben und bieten die üblichen Burger, Sandwiches und Frühstücksvarianten.

Lower Manhattan
Around the Clock, 8 Stuyvesant St, zwischen 2nd und 3rd Ave, ✆ 598-0402;
Bendix Diner, 219 8th Ave, Höhe W 21st St, ✆ 366-0560;
Jones Diner, 371 Lafayette, Höhe Great Jones St, ✆ 673-3577;
Kiev, 117 2nd Ave, Höhe E 7th St, ✆ 674-4040;
KK Restaurant, 192–194 1st Ave, zwischen E 11th und 12th St, ✆ 777-4430;
Odessa, 117–119 Ave A, zwischen E 7th St und St. Mark's Place, ✆ 473-8916;
Triumph Restaurant, 148 Bleecker St, zwischen LaGuardia und Thompson St, ✆ 228-3070;
Veselka, 144 2nd Ave, zwischen E 9th St und St. Mark's Place, ✆ 228-9682;
Waverly Restaurant, 385 6th Ave, zwischen W 8th St und Waverly Place, ✆ 675-3181.

Midtown Manhattan
Broadway Diner, 590 Lexington Ave, Höhe E 52nd St, ✆ 486-8838; 1726 Broadway, Höhe W 55th St, ✆ 765-0909;
Chez Laurence, 245 Madison Ave, zwischen E 37th und 38th St, ✆ 683-0284;
Ellen's Stardust Diner, 1377 6th Ave, Höhe W 56th St, ✆ 307-7575; 1650 Broadway, Höhe W 51st St, ✆ 956-5151;
Jerry's Metro Delicatessen, 790 8th Ave, Höhe W 48th St, ✆ 581-9100;
Market Diner, 572 11th Ave, Höhe W 43rd St, ✆ 695-0415;
Olympic Restaurant, 809 Eighth Ave, zwischen W 48th und 49th St, ✆ 956-3230.
Westway Diner, 614 Ninth Ave, zwischen 43rd und 44th St, ✆ 582-7661.

Upper Manhattan
EJ's Luncheonette, 433 Amsterdam Ave, zwischen W 81st und 82nd St, ✆ 873-3444;
Googie's Diner, 1491 2nd Ave, Höhe E 78th St, ✆ 717-1122;
Gracie Mews Diner, 1550 First Ave, Höhe E 81st St, ✆ 861-2290;
Tom's Restaurant, 2880 Broadway, Höhe W 112th St, ✆ 864-6137;
Tramway Coffee Shop, 1143 2nd Ave, Höhe E 60th St, ✆ 758-7017;
Viand, 673 Madison Ave, zwischen E 61st und 62nd St, ✆ 751-6622;

Kelley and Ping, 127 Greene St, zwischen Prince und W Houston St, ✆ 228-1212. Elegantes Tea Room und Restaurant mit verschiedenen asiatischen Küchen, schmackhafte Nudelsuppe, edles Ambiente mit Dekoration aus thailändischen Kräutern und Gewürzen. Empfehlenswert.
Nobu, 105 Hudson St, Franklin St, ✆ 219-0500. Robert De Niros bekanntestes New Yorker Restaurant, dem der gefeierte Küchenchef Nobu Matsuhisa vorsteht. Japanische Küche der Superlative, insbesondere Sushi, zu ebensolchen Preisen und fantasievolles Dekor.
Omen, 113 Thompson St, zwischen Prince und Spring St, ✆ 925-8923. Japanisches Restaurant mit Zen-Atmosphäre und Kyoto-Küche, außerdem gutes Sushi. Teuer.
Penang, 109 Spring St, zwischen Greene und Mercer St, ✆ 274-8883; 1596 Second Avenue, Höhe E 83rd St, ✆ 585-3838; 240 Columbus Avenue, Höhe 71st St, ✆ 769-3988. Exzellente malaysische Gerichte, die in einem ziemlich übertriebenen Dschungeldekor mit Innen-

wänden aus Bambus und tropischen Pflanzen serviert werden. Vor allem das frische Seafood ist zu empfehlen, z.B. Seebarsch in Bananenblättern. Reservierungen werden angeraten, insbesondere für das Restaurant in SoHo.

Rice, 227 Mott St, zwischen Prince und Spring St, ✆ 226-5775. Kleiner, preiswerter Allround-Asiate, diverse Reissorten (Wildreis, Klebreis), dazu gibt es Huhn mit Zitronengras oder Rindfleischsalat.

Thai House Café, 151 Hudson St, Hubert St, ✆ 334-1085. Kleines, beliebtes Thai-Restaurant in TriBeCa, preiswert und authentisch. Pad Thai und die roten Currys sind hervorragend. So geschlossen.

FISCHRESTAURANTS – *Aguagrill*, 210 Spring St, 6th Ave, ✆ 274-0505. Erstklassig zubereitete frische Meeresfrüchte und hervorragende *Raw Bar*. Hier kann man zwischen mehr als einem Dutzend verschiedener Austern wählen und wird dabei von den Kellnern bestens beraten. Sehr gute Weinkarte und ebensolcher Service; Hauptgerichte ab $18, die Preise sind gerechtfertigt. Reservierungen empfohlen.

Le Pescadou, 18 King St, abseits der 6th Ave, südlich der W Houston St, ✆ 924-3434. Seafood-Bistro mit französischer Atmosphäre. Szenetreff, aber nicht zu teuer.

FRANZÖSISCH UND BELGISCH – *Alison on Dominick*, 38 Dominick St, zwischen Hudson und Varick St, ✆ 727-1188. Hinter Alison versteckt sich Alison Price, Inhaber und Küchenchef des berühmten Restaurants im französischen Landhausstil – so versteckt und romantisch, wie es in einer Großstadt nur geht. Exzellente kreative und leichte Küche nach südwestfranzösischer Art. Sehr teuer, aber für besondere Anlässe auf jeden Fall sein Geld wert.

Balthazar, 80 Spring St, zwischen Crosby St und Broadway, ✆ 965-1414. Über zwei Jahre lang schon gehört dieses Restaurant zu den In-Treffs New Yorks, und es erhält weiterhin von allen Seiten überschwängliches Lob. Das geschmackvolle, reichverzierte Dekor im Pariser Stil und der Anblick der Schönen und Reichen unterhält Hungrige – bis das Essen kommt. Danach ziehen die frischen Austern und Muscheln, die exquisiten Desserts oder sonstige Köstlichkeit die volle Aufmerksamkeit auf sich. Wird seinem Ruf gerecht und ist sein Geld wert.

Capsouto Frères, 451 Washington St, Watts St, ✆ 966-4900. In einer ruhigen Ecke von TriBeCa versteckt, wundervolles, wenn auch etwas teureres Bistro; Hauptgerichte um $14–24. Die Ente mit Ingwer und Cassis sowie die Soufflés sind die Highlights.

Chanterelle, 2 Harrison St, Hudson St, ✆ 966-6960. So manche würden lieber eine Woche trockenes Brot essen, damit sie sich einmal ein Essen bei David Waltuck leisten können. Französische Haute Cuisine der absoluten Spitzenklasse, einige der erlesenen Weine muss man vorbestellen, damit sie angemessen dekantiert werden können. Stilvolles Ambiente und perfekter Service. Sehr teuer.

Country Café, 69 Thompson St, ✆ 966-5417. Kleines, äußerst bezauberndes Restaurant mit einer wunderschönen, dezenten Innenausstattung im Landhausstil, Edith Piaf als Hintergrundmusik und einer fantastischen Speisekarte. Französische Küche mit marokkanischem Einschlag; die traditionelle Kost wird bereichert durch sättigende *tajines* oder ein Curry-Schweinefilet, außerdem exzellente Muscheln in einer Soße aus Weißwein, Schalotten und Basilikum. Hauptgerichte $14–22. Da hier allerhöchstens 35 Leute Platz haben, ist das Rauchen erlaubt. Sehr zu empfehlen.

L'Ecole, French Culinary Institute, 462 Broadway, Grand St, ✆ 219-3300. Schüler des *French Culinary Institute* servieren erschwingliche und hervorragende französische Küche. Der Einheitspreis für ein Drei-Gänge-Menü ist mit $25,95 pro Person nahezu unschlagbar, vorher reservieren. So geschlossen.

Le Jardin Bistro, 25 Cleveland Place, zwischen Kenmare und Spring St, ✆ 343-9599. Schlichtes romantisches Bistro mit einem Garten und beständig gutem Essen, inkl. sehr frischem Seafood. Gemäßigte Preise, Hauptgerichte $16–20. Empfehlenswert.

Manhattan Bistro, 129 Spring St, zwischen Greene und Wooster St, ✆ 966-3459. Einfaches, ruhiges Bistro mit gängiger französischer Küche sowie Pasta und Foccacia, das sich mit gutem Essen und vernünftigen Preisen gegen die Modelokale der Umgebung behaupten konnte.

Provence, 38 MacDougal St, zwischen Prince und Houston St, ✆ 475-7500. Beliebtes SoHo-Bistro mit sehr gutem Essen, jedoch mit Hauptgerichten für $15–19 nicht ganz billig, aber ein schöner Ort für eine besondere Gelegenheit. Außerdem eine helle geräumige Atmosphäre und ein Garten für den Sommer.

Raoul's, 180 Prince St, zwischen Sullivan und Thompson St, ✆ 966-3518. In diesem Bistro fühlt man sich nach Paris versetzt. Essen und Service sind ausgezeichnet, was bei den hohen Preisen auch zu erwarten ist. Empfehlenswert ist das *steak au poivre*. Reservierung zu empfehlen. Im August geschlossen.

Vandam, 150 Varick St, Vandam St, ✆ 352-9090. Brandneues Restaurant von den Machern des Balthazar (s.o.), das mit seinem prächtigen Dekor und seiner französischen Küche der etwas anderen Art – sprich mit lateinamerikanischem Einschlag – bereits für viel Aufsehen sorgt. Wer schon immer Yukka mit Gänseleber probieren wollte, liegt hier richtig.

GRIECHISCH UND ORIENTALISCH – *Delphi*, 109 W Broadway, Ecke Reade St, ✆ 227-6322. Griechisches Restaurant mit Fisch und Kebab für $7-10, Sandwiches für $4. Entgegenkommender Service; in Manhattan die beste Möglichkeit, preiswert griechisch zu essen.

Layla, 211 W Broadway, Ecke Franklin St, ✆ 431-0700. Restaurant von den Betreibern des *Drew Nieporent* und *TriBeCa Grill*, mit orientalischem Dekor, sehr gutes Kebab für $24, Calamari gefüllt mit Merguez. Bauchtänzerinnen sorgen für die richtige Atmosphäre. Teuer.

ITALIENISCH – *Cucina della Nonna*, 104 Grand St, Mercer St, ✆ 925-5488. Einfacher Italiener mit sehr günstigen Preisen – v.a. hinsichtlich der Lage – und freundlichem Service. Alles in allem eine gute Wahl.

Mezzogiorno, 195 Spring St, zwischen Sullivan und Thompson St, ✆ 334-2112. Helles und freundliches Restaurant an der Grenze zu SoHo, in dem man ebenso gut essen wie Leute beobachten kann. Etwas überteuert, aber ein sehr gutes und einfallreiches Speiseangebot, Holzofenpizza, Salate und Carpaccio. Gehört zum *Mezzaluna* in der Upper East Side.

Oro Blu, 333 Hudson St, ✆ 645-8004. Tolle italienische Küche in modernen, luftigen Räumlichkeiten. Eine Mischung von schmackhaften Klassikern sowie etwas innovativeren Gerichten. Gute Wahl in einem ansonsten dünn bestückten Teil der Stadt.

JÜDISCH UND OSTEUROPÄISCH – *Triplet's Roumanian*, 11–17 Grand St, 6th Ave, ✆ 925-9303. Lautes Lokal mit einer Atmosphäre wie auf einer jüdischen Hochzeit. Köstliche *egg creams* werden am Tisch zubereitet. Mo und Di geschlossen.

KARIBISCH, MITTEL- UND SÜDAMERIKANISCH – *Brisa del Caribe*, 489 Broadway, Broome St, ✆ 226-9768. Sehr gute, preiswerte Gerichte mit Reis und Bohnen, für SoHo ungewöhnlich schlichter Ort.

El Teddy's, 219 W Broadway, zwischen Franklin und White St, ✆ 941-7070. Exzentrische Gestaltung, Mexikanisches wie Quesadillas mit Ziegenkäse und die besten Margaritas der Stadt. Hauptgerichte um $15–19, was etwas hoch scheint.

VEGETARISCH – *Spring Street Natural Restaurant*, 62 Spring St, Lafayette St, ✆ 966-0290. Nicht streng vegetarisch, aber sehr gut. Frisch zubereitete Vollwertkost. Hauptgerichte kosten ab $9, ist bei Einheimischen sehr beliebt, man sollte sich jedoch auf längere Wartezeiten einstellen.

Greenwich Village

Die Bohème-Vergangenheit des West Village zieht noch immer Besucher aus aller Welt an. Inzwischen sind die Restaurants überfüllt und überteuert, vor allem in der Gegend um die

New York University und entlang der 7th Avenue. Etwas weiter westlich Richtung Hudson Street oder nördlich im *meat packing district* sind noch gemütlichere und bezahlbarere Lokale zu finden. Trotz der touristischen Atmosphäre zählen die italienischen Cafés an der Kreuzung Bleecker und MacDougal Street immer noch zu den besten Orten, um den Zucker- und Koffeinhaushalt zu regulieren.

BÄCKEREIEN UND CAFÉS – *Anglers & Writers*, 420 Hudson St, Ecke St Luke's Place, ✆ 675-0810. Village-Café mit Snacks und Mahlzeiten – Suppen und Desserts sind besonders gut – oder einfach zum Kaffeetrinken.
Café Le Figaro, 184 Bleecker St, Ecke MacDougal St, ✆ 677-1100. Café mit langer Tradition und intellektuellem Touch; in den 50ern trafen sich hier die Beatniks. Am Wochenende kann man von den Fensterplätzen oder den Tischen auf den Bürgersteigen aus das Treiben im West Village beobachten.
Caffè Dante, 79 MacDougal St, zwischen Bleecker und Houston St, ✆ 982-5275. Hier tranken schon 1915 die Leute aus der Nachbarschaft ihren Morgenkaffee. Guter Cappuccino, doppelter Espresso und Caffè Alfredo mit Eis. Beliebt bei Studenten und Dozenten der NYU.
Caffè Reggio, 119 MacDougal St, zwischen Bleecker und W 3rd St, ✆ 475-9557. Eines der ersten Village-Cafés aus den 20ern, immer voll; von den Tischen im Freien kann man „Village People" und Touristen beobachten.
Caffè Vivaldi, 32 Jones St, zwischen Bleecker und W 4th St, ✆ 929-9384. Café mit Wiener Flair und Kaminfeuer-Gemütlichkeit.
Tea and Sympathy, 108 Greenwich Ave, zwischen W 12th und 13th St, ✆ 807-8329. Tea-Room in bester englischer Tradition, zum Afternoon Tea gibt es *treacle pudding*, *Shepherd's pie* und *Scones*.
Thé Adoré, 17 E 13th St, zwischen 5th Ave und University Place, ✆ 243-8742. Hübscher kleiner Tea Room mit köstlichem Gebäck und Kaffee; im Obergeschoss werden auch Sandwiches und schmackhafte Suppen serviert. So geschlossen, im August gelegentlich auch Sa geschlossen, besser vorher anrufen.
Xando, 504 Avenue of the Americas, Ecke 13th St, ✆ 462-4188. Einladendes, lebhaftes Kaffeehaus mit einer außergewöhnlichen Auswahl der verschiedensten Kaffeesorten und -mixturen. Zum Essen gibt's kleine Snacks, Eis und die sehr typisch amerikanische Köstlichkeit *s'mores:* eine Kombination aus Marshmallows, Vollkorngebäck und Schokolade, die über einer Flamme am Tisch eigenhändig miteinander verschmolzen werden. Zwei riesige Portionen kosten $7,50 und lassen die Jugend wieder aufleben bzw. geben einem das Gefühl, für kurze Zeit ein waschechter Amerikaner zu sein.

AMERIKANISCH UND EUROPÄISCH –
Aggie's, 146 W Houston St, MacDougal St, ✆ 673-8994. Ausgefallener, etwas überteuerter Diner mit großen Portionen frischem Salat, Sandwiches und guten Brunchgerichten. Beim Essen streichen einem Aggies Katzen zutraulich um die Beine.
Bagel Buffet, 406 6th Ave, zwischen W 8th und 9th St, ✆ 477-0448. Große Auswahl an gefüllten Bagels; Bagel-Teller mit Salaten um $5. Durchgehend geöffnet.
Brother's Bar-B-Q, 255 Varick St, Ecke Clarkson St, ✆ 727-2775, sehr große Räumlichkeit mit Südstaaten-Kitsch dekoriert, bei Country und Blues wird das beste Barbecue nördlich der Mason-Dixon-Linie serviert. Die *ribs* mit *mashed potatoes* und *collard greens* sollte man sich nicht entgehen lassen. Zwei Personen kommen mit $25 gut aus. Happy Hour Mo-Fr 16-19 Uhr mit sehr guten Margaritas zu $3.
Caliente Cab Co, 61 7th Ave, Ecke Bleecker St, ✆ 243-8517. Übliches Tex-Mex-Angebot, Mo-Fr 16-20 Uhr gibt's zu den Drinks kostenloses Bar Food; am Wochenende Brunchbuffet mit unbegrenzten Margaritas, Mimosas oder Screwdrivers.
Corner Bistro, 331 W 4th St, Jane St, ✆ 242-9502. Pub und Bar mit höhlenartigen Nischen, Papptellern, großen Portionen von Burgern und Pommes, Bier und Desserts zu fairen Preisen. Beliebt bei Literaten und Künstlertypen

der West Village. Abends viel Andrang – keine Angst, die Schlange bewegt sich schneller als es den Anschein hat!

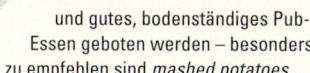

Cowgirl Hall of Fame, 519 Hudson St, Ecke W 10th St, ✆ 633-1133. Urwüchsiges texanisches Barbecuelokal voller Cowboykitsch. Deftige Ribs, gegrilltes Hähnchen, große Auswahl an Tequilas, die in gläsernen Cowboystiefeln serviert werden.

Elephant and Castle, 68 Greenwich Ave, zwischen 6th und 7th Ave, ✆ 243-1400. Seit eh und je beliebt, berühmt für Burger, Omelettes und Caesar Salad zu moderaten Preisen. Fürs Frühstück oder Mittagessen besonders empfehlenswert.

Home, 20 Cornelia St, zwischen Bleecker und W 4th St, ✆ 243-9579. Einmaliges Restaurant, das es schafft, eine behagliche Atmosphäre stilvoll zu gestalten. Herrliche, kreative amerikanische Küche, mittags etwas günstiger. Käsefondue und Koteletts mit Kreuzkümmel sind empfehlenswert.

Indigo, 142 West 10th St, zwischen Greenwich und Waverly St, ✆ 691-7757. Amerikanische Kost nach Hausfrauenart mit einem kreativen mediterranen und manchmal asiatischen Touch. Köstliches gegrilltes Hähnchen, das mit Polenta und Artischocken serviert wird, sowie schmackhafte, dicke Suppen und ungewöhnliche Salate. Die Hauptgerichte um $16 sind ihren Preis wert.

The Pink Teacup, 42 Grove St, zwischen Bleecker und Bedford St, ✆ 807-6755. Alteingesessene südstaatliche Soulfood-Institution mitten im Village serviert auch Brunch. Relativ günstig (Hauptgerichte ca. $12), gemütlich und sehr sättigend. Keine Kreditkarten.

Shopsin's General Store, 63 Bedford St, Morton St, ✆ 924-5160. Hier macht sich niemand wichtig, kleiner Familienbetrieb mit ellenlanger Speisekarte, hauptsächlich hausgemachte Suppen und Sandwiches. Am Wochenende geschlossen, dann nimmt sich die Familie frei. Keine Kreditkarten.

Tavern on Jane, 8th Ave, Jane St, ✆ 675-2526. Das ehemalige Jane Street Seafood Café wurde in eine angenehme Bar mit Restaurant umgestaltet, wo eine große Auswahl an Bieren und gutes, bodenständiges Pub-Essen geboten werden – besonders zu empfehlen sind *mashed potatoes*.

ASIATISCH – ***Japonica***, 100 University Place, 12th St, ✆ 243-7752. Geräumiges, elegantes Restaurant mit großer Auswahl an garantiert frischem Sushi zu wirklich günstigen Preisen. Sa und So köstlicher Brunch: große Platten mit Sushi oder Sashimi, auch Teriyaki, inkl. Salat und Bier oder Pflaumenwein für $12. Abends kostet ein Menü an der Sushi Bar ca. $25. Nach 19 Uhr muss man Schlange stehen.

Lemongrass Grill, 80 University Place, 11th St, ✆ 604-9870. Beliebter Thai mit schnellem Service und günstigem Essen, dafür geringer Auswahl. Im Angebot sind die typischen Nudelgerichte sowie kurz angebratenes Fleisch und vegetarische Kost. Ideal, wenn man in Eile ist. Gehört zu einer Kette.

Toons, 417 Bleecker St, Bank St, ✆ 924-6420. Asiatisches Restaurant mit schummriger, intimer Atmosphäre und gutem authentischen Essen, relativ teuer. Beliebt bei Thais.

FRANZÖSISCH UND BELGISCH – ***Au Troquet***, 328 W 12th St, Eingang an der Greenwich St, ✆ 924-3413. Romantischer Village-Treffpunkt mit Pariser Flair. Gutes Essen zu reellen Preisen.

Café de Bruxelles, 118 Greenwich Ave, W 13th St, ✆ 206-1830. Ein sehr authentisches und beliebtes belgisches Restaurant. Mittlere Preise, interessante Gerichte wie *Waterzooi* (reichhaltiges Hühnchenragout mit Sahnesoße). Auch leckere Pommes frites und Muscheln.

Chez Brigitte, 77 Greenwich Ave, zwischen Bank St und 7th Ave, ✆ 929-6736. Gerade mal ein Dutzend Gäste haben in dem winzigen Restaurant Platz, das Hausmannskost serviert: Suppen, Eintöpfe, Braten etc. abends für unter $10.

Chez Ma Tante, 189 W 10th St, zwischen W 4th und Bleecker St, ✆ 620-0223. Kleines französisches Bistro mit rustikalem Charme und gutem Essen, am schönsten im Sommer, wenn die Front geöffnet ist. Auch guter Brunch.

Chez Michallet, 90 Bedford St, Grove St, ✆ 242-8309. Gemütliche Village-Version eines französischen Landgasthofes. Mittlere bis gehobene Preise, das abendliche Drei-Gänge-Menü für $20 ist ein echtes Angebot.

Florent, 69 Gansevoort St, zwischen Washington und Greenwich Ave, ✆ 989-5779. Bistro am Rande des *meat packing district*, belebter In-Treff mit französicher Küche. Die Muscheln sind so lecker, dass man gern über den mürrischen Service hinwegsieht. Günstiges Menü zum festen Preis, am Wochenende Brunch. Durchgehend geöffnet, somit sehr beliebt unter Clubbern.

La Bohème, 24 Minetta Lane, zwischen W 3rd und Bleecker St, ✆ 473-6447. Hell und freundlich, wenn auch etwas eng; im Sommer ist die ganze Front zur Straße hin offen. Gute Pasta, Steinofenpizza, Fleisch- und Fischgerichte provençalisch für $12–15. Im August So und Mo geschlossen.

La Metairie, 189 W 10th St, W 4th St, ✆ 989-0343. Winziges, charmantes West-Village-Bistro mit ausgezeichneter französischer Landküche. Hauptgerichte $14–24.

Paris Commune, 411 Bleecker St, zwischen W 11th und Bank St, ✆ 929-0509. Romantisches Bistro mit Kamin serviert durchweg gute französische Hausmannskost. Die Ravioli mit Waldpilzen sind köstlich. Zum Brunch muss man auf einen Tisch warten.

Waterloo, 145 Charles St, Washington St, ✆ 352-1119. Ruhiges Lokal im West Village, das belgische Kost zu moderaten Preisen bietet. Hauptgerichte ab $15. Insbesondere die traditionellen Gerichte, z.B. Muscheln und Pommes frites, sind hier sehr gut. Mit Wartezeiten muss gerechnet werden.

ITALIENISCH – ***Arturo's Pizza***, 106 W Houston St, Thompson St, ✆ 475-9828. Mittelteure Hauptgerichte, riesige Holzofenpizza, dazu Live-Unterhaltung und gesellige Atmosphäre.

Baboo, 110 Waverly Pl, zwischen 6th Ave und MacDougal St, ✆ 777-0303. Neues, einladendes Restaurant mit fantasievoll zubereiteten italienischen Gerichten und aufmerksamer Bedienung. Die Kombination aus gutem Essen (vom Küchenchef des *Po*, s.u.), überraschend moderaten Preisen (Hauptgerichte um $18) und gemütlicher Einrichtung macht das Lokal zu einem beliebten Treffpunkt – eine Reservierung wird empfohlen.

Cent' Anni, 50 Carmine St, zwischen Bleecker und Bedford St, ✆ 989-9494. Kleines traditionsreiches Village-Restaurant mit köstlicher florentinischer Küche, etwas teurer.

Cucina Della Fontana, 368 Bleecker St, Charles St, ✆ 242-0636. Wirkt von außen wie eine gewöhnliche Bar, aber im begrünten Atrium wird hervorragende italienische Küche serviert, Muscheln, Fisch und Pasta.

Cucina Stagionale, 275 Bleecker St, zwischen 6th und 7th Ave, ✆ 924-2707. Ausgesprochen beliebtes Restaurant im West Village mit Preisen um $8. Man sollte sich auf Schlangestehen gefasst machen und den Wein mitbringen. Calamari und *Pasta puttanesca* sind empfehlenswert.

Ennio and Michael, 539 LaGuardia Place, zwischen Bleecker und W 3rd St, ✆ 677-8577. Altmodisches italienisches Restaurant, gemütlich und überschaubar, im Sommer mit Sitzgelegenheiten im Freien.

John's Pizzeria, 278 Bleecker St, zwischen 6th und 7th Ave, ✆ 243-1680. Die Pizza mit dünnem, knusprigem Boden zählt zu den besten der Stadt. Kein Außer-Haus-Verkauf. Sehr beliebt, evtl. muss man auf einen Tisch warten. Ableger in Uptown: 408 E 64th St, zwischen 1st und York Ave, ✆ 935-2895; und 48 W 65th St, zwischen Columbus Ave und Central Park West, ✆ 721-7001.

Minetta Tavern, 113 MacDougal St, Minetta Lane, ✆ 475-3850. Eine der ältesten Bars in Greenwich Village mit Wandgemälden, die das Viertel in den 30ern zeigen. Das legere Restaurant im hinteren Bereich bietet zuverlässige italienische Küche.

Po, 31 Cornelia St, zwischen Bleecker und W 4th St, ✆ 645-2189. Das kleine Restaurant trägt eindeutig die Unterschrift von Küchenchef Mario Batali. Köstliches und kreatives italienisches Essen mit frischen interessanten

Restaurants für Raucher

Am 10. April 1995 um 0.00 Uhr geschah etwas bis dahin Unvorstellbares in New York: Die Mehrzahl der Restaurants wurde zu rauchfreien Zonen. Mit einer komplizierten neuen Gesetzgebung wurde das Rauchen an den Tischen aller Restaurants mit mehr als 35 Sitzplätzen untersagt. In diesen Restaurants darf nur noch an der Bar geraucht werden oder in separaten Räumen. In Bars oder Restaurants mit weniger als 35 Sitzplätzen ist das Rauchen gestattet. Wer sich nicht sicher ist, kann vorher anrufen oder sollte vor dem Rauchen fragen. In den nachstehenden Restaurants darf zumindest in bestimmten Raumteilen noch geraucht werden.

Lower Manhattan

Admiral's Gallery, 160 South, Höhe Dover St, ✆ 608-6455; **Au Troquet**, 328 W 12th St, Höhe Greenwich St, ✆ 924-3413; **Bayamo**, 704 Broadway, zwischen E 4th St und Washington Place, ✆ 475-5151; **Bell Caffè**, 310 Spring St, zwischen Greenwich und Hudson St, ✆ 334-2355; **Benito I**, 174 Mulberry St, zwischen Grand und Broome St, ✆ 226-9171; **Café Tabac**, 232 E 9th St, zwischen 2nd und 3rd Ave, ✆ 674-7072; **Corner Bistro**, 331 W 4th St, zwischen W 12th und Jane St, ✆ 242-9502; **Country Café**, 69 Thompson St, ✆ 966-5417; **Cucina Della Fontana**, 368 Bleecker St, Höhe Charles St, ✆ 242-0636; **Ear Inn**, 326 Spring St, zwischen Washington und Greenwich St, ✆ 226-9060; **El Teddy's**, 219 W Broadway, zwischen Franklin und White St, ✆ 941-7070; **Fanelli**, 94 Prince St, Höhe Mercer St, ✆ 226-9412; **Florent**, 69 Gansevoort St, zwischen Washington und Greenwich Ave, ✆ 989-5779; **Gotham Bar & Grill**, 12 E 12th St, zwischen 5th Ave und University Place, ✆ 620-4020; **Home**, 20 Cornelia St, zwischen Bleecker und W 4th St, ✆ 243-9579; **John's of 12th Street**, 302 E 12th St, zwischen 1st und 2nd Ave, ✆ 475-9531; **La Cigalle**, 231 Mott St, zwischen Spring und Prince St, ✆ 334-4331; **Le Pescadou**, 18 King St, abseits der Sixth Ave, südlich der West Houston St, ✆ 924-3434; **Lucky Strike**, 59 Grand St, zwischen W Broadway und Wooster St, ✆ 941-0479; **Raoul's**, 180 Prince St, zwischen Sullivan und Thompson St, ✆ 966-3518; **Rio Mar**, 7 9th Ave, Höhe W 12th St, ✆ 243-9015; **TriBeCa Grill**, 375 Greenwich St, Höhe Franklin St, ✆ 941-3900.

Midtown Manhattan

Aquavit, 13 W 54th St, zwischen 5th und 6th Ave, ✆ 307-7311; **Blue Moon Café**, 150 8th Ave, zwischen W 17th und 18th St, ✆ 463-0560; **Dawat**, 210 E 58th St, zwischen 2nd und 3rd Ave, ✆ 355-7555; **El Rio Grande**, 160 E 38th St, zwischen Lexington und 3rd Ave, ✆ 867-0922; **La Bonne Soupe**, 48 W 55th St, zwischen 5th und 6th Ave, ✆ 586-7650; **Landmark Tavern**, 626 11th Ave, zwischen W 45th und 46th St, ✆ 757-8595; **Mickey Mantle's**, 42 Central Park South, W 59th St zwischen 5th und 6th Ave, ✆ 688-7777; **Mike's American Bar & Grill**, 650 10th Ave, zwischen W 45th und 46th St, ✆ 246-4155; **Orson's**, 175 Second Ave, zwischen 11th und 12th St, ✆ 475-1530; **Oyster Bar**, im Untergeschoss des Grand Central Terminal, 42nd St, Park Ave, ✆ 490-6650; **P.J. Clark's**, 915 3rd Ave, zwischen E 55th und 56th St, ✆ 759-1650; **The Coffee Shop**, 29 Union Square W, zwischen E 16th und 17th St, ✆ 243-7969; **Trattoria dell'Arte**, 900 7th Ave, zwischen W 56th und 57th St, ✆ 245-9800; **Zarela**, 9532nd Ave, zwischen E 50th und 51st St, ✆ 644-6740.

Uptown Manhattan

Asia, 1155 3rd Ave, zwischen E 67th und 68th St, ✆ 879-5846; **Bangkok House**, 1485 1st Ave, zwischen E 77th und 78th St, ✆ 249-5700; **Bella Donna**, 307 E 77th St, zwischen 1st und 2nd Ave, ✆ 535-2866; **Le Monde**, 2885 Broadway, 112th St, ✆ 531-3939; **Madame Romaine de Lyon**, 29 E 69th St, zwischen Park und Madison Ave, ✆ 759-5200; **Rathbones**, 1702 2nd Ave, zwischen E 88th und 89th St, ✆ 369-7361.

Zutaten – seine Pasta ist sind einzigartig. Hauptgerichte um $25. Rechtzeitig reservieren, da es immer noch einer der Hotspots im Village ist.
Stromboli Pizzeria, 112 University Place, zwischen E 12th und 13th St, ✆ 255-0812. Perfekte Pizza mit dünnem, knusprigem Boden, auch gut für die Pizzaecke zwischendurch.
Two Boots-to-go West, 75 Greenwich Ave, zwischen 7th Ave und 11th St, ✆ 633-9096. Tolle Pizzas mit dünnem, knusprigem Boden, die à la Cajun gerne mit Langusten und Jalapeño-Paprikaschoten belegt werden. Sehr gutes Preis-Leistungs-Verhältnis.

KARIBISCH, MITTEL- UND SÜDAMERIKANISCH – **Benny's Burritos**, 113 Greenwich Ave, Jane St, ✆ 727-0595; 93 Avenue A, E 6th St, ✆ 254-2054. Riesige Burritos mit verschiedenen Zutaten. Flinker Service und sehr günstige Preise, ausgezeichnete Margaritas.
Caribe, 117 Perry St, zwischen Hudson und Greenwich St, ✆ 255-9191. Karibisches Restaurant mit Dschungel-Deko und Reggae. Bunte tropische Cocktails sorgen für einen vergnüglichen Abend. Hauptgerichte $7–10.
Day-O, 103 Greenwich Ave, W 12th St, ✆ 924-3161. Karibische / Südstaatenküche in lebhafter Athmosphäre für ein junges Publikum. Auch hervorragende Fisch- und vegetarische Gerichte. Gute Longdrinks.
Flying Fish, 395 West St, zwischen Christopher und W 10th St, ✆ 924-5050. Lebhaftes karibisches Restaurant mit preiswerter jamaikanischer Küche.
Lupe's East LA Diner, 110 6th Ave, Watts St, ✆ 966-1326. Winziges Lokal mit sehr guten Burritos und Enchiladas. Sehr gelassene Atmosphäre, witzig und billig.
Mi Cucina, 57 Jane St, Hudson St. ✆ 627-8273. Authentische mexikanische Küche in einfacher Umgebung, Hauptgerichte zwischen $9-14. Bei viel Betrieb häufig Warteschlangen.
Panchito's, 105 McDougal, zwischen West 3rd und Bleecker St, ✆ 473-5239. Als authentisch kann man das *Panchito's* sicher nicht bezeichnen, aber das stört niemanden. Großer, lebhafter und ansprechender Speiseraum, billiges und sättigendes Essen (Bohnen, Reis, Burritos). Die Bar ist ausgesprochen gut sortiert und bietet einige seltenene Brandys.
Tortilla Flats, 767 Washington St, W 12th St, ✆ 243-1053. Billiger Mexikaner im West Village mit tollen Margaritas, lauter Musikbox und jeder Menge Kitsch.

ORIENTALISCH – **Moustache**, 90 Bedford St, zwischen Grove und Barrow St, ✆ 229-2220. Im West Village gibt es mehrere orientalische Restaurants mit Falafel etc., aber das *Moustache* ist etwas Besonderes. Nur hier gibt es „Pitza": frische Pita mit pizzaähnlichem Belag, noch besser sind die Lamm-Sandwiches mit Kreuzkümmel. Man muss allerdings eine Weile auf das Essen warten.

SPANISCH – **Café Español**, 63 Carmine St, Ecke 7th Ave South, ✆ 675-3312; 172 Bleecker St, zwischen MacDougal und Sullivan St, ✆ 505-0657. Winziges Restaurant mit knoblauchlastiger, spanischer Küche für $10–15. Empfehlenswert sind Paella und *mariscada*, ein sättigendes Gericht mit Meeresfrüchten, das für zwei reicht.
El Faro, 823 Greenwich St, Horatio St, ✆ 929-8210. Dunkles, belebtes Restaurant, in dem man so eng sitzt, dass die Leckereien auf dem Nachbartisch garantiert appetitanregend wirken. Paella oder Seafood in grüner Soße sind ausgezeichnet. Gemäßigte Preise, viele Gerichte reichen für zwei.
Rio Mar, 7 9th St, W 12th St, ✆ 243-9015. Freundliches spanisches Restaurant mit günstigem und authentischem Essen, wenn auch in wenig einfallsreicher Einrichtung. Empfehlenswert.
Sevilla, 62 Charles St, W 4th St, ✆ 929-3189. Wunderbarer Oldtimer, der nach wie vor ein beliebter Treffpunkt für Leute aus dem Village ist. Dunkles, angenehm nach Knoblauch duftendes Restaurant mit gutem Essen zu gemäßigten Preisen. Hervorragende Paella und große Krüge voll starkem Sangria.
Spain, 113 W 13th St, zwischen 7th und 8th Ave, ✆ 929-9580. Gütige Preise und große Portionen sprechen für dieses gemütliche

spanische Restaurant. Die Paella läßt sich gut zu zweit essen. Seine lockere Athmosphäre und kitschige Einrichtung blickt auf eine lange Tradition zurück. Hauptgerichte zwischen $11–16.

VEGETARISCH – *Eva's*, 11 W 8th St, zwischen 5th und 6th Ave, ✆ 677-3496. Gesundes, schmackhaftes Essen in Coffee Shop-Atmosphäre. Flinker Service und sehr günstige Preise. Empfehlenswert ist der Falafel-Teller.

Souen, 210 6th Ave, Prince St, ✆ 807-7421; 28 E 13th St, zwischen 5th Ave und University Place, ✆ 627-7150. Bietet Vegetarisches, Makrobiotisches, Bio-Gemüse, Vollwertkost und Fisch.

Vegetarians' Paradise, 144 W 4th St, zwischen MacDougal St und 6th Ave, ✆ 260-7130; 33–35 Mott St, Pell St, ✆ 406-6988; 48 Bowery, ✆ 571-1535. Vegetarisches chinesisches Restaurant, teurer als andere Chinesen im Zentrum, aber noch im Rahmen.

East Village

Weniger aufgeputzt als sein westliches Gegenstück versammelt das **East Village** eine Mischung von Radikalen, Nonkonformisten, Immigranten (meist Puertoricaner und ältere Osteuropäer), Studenten sowie eine steigende Zahl von Yuppies. Entlang der Avenue A scheint ständig irgendwo ein neuer Edelitaliener, eine Sushibar oder ein Szenecafé zu eröffnen. Die gemütlichen und billigen Restaurants in **Little India** dagegen, in der East 6th Street zwischen 1st und 2nd Ave, und **Little Ukraine**, E 7th bis E 9th St zwischen 1st und 3rd Ave, servieren seit eh und je gutes und sättigendes Essen.

BÄCKEREIEN UND CAFÉS – *Caffè Della Pace*, 48 E 7th St, 2nd Ave, ✆ 529-8024. Schummriges und gemütliches East-Village-Café mit gutem Essen und einer verlockenden Auswahl an Kaffee und Desserts; herrliches Tiramisu.

Cloister Café, 238 East 9th St, zwischen 2nd und 3rd Ave, ✆ 777-9128. Das Essen lohnt sich nicht. Bedenkenlos kann man dagegen eine große Tasse Kaffee im Garten genießen. Beliebter late-night Treff.

Limbo, 47 Ave A, zwischen E 3rd und 4th St, ✆ 477-5271. Süßes aller Art, durchschnittlich gute Qualität (hervorzuheben ist der *blackout cake*), guter Kaffee. Man sitzt neben Möchtegernschriftstellern und -drehbuchautoren. Viele Zeitschriften; die gelegentlichen Lyriklesungen muss man sich nicht antun.

Moishe's, 115 Second Ave, zwischen E 7th St und St. Mark's Place, ✆ 505-8555. Gutes Pflaumengebäck und andere köstliche koschere Leckereien.

Sticky Fingers, 121 1st Ave, zwischen 7th St und St. Mark's Place, ✆ 529-2554. Freundliches East-Village-Café, mit Kinderzeichnungen verzierte Wände. Guter Kaffee und ausgezeichnete Brot- und Gebäckauswahl.

Taylor's, 175 2nd Ave, zwischen E 11th und 12th St, ✆ 378-2892; 523 Hudson St, zwischen W 10th und Charles St, ✆ 378-2890; 228 W 18th St, zwischen 7th und 8th Ave, ✆ 378-2895. Neben Suppen und Salaten gibt es Muffins in Übergrößen und ausgefallenes Gebäck.

Veniero's, 342 E 11th St, zwischen 1st und 2nd Ave, ✆ 674-4415. Diese Bäckerei ist eine über 100 Jahre alte Institution im East Village. Seit neuestem kann man das herrliche Gebäck auch an Tischen verzehren, die Süßspeisen sowie die Inneneinrichtung suchen ihresgleichen. Unbedingt probieren sollte man den *ricotta cheesecake* und im Sommer das hausgemachte Eis.

AMERIKANISCH UND EUROPÄISCH – *Around the Clock*, 8 Stuyvesant St, zwischen 2nd und 3rd Ave, ✆ 598-0402. Zentrales East-Village-Restaurant mit Crêpes, Omelettes, Burgern und Pasta zu vernünftigen Preisen. Durchgehend geöffnet.

Bowery Bar & Grill, 358 Bowery, E 4th St, ✆ 475-2220. Die ehemalige Tankstelle ist jetzt ein überteuertes Restaurant mit üblichem Speiseangebot, aber wer hip ist, muss sich hier sehen lassen.

First, 87 1st Ave, zwischen E 5th und 6th St, ✆ 674-3823. Neues Restaurant im East Village, bietet innovative und raffinierte amerikanische

Küche wie Thunfischsteak *au poivre*. Hauptgerichte um $14. Laut. **Life Café**, 343 E 10th St, zwischen Ave A und B, ☎ 477-8791. Ruhiger, seit langem beliebter East-Village-Treff direkt am Tompkins Square, gelegentlich klassische und andere Konzerte. Sandwiches, kalifornisch-mexikanische Küche und vegetarische Gerichte, alles für $8–10.

Marion's Continental Restaurant and Lounge, 354 Bowery, zwischen Great Jones und E 4th St, ☎ 475-7621. Vorzügliches Steak *au poivre* und Martinis in gepflegter Atmosphäre, etwas kitschige Einrichtung.

Kaffee und Tee

Seit neuestem wird New York von gleichförmig gestalteten Ketten-Cafés überschwemmt, großen und kleinen, die allesamt für sich das letzte Wort in Sachen Kaffee beanspruchen. Ketten wie *Starbuck's*, *New World Coffee*, *Dalton's*, *Timothy's* oder *Seattle Coffee Roasters* sind durchweg gut und servieren so ziemlich jede Variante des schwarzen Gebräus, die man sich vorstellen kann. Wer nicht nur eine Dosis Koffein braucht, sondern etwas mehr Atmosphäre sucht, dem seien die folgenden Cafés empfohlen:

Lower Manhattan

@ Cafe, 12 St. Mark's Place, zwischen 2nd und 3rd Ave, ☎ 979-5439;
alt.coffee, 137 Ave A, zwischen 9th und 10th St, ☎ 529-2233;
Anglers & Writers, 420 Hudson St, Höhe St Luke's Place, ☎ 675-0810;
Café Gitane, 242 Mott St, zwischen Prince und Houston St, ☎ 334-9552;
Caffè Della Pace, 48 E 7th St, zwischen 1st und 2nd Ave, ☎ 529-8024;
Caffè Vivaldi, 32 Jones St, zwischen Bleecker und W 4th St, ☎ 929-9384;
City Bakery, 22 E 17th St, zwischen Broadway und 5th Ave, ☎ 366-1414;
Cyber Cafe, 273 Lafayette, Höhe Prince St, ☎ 334-5140;
Danal, 90 E 10th St, zwischen 3rd und 4th Ave, ☎ 982-6930;
Dean and DeLuca Café, 121 Prince St, zwischen Wooster und Greene St, ☎ 254-8776; 75 University Place, Höhe E 11th St, ☎ 473-1908;
De Robertis, 176 1st Ave, zwischen E 10th und 11th St, ☎ 674-7137;
Kaffeehaus, 131 8th Ave, zwischen W 16th und 17th St, ☎ 229-9702;
Limbo, 47 Ave A, zwischen E 3rd und 4th St, ☎ 477-5271;
Sticky Fingers, 121 1st Ave, zwischen E 7th St und St. Mark's Place, ☎ 529-2554;
T, 142 Mercer St, Höhe Prince St, ☎ 925-3700;
Tea and Sympathy, 108 Greenwich Ave, zwischen W 12th und 13th St, ☎ 807-8329;
Thé Adoré, 17 E 13th St, zwischen 5th Ave und University Place, ☎ 243-8742;
Veniero's, 342 E 11th St, zwischen 1st und 2nd Ave, ☎ 674-4415;
Xando, 504 Ave of the Americas, Ecke 13th St, ☎ 462-4188;
Yaffa Tea Room, 353 Greenwich St, Höhe Harrison St, ☎ 274-9403.

Midtown Manhattan

Algonquin Oak Room, 59 W 44th St, zwischen 5th und 6th Ave, ☎ 840-6800;
Big Cup, 228 8th Ave, zwischen W 21st und 22nd St, ☎ 206-0059;
News Bar, 2 W 19th St, zwischen 5th und 6th Ave, ☎ 255-3996; 366 W Broadway, Höhe Broome St, ☎ 343-0053;

Upper Manhattan

The Bread Shop, 3139 Broadway, Höhe W 123rd St, ☎ 666-4343;
Café Mozart, 154 W 70th St, zwischen Central Park West und Columbus Ave, ☎ 595-9797;
Caffè la Fortuna, 69 W 71st St, zwischen Central Park West und Columbus Ave, ☎ 724-5846;
Food Attitude, 127 E 60th St, zwischen Lexington und Park Ave, ☎ 980-1818;
Les Friandises, 922 Lexington Ave, zwischen E 70th und 71st St, ☎ 988-1616.

Miracle Grill, 112 First Ave, zwischen E 6th und 7th St, ✆ 254-2353. Spezialitäten des Südwestens mit interessanten Geschmackskombinationen. Mäßige Preise und ein hübscher Garten. Für den Vanille-Bohnen-Flan sollte man auf jeden Fall noch Platz lassen. In der 415 Bleecker St hat ein Ableger neu eröffnet.

Old Devil Moon, 511 E 12th St, zwischen Ave A und B, ✆ 475-4375. East-Village-Treff mit gewaltigen Brunch-Portionen, bemerkenswert ist das fettige, üppige *Road Side breakfast*, ein echter Killer. Verträglicher sind ein Catfish-Sandwich oder Maismehlpfannkuchen mit frischen Früchten.

Pierrot, 28 Avenue B, 2nd St, ✆ 228-8194. Bistro-Bar mit großer Auswahl an Vorspeisen, Salaten, Sandwiches und Hauptgerichten. Auf der Weinkarte sind viele gute kalifornische Tropfen vertreten und die attraktive und gut bestückte Bar lädt zu einem Drink, während man auf einen Tisch wartet.

Radio Perfecto, 190 Avenue B, zwischen 11th und 12th St, ✆ 477-3366. Heimelig im Winter und luftig im Sommer – dieser Platz ist auf jede Situation eingestellt. Entlang der Wände reihen sich antike, zum Verkauf stehende Rundfunkgeräte und über den Tischen wirbeln Flugzeugpropeller, die zu Deckenventilatoren umgestaltet wurden. Freundlicher Service und tolle Speise- und Weinkarte; europäische Küche mit eindeutig französischem Einschlag. Im Sommer kann man in dem kleinen Garten nach hinten raus sitzen.

Stingy Lulu's, 129 St. Mark's Place, zwischen 1st und Ave A, ✆ 674-3545. Retro-Diner mit amerikanischer Standardküche, ideal zum Beobachten von Leuten.

Time Café, 380 Lafayette St, zwischen Great Jones und E 4th St, ✆ 533-7000. Restaurant und Veranstaltungsort. Vielseitige kalifornische und südwestliche Küche zu angemessenen Preisen. Die Sitzplätze draußen sind zum Leute beobachten wie geschaffen. Im Untergeschoss kann man Mittwochs Lyriklesungen und Jazzkonzerten lauschen. Außerdem findet regelmäßig die so genannte *Loser's Lounge* statt, ein nostalgischer Treff für Liebhaber von Musik aus den 1970er Jahren – dazu gehören starke Drinks und leckere Appetithappen. Im West Village gibt es einen weiteren Laden: 87 7th Ave, Höhe Barrow St, ✆ 220-9100; gleiche Speisekarte und großer Dachgarten.

ASIATISCH – *Dok Suni*, 119 1st Ave, zwischen E 7th St und St. Mark's Place, ✆ 447-9506. Sparsam beleuchtetes, kleines Restaurant, serviert mit die beste koreanische Küche der Stadt. Der scharf gewürzte Tintenfisch mit schwarzen Bohnen und Reis ist sehr gut.

Elephant, 58 East 1st St, ✆ 505-7739. Gelungene Mischung aus thailändischen und französischen Leckerbissen, u.a. fantasievolle Fisch- und Nudelgerichte. Dank seiner leuchtend blaugelben Markise kann man das winzige, äußerst beliebte Lokal nicht verfehlen.

Indochine, 430 Lafayette St, zwischen E 4th und Astor Place, ✆ 505-5111. Hier kommt man nicht her, um Geld zu sparen, sondern um das elegante Ambiente und das französisch-vietnamesische Essen zu genießen. Wer gerne Leute beobachtet, kommt hier auf seine Kosten.

Lucky Cheng's, 24 1st Ave, zwischen 1st und 2nd St, ✆ 473-0516. Überaus exzentrische Lokalität mit fantasievollen Kombinationen der kalifornischen und asiatischen Küche, serviert von großartigen Drag-Kellnerinnen. Hauptgerichte $6–16.

Mee Noodle Shop, 219 1t Ave, zwischen E 13th und 14th St, ✆ 995-0333; 922 2nd Ave, Höhe E 49th St, ✆ 888-0027; 795 9th Ave, Höhe 53rd St, ✆ 765-2929. Hier kann man Suppen, Nudeln und weitere Zutaten in unzähligen Kombinationen zusammenstellen. Bei den niedrigen Preisen fällt die spärliche Einrichtung nicht weiter auf. Tipp: Mee-Fun-Suppe mit Huhn oder Dan-Dan-Nudeln mit schwarzen Pilzen in einer würzigen Fleischsoße.

Sapporo Village Japanese Restaurant, 245 E 10th St, 1st Ave, ✆ 260-1330. Gute Nudelgerichte, die Sushi fallen je nach Tagesform unterschiedlich aus. Ausgesprochen preiswert und daher immer voll.

Shabu Tatsu, 216 E 10th St, zwischen 1st und 2nd Ave, ✆ 477-2972. Wunderbares japanisches Grillrestaurant. Man wählt verschiede-

ne Zutaten aus und bekommt sie am Tisch gegart. Mittlere Preise.
Takahachi, 85 Ave A, zwischen E 5th und 6th St, ℡ 505-6524. Das beste Sushi der Gegend zu bezahlbaren Preisen. Abends muss man oft Schlange stehen. Keine Reservierungsmöglichkeit.

FRANZÖSISCH UND BELGISCH – *Belgo*, 4152 Lafayette St, unterhalb vom Astor Pl, ℡ 253-2828. Neo-industrielle belgische Muscheln- und Bierhalle, immer brechend voll und eher zum Lunch-Special für $8 zu empfehlen.
Casimir, 103 Ave B, zwischen 6th und 7th St, ℡ 358-9683. Dunkles, großräumiges, französisches Bistro, auf bodenständige Genüsse spezialisiert. Tipp: Filet Mignon, ein exzellentes und überraschend günstiges Stück Fleisch.
Chez Es Saada, 42 E 1st St, zwischen 1st und 2nd St, ℡ 777-5617. Die Einrichtung weckt Erinnerungen an das Tanger der 50er Jahre und Rosenblätter schmücken die Treppe. Mischung aus französischer und marokkanischer Küche, ziemlich teuer. Jeden Abend treten DJs auf, gefolgt von einer ganz in schwarz gekleideten Meute, die rund um die Bar das Tanzbein schwingt – es lohnt sich, bei einem Drink und Appetithappen dem Geschehen beizuwohnen.
Danal, 90 E 10th St, zwischen 3rd und 4th Ave, ℡ 982-6930. Gemütliches Café/ Restaurant mit französischem Charme in einem ehemaligen Antiquitätengeschäft. *French toast* wird mit Croissants und Zimtäpfeln zubereitet. Auch Brunch und High Tea an Wochenenden, Letzteres zwischen 16–18 Uhr.
Jules, 65 St. Mark's Place, zwischen 1st und 2nd Ave, ℡ 477-5560. Authentische französische Küche – im East Village eine Seltenheit – in Wohlfühlatmosphäre. An Wochenenden Brunch zu angemessenen Preisen.
Opaline, 85 Ave A, zwischen E 5th und 6th St, ℡ 475-5050. Laut und hip, hier gibt es Straussenbraten und auch Crêpes mit Marmelade, man braucht kein besonderes Outfit, aber genügend Kleingeld.

Bagels

Die Wissenschaft ist sich noch uneins über den Ursprung des modernen Bagels. Möglicherweise stammt er von der gemeinen Brezel ab, Anhänger dieser Theorie sehen in dem Wort „bagel" eine Verballhornung des deutschen „biegen". Die heutigen Bagels sind weicher als ihre Vorgänger und haben ein kleineres Loch in der Mitte. Dieses diente den Straßenverkäufern dazu, ihre Ware an langen Stöcken aufzureihen. Woher sie auch stammen, eines steht fest: Bagels sind eine New Yorker Institution. Die charakteristische, feste Konsistenz entsteht dadurch, dass der Teig vor dem Backen gekocht wird. Bagels werden traditionell mit Frischkäse und *lox* (Räucherlachs) belegt, natürlich kann man unter einer Vielzahl von Belägen aussuchen. Bis in die 50er Jahre wurden sie noch in Handarbeit von osteuropäischen jüdischen Immigranten in kleinen Zwei- oder Drei-Mann-Betrieben in Kellern der Lower East Side hergestellt. Die Produktion hat sich inzwischen über die ganze Stadt verteilt, viele New Yorker behaupten jedoch, dass nur wenige den „wahren" Bagel anbieten:

Bagel Buffet, 406 6th Ave, zwischen W8th und 9th St, ℡ 477-0448;
Bagelry, 1324 Lexington Ave, zwischen E88th und 89th St, ℡ 996-0567;
Bagels on the Square, 7 Carmine Street, zwischen Bleecker St und 6th Ave, ℡ 691-3041;
Columbia Hot Bagels, 2836 Broadway, zwischen W 110th und 111th St, ℡ 222-3200;
Ess-A-Bagel, 359 1st Ave, Höhe E 21st St, ℡ 260-2252;
H & H Bagels, 2239 Broadway, Höhe W80th St, ℡ 595-8000;
Yonah Schimmel's, 137 E Houston St, zwischen Forsyth und Eldridge St, ℡ 477-2858.

GRIECHISCH UND ORIENTALISCH – *Khyber Pass*, 34 St. Mark's Place, zwischen 2nd und 3rd Ave, ✆ 473-0989. Afghanische Küche, sättigend und für Vegetarier zu empfehlen: Linsen, Reis und Auberginen sind beliebte Zutaten. Hauptgerichte unter $10.

INDISCH – *Gandhi*, 345 E 6th St, zwischen 1st und 2nd Ave, ✆ 614-9718. Einer der besten und preiswertesten Inder in der E 6th Street und mit zwei Speiseräumen zugleich einer der größten. Tipp: Muglai-Lamm und das leichte, lockere Poori-Brot.
Mingala Burmese, 21 E 7th St, zwischen 2nd und 3rd Ave, ✆ 529-3656. Indische, thailändische und chinesische Einflüsse in burmesischer Küche vereint, sehr lecker und günstig. Interessant sind die *Thousand Layer Pancakes*.
Mitali East, 334 E 6th St, zwischen 1st und 2nd Ave, ✆ 533-2508. Zu Recht etwas teurer als andere Inder der 6th Street, dabei immer noch halb so teuer wie die Restaurants in Uptown. *Mitali West*, ein Ableger, 296 Bleecker St, Höhe 7th Ave, ✆ 989-1367.
Passage to India, 308 E 6th St, zwischen 1st und 2nd Ave, ✆ 529-5770. Nordindische Tandoori-Gerichte und Brote zu sehr günstigen Preisen.
Rose of India, 306 E 6th St, zwischen 1st und 2nd Ave, ✆ 533-5011. Gute, authentische Currys; für Geburtstagskinder wird die „Disco-Beleuchtung" eingeschaltet und ein Dessert spendiert.

ITALIENISCH – *Cucina di Pesce*, 87 E 4th St, zwischen 2nd und 3rd Ave, ✆ 260-6800. Es gibt sicher bessere Italiener, aber nicht mit diesen Preisen. Hübsches, schwach beleuchtetes Lokal, freundlicher Service. Schwarze Linguine und diverse Seafood-Gerichte sind die Spezialitäten. Abends voll mit Leuten aus der Nachbarschaft; während man an der Bar wartet, kann man kostenlose Muscheln picken.
Frank, 88 2nd Ave, zwischen 5th und 6th St, ✆ 420-0202. Winziges Lokal mit einfachen, traditionellen Gerichten zu fairen Preisen. Jeden Abend voll mit hungrigen Leuten aus der Nachbarschaft, die sich eine Mahlzeit wünschen, die Selbstgekochtem am nächsten kommt.
John's of 12th Street, 302 E 12th St, zwischen 1st und 2nd Ave, ✆ 475-9531. Mächtige Portionen süditalienischer Speisen, die bei Kerzenlicht auf rot karierten Tischdecken serviert werden, gute Pasta.
La Foccaceria, 128 1st Ave, zwischen 7th und 8th St, ✆ 254-4946. Billig, sättigend und schlicht, den Wein gibt's in Wassergläsern. Sizilianische Küche.
Lanza Restaurant, 168 1st Ave, zwischen E10th und 11th St, ✆ 674-7014. Mittagsmenü für $8,50, Abendmenü von 21–23 Uhr für $14, italienische Standardgerichte wie Linguine mit Muscheln.
Orologio, 162 Ave A, zwischen E 10th und 11thSt, ✆ 228-6900. Hier dreht sich alles um Uhren; rustikales, meist sehr volles Lokal mit mittleren Preisen. Sitzgelegenheiten im Freien.
Two Boots, 37 Ave A, zwischen E 2nd und 3rd St, ✆ 505-2276. Die Pizza ist einzigartig: knusprig und mit einem Cajun-Touch, z.B. mit *crawfish* und Jalapeño-Chilis, die pikante Pasta und die Seafoodgerichte gehen in die gleiche Richtung. Sehr gutes Preis-Leistungs-Verhältnis. Sehr gute Stimmung in einem vollen Restaurant.
Two Boots To Go, 42 Ave A, Höhe 3rd St, ✆ 505-5450; 74 Bleecker St, Höhe Broadway, ✆ 777-1033; Park Slope, Brooklyn, ✆ 718-499-3253; 75 Greenwich Ave, zwischen 7th Ave und 11th St, ✆ 633-9096. Hier gibt's die knusprige Cajun-Pizza zum Mitnehmen noch preiswerter.

JÜDISCH UND OSTEUROPÄISCH – *B & H Dairy*, 127 2nd Ave, zwischen E 7th St und St. Mark's Place, ✆ 505-8065. Winziger Mittagsimbiss mit hausgemachten Suppen, Challah und Latkes. An der Saftbar kann man Eigenkreationen auch zum Mitnehmen zusammenstellen. Gute vegetarische Auswahl.
Christine's, 208 1st Ave, zwischen E 12th und 13th St, ✆ 254-2474. Alter polnischer Coffee Shop, wie man sie hier häufiger findet, leckere Suppen, Blintzen und Piroggen.

Kiev, 117 2nd Ave, E 7th St, ✆ 674-4040. Osteuropäische Spezialitäten und Burgers. Lecker und erschwinglich, durchgehend geöffnet.

KK Restaurant, 192–194 1st Ave, zwischen E11th und 12th St, ✆ 777-4430. Polnische Hausmannskost mit Frühstücksangeboten. Am schönsten sitzt man im ruhigen Garten.

Odessa, 117–119 Ave A, zwischen E 7th St und St. Mark's Place, ✆ 473-8916. Der große Andrang wirkt etwas abschreckend, aber das Angebot an sättigenden Gerichten vom Kaukasus und die Preise (um $8) sind bemerkenswert. Hier liegen gleich zwei Lokale direkt nebeneinander. Das eine im Stil eines Coffee Shops – laut, pragmatisch und hell – und das andere mit einer Bar – schwach beleuchtet, mehr Atmosphäre und beliebter Treffpunkt am späten Abend; hier gibt es auch Essen.

Second Avenue Deli, 156 2nd Ave, zwischen E 9th und 10th St, ✆ 677-0606. Eine Institution im East Village, vor kurzem renoviert, großartige Burger, deftige Pastrami-Sandwiches und andere Deli-Leckereien, die glücklich machen. Die Autogramme am Eingang zeugen von der jiddischen Theater-Vergangenheit des Viertels. Berühmt für seine *matzoh ball* Suppe.

Veselka, 144 2nd Ave, Ecke E 9th St, ✆ 228-9682. Gleichfalls eine Institution, die neu aufgemöbelt wurde. Köstlicher hausgemachter Borscht, der im Sommer kalt serviert wird, Latkes, Piroggen, und auch leckere Burger mit Pommes frites. Durchgehend geöffnet.

KARIBISCH, MITTEL- UND SÜDAMERIKANISCH – ***Bayamo***, 704 Broadway, zwischen E 4th St und Washington Place, ✆ 475-5151. Chinesisch-kubanische Küche, riesige Portionen zu angemessenen Preisen, Hauptgerichte $10–16. Gebratene Ente mit Reis und kubanische Hähnchen *cutlets* sind zu empfehlen. Di, Do und Fr Abend kostenlos lateinamerikanische Live-Musik. Auch ein netter, wenngleich immer überfüllter Ort zum Brunchen.

Boca Chica, 13 1st Ave, 1st St, ✆ 473-0108. Hier wird authentisch brasilianisch gekocht, dazu gibt es Schwarzbier und bunte Drinks. Spät abends und am Wochenende herrscht Hochbetrieb, und die Musik ist laut, daher sollte man in der richtigen Stimmung sein und seine Tanzschuhe nicht vergessen. Preisgünstig.

Pedro Paramo, 430 E 14th St, zwischen 1st und Ave A, ✆ 475-4851. Authentisch mexikanische Speisen in ruhiger, gemütlicher Umgebung, hervorragende Margaritas. Hauptgerichte $8–12.

SPANISCH – ***Helena's***, 432 Lafayette St, zwischen Astor Pl und E 4th St, ✆ 677-5151. Die Spezialität sind Tapas – auf der Speisekarte findet man zwar auch andere Gerichte, aber die immens große Auswahl und Qualität der Tapas lässt gar keine weiteren Wünsche aufkommen. Leuchtend rot und gelb gestrichene Wände und riesige Blumengebinde sind das Markenzeichen des lebhaften Restaurants, gegessen wird entweder im zweistöckigen Speiseraum oder in dem mit einer Zeltplane überdachten Garten. Gemäßigte Preise, sehr zu empfehlen.

Xunta, 174 1st Ave, zwischen 10th und 11th St, ✆ 614-0620. Dieser stimmungsgeladene Laden in East Village wird von Horden junger Leute bevölkert, die auf Rumfässern herumlungern, aus großen Krügen Sangria in sich hineinkippen und dabei verzweifelt versuchen, aus der verwirrend großen Tapas-Speisekarte ihre Wahl zu treffen. Tipps: Muscheln in frischer Tomatensoße, Shrimps mit Knoblauch oder Pilze in Brandy. Hier kann man für insg. $20 sehr gut essen und trinken.

VEGETARISCH – ***Anjelica Kitchen***, 300 E 12th St, zwischen 1st und 2nd Ave, ✆ 228-2909. Vegetarisch-makrobiotisches Restaurant mit wechselnder Tageskarte zu guten Preisen. Bunt gemischtes Downtown-Publikum.

Dojo, 24–26 St. Mark's Place, zwischen 2nd und 3rd Ave, ✆ 674-9821; 14 W 4th St, zwischen Broadway und Mercer St, ✆ 505-8934. Beliebtestes vegetarisches und japanisches Restaurant mit lebhafter bis lauter Atmosphäre. Mit die besten Preise der Stadt (Frühstück ab $2 und vegetarische Sandwichs $2,50–4) und sicherlich das günstigste japanische Essen weit und breit.

Chelsea

Retro-Diner, kubanisch-chinesische Billiglokale entlang der 8th Ave, mehr und mehr im Trend liegende Restaurants und gemütige Brunchmöglichkeiten sind typisch für Chelsea – ein Viertel mit vielen Gesichtern. Die besten Angebote haben die mittelamerikanischen Restaurants, und die Alternativen sind zahlreich – thailändisch, österreichisch, mexikanisch, italienisch oder klassisch amerikanisch.

BÄCKEREIEN UND CAFÉS – *Big Cup*, 228 8th Ave, zwischen 21st und 22nd St, ✆ 206-0059. Viel besuchter Coffee Shop mit ofenfrischen Muffins und (großen) heißen Tassen *joe*. Auf den gemütlichen Sofas und Stühlen kann man entspannt den Tag beginnen.

News Bar, 2 W 19th St, zwischen 5th und 6th Ave, ✆ 255-3996. Kleines, minimalistisches Café mit wunderbarem Gebäck und vielen Zeitungen zum Schmökern. Zieht Fotografen und Models sowie reguläres Publikum an, gut zum Leute beobachten.

AMERIKANISCH UND EUROPÄISCH – *Eighteenth and Eighth*, 159 8th Ave, zwischen W 17th und 18th St, ✆ 242-5000. Winziger, schicker Coffee Shop, beliebt bei Szeneleuten und Schwulen. Gut zum Brunchen, leckerer *French toast* aus Brioches.

Empire Diner, 210 10th Ave, zwischen W 22nd und 23rd St, ✆ 243-2736. Original-Diner mit viel Chrom und Art déco-Design. Übliches Angebot an Burgern und gegrillten Sandwiches eher durchschnittlicher Qualität, gilt aber als eine New Yorker Institution. Durchgehend geöffnet.

Food Bar, 149 8th Ave, zwischen W 17th und 18th St, ✆ 243-2020. Das Essen reicht nicht an die Qualität des Ausblicks heran, aber günstige Salate und Sandwiches; Treffpunkt der Schwulenszene.

Moran's, 146 10th Ave, 19th St, ✆ 627-3030. Heißt zwar mit vollem Namen *Moran's Chelsea Sea Food,* aber abgesehen von gutem Schwertfisch, Hummer und Seezunge sind es vor allem die Steaks und Koteletts, die beeindrucken – ebenso wie das edle Ambiente. Im gemütlichen Hinterzimmer brennt im Winter ein Kaminfeuer.

The Old Homestead, 56 9th Ave, zwischen 14th und 15th St, ✆ 242-9040. Steaks, serviert in einem fast grotesk altmodischen Ambiente von Kellnern in schwarzen Westen. Riesige Portionen, aber teuer.

O'Reilly's, 56 W 31st St, zwischen Broadway und 6th Ave, ✆ 684-4244. Eleganter irischer Pub und Restaurant mit guter amerikanischer Standardküche für amgemessene $6–12.

ASIATISCH – *Bendix Diner*, 219 8th Ave, W 21st St, ✆ 366-0560. Morgens ein echter amerikanischer Diner, mittags und abends stehen viele Thai-Gerichte auf der außergewöhnlich umfangreichen Karte.

Meri Ken, 189 7th Ave, W 21st St, ✆ 620-9684. Sushi in gestyltem Art déco-Ambiente, frischer Fisch und ein treuer Kundenstamm.

Royal Siam, 240 8th Ave, zwischen 22nd und 23rd St, ✆ 741-1732. Thai-Restaurant mit guten Preisen, äußerst aromatische Abwandlungen der Standardgerichte.

FRANZÖSISCH UND BELGISCH – *Markt*, 401 W 14th St, 9th Ave, ✆ 727-3314. Neu eröffnete belgische Brasserie mit großzügigem, holzgetäfelten Speiseraum und vielen schmackhaften Standardgerichten, z.B. Muscheln, Seafood-Eintöpfen und einer großen Auswahl belgischer Biersorten. Immer voll und ausgelassene Stimmung.

GRIECHISCH UND ORIENTALISCH – *Periyali*, 35 W 20th St, zwischen 5th und 6th Ave, ✆ 463-7890. Gourmet-Grieche, der sich in Qualität und Preis etwas vom üblichen Angebot abhebt. Mediterrane Atmosphäre; So geschlossen.

ITALIENISCH – *Caffè Bondí*, 7 W 20th St, zwischen 5th und 6th Ave, ✆ 691-8136. Restaurant im Flatiron District, sizilianische Spezialitäten und göttliche Desserts. Mit hübschem Garten. Abends nicht so überlaufen wie mittags.

Chelsea Trattoria, 108 8th Ave, zwischen W 15th und 16th St, ✆ 924-7786. Gemütliches norditalienisches Restaurant mit angenehmer Atmosphäre und mittleren Preisen.

Frank's, 85 10th Ave, W 15th St, ✆ 243-1349. Italienisch-amerikanisches Steakhouse mit langer Tradition, Pasta und andere italienische Gerichte ab $10. Hier hat ein Stück des alten New York überlebt.

Le Madri, 168 W 18th St, 7th Ave, ✆ 727-8022. Nach den italienischen „Mammas" benannt, die in der Küche stehen, elegantes toskanisches Lokal mit großartiger Küche und sehr guten Weinen. Leicht blasiertes Publikum und ebensolcher Service; etwas teurer, aber das Geld wert. Mit ein wenig Glück kann man im Innenhof sitzen.

KARIBISCH, MITTEL- UND SÜDAMERIKANISCH – **Blue Moon Café**, 150 8th Ave, zwischen W 17th und 18th St, ✆ 463-0560; 1444 1st Ave, 75th St, ✆ 288-9811. Mexikanische Standardgerichte zu mittleren Preisen. Hockeyfans: Das Lokal gehörte den *NY Rangers*. Empfehlenswert sind die sehr blauen und starken Blue Moon Margaritas.

Kitchen, 218 8th Ave, zwischen W 21st und 22nd St, ✆ 243-4433. Mexikanisches zum Mitnehmen mit zahlreichen Burrito-Varianten.

La Taza de Oro, 96 8th Ave, zwischen 14th und 15th St, ✆ 243-9946. Täglich wechselnde Specials, die immer mit einer riesigen Portion Reis und Bohnen serviert werden. Wer ein günstig und schmackhafte Gerichte mit puertoricanischem Einschlag essen möchte, ist hier an der richtigen Adresse.

Negril, 362 W 23rd St, abseits der 9th Ave, ✆ 807-6411. Ein riesiges Aquarium und das farbenprächtige Dekor machen das Essen in diesem jamaikanischen Restaurant zum Erlebnis. *Spicy jerk chicken* oder *goat* (pikantes, geräuchertes Hähnchen- oder Ziegenfleisch), Eintöpfe und andere Gerichte sowie nicht zuletzt das angemessene Preisniveau (v.a. die Lunch Specials) ziehen die Besucher in Scharen an. Am Abend sollte man mit $10–12 für einen Hauptgang rechnen – es lohnt sich.

Sam Chinita, 176 8th Ave, zwischen W 19th und 20th St, ✆ 741-0240. Altmodischer Diner mit billigen kubanisch-chinesischen Gerichten (die Kubanischen sind besser).

SPANISCH – **El Quijote**, 226 West 23rd St, zwischen 7th und 8th Ave, ✆ 929-1855. Spanisches Restaurant, dessen Interieur mit dunklem Holz und warmer Beleuchtung sich im Laufe der Zeit kaum verändert hat – diente u.a. deshalb als Drehort für eine Restaurantszene in *I Shot Andy Warhol*, der im Jahr 1968 spielt. Serviert werden köstliche Schalentiere und gebratene Fleischgerichte.

Murray Hill

Seitdem sich der Wochenmarkt am Union Square zu einem echten Anziehungspunkt entwickelt hat, erlebt die Gegend um den Union Square und Gramercy Park auch kulinarisch einen Aufschwung. Die meisten teuren Restaurants bieten einen günstigeren Mittagstisch. Unbedingt empfehlenswert sind die kalifornisch angehauchten Restaurants im Flatiron District. Ähnlich wie Little India im East Village sind hier die oberen 20er-Straßen abseits der Lexington Avenue die Gegend, wo man billig indisch essen kann.

BÄCKEREIEN UND CAFÉS – **Chez Laurence**, 245 Madison Ave, Ecke 38th St, ✆ 683-0284. Günstig gelegene, freundliche kleine Patisserie mit billigem Frühstück und gutem, preiswertem Mittagessen – und natürlich Kaffee. So geschlossen.

City Bakery, 22 E 17th St, zwischen Broadway und 5th Ave, ✆ 366-1414. Schlichte Bäckerei, die ihre Zutaten frisch vom Markt um die Ecke bezieht. Suppen und leichte Mittagsgerichte und vor allem meisterhafte Törtchen, cremige heiße Schokolade sowie Crème brûlée. So geschlossen.

La Boulangère, 49 E 21st St, zwischen Broadway und Park Avenue South, ✆ 475-8772; 66 Mercer St, zwischen Broome und Spring St, ✆ 475-8582. Französische Bäckerei und Café mit Broten, Gebäck, Suppen und Salaten. Ideal für eine kleine Stärkung.

AMERIKANISCH UND EUROPÄISCH –
Alva, 36 E 22nd St, zwischen Broadway und Park Ave South, ☏ 228-4399. Erstklassige amerikanische Küche aus verschiedenen Regionen; die Wände sind mit Spiegeln und Fotos von Thomas Alva Edison gepflastert. Spezialitäten sind gegrillte Ente, Brathähnchen mit Knoblauch und Krebse. Die hohen Preise lassen sich mit dem *pre-theatre* Menü (tgl. von 17.30-19 Uhr; drei Gänge mit einem Glas Wein) zum festen Preis von $30 umgehen.
Café Beulah, 39 E 19th St, zwischen Broadway und Park Ave South, ☏ 777-9700. Etwas teurer, aber dafür die beste Südstaaten-Küche in der Umgebung, z.B. Freilandente in kräftiger Barbecue-Weinsoße.
Chat 'n' Chew, 10 E 16th St, zwischen 5th Ave und Union Square West, ☏ 243-1616. Dieses Szene-Lokal schwimmt ganz auf der „trailer-park chic"-Welle und bietet einige der besten Makkaroni mit Käse, Hackbraten, gegrillten Käse und Truthahngerichte in New York. Das kitschige Dekor passt hervorragend zum Thema „Americana" und sorgt für eine angenehme, entspannte Stimmung in diesem Teil der Stadt. Empfehlenswert.
El Rio Grande, 160 E 38th St, zwischen Lexington und 3rd Ave, ☏ 867-0922. Alteingesessenes Tex-Mex-Lokal in Murray Hill mit Clou: Man wählt zwischen mexikanisch oder texanisch, indem man die „Grenze" durch die Küche überquert. Sympathische Atmosphäre, die Margaritas sind umwerfend.
Friend of a Farmer, 77 Irving Place, zwischen E18th und 19th St, ☏ 477-2188. Rustikales Gramercy-Café, bekannt für seine traditionelle Küche der Hausfrauenart. Auch eine beliebte Brunch-Lokalität.
Mayrose, 920 Broadway, E 21st St, ☏ 533-3663. Eleganter Diner mit hohen Decken im Flatiron District, serviert amerikanische Standardgerichte, mittags voll.
Mesa Grill, 102 5th Ave, zwischen W 15th und 16th St, ☏ 807-7400. Eines der schickeren Lokale in Lower Manhattan, nicht alltägliche Grillgerichte mit Südwest-Touch zu gehobenen Preisen. Zum Lunch trifft sich hier unter der Woche die Verlags- und Werbebranche. Abends lebhafter.
Reuben's, 244 Madison Ave, E 38th St, ☏ 867-7800. Betriebsamer Midtown-Diner, in dem man sich zwischen Sightseeing und Shopping entlang der Lower 5th Avenue eine Pause gönnen kann.
Scotty's Diner, 336 Lexington Ave, E 39th St, ☏ 986-1520. Günstig gelegener Midtown-Diner, nahe Grand Central Terminal und Empire State Building. Herzhaftes Diner-Essen, gutes Frühstück bis 11 Uhr, gehört einem freundlichen Spanier. Durchgehend geöffnet.
Union Square Café, 21 E 16th St, zwischen 5th Ave und Union Square West, ☏ 243-4020. Kalifornische Küche in eleganter, zwangloser Downtown-Atmosphäre. Nirgendwo schmeckt der Lachs besser. Alles andere als preiswert – im Schnitt $100 für zwei Personen – aber die fantasievollen Speisen und das lebhafte Ambiente sind ein echtes Erlebnis.
Verbena, 54 Irving Place, zwischen E 17th und 18th St, ☏ 260-5454. Schlichtes, elegantes Restaurant mit innovativer amerikanischer Küche, die sich an der Jahreszeit orientiert. Spezialität des Hauses ist Crème brûlée mit Zitrone und Eisenkraut *(verbena)*. Vorher Reservieren, bevorzugt sind die Plätze im Freien. Teuer.

ASIATISCH – *Asia de Cuba*, 237 Madison Avenue, zwischen 37th und 38th St, ☏ 726-7755. Wer sich etwas gönnen möchte, liegt in diesem asiatisch-lateinamerikanischen Restaurant genau richtig. Schön häufiger wurden hier berühmte Persönlichkeiten gesichtet, was zu seiner Popularität entschieden beiträgt. Nicht zuletzt zieht auch die elegante weiße Inneneinrichtung, der riesige Gemeinschaftstisch und die interessante Speisekarte die Massen an. In der Bar im Obergeschoss kann man an Neon-Cocktails nippen oder einen der hervorragenden Martinis bestellen und darauf die sehr gut betuchte Kundschaft einem prüfenden Blick unterziehen.
Choshi, 77 Irving Place, E 19th St, ☏ 420-1419. Japanisches Restaurant mit erstklassig fri-

schen Sushi, mittleren Preisen und günstigem Menü zum festen Preis von $22: inklusive Getränke, Suppe, Vorspeise, Hauptgericht (auch Sushi) und Dessert.

Jaiya Thai, 396 3rd Ave, zwischen E 28th und 29th St, ✆ 889-1330. Scharf, köstlich und erschwinglich. Pad Thai kostet $8.

Republic, 37 Union Square West, zwischen 16th und 17th St, ✆ 627-7172. Angenehme Ausstattung, schneller Service, niedrige Preise und solide Nudelgerichte zeichnen dieses beliebte pan-asiatische Lokal aus. Der beste Teil sind die leckeren Vorspeisen.

Tina, 118 3rd Ave, zwischen 13th und 14th St, ✆ 477-1761. Guter Chinese in einer Gegend, wo diese eher Mangelware sind.

DEUTSCH – *Rolf's*, 281 3rd Ave, 22nd St, ✆ 473-8718. Urdeutsche Küche in einer East-Side-Institution. Schnitzel und Sauerbraten gelingen immer – besonders zu empfehlen am üppigen Barbuffet tgl. ab 17 Uhr.

FISCHRESTAURANTS – *City Crab*, 235 Park Ave S, E 19th St, ✆ 529-3800. Großes und sehr beliebtes Restaurant mit verschiedenen Sorten von frischen Austern und Venusmuscheln. In der eher kernigen Atmosphäre wird zu den Muscheln viel Bier getrunken. Am Wochenende manchmal Jazzbrunch. Volles Menü für $20-30 p.P.

FRANZÖSISCH UND BELGISCH – *Les Halles*, 411 Park Ave South, zwischen E 28th und 29th St, ✆ 679-4111. Lautes, betriebsames Bistro, im Fleischerladen zur Straße hin baumeln frisch geschlachtete Tiere im Fenster. Bemüht sich um einen intellektuellen Pariser Anstrich. Hauptgerichte $13–22, nichts für Vegetarier.

L'Express, 249 Park Ave South, 20th St, ✆ 254-5858. Gutes Bistro mit viel Platz und dem üblichen Angebot (kaltes Geflügel, Räucherlachs à la Lyonnaise) zu mittleren Preisen, aber mit zwei Besonderheiten: freundliche Bedienung und durchgehende Öffnungszeiten – mit Abstand das stilvollste 24-Std.-Restaurant südlich der *Brasserie*.

Park Bistro, 414 Park Ave South, zwischen E28th und 29th St, ✆ 689-1360. Freundliches Bistro à la Paris in den 50ern. Gehört zum *Les Halles* (s.o.) und hat ähnliche Preise und Atmosphäre, wenn auch weniger Trubel.

Pitchoune, 226 3rd Ave, 19th St, ✆ 614-8641. Freundliche Kellner servieren in diesem gemütlichen, französischen Bistro Gerichte nach provençalischer Art. Bei gutem Wetter kann man draußen sitzen. Die Hauptgerichte zwischen $15-20 sind ihr Geld wert.

Steak Frites, 9 E 16th St, zwischen Union Square West und 5th Ave, ✆ 463-7101. Europäische gediegene Athmosphäre mit guter Bedienung. Wie der Name schon sagt: vorzügliche Steaks mit Pommes frites für $19. Andere Hauptgerichte $12–20.

INDISCH – *Annapurna*, 108 Lexington Ave, zwischen E 27th und 28th St, ✆ 679-1284. Indisches Restaurant mit günstigen Preisen.

Curry in a Hurry, 119 Lexington Ave, zwischen E 27th und 28th St, ✆ 683-0900. Ein schnelles, billiges und leckeres Lokal wo man für ca. $8 wird man satt.

Madras Mahal, 104 Lexington Ave, zwischen E 27th und 28th St, ✆ 684-4010. Der Traum eines jeden kosheren Vegetariers ... und auch sonst sehr zu empfehlen. Hauptgerichte um $10.

JÜDISCH UND OSTEUROPÄISCH – *Eisenberg's Sandwich Shop*, 174 5th Ave, zwischen W 22nd und 23rd St, ✆ 675-5096. Enges, jüdisch-osteuropäisches Restaurant, eine Institution im Flatiron District. Nach einem Thunfisch-Sandwich oder einer *matzoh ball* Suppe ist die Welt wieder in Ordnung.

VEGETARISCH – *Hangawi*, 12 E 32nd St, zwischen 5th und Madison Ave, ✆ 213-0077. Streng-vegetarisches koreanisches Restaurant, besonders gut sind Kürbismus und Bambusreis. Etwas teurer.

Zen Palate, 34 Union Square East, Höhe E 16th St, ✆ 614-9291; 663 9th Ave, Höhe W 46th St, ✆ 582-1669; 2170 Broadway, zwischen 76th und 77th St, ✆ 501-7768. Gestylt und modern, bescheinigt sich selbst eine „Zen-Atmosphäre"; alle drei Restaurants bieten gute gesundheitsbewusste, vegetarisch-asiatische Küche. Manche Zutaten sehen nach Fleisch aus – und schmecken sogar danach. An der Theke bekommt man auch Snacks.

Midtown West

Eine bunte Mischung von Restaurants erwartet den Besucher im westlichen Teil von Midtown: griechische, südamerikanische, japanische, afrikanische und französische Küche – und alles, was dazwischen liegt. Die so genannte Restaurant Row, die W 46th Street zwischen 8th und 9th Avenue, wird spät abends gern von Theaterbesuchern aufgesucht, wobei die 9th Avenue preiswertere Alternativen zu bieten hat.

Weiter östlich finden sich die berühmten Themenrestaurants – *Planet Hollywood, Harley Davidson* und *Hard Rock Café* – die aber in erster Linie Touristenfallen und keinen Besuch wert sind. Man sollte sich darüber im Klaren sein, dass die meisten Restaurants rund um den Touristenmagnet **Times Square** überteuert und nur selten gut sind – im Folgenden einige wenige Ausnahmen.

BÄCKEREIEN UND CAFÉS – *Algonquin Hotel,* 59 W 44th St, Lobby zwischen 5th und 6th Ave, ℡ 840-6800. Die amerikanische Version eines englischen Wohnzimmers. In der geräumigen, hübschen Lobby des Hotels kann man den *afternoon tea* einnehmen.

Brasserie Centrale, 1700 Broadway, W 53rd St, ℡ 757-2233. Gemütlicher Ort, der sich sowohl zum Kaffeetrinken, zum Genuss frischer Backwaren als auch für eine ganze Mahlzeit eignet – eine Seltenheit in Midtown. Im Angebot u.a. Burger, Suppen, Salate, Pasta und französische Snacks. Viele Tische im Freien. Durchgehend geöffnet.

Cupcake Café, 522 9th Ave, W 39th St, ℡ 465-1530. Hübsches, kleines Café mit schmackhaften Suppen und Sandwiches zu Niedrigpreisen, leckere Kuchen, Törtchen und Pasteten. Alles mit Obst ist sehr zu empfehlen.

Poseidon Bakery, 629 9th Ave, zwischen W 44th und 45th St, ℡ 757-6173. Gute Baklava (Blätterteig mit Nüssen und Honig) und anderes griechisches Gebäck, Strudel und Plätzchen, auch Spinat- und Fleischpasteten. Mit dem handgekneteten Blätterteig werden zahlreiche Restaurants beliefert. So und Mo geschlossen.

AMERIKANISCH UND EUROPÄISCH – *Arriba Arriba,* 762 9th Ave, W 51st St, ℡ 489-0810. Preisgünstiges Tex-Mex-Restaurant, in dem gerne mal eine Margarita zum Feierabend getrunken wird.

Bryant Park Grill, 25 West 40th St, zwischen 5th und 6th Ave, ℡ 840-6500. Gehobenes Restaurant mit gängigem Angebot (Caesar Salad, Grillhuhn, Lamm). Der eigentliche Grund für einen Besuch ist die herrliche Lage am Park. Eine gute Wahl ist der Brunch am Wochenende für $15, ansonsten kann es teuer werden, die Hauptspeisen liegen bei $15-25. Nebenan serviert *The Café at Bryant Park* (Mai–September) etwas günstigere, kleinere Gerichte zu $5–15. Hier trifft sich die Single-Szene – Zigarren haben die Oberhand.

Ellen's Stardust Diner, 1650 Broadway, W 51st St, ℡ 307-7575. Einer dieser typischen 50er-Jahre-Diner, der einem Hopper-Gemälde entsprungen sein könnte.

Hamburger Harry's, 145 W 45th St, zwischen Broadway und 6th Ave, ℡ 840-0566. Zentral am Times Square gelegener Diner. Für einige derjenige mit den besten Burgern der Stadt.

Hard Rock Café, 221 W 57th St, zwischen Broadway und 7th Ave, ℡ 489-6565. Burger-Restaurant, das aus unerfindlichen Gründen immer noch Promis anzieht – zumindest den einen oder anderen Rockstar. Brechend voll (mit Touristen), vor allem am Wochenende. Das Essen ist nicht schlecht, eher etwa's für Teenager.

Jerry's Metro Delicatessen, 790 8th Ave, W 48th St, ℡ 581-9100. Großes Deli-Restaurant mit Sandwiches, Omelettes und Burgern in endlosen Varianten sowie gutem Frühstück.

Joe Allen's, 326 W 46th St, zwischen 8th und 9th Ave, ℡ 581-6464. Karierte Tischdecken, antiquierte Gaststuben-Atmosphäre und verlässliche amerikanische Küche zu bescheidenen Preisen. Die Kalbsleber mit Spinat und Kartoffeln steht seit 20 Jahren auf der Karte – darauf eine Bloody Mary. Beliebter Treffpunkt für ein Essen vor dem Theaterbesuch – wer bis 20 Uhr gegessen haben muss, sollte daher rechtzeitig reservieren.

Brunch

New York bietet eine Fülle von Möglichkeiten für diejenigen, die am Wochenende brunchen möchten, und die Zahl der konkurrierenden Lokalitäten nimmt dabei noch beständig zu. Nachstehend eine kleine Auswahl von Restaurants, die eine gute Wochenendkarte haben, z.T. mit einem Festpreis-Angebot, bei dem oftmals ein oder zwei Cocktails inbegriffen sind. Wer allerdings mehr Wert auf gute Küche legt, sollte diese Lockangebote eher links liegen lassen. Die meisten der hier aufgezählten Restaurants sind im entsprechenden Absatz in diesem Kapitel näher beschrieben.

Lower Manhattan

Aggie's, 146 W Houston St, Höhe MacDougal St, ✆ 673-8994;
Anglers & Writers, 420 Hudson St, Höhe St Luke's Place, ✆ 675-0810;
Caliente Cab Co, 61 7th Ave, Höhe Bleecker St, ✆ 243-8517;
Cupping Room Café, 359 W Broadway, zwischen Broome und Grand St, ✆ 925-2898;
Danal, 90 E 10th St, zwischen 3rd und 4th Ave, ✆ 982-6930;
Elephant and Castle, 68 Greenwich Ave, zwischen 6th und 7th Ave, ✆ 243-1400;
Home, 20 Cornelia St, zwischen Bleecker und W 4th St, ✆ 243-9579;
Japonica, 100 University Place, Höhe E 12th St, ✆ 243-7752;
Jerry's Restaurant, 101 Prince St, zwischen Greene und Mercer St, ✆ 966-9464;
Jules, 65 St. Mark's Place, zwischen 1st und 2nd Ave, ✆ 477-5560;
Paris Commune, 411 Bleecker St, zwischen W 11th und Bank St, ✆ 929-0509;
7A, 109 Ave A, zwischen E 6th und 7th St, ✆ 673-6853;
Yaffa Tea Room, 353 Greenwich St, Höhe Harrison St, ✆ 274-9403.

Midtown Manhattan

Eighteenth and Eighth, 159 8th Ave, zwischen W 17th und 18th St, ✆ 242-5000;
Food Bar, 149 8th Ave, zwischen W 17th und 18th St, ✆ 243-2020;
Friend of a Farmer, 77 Irving Place, zwischen E 18th und 19th St, ✆ 477-2188;
Royal Canadian Pancake Restaurant, 1004 2nd Ave, zwischen E 53rd und 54th St, ✆ 980-4131; auch 2286 Broadway, zwischen W 82nd und 83rd St, ✆ 873-6052; 180 3rd Ave, zwischen E 16th und 17th St, ✆ 777-9288.

Upper Manhattan

Barking Dog Luncheonette, 1678 3rd Ave, Höhe E 94th St, ✆ 831-1800;
Copeland's, 547 W 145th St, zwischen Broadway und Amsterdam Ave, ✆ 234-2357;
E.A.T., 1064 Madison Ave, zwischen E 80th und 81st St, ✆ 772-0022;
EJ's Luncheonette, 433 Amsterdam Ave, zwischen W 81st und 82nd St, ✆ 873-3444;
Good Enough to Eat, 483 Amsterdam Ave, zwischen W 83rd und 84th St, ✆ 496-0163;
Popover Café, 551 Amsterdam Ave, zwischen W 86th und 87th St, ✆ 595-8555;
Sarabeth's Kitchen, 423 Amsterdam Ave, zwischen W 80th und 81st St, ✆ 496-6280; 1295 Madison Ave, zwischen E 92nd und 93rd St, ✆ 410-7335;
Shark Bar, 307 Amsterdam Ave, zwischen W 74th und 75th St, ✆ 874-8500;
Sylvia's Restaurant, 328 Lenox Ave, zwischen 126th und 127th St, ✆ 996-0660.

Außenbezirke

Montague Street Saloon, 122 Montague St, zwischen Henry und Hicks St, Brooklyn Heights, ✆ 718/522-6770;
Oznot's Dish, 79 Berry, Höhe N 9th St, ✆ 718/599-6596.

Landmark Tavern, 626 11th Ave, 46th St, ✆ 757-8595. Traditionsreiches irisches Lokal, beliebt bei Yuppies. Frisch gebackenes irisches *Sodabread* und schmackhafte, enorme Portionen.

Market Diner, 572 11th Ave, Ecke W 43rd St, ✆ 695-0415. Der ultimative 24-Std.-Diner mit viel Chrom, hier trifft man sich nach dem Clubbing zum Frühstück. Auch am frühen Abend gut für eine Stärkung.

Mike's American Bar & Grill, 650 10th Ave, zwischen W 45th und 46th St, ✆ 246-4155. Ausgefallene Bar, die man hier in Downtown vermuten würde. Wird ständig umgestaltet, die Karte bleibt beim Handfesten: Burger, Nachos etc. Die auch als „Hell's Kitchen" bekannte Gegend ist zwar immer noch wenig einladend, aber nicht mehr die gefährliche und zu meidende Ecke der 60er Jahre.

Planet Hollywood, 140 W 57th St, zwischen 6th und 7th Ave, ✆ 333-7827. Ähnliche Touristenfalle wie das *Hard Rock Café;* hier muss das Thema Kino herhalten. Mitinhaber sind Bruce Willis, Sylvester Stallone und Arnold Schwarzenegger.

Rock Center Cafe, 20 W 50th St, Rockefeller Plaza, ✆ 332-7620. Aushängeschild dieses Cafés ist sein Blick auf die Kunsteisbahn und das Einkaufszentrum des Rockefeller Center.

Stage Deli, 834 7th Ave, zwischen W 53rd und 54th St, ✆ 245-7850. Verlässlicher 24-Std.-Deli, der seit langem dem *Carnegie Deli* Konkurrenz macht (s.S. 317). New York pur mit überbelegten Sandwiches, jedoch keinesfalls billig.

The Supper Club, 240 West 47th St, zwischen Broadway und 8th Ave, ✆ 921-1940. Riesiges Restaurant / Swing Club mit einfallsreicher Speisekarte, die den berühmten Nachtclubs der 40er und 50er Jahre nachempfunden ist. Tolles historisches Dekor und talentierte Big Band. Wer diesen Stil liebt, wird sich in dem prächtigen Palast – ehemals ein Broadway Theater – wohlfühlen. Vorher anrufen, um sich über das Programm zu informieren und einen Tisch zu reservieren. Erwartungsgemäß geht es hier alles andere als billig zu.

Virgil's Real BBQ, 152 W 44th St, zwischen Broadway und 6th Ave, ✆ 921-9494. Gewaltige Ribs für Barbecue-Liebhaber. Portionen, die kaum zu schaffen sind. Etwas teurer, laut, der Atmosphäre fehlt das gewisse Etwas. Beliebt bei Touristen und Theaterbesuchern, so dass man trotz der Größe evtl. warten muss.

West Bank Café, 407 W 42nd St, 9th Ave, ✆ 695-6909. Französische und amerikanische Gerichte, durchgehend gut und mit Hauptgerichte zu $9–16 preiswerter als erwartet. Vor und nach Vorstellungszeiten von Theaterbesuchern frequentiert. Zu empfehlen.

Zuni, 598 9th Ave, Ecke W 43rd St, ✆ 765-7626. Teure, gehobene mexikanische Küche in zwangloser Umgebung. Die Guacamole wird am Tisch frisch zubereitet.

ASIATISCH – ***Dish of Salt***, 133 W 47th St, zwischen 6th und 7th Ave, ✆ 921-4242. Wer von den Linoleumtischen und der kantonesischen Küche in Chinatown genug hat, kann hier an polierten Holztischen für den fünffachen Preis gegrillte Ente mit Pflaumen und Spinat mit Krebsfleisch essen.

Ollie's Noodle Shop, 190 W 44th St, zwischen Broadway und 8th Ave, ✆ 921-5988; 2315 Broadway, Höhe W 84th St, ✆ 362-3111; 2957 Broadway, Höhe W 116th St, ✆ 932-3300. Gutes chinesisches Restaurant mit ausgezeichneten Nudelgerichten, gegrilltem Fleisch und Spare Ribs. Sehr billig, sehr voll und sehr laut, daher nicht zum gemütlich Essen geeignet. Hier kommen viele Leute vor dem Theaterbesuch her, aber die langen Schlangen sind dank des schnellen Service nur von kurzer Dauer.

Pongsri Thai Restaurant, 244 W 48th St, zwischen Broadway und 8th Ave, ✆ 582-3392; 106 Bayard St, Höhe Baxter St, ✆ 349-3132; 331 2nd Ave, Höhe E 18th St, ✆ 477-4100. Preiswertes Mittagsmenü, das von der hiesigen Geschäftswelt gerne bestellt wird. Abends sehr umfangreiche Speisekarte.

Sukhothai, 411 W 42nd St, zwischen 9th und 10th Ave, ✆ 947-1930. Prächtiges, leicht übertriebenes Dekor mit wunderschönen bunten Drachen, die von der Decke baumeln. Das thailändische Essen ist besser als vielleicht erwartet und wird in traditionellen Messinggefäßen serviert, z.B. Nudelgerichte, pikantes Fleisch, Meeresfrüchte und sogar Froschschenkel in Curry- oder Chili-Soße. Hauptspeisen $7,95–14,95. Auch hier treffen sich viele Theatergänger vor der Vorstellung.

DEUTSCH – *Hallo Berlin*, 402 W 51st, zwischen 9th und 10th Ave, ✆ 541-6248. Das beste deutsche Restaurant auf der westlichen Seite der Midtown. Der Besitzer fing mit einem Straßenstand an und verdiente sich so sein Lokal. Biergarten-Atmosphäre mit langen Tischen und Bänken.

FRANZÖSISCH UND BELGISCH – *Café Un, Deux, Trois*, 123 W 44th St, zwischen Broadway und 6th Ave, ✆ 354-4148. Betriebsame Brasserie nahe dem Times Square mit guter bis mittelmäßiger Küche. Auf den Tischdecken darf herumgekritzelt werden. Hauptgerichte $12–25.

Chantal Café, 257 W 55th St, zwischen Broadway und 8th Ave, ✆ 246-7076. Ruhiges, kleines Bistro in dem aromatisches Rosmarinhuhn und anderen Spezialitäten serviert werden.

Chez Napoleon, 365 W 50th St, zwischen 8th und 9th Ave, ✆ 265-6980. Durch die Nähe zum Hafen, wo sich während 2. Weltkriegs französische Soldaten aufhielten, entstanden hier in den 40ern und 50ern mehrere authentische französische Lokale, die teilweise überlebt haben. Dieser freundliche Familienbetrieb hält was er verspricht, die Preise sind allerdings mit der Zeit gegangen.

Hourglass Tavern, 373 W 46th St, zwischen 8th und 9th Ave, ✆ 265-2060. Kleines Restaurant mit nur 8 Tischen und einem außergewöhnlich günstigen Menü zum festen Preis: 2 Gänge für $13. Zur Auswahl stehen zwei Vorspeisen und ca. sechs Gerichte, die dementsprechend sorgfältig zubereitet sind. Der Haken ist die Sanduhr an jedem Tisch, die nach einer Stunde und später abläuft. Die Regelung tritt nur bei einer Warteschlange in Kraft. Keine Kreditkarten.

La Bonne Soupe, 48 W 55th St, zwischen 5th und 6th Ave, ✆ 586-7650. Traditionelle französische Küche zu reellen Preisen. Steaks, Omelettes, Schnecken und Fondue ab $14.

La Cité, 120 W 51st St, zwischen 6th und 7th Ave, ✆ 956-7100. Edles französisches Steakhaus mit Hauptgerichten für $20–30.

Le Madeleine, 403 W 43rd St, zwischen 9th und 10th Ave, ✆ 246-2993. Hübsches Bistro mit guter Bedienung, gutem Essen (herausragende Desserts) zu mäßigen bis teuren Preisen. Plätze im Garten, Stoßzeiten vor Theatervorstellungen.

René Pujol, 321 W 51st St, zwischen 8th und 9th Ave, ✆ 246-3023. Küche und Einrichtung sind etwas weniger traditionell, jedoch heller als im *Chez Napoleon* (s.o.). Teuer.

GRIECHISCH UND ORIENTALISCH – *Afghanistan Kebab House*, 1345 2nd Ave, zwischen E 70th und 71st St, ✆ 517-2776; 155 W 46th St, zwischen 6th und 7th Ave, ✆ 768-3875. Günstige Lamm-, Hühnchen- und Seafood-Kebabs, die mit einer Reihe von Beilagen serviert werden. Ein komplettes Essen ist hier für weniger als $15 zu haben.

Ariana Afghan Kebab, 787 9th Ave, zwischen W 52nd und 53rd St, ✆ 262-2323. Zwangloses afghanisches Restaurant mit preiswertem Kebab (Huhn, Lamm oder Rind) und vegetarischen Gerichten.

Lotfi's Couscous, 358 W 46th St, zwischen 8th und 9th Ave, im Obergeschoss, ✆ 582-5850. Marokkanisches Restaurant mit vielen scharf gewürzten Gerichten, vegetarischen Alternativen und preiswerten Salaten. Im August geschlossen.

Uncle Nick's, 747 Ninth Ave, zwischen W 50th und 51st St, ✆ 315-1726. Sauberes, sonniges, kleines Lokal mit leidenschaftsloser, aber sattmachender griechischer Standardküche.

ITALIENISCH – *Becco*, 355 W 46th St, zwischen 8th und 9th Ave, ✆ 397-7597. Erfreuliche Bereicherung der „Restaurant Row", beliebt bei Theaterbesuchern. Großzügige Portionen Antipasti und Pasta um $20.

Carmine's, 200 W 44th St, zwischen Broadway und 8th Ave, ✆ 221-3800; ebenfalls 2450 Broadway, zwischen W 90th und 91st St,

✆ 362-2200. Dieses Restaurant hat sich mit seiner Kombination aus bodenständigem, süditalienischem Essen – das in riesenhaften Portionen auf den Tisch kommt und zum Teilen gedacht ist – und seiner geselligen Atmosphäre einen Namen gemacht. Die Preise mögen auf den ersten Blick zwar teuer erscheinen, aber die frittierten Calamari für $16 oder das Osso Bucco für $38 machen jedes für sich leicht 3 bis 4 Personen satt. Reservierungen für Gruppen ab 6 Pers., sonst muss man mit Wartezeiten rechnen.

Julian's, 802 9th Ave, zwischen 53rd und 54th St, ✆ 262-4800. Leichte und kreative mediterrane Küche – Sandwiches und Scallopine – in einem hübschen, hellen Raum. Dazu gehört ein kleiner Garten; versteckt in einer Gasse gelegen.

Supreme Macaroni Co. 511 9th Ave, zwischen W 38th und 39th St, ✆ 564-8074. Makkaroni-Laden mit kleinem, reizvollem Restaurant.

Trattoria dell'Arte, 900 7th Ave, zwischen W 56th und 57th St, ✆ 245-9800. Ungewöhnlich hübsches Lokal in einem eher nichts sagenden Teil von Midtown. Service und Essen sind ausgezeichnet. Dünne, knusprige Pizza, einfallsreiche Pasta um $15, verlockende Antipastivitrine. Elegant gestyltes Publikum, Reservierung empfehlenswert.

JÜDISCH UND OSTEUROPÄISCH – *Carnegie Deli*, 854 7th Ave, zwischen W 54th und 55th St, ✆ 757-2245. Das ultimative New-York-Erlebnis: jüdischer Deli, der für seine mächtigen Sandwiches berühmt ist – allgemein anerkannt die am üppigsten belegten der ganzen Stadt. Auch die Hühnerbrühe mit Nudeln ist zu empfehlen. Nicht ganz billig, und die Kellner können ruppig werden.

Firebird, 365 W 46th St, zwischen 8th und 9th Ave, ✆ 586-0244. Ein Marmor-Foyer führt zu dem luxuriösen, in Tiefrot und Gold gehaltenen Speiseraum dieses herausragenden russischen Lokals. Ein teures, aber lohnendes Erlebnis. Hauptgerichte um $25, das „pretheatre-menu" zum festen Preis ist fast geschenkt.

Uncle Vanya Café, 315 W 54th St, zwischen 8th und 9th Ave, ✆ 262-0542. Spezialitäten aus Weißrussland, die nicht nur den obligaten Borscht und Kaviar einschließen. Mittlere Preise; So von 14–23 Uhr geöffnet.

KARIBISCH, MITTEL- UND SÜDAMERIKANISCH – *Cabana Carioca*, 123 W 45th St, zwischen 6th Ave und Broadway, ✆ 581-8088. Quirliges Restaurant mit bunten Wandgemälden. Brasilianisch-portugiesische Spezialitäten, dazu feurige Caipirinhas. Die großen Portionen kann man sich gut teilen, was die Sache erschwinglich macht.

Via Brasil, 34 W 46th St, zwischen 5th und 6th Ave, ✆ 997-1158. Hier sollte man *feijoada*, das brasilianische Nationalgericht probieren. Etwas teurer: Hauptgerichte $13–22. Mi–Sa wird abends Live-Musik geboten.

Victor's Café 52, 236 W 52nd St, zwischen Broadway und 8th Ave, ✆ 586-7714. Alteingesessenes Lokal mit echter kubanischer Küche zu gemäßigten Preisen. Köstliche Suppe mit schwarzen Bohnen und gute Sangria.

VEGETARISCH – *Great American Health Bar*, 35 W 57th St, zwischen 5th und 6th Ave, ✆ 355-5177. Nicht so großartig, wie der Name verspricht, einfallsloses Essen.

Midtown East

Im östlichen Teil von Midtown reiht sich ein Restaurant an das andere. Die meisten sind eher gehoben und auf die Angestellten der umliegenden Büros ausgerichtet, die hier zu Mittag essen. Obwohl man auch interessante, altbewährte Lokale findet, braucht man den Weg in diesen Teil der Stadt nicht des Essens wegen zu machen.

AMERIKANISCH UND EUROPÄISCH –

Broadway Diner, 590 Lexington Ave, Höhe E 52nd St, ✆ 486-8838; 1726 Broadway, Höhe W 55th St, ✆ 765-0909. Edler Coffee Shop mit Interieur im 50er-Jahre-Stil.

Comfort Diner, 214 E 45th St, zwischen 2nd und 3rd Ave, ✆ 867-4555; 142 E 86th St, Höhe

Lexington Ave, ✆ 369-8628. Dieses altmodische Lokal gehört zu den freundlichsten der Stadt und serviert herzhafte Gerichte wie Hackbraten, gegrilltes Hähnchen oder Makkaroni mit Käse. Genialer Ort, um sich den Magen vollzuschlagen und seine müden Beine auszustrecken.

Lipstick Café, 885 3rd Ave, E 54th St, ✆ 486-8664. Eines der wenigen Restaurants der Gegend, das gutes, erschwingliches Mittagessen anbietet. Schmackhafte hausgemachte Suppen, Salate und leckeres Gebäck. Am Wochenende geschlossen.

Rosen's Delicatessen, 23 E 51st St, zwischen 5th und Madison Ave, ✆ 541-8320. Großes Art déco-Restaurant mit leckerer Pastrami und Corned Beef sowie gutem Frühstück. Günstig gelegen für eine Atempause vom Midtown-Einkaufsbummel.

Royal Canadian Pancake Restaurant, 2286 Broadway, zwischen W 82nd und 83rd St, ✆ 873-6052; 180 3rd Ave, zwischen E 16th und 17th St, ✆ 777-9288. Dieses Kettenrestaurant mit verschiedenen riesigen und köstlichen Pfannkuchen. Die Füllungen reichen von weißer Schokolade und Mandeln bis Beeren und Bananen. Am besten hungrig sein und obendrein teilen.

ASIATISCH – *Hatsuhana*, 17 E 48th St, zwischen 5th und Madison Ave, ✆ 355-3345; 237 Park Ave, Höhe E 46th St, ✆ 661-3400. Lieblingsrestaurant aller Sushi-Fans; teuer, aber mit günstigerem Mittagsmenü.

Vong, 200 E 54th St, zwischen 2nd und 3rd Ave, ✆ 486-9592. Exzentrische Innenausstattung, war in der Vergangenheit *der* Geheimtipp und ist immer noch so heiß, dass der Geldbeutel gehörig ins Schwitzen kommt. Der vietnamesischen Küche nähert man sich hier von der kolonialfranzösischen Seite: Foie gras mit Mango und Ente Moskovy mit Sesam und Tamarinde. Das Ergebnis ist gar nicht schlecht. Zum Spottpreis von $65 p.P. gibt's ein Probiermenü: von allem etwas.

FISCHRESTAURANTS – *Goldwater's*, 988 2nd Ave, zwischen E 52nd und 53rd St, ✆ 888-2122. Fischgerichte in üppigen Portionen für $10–15. In erster Linie auf Seafood spezialisiert, auf der Speisekarte stehen jedoch auch Steaks und Pasta. Kürzlich renoviert, der Hochglanz-Look steht ihm gut. Manchmal Live-Musik.

Oyster Bar, Lower level, Grand Central Terminal, 42nd St und Park Ave, ✆ 490-6650. Restaurant mit Jahrhundertwende-Atmosphäre in den Tiefen des Grand Central. Zum Lunch voll mit Geschäftsleuten und anderen. Fisch und Meeresfrüchte, vor allem Austern, $25 und mehr zur Mittagszeit. Preiswerter kommt man mit dem Barfood weg: *clam chowder* ($8) und gebratene Austern oder Venusmuscheln ($15).

Restaurants mit Aussicht

Im Folgenden eine Auswahl von Restaurants, die schon allein ihrer Aussicht oder Lage wegen einen Besuch lohnen. Einige sind an anderer Stelle ausführlicher beschrieben (überwiegend im Kasten „Gourmetrestaurants" s.S. 324). Grundsätzlich gilt, dass eine spektakuläre Aussicht sich unweigerlich auf der Rechnung niederschlägt.

Boat Basin Cafe, West 79th St, am Hudson River, ✆ 496-5542;
Boathouse Café, Central Park Lake, Ostseite, Höhe Eingang 72nd St, ✆ 517-2233;
Hudson River Club, 4 World Financial Center, Upper Level, zwischen Liberty und Vesey St, ✆ 786-1500;
River Café, 1 Water St, am East River, Brooklyn, ✆ 718/522-5200;
Tavern on the Green, W 67th St, Central Park West, ✆ 873-3200;
The Terrace, 400 West 119th St, zwischen Amsterdam Ave und Morningside Drive, ✆ 666-9490;
The Water Club, 500 E 30th St, am East River; Zugang über die 34th St, ✆ 683-3333;
Windows on the World, World Trade Center, 107th floor, Ecke West St, ✆ 938-1111.

FRANZÖSISCH – *Rive Gauche*, 560 3rd Ave, 37th St, ✆ 949-5400. Angenehmes, wenn auch unauffälliges französisches Bistro, in dem Suppen, Salate und klassische Hauptgerichte ($15–20) zu angemessenen Preisen serviert werden. *Lutece*, s.S. 324 Kasten „Gourmetrestaurants".

KARIBISCH, MITTEL- UND SÜDAMERIKANISCH – *Zarela*, 953 2nd Ave, zwischen E 50th und 51st St, ✆ 644-6740. Wer schon immer wissen wollte, wie mexikanisches Essen wirklich schmeckt, ist in diesem bunt geschmückten Restaurant richtig. Zwar merklich teurer als andere Mexikaner, aber das Geld wert.

SPANISCH – *Solera*, 216 E 53rd St, zwischen 2nd und 3rd Ave, ✆ 644-1166. Tapas und andere spanische Spezialitäten in stilvollem Stadtvilla-Ambiente und dementsprechend teuer.

Upper West Side und Morningside Heights

Die Restaurants der **Upper West Side** haben sich in den letzten Jahren stetig verbessert, so dass man heute eine große Auswahl an Lokalen der unterschiedlichsten Nationalitäten und Preisklassen findet – insbesondere wenn man das überteuerte Gebiet um den **Lincoln Center** vermeidet. Es gibt zahlreiche Burgerläden, chinesische Restaurants, nette Cafés und köstliche, wenn auch kostspielige Brunchmöglichkeiten. An guten Restaurants besteht jedenfalls kein Mangel.

BÄCKEREIEN UND CAFÉS – *The Bread Shop*, 3139 Broadway, W 123rd St, ✆ 666-4343. Gehaltvolles Brot und Buttermilchkekse sowie Suppen und Pizza. Gemütliche kleine Restaurantecke. Gut geeignet für eine kleine Atempause.
Café Mozart, 154 W 70th St, zwischen Central Park West und Columbus Ave, ✆ 595-9797. Verblichenes altes Wiener Kaffeehaus mit üppigen Torten und Apfelstrudel.
Caffè la Fortuna, 69 W 71st St, zwischen Central Park West und Columbus Ave, ✆ 724-5846. Die Wände sind mit Schallplatten und Schwarzweißfotos von Theaterschauspielern übersät. Schummrig, gemütlich und sehr einladend. Hätte man nicht so viel vor, könnte man im schattigen Garten Kaffee trinkend den ganzen Tag vertrödeln. Hervorragendes Gebäck. Empfehlenswert.
Edgar's Café, 255 West 84th St, zwischen West End Ave und Broadway, ✆ 496-6126. Angenehmes Kaffeehaus mit guten Desserts, leichten Snacks, im Winter exzellenter heißer Cidre sowie guter Kaffee und Tee. Seinen Namen verdankt es Edgar Allen Poe, der einst etwa einen Block entfernt in derselben Straße wohnte.
Hungarian Pastry Shop, 1030 Amsterdam Ave, zwischen 110th und 111th St, ✆ 866-4230. Dieses schlichte Kaffeehaus ist besonders bei den Studenten der nahen Columbia University beliebt. Hier kann man an seinem Espresso nippen und den ganzen Tag lesend verbringen. Das einzige Problem ist eine Wahl zwischen den leckeren, hausgemachten Kuchen und Keksen zu treffen.

AFRIKANISCH – *The Nile*, 103 W 77th St, zwischen Amsterdam und Columbus Ave, ✆ 580-3232. Äthiopisches Restaurant; das Essen wird auf niedrigen Tischen mit noch tieferen Höckerchen serviert, gegessen wird mit den Fingern und mit Hilfe von weichem, flachem Injera-Brot. Reichhaltige, geschmorte Fleischgerichte sowie Linsen und Gemüse, dazu kräftiges afrikanisches Bier. Sehr schmackhaft. Hauptgerichte um $10.

AMERIKANISCH UND EUROPÄISCH – *All State Café*, 250 W 72nd St, zwischen Broadway und West End Ave, ✆ 874-1883. Beliebtes Lokal mit Hamburgern, Steaks und amerikanischer Küche für $10–14. Nicht sehr groß; da um 23.30 Uhr geschlossen wird, sollte man frühzeitig eintreffen, um noch einen Tisch zu bekommen.
Amsterdam's, 428 Amsterdam Ave, zwischen W 80th und 81st St, ✆ 874-1377. Bar/Restaurant mit Burgern, Pommes frites, Hähnchen, Pasta etc., Hauptgerichte $12–15.
Big Nick's, 2175 Broadway, zwischen 76th und 77th St, ✆ 362-9238. Die beste Wahl, wenn

man in der Upper West Side Hamburger oder Pizza essen will. In diesem chaotischen, kleinen Restaurant mit Holztischen werden diese Gerichte seit über 20 Jahren serviert. Fassbier gibt es in Minigläsern für $1.

Boat Basin Café, 79th St, am Hudson River, Zugang durch den Riverside Park, ✆ 496-5542. Dieses legere Outdoor-Restaurant hat von Mai bis September geöffnet, einige der Tische mit ihren rot-weiß karierten Tischtüchern stehen unter einem schützenden Dach. Das Essen ist nichts Besonderes, aber in Anbetracht der Lage günstig. Burger mit Pommes $7,50, Hot Dogs, Sandwiches um $7 sowie einige Hauptgerichte wie gegrillter Lachs für $13,50. An den Wochenenden spielt nachmittags ein Violinen-Trio.

Boathouse Café, Central Park Lake (Eingang 72nd St), ✆ 517-2233. Hier kann man sich in aller Ruhe von Museumsbesuchen entlang der 5th Ave entspannen. Für die gute amerikanische und europäische Küche sowie die großartige Aussicht auf den Central Park und die Skyline werden gesalzende Preise verlangt. Oktober–März geschlossen.

Dallas BBQ, 27 W 72nd St, zwischen Columbus Ave und Central Park West, ✆ 873-2004; 1265 3rd Ave, Höhe E 73rd St, ✆ 772-9393; 21 University Place, Höhe E 8th St, ✆ 674-4450; 132 2nd Ave, Höhe St. Mark's Place, ✆ 777-5574. Für diesen Teil der Stadt (u.a. in unmittelbarer Nähe des Central Park) eine sehr preisgünstige Wahl: Grillhähnchen, Chili, Ribs, Burger etc. für $5–8. In allen vieren ist es stets voll und der Service zwar schnell, jedoch gelinde gesagt, nicht immer freundlich. Angebote zwischen 17 und 19 Uhr.

Diane's Uptown, 249 Columbus Ave, zwischen W 71st und 72nd St, ✆ 799-6750. Herzhafte Burger im Handumdrehen, anschließend kann man bei *Ben & Jerry's* nebenan Eis essen. Billig und unterhaltsam.

EJ's Luncheonette, 437 Amsterdam Ave, zwischen W 81st und 82nd St, ✆ 873-3444. Diner, der sich Mühe gibt, antik auszusehen, mit Spiegeln, türkisen Plastiksitzbänken und 50er-Jahre-Fotografien an den Wänden. Schnörkelloses, erschwingliches amerikanisches Essen, auch Pfannkuchen in allen Varianten und himmlische Bananensplits. Zum Brunch am So herrscht großer Andrang.

Good Enough to Eat, 483 Amsterdam Ave, zwischen W 83rd und 84th St, ✆ 496-0163. Niedliches Upper-West-Side-Restaurant; bekannt für seinen *French toast* mit Zimt, preisverdächtigen *meatloaf* und gutes Brunchangebot.

Gray's Papaya, 2090 Broadway, W 72nd St, ✆ 799-0243. Kenner bestellen zwei *all-beef franks* und Papayasaft. Keinerlei Ambiente, nur billiges, gutes Essen an Stehtischen.

Hi-Life Bar and Grill, 477 Amsterdam Ave, Höhe W 83rd St, ✆ 787-7199; auch 1340 1st Ave, Höhe E 72nd St, ✆ 249-3600. Amerikanische Standardgerichte, trotz variierendem Essen ist immer viel los.

Josephina, 1900 Broadway, zwischen W 63rd und 64th St, gegenüber Lincoln Center, ✆ 799-1000. Geräumiges Restaurant mit Wandgemälden im Kolonialstil. Gute Salate und Suppen, mittlere Preise.

Positively 104th St, 2725 Broadway, zwischen W 104th und 105th St, ✆ 316-0372. Traditionelle amerikanische Küche, gute Steaks und die freundliche Atmosphäre machen dieses Lokal zu einer guten Wahl in dieser Gegend, angemessene Preise obendrein.

Santa Fe, 72 W 69th St, zwischen Columbus Ave und Central Park West, ✆ 724-0822. Küche des Südwestens in herrlicher Umgebung – ruhige Erdtöne, große Blumenarrangements und gemütlicher Kamin. Das Essen ist erstklassig, ebenso die Preise; pro Person sollte man mit $30 rechnen.

Sarabeth's Kitchen, 423 Amsterdam Ave, zwischen W 80th und 81st St, ✆ 496-6280; 1295 Madison Ave, zwischen E 92nd und 93rd St, ✆ 410-7335. Country-Restaurant mit köstlichen Backwaren und beeindruckenden Omelettes. Abends sehr teuer, zum erschwinglicheren Brunch herrscht allerdings großer Andrang.

Tom's Restaurant, 2880 Broadway, W 112th St, ✆ 864-6137. *Tom's Diner* aus dem Suzanne-Vega-Song bietet die übliche billige Standardkost. Viele Studenten von der Columbia University. Gute Frühstücksangebote, große Gerichte für unter $5.

Vince & Eddie's, 70 W 68th St, zwischen Columbus Ave und Central Park West, ℡ 721-0068. Etwas übertriebenes Country-Restaurant mit Speisen, die wahrscheinlich aus dem Kochbuch einer amerikanischen „Grannie" stammen: herzhaft und lecker. Mittlere Preise.

ASIATISCH – **Fujiyama Mama**, 467 Columbus Ave, zwischen W 82nd und 83rd St, ℡ 769-1144. Die beste – und lebhafteste – Sushi-Bar der West Side, mit Hi-tech-Einrichtung und lauter Musik.

Hunan Balcony, 2596 Broadway, Höhe W 98th St, ℡ 865-0400; 1417 2nd Ave, Höhe E 74th St, ℡ 517-2088. Preiswerter, zuverlässiger Chinese mit Hunan-Gerichten ab $6–11. Krebse $13.

Hunan Park, 235 Columbus Ave, zwischen 70th und 71st St, ℡ 724-4411. Einer der besten Chinesen an der Upper West Side. Großer, meist überfüllter Raum, flinker Service und gemäßigte Preise. Tipp: Nudeln in Sesamsoße und Dumplings. Wenige Häuserblocks vom Lincoln Center entfernt kann man hier gut und günstig essen.

Lemongrass Grill, 2534 Broadway, zwischen W 94th und 95th St, ℡ 666-0888. Thai-Restaurant mit ausgesprochen fairen Preisen. Köstliche Hühnersuppe mit Limone und Chili, scharfe Currys, Huhn mit Thai-Basilikum und Pad Thai für $8–15.

Im Freien sitzen

In den folgenden Restaurants verlagert sich im Sommer das Geschehen nach draußen. Viele Restaurants in Manhattan, vor allem im Village sowie in der Upper East und der Upper West Side, stellen, sobald es warm genug ist, zumindest ein paar Tische auf den Gehweg.

Lower Manhattan
Caffè Reggio, 119 MacDougal St, zwischen Bleecker und W 3rd St, ℡ 475-9557;
Cloister Cafe, 238 East 9th St, zwischen 2nd und 3rd Ave, ℡ 777-9128;
KK Restaurant, 192-194 1st Ave, zwischen E 11th und 12th St, ℡ 777-4430;
Miracle Grill, 112 1st Ave, zwischen E 6th und 7th St, ℡ 254-2353;
Pisces, 95 Ave A, zwischen E 6th und 7th St, ℡ 260-6660;
Provence, 38 MacDougal St, zwischen Prince und Houston St, ℡ 475-7500;
Radio Perfecto, 190 Avenue B, zwischen 11th und 12th St, ℡ 477-3366;
Spring Street Natural Restaurant, 62 Spring St, Höhe Lafayette St, ℡ 966-0290;
St Dymphnas, 118 St. Mark's Place, zwischen Ave A und 1st Ave, ℡ 254-6636;
The Coffee Shop, 29 Union Square West, zwischen E 16th und 17th St, ℡ 243-7969;
Time Café, 380 Lafayette St, Höhe Great Jones St, ℡ 533-7000; 87 7th Ave, Höhe Barrow St, ℡ 220-9100;
White Horse Tavern, 567 Hudson St, W 11th St, ℡ 243-9260.

Midtown Manhattan
Brasserie Centrale, 1700 Broadway, Höhe W 53rd St, ℡ 757-2233;
Bryant Park Grill, 25 West 40th St, zwischen 5th und 6th Ave, ℡ 840-6500;
Caffe Bondí, 7 W 20th St, zwischen 5th und 6th Ave, ℡ 691-8136;
Empire Diner, 210 10th Ave, zwischen W 22nd und 23rd St, ℡ 243-2736;
Le Madeleine, 403 W 43rd St, zwischen 9th und 10th Ave, ℡ 246-2993;
Pete's Tavern, 129 E 18th St, Höhe Irving Place, ℡ 473-7676.

Upper Manhattan
Boat Basin Cafe, W 79th St, am Hudson River, ℡ 496-5542;
Boathouse Café, Central Park Boating Lake, Höhe Eingang 72nd St, ℡ 517-2233;
Caffe la Fortuna, 69 W 71st St, zwischen Central Park West und Columbus Ave, ℡ 724-5846;
The Saloon, 1920 Broadway, Höhe W 64th St, ℡ 874-1500.

Lenge, 200 Columbus Ave, Höhe W 69th St, ✆ 799-9188; 1465 3rd Ave, zwischen E 82nd und 83rd St. Gutes japanisches Restaurant mit großer Sushi-auswahl, durchschnittliche Preise.

Monsoon, 435 Amsterdam Ave, W 81st St, ✆ 580-8686. Mittags herrscht hier weniger Andrang und das Essen ist meist etwas sorgfältiger zubereitet. Abends muss man auf einen Tisch warten. Grillhähnchen vom Spieß oder Nudelsuppe mit Kokosmilch, Curry und Shrimps sind wunderbar.

Ollie's Noodle Shop, 2315 Broadway, Höhe W 84th St, ✆ 362-3111; 2957 Broadway, Höhe W 116th St, ✆ 932-3300; und 190 W 44th St, zwischen Broadway und 8th Ave, ✆ 921-5988. Gutes chinesisches Restaurant, außer großartigen Nudeln gibt es Gegrilltes und Spare Ribs. Sehr billig, laut und voll.

Rikyu, 210 Columbus Ave, zwischen W 69th und 70th St, ✆ 799-7847. Große Auswahl an japanischen Gerichten, Sushi wird auf Bestellung zubereitet. Mittags und am frühen Abend spezielle Angebote.

Ruby Foo's, 2182 Broadway, 77th St, ✆ 724-6700. Pan-asiatische Küche in netter Umgebung. Dim Sum, Dumplings und Sushi werden hier einmal anders zubereitet.

FISCHRESTAURANTS – *Dock's Oyster Bar*, 2427 Broadway, zwischen W 89th und 90th St, ✆ 724-5588; 633 3rd Ave, Höhe E 40th St, ✆ 986-8080. Mit das frischeste Seafood der Stadt. Das Restaurant der Upper West Side ist das Original und bietet mehr Atmosphäre – beliebt und laut sind beide. An Wochenenden besser reservieren.

Fish, 2799 Broadway, 108th St, ✆ 864-5000. Gelungener Kompromiss zwischen *nouvelle* und traditionell; die Gerichte sind unkompliziert, aber höchst wohlschmeckend, wie etwa gebratener Tintenfisch mit Anchovisbutter oder mit Bacon, Cognac und Schalotten gebackene Garnelen. Genügsame halten sich an die unvergleichlich frischen, rohen Austern.

Fishin' Eddie, 73 W 71st St, ✆ 874-3474. Frischer Fisch in behaglicher New-England-Atmosphäre.

FRANZÖSISCH UND BELGISCH – ***Café Luxembourg***, 200 W 70th St, zwischen Amsterdam und West End Ave, ✆ 873-7411. Erstklassiges französisches Bistro in der Umgebung des Lincoln Center, dem gestylten Publikum bleibt allerdings nicht viel Platz, um sich zu entfalten. Nicht übertreuert: Zu zweit kommt man mit $60 aus.

La Boite en Bois, 75 W 68th St, zwischen Central Park West und Columbus Ave, ✆ 874-2705. Rustikales Bistro nahe Lincoln Center, ländliche französische Küche zu mittleren Preisen.

Le Monde, 2885 Broadway, 112th St, ✆ 531-3939. Einladender Newcomer mit gemäßigten Preisen in der Nähe der Columbia University. Das Dekor entspricht einem klassisch französischen Bistro, leider ist das Essen von sehr unterschiedlicher Qualität. Am besten hält man sich an die Standardgerichte wie gebratenes Hühnchen mit Knoblauch, Steak mit Pommes oder an Salate und Suppen.

Les Routiers, 568 Amsterdam Ave, zwischen 87th und 88th St, ✆ 874-2742. Exzellente französische Hausmannskost bzw. provençalische Gerichte in gemütlicher Umgebung. Lammkeule mit Linsen, Muscheln in Weißweinsoße und all die anderen herzhaften Gerichte sind sehr gut zubereitet. Das zumeist aus der Nachbarschaft stammende Publikum lässt eine lockere Stimmung aufkommen. Sofern Platz ist, sollte man im netteren Vorderzimmer Platz nehmen. Hauptgerichte $14–22. Empfehlenswert.

GRIECHISCH UND ORIENTALISCH – ***Symposium***, 544 W 113th St, zwischen Broadway und Amsterdam Ave, ✆ 865-1011. Studentenlokal nahe der Columbia Unversity mit griechischer Küche.

INDISCH – ***Indian Café***, 2791 Broadway, zwischen 107th und 108th St, ✆ 749-9200. In diesem ungezwungenen Restaurant kann man zu moderaten Preisen sehr gut indisch essen. Unter der Woche Lunch Specials zwischen $5–$7.

Mughlai, 320 Columbus Ave, W 75th St, ✆ 724-6363. Gehobenes indisches Lokal; die Preise von $10–15 für ein Hauptgericht entsprechen der Lage, die Gerichte sind jedoch erstaunlich lecker.

ITALIENISCH – *Ernie's*, 2150 Broadway, W 75th St, ✆ 496-1588. Legeres Upper-West-Side-Lokal, das ausgesprochen viel Platz bietet; Standardküche zu leicht erhöhten Preisen.
Gennaro, 665 Amsterdam Ave, zwischen 92nd und 93rd St, ✆ 665-5348. Winziger Außenposten einer sehr guten italienischen Küche. Hier haben nur etwa 25 Leute Platz – neben all denen, die Schlange stehen. Tipps: warme Quiche mit Kartoffeln, Pilzen und Ziegenkäse oder geschmorte Lammkeule in Rotwein, auch die Desserts sind die Wartezeit wert. Moderate Preise, nur abends geöffnet. Empfehlenswert.
Sambuco, 20 W 72nd St, zwischen Columbus Ave und Central Park West, ✆ 787-5656. Riesige Portionen, gutes Essen zu sehr fairen Preisen.
Sfuzzi, 58 W 65th St, zwischen Central Park West und Broadway, ✆ 385-8080. Stimmungsvolle Bar mit diversen kostenlosen italienischen Snacks, die für ein kleines Abendessen reichen. Der Hausdrink ist Frozen Sfuzzi: frischer Pfirsichnektar, Sekt und Pfirsichschnaps.
V&T Pizzeria, 1024 Amsterdam Ave, zwischen W 110th und 111th St, ✆ 663-1708. Pizzeria mit karierten Tischdecken nahe der Columbia University mit entsprechendem Publikum. Gut und sehr preiswert.
Vinnie's Pizza, 285 Amsterdam Ave, zwischen W 73rd und 74th St, ✆ 874-4332. Für einige die beste Pizza der Upper West Side – sehr käselastig und außerdem billig.

JÜDISCH UND OSTEUROPÄISCH – *Barney Greengrass (The Sturgeon King)*, 541 Amsterdam Ave, zwischen W 86th und 87th St, ✆ 724-4707. Alteingesessener jüdischer Deli cum Restaurant. Besonders lecker ist der Räucherlachs.
Fine & Schapiro, 138 W 72nd St, zwischen Broadway und Columbus Ave, ✆ 877-2721. Jüdischer Deli, der immer noch mittags und abends traditionelle koschere Gerichte serviert – in New York nicht mehr allzu häufig zu finden. Großartige Hühnersuppe. Siehe auch unter „Einkaufen".

KARIBISCH, MITTEL- UND SÜDAMERIKANISCH – *La Caridad*, 2199 Broadway, W 78th St, ✆ 874-2780. Vor kurzem auf das Doppelte erweitert und teils neu ausgestattet. Eine Art Institution der Upper West Side; ein pragmatischer kleiner Laden, der billiges kubanisch-chinesisches Essen austeilt. (Das Kubanische ist dem Chinesischen vorzuziehen.) Man muss mit Schlange stehen rechnen. Das Bier selbst mitbringen.
Flor de Mayo, 2651 Broadway, W 101st St, ✆ 663-5520. Sehr billiges und beliebtes kubanisch-chinesisches Restaurant im Coffee Shop-Stil. Scharf gewürztes Hähnchen, Steaks auf kubanische Art etc.; Vegetarier haben schlechte Karten. Mit $12 kommt man gut aus.
Gabriela's, 685 Amsterdam Ave, 93rd St, ✆ 961-0574. Hervorragender, günstiger und authentischer Mexikaner – nicht nur die üblichen Enchiladas und Burritos, sondern auch eine große Auswahl an typischen Hühnchen- und Seafoodgerichten. Großer, überfüllter Raum, laut, lebhaft und äußerst angenehm. Sofern man nicht früh kommt, muss man mit Wartezeiten rechnen. Empfehlenswert.
Pampa, 768 Amsterdam Ave, zwischen 98th und 99th St, ✆ 865-2929. Die Spezialität ist argentinisches Fleisch, aber auf der Speisekarte findet man auch andere Gerichte. Die riesigen Steaks und das gegrillte Fleisch (*churrasco*) werden mit eiskaltem Bier hinuntergespült. Nettes, kleines Lokal mit moderaten Preisen, das v.a. von Leuten aus der Nachbarschaft frequentiert wird. Hauptgerichte $10–14.

Upper East Side

Die Restaurants der Upper East Side sind überwiegend auf eine ebenso anspruchsvolle wie betuchte Kundschaft ausgerichtet. Hier findet sich ein Großteil der im Kasten „Gourmetrestaurants" aufgelisteten französischen und italienischen Restaurants. Ansonsten entspricht das Angebot weitgehend dem der Upper West Side: eine Mischung aus asiatischen, klassisch amerikanischen Restaurants und etwas preiswerteren italienischen Cafés. Eine gemütlichere Gangart schlägt man in den Lokalen in Yorkville ein, die europäisches Flair besitzen und Strudel oder Gulasch servieren.

BÄCKEREIEN UND CAFÉS – *Food Attitude*, 127 E 60th St, zwischen Lexington und Park Ave, ℅ 980-1818. Süße Obsttörtchen und Schokoladen-Trüffel-Kuchen laden hier zur Verschnaufpause ein. Das Fenster ist mit diversen Gestalten aus knusprigem Brotteig dekoriert. So geschlossen.

Les Friandises, 922 Lexington Ave, zwischen E 70th und 71st St, ℅ 988-1616. Verlockende französische Patisserie in der Upper East Side. Herrliche Croissants und Brioches sowie *tarte tatin*.

Patisserie & Bistro, 1032 Lexington Ave, zwischen 72nd und 73rd St, ℅ 717-5252. Echte Pariser Patisserie mit Butter und Sahne bis zum Abwinken. Kekse, Kuchen und Crème brûlée, die selbst die kritische Kundschaft – das Küchenpersonal der hier ansässigen Millionäre – zufrieden stellen.

Gourmetrestaurants

Wer einen Lottogewinn verprassen will oder von reichen Verwandten eingeladen wird, kann in New York unter einigen Spitzenrestaurants wählen, die meist französische oder amerikanische Gerichte mit französischem Akzent servieren, gelegentlich auch kalifornische Küche. Man sollte einen Tisch reservieren, sich in Schale werfen und auf eine Rechnung von mindestens $100 pro Person gefasst sein. Wer einmal vom Feinsten speisen will, ohne sich dabei in den Ruin zu stürzen, kann die entsprechenden Restaurants mittags aufsuchen. Dann sind die Preise weit weniger horrend, und oft wird ein Menü zum festen Preis angeboten.

Ambassador Grill, Regal UN Plaza Hotel, 1 UN Plaza, E 44th St, unmittelbar ab 1st Ave, ℅ 702-5014. Im *United Nations Hotel*, was bereits darauf schließen lässt, dass die Gäste hier Ruhe sowie erstklassige Küche und Service erwarten. Die Karte bietet nichts Ausgefallenes, Coq au Vin und diverse Medaillons, aber die Qualität der Zubereitung sucht ihresgleichen. Der elegante Saal wartet mit einem stilvollen Ambiente auf.

Aquavit, 13 W 54th St, zwischen 5th und 6th Ave, ℅ 307-7311. Hervorragende skandinavische Küche – marinierter Hering, Lachs, Rentier – in einem einzigartigen Atrium-Restaurant. Ein echtes Erlebnis.

Aureole, 34 E 61st St, zwischen Madison und Park Ave, ℅ 319-1660. Großartige französisch-amerikanische Küche in einem herrlichen, roten Sandsteinhaus. Das Menü zum festen Preis beläuft sich auf satte $70 pro Person, dagegen ist das Late Lunch Special (nach 14 Uhr) zu $19,98 erschwinglich und fast geschenkt.

Le Bernadin, 155 W 51st St, zwischen 6th und 7th Ave, ℅ 489-1515. Frischer Fisch wird nirgends so perfekt zubereitet wie hier. Schon so mancher Kritiker hat sich hier zu Lobeshymnen hinreißen lassen. Um jedoch in den Genuss der Kochkünste und des gediegenen Teakholz-Ambientes zu kommen, muss man Wochen im Voraus reservieren. Eines der teuersten Restaurants der Stadt, daher sollte man Gutes zu schätzen wissen.

Bouley, 165 Duane St, zwischen Greenwich und Hudson St, ℅ 608-3852. Zählt zu den besten französischen Restaurants in New York; die zeitgemäßen Gerichte werden mit frischen Zutaten unter den strengen Augen des Chefkochs David Bouley zubereitet. Beliebt bei der Stadtprominenz; mit den Menüs mittags und abends zum festen Preis können die Preise etwas gemindert werden.

Le Cirque 2000, New York Palace Hotel, 455 Madison Ave, zwischen 50th und 51th St, ℅ 794-9292. Vor kurzem den Standort gewechselt, gilt es weiterhin als eines der besten Restaurants der Stadt, allerdings nicht ganz so gut wie zuvor. Sehr pompös und sehr teuer; wurde in der Vergangenheit von Namen wie Liza Minnelli, Richard Nixon und Ronald Reagan beehrt.

Elaine's, 1703 2nd Ave, zwischen E 88th und 89th St, ☎ 534-8103. Hier wurden die ersten Szenen für Woody Allen's *Manhattan* gedreht, und noch immer ist *Elaine's* bei New Yorks Promis ausgesprochen beliebt – man fragt sich allerdings weshalb. Wer Stars sehen will, ist hier richtig – wer Gutes essen möchte oder einen schmalen Geldbeutel hat, sollte besser woanders hingehen.

Four Seasons, 99 E 52nd St, zwischen Park und Lexington Ave, ☎ 754-9494. Dieses Restaurant in Mies van der Rohes Seagram Building ist eines der bemerkenswertesten der Stadt, nicht zuletzt wegen der Wandgemälde von Picasso, der Skulpturen von Richard Lippold und der Raumgestaltung durch Philip Johnson. Auch die Küche ist herausragend. Es gibt ein „pretheatre menu" für $40. Etwas steifer als die anderen Top-Restaurants.

Gotham Bar & Grill, 12 E 12th St, zwischen 5th Ave und University Place, ☎ 620-4020. Unbestritten eines der besten Restaurants der Stadt mit amerikanischer Spitzenküche in weitläufiger, schicker Umgebung. Man kann auch nur einen Drink an der Bar nehmen und den Schönen der Stadt zusehen.

Hudson River Club, 4 World Financial Center, 250 vesey St, Upper Level, Ecke West St, ☎ 786-1500. Die Aussicht über den Hafen bis zur Freiheitsstatue rechtfertigt die $70, die man pro Nase hinblättern muss. Amerikanische Gerichte mit Schwerpunkt auf der Küche des Hudson River Valley. Nach der Kürbis-Apfel-Suppe oder dem gebackenen Freilandhuhn mit Rübenrisotto sollte man sich noch eines der Schlemmerdesserts mit Schokolade gönnen.

Lutece, 249 E 50th Street, zwischen 2nd und 3rd Ave, ☎ 752-2225. Zählt zu den besten Restaurants der USA und ist absoluter Liebling der New Yorker, die es sich leisten können. Das klassisch französische Essen ist einmalig, der Service elegant und unaufdringlich. Obwohl man hier seine großen Scheine zücken muss, macht das Lutece überraschenderweise einen eher zurückhaltenden und bescheidenen Eindruck. Reservierung erforderlich. Jeden Dollar wert.

River Café, 1 Water St, Brooklyn Bridge, Brooklyn, ☎ 718/522-5200. Das Essen ist – abgesehen vom Brunch – fast unerschwinglich, aber hier kann man bei einem Drink die vielleicht beste Aussicht auf die Skyline Lower Manhattans genießen.

Russian Tea Room, 150 W 57th St, zwischen 6th und 7th Ave, ☎ 265-0947. Einer der Orte, wo sich New Yorks Literatenszene mit Vorliebe aufhält. Die Preise sind nicht ganz so hoch wie in den französischen Spitzenrestaurants und ein Tisch ist einfacher zu bekommen (möglicherweise wird man als nicht-Promi in den Saal im 2. Stock delegiert). Die herrlich grelle Inneneinrichtung macht den Besuch zu einem Erlebnis, wenngleich die Küche etwas überbewertet wird. Besser keine Experimente wagen: Blinis, Borscht und Chicken Kiev zählen zu den besten der Stadt.

21 Club, 21 W 52nd St, zwischen 5th und 6th Ave, ☎ 582-7200. Die Zeiten, in denen Dorothy Parker hier regelmäßig speiste, sind vorbei; heute trifft sich in dem gestylten Ambiente die Geschäftswelt, die sich horrende Preise leisten kann. Immerhin gibt es ein Festpreis-Mittagsmenü zu $24.

Windows on the World, One World Trade Center, 107th floor, Ecke West St, ☎ 524-7000. Wurde bei der jüngsten Renovierung etwas aufgemöbelt. Die Aussicht ist nach wie vor der wichtigste Grund für einen Besuch. Wer nicht aufs Geld schauen muss, kann aber auch hervorragend essen, und die Weinkarte zählt zu den besten der Stadt. Grandioser Ort für den Sonntagsbrunch. Zum Lunch an Wochentagen waren früher nur die Mitglieder des Lunch Club zugelassen, heute darf sich jeder Zahlungswillige dazugesellen.

AMERIKANISCH UND EURO-PÄISCH – *Barking Dog Luncheonette*, 1678 3rd Ave, E 94th St, ✆ 831-1800. Hundewelpen sind das Thema in diesem Uptown-Diner, *mashed potatoes* und gegrillte Käse-Sandwiches die Spezialitäten. Zum Brunch muss man damit rechnen zu warten.
Canyon Road, 1470 1st Ave, zwischen E 76th und 77th St, ✆ 734-1600. Santa-Fe-Atmosphäre für Yuppies der Upper East Side. Mittlere Preise.
E.A.T., 1064 Madison Ave, zwischen E 80th und 81st St, ✆ 772-0022. Teuer und bevölkert, aber das Essen ist hervorragend (Eli Zabar ist der Besitzer, so dass es nicht verwundert) besonders die Suppen und Brote. Die Sandwiches mit Mozzarella, Basilikum und Tomaten sind frisch und köstlich – im Gegensatz zu den meisten anderen der Stadt.
Googie's Diner, 1491 2nd Ave, E 78th St, ✆ 717-1122. Künstlerisch angehauchter Diner mit ausgefallener Gestaltung und italienisch-amerikanischer Küche.
Madhatter, 1485 2nd Ave, zwischen E 77th und 78th St, ✆ 628-4917. Legerer Pub, der gute Burger und andere einfache Gerichte serviert; lebhafte, manchmal etwas laute Umgebung.
Rathbones, 1702 2nd Ave, zwischen E 88th und 89th St, ✆ 369-7361. Für Normalsterbliche eine ausgezeichnete Alternative zu *Elaine's* gegenüber (s.S. 324, Gourmetrestaurants). Von einem Platz am Fenster kann man die eintreffenden Stars beobachten und zu einem Bruchteil der Kosten essen. Burger, Steaks und Fisch für unter $15 sowie eine große Auswahl an Bieren.
Serendipity 3, 225 E 60th St, zwischen 2nd und 3rd Ave, ✆ 838-3531. Seit langem existierendes Lokal und Eiscafé mit Tiffany-Lampen. Über Jahre hinweg beliebter Austragungsort von „Sweet Sixteen Parties" sowie Treffpunkt für das erste Date – üblicherweise nach dem Kinobesuch. Die *frozen hot chocolate* ist ein Traum und als eingetragenes Warenzeichen gegen Nachahmer geschützt. Ebenfalls außergewöhnlich ist die überaus reichhaltige Auswahl an Eisspezialitäten.
Viand, 673 Madison Ave, zwischen E 61st und 62nd St, ✆ 751-6622. Etwas teurer als andere Diner, aber die riesigen Truthahn-Sandwiches und außergewöhnlichen Burger sind ihr Geld wert.

ASIATISCH – *Asia*, 1155 3rd Ave, zwischen E 67th und 68th St, ✆ 879-5846. Verschiedene asiatische Küchen in ansprechenden, holzgetäfelten Räumlichkeiten.
Bangkok House, 1485 1st Ave, zwischen E 77th und 78th St, ✆ 249-5700. Großartige Thai-Küche, der frittierte Fisch mit Chilisoße ist köstlich. Angemessene Preise (zwischen $9-12 für Hauptgerichte).
Pig Heaven, 1540 2nd Ave, zwischen E 80th und 81st St, ✆ 744-4333. Günstiger Chinese. Hier dreht sich alles ums Schwein.
Sala Thai, 1718 2nd Ave, zwischen E 89th und 90th St, ✆ 410-5557. Kreative Thaiküche mit scharfen und würzigen Gerichte für weniger als $15 pro Person. Nette Einrichtung, guter Service und das beste thailändische Essen in der näheren Umgebung.
Wu Liang Ye, 215 East 86th St, zwischen 2nd und 3rd Ave, ✆ 534-8899. Exzellentes, authentisches Szechwan-Essen. Auf der Speisekarte finden sich Gerichte, von denen man bislang noch nicht einmal gehört hat. Wer gerne scharf gewürzt isst, wird hier nicht enttäuscht. Vielleicht eines der besten chinesischen Restaurants in ganz New York.

DEUTSCH – *Heidelberg*, 1648 2nd Ave, zwischen E 85th und 86th St, ✆ 628-2332. Deutschland von der kitschigen Seite, mit Pfefferkuchen-Deko und Kellnerinnen im Dirndl. Zünftige – und gute – Leberknödelsuppe, Bauernfrühstück, süße Pfannkuchen und Reibekuchen, dazu Weißbier in Stiefeln.
Ideal Restaurant, 238 E 86th St, zwischen 2nd und 3rd Ave, ✆ 535-0950. War bis zur Renovierung vor einigen Jahren *das* Lokal für deutsche Küche. Inzwischen hat der Ruf jedoch etwas gelitten. Gewaltige Portionen Würstchen mit Sauerkraut zu sehr niedrigen Preisen gibt es nach wie vor.

FISCHRESTAURANTS – *Katch*, 339 E 75th St, zwischen 1st und 2nd Ave, ✆ 396-4434. die meisten Hauptgerichte liegen unter $12. Täglich bis 3 Uhr morgens geöffnet.

FRANZÖSISCH UND BELGISCH–
Bistro du Nord, 1312 Madison Ave, E 93rd St, ℅ 289-0997. Gemütliches Bistro mit erstklassiger Pariser Küche. Sehr gestylte Atmosphäre, Hauptgerichte $18–24. Confit de canard (eingelegte Ente) ist sehr zu empfehlen.
Le Refuge, 166 E 82nd St, zwischen Lexington und 3rd Ave, ℅ 861-4505. Romantisches Restaurant mit ruhiger, intimer Atmosphäre in einem alten Sandsteingebäude. Bouillabaisse und andere Fischgerichte sind ausgezeichnet. Zu Recht relativ teuer, etwas für besondere Gelegenheiten. Im Sommer So geschlossen.
Mme Romaine de Lyon, 29 E 61st St, zwischen Madison und Park Ave, ℅ 758-2422. Hier gibt es die besten Omelettes: Zum Mittagessen hat man die Auswahl zwischen 550 verschiedenen Varianten, abends bietet die Karte auch Alternativen zum Ei.

GRIECHISCH UND ORIENTALISCH – *Uskudar*, 1405 2nd Ave, zwischen E 73rd und 74th St, ℅ 988-2641. Authentische türkische Küche in einem eher schlichten Lokal. Sehr günstig: Für $25 kann man zu zweit essen.

INDISCH – *Dawat*, 210 E 58th St, zwischen 2nd und 3rd Ave, ℅ 355-7555. Der beste elegante Gourmet-Inder der Stadt. Wildgeflügel mit grünem Chili oder Lammkeule sind delikat. Die Preise für Hauptgerichte liegen um $16. Für ein paar Dollar mehr legt Beverly auch Tarotkarten.

ITALIENISCH – *Caffè Buon Gusto*, 243 E 77th St, zwischen 2nd und 3rd Ave, ℅ 535-6884. In diesem Teil der Upper East Side finden sich jede Menge guter Italiener. Den Mangel an Stil macht *Buon Gusto* mit seinen Kochkünsten und günstigen Preisen wett.
Carino, 1710 2nd Ave, zwischen E 88th und 89th St, ℅ 860-0566. Familienbetrieb mit preiswertem, schmackhaftem Essen und freundlichem Service. Zu zweit wird man für weniger als $25 satt.
Contrapunto, 200–206 E 60th St, 3rd Ave, ℅ 751-8616. Freundliches, nachbarschaftliches Restaurant mit über 20 verschiedenen, täglich frischen Pastasorten zu angemessenen Preisen.
Ecco-Là, 1660 3rd Ave, zwischen E 92nd und 93rd St, ℅ 860-5609. Einzigartige Pastagerichte zu sehr zivilen Preisen machen diesen Italiener zu einem der beliebtesten der Upper East Side. Sehr zu empfehlen – man muss allerdings auf einen Tisch warten.
Il Vagabondo, 351 E 62nd St, zwischen 1st und 2nd Ave, ℅ 832-9221. Deftige, süditalienische Küche nach Hausfrauenart in entspannter Atmosphäre; nach dem Essen kann man auf dem hauseigenen Platz Boccia spielen.

JÜDISCH UND OSTEUROPÄISCH – *Mocca Hungarian*, 1588 2nd Ave, zwischen E 82nd und 83rd St, ℅ 734-6470. Ungarisches Restaurant in Yorkville mit deftiger Küche, die Leib und Seele wärmt: Schnitzel, Kirschsuppe, Gulasch und Hühnerpaprikás zu mittleren Preisen. Auf jeden Fall nur mit großem Hunger kommen.

KARIBISCH, MITTEL- UIND SÜDAMERIKANISCH – *Bolivar*, 206 E 60th St, zwischen 2nd und 3rd Ave, ℅ 838-0440. Neues südamerikanisches Lokal mit zumeist peruanischen Gerichten sowie riesigen argentinischen Steaks und gegrilltem Fleisch. Hauptgerichte $16–20. Das Café nebenan ist billiger und zwangloser, hier gibt's in etwa das gleiche Essen in kleineren Portionen.
El Pollo, 1746 1st Ave, zwischen E 90th und 91st St, ℅ 996-7810. Peruanisches Fastfood-Restaurant mit gegrillten Hähnchen in den verschiedensten Gewürzvarianten. Auch zum Mitnehmen; köstlich und sehr billig.

SPANISCH – *Malaga*, 406 E 73rd St, zwischen 1st und York Ave, ℅ 737-7659. Intimes spanisches Restaurant, das von den Anwohnern gerne besucht wird. Schmackhaftes und gesundes Essen zu mäßigen Preisen.

Harlem, Washington Heights, Inwood

Preiswerte kubanische, afrikanische und karibische Lokale und die besten Soulfood-Restaurants der Stadt findet man in Harlem.

Selbst Institutionen wie *Sylvia's*, die viele Touristen anziehen, verlangen keine Wucherpreise. Die Mehrheit der New-York-Besucher verzichtet auf einen Ausflug nach Harlem – und verpasst damit eine ganze Menge nicht nur kulinarisch Interessantes.

BÄCKEREIEN UND CAFÉS – **Wilson's Bakery and Restaurant**, 1980 Amsterdam Ave, W 158th St, ☎ 923-9821. Leckere Südstaatenspezialitäten wie Pasteten mit Süßkartoffeln oder Pfirsich. Unbedingt probieren sollte man Waffeln mit Huhn.

AFRIKANISCH – **Koryoe Restaurant and Café**, 3143 Broadway, zwischen Tiemann Place und LaSalle St, ☎ 316-2950. Üppige Portionen afrikanischer Spezialitäten mit Fleisch und Soße nach Wahl, z.B. *Wacheay*, Reis mit Erbsen, grünen Bananen und Fleisch nach Wunsch für $10. Auch vegetarische Gerichte.
Zula, 1260 Amsterdam Ave, W 122nd St, ☎ 663-1670. Äthiopische Küche, die bei Columbia-Studenten sehr beliebt ist. Sehr gute Qualität für wenig Geld (ab $7). Meist scharf gewürzte Geflügel-, Rind- oder Lamm – sowie einige vegetarische Gerichte.

AMERIKANISCH UND EUROPÄISCH – **Copeland's**, 547 W 145th St, zwischen Broadway und Amsterdam Ave, ☎ 234-2357. Mittags oder zum *Sunday Gospel brunch* preiswertes Soulfood, noch günstiger isst man im Selbstbedienungsladen nebenan. Gut schmeckt *Louisiana gumbo* (Okra). Freitag- und samstagabends Live-Jazz.
Emily's, 1325 5th Ave, E 111th St, ☎ 996-1212. Gegrilltes Huhn und mit die besten Ribs in New York in geselliger Atmosphäre.
Londel's, 2620 8th Ave, zwischen 139th und 140th St, ☎ 234-6114. Eine Mischung aus Soulfood, Cajun und *Southern fried chicken*. In dem einladenden Lokal kann man raffinierte Gerichte wie Steak Diane oder gewöhnliche Leckereien wie Brathähnchen essen. Auf jeden Fall sollte man sich als Abschluss eine Pastete mit Süßkartoffeln gönnen.

Sylvia's Restaurant, 328 Lenox Ave, zwischen 126th und 127th St, ☎ 996-0660. Absolutes Pflichtprogramm: legendäres Southern Soulfood-Restaurant in Harlem mit ungewöhnlichen Gemüsesorten und *Southern fried chicken*. Wer mittwochs am frühen Abend eintrifft, bekommt Freikarten für die „Amateur night" im *Apollo*. Für seinen *Sunday Gospel brunch* berühmt - ein Muss.
Wells, 2247 7th Ave, zwischen 132nd und 133rd St, ☎ 234-0700. Berühmter Soulfood-Laden, in dem einst Leute wie Aretha Franklin, Sammy Davis Jr und andere Jazz-Legenden verkehrten. Heute kann man hier eine bunte Mischung aus Stammkunden und Zufallsgästen. Das Essen ist billig und schmackhaft – am bekanntesten ist die sonderbare Zusammenstellung von *waffles* (Waffeln) und gebratenem Hähnchen.

KARIBISCH, MITTEL- UND SÜDAMERIKANISCH – **Caridad Restaurant**, 4311 Broadway, W 184th St, ☎ 781-0431. Nicht zu verwechseln mit dem Upper-West-Side-Restaurant ähnlichen Namens. Hier wird dominikanisch gekocht, riesige Portionen zu günstigen Preisen. Die *mariscos* oder Meeresfrüchte sind die Spezialitäten des Hauses und werden mit viel *pan y ajo* gegessen (mit Olivenöl und Knoblauch geröstetes Brot).

Außenbezirke

Ein Ausflug in die Außenbezirke kann durchaus kulinarisch motiviert sein. Die verschiedenen Bevölkerungsgruppen haben hier weitgehend ihre Identität bewahrt, und ihre Restaurants sind entsprechend authentisch. Alle Nationalitäten New Yorks sind auch in den Außenbezirken zahlreich vertreten. In Brooklyn finden sich die besten westindischen, italienischen und vor allem höchst authentischen russischen Lokale, Queens besitzt einen hohen griechischen und südamerikanischen Bevölkerungsanteil, und Belmont in der Bronx ist eine der besten Gegenden, um original italienisch zu essen.

BROOKLYN HEIGHTS UND ATLANTIC AVENUE – *Charleston Bar and Grill*, 174 Bedford Ave, Williamsburg ℡ 718/782-8717. Klassischer Treffpunkt für Leute aus der Nachbarschaft, mehr Bar als Grillrestaurant – hierher kommt man in erster Linie zum Pizzaessen (gut und billig) und um den allabendlich aufspielenden Bands zuzuhören.

Gage & Tollner, 372 Fulton St, zwischen Jay und Boerum St, Downtown Brooklyn, ℡ 718/875-5181. Altmodisches Fischrestaurant mit umfangreicher Karte, das aus der hiesigen Gastronomie nicht mehr wegzudenken ist. Als eines der ältesten restaurants New Yorks (1879), ist es nicht so teuer, wie es aussieht. Großartige *crab cakes,* Krebssuppe, und Venusmuscheln.

Henry's End, 44 Henry St, Cranberry St, Brooklyn Heights, ℡ 718/834-1776. Geselliges Bistro mit großer Auswahl an saisonalen Gerichten. Meist recht voll und nicht ganz billig. Berühmt für seine Wildbret-Tage im Herbst und Winter.

Montague Street Saloon, 122 Montague St, zwischen Henry und Hicks St, Brooklyn Heights, ℡ 718/522-6770. Burger und Salate für unter $10; gute Calamari und *Cajun catfish.*

Moroccan Star, 205 Atlantic Ave, zwischen Court und Clinton St, Brooklyn Heights, ℡ 718/643-0800. Vielleicht das beste marokkanische Restaurant in New York, mit wunderbaren *tajines* und Couscous mit Lamm. Der Chefkoch war früher im *Four Seasons* tätig, und seine Künste sind unübertroffen.

Moustache, 405 Atlantic Ave, Bond St, Brooklyn Heights, ℡ 718/852-5555. Stammhaus und zugleich beste Zweigstelle einer kleinen Restaurantkette mit orientalischem Essen, die sich inzwischen bis nach Manhattan ausgedehnt hat (s.S. 302).

Oznot's Dish, 79 Berry, Ecke N 9th St, Williamsburg, ℡ 718/ 599-6596. Orientalisches Essen in rustikaler East-Village-Atmosphäre. Hier erwarten den Gast gegrillte Shrimps mit Jalapeño-Vinaigrette und gegrillter Mango oder Lamm mit Basmatireis, geschmolzenen Tomaten und Lauch.

Patsy Grimaldi's Pizza, 19 Old Fulton St, zwischen Water und Front St, Brooklyn Heights, ℡ 718/858-4300. Köstliche, dünne und knusprige Pizza, die sogar „Manhattanites" über das Wasser locken – billig und immer voll.

Peter Luger's Steak House, 178 Broadway, Driggs Ave, Williamsburg, ℡ 718/387-7400. Teures Restaurant (um $50 p.p.), aber von den Fans werden der Küche die besten Steaks der Stadt bescheinigt – das will etwas heißen. Guter Service, gutes Bier und ein angenehmes Ambiente. Keine Kreditkarten.

Petite Crevette, 127 Atlantic Ave, zwischen Henry und Clinton St, Brooklyn Heights, ℡ 718/858-6660. Gemütliches französisches Bistro mit einfachen Fischgerichten; in der mittleren Preiskategorie.

PlanEat Thailand, 184 Bedford Ave, zwischen N 6th und 7th St, Williamsburg, ℡ 718/ 599-5758. Willkommene Bereicherung der Bedford Avenue mit preisgünstigem Thai-Essen. Lohnt den Weg mit der L-Linie von Manhattan her.

Stacy's, 85 Broadway, Berry St, ℡ 718/486-8004. Bietet eine Mischung aus preiswerten marokkanischen, orientalischen und amerikanischen Gerichten. Hier verkehren vor allem Künstler aus der Umgebung, deren Werke auch das Lokal schmücken.

Teresa's, 80 Montague St, zwischen Hicks St und Montague Terrace, ℡ 718/797-3996. Wer Brooklyn Heights erkundet, kann hier gut zu Mittag essen. Große Portionen polnischer Hausmannskost wie Blintzen und Piroggen.

Tripoli, 156 Atlantic Ave, Clinton St, Brooklyn Heights, ℡ 718/596-5800. Libanesisches Restaurant, Fisch, Lamm und vegetarische Gerichte für ganze $8. Hervorragend sind die kleinen Lammpasteten in Joghurtsoße.

Waterfront Ale House, 155 Atlantic Ave, ℡ 718/522-3794. Pub im alten Stil mit leckeren, würzigen Chicken Wings, Spare Ribs und *killer key lime pie* (vor Ort hergestellt und nur in Brooklyn erhältlich). Auch hervorragende Auswahl an belgischen und anderen Bieren. Billig und unterhaltsam.

CENTRAL BROOKLYN – *Aunt Suzie's*, 247 5th Ave, zwischen Garfield Place und Carroll St, Park Slope, ℡ 718/788-3377. Unspektakulärer

Essen in den Außenbezirken 329

Italiener mit ordentlichem Essen um $10. Gutes Preis-Leistungs-Verhältnis.
Cucina, 256 5th Ave, zwischen Garfield Place und Carroll St, Park Slope, ☎ 718/230-0711. Einladendes italienisches Lokal mit tadelloser Küche zu erschwinglichen Preisen.
Fatoosh Babecue, 311 Henry St, Atlantic Ave, ☎ 718/596-0030. Witziger kleiner Laden in einer etwas heruntergekommenen Ecke in Cobble Hill; eine Art Hippie-Orientale, mit frischem, schmackhaftem Falafel und Babaganoush.

Ferdinando's, 151 Union St, zwischen Hicks und Columbia St, ☎ 718/855-1545. Authentische italienische Küche in einem echten Familienbetrieb. Die üblichen Soßen, Fleisch- und Pastagerichte, die hier seit Jahrzehnten auf die gleiche Art zubereitet werden.
Leaf 'n' Bean, 83 7th Ave, zwischen Union und Berkeley St, Park Slope, ☎ 718/638-5791. Exotische Kaffee- und Teesorten, köstliche hausgemachte Suppen und Gourmet-Trüffel. Brunch am Wochenende um $10. Bei schönem Wetter Tische im Freien.

Essen für Nachtschwärmer

Die nachstehende Liste umfasst nur einige der Anlaufstellen, wo man seinen Hunger rund um die Uhr stillen kann. Lokale, die im entsprechenden Kapitel nicht näher beschrieben sind, bieten das übliche Coffee Shop-Essen. Wer hier keine Adresse entdeckt, die um die Ecke liegt, braucht nicht zu verzweifeln. Es gibt jede Menge Delis, die rund um die Uhr Essen zum Mitnehmen verkaufen, und in den meisten Vierteln findet sich mindestens ein durchgehend geöffneter koreanischer Lebensmittelladen, in dem man nahezu alles bekommt.

Lower Manhattan
Around the Clock, 8 Stuyvesant St, zwischen 2nd und 3rd Ave, ☎ 598-0402;
Bagel Buffet, 406 6th Ave, zwischen W8th und 9th St, ☎ 477-0448;
Dave's Pot Belly, 94 Christopher St, Ecke Bleecker St, ☎ 242-8036;
Florent, 69 Gansevoort St, zwischen Washington und Greenwich St, ☎ 989-5779;
French Roast Café, 456 6th Ave, Höhe W11th St, ☎ 533-2233;
Greenwich Cafe, 75 Greenwich Ave, zwischen 7th Ave S und Bank St, ☎ 255-5450;
L'Express, 249 Park Ave South, 20th St, ☎ 254-5858;
Triumph Restaurant, 148 Bleecker St, zwischen LaGuardia und Thompson St, ☎ 228-3070;
Veselka, 144 2nd Ave, zwischen E 9th St und St. Mark's Place, ☎ 228-9682;
Waverly Restaurant, 385 6th Ave, zwischen W 8th St und Waverly Place, ☎ 675-3181;
Yaffa Café, 97 St. Mark's Place, zwischen Ave A und 1st Ave, ☎ 677-9001.

Midtown Manhattan
Brasserie Centrale, 1700 Broadway, Höhe W 53rd St, ☎ 757-2233;
Empire Diner, 210 10th Ave, zwischen W22nd und 23rd St, ☎ 243-2736;
Gemini Diner, 641 2nd Ave, Höhe E 35th St, ☎ 532-2143;
Lox Around the Clock, 676 6th Ave, Höhe W 21st St, ☎ 691-3535;
Market Diner, 572 11th Ave, Höhe W 43rd St, ☎ 695-0415;
Sarge's, 548 3rd Ave, zwischen E 36th und 37th St, ☎ 679-0442;
Stage Deli, 834 7th Ave, zwischen W 53rd und 54th St, ☎ 245-7850;
West Side Diner, 360 9th Ave, Höhe W 31st St, ☎ 560-8407.

Upper Manhattan
Big Nick's, 2175 Broadway, zwischen 76th und 77th St, ☎ 362-9238;
Gray's Papaya, 2090 Broadway, Höhe W72nd St, ☎ 799-0243;
Green Kitchen, 1477 1st Ave, Höhe E 77th St, ☎ 988-4163;
H & H Bagels, 2239 Broadway, Höhe W80th St, ☎ 595-8000;
Tramway Coffee Shop, 1143 2nd Ave, Höhe E 60th St, ☎ 758-7017.

Once Upon a Sundae, 7702 3rd Ave, 77th St, Bay Ridge, ✆ 718/748-3412. Eisdiele mit Jahrhundertwende-Flair.

Patois, 255 Smith St, zwischen Douglass und Degraw St, ✆ 718/855-1535. Das neueste Restaurant von Küchenchef Alan Harding – ein Bistro mit zehn Tischen, tollem Essen, einem Garten und akzeptablen Preisen. Früh kommen, da dies eines der In-Lokale ist.

Sam's, 238 Court St, zwischen Baltic und Kenneth St, Cobble Hill, ✆ 718/596-3458. Serviert seit vielen Jahren italienische Standardküche zu gemäßigten Preisen.

CONEY ISLAND UND BRIGHTON BEACH – *Carolina*, 1409 Mermaid Ave, W 15th St, Coney Island, ✆ 718/714-1294. Alteingesessener italienischer Familienbetrieb mit ausgezeichneter Küche zu sehr fairen Preisen.

Gargiulo's, 2911 W 15th St, zwischen Surf und Mermaid Ave, ✆ 718/266-4891. Weitläufiger, lebhafter Familienbetrieb auf Coney Island, bekannt für seine herzhafte neapolitanische Küche in großen, billigen Portionen.

Mrs Stahl's, 1001 Brighton Beach Ave, Coney Island Ave, Brighton Beach, ✆ 718/648-0210. Hier gibt es Knish in über 20 verschiedenen Varianten.

Nathan's Famous, Surf und Stillwell Ave, Coney Island, ✆ 718/266-3161. Die berühmtesten Hot Dogs und gewellten Pommes frites in New York. Nicht unbedingt eine Offenbarung, aber auf jeden Fall eine Legende.

Odessa, 1113 Brighton Beach Ave, zwischen 13th und 14th St, Brighton Beach, ✆ 718/332-3223. Ausgezeichnete und abwechslungsreiche russische Küche zu unschlagbaren Preisen.

Primorski, 282 Brighton Beach Ave, zwischen 2nd und 3rd St, Brighton Beach, ✆ 718/891-3111. Vielleicht das beste russische Lokal in Brighton Beach, große Auswahl an authentischen Gerichten wie Blintzen und Kohlrouladen zu absurd niedrigen Preisen. Abends Live-Musik.

BRONX – *Dominick's*, 2335 Arthur Ave, 187th St, Fordham, ✆ 718/733-2807. Genau das, was man im italienischen Viertel Belmont erwartet: wunderbar lärmige Atmosphäre, große Tische und köstliches Essen zu angemessen niedrigen Preisen.

Mario's, 2342 Arthur Ave, zwischen 184th und 186th St, Fordham, ✆ 718/584-1188. Kostspieliges, aber überzeugendes italienisches Angebot, das sogar fest verwurzelte Manhattener in die Bronx zu locken vermag.

ASTORIA – *Omonia Café*, 32–20 Broadway, 33rd St, Astoria, ✆ 718/274-6650. Erschwingliche griechische Küche in häuslicher Atmosphäre.

Uncle George's, 33–19 Broadway, 34th St, Astoria, ✆ 718/626-0593. Exzellentes, superbilliges, authentisches griechisches Essen. 24-Stunden geöffnet.

JACKSON HEIGHTS – *Inti-Raymi*, 86–14 37th Ave, zwischen 86 und 87th St, Jackson Heights, ✆ 718/424-1938. Schnörkelloses Restaurant mit preiswerter peruanischer Küche in geselliger Atmosphäre. Sehr gut sind *ceviche de mariscos* (roher Fisch in Limonensaft) oder die peruanische Variante von Lo Mein. Sehr begrenzte Öffnungszeiten: Do und Fr Abend; Sa und So zum Mittag- und Abendessen.

Jackson Diner, 37–47 74th St, zwischen 37th und Roosevelt Ave, Jackson Heights, ✆ 718/672-1232. Ungewöhnlich leichte indische Kost; hier wird selbst der Hungrigste für wenig Geld satt. Samosas und Mango-Lassi sollte man sich nicht entgehen lassen.

La Pequeña Colombia, 83–27 Roosevelt Ave, 84th St, Jackson Heights, ✆ 718/478-6528. In „Klein-Kolumbien" werden gewaltige Portionen Fischtopf, Schweinefleisch und Tortillas serviert. Dazu schmecken Obstsäfte wie Maracuja oder *guanabana* (Rahmapfel).

Tabaq 74, 73–21 37th Ave, zwischen 74th und 75th St, Jackson Heights, ✆ 718/898-2837. Pakistanisches Grillrestaurant mit bester Qualität. Wer sich mit Rinderhirn, der Spezialität des Hauses, nicht anfreunden kann, hat die Wahl zwischen Huhn, Lamm oder Wachtel, großzügig gewürzt und fachgerecht zubereitet.

FOREST HILLS, JAMAICA, BAYSIDE, KEW GARDENS – *Mardi Gras,* 70–20 Austin St, zwischen 70th Rd und 69th Ave, ✆ 718/261-8555. Winziges Cajun-Lokal; Langusten, *Muffalleta*-Sandwiches und andere leckere Mahlzeiten zu moderaten Preisen.

Pastrami King, 124-24 Queens Blvd, 82nd Ave, Kew Gardens, ✆ 718/263-1717. Hausgemachte Pastrami und Corned Beef, bessere findet man in ganz Manhattan nicht. Sa geschlossen.

STATEN ISLAND – *Aesop's Tables,* 1233 Bay St, Hylan Blvd, Rosebank, ✆ 718/720-2005. Gemütliches, rustikales Lokal mit interessanten Varianten der amerikanischen regionalen Küche, z.B. Catfish auf Gemüse.

Goodfella's Pizza, 17–18 Hylan Blvd, ✆ 718/987-2422. Keinen Extra-Ausflug wert, aber wenn man schon einmal herübergetuckert ist, wird die Pizza allen Erwartungen gerecht.

Bars

Mit dem Bild des puritanischen, enthaltsamen Amerika, das mancher Europäer haben mag, wird in New York gründlich aufgeräumt: In dieser Stadt wird dem Alkohol gefrönt. Entlang der Avenues in Manhattan – und vieler Seitenstraßen – braucht man kaum einen Block weit zu gehen, um auf mindestens ein oder zwei Bars zu stoßen. Die Bandbreite reicht von der Eckkneipe, wo es Fassbier in Minigläsern für $2 gibt, bis zu den Bars der Nobelhotels, in denen Gäste stilvoll Martinis schlürfen. In größeren Bars wird Bier gleich literweise im *pitcher* bestellt und ist damit wesentlich günstiger. Auch zur Happy Hour lässt sich Geld sparen, dann gibt es zwei Drinks zum Preis von einem. Um Bars oder Clubs, die „free drinks for ladies" anbieten, ist allerdings ein großer Bogen zu machen, da hier plumpe Anmache garantiert ist.

Die **Öffnungszeiten** der Bars reichen normalerweise vom Vormittag (ca. 10 Uhr) bis 1 oder 2 Uhr morgens – längstens bis zur offiziellen Sperrstunde um 4 Uhr. Die meisten Bars offerieren auch ein mehr oder weniger breites Speiseangebot, von Chicken wings oder Ribs bis zu üppigen Mahlzeiten. Die Küchen schließen schon etwas früher, meist um Mitternacht. Was die Preise betrifft, so kostet eine Flasche Bier oder ein Bier vom Fass in einer einfacheren Kneipe ca. $4, in Szenelokalen oder Singlebars ein paar Dollar mehr.

Was trinken?

Bier erlebt seit einiger Zeit überall ein beachtliches Come-back, so werden nicht selten zehn verschiedene Biere vom Fass und ein halbes Dutzend Flaschenbiere über den Tresen gereicht. Eine zunehmend wählerische Kundschaft weiß, was sie trinken möchte. Biere von Kleinbrauereien wie *Sam Adams*, *Pete's Wicked* und *Anchor Steam* werden so oft verlangt wie *Budweiser*, *Miller* oder *Rolling Rock*. Zudem haben belgische Biere den Markt im Sturm erobert und dabei ihre europäischen Geschwister ins Abseits gedrängt. Neben *Heineken*, *Guinness*, *New Castle* und *Bass* erhält man in den meisten Bars *Stella Artois* oder *Hoegarden* vom Fass sowie deutsche Biere wie *Spaten* und *Paulaner*.

Wem die Bars auf Dauer zu teuer werden, der kann sich natürlich auch im Supermarkt eindecken, wo eine Dose Bier um $1 kostet.

Happy Hour und kostenloses Essen
Um die Jahrhundertwende boten die Gastwirte entlang der Bowery ein kostenloses Mittagessen aus Pickles und gekochten Eiern an, um die Arbeiter in ihrer Mittagspause in die Bars zu locken. Heute läutet die Happy Hour den Feierabend ein und dauert meist von 17–19 Uhr. Als Sonderangebot gibt es zwei Drinks zum Preis von einem oder bestimmte Getränke zu günstigeren Preisen. Popcorn oder Knabbergebäck machen eher Durst als dass sie den Hunger stillen, aber vor allem in den gehobeneren Etablissements in Midtown werden kostenlose Hors d'oeuvres serviert, an denen man sich durchaus satt essen kann. Diese Angebote sind in erster Linie auf gepflegte Büromenschen ausgerichtet, aber jeder, der sich angemessen kleidet und nicht gleich das ganze Essen abräumt, ist hier willkommen. Ein Drink oder Cocktail kostet während der Happy Hour im Durchschnitt $3. Abgesehen von den hier aufgelisteten Bars bieten alle gehobeneren Bars und Hotels in Midtown eine Happy Hour.

Beim Kauf einer Flasche Wein in einem *liquor store* sollte man sich für einen amerikanischen Wein entscheiden. Diese **Weine** sind nicht nur sehr gut, sie kosten auch nur $8–10 pro Flasche. Die besten Tropfen stammen aus dem Napa und Sonoma Valley nördlich von San Francisco. Hier werden verschiedene Rebsorten angebaut: Cabernet Sauvignon ist der beliebteste Rotwein, aber auch Burgunder, Merlot und Pinot Noir sind weit verbreitet. Unter den Weißweinen ist der Chardonnay am beliebtesten, daneben gibt es Sauvignon Blanc oder Fumé Blanc. Außergewöhnlich schmeckt der kräftige Zinfundel, den es weiß, rot und rosé gibt. Auch im Staate New York wird Wein angebaut, der jedoch qualitativ nicht ganz so hoch anzusiedeln ist. Für alle Weine gilt, dass man für eine Flasche im Restaurant in etwa das Doppelte hinblättern muss.

Sag mir erst, wie alt du bist ...

In New York ist der Konsum und Kauf von Alkohol per Gesetz an das Mindestalter von 21 Jahren gebunden. Bei der Bestellung kann es passieren, dass man sich ausweisen muss, auch wenn man ganz offensichtlich dem Teenager-Alter entwachsen ist. Wer nicht alt genug ist, wird zwar keine Schwierigkeiten bekommen, sollte aber auf die peinliche Situation gefasst sein, dass die Bestellung abgelehnt wird. Unter Bürgermeister Giuliani hat es in Gegenden mit hohem jugendlichem Bevölkerungsanteil, z.B. in Universitätsvierteln, regelrechte „Razzien" gegeben. Daher ist man auch in Bars ohne hauseigene Kontrolle nicht unbedingt sicher.

In Bezug auf **liquor** oder **spirit** (Hochprozentiges) hat Amerika einiges zu bieten, selbst die kleinste Bar verfügt über eine beeindruckende Auswahl. Harte Drinks werden stets *on the rocks* (in einem eisgefüllten Glas) serviert. Wer das nicht mag, sollte *straight up* (ohne Eis) bestellen. Wer Whisky bestellt, bekommt eine amerikanische Marke, höchstwahrscheinlich Whiskey aus Roggen – der gängigste ist *Seagram's 7*. Wer Bourbon, Scotch oder Irish Whisky möchte, sollte direkt das Getränk direkt beim Namen nennen. *Jim Beam, Wild Turkey* und *Maker's Mark* gehören zu den besseren Bourbon-Sorten und sind überall zu bekommen. Bei den irischen Whiskys liegt man mit *Jameson* und *Murphy's* richtig, und außerhalb der Welt der Single Malts, die in den besseren Bars zu haben sind, ist *Johnny Walker* (*black* oder *red*) der beliebteste Scotch. Bestellt man einen Martini, wird man nicht das uns bekannte Getränk erhalten. Unter *Martini* verstehen Amerikaner ein Mixgetränk aus Gin und Vermouth mit ein oder zwei Oliven.

Cocktails sind wie überall in den USA sehr beliebt, besonders zur Happy Hour und zum Wochenendbrunch. Von den Standardcocktails gibt es unzählige Varianten: Viele Bars haben ihr eigenes Hausrezept – und Neues auszuprobieren ist schließlich das Aufregende an der Sache. Ein Warnhinweis für alle, die sich sonst zurückhalten: Trau keinem Drink mit mehr als drei Zutaten.

Alle Bars sind per Gesetz dazu verpflichtet, auch **nichtalkoholische Getränke** auszuschenken. Wer sich ein alkoholfreies Bier gönnen möchte – die seit einigen Jahren beliebt sind – sollte dies nicht in einer irischen tun. Mehr zu Kaffee, Tee und Softdrinks s.S. 285. In Restaurants ohne Schanklizenz heißt es „BYOB" – „Bring Your Own Booze" (Slang: *booze* = alkoholisches Getränk). Um sich mit Wein einzudecken, muss man einen liquor store aufsuchen, denn nach dem Gesetz dürfen Supermärkte in New York höchstens Bier verkaufen. Das Gesetz untersagt weiterhin den Sonntagsverkauf von Alkohol, mit Ausnahme von Bier, sowie den Konsum von Alkohol auf offener Straße (deshalb sieht man oft Leute, die verstohlen aus braunen Papiertüten trinken, was die Sache nicht legaler macht).

Wo trinken?

Zum Trinken (wie auch zum Essen) wird man sich wahrscheinlich am ehesten in Manhattan aufhalten, und zwar südlich der 23rd Street. Hier befinden sich viele der besseren Bars sowie die meisten preiswerten und internationalen Lokale. Die New Yorker Barszene ist wesentlich vielseitiger als die der meisten anderen Städte der USA und bietet für jeden Geldbeutel etwas. Am unteren Ende der Skala finden sich die in der ganzen Stadt verbreiteten einfachen Kneipen, in denen es etwas rauer zugeht und die für einzelne Frauen, mitunter auch Männer, nicht zu empfehlen sind. Die interessanteren Läden haben ein gemischtes Publikum und reichen von den seit langem beliebten Treffs in Greenwich Village bis zu neueren, lauteren und gestylteren Bars, die ständig irgendwo auftauchen und wieder verschwinden. Die besten Gegenden sind das East Village, SoHo und TriBeCa. Auch in Midtown gibt es gute Bars, die allerdings ein mit einigen Ausnahmen auf Büroangestellte ausgerichtet sind, die hier nach Feierabend einen Drink nehmen. Meist sind sie entsprechend teuer und eher uninteressant. In der Upper West Side finden sich entlang der Amsterdam und Columbus Avenue zwischen 60th und 85th Street, mehrere Bars, die jedoch eher von der geschniegelten College-Fraktion frequentiert werden. Egal, wo oder wie viel man trinkt, ein **Trinkgeld** wird immer erwartet: Üblich sind 10% des Rechnungsbetrages oder 50¢ für einen Drink. Einige der Bars in diesem Kapitel könnten wegen ihrer Atmosphäre – und dem hohen Preisniveau – ebenso gut im Kapitel „Nachtleben" eingeordnet werden. Meist sind dies Kneipen oder Bars mit Live-Musik oder für ein schwullesbisches Publikum. Bars, die gleichzeitig als Restaurant dienen, sind auch im Essen-Kapitel in der Kategorie „amerikanisch" aufgeführt.

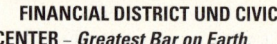

FINANCIAL DISTRICT UND CIVIC CENTER – *Greatest Bar on Earth,* 1 World Trade Center, 107th Floor, Liberty St, ✆ 524-7000. Teure Edelbar, natürlich mit großartiger Aussicht. Mittwochs ist „Mondo-107-Nacht", eine beliebte *lounge party,* bei der DJs aus der Umgebung auflegen.

Jeremy's Alehouse, 254 Front St, Dover St, ✆ 964-3537. Bodenständige Bar nahe South Seaport mit den angeblich besten Calamari und Muscheln der Stadt.

North Star Pub, 93 South St, Fulton St, ✆ 509-6757. Britisches *Ale-house,* wo man eine Portion Würstchen mit einem Glas Newcastle Brown hinunterspülen kann, oder man stellt sich der Auswahl von über 80 Malt-Whiskys. Relativ kleine Kneipe und sehr beliebt bei der Wall St-Bevölkerung und bei Besuchern aus dem Süden.

SOHO UND TRIBECA – *Broome Street Bar,* 363 W Broadway, Broome St, ✆ 925-2086. Seit langem beliebter Treff und inzwischen

Cocktails			
Bacardi	Weißer Rum, Limettensaft und Grenadine – hat nichts mit der Marke zu tun	Manhattan	Vermouth, Whisky, Zitronensaft und Mineralwasser
Black Russian	Wodka mit Kaffeelikör, Kakao und Cola	Margarita	Tequila, Triple Sec und Limetten- oder Erdbeersaft
Bloody Mary	Wodka, Tomatensaft, Tabasco, Worcestersauce, Salz und Pfeffer	Mimosa	Sekt mit Orangensaft
		Mint Julep	Bourbon, frische Minze und Zucker
Cosmopolitan Pink	Martini mit Wodka, Preiselbeersaft und Limettensaft	Pina Colada	Brauner und weißer Rum, Kokosnusscreme, Sahne und Ananassaft
Daiquiri	Brauner Rum, weißer Rum und Limettensaft, oft mit Früchten wie Banane oder Erdbeere	Screwdriver	Wodka und Orangensaft
		Tequila Sunrise	Tequila, Orangensaft und Grenadine
Harvey Wallbanger	Wodka, Galliano, Orangensaft	Tom Collins	Gin, Zitronensaft, Mineralwasser und Zucker
Highball	Jede Art von Spirituosen mit Mineralwasser, Wasser oder Ginger Ale	Vodka Collins	Wodka, Zitronensaft, Zucker und Wasser
		Whisky Sour	Bourbon, Zitronensaft und Zucker
Kir Royal	Sekt mit Cassis		
Long Island Iced Tea	Gin, Wodka, weißer Rum, Tequila, Zitronensaft, Cola	White Russian	Wodka, weißer Kakao und Sahne

mehr Restaurant als Bar, Burger und Salate zu vernünftigen Preisen bei schummriger Beleuchtung. Auch geeignet für ein erfrischendes Bier nach einem Bummel durch SoHos Geschäfte und Galerien.

Café Noir, 32 Grand St, Thompson St, ✆ 431-7910. Deko im pseudo-marokkanischen Stil, süffige Cocktails. Ins Café Noir geht man, um gesehen zu werden.

Ear Inn, 326 Spring St, zwischen Washington und Greenwich St, ✆ 226-9060. Dem Neonschild „Ear" fehlt das halbe ‚B' zur ‚Bar'. Dieses gemütliche Pub nahe dem Hudson River bietet eine gute Auswahl an Fassbieren und beansprucht für sich den Titel, das zweitälteste Pub der Stadt zu sein – womöglich ist es auch eines der besten.

Fanelli, 74 Prince St, Mercer St, ✆ 226-9412. Wurde 1872 eröffnet und ist damit eine der ältesten Bars in SoHo, zwanglos und entspannt. Zu essen gibt es amerikanische Standardkost: Burger, Salate u.a.

Knitting Factory, Leonard St, zwischen Church St und Broadway, ✆ 219-3055. Zu der Bar im Erdgeschoss gehört ein gemütlicher Schankraum im Keller mit 18 verschiedenen einheimischen Bieren vom Fass, die wochentags zwischen 17 und 18 Uhr für $1 probiert werden können; ab 23 Uhr Live-Musik bei freiem Eintritt.

Liquor Store Bar, 225 W Broadway, White St, ✆ 226-7121. Gemütliches Pub, das anmutet, als würde es schon seit der Kolonialzeit existieren. Eine willkommene Abwechslung zu den umliegenden Szenelokalitäten; Sitzplätze im Freien.

Lucky Strike, 59 Grand St, zwischen W Broadway und Wooster St, ✆ 941-0479. Gesellige Bar und Bistro mit gemischtem, jungem bis mittelaltem SoHo-Publikum. Im hinteren Teil werden Speisen serviert (nichts Außergewöhnliches und nicht billig). Wenn Fr, Sa und So abends DJs auflegen, geht es recht hektisch zu.

Ñ, 33 Crosby St, zwischen Broome und Grund St, ✆ 219-8856. Lange, schmale Bar, im Sommer sehr relaxt, an kalten Winterabenden brechend voll. Serviert leckere Tapas. Ein ganzer Pitcher nicht zu süße Sangria kostet $15. Sehr beliebt.

No Moore, 234 W Broadway, White St, ✆ 925-2901. Eine gemütliche Lounge; am Wochenende abends Live-Musik, manchmal auch unter der Woche. Kein Essen.

Puffy's Tavern, 81 Hudson St, Ecke Harrison St, ✆ 766-9159. Kleine, originelle TriBeCa-Bar mit Pizza und Mittagsgerichten, billigen Drinks und einer klasse Musikbox.

Sporting Club, 99 Hudson St, zwischen Leonard und Franklin St, ✆ 219-0900. *Sports bar* mit Riesenbildschirm, auf dem bis zu neun Sportereignisse gleichzeitig laufen. Die aktuellen Tabellenstände werden ständig angezeigt. Im Sommer am Wochenende geschlossen.

Spring Lounge, 48 Spring St, Ecke Mulberry St, ✆ 965-1774. Ein Angenehmer und unspektakulärer, winziger Laden.

Sweet and Viscious, 5 Spring St, zwischen Bowery und Elizabeth St, ✆ 334-7915. Dieses Juwel von einer Bar wurde angeblich nach den Katzen des Besitzers benannt; der Name könnte sich genau so gut auf die rosa- und pfirsichfarbene Beleuchtung und die zwei verbeulten Pistolen, die am Eingang hängen, beziehen. Der Hinterhof ist in seiner Extravaganz nur schwer zu überbieten.

Toad Hall, 57 Grand St, zwischen W Broadway und Wooster St, ✆ 431-8145. Weniger schick als das *Lucky Strike,* mehr ein Treffpunkt der Anwohnerschaft; nettes *Ale-house* mit Billardtisch, guter Bedienung und hervorragenden Snacks.

GREENWICH VILLAGE – *Art Bar*, 52 8th Ave, zwischen Horatio und Jane St, ✆ 727-0244. Hinter dem nichts sagenden Äußeren verbirgt sich eine beliebte, schummrige Lounge mit guter Essensauswahl.

Barrow St Alehouse, 155 Barrow St, zwischen Bleecker und 7th Ave South, ✆ 206-7302. Eine schlichte Kneipe; preiswertes Bier, Pizza und ein junges, geselliges Publikum.

Blind Tiger, 518 Hudson St, West 10th St, ✆ 675-3848. Der Name passt: Nach dem Genuss der 24 Biersorten vom Fass und der gut sortierten Flaschenbiere verlässt do mancher das Lokal mit glasigem Blick.

Wo trinken?

Cedar Tavern, 82 University Place, zwischen E 11th und 12th St, ✆ 929-9089. War in den 50ern ein legendärer Beatclub und Künstlertreff und ist heute eine gemütliche Bar mit Speisen und nicht zu teuren Drinks. Das ganze Jahr über kann man unter dem Sternenhimmel auf einer überdachten im Dachgarten essen.

Chumley's, 86 Bedford St, zwischen Grove und Barrow St, ✆ 675-4449. Nicht ganz einfach zu finden. Eine gute Auswahl an Bieren und Essen zu angemessenen Preisen. Vor 20 Uhr hat man noch Chancen, einen der abgewetzten Tische zu ergattern – an denen James Joyce vermutlich seinem *Ulysses* den letzten Schliff gab.

Fifty Five, 55 Christopher St, zwischen 6th und 7th Ave, ✆ 929-9883. Mit Jazz-Musikbox und jeden Abend Livemusik.

Hogs & Heifers, 859 Washington St, W 13th St, ✆ 229-0930. Wilder Schuppen im Meat Packing District mit Biker Publikum. Man darf zwar nicht mehr auf dem Tresen tanzen (wie schon Julia Roberts einmal), jedoch kann man nach wie vor bis zum Umfallen trinken.

Jekyll & Hyde, 91 7th Ave South, zwischen Barrow und Grove St, ✆ 989-7701; 1409 6th Ave, zwischen W 57th und 58th St. Neues Pub mit „Hausgespenst", in dem sich vor allem Leute unter 25, überwiegend von außerhalb, wohl fühlen.

Kava Lounge, 605 Hudson St, W 12th St, ✆ 989-7504. Einladende, Village-typische Bar mit viel Charme und Gemütlichkeit. Die Wände sind im Stil der neuseeländischen Maoris geschmückt.

Kettle of Fish, W 3rd St, Höhe 6th Ave, ✆ 533-4790. Eine erfrischende Kneipe, in der Stammgäste in beschaulicher Atmosphäre preiswert zu ihrem Getränk kommen ... bis mit viel Getöse die NYU Studenten einfallen. Flaschenbier $3, vom Fass $1,75.

Peculier Pub, 145 Bleecker St, zwischen La Guardia und Thompson St, ✆ 353-1327. Beliebte „Eckkneipe" die für ihre Bierauswahl berühmt ist: über 300 Sorten aus aller Welt.

Hotelbars

Wenn man in entsprechender Stimmung ist, gibt es in New York keinen besseren Ort, um einen Martini zu trinken. Hotelbars sind die Kneipen der oberen Zehntausend und ihr einziger Zweck ist luxuriöse Entspannung. Die Drinks mögen teurer sein als anderswo, denn auch die Atmosphäre kostet. Man lehnt sich entspannt zurück, nippt hin und wieder am kostbaren Tropfen und beobachtet unauffällig ausländische Würdenträger, Adel und Geldadel, gepflegte Geschäftsleute, Stars aus Film und Fernsehen und geheimnisvolle Gestalten, die wichtige Geschäfte abwickeln.

44, *The Royalton*, 44 W 44th St, zwischen 5th und 6th Ave, ✆ 944-8844

5757, *The Four Seasons*, 57 E 57th St, zwischen Madison und Park Ave, ✆ 758-5700

Bemelman's, The Carlyle, 35 E 76th St, Madison Ave, ✆ 744-1600

The Blue Bar, The Algonquin Hotel, 59 W 44th St, zwischen 5th und 6th Ave, ✆ 840-6800

Cibar, *The Inn at Irving Place*, 54 Irving Place, zwischen E 17th und 18th St, ✆ 460-5656

Grand Bar, *Soho Grand Hotel*, Broadway W, zwischen Grand und Canal St, ✆ 965-3000

King Cole Bar, St Regis Hotel, 2 E 55th St, zwischen 5th und Madison Ave, ✆ 339-6721

Mercer Kitchen, *Mercer Hotel*, 147 Mercer St, Prince St, ✆ 966-6060

Monkey Bar, *Elysee Hotel*, 60 E 54th St zwischen Park und Madison Ave, ✆ 838-2600

The Oak Bar, The Plaza Hotel, 768 Fifth Ave, 59th St, ✆ 546-5320

The Pierre Hotel Bar, 2 E 61st St, 5th Ave, ✆ 838-8000.

The View, The Marriott Marquis, 1535 Broadway, W 45th St, ✆ 398-1900

Whiskey Bar & Library Bar, *Paramount Hotel*, 235 W 46th St, zwischen 8th Ave und Broadway, ✆ 819-0404 oder 827-4183.

Whiskey Blue, *The W*, *541 Lexington Ave*, zwischen 49th und 50th St, ✆ 755-1200.

Reservoir, 70 University Place, zwischen 10th und 11th St, ✆ 475-0770. Da diese Studentenkneipe nur mit 6 regulären Fernsehbildschirmen aufwarten kann, erfüllt sie nicht die Voraussetzungen, die sie zu einer vollwertigen *sports bar* machen würden. Ideal um bei einem Spiel ein Bier zu schlürfen.

Time Café West, 87 7th Ave, Barrow St ✆ 220-9100. Tolle Dachterasse mit gutem Ausblick auf die Straßenschluchten. Die Filiale des Time Café im East Village s.S. 305, 321.

Village Idiot, 355 W 14th St, Ecke 9th Ave, ✆ 989-7334. Rowdy-Bar, die billiges Bier ausschenkt und einen Südstaatencharme ausstrahlt, der nicht jedermanns Geschmack ist. Der Besitzer Tommy isst Bierdosen und, wenn er besonders gut drauf ist, auch Schnapsgläser. Man kann die Schildkröte des Hauses mit Goldfischen füttern, oder einfach nur der Stripperin im TV zusehen. Wer tagsüber einen draufmachen will, soll hier gut aufgehoben sein.

White Horse Tavern, 567 Hudson St, Ecke W 11th St, ✆ 243-9260. Alteingesessene Villagebar: Hier trank Dylan Thomas seinen letzten Schluck, bevor er mit Alkoholvergiftung ins Krankenhaus gebracht wurde. Bier und Essen sind preisgünstig und gut. Im Sommer Sitzplätze im Freien.

LOWER EAST SIDE – *bOb*, 235 Eldridge St, zwischen Stanton und Houston St, ✆ 777-0588. Hippes Publikum, gelegentlich DJs, die aber die träge Atmosphäre auch nicht weiter stören.

Dharma, 174 Orchard St, zwischen Stanton und Houston St, ✆ 780-0313. Von der Ballustrade herab füllt sich diese schmale, lange und unendlich *coole* Cocktail-Lounge jeden Abend mit Live-Klängen.

Lansky Lounge, 38 Delancey St, zwischen Norfolk und Suffolk St, ✆ 677-5588. Das ehrwürdige jüdische Restaurant *Ratner's* hat sein Hinterzimmer in eine Retro-Cocktailbar für ein anspruchsvolles Publikum umgewandelt.

Local 138, 138 Ludlow St, zwischen Stanton und Rivington St, ✆ 477-0280. Eine friedliche Oase inmitten der schrillen Ludlow Street, wo man gute Biere und leise Menschen findet..

Luna Lounge, 171 Ludlow, zwischen Houston und Stanton St, ✆ 260-2323. Freundliches Lokal ohne viel Schnickschnack. Langer Tresen, laute Rockbands und Stand-up Comedians.

Kush, 183 Orchard St, zwischen Stanton und Houston St, ✆ 677-7328. Exotische marokkanische Bar mit Live-Musik an Sonntagabenden und dienstags Bauchtanz-Vorführungen. Wer mal etwas anderes sucht, ist hier richtig.

Sapphire Lounge, 249 Eldridge St, zwischen Houston und Stanton St, ✆ 7775153. Sehr klein, sehr dunkel und sehr beliebt bei der Cocktailkleid-und-Martiniglas-Fraktion.

Swim, 146 Orchard St, zwischen Rivington und Stanton St, kein Telefon. Ein Neuankömmling auf der Barszene um die Orchard Street. Hier erfreut sich ein betuchtes Publikum zu später Stunde am DJ-Beat, an harten Drinks und ein, zwei Happen Sushi.

EAST VILLAGE – *Ace*, 531 E 5th St, zwischen Ave A und Ave B, ✆ 979-8476. Hinter den Glasbausteinen verbirgt sich eine lärmige und merkwürdig höhlenartige Bar, mit Billardtisch, Darts und einer guten Musikbox. Donnerstags übervölkern NYU Studenten das Lokal.

Barmacy, 538 E 14th St, zwischen Ave A und B, ✆ 228-2240. Kreuzt man eine Kellerbar mit einer Apotheke aus den 50er Jahren, erhält man Barmacy. Hinzu kommen billiges Bier, gute DJs und eine treue Anhängerschaft.

Beauty Bar, 231 E 14th St, zwischen 2nd und 3rd Ave, ✆ 539-1389. Der Besitzer von *Barmacy* widmet diese Bar dem Thema „Schönheitssalon" – der Salon läuft hier neben dem Kneipenbetrieb; zählt zu den Szenelokalen der Gegend.

Blue & Gold, 74 E 7th St, zwischen 1st und 2nd Ave, ✆ 473-8918. Beliebte Kaschemme mit billigem Bier und einer Musikbox mit 80er-Jahre-Hits.

d.b.a., 41 1st Ave, zwischen E 2nd und 3rd St, ✆ 475-5097. Ein Paradies für jeden Biertrinker, mit mindestens 60 Flaschenbieren, 14 Fassbieren und einer originalen Handpumpe. Im Sommer auch Sitzplätze im Garten.

Decibel, 240 E 9th, zwischen 2nd und 3rd St, ✆ 979-2733. Im Untergeschoss die Sake Bar *Little Tokyo*, die dem Original in fast nichts nachsteht.

Detour, 349 E 13th St, zwischen 1st und 2nd Ave, ✆ 533-6212. Gemütliche Jazz-Bar, tgl. Live-Musik, Eintritt frei.

Doc Holliday's, 141 Avenue A, Ecke 9th ST St, ✆ 979-0312. Raubeinige Atmosphäre mit Cowboy-Dekoration. Ebenfalls vor Ort: *Big Mama's world famous BBQ Buffet & Boutique*.

Drinkland, 339 E 10th St, zwischen Ave A und B, ✆ 228-2435. Betäubend psychedelisches Dekor mit gemixtem *spinning big-beat* und *trip-hop* lassen diesen Treffpunkt zu einem Favorit der „Downtowner" werden.

Grassroots Tavern, 20 St Mark's Place, zwischen 2nd und 3rd Ave, ✆ 475-9443. Kellerbar mit zwei Dartscheiben und guter Oldies-Musikbox. Nicht teuer.

Holiday Cocktail Lounge, 75 St Mark's Place, zwischen 2nd und 3rd Ave, ✆ 777-9637. Manchmal widmet sich der Barkeeper sogar den Gästen! Bar mit einem gemischten Publikum, das von alten europäischen Immigranten bis zu jungen Leuten reicht. Guter Ort für ein Bier am Nachmittag wenn einem die *Lost Weekend*-Stimmung nicht zu lau ist. Schließt früh.

International Bar, 120 1/2 1st Ave, zwischen E 7th St und St Mark's Place, ✆ 777-9214. Gemütliche Bar mit ganzjähriger Weihnachtsbeleuchtung und einer nicht ganz billigen Musikbox.

KGB, 85 E 4th St, zwischen 2nd Ave und Bowery, ✆ 505-3360. Bar mit Sowjet-Deko im Obergeschoss. Beliebt bei Off-Off-Broadway-Theaterbesuchern.

Lakeside Lounge, 162 Avenue B, zwischen 10th und 11th St, ✆ 529-8463. Gehört einem DJ und einem Plattenproduzenten; die Musikbox ist mit Rockklassikern, Country und R&B ausgestattet. An vier Abenden Live-Musik.

McSorley's, 15 E 7th St, zwischen 2nd und 3rd Ave, ✆ 473-9148. Angeblich New Yorks ältestes Bar; bis zu einem Gerichtsverfahren im Jahre 1969 durften hier nur Männer rein. Heute mit Saloon-Atmosphäre und überwiegend von Auswärtigen besucht. Die Entscheidung wird einem leicht gemacht – es gibt nur Bier, helles oder dunkles.

The Opium Den, 29 E 3rd St, zwischen Bowery und 2nd Ave, ✆ 505-7344. Diese recht kleine, szenige Lounge betäubt schon allein durch seine Mischung aus Exotik und überladenem Kitsch.

Sophie's, 507 E 5th St, zwischen Ave A und B, ✆ 228-5680. Die perfekte Bar im East Village, mit Fassbier für $2 und preiswerten Longdrinks, Billard und Musikbox.

St Dymphna's, 118 St Marks Place, zwischen 1st Ave und Ave A, ✆ 254-6636. Mit schönem Garten im Hinterhof, einer verlockenden Speisekarte und einem der besten Guiness-Biere der Stadt ist dieses Irish Pub verständlicherweise ein Liebling der jungen East Villagers.

Swift, 34 E 4th St, zwischen Bowery und Lafayette. Klassisches Irish Pub mit großer Bierauswahl, jeden Dienstag Live-Musik, im Herbst gelegentlich Autorenlesungen.

Temple Bar, 332 Lafayette St, zwischen Bleecker und Houston St, ✆ 925-4242. Elegante Bar, wo Champagner getrunken wird, und, wie manche behaupten, die besten Martinis von Manhattan gemixt werden.

2A, 27 Ave A, Höhe 2nd St. Kein Telefon. Lange, schmale und überaus beliebte Bar, die vor allem von Bewohnern des East Village besucht wird, wie z.B. „Handsome Dick" Manitoba von der legendären Punkrock-Band „The Dictators".

Vazac's, 108 Ave B, Höhe 7th St, am Tompkins Square, ✆ 473-8840. Wegen seiner Lage auch als *7B's* bekannt, beliebter Treffpunkt im East Village mit sehr gemischtem Publikum, der gelegentlich als etwas schmuddelige Kulisse für Filme und Werbespots dient, wie z.B. in *Crocodile Dundee*.

WCOU Radio Bar/Tile Bar, 115 1st Ave, 7th St, ✆ 254-4317. Diese kleine, hellerleuchtete Bar ist ein prima Ort, um sich mit Freunden zu treffen; gute Musikbox.

UNION SQUARE, GRAMERCY PARK, MURRAY HILL UND EAST MIDTOWN – ***Belmont Lounge***, 117 E 15th St, zwischen Park Ave South und Irving Place, ✆ 533-0009. Riesige Sofas, dunkle

Räume und ein Garten locken einen nicht abreißenden Strom von Leuten in den Zwanzigern an.

British Open, 320 E 59th St, ✆ 355-8467. Unverschämt angelsächsisches Pub/*sports bar* mit 5 TVs und mit mehr als nur einem „Faible" für Tennis.

The Coffee Shop, 29 Union Square West, E 16th St, ✆ 243-7969. Ehemaliger Coffee Shop, jetzt eine In-Bar und Restaurant, wo man hingeht, um gesehen zu werden. Ist immer noch mit der ursprünglichen geschwungenen Theke und den Barhockern ausgestattet und zu jeder Tageszeit gemütlich. Im lauten Restaurantbereich mit den typischen Sitzbänken werden brasilianisch angehauchte Speisen serviert, zu etwas überhöhten Preisen, aber sehr lecker.

Divine Bar, 244 E 51st St, zwischen 2nd und 3rd Ave, ✆ 319-9463. Trotz der Vielzahl der Büroangestellten, die eifrig über ihre Handys kommunizieren, hält diese Tapas-Bar eine beachtliche Auswahl an Weinen und importierten Bieren bereit, dazu kommen köstliche Vorspeisen.

Failte, 531 2nd Ave, zwischen 29th und 30th St, ✆ 725-9440. Vielleicht die beste der vielen irischen Bars, in diesem ansonsten langweiligen Stadtteil. Die gute Küche und die herzliche Atmosphäre lohnen einen Besuch. Sonntagabends Live-Musik.

Heartland Brewery, 35 Union Sq West, zwischen 16th und 17th St, ✆ 645-3400. Obwohl sich die Stühle schon über die Gehsteige ausbreiten, quillt das große Lokal an manchen Abenden förmlich über. Gute Auswahl an hausgebrauten Bieren.

No Idea, 30 E 20th St, zwischen Broadway und Park Ave South, ✆ 777-0100. Auf eigenwillige Art stilvoll – *No food* – trotzdem sehr zu empfehlen.

Old Town Bar and Restaurant, 45 E 18th St, zwischen Broadway und Park Ave South, ✆ 473-8874. Eine der ältesten und immer noch eine der besten und freundlichsten Bars der Stadt. Es kann sehr voll werden, insbesondere nach Feierabend im Flatiron District. Wenig ausgefallene, aber hervorragende Küche: Chili, Burger, etc.

Paddy O'Reilly's, 519 2nd Ave, zwischen 29th und 30th St, ✆ 686-1210. Irische Bar mit Guinness vom Fass: Man verhalte sich wie ein Ire und genieße die Live-Musik. An manchen Abenden $5 Eintritt.

Pete's Tavern, 129 E 18th St, Irving Place, ✆ 473-7676. Angeblich älteste Bar von New York, die sich etwas in der eigenen Geschichte sonnt; wurde 1864 eröffnet und war während der Prohibition ein *speakeasy*, wo Alkohol ausgeschenkt wurde. Das Essen im Restaurant ist weder preiswert noch gut.

P. J. Clarke's, 915 3rd Ave, zwischen E 55th und 56th St, ✆ 759-1650. Legendäre Ale-Kneipe mit nicht ganz billigem Restaurant. Hier wurde der Billy-Wilder-Film *Das verlorene Wochenende* gedreht (s.S. 466).

Revival, 129 E 15th St, zwischen Irving Place und Third Ave, ✆ 974-9169. Am unteren Ende einer Treppe befindet sich diese freundliche, enge Bar mit schönen Sitzplätzen im Freien und einer guten Musikbox. Hier kehren Rockfans vor den Konzerten im Irving Plaza gern ein.

Thady Con's, 915 2nd Ave, zwischen 48th und 49th St, ✆ 688-9700. Wenn auch das pseudoirische irische Dekor zu dick aufgetragen ist: das Publikum ist nett, das Essen gut, und die Atmosphäre stimmt.

CHELSEA, GARMENT DISTRICT UND MIDTOWN WEST – **Candy Bar and Grill**, 131 8th Ave ✆ 229-9702. Trendsicheres Lokal, das von einer gut-gekleideten Klientel frequentiert wird. Hervorragende Martinis und Mixgetränke und eine ebenso gute Auswahl an Snacks und Speisen.

Chelsea Commons, 242 10th Ave, W 24th St, ✆ 929-9424. Beliebte und sympathische Bar, in der viele Anwohner verkehren. Im Sommer mit Garten, im Winter mit Kamin.

Citron 47, 401 W 47th St, zwischen 9th und 10th Ave, ✆ 397-4747. Elegante Mischung aus französischem Bistro, angesagter Downtown Bar und einem Landhaus in New England.

The Collins Bar, 735 8th Avenue, zwischen W 46th und 47th St, ✆ 541-4206. Der ehemalige *Full Moon Salon* präsentiert sich als auf Hochglanz polierte, durchgestylte Bar mit Kunst und Fotografien aus der Welt des Sports – außerdem gibt es eine besonders gut sortierte Musikbox.

Flight 151, 151 8th Ave, zwischen 16th und 17th St, ✆ 229-1868. Die gesellige Themenkneipe unter dem Motto Luftfahrt bietet preisgünstige Getränke und gutes Essen und wurde von den Anwohnern *The Cheers of Chelsea* getauft.

Jimmy's Corner, 140 W 44th St, zwischen Broadway und 6th Ave, ✆ 221-9510. Die Wände dieser schmalen, langgezogenen Kneipe gleichen einer Ruhmesgalerie des Boxsports. Ihr Besitzer ist der Boxer und Boxtrainer Jimmy Glenn. Eine so eigentümliche Kneipe oder eine bessere Jazz/R&B-Musikbox findet man in der ganzen Stadt so bald nicht wieder.

Rudy's Bar and *Grill*, 627 9th Ave, zwischen W 44th und 45th St, ✆ 974-9169. Ausgesprochen billige, freundliche und belebte In-Bar, beliebt bei Schauspielern und Musikern. Tolle Musikbox, kostenlose Hot Dogs, im Sommer kann man im Hof sitzen.

Russian Vodka Room, 265 W 52nd St, zwischen Broadway und 7th Ave, ✆ 307-5835. Wie zu erwarten, werden hier mehrere Sorten Wodka ausgeschenkt; osteuropäische Emigranten kommen gerne hierher.

Siberia, 250 W 50th St (in der U-Bahn-Station), ✆ 333-4141. War eine der ersten Bars mit ausgefallener Adresse: in der U-Bahn-Station der Linien 1 und 9 an der 50th Street. In Wohnzimmer-Atmosphäre kann man Wodka oder ein spätes Bier trinken.

Ye Olde Tripple Inn, 263 W 54th St, zwischen Broadway und 8th Ave, ✆ 245-9849. Durchschnittliche irische Bar, die mittags und am frühen Abend preiswertes Essen serviert.

UPPER WEST SIDE UND MORNINGSIDE HEIGHTS – *Blondie's*, 212 W 79th St, zwischen Broadway und Amsterdam Ave, ✆ 877-1010. Vergleichsweise zivilisierte *sports bar;* auf jedem Tisch liegen die Sportseiten der *USA Today.*

Cannon's Pub, W 108th St, Broadway. Alteingesessene Studentenkneipe, auf vier Bildschirmen laufen Sportereignisse; Dartscheiben, *Rolling Rock* im Pitcher für $5 sowie Guiness vom Fass.

Donohue's, 174 W 72nd St, Broadway, ✆ 874-9304. Hier verkehren viele Anwohner der Umgebung, angenehme Atmosphäre für ein oder zwei Drinks am frühen Abend.

Dublin House, 225 W 79th St, zwischen Broadway und Amsterdam Ave, ✆ 874-9528. Irische Bar mit jungem, lautem Publikum, guter Musikbox und preiswerten Getränken. Zu empfehlen, wenn man ohnehin in der Gegend ist.

O' Neals', 49 W 64th St, zwischen Central Park West und Broadway, ✆ 595-9545. Die Bar ist der ideale Treff für einen Drink nach einer Show im Lincoln Center. Das Restaurant gehört der gehobeneren Kategorie an, die Preise sind jedoch angemessen.

Raccoon Lodge, 480 Amsterdam Ave, Ecke W 83rd St, ✆ 874-9984. Einfache Bar mit billigen Drinks, Musikbox, Flipper und Billard. Auch in der East Side, 1439 York Ave, ✆ 650-1775, sowie in Downtown in der Warren St, ✆ 766-9656.

Shark Bar, 307 Amsterdam Ave, zwischen W 74th und 75th St, ✆ 874-8500. Überaus elegante afro-amerikanische Lounge mit köstlicher *Soul Food* und den passenden Klängen.

Smoke, 2751 Broadway, W 105th St, ✆ 864-6662. In dieser Jazz-Lounge erklingt nahezu jeden Abend Live-Jazz; am Wochenende $8 Eintritt.

The West End, 2909–2911 Broadway, zwischen 113 und 114 St, ✆ 662-8830. Große Kneipe/Café gegenüber der Columbia University, wird von einer Mischung aus Studenten, Dozenten und Anwohnern frequentiert.

UPPER EAST SIDE – *Australia*, 1733 1st Ave, 90th St, ✆ 876-0203. Auch unter neuer Bewirtschaftung vermittelt die bisherige Nummer eins der Aussie-Bars ein mehr oder weniger überzeugendes „australisches Ambiente" (Strine).

Hunter's American Bar und Grill, 1387 3rd Ave, zwischen 78th und 79th St, ✆ 734-6008. Unter der Woche nachmittags überwiegt hier ein „reiferer" Kundenstamm aus den nahe gelegenen Altersheimen – zu anderen Zeiten trifft man auf nicht minder freundliche, jedoch etwas jüngere Leute. Im Restaurant erhält man amerikanisches Essen zu angemessenen Preisen.

Metropolitan Museum of Art, 1000 5th Ave, 82nd St, ✆ 535-7710. Ein ganz besonders romantischer Ort für ein Glas Wein unter freiem Himmel, ob bei warmem Wetter auf der Dachterasse *Cantor Roof Garden* mit einer nahezu unschlagbaren Aussicht über die Stadt, oder auf dem *Great Hall Balcony* bei einem Kammermusik-Konzert (Fr und Sa 17–20 Uhr).

Kinsdale Tavern, 1672 3rd Ave, 93rd St, ✆ 348-4370. Weitgehend irisch geprägte *sports bar* und Restaurant mit sehr guter Bierauswahl, unzähligen Fernsehern und einer gut sortierten Musikbox.

Subway Inn, 143 E 60th St, Ecke Lexington Ave, ✆ 223-8929. Einfache, schnörkellose Bar gegenüber *Bloomingdale's*. Garantiert szenefrei und gut geeignet für ein Bier am späten Nachmittag.

SCHWUL-LESBISCHE SZENE – Die New Yorker Schwulenbars decken das ganze Spektrum ab: von entspannten Mainstream-Cafés bis zu schrillen Clubs, in denen Glamour und Show alles sind. Die meisten der etablierten Läden finden sich Greenwich Village und Chelsea, während neuere Adressen oft im East Village und den Vierteln um Murray Hill und Gramercy Park (die östlichen 20er und 30er Straßen) liegen. Die Szene wird rauer, je weiter man sich nach Westen bewegt, und die Gegenden entlang dem West Side Highway und im Meat Packing District können mitunter gefährlich werden. Lesbenbars gibt es immer mehr, vor allem im East Village. Mindestens ebenso beliebt sind die Lesbenabende, die an bestimmten Wochentagen in verschiedenen Bars in Downtown stattfinden, wie z.B. im *Clit Club*, ✆ 529-3300 (s.S. 353, Nachtleben). Weitere Infomationen sind in den wöchentlich erscheinenden *Blättern Village Voice* und *MetroSource* zu finden sowie in den kostenlosen Veranstaltungszeitschriften *H/X*.

Überwiegend Schwule – ***The Bar***, 68 2nd Ave, E 4th St, ✆ 674-9714. Seit langem etablierter Treff im East Village, mit Billardtisch. Sehr relaxt in der Woche, am Wochenende geht es lebhafter zu.

Barracuda, 275 W 22nd St, zwischen 7th und 8th Ave, ✆ 645-8613. Ein Lieblingskind der Schwulenszene, wo preisgünstige Getränke, ein grooviger Rhythmus und – laut Kennern – die besten Travestieshows der Stadt geboten werden.

The Boiler Room, 86 E 4th St, zwischen 1st und 2nd Ave. ✆ 254-7536. NYU- und Nachbarschaftskneipe.

Brandy's Piano Bar, 235 E 84th St, zwischen 2nd und 3rd Ave, ✆ 650-1944. Hübsche Uptown Kabarett/Piano-Bar. Sehr zu empfehlen. Eintritt frei, nach 21.30 Uhr ein Mindestverzehr von 2 Drinks.

The Break, 232 8th Ave, zwischen 21st und 22nd St, ✆ 627-0072. Abschlepp-Kneipe in Chelsea mit billigen Getränken und Billardtisch; im Sommer an Samstagen kostenloses Barbeque.

Dick's, 192 2nd Ave, 12th St, ✆ 475-2071. In dieser Kneipe mit Billardtisch und einer interessanten Musikbox treffen sich sowohl Jüngere als auch Ältere.

The Dugout, 185 Christopher St, Weehacken St, ✆ 242-6113. Diese freundliche West Village-Kneipe ist mit TV, Billardtisch und Videospielen die größtmögliche Annäherung an eine Schwulen-*sports bar*. Sie liegt direkt am Fluss.

The Duplex, 61 Christopher St, 7th Ave South, ✆ 255-5438. Große, einladende Pianobar auf zwei Etagen mit Sitzplätzen im Freien und regelmäßigen Kabarett-Shows.

G, 223 W 19th St, zwischen 7th und 8th Ave, ✆ 929-1085. Orientiert sich fast so sehr am Puls der Zeit wie sein betuchtes schwules Publikum; eine zu Recht beliebte Lounge mit regelmäßigen DJ Sessions und mit Saft-Bar.

Hell, 59 Gansevoort St, zwischen Greenwich und Washington St, ✆ 727-1666. Eine Lounge der gehobeneren Klasse in dem sehr angesagten Meat Packing District.

Marie's Crisis Café, 59 Grove St, ✆ 243-9323. Bekannte Kabarett- und Pianobar, bei Touristen und Einheimischen gleichermaßen beliebt. Freitag- und Samstagabend Gesangsshows.

Oft brechend voll, immer gute Stimmung.

The Monster, 80 Grove St, Waverly Place, ☏ 924-3558. Sehr beliebte, große Glitter-und-Glamour-Bar mit Travestieshows; Tanzfläche im Untergeschoss.

Oscar Wilde, 221 E 58th St, zwischen 2nd und 3rd Ave. Wie der Name vermuten lässt, geht es hier nicht übermäßig wild zu, aber die Stimmung ist gut.

Rawhide, 212 8th Ave, Ecke 21st St, ☏ 242-9332. Chelseas Lederbar Nummer eins öffnet um 8 Uhr für alle, die noch nicht frühstücken wollen (und schließt auch relativ spät).

Spike, 120 11th Ave, Ecke W 20th St, ☏ 243-9688. Institution in Chelsea mit Jeans-und-Leder-Publikum mittleren Alters; am West Side Highway gelegen.

Stonewall, 53 Christopher St, zwischen Waverly Place und 7th Ave S, ☏ 463-0950. Genau, das Stonewall. Die Regenbogenflagge der Schwulen wird hochgehalten, als sei sie hier erfunden worden. Mittlerweile trinken hier Anwohner und neugierige Touristen.

Two Potato, 143 Christopher St, Greenwich St, ☏ 255-0286. Preiswerte Drinks, schrille Travestieshows und vorwiegend afro-amerikanisches Publikum.

Wonder Bar, 505 E 6th St, zwischen Ave A und Ave B, ☏ 777-9105. Angenehme, kleine Bar mit sehr gemischtem Publikum; wenn sich die Gäste drängen, kommt Partystimmung auf. Lesben sind willkommen, aber die Jungs sind in der Überzahl.

The Works, 428 Columbus Ave, Ecke W 81st St, ☏ 799-7365. Bar mit Tropical-Dekor, relativ gemischtem Publikum und freundlicher, gelassener Atmosphäre. Eine der wenigen Schwulenbars in dieser Gegend. Am Do Margaritas für $1.

Überwiegend Lesben – *Bar 4 (ehemals Sanctuary)*, 444 Seventh Ave, 15th St, Brooklyn, ☏ 718-832-9800. Außerhalb Manhattans ist die Lesbenszene in Park Slope am bewegtesten. Das *Sanctuary* war einmal die Nummer eins unter den Frauen-Bars. Unter dem neuen Namen herrschen demokratische Sitten: Jede und jeder ist willkommen – egal welcher Neigung.

Crazy Nanny's, 21 7th Ave South, Leroy St, ☏ 366-6312. Näheres zu aktuellen Abendveranstaltungen bitte telefonisch erfragen.

Cubby Hole, 281 W 12th St, Ecke W 4th St, ☏ 243-9041. Nicht ausschließlich auf lesbisches Publikum ausgerichtet: Hier ist jeder willkommen.

Henrietta Hudson, 438 Hudson St, zwischen Morton und Barrow St, ☏ 924-3347. Nachmittags gemütlich, abends brechend voll, vor allem am Wochenende. Männer sind ebenfalls zugelassen.

Julie's, 204 E 58th St, zwischen 2nd und 3rd Ave, ☏ 688-1294. So–Di relativ ruhig, dafür die restlichen Tage umso wilder. Mi und Sa ist *Latin Night*. Eine von wenigen Alternativen in Midtown oder Uptown.

Meow Mix, 269 E Houston St, Ecke Suffolk St, ☏ 254-0688. Immer noch einer der heißesten „Girl Clubs" der Stadt, tief im East Village. Fast jeden Abend Bands, DJs oder Performances, zu denen auch Männer willkommen sind, solange sie sich benehmen.

Nachtleben

Eine Stadt mit so vielen Gesichtern wie New York hat natürlich auch eine entsprechend vielfältige Musikszene zu bieten. Freunde des klassischen und modernen **Jazz** kommen hier voll auf ihre Kosten, und besonders zum JVC-Festival *What Is Jazz?* in der *Knitting Factory* geben sich jedes Jahr hochkarätige Musiker aus aller Welt die Ehre.

Die **Avantgarde**-Szene in Downtown – bekannt geworden durch Namen wie John Zorn, Arto Lindsay und Laurie Anderson – existiert immer noch, ist aber seit den 80ern etwas eingeschlafen. Die Art-Noise-Bands, die in diesem Dunstkreis entstanden – die berühmteste ist Sonic Youth – beeinflusst die Musikszene der Region nach wie vor sowohl direkt (der Band gehört das Plattenlabel *Sonic Youth Recordings,* und Thurston Moore kümmert sich um den Nachwuchs) als auch indirekt (mit Kim Gordons Modekollektion *X-Girl).* **Sprechkünstler** knüpfen zusammen mit den derzeit stark vertretenen Singer/ Songwriters an die Lyriktradition der Beatniks an.

Steigende Mieten haben dazu geführt, dass viele Musiker aus Manhattan in die Außenbezirke oder nach New Jersey gezogen sind. Obwohl Manhattan – und hier vor allem das East Village und TriBeCa – nach wie vor das Zentrum bildet, blüht die Szene auch überdessen Grenzen hinaus. Vor allem in Hoboken, New Jersey, tut sich einiges: Im *Maxwell's* finden die meisten Konzerte statt, während in Brooklyn und Queens **Latin**, **Karibische Musik** und **Reggae** zu hören sind. Allerdings verirren sich in die entsprechenden Läden kaum jemals Touristen.

Wer aber in Manhattan bleibt, und das tun die meisten, wird am **Indie-Rock** nicht vorbeikommen. Die New Yorker Gitarrenbands werden wieder einfallsreicher, seitdem das Punk-Revival von Klängen abgelöst wird, die jede Art von technischer Spielerei, Pedale und Sampling zulassen.

Wenn sich die Designer entlang der Avenues dies auch wünschen würden – New York ist keine sehr stilbewusste Stadt. In den heißesten jedoch **Clubs** ist das richtige Outfit die Eintrittskarte, und die Türsteher sind oft gnadenlos. Wer aber einfach nur tanzen will, kann zwanglosere Läden aufsuchen. Vor allem Schwulenclubs bieten oft interessantere Musik und machen weniger Umstände. In diesem Kapitel sind die derzeit angesagtesten Veranstaltungsorte aufgelistet, doch die Musik- und besonders die Clubszene können sich über Nacht verändern. Um sicher zu gehen, dass der Technoabend inzwischen nicht von einer Drag-Queen-Party abgelöst wurde, sollte man vor dem Ausgehen einen Blick in die wöchentlich erscheinenden Magazine werfen. Zu den besten kostenlosen Publikationen gehören *The Village Voice, New York Press* und *Homo Xtra,* die Informationen über Clubs, Theater und schwul-lesbische Veranstaltungen enthalten. Man findet sie überall in Zeitungsautomaten und in Musikgeschäften. Es mag lächerlich und puritanisch erscheinen, aber in New York ist es Sitte, am Eingang die „Papiere" zu überprüfen. Demnach muss man unbedingt einen **Ausweis** bei sich tragen (Führerschein oder Reisepass), egal wohin man geht; gerade junge Leute werden in Veranstaltungsorten, in denen Alkohol ausgeschenkt wird, ebenso wie in Bars bzgl. des gesetzlich vorgeschriebenen Mindestalters von 21 Jahren kontrolliert – einige Musikclubs überprüfen das von ihnen gesetzte Mindestalter von 18 Jahren.

Rock

New Yorks Rockszene wird nach wie vor von weißen Gitarrenbands dominiert, deren Programm überwiegend auf Drei-Akkord-Nummern beschränkt ist. Daneben spielen häufig internationale – vor allem britische – Bands in New York, die von hier aus den amerikanischen Markt erobern wollen. Oft kann man diese Gruppen für geringen Eintritt in kleineren Veranstaltungsorten sehen.

DIE GROSSEN ARENEN – *Madison Square Garden,* West 31st–33rd St, zwischen 7th und 8th Ave, ✆ 465-6741. Der *Garden* ist nicht nur Austragungsort für Hockey- und Basketballspiele, sondern auch Bühne für die ganz großen Rock-Acts. Mit über 20 000 Plätzen ist das Stadion der größte Veranstaltungsort und bietet zwar keine intime Atmosphäre, aber oft die einzige Möglichkeit, eine der großen Bands zu sehen.

Meadowlands Stadium, East Rutherford, New Jersey, ✆ 201-935-3900. Der zweite große Veranstaltungsort; auch hier kann man Musik im Kreise seiner 20 000 engsten Freunde genießen.

Radio City Music Hall, 6th Ave und 50th St, ✆ 247-4777. Hat etwas an Bedeutung verloren, heute ist hier fast ausschließlich Mainstream zu hören. Das Gebäude selbst strahlt eine ehrwürdige Atmosphäre aus, und im Souvenirladen werden noch immer Puppen der *Rockettes* verkauft.

KLEINERE VERANSTALTUNGSORTE – *Apollo Theater*, 253 West 125th St, zwischen 8th Ave und Powell Blvd, Informationen unter ✆ 749-5838; Karten ✆ 531-5305; Besichtigungen ✆ 531-5337. Im legendären Apollo treten schwarze Künstler auf, und nach wie vor nehmen in der *Amateur Night* (Mi) immer wieder Starkarrieren und Legenden ihren Anfang. $13–35.

Arlene Grocery, 95 Stanton St, zwischen Ludlow und Orchard St, ✆ 473-9831. In dieser kleinen ehemaligen *bodega* treten jeden Abend gute lokale Indie-Bands auf, und es wird kein Eintritt verlangt. Zu den Gästen zählen Musiker, Talentsucher und Rockfans, die offen für Neues sind.

Baby Jupiter, 170 Orchard St, Stanton St, ✆ 982-2229. Vorne Restaurant, hinten Veranstaltungsraum. Präsentiert ein breites Spektrum an Rockbands, Indie bis Avantgarde, sowie experimentelle Performances. $2–5.

Beacon Theater, 2124 Broadway, 74th St, ✆ 496-7070. Früher einmal Aufführungsort für viele Off-Mainstream-Künstler in der Upper West Side, sind hier heute Diven, wie Whitney Houston, Cher und Tina Turner auf dem Programm. $20–40.

The Bitter End, 147 Bleecker St, ✆ 673-7030. Junge Mainstreambands in intimer Clubatmosphäre. Am Eingang sind die Namen der Größen verewigt, die hier schon gespielt haben – wer sie heute sehen will, muss woandershin gehen. Eintritt $5–10, Mindestverzehr 2 Drinks am Tisch, 1 Drink an der Bar.

The Bottom Line, 15 West 4th St, Ecke Mercer St, ✆ 228-7880. Nicht unbedingt der innovativste Spielort, aber einer der bekannteren. Meist treten Singer / Songwriter auf. Man sitzt an Tischen, die keinen Platz zum Tanzen lassen. Eintritt $15–20, Beginn um 19.30 und 22.30 Uhr. Keine Kreditkarten.

Bowery Ballroom, 6 Delancey St, Ecke Bowery, ✆ 533-2111. Eine ausgezeichnete Akustik und ein noch bessere Sicht auf die Bühne haben diesen unkonventionellen Veranstaltungsort bei Fans und Bands gleichermaßen beliebt gemacht. Gewöhnlich ist erste Anlaufstelle in NYC für britische Importe. Viele behaupten, dass hier der Maßstab für Veranstaltungsorte in New York gesetzt wird. Mit sehr guter Bar, erheblicher Warteschlange und Eintritt $10–20.

Brownies, 169 Ave A, zwischen 10th und 11th St, ✆ 420-8392. Newcomer der großen Plattenfirmen, Bands, die kurz vor dem Durchbruch stehen, und viel versprechende Lokalbands. Eintritt $6–8, Ausweis mitbringen.

CBGB (und **OMFUG**), 315 Bowery, Bleecker St, ✆ 982-4052. Nach über 20 Jahren ist der schwarze, mit Aufklebern übersäte Raum der vielleicht einzige seiner Art in New York, aber diese legendäre Punkbastion, die die Ramones, Blondie, Patti Smith und die Talking Heads hervorgebracht hat, ist längst nicht mehr so provokativ. Heute spielen laute Rockbands, oft 5–6 pro Abend. Wochentags ab 20 Uhr, am Wochenende ab 21.30 Uhr, gelegentlich Sonntags-Matinees um 15 Uhr, um die $3–9.

CB's 313 Gallery, 313 Bowery, Bleecker St, ✆ 677-0445. Im sauberen, geräumigen Gegenstück zum *CBGB* gibt es täglich Folk, Acoustic und experimentelle Musik zu hören. $5.

Continental, 25 3rd Ave, zwischen St. Mark's und East 9th St, ✆ 529-6924. Lauter Alternative-Rock und Bier für $2. Wochentags freier Eintritt, am Wochenende $5.

The Cooler, 416 West 14th St, zwischen 9th und 10th Ave, ✆ 645-5189. Kellerclub mit *Blue*

Velvet-Atmosphäre, was entweder an der bläulichen Beleuchtung liegt oder an der Tatsache, dass der Laden früher ein Kühlhaus war. Innovativer Indie-Rock und Avantgarde ziehen ein junges, hippes Publikum an. Mo–Do ab 21 Uhr; Fr und Sa ab 22 Uhr; Mo Eintritt frei, sonst $5–10.

Fez (unter dem *Time Café*), 380 Lafayette St, Ecke Great Jones St, ✆ 533-2680. Die Spiegelbar und der golden glitzernde Bühnenvorhang lassen zwar befürchten, dass hier die Discofantasien wahr werden, tatsächlich werden aber anspruchsvolle Lyriklesungen und Live-Acoustic geboten. $10.

Irving Plaza, 17 Irving Place, zwischen East 15th und East16th St, ✆ 777-6800. Ehemaliger Spielort eines Off-Broadway-Musicals (was die Kronleuchter und blutrote Farbgebung erklärt), der eine beeindruckende Bandbreite an Rock, Elektronik und Techno präsentiert. Die Akustik variiert stark, den besten Sound hat man hinten im Parkett. $10–25.

Koyote Kate's, 307 West 47th, 8th Ave, ✆ 956-1091. Zu erkennen am bellenden Kojoten, hier kann man Blues, Jazz und Rock hören. Eintritt frei, Bands spielen Di–Sa ab 21.30 Uhr.

The Living Room, 84 Stanton St, ✆ 533-7235. Bequeme Sofas und eine nette Bar sorgen für eine entspannte Atmosphäre, in der man aufstrebende Folk- und Rockmusiker hören kann. Eintritt frei, 1 Drink Mindestverzehr.

Manhattan-Center Hammerstein Ballroom, 311 West 34 St, zwischen 8th und 9th Ave, ✆ 564-4882. Renovierter Tanzsaal mit 3600 Plätzen und mehreren Konzerten pro Monat, meist Indie-Rock und elektronische Musik. Verkniffene Aufpasser sorgen dafür, dass alle auf ihren Sitzen bleiben und niemand in den Logen raucht. $16–40.

Manny's Car Wash, 1558 3rd Ave, 87th St, ✆ 369-BLUES. Verrauchte Bluesbar mit kleiner Tanzfläche, fairen Preisen und Publikum von der Upper East Side. Beginn 21.15 Uhr; So Blues-Jam bei freiem Eintritt, Mo für Frauen freier Eintritt sowie kostenloses Bier und Hauswein; sonst $4–15.

Maxwell's, Washington St und 11th St, Hoboken, New Jersey, ✆ 201/798-0406. Rockclub mit bis zu einem Dutzend Bands pro Woche; einige große Namen und der beste Ort, um in die aktuelle Musikszene des „Dreistaatenecks" einzutauchen; Eintritt $6–10.

Mercury Lounge, 217 EastHouston St, Essex St, ✆ 260-7400. Dunkler mittelgroßer Raum, in dem eine Mischung aus lokalem, nationalem und internationalem Pop und Rock geboten wird. Gleiche Besitzer wie der Bowery Ballroom. $7–12.

Roseland, 239 West 52nd St, zwischen Broadway und 8th Ave, ✆ 249-0200. Ein historischer Tanzsaal, der seit seiner Eröffnung im Jahre 1919 auch Adele und Fred Astaire zu seinen Gästen zählen durfte. Heute ist hier eine Tanzschule, die 6x pro Monat in einen Konzertsaal für große Namen und verschiedene Pop- und Elektronik-Bands umfunktioniert wird. $10–50.

SOB's (Sounds of Brazil), 204 Varick St, Ecke Houston St, ✆ 243-4940. Innerhalb Manhattans der beste Ort für brasilianische, westindische, karibische Klänge und World Music. Lebhafte Atmosphäre und hervorragende Musiker. Jeden Abend zwei Shows, Zeiten wechseln. $12–20.

The Supper Club, 240 West 47th St, zwischen Broadway und 8th Ave, ✆ 921-1940. Weiße Leinentischdecken, große Tanzfläche und hochkarätige Bands mit Jazz- und Hip-Hop-Einflüssen. Freitag und Samstab 20 Uhr swingen Eric Comstock und die hauseigene Big-Band des Supper Clubs. Um $20.

Surf Reality, 172 Allen St, ✆ 673-4182. Zusammengeschweißte Metallteile kennzeichnen den Eingang zu diesem unkonventionellen, mit Samt drapierten Veranstaltungsort, wo moderne Varieté- und *open-mike*-Vorführungen geboten werden, einige davon äußerst skurril. $6–8.

Terra Blues, 149 Bleecker St, zwischen Thompson und LaGuardia St, ✆ 777-7776. Sehr guter Tipp für Jazz-, Blues- und Funkveranstaltungen. So–Mi freier Eintritt, an den übrigen Tagen $5–15.

Under Acme, 9 Great Jones St, Lafayette St, ✆ 420-1934. Schäbiger Kellerclub, dafür mit entspannter Atmosphäre, meist spielen aufstrebende Indie-Bands. Restaurant im Obergeschoss; $7.

Wetlands Preserve, 161 Hudson St, Laight St, ✆ 966-4225. Selbsternannter „Ökoladen", in dem Reggae-, Hip-Hop-, Weltmusik- und psychedelische Bluesbands auftreten. $7–15. Einige kostenlose Veranstaltungen.

Jazz

Ende der 80er brachen für den Jazz in New York harte Zeiten an, die bis in die 90er hinein andauerten. Mehrere Clubs – darunter die legendäre *Village Tavern* – mussten schließen. Inzwischen haben verschiedene Neueröffnungen der Szene neue Impulse gegeben. Mittlerweile gibt es über 40 Veranstaltungsorte, die regelmäßig Live-Jazz präsentieren. Echte Jazzfans kommen am ehesten in **Greenwich Village** oder **Harlem** auf ihre Kosten. Bei den Jazzclubs in Midtown handelt es sich überwiegend um schicke Restaurants mit Live-Musik und Tanz, die von Geschäftsleuten auf dem Kulturtrip besucht werden.

Veranstaltungshinweise finden sich in den Stadtmagazinen, vor allem in *Voice, New York Magazine* oder *Hothouse,* das monatlich erscheint und oft in den Clubs ausliegt, sowie der Jazz-Zeitschrift *downbeat.* Auch die Radiosender mit Schwerpunkt Jazz sind gute Informationsquellen: Die beiden besten sind *WBGO* (88,5 FM), der rund um die Uhr Jazz bietet, und *WKCR* (98,7 FM), der Sender der Columbia University. Schließlich gibt es noch die *Jazz Line,* ✆ 479-7888, über die man aktuelle Hinweise von Band abhören kann.

Die **Eintrittspreise** sind in der Regel recht hoch ($10–15). Hinzu kommt ein bestimmter Mindestverzehr. In den größeren Clubs muss man mit min. $15 pro Person für einen Abend rechnen, inkl. Essen eher mit $25–30. Die kleineren und intimeren Pianobars sind oft billiger oder verlangen gar keinen Eintritt, dafür muss man für die Getränke tiefer in die Tasche greifen.

Arthur's Tavern, 57 Grove St, ✆ 675-6879. Kleine, einladende Pianobar mit hervorragenden Musikern. Eintritt frei, teure Drinks.
Birdland, 315 West 44th, zwischen 8th und 9th Ave, ✆ 581-3080. Nicht *das* Birdland, in dem Charlie Parker spielte, sondern ein etablierter, schicker *supper club,* der vor kurzem aus Midtown umgezogen ist und einige der großen Namen präsentiert. Sets tgl. um 21 und 23 Uhr. Eintritt $10–20 an der Bar, $15–30 am Tisch, Mindestverzehr von einem Drink.
The Blue Note, 131 West 3rd St, 6th Ave, ✆ 475-8592. Berühmte Musiker und entsprechende Preise: $7–65, Mindestverzehr $5 pro Person am Tisch, an der Bar ein Drink. Sets um 21 und 23.30 Uhr; Fr und Sa *jam sessions* ab 1 Uhr (wer zu dieser Zeit noch kommt, zahlt nur $5). Guter Sonntagsbrunch mit Live-Musik für $18.50.
Detour, 349 East13th St, 1st Ave, ✆ 533-6212. Coffee- und Cocktailbar, die ein bisschen Pariser Flair ins East Village bringen will. Jeden Abend Modern Jazz und experimentelle Avantgarde. Eintritt frei.
Dharma, 174 Orchard St, zwischen Orchard und Stanton St, ✆ 780-0313. Eine gemütliche Kulisse für Funky Bop und Experimentelles. Konzertbeginn um 19 und 22 Uhr. Eintritt frei.
Fifty Five, 55 Christopher St, zwischen 6th und 7th Ave, ✆ 929-9883; (s.S. 338, Bars)
Iridium Room, 44 West 63rd St, Columbus Ave, ✆ 582-2121. Hier wird jeden Abend moderner Jazz gespielt; surrealistische Gestaltung zum Thema „Dolly meets Disney". Eintritt $20–35, Mindestverzehr $10.
Izzy Bar, 166 1st Avenue, 10th St, ✆ 228-0444. Dieser bei Europäern sehr beliebte Treff ist mehr Lounge als Bar und bietet allabendlich Jazz-Sessions neben einer Vielzahl anderer Musikveranstaltungen. Eintritt $5–10.
The Jazz Standard, 116 East27th St, ✆ 576-2232. Ein großzügiger Raum mit sehr guter Akustik und noch besseren Künstlern hat diesem Club viel Lob und ein treues Publikum eingebracht. Beginn jeweils Mi–Do 20 und 22, Fr und Sa 20 und 22.30 Uhr und Mitternacht, So 19 und 21 Uhr. $15–25.
Joe's Pub, 425 Lafayette St, ✆ 539-8777. Die durchgestylte Bar in Joe Papp's Public Theater zieht das Theaterpublikum an. Shows an sechs Tagen der Woche, angefangen bei Broadway-Songs bis zu Literaturlesungen mit Salsa- und Jazz-Einlagen.

tgl. von 17–4 Uhr. $10–25.
Knickerbocker's, 33 University Place, 9th St ✆ 228-8490. Pianobar und Restaurant mit Zeichnungen des Bühnenkarikaturisten Al Hirschfeld; erstklassige Klavier-Bass-Duos. Eintritt $3–5, Tisch nur mit Essen (Hauptgerichte $12–25), sonst ein Drink für $5 Mindestverzehr an der Bar. Gespielt wird ab 21.45 bis zwischen 1–2 Uhr.
Knitting Factory, 74 Leonard St, zwischen Broadway und Church St, ✆ 219-3006. Seit das *Knit* seinen schmuddeligen Standort im East Village mit einem aufgemotzten Laden in TriBeCa vertauschte, hat es an Authentizität eingebüßt und zieht ein betuchteres Publikum an. Der Club hat zwei Bühnen, zwei Bars, eine Hausbrauerei mit 18 Bieren vom Fass. Geboten werden Avantgarde-Jazz, experimenteller Jazz und bekannte Rockbands, die hier in kleinerem Rahmen als sonst spielen. Eintritt $15–20, Shows um 20 und 22 Uhr.
Roulette, 228 West Broadway, zwischen Franklin und Broadway, ✆ 219-8242, 🖥 www.roulette.org. Diese gemütliche Lounge in TriBeCa ist auf Fringe-Musik spezialisiert. Hier werden äußerst experimentelle Musiker, die sich dem Jazz, Rock oder der „neuen Musik" verschrieben haben, präsentiert. Beginn immer um 21 Uhr, $10.
Savoy Lounge, 355 West 41st St, ✆ 947-5255. In diesem unmittelbar hinter dem Port Authority Bus Terminal gelegenen Midtown-Laden werden allabendlich Jazz und Blues sowie immer seltener werdende Hammond-Orgel-Klänge geboten. Programmbeginn So–Mi um 21, 22.30 Uhr und Mitternacht, Eintritt frei; Jamsession Do 23.30–4 Uhr, $5; Fr–Sa um 22, 23.30, 1 Uhr; $7.
Smalls, 183 West 10th St, 7th Ave South, ✆ 929-7565. Winziger West-Village-Club mit dem besten Deal in NY: 10 Stunden Musik für $10. Das Programm umfasst zwei Sets und einen Late-Night-Jam, bekannte und weniger bekannte Namen. Nichtalkoholische Getränke sind kostenlos, ansonsten heißt es „Bring your own bottle". Tgl. 22–8 Uhr. Sehr zu empfehlen.
Sweet Basil, 88 7th Ave, zwischen Grove und Bleecker St, ✆ 242-1785. Einer der größten und bevölkertsten Jazzclubs in New York. Besonders voll zum Jazzbrunch am Wochenende von 14–18 Uhr. An den Wänden hängen Fotos von Dizzy Gillespie und anderen Größen, die hier einmal gespielt haben. Am besten wochentags hingehen, Shows ab 21 und 23 Uhr, Fr und Sa auch um 0.30 Uhr. In der Woche Eintritt $17,50, Mindestverzehr $10 pro Tisch und Set, Fr und Sa Eintritt $20–25 und Mindestverzehr $10; an der Bar $18 Eintritt inkl. einem Drink frei Haus.
Tonic, 107 Norfolk St, ✆ 358-7503. Hippe Avant-Jazzerie in der Lower East Side mit Klezmer-Sonntagen und einer Filmreihe an Montagabenden.
Village Vanguard, 178 7th Ave, West 11th St, ✆ 255-4037. Eine Institution, die vor wenigen Jahren 50jähriges Bestehen feierte und regelmäßig die großen Namen präsentiert. Eintritt Mo–Do und So $15, Mindestverzehr $10; Sa $20 plus Drinks für mindestens $10. Auftritte um 21.30 und 23.30, Sa und So auch um 1 Uhr.
Well's, 2247–9 Adam Clayton Powell Blvd, 7th Ave, zwischen 132nd und 133rd St, ✆ 234-0700. An diesem Ort in Harlem schloss Nat King Cole den Bund der Ehe und hier schauten Rat Pack und Aretha Franklin früher gelegentlich vorbei; hier gibt es guten Jazz, eine große Spiegelbar sowie eine warme, authentische Atmosphäre. Fr und Sa spielt ein Trio um 21.30 Uhr; der Sonntagsbrunch wird von einer fünfköpfigen Band begleitet, 12–16 Uhr; montags ist Big-Band-Night mit einem 16-Mann-Orchester, das zum Tanz aufspielt, 21 Uhr; $20 Mindestverzehr.
Zinc Bar, 90 West Houston, LaGuardia, ✆ 477-8337. Ausgezeichneter Jazzclub mit harten Drinks und einem treuen Kundenstamm. Die Tafel über dem Eingang kündigt die Band des Abends an. Eintritt $5, Mindestverzehr 1 Drink. Präsentiert werden neue Talente sowie etablierte Größen, darunter Max Roach, Grant Green und Astrud Gilberto.

Folk, Country und „spoken word venues"

Vielleicht ist es das Erbe der New Yorker Beatniks, die in den 50ern und 60ern so produktiv waren, vielleicht ist es auch die Antwort auf Punk und Grunge. Wie dem auch sei, in der New Yorker Musikszene ist eindeutig ein Trend zur Lyrik auszumachen. Singer / Songwriter sind wieder im Kommen, ebenso wie Lesungen. Daneben hat sich eine weitere Kunstform entwickelt, so genannte „spoken word acts": Die Worte werden dabei nicht mehr mit zittriger Stimme vom Papier abgelesen, sondern auch herausgebrüllt und von Musik begleitet.

Centerfold Coffee House, Church of St Paul and St Andrew, 263 West 86th St, Broadway, ✆ 362-3328. 75 Sitzplätze und eine unglaublich gute Akustik; gelegentlich Folk-, Jazz- und Bluegrass-Konzerte; kleine Theaterproduktionen; ca. $12.

Louisiana Community Bar and Grill, 622 Broadway, Ecke Houston, ✆ 460-9633. Zydeco und Cajun-Küche im ungeschminkten Greenwich Village. Eintritt frei – obwohl es die Bands wert wären. Geöffnet 17–23 Uhr, am Wochenende bis 24 Uhr.

Nuyorican Poets Café, 236 East3rd St, zwischen Ave B und C, ✆ 505-8183. Beat-Lyrik für die 90er, sowohl pur als auch mit Jazz- und Hip-Hop-Untermalung. ⏰ ab 17 Uhr, Di–So tgl. 2 Vorstellungen. $5–10.

O'Lunney's, 204 West 43th St, ✆ 840-6688. Restaurant mit Steaks, Hamburgern etc. zu traditionellen Folkklängen.

Rodeo Bar, 375 3rd Ave, Ecke 27th St, ✆ 683-6500. Im Rodeo kann man sich an 7 Abenden in der Woche den Staub von den Sporen klopfen und sich bei Live-Country amüsieren.

Clubs

Wie es sich für eine Clubszene gehört, ist auch das New Yorker – insbesondere Manhattans Nachtleben rasanten Veränderungen unterworfen. Zwar bleiben oft die bekannten DJs ihrer Fangemeinde erhalten, aber der Ort des Geschehens kann wechseln, und Clubs werden je nach Finanzlage oder Mode geschlossen oder neu eröffnet. Techno und House sind derzeit die vorherrschenden Musikstile, vor allem Deep oder Vocal House. Aber auch Reggae, Hip Hop, Funk, Ambient und Drum 'n' bass spielen eine wichtige Rolle.

Als Bürgermeister Giuliani die „Lebensqualität" in New York zu steigern versuchte, hatte die Clubszene unter den Auswirkungen seiner konservativen Politik zu leiden. Eines seiner Gesetze schreibt vor, dass Lokale, in denen getanzt wird, eine *cabaret license* zusätzlich zur Alkohol Lizenz erwerben müssen. Obwohl in vielen Bars DJs auflegen, dürfen die Gäste jetzt nur dort die Hüften schwingen, wo das teure Stück Papier vorliegt.

Auch die Schließung von zwei der größten Clubs der Stadt hat die Szene hart getroffen. Peter Gatien, dem das *Limelight*, *Tunnel* und *Palladium* gehörten, wurde im Mai 1996 wegen eines Drogendeliktes angeklagt. Sein größter Veranstalter Michael Alig sitzt derzeit im Gefängnis wegen des Mordes am Clubgast und angeblichen Drogendealer Angel Melendez. Das *Limelight* wurde nach dem Vorfall geschlossen, ist aber wiedereröffnet worden, während das *Palladium* inzwischen definitiv die Pforten geschlossen hat. Wer Drogenkonsum als festen Bestandteil seines Clubabends betrachtet, der sei gewarnt und sollte sich zurückhalten. Um sicherzugehen, dass die Party nicht anderswo stattfindet, sollte man immer einen Blick in die Stadtmagazine *Time Out New York*, *Paper Magazine* oder *Homo Xtra* oder das kostenlos verteilten The *Village Voice* und *New York Press* werfen.

Baktun, 418 West 14th Street, ✆ 206-1590. Wer sich so weit nach Westen vorwagt, wird in diesem netten Nightclub garantiert mit einer Menge Spaß belohnt. An „Direct Drive"-Samstagen Drum 'n' Bass mit DJs Lion, Seoul, Cassien, Reid Speed und Chris Thomas.

Bar d'O, 29 Bedford St, Downing St, ✆ 627-1580. New Yorks Drag-Queens-in-allen-Gassen Joey Arias schmettert Shownummern, bei denen jedem Streisand-Fan warm ums Herz wird. Beginn Mo und Mi 22, Do 19 Uhr. $3–5.

bOb, 255 Eldridge St, East Houston St, ✆ 777-0558. Auf den Sofas lümmeln nette Kunststudenten, die DJs legen Hip Hop und Soul auf. Jeden Abend, Eintritt frei.

Body and Soul, So 15–22 Uhr bei *Vinyl*, 6 Hubert St (zwischen Hudson und Greenwich St, s.u.), ✆ 343-1379. Schon in den frühen Nachmittagsstunden trumpft DJ François K mit harter House-Musik auf. Beliebt bei Leuten Mitte Zwanzig, für die Tanzen wichtiger ist als Piercing, mit einer der besten Club-Atmosphären in New York.

> **Clubbing kann teuer werden. Hier einige Tipps, wie man das Beste aus seinem Geld machen kann:**
> - Das Wochenende meiden. Unter der Woche ist weniger Andrang, die Preise sind niedriger, der Service ist besser, und man findet die echte Clubszene vor statt der Wochenendtouristen von außerhalb der Stadt.
> - Die Flyer, die in Platten- und Kleiderläden im East Village und in SoHo ausliegen, sind die beste Informationsquelle und dienen oft als Gutscheine.
> - Das richtige Outfit kann von entscheidender Bedeutung sein: Wer sich ordentlich stylt, hat bessere Chancen, am Türsteher vorbeizukommen (falls es einen gibt).
> - Vor Mitternacht bieten viele Clubs ermäßigten Eintritt.
> - In den größeren Clubs wird man am Eingang sehr wahrscheinlich gründlich gefilzt. Drogen, Waffen und Flachmänner werden einkassiert; scharfe Gegenstände, die als Waffen benutzt werden können (Schweizermesser, Metallkämme), müssen am Eingang hinterlegt werden, ebenso Tränengas und Wasserflaschen.
> - Wer bei Sonnenaufgang auf die Straße wankt, sollte einen einigermaßen klaren Kopf haben. Im Taxi darauf achten, dass der Fahrer den kürzesten Weg nimmt und aus der Tour keine Stadtrundfahrt macht.

Café Con Leche, So um 23 Uhr *Speeed*, 20 West 39th Street, zwischen 5th und 6th Ave, ✆ 719-9867. Zählt zu den besten nächtlichen Ausgehtipps in New York. DJ Junior O legt House, Latin, Hip-Hop, Salsa, Merengue und Reggae auf. Hauptsächlich schwul-lesbisches Publikum; $10.

Delia's, 197 East 3rd St, zwischen Ave A und B, ✆ 254-9184. Die schmuddelige Umgebung dieses *supper clubs* zieht Upper East Sider an. Im Innern ist *Delia's* jedoch alles andere als schäbig: Die beeindruckende Hausherrin wacht über ein plüschiges Etablissement, in dem man ebenso gut tanzen kann. ⊙ Fr und Sa; Eintritt $10 nur Tanzen, inkl. Abendessen $39, Reservierungen empfehlenswert.

Don Hill's, 511 Greenwich St, Ecke Spring St, ✆ 219-2850. Drag Queens, Kreative und Promis, die sich unters gemeine Volk mischen. Auch mit Gummi-Outfit wird man hier nicht weiter auffallen. Der Club am Rande von SoHo ist nicht mehr ganz so angesagt wie früher. Der Freitagabend heißt „Squeezebox", eine wilde Mischung aus Glamour, Punk und Disco; $10; Samstags brandheißer Britpop, $7. Live-Bands an beiden Abenden; während der Woche andere Parties.

Flamingo East, 219 2nd Ave, zwischen 13th und 14th St, ✆ 533-2860. Gemütliche Sitzgelegenheiten, Teppiche und ein Balkon mit Blick auf die 2nd Ave verleihen dem Partyraum im oberen Stockwerk das Flair eines edlen Apartments. Kiki und Herb präsentieren ihr musikalisch vielfältiges Rock-Cabaret donnerstags um 21.30 Uhr. Salon-Mittwoch für das schicke Schwulenpublikum um 22 Uhr; „Salonette" für Frauen am ersten Mittwoch im Monat, $7–15.

Giant Step, in wechselnden Clubs, Informationen unter ✆ 414-8001. Früher war „Giant Step" *der* Abend für Acid Jazz, inzwischen haben auch hier Drum'n'Bass und Trip Hop Einzug gehalten. Für die Veranstaltungen wird wenig Werbung gemacht, so dass man auch bekannte Namen in kleinerem Rahmen bei niedrigen Preisen sehen kann. $10–15.

Life, 158 Bleecker St, Thompson St, ✆ 420-1999. Die Spiegelsäulen, die riesige Tanzfläche und die „Séparées" hinter der Bar sind tatsächlich ernst gemeint, was diesen äußerst beliebten Club steril und völlig überholt wirken lässt. Leo DiCaprio, Mariah Carey und alle anderen, die einen Agenten haben, lassen sich hier sehen. „Lust for Life" zieht an Mittwochabenden die Massen an, „Get a Life" am Do ist bei der Modeszene beliebt. An Freitagen – „Flash Fridays" – gehört der Laden keinem geringeren als Grandmaster Flash, der Hip-Hop auflegt. ⊙ Di–So; $20.

Limelight, 660 6th Ave, 20th St, ✆ 807-7850. Wieder im Geschäft: An manchen Abenden steht der Inhaber Peter Gatien sogar selbst an der Tür. Das großartige Kirchengebäude stammt von Richard Upjohn, dem Erbauer der Trinity Church. Von den 80ern inspiriert, haben Gatien und sein neuer Partner Irv Johnson eine Kunstgalerie/Lounge hinter die Tanzfläche platziert, aber bewegliche Videoleinwände dominieren immer noch die Szenerie. Leidet unter dem Wochenendsyndrom; $25.

Meow Mix, 269 East Houston St, Suffolk St, ✆ 254-0688. Lippenstiftlesben und Lederladys inmitten einer wilden Mischung. Die DJs legen einen Mix auf, der von Hits der 80er bis zu kraftvollem Soul reicht. Kostenlos bis $5.

Mother, 432 West 14th St, Washington St, ✆ 366-5680. Zwischen den Lagerhäusern und Laderampen des Meat Packing Districts gelegen und so überzeugend, dass es als Kulisse für einen Werbespot für *Absolut Vodka* diente. Vermutlich einer der wenigen Clubs in New York, wo wirklich die Luft brennt. Fr „Clit Club" mit Techno und Tribe, nur für lesbische Frauen und Freundinnen, Sa „Click + Drag" mit Cyberfetisch-Motto, Einlass nur in entsprechendem Outfit; Di ist „Jackie 60" Tradition mit dem Motto „dress-to-excess", dem keine Grenzen gesetzt sind. Di–Sa $10, Sa $15.

Nell's, 246 West 14th St, zwischen 7th und 8th Ave, ✆ 675-1567. Der erste der so genannten *supper clubs*, jede Nacht Abendessen, DJ-Musik und Live-Musik im Obergeschoss. Di *open-mike*-Night und gelegentlich Promi-Night. An manchen Abenden beherrscht ein Publikum von außerhalb Manhattans das Geschehen; in der Regel präsentiert sich hier jedoch ein multikulturelles, gut gekleidetes Publikum; $10–15.

Ohm, 16 West 22nd St, zwischen 5th und 6th Ave, ✆ 229-2000. Früher einmal *Les Poulets*; ein Luxusnachtclub (auch *supper club*) mit dreistöckigem Loungebereich und zwei Tanzflächen. Latin-Stars und sinnliche Salsa treffen in Manhattan nur hier aufeinander. Auf der Tanzfläche sind echte Könner zu bestaunen; am Wochenende sehr voll. Frühstück ab 2 Uhr. ⊙ Do–Sa; $20.

Sapphire Lounge, 249 Eldridge, Houston St, ✆ 777-5153. Schön schäbig, mit Schwarzlicht; im Nebenraum sorgen 16mm-Filme und Diaprojektionen für eine „künstlerische" Atmosphäre. Beliebt bei hippen Lower East Sidern. Eine Menge House, Garage und Techno; „Infinity" an Samstagen bedeutet etwas gemischtere Musik mit Latin- und Reggae-Einlagen. ⊙ tgl.; bis $5.

Shine, 285 West Broadway, Canal St, ✆ 941-0900. Sieht genauso aus, wie man es von einem Nachtclub erwartet: Schnurvorhänge und rabiate Rausschmeißer vor der Tür, innen hohe Decken, rote Plüschvorhänge und gedämpftes Licht. An diesem ehemals für aufstrebende Rockbands lebenswichtigen Ort finden heute noch Parties der Musikindustrie statt; Freitags „Groove On", Themennacht, die sich nach dem jeweiligen DJ ausgerichtet und Warteschlangen mit sich bringt; $10–20.

Sound Factory, 618 West 46th St, zwischen 11th und 12th Ave, ✆ 489-0001. Nach ihrem erneuten Umzug hat sich die *Sound Factory* in einen Mainstream-Club mit massentauglichem House und Techno verwandelt; die strengen Sicherheitsleute ziehen einem fast die Socken aus. Die Stimmung der alten Factory-Tage will sich nicht mehr so recht einstellen. Geöffnet Fr–Sa $20–25.

Sway, 305 Spring Street, zwischen Hudson und Greenwich St, ✆ 620-5220. Lediglich ein Schild über der Tür dieses Late-Night-Inkognito-Clubs erinnert an den Vorgänger *McGovern's Bar*. New Yorks Schönheiten, Berühmtheiten und andere unternehmungslustige Nachtschwärmer erfreuen sich hier bis zum Morgengrauen an Trance-Musik. Das Ambiente ist von gedämpftem Licht und großen Séparées bestimmt. ⊙ 22–4 Uhr.

Tunnel, 220 12th Ave, West 27th St, ✆ 695-4682. Das *Tunnel*, nach wie vor einer der ersten Clubs für Techno und House, ist in einer nie vollendeten, etwas verfallenen U-Bahnstation untergebracht. Bemerkenswert ist der Kenny-Scharf-Room mit dem Cartoon-Dekor des Künstlers sowie die kombinierte Damen- und Herren-Toilette mit kompletter Bar und Lounge. Die Hip-Hop-Lounge im Untergeschoss bietet zwar immer Platz, man sollte sich jedoch vor dem großen Zustrom Auswärtiger an Wochenenden vorsehen. ⏰ Fr–So; $15–20.

Twilo, 530 West 27th St, zwischen 10th und 11th Ave, ✆ 462-9422. Megadisco in den Räumen der früheren *Sound Factory*. Freitags legen europäische Gast-DJs auf. DJ Junior Vasquez legt samstags House und Trance auf. Freitags meist hetero, samstags überwiegend schwul-lesbisches Publikum. ⏰ Fr–Sa; $17–25.

2i's, 248 West 14th St, zwischen 7th und 8th Ave, ✆ 807-1775. Nobler Tanzclub mit Lounge, der Gerüchten zufolge seinen etwas veralteten Nachbarn *Nell's* zu überflügeln vermag; $10–15.

Vanity, 28 East 23rd Street, ✆ 989-1038, App. 219. Freitagabend „GBH" (Great British House) an Samstagen dagegen Rock mit „Sticky": Big-Beat-Night mit Drum 'n' Bass-Megastars, wie z.B. David Holmes und Deejay Punk Roc. Mo–Do ist in dem Club nicht allzuviel los, Do–Sa führt kein Weg am Groove vorbei. $20–25.

Vinyl, 6 Hubert St, zwischen Hudson und Greenwich St, ✆ 343-1379. Gilt als einer der brandheißesten Clubs in New York. Dieses große dunkle Lagerhaus mit niedrigen Decken ist ein echter Techno-Schuppen: vollgepackt mit Rave-Kids und sonstigen Techno-Freaks. Li'l Louis Vega legt hier jeden Samstag auf; lange Warteschlangen sind unvermeidlich; Fr–So. $12–20.

Webster Hall, 125 East11th St, zwischen 3rd und 4th Ave, ✆ 353-1600. Ein mikrokosmischer Club mit unzähligen Privatzimmern, auf vier Etagen in jedem Winkel Techno, Acid Jazz, Jungle und Ähnliches – sogar ein Coffee Shop. Treffen kann man hier *frat boys, homeboys,* Drag Queens, Grufties sowie das Wall-Street-Publikum. Brillantes Dekor hinter einer prachtvollen Fassade aus der Zeit um 1900; $10–20.

Bühne und Film

Von Broadway-Glamour bis No-Ho-Grunge, von der vollkommenen Klassik des Lincoln Center bis zum krudesten Experimentalismus der Lower East Side – die Bandbreite der darstellenden Künste erfüllt alle Erwartungen. Die Eintrittspreise reichen entsprechend von $100 für einen Opernabend bis zu kostenlosen Shakespeare-Aufführungen auf Parkplätzen in Downtown, zu denen man seine Sitzgelegenheit selbst mitbringen muss.

Theater, ob Broadway oder Off-Broadway, ist grundsätzlich teuer, aber es gibt verschiedene Möglichkeiten, an vergünstigte Karten zu kommen. Off-Off-Broadway-Stücke kosten meist wenig mehr als eine Kinokarte.

Das Angebot in den Bereichen **Tanz**, **Klassik** und **Oper** ist überwältigend. Auch hier gilt: Die großen Veranstaltungen sind ausgesprochen teuer, während die kleineren, weitaus erschwinglicheren Aufführungen sich oft als interessanter erweisen.

In New Yorks **Kinos** haben die meisten amerikanischen Filme Premiere und auch ausländische Produktionen laufen lange vor ihrem Europastart an. Daneben zeigt eine Anzahl von Programmkinos Autorenfilme und Klassiker.

Veranstaltungshinweise finden sich in einer Reihe von Publikationen. Am brauchbarsten sind das übersichtliche und umfassende *Time Out New York,* die kostenlose *Village Voice* (vor allem die *Voice Choices* zum Heraustrennen) und die *New York Press,* allesamt mit Schwerpunkt Downtown und eher „alternativ".

Klangvollere Veranstaltungen werden in der Rubrik „Cue" des wöchentlich erscheinenden *New York Magazine* gelistet, unter „Goings On About Town" im *New Yorker,* am Freitag unter „Weekend" oder am Sonntag unter „Arts and Leisure" in der *New York Times.* Im kostenlosen *Official Broadway Theater Guide* sind, wie zu erwarten, ausschließlich Broadwaystücke aufgeführt. Er liegt in Theatern und Hotellobbys aus oder ist vom *NYC & Company Convention and Visitors Bureau* zu bekommen (s.S. 18). Für die Reiseplanung noch praktischer sind Websites, z.B. www.newyork.citysearch.com und www.NewYork.sidewalk.com, die die aktuellsten Kunsttipps und Veranstaltungshinweise für New York enthalten. www.NYTheatre.com liefert nützliche Informationen zu den städtischen Theatern.

Theater

Die Theater der Stadt werden in die Kategorien Broadway, Off-Broadway und Off-Off-Broadway unterteilt, die sich zunächst schlicht auf die Anzahl der Sitzplätze beziehen: Unter 100 Sitzplätze bedeutet Off-Off, während Off-Broadway 100–500 Plätze vorweist. Die Lage der Theater wird damit nur vage bezeichnet: Die meisten Broadwaytheater liegen zwischen der 41st und 53rd St östlich und westlich des Broadway, die anderen Spielstätten sind über ganz Manhattan verteilt, mit weiteren Zentren im East und West Village, in Chelsea und den 40er und 50er Straßen westlich des Broadway-Theaterbezirks.

Für Theatergänger geben die Kategorien Aufschluss über die Höhe der Eintrittspreise, die Ausgefeiltheit der Inszenierung sowie das Maß an Eleganz und Komfort des Theaters – umgekehrt darf man in den kleineren Häusern ein größeres Maß an Innovation und Experimentierfreude erwarten.

Broadway – beschränkte sich jahrelang auf die werbewirksamen, bei Touristen so beliebten bombastischen Musicals, hat sich aber besonnen und zeigt nun auch anspruchsvollere Produktionen. Während der Rekord-Saison 1998–99 wurden Neuinszenierungen von Stücken der großen amerikanischen Dramatiker Eugene O'Neill, Tennessee Williams und Arthur Miller begeistert aufgenommen, außerdem zahlreiche britische Importe, darunter *Closer, Electra, The Weir, The Blue Room* – sehenswert schon allein aufgrund der groß angekündigten nackten Nicole Kidman – und auch einige Stücke von David Hare aufgeführt. Doch nach wie vor stellen auch mitreißende, fantasievolle Musicals, wie *The Lion King, Rent, Fosse, Chicago* und *Cabaret* echte Kassenschlager dar.

Off-Broadway – weniger glamourös, aber der beste Ort zur Talentsuche. Hier wird abenteuerliches neues amerikanisches Theater gezeigt, darunter sensationelle Bühnenereignisse wie *Wit* oder *How I learned to Drive*. Der Off-Broadway inszeniert sozial engagiertes und politisches Theater, Satire, ethnisches Theater und Repertoirestücke, mit anderen Worten: alles, was am Broadway nicht zum Kassenschlager taugt. Aufgrund des geringeren Kostendrucks können die Häuser daneben auch als Testfeld für spätere Broadway-Erfolge fungieren.

Off-Off-Broadway schließlich bezeichnet Low-Budget-Produktionen, die nicht immer mit professionellen Schauspielern arbeiten und von Klassikern bis zu provokanter und experimenteller Performancekunst reichen. Wenn überhaupt Eintritt verlangt wird, kosten die Karten nur sehr wenig, und die Aufführungen variieren zwischen abstoßend und überaus begeisternd. Man kann sich anhand aktueller Kritiken orientieren. Das folgende Kapitel gibt einen Überblick über sehenswerte Spielstätten und Ensembles.

KARTEN – Die Eintrittspreise für Broadway-Shows reichen von $75 für die erste Reihe (manchmal sogar $100 für die gerade angesagtesten) bis $15 für einen Last-minute-Platz für ein Stück, das schon länger läuft. Die besten Plätze im Bereich Off-Broadway kosten $25–55. Für beide Kategorien gibt es verschiedene Möglichkeiten, an verbilligte Karten zu kommen. Off-Off-Vorstellungen sind selten teurer als $15.

Sofern man bereit ist, sich anzustellen, kann man am Tag der Vorstellung an den beiden **TKTS**-Schaltern des *Theater Development Fund*, ✆ 768-1818, um bis zu 50% vergünstigte Karten für Broadway und Off-Broadway kaufen – plus $2,50 Gebühren. Allerdings werden nur selten erst kürzlich angelaufene Stücke mit großer Nachfrage angeboten. Am Schalter am Times Square, Broadway, Ecke 47th St, herrscht meist größerer Andrang, geöffnet Mo–Sa 15–20 Uhr, für Matinees Mi und Sa auch 10–14 Uhr und So 11–19 Uhr. Am Schalter im Zwischengeschoss des 2 World Trade Center (bei Regen angenehmer) muss man mit etwas Glück kaum warten. Geöffnet Mo–Fr 11–17.30 und Sa 11–15.30 Uhr, So geschlossen; am Fr und Sa werden die Matinee-Karten für den darauf folgenden Tag verkauft. Beide Verkaufsstellen nehmen ausschließlich Bargeld oder Travellers Cheques an. Die beste Auswahl und die kürzesten Warteschlangen findet man am Di, Mi und Do vor.

Twofer-Ermäßigungsgutscheine gibt es im NYC & Company Convention and Visitors Bureau, in vielen Geschäften, Banken, Restaurants und Hotellobbys. Die Zeiten, in denen man mit den Gutscheinen zwei Theaterkarten zum Preis von einer bekam, sind längst vorbei. Doch auch heute noch gewährt man zwei Personen auf *Twofers* einen beträchtlichen Rabatt. Im Unterschied zu *TKTS* kann man mit *Twofers* Plätze reservieren. Für die begehrtesten Vorstellungen wird man jedoch auch auf diesem Weg keine Karten bekommen. Der **Hit Show Club**, 630 9th Ave, Ecke 44th St, ✆ 581-4211, vergibt ebenfalls Gutscheine, mit denen an der Theaterkasse bis zu 50% Ermäßigung gewährt wird.

Wer bereit ist, den vollen Preis zu zahlen, holt sich seine Karte entweder direkt an der Theaterkasse oder bestellt telefonisch bei einer der folgenden Agenturen:

Telecharge, ✆ 239-6200, außerhalb NY 800-432-7250;

Ticketmaster, ✆ 307-4100, außerhalb NY 800-755-4000;

Ticketron, ✆ 1-800/SOLD OUT, Mo–Fr, Broadway-Shows;

Tickets Central, ✆ 279-4200, tgl. 13–20 Uhr, Off- und Off-Off-Broadway-Theater.

Alle Agenturen verlangen eine mitunter beträchtliche Vorverkaufsgebühr. Bestellungen sind auch per Internet möglich über die Website von **Ticketmaster** 🖥 www.ticketmaster.com oder **Playbill-On-Line** 🖥 www.playbill.com.

Für einige ausverkaufte Shows sind auch Stehplätze am gleichen Tag für $10–20 erhältlich. Entsprechende Hinweise findet man in den Veranstaltungsheften.

OFF-BROADWAY – *Actor's Playhouse*, 100 7th Ave South, ☏ 463-0060. Theater im West Village, viele Stücke mit Schwulen-Thematik.

American Jewish Theater, 307 W 26th St, ☏ 633-9797. Jährlich vier klassische und moderne Produktionen mit jüdischen Themen.

Astor Place Theater, 434 Lafayette St, ☏ 254-4370. Seitdem in den 60ern Sam Shepard in seinen Stücken *The Unseen Hand* und *Forensic and the Navigators* selbst am Schlagzeug saß, wird immer wieder Aufregendes geboten. Seit 1992 läuft die exzentrische Performance-Show *Tubes* die Künstlergruppe Blue Man Group 🖥 www.blueman.com.

Brooklyn Academy of Music, 30 Lafayette Ave, Brooklyn, ☏ 718/636-4100. Trotz des Namens wird auf den drei Bühnen auch Theater gespielt. In den letzten Jahren wurden einige großartige Produktionen unter der Regie von Ingmar Bergman realisiert. Alljährlich im Herbst findet das Aufsehen erregende *Next Wave Festival* statt, mit Namen wie Robert Wilson, Robert LePage, Laurie Anderson und Pina Bausch. Etwas abgelegen, aber der Weg lohnt sich.

Daryl Roth Theatre, 20 Union Square East, 15th St, ☏ 239-6200. Veranstaltungsort von *De La Guarda*, eine zügellose *frat-party*, die sich vor allem in der Luft abspielt. Am besten zieht man alte Klamotten an und macht sich darauf gefasst, von durch die Luft wirbelnden Künstlern in luftige Höhen entführt zu werden.

Irish Repertory Theater, 132 W 22nd St, ☏ 727-2737. Zeigt Stücke von irischen Dramatikern oder mit irischen Themen.

Jane Street Theatre im Hotel Riverview Ballroom, 113 Jane St at West Side Hwy, ☏ 239-6200. Der weit im Westen des Meat Packing District gelegene kleine Veranstaltungsort im oberen Stockwerk hat die ungewöhnlichste, heißeste Show der Stadt auf die Bühne gebracht: Die deutsche Transsexuellen-Rockoper *Hedwig and the Angry Inch*.

The Joseph Papp Public Theater, 425 Lafayette St, ☏ 239-6200. Wichtiger Off-Broadway-Spielort in Downtown mit anspruchsvollen Stücken von jungen, meist amerikanischen Autoren und zudem die größte Shakespeare-Bühne. Im Sommer veranstaltet das Public das kostenlose *Shakespeare Festival* im *Delacorte Theater* unter freiem Himmel im Central Park, ☏ 539-8750. Karten gibt es jeweils am Tag der Vorstellung im Public und auch im Delacorte; auf lange Schlangen sollte man gefasst sein.

Manhattan Theater Club, 131 W 55th St, ☏ 581-1212. Eines der großen Theater in Midtown für neue Schauspielproduktionen, die nicht selten zum Broadway wechseln. Hier kann man sie noch in kleinerem Rahmen sehen.

New Amsterdam Theater, 214 W 42nd St, ☏ 307-4100. Disneys kürzlich renovierter, am Times Square gelegene Palast zeigt Julie Taymors fantastisches Werk *The Lion King*, das mit dem Tony-Award ausgezeichnet wurde.

Orpheum Theater, 126 2nd Ave, Ecke St. Mark's Place, ☏ 477-2477. Eines der größten Theater im East Village, inszeniert u.a. David Mamet und andere junge amerikanische Autoren, in den letzten Jahren trat hier die britische Percussion-Performance-Truppe *Stomp* auf.

St Luke's Church, 308 W 46th St, ☏ 239-6200. Nach einem Jahrzehnt im West Village wird die Komödie *Tony'n'Tina's Wedding* nun in der Nähe des Times Square aufgeführt: Eine italienisch-amerikanische Hochzeit – mit dem Publikum als Gästen. Nach der pompösen Trauung geht es zur Feier und zum Festmahl in den Vinnie Blacks Vegas Room im Hotel Edison. Der Leichenschmaus ist im Eintrittspreis von $65–75 inbegriffen.

Studio 54, 524 W 54th St, ☏ 239-6200. Das legendäre Disco-Mekka wurde kürzlich in den perfekten Schauplatz für die mit dem Tony-Award ausgezeichnete Neuinszenierung von *Cabaret* umgewandelt.

Sullivan St Playhouse, 181 Sullivan St, ☏ 674-3838. In Greenwich Village läuft seit 1960 *The Fantasticks* – das Stück mit der längsten Spielzeit in der amerikanischen Theatergeschichte.

Vivian Beaumont Theater and Mitzi E. Newhouse Theater, Broadway, Ecke 65th St im Lincoln Center, ☏ 239-6200. Von der Größe her eigentlich ein Broadway-Theater, aber – geo-

graphisch wie qualitativ – weit genug vom Times Square entfernt, um als Off-Broadway zu gelten. Neue Stücke von Stoppar, Guare und Kollegen.
Westside Theater, 407 W 43rd St, ✆ 239-6200. Kleines Kellertheater, das für seine Inszenierungen von Shaw, Wilde, Pirandello etc. bekannt ist.

OFF-OFF-BROADWAY UND PERFORMANCE-BÜHNEN

– ***Samuel Beckett Theater***, 410 W 42nd St, ✆ 332-0894. Klassisches und neueres Repertoire.
Bouwerie Lane Theatre, 330 Bowery, Ecke Bond St, ✆ 677-0060. Heimstätte des Jean-Cocteau-Repertoiretheaters, das Stücke von Genet, Sophocles, Shaw, Strindberg, Sartre, Wilde, Williams usw. auf die Bühne bringt.
Dixon Place, 258 Bowery, zwischen Prince und Houston St, ✆ 219-3088. Sehr beliebte kleine Bühne in einem Loft, die sich dem experimentellen Theater verschrieben hat. Einmal im Monat steht die Bühne im Dixon Place der Öffentlichkeit zur Verfügung. Die ersten zehn Besucher können sich eintragen und auftreten.
Expanded Arts, 85 Ludlow St, zwischen Delancey und Broome St, ✆ 253-1813. In der Lower East Side angesiedelt produziert diese Bühne den Sommer über auch kostenlose Shakespeare-Freilichtaufführungen im Rahmen einer Serie *Shakespeare in the Park(ing Lot)* auf einem öffentlichen Parkplatz.
Franklin Furnace, 112 Franklin St, ✆ 925-4671. Archiv in TriBeCa mit Schwerpunkt Installation und Performance. Hier haben gefeierte Künstler wie Karen Finley und Eric Borgosian angefangen. Performances finden in angeschlossenen Veranstaltungsorten in Downtown statt.
Here, 145 6th Ave, Spring St, ✆ 647-0202. Relativ neuer Veranstaltungsort am westlichen Rand von SoHo.
Hudson Guild Theater, 441 W 26th St, zwischen 9th und 10th Ave, ✆ 760-9800. Führt junge amerikanische und europäische Autoren auf.
The Kitchen, 512 W 19th St, zwischen 10th und 11th Ave, ✆ 255-5793, 🖥 www.panix.com/~kitchen. Etabliertes Theater in Chelsea Avantgarde-Performance, Theater, Musik und Tanz.
Knitting Factory, 74 Leonard St, zwischen Broadway und Church St, ✆ 219-3006, 🖥 www.knittingfactory.com. Das *Knit* ist ein sehr beliebter alternativer Veranstaltungsort für Konzerte; seit dem Umzug nach TriBeCa werden im *Alterknit Theater* Theater und Performance geboten.
La Mama E.T.C. (Experimental Theater Club), 74A E 4th St, zwischen Bowery und 2nd Ave, ✆ 475-7710. Off-Off-Theater in Reinkultur: Die Theater-, Performance- und Tanzaufführungen gehören zum Provokantesten und Innovativsten, was in den letzten 30 Jahren in der Stadt zu sehen war.
Nuyorican Poets Cafe, 236 E 3rd St, zwischen Ave B und C, ✆ 505-8183. Seit einigen Jahren ist das *Nuyorican* in Alphabet City einer der meistbeachteten Performance-Bühnen der Stadt. Berühmt wurde es durch seine Poetry-Slams, aber auch Theater- und Drehbuchlesungen werden veranstaltet, mitunter mit bekannten Downtown-Stars.
Ontological-Hysteric Theater at St. Mark's Church, 131 E 10th St, 2nd Ave, ✆ 533-4650. Die Produktionen gehören zum besten radikalen Theater der Stadt; berühmt wurde das Haus durch die Arbeiten der Theaterlegende Richard Foreman.
Performing Garage, 33 Wooster St, ✆ 966-3651. Die angesehene experimentelle *Wooster Group* – der auch Willem Dafoe angehörte – ist regelmäßig hier in SoHo zu sehen.
P.S. 122, 150 1st Ave, Ecke 9th St, ✆ 477-5288. Gleichbleibend beliebtes Theater in einem umgebauten Schulgebäude im East Village; der Spielplan ist vollgepackt mit Performance, Tanz und Ein-Personen-Shows.
Surf Reality, 172 Allen St, zwischen Stanton und Rivington St, ✆ 673-4182. Performance und Comedy aller Art in der Lower East Side.
Theater for the New City, 155 1st Ave, Ecke 10th St, ✆ 254-1109. Verfolgt stets neue Entwicklungen und integriert Tanz, Musik und Lyrik ins Theater. Im Sommer kostenlose Freiluftaufführungen an verschiedenen Orten sowie Ende Mai Veranstaltungsort des Lower East Side Festival of the Arts.

Thread Waxing Space, 476 Broadway, ✆ 966-9774. In dieser alten Fabrik in SoHo werden überwiegend Konzerte veranstaltet, gelegentlich auch Performance-Veranstaltungen.

WPA Theater, 519 W 23rd St, ✆ 206-0523. Der *Workshop of the Players Art* inszeniert vergessene amerikanische Klassiker und Realisten, viele aus dem Süden. Der Stil gilt als von Stanislawski beeinflusst.

Tanz

Mit dem erstaunlichen Erfolg aktueller Shows wie *Fosse, Tap Dogs, Riverdance* sowie sämtlicher Darbietungen von Savion Glover gewinnt der Tanz in New York zunehmend an außerordentlicher Beliebtheit. Auch in dieser Sparte ist die Bandbreite des Angebotes beeindruckend. New York beheimatet fünf große Ballettensembles, Dutzende moderner Truppen und unzählige unabhängige Tänzerinnen und Tänzer. Hier lässt sich für jeden Geschmack etwas Interessantes finden. Veranstaltungshinweise finden sich in den üblichen Publikationen sowie im *Dance Magazine*. Die offizielle Tanzsaison dauert von September bis Januar und von April bis Juni. Hier folgen einige der wichtigsten Veranstaltungsorte für Tanz. Viele der kleineren und ausgefalleneren Truppen treten auch auf Bühnen auf, die unter „Off-Off-Broadway und Performance" genannt wurden, z.B. im *Kitchen* oder im *P.S.122*. Im Dezember findet im Walter Reade Theater im Lincoln Center das alljährliche Tanzfilmfest **Dance on Camera Festival**, ✆ 727-0764, statt.

Brooklyn Academy of Music, 30 Lafayette St, zwischen Flatbush Ave und Fulton St, Brooklyn, ✆ 718/636-4100. Das *BAM* ist Amerikas älteste Schule für darstellende Künste und eine der produktivsten und innovativsten Bühnen in New York. Im Herbst werden im Rahmen des *Next Wave Festival* die aufregendsten internationalen Produktionen im Bereichen Avantgarde-Tanz und -Musik in die Stadt geholt, und im Frühjahr wird seit 20 Jahren *DanceAfrica* veranstaltet, das größte Festival Amerikas für afrikanischen und afroamerikanischen Tanz und Kultur. Ein toller Ort, für den sich der Weg über den East River lohnt.

City Center, 131 W 55th St, zwischen 6th und 7th Ave, ✆ 581-1212 oder 581-7907. Hier treten die bedeutendsten Modern-Dance-Truppen auf: die Merce Cunningham Dance Company, die Paul Taylor Dance Company, das Alvin Ailey American Dance Theater, das Joffrey Ballet und das Dance Theater of Harlem.

Cunningham Studio, 55 Bethune St, Ecke Washington St, ✆ 726-3432. Der relativ neue Sitz der Merce Cunningham Dance Company zeigt einmal pro Woche Produktionen aufstrebender moderner Choreographen.

Dance Theater Workshop's Bessie Schönberg Theater, 219 W 19th St, zwischen 7th und 8th Ave, ✆ 924-0077, 🖥 www.dtw.org. Wurde 1965 als Choreographen-Kollektiv gegründet, um junge, alternative Tanzkunst zu fördern. Heute bietet das DTW pro Saison über 175 Vorstellungen mit beinahe 70 Künstlern und Truppen. In der Fabriketage muss niemand vor Ehrfurcht erstarren und die Eintrittspreise sind ausgesprochen günstig.

Danspace Project, St. Mark's-Church-in-the-Bowery, 131 E 10th St, Ecke 2nd Ave, ✆ 674-8194. Experimenteller moderner Tanz in einem bemerkenswert schönen Theater; die Saison dauert von September bis Juni.

The Joyce Theater, 175 8th Ave, Ecke 19th St, ✆ 242-0800. Das Joyce in Chelsea ist vermutlich die bekannteste Tanzbühne in Downtown. Hier treten viele renommierte Truppen auf wie Pilobus, die Parsons Dance Company and Donald Byrd / The Group. Ein Ableger wurde in SoHo eröffnet, 155 Mercer St, zwischen Prince und Houston St, ✆ 431-9233.

The Judson Church, 55 Washington Square South, Thompson St, ✆ 477-6854. Experimenteller Tanz in historischer Kulisse in Greenwich Village.

Julliard Dance Workshop, Julliard Theater, W 65th St, Ecke Broadway, ✆ 799-5000155. Der Fachbereich Tanz der Julliard School bietet oft kostenlose Vorstellungen.

Lincoln Center's Fountain Plaza, 65th St, Höhe Columbus Ave, ✆ 875-5766. Open-Air-Sommerbühne; hier findet die äußerst beliebte

Tanzreihe *Midsummer Night Swing* statt, bei der man für nur $11 allabendlich verschiedene Tänze – von Polka bis Rockabilly – erlernen und eine Tanzvorstellung erleben kann.

Metropolitan Opera House, 65th St, Höhe Columbus Ave, im Lincoln Center, ✆ 362-6000. Sitz des berühmten American Ballet Theater, das hier von Anfang Mai bis Juli zu sehen ist. Die Eintrittspreise für einen Ballettabend in der *Met* reichen von über $100 für die besten Plätze bis zu $15 für Stehplätze, die am Morgen des Tages der Vorstellung verkauft werden.

New York State Theater, 65th St, Höhe Columbus Ave, im Lincoln Center, ✆ 870-5570. An der zweiten großen Ballettbühne des Lincoln Center ist das legendäre New York City Ballet beheimatet, das im Frühling neun Wochen lang hier auftritt.

Pace Downtown Theater, Spruce St, zwischen Park Row und Gold St, ✆ 346-1715. Aufführungsort der Yangtze Repertory Theatre Company, die Werke asiatischer Choreographen auf die Bühne bringt.

92nd Street Y, 1395 Lexington Ave, Ecke 92nd St, ✆ 415-5552. Im Harkness Dance Center des Y finden Vorstellungen und Gesprächsabende statt, oftmals kostenlos.

Klassische Musik und Oper

Die klassische Musik spielt in New York eine große Rolle. Viele Konzerte sind innerhalb kürzester Zeit ausverkauft. An Sommerabenden können sich Hunderttausende von Musikliebhabern im Central Park versammeln, um die New Yorker Philharmoniker – bei freiem Eintritt – live zu erleben. Das Angebot ist groß, und wer nicht gerade die großen Namen sehen will, kann relativ problemlos Karten bekommen.

OPERN – ***Amato Opera Theater***, 319 Bowery, 2nd St, ✆ 228-8200. Konzertbühne in Downtown mit anspruchvollem und breit gefächertem Klassik-Repertoire; hier sind aufstrebende junge Sänger und Dirigenten zu sehen. Vorstellungen nur am Wochenende, im Sommer geschlossen.

Juilliard School, 60 Lincoln Center Plaza, Ecke Broadway, 65th St ✆ 769-7406. Unmittelbar neben der *Met* spielen die Schüler der *Juilliard School* oft unter Leitung eines berühmten Dirigenten; gewöhnlich niedrige Eintrittspreise.

Metropolitan Opera House, Columbus Ave, Ecke 64th St, Lincoln Center, ✆ 362-6000. Die *Met* ist New Yorks größtes Opernhaus und beherbergt von September bis Ende April die Metropolitan Opera Company. Karten sind teuer und schwierig zu bekommen. Samstagmorgens ab 10 Uhr werden 175 Stehplätze für $11–15 verkauft – für besonders begehrte Vorstellungen muss man sich schon in den frühen Morgenstunden anstellen.

The New York State Theater, ebenfalls im Lincoln Center, ✆ 870-5570. Beverley Sills' New York City Opera steht im Schatten der übermächtigen *Met*. Das breit gefächerte und innovative Programm ist von unterschiedlicher Qualität, dafür sind die Karten nur halb so teuer wie für die *Met*.

KONZERTSÄLE – ***The Avery Fisher Hall***, im Lincoln Center, ✆ 875-5030, 🖥 www.newyorkphilharmonic.org. Ständiger Sitz der *New York Philharmonic* und Bühne für Gastauftritte zahlreicher Orchester und Solisten. Eintrittspreise für die Philharmoniker: $12–50. Eine preiswerte und faszinierende Möglichkeit, die Philharmoniker zu erleben, sind an Konzerttagen die Generalproben um 9.45 Uhr; Eintritt $6, Reservierungen nicht möglich. Alljährlich im August findet in der Avery Fisher Hall das beliebte Festival *Mostly Mozart* statt, ✆ 875-5103.

The Alice Tully Hall, ✆ 875-5050, im Lincoln Center, ist ein kleinerer Saal für Kammermusik, Streichquartette und Solisten. Preise wie der Avery Fisher Hall.

Brooklyn Academy of Music, 30 Lafayette Ave (Nähe Flatbush Ave, Brooklyn, ✆ 718/636-4100. s.S. 360, Tanz.

Bargemusic, Fulton Ferry Landing, Brooklyn, ✆ 718/624-4061. Kammermusik jeden Do und Fr um 19.30, So um 16 Uhr, in wunderbarer Lage am Fluss unterhalb der Brooklyn Bridge. Eintritt $23, Senioren $20, Studenten $15.

Cathedral of St. John the Divine, 1047 Amsterdam Avenue, 112th St, ☏ 662-2133. Wundervoller Uptown-Veranstaltungsort sowohl für klassische als auch für New-Age-Konzerte. Eintritt von kostenlos bis $60; Genaueres telefonisch erfragen.

Carnegie Hall, 154 W 57th St, Ecke 7th Ave, ☏ 247-7800. Die größten Namen der Musikgeschichte aus allen Sparten sind hier aufgetreten: von Tschaikowsky und Toscanini bis zu Gershwin und Billie Holiday. Wurde erst kürzlich von Alex Ross im *The New Yorker* als „einer der besten Orchesterkonzertsäle des Planeten" bezeichnet.

Kaufman Concert Hall, im *92nd St Y,* 1395 Lexington Ave, ☏ 996-1100.

Lehman Center for the Performing Arts, Bedford Park Boulevard, Bronx, ☏ 718/960-8232. Großartige Konzerthalle mit Künstlern von Weltrang.

Merkin Concert Hall, 129 W 67th St, zwischen Broadway und Amsterdam Ave, ☏ 501-3330.

Symphony Space, 2536 Broadway, Ecke 95th St, ☏ 864-5400.

Town Hall, 123 W 43rd St, zwischen 6th und 7th Ave, ☏ 840-2824.

Cabaret und Comedy

Cabaretbühnen und Comedy-Clubs gibt es in New York im Überfluss. Die Programme reichen von Stand-up und improvisierter Comedy (für ihren schlagfertigen Witz sind die New Yorker bekannt) bis zu singenden Kellnern und Kellnerinnen, von denen viele eine Bühnenausbildung besitzen und auf den großen Durchbruch warten. Die meisten Clubs bieten an Wochentagen eine und am Wochenende zwei Shows pro Abend. Über den Eintrittspreis hinaus ist ein Mindestverzehr von zwei Drinks

Kostenlose Sommerkonzerte

Angesichts der hohen Eintrittspreise für Konzerte ist es sehr erfreulich, dass daneben zahlreiche kostenlose Veranstaltungen geboten werden, besonders im Sommer.

The SummerStage Festival, ☏ 360-2777, 🖥 www.SummerStage.org, im Central Park, ist eine hervorragende Konzertreihe in verschiedenen Musikrichtungen, die auf dem Rumsey Playfield, nahe dem Eingang 72nd St, Ecke 5th Ave, veranstaltet wird. Das Programm liegt an verschiedenen Orten aus und wird auch im *Time Out New York* und der *Village Voice* abgedruckt. Die **New York Grand Opera** führt im Rahmen des SummerStage Festivals an bestimmten Mittwochabenden Verdi-Opern auf. Der Central Park ist außerdem einer der Hauptschauplätze der Konzertreihe **New York Philharmonic's Concerts in the Park**, ☏ 875-5709, die im Juli Konzertveranstaltungen mit Feuerwerken in allen Stadt- und Außenbezirken umfasst, sowie der vergleichbaren Reihe **Met in the Parks**, ☏ 362-6000, im Juni.

Den ganzen Sommer über bietet das **Lincoln Center Out-of-Doors**, ☏ 875-5108, Musik- und Tanzvorstellungen auf der Plaza, während auf dem Rasen des herrlich geschmückten Bryant Parks Konzerte veranstaltet werden.

Unter dem Titel **Summergarden**, ☏ 708-9480, werden im Skulpturengarten des MoMA im Juli und August freitags und samstags abends Konzerte geboten.

Jazz und R&B sind im Juli und August mittags und abends im Rahmen des **Center-Stage at the World Trade Center**, ☏ 435-4170, in Downtown zu hören.

Das **Washington Square Music Festival**, ☏ 431-1088, im Village, hat den Juli über jeden Dienstag ab 20 Uhr Klassik- sowie Jazzkonzerte auf dem Programm.

Im Juli und August wird die Muschel im Prospect Park, die Prospect Park Bandshell zur Bühne des **Celebrate Brooklyn Festival**. Hier waren schon so unterschiedliche Darbietungen wie das *Piccolo Teatro dell' Opera* mit einer Othello-Aufführung und das Brooklyn Gospel Festival zu sehen.

üblich. Neben den hier aufgeführten bekanntesten Veranstaltungsorten gibt es eine Reihe kleinerer Clubs, eine Vielzahl von Bars und Bühnen über die ganze Stadt verteilt. Im *Time Out New York* und dem *New York Magazine* findet man entsprechende Informationen.

Asti, 13 E 12th St, ✆ 741-9105. Seit 70 Jahren gibt es das Restaurant im East Village, das täglich Live-Unterhaltung mit professionellen Opernstars und singenden Kellnern offeriert. Für einen ausgelassenen Abend mit Spaßgarantie. Kein Eintritt, ab August den Sommer über geschlossen.

Boston Comedy Club, 82 W 3rd St, zwischen Thompson und Sullivan St, ✆ 477-1000. Alteingessener Club im Herzen des Village, in dem es reichlich turbulent zugeht. Manchmal wird man sogar auf der Straße von MC Lewis Schaffer angesprochen, der gerade Publikum zusammentrommelt. Eintritt So–Do $8, Fr–Sa $12. Mindestverzehr 2 Drinks.

Brandy's Piano Bar, 235 E 84th St, zwischen 2nd und 3rd Ave, ✆ 650-1944. Kleine Pianobar in der Upper East Side mit Barkeepern und Kellnerinnen, die bekannte Broadway-Hits und alte Fernsehmelodien singen. Beginn um 21.30 Uhr; Eintritt frei, an den Tischen 2 Drinks Mindestverzehr.

Caroline's on Broadway, 1626 Broadway, Ecke 49th St, ✆ 757-4100. Auch nach seinem Umzug vom Seaport zum Times Square bringt das *Caroline's* die besten Stand-up-Künstler der Stadt auf die Bühne. So–Do $12–15, Fr und Sa $17–21,50. Mindestverzehr 2 Drinks. Im Obergeschoss gibt es ein Restaurant, das *Comedy Nation*.

Chicago City Limits Theater, 1105 1st Ave, Ecke 61st St, ✆ 888-5233. New Yorks ältester Club mit Improvisations-Comedy, an Wochentagen eine, am Wochenende 2 Vorstellungen pro Abend. Di geschlossen. Eintritt $20, montags $10.

Comedy Cellar, 117 MacDougal St, zwischen W 3rd und Bleecker St, ✆ 254-3480. Beliebter Comedy Club in Greenwich Village, den es seit nahezu 20 Jahren gibt. Bis in die frühen Morgenstunden geöffnet; So–Do $5, Fr und Sa $12. Mindestverzehr 2 Drinks.

Comic Strip Live, 1568 2nd Ave, zwischen 81st und 82nd St, ✆ 861-9386. Berühmtes Sprungbrett für Kabarettisten und junge Sänger, auf die eine große Karriere wartet. So–Do $8, Fr und Sa $12. Mindestverzehr 2 Drinks.

Dangerfield's, 1118 1st Ave, zwischen 61st und 62nd St, ✆ 593-1650. Bühne für junge Talente im Stil der Las-Vegas-Shows; wurde vor 20 Jahren von Rodney Dangerfield gegründet. Eintritt $12,50–15. Kein Mindestverzehr.

Don't Tell Mama, 343 W 46th St, zwischen 8th und 9th Ave, ✆ 757-0788. Lebhafte und gesellige Pianobar und Cabaret in West Midtown mit aufstrebenden Stars und singenden Kellnerinnen. Shows um 20 und 22 Uhr; Eintritt variiert, Mindestverzehr 2 Drinks.

Duplex, 61 Christopher St, 7th Ave, ✆ 255-5438. Cabaret im West Village, von vielen Touristen besucht und mit schwulem Publikum, das gerne feiert. Hier wurde Joan Rivers entdeckt. Unten eine ausgelassene Pianobar, im Obergeschoss eine Cabaretbühne. Freitags abends gibt es eine „Star Search"-Show. Geöffnet 16–4 Uhr; Eintritt $3–12, Mindestverzehr 2 Drinks.

Gladys' Comedy Room, im hinteren Raum von Hamburger Harry's, 145 W 45th St, zwischen Broadway und 6th Ave, ✆ 832-1762, 840-0566. Dieser kleine, seit zehn Jahren bestehende Comedy Club bietet am Do, Fr und Sa Shows und mittwochs ab 19 Uhr eine „Open-Mike"-Nacht. Mindestverzehr pro Person $5.

Gotham Comedy Club, 34 W 22nd St, zwischen 5th und 6th Ave, ✆ 367-9000. Groß aufgemachter und geräumiger Club im Flatiron District. So–Do $8, Fr und Sa $12; Mindestverzehr 2 Drinks.

The Original Improv, Danny's Skylight Room, 346 W 46th St, zwischen 8th und 9th Aves, ✆ 475-6147. Junge Comedy- und Gesangstalente; wie der Name schon sagt, meist mit improvisiertem Programm. Eintritt $12; Mindestverzehr $10. Vorstellungen Fr und Sa um 22.45 und So um 14 Uhr.

Stand Up New York, 236 W 78th St, Ecke Broadway, ✆ 595-0850. Bühne in der Upper West Side für etablierte Komiker, die oft schon bei Jay Leno oder David Letterman aufgetreten sind. Wochentags eine, am Wochenende 3 Shows pro Abend. Fr und Sa $12, sonst $7; Mindestverzehr 2 Drinks.

Film

New York ist dabei, sich in ein Mekka für Kinoliebhaber zu verwandeln. In der ganzen Stadt schießen moderne Filmtheater aus dem Boden, und für die nächsten paar Jahre sind über hundert neue Leinwände geplant. Die meisten davon werden riesige Filmpaläste mit dem Charme eines Großflughafens zieren, die allerdings den Vorteil eines großartigen Sounds, äußerst bequemer Sitzgelegenheiten und einer perfekten Sicht von Stadion-ähnlichen Sitzreihen aus bieten. Erleben kann man dieses Ambiente bereits in den vor kurzem errichteten Multiplexen am Union Square und an der Kips Bay. Times Square, wo die Kinos, mit Ausnahme des riesigen **Astor Plaza**, 44th St, Höhe Broadway, ✆ 869-8340, und des neueren **State Theater** mit vier Sälen, im Virgin Megastore, 1540 Broadway, ✆ 391-2900, gewöhnlich klein, laut und kaum zu empfehlen waren, wird (zum Leidwesen des einen oder anderen) im Zuge der Anpassung an das inzwischen anspruchsvollere Kinopublikum generalüberholt. Kino mit mehr Charakter bietet das ehrwürdige **Ziegfeld**, 54th St, Ecke 6th Ave, ✆ 765-7600, ein altmodischer Filmpalast in Midtown, der jeden Film zum Ereignis macht. Ebenfalls einen Besuch wert ist das **Paris Fine Arts**, 58th St, Ecke 5th Ave, ✆ 980-5656, schon wegen der altmodischen Logen.
Neue ausländische und Independent-Filme zeigen das **Lincoln Plaza** auf der Upper West Side, Broadway, auf der Höhe 62nd St, ✆ 757-2280, mit 6 Sälen; das immerzu beliebte, jedoch nachlassende **Angelika Film Center** Houston, Ecke Mercer St, ✆ 995-2000, mit 6 Sälen und dessen Café in der Lobby in, das kleinere **Quad**, 13th St, 6th Ave, ✆ 255-8800, das **Cinema Village**, 22 East 12th St, ✆ 924-3363, mit drei Leinwänden, oder das neue **Screening Room** in TriBeCa, 54 Varick St, Canal St, ✆ 334-2100, mit eigener Cocktailbar und Restaurant, oder die Academy of Music in Brooklyn, die kürzlich das vier Leinwände umfassende **Rose Theater**, 🖥 www.bam.org eröffnete. Das **Film Forum** (s.u. „Programmkinos") zeigt eine sehr beliebte Auswahl neuerer Low-Budget- und Dokumentarfilme. Imax-Filme – sowohl 3-D als auch 2-D – sind am **Sony Lincoln Square**, Broadway, 68th St, ✆ 336-5000, in der Nähe des Lincoln Center zu sehen.

Über die **Programme** der übrigen Kinos informieren *Village Voice* oder die *New York Press* (beide kostenlos, *Time Out New York,* oder die Freitagsausgaben der Tageszeitungen, in denen die Kritiken zu finden sind. Die Wochenmagazine *New York* und *The New Yorker* listen die Filme auf, geben aber keine Uhrzeiten an. Die Angaben in den Zeitungen sind nicht immer ganz korrekt, aber unter ✆ 777-FILM oder 🖥 www.moviefone.com kann man verbindliche Auskünfte zu Theater- und Filmveranstaltungen einholen.
Der **Preis** für eine Kinokarte ist in letzter Zeit auf bis zu $9,50 gestiegen, und in Manhattan gibt es weder ermäßigte Matinees noch Kinotage. Wer knapp bei Kasse ist, dem bleibt immerhin das **Worldwide**, 50th St, zwischen 8th und 9th Ave, ✆ 504-0960, das in 6 Sälen die neuesten Filme schon kurz nach ihrem Start zeigt, und das für ganze $3,50. Generell sind die Kinos freitags und samstags sehr voll, und die begehrten Karten für Neustarts können dann schon vormittags ausverkauft sein.

FESTIVALS – In New York wird anscheinend ständig irgendwo ein Filmfestival veranstaltet. Das größte und bekannteste ist das **New York Film Festival,** das ab Ende September über zwei Wochen in der Alice Tully Hall des Lincoln Center läuft und auf jeden Fall einen Besuch lohnt. Zwar sind die Karten für die begehrtesten Filme schon Mitte September ausverkauft, aber oft kann man unmittelbar vor der Vorführung Tickets von Privatpersonen zum Originalpreis kaufen – vor allem wenn der Film in der *New York Times* verrissen wurde. Zu weiteren Festivals zählen das **New York Jewish Film Festival** im Januar, das **New Directors / New Films Festival** im Museum of

Modern Art und das Downtown-Pendant **Underground Film Festival**, beide im März, das **GenArt Film Festival** mit amerikanischen Independent-Produktionen, das **Women's Film Festival** und das **Avignon / New York Festival** mit französischen und amerikanischen Filmen im April, das **Docfest** (International Documentary Festival), das **Human Rights Watch Film Festival**, das **Lesbian and Gay Film Festival** und das **Sierra Club Film & Video Festival** im Juni, letzteres mit engagierten Filmen zum Thema Umweltschutz, das **Asian American International Film Festival** und das **New York Video Festival** im Juli, das **Harlem Week Black Film Festival** im August, die **Hong Kong Film Series** im Cinema Village im August und September und das **Margaret Meade Festival** mit anthropologischen Filmen im Museum of Natural History im Oktober.

PROGRAMMKINOS – Nach Paris ist New York vermutlich der Ort mit dem größten Angebot an alten Filmen, wenn sich auch die Kinolandschaft im vergangenen Jahrzehnt deutlich verändert hat. Die alten Filmtheater, die angeschrammte Kopien alter Klassiker und neuere cineastischen Perlen zeigten, sind verschwunden: Die letzten schlossen in den 90ern, darunter das heiß geliebte *Theater 80 St. Mark's*. Ihre Funktion hat eine beeindruckende Anzahl von Museen und Programmkinos übernommen, die eine einfallsreiche Filmauswahl bieten, darunter Retrospektiven einzelner Regisseure oder Schauspieler, Filmreihen zu bestimmten Ländern oder speziellen Themen. Die Atmosphäre in diesen Kinos reicht von angestaubt-akademisch bis zu höchstvergnüglich, doch allen gemeinsam ist die gute Qualität der Kopien (Ausnahmen bestätigen die Regel) und ein gewisses Sendungsbewusstsein. Wer Glück und die richtige Reisezeit erwischt hat, kann eine Retrospektive seines Lieblingsregisseurs sehen, seinen ganz persönlichen Leinwandhelden – oder eben jenen litauischen Stummfilmzyklus, den man schon immer mal anschauen wollte.

Die Programme sind den oben genannten Zeitschriften zu entnehmen. Die folgenden Kinos und Museen haben an der Kasse Vorschauen ausliegen.

The American Museum of the Moving Image, 35th Ave, 36th St, Astoria Queens, ✆ 718/784-0077. Zu den Filmvorführungen am Wochenende (nur tagsüber) sowie natürlich für das Museum selbst lohnt sich der Weg nach Queens, der gar nicht so weit ist, wie es klingt: Wegbeschreibung unter ✆ 718/784-4777. Gezeigt werden u.a. Retrospektiven zu Regisseuren und Stummfilme.

Anthology Film Archives, 32 2nd Ave, 2nd St, ✆ 505-5181, 🖥 www.arthouseinc.com/anthology. Diese Bastion des Experimentalfilms mit einem Programm, jetzt eigenwilliger denn je, von Grunge-Kurzfilmen aus dem East Village, Retrospektiven und der ganzjährigen Reihe *Essential Cinema* bis zum besten, was die internationale Kunstfilmszene zu bieten hat.

Der **Millennium Film Workshop** um die Ecke, East 4th St, zwischen 2nd Ave und Bowery, ✆ 673-0090, pflegt ebenfalls den Experimentalfilm und zeigt gelegentlich neue abstrakte und Avantgarde-Filmarbeiten. Ansonsten werden hier Kurse für Low-Budget-Filmproduktion angeboten.

Film Forum, 209 W Houston, zwischen 6th und 7th Ave, ✆ 727-8110, 🖥 www.filmforum.com. In drei gemütlichen Sälen wird ein exzentrisches, aber sehr beliebtes Programm geboten: Independent-Produktionen, Dokumentarfilme und ausländische Filme auf 2 Leinwänden, während das *Film Forum 2* auf Stummfilmkomödien, schrille Klassiker und Kultregisseure spezialisiert ist. Mit Cappuccino, Popcorn und einem interessanten Publikum ist das Forum auf jeden Fall einen Besuch wert.

The Museum of Modern Art, 11 W 53rd St, ✆ 708-9480, 🖥 www.moma.org. Bei Cineasten bekannt für seine unerschöpfliche Filmsammlung, sein hervorragendes Programm und sein Stammpublikum aus mürrischen Senioren. Die Filme reichen von Hollywood-Screwball-Komödien bis handcolorierten Super-8-Filmen; der Kinobesuch ist im Eintritt zum MoMa inbegriffen.

Walter Reade Theater, 65th St, zwischen Broadway und Amsterdam Ave, ✆ 875-5600, www.filmlinc.com. Wird von der Film Society des Lincoln Center betreut und ist einfach das beste Kino der Stadt, um einen großen Film zu sehen. 1991 eröffnet, bietet das wunderschöne, moderne Theater perfekte Sicht, eine große Leinwand und bestechenden Ton und verleiht damit dem Kino den ihm gebührenden Rahmen innerhalb des Lincoln Center. Der Schwerpunkt liegt auf ausländischem Kino und den großen Autoren.

SONSTIGES – Man fühlt sich ins Paris der 50er Jahre zurückversetzt, wenn man sich in einen der jüngst in ereignisreicheren Stadtteilen, wie Williamsburg in Brooklyn oder der Lower East Side, eröffneten Cine-Clubs begibt. Diese Clubs, z.B. **Cinema Classics**, 675-6692, die **Cine-Noir Film Society**, 253-1922, und **Ocularis**, 718-388-8713, zeigen einmal pro Woche in den Hinterzimmern von Bars und Buchhandlungen ausgewählte Filme.
Im Sommer gibt es montags bei Sonnenuntergang kostenloses Open-Air-Kino im **Bryant Park**, 6th Ave, 42nd St, 512-5700, mit Hollywood-Klassikern und Publikumsrennern.
Das **River Flicks** an den neuen Chelsea Piers (Pier 62, W 23rd St) zeigt im Sommer mittwochs abends Klassiker, in denen das Meer eine Rolle spielt, wie z.B. *Jaws (Der weiße Hai)* oder *The Poseidon Adventure (Die Höllenfahrt der Poseidon)*.
Das **Symphony Space**, 2537 Broadway, 95th St, 864-5400, in dem normalerweise Konzerte stattfinden, zeigt einmal pro Woche beliebte Klassiker, und auch die **Knitting Factory**, 74 Leonard St, 219-3055, bietet gelegentlich Stummfilmvorführungen mit moderner Live-Musikbegleitung.
Das **Whitney Museum of American Art**, (s.S. 245) zeigt im Rahmen laufender Ausstellungen regelmäßig Experimentalfilme.
Deutsches, asiatisches, japanisches und französisches Kino ist in den entsprechenden Kulturinstituten zu sehen: **Goethe Institute**, 1014 5th Ave, 439-8700, **Asia Society**, 725 Park Ave, 70th St, 517-2742, **Japan Society**, 333 E 47th St, 832-1155, und **French Institute**, 55 E 59th St, 355-6160.
Für Nachteulen gibt es freitags und samstags Mitternachtsvorführungen im **Angelika Film Center** und im **Screening Room** (s.o.).
Erwähnt werden soll schließlich noch eine New Yorker Institution, die *Rocky Horror Picture Show,* die um Mitternacht im **Village East** läuft, 189 Second Ave, 12th St, 529-6799.

Sport und Freizeitaktivitäten

Da New York als die Medienhauptstadt der Welt gilt, ist es angesichts der immer enger werdenden Beziehung zwischen Medien und **Sport** nicht weiter verwunderlich, dass New York zumindest die „Sportstadt" Nr. 1 in Amerika ist. Die Zeitungen der Stadt leisten sich einen umfangreichen Sportteil, und die Fernsehsender übertragen fast alle Profispiele der vier wichtigsten amerikanischen Mannschaftssportarten: Baseball, Football, Basketball und Eishockey (das hier nur *hockey* heißt).

Wer sich ein Spiel ansehen will, muss feststellen, dass Karten manchmal schwer zu bekommen, gar nicht erhältlich oder und nicht ganz billig sind. Insbesondere Sportbars sind eine gute Alternative zum Stadionbesuch, besonders wenn sie mit Großbildschirmen ausgestattet sind (s.S. 374).

Freizeitsport muss nicht teuer und kann sogar kostenlos sein. Man kann schwimmen gehen (in den Schwimmbädern oder an den Stränden der Außenbezirke gegen ein kleines Entgelt) oder joggen, nach wie vor eine der größten Leidenschaften der New Yorker. Wer gern Fußball spielt, kann sich an Sommersonntagen den zahlreichen Freizeitkickern auf dem Great Lawn im Central Park anschließen. Schwieriger wird es bei Sportarten wie etwa Tennis, da die Plätze meist nur an Clubmitglieder vermietet werden. Viele New Yorker zahlen im Monat $100 für die Mitgliedschaft in einem Fitnesscenter. Weitere Informationen in den *Yellow Pages*.

Sportveranstaltungen

BASEBALL – Baseball ist das *SPIEL* Amerikas und bewegt die Gemüter wie keine andere Sportart. Eine ungebrochene Tradition und ein unvergleichbarer Mythos haften diesem Ballspiel mit fast dörflichem Charakter an. Die Einzelheiten der komplexen Regeln kennen nur eingefleischte Fans, aber worum es geht, hat man schnell begriffen (s.S. 370). In jeder Saison, die von April bis September dauert, werden 162 Spiele ausgetragen. Höhepunkt sind die *World Series* im Oktober: sieben Spiele, in denen die ersten Mannschaften der beiden Bundesligen *(American League* und *National League,* deren Spielregeln sich geringfügig voneinander unterscheiden) gegeneinander antreten, um den endgültigen Meister zu ermitteln. Vor allem die New Yorker Fans befinden sich noch im Siegesrausch, seitdem die *New York Yankees* 1998 mit alle Rekorde brechenden 125 gewonnenen Spielen die *World Series* gewannen.

Ein Spiel live mitzuverfolgen, ist ein Erlebnis selbst für diejenigen, die die Regeln nicht durchschauen. Die Tickets sind erschwinglich, und bei Hot Dogs und Bier herrscht eine begeisterte Stimmung.

In New York gibt es zwei große Baseballmannschaften, die *Yankees* und die *Mets*. Die *Yankees*, die im Yankee Stadium in der Bronx spielen und liebevoll die *Bronx Bombers* genannt werden, sind das ältere Team (hier spielten Joe di Maggio und Babe Ruth schon 1923). Ihnen ist zu verdanken, dass die Jahre zwischen 1947 und 1956 als das Goldene Zeitalter des Baseball bezeichnet werden; die *Yankees* trafen in der *World Series* sechs mal auf die *Dodgers* und einmal auf die *Giants*. Die *Mets* sind eine junge Mannschaft, die 1962 gegründet wurde, um die Lücke zu schließen, welche die *Brooklyn Dodgers* hinterlassen hatten. Sie spielen im Shea Stadium in Flushing, Queens, und gewannen zuletzt 1982 die *World Series*. Mittlerweile haben beide Mannschaften eine etwa gleich große Anhängerschaft. Eintrittskarten für die *Yankees* kosten $8–50, für die *Mets* $10–30.

AMERICAN FOOTBALL – Wer noch nie ein Footballspiel gesehen hat, hat dazu in New York ausreichend Gelegenheit. Alle großen Wettkämpfe werden im Fernsehen übertragen und gemeinsam in den Bars verfolgt. Für Neulinge ist dieses uramerikanische Spektakel einfach sehenswert, aber richtig interessant wird es erst, wenn man wenigstens die wichtigsten Regeln kennt (s.S. 371). Die Spielsaison der **NFL** (National Football League) dauert von September bis Ende Dezember. Dann entscheidet sich, welche Mannschaften im *Super Bowl* gegeneinander antreten, der am dritten

Sonntag im Januar die gesamte Nation in Atem hält.

Die New Yorker Mannschaften sind die *NY Jets* und die *NY Giants*, die jedoch nicht in New York, sondern im Giants Stadium des Meadowlands Sports Complex in New Jersey spielen. In den 90ern waren beide Teams bisher wenig erfolgreich. Die *Jets* haben jetzt mit Bill Parcells einen Trainer verpflichtet, der mit den *Giants*, der eigentlich stärkeren Mannschaft, zweimal den Super Bowl gewann.

Eintrittskarten für die *Jets* kosten $40–50, für die *Giants* $45–50. Sie sind heiß begehrt und selbst die billigsten schwer zu bekommen. Wer keine mehr ergattern kann, hat trotzdem die Möglichkeit live dabei zu sein: Sonntags nachmittags werden mindestens zwei Spiele im Fernsehen übertragen, montags abends ein weiteres.

BASKETBALL – Basketball ist vermutlich die amerikanische Sport, die außerhalb der USA am weitesten verbreitet ist. Es ist mit Abstand die athletischste Mannschaftssportart, und die elegante Körperbeherrschung und Ballartistik der Spieler machen Zuschauen zum Vergnügen. Ein Spiel dauert 48 Minuten und bietet in jeder Sekunde rasante Action. Da die Uhr aber nur läuft, wenn tatsächlich gespielt wird, zieht sich ein Basketballspiel meist über zwei Stunden hin. Der beliebteste Spieler, Michael „Air" Jordan, ist gleichzeitig Amerikas berühmteste Sport-Ikone – und wird auch als solche bezahlt: Bei seinem Meisterschaftsverein, den *Chicago Bulls*, hat er einen 40-Millionen-Dollar-Vertrag. Die Basketballsaison der Männer beginnt im November und dauert bis zur dritten Juniwoche, in der die *NBA Finals* ausgetragen werden.

Die beiden Profimannschaften in der Gegend um New York sind die *NY Knickerbockers (Knicks)*, die im Madison Square Garden spielen, und die *Nets* aus New Jersey, deren Stadion die Continental Airlines Arena des Meadowlands Sports Complex in New Jersey ist. Die *Knicks* sind eindeutig das beliebtere Team. 1994 schafften sie es in die Endrunde, schieden aber schließlich durch eine schmerzliche Niederlage gegen die *Houston Rockets* aus. Zwar erreichten sie 1995, 1996 und 1997 die *Playoffs*, schieden dort aber jeweils in der zweiten Runde aus. Man darf aber erwarten, dass sie in künftigen Spielzeiten die Endrunde erreichen, im Gegensatz zu den *Nets*, die sich ständig im Neuaufbau zu befinden scheinen – 1999 allerdings landete deren Management einen Überraschungscoup durch den Einkauf der Brooklyn-Legende Stephon Marbury; bleibt zu hoffen, dass er den *Nets* den Aufstieg beschert.

Eintrittskarten für die *Knicks* sind rar und folglich teuer: Für ein begehrtes Spiel werden mindestens $100 verlangt. Wer gar im Madison Square Garden direkt am Spielfeld sitzen will, um die Stars aus der Nähe zu sehen, muss $1000 hinblättern. Die Spiele der New Yorker Teams sowie alle Ausscheidungs- und Endspiele werden im Fernsehen übertragen, so dass man sein Geld auch für das Bier in einer Sportbar ausgeben kann.

Die Basketballsaison der Frauen (WNBA) dauert von Juni bis zur Endrunde im September. Die Liga gibt es erst seit 1997, das hiesige Team *NY Liberty* wurde im ersten Jahr Vizemeister. Sie spielen ebenfalls im Madison Square Garden und sind für wesentlich weniger Geld als die *Knicks* zu sehen. Karten kosten $10–45, und die Spiele sind zwar immer gut besucht, aber selten ausverkauft.

College-Basketball ist ein höchst gewinnbringendes Geschäft; nicht zuletzt für die Startrainer springen dabei Millionen heraus. Mindestens drei der in der Metropole ansässigen Hochschulen sind in der ersten Division vertreten – **Long Island University**, **Seton Hall** und **St John's** – wobei Letztere derzeit am erfolgreichsten ist.

Gelegentlich finden Spiele im Madison Square Garden statt, über den Spielplan kann man sich telefonisch erkundigen. Die Saison der Universitätsligen endet mit den *Playoffs*, an denen noch 64 Mannschaften teilnehmen – und zu Recht den Titel „March Madness" tragen. Höhepunkt sind die Ende Mai/Anfang April stattfindenden „Final Four", in welchen die besten vier Teams die Meisterschaft ausspielen. Vor Saisonbeginn werden im Madison

Square Garden Vorentscheidungsspiele sowie das *Big East Tournament* (Bestandteil der „March Madness") ausgetragen, ✆ 465-6741.

EISHOCKEY – Für Außenstehende scheint *Icehockey* oder *Hockey,* wie es in Amerika genannt wird, nur ein fadenscheiniger Vorwand für einen Haufen Kerle zu sein, sich gegenseitig durchzuprügeln und dafür auch noch Eintritt zu verlangen. Eishockey ist ohne Frage ein brutaler Sport, und einige Spieler werden eindeutig auch wegen ihrer Schlägerqualitäten aufgestellt. Aber es geht auch um andere Fähigkeiten. Bei der rasanten Spielgeschwindigkeit ist es für den Zuschauer gar nicht so einfach, den Puck im Auge zu behalten. Die Mannschaften der New Yorker Re-

Baseball – die Regeln

Baseball ähnelt in vielem dem deutschen Schlagball. Es gibt vier Stationen *(Bases),* die aus einer schlichten Markierung am Boden bestehen und rautenförmig angeordnet sind *(the Diamond).* Die unterste ist die Home Base, das Schlagmal für jeden Spieler. Ein Spieler der Schlagmannschaft tritt mit dem Schläger *(Baseball Bat)* an die Home Base und versucht, den Ball zu treffen, den der Werfer der gegnerischen Mannschaft *(Pitcher)* vom niedrigen Wurfhügel *(Pitcher's Mound)* an ihm vorbeizuwerfen versucht. Dreimal darf der Schlagmann danebenhauen (einmal daneben = *Strike one),* danach ist er „aus" (*Strike out*). Hinter dem Schlagmann hockt der Fänger der gegnerischen Mannschaft *(Catcher),* und hinter diesem steht der Schiedsrichter *(Umpire).* Falls ein Wurf nicht den Regeln entspricht, die besagen, dass der geworfene Ball zwischen den Knien und der Brust des Schlagmannes die Home Base überqueren muss *(die Strike Zone),* so wird er vom Schiedsrichter für ungültig erklärt (ungültiger Wurf = *one Ball).* Nach vier ungültigen Würfen darf der Schlagmann zur nächste Station *(First Base)* laufen, dies nennt man einen Walk. Sollte der Schlagmann jedoch erfolglos versuchen, einen ungültigen Wurf zu treffen, so wird dieses ebenfalls gegen ihn, also als *Strike* bewertet.

Wird der Ball getroffen und von der gegnerischen Mannschaft direkt aus der Luft gefangen, so ist der Schlagmann sofort *out.* Wird der Ball aber nicht gefangen, hat der Schlagmann die Chance, die erste, vielleicht sogar die zweite oder dritte *Base* zu erreichen. Die Feldmannschaft bemüht sich unterdessen, den Ball zu der Base zu werfen, die der Schlagmann zu erreichen versucht. Ist der Ball vor dem Spieler da, ist dieser aus. Erreicht aber der Spieler die *Base* vor dem Ball, so kann er dort bleiben *(safe).* Danach kommt der nächste Schlagmann an die *Home Base* und das Ganze wiederholt sich. Wird der Ball getroffen, kann der bereits an einer *Base* postierte, erste Spieler versuchen weiter aufzurücken, vielleicht sogar bis zur *Home Base,* um somit einen Punkt zu machen *(Run).*

Jede Mannschaft hat neun Spieler, die jeweils in der gleichen Reihenfolge schlagen und feste Positionen auf dem Feld haben. Nachdem die Feldmannschaft es geschafft hat, drei Schlagmänner auszuspielen, werden die Positionen gewechselt; die Feldmannschaft wird nun zur Schlagmannschaft und umgekehrt. Nachdem alle Spieler einmal geschlagen haben, ist ein Durchgang *(Inning)* des Spieles abgeschlossen. Insgesamt gibt es in einem Spiel neun *Innings.* Sollte es danach unentschieden stehen, werden so lange *Extra Innings* gespielt, bis eine Mannschaft mehr Punkte hat und als Sieger den Platz verlässt. Ein durchschnittliches Baseballspiel dauert 2–3 Stunden.

Imponierend am Baseball ist erst einmal der *Pitcher,* der den Ball mit einer unglaublichen Treffsicherheit über die *Home Base* wirft, manchmal mit Geschwindigkeiten von weit über 100 km/h (der Weltrekord liegt bei 175 km/h!). Auch die Feldspieler werfen mit einer Kraft und Genauigkeit, die

gion sind die *Rangers,* die im Madison Square Garden beheimatet sind, und die *Islanders,* deren Stadium das Nassau Coliseum auf Long Island ist. In New Jersey spielen die *Devils* im Meadowlands Stadium. Die NHL (National Hockey Leage) unterteilt sich in zwei Gruppen – Ost und West – und sechs Divisionen mit jeweils fünf bis sieben Teams. Alle drei Teams aus der Region spielen in der gleichen Division, der *Atlantic Division,* und zwischen ihnen herrscht ein starker Konkurrenzkampf. Reguläre Eishockeysaison ist den ganzen Winter hindurch bis Frühlingsanfang, wenn die *Playoffs* stattfinden: ein Entscheidungskampf zwischen den drei besten Teams jeder Division, von denen in den *Stanley Cup Finals* am Ende der Spielsaison noch zwei übrig bleiben.

beeindruckt. Dann fasziniert die Geschwindigkeit, mit der die Schlagmänner rennen. Sie sehen eigentlich wie unbewegliche Muskelprotze aus, aber wenn es darum geht, einen *Run* zu erzielen, laufen sie allesamt Spitzenzeiten. Am erstaunlichsten sind für viele jedoch die gewaltigen Schläge. Gelingt es einem Spieler, den Ball über den Begrenzungszaun zu schlagen, der ungefähr 130 m von der *Home Base* entfernt die Zuschauerränge vom Spielfeld trennt, so hat er einen *Home Run* erzielt und darf gemächlich alle drei Feldstationen ablaufen, um zur *Home Base* zurückzukehren und einen Punkt zu machen. Sollten in einer solchen Situation bereits Spieler der schlagenden Mannschaft an allen drei Feldstationen postiert sein, dürfen auch diese aufrücken und jeweils einen Punkt machen. So kann im besten Falle ein *Home Run* gleich vier Punkte bringen, was dann im Baseballjargon *Grand Slam* heißt.

American Football – die Regeln
Der in den USA entstandene *American Football* besitzt mehr Ähnlichkeit mit Rugby als mit seinem internationalen Namensvetter – in Amerika als *Soccer* bekannt. Die Footballregeln sind eigentlich relativ einfach. Das Spielfeld selbst ist 100 x 40 Yards (ca. 95 x 37 m) groß. Hinzu kommen die beiden Torfelder *(End Zones)* an den jeweiligen Enden des Spielfeldes. In jeder Mannschaft gibt es elf Spieler. Das Spiel beginnt mit einem *Kickoff* – eine Mannschaft tritt den Ball der anderen zu, und wenn diese ihn gefangen hat, geht's los. Vier Versuche hat die angreifende Mannschaft, um 10 Yards voranzukommen. Schafft sie es, so hat sie einen *First Down* erzielt, der es ihr ermöglicht, vier weitere Chancen zu nutzen, um nochmals 10 Yards zu gewinnen. Das sieht folgendermaßen aus: Der *Quarterback* bekommt den Ball, und während er von der einen Hälfte seiner Mannschaft geschützt wird, schwärmt die andere Hälfte aus, um von ihm einen Pass zu erhalten. Kommt der Pass an, dann läuft der Fänger so weit er kann in Richtung der gegnerischen *End Zone.* Wird er zu Boden gebracht, fängt es hier für dieselbe Mannschaft von vorne an (wieder vier Versuche, um 10 Yards Raum zu gewinnen). Kommt der Pass gar nicht an, geht es von der letzten Wurfstelle aus weiter. Die gegnerische Mannschaft bekommt den Ball und somit die Möglichkeit, selbst 10 Yards an Raum zu gewinnen, wenn ein Pass abgefangen wird *(Interception)* oder es der angreifenden Mannschaft nicht gelingt, in vier Versuchen die erforderlichen 10 Yards voranzukommen. Gelangt ein angreifender Spieler mit dem Ball in die gegnerische *End Zone,* hat er einen *Touchdown* erzielt (6 Punkte). Die Mannschaft, die den *Touchdown* schafft, hat anschließend die Chance, ein Feldtor *(Field Goal* – 3 Punkte) zu erzielen, indem ein Spieler den Ball mit dem Fuß durch die obere Hälfte des hohen, hölzernen Tores schießt. Die reine Spielzeit beträgt eine Stunde und ist unterteilt in vier 15-minütige Spielabschnitte mit einer 15-minütigen Pause zur Halbzeit. Da aber – wie beim Eishockey – die Uhr nur dann tickt, wenn auch wirklich gespielt wird, kann ein Footballspiel über drei Stunden dauern.

FUSSBALL *(Soccer)* – Obwohl sich diese Sportart insbesondere in den lateinamerikanischen Stadtvierteln immer größerer Beliebtheit erfreut, war die enttäuschende Vorstellung des **US-Fußballteams** bei der Weltmeisterschaft 1998 ein weiterer Beweis dafür, dass das Niveau des Profifußballs in den USA erheblich zu wünschen übrig lässt.

Die Fußballnationalmannschaft der Frauen dagegen errang 1999 den Weltmeistertitel im *Women´s World Cup;* as Endspiel verfolgten mehr Zuschauer als jemals zuvor in der US-amerikanischen Fernsehgeschichte. Damit erlangte das Team über Nacht Kultstatus, und es ist die Rede davon, bereits im Jahre 2001 eine Profi-**Frauenfußballliga** ins Leben zu rufen. Ob die maßgeblichen Leute allerdings zu der Überzeugung gelangen, dass dies finanziell machbar ist, bleibt noch abzuwarten.

Über Kabelfernsehen kann man regelmäßig europäischen Fußball sehen, wenn auch gewöhnlich aufgrund des Zeitunterschieds mit Verzögerung, und einige Bars zeigen Live-Spiele aus der britischen Liga via Satellit, siehe Kasten unten.

Die New York/New Jersey **Metrostars** sind die regionalen Vertreter in der Fußballprofiliga, doch ihre Leistungen waren bisher eher kläglich. Seit Beginn der Profiliga 1996 rangieren die *Metrostars* in der unteren Hälfte der Gruppe Ost. Die Situation sollte sich mit dem Wechsel von Lothar Matthäus zum Team ändern. Nachdem sich die anfangs in den Star-Abwehrspieler von Bayern München gesetzten Hoffnungen nun doch nicht zu erfüllen scheinen, muss sich das Team wohl etwas Neues einfallen lassen. Eintrittspreise: $15–30.

PFERDERENNEN – In New York und Umgebung gibt es vier Rennbahnen: den *Aqueduct Race Track,* den *Belmont Race Track,* den *Meadowlands Race Track* und *Yonkers Raceway.* Sowohl in Aqueduct („The Big A") als auch in Belmont werden Galopprennen veranstaltet. In Meadowlands finden sowohl Galopp- als auch Trabrennen statt, und in Yonkers gibt es nur Trabrennen.

Der ***Aqueduct Race Track*** in Rockaway, Queens, wird von Oktober bis Mai betrieben und veranstaltet kleinere Rennen. Anreise mit der U-Bahnlinie A bis Aqueduct. Der ***Belmont Race Track*** befindet sich in Elmont auf Long Island und ist im Juni Austragungsort der *Belmont Stakes,* neben dem *Kentucky Derby* und *Preakness* eines der drei großen Rennen in Amerika (die „Triple Crown"). Rennen finden hier von Mai bis Juli sowie im September und Oktober statt. Anreise entweder mit U-Bahnlinie E oder F zur 169th St und weiter mit Bus Nr. 16 oder mit der Long Island Railroad zur Station Belmont Race Track, die gegenüber der Rennbahn liegt. Informationen zu Belmont und Aqueduct unter ☏ 718/641-4700. Der Eintritt kostet zwischen $1 und $4, je nachdem, wo man parkt und sitzt. Valet-Parking kostet $5 am Aqueduct und $6 am Belmont.

Der ***Meadowlands Race Track,*** ☏ 201/935-8500, im Meadowlands Sports Complex in New Jersey, veranstaltet von Dezember bis August Trabrennen und von September bis Dezember Galopprennen. Von Manhattan zu erreichen mit NJ Transit, Bus Nr. 164 ab Port Authority. Parken kostenlos, Eintritt $1, zum Clubhaus $3.

Yonkers Raceway, ☏ 914/968-4200, ist das ganze Jahr über in Betrieb. Anfahrt mit U-Bahnlinie 4 nach Woodlawn, weiter mit Bus Nr. 20. Jeden Tag außer So. Parken $2; Eintritt $3,25.

Wer **wetten** will, muss dazu eines der zahlreichen OTB-Büros *(Off Track Betting)* aufsuchen, ⏰ Mo–Sa 11.30–19, So bis 18.30 Uhr. Adressen unter ☏ 221-5200. Für telefonische Wetten benötigt man zunächst ein Konto, ☏ 800/OTB 8118. Wer sich ein oder zwei Rennen in aller Gemütlichkeit ansehen will, geht in das vom OTB betriebene *The Inside Track,* 991 2nd Ave, 53rd St, ☏ 752-1940; ⏰ 11.30 Uhr bis zum Ende des letzten Rennens. Es gibt Speisen und Getränke und ein Wettbüro.

TENNIS – Die *US Open Championships,* die im September im National Tennis Center in Flushing Meadows, Corona Park, Queens stattfinden, sind als Teil des *Grand Slam* New Yorks wichtigstes Tennisereignis. 1997 wurde dem Komplex in Flushing ein neuer Center Court hinzugefügt, das Arthur Ashe Stadium. Der ehemalige Bürgermeister David Dinkins, ein ausgesprochener Sportfan, ließ während des Turniers den Flugverkehr des nahe gelegenen Flughafens La Guardia umleiten, was den Lärmpegel erheblich verminderte. Kartenreservierungen sind an der Kasse möglich unter ✆ 718/760-6200, ⏱ Mo–Fr 9–17, Sa 10–16 Uhr nur für Direktverkauf. Telefonische Reservierung: *Telecharge*, ✆ 888-673-6849. Sitze auf Platzhöhe kosten $21–82, bessere dagegen unter Umständen mehrere hundert Dollar. Sollten alle ausverkauft sein, kann man es später noch einmal versuchen, da oft Karten zurückgegeben werden. Karten für die großen Tennismatches sind außerordentlich schwer zu ergattern – man kann sich entweder den Händlern ausliefern, die Karten in großen Stückzahlen aufgekauft haben und mit einem Aufschlag weiterverkaufen, oder sein Glück am „Will Call"-Schalter versuchen, für den Fall, dass jemand hinterlegte Karten nicht abholt. Auch im Madison Square Garden findet ein alljährliches internationales Tennisturnier statt, die *WTA Tour Championships* Mitte November. ✆ 465-6741. Karten $10–60.

LEICHTATHLETIK *(track and field)* – An den *Chase Bank Melrose Games*, die jedes Jahr im Februar im Madison Square Garden stattfinden, nehmen Athleten von Weltrang teil. Die Wettkämpfe sind gut besucht, aber Karten sind wesentlich einfacher zu bekommen als für andere Sportveranstaltungen. Informationen telefonisch beim Madison Square Garden. ✆ 465-6741.

WRESTLING – Im Madison Square Garden finden regelmäßig Wrestlingveranstaltungen statt. Bei diesen so genannten Kämpfen handelt es sich weniger um Sportveranstaltungen als vielmehr um theatralische Spektakel, denen eine gehörige Portion Hurrapatriotismus anhaftet: Die beinahe ekstatische Menge jubelt dem amerikanischen Superhelden zu, der sich gegen seinen bösen und eindeutig unamerikanischen Widersacher behauptet.

Nach der Nationalhymne beginnt der Kampf, eine inszenierte Show zwischen Wrestlern mit Namen wie *Hulk Hogan* und *Red Devil*, angefeuert von nationalchauvinistischem Gebrüll, bis dieser uramerikanische Geist unweigerlich den Sieg bringt. In letzter Zeit haben sich einige schillernde Figuren aus anderen Sportarten – wie der Basketballer Dennis Rodman oder der Footballspieler Kevin Greene – im Ring versucht. Infos telefonisch beim Madison Square Garden, ✆ 465-6741.

EINTRITTSKARTEN UND VERANSTALTUNGSORTE – Für die meisten Sportveranstaltungen können Karten über **Ticketmaster**, ✆ 307-7171, unter Angabe einer Kreditkartennummer reserviert und am Eingang abgeholt werden. Es ist preiswerter, die Karten am Veranstaltungstag an der Kasse zu kaufen, bei begehrten Ereignissen aber riskanter. An der Kasse des Stadions sind ebenfalls Karten im Vorverkauf direkt oder auch telefonisch erhältlich. Sind diese ausverkauft, ruft man eine der Kartenagenturen an, z.B. ✆ 1-800 SOLD OUT oder 800 765-3688, die größeren Kontingente aufkaufen und mit einem Preisaufschlag abgeben, der sich nach der Bedeutung des Ereignisses richtet. Die Agenturen sind in den *Yellow Pages* unter „Tickets" gelistet. Einzelne Händler, die außerhalb der Legalität das Gleiche tun, bieten ihre Karten zu inflationären Preisen unmittelbar vor einem Spiel an. Wer nirgends mehr Karten bekommt, kann das Geschehen auf den Großbildschirmen der Sportbars verfolgen.

Madison Square Garden Center, 7th Ave, zwischen W 31st und W 33rd St, ✆ 465-6741. U-Bahnlinie 1, 2, 3, 9, A, C & E bis 34th St Penn Station. Kassenzeiten je nach Saison verschieden, abhängig vom Veranstaltungskalender.

Meadowlands Sports Complex, umfasst das *Giants Stadium* und die *Continental Airlines Arena*, Anfahrt vom New Jersey Turnpike über Ausfahrt 16, dann weiter auf Route 3 und 17 nach East Rutherford, New Jersey, ✆ 201/935-3900. Busse fahren regelmäßig ab Port Authority Bus Terminal, 42nd St, Ecke 8th Ave. Kas-

senzeiten für beide Stadien Mo–Fr 9–18, Sa 10–18 und So 12–17 Uhr.
Nassau Coliseum, 1255 Hempstead Turnpike, Uniondale, New York, ✆ 516/794-9300. Anfahrt mit der Long Island Railroad bis Hempstead, dann Bus N70, N71 oder N72 vom Busterminal einen Block weiter. Eine andere Transportmöglichkeit, die spät abends vielleicht sicherer ist, ist der LIRR nach Westbury, danach 5–10 Minuten mit dem Taxi bis zum Stadium. Kassenzeiten tgl. 10.30–17.45 Uhr.
Shea Stadium, 126th St, Roosevelt Ave, Queens, ✆ 718/507-8499. U-Bahnlinie 7, direkt bis Willets Point / Shea Stadium Station. Kassenzeiten Mo–Fr 9–18, Sa, So und Feiertags 9–17 Uhr. Karten erhält man auch im *Mets Clubhouse Store* in Manhattan, 575 5th Ave, Ecke 47th St, ⏲ Mo–Fr 10–19, Sa 10–18, So 13–17 Uhr; 🖥 www.mets.com. Im Herbst und Winter ist es hier windig und eiskalt.
Yankee Stadium, 161st St, River Ave, Bronx, ✆ 718/293-6000. U-Bahnlinie C, D oder 4 direkt bis zur Station 161st St. Kassenzeiten Mo–Sa 9.00–17, So 10–17 Uhr und bis zu einer Stunde nach dem Ende eines Spiels. Karten erhält man auch in den *Yankees Clubhouse Stores* in Manhattan: 110 E 59th St, zwischen Lexington und Park Ave, ✆ 758-7844; 393 5th Ave, zwischen 36th und 37th St, ✆ 685-4693; 8 Fulton St, South St Seaport, ✆ 514-7182, oder unter 🖥 www.yankees.com. Man sollte sich bereits vor Spielbeginn einfinden und den Monument Park besichtigen, wo alle *Yankee*-Größen verewigt sind.

Freizeitsport

Im **Central Park** wird nahezu jede Sportart und Freizeitaktivität ausgeübt: von Krocket bis Schach, von Fussball bis Sonnenbaden und Schwimmen. Zu bestimmten Zeiten gehören die Straßen ganz den Joggern, Inlineskatern, Spaziergängern und Radfahrern: an Wochentagen von 10–15 und 19–22 Uhr,

---

Sportbars

Boomer's Sports Club, 349 Amsterdam Ave, zwischen 76th und 77th St, ✆ 362-5400. Nach dem Quarterback Boomer Esiason benannt und voller Erinnerungsstücke. Wird zur Zeit umgebaut und könnte in *Time Out* umgetauft werden.
British Open, 320 E 59th St, zwischen 1st und 2nd Ave, ✆ 355-8467, s.S. 341, Bars.
Entourage Bar, früher *The Polo Grounds Bar & Grill,* 147 3rd Ave, 83rd St, ✆ 570-5590. Hebt sich durch ein etwas nobleres Flair von den durchschnittlichen Sportbars ab.
Jimmy's Corner, 140 W 44th St, zwischen Broadway und 6th Ave, ✆ 221-9510. s.S. 342, Bars.
Kinsdale Tavern, 1672 3rd Ave, Ecke 93rd St, ✆ 348-4370; s.S. 343, Bars.
Mickey Mantle's, 42 Central Park South, zwischen 5th und 6th Ave, ✆ 688-7777. Wahrscheinlich die berühmteste Sportsbar der Stadt – zum Bersten voll mit Sport-Memorabilia.
Official All-Star Cafe, 1540 Broadway, W 45th St ✆ 840-8326. Wer glaubt, die berühmten Sportler Tiger oder Junior könnten jeden Moment am Tisch vorbeischlendern, liegt gar nicht so falsch.
Sporting Club, 99 Hudson St, zwischen Franklin und Leonard St, ✆ 219-0900. Wurde von der Zeitschrift New York zur Nr 1 der Sportbars in Manhattans gewählt. Mit 7 Großbildschirmen, einem Dutzend kleinerer, Billardtisch und anderen Spielen.
Sushi Generation, 1572 2nd Ave, zwischen 81st und 82nd St. Eine Kombination aus Sushi- und Sportbar – kein Witz.

In den folgenden Bars sind regelmäßig europäische **Fußballspiele** zu sehen. Alle verlangen Eintritt.
British Open, 320 E 59th St, zwischen 1st und 2nd Ave, ✆ 355-8467, s.S. 341, Bars.
McCormack's, 365 3rd Ave, 27th St. Bar im irischen Stil.
Nevada Smith's, 74 3rd Ave, zwischen 11th und 12th Sts. Vergnügliche East-Village-Kneipe.

am Wochenende ganztags. Der Park ist nachts von 1–6 Uhr geschlossen. Weitere Informationen im *Arsenal*, 830 5th Ave, am Ende der 64th St, wo folgende Publikationen ausliegen und auf Anruf verschickt werden:

Green Pages, informiert über alle möglichen Aktivitäten, von Bogenschießen bis zu *wild-food walks.* ✆ 360-8111, App. 310.

Special Events Calendar, ein Veranstaltungskalender für die Parks aller Stadtbezirke. Aufgelistet sind Rennen, Tanzveranstaltungen, Leichtathletikwettkämpfe sowie Konzerte und Veranstaltungen für Kinder, ✆ 360-1492.

CHELSEA PIERS SPORTS AND ENTERTAINMENT COMPLEX, am Hudson River, zwischen 17th und W 23rd St, ✆ 336-6666. U-Bahnlinie A, C, E, 1 oder 9 bis 23rd St, oder den M23 Bus zur 23rd St, der direkt vor der Tür hält. Der M14 hält an der 14th St, West Side Highway, in der Nähe des Südeingangs des Piers. Der Sportkomplex entstand durch den Umbau von vier in den Hudson River ragenden Piers, die 1912 von Warren & Wetmore gebaut wurden, den Architekten der Grand Central Station. Der *Golf Club* am Pier 59, ✆ 336-6400, bietet Manhattans einzige Drivingrange unter freiem Himmel. ⏲ tgl. 5–23 oder 24 Uhr. Bezahlt werden $15 für 94 Schläge.

Das *Field House*, ✆ 336-6500, verbindet die 4 Piers miteinander und beherbergt u.a. das größte Fitnesscenter New Yorks. Zudem trainieren hier Fußball-und Lacrossemannschaften, Besucher können Klettern oder Basketball spielen.

Das *Sports Center* am Pier 60, ✆ 336-6000, umfasst eine Laufbahn, die größte Kletterwand im Nordosten der USA, 3 Basketball/Volleyballplätze, einen Boxring, Schwimmbecken und Whirlpool, überdachte Volleyball-Sandplätze, wöchentlich über 100 Fitnesskurse, Krafttraining und ein Sonnendeck direkt am Hudson River. Mindestalter 16 Jahre; Tageskarte an Wochentagen $36, am Wochenende $50. ⏲ Mo–Fr 6–23 Uhr.

Roller Rinks, Pier 62, ✆ 336-6200. Rollschuhbahn im Freien, ganzjährig und je nach Wetter geöffnet. ⏲ tgl. ab 12 Uhr, die genauen Öffnungszeiten ändern sich. Eintritt $5, Kinder unter 12 Jahren $4. Auch Verleih.

Sky Rink, Pier 61, ✆ 336-6100. Ganzjährig geöffnete überdachte Eisbahn. ⏲ tgl. ab 12 Uhr. Eintritt $10,50, Kinder unter 12 Jahren $8, Senioren $7,50; Schlittschuhe $5.

GOLF – Als Anreiz für einen Besuch dieser Clubs sollte man wissen, dass **Golf** die bevorzugte Freizeitaktivität der New Yorker Profiathleten ist. In Manhattan gibt es keine öffentlichen Golfplätze. Von denen in den Außenbezirken sind zu empfehlen:

Van Courtland Park Golf Course, Van Courtland Park South, Ecke Bailey Ave, The Bronx, ✆ 718/543-4595, der älteste öffentliche Golfplatz des Landes mit 18 Löchern. *Green fees* $10–$27.

Split Rock Golf Course & Pelham Golf Course, 870 North Shore Rd, Pelham, ✆ 718/855-1258. Das Magazin *New York* wählte *Split Rock* zum anspruchsvollsten Platz der Stadt. *Pelham,* direkt nebenan in der North West Bronx, ist nicht ganz so edel, Benutzungsgebühr $25.

Dyker Beach Golf Course, 86th St, Ecke 11th Ave, Dyker Heights, Brooklyn, ✆ 718/836-9722. Leicht erreichbar mit der Linie R, Gebühren um $20.

LAUFEN – Jogging ist für New Yorker nach wie vor die beliebteste Art, sich fit zu halten. Eine gern genutzte Strecke im Central Park sind die 2,5 km um das Receiving Reservoir. Dabei sollte man tunlichst auf die Richtung achten: entgegen dem Uhrzeigersinn. Auch die East River Promenade und beinahe jede andere Strecke, die geeignet ist, um das Tempo zu halten, werden von Joggern frequentiert. Zu den schöneren und längeren zählt die Strecke durch den *Botanical Garden* in der Bronx, ✆ 718/817-8705, ein über 3 km langer Rundweg, von dem Nebenwege mit insgesamt 13 km Länge abzweigen. Wer nicht gerne alleine läuft, kann sich beim **New York Road Runners Club**, E 89th St, ✆ 860-4455, nach Terminen erkundigen. Es werden mehrere Läufe jährlich veranstaltet, wie z.B. der *Frostbite 10 Miler* und der *Valentine Run*. Wer seine Energien schonen will und lieber 16 000 Läufern zusieht, kann sich zu den zwei Millionen Schaulustigen gesellen, die alljährlich den *New York Marathon* am ersten Sonntag im November besuchen. Der Lauf über 26 Meilen beginnt in Staten Island, führt über die Verrazano Narrows Bridge, durchquert alle Stadtbezirke und endet am *Tavern on the Green* im Central Park. Anmeldungen nimmt der *New York Road Runners' Club* entgegen.

ROLL- UND SCHLITTSCHUH LAUFEN, RODELN

Im Winter eignen sich die frostigen Temperaturen hervorragend zum Schlittschuh laufen, während im Sommer Rollschuhlauf sehr beliebt ist. Geeignete Wege finden sich im Central Park, vor allem in der nordwestlichen Ecke der Sheep Meadow, sowie im Riverside Park und auch in kleineren Grünanlagen. Rodeln ist im Winter ebenfalls beliebt, hierfür bieten sich die Hänge des Van Cortlandt Park in der Bronx an, sofern man einen Schlitten hat. Unter ✆ 718/549-6494 kann man erfahren, ob genügend Schnee liegt.

Lasker Rink, 110th St, Central Park, ✆ 534-7639. Die weniger bekannte Eisbahn am Nordende des Central Park. Wesentlich billiger als der *Wollman Rink*, aber schwieriger zu erreichen, außerdem ist die Gegend abends nicht sehr einladend. Öffnungszeiten und Preise telefonisch erfragen.

Rockefeller Center Ice Rink, zwischen 49th und 50th St, abseits der 5th Ave, ✆ 332-7654. Sicherlich der attraktivste Ort zum Eislaufen, dafür steht man Schlange und zahlt mehr als anderswo. Öffnungszeiten und Preise telefonisch erfragen.

Wollman Rink, 62nd St, Central Park, ✆ 396-1010. Wunderbar gelegene Eisbahn, wo man vor der Kulisse der Central-Park-Skyline Schlittschuh laufen kann – vor allem abends sehr beeindruckend. Öffnungszeiten und Preise telefonisch erfragen.

INLINESKATING

In New York sieht man den Finanzmakler wie den Freestyle-Künstler auf Inlineskates, auch Rollerblades genannt, durch die Straßenschluchten brausen. Die besten Freestylisten präsentieren sich im Central Park, nahe der Naumberg Bandshell, auf der Höhe 72 St. Blader von Weltklasse sind auch gleich hinter dem Parkeingang bei *Tavern on the Green* zu bewundern, auf der Höhe 68th St. Außerhalb des Central Park eignet sich der Battery Park zum Skaten sowie der Flushing Meadow Park in Corona, Queens, von Midtown in 40 Minuten mit der U-Bahnlinie 7 zu erreichen.

Wollman Rink, 59th St, 6th Ave, ✆ 396-1010. Beschreibung s.o. Im Sommer für Inlineskater geöffnet. Eintritt $4, Senioren und Kinder unter 12 Jahren $3, Inlineskates $6.

Blades, das selbige verleiht, hat mehrere Zweigstellen:
- 120 West 72nd St, zwischen Columbus Ave und Broadway, ✆ 787-3911;
- 160 East 86th St, zwischen Lexington und 3rd Ave, ✆ 996-1644;
- 1414 2nd Ave, Ecke 73rd St, ✆ 249-3178; $16 für 2 Std. und $27 ganztags am Wochenende; $16 für einen ganzen Tag unter der Woche. Fr oder Sa keine Ausleihe über Nacht.

RAD FAHREN

In New York gibt es über 100 Meilen an Radwegen; neben dem Central Park zählen der Riverside Drive Park und die East River Promenade zu den reizvollsten Strecken. Wer aus der Stadt hinaus will, kann sich für $5 eine (lebenslang gültige) Fahrradkarte für die *MetroNorth Railroads* kaufen, erhältlich in der Grand Central Station. Diese Züge fahren in die idyllischen kleinen Städtchen des Hudson Valley und zur Küste von Connecticut. Für Radfahrer besteht auf der Straße Helmpflicht, und obwohl es keine Kontrolle gibt, sollte man dies im Interesse der eigenen Sicherheit befolgen. Die meisten Fahrradläden vermieten Räder pro Tag oder Stunde, daneben gibt es eine Reihe von Radclubs, die diverse Veranstaltungen organisieren.

Bicycle Habitat, 244 Lafayette St, ✆ 431-3315. Bekannt für gute Reparaturarbeiten und -preise, Mietfahrrad $25 pro Tag plus Kaution, je nach Wert des Rades; $7,50 pro Std. bei min. 2 Std. Wer Wert darauf legt, kann sein eigenes

Rad hier für $60 und mehr durchchecken lassen. Äußerst kompetente Mitarbeiter, die auch Touren anbieten.
Five Borough Bike Club, Der Club veranstaltet das ganze Jahr hindurch Touren, u.a. die *Montauk Century*, eine 100 Meilen lange Fahrt von New York nach Montauk, Long Island. Anmeldung und Information unter ✆ 932-2300, Apparat 115.
New York Cycle Club, ✆ 828-5711, großer Club, der viele Touren durchführt.
Times Up, ✆ 802-8222, organisiert Touren wie z.B. die *Riverside Rides, Moonlight Rides, Cyclone Rides* (nach Coney Island.), außerdem Umwelt- und Ökotouren. Termine telefonisch erfragen.
Transportation Alternatives, 115 W 30th St, ✆ 629-8080. Interessantes Programm und sehr kompetente Mitarbeiter.

BILLARD UND SNOOKER – In jüngster Zeit ist Billard in Manhattan in Mode gekommen. Man spielt jedoch nicht in schmuddeligen Spielhallen, sondern in stilvollen Clubs, wo sich betuchte Yuppies unter die Stammgäste mischen. Daneben gibt es in verschiedenen Sportbars und anderen Kneipen Billardtische, die jedoch kleiner sind als die Turniertische. Auch Snookerfans finden einige Tische.
Amsterdam Billiards, 344 Amsterdam Ave, Ecke 77th St, ✆ 496-8180. Sehr beliebter Billardclub in Uptown mit 31 Tischen, Barfood, Bier und alkoholische Getränke.
The Billiard Club, 220 W 19th St, zwischen 7th und 8th Ave, ✆ 206-7665. Billardclub mit angenehmer Atmosphäre, europäisch angehaucht, kleine Bar mit Bier, Softdrinks und alkoholischen Getränken.
Chelsea Billiards, 54 W 21st St, zwischen 5th und 6th Ave, ✆ 989-0096. Zwangloser Club mit Snooker- und Billardtischen. Bar mit Bier und Softdrinks.
Le Q Billiards, 36 E12th St, zwischen Broadway und University Place, ✆ 995-8512. Downtown-Kneipe, in der nur Snacks und alkoholfreie Getränke serviert werden.

WANDERN – Geführte Wanderungen, Spaziergänge in der Natur und andere Rundgänge innerhalb der Stadt veranstalten:
Urban Park Rangers, ✆ 360-2774 oder 800-201-PARK, und *Shorewalkers*, ✆ 330-7686.

Appalachian Mountain Club Wer gemeinsam mit Einheimischen etwas Ungewöhnliches unternehmen möchte, kann sich der New York/New Jersey-Abteilung des internationalen Appalachian Mountain Club anschließen.
Mit netten Leuten aller Altersstufen kann man um 4 Uhr morgens auf Fire Island Yoga lernen, die historischen Viertel der fünf Bezirke erkunden oder in den malerischen Shawagunks wandern. Wer vier Monate lang Mitglied werden möchte, erhält gegen Einsendung von $15 einen Ausweis und das aktuelle Programm. Anschrift: **AMC**, 5 Tudor City Place, NY 10017, ✆ 986-1430.

KUTSCHFAHRTEN UND REITEN – *Claremont Riding Academy*, 175 W 89th St, ✆ 724-5100. Erfahrene Reiter können Ponys für Ausritte im Central Park für $33 pro Std. mieten. Englische Sattel. Unterricht $38 für 30 Min.
Jamaica Bay Riding Academy, 7000 Shore Parkway, Brooklyn, ✆ 718/531-8949. Reitausflüge mit Westernsattel in der stimmungsvollen Landschaft der Jamaica Bay für 45 Min. $20; Unterrichtsstunde $50.
Riverdale Equestrian Center, im Van Cortlandt Park, Bronx, Höhe W 254th und Broadway, ✆ 718/548-4848. Nur Unterricht: $35 für 30 Min., $65 für volle Std. Neu angelegte Pfade in herrlicher Umgebung.

BOWLING – *Bowlmor Lanes*, 110 University Place, zwischen 12th und 13th St, ✆ 255-8188. Große, alte Bowlinganlage mit Bar und Laden. ⏲ Mo u. Fr. 10–4, Di und Mi 10–1, Do 10–2 , Sa 11–4, So 11–1 Uhr; vor 17 Uhr $4,25 pro Spiel und Person, nach 17 Uhr $5,45 plus $3 für geliehene Schuhe.
Leisure Time Bowling, im Obergeschoss des Port Authority, 625 8th Ave, nahe 40th St,

268-6909. Die schönste Bowlingbahn der Stadt. $4,75 pro Spiel und Person, $3 für Schuhe.

TENNIS – Tennisplätze sind in Manhattan rar gesät. Man braucht auf jeden Fall Glück und Geld, um einen zu mieten.

New York City Courts, ✆ 360-8133, informiert über alle Tennisplätze der Stadt. Nach einer $50-Karte fragen, die von April bis November gültig ist und Zutritt zu sämtlichen Tennisplätzen der fünf Boroughs von NY gewährt.

Sutton East Tennis Club, 488 East 60th St, ✆ 751-3452, ⏰ Mitte Oktober–April.

FITNESS UND SCHWIMMEN – Es gibt mehrere neue Sportzentren in der Stadt, die für eine Jahreskarte nur $25 (18–54-jährige Mitglieder) oder $10 (Kinder und Jugendliche bis 17 Jahre; Senioren) verlangen. Alle sind mit Fitnessgeräten ausgestattet, und die meisten haben ein Schwimmbecken im Freien oder in der Halle. Unter ✆ 447-2020 oder im Telefonbuch in den *Blue Pages* (Teil der *White Pages)* unter NY City Parks; dort findet man die Rubriken „Recreation" und „Swimming Pools".

East 54th St Pool, 348 E 54th St, ✆ 397-3154. Großes Hallenbad, Jahreskarte nur $25. Nur Schecks, kein Bargeld. Auch Fitnesskurse. ⏰ Mo–Fr 7–21.30, Sa 9–15 Uhr, So geschlossen.

John Jay Pool, 77th St, Ecke Cherokee Place, ✆ 794-6566. Oberhalb des Franklin D. Roosevelt Drive gelegen, 50-m-Schwimmbecken mit 6 Bahnen, umgeben von Sportflächen und Bänken. Wurde 1940 eröffnet und ist noch erstaunlich gut in Schuss. Keine Mitgliedschaft erforderlich, Vorhängeschloss mitbringen.

Riverbank State Park, West 145th St, Riverside Drive, ✆ 694-3600. Schöne, neue Anlage auf dem Dach einer Müllrecycling-Anlage in Harlem. Klingt merkwürdig und ist es auch, aber die Tennisplätze sind gut, es gibt eine Laufbahn im Freien, eine Eisbahn und Einrichtungen in der Halle. Eintritt frei.

Sutton Gymnastics and Fitness Center, 20 Cooper Square, ✆ 533-9390. Eines der wenigen Fitnesscenter, in dem keine Mitgliedschaft erforderlich ist. Kurse um $20. Öffnungszeiten und Termine der Kurse erfragen.

Tenth Street Turkish Baths, 268 E 10th St, ✆ 473-8806. Traditionsreiche Einrichtung und eine echte Institution, Dampfbad, Sauna und eiskaltes Becken, Massage etc. Mit Restaurant. Eintritt $20 die Massage kostet extra. ⏰ tgl. 9–22 Uhr; So und Do nur Männer, Mi nur Frauen.

West 59th St Pool, 533 W 59th St, zwischen 10th und 11th Ave, ✆ 397-3159. Freibad und Hallenbad, Fitnessraum und Kletterwand. Jahreskarte $25 (Kletterwand extra), Überweisung, kein Bargeld. ⏰ Fitnessraum Mo–Fr 11–22.30, Sa 9–17.30 Uhr, So geschlossen. Öffnungszeiten des Schwimmbads erfragen.

BOOTSVERLEIH – *Downtown Boathouse*, Hudson River, Pier 26, ✆ 966-1852. Am Wochenende kostenloser Kajakverleih.

Loeb Boathouse, Central Park, ✆ 517-2233. Ruderbootverleih von April–Oktober tgl. 9–18 Uhr, $10 pro Std. plus $30 Kaution. Gondelfahrten $30 für 30 Min. ⏰ 5–22 Uhr. Vorher reservieren.

STRÄNDE – Nur wenige Besucher kommen der Strände wegen nach New York, und die besser verdienenden New Yorker verschmähen die überfüllten Stadtstrände und ziehen sich lieber nach Long Island zurück, das nur wenige Stunden entfernt wesentlich schönere Fleckchen zu bieten hat. Dennoch eignen sich die Strände der Stadt im Sommer für eine erfrischende Flucht aus Manhattan und sind mit öffentlichen Verkehrsmitteln gut zu erreichen.

Brooklyn: *Coney Island Beach,* hier enden ein halbes Dutzend U-Bahnlinien, am schnellsten ist Linie D zur Stillwell Ave. Nach Rockaway der beliebteste Badestrand New Yorks und an Sommerwochenenden entsprechend voll. Der Atlantik ist hier nur mäßig verschmutzt, und es weht ständig ein leichtes Lüftchen landwärts.

Brighton Beach, U-Bahnlinie D nach Brighton Beach. Eigentlich die Fortsetzung des Coney Island Beach, aber nicht so überfüllt. Hierher kommen viele Russen, an der Strandpromenade wird russisches Essen verkauft.

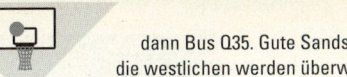

Manhattan Beach, U-Bahnlinie D zur Sheepshead Bay Rd, dann zur Ocean Ave und über die Brücke gehen. Kleiner Strand, der überwiegend von den Anwohnern genutzt wird.

Queens: *Rockaway Beach,* U-Bahnlinien A und C, entlang dem 7 Meilen langen Strand gibt es mehrere U-Bahnstationen. Hier surfen die New Yorker, so dass man sich nach Kalifornien versetzt fühlt. An Sommertagen versammeln sich schon mal eine Dreiviertel Million Menschen auf dem Sandstreifen. Die Ramones haben gar einen Song über den Rockaway Beach geschrieben. Die besten Abschnitte: 9th St, 23rd St, und 80–118th St.
Jacob Riis Park, IRT-Linie 2 zur Flatbush Ave, dann Bus Q35. Gute Sandstrände, die westlichen werden überwiegend von Schwulen besucht.

Bronx: *Orchard Beach,* U-Bahnlinie 6 nach Pelham Bay Park, dann Bus Bx12. Wird liebevoll als „Horseshit Beach" bezeichnet und ist schwieriger zu erreichen als die Übrigen.

Staten Island: *Great Kills Park,* Bus 103 vom Staten Island Fährterminal. Ruhig und von Einheimischen frequentiert.
South Beach, Bus S52. Neue Ballspielfelder, Rollerbladebahnen und Strände ohne viel Trubel.
Wolfe's Pond Park, Bus 103 zur Main St Tottenville, Ecke Hylan und Cornelia. Hier drängen sich Ausflügler aus New Jersey.

Umzüge und Feste

Auch wer New York nur einen Kurzbesuch abstattet, wird wahrscheinlich Gelegenheit haben, zumindest einen Umzug oder ein Straßenfest mitzuerleben. Vor allem die Umzüge werden sehr ernst genommen, und es ist durchaus eine Überlegung wert, den Reisetermin auf diese Veranstaltungen abzustimmen. Alle großen ethnischen Gruppen zelebrieren einmal jährlich eine große Zusammenkunft und präsentieren sich dabei meist auf der 5th Ave. Die Ursprünge dieser Veranstaltungen, oft politischer oder religiöser Natur, stehen mittlerweile im Hintergrund und sind nur mehr willkommener Anlass für Musik, Essen und Tanz. Sehr beliebt sind auch die Sommerfestivals mit Konzerten, Theater- oder Filmvorführungen, die normalerweise keinen Eintritt kosten und oft unter freiem Himmel stattfinden – Central Park, Prospect Park und South Street Seaport sind die wichtigsten Veranstaltungsorte. Genauere Informationen und Termine der Umzüge und Feste gibt es unter ✆ 800 NYC-VISIT oder 🖳 www.nycvisit.com. Aktuelle Hinweise sind auch in der Zeitschrift *New York* unter der Rubrik „CUE" zu finden, im *New Yorker* unter „Goings on About Town", in der Freitagausgabe der *New York Times* unter „Weekend" und in der *Village Voice* unter „Cheap Thrills".

Straßenfeste

Einen Besuch lohnen oft auch die kleineren Straßenfeste, die *block fairs,* die von der Nachbarschaft eines Viertels veranstaltet werden. Jährlich finden über 5000 dieser städtischen „Dorffeste" statt, meist im Sommer. Sie können je nach Gegend viel Spass machen. Angekündigt werden sie nur im jeweiligen Viertel, über Plakate und Zeitungen. Die Straßenfeste sind eine schöne Gelegenheit, das echte New York der *neighborhoods* abseits der Wolkenkratzer und Touristenziele kennen zu lernen. Eine kostenlose, umfassende Liste dieser Feste, die jeden Monat aktualisiert wird, ist in der 51 Chambers St, Zimmer 608, ✆ 788-7439, erhältlich, ⏱ Mo–Fr 10–16 Uhr. Die Liste wird weder verschickt noch gefaxt.

JANUAR – *Chinese New Year* (erster Neumondtag nach dem 21.): Laute, bunte Veranstaltung von 12 Uhr mittags bis Sonnenuntergang um die Mott St. Drachentanz in den Straßen, Böller verjagen böse Geister – und die Chancen, in Chinatown eine Mahlzeit zu bekommen, schwinden. Unter ✆ 431-9740 oder 941-0923 Termin erfragen.

Julliard's Focus, ein Festival der Julliard School of Music, das jedes Jahr stattfindet. Sechs moderne Musikkonzerte im Julliard Theater, Termine erfragen, ✆ 769-7406.

FEBRUAR – *Empire State Building Run Up Foot Race* (Mitte des Monats): Wettrennen über 1575 Stufen. ✆ 736-3100.

Manhattan Antiques and Collectibles (gewöhnlich die letzten beiden Wochenenden): *Triple Pier Expo* am Passenger Ship Terminal, Piers 88, 90 und 92, ✆ 255-0020, 🖳 www.stellashows.com.

Presidents Day Parade (2./3. Mo): Zu Ehren von Abraham Lincoln und George Washington. Der Streckenverlauf wird in den Zeitungen und Lokalnachrichten bekanntgegeben.

MÄRZ – *New York Underground Film Festival,* Mitte März: in der Regel sehr interessante Filme abseits des Mainstream-Kinos. Wechselnde Veranstaltungsorte; Infos unter ✆ 925-3440 oder 🖳 www.nyuff.com.

St. Patrick's Day Parade (17. März): Der Umzug entstand aus einem spontanen Marsch irischer Waffenträger am St. Patrick's Day 1762 und zieht heute irische Musikgruppen und Organisationen aus den USA und Irland an. Strecke wird in den Zeitungen und Lokalnachrichten bekanntgegeben.

Greek Independence Day Parade, **Ende März**: Nicht so lang wie die St. Patrick's Day Parade und ohne deren aufgeheizte Stimmung; eher eine patriotische Verbeugung klassisch gewandeter Hellenen vor den eigenen Ursprüngen. Fällt der Independence Day in die orthodoxe Fastenzeit, wird der Umzug in den April oder Mai verlegt. Startpunkt ist die 5th Ave, Höhe 62nd St um 13.30 Uhr, ✆ 718/204-6500.

The Circus Animal Walk (Termin erfragen): Tiere des *Ringling Brothers' Barnum & Bailey Circus* begeben sich von ihrem Ankunftsort zum Madison Square Garden. ✆ 465-6741.

APRIL – ***Bang on a Can Festival***, Ende März–Anfang Mai: Ein großes Festival für „neue Musik" mit Musikern aus aller Welt. Schauplätze in der ganzen Stadt verteilt, ✆ 777-8442, 🖥 www.bangonacan.org.
First Run Film Festival (Anfang des Monats): Studenten der NYU zeigen ihre Arbeiten im Cantor Film Center, 36 E 8th St, ✆ 998-4100. Einige Filme sind auch im Lincoln Center zu sehen.
New Directors, New Films, Ende März/Anfang April: Das Lincoln Center und MoMA präsentieren dieses Filmfest seit über 25 Jahren. ✆ 875-5638, 🖥 www.filmlinc.com.
International African Dance/Drum Conference and Festival – 1. Aprilwoche: fünf Tage afrikanischer Tanz und Trommelkurse. Benefizveranstaltung im Symphony Space, ✆ 718/455-7136, 🖥 www.angelfire.com/ny/african-dance.
Vintage Poster Fair (erstes Wochenende): Seit über 15 Jahren Tradition im Metropolitan Pavilion, 110 W 19th St, $10 Eintritt. ✆ 206-0499, 🖥 www.posterfair.com.
Easter Parade (Ostersonntag): Vom Central Park zum Rockefeller Center entlang der 50th St, die New Yorker nehmen die *Easter Parade* traditionell zum Anlass, ungeheuerliche Kopfbedeckungen zu tragen. Von 10 bis 17 Uhr. Dazu gibt's die:
Eggstravaganza (Ostersonntag): Kinderfest mit Eierlauf auf dem Great Lawn in der Mitte des Central Park.
Annual Antiquarian Book Fair (Mitte des Monats): Im Park Ave Armory, Park Ave, 67th St, Eintritt $12. ✆ 777-5218.
Earth Day (22.): In den Wochen vor und nach dem Earth Day finden unzählige Veranstaltungen in Parks und Schulen der fünf Stadtbezirke statt, von Informationsveranstaltungen über Kompostierung bis zu Musik Festivals. Termine erfragen unter ✆ 922-0048 oder 🖥 www.home.dti.net/earthday.

Macy's Annual Flower Show – Ende April/Anfang Mai: Duftende Blumen, Pflanzen und Bäume erfüllen das Erdgeschoss von Macy's ein, zwei Wochen lang mit sattem Grün. ✆ 494-4495.

MAI – ***Sakura Matsuri*** (Cherry Blossom Festival), erstes Wochenende im Mai: Musik, Kunst, Tanz und Essen; gefeiert wird die japanische Kultur und das Aufblühen der 200 Kirschbäume im Garten. Freier Eintritt zum Garten. Brooklyn Botanic Garden, ✆ 718/623-7200.
Rockefeller Center Flower and Garden Show, Frühling/Sommer; in der Regel Mitte Mai, manchmal aber erst im Juli; Termine erfragen: kunstvolle Blumenrabatten usw. ✆ 632-3975.
Ukrainian Festival (Mitte Mai): Ein Wochenende mit ukrainischer Folklore, Musik und Tanz sowie authentischen Speisen, in der East 7th St, zwischen 2nd und 3rd Ave. Im Ukrainian Museum (12th Ave, Ecke 2nd Ave) werden Pysanka ausgestellt – traditionelle handbemalte Eier. ✆ 674-1615.
Martin Luther King Jr Parade (Mitte Mai): Mit diesem Marsch entlang der 5th Ave, zwischen 66th und 86th St, wird Martin Luther King gedacht und seinem Kampf für die Rechte der Schwarzen. Findet auch zu Ehren jener afroamerikanischen Soldaten statt, die in der US-Armee gedient haben, ✆ 374-5176.
Ninth Ave International Food Festival (Wochenende Mitte des Monats): Die 5th Ave wird über das Wochenende von der 37th bis zur 57th St für den Verkehr gesperrt und es gibt verlockendes Essen, fantastische Düfte, farbenfrohes Kunsthandwerk und tolle Einkaufsmöglichkeiten, ✆ 581-7217.
Lower East Side's Loisada Street Fair (traditionell das letzte Wochenende im Mai). Termine und Adresse werden in der Zeitung bekanntgegeben.
Crafts on Columbus (erste 3 Wochenenden im Mai): Columbus Ave zwischen 77th und 81st St. ✆ 866-2239.
Salute to Israel Parade (Termin erfragen): 5th Ave, zwischen 52nd und 79th St, dann Richtung Osten bis 3rd Ave, ✆ 245-8200, Apparat 106 oder 255.

Fleet Week (Ende des Monats): Alljährlich werden im Intrepid Sea-Air-Space Museum Matrosen aus den USA, Kanada, Mexiko und Großbritannien begrüßt. Alle möglichen Aktivitäten und Veranstaltungen, ✆ 245-0072.

Irish American Festival (letztes Wochenende): Gateway National Recreation Area in Brooklyn. ✆ 718/338-3687.

Washington Square Outdoor Art Exhibit (Wochenenden Ende Mai / Mitte Juni): Findet seit über 65 Jahren statt, mehr als 200 Künstler stellen ihre Werke aus, kein Eintritt. ✆ 982-6255.

Memorial Day, letzter Montag im Mai: Umzugstrecke und Termine werden in den Zeitungen und Lokalnachrichten bekanntgegeben.

JUNI – ***Museum Mile Festival*** (erster Di): Einige Museen in der 5th Ave, zwischen 82nd St und 105th St, öffnen von 18–21 Uhr kostenlos ihre Pforten.

Philippine Independence Day Parade, Anfang Juni; genaues Datum und Strecke erfragen unter ✆ 683-2990.

Puerto Rican Day Parade (Termin erfragen): Das größte puertoricanische Fest, 3 Std. Musik und Stöckewirbeln zwischen der 44th und 86th St auf der 5th Ave, dann weiter auf der 3rd Ave. ✆ 718/665-4009.

Lower East Side Jewish Spring Festival, Datum und Veranstaltungsort in der *Jewish Weekly* nachlesen. Koschere Speisen, jiddische und hebräische Lieder; durch die jüdische Lower East Side finden Führungen statt.

Mermaid Parade (erster Sa nach dem 21.): Ausgelassenes Spektakel auf der Uferpromenade von Coney Island, zu der sich die Teilnehmer als Meerjungfrauen und König Neptun verkleiden und Früchte ins Meer werfen. Sollte man auf keinen Fall versäumen, wenn man in der Nähe ist. ✆ 718/392-1267, 🖥 www.coneyislandusa.com.

The Festival of St. Anthony (ab ersten Do): Zweiwöchiges, lustiges italienisches Fest auf der Sullivan St zwischen Spring und West Houston St; Höhepunkt ist ein Musikumzug, angeführt von vier Männern, die eine lebensgroße Figur des Heiligen auf den Schultern tragen. ✆ 777-2755.

Welcome Back to Brooklyn Homecoming Festival (zweite Woche): eines der größten Feste in Brooklyn, in der Grand Army Plaza im Prospect Park. ✆ 718/ 855-7882.

Gay Pride Week (letzte Woche im Juni): Beginnt mit einer Kundgebung und endet mit einem Aufmarsch und Tanz. ✆ 807-7430, 🖥 www.nycpride.org.

Brooklyn Arts Council International Film and Video Festival, Juni–Juli. Daten und Veranstaltungsorte erfragen unter ✆ 718/625-0080.

JULI – ***African Arts Festival***, erste Woche im Juli: 1700 Fulton St, Brooklyn; Umzug, Wettkämpfe, Kinder- und Familienprogramm sowie jede Menge Spaß für Gäste aller Altersgruppen. Von 10 Uhr bis Mitternacht.

Independence Day (4.): Das beeindruckende Feuerwerk von Macy's ist in ganz Lower Manhattan zu sehen, am besten vom Battery Park ab 21 Uhr.

The Great July 4th Festival: im Battery Park, herrlicher Jahrmarkt, auch hier gibt's ein Feuerwerk. Festansprachen werden in der City Hall gehalten. ✆ 809-4900.

Bastille Day (So um den 14.): In Uptown lädt die Alliance Française auf der 60th St zwischen Park und 5th Ave zum Feiern ein. ✆ 355-6100.

American Crafts Festival (zwei Wochenenden gegen Ende Juli): Mehr als nur eine Kunsthandwerksaustellung; im Lincoln Center gibt es Vorführungen, Puppentheater, Clowns und Gesang. ✆ 875-5593.

Japanese Obon Festival (Sa um den 15.): Im Bryant Park hinter der New York Public Library, getragene Tanzvorführungen im laternenbeleuchteten Park und am Sonntag ein Gottesdienst. ✆ 678-0305.

NYC Unfolds Street fair (Wochenende um den 15.): Stände entlang der W 3rd St zwischen Broadway und La Guardia

Magic on Madison Ave Fair (Wochenende um den 15.): Zwischen 37th und 57th St. ✆ 809-4900.

AUGUST – ***Harlem Month***, Höhepunkt: Harlem Day am 3. Sonntag des Monats. Einen Monat lang dreht sich alles um afrikanische, karibische und lateinamerikanische Kultur; außerdem gibt es ein Kinderfestival, eine Modenschau, Wettbewerbe usw. ✆ 862-7200.

Dance Theater of Harlem Street Festival, gewöhnlich in der zweiten Woche des Monats: eine Vielzahl an Tanzvorführungen sowie Veranstaltungen für Kinder. Das Festival ist über 25 Jahre alt und findet in der 152nd St zwischen der Amsterdam Ave und Convent Street statt, ✆ 690-2800.

Macy's Tap A Mania (Mitte August): Beginnt um 12 Uhr, wird bei Regen verschoben. Auf der 34th St, 7th Ave, nahe Broadway, haben schon über 3500 Tänzer zusammen gesteppt und sich damit ins Guinnessbuch der Rekorde getanzt. ✆ 494-5247.

SEPTEMBER – West Indian-American Day Parade, findet am Labor Day in Brooklyn statt. Nähere Informationen unter ✆ 718/774-8807.

Labor Day Parade and Street Fair (Labor Day): Strecke und Veranstaltungen werden in den Zeitungen und Lokalnachrichten bekanntgegeben.

Tugboat Challenge (So vor Labor Day): Alljährliches, bei Kindern beliebtes Rennen zwischen New Yorks Schleppkähnen; Ziel ist Pier 86. Das Rennen ist der Höhepunkt des *Seafest* mit Schiffsbesichtigungen und Veranstaltungen auf dem Pier am Intrepid Sea-Air-Space Museum. ✆ 245-0072.

Broadway on Broadway (So nach Labor Day): Am Times Square kostenlose Vorstellungen mit Liedern aus fast allen Broadway-Musicals, die in einem Konfettiregen enden. ✆ 768-1560.

American Crafts Festival, zwei Wochenenden um Mitte September: im Lincoln Center. Nicht nur Kunsthandwerk, sondern auch Puppentheater, Clowns und Musik, ✆ 875-5593.

Festa di San Gennaro (um den 19.): Seit über 70 Jahren wird in der Mulberry Street in Little Italy ein zehntägiges Straßenfest zu Ehren des Schutzheiligen von Neapel, des Bischofs Januarius, gefeiert. Es gibt wunderbares Essen, viel zu sehen und lustige Dinge zu kaufen. Höhepunkt ist die Straßenprozession mit der Statue des Heiligen, an deren Umhang Geldspenden gesteckt werden.

New York is Book Country (dritter So): Buchmesse und Veranstaltungen auf der 5th Ave, zwischen 48th und 57th St, sowie auf der 52nd und 53rd St, zwischen Madison und 6th Ave, von 11–17 Uhr. Buchläden, Verlage und auch Buchbinder stellen aus. ✆ 207-7242.

African American Day Parade (Termin erfragen): Der Umzug verläuft von der 111 St über den Adam Clayton Powell Blvd zur 142 St in Harlem, dann nach rechts zur 5th Ave. ✆ 862-7200.

Korean American Parade (Termin erfragen): Von der 42nd St auf dem Broadway zur 23rd St. ✆ 255-6969.

Steuben Day Parade (drittes Wochenende): Die größte deutsch-amerikanische Veranstaltung zu Ehren des Baron von Steuben, eines preußischen Generals, der im Unabhängigkeitskrieg unter George Washington gegen die Briten kämpfte – der Umzug führt auf der 5th Ave von der 63rd zur 86th St und zur 5th Ave. ✆ 516/239-0741.

West Indian Day Parade and Carnival (Wochenende vor Labor Day): In Crown Heights (s.S. 202, Brooklyn).

New York Armory Antiques Show (Termin erfragen): Riesiger Antiquitätenmarkt im 7th Regiment Armory, Park Ave, Ecke 67th St, mit Hunderten von Händlern aus aller Welt. Eintritt $10. ✆ 677-5040.

Washington Square Outdoors Art Exhibit (Termin erfragen): Im Village, entlang Waverly Place und dessen Seitenstraßen, zwischen 6th Ave und Broadway. ✆ 982-6255.

Gracie Square Art Show (Termin erfragen): Von 11 Uhr bis Sonnenuntergang im Carl Schurz Park, East End Ave, zwischen 84th und 87th St. ✆ 535-9132.

New York Film Festival, zwei Wochen Ende Sept.–Mitte Okt, im Lincoln Center, ✆ 875-5610.

OKTOBER – Promenade Art Show (Termin erfragen): Auf Brooklyns historischer Promenade mit Blick auf Downtown Manhattan. ✆ 718/625-0080.

Lexington Ave Octoberfest (erstes Wochenende): Lexington Ave, zwischen 42nd und 57th St, ✆ 808-4900.

Pulaski Day Parade (Termin erfragen): Umzug der polnischen Immigranten auf der 5th Ave. ✆ 374-5176.

Hispanic Day Parade (um den 8.): 5th Ave, zwischen 44th und 72nd St. ✆ 242-2360.

Columbus Day Parade (um den 12.): Das größte Gelage der Stadt zur Erinnerung an den Tag, an dem Amerika auf der Landkarte erschien, auf der 5th Ave, von der 44th zur 79th St. ✆ 249-2360.

Village Halloween Parade (31.): Umzug auf der 6th Ave von der Spring zur 23rd St. Spektakuläre Kostüme, Perücken und Make up, tolle Musik und sehr ausgelassene Stimmung; unbedingt früh da sein, um einen Platz mit guter Sicht zu erwischen – es ist jedes Jahr brechend voll. Weitere Infos unter ✆ 914/758-5519. Eine zahmere Version für Kinder findet etwas früher im Washington Square Park statt.

Children's Halloween Carnival, in der Zeit um Halloween, normalerweise ein paar Tage vor dem 31. Oktober. Veranstaltungsort: Chelsea Piers, ✆ 336-6666.

Antik- und Kunsthandwerksmärkte: ***Crafts on Columbus,*** an ersten 3 Wochenenden im Oktober hinter dem Museum of Natural History. ✆ 866-2239.

St. Ignatius Loyola Antiques Show (Termin erfragen): Park Ave, Ecke 84th St, findet einmal im Jahr statt; kleine Ausstellung in einzigartiger Umgebung mit qualitativ hochwertigen Antiquitäten zu überwiegend erschwinglichen Preisen, ✆ 288-3588.

NOVEMBER – ***New York City Marathon*** (Termin erfragen): Läufer aus aller Welt versammeln sich zu diesem Marathon durch alle fünf Stadtbezirke. Einer der besten Standorte ist Central Park South, kurz vor dem Ziel. ✆ 860-4455.

Veteran's Day Parade (11.): Die Vereinigung der Kriegsveteranen veranstaltet diesen jährlichen Umzug, der über die 5th Ave, zwischen 39th St und 23rd St, verläuft. ✆ 693-1475.

Triple Pier Expo (zwei Wochenenden Mitte des Monats): Größter Antiquitätenmarkt der Stadt auf den Piers 88, 90 und 92. ✆ 255-0020.

Macy's Thanksgiving Parade (letzter Do): Der Umzug mit Festwagen, Dutzenden Musikgruppen aus allen Ecken der USA kann landesweit im Fernsehen verfolgt werden. Santa Claus läutet die Weihnachtssaison ein. Über 2 Mill. Schaulustige säumen den Zug von der 77th St über Central Park West zum Columbus Circle, dann den Broadway entlang zum Herald Square, 9–12 Uhr. ✆ 494-4495.

Thanksgiving Weekend Annual Uptown / Downtown Thanksgiving Crafts Fair: Fr–So nach Thanksgiving. Wer dem üblichen Rummel entgehen will, kann hier, in der Wallace Hall, 84th St, Ecke Park Ave, ✆ 866-2239, Kunsthandwerk einkaufen.

> **Macy's Thanksgiving Day Parade** Am Abend vor Macy's großem Umzug am Thanksgiving Day kann man zusehen, wie die Festwagen hergerichtet werden. Auf der W 77th St und W 81st St, zwischen Central Park West und Columbus Ave und vor dem Museum of Natural History, werden Mickey Mouse und andere Ballons zu gigantischer Größe aufgeblasen. Hier herrscht noch kein Gedränge und es gibt etwas zu sehen, das nicht in jedem Haushalt Amerikas über den Bildschirm flimmert. Die Vorbereitungen beginnen bei Sonnenuntergang und können bis nach Mitternacht dauern.

DEZEMBER – *„Miracle on Madison Avenue Festival"* (erster So): Über 15 Blocks, zwischen 57th und 72nd St, zahlreiche Aktivitäten und Verkaufsstände. Der Gewinn geht an bedürftige Kinder, ✆ 988-4001.

Rockefeller Center (Anfang des Monats): Das Anzünden des Weihnachtsbaums stellt den Auftakt zu den Weihnachtsfeierlichkeiten dar. ✆ 632-3975.

Chanukah Celebrations Während des 8-tägigen Festes wird allabendlich in einer Zeremonie an der 59th St, Ecke 5th Ave, ein weiteres Licht einer achtarmigen Menora entzündet.

Holiday Windows Die Schaufenster der 5th Ave sind eine Augenweide, wenn man auch bei Lord & Taylor oder Saks oft Schlange stehen muss, um einen Blick darauf zu werfen.

Out of the Darkness, 1. Dezember. Kerzenprozession zur City Hall anlässlich des Welt-AIDS-Tages. Zur gleichen Zeit findet das 24-stündige Verlesen der *Names Vigil* statt, ✆ 580-7668.

Kwanzaa Fest, Termine erfragen: riesiges Fest zu Ehren afroamerikanischer Kunst und Kultur. Live-Unterhaltung, ein Pavillon für Kinder und noch viel mehr. Veranstaltungsort ist das Jacob K Javits Convention Center, ✆ 216-2000.

New Year's Eve (31.): Silvester wird in New York traditionell am Times Square gefeiert. 200 000 Menschen treffen sich hier, um zu trinken und gemeinsam das neue Jahr zu begrüßen, ✆ 768-1560. Feuerwerk gibt es auch am South Street Seaport und im Prospect Park in Brooklyn. Eine familienfreundliche Veranstaltung ohne Alkohol ist ***First Night*** mit Tanz, Musik und Essen an mehreren Orten in der Stadt, ✆ 818-1777.

Sommerfestivals

Über den Sommer verteilt werden in New York eine Reihe von Musik-, Theater- und Filmfestivals veranstaltet, meist bei freiem Eintritt.

Anchorage: Musik und darstellende Künste in der Brooklyn Bridge. ✆ 260-6674.

Bryant Park Summer Film ***Festival*** (Mitte Juni–Labor Day; Mo ab Sonnenuntergang, bei Regen Di): Hinter der Stadtbibliothek in der 42nd St, zwischen 5th und 6th Ave. Der Sound ist wesentlich besser als man erwarten möchte; Decke und Sandwiches mitbringen. Eintritt frei. Unter ✆ 512-5700 Filmprogramm und Einzelheiten zu anderen Veranstaltungen erfragen.

Celebrate Brooklyn (Mitte Juni–Mitte August): Konzerte, Theateraufführungen und Lesungen im Prospect Park, Freilichtbühne, s.S. 200, Brooklyn. Eintritt frei. ✆ 718/855-7882, Durchwahl -52.

JVC Jazz Festival (Juni): In der ganzen Stadt spielen Jazzgrößen ebenso wie neue Gruppen in Clubs und Konzerthallen oder unter freiem Himmel, manchmal sogar kostenlos. Infos über die *Jazz line*, ✆ 479-7888, oder *JVC Jazz*, ✆ 501-1390.

Lincoln Center Out-of-Doors (August): Abends finden auf den Freiluftbühnen im und um den Lincoln Center Konzerte statt. Zu den Highlights zählt *Roots of American Music* mit dem Besten, was Blues, Gospel und Folk zu bieten haben, außerdem Sonderveranstaltungen für Familien und Kinder. Eintritt frei. ✆ 875-5108.

Midsummer Night Swing (Mitte Juni–Mitte Juli): Lincoln Center's Fountain Plaza, 65th St, Ecke Columbus Ave, Mi–Sa von 20.15–23 Uhr darf im Lincoln Center unter freiem Himmel getanzt werden. Live-Bands spielen Swing, Mambo, Merengue, Samba, Country, etc. Eintritt $11, aber auf den angrenzenden Flächen kann man kostenlos zur Musik tanzen. ✆ 875-5766.

Mostly Mozart (Juli–August): In der Avery Fisher Hall und der Alice Tully Hall des Lincoln Center. Beginn 20 Uhr. Hochkarätige Gäste ergänzen das Orchester. ✆ 875-5103.

Music at Castle Clinton: Kostenloses Musikprogramm mit bekannten Künstlern im Battery Park, direkt am Wasser. ✆ 835-2789.

Opera in the Parks (Juni–Juli): Die Metropolitan Opera führt in den New Yorker Parks kostenlose Opern auf. Termine werden in der *Village Voice* angekündigt. ✆ 362-6000, 🖥 www.metopera.org/news.

New York Philharmonic: Kostenlose Konzerte mit Feuerwerk in allen fünf Stadtbezirken. Termine unter ✆ 875-5709.

River Flicks Summer Film Series: An den Piers, zeigt kostenlose Filme: Vorführungsorte und Programm unter ✆ 533-PARK.

Shakespeare in the Park (Juli–August): Di–So im Delacorte Theater im Central Park. Freikarten, die ab 13 Uhr für die Vorstellung um 20 Uhr vergeben werden, kann nur ergattern, wer sich schon am frühen Morgen anstellt. ✆ 260-2400.

Sounds at Sunset (Juni–August): Um 18.30 Uhr auf der Battery Park Esplanade. Eintritt frei. ✆ 416-5300.

Summergarden Concerts (Juni–August): Fr und Sa um 20.30 Uhr Konzerte im Skulpturengarten des Museum of Modern Art, 54th St zwischen 5th und 6th Ave. Fällt bei Regen aus. Infos ✆ 708-9491, 🖥 www.moma.org. Eintritt frei, keine Reservierungen.

Summerstage at Central Park (Juni–August): Konzerte, Lesungen und andere Darbietungen, u.a. der New York Grand Opera; Rumsey Playfield im Central Park, auf der Höhe 72nd St. Eintritt frei. ✆ 360-CPSS, 🖥 www.summerstage.org.

Washington Square Music Festival, jeden Di im Juli und August um 20 Uhr im Washington Square Park. Eine Village-Tradition seit 1953: fünf kostenlose Open-Air-Konzerte: vier klassische und ein Jazz-Konzert.

The World Financial Center Arts & Events (Juni–August): Tanz am Wasser zu unterschiedlichen Musikrichtungen, von ungarisch bis Swing. Eintritt frei. ✆ 945-0505.

New York mit Kindern

New York eignet sich überraschenderweise wunderbar als Reiseziel mit Kindern jeden Alters. Dabei sind es nicht nur die großen Attraktionen, die Wolkenkratzer und Fährfahrten, die die Kleinen begeistern. Es ist für sie genauso spannend, einfach nur die Straßen zu erkunden, den Straßenkünstlern zuzusehen und das faszinierende Treiben zu beobachten, und viele Museen und Theater bieten besondere Veranstaltungen für Kinder. In diesem Kapitel sind einige Einrichtungen aufgelistet, die für Kinder besonders interessant sind.

Wer mit Kindern reist, sollte sich Veranstaltungstermine immer telefonisch bestätigen lassen und, falls möglich, Karten reservieren, um allzu große Enttäuschungen zu vermeiden. Weitere Anregungen finden sich unter der Rubrik *Activities for Children* in den Zeitschriften *New York* und *Village Voice*. Informationen über Veranstaltungen bietet auch eine Telefonansage des **NYC & Company Convention and Visitors Bureau**, 810 Seventh Ave, zwischen 52nd und 53rd St, NY 10019, ✆ 484-1222, ⏰ Mo–Fr 8.30–18, Sa und So 9–17 Uhr; 🖥 www.nycvisit.com. Erhältlich ist daneben der kostenlose *The Big Apple Visitor's Guide*, der einen guten Stadtplan, Hinweise und Gutscheine erhält. Weitere Tipps im Internet unter *family activity* auf 🖥 www.citysearchnyc.com.

Angebote für Kinder gibt es reichlich, allerdings könnte sich der Transport der Kleinsten schwierig gestalten: Obwohl sich viele Einheimische mit Kinderwagen durch Straßen und U-Bahnen schlängeln, ziehen es einige doch vor, Babys und Kleinkinder im **Snuggli** oder in der **Rückentrage** zu befördern (denn mit einem Kinderwagen hat man oft Mühe, in Busse und U-Bahnstationen hineinzugelangen). Bei den meisten der unten aufgeführten Attraktionen sind Kinderwagen sowieso nicht zugelassen, allerdings gibt es fast überall Aufbewahrungsmöglichkeiten – vor dem Besuch telefonisch erfragen. Die meisten Sehenswürdigkeiten, Restaurants und Geschäfte sind Kindern gegenüber jedoch sehr tolerant und oftmals sogar kinderfreundlich.

Die öffentlichen Verkehrsmittel sind bequemer und billiger geworden, seit im Jahre 1998 mit Hilfe der **MetroCard** kostenlose Umsteigemöglichkeiten von Bussen zu U-Bahnen und umgekehrt eingeführt wurden; Näheres s.S. 20. Mit der U-Bahn kommt man am schnellsten und sichersten durch die Stadt, und braucht sich der Kinder wegen keine Sorgen zu machen – sie werden wahrscheinlich begeistert sein von den Menschenmassen und dem ganzen Trubel. Busse sind langsamer, geben allerdings gelangweilten Kindern die Gelegenheit, durch die riesigen Fenster zu schauen und das bunte Straßentreiben zu beobachten. **Übrigens**: Kinder unter 1,12 m fahren in Begleitung eines Erwachsenen kostenlos U-Bahn bzw. Bus. Wer sein Kind im Buggy transportiert, braucht keine Scheu zu haben, Fremde um Hilfe zu bitten, den Kinderwagen die U-Bahn-Treppe hinauf oder hinunter zu tragen.

Museen

Man könnte einen ganzen Urlaub allein damit zubringen, die zahlreichen Museen der Stadt zu erkunden. Fast alle bergen irgendetwas Aufregendes für Kinder. Die folgenden wecken sicherlich nicht nur pflichtschuldiges Interesse, sondern helle Begeisterung.

American Museum of Natural History, Central Park West, 79th St, ✆ 769-5100. ⏰ So–Do 10–17.45 Uhr, Fr und Sa 10–20.45 Uhr; das Hayden Planetarium öffnet wegen umfassender Renovierungsarbeiten erst Ende 2000 wieder; IMAX-Vorstellungen stündlich 10.30–16.30 Uhr. Eintritt $8, Kinder $4,50, Schüler / Studenten / Senioren $6. Sonderausstellungen und IMAX-Filme kosten extra, es gibt Kombitickets. 🖥 www.amnh.org.

Eines der besten Museen dieser Art, ein gewaltiges Gebäude voller Fossilien, Edelsteine, Meteoriten und anderer naturgeschichtlicher Ausstellungsstücke, 34 Millionen insgesamt. Die kürzlich renovierten Dinosaurierhallen mit ihren umfangreichen, kreativen Ausstellungen und interaktiven Computerplätzen werden Kindern jeden Alters gefallen und eignen sich als erster Anlaufpunkt. Umfangreiche Dioramen zeigen Tiere aus aller Welt, und die neue Hall of Biodiversity wartet mit Videopräsentationen zur Umwelt sowie einer Multimedia-Nachbildung des zentralafrikanischen Regenwalds auf. Von Oktober bis Mai werden am letzten Wochenende jedes Monats verschiedene interaktive Veranstaltungen für Kinder angeboten, Termine erfragen.

American Museum of the Moving Image, 35th Ave, Höhe 36th St, Astoria, Queens, ✆ 718/784-0077. ⏲ Di–Fr 12–17, Sa und So 11–18 Uhr. Eintritt $8,50, Schüler / Studenten / Senioren $5,50, Kinder von 5–12 $4,50, unter 5 Jahren Eintritt frei.
Die Filmvorführungen in einem wunderbaren alten Filmpalast sind im Eintritt inbegriffen. Dieses Museum ist allen möglichen Aspekten der Film-, Video- und Fernsehwelt gewidmet. Ausgestellt sind historische Kostüme, Kameras und Requisiten sowie das gesamte *Seinfeld*-Set. Interaktive Ausstellungen, Vorführungen spezieller Filmeffekte und klassische Videospiele, mit denen man auch tatsächlich spielen kann, sind nur einige wenige der Attraktionen, die Kinder begeistern werden. Kostenlose Filmvorführungen in einem hübschen alten Filmpalast auf dem Gelände. Auf jeden Fall einen Besuch wert, insbesondere für Kinder ab 6 Jahren.

Brooklyn Children's Museum, 145 Brooklyn Ave, Ecke St. Mark's Ave, ✆ 718/735-4400. ⏲ Mi–Fr 14–17, Sa und So 10–17 Uhr. Eintritt in Form einer Spende, $3 empfohlen.
1899 als erstes Museum der Welt für Kinder gegründet. Viele Ausstellungsbereiche animieren zum Anfassen und Mitmachen, die Kinder können mit authentischen völkerkundlichen, naturgeschichtlichen und technologischen Artefakten spielen. Macht Kindern jeden Alters wie auch Erwachsenen Spaß.

Children's Museum of the Arts, 182 Lafayette St, zwischen Broome und Grand St, ✆ 274-0986. ⏲ Mi 12–19, Do–So 12–17 Uhr, Mo und Di geschlossen. Eintritt $5, bis 12 Jahre frei.
Hier sich alles um Kunst von und für Kinder. Kinder werden an verschiedene Kunstformen herangeführt und können dann mit Farben, Ton, Gips und anderen einfachen Werkstoffen selbst kreativ werden. Auch für Kleinkinder gibt es ein Programm.

Children's Museum of Manhattan, 212 W 83rd St, zwischen Broadway und Amsterdam Ave, im Tisch Building, ✆ 721-1234. ⏲ Di–So 10–17 Uhr. Mo geschlossen. Eintritt Kinder und Erwachsene $5, unter 1 Jahr frei. 🖥 www.cmom.org.
Interaktives Museum zu verschiedenen Alltagsthemen, das 1973 gegründet wurde, um „durch interaktive Ausstellungen und Lehrprogramme zum Lernen anzuregen." Die Ausstellungsfläche umfasst fünf Etagen mit fantasievollen Exponaten. Auf keinen Fall darf man Seuss! Verpassen: eine witzige Abteilung mit einem von Dr. Seuss-Büchern inspirierten Dekor, in dem Kinder tatsächlich grüne Eier mit Speck braten dürfen. Im Media Center können sie ihre eigenen Fernsehshows produzieren. Kunst-Workshops, zusätzliche Veranstaltungen an Feiertagen, Auftritte von Künstlern und Geschichtenerzählern. Für Kinder von 1–12 Jahren. Sehr zu empfehlen.

Ellis Island Immigration Museum, Ellis Island, Anfahrt mit einer Fähre der Circle Line Statue of Liberty Ferry vom Battery Park, ✆ 363-3200. ⏲ tgl. 9.30–17 Uhr, Eintritt frei. Fähren verkehren halbstündlich von 9.30–15.30 Uhr. 15 Uhr letzte Überfahrt für Museumsbesichtigung, Erwachsene Hin- und Rückfahrt $7, Kinder 3–17 Jahre $3. Websites: 🖥 www.ellisisland.org und www.wallofhonor.com. Eine Datenbank mit den Namen der Leute, die die Einwanderungsstation durchlaufen haben. Dies ist nicht nur einer der billigsten Tage, die man in New York verbringen kann, sondern auch einer der besten: Eine Vergnügungsfahrt auf der Fähre kombiniert mit einer Besichtigung des Museums und der Freiheitsstatue. Ellis Island war seit 1894 Einwanderungsstation. Im Jahre 1990 wurden die Hauptgebäude renoviert und als *Immigration Museum* wieder eröffnet. Zu den besonderen Darbietungen zählen die „Ellis Island Stories", eine dramatische, auf mündlichen Überlieferungen beruhende Nacherzählung der Erlebnisse der Immigranten. Nur April–September, $3 für Erwachsene, $2,50 für Kinder, Termine im Voraus erfragen; und „Treasures From Home", eine Sammlung von Familienerbstücken, Fotos und anderen Gegenständen, die von Nachkommen der Immigranten gestiftet wurden. Für eine Pause eignet sich das freundliche Restaurant mit Terrasse und atemberaubender Aussicht. Näheres zu Ellis Island und zur Freiheitsstatue s.S. 53 ff, Die Hafeninseln.

Fire Museum, 278 Spring St, zwischen Hudson und Varick St, ✆ 691-1303. ◎ Di–So 10–16 Uhr. Mo geschlossen. Eintritt $4, Schüler und Studenten $2, Kinder bis 12 Jahre $1. Sehr beliebt bei Kindern im Vorschulalter; eine unspektakuläre, aber ansprechende Hommage an New Yorks Feuerwehr und Feuerwehrleute überhaupt. Ausgestellt werden Löschfahrzeuge aus dem vorigen Jahrhundert (handgezogen, pferdegezogen und dampfgetrieben), Helme, vergilbte Fotos und ein buntes Sammelsurium auf drei Etagen einer ehemaligen Feuerwache. Eine nette, liebenswerte Sammlung.

Intrepid Sea-Air-Space Museum, W 46th St und 12th Ave am Pier 86, ✆ 245-0072. Sommer ◎ 1. April–30. September Mo–Sa 10–17, So 10–18 Uhr; Winter ◎ 1. Oktober–31. März Mi–So 10–18 Uhr. Im Januar Mo und Di geschlossen. Letzter Einlass eine Stunde vor Kassenschluss. Eintritt $10, Kinder von 12–17 Jahren $7,50, 6–11 Jahren $5, 3–5 Jahren $1, bis 2 Jahre frei.

Dieser alte Flugzeugträger blickt auf eine ereignisreiche Geschichte zurück: So barg er 1969 die Apollo 11 mit Neil Armstrong und seinen Kollegen aus dem Pazifik, die nach ihrer Rückkehr vom Mond auf dem Wasser gelandet war. Heute sind hier das schnellste Spionageflugzeug der Welt, ein gelenktes Raketen-U-Boot und andere Flugzeuge und Schiffe älteren und neueren Datums ausgestellt. Daneben gibt es interaktive CD-Rom-Terminals und ein Restaurant. Empfohlen für Kinder ab 5 Jahren.

Lefferts Homestead, Prospect Park, Willink Entrance, Flatbush Ave, Ecke Empire Blvd. U-Bahn-Linie D bis Prospect Park. ◎ März–Juli und September–Dezember Sa und So 12–16 Uhr, im August, Januar und Februar geschlossen, Eintritt frei, ✆ 718/965-6505.

Dies ist eines der wenigen noch erhaltenen holländischen Bauernhäuser in New York. Erbaut wurde es um 1780 von Peter Lefferts, der damals zu den reichsten Männern des Bezirks zählte und Kongressabgeordneter des Staates war, als New York im Jahre 1788 die Verfassung ratifizierte. Das Haus im holländischen Kolonialstil beherbergt heute das *Children's Historic House Museum*. Die Zimmer sind renoviert und mit Möbeln aus der damaligen Zeit ausgestattet, darunter ein Himmelbett und andere Stücke aus dem Besitz der Familie Lefferts. Gezeigt werden Ausstellungen für Kinder über den Alltag um 1820 sowie die Befreiung der Sklaven in der Gegend von New York. Daneben werden Kunsthandwerk-Workshops und andere kinderfreundliche Aktivitäten angeboten.

National Museum of the American Indian (Smithsonian Institution), 1 Bowling Green, ✆ 514-3700. ◎ tgl. 10–17, Do bis 20 Uhr. Eintritt frei. 🖳 www.si.edu/nmai.

Sehr schön gestaltetes Museum mit der weltgrößten Sammlung zu indianischen Kulturen Nord-, Mittel- und Südamerikas. Obwohl viele Stücke hinter Glas ausgestellt sind, erlaubt die Anordnung einen guten Zugang, und die akustische Untermalung schafft die richtige Atmosphäre. Kindern werden die alten Puppen gefallen, die Mokassins und die Nachbauten von Reservatswohnungen und -schulräumen. Es werden regelmäßig Veranstaltungen geboten: Theatergruppen, Performancekünstler, Tänzer und Filmvorführungen.

New York Hall of Science, 47–01 111th St, Höhe 46th Ave, Flushing Meadows, Corona, Queens, ✆ 718/ 699-0005. ◎ Mo–Mi 9.30–14, Do–So 9.30–17, im Juli und August Di und Mi 9.30–17 Uhr. Eintritt $6, Kinder $4.

Das Museum wurde anlässlich der Weltausstellung 1964–65 erbaut und rangiert unter den zehn besten naturwissenschaftlichen Museen des Landes. Es zeigt die neuesten wissenschaftlichen und technischen Errungenschaften, welche die Kinder aktiv erleben können. Ein Höhepunkt ist der Science Playground im Freien, ◎ Mai–Oktober für Kinder ab 6 Jahren. Für den Besuch alleine lohnt sich der weite Weg nicht, das Museum liegt aber auf dem Weg zum Shea Stadium, zum Queens Zoo,

Museen für Kinder

Queens Art Museum und dem Gelände der Weltausstellung im Flushing Meadow Park.
New York Transit Museum, alter U-Bahn-Eingang Schermerhorn St und Boerum Place, Brooklyn, ✆ 718/243-3060. ⏱ Di–Fr 10–16, Sa und So 12–17 Uhr, Mo geschlossen. Eintritt $3, Kinder $1,50.
Ebenso: ***Transit Museum Gallery and Store***, Grand Central Station, ⏱ tgl., Eintritt frei, 🖳 www.mta.nyc.ny.us.
In einer stillgelegten U-Bahnstation aus 1930 sind Stücke aus 100 Jahren Transportgeschichte ausgestellt, darunter alte U-Bahnwaggons und Busse aus der Zeit um 1900, darunter ein Eisenbahnwaggon aus Holz von 1914. Daneben werden häufig Aktivitäten für Kinder geboten, z.B. unterirdische Führungen, Workshops und ein jährliches Busfestival – interessant für Kinder im Grundschulalter. Der NY Transit Museum Gallery and Store eröffnete im Frühling 1999 und zeigt wechselnde Ausstellungen über öffentliche Verkehrsmittel. Außerdem gibt es einen Geschenkeladen, wo Souvenire zum Thema verkauft werden.

Queens County Farm Museum, 73–50 Little Neck Parkway, Queens. U-Bahn-Linie E, F bis Kew Gardens-Union Turnpike, danach mit Bus Q46 bis Littleneck Pkwy. Museum ⏱ April–Dezember Sa und So 10–17 Uhr. Farmgelände ⏱ das ganze Jahr über Mo–Fr 9–17, April–Dezember Sa und So 10–17 Uhr. ✆ 718/347-3276.
Mitten in Queens gibt es tatsächlich noch eine Farm mit Kühen, Schafen, Gänsen und Enten sowie einer großen Obstplantage. Die 1772 erbaute, ca. 19 ha große Farm wird seit 200 Jahren ununterbrochen bewirtschaftet. Das entzückende Bauernhaus ist mit einer Decke aus Holzbalken und Details im holländischen Stil versehen. Es gibt Apfelfeste im Herbst, Kunsthandwerkshows, *hayrides* an Wochenenden und andere, regelmäßig stattfindende Angebote für Kinder.

South Street Seaport Center and Museum, 207 Front St am Ende der Fulton St am East River, ✆ 748-8600. ⏱ April–September tgl. 10–18, Do bis 20, Oktober–März 10–17 Uhr, Di geschlossen. Eintritt $6, Schüler und Studenten $4, Kinder $3. 🖳 www.southstseaport.org.

Die Gebäude aus dem 18. und 19. Jahrhundert umfassen drei Galerien, eine Schiffsbauabteilung, eine Bibliothek und einen Bereich für Kinder, der eine ganze Flotte historischer Schiffe beherbergt. *New York Unearthed* widmet sich ganz der derzeitigen archäologischen Tätigkeit in der Stadt. Kinder können den Archäologen bei ihrer Arbeit zusehen, etwas über den Aussagewert von Ausgrabungen lernen und mit einem Aufzug eine nachgestellte Ausgrabungsstätte besuchen. Im Juli und August finden am Samstagabend kostenlose Konzerte statt. **Straßenkünstler**, die bei warmem Wetter am Seaport ihre Späße treiben, bieten Unterhaltung für Kinder jeglichen Alters.

Babysitting
Die Babysitters' Guild, 60 E 42nd St, ✆ 682-0227, vermittelt erfahrene Babysitter; im Angebot sind 16 Fremdsprachen. Der Service kostet pro Stunde ab $14, je nach Alter und Anzahl der Kinder, plus $4,50 für die Anfahrt – nach Mitternacht liegen die Fahrtkosten bei $7). Alle Babysitter haben Erfahrung im erzieherischen und pflegerischen Bereich, sind qualifiziert und gehören einem Verband an. Termine sollten rechtzeitig vereinbart werden, wenn möglich spätestens am Vortag.

The Avalon Nurse Registry and Child Service, 162 W 56th St, ✆ 245-0250. Avalon organisiert Vollzeit- oder Teilzeit-Kindermädchen und -Babysitter für angemessene $10 pro Stunde plus Fahrtkosten, $2 extra für jedes weitere Kind, Minimum 4 Stunden. Verständigung auf Englisch und Spanisch.

Staten Island Children's Museum, Snug Harbor Cultural Center, 1000 Richmond Terrace, Staten Island, ✆ 718/273-2060. ⏱ Di–So 12–17 Uhr. Mo geschlossen. Eintritt $4, Kinder unter 2 Jahren Eintritt frei.
Mit einem Besuch hier lässt sich die Fährfahrt nach Staten Island wunderbar abrunden; vom Terminal fährt ein Bus. Es gibt interaktive Ausstellungsstücke zu Umwelt- und Technikthemen, Puppen und Spielsachen. Im Sommer

ist ein zusätzlicher Bereich im Untergeschoss geöffnet, der aber oft voll ist. Telefonische Reservierung ist möglich.

Zoos und Parks

Bronx Zoo (ehemals International Wildlife Conservation Park), Bronx River Parkway, Ecke Fordham Rd, ✆ 718/367-1010; ◷ März–Okt. Mo–Fr 10–17, Sa und So 10–17.30, Nov.–Febr. tgl. 10–16.30 Uhr; Erwachsene $6,75, Kinder $3, Mi freier Eintritt für alle; Fahrten und bestimmte Ausstellungen kosten extra. 🖥 www.wcs.org.
Der größte städtische Zoo Amerikas mit über 4000 Tierarten, Reptilien und Vögeln ist ein echtes Erlebnis. Viele leben in weitläufigen, naturgetreuen Lebensräumen, wie z.B. *Wild Asia*, wo Tiger, Elefanten und andere große Tiere (fast) frei herumlaufen. In einem extra für Kinder eingerichteten Bereich können die Kids auf großen Exponaten, darunter einem riesigen Spinnennetz, herumklettern und einige der zahmeren Tiere streicheln. Sehr empfehlenswert für einen Ganztagsausflug. Näheres zum Bronx Zoo s.S. 216.

Chelsea Piers Sports & Entertainment Complex, Piers 59-62, zwischen W 23rd St und Hudson River, allgemeine Infos unter ✆ 336-6666; Auskunft über Fußball, Basketball usw. unter ✆ 336-6500; jede Aktivität kostet extra.

Ein riesiges, sehr beliebtes Sportzentrum mit zwei Eissporthallen und Rollerblader-Gelände im Freien, Basketball-Feldern, einer Felswand zum Klettern für Kinder, zwei Astro-Turf-Fußballfeldern, Turngeräten usw.

New York Aquarium, W 8th St, Ecke Surf Ave, Coney Island, Brooklyn, ✆ 718/265-3474. ◷ tgl. 10–18 Uhr. Eintritt $8,75, Kinder von 2–12 Jahren $4,50. Unter 2 Jahren frei.
Das Aquarium wurde 1896 eröffnet und ist Teil der Wildlife Conservation Society. In verdunkelten Räumen können die Lebewesen aus den Tiefen des Meeres hinter Glas bestaunt werden, und im Freien gibt es mehrmals täglich Shows mit Walen und Delphinen sowie Fütterungen der Haie, Seeotter und Walrosse. Ein Stückchen weiter befindet sich die Promenade von Coney Island mit dem berühmten Vergnügungspark.

New York Botanical Garden, 200th St, Ecke Southern Blvd (Kazimiroff Blvd), Bronx, NY, gegenüber dem Bonx Zoo, ✆ 718/817-8777, ◷ Di–So 10–18 Uhr. Mo geschlossen, Eintritt $3, Studenten und Kinder von 2–12 Jahren $1, Mi Eintritt frei. 🖥 www.nybg.org.
Einer der bedeutendsten öffentlichen Gärten Amerikas mit Blumen, Bäumen und Parkgelände auf einer 100 ha großen Fläche. Das Enid A. Haupt Conservatory (bekannt als der Kristallpalast) wurde wunderbar restauriert und beherbergt jetzt einen Regenwald mit

---

Der **Central Park** bietet rund ums Jahr Unterhaltung für Kinder jeglichen Alters. Im Sommer ist er ein einziger, riesiger Spielplatz, auf dem alles Mögliche geboten wird, von Geschichtenerzählern über Rollerblading bis Ruderbootfahren. Nachstehend eine kleine Auswahl der Highlights; Ausführlicheres s.S. 151 ff, Central Park.

The Carousel, 64th St, Parkmitte. Eine Fahrt auf Amerikas größtem Karussell mit handgeschnitzten Pferden kostet $1.
Central Park Wildlife Conservation Center (Zoo), 5th Ave, Ecke 64th St. Netter, kleiner Zoo mit Seelöwen, Affen und dem neuen Tisch Children's zoo. Näheres zum Central Park Zoo s.S. 147.
Hans Christian Andersen Statue, 72nd St, East Side (next to the **Boat Pond**). Seit 40 Jahren werden hier an der Statue Geschichten erzählt. ◷ Juni–Sept. am Sa um 11–12 Uhr.
Loeb Boathouse, 72nd St, Parkmitte. Ruderbootverleih sowie abentliche Gondelfahrten Am Central Park Lake. Auch Fahrradverleih.
Wollman Rink, 62nd St, Parkmitte, ✆ 396-1010. Rollschuhfahren und Inlineskaten im Sommer und Schlittschuhlaufen im Winter. Auch Verleih und Unterricht.

mehreren Tausend Heilkräutern.
Der *Everett Adventure Garden* ist ein rund 5 ha großer Abenteuerspielplatz mit über 40 Aktivitäten, Geschichtenerzählern, Musik, Puppenspiel und vielen anderen Veranstaltungen; ⏰ im Sommer Di–Fr 13–18, Sa und So 10–18 Uhr; Erwachsene $3, Kinder 2–12 Jahre $1; Veranstaltungsinfos erfragen. Es gibt hier aber auch herrlich ruhige Flecken, wo Babys und Kleinkinder ein Nickerchen halten können (so auch die Eltern).

Hightech-Unterhaltung

Skyride, 350 5th Ave, Ecke 34th St, im Empire State Building, ☎ 279-9777. ⏰ tgl. 10–22 Uhr. Eintritt $11,50, Kinder von 5–11 Jahren $9,50. Kombitickets für Skyride und Observatorium $14 bzw. 9.
Der *New York Skyride* ist ein simulierter Sturzflug durch die Straßenschluchten der Stadt, an den bekanntesten Sehenswürdigkeiten vorbei. Eine Großleinwand, kippende Sitze und Rundumton sorgen für Realismus und erfordern starke Nerven und Mägen – nichts für die ganz Kleinen! Das Observatorium befindet sich im obersten Stock des Empire State Building und bietet Tag und Nacht spektakuläre Aussichten auf Manhattan.

Sony Imax Theater, 1998 Broadway und 68th St, ☎ 336-5000, 🖥 http://www.sony.com. Eintritt $9,50, Kinder bis 12 Jahre $6.
Die New Yorker Stadtgeschichte in 3D. Im Lincoln Square Entertainment Complex ist auch ein Sony-Kino mit 12 Sälen sowie das *Real Java Cafe* untergebracht.

Sony Wonder Technology Lab, 550 Madison Ave, Höhe 56th St, ☎ 833-8100. ⏰ Di–Sa 10–18, Do bis 20, So 12–18 Uhr. Mo geschlossen. Eintritt frei.
Hier kann man seine eigenen verblüffenden Erfahrungen mit Kommunikationstechnologie machen: angefangen beim Cutten von Rockvideos bis hin zum Schneiden und Produzieren von Fernsehprogrammen. Man kann sogar bei der Regie eines Action-Films mitwirken, während man im Publikum sitzt. Sehr futuristisch;

Unmittelbar nördlich der 42nd Street, wo Broadway und Seventh Avenue in Midtown zusammenlaufen, liegt **der neue Times Square**, der von einer berüchtigten Schmuddelecke in ein familienfreundliches Vergnügungsviertel verwandelt wurde. Unübersehbar ist die Disney-Präsenz in der Gegend. Mehr zum Viertel um den Times Square s.S. 139.
Zu den Einrichtungen, die in erster Linie für Kinder gedacht sind, zählen:

The Disney Store, 210 W 42nd St, Höhe Broadway, ☎ 221-0430. Läden dieser Kette sind in vielen amerikanischen Malls zu finden, aber dieser ist außergewöhnlich groß. Auf einem Großbildschirm laufen neben Werbespots für Disney World in Orlando, Florida, Ausschnitte aus unzähligen Disneyfilmen.

New Victory Theater, 209 W 42nd St, ☎ 382-4000. Das erste Theater der Stadt mit ganzjährigem Kinderprogramm. Abwechslungsreiche Mischung aus Theater, Musik, Tanz, Geschichtenerzählen, Film und Puppenspiel. Vor und nach den Vorstellungen wird ein Rahmenprogramm zum Mitmachen geboten. Das Theater ist wunderschön restauriert, die Sitze sind elegant, aber klein. Alles am New Victory ist auf Kinder ausgerichtet, von den Preisen (meist $10–20) bis zur Dauer der Vorstellungen (60–90 Minuten).

XS Virtual Game Arena, 1457 Broadway, zwischen 41st und 42nd St, ☎ 1-888/972-7529, 🖥 www.xsnewyork.com. So–Do 10–24, Fr und Sa 10–2 Uhr. Ein Muss für Kinder ab 10 Jahren. Nach dem Eintritt in diese sehr dunkle und laute futuristische Welt stellen sich alle Sinne auf Höchstleistung ein, und das ist auch der Sinn des Ganzen. Es gibt jede Menge Virtual-Reality-Spiele, von Drachenfliegen bis zur einen Wild-West-Schießerei, sowie einen Laserspielbereich und mehrere Computer mit Internet-Zugang.

jeder Besucher erhält eine persönliche Zugangskarte mit Foto, Namen und Stimmprobe, und am Ende wird ein Abschlusszertifikat ausgestellt. Äußerst beliebt, früh da sein.

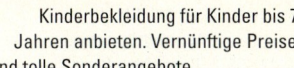

Einkaufen (Spielzeug, Kinderbücher und -kleidung)

Bank Street Bookstore, 610 West 112th St zwischen Broadway und Riverside Drive, ✆ 678-1654. Angegliedert an das Bank Street College of Education, in der ersten Etage Kinderbücher und Spiele, in der zweiten Fachliteratur für Eltern und Lehrer. Kenntnisreiches, hilfsbereites Personal hilft bei der Auswahl des geeigneten Buchs für jedes Kind. Häufig Sonderveranstaltungen.

Big City Kites, 1210 Lexington Ave, Ecke 82nd St, ✆ 472-2623. Manhattans größter und bester Drachenladen mit riesiger Auswahl.

Books of Wonder, 16 W 18th St, zwischen 5th und 6th Ave, ✆ 989-3270. Hervorragender Kinderbuchladen mit toller Märchenstunde am So um 11.45 Uhr und im Frühling und Herbst samstags Autorenlesungen.

Cozy's Cuts for Kids, 1125 Madison Ave, 84th St, ✆ 744-1716. Ableger in der 448 Amsterdam Ave, zwischen 81st und 82nd St, ✆ 579-2600. Kinder bis 12 können hier beim Haareschneiden im Spielzeugauto sitzen und Videos ansehen. Die ganz Kleinen bekommen ein Zeugnis für ihren ersten Haarschnitt verliehen.

Enchanted Forest, 85 Mercer St, zwischen Spring und Broome St, ✆ 925-6677. Herrlicher Laden, dessen einzigartige Waren – Stofftiere, Puppen, Masken – z.T. zwischen den Ästen eines künstlichen Waldes versteckt sind.

F.A.O. Schwarz, 767 5th Ave, 58th St, ✆ 644-9400. Der Vorzeigeladen einer landesweiten Kette, in dessen drei riesigen Etagen alles zu finden ist, was ein Kinderherz erfreut. Barbie-Fans werden von dem Barbie-Laden begeistert sein, der auf der Rückseite zur Madison Ave liegt. Sehr zu empfehlen.

Gymboree, 2015 Broadway, Ecke 69th St, ✆ 595-7662; auch 1049 3rd Ave, Ecke 62nd St, ✆ 688-4044, und an weiteren Stellen der Stadt. Einladende Geschäfte, die hübsche, bunte Kinderbekleidung für Kinder bis 7 Jahren anbieten. Vernünftige Preise und tolle Sonderangebote.

Little Eric, 1331 3rd Ave, zwischen 76th und 77th St, ✆ 288-8987, auch 1118 Madison Ave, zwischen 83rd und 84th St, ✆ 717-1513. Große Auswahl an Schuhen, meist aus Italien (und teuer), für alle Altersstufen. Kindern wird das Einkaufen mit Videos und Zeichentrickfilmen versüßt.

Monkeys and Bears, 506 Amsterdam Ave, zwischen 84th und 85th St, ✆ 873-2673. Hochwertige, ausgefallene Kinderkleidung, oft handgearbeitet, etwas teurer, dafür gute Qualität.

Noodle Kidoodle, 112 E 86th St, zwischen Lexington und Park Ave, ✆ 427-6611. Auch Broadway, Ecke 88th St, ✆ 917/441-2066. Gut sortierter Laden mit Lernspielen.

Penny Whistle Toys, 1283 Madison Ave, Ecke 91st St, ✆ 369-3868; 448 Columbus Ave, Ecke 81st St, ✆ 873-9090. Ausgezeichneter Laden für Spielsachen mit Spaß und Anspruch, bewusst keine Waffen und kein Kriegsspielzeug; unter anderem Nachbildungen von altmodischem Spielzeug, das heute kaum noch zu finden ist. Sehr empfehlenswert.

Red Caboose, 23 W 45th St, zwischen 5th und 6th Ave, im Untergeschoss, zu erkennen an dem blinkenden Eisenbahnsignal am rückwärtigen Ende der Eingangshalle, ✆ 575-0155. Einzigartiger Modellbauladen, der insbesondere auf Spielzeugeisenbahnen spezialisiert ist.

Second Childhood, 283 Bleecker St, zwischen 6th und 7th Ave, ✆ 989-6140. Antikes Spielzeug, z.T. von 1850, viele Miniaturen, Soldaten und Tiere auf Rädern.

Wickelräume

Alle oben genannten Einrichtungen haben Toiletten, viele davon sind mit Wickeltischen ausgestattet. In Fastfood-Restaurants kann man diese normalerweise auch als Nichtkunde benutzen. Daneben finden sich auch in Hotellobbys und größeren Kaufhäusern Wickelräume.

Space Kiddets, 46 E 21st St, zwischen Park Ave und Broadway, ✆ 420-9878. Bunte Mischung flippiger und ausgefallener Kleidung für Babys und Kinder. Auch Schuhe und Spielzeug.

Tannen's Magic Studio, 24 W 25th St, zwischen Broadway und 6th Ave, ✆ 929-4500. Ein unvergessliches Erlebnis für Kinder ist das größte Zaubergeschäft der Welt mit nahezu 8000 Trick- und Scherzartikeln sowie Zauberkästen. Die Verkäufer sind selbst Zauberer und geben den ganzen Tag über kostenlose Vorstellungen.

Warner Brothers Studios Store, 1 E 57th St, 5th Ave, ✆ 754-0300. Schwindel erregende Ansammlung von Gegenständen und Schnickschnack zu den Zeichentrickfilmen der Warner Bros. Als sei das nicht genug für die Kleinen, laufen ununterbrochen Trickfilme.

Theater, Puppenspiel und Zirkus

In der folgenden Liste sind hauptsächlich kulturelle Aktivitäten zusammengestellt, die sich für kleinere Kinder eignen. Hinweise finden sich auch in der örtlichen Presse. Läden wie *Macy's* und *F.A.O. Schwarz* bieten wie die besseren Kinderbuchläden (s.o.) oft Unterhaltung für Kinder – Puppenspieler, Geschichtenerzähler usw.

Barnum & Bailey Circus, Madison Square Garden, ✆ 465-6741. Großer Wanderzirkus, der normalerweise von Ende März bis Anfang Mai in New York gastiert.

Big Apple Circus, Lincoln Center, ✆ 546-2656. Das Zelt dieses kleinen Zirkus steht von Ende Oktober bis Anfang Januar im Damrosch Park neben der Met. Eintritt $10–45.

New York für Teenager

Manhattan ist an sich schon sehr spannend und aufregend für Teenager, aber es gibt einige Ziele, die für sie noch von besonderem Interesse sein können.

Hightech-Unterhaltung wird im **Sony Wonder Technology Lab** (s.S.136) und der **X-S Virtual Game Arena** geboten.
Auch Plattenläden sind natürlich ein beliebtes Ziel. In **Manny's Music**, 156 W 48th St, sind die Wände mit Hunderten Autogrammen der größten Stars von heute und gestern gepflastert, daneben dienen Musikinstrumente und Aufnahmegeräte als Dekoration.

Der **Virgin Megastore**, 1540 Broadway, 46th St, macht seinem Namen alle Ehre und verkauft alles, was Musikfans sich wünschen.

Hinter die Kulissen einer echten Fernsehproduktion kann man auf der **NBC Studio Tour** schauen, 30 Rockefeller Plaza-50th St, zwischen Fifth und Sixth Ave. ✆ 664-4000, Führungen finden Mo–Sa 9.30–16.30 Uhr alle 15 Min. statt; Eintritt $10, nur für Kinder ab 6 Jahren. Während der einstündigen Führung sieht man die Studios von NFL Today, Dateline und Saturday Night Live sowie die Produktionsräume. Außerdem können Zuschauer sich an einer (nicht übertragenen) Radiosendung beteiligen.

Für Sportfans ermöglicht die **Madison Square Garden Tour**, 7th Ave, zwischen 33rd und 31st St, ✆ 465-5800, einen Blick hinter die Kulissen des Stadions, z.B. in die Mannschaftskabinen der Knicks und der Rangers. Chelsea Piers bietet Sport zum Mitmachen, ✆ 336-6000, s.S. 375.

Zu den Lieblingsrestaurants der Jugend zählen zweifelsohne:

Hard Rock Café, 221 W 57th St, ✆ 489-6565,

Planet Hollywood, 140 W 57th St, ✆ 333-7827,

Harley Davidson Café, 1370 6th Ave, ✆ 245-6000, dem auch ein Laden angeschlossen ist,

Motown Café, 104 W. 57th St, ✆ 489-0097, Motown-Musik und südländisches Essen.
Die trendigsten Läden für den **Klamotten**-Großeinkauf finden sich im East Village und in SoHo.

Miss Majesty's Lollipop Playhouse, Kindertheaterensemble mit Vorstellungen im *Grove St Playhouse*, 39 Grove St, ✆ 741-6436. ⊙ Sa und So 13.30 und 15.30 Uhr, im Sommer geschlossen; und im *Gene Frankel Theater*, 24 Bond St, abseits der Lafayette, ✆ 375-8485, Sa und So um 13 und 15 Uhr, das ganze Jahr über geöffnet; Eintritt an beiden Orten für Kinder und Erwachsene $8. Zumeist auf Märchen basierende Komödien mit Zuschauerbeteiligung, geeignet für Kinder von 2–10 Jahren. Gut gemacht und ziemlich beliebt – Plätze reservieren.

New Victory Theater, Näheres dazu s.S. 394.

Puppet Playhouse, 555 E 90th St, Höhe York Ave, im Asphalt Green, ✆ 369-8890. Puppentheater mit Vorstellungen am Wochenende. ⊙ Oktober–Mai um 10.30 und 12 Uhr, nur mit Reservierung. Erwachsene $6, Kinder $5.

Thirteenth Street Repertory Company, 50 W 13th St, zwischen 5th und 6th Ave, ✆ 675-6677. ⊙ Sa und So 13 und 15 Uhr; Erwachsene und Kinder $7. Hier werden das ganze Jahr über 45-minütige, extra für „kleine Menschen" gedachte Musicals, wie „Rumplewho?" gespielt. Sehr beliebt, reservieren!

Einkaufen

New York ist die Welthauptstadt der Konsumgesellschaft. Das Angebot seiner Geschäfte wird jedem erdenklichen Geschmack gerecht. Es darf gekauft werden, was das Herz begehrt, zu welcher Tages- oder Nachtzeit auch immer. Sich dem Kaufrausch hinzugeben ist damit für viele ein Grund, die Stadt zu besuchen. Die besten, größten und skurrilsten Geschäfte gibt es nach wie vor, aber das Gesicht der New Yorker Einkaufswelt hat sich gewandelt. Manhattan wird von *superstores* und Ladenketten wie *Barnes & Noble*, *Filene's Basement*, *T.J. Maxx* und *Bradley's* überschwemmt, und an jeder Ecke scheint es einen *Gap* zu geben. Wenn auch das riesige Angebot und die niedrigen Preise der Kettengeschäfte verlockend sind, so geht doch nichts über die Entdeckung eines verschrobenen, kleinen Ladens, der ausschließlich alte Manschettenknöpfe oder Gummiratten verkauft.

Die **Öffnungszeiten** der meisten Läden in Midtown sind ⓘ Montag–Samstag 9–18 Uhr, normalerweise mit einem langen Donnerstag, während viele Geschäfte in Downtown mindestens bis 20 Uhr, manche sogar bis 24 Uhr geöffnet haben. Vor allem Buchläden schließen oft erst spät. Das größte Gedränge herrscht um die Mittagszeit und am Samstag. Nur an wenigen Tagen im Jahr ist alles geschlossen (Thanksgiving, 25. Dezember, Neujahr). Viele Geschäfte, darunter die großen Kaufhäuser in Midtown, öffnen auch am Sonntag ihre Pforten. Es ist jedoch wichtig zu wissen, dass sich die Ladenöffnungszeiten einiger Viertel nach den religiösen und anderen Feiertagen ihrer Bewohner richten: In der Lower East Side wird man am Freitagnachmittag und am Samstag vor verschlossenen Türen stehen, während die Läden am Sonntag geöffnet sind. In der Chinatown ist alles durchgehend geöffnet, der Financial District ist ganz dem Bürorhythmus *nine-to-five* angepasst und bietet am Wochenende keine Einkaufsmöglichkeiten.

Bezahlen kann man fast überall mit Kreditkarte: Selbst die kleinsten Läden nehmen *Visa*, *American Express*, *Euro/MasterCard* und *Diners Club* an; viele Kaufhäuser bieten eigene Kundenkarten an. Travellers cheques sind ebenfalls ein gängiges Zahlungsmittel, müssen aber in US-Dollars ausgestellt sein und werden meist nur in Verbindung mit einem Ausweis akzeptiert. Auf den ausgezeichneten Preis der Ware wird immer eine Verkaufssteuer in Höhe von 8,25% aufgeschlagen, die bei Barzahlung auf einem Markt oder in einem Discount-Laden mitunter wegfallen kann. Und nicht zuletzt sollte man ständig wachsam sein: In dem hektischen Gedränge der Einkaufswelt Manhattans haben Taschendiebe ein leichtes Spiel.

Einkaufsviertel

Wie in den meisten großen Städten, konzentrieren sich bestimmte Branchen in bestimmten Vierteln. Wer gezielte Interessen hat, braucht also nicht die halbe Stadt abzulaufen.

SOUTH STREET SEAPORT / FINANCIAL DISTRICT – Das Einkaufsangebot konzentriert sich hier im Wesentlichen auf drei Malls: im **South Street Seaport**, im **World Trade Center** und im **World Financial Center**. Die dort vertretenen Läden sind ebenso gut in anderen Vierteln zu finden. Vor allem South Street Seaport ist sehr touristisch, kann aber wegen seiner Geschichte und der großartigen Aussicht auf die Brooklyn Bridge aber auch sehr angenehm sein. Ansonsten bieten sich nur wenige Alternativen, darunter zwei Discount-Modekaufhäuser: ***Century 21***, 22 Cortlandt St, und ***Syms***, 42 Trinity Place.

LOWER EAST SIDE – Die Orchard St, die im Süden von der Canal und im Norden von der Houston St begrenzt wird, ist die Hauptschlagader der jüdischen Lower East Side. Der Weg hierher lohnt sich wegen der billigen Kleiderläden, vor allem am Sonntag zum *Orchard Street Market,* wenn die Straße zur Fußgängerzone wird. Die Straßenstände schaffen die Atmosphäre eines Basars unter freiem Himmel.

Einige Händler, wie **Ben Freedman**, 137 Orchard St, waren hier schon um die Jahrhundertwende ansässig, als die Geschäfte noch vom Handkarren aus geführt wurden.

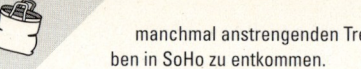

CHINATOWN – Ein Ausflug in die rund um die Uhr geschäftige Chinatown ist auch ohne Kaufabsichten lohnenswert. Die Hauptstraßen sind die sich kreuzenden Canal und Mott Streets, aber die Chinatown ist nach wie vor im Wachsen begriffen. Mittlerweile ist Little Italy wie eine kleine italienische Insel im Südchinesischen Meer eingeschlossen.

Die Chinatown ist zudem bekannt für ihr großes Angebot an sehr gutem, frisch zubereitetem und bemerkenswert günstigem Essen. An der Südseite der Canal Street werden an Ständen billige Mahlzeiten (Nudeln, gebratener Reis, etc.) verkauft. *Kam-Man*, 200 Canal St, abseits der Mulberry St, ist ein herrlicher Lebensmittelladen, der im Untergeschoss alles Mögliche verkauft, auch Geschirr. *Pearl River Mart*, 277 Canal St, ist ein chinesisches Kaufhaus.

SOHO – SoHo ist eines der lebhaftesten und modischsten Viertel der Stadt. Es erstreckt sich nördlich der Broome St, zwischen 6th Ave und Lafayette St. Entlang des **Broadway**, von der Canal St bis zum Astor Place, reiht sich ein Schuh- und Jeansgeschäft an das andere – am herausragendsten ist *Canal Jeans Co*, 504 Broadway, mit seiner unglaublichen Auswahl an neuer und alter Kleidung. Natürlich gibt es in dieser Gegend auch Zweigstellen von Ladenketten wie *Gap* oder *Pottery Barn*. Westlich davon finden sich die interessanteren Läden mit Markenmode, modischen Schuhen, wunderbaren Antiquitäten und Einrichtungsgegenständen sowie dem entsprechenden Ambiente – die schicke Einkaufsgegend für die neuesten Trends.

Unmittelbar östlich von SoHo und nördlich von Little Italy hat sich ein neues Einkaufsviertel entwickelt, das zurzeit den gewitzten Namen **NoIta** trägt – es konzentriert sich auf das Gebiet östlich der Lafayette St bis zur Bowery, sowie zwischen Prince und Houston St. Viele Künstler, Goldschmiede und Designer haben hier einen Laden, wie z.B. *Push Jewelry*, 240 Mulberry St, und *Kelly Christy*, 235 Elizabeth St. Wer wissen will, was in New York gerade in ist, darf diese Ecke nicht links liegen lassen. Außerdem ist es ein gutes Ziel, um dem manchmal anstrengenden Treiben in SoHo zu entkommen.

GREENWICH VILLAGE – Im Village sind zahlreiche ausgefallene und alternative Geschäfte angesiedelt: kleine Boutiquen, Antiquariate und Spezial-Läden, die z.B. ausschließlich Kerzen oder hundert verschiedene Sorten Kaviar anbieten.

In der **Christoper St**, westlich der 7th Ave, gibt es verschiedene Läden für Schwule und Lesben. Die 8th St ist traditionellerweise den Schuhgeschäften vorbehalten – hier wird verkauft, was in der Mode gerade den Ton angibt. Die meisten Läden sind klein und voller Atmosphäre und befinden sich in ebensolchen Straßen; allein wegen der Umgebung macht das Einkaufen hier Spaß.

EAST VILLAGE – Alles, was hip und originell ist, findet sich im East Village, hauptsächlich entlang der 9th St und der Ave A.

Hier reiht sich ein spezialisierter Laden an den anderen, wie *Gabbriel Ichak Design Studio*, 430 E 9th St zwischen 1st Ave und Ave A, wo es Accessoires aus recycelten Materialien gibt, das *Kimono House*, 93 E 7th St, Höhe 1st Ave, das, wie der Name sagt, Kimonos verkauft, oder *Body Worship*, 102 E 7th, mit seinen verrückten Fetisch-Klamotten. In der 9th St, zwischen 2nd Ave und Ave A, finden sich zahlreiche weitere Trendläden, darunter viele hiesige Designer und Geschäfte mit eleganter Inneneinrichtung.

Secondhandkleidung kauft man am besten in der Gegend südlich und westlich des Tompkins Square Park, vor allem in den Seitenstraßen wie der 7th St.

Die berühmteste Konsummeile des Viertels, **St. Mark's Place**, hat seinen früheren Charme gänzlich verloren, der Weg lohnt sich nur, wenn man an billigen CDs, T-Shirts oder Schmuck interessiert ist.

CHELSEA – Die **Sixth Ave** in Chelsea ist eine ausgesprochene Shoppingmeile mit überwiegend größeren Ladenketten: *Barnes & Noble* ist vertreten, *Bed, Bath & Beyond* und preiswerte Modegeschäfte wie

Filene's Basement, *Old Navy* und *Today's Man*.
Weiter westlich Richtung 7th und 8th Ave liegen kleinere, ausgefallenere Läden wie *Eclectic Home*, 224 8th Ave, 21st St, und *Roger & Dave*, 123 7th Ave, zwischen 17th und 18th St, letzterer mit bedruckten T-Shirts. In Chelsea befindet sich auch der größte schwul-lesbische Buchladen der Stadt, *A Different Light*, 151 W 19th St, zwischen 6th und 7th Ave, sowie weitere Läden für Schwule und Lesben. Krimskrams wird am Wochenende auf dem *Chelsea Antiques Fair and Flea Market* verkauft, 26th St, 6th Ave.
Der **Flower District** ganz in der Nähe an der 6th Ave, zwischen 26th und 30th St, bietet die größte Auswahl an Blumen und Pflanzen in New York, seien es Zimmerpflanzen, Bäume, Trockenblumen, Schnittblumen oder künstliche Pflanzen. Wer hier nicht fündig wird, braucht anderswo gar nicht erst zu suchen.
Zu guter Letzt ist Chelsea auch Manhattans Garment District; in diesem Großhandelszentrum für Bekleidung finden häufig Lagerverkäufe von Klamotten und Schuhen statt, die zumeist auf Handzetteln angekündigt werden. Großhändler für Damenunterwäsche befinden sich insbesondere um und östlich von Broadway und West 28th St. In den 30er Straßen zwischen 6th und 7th Ave werden Designermode, Stoffe und Kurzwaren (Perlen, Knöpfe und Bänder) zu Niedrigstpreisen verkauft. Jeder amerikanische Großhändler und Hersteller von Damenbekleidung hat hier eine Niederlassung. Und obwohl manche nur an den Großhandel verkaufen, kann man bei einigen Sonderverkäufen wahre Schnäppchen machen. Billige Jeans bekommt man am besten bei
Dave's A&N Jeans, 779 6th Ave. Eine herrliche Auswahl an Troddeln und Knöpfen bietet *M&J Trimming*, 1008 6th Ave, Höhe 38th St.

LOWER FIFTH AVENUE / FLATIRON – Eine hervorragende Einkaufsgegend sind die **5th Avenue** und der **Broadway** zwischen dem Flatiron Building in der 23rd St und dem Union Square in der 14th St einschließlich ihrer Seitenstraßen.
Hier sind Modeketten wie *Banana Republic* und *J. Crew*, beide 5th Ave, Höhe 17th St, vertreten sowie neue und etablierte Designer, z.B. *Eileen Fisher*, 5th Ave, zwischen 17th und 18th St, und *Matsuda*, 5th Ave, 20th St. Einrichtungsgegenstände gibt es vor allem bei *ABC Carpet and Home*, Broadway, 19th St, und *Domain*, Broadway, 22nd St. Ausgefallenes wie antike Saucieren kann man bei *Fish's Eddy*, Broadway und 19th St, kaufen.

HERALD SQUARE – Der kleine, dreieckige Herald Square an der Kreuzung 6th Ave, Broadway und 34th St, liegt etwas unerwartet inmitten des geschäftigsten Einkaufsbezirkes von New York. Einheimische kommen ebenso wie Touristen in diese Gegend, um Kleider, Schuhe und Accessoires zu kaufen. An arbeitsfreien Tagen sind die Menschenmassen erdrückend. Der Hauptgrund für den Andrang ist natürlich das Kaufhaus *Macy's*, das tgl. 35 000 Kunden zählt. Einen Block weiter östlich finden sich in der 34th St *Limited Express*, *Lerner*, Manhattans Zentrale von *Gap*, ein *HMV*-Plattenladen und *The Athlete's Foot*. Schnäppchenjäger können in mehreren Filialen von *Conways* preiswerte Kleidung und Haushaltswaren erstehen. An der 6th Ave finden sich außerdem *Daffy's*, *Toys R Us* und *Manhattan Mall*.

FIFTH AVENUE – Unmittelbar südlich des Central Park präsentieren sich an der 5th Ave in Höhe der 50er Straßen die bekanntesten internationalen Designer: Kaufhäuser wie *Henri Bendel*, 56th St, *Saks*, 50th St, gegenüber dem Rockefeller Center, und *Takashimaya*, zwischen 54th und 55th St, die Juweliergeschäfte *Bulgari*, 57th St, und *Cartier*, 52nd St, und Designerboutiquen einschließlich *Christian Dior*, 55th St, und *Gucci*, 54th St. Viele kleinere Läden sind von *theme stores* wie dem *Warner Brothers Studio Store*, 57th St, und dem *Coca-Cola Store*, (einer der ersten), Höhe 55th St, verdrängt worden. In Richtung Downtown bis zur 34th St nehmen Preise und Waren an Exklusivität ab.
Westlich der 5th Ave liegt zwischen der 40th und 50th St der **Diamond District**, wo man

über die Schmuckmärkte schlendern und sich Steine und Fassungen zusammenstellen kann. Südlich der 42nd St befinden sich das Kaufhaus **Lord & Taylor**, 39th St, mehrere Elektronik- und Fotoläden sowie billige „Alles muss raus"-Läden mit Imitaten.

57TH STREET – Eine der vornehmsten Einkaufsstraßen der Welt wird im Osten von der Lexington Ave und im Westen von der 7th Ave und Carnegie Hall begrenzt. Beinahe alle Top-Designer haben in der 57th St Boutiquen, die sonst nur in Paris, Mailand und Los Angeles zu finden sind: **Bergdorf Goodman**, **Tiffany**, **Chanel**, **Escada** und **Tourneau** unterstreichen den Grad an Exklusivität. Doch um die Kreuzung mit der 5th Ave finden sich auch Ladenketten wie **Pottery Barn**, **Victoria's Secret**, **Limited Express**, **Bolton's** und **Borders**. Spätestens auf der Lexington Ave wird man vom Luxus wieder eingeholt, und zwar im Kaufhaus von **Bloomingdales**, das wiederum umgeben ist von **Banana Republic**, **Urban Outfitters** und **Levi's 501**.

UPPER WEST SIDE – Das Einkaufsgeschehen zwischen der 66th und 86th St, westlich des Central Park und nördlich des Lincoln Center, spielt sich hauptsächlich am Broadway, an der Columbus und Amsterdam Ave ab. Die Upper West Side gilt als ausgesprochenes Intellektuellenviertel, was sich auch in der Zahl der Buchläden und Cafés niederschlägt.
Die zwei riesigen **Barnes & Noble** Buchläden am Broadway, Höhe 66th und 82nd St, veranstalten fast allabendlich Lesungen während **Tower Records** und **HMV** zwischen 66th und 72nd St um die Vorherrschaft in Sachen Musik kämpfen. Außerdem gibt es eine Reihe sehr ausgefallener Läden, Antiquitätengeschäfte, Secondhand-Klamottenläden oder Kunsthandwerks- und Designershops, die es durchaus mit den klassischen Trendvierteln aufnehmen können. Darunter auch **Allan & Suzi**, 416 Amsterdam Ave, 80th St, der von sich behauptet, das Revival des Plateauschuhs eingeläutet zu haben und in seinem stetig sich verändernden Schaufenster u.a. Kettenpanzer-Bikinis zur Schau stellt.

Entlang dem nördlichen Broadway und der Columbus Ave sind die großen Ketten der 90er Jahre versammelt: **Laura Ashley**, **Ann Taylor**, **Gap**, **Body Shop**, **Banana Republic**, **Limited Express**, **Pottery Barn** und **Talbots**, daneben finden sich einige individuellere Kleidergeschäfte und Einrichtungsläden wie **Handblock**, 487 Columbus Ave, oder edlere Secondhandshops wie **Housing Works**, 306 Columbus Ave. Der **Green Flea Market** im I.S. 44 Schulhof an der Ecke 77th St und Columbus Ave hat sich zu einer richtiggehenden Institution dieses Viertels gemausert. Im Angebot sind neue und uralte Klamotten, Damenunterwäsche, Schmuck, diverse Sammelobjekte sowie Produkte des angeschlossenen Bauernmarkts. Im Frühjahr und Sommer gesellen sich entlang des American Museum of Natural History auf der gegenüberliegenden Straßenseite unzählige Stände hinzu, in denen Kunstobjekte und fein gearbeiter Schmuck verkauft werden.

UPPER EAST SIDE – An der **Madison Ave**, zwischen 60th und 90th St, der Shoppingmeile der Upper East Side, reihen sich exklusive Modegeschäfte, Antiquitätenläden und Kunsthändler aneinander. **Bloomingdale's**, 59th St, Lexington Ave, markiert die südliche Grenze dieses Viertels. Zwischen der 62nd und 72nd St gibt es über 20 Designer-Schuhläden sowie Dutzende Boutiquen europäischer Designer, darunter **Armani**, **Gianni Versace**, **Krizia**, **Valentino** und **Prada**. **Ralph Lauren**, 71st St, ist einer der wenigen amerikanischen Designer in dieser Gegend. Aus dem Rahmen fällt auch **Bis**, 24 E 81st St, wo Designermode zu Sonderpreisen verkauft wird. Da das Viertel gleichzeitig eine Wohngegend ist, gibt es auch einige Geschäfte mit Kinderartikeln, Coffee Shops, Restaurants und Bars. Vom Einfluss der deutschen Einwanderer ist hier immer weniger zu spüren: An der Kreuzung 82nd St und 2nd Ave gibt es noch **Kramer's Pastries** und die Fleischerei **Schaller & Weber**. Den meisten Museen der „Museumsmeile" sind elegante Läden angeschlossen. Am größten ist der des Metropolitan Museum mit seinen erlesenen Reproduktionen von historischen Schmuckstücken.

HARLEM – Haupteinkaufsstraße des Schwarzenviertels Harlem ist die 125th St. Die Einkaufsgegend erstreckt sich von der Park Ave, wo die Pendlerzüge von MetroNorth halten, zum Frederick Douglass Blvd mit seinem noch im Bau befindlichen Einkaufszentrum namens *Harlem USA*, in das bald ein Disney Store, ein Cineplex Odeon sowie Zweigstellen von HMV und Gap einziehen werden. Die meisten Läden sind eher alltäglich und die Waren eher billig. Die Straßenverkäufer, die früher ihre Tische entlang der 125th St aufgebaut hatten, sind nach einigem politischen Gerangel vertrieben worden und haben ihre Stände jetzt auf Märkten wie *Mart 123*, 125th St, zwischen Frederick Douglas und Adam Clayton Powell Blvd, wo von Lebensmitteln und T-Shirts bis zu Räucherstäbchen und Küchengeräten alles verkauft wird.

Sehr sehenswert sind der *Malcolm Shabazz Harlem Market*, der hübsche, aus Afrika importierte Ware verkauft und zwischen der Lenox und 5th Ave seine neue, minarettähnliche Heimat bezogen hat, sowie der Museumsladen *Studio Museum in Harlem*, 144 W 125th St. Der beste afrikanische Kunstgewerbeladen der Stadt ist *African Paradise*, 27 W 125th St, mit Kräutermedizin, Kosmetika für Schwarze, Körben, Musikinstrumenten und vielem mehr. *Our Black Heritage*, 2295 Adam Clayton Powell Blvd, verkauft Tonbänder mit bedeutenden Reden bekannter schwarzer Führer sowie Grußkarten und Bücher, denen ein entsprechendes Thema zu Grunde liegt.

Interessante Einkaufsziele

Mit *Saks Fifth Avenue, Lord & Taylor, Bloomingdale's* und *Macy's* besitzt New York einige der größten und schönsten **Kaufhäuser** der Welt. Während der vergangenen 15 Jahre mussten jedoch einige der etablierten Häuser schließen, während andere ihr Angebot in die gehobene Preisklasse verlagert haben. Das Angebot konzentriert sich dort mittlerweile weniger auf Basics, als vielmehr auf Designerkleidung, vor allem der großen Namen, sowie schicke Accessoires.

Die meisten Kaufhäuser bieten ein eigenes Restaurant, einen Änderungsdienst und weitere Dienstleistungen wie Reservierungen für Theater und Restaurants, Taxiruf und *personal shopping* auf Bestellung für Leute, die keine Zeit oder Lust haben, einkaufen zu gehen. Genaueres erfährt man an der Informationstheke. Manhattan weist daneben mehrere **Einkaufszentren** auf: Diese *malls* sind meist weitläufige Anlagen in alten umgewandelten Bauwerken oder in neuen Zweckbauten, wo es sich in einlullender Atmosphäre wunderbar bummeln lässt.

Spaß macht auch der Besuch auf einem der New Yorker **Märkte** – selbst wenn sie es mit ihren europäischen Pendants nicht unbedingt aufnehmen können. Im Vergleich mit den übrigen USA ist New York allerdings Spitzenreiter. Die meisten Produkte sind von erstklassiger Qualität, es gibt ein großes Angebot organisch angebauter Erzeugnisse und oft kann man hier wirklich Geld sparen.

KAUFHÄUSER – *Barney's*, 600 Madison Ave, zwischen 60th und 61st St, ✆ 826-8900. ⏲ Mo–Fr 10–20, Sa 10–19, So 12–18 Uhr. Hauptsächlich Bekleidung, überwiegend für Männer. Designerlabels und modische Karriere-Outfits, daneben eine relativ neue Damenabteilung. Mit dem entsprechenden Geldbeutel ist dies der beste Ort der Stadt zum Kleiderkauf. Kleinere Filiale im Einkaufszentrum des World Financial Center, 225 Liberty St, ✆ 945-1600. *Bergdorf Goodman*, 754 5th Ave, 58th St, ✆ 753-7300. ⏲ Mo–Mi, Fr, Sa 10–19, Do 10–20 Uhr. Der Besuch lohnt schon allein wegen der Schaufenster, die mit ihren von Bergkristallen verzierten, transparenten Bekleidungsauslagen der hohen Kunst sehr nahe kommen. Der Name, die Lage, die dicken Teppiche und diskret versteckten Rolltreppen – alles hier zeugt von *Bergdorfs* Anspruch, New Yorks stilvollstes und teuerstes Kaufhaus zu sein. Zum Glück haben die meisten Kunden eine ganze Reihe von Kreditkarten – das Klimpern von Münzen würde die Atmosphäre zunichte machen. Die Herrenabteilung befindet sich auf der gegenüberliegenden Straßenseite, 5th Ave.

Bloomingdale's, 1000 3rd Ave, 59th St, ✆ 355-5900. ⏲ Mo–Fr 10–20.30, Sa 10–19, So 11–19 Uhr. Die New Yorker sind stolz auf *Bloomies* – wie sie es liebevoll nennen. Irgendwie ist es eine Bestätigung ihres Status, ihres Stilbewusstseins und – vielleicht am wichtigsten – ihrer Fähigkeit, einem so großen Kaufhaus ein klein wenig Verrücktheit einzuhauchen. *Bloomingdale's* strahlt die Atmosphäre eines großen Basars aus, voller Parfumstände und Designerabteilungen. Eines ist sicher: Was man auch sucht – *Bloomies* hat es.

Henri Bendel, 712 5th Ave, zwischen 55th und 56th St, ✆ 247-1100. ⏲ Mo–Mi, Fr, Sa 10–19, Do 10–20, So 12–18 Uhr. *Bendel* ist und war schon immer etwas zurückhaltender als die ganz Großen. Der Name steht für Exklusivität und Topdesign und bietet eines der stilvollsten Einkaufserlebnisse in Manhattan; zu verdanken hat es diesen Ruf u.a. seinem Standort in dem alten *Coty Perfume Building* und den von René Lalique gestalteten Auslagen. Wer hier im großen Stil einkaufen möchte, kann für seinen Bummel von Boutique zu Boutique einen der Stilberater hinzuziehen.

Lord & Taylor, 424 5th Ave, 39th St, ✆ 391-3344. ⏲ Mo, Di und Sa 10–19, Mi–Fr 10–20.30, So 11–18 Uhr. Alteingesessenes Kaufhaus und in gewisser Hinsicht das angenehmste; hier herrscht eine traditionsreichere Atmosphäre als bei *Macy's* oder *Bloomingdale's*. Den letzten Schrei wird man hier nicht finden, dafür klassische Designermode, Kostüme, Wintermäntel, Basics und Accessoires sowie Haushaltswaren.

Macy's, 151 W 34th St, Broadway, Höhe Herald Square, ✆ 695-4400. ⏲ Mo–Sa 10–20.30, So 11–19 Uhr. Schlicht und einfach das größte Kaufhaus der Welt, auf zwei Gebäude verteilt, mit beinahe 200 000 m^2 Verkaufsfläche auf 10 Etagen (allein 4 für Damenkonfektion). Bedauerlicherweise ist Macy's nicht gerade der Vorreiter in Sachen Top-Mode, der es sein sollte: Die meisten Waren sind nur von mittelmäßiger Qualität – insbesondere der Schmuck – aber allmählich scheint auch die Designermode wieder Fuß zu fassen. Im Gegensatz dazu ist *The Cellar*, die Haushaltswarenabteilung im Untergeschoss, zweifellos die beste der Stadt.

Saks Fifth Avenue, 611 5th Ave, 50th St, ✆ 753-4000. ⏲ Mo–Mi, Fr, Sa 10–18.30, Do 10–20, So 12–18 Uhr. *Saks* ist praktisch ein Synonym für Stilbewusstsein und Qualitätsanspruch und führt inzwischen auch die großen Designer. Das Einkaufen hier ähnelt eher einem Spaziergang entlang der einzigartig verschlungenen Gänge des Kaufhauses. Nimmt man die Zahl der Promis, die hier Stammkunden sind, als Maßstab, kann *Saks* nicht danebenliegen. Zur Weihnachtszeit ist das Erdgeschoss liebevoll mit funkelnden weißen Ästen dekoriert.

Sterns, 899 6th Ave, 33rd St, ✆ 244-6060. ⏲ Mo 10–20 Uhr, Di–Mi 10–19, Do–Fr 10–20, Sa 10–19, So 11–18 Uhr. Das Kaufhaus in der Manhattan Mall unterscheidet sich weder im Aussehen noch im Angebot von unzähligen weiteren Filialen im ganzen Land. Hierher kommt man zum Einkaufen, nicht der Atmosphäre wegen.

Takashimaya, 693 5th Ave, zwischen 54th und 55th Ave, ✆ 350-0100. ⏲ Mo–Mi, Fr, Sa 10–18, Do 10–20 Uhr. Erst seit kurzem in New York vertreten, mit weiteren Häusern in Tokio und Paris. Wunderschönes japanisches Kaufhaus mit einem ausgesuchten, kostspieligen Angebot und herrlichen Verpackungen. Im Café im Untergeschoss, *The Tea Box*, werden auch Teekannen und Tee verkauft.

EINKAUFSZENTREN – Manhattan Mall, 100 W 33rd St, 6th Ave, ✆ 465-0500. Dieses große, verspiegelte und glitzernde Einkaufszentrum auf mehreren Etagen fand bislang keinen rechten Zuspruch – was an seiner Nähe zu *Macy's* liegen mag. Eine wenig reizvolle Ansammlung von gesichtslosen Läden, die einer x-beliebigen Vorstadt-Mall gleicht.

Pier 17, South St Seaport. Auch nicht unbedingt das Einkaufsparadies, als das es gepriesen wird – zumindest in Bezug auf den Großteil seiner Geschäfte. Jedoch übt das scheunenähnliche Gebäude und dessen historische Umgebung mit Schiffen, Docks und alten Lagerhäusern eine gewisse Faszination aus und vom obersten Stockwerk hat man einen wunderschönen Blick auf den Fluss. *The Sharper Image* verkauft außerdem geniales Spielzeug für Erwachsene.

Trump Tower, 725 5th Ave, zwischen 56th und 57th St. ✆ 832-2000. Donald Trumps protziger Einkaufsstempel wurde nach seinen eigenen Vorstellungen erbaut und steht ganz in Diensten der Superreichen. Die luxuriöseste und prunkvollste der Malls in Manhattan, mit exklusiven Boutiquen um ein hohes marmornes Atrium und einen mehrstöckigen Wasserfall, die für sich schon eine Touristenattraktion darstellen.

World Financial Center, Battery Park City. Beeindruckende Anlage um einen riesigen gewächshaus-ähnlichen Wintergarten, auch die Läden sind interessant. Zum Einkaufen allerdings ein wenig abgelegen.

WOCHENMÄRKTE – Mehrmals wöchentlich machen sich Hunderte von Farmern aus Long Island, dem Hudson Valley und Teilen von Pennsylvania und New Jersey lange vor Sonnenaufgang auf den Weg, um New York City mit frischer Ware zu beliefern. Auf den Wochenmärkten, die von Juni bis Dezember abgehalten werden, gesellen sich zu ihnen Bäckereien und Käsestände. Neben Obst und Gemüse gibt es Cidre, Marmelade, Blumen und Pflanzen, Ahornsirup, frisches Fleisch und Fisch, Salzgebäck, Kuchen und Brot, Kräuter, Honig – so ziemlich alles, was in den ländlichen Regionen um die Stadt produziert wird – gelegentlich auch Milchziegen und Komposthilfe in Form von Würmern.

Die meisten Wochenmärkte werden von 8–17 Uhr veranstaltet, einige finden jedoch nur in der Zeit von 10–13 Uhr statt. Weitere Adressen unter ✆ 477-3220.

Manhattan:

Bowling Green, Höhe Broadway, Battery Place, Do ganzjährig
World Trade Center, Höhe Church, Fulton St, Di Juni–Dezember und Do ganzjährig
City Hall, Höhe Chambers, Centre St, Di und Fr ganzjährig
Washington Market Park, Höhe Greenwich, Reade St, Mi ganzjährig
Federal Plaza, Höhe Broadway, Thomas St, Fr ganzjährig
Lafayette St, Höhe Lafayette, Spring St, Do Juli–Oktober
Tompkins Square, Höhe 7th St, Avenue A, So ganzjährig
St. Mark's Church, Höhe E 10th St, 2nd Ave, Di Juni–Dezember
Abingdon Square, Höhe W 12th St, 8th Ave, Sa Mai–Dezember
Union Square, Höhe E 17th St, Broadway, Mo, Mi, Fr und Sa ganzjährig
Sheffield Plaza, Höhe W 57th, 9th Ave, Mi und Sa ganzjährig
Verdi Square, Höhe 72nd St, Broadway, Sa Juni–Dezember
I.S. 44, Höhe W 77th St, Columbus Ave, So ganzjährig
W 97th St, zwischen Amsterdam und Columbus Ave, Fr Juni–Dezember
W 175th St, Höhe Broadway, Do Juli–Dezember

Bronx:

Lincoln Hospital, Höhe E 149th St, Park Ave, Di und Fr Juli–Oktober
Poe Park, Höhe E 192nd St, Grand Concourse, Di Juli–November

Brooklyn:

Albee Square, Höhe Fulton St, DeKalb Ave, Mi Juli–Oktober
Bedford-Stuyvesant, Höhe Nostrand Ave & DeKalb Ave, Sa Juli–Oktober
Borough Hall, Höhe Court, Remsen St, Di und Sa ganzjährig
Grand Army Plaza, am Eingang zum Prospect Park, Mi Mai–November und Sa ganzjährig
McCarren Park, Höhe Lorimer Ave & Driggs Ave, Sa Juni–November
Williamsburg, Höhe Havemeyer, Broadway, Do Juli–Oktober
Windsor Terrace, Höhe Prospect Park West & 15th St, Mi, ganzjährig.

Queens:

Jackson Heights, Höhe Junction Blvd, 34th Ave, Mi Juli–Oktober

Staten Island:
St. George, Höhe St. Mark's, Hyatt St, Sa Juli–November

FLOHMÄRKTE UND KUNSTGEWERBE – New Yorks **Flohmärkte** sind bekannt für ihre flippigen und alten Klamotten sowie für Damenunterwäsche, Trödel, Schmuck und Kunsthandwerk. Die Waren werden entweder an dauerhaften Standorten oder aber auf Park- und Spielplätzen bzw. breiten Gehwegen ausgebreitet. Besonders im Frühling und Sommer kann man jeden Samstag über einen anderen Markt bummeln.

Lower Manhattan: *Essex St Covered Market*, Essex St, zwischen Rivington und Delancy St; Mo–Fr 9–18 Uhr. Altes Verwaltungsgebäude, in dem neben einem koscheren Fischmarkt südamerikanische und chinesische Lebensmittel zu finden sind – hier spiegelt sich die Vielfalt des Viertels. Auch Schmuck und Kleidung.
Tower Market, Broadway, zwischen W 4th und W 3rd St; Sa und So 10–19 Uhr. House-Musik, Schmuck, Kleidung, Webtextilien aus Südamerika, esoterisches Allerlei usw.
SoHo Flea Market, 503 Broadway, zwischen Spring und Broome St; Sa, So und feiertags 10–18 Uhr. Weniger etablierte Version des *Tower Market*.
SoHo Antiques and Collectibles Fair, Broadway, Grand St; Sa und So 9–17 Uhr. Antiquitäten und Kunstgewerbe.

Midtown Manhattan: *Annex Weekend Antiques Fair and Flea Market*, 6th Ave, 26th St; Sa und So 10–18 Uhr. Von Antiquitätenläden umgeben; der am schnellsten wachsende Markt in New York mit 600 Händlern. Vier weitere Ableger in den angrenzenden Blocks. Eintritt $1. Weitere Infos s.S. 110.
Fifth Avenue Pavilion, 5th Ave, 42nd St, Mo–Fr 11–19, Sa und So 12–18 Uhr. Ehemaliger Zeltmarkt, jetzt sind in einem kleinen Gebäude auf engem Raum 25 Händler untergebracht. Eine Mischung aus Ethnokunst aus aller Welt und New Yorker Souvenirs.
Grand Central Crafts Market, Hauptwartehalle, Eingang 42nd St, Park Ave. In der Vorweihnachtszeit und im Frühling bieten die besten Kunstgewerbeläden New Yorks hier ihre Waren an. Während des übrigen Jahres wird diese wunderbar renovierte Halle oft für ungewöhnliche Kunstausstellungen genutzt.

Upper Manhattan: *Antique Flea and Farmers Market*, PS 183, E 67th St, zwischen 1st und York Ave; Sa 6–18 Uhr. Um die 150 Stände drinnen und im Freien, mit frischen Lebensmitteln, Trödel und Handarbeiten.
Columbus Circle Market, 58th St, 8th Ave, vor dem Coliseum. Tgl. 11–19 Uhr. Über 20 Stände in angenehmer Umgebung. Hauptsächlich Schmuck sowie eine kleine Ecke mit hausgemachten Esswaren.
Green Flea I.S. 44 Flea Market, Columbus Ave, 77th St; So 10–18 Uhr. Einer der besten und größten Märkte der Stadt; Antiquitäten und Sammlerobjekte, neue Waren und ein *Farmer's market*.
Malcolm Shabazz Harlem Market, 116th zwischen Lenox und 5th Ave; tgl. 8–21 Uhr. Basarähnlicher Markt, dessen Eingang von farbenprächtigen Minarettimitationen flankiert wird. Großartiges Angebot westafrikanischer Kleidung, Schmuck, Masken, Ashanti-Puppen und Perlen. Auch Ledertaschen, Musik und „Black Pride"-T-Shirts.

Mode

Dem richtigen Outfit wird in Manhattan große Bedeutung zugemessen, denn Mode ist ein wichtiges Mittel der Selbstdarstellung. Dabei will man mit Kleidung eher einen bestimmten Status ausdrücken als mit den allerneuesten Trends gehen. Auch wenn New York in Bezug auf Mode in Amerika die Nase vorn hat, so wirkt das Angebot im Vergleich zu europäischen Städten manchmal etwas bieder. Mit genügend Ausdauer lässt sich alles finden, aber der Schwerpunkt liegt auf Designermode und den dazugehörigen Erkennungszeichen. Secondhandkleidung ist in letzter Zeit sehr beliebt, und entsprechend gibt es mehrere Läden mit Designermode aus zweiter Hand. Dieser neue Trend hat die Preise leider in die Höhe getrieben, aber das eine oder andere Schnäppchen lässt sich immer noch machen.

LADENKETTEN – *Ann Taylor*, 575 5th Ave, 47th St (Hauptgeschäft), ✆ 922-3621. Businessmode und elegante Freizeitkleidung für Frauen. Über 10 Filialen in der ganzen Stadt, Adressen finden sich im Telefonbuch.

Banana Republic, 655 5th Ave, 52nd St (Hauptgeschäft), ✆ 644-6678. Früher gab es in diesen Läden, die zum selben Unternehmen gehören wie *Gap*, teure, schicke Mode für unterwegs: Stiefel, Taschen, Designer-Safarianzüge etc. Jetzt wird hier eine hochwertigere eingeschränktere Ausgabe der *Gap*-Mode verkauft. Es gibt 10 Filialen, Adressen siehe Telefonbuch.

Benetton, 597 5th Ave, 48th St, ✆ 593-0290. Hauptgeschäft im *Scribners Building*. Das bekannte Angebot aus jugendlicher, bunter Mode für Frauen, Männer und Kinder.

Brooks Brothers, 346 Madison Ave, ✆ 682-8800; ebenfalls 666 5th Ave. Eine Art Institution in New York. Klassisch-konservatives Geschäft, in dem wie vor 50 Jahren Tweed- und Gabardinebekleidung sowie dezent gestreifte Hemden und Krawatten verkauft werden. Die Damenbekleidung passt sich dem Stil der Herren an.

Burberry's, 9 E 57th St, zwischen 5th und Madison Ave, ✆ 371-5010. Klassische Plaids und Tweedsachen in konservativem Design – mit dem unübersehbaren britischen Touch.

Club Monaco, 160 5th Ave, ✆ 352-0936; auch: 121 Prince St; 520 Broadway; 111 Third Ave; 2376 Broadway. Unter dem Motto schlichte Eleganz bietet diese relativ neue Kette exklusive Bekleidung für Damen und Herren. Die ganz eigene New Yorker Version von *Gap*.

Diesel, 770 Lexington Ave, 60th St, ✆ 308-0055. Einer von 5 Läden in den USA, die diese italienische Marke verkaufen. Poppige Clubwear und viele Jeansartikel auf zwei Etagen, mit Café.

Eileen Fisher, 103 5th Ave, zwischen 17th und 18th St, ✆ 924-4777. Der größte von 4 Läden in der Stadt, mit bequemer und lässig-eleganter Mode für Frauen. Fabrikverkauf in der 9th St, zwischen 1st und 2nd Ave, ✆ 529-5715.

Gap, 60 W 34th St, Herald Square (Hauptgeschäft), ✆ 643-8960. Hier deckt sich ein Großteil der Amerikaner mit Basics ein. Jede Menge Jeans, neueste Trendwear, Bademoden, Unterwäsche und eine Abteilung für Kinder- und Babybekleidung. An den Rundständen in den hinteren Bereichen der Geschäfte erwarten einen – durch das sich ständig erneuernde Angebot – enorme Angebote. Gap-Filialen gibt es nahezu an jeder Ecke (in Manhattan sind es 25); Adressen im Telefonbuch.

J. Crew, 99 Prince St, Mercer St (Hauptgeschäft), ✆ 966-2739. Eher bekannt als Versandhaus, eröffnet immer mehr Läden im ganzen Land. Freizeitkleidung für Sie und Ihn, sowie ein paar schickere Sachen. Auch in der 91 5th Ave und 16th St, sowie 770 Broadway und 203 Front St (South St Seaport Umgebung).

Laura Ashley, 398 Columbus Ave, 79th St, ✆ 496-5110. Hat inzwischen mehr als nur die Blümchenmuster zu bieten, die man mit dem Namen verbindet. Damen- und Kindermode aus Baumwolle, Leinen und Seide sowie Heimtextilien im Landhausstil.

The Limited, 691 Madison Ave, 62nd St, ✆ 838-8787; auch 4 World Financial Center. Legere Mode für Frauen, mittlere Preise.

Limited Express, 7 W 34th St, zwischen 5th und 6th Ave, ✆ 629-6838; weitere Filialen, am Pier 17 an der South Street Seaport und in der 46th St, 3rd Ave. Ableger von *The Limited* mit ähnlicher, aber modischerer Kleidung.

Urban Outfitters, 628 Broadway, zwischen Houston und Bleecker St, ✆ 475-0009; auch: 360 6th Ave, Höhe Waverly Place, 162 2nd Ave und 127 E 59th St, Höhe Lexington Ave. Angesagte Kette mit Trendkleidung zu horrend gestiegenen Preisen, aber so schönen Designs, dass man kaum widerstehen kann.

DESIGNER – Wie zu erwarten, besitzt New York eine einzigartige Auswahl an Läden mit Designermode. Wer sich für Mode interessiert, sollte hier unbedingt mal reinschauen – und wenn es nur zum Leute beobachten ist.

Die international bekannten großen Namen sind in Uptown entlang der 5th Ave zwischen 50th und 60th St zu finden sowie entlang der Madison Ave zwischen der 60th und 80th St. In SoHo, East Village und West Village sowie TriBeCa sind die Läden jüngerer Designer angesiedelt. Hier kann man gut von einem Geschäft zum nächsten bummeln. Die meisten sind Mo–Sa von 10–18 Uhr geöffnet.

UPTOWN DESIGNER

April Cornell, 487 Columbus Ave, 83rd St, ✆ 779-4342. Ländliche Designs, die ein Überbleibsel aus dem Film *Little House on the Prairie* zu sein scheinen; verspielte Kleider, Damenunterwäsche, Schmuck und farbenfrohe Haushaltswaren.

Calvin Klein, 654 Madison Ave, ✆ 292-9000.

Chanel, 15 E 57th St, 5th Ave, ✆ 355-5050.

Charivari, 18 W 57th St, ✆ 333-4040. Ehemals eine Geschäftskette, heute an einem einzigen Standort: eine verlässliche Bastion der New Yorker Streetwear.

Christian Dior, 712 5th Ave, 55th St, ✆ 582-0500.

Emanuel Ungaro, 792 Madison Ave, 67th St, ✆ 249-4090.

Gianni Versace, 647 5th Ave, ✆ 317-0224 oder 755-4826.

Giorgio Armani, 760 Madison Ave, 68th St, ✆ 988-9191.

Gucci, 685 5th Ave, 54th St, ✆ 826-2600.

Hermes, 11 E 57th St, ✆ 751-3181.

Krizia, 769 Madison Ave, zwischen 65th und 66th St, ✆ 879-1211.

Paul Stuart, Madison Ave, 45th St, ✆ 682-0320. Klassische Herrenmode, ähnlich wie bei *Brooks Brothers*, aber mit mehr Pfiff.

Polo Ralph Lauren, 867 Madison Ave, ✆ 606-2100 und

Polo Sport Ralph Lauren, 888 Madison Ave, ✆ 434-8000.

Prada, Madison Ave und E 70th St, ✆ 327-0488.

Valentino Boutique, 747 Madison Ave, 63rd St, ✆ 772-6969.

Yves Saint Laurent Boutique, 855 Madison Ave, zwischen 70th und 71st St, ✆ 988-3821.

DOWNTOWN DESIGNER

Agnès b, 116–118 Prince St (Frauen), zwischen Greene und Wooster St, ✆ 925-4649; 79 Greene St (Männer), ✆ 431-4339; 13 E 16th St, ✆ 741-2585; 1063 Madison Ave, zwischen 80th und 81st St, ✆ 570-9333.

Anna Sui, 113 Greene St, zwischen Prince und Spring St, ✆ 941-8406.

Bagutta, 402 West Broadway, ✆ 925-5216. Topdesigner, darunter Helmut Lang, Prada, Gaultier, Plein Sud, Dolce & Gabbana.

Beau Brummel, 421 West Broadway, zwischen Prince und Spring St, ✆ 219-2666.

Betsey Johnson, 130 Thompson St, zwischen Prince und Houston St, ✆ 420-0169; 248 Columbus St, Höhe 72nd St, ✆ 362-3364; 251 E 60th St, Höhe 2nd Ave, ✆ 319-7699; 1060 Madison Ave, Höhe 80th St, ✆ 734-1257.

Comme des Garçons, 116 Wooster St, zwischen Prince und Spring St, ✆ 219-0660.

Cynthia Rowley, 108 Wooster, zwischen Prince und Spring St, ✆ 334-1144.

Daryl K, 208 E 6th St, zwischen 2nd und 3rd St, ✆ 475-1255; 21 Bond St, Höhe Broadway, ✆ 777-0713. Dieser irische Designer hat die New Yorker Modewelt im Sturm erobert.

Emporio Armani, 110 5th Ave, 18th St oder 601 Madison Ave. Hier findet man die etwas günstigere, serienmäßig hergestellte Armani-Linie. Am preiswertesten ist das freizeitorientierte Angebot bei ***Armani Exchange***, 568 Broadway, Höhe Prince St.

Helmut Lang, 80 Greene St, ✆ 925-7214.

Meaghan Kinney Studio, 312 E 9th St, zwischen 1st und 2nd Ave, ✆ 260-6329. Mit ihren klassischen, den weiblichen Formen schmeichelnden Kreationen nimmt Ms. Kinney in der 9th St einen besonderen Platz ein.

Miu Miu, 100 Prince Street, ✆ 334-5156. Wunderbare Mode für Frauen.

Paul Smith, 108 5th Ave, 16th St, ✆ 627-9770. Sehr schöne und anspruchsvolle Kleidung für Männer.

Tracey Feith, 280 Mulberry St, ✆ 925-6544. Toller, neuer Designer von Mode für Frauen.

Vivienne Tam, 99 Greene St, zwischen Prince und Spring St, ✆ 966-2398.

Yohji Yamamoto, 103 Grand St, Mercer St, ✆ 966-9066.

SECONDHAND – Mode aus zweiter Hand ersteht man am besten im East Village. Man braucht nur die Nebenstraßen östlich der 3rd Ave und westlich der Ave B abzulaufen und stößt auf unzählige Läden. Aber auch in den anderen Stadtvierteln stößt man häufig auf interessante Geschäfte, die Secondhandkleidung anbieten.

a tempo couture, 290 Columbus Ave, zwischen 73rd und 74th St, ✆ 769-0368. Wunderschöne, nostalgische Kleider und Abendroben.

Alice Underground, 481 Broadway, zwischen Broome und Grand St, ✆ 431-9067. Große Auswahl in Tonnen, die man durchwühlen muss. Kleider, Wäsche und Schuhe.

Allan & Suzi, 416 Amsterdam Ave, 80th St, ✆ 724-7445. Tolle, exzentrische Mode der letzten Dekaden. Behauptet von sich, eigenhändig das Revival des Plateauschuhs lanciert zu haben.

Antique Boutique, 712–714 Broadway, am Washington Place; 227 E 59th St, zwischen 2nd und 3rd Ave, ✆ 460-8830. In dieser Institution findet man Hochzeitskleider aus den 40er Jahren, gebrauchte Levis, Wildlederjacken sowie Kleidung der Marken Diesel, Betsey Johnson und Pat Field.

Darrow, 7 W 19th St, zwischen 5th und 6th Ave, ✆ 255-1550. Secondhand-Designermode und ungetragene Kleidung aus vergangenen Jahrzehnten, freundliches und hilfsbereites Verkaufspersonal. Hier kaufen Topmodels gerne ein.

The Fan Club, 22 W 19th St, zwischen 5th und 6th Ave, ✆ 929-3349. Ausgefallenes Secondhandangebot, viele Teile aus Film, TV und Theater. Jede Menge Marilyn-Monroe-Kleider in der Auslage; der Gewinn fließt in die AIDS-Fürsorge.

Honeymoon Antiques, 105 Avenue B, ✆ 477-8768. Mischung aus alten T-Shirts und altmodischen Klamotten im Herzen von Alphabet City. Diesen Laden wird kaum einer mit leeren Händen verlassen.

Housing Works Thrift Shop, 143 W 17th St, zwischen 6th und 7th Ave, ✆ 366-0820; 306 Columbus Ave, ✆ 579-7566; 202 E 77th St, ✆ 772-8461. Hochwertiger *thrift store*, der u.a. sehr gut erhaltene Secondhand-Designerteile anbietet. Mit dem Erlös wird die AIDS-Arbeit der Organisation *Housing Works* unterstützt.

Love Save the Day, 119 2nd Ave, 7th St, ✆ 228-3802. Sehr preisgünstige Retro-Kleidung sowie schön kitschige und nostalgische Gegenstände, u.a. wertvolle „Kiss-" und „Star Wars-" Puppen.

Michael's: The Consignment Shop, 1041 Madison, zwischen 79th und 80th St, ✆ 737-7273. Brautkleider und kaum getragene Designermode, z.B. Ungaro, Armani und Chanel.

Konfektions- und Schuhgrößen

Damenkleidung
USA	4	6	8	10	12	14	16	18
Europa	38	40	42	44	46	48	50	52

Damenschuhe
USA	5	6	7	8	9	10	11
Europa	36	37	38	39	40	41	42

Herrenkleidung
USA	34	36	38	40	42	44	46	48
Europa	44	46	48	50	52	54	56	58

Hemden
USA	14	15	15 1/2	16	16 1/2	17	17 1/2	18
Europa	36	38	39	41	42	43	44	45

Herrenschuhe
USA	7	7 1/2	8	8 1/2	9 1/2	10	10 1/2	11	11 1/2
Europa	39	40	41	42	43	44	44	45	46

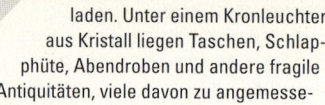

Out of the Closet, 220 E 81st St, ✆ 472-3573. Einer der bezaubernsten Secondhandshops für karitative Zwecke an der Upper East Side; mit ehrwürdiger Atmosphäre und Gewächshaus. Wurde gegründet, um AIDS-Kranken zu helfen.

Out of Our Closet Consignment, 15 W 17th St, zwischen 5th und 6th Ave, ✆ 633-6965. Überwiegend Topdesigner wie Gucci, Prada und Helmut Lang. Auch neue Teile direkt vom Laufsteg.

Reminiscence, 50 W 23rd St, ✆ 243-2292. Wer erinnert sich nicht an den Palmen-Spleen der 80er Jahre? Hier kann man ihn nochmals durchleben – selbstverständlich ist auch das Logo des Ladens eine Palme. Flippige, preiswerte Secondhandmode sowie neue Kleidung für Männer und Frauen, einschließlich Hawaii-Hemden, geschnürten Overalls und Schlauchkleider.

Resurrection, 123 E 7th St, zwischen 1st Ave und Ave A, ✆ 228-0063; 217 Mott St, ✆ 625-1374. Secondhand-Designermode (Pucci, Christian Dior) in hervorragendem Zustand zu reellen Preisen. Zieht sogar Designer und Models an.

The Ritz Thrift Shop, 107 W 57th St, zwischen 6th und 7th Ave, ✆ 265-4559. New Yorks alteingesessene und beste Quelle für gebrauchte Pelzmäntel, auch als „The Miracle on 57th Street" bekannt.

Screaming Mimi's, 382 Lafayette St, zwischen 4th und Great Jones St, ✆ 677-6464. Eines der etabliertesten Secondhand- und Nostalgie-Bekleidungsgeschäfte Manhattans; führt auch Damenwäsche, Taschen, Schuhe und Haushaltswaren zu niedrigen Preisen.

Stella Dallas, 218 Thompson St, zwischen Bleecker und 3rd St, ✆ 674-0447. Begrenzte Auswahl, aber gute Qualität. Wunderbare Tücher für $1–3 sowie handbestickte Tisch- und Bettwäsche.

Tokio 7, 64 E 7th St, zwischen 1st und 2nd Ave, ✆ 353-8443. Ansprechende Secondhandmode und Einzelstücke.

Valentino Mastroianni, 218 W 29th St, zwischen 7th und 8th Ave, ✆ 947-9347. Ähnelt mehr einem Museum als einem Secondhandladen. Unter einem Kronleuchter aus Kristall liegen Taschen, Schlapphüte, Abendroben und andere fragile Antiquitäten, viele davon zu angemessenen Preisen.

The Village Scandal, 19 E 7th St, zwischen 2nd und 3rd Ave, ✆ 253-2002. Klein und freundlich, bietet modische Kleidung zu vernünftigen Preisen.

What Comes Around Goes Around, 351 W Broadway, zwischen Broome und Grand St, ✆ 343-9303. Etabliert und äußerst beliebt; in Downtown gelegen.

SCHRILLES – Flippige und originelle Kleidung findet man in unzähligen Läden entlang der 7th St und der 9th St zwischen 3rd Ave und Ave A. Auf jeden Fall in seine Suche mit einbeziehen, sollte man die Fundgruben auf der Ludlow St, Mott St und Elizabeth St südlich der Houston St.

Big Drop, 174 Spring St, zwischen Thompson und W Broadway, ✆ 966-4299. Kleidung für die progressive Frau.

Calypso St Barth's, 280 Mott St, ✆ 965-0990. Schwarz ist hier definitiv out, statt dessen bestimmen knallige Farben die flippigen Modeteile, z.B. String-Bikinis für $70.

Canal Jeans Co, 504 Broadway, zwischen Spring und Broome St, ✆ 226-1130. Riesengroßer Laden im Stil eines Lagerhauses mit riesiger Auswahl an Jeans, Jacken, T-Shirts, Kleidern, Hüten und mehr. Neu und Secondhand. Jugendlich, spaßig und relativ billig.

Center for the Dull, 216 Lafayette St, zwischen Spring und Broome St, ✆ 925-9699. Psychedelischer Shop mit vielen verrückten Ladenhütern aus den 60er, 70er und 80er Jahren, inkl. Go-go-Stiefel, rückenfreie und Schlauchoberteile sowie enganliegende Polyester-Hemden. Preise zwischen $10–100, die meisten Teile liegen bei $20–40. Für Frauen und Männer.

Liquid Sky, 241 Lafayette, zwischen Spring und Prince St, ✆ 343-0532. Tolle Modelle für Männer und Frauen. Verführerisches Trance/Techno Musikgeschäft im Untergeschoss.

Mode, 109 St. Mark's Place, ✆ 529-9208. Spannende und gelungene Kollektionen neuer

Designer. Der deutsche Designer und Angestellte Daniel L. hilft den Kunden gerne, ihr verborgenes, modisches Ich ans Tageslicht zu befördern.

Patricia Field, 10 E 8th St, zwischen 5th Ave und University Place, ✆ 254-1699. Bot als einer der ersten Läden in New York Punkmode und wurde als innovativster Laden gepriesen. Hat sich seitdem zu einem der wenigen Einkaufsziele in Downtown entwickelt, die auch von Uptown-Yuppies aufgesucht werden.

Pierre Garroudi, 139 Thompson St, zwischen Houston und Prince St, ✆ 475-2333. Kleines Modelabel mit ausgefallenen Stoffen, Farben und Schnitten. Asymmetrisch geschnittene Kleider, Hochzeitskleider und maßgeschneiderte Anzüge. Alle Teile werden hier gefertigt – auf Wunsch über Nacht. Preise angemessen.

TG-170, 170 Ludlow St, zwischen Houston und Stanton St, ✆ 995-8660. Kleiner, einmaliger Laden, der viel Ware hiesiger aufstrebender Designer verkauft. Sehr beliebt bei den East Village Bewohnern.

Trash 'n' Vaudeville, 4 St. Mark's Place, zwischen 2nd und 3rd Ave, ✆ 982-3590. Tolle Klamotten, neu und „antik", inkl. klassische Muscle-Shirts zum Schnüren, in typischer East-Village-Manier.

Utility Canvas, 146 Sullivan St, unmittelbar südlich von Houston St, ✆ 673-2203. Schicke und komfortable Bekleidungslinie für Männer und Frauen. Nicht ganz so schrill, aber mit Sicherheit hip.

X-Large, 267 Lafayette, ✆ 334-4480. Hier gibt's die allerneuesten Trends bezüglich Streetwear neben flippigen T-Shirts für Clubkids. Frauen sollten nach der „Mini"-Kollektion schauen, Männer nach „X-Large". Einer der Teilhaber ist Mike D von den Beastie Boys.

SCHNÄPPCHEN – ***Aaron's***, 627 5th Ave, zwischen 17th und 18th St, Brooklyn, ✆ 718/768-5400. Reduzierte Designerkleidung (um ca. 25%) von Jones New York bis zu Adrienne Vittadini auf fast 1000 m^2 Verkaufsfläche – nicht im Schlussverkauf, sondern zu Beginn der Saison. 30 Min. Fahrzeit von Manhattan mit der Linie R nach Brooklyn, Haltestelle Prospect Ave Station, 4th Ave, 17th St.

Century 21, 22 Cortlandt St, ✆ 227-9092. Kaufhaus mit Designermode zum halben Preis, sehr beliebt bei preis- und modebewussten New Yorkern. Der einzige Haken – es gibt kaum Umkleidekabinen. Wer den Weg nach Brooklyn machen will, findet noch günstigere Preise und größere Auswahl in der 472 86th St, mit der Linie R zur 86th St/4th Ave, ✆ 718/748-3266.

Daffy's, 4 Filialen in Manhattan, die größte ist am Herald Square, 6th Ave, 34th St, ✆ 736-4477. Markenkleidung zu Tiefpreisen für Männer, Frauen und Kinder. Vorwiegend italienische Labels wie Les Copains.

Dave's Army & Navy Store, 779 6th Ave, 26th St, ✆ 989-6444. Einer der besten Läden in Manhattan zum Jeanskauf. Hilfsbereites Verkaufspersonal, keine Dauerbeschallung, außer Levi's auch andere Marken.

Filene's Basement, neu in New Yorks Schnäppchenszene, überwiegend in den Außenbezirken zu finden. In der 620 6th Ave, 18th St befindet sich der größte Laden, ✆ 620-3100; eine weitere Filiale am Broadway, 79th St.

Labels for Less, größte Filiale: 1345 6th Ave, 54th St, ✆ 956-2450. Der Name sagt alles; landesweite Kette mit 13 Läden in Manhattan, die reduzierte Designermode für Frauen anbietet.

Loehmann's, größte Filiale: 101 7th Ave, zwischen 16th und 17th St, ✆ 352-0856. New Yorks bekanntestes Kaufhaus für Designerkleidung zu Niedrigpreisen. Kein Umtausch, aber genügend Kabinen. Weitere Filialen: 2103 Emmons Ave, Brooklyn, ✆ 718/368-1256; 60–06 99th St, Rego Park, Queens, ✆ 718/271-4000; Hauptgeschäft: 5740 Broadway, Riverdale, Bronx, ✆ 718/543-6420.

Nice Price, 493 Columbus Ave, 84th St, ✆ 362-1020. Wenig ansprechende Boutique, die mit Überschuss und Teilen zweiter Wahl von bedeutenden Designern wie Max Studio gerammelt voll ist. Die Preise während Räumungsverkäufen purzeln in unglaubliche Tiefen. Hier lohnen sind auch die so genannten *sample sales* (s. Kasten).

Syms, 42 Trinity Place, ✆ 797-1199, und 54th St, Park Ave, ✆ 317-8200. „Where the educated consumer is our best customer."

Mode 411

Syms kann man gut mit einem Besuch bei *Century 21* kombinieren.
T.J. Maxx, 620 6th Ave, 18th St, ✆ 229-0875. Viele Filialen in den Außenbezirken, in Manhattan im selben Einkaufszentrum wie *Filene's* zu finden und diesem recht ähnlich.

SCHUHE – Die meisten Kaufhäuser haben mindestens zwei Schuhabteilungen: eine für preiswertere Marken und eine für exklusivere Modelle. Sowohl *Bloomingdale's* als auch *Lord & Taylor* sind für ihre Schuhabteilungen bekannt, und *Loehmann's* bietet eine große Auswahl an Designerschuhen zu Sonderpreisen. Schuhgeschäfte sind immer da zu finden, wo sich Modegeschäfte konzentrieren, z.B. in der 34th St, Columbus Ave, Broadway von Astor Place bis Spring und Bleecker St in der Nähe der 6th Ave. Modische Schuhe zu vergünstigten Preisen werden vor allem im Village in der W 8th St zwischen University Place und 6th Ave und am Broadway südlich der W 8th St angeboten. **Shoes on Sale**, mit über 50 000 Paar Schuhen der größte Schuh-Ausverkauf, findet alljährlich in der zweiten Oktoberwoche in einem Zelt im Central Park statt, 5th Ave, 60th St; Ankündigung in den Zeitungen.
Charles Jourdan, 777 Madison Ave, ✆ 585-2238. Herausragender französischer Designer von eleganten Schuhen, der die heikle Gratwanderung zwischen traditionellen und zeitgenössischen Stilen erfolgreich meistert.
John Fluevog, 104 Prince St, ✆ 431-4484. Innovatives Design, sehr trendy.
Kenneth Cole, 353 Columbus Ave, 77th St, ✆ 873-2061, weitere Filialen telefonisch erfragen. Zeitlose, aber aktuelle Schuhe und wunderschöne Taschen.
Lady Continental, 932 Madison Ave, 73rd St, ✆ 744-2626. Wer $300 übrig hat, sollte sie in ein Paar dieser schicken, italienischen Schuhe investieren, die min. 10 Jahre halten.
Manolo Blahnik, 31 W 54th St, zwischen 5th und 6th Ave, ✆ 582-3007. Weltberühmte Riemchenschuhe mit Pfennigabsätzen – „Spitzenreiter" in Sachen Prestige, jedoch tödlich für die Füße.

Sample sales: Designer-Schlussverkauf

Zu Beginn jeder neuen Saison sind die Showrooms der Designer und Modelabels voll mit übrig gebliebener Ware, die in Sonderverkäufen, den so genannten *sample sales* unter die Leute gebracht wird. Die Preise liegen immer mindestens. 50% unter dem bisherigen Ladenpreis, es gibt jedoch weder Anprobe- noch Umtauschmöglichkeiten. Zwar kann man mitunter mit Kreditkarte zahlen, sollte aber auf jeden Fall ausreichend Bargeld mitbringen. Die besten Zeiten für Designer-Schlussverkäufe sind Frühjahr und Herbst. Über Termine informieren neben Flugblättern, die man im Garment District in die Hand gedrückt bekommt (s.S. 111), die folgenden Adressen, insbesondere die brandaktuellen Webseiten:
Nice Price, 493 Columbus Ave, 84th St, ✆ 362-1020. Die Besitzer dieses fantastischen Outlets für Designer-Mode führen regelmäßig Sonderverkäufe durch. Nähere Infos sind direkt im Laden oder unter der Hotline ✆ 947-8748 erhältlich.

S&B Report in der Zeitschrift *Sales and Bargains* informiert über Showroom-Sonderverkäufe, die besten Laden-Schlussverkäufe sowie Schnäppchenläden. Wird monatlich von der zweiten New Yorker Einkaufsexpertin, Elysa Lazar, herausgegeben. Gegen Einsendung von $9,95 kann man sich die Ausgabe schicken lassen, die für den eigenen Aufenthalt interessant ist. Ein Jahresabo kostet $59.
Das *Black Belt Bulletin* enthält Auflistungen von anstehenden Verkaufsaktionen und wird zum Preis von $3 pro Ausgabe verkauft. Beide Zeitschriften kosten im Jahresabo $124. Adresse: *Lazar Media Group, Inc*, 56 1/2 Queen St, Charleston, SC 29401; unter ✆ 877-579-0222 (gebührenfrei); ✉ www.lazarshopping.com.
www.styleshop.com – diese Webseite ist eine Goldgrube bezüglich detaillierter Infos über aktuelle Sonderverkäufe von Designer-Mode mit Angaben zum Sortiment, Terminen und Veranstaltungsorten.

Manuela di Firenze (Maraolo), 131 W 72nd St, ✆ 787-6550; 782 Lexington Ave, ✆ 832-8182. Attraktive und günstige italienische Schuhe der verschiedensten Stile. Hier scheint das ganze Jahr über ein Räumungsverkauf stattzufinden.
Otto Tootsi Plohound, 137 5th Ave, ✆ 460-8650; 413 W Broadway, ✆ 925-8931. Gut, um sich auf den neuesten Stand der Schuhmode zu bringen.
Patrick Cox, 702 Madison Ave, zwischen 62nd und 63rd St, ✆ 759-3910. Cox bietet die ganze Palette von Sportschuhen bis zu eleganten Pumps. Innovatives Design und Materialien.
Salvatore Ferragamo, 663 5th Ave, 52nd St, ✆ 759-3822 (Damen); 725 5th Ave, 56th St, im Trump Tower, ✆ 759-7990 (Herren). Wunderbare italienische Schuhe, auch Kleidung und Accessoires.
Sigerson Morrison, 242 Mott St, Prince St, ✆ 219-3893. Kari Sigerson und Miranda Morrison entwerfen zeitlose, schlichte und elegante Schuhmode für Frauen.
Steve Madden, 150 E 86th St, Lexington Ave, ✆ 426-0538; 540 Broadway, Nähe Prince St, ✆ 343-1800; 2315 Broadway, 84th St, ✆ 799-4221. Viel besuchter Laden mit Kopien brandaktueller Modelle: extrem beliebt, da sie i.A. aus dem Kampf mit New Yorks Straßen mit geringen Verschleißerscheinungen hervorgehen.
Unisa, 701 Madison Ave, ✆ 753-7474. Bequeme und erschwingliche Schuhe aus Spanien und Brasilien.

TASCHEN UND BRILLEN – Obwohl Accessoires wie Taschen und Brillen in den Kaufhäusern weitläufig erhältlich sind, hat man in den folgenden Boutiquen und Spezialgeschäften gute Chancen, für wenig Geld auf etwas Außergewöhnliches zu stoßen.

Diamond District

Das Viertel an der 47th St zwischen 5th und 6th Ave ist auch als Diamond District bekannt. Auf der Länge eines Blocks drängen sich über 100 Läden – eine Konzentration, die einmalig auf der Welt ist. Traditionellerweise lag das Gewerbe in den Händen chassidischer Juden und noch immer trifft man hier auf viele Männer in Schwarz mit Bart, Kappe *(Kippa)* oder Pelzhut *(Stramel)* und Schläfenlocken *(Peies)*.

Im Erdgeschoss befinden sich Dutzende von Läden und über 20 „Börsen" – Märkte, an deren Ständen ein sehr spezialisiertes Warenangebot zu finden ist. So sind z.B. in der 55 W 47th St 115 unabhängige Juweliere und Reparaturspezialisten angesiedelt. Weniger bekannt ist *Swiss Center,* 608 5th Ave, 49th St, wo in einem historischen Art-déco-Gebäude antiker Schmuck verkauft wird.

Für jeden Edelstein, für Gold oder Silber gibt es spezielle Händler, auch solche, die einem Perlen neu aufziehen. Wer seinen Schmuck gerne selbst bastelt, findet in den „findings stores" die nötigen Silberteile wie Ketten oder Verschlüsse. Einige Juweliere verkaufen nur an Kollegen, andere an Laufkundschaft und wieder andere verhandeln nur nach Terminabsprache. Die Läden sind normalerweise Mo–Sa 10–17.30 Uhr geöffnet, wobei einige aus religiösen Gründen am Freitag Nachmittag und am Samstag geschlossen sind. Während der Sommerferien schließen die meisten Geschäfte Ende Juni bis zur zweiten Juli Woche.

Vor jedem Kauf sollte man sich auf jeden Fall gut informieren, die Angebote vergleichen und gezielt nachfragen. Am besten hält man sich an Empfehlungen von Bekannten. Gute Ausgangspunkte sind Andrew Cohen Inc, 579 5th Ave, 15th Floor, für Diamanten, *Myron Toback,* 25 W 47th St, ein bewährter Händler für Silbererzeugnisse, sowie *Bracie Company Inc,* 608 5th Ave, Suite 806, ein freundlicher Laden mit antikem Schmuck. Nach einem Kauf kann man bei *AA Pearls & Gems,* 10 W 47th St, dem auch die Fachwelt vertraut, Perlen und Edelsteine aufziehen lassen; das *Gemological Institute of America,* 580 5th Ave, 2nd floor, schätzt auf Wunsch Edelsteine.

Taschen: *Kate Spade*, 454 Broome St, Prince St, ✆ 274-1991. Schon seit mehreren Jahren sind diese schachtelartigen Stofftaschen mit ihrem kleinen Logo-Label der letzte Schrei – und sozusagen ein unerlässlicher Bestandteil für jeden, der in Manhattan zur Szene gehören will.
Manhattan Portage, 242 W 30th St, ✆ 594-7068; 333 E 9th St, ✆ 995-5490. Die praktischen Kuriertaschen aus grobem Segeltuch mit dem aufgedruckten, roten Skyline-Label sind schon seit 1980 auf dem Markt – erst vor kurzem jedoch wurden sie mit einem Schlag salonfähig.

Brillen: *Alain Mikli*, 880 Madison Ave, zwischen 71st und 72nd St, ✆ 472-6085. Große Auswahl an modernen europäischen und nostalgischen Brillengestellen.
Cohen's Optical, 117 Orchard St, ✆ 674-5887. Nicaraguas Präsident Daniel Ortega soll hier $3000 für ein paar kugelsichere Brillengläser ausgegeben haben – vermutlich kommt man in diesem Laden auch mit weniger Geld aus.
Lens Crafters, Manhattan Mall, 34th St und 6th Ave, ✆ 967-4166; weitere Filialen dieser Kette telefonisch erfragen. Von der Anprobe bis zur fertigen Brille dauert es eine Stunde; auch Reparaturen.
Morgenthal-Frederics, 944 Madison Ave, 75th St, ✆ 744-9444; 685 Madison Ave, ✆ 838-3090. Nette, maßgefertigte Brillen.
Oliver Peoples, 366 West Broadway, ✆ 925-5400. New Yorker Außenstelle des Kult-Designers aus Los Angeles mit eher dezenten Gestellen zwischen $175 und $335.
Robert Marc, 575 Madison Ave, ✆ 319-2000; noch vier weitere Läden. Exklusiver Großhändler von Designer-Brillen wie Lunor oder Kirei Titan; auch Verkauf von *Retrospecs*, sprich restaurierten, antiken Gestellen aus den Jahren 1890–1940. Sehr teuer und sehr in.

FRISEURE UND KOSMETIKA – Grundsätzlich sind diese Artikel und Dienstleistungen in den ausgesprochenen Einkaufsgegenden wie SoHo und der Upper East Side zu finden. Man kann sehr günstig wegkommen oder ein Vermögen ausgeben, die folgenden Läden zählen zu den besten.

Friseure: *Astor Place Hair Stylists*, 2 Astor Place, ✆ 475-9854. Warteschlangen zeugen von der Beliebtheit des Salons; hier wird jedem Wunsch entsprochen, und das zu günstigen Preisen: ab $11 (plus Trinkgeld) für einen einfachen Schnitt.
Barrett Salon, 19 E 7th St, zwischen 2nd und 3rd Ave, ✆ 477-3236. Die wenig redselige Adriana Barrett ist u.a. auf Haarteile in den verschiedensten Farben spezialisiert und erfreut damit die Stars. Haarschnitt um $50. Sehr empfehlenswert.
Chelsea Barbers, 465 W 23rd St, ✆ 741-2254. Bertilda „Betty" Garcia macht ihrer Konkurrenz, bei der man für einen Haarschnitt gut und gerne $300 zahlt, immer mehr glamoureuse Kunden abspenstig – bei ihr ist man schon mit $15 dabei.
Jean Louis David, 1385 Broadway, 37th St, ✆ 869-6921, weitere Filialen erfragen. Überall zu finden, gut und preiswert. Terminvereinbarungen sind nicht erforderlich, aber anzuraten.
The Spot, 521 Madison Ave, zwischen 53rd und 54th St, ✆ 688-4450. Hier kann man sich die Haare zu einem vergünstigten Preis von den besten Figaro-Schülern der Stadt schneiden lassen; ab $50.

Kosmetika: Clinique, Elizabeth Arden, Bobbi Brown etc. bieten eine große Auswahl an Produkten in den entsprechenden Abteilungen der Kaufhäuser. Wer Besonderes sucht, wird eher in den folgenden Parfümerien stöbern wollen:
Aveda, 233 Spring, zwischen 6th Ave und Varick St (7th Ave), ✆ 807-1492. Filialen erfragen.
Face Stockholm, 110 Prince St, ✆ 334-3900; und 224 Columbus Ave, zwischen 70th und 71st St, ✆ 769-1420.
MAC, 14 Christopher St, zwischen 6th und 7th Ave, ✆ 243-4150; und 113 Spring St, ✆ 334-4641.
Make-up Forever, 409 W Broadway, zwischen Prince und Spring St, ✆ 941-9337. Kosmetik der besten Qualität.
Sephora, 555 Broadway, ✆ 625-1309. Atemberaubendes „Lagerhaus" voller Parfums, Kosmetika und Körperpflegeprodukte – um es zu glauben, muss man es gesehen haben.

Sportartikel

Der Bereich Sportartikel wird von Ketten wie **Foot Locker, Athlete's Foot, Sports Authority** und **Modell's** dominiert, aber es gibt auch einige Alternativen: „Erlebnis-Kaufhäuser" mit Kleidung sowie Läden, die ganz auf eine Sportart spezialisiert sind. Hier kann man nicht nur einkaufen, sondern sich mit Informationen rund um diese Sportart in New York eindecken.

Niketown, 6 E 57th St, zwischen 5th und Madison, ℡ 891-6453. In diesen Sporttempel gelangt man durch den Trump Tower. Alle 30 Min. bewegt sich ein Bildschirm mit Nike-Werbung über alle 5 Stockwerke des Ladens. Es gibt jede Menge Memorabilien, vor allem zu Michael Jordan, und natürlich Nike-Kleidung und Zubehör.

Reebok Store, 160 Columbus Ave, ℡ 595-1480. Das Hauptgeschäft von Reebok mit dem Reebok Sports Club. Ein weiterer Laden ist in den Chelsea Piers zu finden. Nicht ganz so gigantisch wie *Niketown*, aber auch hier läuft auf zwei großen Bildschirmen Werbung. Der Reebok-Sportsclub bietet u.a. Artikel, wie europäische Reebok-Produkte an, die es ansonsten in den USA nicht zu kaufen gibt.

Bicycle Habitat, 244 Lafayette, ℡ 431-3315. Unscheinbarer Laden, der von Fahrradkurieren frequentiert wird. Wer hier ein Rad kauft, kann auf ewigen Service zählen.

Blades, Board & Skate, 120 W 72nd St, zwischen Broadway und Columbus Ave, ℡ 787-3911. Verkauft und verleiht Rollerblades, Snowboards etc.

Eastern Mountain Sports (EMS), 20 W 61st St, zwischen Broadway und Columbus St, ℡ 397-4860; 611 Broadway, Höhe Houston St, ℡ 505-9860. Äußerst hochwertige Produkte für beinahe alle Outdoor-Sportarten, inkl. Ausrüstung für Ski- und Kajakfahrer.

Mason's Tennis Mart, 911 7th Ave, zwischen 57th und 58th St, ℡ 757-5374. New Yorks letztes Spezialgeschäft für Tennis, das Kunden alle Schläger testen lässt.

Paragon Sporting Goods, 871 Broadway, 18th St, ℡ 255-8036. Sportartikel über drei Etagen; Familienbetrieb.

Super Runners Shop, 1337 Lexington Ave, 89th St, ℡ 369-6010; 360 Amsterdam Ave, Höhe 77th St, ℡ 787-7665, und 416 3rd Ave, Höhe 29th St, ℡ 213-4560. In allen drei Läden arbeiten erfahrene Läufer. Der Mitbesitzer Gary Muhrcke gewann 1970 den ersten New York City Marathon.

Tents & Trails, 21 Park Place, ℡ 227-1760. Bizarre Lage nahe Wall Street, aber der Traum eines jeden Wanderers.

The World of Golf, 147 E 47th St, zwischen Lexington und 3rd Ave, ℡ 755-9398. Bekannt für eine große Auswahl und Preisnachlässe.

Lebensmittel

Vom Einkauf bis zum Verzehr – Essen ist eine Leidenschaft der New Yorker. Nirgendwo sonst wird Essen so ernst genommen wie in Manhattan, und es gibt keinen besseren Ort, um Lebensmittel einzukaufen. Wo es die besten Bagels gibt, wo die größte – und ausgefallenste – Käsetheke, das sind Fragen, denen New Yorker unverhältnismäßig viel Zeit widmen. Die Unmenge von Delis mit ihrem überreichen Angebot und fantastischen Salat-Buffets, wo nebenher auch noch oft wunderschöne Blumen verkauft werden, lassen den Traum vom Land des Überflusses einen Moment lang Wirklichkeit werden. Auch exklusivere Läden wie Delikatessen- oder Spezialitätengeschäfte können Leckermäuler sehr glücklich machen. In Folge des fortschreitenden Konjunkturaufschwungs werden in den wohlhabenden Vierteln jeden Tag neue Läden eröffnet, die alle ein Stück vom Kuchen abhaben wollen. Die nachstehende Liste ist lange nicht umfassend. Auf jedem Spaziergang wird man unzählige weitere Läden entdecken.

Alkoholische Getränke sind mit Ausnahme von Bier nur in *liquor stores* zu bekommen. Wer hier einkaufen will, muss mindestens 21 Jahre alt sein.

SUPERMÄRKTE, DELIS UND LEBENSMITTEL-LÄDEN – Ein breites Angebot haben die Supermarktketten, die immer mehr Filialen in der ganzen Stadt eröffnen. **Big Apple**, **Sloan's** und

Food Emporium gibt es so ziemlich überall, während ***D'Agostino*** und ***Gristedes*** eher in etwas besseren Vierteln zu finden sind. Daneben besitzen einige der oben genannten Kaufhäuser Lebensmittelabteilungen, die größten haben ***Macy's*** und ***Bloomingdale's***. In den 15 Filialen von *Food Emporium* kann man Mo–Fr rund um die Uhr einkaufen, Sa und So schließen sie um 24 Uhr (Adressen im Telefonbuch).

Eine begrenztere Auswahl findet man in den Delis und Obst- und Gemüseläden, die alle paar Blocks zu finden sind und die auch Sandwiches und Kaffee zum Mitnehmen verkaufen. Einige bieten daneben fertig zubereitete Mahlzeiten und die Möglichkeit, sich an einer verlockenden Salatbar zu bedienen. Die meisten haben bis spät abends geöffnet, einige sogar durchgehend.

DELIKATESSENLÄDEN – In den späten 70er Jahren gab es lediglich drei Delikatessenläden: *Balducci's* im Village, *Dean and Deluca* in SoHo und *Zabar's* an der Upper West Side – das hat sich inzwischen geändert. Die Szene wurde von einer Flut an neuen Geschäften überschwemmt. Delikatessenläden *(gourmet shops* – nicht zu verwechseln mit Delis) sind die Luxusausgaben unter den Lebensmittelläden. Sie bieten kulinarische Köstlichkeiten in üppiger Dekoration, dass einem das Wasser im Munde zusammenläuft. Diese Geschäfte versorgen meist – aber nicht ausschließlich – die etwas schickeren Wohngegenden mit ausgefallenen und gewöhnlicheren Esswaren.

Agata & Valentina, 1505 1st Ave, 79th St, ✆ 452-0690. Ein Abkömmling von Balducci's (s.u.); sehr edel, mit authentischer sizilianischer Atmosphäre.

Balducci's, 424 6th Ave, zwischen 9th und 10th St, ✆ 673-2600. Seit eh und je die Downtown-Konkurrenz zu *Zabar's* (s.u.). Familienbetrieb mit ebenso verlockendem Angebot, wenn auch möglicherweise etwas teurer.

Chelsea Market, 75 9th Ave, zwischen 15th und 16th St, ✆ 243-6005. Komplex von 18 ehemaligen Industriegebäuden, darunter die Keksfabrik Nabisco aus dem späten 19. Jh. Ein wahres Eldorado an Geschäften, inkl. Amy's Bread, Bowery Kitchen Supplies, der Chelsea Wholesale Flower Market, Chelsea Wine Vault, Hale & Hearty Soups, Lobster Place und Manhattan Fruit Exchange.

Citarella, 2135 Broadway, 75th St; und 1313 3rd Ave, 75th St, beide ✆ 874-0383. Berühmter Fischladen, der sein Angebot erweitert hat (s. auch „Fisch und Meeresfrüchte").

Dean & Deluca, 560 Broadway, zwischen Prince und Spring St, ✆ 226-6800. Einer der ersten großen Gourmettempel. Sehr schick, typisch SoHo und alles andere als preiswert. Mit Café an der Prince St.

EAT Gourmet Foods, 1064 Madison Ave, 80th St, ✆ 772-0022. Das *Zabar's* der East Side mit einem ähnlich üppigen Angebot an Leckereien. Das *Eli's bread* sollte man unbedingt probieren. Wie bei Dean and Deluca gibt es auch hier ein dazugehöriges „Gourmet Café" gleich nebenan.

Eli's Manhattan, 1411 3rd Ave, 80th St, ✆ 717-8100. Eli Zabar besitzt zwar schon das EAT, er managt aber auch diesen schicken und teuren Gegenspieler Zabar's (s.u.).

Faicco's, 260 Bleecker St, zwischen 6th und 7th Ave, ✆ 243-1974. Sehr authentischer italienischer Laden.

Fairway, 2127 Broadway, zwischen 74th und 75th St, ✆ 595-1888. Traditionsreicher Lebensmittelladen in der Upper West Side und die preiswertere Alternative zu *Zabar's*. Die Ware wird frisch von der eigenen Farm auf Long Island geliefert, und die Auswahl ist in einigen Bereichen schier unüberschaubar.

Fine & Schapiro, 138 W 72nd St, zwischen Broadway und Columbus Ave, ✆ 877-2874. Hervorragende, überwiegend koschere Mahlzeiten zum Mitnehmen, der Laden ist bekannt für seine Sandwiches und die Wurstabteilung. Mit Restaurant, s.S. 323.

FoodWorks, 8 W 19th St, zwischen 5th und 6th Ave, ✆ 352-9333. Delikatessenmarkt mit umfassendem Angebot sowie einem Café. Gute Käsetheke und preiswerter als die meisten Läden dieser Art.

Gourmet Garage, 453 Broome St, Mercer, ✆ 941-5850; Gourmet Garage East, 301 E 64th St, ✆ 535-5880; Gourmet Garage West, 2567

Broadway, ✆ 663-0656. Sehr gute Angebote von Käse, Oliven, Obst und Gemüse sowie Sandwiches.
Grace's Marketplace, 1237 3rd Ave, 71st St, ✆ 737-0600. Ableger von *Balducci's* und eine willkommene Bereicherung des Angebotes in der Upper East Side. Hervorragende Auswahl in allen Abteilungen.
Russ & Daughters, 179 E Houston St, zwischen Allen und Orchard St, ✆ 475-4880. Einer der ältesten Delikatessenläden, der schon zur Jahrhundertwende heimwehkranke jüdische Immigranten mit Räucherfisch, Kaviar, eingelegtem Gemüse, Käse und Bagels versorgte.
Schaller & Weber, 1654 2nd Ave, zwischen 85th und 86th St, ✆ 879-3047. Das kulinarische Herz des im Schwinden begriffenen deutsch-ungarischen Yorkville in der Upper East Side, mit einer beeindruckenden Auswahl an Wurst, Salami und Rauchfleisch. Nichts für Vegetarier.
Todaro Brothers, 555 2nd Ave, zwischen 30th und 31st St, ✆ 532-0633. Große Auswahl an importierten und hiesigen Delikatessen; mit Bäckerei.
Zabar's, 2245 Broadway, 80th St, ✆ 787-2000. *Zabar's* ist der Gipfel der New Yorker Fresslust und der berühmteste Delikatessenladen der Stadt, der von Saul Zabar, dem Bruder von Eli, geführt wird. Riesige Auswahl an Käse, Wurst und Salaten, frisches Brot und Croissants, Bagels sowie fertige Mahlzeiten zum Mitnehmen. Im Obergeschoss werden unzählige blitzende Küchengeräte verkauft – häufig kann man hier bei elektrischen Geräten wie Ventilatoren oder europäischen Kaffeemaschinen echte Schnäppchen machen. Ein absolutes Muss.

BÄCKEREIEN UND KONDITOREIEN – *Cupcake Cafe*, 522 9th Ave, 39th St, ✆ 465-1530. Torten für bestimmte Anlässe und kleine Kuchen, alles mit Buttercreme überzogen. Auch leichte Mahlzeiten; man sitzt hier sehr gemütlich.
Damascus Bakery, 56 Gold St, Brooklyn, ✆ 718/855-1456. Syrische Bäckerei, die schon seit langem die beste Auswahl der Stadt an Pitabroten bietet, außerdem köstliches Gebäck.
Ferrara, 195 Grand St, zwischen Mulberry und Mott St, ✆ 226-6150; 108 Mulberry St; ✆ 966-7867. Legendäre Café-Konditorei Little Italys. Vorwiegend Eis, Kuchen und Kaffee. Mit Tischen.
Fung Wong, 30 Mott St, ✆ 267-4037. Chinesisches Gebäck.
H&H Bagels, 639 W 46th, 12th Ave, ✆ 595-8000 und 2239 Broadway, 80th St. Tgl. durchgehend geöffnet, hier soll es die besten Bagels von New York geben.
Hungarian Pastry Shop, 1030 Amsterdam Ave, zwischen 110th und 111th St, ✆ 866-4230. Mit Schokolade überzogene *Rigójancsi*, Schokoladencremetorte, Linzertorte und andere authentisch ungarische Köstlichkeiten; dazu unbegrenzt Kaffee. Beliebt bei Studenten der Columbia.
Kossar's, 367 Grand St, Essex St, ✆ 473-4810. Jüdische Bäckerei, deren Spezialität eindeutig *bialys* sind.
Let Them Eat Cake, 287 Hudson St, Spring St, ✆ 989-4970. Köstliche Karotten-, Schokoladen-, Bourbon- und Pecankuchen sowie Suppen und Sandwiches.
Little Pie Company, 424 W 43rd St, zwischen 9th und 10th Ave, ✆ 736-4780. Traditionelle amerikanische Pasteten und Kuchen.
Magnolia Bakery, 401 Bleecker St, 11th St, ✆ 462-2572. Himmlische Kekse, Pies und Kuchen – Liebling der Nachbarschaft.
Moishe's, 181 E Houston St, zwischen Allen und Orchard St, ✆ 475-9624; 115 2nd Ave, ✆ 505-8555, zwischen E 6th und E 7th Ave. New Yorks authentischste jüdische Bäckerei mit legendärem Maisbrot, Pumpernickel und *challah*.
Patisserie Claude, 187 West 4th St, ✆ 255-5911. Wunderbare, authentische französische Bäckerei.
Payard Patisserie, 1032 Lexington Ave, ✆ 717-5252. Anspruchsvolle und aufwändige Konditorwaren für jede Gelegenheit.
Sticky Fingers, 121 1st Ave, 7th Ave und St. Marks Place, ✆ 529-2554. Täglich frisches Brot sowie hausgemachtes Gebäck, Kuchen und klebrige Buns, die süßer als süß sind.
Taylor's, 156 Chambers St, ✆ 962-0519. Backwaren, Vorspeisen und Süßspeisen zum Mitnehmen, alles vor Ort gebacken. Filialen: 523 Hudson; 228 W 18th St und 175 2nd Ave.

Lebensmittel

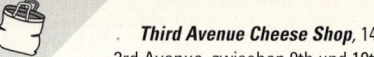

Veniero's, 342 E 11th St, zwischen 1st und 2nd Aves, ✆ 674-7264. Italienische Konditorei aus der Zeit der Jahrhundertwende.

Vesuvio, 160 Prince St, zwischen Thompson St und W Broadway, ✆ 925-8248. SoHos bekannteste italienische Bäckerei.

Yonah Schimmel's, 137 E Houston St, zwischen 1st und 2nd Ave, ✆ 477-2858. Anfang des 19. Jahrhunderts begann Yonah Schimmel mit dem Verkauf seiner hausgemachten *knishes* von einem Handkarren aus – inzwischen sind sie ein Teil der New Yorker Legende. Spezialität sind nach wie vor die *knishes* mit ihrer hauchdünnen, lockeren Kruste und mit verschiedenen Füllungen (Kasha, Kartoffeln, Spinat, Käse etc.)

Zaro's Bread Basket, Grand Central Station; Penn Station sowie mehrere Filialen in Manhattan, s. Telefonbuch. Croissants, Bagels und alles, was gut schmeckt. Mit Stehcafé, gut zum Frühstücken.

Zito's, 259 Bleecker St, zwischen 6th und 7th Ave, ✆ 929-6139. Alteingesessene italienische Bäckerei, bekannt für ihr köstliches, rundes *pane di casa*.

KÄSE UND MILCHPRODUKTE – ***Alleva Latticini***, 188 Grand St, Mulberry St, ✆ 226-7990. Ältester italienischer Käseladen Amerikas führt neben hausgeräuchertem Mozzarella und Ricotta auch Lebensmittel.

Cheese Unlimited, 240 9th Ave, zwischen 24th und 25th St, ✆ 691-1512. Der Name ist Programm eine große Palette verschiedener Käsesorten.

Di Paolo, 206 Grand St, Mott St, ✆ 226-1033. Große Käseauswahl, darunter italienische Sorten, die hier frisch zubereitet werden.

Ideal Cheese Shop, 1205 2nd Ave, zwischen 63rd und 64th St, ✆ 688-7579. Wunderbarer großer Käseladen.

Joe's Dairy, 156 Sullivan St, zwischen Houston und Prince St, Familienbetrieb mit bestem frischen Mozzarella in verschiedenen Variationen.

Murray's Cheese Shop, 257 Bleecker St, zwischen 6th und 7th Ave, ✆ 243-3289. Über 300 Sorten Käse.

Third Avenue Cheese Shop, 141 3rd Avenue, zwischen 9th und 10th St, ✆ 477-1221. Sehr preiswert, gute Auswahl; auch leckeres Brot.

FISCH UND MEERESFRÜCHTE – Barney Greengrass, 541 Amsterdam Ave, zwischen 86th und 87th St, ✆ 724-4707. Den „Sturgeon King" mit seinem geräucherten Fisch gibt es seit 1908 und inzwischen ist er an der Upper West Side eine Institution zum Brunchen; auch Brunchpakete zum Mitnehmen.

Caviarteria, 502 Park Ave; Eingang 59th St, zwischen Park und Madison Ave, ✆ 759-7410. Hauptsächlich Kaviar – über ein Dutzend Sorten – sowie Räucherfisch und Pasteten.

Central Fish Company, 527 9th Ave, zwischen 39th und 40th St, ✆ 279-2317. Freundliche und gut informierte Verkäufer bieten 35 verschiedene Fischarten an, u.a. frische portugiesische Sardinen und (vor Ort noch lebendige) Karpfen – zu jeder beliebigen Zeit und zu sehr angemessenen Preisen.

Citarella, 2135 Broadway, 75th St, ✆ 874-0383 und 1313 3rd Ave, 75th St. Der beste Laden mit der größten Auswahl an Fisch und Meeresfrüchten; an einer herrlichen Bar werden Austern, Muscheln etc. verkauft. Daneben gibt es Backwaren, Käse, Kaffee, Fleisch und Wurst sowie fertige Mahlzeiten. Die Schaufenstergestaltung, bei der auf reizvolle Weise Tintenfische verwendet werden, ist ein Kunstwerk.

Fulton Fish Market, ab 5 Uhr morgens. Wer früh genug aufsteht, kann hier den frischesten Fisch in New York kaufen. Aber auch der geschäftige Markt an sich lohnt einen Besuch (s.S. 27, Touren, *The 92nd Street Y*).

Murray's Sturgeon Shop, 2429 Broadway, zwischen 89th und 90th St, ✆ 724-2650. Beliebter Laden in der Upper West Side, überwiegend Räucherfisch und Kaviar.

Petrossian, 182 W 58th St, 7th Ave, ✆ 245-2214. Namhafter Laden, der nur russischen Kaviar vom Feinsten importiert; außerdem gibt es Delikatessen wie Räucherlachs und andere Fischsorten sowie kostspieliges Essgeschirr. So ziemlich der exklusivste Lebensmittelladen der Stadt, im angeschlossenen Restaurant lässt sich der Genuss noch steigern.

NATURKOST UND GEWÜRZE – *Angelica's Traditional Herbs & Foods*, 147 1st Ave, 9th St, ✆ 529-4335. Ausgezeichnete Auswahl an Kräutern, Tinkturen, Gewürzen und Büchern.
Aphrodisia, 264 Bleecker St, zwischen 6th und 7th Ave, ✆ 989-6440. Ausschließlich Kräuter, Gewürze und Öle, mit unschlagbarem Angebot.
Commodities Natural Foods, 117 Hudson St, zwischen N. Moore und Franklin St, ✆ 334-8330. Riesiger Naturkostladen und Café.
General Nutrition Center (GNC). Die größte Naturkostkette der Stadt (Adressen im Telefonbuch) vermittelt den Eindruck, als würden hier nur Bodybuilder einkaufen, aber die Preise sind fair.
Good Earth Foods, 1334 1st Ave, zwischen 71st und 72nd St, ✆ 472-9055; 167 Amsterdam Ave, Höhe 68th St, ✆ 496-1616. Nicht ganz billig, aber mit das größte Angebot an Naturkost. Empfehlenswertes Café mit Saftbar.
Good Food Co-op, 58 E 4th St. Supermarkt mit großer Naturkostabteilung, wird als Kooperative betrieben.
Gramercy Natural Food Center, 427 2nd Ave, zwischen 24th und 25th St, ✆ 725-1651. Bekannt für guten Fisch, Geflügel und naturbelassene Milchprodukte.
The Health Nuts, 2141 Broadway, 75th St, ✆ 724-1972; weitere Filialen in Manhattan. Gute Auswahl an vollwertigen und makrobiotischen Lebensmitteln.
Kalustyan's, 123 Lexington Ave, zwischen 28th und 29th St, ✆ 685-3451. Der beste Lebensmittelladen im winzigen Little India. Große Auswahl an Gewürzen.
Nature Food Center, 348 W 57th, zwischen 8th und 9th St, ✆ 151-4180, weitere Filialen in Manhattan. Ein ausgesprochenes „Biokaufhaus" mit sehr großem Angebot.
Prana, 125 1st Ave, zwischen St. Mark's und 7th St, ✆ 982-7306. Naturkostladen, in dem man Erdnussbutter selbst zubereiten kann.
Whole Foods in SoHo, 117 Prince St, zwischen Greene und Wooster St, ✆ 982-1000; auch 2421 Broadway, Höhe 89th St, ✆ 874-4000. Naturkost-Supermarkt mit großer Auswahl, tgl. geöffnet.

EIS – Der Appetit der New Yorker auf Eis und *frozen yogurt* wird vorwiegend von zwei großen Ketten befriedigt: *Baskin-Robbins*, ursprünglich bekannt geworden durch seine 31 verschiedenen Sorten, verfügt zwischen Wall Street und Harlem über ein halbes Dutzend Filialen, während die eindeutig besseren *Häagen-Dazs* mit 15 Filialen in Manhattan vertreten sind (Adressen im Telefonbuch). Seltsamerweise hat *TCBY* („The Country's Best Yogurt"), eine Megakette für *frozen yogurt*, in Manhattan nur zwei Filialen: 400 E 14th St und 237 Park Ave. Einige New Yorker Eis-Fans schwören auf kleinere Läden, obwohl ihre Anzahl durch die harte Konkurrenz extrem geschmolzen ist – dazu gehören: *Ben & Jerry's*, 222 86th Ave; auch 680 Ave, 43rd St; und 41 3rd Ave zwischen 9th und 10th St (World Trade Center), ist immer noch der quirlige Platz von früher, wenngleich inzwischen wesentlich kommerzieller – das himmlische Aroma der Eiscremes und *frozen yogurts* bleibt jedoch unangeschlagen. *Chelsea Baking and Ice Company*, 259–263 W 19th St, zwischen 7th und 8th Ave, offeriert 100 verschiedene Eis-Geschmacksrichtungen, 20 bei Gelati und 80 Sorbets. Die *Chinatown Ice Cream Factory*, 65 Bayard St, südlich der Canal St zwischen Mott und Elizabeth St, bietet außergewöhnliche Gaumenfreuden mit Geschmacksrichtungen wie Mango, Grüner Tee und Litschi.

SÜSSIGKEITEN – *Bazzini*, 339 Greenwich St, Jay St, ✆ 334-1280. Nette Auswahl an teuren Gourmet-Nüssen und -Süßigkeiten in allen erdenklichen Formen und Größen, aber weit entfernt von dem schlichten Großhändler, der es einmal war.
Be-speckled Trout, 422 Hudson St, ✆ 255-1421. Herrlicher, altmodischer Süßwarenladen mit Glasgefäßen voll farbenfroher Leckereien und einer riesigen Auswahl hausgemachter Lutscher.
Elk Candy Co, 1628 2nd Ave, ✆ 650-1177. Süßwarenladen in Yorkville mit entsprechendem Angebot: üppig und mit viel Marzipan.
Godiva, 701 5th Ave, zwischen 54th und 55th St, ✆ 593-2845. Namhafte belgische Pralinen-

Lebensmittel

marke mit Filialen in ganz Manhattan; bietet für jeden Geschmack etwas.

Leonidas, 485 Madison Ave, zwischen 51st und 52nd St, ✆ 980-2608. Die einzige amerikanische Vertretung des berühmten belgischen Konditors.

Li-Lac, 120 Christopher St, zwischen Hudson und Bleecker St, ✆ 242-7374. Köstliche handgemachte Schokolade, die hier seit 1923 hergestellt wird – für Naschkatzen ein Muss.

Teuscher, 620 5th Ave, zwischen 49th und 50th St, ✆ 246-4416; 251 E 61st St, ✆ 751-8482. Importiert Schweizer Schokolade – bekannt für seine hervorragenden Trüffel.

Treat Boutique, 200 E 86th St, 3rd Ave, ✆ 737-6619. Sechs verschiedene Sorten hausgemachten *fudge* sowie eine große Auswahl an Trockenobst und Nüssen.

KAFFEE UND TEE – ***McNulty's***, 109 Christopher St, zwischen Bleecker und Hudson St, ✆ 242-5351. Kaffeemischungen und sehr großes Teeangebot seit 1895.

Oren's, 31 Waverly Place (Greenwich Village), ✆ 420-5958, weitere Filialen in der East Side telefonisch erfragen. Hier gibt es mit die besten Kaffeebohnen der Stadt.

Porto Rico, 201 Bleecker St, zwischen 6th Ave und McDougal St, ✆ 477-5421, auch 40 1/2 St. Mark's abseits der 2nd Ave sowie 107 Thompson St zwischen Prince und Spring St. Ausgezeichneter Kaffee, an der Bar kann man verschiedene Sorten probieren. Wenn man den Gerüchten Glauben schenkt, sollen die billigen Hausmischungen einigen teureren Kaffeesorten in nichts nachstehen.

Sensuous Bean of Columbus Avenue, 66 W 70th St, gleich an der Columbus Ave, ✆ 724-7725. Überwiegend Kaffee, auch diverse Teesorten.

LIQUOR STORES – Die Preise für Spirituosen unterliegen im Staat New York staatlicher Kontrolle und sind daher in allen Läden etwa gleich hoch. Die unten aufgeführten Geschäfte bieten entweder eine besonders gute Auswahl oder durchgehend etwas günstigere Preise als üblich. Einige Läden bieten auf telefonische Bestellung einen Lieferservice. Laut Gesetzgebung ist in New York der Verkauf von hochprozentigem Alkohol am Sonntag verboten, daher sind dann alle *liquor stores* geschlossen; Supermärkte verkaufen generell nur Bier.

Acker, Merrall & Condit, 160 W 72nd St, zwischen Broadway und Columbus Ave, ✆ 787-1700. Die 1820 gegründete Weinhandlung ist die älteste Amerikas. Breites Angebot an amerikanischen, vorwiegend kalifornischen Weinen.

Astor Wines and Spirits, 12 Astor Place, Lafayette St, ✆ 674-7500. Die größte Auswahl und die besten Preise in Manhattan.

Beekman Liquors, 500 Lexington Ave, zwischen 47th und 48th St, ✆ 759-5857. Gute, preiswerte Midtown-Alternative zu *Astor*.

Best Cellars, 1291 Lexington Ave, zwischen 86th und 87th St, ✆ 426-4200. Weinhandlung mit 100 sorgfältig ausgewählten Weinen – alle unter $10 – und sehr gut informiertem Personal. Empfehlenswert.

Columbus Circle Liquor Store, 1780 Broadway, 57th St, ✆ 247-0764. Uptown-Alternative zu *Astor*.

Cork & Bottle, 1158 1st Ave, zwischen 63rd und 64th St, ✆ 838-5300. Hervorragende Auswahl, mit Lieferservice.

Garnet Wines & Liquors, 929 Lexington Ave, 68th St, ✆ 772-3211. Womöglich der preisgünstigste *liquor store* für gute Weine.

Maxwell Wines & Spirits, 1657 1st Ave, zwischen 86th und 87th St, ✆ 289-9595. *Liquor store* in der Upper East Side; ⏰ tägl. bis 24 Uhr, So geschlossen.

Morrell & Co, 535 Madison Ave, zwischen 54th und 55th St, ✆ 688-9370. Eines der größten Angebote an preiswerten Weinen.

Schapiro's, 126 Rivington St, zwischen Essex und Norfolk St, ✆ 674-4404. Koschere Weinsorten, die auf dem Gelände hergestellt werden. Die Kellerei kann besichtigt werden, mit Weinprobe, So 11–16 Uhr stündlich, kostenlos.

Schumer's Wine & Liquors, 59 E 54th St, zwischen Park und Madison Ave, ✆ 355-0940. Mit Lieferservice, Fr und Sa bis 24 Uhr geöffnet.

Sherry-Lehman, 679 Madison Ave, ✆ 838-7500. New Yorks führende Weinhandlung.

Spring Street Wine Shop, 187 Spring St, zwischen Thompson und Sullivan St, ✆ 219-0521. *Liquor store* in SoHo mit gutem Angebot.
Warehouse Wines and Spirits, 735 Broadway, zwischen 8th und Waverly St, ✆ 982-7770. Hier bekommt man am meisten fürs Geld, große Auswahl.

Bücher

Bücherfreunde beklagen das zunehmende Verschwinden unabhängiger Buchhandlungen in New York und führen diesen Umstand auf das Phänomen von *Barnes & Noble* zurück: Riesige Läden, in denen man es sich im Café – das schwarze Gebräu wird direkt am Tisch ausgeschenkt – gemütlich machen kann und so den Eindruck bekommt, man befände sich in seiner ganz persönlichen Bibliothek plus Zeitungsstand. Trotzdem ist das Buchangebot in der Stadt nach wie vor fantastisch. Spezialisierte Läden, die z.B. nur Krimis verkaufen, dienen gleichzeitig als Treffpunkt für Gleichgesinnte. Über 90% aller amerikanischen Verlage sitzen in New York, und ihre Produkte werden in über 200 Buchhandlungen verkauft. Ob neu oder gebraucht, aus dem In- oder Ausland, es gibt kaum etwas, das nicht irgendwo zu haben wäre.

LADENKETTEN – ***Barnes & Noble***, Bücher-Kaufhaus mit verführerischen Sitzecken und netten Ausblicken, das von manchen als nüchtern und von anderen als sehr unterhaltsam empfunden wird. Kein Zweifel herrscht jedoch darüber, dass man in dem riesigen Angebot vermutlich genau das findet, wonach man sucht. Und seit sich Barnes & Noble auch einen Namen als Discount-Buchladen gemacht hat, sind Schnäppchen an der Tagesordnung. An rund fünf Tagen in der Woche finden Autorenlesungen statt. Die Filiale in der 105 5th Ave, E 18th St, ✆ 807-0099, ist auf Studienliteratur spezialisiert und wirbt damit, die größte Buchhandlung der Welt zu sein. In Manhattan gibt es insgesamt neun Geschäfte, die täglich von 9–24 Uhr geöffnet sind:

- 4 Astor Place, Höhe Broadway und Lafayette, ✆ 420-1322;
- 675 6th Ave, Höhe W 22nd St, ✆ 727-1227;
- 600 5th Ave, Höhe W 48th St, ✆ 765-0590;
- Citicorp Building, E 54th St, 3rd Ave, ✆ 750-8033;
- 2289 Broadway, Höhe W 82nd St, ✆ 362-8835;
- 240 E 86th St, Höhe 2nd Ave, ✆ 794-1962;
- 1280 Lexington Ave, Höhe E 86th St, ✆ 423-9900;
- 1972 Broadway, gegenüber vom Lincoln Center, ✆ 595-6859;
- Union Square, 33 E 17th St, ✆ 253-0810.

Borders Books and Music, 5 World Trade Center, Church, Vesey St, ✆ 839-8049; 461 Park Ave, Höhe 57th St, ✆ 980-6785; 550 2nd Ave, Höhe 32nd St, ✆ 685-3938. Diese Kette mit Hauptsitz in Ann Arbor ist die Konkurrenz zu *Barnes & Noble*.
B. Dalton, 396 6th Ave, 8th St, ✆ 674-8780. Von dieser landesweiten Kette, die im Besitz von *Barnes & Noble* ist, gibt es in Manhattan nur noch eine einzige Filiale.
Tower Books, 383 Lafayette St, 4th St, ✆ 228-5100. Die Buchabteilung von *Tower Records* nebenan, überwiegend Bücher zu Popkultur, Musik, Reise und Film. Auch Zeitschriften.

BELLETRISTIK, SACH- UND FACHBÜCHER – ***Bookberries***, 983 Lexington Ave, 71st St, ✆ 794-9400. Klassischer New Yorker Buchladen der Uptown mit hervorragendem Literaturangebot.
Coliseum Books, 1771 Broadway, 57th St, ✆ 757-8381. Sehr großer Laden mit guter Auswahl in den Bereichen Taschenbuch und wissenschaftliche Literatur.
Gotham Book Mart, 41 W 47th St, ✆ 719-4448. Mitten im Diamond District. Ein echtes Juwel, das seit 75 Jahren auf Kunst spezialisiert ist und sowohl neue als auch vergriffene Bücher führt. Kunstbücher und Galerie im Obergeschoss. Große Film- und Theaterabteilung, auch Belletristikraritäten. Am schwarzen Brett werden Lesungen und andere Literaturveranstaltungen angekündigt.

Papyrus, 2915 Broadway, 114th St, ✆ 222-3350. Neue und gebrauchte Bücher, überwiegend Belletristik. Viele Titel aus Literatur, Film und politischer Philosophie sind linkspolitisch angehaucht.
Shakespeare & Co., 939 Lexington Ave, 68th und 69th St, ✆ 570-0201, auch 716 Broadway, Washington Place, ✆ 529-1330; 1 Whitehall St, ✆ 742-7025. Neue und gebrauchte Bücher, Taschenbücher und Hardcover, große Auswahl in den Bereichen Belletristik und Psychologie.
St. Mark's Bookshop, 31 3rd Ave, zwischen 8th und 9th St, ✆ 260-7853. Gute Auswahl an Neuerscheinungen von Bestsellern bis zu alternativer Literatur.
Three Lives & Co, 154 W 10th St, Waverly Place, ✆ 741-2069. Ausgezeichnete Belletristik-Buchhandlung mit großer Auswahl an Büchern von und für Frauen sowie Sachbüchern.

ANTIQUARIATE – Eine gute Gegend, um an verbilligte Bücher zu kommen, ist das Viertel um die Kreuzung 5th Ave und 18th St. Die Mehrzahl der unten aufgeführten Buchläden sind hier zu finden.
Academy Book Store, 10 W 18th St, zwischen 5th und 6th Ave, ✆ 242-4848. Kleiner Laden mit gebrauchten, seltenen und vergriffenen Büchern.
Argosy Bookstore, 116 E 59th St, zwischen Lexington und Park Ave, ✆ 753-4455. Unschlagbares Angebot an seltenen Büchern, auch Ramschtitel und Bücher aller Art, Massenliteratur ist allerdings anderswo billiger zu finden.
Gryphon Bookshop, 2246 Broadway, zwischen 80th und 81st St, ✆ 362-0706. Gebrauchte und vergriffene Bücher, Schallplatten, CDs und Laser-Discs. Kunstbücher, illustrierte Titel und antiquarische Kinderbücher. Hier sollte man sich vor Titeln mit überhöhten Preisen in Acht nehmen – davon gibt es eine ganze Menge. Der *Gryphon Record Shop* befindet sich neben HMV in der 251 W 72nd St, 2nd Floor, ✆ 874-1588 (s.u.).
Housing Works Used Books Cafe, 126 Crosby St, zwischen Houston und Prince St, ✆ 334-3324. Sehr preiswerte Bücher, gemütlich und geräumig. Der Erlös kommt AIDS-Organisationen zugute.
Ninth Street Books, 436 E 9th St, zwischen 1st Ave und A Ave, ✆ 254-4603. Secondhand-Buchhandlung.
Pageant Book & Print Shop, 114 W Houston, zwischen Thompson Und Sullivan St, ✆ 674-5296. Dieser einst im Herzen von New Yorks *Rare- and Oldbook District* gelegene, antiquarische Buchladen führt eine große Auswahl an wertvollen gebrauchten Büchern, außerdem Drucke, Stiche und Karten.
Ruby's Book Sale, 119 Chambers St, ✆ 732-8676. Secondhand-Buchladen im Civic Center, überwiegend Taschenbücher und alte Zeitschriften mit Eselsohren. Sehr gute Angebote.
Skyline Books, 13 W 18th St, zwischen 5th und 6th Ave, ✆ 675-4773 oder 759-5463. Hauptsächlich Beat-Literatur, Erstausgaben sowie ausgefallene Kunst- und Fotobände. Forscht auf Bestellung nach Einzeltiteln.
Strand Bookstore, 828 Broadway, 12th St, ✆ 473-1452. Mit über 2,5 Mill. Titeln auf Lager die größte Buchhandlung der Stadt – und eine der wenigen, die von den unzähligen Secondhand-Buchhandlungen in dieser Gegend überlebt haben. Von neueren Titeln gibt es Rezensionsexemplare zum halben Preis; ältere Bücher werden ab 50¢ angeboten.

SPEZIALBUCHHANDLUNGEN – In New York findet man eine ganze Reihe von Buchläden, die sich auf ein ganz bestimmtes Gebiet spezialisiert haben, von Reiseliteratur über Kunst bis zu wesentlich ausgefalleneren Themenbereichen.

Reise: *The Complete Traveler*, 199 Madison Ave, 35th St, ✆ 685-9007. Manhattans führender Reisebuchladen mit ausgezeichnetem Angebot, neu und gebraucht.
Rand McNally Map and Travel Store, 150 E 52nd St, zwischen Lexington und 3rd Ave, ✆ 758-7488; auch 555 7th Ave, ✆ 944-4477. Im Besitz des größten Verlegers von Karten und Atlanten. Karten zu allen Teilen der Welt, insbesondere zu New York State und City, in Reiseführer spezialisiert – führt auch Reisegepäck und andere Ausrüstungsgegenstände.

Travelers Choice Bookstore, 111 Greene, zwischen Prince und Spring St, ✆ 941-1535. Gehört zu einem Reisebüro und bietet eine große, gut sortierte Auswahl.

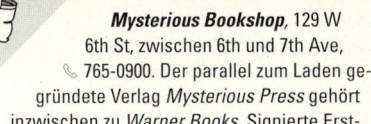

Kunst und Architektur: ***Hacker Art Books***, 45 W 57th St, zwischen 5th und Madison Ave, ✆ 688-7600. Im vierten Stock (5th Floor).
Printed Matter, 77 Wooster St, zwischen Spring und Broome St, ✆ 925-0325. Der Laden ist der historischen Municipal Art Society angeschlossen. Ein wunderbarer Ort, auch Ausstellungen.
Urban Center Books, 457 Madison Ave, zwischen 50 und 51st St, ✆ 935-3592. Auf Architektur spezialisiert mit sehr zuvorkommender Bedienung.

Fotografie, Kino und Theater: ***Applause Theater Books***, 211 W 71st St, Broadway, ✆ 496-7511. Theater, Film, Fernsehen, Drehbücher – einige Bücher sind nur hier erhältlich – neu und gebraucht.
Drama Bookshop, 723 7th Ave, zwischen 48th und 49th St, im Obergeschoss, ✆ 944-0595. Theaterbücher, Stücke und Veröffentlichungen aller Art rund ums Theater.
Photographer's Place, 133 Mercer St, unterhalb der Prince St, ✆ 431-9358. Mit viel Hingabe betriebener Laden mit Büchern zu allen Aspekten der Fotografie, auch vergriffene Titel.
Richard Stoddard Performing Arts Books, 18 E 16th St, room 605, ✆ 645-9576. Broadway-Theaterplakate aus vergangenen Tagen, gute Auswahl an vergriffenen Theaterbüchern.
Theater Circle, 268 W 44th St, ✆ 391-7075 oder 944-1573. Theaterbücher, Plakate, Noten und Souvenirs – im Herzen des Theater Districts.

Krimis: ***Black Orchid***, 303 E 81st St, ✆ 734-5980. Gebrauchte und neue Romane.
Murder Ink, 2486 Broadway, zwischen 92nd und 93rd St, ✆ 362-8905. Die erste Buchhandlung der Stadt, die sich ganz auf Krimis spezialisiert hat, und immer noch die beste. Hat angeblich jeden lieferbaren Krimititel auf Lager sowie zahlreiche vergriffene.
Mysterious Bookshop, 129 W 6th St, zwischen 6th und 7th Ave, ✆ 765-0900. Der parallel zum Laden gegründete Verlag *Mysterious Press* gehört inzwischen zu *Warner Books*. Signierte Erstausgaben, neu und gebraucht.
Partners in Crime, 44 Greenwich Ave, ✆ 243-0440. Kriminalromane. Sitz der *Cranston and Spade Theater Co.*, die samstags abends Radio-Hörspiele aus den 40ern liest. Informationen unter ✆ 462-3027.

Science Fiction und Comics: ***Forbidden Planet***, 840 Broadway, 13th St, ✆ 473-1576. Science fiction, Fantasy und Horror sowie Comics. Auch T-Shirts und das neueste Spielzeug.
Science Fiction Mysteries and More, 140 Chambers St, ✆ 385-8798. Überwiegend Science Fiction.
St. Mark's Comics, 11 St. Mark's Place, zwischen 2nd und 3rd Ave ✆ 598-9439. Unmengen von Comics, auch Underground-Titel; bekannt für ein riesiges Lager. Actionhelden, Sammelkarten und ein ganzer Raum voller älterer Comic-Hefte.
Village Comics, 215 Sullivan St, zwischen Bleecker und W 3rd St, ✆ 777-2770; 118 E 59th St, 2nd Floor, zwischen Park und Lexington Ave, ✆ 759-6255. Alte und neue Bücher, limitierte Ausgaben, Sammelkarten und Actionfiguren – sowie das ein oder andere berühmte Gesicht. Sehr empfehlenswert.

Fremdsprachen: ***Irish Book Shop***, 580 Broadway, room 1103, ✆ 274-1923. Irische Bücher und Geschenkartikel.
Kinokuniya Bookstore, 10 W 49th St, 5th Ave, ✆ 765-7766. Der größte japanische Buchladen in New York, führt auch englische Bücher über Japan.
Lectorum, 137 W 14th St, ✆ 741-0220. Spanische Bücher: Belletristik, Nachschlagewerke, Kinderbücher und Wirtschaftsliteratur.
Liberation Bookstore, 421 Lenox Ave, 131st St, ✆ 281-4615. Bücher aus Afrika und der Karibik.
Librairie de France / Libreria Hispanica / The Dictionary Store, 610 5th Ave in der Rockefeller Center Promenade, ✆ 581-8810. Kleiner Laden mit großer Auswahl an französischer und

spanischer Literatur, über 8000 Wörterbüchern im *Dictionary Store* und einer Abteilung mit Lehrbüchern, Schallplatten und Kassetten.
Rizzoli, 31 W 57th St, zwischen 5th und 6th Ave, ℡ 759-2424. Manhattan-Ableger der etablierten italienischen Ladenkette mit Verlag, spezialisiert auf europäische Literatur, großes Angebot an ausländischer Presse.

Religion, Esoterik und Psychologie: *C.G. Jung Center Bookstore*, 28 E 39th St, ℡ 697-6433. Publikationen zur Arbeit C.G. Jungs.
Christian Publications Bookstore, 315 W 43rd St, zwischen 8th und 9th Ave, ℡ 582-4311. Neue christliche Literatur, Klassiker, Postkarten und Devotionalien. Auch spanische Bücher.
East West Books, 78 5th Ave, zwischen 13th und 14th St, ℡ 243-5994. Bücher zu Körper, Geist und Seele inkl. östliche Religionen, New Age sowie Gesundheit und Heilmethoden.
J. Levine Jewish Books and Judaica, 5 W 30th St, zwischen 5th und 6th Ave, ℡ 695-6888. Der allerbeste jüdische Buchladen.
Logos Bookstore, 1575 York, zwischen 83rd und 84th St, ℡ 517-7292. Christliche Bücher und Geschenkartikel.
Paraclete Book Center, 146 E 74th St, Lexington Ave, ℡ 535-4050. Katholische Wissenschaft.
Quest, 240 E 53rd St, ℡ 758-5521. New Age Bücher.
West Side Judaica, 2412 Broadway, zwischen 88th und 89th St, ℡ 362-7846. Bücher über Judaismus sowie Verkauf von tollen Menoras.

Schwul-lebisch: *A Different Light*, 151 W 19th St, zwischen 6th und 7th Ave, ℡ 989-4850. Sehr gut sortierter schwul-lesbischer Buchladen, dient auch als Treffpunkt und Infobörse. Mit Café, bis 24 Uhr geöffnet. Häufige amüsante Lesungen von Autoren, die von Personen wie Jacqui Susann besessen sind.
Oscar Wilde Memorial Bookshop, 15 Christopher St, zwischen Gay und Greenwich Ave, ℡ 255-8097. Mit passendem Standort, womöglich New Yorks erste Adresse für schwul-lesbische Literatur; führt eine große Auswahl an seltenen Büchern, signierten Exemplaren, Erstausgaben sowie gerahmten Briefen von Autoren wie Edward Albee, Gertrude Stein und Tennessee Williams.

Linke Buchläden: *Blackout*, 50 Ave B, zwischen 3rd und 4th St, ℡ 777-1967. Anarchistische Literatur, Zeitschriften und Pamphlete; Treffpunkt für Aktivisten.
Bluestockings, 172 Allen St, Stanton St, ℡ 473-9530. Neue und gebrauchte Titel, die entweder von Frauen verfasst oder auf Frauen bezogen sind. Heimeliger, gut sortierter Laden dessen Räume früher, als sie noch in einem sehr schlechten Zustand waren, von Cracksüchtigen bevölkert waren.
Ideal Book Store, 547 W 110th St, 2nd Floor, Broadway, ℡ 662-1909. Soll die beste Philosophie-Sammlung in New York haben; die meisten Bücher sind kaum benutzt.
Incommunicado, 107 Norfolk St, zwischen Delancy und Rivington St, ℡ 473-9530. Der Laden befindet sich im *Tonic*, einem Jazz-Treffpunkt an der Lower East Side. Independent-Buchhandlung mit Titeln der Incommunicado Press sowie 24 weiteren Indie-Verlagen. Tolle Auswahl an alternativer Literatur.
Revolution Books, 9 W 19th St, ℡ 691-3345. New Yorks größter linker Buchladen und Treffpunkt. Große Auswahl an Titeln zu linker Politik und Kultur, Pamphlete, Zeitschriften sowie Infos zu Aktionen und Veranstaltungen.
St. Mark's Bookshop, 31 3rd Ave, zwischen 8th und 9th St, ℡ 260-7853. Größter und bekanntester alternativer Buchladen: Politik, Feminismus, Umwelt, Literaturkritik, Literaturzeitschriften sowie speziellere Themen. Nette Postkarten; einer der besten Läden, um radikale und Kunstzeitschriften aus New York zu kaufen. Bis Mitternacht geöffnet.

Sonstiges: *Audiobook Store*, 125 Maiden Lane, ℡ 248-7800, mit Belletristik, mit vielen Wirtschaftstiteln. Die größte Auswahl an Literaturkassetten in New York.
Biography Bookshop, 400 Bleecker, 11th St, ℡ 807-8655. Briefe, Tagebücher, Autobiographien.

Kitchen Arts & Letters, 1435 Lexington Ave, 94th St, ✆ 876-5550. Kochbücher und Bücher rund ums Essen, wird von einem ehemaligen Kochbuchverleger geführt.
Labyrinth Books, 536 W 112th St, ✆ 865-1588. Die größte wissenschaftliche Buchhandlung östlich des Mississippi.
McGraw Hill, 1221 6th Ave, 49th St, ✆ 512-4100. Spezialisiert auf Wirtschaft, Technik und Wissenschaft.
See Hear Fanzines, Magzines & Books, 59 E 7th St, ✆ 505-9781. Tolle Zeitschriften und Bücher von Kleinstverlagen, überwiegend zu Musik und radikaler Kultur.

Musik

Vor der Abreise sollte man sich eine Liste der Musiktitel machen, die man unbedingt „braucht": CDs sind in den USA um einiges günstiger als in den meisten europäischen Ländern. Sie kosten meist um $12–17, in einigen Läden im Village sind Neuerscheinungen schon ab $10 zu haben. Auch bei Musikinstrumenten lässt sich Geld sparen, das gilt vor allem für E-Gitarren. Die besten und größten Musikgeschäfte in New York sind die britische Kette *HMV* sowie *Tower Records* und der *Virgin Megastore*. Kleinere Läden, die oft auf eine bestimmte Musikrichtung spezialisiert sind, findet man im East und West Village.

KETTENLÄDEN – ***HMV***, 2081 Broadway, ✆ 721-5900; 86th St, Höhe Lexington Ave, ✆ 681-6700; 34th St, Höhe 6th Ave (Herald Square), ✆ 629-0900; 46th St, Höhe 5th Ave, ✆ 681-6700. Der angenehmste und freundlichste Megastore.
J&R Music World, 23 Park Row, zwischen Beekman und Anne St, ✆ 238-9000; 535 W 116th St, nahe Columbia University, ✆ 222-3673. Großes Geschäft in Downtown mit guter Auswahl und günstigen Preisen.
Record Explosion, 142 W 34th St, zwischen 6th und 7th Ave, ✆ 714-0450. Weitere Adressen in Manhattan im Telefonbuch; kleinere Kette.
Tower Records, 692 Broadway, Höhe 4th St, ✆ 505-1500; 1961 Broadway, Höhe 66th St, ✆ 799-2500; 725 5th Ave, zwischen 56th und 57th St, ✆ 838-8110. Große Auswahl in den Sparten Rock, World Music, Jazz und Klassik, von allem anderem ein bisschen. Bis zur Eröffnung des *Virgin Megastore* war dies der größte Laden der Stadt.
Virgin Megastore, 1540 Broadway, Höhe 45th St, ✆ 921-1020; 52 E 14th St, ✆ 598-4666. Hier kann man in endlos langen Regalen von CDs stöbern, einen Cappuccino trinken, einen Flug bei Virgin Atlantic buchen oder auch einen Film ansehen – alles unter einem Dach. Leider ist es nicht möglich, wie im Londoner Vorzeigeladen jede beliebige CD anzuhören.

Sparten und Secondhand: ***Bleecker Bob's***, 118 W 3rd St, McDougal St, ✆ 475-9677. Der Laden, der seit vielen Jahren Punk und New Wave verkauft, ist inzwischen leider zu einer Touristenfalle verkommen. Besser meiden!
Breakbeat Science, 335 E 9th St, zwischen 1st Ave und Ave A, ✆ 995-2592. Hier beherrschen britische Importe – Electronica, Techno, Trip Hop, etc. das Sortiment.
Dance Trax, 91 E 3rd St, 1st Ave, ✆ 260-8729. Großes Angebot an Underground House.
Etherea, 66 Ave A, zwischen 4th und 5th St, ✆ 358-1126. Spezialisiert auf Indie Rock und Electronica aus dem In- und Ausland; CDs und Platten; einer der besten Läden in der Stadt; auch gute Secondhandabteilung.
Fat Beats, 406 6th Ave, 2nd Floor, zwischen 8th und 9th St, ✆ 673-3883. Der Name ist Programm: Schlichtweg *die* Quelle für Hip Hop-Platten in New York City.
Finyl Vinyl, 204 E 6th St, zwischen 2nd Ave und Cooper Square, ✆ 533-8007. Alte Schallplatten von den 30ern bis zu den 70ern.
Footlight Records, 113 E 12th St, zwischen 3rd und 4th Ave, ✆ 533-1572. Der Laden für Show-Musik, Filmmusik und Jazz – hier gibt es alles von Broadway bis Big Band, von Sinatra bis Merman. Ein Muss für Plattensammler.
Generation Records, 210 Thompson St, zwischen Bleeker und W 3rd St, ✆ 254-1100. Im Mittelpunkt stehen Hardcore und Punk sowie am Rande auch Indie. Neue CDs und Platten im Obergeschoss, Secondhandraritäten im

Untergeschoss. Hier erhält man viele Importe, die es bei der Konkurrenz nicht gibt – nicht zuletzt gute Schwarzpressungen.

Gryphon Record Shop, 251 W 72nd St, zwischen Broadway und West End, im 1. Stock (2nd Floor), ✆ 874-1588. LP-Raritäten.

House of Oldies, 35 Carmine St, zwischen Bleecker und 6th Ave, ✆ 243-0500. Wie der Name sagt – Oldies but Goldies aller Art. Nur Platten.

Moon Ska Records, E 10th St, zwischen 3rd und 4th St, ✆ 673-5538. Im Headquarter des Labels wird alles verkauft, was irgendwie mit Ska zu tun hat: Poster, T-Shirts, Anstecknadeln, Aufkleber und natürlich eine große Auswahl an hauseigenen Aufnahmen.

Mondo Kim's, 6 St. Mark's Place, zwischen 2nd und 3rd Ave, ✆ 598-9985; 144 Bleeker St, Höhe LaGuardia St, ✆ 260-1010. Breites Angebot an neuen und gebrauchten Indie-Obskuritäten auf CD und Schallplatte, einige davon wirklich billig. Im Obergeschoss gibt's esoterische Videos. Das Personal pflegt einen nicht gerade zuvorkommenden Umgangston – und ist stolz darauf.

Other Music, 15 E 4th St, zwischen Broadway und Lafayette, ✆ 477-8150. Um die Ecke von *Tower Records*, alte und neue Raritäten. Weniger Indie-Schallplatten als früher, dafür mehr experimentelle und elektronische Musik.

Reggae Land, 125 E 7th St, zwischen 1st Ave und Ave A, ✆ 353-2071. Nur Reggae, überwiegend Schallplatten, wenig CDs, großes Angebot an brandneuen Erscheinungen.

Record Mart in the Subway, nahe der Linie N/R in der U-Bahnstation Times Square, 1470 Broadway, ✆ 840-0580. Ein ungewöhnlicher Ort, der die U-Bahn-Luft mit karibischen und lateinamerikanischen Klängen erfüllt. Kompetente Mitarbeiter. Hier zu stöbern ist ein Vergnügen für Fans. Öffnungszeiten erfragen.

Second Coming, 235 Sullivan St, zwischen W 3rd Ave und Bleecker St, ✆ 228-1313. *Der Laden* für Heavy Metal und Punk.

Shrine, 441 E 9th St, zwischen 1st Ave und Ave A, ✆ 529-6646. Seltene Rock-Schallplatten zum Sammeln. In erster Linie *garage* und *psychedelic bands* aus den 60er und 70er Jahren,

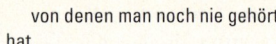

von denen man noch nie gehört hat.

Sounds, 20 St. Mark's Place, zwischen 2nd und 3rd Ave, ✆ 677-2727. Neue und gebrauchte CDs, preiswert und gute Auswahl. Billige Neuerscheinungen. Nur gegen Barzahlung.

Strange, 445 E 9th St, abseits der Ave A, ✆ 505-3025. Techno, Ambient und Rave, viele britische Importe, die für Europäer aber recht teuer sind. Freundliches Verkaufspersonal.

Temple, 241 Lafayette St, zwischen Spring und Prince St, ✆ 343-3595. Im Untergeschoss von Liquid Sky, einem *club gear shop*. Solide Auswahl an Techno und Trance; hier kaufen viel einheimische DJs ein.

Throb, 311 E 14th St, zwischen 2nd und 3rd Ave, ✆ 533-2328. Wie der Name schon vermuten lässt gibt's hier Techno, Electronica, Jungle, Hip Hop, etc. Außerdem große Auswahl an Hardcore. Zum Anhören steht ein Plattenspieler zur Verfügung.

Vinyl Mania, 60 Carmine St, zwischen Bleecker und 6th Ave, ✆ 924-7223. Hier kaufen DJs die neuesten Raritäten, vor allem im Bereich Dance. Auch seltene Importe und selbst gemixte Dance-Tapes.

MUSIKINSTRUMENTE UND NOTEN – Die größte Konzentration an Musikalienhandlungen findet man in der W 48th St zwischen 6th und 7th Ave: ***Manny's***, in der 156, ✆ 819-0576, ***Rudy's Music Shop***, in 169, ✆ 391-1699, ***Alex Musical Instruments***, 165, ✆ 819-0070, und ***Sam Ash Music***, 155–160, ✆ 719-2299. In fünf benachbarten Gebäuden werden alle erdenklichen Instrumente, Aufnahmegeräte, Musik-Software und Notenblätter verkauft. Ein Paradies für Gitarristen, wenn auch schwer zu erreichen, ist ***Mandolin Brothers***, 629 Forest Ave, Staten Island, ✆ 718/981-8585, mit einer der besten Sammlungen der Welt an neuen und alten Gitarrenklassikern. Etwas verkehrsgünstiger liegt ***Guitar Salon***, 45 Grove St, Höhe 7th Ave und Bleecker St, ✆ 675-3236. Der Besitzer Beverly Maher taxierte die Gitarren von Segovia, bevor er sie 1987 dem Metropolitan Museum stiftete. Verkauf von handgefertigten klassischen Gitarren und Flamenco-

gitarren. ⏰ Nur nach Voranmeldung.
Drummer's World, 151 W 46th St, ☎ 840-3057. Schlagzeuger fühlen sich hier im siebten Himmel; ethnische Instrumente sowie alles rund ums Schlagzeug.

Noten: **Carl Fischer**, 56–62 Cooper Square, 7th St und 4th Ave, ☎ 777-0900. Sehr große Auswahl an Notenblättern für alle Arten von Instrumenten sowie Gesangsarrangements.
Colony Record & Radio Center, 1619 Broadway, 49th St, ☎ 265-2050. Notenblätter und seltene Schallplatten.

Apotheken und Drugstores

In New York gibt es an jeder Ecke eine Apotheke oder einen Drugstore. Notfalls kann man einen Blick in die *Yellow Pages* werfen, wo unter der Rubrik „Pharmacies" die Läden aufgelistet sind, die Medikamente und Toilettenartikel verkaufen. Apotheken haben in der Regel ⏰ Mo–Fr von 9–18 Uhr geöffnet, in belebteren Vierteln manchmal auch sonntags. Auch Delis haben ein paar Artikel des täglichen Bedarfs im Angebot und verlangen dafür etwas mehr, sind aber praktisch für abendliche Noteinkäufe. Einige der besseren oder spezialisierten Apotheken und Drugstores sind nachstehend aufgeführt, daneben einige mit längeren oder durchgehenden Öffnungszeiten.

LADENKETTEN – **Duane Reade** ist die größte Drugstore-Kette, die preiswerte Medikamente, Toilettenartikel, Zigaretten und in geringem Umfang Schreibwaren verkauft. Filialen gibt es in ganz Manhattan, vor allem in Midtown. Duane Reade hat viele der kleineren Apotheken geschluckt und verfügt inzwischen über mehr als 60 Geschäfte, die fast alle 24 Stunden täglich geöffnet sind. Wer eine Apotheke sucht, wird sich zumeist hier wiederfinden.
Die **Love Stores**, deren Erkennungszeichen ein großes Herz ist, sind eine typische New Yorker Kette. Sie sind zwar kleiner, aber etwas anspruchsvoller sortiert als Duane Reade, der ihre Existenz massiv bedroht. Aber noch immer existiert eine ganze Reihe von Läden, die u.a. so sinnträchtige Namen wie **Love In The 80's**, 2336 Broadway, zwischen 84th und 85th St, ☎ 799-0900, **First Love**, 1308 1st Ave und 14th St, ☎ 737-9512 sowie **True Love**, 2600 Broadway, 98th St, ☎ 662-9600 tragen. Weitere Adressen im Telefonbuch, die meisten Filialen konzentrieren sich in der Upper West Side. Weitere Drugstore-Ketten sind **CVS**, **Genovese**, **McKay**, **Rite-Aid** und **Value Drugs**. Adressen stehen im Telefonbuch.

SPEZIALISTEN UND UNABHÄNGIGE –
Alexander Pharmacy, 1751 2nd Ave, 91st St, ☎ 410-0060. Tgl. geöffnet.
Bigelow Pharmacy, 414 6th Ave, zwischen 8th und 9th St, ☎ 473-7324. Wurde 1882 gegründet und ist damit eine der ältesten Apotheken des Landes, präsentiert sich noch immer in der viktorianischen Original-Ladeneinrichtung. Spezialisiert auf homöopathische Heilmittel.
Caswell-Massey Ltd, 518 Lexington Ave, 48th St, ☎ 755-2254. Die älteste Apotheke Amerikas; die landesweite Kette verkauft eine Rasiercreme, die eigens für George Washington hergestellt wurde, und ein Eau de Cologne, das für seine Frau gemischt wurde, sowie einige gewöhnlichere Artikel.
Edward's Drug Store, 225 E 57th St, zwischen 2nd und 3rd Ave, ☎ 753-2830. So geschlossen.
Ewa, 80 Mulberry St, ☎ 964-2017. Chinesische Naturheilmittel: Schlangenhaut, Haifischzähne und Ähnliches.
Freeda Vitamins and Pharmacy, 36 E 41st St, zwischen 5th und Madison Ave, ☎ 685-4980.
Kaufmans, 557 Lexington Ave, 50th St, ☎ 755-2266. Bis 24 Uhr geöffnet. Lieferservice zum Preis einer Hin- und Rückfahrt per Taxi.
Kiehl's, 109 3rd Ave, zwischen 13th und 14th St, ☎ 677-3171. Exklusive Apotheke, die mit Familien-Erinnerungsstücken aus Luftfahrt und Motorradsport dekoriert ist und ihre eigenen Produkte verkauft: klassische Cremes, Öle, etc. auf Basis natürlicher Inhhaltsstoffe. Wer hierfür kein Geld übrig hat, sollte nach kostenlosen Proben Ausschau halten.
L'Occitane, 1046 Madison Ave, ☎ 639-9185; 198 Columbus Ave, ☎ 362-5146; 146 Spring St, ☎ 343-0109. Parfums aus der Provence zu

günstigeren Preisen als in Frankreich. Bade- und Schönheitsprodukte.
Star Pharmacy, 1540 1st Ave, 80th St, ✆ 737-4324.
Westerly Pharmacy, 911 8th Ave, 55th St, ✆ 247-1096.
Windsor Pharmacy, 1419 6th Ave, 58th St, ✆ 247-1538. Tgl. bis 24 Uhr geöffnet.

Antiquitäten

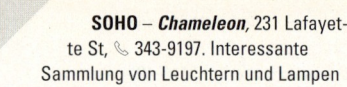

Man muss schon leicht verschroben – oder sehr reich – sein, um zum Antiquitätenkauf nach New York zu kommen: Die Preise sind für europäische (und auch für amerikanische) Maßstäbe unglaublich hoch. New York ist andererseits der wichtigste Antiquitätenmarkt des Landes und zum Herumstöbern hervorragend geeignet. Es werden sowohl Stücke von Museumsqualität als auch viele interessante, erschwinglichere Gegenstände am anderen Ende der Skala verkauft. Antiquitätenläden konzentrieren sich im East und West Village, in SoHo, Chelsea, am südlichen Broadway und in der Upper East Side. Seit neuestem ist die Lafayette St in SoHo bis unmittelbar nördlich der Houston St eine gute Ecke, um amerikanisches Design des frühen 20. Jahrhunderts zu kaufen. Einige wenige Geschäfte und Stände in der E Houston St, zwischen Lafayette und Bowery, verkaufen ausgewählte Möbel aus den verschiedensten Epochen und sogar Steinmetzarbeiten.

VILLAGE UND UMGEBUNG – **American Folk Art Gallery**, 374 Bleecker, zwischen Hudson und Perry St, ✆ 366-6566. Möbel im amerikanischen Countrystil und Teppiche aus der Zeit von 1790 bis 1930.
Carl Victor, 55 E 13th St, ✆ 673-8740. Herrlicher Laden mit alten Lampen und Leuchtern, Marmorkaminen und mehr.
Kitschen, 380 Bleecker, zwischen Perry und Charles St, ✆ 727-0430. Alte Haushaltsgegenstände.
Susan Parrish, 390 Bleecker, zwischen Perry und W 11th St, ✆ 645-5020. Amerikana und indianische Kunst.

SOHO – **Chameleon**, 231 Lafayette St, ✆ 343-9197. Interessante Sammlung von Leuchtern und Lampen aus dem 19. und 20. Jahrhundert bis in die 60er. Viele stammen aus New Yorker Haushalten.
Cobweb, 116 W Houston St, zwischen Sullivan und Thompson St, ✆ 505-1558. Gekachelte Tische, Eisenbettgestelle und Schränke aus Südeuropa, Ägypten, Marokko, Indonesien und Argentinien.
Elan, 345 Lafayette St, zwischen Bleecker und 2nd St, ✆ 529-2724. Möbelstücke des 20. Jahrhunderts, auf Art Nouveau und Art Déco spezialisiert.
Historical Materialism, 125 Crosby St, ✆ 431-3424. Diverse dekorative Antiquitäten und Einzelobjekte von 1870-1930.
280 Modern, 280 Lafayette St, ✆ 941-5825. Indianische Kunst bis zum Beginn des 20. Jahrhunderts sowie amerikanisches Design aus den 20er bis 70er Jahren.
Urban Archeology, 285 Lafayette St, ✆ 431-6969. Große Auswahl an Möbeln und Einrichtungsgegenständen, hauptsächlich aus dem Amerika der Jahrhundertwende. Verleiht oft an Filmproduktionen; hier lässt sich herrlich stöbern.

CHELSEA – **Annex Antiques Fair and Flea Market**, 6th Ave, zwischen 25th und 26th St. Größter Antikmarkt der Stadt: etliche Hundert Anbieter mit Möbeln, Teppichen, Sammlerobjekten, Fotos, etc. Eintritt $1. ⏲ Sa und So. Dieses Viertel etabliert sich langsam als Einkaufsgegend für Antiquitäten. Einen Block nördlich, zwischen 26th und 27th St, befindet sich ein weiterer Antikmarkt, und sonntags sind auch in der 26th St und 24th St zwischen 6th Ave und Broadway Stände zu finden. Auf einem Parkplatz an der 7th Ave zwischen 25th und 26th Ave, findet der **Chelsea Flea Market** statt, auf dem zumeist Trödel verkauft wird und schöne Stücke selten sind.
Chelsea Antiques Building, 110 W 25th St, zwischen 6th und 7th Ave, ✆ 929-0909. Hochwertigeres Angebot, besser erhalten, dafür höhere Preisen als die obigen Märkte. 150 Händler auf 12 Etagen, die außergewöhnliche

Schätze und Sammelobjekte anbieten. ⏲ Mo–Fr 10–18, Sa und So 8.30–18 Uhr.

The Garage, 112 W 25th St, zwischen 6th und 7th Ave. Nur einen Block vom *Annex Antiques Fair* entfernt in einem Parkhaus. Über das Unter- und Erdgeschoss verteilen sich 150 Händler, herrliche alte Brillengestelle.

Metropolitan Arts and Antiques Pavilion, 110 W 19th St, zwischen 6th und 7th Ave, ✆ 463-0200. Mehrmals im Monat finden hier Auktionen und Antikmärkte mit speziellem Angebot statt, von Kleidung bis zu antikem Spielzeug.

The Showplace, 40 W 25th St, zwischen 6th Ave und Broadway, ✆ 633-6063. Hallenmarkt mit über 100 Händlern, die Antiquitäten und Sammelobjekte anbieten, sowie einer Espressobar; ⏲ Mo–Fr 9–18, Sa und So 8.30–17.30 Uhr.

UPPER EAST SIDE – Hier sind die beiden altehrwürdigen Auktionshäuser *Sotheby's* und *Christie's* ansässig. Auch wer keine ernsthaften Kaufabsichten hat, sollte hier einmal kurz hereinschauen – allerdings muss man damit rechnen, auf äußerst pampige und kurz angebundene Weise empfangen zu werden. Dies soll gelegentlich auch ernsthaften Mitbietern widerfahren ... normalerweise werden sie jedoch umgarnt und hoffiert.

American Hurrah, 766 Madison Ave, ✆ 535-1930. Überwiegend amerikanische Antiquitäten. Wunderbare Auswahl an Quilts, Teppichen und gestickten Tüchern.

Christie's, 20 Rockefeller Plaza, 49th St zwischen 5th und 6th Ave, ✆ 636-2000. Das erstklassigste britische Auktionshaus ist kürzlich umgezogen. Auch wer nicht mitbietet, ist willkommen. Hochsaison ist im Frühjahr und Herbst. Termine und Kataloge ($20–75) unter ✆ 800/395-6300. Platzreservierungen nur für die Abendtermine möglich. Weitere Filiale: *Christie's East*, 219 E 67th St, ✆ 606-0400, 🖥 www.christies.com.

56th Street Art & Antiques Center, 160 E 56th St, ✆ 755-4252. Antike Möbel, Gemälde, Kunstgegenstände etc. auf drei Etagen.

Manhattan Art and Antiques Center, 1050 2nd Ave, 55th St, ✆ 355-4400. Über 70 Händler auf 3 Etagen mit einem riesigen Angebot an kleinen Kostbarkeiten, von Quilts bis zu orientalischer Keramik.

Newel Art Galleries, 425 E 53rd St, östlich der 1st Ave, ✆ 758-1970. Eine wahre Augenweide: überwiegend größere, einzigartige Möbelstücke auf 6 Etagen, viele werden auch verliehen.

Sotheby's, York Ave, 72nd St, ✆ 606-7000. Das erste amerikanische Auktionshaus und Rivale von Christie's. Man kann dort das *Preview Magazine* mitnehmen, das den Terminplan für die nächsten 2–3 Monate enthält. Gewarnt sei vor schnippischen Mitarbeitern. Besichtigung der Objekte 3–4 Tage vor Versteigerung. Die Gegenstände der Arcade Auctions sind meist erschwinglicher. Kataloge kosten $15–40; 🖥 www.sothebys.com. ⏲ Mo–Fr 10–17, Sa 10–17 und So 13–17 Uhr, im Sommer geschlossen.

Elektronik und Kameras

Selbst bei ungünstigem Wechselkurs sind **elektronische Geräte** in Amerika meist immer noch deutlich billiger als in Europa. Die besten, allerdings auch riskantesten Angebote, findet man in der 6th und der 7th Ave auf Höhe der 50er Straßen nördlich des Times Square. Hier reihen sich mehrere Geschäfte aneinander, die Kameras, Stereoanlagen, Radios usw. verkaufen.

Nach **Kameras** kann man sich überall in Midtown von der 30th bis 60th St zwischen Park und 7th Ave umsehen. Die Preise variieren je nachdem, ob eine Garantie geboten wird – man sollte immer ausdrücklich nach dem Preis inkl. Garantie fragen. Vor einem Ladenbesuch sollte man genau wissen, welches Modell man sucht. Vorsicht vor Imitaten (die meist leicht zu erkennen sind) oder minderwertiger Ware, der das Etikett einer anderen Marke verpasst wurde.

Man sollte sich davor hüten, amerikanische **Fernseh-** oder **Videogeräte** zu kaufen – das europäische System ist ein anderes – und grundsätzlich nur Geräte kaufen, die auf 240 Volt Spannung umschaltbar sind.

Die meisten **Telefone** und **Anrufbeantworter** können auch in Europa benutzt werden, vor-

ausgesetzt, die Spannung ist einstellbar (ansonsten einen Trafo zwischenschalten).
Computer, **Peripherie** und **Software** sind ebenfalls ausgesprochen preiswert. Auch hier sollte man auf die einstellbare Spannung achten, welche aber bei den hochwertigen Geräten meistens gegeben ist. Peripheriegeräte (wie CD-ROM-Laufwerke, Laptops und Modems) sind mit einem Trafo versehen, der ohne Weiteres der jeweiligen Spannung angepasst werden kann. Ein größeres Hindernis stellt der Zoll dar, an dem ein größeres Gerät kaum vorbeizuschmuggeln ist. Kameras und Laptops lassen sich zwar einfacher verstecken, aber werden sie entdeckt, verrät die Seriennummer die Herkunft der Geräte. Über **Preise** informiert man sich am besten vor dem Einkauf in der Zeitung, z.B. in der Rubrik „Science" der Dienstagsausgabe der *NY Times* sowie in den Anzeigen der *Village Voice*. Eine weitere verlässliche Quelle ist das *Comsumer Reports Magazine,* das jeden Monat Auflistungen von verschiedenen Produkten enthält, die wiederum in der Jahresausgabe des Magazins zusammengefasst werden – erhältlich an Kiosken und in Büchereien. Möglichst mehrere Läden aufsuchen, da die Angebote extrem variieren können – hier ist Verhandlungsgeschick gefragt, und bei der Nachfrage nach dem „best offer" kann auf eine entrüstete Reaktion durchaus ein erheblicher Preisnachlass folgen. Außerdem wird man bei Barzahlung man sich noch einige Dollars sparen.
Echte **Schnäppchen** kann man eher in der Canal St machen, zwischen Essex und Ludlow St, zu erreichen mit der Linie F bis zur Haltestelle E Broadway. Dieser kleine Block umfasst drei Elektronikläden, in denen man die Preise vergleichen kann. Man sollte bar zahlen; Rückgabe der Waren ist nicht möglich, wohl aber Umtausch. Für eventuelle Reparaturen sollte man alle Unterlagen aufbewahren, da auch der Hersteller vermerkt ist. Von der geringen Ladenfläche sollte man sich nicht abschrecken lassen – die gewünschte Ware wird in Minutenschnelle vom Lager hergeschickt.
ABC Trading Corporation, 31 Canal St, ✆ 228-5080. So–Fr 10–18 Uhr.

Pro Electronics, 28 Canal St, ✆ 227-4088. Tgl. 10–19 Uhr. Multimedia-Systeme, Videorecorder und TVs.

EINZELHANDEL: ***B&H Photo and Video,*** 119 W 17th St, ✆ 807-7474. Ausführliche Beratung durch kompetente Mitarbeiter. Sa geschlossen.
Bang & Olufsen, 952 Madison Ave, 75th St, ✆ 879-6161. Ausgesprochen hochwertige Audio- und einige Videogeräte; elegantes, modernes dänisches Design.
CompUSA, 420 5th Ave, ✆ 764-6224. *Superstore* mit einem *Computer Camp* für Kids und Unterricht für Erwachsene. Das größte Angebot der Stadt.
DataVision, 445 5th Ave, ✆ 689-1111; 10 E 40th St, ✆ 685-6445. *Superstore* mit Computern und Videoausrüstung.
Grand Central Camera and Computer, 420 Lexington Ave, 44th St, ✆ 986-2270. Riesige Auswahl, das Personal spricht mehrere Sprachen.
Harvey Electronics, 2 W 45th St, 5th Ave, ✆ 575-5000. Spitzengeräte und sehr kompetente Mitarbeiter.
J&R Music and Computer World, 15–23 Park Row, zwischen Beekman und Anne St, ✆ 238-9000. Nahe der City Hall gute Auswahl an Stereogeräte und Computer zu günstigen Preisen.
Nobody Beats the Wiz, 726 Broadway, Waverly Place, ✆ 677-4111; sechs weitere Filialen. *The Wiz* ist eines der größten, wenn auch nicht unbedingt das preiswerteste Geschäft. Der Name gibt ihr Motto wieder: Wer den Beweis erbringt, dass ein Artikel woanders weniger kostet (Flyer mitbringen), erhält einen entsprechenden Preis. Angenehme Atmosphäre und gut für eine erste Orientierung.

Zollbestimmungen
Bei der Einfuhr von Kameras, Computern und Elektrogeräten (sowie zahlreichen anderen Waren) in EU-Länder müssen sowohl Einfuhrzoll als auch Mehrwertsteuer entrichtet werden.

Sonstige Läden

Die folgenden Geschäfte lassen sich in keine der vorangegangenen Kategorien einordnen.

Sie sind entweder schon um ihrer selbst willen einen Besuch wert oder verkaufen Waren, die in New York günstiger als anderswo sind.

ABC Carpet and Home, 888 Broadway, 19th St, ✆ 473-3000. 6 Etagen mit Antiquitäten und Landhausmöbeln, Kleinkram, Tischdecken und Teppichen. Die grandiose, museum-ähnliche Ladengestaltung gibt unweigerlich Anregungen für die eigene Wohnung.

Body Worship, 102 E 7th St, zwischen 1st Ave und Ave A, ✆ 614-0124. Fetisch-Kleidung und Erotika, wie man bereits durch den Türgriff in Form eines Phallus zu spüren bekommt. Lack und Latex. Sporadisch kann eine Schaufensterdekoration auch ohne weiteres als Kunstwerk durchgehen.

Condomania, 351 Bleecker St, W 10th St, ✆ 691-9442. Der Laden des AIDS-Zeitalters. Kondome in allen Formen, Größen, Farben und Geschmacksrichtungen. Einige sind nur Gags, die meisten sind aber benutzbar.

Enchanted Forest, 85 Mercer St, zwischen Spring und Broome St, ✆ 925-6677. Hier wird der Name gelebt: ein wahrhaft magischer Dschungel mit einer Holzbrücke und einer drolligen Sammlung von Spielzeugen, Büchern, Edelsteinen und Kunsthandwerk. Wie geschaffen für große (und kleine) Kinder.

Hammacher Schlemmer, 147 E 57th St, zwischen Lexington und 3rd Ave, ✆ 421-9000. Wahrscheinlich New Yorks ältester Laden mit Geschenk- und Scherzartikeln – gegründet 1848. Ausgefallene Dinge, nützlich oder skurril. Angeblich das erste Geschäft, das den automatischen Toaster verkaufte.

J&R Tobacco Corp, 11 E 45th St, zwischen 5th und Madison Ave, ✆ 983-4160. Bezeichnet sich selbst als das größte Zigarrengeschäft der Welt, mit einer riesigen und erschwinglichen Auswahl inkl. aller bekannten und einiger ausgefallenerer Marken.

Kate's Paperie, 561 Broadway, zwischen Prince und Spring St, ✆ 941-9816. Hier gibt es jede erdenkliche Papiersorte: über 2000 m² Papier aus 30 Ländern, darunter herrliche handgeschöpfte und exotische Arten. Wer das Gewünschte nicht findet, kann trotzdem fragen: Auf Wunsch werden auch Spezialanfertigungen ausgeführt. Kleinere Filiale: 8 W 13th St, zwischen 5th und 6th Ave.

Little Rickie, 49 1/2 1st Ave, 3rd St, ✆ 505-6467. Kitsch pur: Elvis-Kühlschrankmagneten, Krippenfiguren fürs Armaturenbrett etc.

Maxilla & Mandible, 451 Columbus Ave, zwischen 81st und 82nd St, ✆ 724-6173. Menschen- und Tierknochen für Sammler, Wissenschaftler und Neugierige. Lohnt einen Besuch auch ohne Kaufabsichten.

Merrimack Publishing Corp, 85 5th Ave, 16th St, ✆ 989-5162. Pseudo-viktorianisches Spielzeug, Deko-Artikel, Postkarten sowie Sinnloses aller Art.

Morgenthal-Frederics, 944 Madison Ave, 75th St, ✆ 744-9444. Hübsche Spezialanfertigungen von Brillen.

New York Yankees Clubhouse Shop, 393 5th Ave, zwischen 36th und 37th St, ✆ 685-4693. Das Logo der *Yankees* auf allen Kleidungsstücken. Weitere Filiale in der 110 E 59th St, zwischen Park und Lexington Ave, ✆ 758-7844.

Our Name is Mud, 1566 2nd Ave, zwischen 81st und 82nd St, ✆ 570-6868; 59 Greenwich Ave, ✆ 647-7899; 506 Amsterdam Ave, zwischen 64th und 65th St, ✆ 579-5575. Wunderschöne handgetöpferte Gefäße, auch unfertige zum Selbstbemalen.

Pink Pussycat Boutique, 167 W 4th St, zwischen 6th und 7th Ave, ✆ 243-0077. Alle Arten von Sexspielzeug – eine Art Village-Institution.

The Sharper Image, im Gebäude von Pier 17 am South Street Seaport, ✆ 693-0477; 900 Madison Ave, ✆ 794-4974; 4 W 57th St, zwischen 5th und 6th Ave, ✆ 265-2550. Teure Neuheiten für Yuppies: sprechende Wecker, Massagegeräte und ähnlich Brauchbares.

So What!, 153 Prince St, etwas westlich von W Broadway, ✆ 505-7615. Hier findet sich alles, das in irgendeiner Weise funkelt, glimmert und glänzt – und dazu meist weniger als $3 kostet. Boas, Stirnbänder, Glitzerpuder, Haarfärbemittel, falsche Tattoos sowie jede Menge Accessoires.

Village Chess Shop, 230 Thompson St, zwischen W 3rd und Bleecker St, ✆ 475-8130. Schachspiele für jeden Geldbeutel. Meist voll mit Leuten, die spielen. Bis 24 Uhr geöffnet.

Geschichte und Kultur

Geschichte

Für Europa verkörperte die Stadt Amerika, für Amerika war sie das Tor zur Welt. Die Geschichte New Yorks aufzuzeichnen hieße, eine Sozialgeschichte der Welt zu schreiben.

H.G. Wells

Frühgeschichte und Kolonialherrschaft

Als die europäischen Entdeckungsreisenden in der Gegend des heutigen New York landeten, war das Gebiet schon seit mindestens 11 500 Jahren von verschiedenen Indianerstämmen besiedelt, überwiegend von Algonquin. Jeder Stamm hatte sein eigenes Territorium, lebte in festen Dörfern mit Hütten aus Baumrinde und betrieb Ackerbau, Jagd und Fischfang. Heute leben Algonquin und Angehörige anderer Stämme in der **Shinnecock Reservation** auf Long Island. Überreste der indianischen Kultur kann man im *Turtle Center for the Native American Indian* im Norden des Staates New York besichtigen.

Das Ende der jahrtausendealten traditionellen indianischen Lebensweise kam mit der Ankunft der Europäer. Im Jahr 1524 erreichte **Giovanni da Verrazano**, ein Italiener im Dienst des französischen Königs Franz I., die amerikanische Küste – 32 Jahre nach Christoph Kolumbus. Mit seinem Schiff, der *Dauphane*, war Verrazano auf der Suche nach der sagenhaften Nordwest-Passage zum Pazifik und fand stattdessen Manhattan: „Wir fanden einen gefälligen Ort landeinwärts zwischen zwei kleinen Hügeln gelegen, aus dessen Mitte ein mächtiger Fluss ins Meer mündet. Bei Flut, die wir mit acht Fuss maßen, kann ein beladenes Schiff leicht vom Meer zu den Hügeln vordringen." Verrazano verließ jenes Land, das ihn aufgrund seiner Weite und Schönheit beeindruckte, „mit Bedauern". Er ging davon aus, dass es „nicht ohne Wert sei" und berichtete am Hof von fruchtbarem Land und freundlichen Eingeborenen. Es sollte jedoch noch ein Jahrhundert vergehen, bis die europäischen Machthaber sich für Verrazanos Entdeckung interessierten.

Im Jahr 1609 segelte der Engländer **Henry Hudson** im Auftrag der **Niederländischen Ostindien-Kompanie** mit seinem Schiff, der *Halve Maen*, nach Manhattan und fuhr weiter flussaufwärts bis Albany. Er entdeckte, dass der Fluss nicht zur Nordwest-Passage führte, die er ausfindig machen sollte, hatte aber immerhin dessen Verlauf aufgezeichnet und gab ihm seinen Namen. „Das Land hier bietet viele Vorzüge und einen schönen Anblick", notierte der Schiffsmaat.

In einer Reihe von Zusammenstößen vermittelte Hudson der indianischen Bevölkerung bald eine Vorstellung von den künftigen Begegnungen mit den Europäern. Nach einer Rüge von England wegen seiner Dienste für die Niederländer, brach er erneut auf, diesmal unter englischer Flagge. Bei niedrigen Temperaturen in der Hudson Bay angekommen, wurden er, sein Sohn und weitere Männer von der meuternden Mannschaft, die nicht mehr in Hudsons navigatorische Fähigkeiten vertraute, in einem Beiboot ins eisige Wasser ausgesetzt, wo sie vermutlich erfroren.

Die Befürchtung der Engländer, die Holländer hätten in dem neu entdeckten Land die Oberhand gewonnen, stellte sich als berechtigt heraus, da diese als führende europäische Handelsmacht im Vorteil waren. Während der nächsten Jahre errichteten die Holländer am nördlichsten Punkt, bis zu dem Hudson vorgedrungen war, **Fort Nassau**. Im Jahr 1624, vier Jahre nachdem die Pilgerväter in Massachusetts an Land gegangen waren, verließen dreißig niederländische Familien ihre Heimat und ließen sich als erste Europäer in der Gegend von New York nieder. Die meisten segelten weiter bis Fort Nassau, doch acht Familien blieben auf einer kleinen Insel, die sie wegen der zahlreichen Walnussbäume Nooten Eylandt (später Nutten Island) nannten – die heutige Governor's Island. Mit der Ankunft weiterer Siedler wuchs die Gemeinde. Als die kleine Insel zu eng wurde, beschloss man, auf die weite Fläche jenseits der Flussmündung umzuziehen. So nahm die Besiedlung **Manhattans** – eine Ableitung aus dem indianischen Algonkin Wort *Manna-Hata* („Insel der Hügel") – ihren Anfang.

Die Holländer gaben ihrem neuen Außenposten den Namen **Nieuw Amsterdam**. 1626 wurde **Peter Minuit** zum ersten Gouverneur der kleinen Gemeinde mit kaum mehr als 300 Einwohnern ernannt. Eine seiner ersten Amtshandlungen war ein geschicktes Tauschgeschäft, bei dem er den Indianern die Insel Manhattan für Schmuck im Wert von 60 Gulden – was dem heutigen Wert von $25 entspricht – abkaufte. Die andere Seite stellte sich jedoch nicht minder geschickt an, denn die Indianer, mit denen Minuit verhandelte, waren gar nicht im Besitz Manhattans und kamen nicht einmal aus der Gegend.

Der berühmteste unter Minuits Nachfolgern war **Peter Stuyvesant**, ein erfahrener Kolonist von den Niederländisch-Westindischen Inseln, der im Kampf mit den Portugiesen ein Bein verloren hatte. Unter seiner Führung verdoppelten sich die Fläche und die Einwohnerzahl Nieuw Amsterdams, das im Norden durch einen hölzernen Wall (dessen Verlauf heute die **Wall Street** folgt) gegen englische Siedler geschützt war und zu dessen Verteidigung ein Fort an der Stelle des heutigen Customs House diente. Ganz in der Nähe errichtete Stuyvesant für sich selbst eine kleine Farm (niederl. *bowerie),* die der heutigen **Bowery** ihren Namen gab.

Unterdessen bauten die **Engländer** beinahe unbemerkt ihre Präsenz im Norden weiter aus. Anfangs noch mit dem Bürgerkrieg im Mutterland beschäftigt, erhielten sie dennoch ihren Anspruch auf die gesamte Ostküste Amerikas, von New England bis Virginia, aufrecht. 1664 erhielt Colonel Richard Nicholls den Auftrag, das Land um den Hudson, das König Charles II. seinem Bruder, dem Herzog von York, übertragen hatte, für die englische Krone einzufordern. Um seiner Forderung Nachdruck zu verleihen, entsandte Charles vier Kriegsschiffe und ließ auf Nooten Eylandt und Long Island Truppen an Land gehen. Die niederländischen Siedler hatten zu jenem Zeitpunkt genug von Stuyvesants zunehmend diktatorischer Herrschaft, vor allem von den hohen Steuern, die sie an die eigentliche Landbesitzerin, die Westindien-Kompanie zu entrichten hatten, und weigerten sich daher, das Land gegen die Engländer zu verteidigen. So konnten Colonel Nicholls' Männer Nieuw Amsterdam kampflos einnehmen. Zu Ehren des Herzogs benannten sie es in **New York** um. Damit begannen über hundert Jahre britischer Herrschaft, die nur 1673 von einem Sieg der Holländer kurz unterbrochen wurde.

Dennoch blieben diese hundert Jahre nicht ohne Zwischenfälle. Als König James II. 1689 gezwungen war, abzudanken und aus England zu fliehen, zettelte ein deutscher Händler namens Jacob Leisler einen Aufstand gegen die englische Herrschaft an. Allerdings stieß er auf wenig Unterstützung und wurde wegen Verrats gehängt.

Schwarze Sklaven machten inzwischen einen Großteil der New Yorker Bevölkerung aus. Waffenbesitz und Versammlungsfreiheit war ihnen verwehrt. In ihrem Elend steckten Sklaven 1712 ein Gebäude nahe der Maiden Lane in Brand und töteten neun Menschen, die das Feuer zu löschen versuchten. Beim Eintreffen der Soldaten begingen sechs der Brandstifter Selbstmord; 22 weitere wurden gefangen genommen und hingerichtet.

In anderen Bereichen wurden zaghaft die ersten Grundrechte formuliert: 1734 wurde **John Peter Zenger**, Herausgeber des *New York Weekly Journal,* der Verleumdung der englischen Regierung angeklagt und freigesprochen – ein Meilenstein in der Geschichte der Pressefreiheit, die später in der Verfassung verankert werden sollte.

Unabhängigkeitskrieg

Im Jahr 1750 zählte New York 16 000 Einwohner und hatte sich im Norden bis zur Chambers Street ausgebreitet. Mit steigendem Selbstbewusstsein keimte in der neuen Gemeinde der Gedanke der Unabhängigkeit von der englischen Regierung auf. Doch 1763 gewann England mit dem **Frieden von Paris**, der den Siebenjährigen Krieg mit Frankreich beendete, dessen nordamerikanischen Kolonialbesitz und konnte damit seine Herrschaft weiter festigen. Die britische Regierung nutzte ihre Überlegenheit, um innerhalb eines Jahres mit dem Erlass der **Sugar**, **Stamp** und **Colonial Currency Acts** ohne Mitsprache der Kolonisten die

Steuerlast zu erhöhen – der Erlös floss in die vor Ort stationierte Armee. Doch nicht nur das schürte die Unzufriedenheit, für Aufruhr sorgte auch der **Quartering Act**, der es den englischen Truppen erlaubte, Privathäuser für die Einquartierung von Soldaten zu requirieren und gleichzeitig Miete von der Kolonie zu fordern. Der Unmut wuchs. Die Auseinandersetzungen zwischen Soldaten und den aufständischen **Sons of Liberty** gipfelten im Januar 1770 in der Tötung eines Kolonisten und der Verwundung weiterer. Einige Wochen später erschossen englische Truppen im **Boston Massacre** fünf Demonstranten und setzten damit endgültig den Keim für den kommenden Aufstand.

New York spielte im Unabhängigkeitskrieg keine zentrale Rolle, denn die Schlachten in und um die Stadt wurden allesamt von der britischen Seite gewonnen. Es handelte sich aber um die ersten militärischen Auseinandersetzungen zwischen England und Amerika, die auf die **Unabhängigkeitserklärung** folgten. Diese wurde an der Stelle des heutigen **City Hall Park** der jubelnden Menge verkündet, die daraufhin zum heutigen Bowling Green strömte, um die Statue Georges III. niederzureißen. Die Engländer, die im Winter zuvor aus Boston vertrieben worden waren, wollten von New York aus die Kontrolle über die rebellischen Kolonisten wiedererlangen. Im Juni und Juli 1776 liefen daher mehrere hundert Schiffe unter dem Kommando von **Lord Howe** im Hafen von New York ein. Während die Truppen auf Staten Island lagerten, organisierte General **George Washington** als Oberbefehlshaber den Widerstand der kolonialen Streitkräfte. Noch glaubte er, die Hafenmündung sei ausreichend geschützt, um ein Vordringen der englischen Schiffe zu verhindern, doch Howe entschied sich für einen Landangriff auf das umstellte New York. Am 22. August 1776 gingen 15 000 Soldaten im Südwesten Brooklyns an Land. Es waren überwiegend *Hessians* – deutsche Söldner im Dienste der Engländer, die ihren Namen von den Kolonisten wegen des großen Anteils an hessischen Soldaten erhielten. In der **Schlacht von Long Island** durchbrachen Howes Truppen die amerikanischen Linien an mehreren Stellen, wobei das wichtigste Gefecht im heutigen Prospect Park stattfand.

Die Amerikaner wurden zurückgedrängt, und als die Briten zum Angriff rüsteten, wurde Washington klar, dass seine Garnison kaum Widerstand leisten konnte. In der nebligen Regennacht des 29. August 1776 erfolgte der Abzug nach Manhattan über die Fähranlegestelle in der Nähe der heutigen Brooklyn Bridge. Wenige Tage später setzte Howes Armee von Green Point und Newton Creek in Brooklyn aus über und ging an jener Stelle an Land, die heute der Hubschrauberlandeplatz (an der 34th Street) liegt. Die Verteidiger der Stadt zogen nach Norden ab, um in Harlem Heights Stellung zu beziehen, wurden aber erneut zurückgedrängt und schließlich in der **Schlacht auf den White Plains** in Westchester County (nördlich der Bronx), in der 1400 von 4000 Kolonisten fielen, geschlagen. Noch dramatischer waren die Verluste im Kampf um **Fort Washington**, das auf einem Felshang hoch über dem Hudson stand, nahe der heutigen George Washington Bridge. Statt den Rückzug anzutreten, entschied sich der Kommandant des Forts für dessen Verteidigung – ein folgenschwerer Fehler, denn der Weg nach Westen war durch den Hudson abgeschnitten: 3000 Männer wurden getötet oder gefangen genommen. Washington musste die Stellung aufgeben, und die Engländer besetzten die Stadt. New York blieb für sieben Jahre Garnisonsstadt. Während dieser Zeit starben viele Einwohner und die meisten Gefangenen den Hungertod.

Die **Kapitulation** der Engländer unter Lord Cornwallis bei Yorktown im Oktober 1781 markierte schließlich das Ende der Kampfhandlungen. Bis zum offiziellen Ende des Unabhängigkeitskrieges und dem endgültigen Rückzug der Briten aus New York sollten aber noch zwei Jahre vergehen. Washington, der die schlecht ausgebildete und militärisch unterlegene Kolonialmiliz durch schiere Willensstärke zum Sieg geführt hatte, feierte den Abzug mit seinen Offizieren in der **Fraunces Tavern**, die noch immer am Ende der Pearl Street steht. Gleichzeitig bedeutete der Sieg den traurigen Abschied von Männern, die in den schlimmsten

Kriegsjahren Seite an Seite gekämpft hatten. „Ich trete nicht nur von allen öffentlichen Ämtern zurück", erklärte Washington, „sondern trete auch den inneren Rückzug an."

Die Geschichte wollte es jedoch anders. New York wurde 1785 für wenige Jahre zur **Hauptstadt** der jungen Nation, und nachdem unter Benjamin Franklin die neue Verfassung in Kraft getreten war, schien es für die Position des Präsidenten der Vereinigten Staaten nur einen möglichen Kandidaten zu geben: Am 30. April 1789 legte Washington an der Stelle des heutigen **Federal Hall National Memorial** in der Wall Street den Amtseid ab. Die Bundesregierung wurde allerdings ein Jahr später nach Columbia verlegt.

Einwanderung und Bürgerkrieg

Die erste offizielle Volkszählung in Manhattan brachte 1790 ein Ergebnis von 33 000 Einwohnern. Wirtschaft und Handel florierten – das regelmäßige Händlertreffen unter einer Platane an der Wall Street war der Vorläufer der New Yorker Börse. Wenige Jahre später, im Jahr 1807, wurde das Dampfschiff *Clermont* vom Stapel gelassen, das unter **Robert Fulton** den Hudson flussaufwärts nach Albany fuhr und den Handel mit entlegeneren Gebieten im Hinterland des Bundesstaates begründete. Ein Jahr vor seinem Tod 1814 rief Fulton einen Fährbetrieb zwischen Manhattan und Brooklyn ins Leben, um dessen Anlegestelle sich ein Handels- und später Schifffahrtszentrum entwickelte, das nach seinem Begründer Fulton Ferry District genannt wurde.

Doch erst die Fertigstellung des **Erie-Kanals** 1825 schaffte die nötigen Voraussetzungen für die Entwicklung des New Yorker Hafens. Die Great Lakes waren plötzlich erreichbar und mit ihnen das gesamte Hinterland. In New York gefertigte Waren konnten über diesen Handelsweg ohne große Mühe und Kosten ins Landesinnere geschafft werden. Dieses zunehmend ausgebaute Verkehrsnetz begründete – zusammen mit dem Zustrom von billigen Arbeitskräften im 19. und zu Beginn des 20. Jahrhunderts – den Wohlstand New Yorks und in gewisser Weise den des ganzen Landes.

Die Stadt entwickelte sich in atemberaubendem Tempo. Trotz eines Großbrandes im Jahr 1835, der das Geschäftsviertel in Downtown beinahe völlig zerstörte, florierte die Wirtschaft und wurde 1835 mit der **Weltausstellung** im Crystal Palace im Bryant Park gebührend gefeiert. (Das Glas- und Stahlgebäude brannte 1858 völlig nieder.)

Die ersten **Einwandererwellen** bestanden überwiegend aus **Iren**, die 1846 vor der *Potato Famine* flohen, einer verheerenden Hungerkatastrophe infolge von Kartoffelfäule, sowie **Deutschen**: Liberalen, Arbeitern, Intellektuellen und Geschäftsleuten, die nach der gescheiterten Revolution von 1848 enteignet worden waren. Die Stadt war angesichts der großen Zahl der Neuankömmlinge schlicht überfordert und hatte mit Gelbfieber- und Choleraepidemien zu kämpfen, wobei mangelhafte Wasserversorgung, unhygienische Verhältnisse sowie die Armut der meisten Einwanderer die Situation verschärften. In den 80er Jahren des 19. Jahrhunderts begann der Einwanderungsstrom der **Italiener**, hauptsächlich Arbeiter und Bauern aus Süditalien und Sizilien, während zur gleichen Zeit die ersten Flüchtlinge aus **Osteuropa** kamen, darunter viele Juden. Beide Gruppen ließen sich in der **Lower East Side** nieder, die bald zu einem der traurigsten Elendsviertel jener Zeit wurde. Am Vorabend des Bürgerkriegs setzte sich die Mehrheit der 750 000 Einwohner New Yorks aus Immigranten zusammen, ein Viertel davon Iren.

1858 begann man, die Slums im Zentrum der Insel niederzureißen, um Platz für eine geplante Parklandschaft zu schaffen, den **Central Park** – ein Meisterwerk der Gartenarchitekten Frederick Law Olmsted und Calvert Vaux.

Zwei Jahre später führten zunehmende Spannungen zwischen den Nord- und Südstaaten, die sich vor allem an der Sklavenfrage entzündeten, zur Sezession und schließlich zum **Bürgerkrieg**.

New York stand auf der Seite der Union gegen die konföderierten Südstaaten, war aber kein Schauplatz von Gefechten, sondern vielmehr Nährboden für radikales Gedankengut, wie es vor allem **Abraham Lincoln** 1860 in seiner einflussreichen *Right makes Might*-Rede vom Cooper Union Building formuliert hatte.

1863 wurde ein Wehrpflichtgesetz erlassen, das es den Reichen ermöglichte, sich vom Militärdienst freizukaufen. Wie zu erwarten schürte dieses Gesetz Unmut in der Bevölkerung; in New York kam es zu einem Aufstand mit Brandstiftung und Plünderungen, den **Draft Riots**, in deren Verlauf über tausend Menschen getötet wurden.

Eine traurige Nachwirkung des Krieges war die Ermordung Lincolns 1865. Seinem in der New Yorker City Hall aufgebahrten Leichnam erwiesen 120 000 Bürger die letzte Ehre.

Spätes 19. Jahrhundert

Während nach dem Ende des Bürgerkriegs weite Teile des Landes verwüstet waren, war New York verschont geblieben und befand sich auf dem besten Wege, die wohlhabendste und mächtigste Stadt der Vereinigten Staaten zu werden. Der Broadway entwickelte sich zur Hauptschlagader mit Grandhotels, Restaurants und Geschäften. Die Zeitungsverleger **William Cullen Bryant** und **Horace Greeley** gründeten die *Evening Post* bzw. die *Tribune*. Die Stadt zog Schriftsteller und Intellektuelle an, unter ihnen **Washington Irving** und **James Fenimore Cooper**.

Dank der zahlreich eingewanderten qualifizierten Arbeiter, der Absatzmöglichkeiten und des nötigen Kapitals zum Bau von Fabriken war New York zum größten Wirtschafts-, Handels- und Produktionszentrum des Landes geworden. **Cornelius Vanderbilt** kontrollierte ein gewaltiges Schiffs- und Eisenbahnimperium, und der Bankier **J. P. Morgan** war finanziell maßgeblich an mehreren Unternehmensfusionen beteiligt, die den Trend zum Großkonzern einleiteten. Der Inbegriff des *political machine*, der politischen Verflechtungen hinter den Kulissen, war **William Marcy „Boss" Tweed**. Er stammte aus bescheidenen Verhältnissen, hatte es in der Tammany Society der Demokratischen Partei bereits im Alter von 21 Jahren bis zum Stadtrat gebracht und stieg bis in den Parteivorsitz auf. Mit der Unterstützung gleichgesinnter Stadträte – dem Tweed Ring – und eines korrupten Bürgermeisters gewann „Boss" Tweed die vollständige Kontrolle über die Kommunalverwaltung und Finanzen. Wer seine betrügerischen Pläne zu durchkreuzen drohte, wurde mit Geldsummen zum Schweigen gebracht. Diese Unkosten wurden mehr als ausgeglichen durch die Bestechungsgelder, die Tweed in seinem städtischen Amt als Kommissar für öffentliche Arbeiten von Firmen kassierte, die auf städtische Aufträge erpicht waren. Auf diese Weise fanden 160 Millionen Dollar den Weg in die Taschen Tweeds und seiner Freunde. Tweed konnte sich im Amt halten, weil Immigranten, denen er zu einer unbürokratischen Einbürgerung verhalf, immer wieder in seinem Sinne wählten. Auch dass er für großzügige Zuwendungen an die Armen sorgte, die von seinen Betrügereien wussten, ihn aber für einen modernen Robin Hood hielten, wurde ihm mit Wählerstimmen gedankt. Ein zeitgenössischer Beobachter bemerkte dazu: „Der Machterhalt der Reichen durch die Manipulation der Armen ist ein völlig neues Phänomen."

Tweeds Machenschaften wurden zunehmend kühner, bis er durch einen entschlossenen Feldzug von **George Jones**, Chefredakteur der *New York Times*, und **Thomas Nast**, dessen entlarvende Karikaturen von Tweed und seiner Gefolgschaft in der *Harper's Weekly* erschienen, zu Fall gebracht wurde. Die Menschen, die Tweed an der Macht gehalten hatten, konnten zwar vielfach nicht lesen oder schreiben, aber eine Karikatur verstehen – und damit war Tweeds Zeit vorbei. Ein Untersuchungsausschuss zur Aufdeckung von Korruption im Rathaus wurde einberufen und Tweed vor Gericht gestellt. Nach seiner kurzzeitigen Flucht nach Spanien wurde er in die USA zurückgebracht. Er starb im Gefängnis in der Ludlow Street – ironischerweise eines der Gebäude, zu deren Bau er die Aufträge vergeben hatte.

Die letzten Jahre des 19. Jahrhunderts wurden in vielerlei Hinsicht zum goldenen Zeitalter der Stadt: Hochbahnen entstanden (die *els – elevated trains*), die schnellen und billigen Transport boten; 1881 erhellte **Thomas Alva Edison** die Straßen New Yorks mit seiner neuen elektrischen Glühfadenlampe, gespeist von dem ersten elektrischen Kraftwerk der Welt in der Pearl Street, und 1883 wurde unter großem Aufsehen die **Brooklyn Bridge** eröffnet. Brooklyn selbst wurde 1898 zusammen mit Staten Island, Queens und einem Teil von Westchester, der heutigen Bronx, eingemeindet.

Mit dem wirtschaftlichen Wachstum blühte auch das kulturelle Leben der Stadt: **Walt Whitman** pries New York in seinen Gedichten, und **Henry James** wurde mit Romanen wie *Washington Square* zum Chronisten des gesellschaftlichen Lebens der Stadt. Die Prachtbauten entlang der Fifth Avenue wurden von **Richard Morris Hunt** für Amerikas neue Millionäre errichtet, die ganz versessen auf europäische Kunstwerke aller Art waren – diese Sammlungen sollten später den Grundstock für viele der großen Museen bilden. Für die „oberen Vierhundert", denen die Stadt praktisch gehörte, war das Leben in New York in den „fröhlichen Neunzigern" eine einzige Folge von rauschenden Bällen und Banketten, die in ihrer Opulenz geradezu dekadente Formen annahm. Zu einem Bankett erschienen die Millionärsgäste beispielsweise zu Pferde und speisten im Sattel sitzend, um anschließend auch ihre Pferde mit Delikatessen füttern zu lassen.

Derweil riss der Einwanderungsstrom, der überwiegend mittellose Europäer ins Land brachte, nicht ab. Die neuen Immigranten, die ab 1884 aus dem Fernen Osten kamen, begründeten die heutige **Chinatown**, und das folgende Jahr brachte eine Massenzuwanderung aus Süditalien. Während die Vanderbilts, Astors und Rockefellers in den herrschaftlichen Anwesen in Uptown residierten, herrschten in den überfüllten Unterkünften der Proletarier miserable Wohnverhältnisse. Die Arbeitsbedingungen waren kaum besser. Sie wurden von dem engagierten Journalisten und Fotografen **Jacob Riis** dokumentiert, der in seinem Buch *How the Other Half Lives* die langen Arbeitszeiten, die Ausbeutung und Kinderarbeit beschrieb, die den beständig wachsenden Wohlstand der Reichen garantierten. Riis gilt damit als Begründer der sozialkritischen Fotografie (s.S. 471).

Der Beginn des 20. Jahrhunderts

1898 war New York mit über drei Millionen Einwohnern die größte Stadt der Welt. Zwölf Jahre nach Fertigstellung von Frédéric Auguste Bartholdis **Freiheitsstatue**, die mit ihrer Fackel den Neuankömmlingen den Weg wies, erwuchs nun die Notwendigkeit, die Einwanderung zu begrenzen. Doch die Massen strömten weiter: Der Vorposten der Einwanderungsbehörde auf **Ellis Island** hatte täglich 2000 Menschen abzufertigen. (Erst als die Einwohnerzahl bis 1929 auf zehn Millionen gestiegen war, wurden Gesetze erlassen, die den gewaltigen Zustrom eindämmen sollten.) Um die Jahrhundertwende machten die überwiegend in Elendsvierteln lebenden Immigranten etwa die Hälfte der Stadtbevölkerung aus – wovon sich wiederum die Hälfte aus Deutschen und Iren zusammensetzte. Das Viertel zwischen East River, East 14th Street und Third Avenue, der Bowery und Catherine Street besaß vermutlich die höchste Bevölkerungsdichte der Welt und beherbergte ein Proletariat, dessen erbärmliche Wohnverhältnisse und hohe Mieten in anderen Großstädten der Welt ihresgleichen suchten.

Zur selben Zeit, im Jahr 1900, gründete J.P. Morgan mit der United States Steel Company die erste Gesellschaft mit über einer Milliarde Dollar Kapital. Anfang des 20. Jahrhunderts finanzierte dieser neue Reichtum bahnbrechende architektonische Projekte. In SoHo hatte man bereits **Gusseisen** als Baumaterial entdeckt und damit historisierende Fassadenteile in Massenproduktion gefertigt. Mit dem 1902 errichteten **Flatiron Building** wurde eine Bauweise begründet, die zu New Yorks Markenzeichen werden sollte: der Wolkenkratzer. **Stephen Crane**, **Theodore Dreiser** und **Edith Wharton** machten New York zum Gegenstand ihrer Literatur, **George M. Cohan** brillierte als junges Multitalent am Broadway, und 1913 sorgte die **Armory Exhibition** mit Künstlern wie Picasso und Duchamp für eine Sensation. Im selben Jahr wurde der **Grand Central Terminal** eröffnet und feierte New Yorks Rolle als das Tor zum Kontinent. Die Wolkenkratzer wuchsen immer höher in den Himmel; ebenfalls 1913 wurde ein Gebäude eröffnet, das oft als Nonplusultra der Hochhausarchitektur gesehen wird: das **Woolworth Building**.

Die ersten beiden Jahrzehnte des Jahrhunderts brachten eine weitere Einwanderungswelle. Während dieser Zeit emigrierte ein Drittel aller osteuropäischen **Juden** über New York in die USA und über 1,5 Millionen blieben in der Stadt, hauptsächlich in der Lower East Side. Trotz der Fortschritte im öffentlichen Wohnungsbau, die Jacob Riis' Reportagen zu verdanken waren, war das Viertel mit 640 000 Einwohnern pro Quadratmeile hoffnungslos überbevölkert. Das Elend nahm immer größere Ausmaße an. Viele Menschen mussten in den ausbeuterischen Textilfabriken der Hester Street arbeiten, wo man von den Arbeiterinnen eine Gebühr für Nähnadeln und die Benutzung der Spinde verlangte und ihnen hohe Strafgelder für unbrauchbare Stücke auferlegte. Die Arbeiter begannen für höhere Löhne und bessere Arbeitsbedingungen zu streiken. Die Streiks 1910–11 brachten jedoch nur mäßige Erfolge, und um das öffentliche Bewusstsein zu schärfen, musste erst ein Unglück passieren: Am 25. März 1911 brach in der **Triangle Shirtwaist Factory** unmittelbar vor Feierabend ein Feuer aus. Von den Arbeitern, die im 10. Stockwerk gefangen waren, kamen 146 ums Leben (darunter 125 Frauen) – die meisten, weil sie in Todesangst aus dem brennenden Gebäude sprangen. Innerhalb weniger Monate wurden 56 Reformvorschriften für die Fabriken im Staat New York erlassen, und die Gewerkschaftsbewegung fasste in der ganzen Stadt Fuß.

Prohibition und Depression

Mit dem Eintritt der Vereinigten Staaten in den Ersten Weltkrieg im Jahr 1917 konnte New York vom Kriegsgeschäft profitieren. In der Stadt selbst kam es erstaunlicherweise kaum zu Konflikten zwischen den europäischen Bevölkerungsgruppen, die auf engem Raum nebeneinander lebten. Obwohl ein Fünftel der Einwohner Deutsche waren, wurden sie wesentlich seltener als in anderen Landesteilen Opfer von Angriffen auf ihr Leben oder Eigentum.

In den Nachkriegsjahren wurde das Leben in New York von einem Gesetz und einer Figur geprägt: 1920 begann die Zeit der **Prohibition**, die das Land im wahrsten Sinne des Wortes ernüchtern sollte, und 1925 wurde **Jimmy Walker**, der einen wenig abstinenten Lebensstil pflegte, zum Bürgermeister gewählt. „Kein kultivierter Mensch", soll er gesagt haben, „geht am selben Tag zu Bett, an dem er aufwacht." Während der Amtszeit dieser schillernden Figur brachen die wilden Zwanziger an. In den so genannten *speakeasies* floss in der ganzen Stadt der illegale Alkohol.

So unterschiedliche Schriftsteller wie **Damon Runyon**, **F. Scott Fitzgerald** und **Ernest Hemingway** porträtierten diese aufregende Zeit. Mit ihren neuartigen Jazzharmonien füllten Musiker wie **George Gershwin** und **Benny Goodman** die Nachtclubs und die **Harlem Renaissance** wurde durch Autoren wie **Langston Hughes** und **Zora Neale Hurston** bzw. der Musik von **Duke Ellington**, **Billie Holiday** und dem **Apollo Theater** schlagartig berühmt.

Mit dem **Schwarzen Freitag** 1929, dem Börsenkrach an der Wall Street (s.S. 60) fand die Party jedoch ein abruptes Ende. Mit dem Einsetzen der wirtschaftlichen Depression kam ein ganzer Sumpf von Korruption und Machtmissbrauch ans Licht, und Bürgermeister Walker musste seinen Hut nehmen.

1932 waren schätzungsweise ein Viertel aller New Yorker ohne Arbeit, und im Central Park hausten Arbeits- und Obdachlose in Slums, die nach dem damaligen Präsidenten, den man weitgehend für die Krise verantwortlich machte, zynisch „Hoovervilles" genannt wurden. Zur selben Zeit entstanden drei der prächtigsten – und schönsten – Wolkenkratzer: 1930 das **Chrysler Building**, 1931 das **Empire State Building** (das jahrelang fast leer stand) und 1932 das **Rockefeller Center** – allesamt äußerst beeindruckend, aber von wenig Nutzen für die Bewohner von „Hooverville", Harlem und anderen Elendsvierteln.

Jimmy Walkers Nachfolger, **Fiorello LaGuardia**, stand vor der Aufgabe, eine gebeutelte Stadt aus der Krise zu führen. Sein Heilmittel waren rigide Steuerreformen, Anti-Korruptionsprogramme sowie Investitionen in soziale Einrichtungen, die überraschenderweise in der Bevölkerung auf breite Zustimmung stießen: Walkers Extravaganz hatte die Stadt auf den falschen Kurs gebracht. Der nüchterne und kompromisslose LaGuardia, so die Meinung der Wähler, würde das Steuer herumreißen. Darüber hinaus wurden im Rahmen von Roosevelts **New Deal** Straßen und Wohnungen gebaut sowie Grünanlagen geschaffen. Letzteres unterstand dem umstrittenen Stadtplaner **Robert Moses**. Unter LaGuardia und Moses wurde das umfassendste öffentliche Wohnungsbauprogramm des Landes durchgeführt, die Triborough, Whitestone und Henry Hudson Bridges fertig gestellt, fünfzig Meilen an neuen Schnellstraßen und 2000 Hektar Parkland angelegt. 1939 eröffnete LaGuardia außerdem den nach ihm benannten Flughafen.

Der Zweite Weltkrieg und die Nachkriegszeit

Der Beginn der dritten Amtsperiode LaGuardias fällt mit den ersten Kriegsjahren Americas zusammen. Der Eintritt der Vereinigten Staaten in den Zweiten Weltkrieg im Jahre 1941 hatte kaum direkte Auswirkungen auf New York: Lichter wurden nachts verdunkelt, 200 Japaner wurden auf Ellis Island interniert und an Brücken und Tunneln richtete man Kontrollposten ein. Wesentlich bedeutender war das **Manhattan Project** hinter den Kulissen: Unter strengster Geheimhaltung wurden an der Columbia University Experimente zur Kernspaltung durchgeführt – die Atomwaffe war erfunden.

Die Stadt konnte ihre Position nicht nur als Finanz-, Kunst- und Kommunikationszentrum Amerikas, sondern der Welt, aufrechterhalten. Die Intellektuellen- und Künstlerszene wurde durch europäische Immigranten bereichert, die vor der Bedrohung durch die Nazis geflohen waren.

Als die **Vereinten Nationen** einen Amtssitz suchten, war New York die erste Wahl: Rockefeller schenkte der Organisation ein Grundstück, und 1947 wurde mit dem Bau des Sekretariatsgebäudes begonnen. Der Bau des UNO-Komplexes gab zusammen mit dem wirtschaftlichen Aufschwung der Nachkriegsjahre das Startsignal für die Entwicklung von Midtown.

Das erste Bürogebäude in der Park Avenue, bis zu diesem Zeitpunkt eine reine Wohngegend, war 1952 das **Lever House**. Ihm folgten Wolkenkratzer wie das **Seagram Building**, das dem Viertel sein charakteristisches Erscheinungsbild verlieh. In Downtown wurden die Wohnungsbauprojekte **Stuyvesant Town** und **Peter Cooper Village** verwirklicht, neben zahlreichen weiteren in der ganzen Stadt. Die obligatorischen Finanzskandale, die diese Projekte begleiteten, konzentrierten sich vor allem auf das **Manhattan Urban Renewal Project** in der Upper East Side.

Über einen Skandal im Zusammenhang mit organisierter Kriminalität stolperte der damalige Bürgermeister **William O'Dwyer**. Ihm folgten eine Reihe unspektakulärer Figuren, die der allgemeinen Stagnation, welche die amerikanischen Ballungszentren und auch New York Anfang der 50er Jahre erfasst hatte, wenig entgegenzusetzen hatten. Die Immigration aus Puerto Rico und anderen Ländern Südamerikas führte zu einer erneuten Überbevölkerung in East Harlem und der Lower East Side, und das landesweite Phänomen der Landflucht von Schwarzen stellte in New York ein gravierendes Problem dar. Beide Gruppen drängten sich im Ghetto Harlem, ohne auch nur im Geringsten am Wohlstand der Stadt teilzuhaben. In einer Stadt, die seit zweihundert Jahren zu den liberalsten Zentren Amerikas zählte, kam es zu Rassenunruhen und Aufständen.

Eine Reaktion auf diese Entwicklung war die verstärkte Stadtflucht der weißen Mittelschicht, die **Great White Flight**, wie sie in den Medien ironisch genannt wurde.

Zwischen 1950 und 1970 verließen über eine Million Familien New York. Mit erneuten **Rassenunruhen** in Harlem, Bedford-Stuyvesant und East Harlem verschärfte sich die Situation weiter.

Die **Weltausstellung** 1964 sollte New Yorks internationales Ansehen zwar wieder stärken, doch auf den Straßen war der Ruf nach Bürgerrechten für die schwarze Bevölkerung und der Protest gegen die US-Intervention in Vietnam lauter als irgendwo sonst im Land.

Die wenigen Bauprojekte, die in dieser Zeit entstanden, schienen bewusst mit den ästhetischen Errungenschaften ihrer Vorläufer zu brechen: Ein neuer, wenig inspirierender **Madison Square Garden** wurde an der Stelle der prachtvollen, klassizistischen **Pennsylvania Station** errichtet, und das **Singer Building** im Financial District musste einem unansehnlichen Wolkenkratzer weichen. In Harlem wurden städtische Bauvorhaben völlig eingestellt, und das Viertel stagnierte.

Die 70er und 80er Jahre

Bis 1975 überstiegen die kommunalen Ausgaben die Steuereinnahmen der Stadt in Milliardenhöhe und Manhattan geriet in eine **Krise**. Teilweise war diese eine Folge der *White Flight*: Firmensitze wurden in andere Standorte verlegt, sobald sich günstige Angebote ergaben, und die Angestellten zogen nur zu gern nach, was sich gleich in zweifacher Hinsicht nachteilig auf das Steueraufkommen auswirkte. Selbst nach dem Verkauf städtischer Sicherheiten war New York noch mit 13 000 Millionen Dollar verschuldet. Elementare öffentliche Dienste, die durch die leeren Kassen schon lange krankten, standen vor dem Zusammenbruch. Zynischerweise war der Bürgermeister **Abraham Beame**, der dieser Misere vorstand, Wirtschaftsprüfer.

Den Umschwung verursachten drei Faktoren: Die **Municipal Assistance Corporation** (auch Big Mac genannt), die gegründet wurde, um der Stadt das dringend benötigte Geld zu leihen und sie vor dem Bankrott zu bewahren, die Wahl von **Edward I. Koch** zum Bürgermeister im Jahr 1978 sowie, indirekt, das Absacken des Dollars auf dem internationalen Währungsmarkt infolge des in den 70er Jahren gestiegenen Ölpreises. Dieser letzte Faktor brachte zusammen mit preiswerten Transatlantikflügen den europäischen Massentourismus in die Stadt – und mit den Touristen kam das Geld für Hotels und Dienstleistungsunternehmen. In knallharter Überzeugungsarbeit versuchte Koch den nervösen Unternehmern zu vermitteln, dass ihr Bleiben in New York fürs Geschäft nicht von Nachteil sei. Dank dieser kämpferischen Verteidigung der Stadt gewann er allmählich die Anerkennung der New Yorker.

Seine draufgängerische Art und sein überhebliches Auftreten entzürnte zwar die liberalen Gruppen, bescherte ihm aber gleichzeitig die Unterstützung der kritischen und wohlhabenden Wählerschaft der Upper East Side sowie der eher konservativen, ethnischen Gruppen in den Außenbezirken New York Citys.

Koch, der auf schwierige Probleme mit einem vergnügten „Ist das nicht furchtbar?" zu reagieren pflegte und jeden Erfolg mit „Na, wie hab ich das gemacht?" kommentierte, gewann die Anerkennung der New Yorker, die sich mit Problemen, aber auch Schuldzuweisungen stets gern an ihre Stadtoberhäupter wandten.

Der allmähliche Aufschwung fiel mit der Fertigstellung zweier repräsentativer Bauprojekte zusammen: dem **World Trade Center**, eine optimistische Geste der Port Authority of New York and New Jersey, die es finanzierte, und dem **Citicorp Center** 1977, das der Lexington Avenue Modernität und Prestige verlieh. Obwohl sich die Stadt nicht länger mit der Gefahr eines Bankrotts konfrontiert sah, litt sie nach wie vor unter der massiven, landesweiten Rezession. Zur Ablenkung stürzte sich New York ins Nachtleben. Mitte der 70er Jahre schossen in der ganzen Stadt die Singlebars aus dem Boden, im Village eröffnete eine Schwulenbar nach der anderen und Discos waren aus dem nächtlichen Leben nicht mehr wegzudenken. Das **Studio 54** entwickelte sich zum international bekannten Szene-Treffpunkt und empfing Leute wie Mick Jagger, Diana Ross oder Elton John; abseits der Tanzfläche beherrschten Drogen und unerlaubter Sex das Feld.

In den 80er Jahren boomten die Grundstücks- und Börsenmärkte – eine neue Ära des „Big Money" hatte eingesetzt. Über Nacht wurden Vermögen gemacht und wieder verloren und bedeutende Personen der Wall Street, wie **Michael Milken**, landeten im Gefängnis, weil sie mit ihrem Insider-Wissen Geschäfte getätigt hatten. Die rege Bautätigkeit der 80er Jahre bescherte der Stadt weitere architektonische Großprojekte, insbesondere **Battery Park City** in Downtown sowie die Luxusapartments von Donald Trump.

Auf längere Zeit gesehen erwies sich Präsident Ronald Reagans so genannte *trickle-down theory* des wirtschaftlichen Aufschwungs als Illusion – die Anzahl der Sozialhilfeempfänger stieg in der Stadt wie im ganzen Land an, und die Zahl der Obdachlosen wurde beinahe unüberschaubar. Sie suchten in Hauseingängen Schutz und bettelten an Straßenecken, sogar in den zuvor nicht davon betroffenen Vierteln der Upper East Side. 1987 löste der Börsenkrach schließlich einen weiteren Konjunkturrückgang aus und trug zum Schwinden von Ed Kochs Popularität bei. Nach Meinung vieler Wähler der Mittelschicht diente Kochs Politik in erster Linie den Interessen der Immobilientycoons. Auch bei verschiedenen Minderheiten – besonders den Schwarzen – machte er sich mit unüberlegten Äußerungen unbeliebt.

Die Skandale in seinem Umfeld häuften sich – von dem Tod seines Freundes und Anhängers **Donald Manes**, Bezirksbürgermeister von Queens (der Selbstmord beging, als eine Untersuchung der städtischen Vollstreckungsbehörde anstand), bis zur Bestechungsklage gegen die ehemalige Kulturdezernentin **Bess Myerson**, ebenfalls eine enge Freundin Kochs. Obwohl der Bürgermeister nie persönlich betroffen war, kosteten ihn die Skandale letztlich sein Amt.

Rezession und soziale Misere

1989 hieß der neue demokratische Kandidat für das Bürgermeisteramt **David Dinkins**, ein 61-jähriger, schwarzer Ex-Marine und Bezirksbürgermeister von Manhattan. Nach einem erbitterten Wahlkampf siegte Dinkins über den Republikaner Rudolph Giuliani. Noch vor Bekanntgabe des Wahlergebnisses mahnten Experten, dass eine Verbesserung der prekären Lage der Stadt nicht allein durch einen Bürgermeisterwechsel zu bewerkstelligen sei.

Ende der 80er Jahre wurde New York von einer anhaltenden **Rezession** erfasst: 1989 betrug das kommunale Haushaltsdefizit 500 Millionen Dollar, von den 92 Unternehmen, die 1980 New York zu ihrem Sitz gewählt hatten, waren inzwischen über die Hälfte in preiswertere Orte umgezogen. Jeder vierte New Yorker lebte unterhalb der Armutsgrenze – der höchste Anteil seit der Depression.

Der erste schwarze Bürgermeister David Dinkins konnte in seinem ersten Amtsjahr Punkte sammeln: Das städtische Haushaltsgremium (Board of Estimate) war vom Obersten Gerichtshof wegen Verstoßes gegen den Gleichheitsgrundsatz (eine Stimme pro Person) für verfassungswidrig erklärt und daher abgeschafft worden. Seine Aufgaben wurden dem City Council übertragen. Dinkins nutzte seine Position, um im Frühjahr drohende Rassenunruhen im Keim zu ersticken, und erwies sich bei der Ausarbeitung des Haushaltsplans als äußerst geschickt.

Die Tage, an denen sich das Blatt wenden sollte – für Dinkins und auch für die Stadt – kamen im Sommer 1990, während der ersten Woche der US Open. Der Tennisfan Brian Watkins aus Utah wurde auf dem Weg zu einem Match in einer U-Bahnstation erstochen, als er versuchte, seine Mutter vor einem Raubüberfall zu schützen. Statt eine Pressekonferenz im Stile Kochs mit der Frage „Wo soll das noch enden?" abzuhalten, ließ Dinkins lediglich verlauten, der Vorfall werde von den Medien hochgespielt – und ließ sich anschließend von einem Polizeihubschrauber zum Tennisturnier fliegen. Wie vorauszusehen, wurde seine Reaktion in der Presse breitgetreten, und Dinkins Beliebtheit sank schlagartig.

Im Sommer 1990 begann für die Stadt eine Talfahrt. Die Gewerkschaften gingen in die Offensive, als bekannt wurde, dass 15 000 städtische Arbeiter Feierschichten einlegen sollten. Die Wirtschaft stagnierte, und die Kriminalität eskalierte – vor allem die Beschaffungskriminalität in Zusammenhang mit dem aktivitätssteigernden Crack, das die Drogenszene dominierte. Bis zum Jahresende war New York mit 1,5 Milliarden Dollar verschuldet. Die Kreditgeber der Stadt waren nur bei gleichzeitigem Abbau des Schuldenbergs bereit, weitere Darlehen zu gewähren.

1991 wirkte sich die Finanzmisere des Vorjahres direkt auf die Bevölkerung aus: Die Obdachlosigkeit nahm zu, an den Schulen eskalierte die Gewalt und machte den Einsatz von bewaffneter Polizei und Metalldetektoren erforderlich (in den Highschools New Yorks schaffen weniger als die Hälfte der Schüler den

Abschluss, bei weitem das schlechteste Ergebnis in den USA). Bei einem Streik der Müllabfuhr im Mai verrottete der Abfall auf den Straßen. Einmal mehr schien New York die Talsohle erreicht zu haben, und dieses Mal war keine Hilfe in Sicht. Anders als 1976 verweigerte die Regierung des Bundesstaates Hilfskredite, und das Budget der US-Regierung für New Yorker Belange war schon seit langem erschöpft. Außerdem ereigneten sich während Dinkins Amtszeit mehrere ernst zu nehmende Rassenkonflikte und Aufstände, die von ihm geprägten Bezeichnung „großartiges Mosaik" für das multikulturelle Gesicht der Stadt gänzlich widersprachen. Es schien bewiesen, dass die Herkunft des Bürgermeisters allein nicht ausreichte, um die Spannungen zu beseitigen. Bei den Bürgermeisterwahlen 1993 verlor David Dinkins knapp gegen den forschen Republikaner und Rechtsanwalt **Rudolph Giuliani**. Die traditionelle demokratische Hochburg New York hatte die Wende gewollt und sie mit Giuliani – dem ersten republikanischen Bürgermeister seit 28 Jahren – bekommen.

Die späten 90er Jahre

Giulianis erste Amtsperiode fiel mit einem deutlichen Aufschwung für die Stadt zusammen, wenn auch teilweise ohne erkennbaren Zusammenhang. Die *New York Times* bezeichnete das Jahr 1995 als „das beste Jahr für New York City in der jüngsten Geschichte". Selbst der Papst kam und nannte New York „die Welthauptstadt". Mit deutlich niedrigeren Kriminalitätsraten und einer wieder aufblühenden Wirtschaft gewann die Stadt an Attraktivität, und die Tourismusindustrie konnte einige der besten Jahre überhaupt verzeichnen.

Giuliani erwies sich als zupackender Bürgermeister, der ganz im Sinne des allgemeinen Rufes nach dem „schlanken Staat" regierte. Wenngleich die langfristigen Auswirkungen der Umstrukturierung und Straffung des Verwaltungsapparates sowie der *workfare*-Programme, die Sozialhilfeempfänger zu sozialen Diensten verpflichten, abzuwarten bleiben, so hat sich Giuliani bislang zumindest um eine erfolgreiche Kriminalitätsbekämpfung verdient gemacht und sich der maroden Schulbehörde angenommen. Giuliani schaffte sich jedoch mit seiner tatkräftigen Politik gleichermaßen Freunde und Feinde. Einer seiner größten Fauxpas kam 1994 mit den Gouverneurswahlen des Staates New York, in denen er den demokratischen Kandidaten Mario Cuomo aktiv unterstützte. Als schließlich der Kandidat seiner eigenen Partei, **George Pataki**, als Sieger aus den Wahlen hervorging, musste ein kleinlauter Giuliani bei der Bundesstaatsregierung Abbitte leisten, deren Behörden Anstalten machten, New York den Geldhahn zuzudrehen. Im Frühling 1996 musste der Polizeichef **Bratton**, dessen Maßnahmen weitgehend für die sinkenden Kriminalitätsstatistiken verantwortlich waren, nach ständigen Kämpfen mit Giuliani aus dem Amt scheiden. Manche vermuteten, dass Giuliani dem *Top Cop* Bratton schlicht den Ruhm neidete.

Giulianis zweite Amtsperiode wurde bisher von einem steten Wirtschaftswachstum New Yorks geprägt, daneben fanden verschiedene städtische „Verbesserungsmaßnahmen" großen Anklang wie die Aufpolierung des einst verrufenen Times Square, die Renovierung des Grand Central Terminal, der Bau von neuen Hotels und Bürogebäuden und nicht zuletzt die zunehmende Verbreitung von Superstores in Harlem – all diese Maßnahmen haben dem Tourismus neuen Auftrieb gegeben und die Stadtkasse gefüllt. Sie haben aber auch zu Protesten gegen den Bürgermeister geführt, der offensichtlich alles in Gang gesetzt hat, um landesweite Stores in die Stadt zu locken – nicht selten auf Kosten des einheimischen Gewerbes und einheimischer Arbeiter. Verschiedene schwerwiegende Zwischenfälle, so z.B. die brutale Behandlung von Abner Louima durch Cops, führten zu harten Vorwürfen und man beschuldigte die Führungsspitze der Gleichgültigkeit und der Missachtung von Minderheitsrechten. In jüngster Zeit haben unzählige Berichte genau das bestätigt, was viele Schwarze und Hispano-Amerikaner schon seit mehreren Jahren anprangern: Während Giulianis Amtsperiode wurden die Cops dazu ermutigt, bei Kontrollen und Ermittlungen gezielt rassenorientiert vorzugehen und sich verfassungswidriger, so genannter *„wide net"* Vorgehensweisen zu bedienen, die es ihnen erlauben, in bestimmten Bezirken nach Belieben Personen aufzuhalten und zu filzen.

Bei den im November 2000 anstehenden Wahlen zum New Yorker Senat wird Giuliani nach diversen Skandalen vorwiegend aus zwei Gründen nicht mehr für die Republikaner kandidieren: Zum einen ist er an Prostatakrebs erkrankt und muss sich einer Behandlung unterziehen, zum anderen hat sich herausgestellt, dass seine Frau und er seit Jahren getrennte Wege gehen und er eine Geliebte hat – obwohl die Aufregung über letztere Erkenntnis stark abgeebbt ist, lässt sich die Tatsache kaum mit seinem Moralapostel-Image vereinbaren. Der neue Kandidat der Republikaner ist Rick Lazio, der heutige *State Senator* von Long Island. Seine Gegenkandidatin wird Hillary Rodham Clinton sein – die dann ehemalige First Lady.

Deutsche in New York

Auch wenn es heute nur schwer vorstellbar ist, galt New York einst als die „Auslandshauptstadt Deutschlands". Gegen Ende des 19. Jahrhunderts sprach man gar von „Berlin-am-Hudson". Diese Blüte war freilich nur von relativ kurzer Dauer. Mit der Beteiligung der Vereinigten Staaten am Ersten Weltkrieg wurde es 1917 fast über Nacht zur Schande, deutschstämmig zu sein. Die einstigen unverkennbaren Merkmale deutscher Kultur, die sich vor allem im kosmopolitischen New York des 19. Jahrhunderts größter Beliebtheit erfreut hatten, versickerten im Sande, so dass heute kaum noch Spuren der ehemaligen Immigranten zu finden sind.

Einst aber waren die Deutschen eine große, angesehene Gruppe, die in New York den Ton angab. Noch vor hundert Jahren war Deutsch die meistgesprochene Fremdsprache der Hudson-Metropole. Mehrere deutsche Bühnen warben mit regelmäßigen Darbietungen klassischer deutscher Dramen (vornehmlich Schiller, Goethe und Lessing) um die Gunst der deutschsprachigen Theatergänger. Gleich ein halbes Dutzend Tageszeitungen sowie zahlreiche Wochenschriften aller Art informierten deutsche Leser über die Freizeitangebote einer reichhaltigen, aus Hunderten von Turnvereinen, kulturorientierten und politischen Clubs bestehenden deutschen „Vereinswelt". Auf der Bowery tummelten sich die Gäste deutscher Biergärten, und im Hafen dominierten Passagierschiffe wie Frachter deutscher Schifffahrtslinien. Im Bank- und Versicherungswesen galten die Deutschen als die zuverlässigsten Geschäftsleute, und an der ebenfalls von einem Deutschen geleiteten Metropolitan Opera sang die aus vornehmlich deutschen Sängern bestehende Gesellschaft fast ausschließlich Wagner.

Dieser Blütezeit um die Jahrhundertwende waren in den Jahrzehnten zuvor einige Geburtswehen vorausgegangen. Wie die meisten Immigrantengruppen in Amerika mussten auch die Deutschen sich erst einmal etablieren, und ihr Anfang war alles andere als leicht. Greift man gar ins **17. Jahrhundert** in die früheste Phase der Kolonialgeschichte Manhattans zurück, als die Insel noch unter holländischer Herrschaft stand und Nieuw Amsterdam hieß, findet man eine hauptsächlich aus der Pfalz stammende, lutherisch gesinnte deutsche Bevölkerung vor, die unter einer schweren Identitätskrise litt. Nicht einmal den Gottesdienst durften sie in ihrer Sprache halten, denn offiziell wurde nur auf Holländisch gepredigt und gebetet. Wenn auch widerwillig, so fügten sich die zahlenmäßig weit unterlegenen Deutschen diesem Gesetz, worauf wohl die spätere amerikanische (Fehl-)Identifizierung der deutschen Sprache als „Dutch" (Holländisch) zurückzuführen ist. Von einer ausgeprägten deutschen Identität kann auf jeden Fall während dieser frühen Phase keine Rede sein, und von einer blühenden deutschsprachigen New Yorker Kultur schon gar nicht.

Erst mit der Machtergreifung der Briten im Jahre 1674 wurde es den New Yorker Deutschen gestattet, **deutschsprachige Kirchengemeinden** zu gründen, ein Zugeständnis, das sie sofort wahrnahmen. Sie errichteten in der heutigen Wall Street–Gegend – damals noch Mittelpunkt der Stadt – mehrere lutherische Kirchen, die leider längst den Wolkenkratzern der Fi-

Die erste Blick für viele Einwanderer, der Hafen in New York

nanzwelt weichen mussten. Damals boten die Kirchen und öffentlichen Gottesdienste allen Immigrantengruppen einen wesentlichen sprach- und identitätsfördernden Halt in der fremden Welt.

Die ihnen entgegengebrachte sprachliche Toleranz vergalten die Deutschen den Briten, indem sie sich während des amerikanischen **Unabhängigkeitskrieges** (1771–76) prompt auf die Seite der Rebellion gegen England stellten. Ein Tatbestand, der wohl auf den damals sprichwörtlichen „Freiheitsdrang" der Deutschen zurückzuführen ist, wie auch auf die Tatsache, dass deutsche Einwanderer (deren ferne Heimat selbst der verwehrten Einigkeit entgegenfieberte) mit dem nationalistischen Drang der Rebellen sympathisierten. Zwar wurden circa 30 000 **hessische Söldner** im wörtlichen Sinne des Wortes an die Engländer „verkauft", doch diese recht unmotivierten Truppen wurden von den Rebellen geschlagen und wechselten mit fliegenden Fahnen die Seiten, um schließlich zum amerikanischen Sieg und der darauf folgenden Unabhängigkeit im Jahre 1776 beizutragen. Von den 12 000 überlebenden Hessen zogen es die meisten vor, nach dem Ende des Krieges in der jungen Republik zu bleiben, viele von ihnen in New York und dem näheren Umland.

Ein deutscher Held der amerikanischen Revolution ist Peter Mühlenberg, Sohn des lutherischen Predigers **Heinrich Melchior Mühlenberg** und selbst Hirte einer deutschsprachigen Gemeinde. Er rief von seiner New Yorker Kanzel zur Revolution auf und zog selbst ins Feld. Weitaus bekannter ist „Baron" **Friedrich von Steuben**. Obwohl er in Wirklichkeit nur ein bürgerlicher ehemaliger Hauptmann der preußischen Armee war, brachte Steuben der bunt zusammengewürfelten Rebellenarmee der Amerikaner mit Erfolg preußische Disziplin bei. Seine Armeefibel, das *Blue Book,* gilt auch heute noch als Grundlage des amerikanischen Militärwesens.

Beflügelt vom Ansehen, zu dem die sagenumwobenen Taten von Steubens und anderer deutscher Revolutionshelden beigetragen hatten, machten es sich die deutschstämmigen Immigranten New Yorks nun zur Aufgabe, auch außerhalb der Kirche deutschsprachige Institutionen einzurichten. So entstand 1784 die **Deutsche Gesellschaft** der Stadt New York, zu deren Ehrenpräsident Baron von Steuben selbst ernannt wurde. Zweck der Gesellschaft war es, den deutschen Immigranten bei der ersten Orientierung mit praktischen Ratschlägen, einer Arbeitsvermittlungsstelle und ärztlicher Behandlung zur Seite zu stehen. Die Gesellschaft folgte dem Vorbild einer älteren Organisation in Philadelphia, der es seit ihrer Gründung im Jahre 1764 gelungen war, durch Rat und Tat unter deutschen Einwanderern einen ausgeprägten Sinn des „Deutsch-Seins" zu fördern. Tatsächlich galt Philadelphia damals

als Zentrum deutsch-amerikanischer Kultur, wohl nicht zuletzt der weltbekannten religiösen und sprachlichen Toleranz des Staates Pennsylvanias wegen. Hier hielt man zusammen; hier sprach, las und dachte man deutsch. In New York hoffte man nun, durch dieselbe Strategie einen ähnlich starken Gemeinschaftssinn unter deutschen Einwanderern wecken zu können.

Die erwartete Flut deutscher Immigranten blieb jedoch aus, zum einen wegen der napoleonischen Kriege, zum anderen wegen eines erneuten amerikanischen Krieges gegen England. Von den wenigen Deutschen, die den politischen Unruhen Europas und dem Wehrdienst entkamen, zogen es die meisten weiterhin vor, nach Philadelphia auszuwandern.

Nach dem endgültigen Sieg über die ehemalige Kolonialmacht England im Jahre 1815 blühte die Wirtschaft Amerikas auf. Neue Territorien im Westen wurden erschlossen, deren ursprüngliche Bewohner durch eine brutale Indianerpolitik systematisch vertrieben wurden. Die Eisenbahn sowie neue Kanäle verbesserten die nationale Infrastruktur, und nun galt es, den bereitstehenden Kontinent mit willigen Arbeitskräften zu besiedeln. So begann die amerikanische Regierung mit Hilfe europäischer Schifffahrtslinien intensiv um europäische Einwanderer zu werben, vornehmlich unter Iren und Deutschen, die mit übertriebenen Darstellungen des Reichtums der Neuen Welt in das Land der unbegrenzten Möglichkeiten gelockt wurden. Zwar wurden die Taktiken dieser „Werber" oft kritisiert, doch der Erfolg ihrer Kampagne bleibt unumstritten. Einwanderungsstatistiken dieser Periode sprechen für sich – vom 17. Jahrhundert bis zum Jahre 1815 wanderten schätzungsweise 100 000 Deutsche nach Amerika aus, in den darauf folgenden hundert Jahren, von 1815 bis zum Ausbruch des Ersten Weltkrieges, etwa 5,5 Millionen. Entsprechend wuchs der Einfluss der New Yorker Deutschen Gesellschaft, denn die neue, historisch größte Welle deutscher Auswanderer reiste vornehmlich über Manhattan ein. Dem Ruf der Werber folgend, wurden während der Jahre 1815–30 vor allem **Landarbeiter** aus Südwestdeutschland von der Deutschen Gesellschaft in die Staaten des Mittleren Westens verschickt.

Ab 1830 veränderte sich das Bild: Die Auswanderer kamen zunehmend aus den westlichen und danach auch den östlichen Regionen Deutschlands. Hier waren durch die Erbteilung die Höfe so klein und unprofitabel geworden, dass sie die Kinder der Kleinbauern nicht mehr ernähren konnten. Zudem befürchteten **Facharbeiter** in den Städten zu Beginn der deutschen Industrialisierung, in die Proletarisierung abzugleiten. Zu diesem gesunden Mittelstand gesellte sich eine große Anzahl politischer Außenseiter – darunter viele **Intellektuelle**, die, vom reaktionären Metternich-Regime des postnapoleonischen Zeitalters enttäuscht, dem Ruf der Freiheit folgten.

Auch in Amerika hatte sich die Situation verändert. Mit der zunehmend dichteren Besiedlung der Territorien war New York zur Handelsmetropole und zum Verkehrsknotenpunkt der Neuen Welt herangewachsen. Obwohl viele neu eingewanderte Deutsche weiterhin gen Westen zogen, fanden fast ebenso viele New York selbst attraktiv. Den Statistiken der Deutschen Gesellschaft ist zu entnehmen, dass sich etwa 15 000 Deutsche im Jahre 1830 in der Stadt niederließen und die bisher bescheidene deutsche Gemeinde vergrößerten. Über die nächsten 70 Jahre wuchs sie dank anhaltender Einwanderung stetig an, so dass sich in einer Volkszählung des Jahres 1910 über 600 000 New Yorker als Deutsche der ersten oder zweiten Generation bezeichneten. Ab 1830 waren alle Voraussetzungen für die Blütezeit des New Yorker Deutschtums gegeben.

Die deutschen Neuankömmlinge mussten sich erst einmal mit den New Yorker Immigranten anderer Herkunft arrangieren – vor allem den Iren, mit denen ungelernte deutsche Arbeiter in direktem Konkurrenzkampf um die Arbeitsplätze standen. Dies führte mitunter bereits auf der Überfahrt zu Reibereien. So mahnte eine in Deutschland verbreitete Broschüre der Gesellschaft:

„Schifft euch nicht von England aus ein; ihr kommt auf den Schiffen mit einer Mehrzahl von Irländern zusammen, mit denen ihr euch nicht verträgt, und gegen die ihr den

Kürzeren zieht, da ihr euch dem Capitain und Schiffsvolk nicht verständlich machen könnt. Es kommt fast kein Schiff von England mit deutschen Auswanderern, wo diese nicht über schlechte und brutale Behandlung klagen."

John Kosters Abfüllanlage am Chetham Square

Hinzu kam, dass nicht alle erfolgreich waren. Viele Deutsche kehrten

„mit getäuschten Hoffnungen zurück – größtenteils eine Folge übertriebener Bilder von Wohlstand und Freiheit, welche Ansässige hier ihren Verwandten drüben entwerfen; ja, es gibt Agenten, die in Deutschland umherreisen, und durch glänzende Schilderungen viele zum Ausreisen verleiten, einzig und allein, um ihnen einige Dollars für Passagegeld abzulocken."

Trotz anfänglicher Enttäuschung und Konkurrenz gelang es den Deutschen, in New York Fuß zu fassen, was auf das allgemein hohe Ausbildungsniveau der Einwanderer, die erfolgreiche Arbeitsvermittlung der Deutschen Gesellschaft und nicht zuletzt auf die explosionsartig anwachsende Zahl deutscher Einwanderung zurückzuführen ist. Dem Archiv der Deutschen Gesellschaft ist zu entnehmen, dass 1854 von insgesamt 323 700 Einwanderern nach Amerika 179 000 Deutsche waren.

Unter ihnen war eine hohe Anzahl Bäckermeister, Brauer, Buchbinder, Dreher, Feilenhauer, Instrumenten- und Maschinenbauer, Maler, Maurer, Messerschmiede, Schlosser, Schreiner, Schneider, Schuster, Uhrmacher, Wagner und Zimmerleute sowie Juristen, Zeitungsleute, Akademiker und andere Intellektuelle.

Der schnell heranwachsende deutsche Mittelstand in New York trug mit seinem ausgeprägten Gemeinsinn mit dazu bei, dass selbst ungelernte Deutsche dank finanz- und tatkräftigem Beistand der Verarmung entgehen konnten. So bezeugen Statistiken des Jahres 1855, dass deutsche Meister über die Hälfte aller erlernten Berufe in der Stadt ausübten, und deutsche Tagelöhner und Lehrlinge sich darauf verlassen konnten, bei ihren besser ausgebildeten Landsleuten Anstellung zu finden. Die Iren machten im Gegensatz hierzu im selben Jahr 60% der städtischen Armenhausbevölkerung aus sowie 50% aller Gefängnisinsassen. Deutsch sein hieß also in der Regel, Respekt und Erfolg zu genießen.

Nicht nur der berufliche Erfolg deutschsprachiger Einwanderer, sondern auch ihr Beitrag zum öffentlichen Leben sicherte ihnen die Anerkennung der anderen Amerikaner. Der 1830 beginnenden Lawine deutscher Einwanderung nach New York folgte eine entsprechende Explosion im deutschsprachigen **Verlags- und Zeitungswesen** wie auch in vielen anderen Bereichen der Wirtschaft und Kultur. So entstand 1834 die älteste und erfolgreichste deutsche Tageszeitung der Stadt, die *New Yorker Staats-Zeitung*, der über die nächsten Jahrzehnte viele folgen sollten.

Im selben Jahr öffnete die erste **deutsche Buchhandlung**, die *Wesselhöfftsche Buchhandlung*, zu deren nachfolgenden Konkurrenten auch die 1848 eröffnete Filiale der *Braunschweiger Westermann & Co* gehörte. 1859 wurde die *Deutsche Sparbank* gegründet, zu einer Zeit, als sich die *Hamburg–Amerika Linie* und die Bremer *Norddeutsche Lloyd* bereits als die zwei wichtigsten transatlantischen Fracht- und Passagierlinien des neunzehnten Jahrhunderts etabliert hatten.

Im kulturellen Bereich wurde 1847 der **Liederkranz** gegründet, der älteste aller New Yorker Gesangsvereine, im Jahr darauf die New

Yorker **Turngemeinde**, die die Körperkultur und liberales Denken verbindende Philosophie des revolutionären Turnvaters Jahn von Deutschland nach Amerika importierte.

Mit der gescheiterten deutschen Revolution von **1848** erfuhr die deutsche Einwanderung einen weiteren positiven Schub. Die „Achtundvierziger" Exil-Revolutionäre erfreuten sich in Amerika dank ihres hohen akademischen Niveaus wie auch ihrer liberalen politischen Gesinnung allerhöchsten Ansehens. Unter ihnen finden wir den Zeitungsverleger **Oswald Ottendorfer**, unter dessen Leitung die *Staats-Zeitung* ab 1852 zum Sprachrohr des deutschen Mittelstandes New Yorks heranwachsen sollte.

Seine Frau, **Anna Ottendorfer**, zeichnete sich durch ihre Wohltätigkeit aus und stiftete unter anderem den Frauenflügel des 1861 gegründeten **Deutschen Krankenhauses** wie auch die **Isabella-Heimath**, ein Altersheim für Deutsche. Während sich Letzteres im damaligen New Yorker Vorort Astoria befand (inzwischen in den Stadtteil Queens eingegliedert), stand das Deutsche Krankenhaus im Zentrum der **Lower East Side**, die sich inzwischen dank ihrer dichten Konzentration deutscher Einwanderer den durchaus positiven Beinamen „Kleindeutschland" zugelegt hatte. Hier, in einem Gebiet von etwa sechzig Häuserblocks, zwischen Houston, Lafayette Street und East Broadway, hatten praktisch alle deutschen Unternehmen, Organisationen und Vereine sowie zahlreiche Brauereien ihren Sitz. Haupteinkaufsstraße war die Bowery, die südliche Verlängerung der heutigen Third Avenue, dicht gesäumt von deutschen Biergärten, deren Hinterzimmer auch als Vereinslokale und Theatersäle dienten. Seither sind fast alle Spuren des Deutschtums von den darauf folgenden Wellen vornehmlich süd- und südosteuropäischer (wie auch, in jüngeren Jahren, asiatischer) Einwanderung verwischt worden.

Unter den vielen anderen New Yorker Achtundvierzigern war wohl der Einflussreichste **Carl Schurz**, ein Ehrenmitglied des Gesangsvereins Liederkranz, der maßgeblich am Wachstum dreier deutscher Bühnen beteiligt war – des Germania-, des Stadt- und etwas später des Irving Place Theaters, deren prunkvolle Gebäude und anspruchsvolle Darbietungen den verrauchten Hinterzimmern der Bowery schnell Konkurrenz machten. Ebenso wie im kulturellen Bereich war Schurz auch politisch aktiv. Seinem Leitsatz „Deutschland meine Mutter, Amerika meine Braut" folgend, rief er 1861 nach der Sezession der sklavenhaltenden Südstaaten die New Yorker Deutschen zur Beteiligung am amerikanischen Bürgerkrieg auf. Fast 40 000 Deutsche aus New York und dem näherem Umland folgten seinem Ruf und konnten 1865 schließlich den Sieg des Nordens feiern. Schurz selbst, der seine progressive-republikanischen Achtundvierziger-Tendenzen im Geist der Nordstaaten wiedergeboren sah, brachte es zum Generalmajor und wurde später für seine Heldentaten mit einem Sitz im amerikanischen Senat belohnt. An diese wesentliche Stütze deutsch-amerikanischer Politik und Kultur erinnert heute in Yorkville der hübsche Carl Schurz Memorial Park (East End Avenue, zwischen 82nd und 88th Street), wo nun in Gracie Mansion Bürgermeister Giuliani lebt und die Yuppies der Upper East Side am East River entlang joggen.

Nach dem Bürgerkrieg verdunkelte nur eines das Bild der ansonsten politisch wie kulturell hoch angesehenen New Yorker Deutschen: Die anhaltende Einwanderungswelle brachte zunehmend Proletarier ins Land, deren Klassenbewusstsein durch die Konfrontation mit der existierenden deutschamerikanischen Bourgeoisie und den Anfängen der Massenproduktion gesteigert wurde. Dieses wachsende deutschstämmige Proletariat sollte über die nächsten Jahrzehnte eine führende Rolle in der **Gewerkschaftsbewegung** und den Klassenauseinandersetzungen Amerikas spielen. Im Gegensatz zu den etablierten Achtundvierzigern wie Carl Schurz und Oswald Ottendorfer stellten sich andere Größen der revolutionären Generation auf die Seite der Arbeiter. So gründete zum Beispiel der Berliner Achtundvierziger **Adolf Douai** 1874 das erste erfolgreiche deutschsprachige sozialistische Tageblatt Amerikas, die *New Yorker Volkszeitung,* welche Ottendorfers *Staats-Zeitung* erstmalig unter der arbeitenden Leserschaft Konkurrenz machen sollte. Die *Volkszeitung* war offizielles Organ der durch und durch deutschen sozialistischen Bewegung Amerikas und hielt auch zum Berliner *Vorwärts* und der internationalen Arbeiterbewegung engen Kontakt. Zum Gram der deutschsprachigen Elite wurde nun in den Augen Amerikas „Sozialismus" mit „deutsch" gleichgesetzt.

Noch radikaler als die Sozialisten und ebenfalls von deutschen Akzenten durchsetzt, war die nicht parteigebundene anarchistische Bewegung unter der Leitung des ehemaligen Reichstagsabgeordneten **Johann Most**, der aus Deutschland ausgewiesen worden war. Die anarchistische Bewegung nahm selbst in den Augen der *Volkszeitung* bedrohliche Ausmaße an. Most predigte offen die „Propaganda der Tat" und erinnerte daran, dass „Ein Pfund Dynamit ... mehr wert als ein Büschel Stimmzettel" sei. Der amerikanische Kleinbürger stellte sich den Deutschen zunehmend als bierbäuchigen, bärtigen Bombenwerfer vor. Die etablierten Deutschen atmeten daher auf, als sich Most nach dreimaliger Verhaftung und Einkerkerung auf der berüchtigten Gefängnisinsel Blackwell's Island 1892 endgültig vom radikalen Flügel der anarchistischen Bewegung lossagte. Er überließ die Leitung nun seinen ebenfalls aus New York agierenden russisch-jüdischen Schülern Emma Goldman und Sascha Berkman.

Ab Mitte der 80er Jahre des 19. Jahrhunderts kamen die Einwanderer zunehmend aus Süd- und Osteuropa. Wie in anarchistischen, so trat man auch in sozialistischen Kreisen die Fackel an Politiker italienischer, russischer und anderer Herkunft ab. Das inzwischen verelendete „Kleindeutschland" überließ man den „neuen" Immigranten. Im Jahresbericht der Deutschen Gesellschaft von 1885 heißt es, dass

Die Brauerei Georg Ehret in der 92nd Street

es im ehemaligen deutschen Zentrum der Lower East Side zwar immer noch Wohnungen gäbe, „die es nicht würdig sind, von menschlichen Wesen bewohnt zu werden" dass jedoch „die ärmste Schicht der Deutschen, die einst hier lebte, inzwischen von der italienischen Bevölkerung verdrängt wurde." Die Deutschen stiegen gesellschaftlich wie geographisch „auf" – von den Gassen „Kleindeutschlands" in die feine Gegend um **Yorkville**, zwischen der Third Avenue, dem East River und der 80th und 92nd Street. Das gemäßigte deutsche Proletariat fand in den Außenbezirken Brooklyn, Queens und der Bronx, vor allem in Ridgeway wie auch im Nachbarstaat New Jersey ein neues Zuhause.

Vor allem im kulturellen Bereich reichten sich New Yorker Deutsche aller Gesinnungen und Stände die Hand. Man war um die Jahrhundertwende in der Tat stolz auf seine deutsche Herkunft, denn mit dem erneuten Aufblühen des Vereinswesens in Yorkville entstanden eine Reihe angesehener deutsch-amerikanischer Bühnen, an der Spitze das **Irving Place Theater**, das selbst unter amerikanischen Kritikern als „einziges Theater von Klasse in New York" gehandelt wurde, außerdem eine Oper, ein Symphonieorchester und eine philharmonische Gesellschaft, die allesamt unter deutscher Leitung standen und hauptsächlich deutsche Werke darboten. „Die Zukunft des Deutschtums von New York ist glänzend", fasste 1913 der deutsche New Yorker Historiker Otto Spengler die Situation zusammen. „Wir können mit guter Zuversicht vorwärts blicken."

Doch dann kam alles anders. Obwohl Präsident Wilson 1914 sofort nach Ausbruch des **Ersten Weltkrieges** die amerikanische Neutralität verkündete, entflammte bei den meisten Auslandsdeutschen in der gesamten Nation das Patriotenherz. Zwar stellte sich die sozialistische *New Yorker Volkszeitung* aus Prinzip gegen den „kapitalistischen, gegen das internationale Proletariat gerichteten Krieg", doch stand die *Staats-Zeitung*, wie fast jedes andere einflussreiche deutsch-amerikanische Blatt, fest hinter dem Kaiser. Die Deutschen verbündeten sich nun ausgerechnet mit den früher verhassten Iren, denn auch diese hätten nichts lieber gesehen als die Niederlage des gemeinsamen englischen „Erbfeindes". Man trug zur kaiserlichen Kriegsanleihe bei, unterstützte irische Rebellen, kritisierte lautstark den amerikanischen Verkauf von Munitionen an die Alliierten und engagierte sich auf deutsch-irischen Wohltätigkeitsbasaren für die Witwen und Waisen gefallener deutscher Kriegshelden.

Die eher anglo-orientierte Bevölkerung hörte dem teutonischen Donnergrollen während der Neutralitätsphase argwöhnisch zu. Der Kriegseintritt Amerikas 1917 ließ jedoch die lang angestauten Ressentiments zu einem nationalen antideutschen Feuersturm anwachsen. In den Zentren des Deutschtums machte sich die **antideutsche Hysterie** natürlich am deutlichsten bemerkbar, z.B. in New York, wo man den deutschen Fremdsprachenunterricht vom Unterrichtsplan staatlicher Schulen strich, vor deutschen Theatern protestierte, das Singen deutscher Lieder in der Öffentlichkeit verbot und das deutsche Repertoire der Oper, der Philharmonie und des Symphonieorchesters samt deutschstämmiger Musiker und Sänger absetzte. Als sozialistisch *und* deutsch war die *Volkszeitung* gleich doppelter Schikane ausgesetzt, während die einst kaiserfreundliche *New Yorker Staats-Zeitung* plötzlich zur Zeichnung amerikanischer Kriegsanleihen aufrief und ansonsten die offizielle deutschamerikanische „Maulhalte"-Politik befolgte. Die Leserschaft amerikanisierte ihre deutschen Familiennamen (von Müller zu Miller oder von Schmidt zu Smith) und bewarb sich en masse um die amerikanische Staatsbürgerschaft.

Nach Abschluss dieses dunklen Kapitels war nur noch wenig vom Glanz vergangener Zeiten zu verspüren. Der **Deutschamerikanische Nationalbund**, einst mit drei Millionen Mitgliedern Schirmgesellschaft Aberhunderter deutscher Vereine, löste sich auf und riet den Mitgliedsvereinen, seinem Vorbild zu folgen. In New York gingen über 60% der von Deutschen geleiteten Firmen bankrott oder wechselten den Namen und Besitzer. Dem Ensemble des ehemals hoch angesehenen Irving Place Theaters wurde gekündigt; nach einem kläglich gescheiterten Versuch, über eine Saison unter anderem Namen deutsche Opern aufzuführen, wurden die Ensemblemitglieder der Stadt verwiesen. Freunde der deutschen Oper mussten viele lange Jahre warten, bis Wagner wieder in deutscher Sprache an der Metropolitan zu hören war. Von über einem Dutzend Wochen- und Tageblättern überlebten nur die *Volkszeitung* (die sich noch einige Jahre halten sollte, bis sie in den frühen zwanziger Jahren endgültig verschwand) und die *Staats-Zeitung* (die mit einem zweiten Blatt, dem *Herold*, fusionierte, um weiterhin täglich erscheinen zu können). So verstummte die einst mächtige Stimme des New Yorker Deutschtums zu einem heiseren Krächzen.

Auch in der Zwischenkriegszeit war es den Deutschen nicht erlaubt, im New Yorker Alltag wieder Fuß zu fassen. Das Verbot aller öffentlichen Aufführungen deutscher Kulturdarbietungen wurde zwar aufgehoben, doch traute sich niemand, die neue Gesetzgebung auf die Probe zu stellen. Auch verspürte die deutschamerikanische Seite selbst nur wenig Verlangen nach deutschsprachigen Theaterstücken oder anderer Unterhaltung.

New Yorks deutsche Arbeiterschaft gab sich mit der Lektüre ihrer *Volkszeitung* zufrieden und verstand sich zunehmend als Teil der englischsprachigen amerikanischen Arbeiterklasse, während der nun weniger sicht- und hörbare deutsche Mittelstand weiterhin die immer amerikanischer werdende *Staats-Zeitung* abonnierte. Deren Leserschaft nahm jedoch so stetig ab, dass die Zeitung während der zwanziger Jahre anfing, auch Artikel in englischer Sprache zu veröffentlichen.

Auch der Zuzug der zum großen Teil hochgebildeten Flüchtlinge des Hitlerregimes Anfang der dreißiger Jahre führte nicht zu einer neuen kulturellen Blüte. **Deutsche Exiljuden** (denen nur selten Einlass in die Vereinigten Staaten gewährt wurde – ein dunkles Kapitel der Geschichte der amerikanischen Einwanderung) gliederten sich schnell in das bereits existierende amerikanische Judentum ein.

Künstler, wie zum Beispiel die in den dreißiger Jahren in New York aktive „Exiltheater"-Truppe, erhielten zwar in der Kulturszene mit gesellschaftskritischen Stücken recht gute Rezensionen, fanden ansonsten jedoch nur wenig Beachtung.

Intellektuelle stellten entweder ihr Deutschtum in Abrede und fanden an amerikanischen Universitäten Zuflucht (z.B. Albert Einstein, der an der Princeton Universität dankbar aufgenommen wurde) oder befreiten sich durch die Praxis einer übernationalen Sozialkritik ganz und gar von nationalen Gedanken jeglicher Art (wie zum Beispiel Theodor Adorno und Max Horkheimer, die während der Kriegsjahre in New York unterrichteten), um nach Kriegsende doch in die Heimat zurückzukehren – manche (wie Adorno und Horkheimer) in die Bundesrepublik, andere (wie Bert Brecht) in die neu gegründete DDR. Das Dritte Reich trug weiter zum unaufhaltsamen Verfall des New Yorker Deutschtums bei. Eine mit dem Hitlerregime sympathisierende Organisation nannte sich *Freunde des Neuen Deutschlands*. Später taufte sie sich zum **Deutschen Bund** um. Sie stand unter der Leitung des New Yorker Deutschamerikaners Fritz Kuhn. Doch kann man getrost sagen, dass sich diese Organisation nie größeren Einflusses erfreute. Selbst in New York, wo der Bund sein Hauptquartier hatte, trauten sich nur 8000 Deutsche, Mitglied zu werden. Die seltenen, spärlich besuchten Umzüge der Organisation durch das ehemals durch und durch deutsche Yorkville animierten höchstens die zunehmend ungarische Bevölkerung des Viertels zu einem unverständlichen Kopfschütteln.

Der Bund wurde nach Kriegseintritt der Vereinigten Staaten 1941 aufgelöst und Kuhn verhaftet. Die einst kaisertreue *Staats-Zeitung* hatte aus der antideutschen Hysterie des Ersten Weltkrieges eine Lehre gezogen und stellte sich demonstrativ gegen den Bund wie auch gegen das Naziregime – so sehr, dass die Zeitung in Deutschland verboten wurde.

Nach dem Krieg war es mit der deutschsprachigen Kultur New Yorks endgültig vorbei. Yorkville verlor seinen urdeutschen Charakter, wurde von neueren Einwanderern bevölkert, und die wenigen verbleibenden Deutschen wurden sprachlich und kulturell ein für allemal Amerikaner. Von den Hunderten von Turn-, Gesangs- und Theatervereinen existieren heute nur noch eine Hand voll, die meisten im Umland. Einzig die **Steubenparade**, zu der sich die wenigen verbliebenen Vereine alljährlich in der dritten Septemberwoche in Tracht auf der oberen Fifth Avenue treffen, erinnert noch heute an die einstige Auslandshauptstadt Deutschlands.

1963 fand eine soziologische Studie heraus, dass mehr New Yorker ihre Ursprünge in Deutschland als in irgendeinem anderen Land Europas haben (was sogar für die Vereinigten Staaten insgesamt heute noch zutrifft). Dennoch existiert keine erkennbare deutsche Kultur in New York – ein Tatbestand, der ebenfalls mehr oder weniger für die gesamte Nation gilt. Natürlich sind noch einige deutsche Spuren zu finden. In Yorkville zum Beispiel (s.S. 173) gibt es noch ein paar deutsche **Konditoreien und Cafés**, in denen man mit etwas Glück am Nachmittag uralte deutsche Damen bei Kaffee und Kuchen über die alten Zeiten plaudern hört. Die Bedienung, zum Teil Deutschamerikaner der fünften oder sechsten Generation, spricht ein seltsames deutsch-englisches Kauderwelsch, wie auch die Metzger, die einige Straßen weiter bei **Schaller und Weber**, dem deutschen Supermarkt, hinterm Fleischstand gute Jagd- und Leberwurst anbieten. Gleich nebenan wartet die Bedienung des **Heidelberg Restaurants** im Dirndl auf, und an den Zeitungsständen bekommt man mitunter sogar die aktuelle Ausgabe der *New Yorker Staats-Zeitung*, die heute nur noch als Wochenzeitschrift erscheint. Interessanterweise wird diese seit Ende der achtziger Jahre vom pensionierten *Zeit*-Redakteur **Jens Rau**, der in Florida lebt, geleitet und herausgegeben. Mit einer Auflage von ca. 6000 Exemplaren, deren Abonnenten zum größten Teil fern von New York leben, bleibt sie auch heute noch die meist gelesene deutschsprachige Zeitung Amerikas. Inzwischen ist diese ehemalige Stütze des New Yorker Deutschtums ein nostalgisches Heimatblatt für Senioren, dessen Aktualität sich höchstens in den wöchentlich veröffentlichten Bundesliga-Ergebnissen äußert.

Tatsächlich ist es schwierig, in New York auf den Spuren deutschamerikanischer Geschichte zu wandeln. So bleibt dem heutigen Touristen nur die Gewissheit, dass unter den vielen Einwanderern, die New York geprägt haben, die Deutschen eine bedeutende Rolle gespielt haben. Überhaupt will man als Tourist ja nicht in fernen Ländern die eigene Heimat wiederfinden – wie die Immigranten – sondern Neues entdecken. Wen aber doch das Heimweh packt, der kann sich ja einfach die *Staats-Zeitung* kaufen und die aktuellen Fußball-Ergebnisse lesen.

Architektur

	Architektonische Zeittafel	
1625	Holländer gründen auf Manhattan die Siedlung **Nieuw Amsterdam**.	Aus dieser Zeit sind keine Gebäude erhalten. Wo 1653 der nördliche Verteidigungswall der Siedlung gebaut wurde, verläuft heute die **Wall Street**.
Spätes 18. Jh.	New York steht unter **englischer Kolonialherrschaft**.	Die **St. Paul's Chapel** (1766) wird im georgianischen Stil erbaut.
1812	Blockade Manhattans durch die Briten.	Die **City Hall** wird gebaut.
1825	Die Eröffnung des **Erie-Kanals** begründet New Yorks Reichtum.	Das Hafenviertel um die Fulton Street wird gebaut. Es entstehen Reihenhäuser im Greek Revival-Stil, wie die **Schermerhorn Row**, **Colonnade Row**, **St. Mark's Place** und **Chelsea**. Vom ebenfalls verbreiteten Federal Style sind nur wenige Beispiele erhalten: Das **Abigail Adams Smith House**, das **Morris-Jumel Mansion** und **Gracie Mansion** sind die bedeutendsten.
1830–50	Die erste große **Einwandererwelle** bringt vor allem Deutsche und Iren nach New York.	Die **Lower East Side** entsteht. Die **Trinity Church** (1846) wird im gotischen Stil Englands gebaut, die **Federal Hall** (1842) im Greek Revival-Stil.

1850–1900	In neuen **Einwandererwellen** kommen weitere Iren und Deutsche, später Italiener und osteuropäische Juden nach Manhattan. Die **Industrialisierung** macht Einzelne zu Millionären. Der **Bürgerkrieg** (1861–65) zeigt kaum Auswirkungen auf die Stadt.	Die Gusseisentechnik bietet eine preiswerte Möglichkeit, klassische Architektur zu imitieren. Zahlreiche Beispiele wie das **Haughwout Building** (1859) finden sich in SoHo. Entlang der Fifth Avenue entstehen prächtige Bauten für die neuen Millionäre Amerikas. **Der Central Park** wird eröffnet (1876). Die **Brooklyn Bridge** (1883) verbindet gotische Elemente mit der Stabilität des Industriezeitalters, die **St. Patrick's Cathedral** (1879) und **Grace Church** (1846) stehen für filigrane Neugotik. Die **Freiheitsstatue** wird eingeweiht (1886).
Frühes 20. Jh.		Das **Flatiron Building** (1902) ist der erste Wolkenkratzer. Es entstehen zahlreiche öffentliche Gebäude im neoklassizistischen Stil, die wichtigsten sind der **Grand Central Terminal** (1919), die **New York Public Library** (1911), das **US Customs House** (1907), das **General Post Office** (1913) und das **Municipal Building** (1914). Das **Woolworth Building** (1913) wird zu Manhattans „Kathedrale des Kommerzes".
1915		Das **Equitable Building** nutzt jeden Zentimeter seines Grundstücks am Broadway und gibt Anlass für die ersten Baugesetze, die eine Zurückversetzung der oberen Geschosse vorschreiben, um Licht in die Straßen zu lassen.
1920	Die **Prohibition** beginnt. Der wirtschaftliche Aufschwung bringt die **Goldenen Zwanziger**.	Art-déco-Einflüsse prägen das **American Standard Building** (1927) und das **Fuller Building** (1929).
1929	Mit dem **Börsenkrach** an der Wall Street beginnt in Amerika die Depression.	Viele der prächtigen Gebäude, die in den 20er Jahren begonnen wurden, werden jetzt fertig gestellt. Wolkenkratzer verbinden Monumentalität mit dekorativen Elementen: das **Chrysler Building** (1930), das **Empire State Building** (1930), das **Waldorf Astoria Hotel** (1931) und das **General Electric Building** (1931) entstehen.

Architektur 453

		Das **Rockefeller Center**, das erste Beispiel einer Stadt-in-der-Stadt, wird im Laufe des Jahrzehnts gebaut. Das **McGraw-Hill Building** (1931) zeigt sich selbstbewusst modern.
30er Jahre	Roosevelts **New Deal** und **WPA** (Works Project Administration) sollen die Arbeitslosigkeit verringern.	Die Bautätigkeit beschränkt sich weitgehend auf Wohnsiedlungen. Im Rahmen von Arbeitsbeschaffungsmaßnahmen der WPA entstehen Wandgemälde in der ganzen Stadt, wie die in der **New York Public Library** und im **County Courthouse**.
1941	Amerika tritt in den **Zweiten Weltkrieg** ein.	Neue Baugesetze sollen den Bau weiterer Wolkenkratzer anregen, in den Kriegsjahren entstehen jedoch kaum neue Gebäude.
1950		Gründung der **Vereinten Nationen**. Mit dem **Sekretariat der Vereinten Nationen** (1950) hält die gläserne Vorhangfassade in Manhattan Einzug. Zu ähnlichen, von Le Corbusier beeinflussten Bauten zählen das **Lever House** (1952) und das beeindruckende **Seagram Building** (1958). Dessen Plaza gab den Anstoß zu neuen Baugesetzen, welche die Schaffung weiterer öffentlicher Plätze gleichen Stils anregen sollten. Das **Guggenheim Museum** (1959) wird eröffnet.
60er Jahre	**Protestbewegungen** demonstrieren gegen die US-Intervention in Vietnam.	Viele Gebäude der frühen 60er Jahre sind lediglich blasse Imitationen der bereits existierenden gewaltigen gläsernen Wolkenkratzer. Das **Pan Am Building** (1963) versucht sich davon abzuheben, überzeugender gelingt dies der **Ford Foundation** (1967). Die Plaza wird bei Bauten von weniger bedeutenden Architekten zum obligaten Element. Der neue **Madison Square Garden** (1968) wird an der Stelle der alten Penn Station errichtet. Die minimalistische **Verrazano-Narrows Bridge** (1964) verbindet Brooklyn mit Staten Island.
70er Jahre	Unter Abraham Beame als Bürgermeister erlebt die Stadt einen wirtschaftlichen **Niedergang**. Als immer	Die Türme des **World Trade Centers** (1970) werden zum Wahrzeichen der Skyline von Downtown.

454 Architektur

	mehr Unternehmen New York verlassen, stürzt New York in eine **Finanzkrise**.	Die **Rocke-feller Center Extensions** (1973–74)reihen Stahl-und-Glas-Kästen wie Klone aneinander. Mit dem **Citicorp Center** (1977), dessen sehenswertes Atrium von späteren Bauten aufgegriffen wird, erhält die Skyline einen neuen Blickpunkt.
Späte 70er Jahre	Die Investitionen steigen wieder.	**One UN Plaza** perfektioniert die gläserne Vorhangfassade(1975). **Ed Koch** wird zum Bürgermeister gewählt (1978).
1980	Die Geschäftswelt erlebt einen neuen **Aufschwung**.	Das **IBM Building** (1982) verkörpert die konservative Seite der Architektur. Postmoderne Bauten wie das **AT&T Building** (1983) und die **Federal Reserve Plaza** (1985) verbinden unterschiedliche historische Stile in einem Gebäude. Die Restaurierungsarbeiten an der **Freiheitsstatue** werden abgeschlossen. Die gemischte Bebauung von **Battery Park City** stößt auf großen Zuspruch.
1986	**Börsenkrach** an der Wall Street; Der Dow Jones fällt innerhalb eines Tages um 500 Punkte.	Der Immobilienmarkt stagniert. Das **Equitable Building** an der Seventh Avenue wird eröffnet.
1989	Der Demokrat **David Dinkins** wird der erste schwarze Bürgermeister von New York.	Das **Rockefeller Center** wird zu einem internationalen Mischkonzern, an dem u.a. die Japaner beteiligt sind. Das **RCA Building** wird in **General Electric Building** umbenannt.
1990	New York wird von der **Rezession** erfasst.	Das **Ellis Island Museum of Immigration** öffnet seine Pforten.
1991	New Yorks **Haushaltsdefizit** erreicht einen Rekordstand.	Das **Guggenheim Museum** wird nach Umbau wieder eröffnet.
1993	Am **World Trade Center** explodiert eine Autobombe, die fünf Menschen tötet und viele andere verletzt. Der Republikaner **Rudolph Giuliani** gewinnt die Bürgermeisterwahlen.	Das berühmte Ed Sullivan Theater wird vollständig renoviert und in **David Letterman Show Studio** umbenannt.
1996	Nach beinahe 20 Jahren gewinnen die **NY Yankees** zum ersten Mal wieder die *World Series*.	Eröffnung des **SoHo Grand** – seit Jahrzehnten das erste neue Hotel in Downtown.
1997	Die **Mordstatistiken** fallen über vier Jahre in Folge. Verbesserungen der Gesetze zur **Mietpreisbindung**. Wiederwahl von **Rudolph**. In U-Bahnen und Bussen wird die **Metrocard** eingeführt.	Umstrukturierungen des **Times Square**, Eröffnung des **New Victory Theater** in der 42nd St und des **Museum of Jewish Heritage** in Battery Park City.

1998	**100 Jahre** New York City nach der Eingemeindung von Staten Island, Queens und der Bronx. Die **NY Yankees** gewinnen erneut die *World Series*. Der unbegrenzt gültige **Metropass** führt zu einem Anstieg der U-Bahn-Passagiere auf nie dagewesene 8 Millionen pro Tag.	Gesetzesbeschluss zum Bau des **Waterfront Park** am Hudson River, der sich von Battery Park City bis zur 72nd St erstrecken soll. Feierliche Wiedereröffnung des prächtig renovierten **Grand Central Terminal** durch John Kennedy Jr. zu Ehren seiner Mutter, Jacqueline Kennedy Onassis, die sich erheblich für die Finanzierung des Projekts eingesetzt hat. In **Flushing Meadow** wird das neue *Stadium* für die US Open-Tennisturniere eingeweiht.
1999	Es mehren sich die Spekulationen über die Kandidatur von Hillary Rodham **Clinton** ab 2001 für den Senat in New York und die Übersiedlung der Clintons nach Manhattan.	Fertigstellung des neuen Hochhauses **Conde Nast** am Times Square. Im renovierten **Grand Central Terminal** öffnen die ersten hochpreisigen Läden und Restaurants ihre Pforten.
2000	Bürgermeisterwahlen im November des Jahres, vorraussichtliche Kandidaten: Hillary Rodham Clinton und Rick Lazio.	Das neue **Hayden Planetarium** des Rose Center for Earth and Space im American Museum of Natural History wird eröffnet.

Architektonisches Glossar

Art déco Ursprünglich Kunstgewerbestil der 30er Jahre mit geometrischen Formen und Mustern.

Beaux Arts Neoklassizistischer Architekturstil, der gegen Ende des 19. Jahrhunderts an der École des Beaux Arts in Paris gelehrt wurde. In New York am Grand Central Terminal verwirklicht.

Brownstone Ursprünglich ein Reihenhaus des 19. Jahrhunderts mit einer Fassade aus *brownstone* (eine Art brauner Sandstein); bezeichnet heute allgemein Stadthäuser aus braunem Sandstein.

Colonial Style Neoklassizistischer Architekturstil des 17. und 18. Jahrhunderts.

Federal Style Amerikanischer Architekturstil (1790–1820), der aus dem englischen Georgian Style entstand. Orientiert sich am alten Rom und dessen Philosophie der freien Republik, ist vor allem in Washington D.C. unter Jefferson favorisiert worden. Der Stil blieb auch für öffentliche Bauten im 19. Jh. beliebt.

Georgian Style Stilrichtung in England und seinen Kolonien unter den Königen George I. bis George IV. (1714–30). Nahm Anleihen aus dem französischen Rokoko, Klassizismus, der Gotik, aber auch aus Indien und China. Typisch sind symmetrische Formen und große, elegante Hauseingänge. Beispiele in New York sind das Gracie Mansion und das Morris-Jumel Mansion.

Greek Revival Historisierender Architekturstil, der Bezug auf die griechische Klassik nahm. Wurde im frühen 19. Jahrhundert gerne für Banken und größere Gebäude verwandt.

Italianate Style Von italienischen Renaissancebauten inspirierter Stil Mitte des 19. Jh.

Plaza Weitläufiger, offener Platz, der vor Wolkenkratzern als öffentlicher Raum dient – und ihnen eine begehrte Adresse verleiht (So-und-so-Plaza Nr. 1). Kam in Mode, als angeordnet wurde, dass

Häuser nur dann eine bestimmte Höhe überschreiten dürfen, wenn vor ihnen ein öffentlicher Platz geschaffen wird.
Queen Anne Style Nach der britischen Königin Anne benannter, englischer Stil (1700–1720). In den USA hielt er im späten 19. Jh. Einzug. Charakteristisch sind holländische Giebel, roter Backstein, hölzerne Fensterrahmen und allgemein eine in einem Gebäude vereinte Material- und Strukturvielfalt.

Second Empire Historisierender französischer Barockstil.
Skyscraper (Wolkenkratzer) Ursprünglich das höchste Segel eines Schiffes. Die ersten Wolkenkratzer entstanden in der zweiten Hälfte des 19. Jahrhunderts in New York und Chicago mit der neuen Stahlskelettbauweise sowie der Erfindung des elektrischen Fahrstuhls. Im 20. Jahrhundert erhielt die Wolkenkratzerarchitektur u.a. neue Impulse durch Walter Gropius und Mies van der Rohe.

Moderne Amerikanische Kunst

Im ersten Jahrzehnt des 20. Jahrhunderts arbeitete in New York die Künstlergruppe **The Eight**, auch als **Ashcan School** bekannt, unter ihrem Lehrer und Leiter Robert Henri. Einige ihrer Mitglieder arbeiteten als Illustratoren für die Zeitungen der Stadt. Ihr Anliegen war es, das Leben in der modernen amerikanischen Großstadt, insbesondere New York, so realistisch wie möglich darzustellen – so, wie es frühere Maler mit der Natur getan hatten. Ihre Ausstellungen in den Jahren 1908 und 1910 waren jedoch ausgesprochene Misserfolge. Den meisten ihrer Arbeiten wurde angelastet, dass sich die Motive nicht für die Malerei eigneten. Zur selben Zeit traf sich die Gruppe um den Fotografen Alfred Stieglitz in dessen **Photo-Secession Gallery** in der Fifth Avenue. Sie verfolgte einen individualistischeren Ansatz. Die Künstler beschäftigten sich weniger mit gesellschaftlichen Themen, sondern suchten ihren ganz eigenen Stil zu produzieren. Allerdings fanden auch sie kaum Anerkennung. Kunst war für Amerikaner, selbst für amerikanische Kritiker, etwas Europäisches, und die frühen Versuche des 20. Jahrhunderts, sie auf die amerikanischen Verhältnisse zu übertragen, wurden mit Argwohn zur Kenntnis genommen.

Der Wandel kam 1913 mit der **Armory Show**, einer Ausstellung, die von den verbliebenen Künstlern der Ashcan School-Mitgliedern der neu gegründeten Association of American Painters and Sculptors – veranstaltet wurde und über 1800 europäische Werke erstmals der amerikanischen Öffentlichkeit zugänglich machte. Alle wichtigen französischen Maler des 19. Jahrhunderts wurden ausgestellt, daneben Kubisten und Expressionisten und, aus New York, die Werke der Ashcan School und des Stieglitz-Kreises. Die einmonatige Ausstellung in New York wurde von über 85 000 Menschen besucht, bevor sie durch Amerika wanderte, und löste einen Sturm der Entrüstung aus. Die europäischen Maler wurden von den Amerikanern verrissen, teils, weil sie ihnen ihren Einfluss missgönnten, teils, weil sie nicht viel damit anzufangen wussten. Die einheimischen amerikanischen Künstler wurden hingegen dafür kritisiert, dass sie dem keinen eigenen Stil entgegenzusetzen hatten. Die Presse goss Öl ins Feuer, indem sie die verbreitete Angst vor dem subversiven Aspekt moderner Kunst schürte. Langfristig gesehen hatte die Ausstellung jedoch bahnbrechende Wirkung: Sowohl amerikanische als auch europäische moderne Kunst, überwiegend abstrakte Malerei, wurde auf dem ganzen Kontinent bekannt, und von nun an genossen die amerikanischen Künstler die Freiheit, ihren eigenen Ansatz zu entwickeln. Die Gemälde, die daraufhin entstanden, waren jedoch alles andere als abstrakt. Der Börsenkrach 1929 und die folgende Wirtschaftsdepression inspirierten den **Sozialistischen Realismus** mit Bildern wie **Thomas Hart Bentons** *America Today* (heute im Equitable Center, 757 7th Ave, zu sehen): ein gewaltiges realistisches Wandgemälde, das jeden Aspekt des modernen amerikanischen

Lebens darstellt. Das **Federal Art Project**, das im Rahmen von Roosevelts New Deal als Arbeitsbeschaffungsmaßnahme durchgeführt wurde, half zahlreichen Künstlern durch die mageren 30er Jahre, indem sie im Auftrag der Stadt Wandgemälde schufen. Langsam setzte sich die Auffassung durch, dass sich Arbeit, Arbeiter und öffentliches Leben durchaus als Gegenstände der Kunst eigneten und dass darüber hinaus dem Künstler die Verantwortung oblag, den gesellschaftlichen Wandel voranzutreiben.

Maler wie **Edward Hopper** und **Charles Burchfield** konzentrierten sich auf die realistische Abbildung des modernen amerikanischen Lebens, um das Besondere (bei Hopper leere Straßen, verlassene Häuser, einsame Figuren im Diner) „episch und universell" werden zu lassen. Hopper und Burchfield zählen zu den großen Künstlern des 20. Jahrhunderts. Viele ihrer Zeitgenossen produzierten demgegenüber nur uninspirierte Wiederholungen, zumal in Form von öffentlichen Auftragsarbeiten. Doch sollte es nicht mehr lange dauern, bis die amerikanische Kunst mit der abstrakten Malerei zu neuem Leben erweckt wurde.

Mit der Gründung des **Museum of Modern Art** 1929 und der **Guggenheim Foundation** acht Jahre später sowie dem Zustrom emigrierter europäischer Künstler in den 30er Jahren (Walter Gropius, Hans Hofmann, die Surrealisten) begann New York Paris als Welthauptstadt der Kunst den Rang abzulaufen. Besonders **Hans Hofmann** sollte sowohl mit seiner Kunstschule als auch mit seinen kraftvollen expressionistischen Arbeiten entscheidenden Einfluss auf die New Yorker Maler ausüben. Amerikanische Künstler, die in Europa gelebt hatten, kamen mit einer Fülle von Eindrücken zurück, die sie erstmals mit neuen Tendenzen in der amerikanischen Kunst versöhnten. In der Auseinandersetzung mit ihren Vorbildern schufen sie damit eine neue, ureigene Ausdrucksform. Der herausragendste Vertreter dieser Entwicklung war **Arshile Gorky**, ein gebürtiger Armenier, der sich mit den Arbeiten von Cézanne, Picasso und vor allem der Surrealisten beschäftigt hatte. Seine Technik war jedoch weit ausdrucksstärker als die kühle Objektivität der Europäer; seine Gemälde weisen mehr Struktur und Bewegung auf. Auch **Stuart Davis**, früher ein bedeutendes Mitglied der Ashcan School, übte mit seinen abstrakten Darstellungen von Alltagsgegenständen, wie z.B. *Lucky Strike,* das im Museum of Modern Art ausgestellt ist, einen starken Einfluss aus. Mit abstrakten Formen experimentierte auch **Georgia O'Keeffe** – Ehefrau des im frühen 20. Jahrhundert wirkenden Fotografen Alfred Stieglitz – deren bekannteste Arbeiten die verlassenen Landstriche des Südwestens, Totenschädel von Rindern sowie Blütendarstellungen zeigen. Die Abstraktion entsteht in der enormen Vergrößerung der Motive, die sich in sanft geschwungenen Linien und Wölbungen auflösen und mit einer eigenartigen Sinnlichkeit Fruchtbarkeit und Wachstum andeuten. Zahlreiche ihrer Arbeiten sind im Whitney Museum ausgestellt.

Die **Abstrakten Expressionisten** – oder die **New York School**, als die sie bekannt wurden – waren weitgehend Einzelgänger, die sich in zwei Richtungen unterteilen lassen: Die erste Richtung produzierte abstrakte Gemälde mit großer Leidenschaft und verschwenderischem Umgang mit dem Material, während die zweite Gruppe einen strengeren Ansatz erkennen lässt. Der namhafteste Vertreter der ersten Richtung ist **Jackson Pollock**, ein Farmerssohn aus Wyoming, der bei Thomas Hart Benton in New York studierte und in den 30er Jahren Picassos Kubismus aufgriff. Nach Pollocks Meinung war die amerikanische Kunst noch immer zu stark dem europäischen Diktat unterworfen. Er begann daher mit der Schaffung von Gemälden, die sich bewusst von allem bisher Dagewesenen absetzten. So waren seine Werke von gigantischen Ausmaßen und ließen keine kompositorische Begrenzung erkennen. Pollock schnitt einfach die Leinwand ab, wo es ihm angebracht schien. Seine großflächige Arbeitsweise wurde vielfach aufgegriffen und konnte sich vor allem wegen der weitläufigen Fabriketagen, in denen amerikanische Künstler ihre Ateliers hatten, durchsetzen. Auch wurde damit die Ablehnung des bourgeoisen (und damit in erster Linie europäischen) Kunstbegriffes zum Ausdruck gebracht: Die meisten

Gemälde des Abstrakten Expressionismus sprengten den Raum, den ein gewöhnlicher Sammler zur Verfügung hatte, und damit auch die traditionellen Kategorien. Pollock malte häufig auf dem Boden und legte dabei mehrere Farbschichten wie zufällig übereinander, was mehr über den Akt des Malens aussagte als über ein bestimmtes Thema. Diese Technik prägte den Begriff des **Action Painting**. Ein Kritiker beschrieb die Leinwand in Pollocks Arbeit dementsprechend als „eine Aktionsbühne statt einer Produktionsfläche".

Mit einer ähnlichen Technik, aber weniger abstrakten Motiven arbeitete der gebürtige Holländer **Willem de Kooning**, dessen Zyklus Women deutlich figurative Elemente enthält – wie auch sein Frühwerk, das überwiegend im Museum of Modern Art zu sehen ist. De Kooning und Pollock ähneln sich vor allem im verschwenderischen Umgang mit Farben, die auf die Leinwand gepinselt, gegossen, getropft oder mit dem Spachtel aufgekratzt wurden. Auch **Franz Kline** gehörte dieser Schule an: Er reduzierte den Einsatz von Farbe und brachte stattdessen gewaltige schwarze Formen vor einem grell weißen Hintergrund auf die Leinwand, die oft an chinesische Schriftzeichen erinnern. Robert Motherwell, die vielleicht wichtigste Figur des Abstrakten Expressionismus, erzielte einen ähnlichen Effekt in seinen Elegies to the Spanish Republic, bediente sich dabei aber eher europäischer als fernöstlicher Symbole und ließ sich von tatsächlichen Ereignissen inspirieren. Auch seine Arbeiten sind im Whitney Museum und im MoMA ausgestellt.

Die zweite Richtung des Abstrakten Expressionismus, die Color Field-Malerei, wird von **Mark Rothko** dominiert, einem gebürtigen Russen, dessen Arbeiten unschwer an den großflächigen, rechteckigen Farbfeldern vor einem einfarbigen Hintergrund zu erkennen sind. Rothkos Bilder wirken im Gegensatz zu Pollocks Arbeiten wesentlich ruhiger und wollen weniger den Entstehungsprozess vermitteln als vielmehr grundlegende Emotionen zum Ausdruck bringen. Sein Werk wurde als mystisch und mitunter als religiös bezeichnet: Die Gemälde strahlen eine tiefe Melancholie aus; die hellen, verschwommenen Konturen der Farbblöcke scheinen zu strahlen und vermitteln dennoch ein Gefühl von Verzweiflung. Nachdem Rothko, ein zutiefst unglücklicher Mensch, 1970 Selbstmord begangen hatte, war es an einem seiner engsten Freunde, **Adolf Gottlieb**, sein Werk fortzuführen. Mit seinen *Pictographs* erforschte Gottlieb verborgene Seelenzustände und brachte Elemente „primitiver" Kunst auf die Leinwand. Er bediente sich eines einzigartigen Vokabulars aus Symbolen für Kosmos und Chaos – farbige Kreise über einer kleksigen Erde –, wie in seiner Reihe *Frozen Sounds* aus den frühen 50ern im Whitney Museum zu sehen.

Die Abstrakten Expressionisten verhalfen der amerikanischen Kunst zu weltweitem Ansehen und festigten New Yorks Rolle als Kunstzentrum. Andere Künstler wandten sich von dem emotionalen Ansatz Pollocks und Rothkos ab und mäßigten die temperamentvolle Maltechnik zur distanzierten Darstellung von Formen in klar definierten Begrenzungen. Beispiele sind **Kenneth Nolands** Target und die geometrischen (später dreidimensionalen) Formen in **Frank Stellas** Bildern. **Ad Reinhardt** reduzierte die Verwendung von Farben zur monochromen Malerei – die logische Konsequenz waren verschiedene Abstufungen von Schwarz.

Barnett Newman ist schwieriger einzuordnen, wird aber gewöhnlich ebenfalls mit den Abstrakten Expressionisten in Verbindung gebracht, zumal seine ausdrucksstarken Farbfelder deutlich an Rothko erinnern. Die kontrollierte Verwendung einer Farbe in minimalen Abstufungen, die nur von einem kontrastierenden Streifen durchbrochen wird, rückt ihn jedoch eher in die Nähe späterer Kunstrichtungen. **Helen Frankenthaler** (und später **Morris Louis**) entwickelte Newmans Ansatz mit Bildern wie *Mountains and Sea* weiter, indem sie die ungrundierte Leinwand eher flächig einfärbte als bemalte. Freien Flächen kommt dadurch die gleiche Bedeutung zu wie farbigen, und Pinselstriche sind nicht zu erkennen. Farbe war für Frankenthaler und Louis der wichtigste Aspekt der Malerei und verband sich mit der Leinwand zu einer Einheit. In seinen späteren Werken begann Louis – mit den Worten eines Kritikers – „beinahe ausschließlich in unbegrenzten Farben zu denken, zu fühlen und wahrzunehmen." Wie um seine Ablehnung jeder anderen Technik zu manifestieren, zerstörte er die meisten seiner Arbeiten aus den vorangegangenen zwei Jahrzehnten.

Mit den 60er Jahren hielten die **Pop Art** und die **Minimal Art** Einzug. Letztere brachte Arbeiten hervor, die aus industriellen Materialien bestanden und für bestimmte Stadtlandschaften gefertigt wurden. Im Mittelpunkt standen vor allem die physischen Eigenschaften des Mediums, wie im Werk von **Richard Serra** verdeutlicht. **Louise Nevelson**, die 1899 in Kiev geboren wurde und in Maine aufwuchs, stieß 1929 zur Art Students League in Manhattan. Für ihre Installationen aus Gittern und Säulen – viele davon tiefschwarze Aluminiumskulpturen – zollte man der Künstlerin jahrzehntelang Anerkennung und einige ihrer Werke sind heute entlang der oberen Park Avenue und auf dem Louise Nevelson Plaza im Financial District aufgestellt. Die **Pop Art** entlehnte Motive aus den Massenmedien – Film, Fernsehen, Werbung und Zeitschriften – und schuf Darstellungen in schrillen und intensiven Farben. **Jasper Johns** machte mit *Flag* den Anfang, worin er die Stars and Stripes zu einer ästhetischen Komposition degradierte. Das eigentliche Thema der Pop Art war jedoch die Monumentalisierung der amerikanischen Alltagskultur: **Andy Warhol** machte Marilyn Monroe und *Campbell's Soup* zu seinen Motiven, **Claes Oldenburg** schuf aus weichen Materialien Skulpturen von Alltagsgegenständen und vor allem Lebensmitteln in übergroßen Dimensionen und **Robert Rauschenberg** stellte gewöhnliche Gegenstände in Collagen und „Assemblagen" zusammen. **Roy Lichtenstein** ließ sich von Zeitungsbildern und Comics inspirieren und machte die Zerlegung in Rasterpunkte zu seinem Markenzeichen. **Edward Kienholz** stellte in realistischen Tableaus aus zusammengetragenen Fundstücken die traurigen, grausamen oder skurrilen Seiten des Lebens dar.

Der eigentliche Verdienst der Pop Art besteht darin, dass sie der Allgemeinheit einen Zugang zur Kunst und sogar Spaß daran vermittelte. Das Alltägliche wurde für die Künstler des 20. Jahrhunderts zum ernst zu nehmenden Gegenstand. **Graffiti** konnte infolgedessen zur Kunstform erhoben werden, und New Yorker Maler wie **Keith Haring** und **Kenny Scharf** wurden zu Prominenten, die regelmäßig die Nachtclubs von Manhattan neu gestalteten. Harings letzte Arbeit vor seinem Tod (durch Aids) 1990 war ein Altar in der Cathedral of St. John the Divine – ausgestattet mit den Strichmännchen, die sein Markenzeichen wurden.

Eine ausgeprägt naturalistische, figurative Darstellungsweise hingegen, findet sich in **Philip Pearlsteins** eher konventionellen Aktstudien und in **Duane Hansons** Werk, deren hyperrealistische Plastiken in beinahe voyeuristischer Weise einsame, alternde oder arbeitslose Menschen in Alltagssituationen darstellen.

Mit den umfassenden fotografischen Neuschöpfungen von **Chuck Close** erhielt der Realismus eine fantastische Dimension – Close' Markenzeichen waren Polaroid-Nahaufnahmen, die er Segment für Segment in einem riesigen Maßstab replizierte. Als er 1988 aufgrund einer Verletzung an der Wirbelsäule von den Schultern abwärts gelähmt wurde, tat dies seiner künstlerischen Leistung noch lange keinen Abbruch. Mit neuen impressionistischen Interpretationen seiner alten Technik vollzog er einen weiteren Schritt und überraschte die Kunstwelt einmal mehr mit seinem Einfallsreichtum. In den 70er und 80er Jahren führten **Cindy Sherman** und **Nan Goldin** die Portraitfotografie und die atmosphärische Dokumentarfotografie auf neues Terrain. Erstere mit ihren sexuell provozierenden, chamäleonartigen Selbstdarstellungen in Verkleidung von Charakteren aus Independent-Filmen; letztere in einer ergreifenden Serie von Aufnahmen ihrer Freunde bzw. Adoptivfamilie, viele davon Transvestiten, die inzwischen an AIDS gestorben sind. Dem New York der 60er Jahre entstammt die Konzeptkünstlerin **Susan Rothenberg** mit atmosphärischem, impressionistischem Einschlag, deren Ölgemälde von Wüstenlandschaften des amerikanischen Südwestens auf große Annerkennung stießen.

Der vielleicht bekannteste Künstler der vergangenen 20 Jahre war **Jean-Michel Basquiat**, wenn auch in erster Linie aufgrund seiner Affäre mit Madonna, die mehrere seiner Bilder besitzt. Basquiats Künstlerlaufbahn begann mit dem Graffiti-Duo namens SAMO *(Same Old Shit)*. Obwohl er aus der Mittelschicht stammte, wurde er von den Galeristen der Stadt als Straßenkid vermarktet – ein Image, dem er traurigerweise gerecht wurde: Er war hochgradig heroinsüchtig und starb 1989. Erwähnenswert ist an dieser Stelle auch **Julian Schnabel**, Basquiats Künstlerkollege und wichtigster Vertreter des **Neoexpressionismus**, der 1996 Basquiats Leben verfilmte. Ebenfalls eine herausragende Persönlichkeit der letzten Jahre war **Jeff Koons**, der die Pop Art Warhols und anderer weiterführte und es außerdem sehr gut verstand, sich selbst zu inszenieren.

Auch wenn die New Yorker Kunstszene in den 90er Jahren teilweise von Londons Künstlern, insbesondere den *young British artists*, in den Schatten gestellt wurde, so könnte es sich für sie als ein Vorteil herausstellen, dass sie sich im vergangenen Jahrzehnt weniger trendbesessen zeigte, als in der Dekade davor.

New York im Film

Die atemberaubende Skyline und die wilde Fassadenlandschaft, die finsteren Ecken und protzigen Avenues, die elektrisierende Energie und die egozentrische Ausstrahlung machen New York zum geborenen Filmstar. Von der Stummfilmära mit ihren moralisierenden Geschichten über junge Liebespaare, die an der Metropole scheitern, über die rauchigen *Films noirs* der 40er Jahre, bis zu den Independent-Produktionen der Lower East Side der 80er und 90er Jahre, hat sich New York immer als perfekter Schauplatz für schillernde Romanzen und düstere Thriller gleichermaßen erwiesen und dürfte daher die meistgefilmte Stadt der Welt sein. Auf jeden Fall aber ist New York die Stadt, die immer auf Anhieb zu erkennen ist.

Dem visuellen Mosaik der Stadt entspricht die Vielfalt und Vitalität ihrer Filmszene, deren exzentrischer und unabhängiger Geist so eigenwillige Persönlichkeiten wie John Cassavetes und Jim Jarmusch, Shirley Clarke, Spike Lee und Martin Scorsese hervorgebracht hat, sowie Regisseure wie Woody Allen und Sidney Lumet, die allein den Gedanken, in einer anderen Stadt zu arbeiten, verabscheuen.

Schwerpunkt der folgenden Liste sind die für New York typischsten Filme – die die Atmosphäre der Stadt einfangen, ihren Puls und ihren Stil – Filme, die ihre Vielfalt feiern oder ihre Pechvögel verlachen, und Filme, die bei all ihren Schwächen zukünftigen Besuchern zumindest annähernd eine Vorstellung von dem vermitteln, was sie erwartet.

Zehn der besten New York-Filme

Do the Right Thing (Spike Lee, 1989). Der heißeste Tag des Jahres im Viertel Bedford-Stuyvesant in Brooklyn – der Tag, an dem der Schmelztiegel überkocht. Spike Lees schillerndes, durchgestyltes Meisterwerk ist ein tragikomisches Epos, das mit jedem Ansehen dazugewinnt.

Die Faust im Nacken *(On the Waterfront,* Elia Kazan, 1954). Nur wenige Bilder von New York sind so einprägsam wie die von Marlon Brandos Taubenschlag auf dem Dach bei Dämmerung und von New Yorks Hafen im Nebel (die Szenen wurden genau genommen jenseits des Flusses in Hoboken gedreht). Grandioser Film über einen erfolglosen Boxer und Hafenarbeiter, der sich aus der Gewaltspirale des Bandenmilieus im Hafenviertel befreit.

Frühstück bei Tiffanys *(Breakfast at Tiffany's,* Blake Edwards, 1961). Der bezauberndste und liebenswerteste aller New York-Filme, mit Audrey Hepburn als schrillem Partygirl, das sich in der Glitzerwelt der Upper East Side tummelt. Hepburn und George Peppard besuchen sich über die Feuerleiter und machen die Fifth Avenue unsicher, von der New Public Library bis zum Juweliergeschäft *Tiffany's* eben.

Heut' gehn wir bummeln – Das ist New York! *(On the Town,* Gene Kelly, Stanley Donen, 1949). Drei Soldaten auf Landgang in New York zwischen Sightseeing und Flirt. Der spritzige Klassiker mit Gene Kelly, Frank Sinatra und Ann Miller, die durch das Museum of Natural History wirbeln, ist das erste Musical, das die Studiokulisse verlässt und auf die Straße geht.

King Kong (Merian C. Cooper and Ernest B. Schoedsack, 1933). Obwohl die Hälfte des Films auf einer tropischen Insel spielt, auf der der Zehnmeteraffe eingefangen wird, zeichnet *King Kong* ein authentisches Bild Manhattans in der Zeit der Depression und beschert uns eines der einprägsamsten Kinobilder der Stadt: ein über dem Empire State Building thronender King Kong, der Flugzeuge wie Fliegen jagt.

Lonesome (Paul Fejos, 1928). Der kürzlich entdeckte Stummfilm folgt den Spuren zweier einsamer New Yorker der Arbeiterklasse an einem ereignisreichen Samstag im Sommer. Höhepunkt ist ein turbulenter Nachmittag im Gedränge auf Coney Island. Besonders sehenswert ist dieses ausdrucksstarke Meisterwerk mit der originellen Live-Musikbegleitung des Alloy Orchestra.

Manhattan (Woody Allen, 1979). Meisterwerk in Schwarzweiß über Selbstanalyse, Lebensgefühl und Beziehungen der Mittelschicht, untermalt von Gershwin-Melodien. Vermutlich die größte Liebeserklärung, die New York je gemacht wurde.

Schatten (*Shadows*, John Cassavetes, 1960). Bevor Cassavetes an die Westküste ging, drehte er mit seinem Erstling einen New York-Film par excellence im Stil des New Wave: ein Stück über Jazzmusiker, junge Liebe und Rassenkonflikte, mit dem Schwung des Bebop und der Leidenschaft des Jazz, gedreht im Central Park, in Greenwich Village und im Skulpturengarten des MoMA.

Dein Schicksal in meiner Hand (*Sweet Smell of Success*, Alexander Mackendrick, 1957). Der Broadway als Schlangengrube. Klatschkolumnist Burt Lancaster und Presseagent Tony Curtis machen sich gegenseitig das Leben schwer in dieser lauten, zynischen Analyse über Korruption im Showbusiness. Die Aufnahmen wurden an Originalschauplätzen gedreht, meistens nachts und in kontrastreichem Schwarzweiß: Der Times Square und der *Great White Way* sahen nie besser aus.

Taxi Driver (Martin Scorsese, 1976). Das verstörende Porträt folgt dem obsessiven Außenseiter Travis Bickle (Robert De Niro) auf seinen rastlosen, nächtlichen Fahrten durch New York, bis er ein Ziel gefunden hat: Er will die Prostituierte Iris (Jodie Foster) aus den Fängen ihres Zuhälters befreien. New Yorks großartigster Regisseur und Chronist der Schattenseiten zeigt die Stadt auf berauschende Weise anziehend und zugleich zutiefst abstoßend.

Das alte New York

Die Docks von New York (*The Docks of New York*, Josef von Sternberg, 1928). Die erste Einstellung zeigt eindrucksvolle Ansichten von New Yorks Küste aus seiner Zeit als bedeutender Hafen. Im Mittelpunkt stehen Matrosen auf Landgang, billige Absteigen und Hafenkaschemmen – wunderschöne Bilder einer hässlichen Welt.

Hallelujah, I'm a Bum (Lewis Milestone, 1933). Exzentrische Musikkomödie (mit gereimten Dialogen), die in der Zeit der Wirtschaftsdepression spielt und den Central Park als Ort der Zuflucht für Obdachlose schildert. Den eingefleischten Tramp Al Jolson zieht es nach Norden, wo er den Sommer in New York unter freiem Himmel verbringen will. Gerade als er sich in ein Mädchen verliebt, das er im Park kennen lernt, ist er gezwungen, einen Job an der Wall Street anzunehmen.

Hester Street (Joan Micklin Silver, 1975). Eine junge, traditionsverbundene russische Jüdin folgt ihrem Mann in die Lower East Side der Jahrhundertwende und erkennt, dass sie sich der Neuen Welt anpassen muss. Einfache, aber anrührende Geschichte mit großartigem Zeitkolorit. Die Mietshäuser und Märkte der Hester Street des Jahres 1896 wurden in den malerischen Seitenstraßen des West Village überzeugend rekonstruiert.

Der kleine Ausreißer (*Little Fugitive*, Morris Engel und Ruth Orkin, 1953). Ein siebenjähriger Junge aus Brooklyn, der durch eine Intrige glaubt, seinen Bruder getötet zu haben, flüchtet nach Coney Island, wo er einige Tage damit zubringt, sich bislang verbotenen Vergnügungen zu widmen. Wunderbares Zeitdokument mit Aufnahmen des Brooklyn der 50er Jahre, das sowohl die amerikanischen Independent-Regisseure als auch die französische Nouvelle Vague beeinflusste.

Ein Mensch der Masse (*The Crowd,* King Vidor, 1928). Ein junges Paar will in der großen Stadt sein Glück machen, wird aber von der kapitalistischen Maschinerie geschluckt und ausgespuckt. Eine düstere Vision des New York der 20er Jahre und einer der großen Stummfilme.

Der Pate – Teil II (*The Godfather Part II,* Francis Ford Coppola, 1974). Der zweite Teil von Coppolas großem Epos zeigt Vito Corleone in jüngeren Jahren, seine Ankunft auf Ellis Island mit der italienischen Einwandererwelle der Jahrhundertwende und seine harte Jugend in den sorgfältig rekonstruierten Straßen von Little Italy.

Radio Days (Woody Allen, 1987). Woody Allen kontrastiert Reminiszenzen an seine laute, schamlose Familie im Rockaway der 40er Jahre mit einer Hommage an das goldene Radiozeitalter und den Glamour des Times Square. Mit derselben zynischen Nostalgie erzählt er in **Bullets Over Broadway** (1994) eine Geschichte von Gangstern und Theaterleuten in den 20er Jahren.

Straßenjagd mit Speedy (*Speedy,* Ted Wilde, 1928). Die köstliche Stummfilmkomödie mit Harold Lloyd ist ein unschätzbares Zeitdokument aus den 20er Jahren, das an Originalschauplätzen gedreht wurde, mit einer Verfolgungsjagd durch die Straßen der Lower East Side, einem Besuch im Yankee Stadium und einem unvergesslichen, vergnüglichen Ausflug nach Coney Island.

Summer of Sam (Spike Lee, 1999). Der schwarze Sommer des Jahres 1977, der die „Son of Sam"-Morde, eine unglaubliche Hitzewelle, Stromausfälle, Plünderungen, Brandstiftung und die Geburt des Punk mit sich brachte, bildet den perfekten Hintergrund für Lees ausladende Geschichte über Paranoia und Verrat in einer italienisch-amerikanischen Enklave der Bronx.

Zeit der Unschuld (*The Age of Innocence,* Martin Scorsese, 1993). Prächtig ausgestattetes Porträt der New Yorker Oberschicht in den 70er Jahren des 19. Jahrhunderts, mit Daniel Day-Lewis und Michelle Pfeiffer, nach dem gleichnamigen Roman von Edith Wharton. Obwohl Scorsese sich naturgemäß weitgehend auf Innenaufnahmen in Salons und Ballsälen beschränken muss, gelingt es ihm auch, mit einer beachtlichen Tricktechnik die damalige Upper East Side wieder auferstehen zu lassen.

Das New York der Gegenwart

All Over Me (Alex Sichel, 1997). Wunderbar gespielte Geschichte über das Erwachsenwerden: Claude verliebt sich heimlich in ihre beste Freundin Ellen. Schauplätze sind beengte Mietwohnungen und brütend heiße Kneipen in Hell's Kitchen in einem schwülen Sommer – passender Soundtrack mit Girl-Grunge.

Bad Lieutenant (Abel Ferrara, 1992). Beinahe jeder von Ferraras Filmen, von *Driller Killer* bis *The Funeral* verdient einen Platz in der Liste der besten New York-Filme, aber diese Geschichte über einen Cop (Harvey Keitel), der am Ende ist, ist sein ganz persönliches *Manhattan*. Eine Reise durch die Hölle.

Celebrity (Woody Allen, 1998). In diesem Streifen voller kleiner Szenen mit berühmten Schauspielern lässt Woody Allen *La Dolce Vita* im bezaubernden und glamoureusen Manhattan der 90er Jahre aufleben. Der Film ist vor allem wegen der Auftritte Leonardo di Caprios und Kenneth Branaghs sowie der großartigen und intelligenten schwarz-weiß Filmtechnik von Sven Nykvist bemerkenswert.

The Cruise (Bennett Miller, 1998). Dokumentarisches Portrait eines wahren New Yorker Exzentrikers. Timothy „Speed" Levitch, der einem Roman Dostojewskijs entsprungen sein könnte, verfügt über eine barocke Sprachbegabung und über ein enzyklopädisches Wissen der hiesigen Geschichte. Timothy führt verwirrte Touristen auf „Cruises" durch New York und lässt sich dabei über die Tyrannei des *grid plan* (quadratischen Straßennetzes) der Stadt aus und schwärmt nebenbei vom „lasziven Voyeurismus des Tourbusses".

Eyes Wide Shut (Stanley Kubrick, 1999) Kubricks Aufsehen erregende phallische Narretei spielt in einer New Yorker Unterwelt der Reichen und Dekadenten. Der Promi-Arzt Tom Cruise durchstreift Greenwich Village und findet sich plötzlich als unwillkommener Gast auf einer Orgie maskierter Menschen in einer Villa in Long Island wieder.

Jungle Fever (Spike Lee, 1991). Gemischtrassige Beziehungen scheinen in den 90ern noch immer ein Tabubruch; zwischen Harlem und Bensonhurst liegen Welten in Lees ambitionierter, pessimistischer und wütender Großstadt-Liebesgeschichte. Mit einem Kurzauftritt des noch unbekannten Samuel L. Jackson als Cracksüchtiger Gator.

Kids (Larry Clark, 1995). Der beste Sommerfilm über New York seit *Do The Right Thing* – und ebenso umstritten. Ein anrührendes Porträt einer Gruppe amoralischer Durchschnitts-Teenies, die einen schwülen Tag in der Upper East Side, im Washington Square Park und im Schwimmbad in der Carmine Street vertrödeln.

Kopfgeld (*Ransom,* Ron Howard, 1996). Spannungsgeladener Thriller mit Mel Gibson als Selfmade-Millionär, dessen Sohn an der Bethesda Fountain im Central Park gekidnappt wird.

Little Odessa (James Gray, 1995). Düstere, wunderschön fotografierte Geschichte über die russische Mafia in Brighton Beach und Coney Island, mit Tim Roth als dem verlorenen Sohn, der nach Brooklyn heimkehrt. In den 90ern entstanden eine Reihe von „Ethno-Krimis", die u.a. irische Gangster *(State of Grace,* dt. *Im Vorhof der Hölle),* jüdische Gauner *(Amongst Friends)* und schwarze Gangs *(New Jack City)* zum Thema machten.

Nacht über Manhattan *(Night Falls on Manhattan,* Sidney Lumet, 1996). Gothams großartige Filmchronik der Polizeikorruption verpasst der Giuliani-Ära einen weiteren gezielten Schlag – unterbewertetes Drama über Drogendealer in Harlem, korrupte Cops und einen Anwalt. In den Hauptrollen Andy Garcia als idealistischer Staatsanwalt und Ian Holm als Ex-Bulle in dessen Diensten.

Teurer als Rubine *(A Price above Rubies,* Boaz Yakin, 1998). Der Film spielt in der ultraorthodoxen Chassidim-Gemeinde von Borough Park in Brooklyn und bietet äußerst spannende Einblicke in eine ansonsten wenig bekannte Welt. Yakins absurd-lustige Geschichte über die Rebellion einer jungen Frau (Renée Zellwegger) gegen patriarchalische Unterdrückung trägt jedoch nur wenig zur Aufklärung bei.

The Saint of Fort Washington (Tim Hunter, 1992). Was sonst im Film beinahe unsichtbar bleibt, wird hier thematisiert: Das Elend der Obdachlosen. Gefühlvolles Porträt eines Schizophrenen (Matt Dillon) und eines Vietnamveteranen (Danny Glover), die sich im Obdachlosenasyl Fort Washington in Washington Heights begegnen.

Six Degrees of Separation (Fred Schepisi, 1993). Gelungene und fesselnde Adaption von John Guares gefeiertem Bühnenstück. Ausgehend von der Geschichte eines jungen Schwarzen (Will Smith), der eines Tages in einem Luxusapartment der Upper East Side auftaucht und behauptet, Sidney Poitiers Sohn zu sein, werden New Yorks Klassen- und Rassenschranken thematisiert.

Smoke (Wayne Wang, 1995). Ein kluger, witziger Film nach einer Erzählung von Paul Auster (der auch das Drehbuch schrieb). Das Schicksal führt in dem kleinen Tabakladen von Auggie Wren (Harvey Keitel) in Brooklyn die unterschiedlichsten Menschen zusammen, wobei jeder auf seine Weise versucht, sein Leben zu meistern. So entsteht ein buntes Kaleidoskop der Einwohner New Yorks. Die Dreharbeiten machten allen so viel Spaß, dass von dem übrig gebliebenen Material und Geld gleich noch ein Folgefilm – **Blue in the Face** – entstand.

Unmade Beds (Nicholas Barker, 1998). Dieser bissige, teilweise lustige und wunderschön stilisierte Dokumentarfilm über vier New Yorker Singles, die in den Kleinanzeigen nach der großen Liebe suchen, zeichnet die Stadt als ein endloses Edward Hopper-Gemälde – lauter einsame Seelen, die in gemieteten Mini-Apartments der Dinge harren.

Komödien und Liebesgeschichten

Antz (Eric Darnell & Lawrence Guterman, 1998). Erst bei der Pointe dieses Zeichentrickfilms über eine Insekten-Odyssee – mit einem duckmäuserischen Helden (gesprochen von

Woody Allen), der zu nahe an einem anderen millionenstarken Volk lebt und von korrupten Beamten herumkommandiert wird – merkt der Zuschauer, dass dies nicht nur eine allegorische Darstellung New Yorks ist, sondern dass es bei dem ganzen, wunderbar gestalteten Universum um nichts anderes geht, als um einen Ameisenhügel neben einer Mülltonne im Central Park.

Big (Penny Marshall, 1988). Tom Hanks in der Rolle eines Kindes, das sich im Körper eines Erwachsenen wiederfindet. Als „Fachmann" arbeitet er für eine Spielzeugfirma an der Madison Avenue und verblüfft seinen Chef, als er mit kindlichem Enthusiasmus durch FAO Schwarz tobt. Während er versucht, hinter das Geheimnis seiner vorzeitigen Yuppie-Karriere zu kommen, verlegt er seinen Wohnsitz vom schäbigen Times Square in ein traumhaftes Loft in SoHo.

The Daytrippers – Der Tagesausflug (*The Daytrippers,* Greg Mottola, 1996). Mottola folgt den Spuren einer chaotischen Familie aus Long Island auf der Suche nach dem abtrünnigen Ehemann der ältesten Tochter. Ihre Odyssee durch Manhattan führt von Verlagshäusern der Park Avenue zu einer Dachterrassenparty in SoHo und einer überraschenden Auflösung.

Die große Liebe meines Lebens (*An Affair to Remember,* Leo McCarey, 1957). Nach einer kurzen Affäre auf einer Kreuzfahrt beschließen Deborah Kerr und Cary Grant bei der Ankunft in New York, sich in sechs Monaten auf dem Empire State Building zu treffen – unter der Bedingung, dass sich beide aus ihren alten Beziehungen lösen können und Playboy Grant als Maler in Greenwich Village erfolgreich ist. Zu Herzen gehende Liebesgeschichte, deren alles entscheidende Verabredung auf dem Empire State Building in *Schlaflos in Seattle* zitiert wird.

Wachgeküßt (*Living Out Loud,* Richard LaGravenese, 1998). Liebenswürdiges, schrulliges Portrait über Einsamkeit in New York. Holly Hunter spielt eine reiche Frau, die nach ihrer Scheidung plötzlich allein in einem sagenhaften Apartment der Fifth Avenue lebt. Da beginnt sie die ungleiche Freundschaft zu ihrem Fahrstuhlführer (Danny DeVito) und zur Sängerin Queen Latifah, die in einem Jazzclub der Uptown auftritt.

Men in Black (Barry Sonnenfeld, 1997). Einer der witzigsten und originellsten Filme über das Manhattan der vergangenen Jahre macht New York zum Ziel einer ganz neuen Einwandererwelle: Tommy Lee Jones und Will Smith wachen in den Tiefen des Battery Tunnel über ein Ellis Island für Außerirdische.

Nie wieder New York (*The Out-of-Towners,* Arthur Hiller, 1969). Wer Probleme hat, vom Flughafen in die Stadt zu gelangen, sei damit getröstet, dass es Jack Lemmon und Sandy Dennis auch nicht besser erging: Alles, was nur irgendwie schiefgehen kann, passiert in Neil Simons turbulenter Komödie.

Sarah und Sam (*Crossing Delancey,* Joan Micklin Silver, 1989). Liebenswerte Geschichte einer in Uptown lebenden Jüdin (Amy Irving), die jede Woche ihre Großmutter besucht, die südlich der Delancey Street wohnt. Die Großmutter und ihre Mischpoke verkuppeln sie mit einem netten jungen Pickles-Verkäufer, obwohl sie von einem berühmten Schriftsteller träumt. Faszinierende Einblicke in das Leben der jüdischen Lower East Side und die Yuppiewelt der Upper West Side.

Der Stadtneurotiker (*Annie Hall,* Woody Allen, 1977). Oskargekrönte, autobiographische Liebeskomödie, die zwischen Rückblenden in Alvy Singers Kindheit auf Coney Island das Leben und Lieben der wohlhabenden Mittelschicht in Uptown Manhattan beschreibt, mit endlosen Cocktailparties und Kinovorführungen von Marcel Ophüls' *Le chagrin et la pitié*. Eine Huldigung sowohl an seinen Star Diane Keaton als auch an New York. Geistreich und höchst einnehmend.

Stranger than Paradise (Jim Jarmusch, 1984). Nur das erste Drittel – der ursprüngliche Independent-Film – spielt in New York, aber die charakteristische Lethargie der Lower East Side ist treffend gezeichnet und durchzieht den ganzen Film, in dem Willie, Eva und Eddie von New York nach Cleveland und schließlich nach Florida fahren. Außerdem kann der Film mit tadellosen Downtown-Referenzen aufwarten: John Lurie ist der Jazz-Saxophonist der Lounge Lizards, Richard Edson spielte bei Sonic Youth Schlagzeug, und Jarmusch selbst zählt im East Village zur Lokalprominenz.

Susan ... verzweifelt gesucht (*Desperately Seeking Susan,* Susan Seidelman, 1985). Eine gelangweilte Hausfrau aus New Jersey (Rosanna Arquette) begibt sich nach Manhattan auf der Suche nach Susan (Madonna), dem Objekt mysteriöser Zeitungsannoncen. Von der Atmosphäre im East Village infiziert, verwandelt sich Arquette in einen flippigen Madonna-Verschnitt und findet ihr Glück in der bunten Welt von Downtown.

Das verflixte 7. Jahr (*The Seven Year Itch,* Billy Wilder, 1955). Strohwitwer und Groschenromanautor Tom Ewell träumt heimlich von seiner verführerischen Nachbarin, die Reklame für Zahnpasta macht: Marilyn Monroe in einer ihrer komischsten Rollen. Die Szene, in der sie über einem U-Bahn-Gitter (Lexington Ave, Ecke 52nd St) ihren hochfliegenden Rock bändigt, wurde zu einem der berühmtesten Kinobilder überhaupt.

Das Wunder von Manhattan (*Miracle on 34th Street,* George Seaton, 1947). Das perfekte Gegenstück zu all den Thrillern und Horrorstorys, die New York zum Schauplatz haben. *Miracle* beginnt mit der alljährlich von *Macy's* veranstalteten Christmas Parade, bei der ein freundlicher älterer Herr sich als Ersatz für den betrunkenen Weihnachtsmann des Kaufhauses anbietet.

New Yorker Alpträume

The Addiction (Abel Ferrara, 1995). Der Heimweg von der College-Bibliothek wird für Lili Taylor zum Horrortrip, als sie in der Bleecker Street von einem Blut saugenden Wesen gebissen wird und fortan selbst auf der Suche nach frischem Blut durch das East Village streift.

Die Klapperschlange (*Escape from New York,* John Carpenter, 1981). Die Gesellschaft hat den Krisenherd Manhattan aufgegeben und die ganze Insel in ein Hochsicherheitsgefängnis umfunktioniert. Als der Präsident nach einer Notlandung in dem gesetzlosen Ort als Geisel genommen wird, wird Kurt Russell zu seinem Retter bestimmt.

Jacob's Ladder (Adrian Lyne, 1990). Tim Robbins steigt in Brooklyn aus der U-Bahn und muss feststellen, dass er in einer stillgelegten Geisterstation eingesperrt ist. Die Halluzinationen seines Vietnam-Traumas machen den Horror perfekt.

Der Marathon-Mann (*The Marathon Man,* John Schlesinger, 1976). Der naive und etwas weltfremde Dustin Hoffman rennt quer durch Manhattan um sein Leben, nachdem er in eine Nazi-Verschwörung geraten ist. Einprägsame Aufnahmen, die im Central Park, an der Columbia University, im Diamond District und in Spanish Harlem entstanden.

Rosemaries Baby (*Rosemary's Baby,* Roman Polanski, 1968). Mia Farrow und John Cassavetes ziehen in ihre Traumwohnung im Dakota Building (72nd St, Ecke Central Park West, wo John Lennon lebte und starb) und glauben schon, ihre einzigen Probleme seien neugierige Nachbarn und dünne Wände, bis Mia Farrow schwanger und ihr Leben zur Hölle wird – im wahrsten Sinne des Wortes. Vermutlich einer der verstörendsten Filme mit Schauplatz New York.

Stoppt die Todesfahrt der U-Bahn 123 (*The Taking of Pelham 1-2-3,* Joseph Sargent, 1974). Kein Film für U-Bahn-Angsthasen. Eine erpresserische Bande entführt einen Zug auf der Strecke durch Midtown und droht, jede Minute einen Passagier zu töten, wenn nicht binnen einer Stunde eine Million Dollar Lösegeld bereitsteht.

Sue – Eine Frau in New York (*Sue,* Amos Kollek, 1997). Ein sehr einfühlsames Drama einer alleinstehenden Frau (Anna Thomson), deren Leben in Manhattan langsam jeglichen Sinn verliert – ein stiller Schrei, der ein erschreckendes Maß an Wahrheit birgt.

Überleben in New York (*Survival in New York,* Rosa von Praunheim, 1989). Von Praunheim zeichnet den quälenden Überlebenskampf von vier Frauen aus der deutschen Provinz nach, die sich im menschenfeindlichen Manhattan durchschlagen müssen. Dokumentarfilm.

Das verlorene Wochenende (*The Lost Weekend,* Billy Wilder, 1945). Ray Milland spielt einen einsamen Alkoholiker, der auf dem Trockenen sitzt. Die berühmteste Sequenz ist ein langer Marsch über die Third Avenue (an Originalschauplätzen gedreht), wo er versucht, seine

Schreibmaschine zu Geld zu machen – aber die Pfandhäuser wegen des Jom Kippur-Feiertags geschlossen sind.

Wolfen (Michael Wadleigh, 1981). Die Sünden der Stadtgründer und korrupten Immobilienmakler werden gerächt: Bösartige Wölfe suchen in diesem Horrorklassiker die Stadt heim. Einer der wenigen Filme, die die indianische Geschichte der Stadt thematisieren und einer der ersten, der die Steadicam gekonnt einsetzt.

Die Zeit nach Mitternacht (*After Hours*, Martin Scorsese, 1985). Der Yuppie und Computerprogrammierer Griffin Dunne begibt sich auf einen nächtlichen Horrortrip in den Hades von Downtown – eine Reise, die von schlimm bis schrecklich reicht, weil Dunne auf jeden Spinner südlich der 14th Street trifft.

Ganoven- und Gangsterfilme

Asphaltcowboy (*Midnight Cowboy,* John Schlesinger, 1969) Die Beziehung zwischen dem naiven Callboy Buck (Jon Voight), der aus Texas in die große Stadt kommt, und dem anrührenden Schurken Ratso Rizzo (Dustin Hoffman) ist der Kern dieses bahnbrechenden Oskarpreisträgers. Das Paar ist einfach unschlagbar.

Brennpunkt Brooklyn (*The French Connection,* William Friedkin, 1971). Jede Menge impulsiver Brooklyn-Atmosphäre in diesem großartigen, oskargekrönten Polizeithriller mit Gene Hackman, dessen klassische Verfolgungsjagd per Auto und U-Bahn unter der Hochbahn in Bensonhurst gedreht wurde.

The Bronx (*Fort Apache, The Bronx,* Daniel Petrie, 1981). Ein Film, der die schlimmsten Befürchtungen über die Bronx bestätigt. Paul Newman spielt einen erfahrenen Polizisten im korruptesten Revier der Stadt mit der höchsten Kriminalität. Spannend, unterhaltsam und völlig unglaubwürdig.

The Cool World (Shirley Clarke, 1964). Ein *Boyz 'n' the Hood* der 60er Jahre über die Sehnsüchte eines Teenagers in Harlem – eine Waffe tragen und Gangmitglied werden. Mit dieser radikalen Studie im Dokumentarstil beweist Clarke, dass sie das politische Gewissen New Yorks ist – wie schon mit **The Connection** (1962), ihrem Porträt einer Gruppe von Süchtigen, die auf ihren Dealer warten, und **Jasons Porträt** (*Portrait of Jason*, 1967), dem Monolog eines jungen, schwarzen Schmarotzers.

Dead End (William Wyler, 1937). Fesselnde Adaption eines Bühnenstückes über das Proletariat der Lower East Side, mit Humphrey Bogart als Kleinkrimineller mit Mutterkomplex und einer Horde schlagfertiger Jugendlicher, die später als *The Dead End Kids* in eigenen Filmen spielten.

Hexenkessel (*Mean Streets*, Martin Scorsese, 1973). Der brillante Film, der Scorsese den Durchbruch brachte, folgt den Spuren des Kleinkriminellen Harvey Keitel und seines leichtfertigen Kumpels Robert De Niro durch ein lebendig porträtiertes Little Italy, bis es zur Gewalteskalation kommt.

Nur noch 72 Stunden (*Madigan,* Don Siegel, 1968). Nach einer bunten Bilderfolge aus dem Manhattan der Wolkenkratzer und eleganten Avenues in der ersten Sequenz des Films wird Gaunercop Richard Widmark in die dunklen Ecken von Spanish Harlem geschickt. *Madigan* ist eine anschauliche Studie über die Macht der Korruption im Polizeiapparat, mit Henry Fonda als Polizeichef, der alle Mühe hat, anständig zu bleiben.

Prince of the City (Sidney Lumet, 1981). Lumet ist ein eingefleischter New York-Regisseur. Seine Krimis, darunter **Serpico**, **Hundstage** *(Dog Day Afternoon),* **Tödliche Fragen** (*Q&A*) und **Die zwölf Geschworenen** (*Twelve Angry Men*) sind allesamt herausragende New York-Filme, aber *Prince of the City* ist sein New York-Epos. Ein korrupter Rauschgiftfahnder wird zum verdeckten Ermittler, um seinen Hals zu retten. Lumet führt uns von Drogenrazzien in Harlem zu den Häusern der Cops auf Long Island und zur Luxusbude des Schnüfflers mit Blick über Central Park.

Stadt ohne Maske (*Naked City*, Jules Dassin, 1948). Kriminalgeschichte aus Dokumentarperspektive. An Originalschauplätzen gedreht, verfolgt sie die Jagd auf einen skrupellosen Mörder quer durch die Stadt, bis zu einer unvergesslichen Verfolgungsjagd durch die Lower East Side und einer Schießerei auf der Williamsburg Bridge.

Superfly (Gordon Parks Jr, 1972) Der Klassiker über den ultimativen Deal eines smarten Drogenhändlers ist heute vor allem wegen seiner unglaublichen Seventies-Mode und seines dokumentarischen Blicks auf die Bars, Straßen, Clubs und Diners des Harlems der Siebziger sehenswert. Ekstatischer Soul- Soundtrack von Curtis Mayfield.

Der Todeskuss (*Kiss of Death,* Henry Hathaway, 1947; Barbet Schroeder, 1995). Im Original von 1947 spielt Victor Mature einen Ex-Häftling, der zum Spitzel wird und den Psychopathen Richard Widmark jagt. Der Thriller war einer der ersten Filme überhaupt, der vollständig außerhalb des Studios gedreht wurde. Das Remake von 1997 verlegt die Handlung in ein weniger düsteres Queens des Jahres 1990 und hetzt David Caruso auf Nicolas Cage.

Musikfilme

Die 42. Straße (*42nd Street,* Lloyd Bacon, 1933). Einer der besten Filme über den Broadway überhaupt: Die unbekannte Revuetänzerin Ruby Keeler erhält die Chance ihres Lebens, als sie für den erkrankten Star der Show einspringen soll – der Rest ist bekannt...

Fame – Der Weg zum Ruhm (*Fame,* Alan Parker, 1980). Der Film – und die daran anknüpfende Fernsehserie – spielen in der High School for the Performing Arts in Manhattan. In lakonischer und gefühlvoller Erzählweise schildert er Freud und Leid der angehenden Tänzer und Schauspieler stellvertretend für den Überlebenskampf in der Stadt.

A Great Day in Harlem (Jean Bach, 1994). Einzigartiger Dokumentarfilm über jenen historischen Augustmorgen 1958, an dem der Fotograf Art Kane die Crème de la crème des Jazz auf den Stufen eines Brownstone-Hauses in Harlem zum Fototermin bat, und alle kamen: Charles Mingus, Thelonius Monk, Count Basie, Lester Young, Marian McPartland, Maxine Sullivan, Art Blakey... Ein tolles Porträt eines goldenen Zeitalters, gespickt mit Heimvideo-Sequenzen und heutigen Interviews.

Hair (Milos Forman, 1979). Die Filmversion des alternativen Musicals verwandelt den Central Park in ein Hippie-Paradies für Zottelbär Treat Williams und all seine Wassermänner und -frauen. Die Choreographie (auch für die tanzenden Polizeipferde) stammt von Twyla Tharp.

New York, New York (Martin Scorsese, 1977). Scorseses Hommage an die großen Hollywood-Musicals der Nachkriegszeit, die er für die Zeit nach dem Vietnamkrieg neu erzählt. Am Tag des Sieges gegen Japan gabelt Saxophonist Robert De Niro Liza Minelli in einem Tanzschuppen am Times Square auf. Der Film verfolgt die Künstlerkarrieren und die Liebesgeschichte der beiden durch die Big-Band-Ära. Für Scorsese ungewöhnlich, wird die Stadt als prächtige Studiokulisse rekonstruiert.

Nur Samstag Nacht (*Saturday Night Fever,* John Badham, 1977). An den weißen Anzug und die Discokugel erinnert sich jeder und die Bee Gees-Songs sind immer noch im Ohr, aber darüber hinaus ist *Saturday Night Fever* ein tief gehendes und überzeugendes Porträt der Arbeiterjugend der 70er Jahre (Travolta arbeitet in einem Malergeschäft, wenn er nicht übers Parkett flitzt), über das italienische Brooklyn und den Weg nach Manhattan.

Schwere Jungs – leichte Mädchen (*Guys and Dolls,* Joseph L. Mankiewicz, 1955). Das Broadway-Musical schlechthin wurde durchgehend in Studiokulissen gedreht und geht mit adretten Mädels in Bonbonfarben etwas an der Realität des Times Square vorbei. Zu allem Überfluss wird ein singender und tanzender Marlon Brando präsentiert.

Sweet Charity (Bob Fosse, 1969). Shirley MacLaine als liebenswerte Prostituierte Charity, die vom Pech verfolgt wird. Sie wird im Central Park von ihrem Freund ausgeraubt, tingelt durch diverse Uptown-Clubs und landet schließlich wieder im Park, wo sich eine sympathische Hippie-Meute ihrer annimmt.

Vorwiegend heiter (*It's Always Fair Weather,* Gene Kelly, Stanley Donen, 1955). Eine ernüchternde Fortsetzung von *Heut' gehn wir bummeln – Das ist New York.* Drei Kriegskameraden treffen sich nach zehn Jahren in New York wieder und müssen feststellen, dass sie sich gegenseitig und ihr eigenes Leben verabscheuen. Tiefsinniges, zynisches Musical mit großartigen Tanznummern, darunter ein Mülltonnenstep im Hinterhof.

West Side Story (Robert Wise, Jerome Robbins, 1961). Shakespeare als verfilmtes Bühnenmusical: etwas überschätzter Oskarpreisträger über rivalisierende Straßengangs. Wo sich die *Sharks* und die *Jets* bekriegten und die Liebe in einer Tragödie endete, steht heute das Lincoln Center.
Yankee Doodle Dandy (Michael Curtiz, 1932). James Cagneys oskargekrönte Darstellung des Multitalents George M. Cohan (s.u. Berühmte New Yorker) ist eine temperamentvolle Biographie mit viel Musik, vielleicht die beste dieser Art.

Bücherliste

Bei der Flut von Literatur zum Thema New York kann hier nur eine beschränkte Auswahl aufgelistet werden, die zum weiteren Stöbern und Schmökern anregen soll. Titel, die in Übersetzung vorliegen, sind mit dem deutschen Titel und Verlag angegeben.

Essays und Impressionen

Ron Alexander *Metropolitan Diary: The Best Selections from the New York Times Column* (William Morrow & Co, US). Lieblingskolumne aller *New York Times*-Leser, die nun an jedem Tag der Woche erhältlich ist. Frönen Sie ihren heimlichen Lauschfantasien mit diesen Beobachtungen, Anekdoten und Zitaten von ganz normalen New Yorkern, aufgeschnappt in Kino-Warteschlangen, Bussen, Restaurants, Bars und Fahrstühlen, um nur einige der Orte zu nennen, an denen New Yorker den Gesprächen ihrer Mitmenschen zuhören. Die Skizzen sind oft vergnüglich, manchmal äußerst ärgerlich, aber ach so typisch für New York.
Djuna Barnes *New York* (Wagenbach). Literarische Reportagen, die zwischen 1913 und 1919 veröffentlicht wurden und sich überwiegend mit ausgefallenen Charakteren und Orten beschäftigen. Evokative Schilderung einer weltweit unruhigen Zeit.
Anatole Broyard *Kafka Was the Rage* (Vintage). Beschreibt das Leben der Bohème im Greenwich Village der 40er Jahre, mitunter etwas frauenfeindlich und selbstgefällig, aber der überaus lesbare Stil und die fesselnde Beschreibung der radikalen / intellektuellen Szene am City College lohnen die Lektüre.
Jerome Charyn *Metropolis* (Abacus / Avon). Charyn, der aus der Bronx stammt, durchstreift das New York der 80er Jahre und ist in seinen Beobachtungen ebenso scharfsinnig wie sensibel und erfrischend authentisch. Siehe auch unter Belletristik.
William Corbett *New York Literary Lights* (Graywolf Press, US). Informative Einführung in die Literaturgeschichte New Yorks mit Kurzbeschreibungen von Autoren, Verlegern und anderen Figuren der Literaturszene; darüber hinaus werden ihre Stammlokale, Wohnviertel und Lieblingspublikationen beschrieben. Die knapp gehaltenen, alphabetisch geordneten Einträge sorgen für große Übersichtlichkeit und laden zum Schmökern ein. Vermutlich wird man von einigen Autoren, die die Stadt ihre Heimat nannten, überrascht sein (Ayn Rand und Mark Twain, um nur zwei zu nennen) und hoffentlich inspiriert das Buch seine Leser so sehr, dass sie sich auf ihre ganz eigene Literatur-Tour durch New York begeben.
Josh Alan Friedman *Tales of Times Square* (Feral House). Mit nüchterner Sprache wird die Welt um den „alten" Times Square der Jahre 1978–84, des goldenen Zeitalters der Pornographie, dokumentiert, die von Schleppern, Zuhältern und 25-Cent-Kicks beherrscht wird.
Joseph Mitchell *Up in the Old Hotel* (Random House). Mitchells Essays – die er selbst Erzählungen nennt – wurden erstmals im *New Yorker* veröffentlicht und sind das Werk eines nüchternen und dennoch suggestiven Genies. Mitchell beschreibt Figuren und Situationen mit journalistischer Genauigkeit und stilistischer Perfektion – er ist der große Chronist des New Yorker Lebens auf der Straße.
Jan Morris *Manhattan '45* (Penguin / OUP) In seinem besten Roman mit Schauplatz New York rekonstruiert Morris das Gesicht der Stadt, das sich 1945 den heimkehrenden GIs bot. Warmherzig und mit großer Leichtigkeit geschrieben, mit kleinen Anekdoten gespickt. Lesenswert ist auch *The Great Port* (OUP).

Georges Perec, Robert Bober *Ellis Island* (New Press). Brillante und bewegende Dokumentation von der „Insel der Tränen" mit geschichtlichen Fakten, Nachdenklichem und Interviews, denen sich die Neuankömmlinge unterziehen mussten. Das Ergebnis sind zutiefst bewegende Geschichten (zwischen 1892 und 1924 wurden auf der Insel 3000 Selbstmorde gezählt) und ebensolche Bilder.

Guy Trebay *In the Place to Be: Guy Trebay's New York* (Temple University Press, US). Die gesammelten Artikel des bekannten Kolumnisten der *Village Voice* beschäftigen sich mit so genannten „Randgruppen", die bei genauem Hinsehen gerade den Charakter New Yorks ausmachen.

Geschichte, Politik und Gesellschaft

Herbert Asbury *The Gangs of New York* (Paragon House). Das 1928 erstmals veröffentlichte Buch beschreibt auf faszinierende Weise New Yorks Schattenseiten, voller historischer Details, Anekdoten und Charakterstudien diverser Ganoven – Pflichtlektüre.

Edwin G. Burrows & Mike Wallace *Gotham: A History of New York City to 1898* (Oxford University Press). Mit seinen umfangreichen, enzyklopädischen Details ist dies ein wirklich ernsthaftes Buch über die frühe Entwicklung New Yorks – von seiner Rolle in der Revolution über Reformbewegungen bis hin zur Bevölkerungsstruktur in den 20er Jahren des 19. Jahrhunderts. Es enthält sowohl faszinierende Einblicke in die frühen Einflüsse auf die Stadt als auch Erkenntnisse in Sachen Namenkunde – was besonders für New York-Kenner sehr interessant sein dürfte.

Robert A. Caro *The Power Broker: Robert Moses and the Fall of New York* (Vintage). Die brillante und scharfe Analyse eines der mächtigsten Männer im New York des 20. Jahrhunderts ist eines der wichtigsten Bücher, die je über die Stadt geschrieben wurden. Caro erhellt die Megalomanie und die Manipulationen, die hinter der Schaffung der größten städtischen Infrastruktur des Landes stehen.

George Chauncey *Gay New York: The Making of the Gay Male World 1890–1940* (Harper-Collins / Flamingo). Maßgebliche Studie über die schwule Subkultur New Yorks, hervorragend recherchiert. Trotz des wissenschaftlichen Ansatzes höchst lesbare Chronik eines oft vernachlässigten Aspekts der Stadt.

Anne Douglas *Terrible Honesty: Mongrel Manhattan in the 1920s* (Picador / Farrar, Straus, Giroux). Die Medien- und Kunstszene der wilden Zwanziger, eine einzigartige Kultur, die der Depression zum Opfer fiel.

Kenneth T. Jackson (Hrsg.) *The Encyclopedia of New York* (Yale University Press). Faszinierender und äußerst umfassender Wälzer, der einfach alles über New York verrät. Das Nachschlagewerk enthält jede Menge trockener Fakten, aber auch die eine oder andere Perle: Wer weiß schon, dass auf dem Calvary Cemetery in Queens mehr Menschen begraben liegen als der gesamte Bezirk Einwohner hat? Oder dass Truman Capote mit richtigem Namen Streckford Persons hieß?

John A. Kouwenhoven *Columbia Historical Portrait of New York* (Doubleday). Visuelle Stadtgeschichte mit aufschlussreichen Bildunterschriften; ein monumentales und faszinierendes Werk.

David Levering Lewis *When Harlem was in Vogue* (Penguin). Wichtige Dokumentation der Harlem Renaissance – einer kurzen Blütezeit der Künste in den 20ern und 30ern, die von Wirtschaftskrise und Rassismus erstickt wurde. Höchst informativ und äußerst lesbar; die gerade erschienene Neuauflage enthält eine neue Einleitung. Lewis ist daneben Herausgeber des *Portable Harlem Renaissance Reader* (Penguin), einer Anthologie mit Texten aus jener Zeit.

Legs McNeil & Gillian McCain *Please Kill Me* (Abacus / Penguin). Die Geschichte des Punk in New York als kunstvolle Zusammenstellung von Interview-Schnipseln zu fiktiven Gesprächen zwischen Künstlern, Sponsoren und Agenten. Das kann komisch sein, aber auch langweilen.

Luc Sante *Low Life: Lures and Snares of Old New York* (Vintage). Diese Chronik des vergessenen New York zwischen 1840 und 1919 ist eine echte Pionierleistung. Voll gepackt mit erschütternden Details, die in den Geschichtsbüchern ausgeklammert werden, rekonstruiert das Buch das Alltagsleben der Ärmsten, Kriminellen und Prostituierten in schockierender Deutlichkeit. Santes Prosa ist poetisch und facettenreich, seine Schilderungen der zwielichtigen Gegenden, der Spelunken und Vergnügungspaläste äußerst anschaulich.

Kunst, Architektur und Fotografie

Berenice Abbott *Changing New York* (Schirmer und Mosel). Die berühmte Fotografin dokumentierte in eindrucksvoller Weise den Wandel der Metropole in den Jahren 1935–39.
Lorraine Diehl *The Late Great Pennsylvania Station* (Four Walls Eight Windows). Die Anatomie einer Verwandlung. Wie konnte ein Eisenbahnpalast, der den Caracalla-Thermen in Rom nachempfunden worden war, nach nur fünfzig Jahren wieder abgerissen werden? Allein die Bilder sind den Kaufpreis wert.
Horst Hamann *New York Vertical*. Dieses eindrucksvolle Buch huldigt den Wolkenkratzern New Yorks – nicht zuletzt mit seinem eigenen Hochformat – ist gefüllt mit verwirrend schönen Schwarzweißaufnahmen von Manhattan, seien es bekannte Wolkenkratzer oder außergewöhnliche Sichtweisen von Straßen und Stadtvierteln. Alle Bilder stammen von Hamann und werden von Zitaten berühmter und unbekannter New Yorker begleitet. In zwei Versionen erhältlich – die eine erschwinglich, die andere nicht.
Robert Hughes *Bilder von Amerika* (Karl Blessing). Mehr Text als Bild, aber umfassend in der Darstellung der amerikanischen Kunst von den Anfängen bis zur Gegenwart.
H. Klotz (Hrsg.) *New York Architecture 1970–1990* (Prestel / Rizzoli). Hervorragend illustrierte Darstellung des Übergangs von der Moderne zur Postmoderne und darüber hinaus.
Edward Lucie-Smith *Amerikanischer Realismus* (E.A. Seemann). Mit zahlreichen Abbildungen von Werken aus New Yorker Museen. Der Realismus-Begriff ist sehr weit gefaßt. Hopper und Burchfild sind (u.a.) eigene Kapitel gewidmet.
Jacob Riis *How the Other Half Lives* (Dover / Hill & Wang). Der Fotojournalist Riis dokumentierte das Leben der Lower East Side am Ende des 19. Jahrhunderts. Die Erstausgabe machte eine breite Öffentlichkeit auf die katastrophalen Lebensbedingungen der Ärmsten aufmerksam.
Museum of the City of New York *Our Town: Images and Stories from the Museum of the City of New York* (Abrams, US). Bildband zum 75-jährigen Bestehen Museums herausgegeben; wunderbare Zusammenstellung von Gemälden, Fotografien, Artefakten und Drucken mit dem gemeinsamen Thema New York – und zwar von seinen Anfängen bis in die Gegenwart. Informative Bildunterschriften und Essays von Oscar Hijuelos, Louis Auchincloss u.a. ergänzen dieses Werk.
Stern, Gilmartin, Mellins / Stern, Gilmartin, Massengale / Stern, Mellins, Fishman *New York 1900 / 1930 / 1960* (Rizzoli, US). Die drei umfassenden Bände mit dem Untertitel *Metropolitan Architecture and Urbanism* behandeln alles, was man schon immer über Architektur und Stadtplanung wissen wollte oder musste. Die Fülle an Fakten ist erschlagend, die Fotos wecken Sehnsüchte.
N. White & E. Willensky (Hrsg.) *AIA Guide to New York* (Macmillan / Harcourt Brace). Der ultimative Architekturführer der Gegenwart – und spannender als der Titel vermuten lässt. Sehr nützlich als Nachschlagewerk vor Ort.
Gerard R. Wolfe *New York: A Guide to the Metropolis* (McGraw-Hill, US). Dieser Stadtführer für Besichtigungen zu Fuß folgt zwar einem eher wissenschaftlichen Ansatz, bietet aber gute Informationen zu den Außenbezirken sowie ausführliche historische Hintergründe.

Stadtführer mit thematischen Schwerpunkten

Richard Alleman *The Movie Lover's Guide to New York* (HarperCollins, US). Über 200 Orte, an denen Filmszenen gedreht wurden. Interessant geschrieben, akribisch recherchiert und unverzichtbar für jeden, der sich für Filmgeschichte interessiert.
Gudrun Arndt *Spaziergänge durch das literarische New York* (Arche). Wunderbar bebilder-

ter Führer durch die Literaturstadt New York. Über 100 Autorinnen und Autoren werden aufgespürt, 200 Jahre amerikanischer Literaturgeschichte werden gestreift und neben den Treffpunkten der Beatniks und der Lost Generation wird auch die Geschichte der deutschen Exilliteraten ausführlich nachgezeichnet.

Joann Biondi & James Kaskins *Hippocrene USA Guide to Black New York* (Hippocrene). Nach Stadtbezirken gegliedertes, alphabetisches Verzeichnis von historischen und kulturellen Stätten, Aufführungsorten von Musikdarbietungen sowie Essentipps, selbstverständlich alles vor afrikanisch-amerikanischem Hintergrund. Nicht mehr up to date, aber das einzige seiner Art.

Gérard de Cortanze & James Rudnick *Paul Austers New York* (Gerstenberg). Der wunderschöne Bildband führt visuell und literarisch zu Orten, die in Austers Romanen und Erzählungen eine Rolle spielen. Mit Biographie des New Yorker Schriftstellers.

Judi Culbertson & Tom Randall *Permanent New Yorkers* (Chelsea Green, US). Friedhofsführer, der die letzten Ruhestätten von Herman Melville, Duke Ellington, Billie Holliday, Horace Greeley, Mae West, Judy Garland und 350 weiteren Persönlichkeiten beschreibt.

Alfred Gingold & Helen Rogan *The Cool Parents Guide to All of New York* (City & Co., US). Fantastische Quelle für alle Leute, die mit Kindern reisen: Museen, Kindertheater, Parks, Sportmöglichkeiten, Festivals, spezielle Events und vieles mehr. Das Büchlein ist locker geschrieben und stammt offensichtlich aus der Feder *cooler* Eltern.

Federal Writer's Project *The WPA Guide to New York City* (New Press, US). Der detaillierte, ursprünglich 1939 erschienene Stadtführer ist ein Relikt alter Zeiten (neu aufgelegt) und das Ergebnis einer Arbeitsbeschaffungsmaßnahme des WPA für Arbeitslose der schreibenden Zunft. Die Leser erhalten einen faszinierenden Einblick in das Leben von New York, als eine Straßenbahnfahrt noch fünf Cents kostete und ein Zimmer im Plaza für $7,50 zu haben war. Das Buch führt zu allen großen Sehenswürdigkeiten und architektonischen Schätzen der Stadt, von denen überraschend viele noch heute stehen; es dient zugleich als Reiseführer und als Erinnerung an Vergangenes.

Daniel Hurewitz *Stepping Out: 9 Walks through New York City's Gay and Lesbian Past* (Henry Holt & Co, US). Ein inspirierender Stadtführer, der im Plauderton verschiedene Rundgänge beschreibt, voll gepackt mit faszinierenden Details schwul-lesbischer Geschichte und Kultur und dabei herrlich trashig.

Ed Levine *New York Eats* (St Martins Press, US) In dem Buch werden alle fünf Stadtbezirke behandelt: Jedes Kapitel beschäftigt sich mit unterschiedlichen Nahrungsmitteln – von geräuchertem Fisch zu Gewürzen, von Pizza zu Konditoreiwaren – und Levine gibt Tipps, wo man was einkaufen sollte. Er bewertet und bespricht die besten Metzger, Bäckereien, Delikatessenläden, Gemüsehändler, Delis und Restaurants der verschiedenen Küchen, dabei lässt er fasziniernde Hintergrundinformationen miteinfließen. Eines der besten Bücher, das je über das Essen in New York geschrieben wurde.

Andrew Roth *Infamous Manhattan* (Carol Publishing Group, US) Anschauliche und fesselnde „Kriminalgeschichte" New Yorks, lokalisiert Mafia- und Prominentenmorde, Bordells im 19. Jahrhundert und andere verruchte Stätten; ein faszinierender Restaurantführer listet außerdem Lokale mit zweifelhafter, berüchtigter oder blutrünstiger Vergangenheit auf. Als Begleiter für einen Rundgang unschlagbar, aber die Geschichten und Anekdoten aus 350 Jahren Manhattan der Missetaten sind auch wunderbar als Bettlektüre geeignet. Das am besten recherchierte und unterhaltsamste Buch, das bisher zu diesem Thema veröffentlicht wurde.

Touring Historic Harlem: Four Walks in Northern Manhattan, zu beziehen über die New York Landmarks Conservancy, 141 5th Ave, 3 995-5260. Führt dahin, wo die legendären Jazz- und Bluessänger lebten und spielten und Gospelchöre heute singen.

Belletristik

Martin Amis *Gierig* (Rowohlt TB) Die Exzesse der 80er Jahre werden – vorzugsweise in Fäkalsprache – von der eigenwilligen Figur des verderbten Filmregisseurs John Self beschrieben, der zwischen London und New York pendelt.

Paul Auster *Die New York-Trilogie. Stadt aus Glas / Schlagschatten / Hinter verschlossenen Türen.* (Rowohlt TB). Drei postmoderne Erkundungen von Geheimnissen, Obsessionen und Verbrechen im modernen New York. Auster bedient sich des Genres Krimi auf seine Weise und entwirft so ein gestörtes und verstörendes Bild der Stadt.

James Baldwin *Eine andere Welt* (Rowohlt TB). Baldwins bekanntester Roman behandelt die rastlose Suche einer Gruppe New Yorker Bohemiens der 60er Jahre nach tief gehenden Beziehungen. Die wohl authentischste Dokumentation der „befreiten" Jahre in New York – und des beinahe schon reflexhaften Rassismus der Stadt.

Jennifer Belle *Hilfe, ich falle* (Diana). Brillanter Erstlingsroman, der den „Abstieg" einer Studentin der NYU zum Callgirl dokumentiert. Voller überraschender Wendungen und gespickt mit schwarzem Humor.

Thomas Beller *Verführungskünste* (Goldmann). Erzählungen über Ängste und Sehnsüchte Jugendlicher in New York. Intelligent, scharfsinnig und mitunter etwas melancholisch.

Lawrence Block *When the Sacred Ginmill Closes* (Phoenix / Avon). Vielleicht der beste von Blocks Krimis um den Helden Matthew Scudder, der uns mit detaillierter Ortskenntnis durch Hell's Kitchen, Downtown Manhattan und in die entlegensten Gegenden von Brooklyn führt.

William Boyd *Stars und Bars* (Rowohlt TB). Der Roman, der neben New York den Tiefen Süden zum Schauplatz hat, schildert mal verzweifelt, mal komisch, aber immer mit scharfer Beobachtungsgabe die unüberbrückbare Kluft zwischen Briten und Amerikanern.

Claude Brown *Manchild in the Promised Land* (Signet, US). Fesselnde Autobiographie in Romanform, die in den raueren Ecken von Harlem spielt und Mitte der 60er Jahre erschien. Nicht ganz so berühmt wie *Invisible Man*, aber höchst lesenswert.

Truman Capote *Frühstück bei Tiffany* (Rowohlt TB). Eine Rhapsodie auf das New York der frühen 40er Jahre, die das zügellose Leben der Bewohner eines Apartmenthauses in Uptown verfolgt – um einiges trauriger und gewagter als die gleichnamige Verfilmung.

Caleb Carr *Die Einkreisung* (Heyne). In diesem Thriller wird das alte New York von 1896 perfekt gezeichnet. Stellenweise etwas langatmige psychographische Details, aber die spannende Handlung (die Jagd auf einen der ersten Serienmörder) entschädigt dafür allemal. Am faszinierendsten sind die anschaulichen Schilderungen der damaligen gesellschaftlichen Treffpunkte (sowie der schäbigeren Ecken der Stadt) und die ausführlichen Menübeschreibungen, die einem das Wasser im Munde zusammenlaufen lassen.

Jerome Charyn *War Cries over Avenue C* (Abacus / Viking Penguin, vergriffen). Alphabet City ist der heruntergekommene Schauplatz dieses spannenden Romans über einen Bandenkrieg zwischen den Kokainbaronen der Stadt, die alle ihr Vietnamtrauma mit sich herumtragen. Der später entstandene Roman *Paradise Man* (Abacus) erzählt die Geschichte eines Killers.

E. L. Doctorow *Ragtime* (Picador / Bantam, dt. Übersetzung vergriffen). Amerika, und insbesondere New York, vor dem Ersten Weltkrieg: historische Figuren und fiktive Charaktere sind geschickt miteinander verwoben, Fakten und Fiktion fügen sich zu einer erbitterten Anklage gegen das Land und seinen Rassismus. Ein früherer, gleichermaßen kunstvoller Roman ist *World's Fair*, der eine Kindheit im Brooklyn der 30er Jahre beschreibt.

Ralph Ellison *Invisible Man* (Penguin / Random House). Der maßgebliche, wenn auch stellenweise langatmige Roman über das Leben der Schwarzen in Amerika, erzählt vor dem Hintergrund der Rassenunruhen im Harlem der 50er Jahre.

Jack Finney *Time and Again* (Scribner, US). Zu gleichen Teilen Liebesgeschichte, Mysterium und Fantasiegebilde, ist dieses Werk eine überschwängliche Huldigung an die Stadt selbst. Durch ein geheimes Zeitreise-Experiment der Regierung wird Simon Morley ins New York der 80er Jahre des 19. Jahrhunderts geschickt, wo er sich verliebt und infolgedessen zwischen seinen beiden Leben – Gegenwart und Vergangenheit – hin- und hergerissen ist. Die eindrücklich geschilderten Details des alten New York und der überraschende Plot machen dieses stimmungsvolle und bewegende Buch zu einem Muss.

Oscar Hijuelos *Our House in the Last World* (Serpent's Tail / Pocket Books). Warmherzige und bildhafte Schilderung des Lebens der kubanischen Gemeinde in New York, von der Vorkriegszeit bis zur Gegenwart.

Chester Himes *Lauf, Mann, lauf* (Unionsverlag). Himes schreibt temporeiche Thriller voller Gewalt und Komik, von denen dieser nur einer ist.

Andrew Holleran *Tänzer der Nacht* (Gmünder). Amüsante Schilderung der Anfänge der schwulen Discoszene in den frühen 70ern. Die damaligen Läden in Manhattan sowie Fire Island werden ausführlich beschrieben – störend wirkt mitunter die Überschwänglichkeit der Hauptfigur.

Langston Hughes *Shakespeare in Harlem.* Der schwarze Dichter schrieb im Harlemer Idiom, wobei er Stimmung und Rhythmus des Blues verarbeitete. Neben vielen Gedichten schrieb er auch seine Autobiographie *The Big Sea*.

Henry James *Washington Square* (Aufbau TB). Meisterhafter Gesellschaftsroman über das New York des 19. Jahrhunderts und die Konventionen und Zwänge seiner Oberschicht, erzählt anhand einer problembeladenen Vater-Tochter-Beziehung. 1998 kam die Roman-Verfilmung in die Kinos.

Joyce Johnson *Warten auf Kerouac* (Antje Kunstmann). Frauen standen nie im Zentrum der Béat-Bewegung, deren Literatur eine männliche Welt aus männlicher Sicht behandelte. Die Autorin, die kurzzeitig mit Jack Kerouac zusammen lebte, rückt dieses Missverhältnis ganz hervorragend zurecht. Über die Beats in New York wurde kein besserer Roman geschrieben. Der ebenfalls zum Teil autobiographische Roman *In the Night Café* (Flamingo) schildert die Beziehung einer jungen Frau zu einem erfolglosen New Yorker Künstler in den 60er Jahren.

Uwe Johnson *Jahrestage. Aus dem Leben von Gesine Cresspahl.* Die Figur aus Johnsons Roman *Mutmaßungen über Jakob* lebt 1967 nach ihrer Flucht aus der DDR in New York. In vier Bänden stellt Johnson Bewusstseinsbeschreibungen der Bankangestellten Gesine Cresspahl und Originalartikel der New York Times aus dem Zeitraum August 1967–August 1968 wie in einer Chronik nebeneinander. Fragmente der Identitätssuche Gesines, des aktuellen Zeitgeschehens in den USA (Vietnamkrieg, Ermordung Kennedys und Martin Luther Kings) und der politischen Umwälzungen des Prager Frühlings werden vom Autor zu einer genialen, jedoch sehr komplexen Struktur verwoben.

Joseph Koenig *Little Odessa* (Penguin / Ballantine). Cleverer, wendungsreicher Thriller, der in Manhattan und in der russischen Gemeinde von Brighton Beach in Brooklyn spielt. Ein lesbarer und spannender Roman und eine interessante Schilderung des heutigen New York.

Mary McCarthy *Die Clique* (Droemer Knaur). Acht Absolventen der renommierten Kunsthochschule Vassar College finden ihren Weg im New York der 30er Jahre. Tragikomischer bis satirischer Roman.

Jay McInerney *Ein starker Abgang* (rororo). Der Erstling wurde zum Kultroman, der seinen Autoren reich machte: Ein abgebrannter New Yorker Autor zieht in seinem Job als „factchecker" eines bedeutenden Literaturmagazins (für Eingeweihte offensichtlich das *New Yorker* Magazin) durch die kokainlastige Nachtclubszene.

Henry Miller *Verrückte Lust* (Goldmann). Teilweise autobiographisches Werk über Liebe, Sex und Verzweiflung im Greenwich Village der 20er Jahre. Die Trilogie *Sexus*, *Plexus* und *Nexus* (Rowohlt) und die berühmten „Wendekreis"-Romane (*...des Krebses*, *...des Steinbocks*, Rowohlt) enthalten zwischen der Schilderung der Pariser Bohème der 30er Jahre größere Abschnitte über das Manhattan der 20er.

Dorothy Parker *New Yorker Geschichten* (Haffmans). Parkers satirische Geschichten sind stellenweise überraschend anrührend. Den Glanz, die Exzesse und die Eitelkeit New Yorks beschreibt sie mit spitzer Feder. Besonders die Geschichten, die Frauenrollen in den Mittelpunkt stellen, sind höchst lesenswert.

Ann Petry *The Street* (Virago / Houghton Mifflin). Die Geschichte einer Schwarzen, die darum kämpft, den Slums im Harlem der 40er

Jahre zu entkommen. In seiner Trostlosigkeit äußerst überzeugender Roman.

Judith Rossner *Looking for Mr Goodbar* (Cape / Pocket Books). Ein beunruhigendes Buch, das Leben – und schließlich den Tod – einer Lehrerin im freizügigen New York der 60er Jahre nachzeichnet. Authentisches Zeitkolorit, aber eine deprimierende Lektüre.

Henry Roth *Nenn es Schlaf* (Kiepenheuer und Witsch). Roths Buch verfolgt – mit vermutlich autobiographischer Färbung – die Konfrontation eines Immigrantenkindes mit der Slum-Realität der jüdischen Lower East Side. Dabei ist es eher die Beschreibung der Kindheit und nicht der sozialkritische Unterton, die das Buch lesenswert macht.

Paul Rudnick *Social Disease* (Penguin / Ballantine). Ausgesprochen amüsantes, oft unglaubliches Porträt der Nachtschwärmer von Manhattan – typisch New York und sehr komisch.

Damon Runyon *First to Last* und *On Broadway* (Penguin); *Guys and Dolls* (River City). Sammlungen von Kurzgeschichten, die vom Geplauder in der *Lindy's Bar* am Broadway inspiriert wurden und dem erfolgreichen Musical *Guys 'n' Dolls* als Vorlage dienten.

J. D. Salinger *Der Fänger im Roggen* (rororo). Salingers fesselnder Roman einer Jugend, der Holden Caufields sardonischer Entdeckungsreise durch die Straßen New Yorks folgt. Ein Klassiker.

Sarah Schulman (alle Titel bei Argument) *Sophie Horowitz* und *Ohne Delores,* literarische Lesbenkrimis mit Schauplatz New York: trocken, melancholisch und sehr witzig. *Futuranskys Stadt,* ein schillernder Szeneroman aus den wilden 80ern über eine Großstadtlesbe auf der Suche nach subkulturellen Abenteuern. *Leben am Rand,* ein aufrührerischer Roman über drei Leben, einige Tode und die Wurzeln von Act-Up. *Einfühlung,* eine Parodie auf die Psychoanalyse und eine Satire auf ganz gewöhnliche Vorurteile über weibliche Homosexualität. *Die Bohème der Ratten,* ein tragikomisches Buch über erwachsene Kinder, kindische Eltern und Varianten des Überlebens.

Hubert Selby Jr. *Letzte Ausfahrt Brooklyn* (rororo). Die Veröffentlichung in Großbritannien 1966 zog eine Klage wegen pornographischer Inhalte nach sich, und auch heute noch garantiert der Roman eine verstörende Lektüre durch seine unerbittlich deutliche Darstellung von Sex, Unmoral, Drogenkonsum und Gewalt im Brooklyn der 60er Jahre. Ein wichtiges Buch, aber – um mit den Worten der Anklage zu sprechen – man wird von der Lektüre nicht unversehrt bleiben.

Betty Smith *A Tree Grows in Brooklyn* (Pan / HarperCollins). Eine Art Klassiker, und das zu Recht, über eine junge Irin, die im bewegten Brooklyn der Vorkriegsjahre ihre Erfahrungen mit dem "Leben" macht. Außergewöhnlich fesselnd.

Rex Stout *Das tönende Alibi* (Scherz). Einer von zahlreichen Nero Wolfe-Krimis. Wolfe ist vielleicht der New York-typischste aller Romandetektive, ein überlebensgroßer Charakter, der mit der Unterstützung seines energischen Assistenten Archie Goodwin Kriminalfälle löst – im behaglichen Luxus seines Brownstone-Hauses in Midtown. Die Geschichten, die das New York der 40er und 50er Jahre zum Leben erwecken, sind Pflichtlektüre.

Kay Thompson *Eloise* (Simon & Schuster, US). Bekanntes Kinderbuch, das auch Erwachsene anspricht. Es beschreibt einen Tag im Leben der Heldin Eloise, die mit ihrem Kindermädchen im Plaza Hotel wohnt.

Edith Wharton *Old New York* (Virago / Scribners). Novellensammlung. Wharton beschreibt mit der Klarheit und Präzision eines Henry James die Konventionen der New Yorker Gesellschaft um die Mitte des 19. Jahrhunderts. *Hudson River Bracketed* und *The Mother's Recompense* stellen Frauenleben in New York in den Mittelpunkt.

Berühmte New Yorker

Bella Abzug (1920–1998), Kongressabgeordnete und liberale Kämpferin, leicht auszumachen durch die riesigen Hüte, die sie mit Vorliebe trug. Ihre unverblümte und hartnäckige Art bezüglich Themen, die von Frauenrechten über bürgerliche Freiheiten bis zum Vietnamkrieg reichten, machten sie zu einer wegweisenden Politikerin mit loyalem (zumeist weiblichem) Gefolge. Leider reichte ihr Rückhalt in der Bevölkerung nicht für eine höheres Amt aus; mehrere groß angelegte Kandidaturen für den Senat sowie als Bürgermeisterin von New York in den 70er Jahren endeten in einem Schuldenberg und im Verlust ihres politischen Einflusses.

Woody Allan, Drehbuchautor, Regisseur, Komiker. Er verkörpert das Klischee vom neurotischen jüdischen Manhattaner. Seine meisterhaften Filme *Der Stadtneurotiker, Manhattan, Hannah und ihre Schwestern*, und *Verbrechen und andere Kleinigkeiten* befassen sich mit dem Mythos New York und sind selbst Teil davon geworden. Als er 1993 Mia Farrow verließ, um mit seiner Adoptivtochter zusammenzuleben, und schließlich von Farrow wegen Kindesmissbrauchs angezeigt wurde, sorgte dies für den größten Skandal der Stadt seit Jahren und Allen fiel öffentlich in Ungnade.

John Jacob Astor (1822–1890), Miethai, der bei seinem Tod der reichste Mann der Welt war. Astor machte sein Vermögen damit, die Mieter seiner zahlreichen erbärmlichen Wohnunterkünfte abzuzocken. In jeder Hinsicht ein echter Schweinehund.

Paul Auster, Dichter, Essayist, Übersetzer, Autor von Romanen und Erzählungen, die eng mit New York verknüpft sind. Nach einer seiner Erzählungen schrieb er das Drehbuch für den erfolgreichen Film *Smoke*. Auster lebt in Park Slope in Brooklyn.

Henry Ward Beecher (1813–1887), Priester der Erweckungsbewegung. Setzte sich für das Frauenwahlrecht und die Abschaffung der Sklaverei ein; wurde in einem Skandal, der das New York des 19. Jahrhunderts erschütterte, des Ehebruchs bezichtigt. Seine Schwester, Harriet Beecher Stowe, schrieb den Bestseller *Onkel Toms Hütte*, einen Meilenstein im Kampf gegen die Sklaverei.

Jimmy Breslin, Brillanter Kolumnist der *New York Newsday*. Als Bürgermeisterkandidat forderte er New York Citys Unabhängigkeit vom Bundesstaat und wurde dabei von Norman Mailer unterstützt.

William Cullen Bryant (1794–1878), Lyriker, Zeitungsverleger, Übersetzer (Homer), Sklaverei-Gegner und eifrigster Befürworter des Central Park und des Metropolitan Museum. Der kleine, nach ihm benannte Park an der 42nd Street, Ecke Fifth Avenue, war bis vor kurzem eine ausgesprochene Schmuddelecke, ist aber inzwischen wieder ein würdiges Denkmal für diesen Held des 19. Jahrhunderts.

Aaron Burr (1756–1836), Faszinierender Politiker, dessen bewegte Karriere ein Intermezzo als Vizepräsident, einen Prozess wegen Verrats (mit Freispruch) und das berühmte Duell mit Alexander Hamilton (s.u.), bei dem Letzterer zu Tode kam, einschließt. Sein Haus, das Morris-Jumel Mansion, steht in Washington Heights.

Andrew Carnegie (1835–1919), Aus Schottland eingewanderter Industrieller, der die meiste Zeit seines Lebens damit zubrachte, ein gewaltiges Vermögen anzuhäufen, und seine letzten Jahre damit, alles zu spenden. Im Gegensatz zu vielen seiner wohlhabenden Zeitgenossen lebte er nicht auf großem Fuße, wie sein Haus, in dem heute das Cooper-Hewitt Museum untergebracht ist, zeigt.

Shirley Chrisholm, 1968 wurde sie von ihrem Heimatdistrikt in Brooklyn als erste schwarze Frau in den Kongress gewählt.

Mario Cuomo, Ehemaliger Gouverneur des Staates New York, der für den Parteivorsitz der Demokraten kandidierte. Liberaler Politiker, der zu Gunsten seines Sohns Andrew – einem aufstrebenden Star in der demokratischen Partei – immer mehr in den Hintergrund tritt.

David Dinkins, New Yorks erster schwarzer Bürgermeister. Er gewann 1989 nach einem erbitterten Wahlkampf gegen den Republikaner Rudolph Giuliani, erwies sich aber während seiner Amtszeit als scheinbar nicht in der Lage, die Probleme der Stadt anzugehen.

Henry Clay Frick (1849–1919), Einer der so genannten „Robber Barons". Fricks einziger kultureller Beitrag bestand im Horten europäischer Kunstschätze, die heute in seinem Haus an der Fifth Avenue zu sehen sind.

Marcus Garvey (1887–1940), Aktivist, der zu Beginn des Jahrhunderts viel für das schwarze Selbstbewusstsein tat (und heute ein Rasta-Mythos ist). Als er zu einer echten politischen Gefahr für die weiße Regierung zu werden drohte, wurde er wegen Betrugs ins Gefängnis gesteckt. Nach seiner Begnadigung und Ausweisung verbrachte er seine letzten Lebensjahre in London.

Allen Ginsberg (1926–1997), Lyriker und Hauptvertreter der Beatbewegung, Aktivist und Held der Lower East Side.

Jay Gould (1836–1892), Einer der größten Abzocker überhaupt. Mit Hilfe des Telegrafennetzes machte er während des Bürgerkrieges ein Vermögen. Durch Manipulationen des Aktienmarktes scheffelte er weitere Millionen. Sein spektakulärster Coup, mit dem er den Goldmarkt monopolisierte, bescherte ihm innerhalb von zwei Wochen 11 Millionen Dollar und provozierte den „Black Friday" von 1869.

Horace Greeley (1811–1872), Engagierter Gründer und Herausgeber des *New Yorker* und der *Tribune*. Er trat für Frauenrechte ein, für die Rechte der Gewerkschaften, die Abschaffung der Sklaverei und andere grundlegende Bürgerrechte.

Rudolph Giuliani, Bürgermeister; bei den Wahlen im November 2000 tritt er nicht mehr als Kandidat der Republikaner an. Ehemaliger Bezirksstaatsanwalt, der seinen unerbittlichen Kampf gegen die Kriminalität im Bürgermeisteramt fortführte. Mit seinen *quality of life laws*, die u.a. den Alkoholkonsum auf der Straße verbieten, ist er nach weit verbreiteter Meinung zu weit gegangen. Giuliani trug zu einem Rückgang der Kriminalitätsrate bei und machte die Stadt für Unternehmen attraktiv; er wurde jedoch wegen seiner arroganten Art heftig kritisiert, außerdem ist ein Großteil der Bevölkerung der Ansicht, dass er der Polizei zu viel Macht zugesteht.

Pete Hamill, Zeitungsredakteur, Schriftsteller und Experte zum Thema New York, insbesondere zu den Außenbezirken. Schreibt derzeit mit die besten und fundiertesten Artikel.

Alexander Hamilton (1755–1804), Brillanter Vordenker des Unabhängigkeitskampfes, Soldat, politischer Theoretiker (entwarf Teile der Verfassung) und Staatsmann (erster Schatzkanzler). Starb bei einem Duell mit Aaron Burr (s.o.). Sein Haus Hamilton Grange am Rande von Harlem steht unter Denkmalschutz.

Keith Haring (1958–1990), Popkünstler, dessen Strichmännchen zu seinem Markenzeichen wurden. Durch seinen frühen Aids-Tod verlor die amerikanische Kunstwelt einen der vielversprechendsten Künstler und Designer.

Harry Helmsley (1904–1997), Immobilienspekulant, der wie Donald Trump ein Faible dafür hatte, seinen Namen an alles zu hängen, was ihm in die Finger kam. So zählen inzwischen eine Reihe älterer Hotels zu den *Helmsley Hotels*.

Leona Helmsley, Harrys Witwe, selbst ernannte *Queen of New York* und Hausherrin des *Helmsley Palace Hotel*. Zur Genugtuung nicht weniger wurde sie 1989 arg gebeutelt, als sie der Steuerhinterziehung in Millionenhöhe für schuldig befunden wurde.

Washington Irving (1783–1859), Satiriker, Biograph, Begründer der amerikanischen Kurzgeschichte *(The Legend of Sleepy Hollow*, dt: *Die Sage von der schläfrigen Schlucht; Rip Van Winkle*) und Diplomat. Sein Haus unmittelbar außerhalb der Stadt in Tarrytown kann besichtigt werden.

Philip Johnson, Architekt. Schüler Ludwig Mies Van der Rohes und propagierte den radikal modernen Glas-und-Stahl-Wolkenkratzer. Er schuf u.a. das Seagram Building an der Park Avenue, das AT&T (mittlerweile Sony) Building und die infantile Federal Reserve Plaza in der Liberty Street.

Edward I. Koch, Der beliebteste Bürgermeister seit Fiorello LaGuardia. Gewann 1978 mit knapper Mehrheit die Wahl und nach und nach die Sympathien der New Yorker durch seine integre Art. Nach drei Amtsperioden verlor er 1989 die Kandidatur an David Dinkins infolge einer Reihe von Skandalen und seines unsensiblen Umgangs mit der sozialen Situation der Schwarzen.

Fiorello LaGuardia (1882–1947), Löste Jimmy Walker als Bürgermeister ab und war als integrer und volksnaher Politiker sehr beliebt. Im Mittelpunkt seiner Arbeit standen Anti-Korruptionsprogramme sowie soziale Investitionen bei den Armen. LaGuardia war von 1934–45 im Amt.

J. Pierpont Morgan (1837–1913), Industrieller und Bankier, der ganz nebenbei die Morgan Library an der Third Avenue baute. Er begründete ein Finanzimperium, größer als das Gettys, und seine United States Steel Company, die erste Millionengesellschaft, war richtungsweisend für den Trend zum Großkonzern.

Robert Moses (1889–1981), Er war maßgeblich an der Entwicklung des heutigen Stadtbildes beteiligt. Als oberster Stadtplaner war seine Devise von 1930–1960 der Abriss von allem Altem, die Errichtung von neuen Gebäuden und nicht zuletzt die Schaffung von geordneten öffentlichen Plätzen mit kräftiger Unterstützung von Beton – seine besondere Vorliebe galt geteerten Plätzen.

Frederick Olmsted (1822–1903), Gartenarchitekt und Schriftsteller. Aus seiner Zusammenarbeit mit Calvert Vaux gingen unter anderem der Central Park und der Riverside Park hervor.

Jaqueline Kennedy Onassis (1929–1994). Die einstige First Lady lebte später überwiegend in New York, wo sie als Lektorin für Doubleday arbeitete. Sie war der Inbegriff für Stil und Anmut. Bis zu ihrem Tod hatte sie wieder viel von der Beliebtheit zurückgewonnen, die sie durch ihre Heirat mit dem griechischen Reeder zeitweilig verloren hatte.

Eugene O'Neill (1888–1953), New Yorks (und Amerikas) einflussreichster Dramatiker. Zahlreiche Charaktere aus Stücken wie *Trauer muss Elektra tragen* und *Eines langen Tages Reise in die Nacht* sind von seinen Zechgenossen im *Golden Swan* inspiriert.

Dorothy Parker (1893–1967), Dramatikerin, Essayistin und Satirikerin. Sie begründete den Literaturzirkel *Round Table Group* im Algonquin Hotel und war eine der wenigen angesehenen Frauen in der literarischen Welt New Yorks.

George Pataki, Gouverneur des Staates New York, der Mario Cuomo (s.o.) überraschend im Amt ablöste und im ständigen Clinch mit Rudolph Giuliani lag, seinem republikanischen Parteigenossen, der ihn bei den Wahlen 1994 nicht unterstützte.

John D. Jr Rockefeller (1874–1960). Im Gegensatz zu seinem knickerigen Dad spendete Rockefeller Junior große Summen Geld für wohltätige Zwecke. Das Cloisters Museum, Museum of Modern Art, Lincoln Center, die Riverside Church und das Rockefeller Center sind überwiegend ihm zu verdanken.

Nelson Rockefeller (1908–1979), Politiker. Sohn von John D. Jr; 1958–1974 Gouverneur des Staates New York, widmete sich danach höheren Zielen und strebte die Präsidentschaftskandidatur für die Republikaner an. Daraus wurde nichts, aber vor seinem Tod war er immerhin für kurze Zeit Vizepräsident unter Gerald Ford.

Al Sharpton Jr (The Reverend), Minister, politischer Aktivist und beständiger Ämteranwärter. Sharpton ist dafür bekannt, dass er sich gerne selbst in Szene setzt und vor allem dann im öffentlichen Geschehen zu finden ist, wenn Polizeikorruption oder Rassenkonflikte eine Rolle spielen. Seiner großmäuligen und konfrontationsbereiten Art verdankt er die weitreichende Unterstützung der Minderheitsgruppen in New York.

Jerry Seinfeld, Der Komiker der Stunde, dessen langjährige und enorm beliebte Fernsehserie (obwohl in LA gedreht) die Neurosen der New Yorker so treffend charakterisiert wie sonst nur Woody Allen.

Neil Simon, Bühnen- / Drehbuchautor. Angesichts der Liste seiner Broadway- und Filmerfolge (zuletzt *Brighton Beach Memoirs* und *Plaza Suites*) kann er mit Fug und Recht behaupten, der derzeit gefragteste Mainstream-Autor zu sein.

George Steinbrenner, Strittiger Baseballteam-Eigner / Unternehmer. Steinbrenner, auch als *The Boss* bekannt, managt die geliebten *Yankees*, oft mit eiserner Hand, zeigt sich aber meist recht spendabel.

Gloria Steinem, Feministin, Aktivistin und Autorin. Von der frühen Entwicklung feministischen Bewusstseins bis zur Gründung des *Ms* Magazins und der Veröffentlichung unzähliger einflussreicher Essays und Bücher (wie *Outrageous Acts and Everyday Rebellions*) zeichnet sich Steinem als beständig kämpfende Sprecherin für Frauenrechte in New York und anderswo aus.

Donald Trump, Immobilienspekulant. Auf dem Höhepunkt seiner Karriere war sein Imperium 1,3 Billionen Dollar schwer. Seinen Namen tragen der Trump Tower an der Fifth Avenue, die Trump Plaza nahe *Bloomingdale's* und Trump's Casino in Atlantic City, New Jersey. Trump verkörpert geradezu die Unmäßigkeit und Gier der „Nouveau Rich" und wird deswegen von den New Yorkern aufs äußerste verachtet.

William Marcy Tweed, „Boss" (1823–1878) Vorsitzender der New Yorker Demokratischen Partei, der aus dem Stadtsäckel insgesamt 200 Millionen Dollar veruntreute und dem die Parteizentrale Tammany Hall ihren schlechten Ruf verdankte.

Andy Warhol, (1926–1987) Künstler und Selbstdarsteller. Begründer der Pop Art, von The Velvet Underground, The Factory, der Zeitschrift *Interview* und Macher von *Empire* – einer 24 Stunden langen Filmaufnahme des Empire State Building (ohne Kommentar und Gorillas, nichts als das Gebäude selbst). Sein Tod war eher unspektakulär: Er starb nach einer Routineoperation von Gallensteinen.

Stanford White (1853–1906), Partner des Architekturbüros McKim, Mead and White, das neoklassizistische Meilensteine wie das General Post Office, den Washington Square Arch, das Municipal Building und Teile der Columbia University entwarf.

Personen- und Sachindex

▷ A ◁

Abzug, Bella 475
Action Painting 459
Allan, Woody 476
Alternative Medizin 12
Alva Edison, Thomas 437
AM-Sender (Mittelwelle) 33
American Football 368
An- und Abreise 13
Antiquitäten 428
Apollo Theater 439
Apotheken 12, 427
Appalachian Mountain Club 377
Architektonische Zeittafel 452
Architektonisches Glossar 456
Area Codes 37
Armory Show 457
Arzt 11
Ashcan School 457
Astor, John Jacob 476
Auskunft 37
Auslandskrankenversicherung 11
Auster, Paul 476
Ausweise 48

▷ B ◁

Babysitting 392
Bagels 306
Bahnhöfe 17
Banken 35
Bargeld 34
Bars 333
Baseball 368
Basketball 369
Basquiat, Jean-Michel 461
Beame, Abraham 441
Bed and Breakfast 271
Behinderte 47
Big Apple Greeter 24
Billard 377
Bootsverleih 378
Boston Massacre 435
Botschaft 10
Bowling 377
Breslin, Jimmy 476
Briefe 38
Brillen 48, 413
Broadcast TV 30
Brunch 314
Bücher 421
Büchereien 48
Bühne 355
Burchfield, Charles 458
Bürgerkrieg 436
Burr, Aaron 476
Busbahnhöfe 17
Busse 21
Bustouren 25

▷ C ◁

Cabaret 362
Camping 271
Carnegie, Andrew 476
Chinesische Einwanderung 76
Chrisholm, Shirley 476
Close, Chuck 460
Clubs 351
Cocktails 336
Cohan, George M. 438
Comedy 362
Cooper, James Fenimore 437

Country	350
Crane, Stephen	438
Cullen Bryant, William	437, 476
Cuomo, Mario	476

▷ D ◁

Dampfbad	49
Datum	49
Davis, Stuart	458
Designer-Schlussverkauf	412
Deutsche in New York	444
Dinkins, David	442, 476
Douai, Adolf	448
Draft Riots	437
Dreiser, Theodore	438
Drogen	49
Drugstores	427

▷ E ◁

Ein- und Ausreiseformalitäten	10
Einkaufen	398
Einkaufsviertel	399
Einkaufszentren	404
Eintrittskarten	373
Einwanderungsverfahren	54
Eishockey	370
Elektrizität	49
Elektronik	429
Ellington, Duke	439
Erie-Kanal	436
Essen	283

▷ F ◁

Fahrpreise	22
Fahrrad fahren	23
Faxe	40
Feiertage	49
Fern- und Auslandsgespräche	37
Fernsehen	30
Feste	380
Film(e)	355, 364, 461
Fitness	378
Fitzgerald, F. Scott	439
Flohmärkte	406
Fluggesellschaften	17
FM-Sender (UKW)	33
Folk	350
Fort Washington	435
Frankenthaler, Helen	459
Frauen	42
Freizeitaktivitäten	367
Freizeitsport	374
Frick, Henry Clay	476

Friseure	414
Frühgeschichte	433
Frühstück: Coffee Shops und Diner	295
Fulton, Robert	436
Fundbüro	23, 49
Fußball	372
Fußgängerampeln	49

▷ G ◁

Galerien	263
Galerien in Chelsea	109, 265
Galerien in SoHo und TriBeCa	264
Galerien in Upper Eastside	265
Galerien in Williamsburg	266
Garvey, Marcus	476
Geld	33
Geldautomaten	34
Geldüberweisungen	35
Gepäckaufbewahrung	49
Gershwin, George	439
Gesundheit	11
Gewichte	40
Ginsberg, Allen	477
Giuliani, Rudolph	443, 477
Goldin, Nan	460
Golf	375
Goodman, Benny	439
Gorky, Arshile	458
Gospel	184
Gottlieb, Adolf	459
Gould, Jay	477
Gourmetrestaurants	324
Graffiti	460
Great White Flight	440
Greeley, Horace	437, 477
Gurtpflicht	23
Gusseisen-Architektur	88

▷ H ◁

Hamill, Pete	477
Hamilton, Alexander	477
Hansons, Duane	460
Happy Hour	334
Haring, Keith	460, 477
Harlem Renaissance	439
Hart Bentons, Thomas	457
Helmsley, Harry	477
Helmsley, Leona	477
Hemingway, Ernest	439
Hightech-Unterhaltung	394
HIV / AIDS	12
Höchstgeschwindigkeit	23
Hofmann, Hans	458

Holiday, Billie 439
Hopper, Edward 458
Hostels 269
Hotelbars 338
Hotels 272
Hudson, Henry 433
Hughes, Langston 439
Hunde 49

▷ I ◁

Informationen 18
Inlineskating 24, 376
Internet 19, 38
Irving, Washington 437, 477

▷ J ◁

James, Henry 438
Jazz 349
Johns, Jasper 460
Johnson, Philip 477
Jones, George 437
Juden 439
Jüdische Küche 287

▷ K ◁

Kabelprogramme 32
Kaffee 304
Kakerlaken 50
Kameras 429
Karten für Fernsehshows 30
Kaskoversicherung 13
Kaufhäuser 403
Kennedy Onassis, Jaqueline 478
Kienholz, Edward 460
Kinder 388
Kinderbücher 395
Kinderkleidung 395
Klassische Musik 361
Klima 50
Kline, Franz 459
Koch, Edward I. 441, 477
Kolonialherrschaft 433
Konfektionsgrößen 409
Konsulate 10, 50
Kooning, Willem de 459
Koons, Jeff 461
Kosmetika 414
Kreditkarten 34
Krisenhilfe 37, 43
Kulturinstitute 50
Kunstgewerbe 406
Kutschfahrten 377

▷ L ◁

LaGuardia, Fiorello 439, 477
Late-night-Shows 31
Laufen 375
Lebensmittel 415
Leichtathletik 373
Lennon, John 160
Lesben 44
Lichtenstein, Roy 460
Lincoln, Abraham 436
Lord Howe 435
Louis, Morris 459
Luftpost 38

▷ M ◁

Macy's 110
Macy's Thanksgiving Day Parade 385
Manes, Donald 442
Marcy Tweed, William 437, 479
Maße 40
Medien 28
Mietwagen 23
Milken, Michael 441
Minimal Art 460
Minuit, Peter 434
Mode 406
Moderne Amerikanische Kunst 457
Morgan, J. P. 437, 477
Morris Hunt, Richard 438
Moses, Robert 440, 478
Most, Johann 449
Mühlenberg, Heinrich Melchior 445
Museen 389
Musik 425
Myerson, Bess 442

▷ N ◁

Nachmittags-Shows 31
Nachtleben 345
Nahverkehrsmittel 19
Nast, Thomas 437
Naturheilverfahren 12
Neale Hurston, Zora 439
Neoexpressionismus 461
Nevelson, Louise 460
Newman, Barnett 459
Niederländische Ostindien-Kompanie .. 433
Nolands, Kenneth 459
Notaufnahme 12
Notruf 37

▷ O ◁

O'Dwyer, William 440

Personen- und Sachindex 481

O'Keefe, Georgia 458
O'Neill, Eugene 478
Obdachlosigkeit. 50
Öffentliche Telefone. 36
Oldenburg, Claes 460
Olmsted, Frederick 478
Oper 361
Operator. 37
Ottendorfer, Anna 448
Ottendorfer, Oswald 448

▷ **P** ◁

Pakete. 39
Parken 23
Parker, Dorothy 478
Parks 393
Pataki, George 443, 478
Pearlsteins, Philip 460
Pferderennen 372
Photo-Secession Gallery. 457
Pollock, Jackson 458
Pop Art. 460
Post. 38
Postämter 39
Postlagernde Sendungen 40
Presse, internationale 30
Programmansagen 37
Prohibition. 439
Puppenspiel. 396

▷ **R** ◁

Rad fahren 376
Radio 32
Rassenunruhen 440
Ratten. 50
Rau, Jens 452
Rauschenberg, Robert 460
Reinhardt, Ad 459
Reisebüros 14, 50
Reisegepäckversicherung. 12
Reisekosten 33
Reiserücktrittsversicherung. 13
Reisezeit. 50
Reiten 377
Reservierungszentralen 273
Restaurants 288
Restaurants für Raucher. 301
Restaurants mit Aussicht 318
Restaurants – Im Freien sitzen 321
Rezession. 442
Rock. 346
Rockefeller, John D. Jr 478
Rockefeller, Nelson 478

Rollschuh laufen 376
Rothenberg, Susan 460
Rothko, Mark 459
Rundflüge 25
Runyon, Damon 439

▷ **S** ◁

Scharf, Kenny 460
Schiff 25
Schlacht von Long Island 435
Schlittschuh laufen 376
Schnabel, Julian 461
Schnäppchen. 411
Schrilles 410
Schuhe. 412
Schuhgrößen 409
Schurz, Carl 448
Schwarzer Freitag 439
Schwarzes Brett. 50
Schwimmen. 378
Schwule 44
Secondhand (Mode) 409
Seinfeld, Jerry 478
Serra, Richard 460
Sharpton, Al, Jr 478
Sherman, Cindy 460
Simon, Neil 478
Snooker 377
Sommerfestivals 386
Sommerkonzerte. 362
Sons of Liberty 435
Sozialistischen Realismus 457
Spielzeug 395
spoken word venues 350
Sport. 367
Sportartikel 415
Sportbars 374
Sportveranstaltungen 368
Stadtführungen 26
Stadtpläne 18
Stadtrundfahrten 25
Steinbrenner, George 478
Steinem, Gloria 478
Stellas, Frank 459
Steuben, Friedrich von 445
Steuer. 51
Stockwerke. 51
Straßenfeste. 381
Straßennamen 51
Studio 54 441
Stuyvesant, Peter 434

▷ T ◁

Tageszeitungen 28
Tanz 360
Taschen 413
Tee 304
Teenager. 396
Telefonbücher 37
Telegramme. 40
Telekommunikation 36
Temperaturen 50
Tennis. 372, 378
Theater. 356, 396
Toiletten. 51
Toll-free numbers 36
Touren 24
Travellers Cheques 34
Trinkgeld 23, 51
Trump, Donald 478

▷ U ◁

U-Bahn. 19
Übernachtung. 268
Umzüge 380
Unabhängigkeitserklärung. 435

▷ V ◁

Vanderbilt, Cornelius 437
Veranstaltungsorte 373
Vereinte Nationen 440
Verhütung 51
Verlust von Kreditkarten 34
Verlust von Reiseschecks 34
Verrazano, Giovanni da 433
Versicherungen 12
Visa. 10
Vorwahlen 37

▷ W ◁

Waldorf Astoria Hotel. 119
Walker, Jimmy 439
Wandern 377
Ward Beecher, Henry 476
Warhol, Andy 460, 479
Waschsalons 51
Washington, George 435
Wechselkurs. 35
Wechselstuben. 35
Wharton, Edith 438
White, Stanford 119, 479
Whitman, Walt 438
Wickelräume 395
Wochenmärkte 405
Wochenzeitungen 29

Wolkenkratzer. 120
Wrestling 373

▷ Y, Z ◁

YMCAs. 269

Zahnärztlicher Notdienst 12
Zeitschriften 28
Zeitungen. 28
Zeitzone 51
Zenger, John Peter 434
Zirkus. 396
Zoll 11
Zollbestimmungen 430
Zoos 393

Ortsindex

▷ A ◁

Abyssinian Baptist Church. 184
Alice Austen House. 222
Alphabet City. 103
Alternative Museum 251
American Craft Museum 251
American Museum of Natural History. . . 248
American Museum of the Moving Image 251
American Numismatic Society 251
Asia Society Gallery 251
Astor Place. 100
Atlantic Avenue 198
Außenbezirke 191
Avery Fisher Hall. 158

▷ B ◁

Battery Park. 63
Bay Ridge. 203
Bedford-Stuyvesant 202
Belmont 216
Boerum Hill. 199
Bowery 84
Bowling Green 62
Brighton Beach 204
Bronx 213
Bronx Museum of the Arts. 252
Bronx Zoo 216
Brooklyn 192
Brooklyn Academy of Music 197
Brooklyn Bridge 66, 194
Brooklyn Heights 195
Brooklyn Museum of Art 252
Bryant Park 139

C

Carnegie Hall	143
Carnegie Hill	172
Carroll Gardens	199
Castle Clinton	63
Cathedral of St. John the Divine	164
Central Brooklyn	202
Central Park	144
Chelsea	106
Chinatown	75
Christopher Street	97
Chrysler Building	129
City College	187
City Hall und der Park	70
City Island	219
Civic Center	70
Cloisters Museum	188
Coastal Brooklyn	203
Cobble Hill	198
Columbia University	164
Coney Island	204
Conference House	224
Convent Avenue	187
Cooper Square	100
Cooper-Hewitt National Design Museum	252
Corona	210
Cortlandt Park	218
Crown Heights	202

D

Dahesh Museum	253
Diamond Row	142

E

East Broadway	81
East Chelsea	110
East Side, die östliche	173
East Side, die westliche	169
East Village	99
Edgar Allan Poe Cottage	257
Eighth Avenue	106
El Barrio	185
Ellis Island	55
Ellis Island Museum of Immigration	56, 257
Empire State Building	121
Essex Street	82

F

Federal Hall	60
Federal Reserve Bank	67, 68
Fifth Avenue	131, 169
Financial District	59
Fish Market	66
Flatbush	201
Flushing	211
Flushing Meadow Park	210
Forbes Galleries	253
Forest Hills	212
Fort Greene	197
Fraunces Tavern	257
Freiheitsstatue	438
Frick Collection	243
Fulton Ferry District	194
Fulton Mall	196

G

Garment District	105
Governor's Island	57
Gramercy Park	116, 118
Grand Central Terminal	128
Greenpoint	206
Greenwich Village	93
Grey Art Gallery & Study Center	253
Guggenheim Museum	242
Guggenheim Museum SoHo	253

H

Hafeninseln	52
Hamilton Heights	186
Harlem	177
Herald Square	110
Hispanic Society of America	260
Historic Richmond Town	224
Houston Street	80

I

International Center of Photography	254
Intrepid Sea-Air-Space Museum	258
Inwood	188
Isamu Noguchi Garden Museum	254

J, K

Jackson Heights	210
Jamaica Bay	212
Jewish Museum	261
John F. Kennedy International Airport	16
Kurdish Library and Museum	261

L

La Guardia-Airport	17
Lenox Avenue	182
Lexington Avenue	137
Liberty Island	53
Lighthouse Hill	223
Lincoln Center	156

Little Italy 79
Long Island City and Astoria 208
Lower East Side 80
Lower East Side Tenement Museum 261
Ludlow Street 83

▷ M ◁

Madison Avenue 135
Madison Square Garden 111
Madison Square Park 118
Metropolitan Museum of Art 226
Metropolitan Opera House 158
Midtown Manhattan 124
Montague Street 196
Morningside Heights 164
Morris-Jumel Mansion 187, 258
Municipal Building 72
Murray Hill 122
Museo del Barrio 261
Museum for African Art 254
Museum of American Financial History . 258
Museum of American Folk Art 255
Museum of American Illustration 255
Museum of Bronx History 218, 258
Museum of Chinese in the Americas 262
Museum of Jewish Heritage 262
Museum of Modern Art 238
Museum of Television & Radio 255
Museum of the City of New York 258

▷ N ◁

National Academy of Design 255
Newark International Airport 16
New Museum of Contemporary Art 256
National Museum of the American Indian 262
New York Botanical Gardens 217
New York City Police Museum 259
New York Historical Society 259
New York Public Library 125
New York State Theater 158
New York Stock Exchange 59
New York Transit Museum 259
New York University 253

▷ O ◁

Orchard Beach 220
Orchard Street 83
Outer Boroughs 191

▷ P ◁

Park Slope 201
Pelham Bay Park 220
Peter Cooper Village 117

Poe Cottage 218
Powell Boulevard 183
Prospect Park 200

▷ Q ◁

Queens 207
Queens Museum of Art 260

▷ R ◁

Radio City Music Hall 133
Red Hook 199
Riverdale 219
Rockaways 212
Rockefeller Center 132
Rockefeller Extension 143
Roerich Museum 256
Roosevelt Island 175
Russian Tea Room 143

▷ S ◁

Schomburg Center 263
Shea Stadium 210
Sheepshead Bay 205
Sixth Avenue 96, 142
Skyscraper Museum 260
Snug Harbor Cultural Center 222
Socrates Sculpture Park 257
SoHo 87
South Beach 223
South Street Seaport 65
South Street Seaport Museum 66, 260
Southeast Shore 223
St. George 222
St. Paul's Chapel 69
Staten Island 220
Steinway 208
Strivers Row 184
Studio Museum in Harlem 257
Stuyvesant Town 117
Sunnyside 210

▷ T ◁

The Cloisters 246
The Pierpont Morgan Library 256
The Promenade 196
Third Avenue 102
Times Square 139
Tompkins Square Park 102
TriBeCa 89
Trinity Church 60
Tweed Courthouse 72

▷ U ◁
Ukrainian Museum 263
Union Square 115
United Nations Building 130
Upper East Side 168
Upper West Side 155

▷ W ◁
Wall Street 60
Washington Heights 187
Washington Square 94, 98
Water Street 64
West 72nd Street 160
Whitney Museum of American Art 245
Williamsburg 206
Woodside 210
Woolworth Building 439
World Trade Center 68, 441

▷ Y ◁
Yankee Stadium 214
Yorkville 173

Bildnachweis

Titel vorne: **Renate Loose,**
Titel hinten: **NYCVB**, München.

Schwarzweißfotos
Renate Loose: S. 9, 53, 57, 58, 63, 67, 81, 83, 92, 121, 124, 141, 144, 151, 168, 191, 197, 217, 225, 268, 283, 333, 345, 380, 432.
Sabine Bösz: S. 97, 154, 367, 388, 398.
Heide-Ilka Weber: S. 3, 74, 105, 111, 133, 176, 185, 355.

Farbfotos
Die Farbseiten werden von 1–16 gezählt; der Kartenteil von I–XVI.
Sabine Bösz: S. 11 (1: unten links), 14 (1: Mitte).
Matthias Grimm: S. 14 (1: oben links).
Renate Loose: S. 1 (1), 3 (3), 5 (3), 6 (2), 7 (1), 8 (3), 10 (1), 11 (1: oben), S. 14 (1: unten), 15 (2: links und Mitte rechts), 16 (4), XIV (1).
Heide-Ilka Weber: S. 2 (2), 4 (1), 9 (1), 11 (1: unten rechts), 12 (2), 13 (1), 15 (2: rechts oben und unten), XV (2).

WELTWEIT PREISWERT FLIEGEN

Egal wo Ihr Urlaub hingeht, beginnen sollte er bei uns!

MÜNCHEN, Barerstraße 73, Tel 089/27 27 63 00, Fax 089/30 73 03 9
AUGSBURG, Zeuggasse 5, Tel 0821/31 41 57, Fax 0821/31 32 53
BERLIN, Goltzstraße 14, Tel 030/217 38 90, Fax 030/21 73 89 99
BREMEN, Fedelhören 14, Tel 0421/33 75 50, Fax 0421/32 55 53
HAMBURG, Eppendorfer Landstraße 49, Tel 040/48 00 2 40, Fax 040/47 48 60
REGENSBURG, Obere Bachgasse 9, Tel 0941/59 30 10, Fax 0941/56 00 74

DAS FLUGBÜRO IM INTERNET: http://www.travel-overland.de

Reisen in Europa, Nordafrika und Südamerika mit Reisebüchern aus dem Michael Müller Verlag

Wer bei Fernreisen ein Travel Handbuch aus dem Stefan Loose Verlag benutzt, sollte bei Trips innerhalb Europas, nach Nordafrika und Südamerika nicht weniger anspruchsvoll sein. Aktuelle und umfassend vor Ort recherchierte Reisebücher aus dem Michael Müller Verlag gibt es zu den Ländern/Regionen/Städten:

Osteuropa
- *Ungarn*
- *Tschech./Slow. Rep.*
- *Polen*
- *Baltische Länder*
- *Slowenien und Istrien*
- *Kroatische Inseln & Küste*
- *Kroatien - Kvarner Bucht*

Türkei
- *gesamt*
- *Mittelmeerküste*

Italien
- *gesamt*
- *Oberitalien*
- *Sizilien*
- *Toscana*
- *Toscana Infokarte*
- *Rom/Latium*
- *Sardinien*
- *Apulien*
- *Italienische Riviera/ Cinque Terre*
- *Gardasee*
- *Liparische Inseln*

Malta

Nordwesteuropa
- *Niederlande*
- *Amsterdam*
- *England*
- *Schottland*
- *Irland*
- *Norwegen*
- *Island*

Griechenland
- *gesamt*
- *Griechische Inseln*
- *Nord- und Mittelgriechenland*
- *Kreta*
- *Kreta Infokarte*
- *Peloponnes*
- *Korfu und Ionische Inseln*
- *Kykladen*
- *Rhodos und Dodekanes*
- *Kos*
- *Karpathos*
- *Samos, Chios, Lesbos und Ikaria*
- *Lesbos*
- *Samos*
- *Chalkidiki*
- *Nördl. Sporaden*
- *Amorgos & Kleine Ostkykladen*

Zypern
- *Südlicher Landesteil*
- *Nordzypern*

Spanien
- *gesamt*
- *Andalusien*
- *Nordspanien*
- *Katalonien*
- *Mallorca*
- *Mallorca Infokarte*

Kanarische Inseln
- *La Palma*
- *La Palma Infokarte*
- *Gomera*
- *Lanzarote*
- *Teneriffa*
- *Gran Canaria*

Portugal
- *gesamt*
- *Algarve*
- *Lissabon und Umgebung*

Mit der Eisenbahn durch Europa
- *Südwest*
- *Skandinavien/Dänemark*
- *Frankreich/Benelux/ Großbritannien/Irland*

Deutschland
- *Franken*
- *Fränkische Schweiz*
- *Altmühltal und Fränkisches Seenland*
- *Berlin*
- *Nürnberg und Fürth*
- *Mainfranken*
- *Bodensee*
- *Oberbayerische Seen*
- *Donau von der Quelle bis Passau*

Frankreich
- *Südwestfrankreich*
- *Bretagne*
- *Korsika*
- *Provence & Côte d'Azur*

Nordafrika
- *Tunesien*

Südamerika !Neu!
- *Ecuador*

in Vorbereitung: Azoren, Côte d'Azur, Domenikanische Republik, Elsaß, Golf von Neapel, Madeira, Madrid, Naxos, Provence Infokarte, Südnorwegen, Tessin, Thassos & Samothraki.

Michael Müller Verlag GmbH
Gerberei 19
D-91054 Erlangen
Tel.: 0 91 31 / 2 16 11
Fax: 0 91 31 / 20 75 41
e-mail: mmv@michael-mueller-verlag.de

Kartenverzeichnis

Die Landkarten und Stadtpläne auf den farbigen Seiten am Ende des Buches sind römisch, von I – XVI, nummeriert.

Bronx	215
Brooklyn	193
Brooklyn, Downtown	195
Central Park	146 / 147
Chelsea und Garment District	107
Chinatown, Little Italy und Lower East Side	77
Civic Center	71
East Village	101
Financial District / Civic Center	61
Greenwich Village	95
Hafeninseln	55
Harlem, Hamilton Heights und der Norden	179
Manhattan	II
Manhattan, Midtown	VI / VII
Manhattan, Midtown (Ausschnitt)	127
Manhattan, Buslinien	XVI
Manhattan, Downtown	IV / V
Manhattan, Hotels und Hostels	X / XI
Manhattan, Museen	III
Manhattan, Uptown	VIII / IX
Metropolitan Museum of Art	229
Museum of Modern Art	239
New York City – Outer Boroughs	XII / XIII
New York, U-Bahn-Netz	in der Umschlagklappe
Queens	209
SoHo und TriBeCa	87
Staten Island	221
Union Square, Gramercy Park und Murray Hill	117
Upper East Side	171
Upper West Side und Morningside Heights	157
Washington Heights und Inwood	189
ZIP-Codes in Mahattan	I

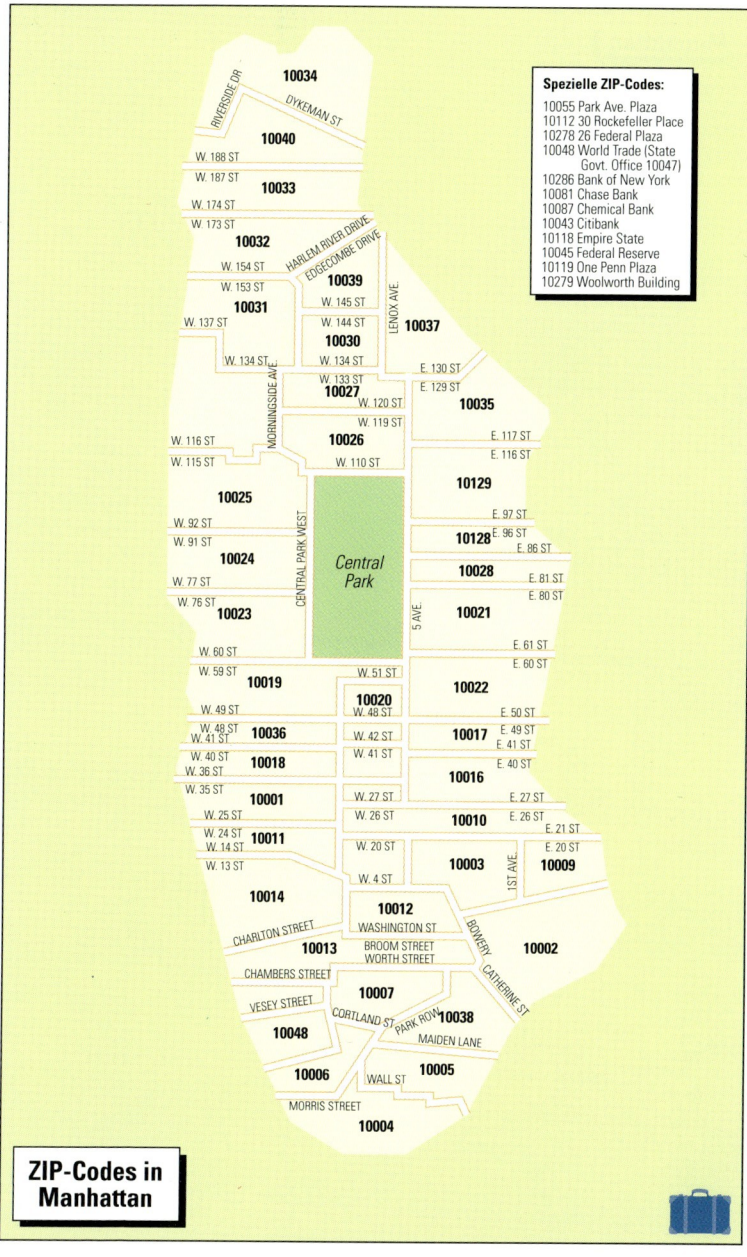

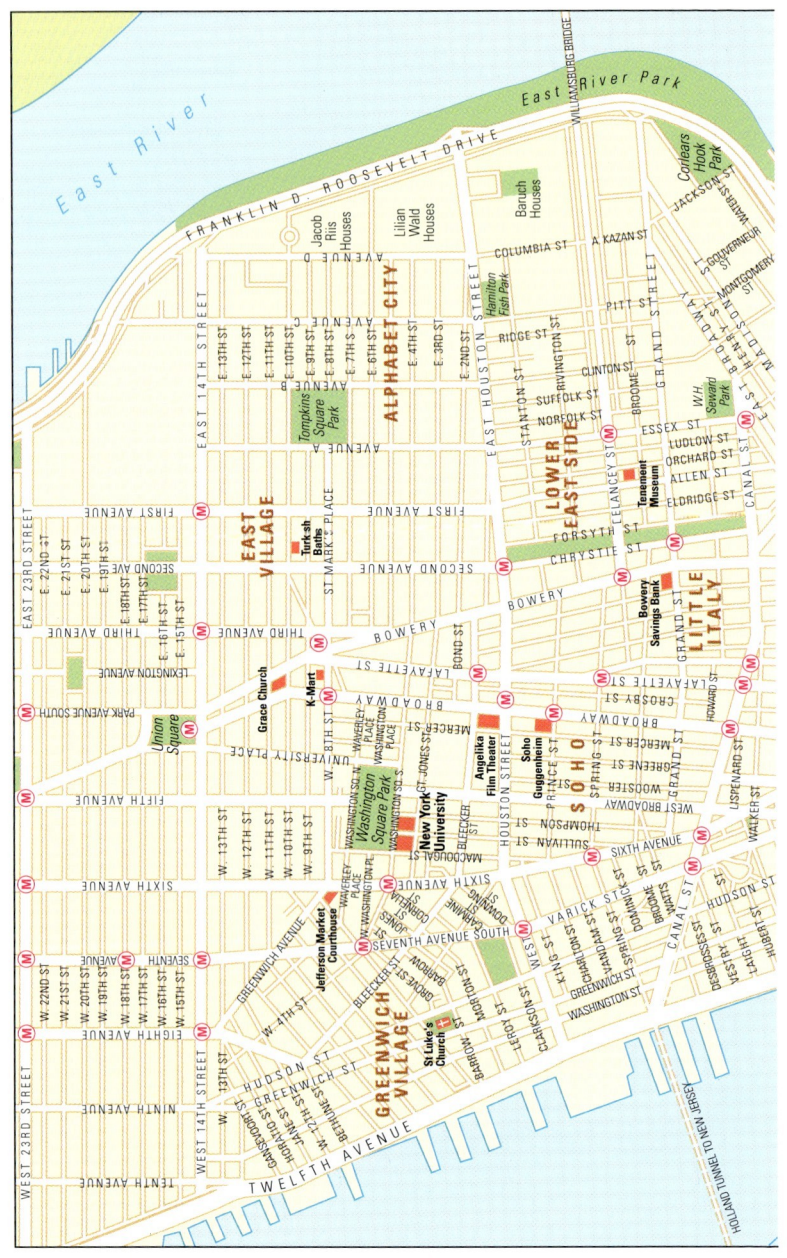

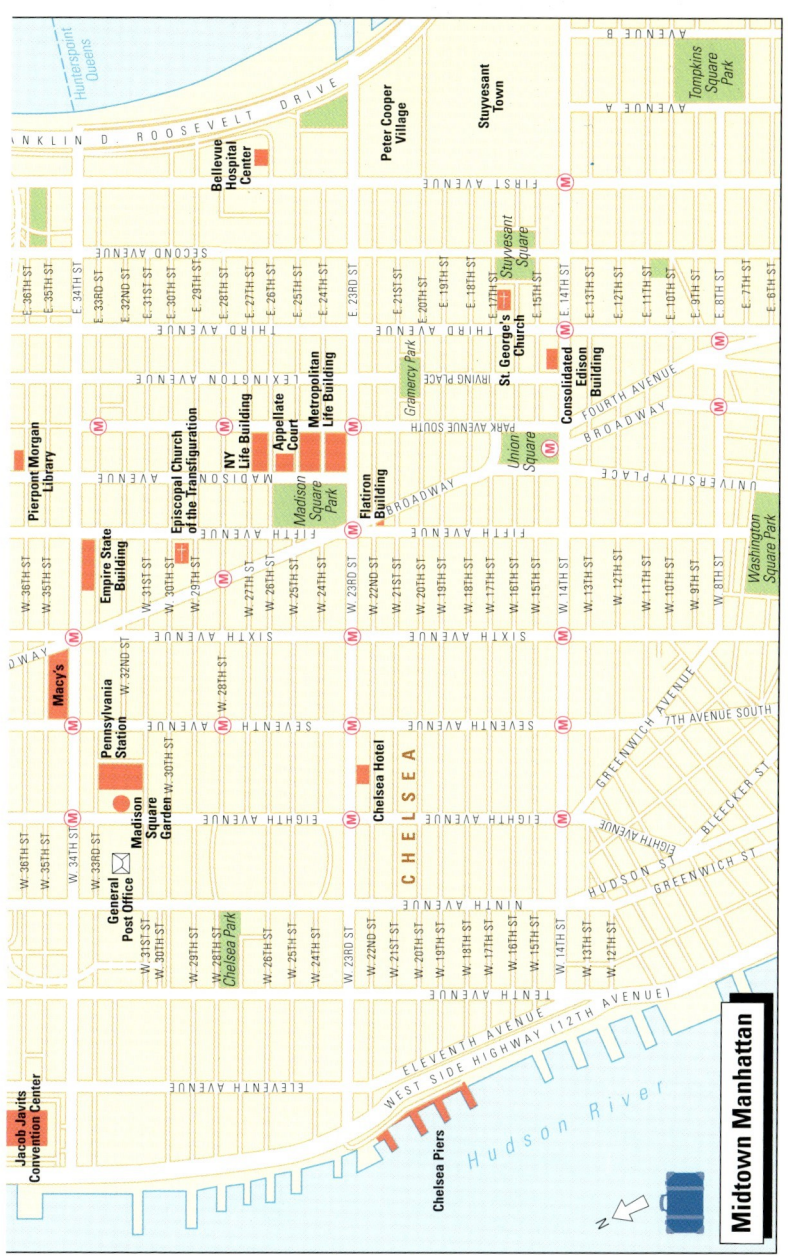

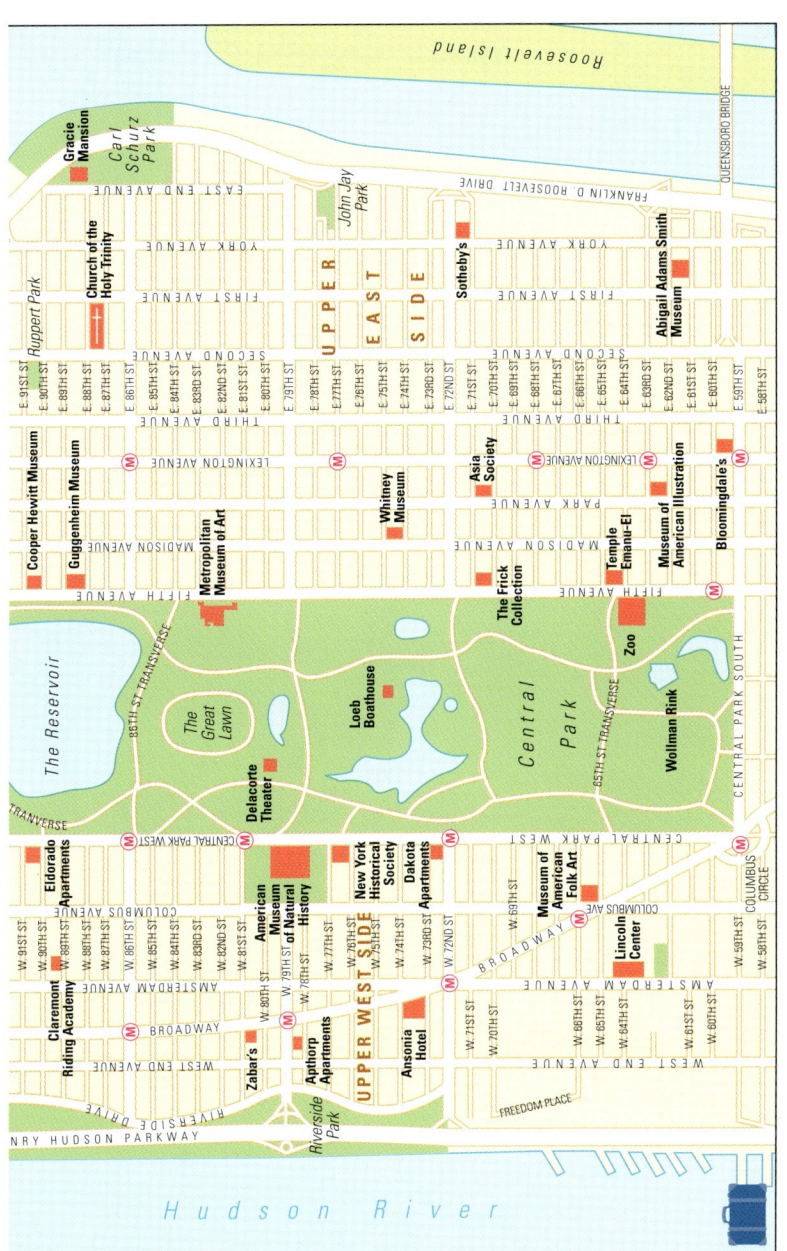

Uptown Manhattan IX

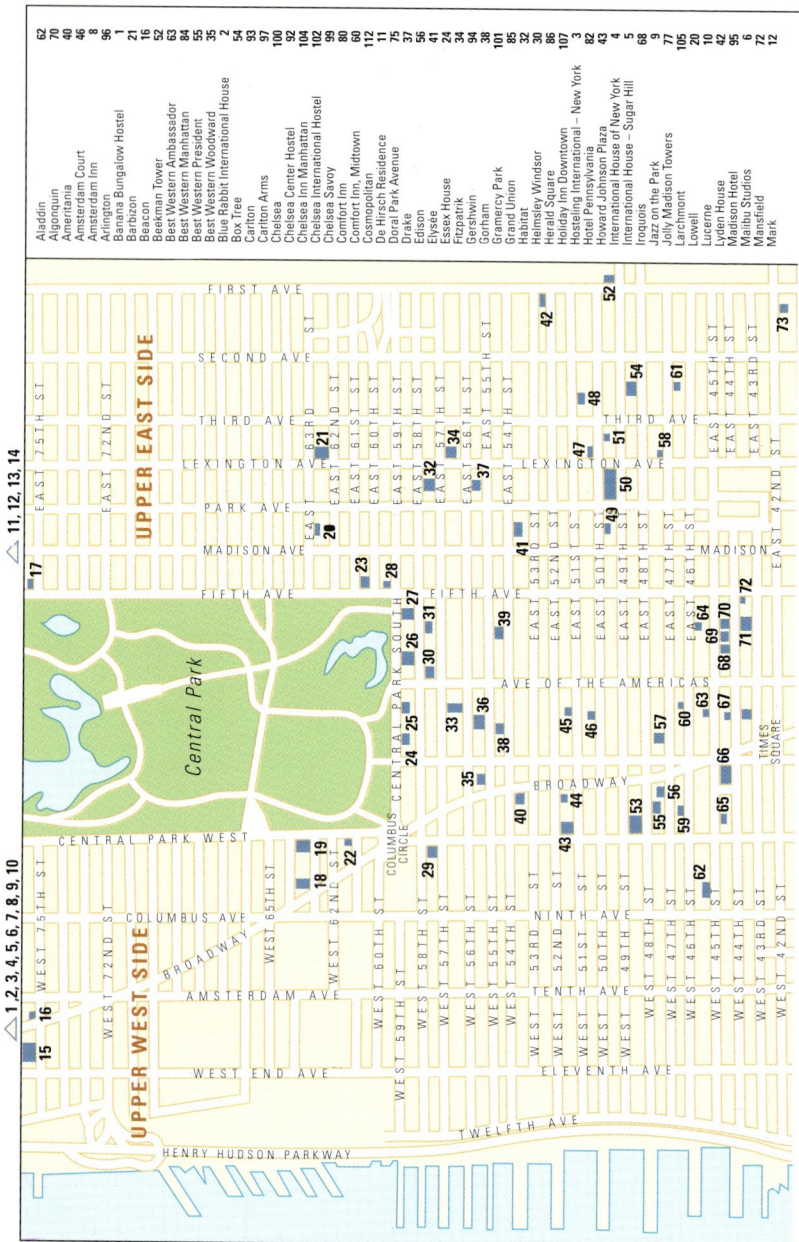

X Übernachten in Manhattan

Aladdin	62
Algonquin	70
Ameritania	40
Amsterdam Court	46
Amsterdam Inn	8
Arlington	96
Banana Bungalow Hostel	1
Barbizon	21
Beacon	16
Beekman Tower	52
Best Western Ambassador	63
Best Western Manhattan	84
Best Western President	55
Best Western Woodward	35
Blue Rabbit International House	2
Box Tree	54
Carlton	93
Carlton Arms	97
Chelsea	100
Chelsea Center Hostel	92
Chelsea Inn Manhattan	104
Chelsea International Hostel	102
Chelsea Savoy	99
Comfort Inn	80
Comfort Inn, Midtown	112
Cosmopolitan	11
De Hirsch Residence	75
Doral Park Avenue	37
Drake	56
Edison	41
Elysée	24
Essex House	34
Fitzpatrik	94
Gershwin	38
Gorham	101
Grand Union	85
Gramercy Park	32
Habitat	30
Heimsley Windsor	86
Herald Square	107
Holiday Inn Downtown	3
Hostelling International – New York	82
Hotel Pensylvania	43
Howard Johnson Plaza	4
International House of New York	5
International House – Sugar Hill	7
Iroquois	68
Jazz on the Park	9
Jolly Madison Towers	77
Larchmont	105
Lowell	20
Lucerne	10
Lyden House	42
Madison Hotel	95
Malibu Studios	6
Mansfield	72
Mark	12

Hotels und Hostels in Manhattan

Marriott Financial Center	108
Marriott Marquis	66
Mayfair	53
McBurney YMCA	22
Mercer	98
Metro	113
Michelangelo	79
Milburn	45
Milford Plaza	15
Millenium Broadway	65
Millenium Hilton	67
Morgans	109
Murray Hill Inn	78
Novotel	91
Off SoHo Suites	44
Paramount	110
Park Savoy	25
Pickwick Arms	59
Pierre	48
Plaza	23
Plaza 50	27
Portland Square	51
Quality Hotel 5th Avenue	57
Quality Hotel and Suites	74
Radisson Empire	64
Riverside Tower	18
Roger Smith	7
Roger Williams	58
Roosevelt	87
Royalton	69
Salisbury	71
San Carlos	33
Seventeen	49
Sheraton Murray Hill	103
Sherry Netherland	76
Soho Grand	28
Southgate Tower	111
St Moritz on the Park	89
Stanford	26
Surrey	83
Thirty One	17
UN Crowne Plaza	88
Uptown Hostel	73
Vanderbilt YMCA	13
W	61
Waldorf-Astoria	47
Wales	50
Warwick	14
Washington Square	39
Webster Apartments	106
Wellington	81
Westpark	36
Westside YMCA	29
Wolcott	19
Wyndham	90
	31

New York City – Die Außenbezirke XIII

Das Headquarter der Vereinten Nationen

Ausflügler in Cooney Island

Ausflug zur Brooklyn Bridge